国家检察官学院检察实务培训讲义
全国检察机关十大业务系列教材配套用书

刑事检察实务
培训讲义

第三版

XINGSHI JIANCHA SHIWU
PEIXUN JIANGYI

主　编◎杨迎泽　郭云忠
副主编◎李　哲　邢晓芸

法律出版社
LAW PRESS·CHINA
北京

图书在版编目(CIP)数据

刑事检察实务培训讲义 / 杨迎泽, 郭云忠主编. -- 3版. -- 北京 : 法律出版社, 2022(2023.9重印)
ISBN 978-7-5197-6745-7

Ⅰ. ①刑… Ⅱ. ①杨… ②郭… Ⅲ. ①刑事诉讼-研究-中国 Ⅳ. ①D925.204

中国版本图书馆CIP数据核字(2022)第082379号

刑事检察实务培训讲义(第三版)
XINGSHI JIANCHA SHIWU PEIXUN JIANGYI(DI-SAN BAN)

主 编 杨迎泽 郭云忠
副主编 李 哲 邢晓芸

策划编辑 薛 晗 赵明霞
责任编辑 赵明霞
装帧设计 汪奇峰

出版发行 法律出版社
编辑统筹 法商出版分社
责任校对 杨锦华
责任印制 胡晓雅
经 销 新华书店

开本 710毫米×1000毫米 1/16
印张 49 **字数** 852千
版本 2022年9月第3版
印次 2023年9月第3次印刷
印刷 永清县金鑫印刷有限公司

地址:北京市丰台区莲花池西里7号(100073)
网址:www.lawpress.com.cn
投稿邮箱:info@lawpress.com.cn
举报盗版邮箱:jbwq@lawpress.com.cn

销售电话:010-83938349
客服电话:010-83938350
咨询电话:010-63939796

书号:ISBN 978-7-5197-6745-7
定价:158.00元

凡购买本社图书,如有印装错误,我社负责退换。电话:010-83938349

《检察实务培训讲义》编委会

出版说明

为适应新时代对检察教育培训工作的新要求,通过教育培训推动检察队伍建设迈上新台阶,学院在充分发掘近一年优质师资和课程的基础上,决定编写一套贴近检察实务、满足培训需求的高质量系列讲义和教材。本次出版的检察实务培训讲义即是该系列的重要组成部分,包括《刑事检察实务培训讲义》《民事检察实务培训讲义》《行政检察实务培训讲义》《公益诉讼检察实务培训讲义》《检察官职业道德实务培训讲义》。所收录的专题文章,主要是在学院课堂上备受学员好评的教学成果,还有个别立足办案能极大助力检察人员业务素能提升的特约稿件。现整理结集出版,作为学院教育培训的辅助用书。

本套讲义具有以下突出特点:

第一,理念引领,知识方法并重。方向决定道路,理念事关全局。本套讲义深入贯彻社会主义法治理念教育,强化政治意识、大局意识,把新时代检察工作新理念传导给广大检察人员。不仅强调传授知识、技能,更重要的是传授方法,切实帮助检察人员全面提高业务素质和工作能力。

第二,内容合理,重点难点突出。本套讲义在兼顾体系完整性的前提下,着力突出对办案中重点、难点和疑点问题的研究。同时还关注司法实践和司法改革前沿热点问题,让检察人员了解立法司法的最新情况。力求在内容上直面热点、回应关切、重点突出,不必面面俱到,但要皆为“干货”和“精华”。

第三,面向实战,讲究实用实效。本套讲义的目的重在加强理念引领和提升职业素能,书中的问题均来自实践第一线,解决问题的办法也来自实践第一线,是实实在在理念思维、技能方法的传授。讲义内容主要根据讲课录音整理,尽量保留口语授课通俗易懂、生动活泼的表达特点,力求再现课堂教学的良好效果。

近年来,学院以争创“中国一流的干部学院、世界一流的司法官学院”为目标,下大力气推动教学改革,以培训项目化管理为抓手,全面推行集体备课、教学会商、课程体系完善、教学质量评估等一系列创新举措,积极推动检察教育培训创新,现已初显成效。

我们真诚期盼这套讲义和教材能够在培育检察专业精神和素养方面切实发挥作用,做到既授人以鱼更授人以渔。随着司法改革和检察改革的不断深入,学院将会编写出版更多更好的系列教学科研成果,提供更加优质的教育培训,全面促进检察工作更大发展。

本系列讲义于2019年初版,在编写和修订过程中,恰逢最高人民检察院组织编写了全国检察机关十大业务系列教材,为与之成龙配套,我们特别在体例和内容上做了系统调整。尽管我们力求编写出上品佳作,但由于水平有限,加之时间仓促,难免存在疏漏与不足,诚请读者批评指正。

编委会

目录 contents

专题一

司法改革背景下逮捕的若干问题研究*

孙　谦** 最高人民检察院

目　次

* 本文发表于《中国法学》2017 年第 3 期。

** 孙谦,最高人民检察院党组成员、副检察长、检察委员会委员,二级大检察官。

一、引论

现代逮捕制度自诞生起即与宪法紧密相连。准确把握逮捕制度的内涵,需要回归其宪法定位。世界各国宪法发展过程中,有代表性的宪法性文件几乎都有对逮捕制度的规定。早在1215年,英国《自由大宪章》即规定:“凡自由民,如未经其同级之贵族之依法裁判,或经国法判决,皆不得被逮捕……”[①]随后英国的《人身保护法》和法国的《人权宣言》以及美国的宪法第四、第五修正案均具有保障人身自由、排除随意逮捕的规定。[②] 第二次世界大战后,保护人身自由与禁止非法逮捕羁押成为各国公认的法治原则,达成了高度的国际共识,写入了联合国《公民权利和政治权利国际公约》。近代以来,中国的宪法发展与逮捕制度演进也存在这种联系。自清政府1908年颁布的《钦定宪法大纲》明确规定“臣民非按照法律所定,不加以逮捕、监禁、处罚”起,[③]其后南京临时政府、北京北洋政府、南京国民政府三个时期的各类宪法性文件中都有公民人身自由不受侵犯、非依法律不得逮捕的内容。[④] 中华人民共和国成立后1954年的第一部《宪法》即在第89条规定:“中华人民共和国公民的人身自由不受侵犯。任何公民,非经人民法院决定或者人民检察院批准,不受逮捕。”此后,1978年、1982年宪法的有关规定一脉相承,均有公民的人身自由不受侵犯,任何公民非经人民检察院批准或者决定或者人民法院决定,并由公安机关执行不受逮捕的表述。[⑤] 遍观中外,逮捕制度都可以从宪法的人身自由条款中找到渊源。

逮捕制度“位高权重”,逮捕的适用必须慎之又慎。近年来,检察机关依法行使审查逮捕职能,坚持少捕慎捕原则,全国普通刑事案件的批捕率逐年下降,从2005年的91%下降至2016年的77.6%,审前羁押率从2005年的90%降到2016年的59%左右,[⑥]2012年修改《刑事诉讼法》后增加了关于审查逮捕时讯问犯罪

---

① 李龙、徐亚文:《正当程序与宪法权威》,载《武汉大学学报(人文社会科学版)》2000年第5期。

② 英国《人身保护法》规定:“非依法院签发的载明缘由的逮捕证,不得逮捕羁押。”法国《人权宣言》第7条规定:“除非在法律所确定情况下并按照法律所规定的程序,任何人均不受控告、逮捕与拘留。”美国《宪法第四修正案》《宪法第五修正案》分别规定:“任何人不经正当法律程序,不得被剥夺生命、自由或财产”“人民的人身、住宅、文件和财产不受无理搜查和扣押的权利不得侵犯”。

③ 参见韩大元:《论日本明治宪法对〈钦定宪法大纲〉的影响——为〈钦定宪法大纲〉颁布100周年而作》,载《政法论坛》2009年第3期。

④ 参见韩亚光:《百年中国宪法视野中的人民权利研究》,载《河北法学》2009年第3期。

⑤ 参见1954年《宪法》第89条,1978年《宪法》第47条,1982年《宪法》第37条。

⑥ 数据来自最高人民检察院案件管理办公室。

嫌疑人、听取辩护律师意见、询问证人等规定，增强了逮捕程序诉讼化程度。这是我国刑事诉讼法治建设和人权保障的重要成就，也是我国刑事诉讼民主、文明、进步的重要标志。但我们也要清醒地看到实践中逮捕适用存在的问题：一是我国的审前羁押率仍然偏高。欧盟委员会对27个成员自1999年至2007年9年间的未决司法改革背景下逮捕的若干问题研究羁押率进行统计，统计表明欧盟成员未决羁押率通常都在10%～30%，超过40%的很少，超过50%的凤毛麟角。[①] 尽管我国未决羁押率与发达国家相比，因犯罪底数的不同而不能完全等同，但我国的审前羁押率确实存在偏高的问题。二是审查方式司法化程度低。逮捕是最严厉的刑事强制措施，是对公民权利的重大干预，涉及犯罪嫌疑人人身自由这一宪法权利应当通过严格的司法程序进行审查，这是人权保障的基本要求。司法办案应当贯彻亲历性原则，由司法者亲身经历案件审查的全过程，直接接触和审查证据，特别是直接听取诉讼双方和其他诉讼参与人的言词陈述，从而对案件作出司法处断。[②] 司法亲历性是司法工作的重要原则，但是逮捕的决策机制长期实行的是"承办人审查、部门负责人审核、检察长或者检察委员会决定"的三级审批制，审者不定，定者不审，体现的是上命下从的行政管理机制，具有典型的行政化特征。司法实践中，侦查阶段刑事辩护率低，且未赋予律师知情权、阅卷权，辩护律师难以对逮捕决定的形成施加有效影响。审查逮捕主要依据侦查机关提供的单方卷宗材料，审查逮捕的中立性、公开性有所欠缺。尽管修改后《刑事诉讼法》对审查逮捕程序进行了一定程度诉讼化改造，增强了审查逮捕的中立性、客观性，但仍未完全实现逮捕的诉讼化转型。三是逮捕把关不够严格。近年来，陆续披露的冤假错案让司法蒙羞，严重损害了法治和司法公信。2016年全国检察机关捕后不作犯罪处理的案件（包括判处无罪、绝对不起诉、相对不起诉、存疑不起诉、撤销案件）有1.4%，捕后判处徒刑以下刑罚的案件（包括拘役、管制、单处罚金）有6.5%。[③] 这说明构罪即捕、以捕代侦、以捕代罚、以捕促和的现象在一定范围内仍然存在。这需要引起法学理论界和实务界高度重视。

随着我国经济社会发展呈现新的阶段性特征，逮捕这一强制措施的适用面临着一系列新挑战。一是"以审判为中心的刑事诉讼制度改革"，全面提升了适用逮捕的证据要求。"以审判为中心"即可理解为确立了刑事诉讼中的"证据裁判"

---

① 参见陈永生：《逮捕的中国问题与制度应对——以2012年刑事诉讼法对逮捕制度的修改为中心》，载《政法论坛》2013年第4期。

② 参见朱孝清：《司法的亲历性》，载《中外法学》2015年第4期。

③ 数据来自最高人民检察院案件管理办公室。

和“疑罪从无”原则,从侦查开始,包括审查起诉、法庭审理,都须做到事实证据经得起法律的检验,事实不清楚,证据达不到合法、确实、充分的,都不能作出有罪的判决。所以,逮捕适用中,证据审查自然需要证据规则的指引,以发挥从源头防止冤假错案的作用。二是司法责任制的落实,给适用逮捕的方式提出了新的挑战。“让审理者裁判,让裁判者负责”的司法责任制,是严格公正司法的重要保障。在检察机关审查逮捕活动中,落实司法责任制,就是放权给检察官,增强检察官的办案独立性,明确其司法责任。检察机关如何调整办案组织、办案模式和权力运行机制,制定科学的、法治的审查逮捕和决定逮捕流程,都需要按照司法责任制的要求予以调整、改革和完善。三是网络信息时代,重大、敏感案件适用逮捕的舆情挑战。随着经济社会的发展,公民的法律意识、权利意识、监督意识不断增强,对司法的关注度明显增强,司法个案极易演变为公共事件。逮捕的适用同样如此,作为诉讼中重要的强制措施,在信息网络时代里容易成为舆情焦点,因此对具体案件逮捕适用的考量、把握,刑事政策的运用等,都需要更高的司法智慧。四是刑事犯罪形态的新变化,增加了逮捕司法决断的难度,新型违法犯罪大量涌现,信息化、智能化特点突出,涉互联网金融、证券犯罪、电信诈骗犯罪等的出现,使切实提升检察官处理新型犯罪案件的能力迫在眉睫。

挑战也是机遇。我们唯有直面问题,忠于宪法法律,正确适用逮捕措施,才能在最大限度保障人权的同时,充分考虑控制犯罪的能力和需要,[①]实现两者的动态平衡。因此,对逮捕的宪法规范和刑事诉讼规范进行科学的阐释是十分必要的,在原理上进一步厘清,在实践中推进逮捕诉讼化审查,发挥非羁押诉讼的功能,完善逮捕机制,有效减少羁押,对于进一步提升我国人权司法保障水平和刑事诉讼法治、民主、文明程度也都具有重要意义。

二、关于逮捕的定位与理念更新

强化人权司法保障,是深化司法体制改革的一项重要任务。逮捕作为最严厉的一种刑事强制措施,直接关系公民的人身自由。为充分保障人权、解决逮捕制度存在的突出问题,必须正确认识逮捕的定位,更新司法理念,为推进逮捕制度的完善提供指引。

---

① 参见孙谦:《关于修改后刑事诉讼法执行情况的若干思考》,载《国家检察官学院学报》2015年第3期。

(一)逮捕的定位

随着司法改革深入推进,逮捕程序科学化、精细化进程不断加快,但制度运行中影响诉讼保障和人权保障效果的理念、机制因素仍然存在。有必要从价值、制度、角色三方面审视逮捕定位,以破解影响逮捕正确适用的深层次问题,充分发挥其功能作用。

1. 逮捕的价值定位:控制犯罪与保障人权平衡

控制犯罪与保障人权的平衡是刑事诉讼制度发展的一条重要规律。从国家行使刑罚权、保障社会公众人权的角度看,控制犯罪与保障人权是统一的,但是在具体的刑事诉讼活动中,控制犯罪与保障人权则经常处于矛盾状态。逮捕是对公民基本权利的干预,控制犯罪与保障人权的矛盾尤为明显:一方面要实现追诉犯罪效果的最大化,用足用尽羁押手段是最简便的选择;另一方面要充分保障人权,强制措施适用应以不羁押、少羁押为原则。从应然角度来看,既要通过逮捕羁押有效保障诉讼,又要通过控制逮捕切实保障人权。这是实现刑事诉讼目的和任务的需要,也是顺应刑事诉讼犯罪控制模式与正当程序模式融合并重发展潮流的体现。① 实现控制犯罪与保障人权的平衡,关键是科学规制权力,一方面规范权力运行程序,另一方面设置权利救济途径,形成严格控制逮捕羁押的双保险。

首先,有权力必有监督,以权力制约权力。“一切有权力的人都容易滥用权力,这是万古不变的一条经验。”②权力制衡是国家权力运行的一个基本原则,也是权力自身属性的要求。逮捕程序正是检察机关审查逮捕权、监督制约侦查权的体现,是静态制衡与动态制衡的结合。③ 静态制衡即审查逮捕权专属检察机关行使,这种权限配置本身就构成对侦查机关提请逮捕权、执行逮捕权的制约。动态制衡即通过逮捕评判侦查效率、效果,发现、纠正违法取证、超期羁押等侦查权行使中的不当行为或违法行为。同时,检察机关行使权力也受到严格的监督、制约。一方面,刑事诉讼中公检法三机关之间“分工负责、互相配合、互相制约”的关系构成了对检察机关批准逮捕权的有效制约。作为审前程序的逮捕虽然具有独立性,但检察机关作出逮捕决定的案件,最终都要接受法庭审判的检验;同时对于检

---

① 现代刑事诉讼制度具有融合发展的特点,传统的犯罪控制模式的国家开始注重人权保护,而传统的正当模式的国家也开始注重加强犯罪控制的力度。参见樊崇义主编:《检察制度原理》,法律出版社 2009 年版,第 320 页。

② [法]孟德斯鸠:《论法的精神》,张雁深译,商务印书馆 1982 年版,第 154 页。

③ 权力制衡中静态制衡与动态制衡的划分,参见樊崇义主编:《检察制度原理》,法律出版社 2009 年版,第 138 ~ 139 页。

察机关不批准逮捕的案件,按照我国刑事诉讼法的规定,公安机关认为有异议的,可以提请检察机关复议复核。另一方面,检察机关的工作要接受各级人民代表大会的法定监督以及社会的监督。逮捕审查程序公开,这是落实"保障人民群众参与司法"[①]要求的重要体现,也是强化司法监督的重要手段。人民群众在逮捕程序中充分行使知情权、参与权、表达权,能够有效防止司法擅断。

其次,有权利克减必有权利救济,以权利制约权力。"无救济,无权利"[②]"救济先于权利",[③]法定权利的实现离不开救济制度的完善。《公民权利和政治权利国际公约》与《世界人权宣言》明确指出,充分保障刑事被追诉人的人权,不仅要为强制措施设置严格的审查决定程序,还要设置必要的救济程序。[④]

2. 逮捕的制度定位:法律监督之下的司法审查

我国逮捕制度既是宪法制度、刑事司法制度,也是中国特色社会主义检察制度的有机组成部分,受检察制度一般规律的制约。正确认识逮捕制度,必须坚持法律监督一元论,[⑤]审查逮捕权作为一项检察机关的职权,既是由法律监督职能派生的,也是法律监督的具体方式和途径。

首先,法律监督地位是检察机关进行司法审查的权力基础。《公民权利和政治权利国际公约》和《欧洲人权公约》等人权领域重要国际条约均确立了审前羁押的司法审查原则。我国宪法和刑事诉讼法既赋予了检察机关法律监督权,也规定了对逮捕措施的司法控制,在事实上确立了逮捕的司法审查原则。随着司法改革的推进,审查逮捕司法审查性质进一步凸显。[⑥] 应当认识到,司法审查是检察机关法律监督的一项权能,司法审查属性的强化也是法律监督的发展。

其次,司法审查的实质就是一种法律监督之权。法律监督与司法审查的精神内核是一致的,在制度渊源上,无论是司法审查还是法律监督都本源于权力制衡。权力制衡的理论和实践在东西方历史上均不鲜见,进入现代,权力制衡更是"任何一种形式的国家权力结构模式的普遍规律"。[⑦] 相通的理论基础决定了司法审查与法律监督的功能不存在非此即彼的对立。此外,在制度价值方面,刑事诉讼中

---

① 参见《〈中共中央关于全面推进依法治国若干重大问题的决定〉辅导读本》,人民出版社2014年版,第24页。

② 陈瑞华:《看得见的正义》(第2版),北京大学出版社2013年版,第110~118页。

③ 高鸿钧:《英国法的主要特征——一个比较观察》,载《比较法研究》1991年第4期。

④ 参见《公民权利和政治权利国际公约》第2条第3款,《世界人权宣言》第8条。

⑤ 参见孙谦主编:《中国特色社会主义检察制度》,中国检察出版社2009年版,第42~43页。

⑥ 参见樊崇义:《尊重和保障人权与诉讼法律监督》,载《国家检察官学院学报》2013年第1期。

⑦ 樊崇义:《法律监督职能哲理论纲》,载《人民检察》2010年第1期。

的司法审查与法律监督都是要实现对公权力包括对侦查权的有效制约。

最后,检察机关法律监督地位决定了其适合履行司法审查职责。法律监督地位强化了检察官的客观义务,[①]保证了审前程序中检察官的公正与中立。监督与中立是联系在一起的,法律监督要求检察官克服片面追诉倾向,成为"法律守护人"[②],以守护法制、保障人权为己任,这种要求与司法审查的本质契合。法律监督权对侦查权的制约,决定了检察机关司法审查能够发挥实际作用。由检察机关负责审查逮捕体现了宪法、刑事诉讼法中相互制约原则的要求。作为司法审查内容的逮捕授权、羁押审查和羁押救济共同构成了防止错捕错押的三道防线,而这三个程序均具有监督性质。侦查机关追诉犯罪倾向突出,侦查权存在自我授权和权力扩张的危险,因此,需要建立对侦查权的司法控制。逮捕是司法审查,既要严格审慎、人道公正,降低羁押适用率,缩短羁押时间,又要发挥和纠正排除非法证据、发现超期羁押等侦查违法情形的作用。

3. 逮捕的角色定位:客观中立

检察官是否具有履行决定羁押权所要求的客观性和公正性,关系到逮捕的正当性,不仅在国际上有许多讨论,[③]也是我国逮捕权归属争论的焦点。[④] 逮捕是否客观中立,关键不在于权力归属,而在于程序设置。逮捕从野蛮走向文明,主要体现为逮捕程序的丰富、发展。[⑤] 逮捕从诞生之初的任意为之到专属司法机关行使,并不是因为司法机关更高明,而是因为司法机关能够通过严格的司法程序排除恣意逮捕。司法的公正与权威不可能简单地通过改变权力配置而获得,符合正当程序的要求才是公正、中立的保证。首先,正当程序要求逮捕决定者处于中立、超然的地位。明确检察机关在审前程序中的主导地位也是我国司法制度设计和司法实践的发展趋势。[⑥] 无论是从法律规定还是从权力实际运作来看,我国的检察机关行使审查逮捕职能具有中立性。从主体来看,审查和决定逮捕权由检察机关行使,这就实现了侦查权与批准逮捕权的分离;从职能来看,检察机关具体承担

---

① 参见朱孝清:《检察官负有客观义务的缘由》,载《国家检察官学院学报》2015年第3期。

② 林钰雄:《检察官论》,法律出版社2008年版,第57页。

③ 参见[奥]曼弗雷德·诺瓦克:《〈公民权利和政治权利国际公约〉评注》,孙世彦、毕小青译,生活·读书·新知三联书店2008年版,第241页。

④ 参见陈卫东、刘计划:《谁有权力逮捕你——试论我国逮捕制度的改革》,载《中国律师》2000年第9、10期;刘计划:《逮捕功能的异化及其矫正——逮捕数量与逮捕率的理性解读》,载《政治与法律》2006年第3期。

⑤ 参见孙谦:《逮捕论》,法律出版社2001年版,第8~24页。

⑥ 参见卞建林、谢澍:《"以审判为中心"视野下的诉讼关系》,载《国家检察官学院学报》2016年第1期。

审查和决定逮捕的是侦查监督部门,侦查监督部门不履行控诉职能,不承担追诉犯罪责任;从诉讼阶段来看,侦查阶段检察机关身份就是监督者。① 其次,正当程序要求逮捕在保障程序的公开、透明、当事人参与等方面按照司法规律运作。②《公民权利和政治权利国际公约》第 9 条第 3 款规定:"任何因刑事诉讼指控被逮捕或被拘禁的人,应当迅速带见审判官或其他经法律授权行使司法权力的官员。"无论谁来行使权力,负责逮捕决定的官员应当独立于侦查机关,在当面听取当事人陈述意见的基础上裁量。③ 当前,我国司法实践中存在的流水线作业式逮捕办案模式、行政化逮捕审查方式等影响审查逮捕客观中立的因素,也正随着刑事诉讼法的修改和一系列司法改革的展开而逐步消除。

审查逮捕要坚持客观中立,在事实认定上要"站在客观立场上进行活动,努力发现并尊重案件事实真相",④在程序上要全面把握逮捕保障诉讼的意义,既不为便利侦查多捕滥押,也不规避司法责任刻意不捕。在审查程序上要不偏不倚,兼听则明:既审查证明犯罪嫌疑人有罪、有社会危险性的证据,也不遗漏证明犯罪嫌疑人无罪、罪轻或无逮捕必要性的线索;既听取侦查机关的羁押理由,又听取犯罪嫌疑人及其辩护人的辩解、申诉。

(二)逮捕的理念更新

徒法不足以自行,司法理念是影响司法品质的最关键因素。只有更新理念,才能发挥逮捕制度的应有作用。在司法改革背景下,审查逮捕的理念应做到"三个转变"。

1. 从注重打击犯罪向重视保障人权转变

充分发挥逮捕的制度功能,审查逮捕的考量应在控制犯罪与保障人权两种价值间往返流转,实现动态平衡。司法实践中曾经存在将打击犯罪作为主要或者唯一目标的观念,使两种价值的协调平衡难以实现。以往偏重强调追诉犯罪形成了以侦查为中心、逮捕适用迁就侦查的状况,实践中表现为以捕代侦、久押不决等与法治原则相悖的现象,使逮捕的法律价值失衡。因此,只有突出强调保障人权,才能逐步实现控制犯罪与保障人权的平衡。

---

① 参见汪海燕:《检察机关审查逮捕权异化与消解》,载《政法论坛》2014 年第 6 期。

② 参见顾永忠:《关于未决羁押的几个理论与实践问题——兼谈我国逮捕制度的改革路》,载《河南社会科学》2009 年第 6 期。

③ 参见[奥]曼弗雷德·诺瓦克:《〈公民权利和政治权利国际公约〉评注》,孙世彦、毕小青译,生活·读书·新知三联书店 2008 年版,第 241 页。

④ 朱孝清:《检察官客观公正义务及其在中国的发展完善》,载《中国法学》2009 年第 2 期。

重视人权保障不仅是我国司法的现实需要，也是刑事诉讼的发展趋势。在人权成为世界政治主题词的当代，惩治犯罪中宁纵勿枉的价值取向逐步为社会所接受，世界各国都在犯罪控制过程中，扩充刑事被追诉人的诉讼权利，为公民权利提供更充分、更可靠的程序保障。在我国，"尊重与保障人权"原则入宪以来，人权保障在中国特色社会主义法治体系建设中的地位日益凸显，成为法治中国建设的一条主线。从国际潮流看，充分认识"逮捕对人权的威胁，充分发挥逮捕对人权的重要保障作用"，[①]是文明与法治时代的要求。

检察官是法律适用客观公正的守护人，检察官的职业道德或伦理以客观公正为核心内容。[②] 检察官应该树立人权保障的主体意识、责任意识。审查逮捕是法律监督的重要环节，是检察环节人权保障的第一道防线，检察官有义务严格审查侦查行为和证据合法性，客观公正考量犯罪嫌疑人逮捕必要性，依法公正作出审查决定。随着法治的进步，人民群众对司法工作的评判标准更加多元，除实体公正之外，对程序正义的诉求也更加强烈。不错捕不一定等于捕得恰当、准确，适用逮捕是否平衡了控制犯罪与保障人权的要求、是否及时纠正了侵犯人权的违法侦查活动、是否在审查逮捕程序中保障了犯罪嫌疑人应有的诉讼权利，是否遵循了必要性原则等都成为对逮捕质量的评价要求。保障人权是落实上述要求的核心理念，是审查逮捕的检察官不可推卸的司法责任。

2. 从书面审查为主向司法化审查转变

现有的逮捕程序具有较浓厚的行政审批色彩，尽管有讯问犯罪嫌疑人等规定，但是书面审查、程序封闭等问题还比较突出，与逮捕制度重在对审前羁押进行法律监督这一制度定位和要求不相吻合。2012 年《刑事诉讼法》的修改以及司法改革中推行的逮捕诉讼化改革，在办案组织和程序方面去行政化，逐步解决了办案亲历性、判断性、独立性的问题，让检察官真正回到居中处断者的位置。这一改革既是强化司法审查属性、突出程序正义的具体表现，也对检察官履职过程中树立司法审查和程序正义理念提出了新的要求。

从保障人权的角度看，"程序正义是防止国家权力滥用的笼子"。[③] 在刑事诉讼领域，程序正义的灵魂是让被追诉人能够平等参与到诉讼中，提供证据、发表意见、进行抗辩。应当警惕侦查权的强势及配合侦查的惯性思维导致的偏听偏信。即使通过诉讼化在审查逮捕程序中构建"侦、辩、检"的三角架构，如果检察官做

---

① 孙谦：《论逮捕与人权保障》，载《政法论坛》2000 年第 4 期。

② 参见龙宗智：《检察官客观义务与司法伦理建设》，载《国家检察官学院学报》2015 年第 3 期。

③ 陈光中、龙宗智：《关于深化司法改革若干问题的思考》，载《中国法学》2013 年第 4 期。

不到兼听两造,制度设计终究只是纸面上的法律,无法发挥应有的功效。程序正义在适用逮捕过程中的体现:一是切实保障犯罪嫌疑人、辩护人的诉权利,认真听取犯罪嫌疑人、辩护人意见,保持理性平和的态度,尊重犯罪嫌疑人的基本尊严;二是认真审查、核实犯罪嫌疑人及其辩护人提交无罪、罪轻的证据材料;三是保障其他利害关系人依法享有的知情权、陈述权、辩护辩论权、申请权、申诉权等诉讼权利。

从规制权力的角度来看,审查逮捕应起到制约侦查权的作用。审查逮捕程序既是刑事诉讼程序,也是重要的侦查监督方式。逮捕是刑事案件的第一道关口,审查逮捕本身就具有对侦查活动的监督作用。审查逮捕的重要内容之一就是排除非法证据,依法制裁程序违法行为,维护司法公正和程序权威,为刑事被追诉人的合法权益提供充足的程序保障。"中外刑事诉讼的历史已经反复证明,错误的审判之果从来都是结在错误的侦查之病枝上的。"①违法取证是许多冤假错案的罪魁祸首。鉴于此,司法改革把"严格实行非法证据排除规则",②作为推进法治中国建设、完善人权司法保障制度的重要内容。随着司法领域以审判为中心的刑事诉讼制度改革的推进,庭审对抗加强,起诉、审判阶段证据审查更加细化,审查逮捕如果不加强证据审查的规范化、精细化,等于放松了逮捕质量要求,与证据裁判原则和严格司法精神是不相符合的。而通过审查逮捕发现、排除非法证据,对于防止案件"带病"进入诉讼,引起刑事追诉"起点错、跟着错、错到底"的连锁反应意义重大。③ 因此,重视并做好排除非法证据工作是逮捕程序监督性质的必然要求。

3. 从构罪即捕向比例原则转变

作为对公民基本权利的限制,逮捕制度的适用需要从正当化事由的角度判断其是否合理。评判标准之一就是比例原则。比例原则是公法领域的"帝王条款",④是"国家干预公民基本权利时必须遵守的基础性原则"。⑤ 该原则以限制公权、保障人权为依归,要求国家机关行使权力时必须充分考虑采取手段与实现目的之间是否合乎比例关系,为权力行使设置一个必要的限度,尽可能地减小公权力对私权利的影响。刑事诉讼法关于逮捕的社会危险性、必要性和羁押期限等

---

① 李心鉴:《刑事诉讼构造论》,中国政法大学出版社1992年版,第179页。
② 《中共中央关于全面深化改革若干重大问题的决定》,人民出版社2013年版,第34页。
③ 参见陈光中等:《以审判为中心与检察工作》,载《国家检察官学院学报》2016年第1期。
④ 陈新民:《德国公法学基础理论》(下),山东人民出版社2001年版,第389页。
⑤ 卞建林:《论我国审前羁押制度的完善》,载《法学家》2012年第3期。

有关规定,实际已从立法上引入了比例原则。

在刑事司法中树立比例原则理念,审查逮捕时应充分权衡利弊,平衡价值,从适当性、必要性和适应性三方面把握逮捕的适用。适当性要求:作为强制措施的逮捕只能是实现刑事诉讼目的的手段,而不能成为目的本身,而且其作用应该是程序性的,不能具有实体惩罚性。必要性要求:在多种刑事强制措施均可以起到保障诉讼作用时,应当优先选择对犯罪嫌疑人人权限制最少的措施,逮捕是不得已的最后选择。适应性要求:“使用的手段应是达到诉讼目的的最低手段,为保护某种利益而采取的手段不应造成另一种利益的更大损害。”[①]通过价值衡量,适用逮捕对犯罪嫌疑人的侵害必须小于羁押所保护的社会利益。

贯彻比例原则具有限制逮捕适用的作用,这是保持司法权的谦抑性的重要体现。逮捕对人身自由的限制程度可与监禁刑等量齐观,是可能发生侵犯人权风险最大的刑事强制措施。正如英国丹宁勋爵所述,逮捕权一旦被滥用,“任何暴政都要甘拜下风”。[②] 纵然为羁押设置了申诉、救济制度,纵然可以通过国家赔偿补偿错捕的无辜者,但人身自由被不当剥夺显然无法通过事后救济与经济补偿得以挽回。运用比例原则规制逮捕权是司法文明发展的必然要求,是少捕慎捕精神的体现。贯彻比例原则产生减低羁押率的效果,这是节约国家司法资源、提高诉讼效率的客观需要。违反适当性原则,大量以捕代侦;违反必要性原则,逮捕挤占了取保候审、监视居住的适用空间;违反适应性原则,一押到底以至于刑期倒挂:这些都是司法机关应当竭力避免的。在采取非羁押措施也可保障诉讼时,大量、长期的羁押不仅是司法成本的浪费,也拖延了诉讼进度。从节省人力、财力、物力出发,从保障犯罪嫌疑人被羁押期间不被无故拖延出发,逮捕的适用及逮捕羁押期限“应当与指控的犯罪行为的严重性和可能科处的刑罚相适应,或者成正比例关系”。[③] 贯彻比例原则,审查逮捕时要充分认识到逮捕的两面性,警惕逮捕滥用的危害,杜绝打击犯罪的功利主义对强制措施适用的影响,坚持逮捕的谦抑性,进一步严格逮捕适用。同时,要构建羁押必要性审查的科学机制,从犯罪严重性、再犯可能性、犯罪嫌疑程度、已羁押时间等多方面综合考量,[④]从证明层次、证明标准等方面加强羁押必要性实质审查,倡导非羁押诉讼,把羁押作为司法机关不得已

---

① 左卫民、周长军:《刑事诉讼的理念》,法律出版社1999年版,第38页。

② [英]丹宁勋爵:《法律的正当程序》,李克强等译,法律出版社1999年版,第109页。

③ 陈瑞华:《审前羁押的法律控制——比较法角度的分析》,载《政法论坛》2001年第4期。

④ 参见项谷、姜伟:《人权保障观念下羁押必要性审查制度的诉讼化构造》,载《政治与律》2012年第10期。

的选择,减少刑事诉讼对逮捕羁押的过度依赖。

三、关于社会危险性与逮捕及羁押的条件

在逮捕和捕后羁押的各种条件中,社会危险性是贯彻人权保障、司法审查、比例原则理念的关键。要通过对逮捕条件逻辑关系的深刻认识,构建以社会危险性为核心的逮捕条件。

(一)逮捕条件的逻辑关系

《刑事诉讼法》第81条规定的逮捕条件一般被概括为证据条件、刑罚条件和社会危险性条件。[①] 在司法适用中普遍存在重视证据条件、刑罚条件,忽视甚至无视社会危险性条件的现象,一定程度上源于司法执法人员对逮捕条件的逻辑关系缺少深入思考。

研究我国逮捕条件的逻辑关系,可以与世界主要国家的审前羁押条件相比较。其羁押条件也分为证据条件、刑罚条件和社会危险性条件。其羁押条件具有以下特点:一是证据条件的要求较低,导致羁押审查程序几乎不需要实质审查实体事实和证据。二是刑罚条件有所规定,但非必要条件。三是社会危险性条件是共同的羁押条件,并且是核心条件。这在理论上是没有任何争议的。[②] 从国外的司法实践来看,其羁押审查过程基本上都是围绕社会危险性条件展开的,这同样表明了社会危险性条件的核心地位。

逮捕三条件之间存在内在逻辑关系,三者的地位是不同。首先,证据条件并非逮捕的专属条件,而是任何强制措施的普遍适用条件。《刑事诉讼法》第74条规定的监视居住条件"符合逮捕条件",即监视居住与逮捕是同样的证据条件。同时,由于逮捕的目的主要是程序性的,而不是定罪性的,不能将证据条件作为逮捕的主要理由。"绝对不能仅仅因为嫌疑人、被告人涉嫌犯罪甚至涉嫌重大犯罪,而对其采取羁押措施。"[③]其次,刑罚条件只是判断社会危险性条件的前提,是判

---

① 需要指出的是,国内研究语境下的"社会危险性"包含了两个层次:有五种法定的社会危险性和采取取保候审不足以防止发生社会危险性。在1996年《刑事诉讼法》语境下叫作"逮捕必要性",而2012年修改后的《刑事诉讼法》实施之后一般叫"社会危险性"。而国外一般将"社会危险性"和"逮捕必要性"分为两个不同的条件。本专题所指的社会危险性条件包含了前述两个层次,对应国外的两个条件。

② 外国、外地区刑事诉讼教科书一般只对羁押条件中的社会危险性条件展开论述,而不涉及证据条件、刑罚条件等。参见林钰雄:《刑事诉讼法》(上),中国人民大学出版社2005年版,第269~273页。

③ 陈瑞华:《问题与主义之间》,中国人民大学出版社2003年版,第170页。

断社会危险性的最低标准。即低于法定刑罚标准的,法律推定采取取保候审足以防止发生社会危险性。刑罚条件对社会危险性的认定起到过滤作用。最后,保障诉讼是逮捕的本质功能,能否保证刑事诉讼顺利进行的关键就在于是否存在社会危险性。由此,我们有必要重新审视三条件之间的关系,即证据和刑罚条件是前提、基础条件,社会危险性条件是核心条件。进而,逮捕的一体化证明方式应当转化为递进式、双层次的证明方式。在审查逮捕时,在具备证据条件和刑罚条件的前提之下,捕与不捕由社会危险性条件来决定。

(二)贯彻"以社会危险性条件为核心"的方法

坚持以社会危险性为核心,使逮捕必要性(社会危险性)真正成为如何适用逮捕、不捕与运用少捕政策的"分水岭",[①]把人权保障、少捕慎捕理念落到实处。贯彻以社会危险性为核心,应运用以下方法。

1. 坚持以证据为核心

证据裁判原则,即"刑事裁判,应凭证据",[②]是指对于刑事诉讼中事实的认定,应依据有关的证据作出,无证据,不得认定事实。[③] 同样,社会危险性条件的证明也必须落实到证据上。用来证明社会危险性的证据可分为两类:一类证据是专门用来证明社会危险性的证据;另一类证据是证明犯罪事实的证据,这类证据一般也同时是证明社会危险性证据的组成部分。[④] 最高人民检察院、公安部《关于逮捕社会危险性条件若干问题的规定(试行)》明确了两种证明方式:对证明犯罪事实的证据能够证明社会危险性条件的,可以直接使用;对上述证据不能证明的,应当收集专门的证据来加以证明。需要指出的是,《人民检察院刑事诉讼规则》规定社会危险性条件需"有证据证明"或"有迹象表明"。其中的"有迹象表明"也需要证据来显示。只是这种证据属于间接证据,不能直接证明案件事实,而必须借助经验法则对案件事实进行合理的推断、推论。[⑤]

坚持运用证据探索社会危险性的科学评估方法。发达国家普遍采用综合评估、第三方评估方法来收集社会危险性证据。如美国审前羁押司法审查制度中,

---

① 参见孙谦:《逮捕论》,法律出版社2001年版,第151页。

② 陈朴生:《刑事证据法》,台北,三民书局1979年版,第13页。

③ 参见樊崇义主编:《证据法学》,法律出版社2012年版,第79页。

④ 参见孙茂利、黄河:《逮捕社会危险性有关问题研究——兼论〈最高人民检察院　公安部关于逮捕社会危险性条件若干问题的规定(试行)〉的解读》,载《人民检察》2016年第6期。

⑤ 参见万毅:《逮捕程序若干证据法难题及其破解——法解释学角度的思考》,载《西南民族大学学报(人文社会科学版)》2015年第2期。

审前服务机构客观、中立地收集被告人的背景信息,提出准确的风险评估报告及是否释放的建议。[①] 目前我们一些地方检察机关已经在尝试对社会危险性进行科学评估、综合评估、量化评估。在未成年人检察工作中,已经较为普遍采取了委托第三方机构对未成年人的日常表现出具报告的方法来评估其人身危险性。[②] 探索社会危险性的科学评估方法,是贯彻落实以社会危险性条件为核心的重要措施。但需要注意的是,不能仅凭侦查机关收集的相关证据来进行社会危险性评估,因其控诉的立场会导致所收集的证据具有偏向性。这也是目前的社会危险性评估效果不明显的重要原因。采取中立第三方评估可以借鉴我国一些地方未成年人检察工作及国外羁押实践中已行之有效的方法。

2. 对社会危险性条件的细化

证据是确定"小前提"——社会危险性相关事实的关键,而对社会危险性条件的细化则是对"大前提"——法律规定的完善。《人民检察院刑事诉讼规则》和《关于逮捕社会危险性条件若干问题的规定(试行)》等对法定社会危险性条件进行了细化,这对于侦查机关如何收集社会危险性证据,如何认定社会危险性条件都发挥了重要的指引作用。细化社会危险性条件,还需要关注两方面的内容。一是应当针对不同类型的犯罪进行专门规定和指导。区分严重犯罪(如危害国家安全犯罪、严重影响老百姓安全感的"两抢一盗"、电信诈骗、杀人、毒品等犯罪)和较轻犯罪(如轻伤害犯罪、交通肇事等过失犯罪,破坏市场经济秩序、社会管理秩序犯罪),对严重犯罪和较轻犯罪应适用不同的社会危险性审查标准,对较轻犯罪应当适当降低逮捕率。而对严重犯罪,作出不捕决定应当十分慎重。二是需要进一步回应实践关切。对一些实践中常常遇到但尚未由上述细化规定所囊括进去的影响社会危险因素进行研究和落实,如无法确定真实身份、无固定职业、收入、住所等。

3. 注意运用逻辑法则和经验法则

社会危险性具有未然可能性、具体客观性、动态性和法定性几个特点,[③]这些

---

① 参见蓝向东:《美国的审前羁押必要性审查制度及其借鉴》,载《法学杂志》2015 年第 2 期。

② 检察机关通过委托未成年人保护组织、社会工作者等中立的第三方机构,对涉罪未成年人的性格特点、家庭情况、社会交往、成长经历以及实施犯罪前后的表现等情况进行社会调查,对其人身危险性进行综合评估,以此作为检察机关落实少捕慎诉理念,实施个别化处遇的参考。参见张立、朱香山、邢曼:《未检工作开出"岭南之花"——广东东莞:探索未成年人检察工作社会化支持体系》,载《检察日报》2016 年 6 月 18 日,第 2 版;徐德高、葛明亮:《南通崇川区检察院委托专业社工组织帮教涉罪未成年人》,载正义网,http://www.jcrb.com/procuratorate/jckx/201503/t20150326_1490967.html,最后访问日期:2017 年 3 月 20 日。

③ 参见黄河等:《审查逮捕方法论》,载《侦查监督指南》2015 年第 3 辑。

特点使判断、认定社会危险性时需要运用逻辑法则和经验法则。首先,社会危险性的具体客观性和定性特点要求将运用逻辑法则作为基础。正确理解作为大前提的社会危险性的具体条件,准确收集作为小前提的证明社会危险性的客观证据,最终依靠“三段论”的逻辑法则得出结论。其次,经验法则是关键。法学方法论早已证明,单纯的逻辑法则不能自行,因为规范与事实都不是如数字般精确的。社会危险性的未然可能性、动态性更加需要我们加强对经验法则的运用。经验法则是从经验中归纳出来的有关事物属性及事物之间因果关系的一般知识和法则,它是人们在长期的生产、生活和科学研发过程中形成的关于外部客观世界的理性认识。具体到社会危险性上,就是要综合生产生活的经验和常识,综合犯罪嫌疑人惯常的行为方式、做法、表现,综合社会环境、文化因素等,判断犯罪嫌疑人的社会危险性大小。当然,经验法则还可以上升为对大前提的细化固定,方便审查者判断。但生活事实是无限的。“谁在起草法律时就……可能完全预见全部的构成事实,它们藏身于无尽多变的生活海洋中,何曾有一次被全部冲上沙滩?”①所以需要我们充分发挥自身的能力和智慧,熟练运用逻辑法则和经验法则,秉持客观公正、平和理性的态度和理念,以“心中充满正义,目光往返于规范与事实之间”的方式来完成对社会危险性条件的审查。

(三)羁押审查的一体化

羁押审查一体化,是指对犯罪嫌疑人、被告人的羁押审查——逮捕、延长侦查羁押期限、羁押必要性审查——应当“一体化”对待。传统的羁押程序是以证据条件为核心,以服务侦查为目的,是导致“一押到底”的根源。而以社会危险性条件为核心的一体化是对此的反对。社会危险性条件不仅是逮捕的核心条件,也应当是所有羁押审查的核心条件,以社会危险性件为核心,我们应当构建起羁押审查的一体化机制。羁押审查一体化是理念的一体化、条件的一体化、方式的一体化。其中,理念的一体化是基础,条件的一体化是关键,方式的一体化是保障。

1. 理念的一体化

羁押审查应当具备共同的理念,如本专题所倡之人权保障、司法审查、比例原则等。必须反对为了侦查、办案需要进行羁押的错误理念。羁押应当具有正当性和节制性,应当贯穿逮捕、延长侦查羁押期限、羁押必要性审查始终。羁押的正当

---

① [德]拉德布鲁赫:《法学导论》,米健、朱林译,中国大百科全书出版社1997年版,第106页。

性首先体现在合法性上,羁押应当符合法定的标准和条件,这是最低标准。其次,在合法性的基础上要关注实质处理结果的合理性,即可能判处徒刑以上的刑罚。这就要求对法定羁押条件、程序等作出正当性解释,在司法适用时以结果合理性为引领。合法性和合理性构成羁押的正当性原则。羁押的节制性要求在人权保障、比例原则的引领下尽量减少羁押、缩短羁押时间、杜绝不必要的羁押。

2. 条件的一体化

羁押审查条件的一体化是指逮捕、延长侦查羁押期限、羁押必要性审查的条件的一致性。这种一致性不是指几种羁押审查所有的条件完全一致,而是核心条件即社会危险性条件的一致,逮捕、延长侦查羁押期限、羁押必要性审查的共同核心条件就是社会危险性条件。必须指出的是,社会危险性条件应当成为逮捕、延长侦查羁押期限、羁押必要性审查的共同核心条件,并非要让后两种羁押审查附属于逮捕;相反,随着侦查的进行,证据、刑罚条件往往更加清晰,而社会危险性条件往往是变动的,原来的社会危险性可能消失,较大的社会危险性可能变小。这也充分显示了对后续两种羁押进行审查的必要性。

(1)延长侦查羁押期限的条件。我国《刑事诉讼法》第154条、第156条、第157条规定了延长侦查羁押期限的条件。[①] 从表面上看,法律明文规定的延押条件与社会危险性似乎没有任何的关系,而均是案情重大、复杂、期限届满不能侦查终结等。但是,应当对该条文进行限制解释——至少还应加入两个条件:"符合逮捕条件"和"犯罪嫌疑人有继续羁押必要"。之所以只规定了以案情重大、复杂、期限届满不能侦查终结等延押条件,这是立法者在立法技术上的简化。[②] 正确理解上述条款的真实含义,需要采取目的解释的解释方法。耶林指出:"目的是全部法律的创造者。每条法律规则的产生都源于一种目的,即一种实际的动机。"[③]"解释方法之桂冠当属目的论之解释方法,因为只有目的论的解释方法直接追求

---

① 《刑事诉讼法》第156条规定的延长侦查羁押期限的条件是"案情复杂、期限届满不能终结"。第156条规定的延押条件是:"下列案件在本法第一百五十六条规定的期限届满不能侦查终结的,省、自治区、直辖市人民检察院批准或者决定,可以延长二个月:(一)交通十分不便的边远地区的重大复杂案件;(二)重大的犯罪集团案件;(三)流窜作案的重大复杂案件;(四)犯罪涉及面广,取证困难的重大复杂案件。"第159条规定的延押条件是:对犯罪嫌疑人可能判处10年有期徒刑以上刑罚,依照本法第158条规定延长期限届满,仍不能侦查终结的。

② 如同《刑法》分则条文不可能将"行为人有责任能力""达到刑事责任年龄"等分别规定,而是将其在总则予以规定。

③ 参见[美]E. 博登海默:《法理学:法哲学与法律方法》,邓正来译,中国政法大学出版社2004年版,第114页。

所有解释之本来目的,从中最终得出有约束力的重要的法律意思。”[①]之所以要加入两个限制条件,是因为仅仅将羁押服务于侦查需要显然不具有正当性、合理性。[②] 我们认为,“符合逮捕条件”和“犯罪嫌疑人有继续羁押必要”是上述条款的当然、默示条件,是延押的底线条件,而“案情重大、复杂、期限届满不能侦查终结”是延押的高线条件。对于“不符合逮捕条件”和“犯罪嫌疑人没有继续羁押必要”的,不需要再考虑“案情重大、复杂、期限届满不能侦查终结”问题。正确理解延押条件,还可采取体系解释之方法。“法律条文只能当它处于与它有关的所有条文的整体之中才显出其真正的含义,或它所出现的项目会明确该条真正含义。有时,把它与其他条文——同一法令或者同一法典的其他条款——比较,其含义也就明确了。”[③]《刑事诉讼法》第93条规定的羁押必要性审查贯穿整个捕后羁押直至判决的全过程。如果犯罪嫌疑人已经没有羁押的必要性,当然应当改变被羁押状况。羁押必要性审查在逮捕后的任何时间均可进行,在延押审查时当然也应当进行。在延押时进行羁押必要性审查,就需要加入“符合逮捕条件”和“犯罪嫌疑人有继续羁押必要”。因此,社会危险性条件同样是延长侦查羁押期限的核心条件。

(2)羁押必要性审查的条件。《刑事诉讼法》第93条规定了羁押必要性审查,《人民检察院刑事诉讼规则》第579条和第580条规定了羁押必要性审查的条件。羁押必要性审查的条件概括起来包括:证据条件、刑罚条件、社会危险性条件、比例原则、羁押期限届满。在这些条件中,羁押期限届满其实根本不需要审查,本来就应当放人;证据条件、刑罚条件同逮捕条件一样,仍然是前提条件;比例原则(继续羁押犯罪嫌疑人、被告人,羁押期限将超过依法可能判处的刑期的)是羁押必要性审查的一个重要独特条件;社会危险性条件仍然是核心条件。世界许多国家的立法和司法经验表明,羁押必要性审查同样是审查证据条件、刑罚条件和社会危险性条件,尤其应侧重于社会危险性条件。[④]

3. 方式的一体化

羁押审查方式的一体化是指逮捕、延长侦查羁押期限、羁押必要性审查应当以一致的方式来进行,羁押必要性审查可以在审查延长侦查羁押期限中同时进

① [德]汉斯·海因里希·耶赛克、托马斯·魏根特:《德国刑法教科书》,徐久生译,中国法制出版社2001年版,第193页。

② 参见陈瑞华:《问题与主义之间》,中国人民大学出版社2003年版,第214页。

③ [法]亨利·莱维·布津尔:《法律社会学》,许钧译,上海人民出版社1987年版,第70页。

④ 参见高景峰:《羁押必要性审查制度研究》,载《国家检察官学院学报》2012年第6期。

行。这种一致与审查逮捕方式的改革相结合,就要求采取实质化、司法化的方式来进行。传统的延押审查方式是书面审、行政审,导致延押审查完全成为走过场、盖图章。例如,某省2010年批准延长羁押期限的比例为99.54%。[①] 为解决此问题,2016年《人民检察院办理延长侦查羁押期限案件的规定》规定了实质化、司法化审查的方式。一是提请延长侦查羁押期限的侦查机关或部门应当对延押的理由进行实质的证明或说明。二是检察机关应当对延押案件进行实质审查。应当对犯罪嫌疑人是否构成犯罪、是否需要逮捕、有无继续羁押必要等进行认真审查。三是应当采取司法化的审查方式。办理延押案件的检察官应当充分听取侦查机关、犯罪嫌疑人及其辩护人的意见,以保障犯罪嫌疑人的人权、体现司法公正。[②]

四、关于逮捕的双层次证明标准

证明标准是证明活动的方向和准绳,在证明各要素中处于核心地位。证明标准是指承担证明责任的人提供证据对案件事实加以证明所要达到的程度。[③] 关于逮捕的证明标准应当是双层次的,第一层次是对逮捕犯罪事实的证明标准,第二层次是对社会危险性的证明标准。[④] 双层次证明标准符合刑事证明的基本原理。一是不同的证明对象涉及诉讼利益的重要性不同,需要用不同的证明标准。逮捕犯罪事实证明决定当事人是否被作为犯罪嫌疑人而受到刑事追诉,对其人身权益影响最大,应适用相对较高的证明标准。而社会危险性相对次之,故应当适用较低的证明标准。二是证明对象的性质不同,需要用不同的证明标准。逮捕犯罪事实属于实体性证明对象,是刑事诉讼需要解决的中心问题;逮捕社会危险性证明属于程序性证明对象,且属于未来可能发生的情形,证明难度更大,容易陷入证明困境。

将逮捕证明标准进行分层,对于事关重大人身权益的证明采用严格的证明方式,在证据标准、证据种类、查证属实等方面均体现严格性,有利于严防冤假错案,保障犯罪嫌疑人的人权。同时,对于程序性事实采取自由证明方式,区分对象、区别对待,有利于保障社会危险性证明在逮捕证明中的核心地位,降低诉讼成本、提

---

① 参见项谷、姜伟:《人权保障观念下羁押必要性审查制度的诉讼化构造》,载《政治与律》2012年第10期。

② 参见刘福谦:《〈人民检察院办理延长侦查羁押期限案件的规定〉解读》,载《人民检察》2016年第19期。

③ 参见樊崇义主编:《证据法学》,法律出版社2012年版,第344页。

④ 关于刑罚条件的证明,理论界和实务界争议不大,故本专题不再讨论。

高诉讼效率。双层次证明标准也是司法责任制改革的现实需求。首先，审查逮捕由三级审批转变成检察官独立承办并终身负责，为防止检察官为了规避责任风险而擅自抬高逮捕证明标准，降低控制犯罪能力，通过分层次处理方式，提升逮捕证明标准的可操作性，满足审查逮捕的现实需要。其次，双层次逮捕证明标准体系的核心在于社会危险性的证明标准，突出了程序性证明的地位和作用，凸显了侦查监督的品质和特色，与检察机关公诉部门的案件审查标准也形成了明显差异。

(一) 逮捕犯罪事实证明标准的多维度解读

对于“有证据证明有犯罪事实”，理论上存在较多争议：有论者认为，该标准过高，等同于公诉、审判的犯罪事实证明标准；有论者认为，该标准过低，对证据几乎没有质量的要求；有论者认为，该标准的理解存在歧义，不能有效指导实践；也有论者认为，该标准比较合理。① 为正确适用逮捕犯罪事实的法定证明标准，有必要从法律规定本身出发，用解释论的方法，多维度解读逮捕犯罪事实证明标准。

1. 正向解读：有证据证明有犯罪事实就是“基础犯罪构成事实证据齐备”

“基础犯罪构成”是指现有证据能够证明客观存在的犯罪结果是由犯罪嫌疑人的犯罪行为所导致，具体要求为：“刑法所保护的社会关系受到侵犯有证据证明，犯罪嫌疑人有何种客观行为及造成何种后果有证据证明，犯罪嫌疑人实施客观行为时持何种心态有证据证明，犯罪嫌疑人达到法定刑事责任年龄具有刑事责任能力有证据证明。”②“证据齐备”是指在认定达到逮捕犯罪事实证明标准时，无须具备证明全部犯罪事实的证据，仅需证明数罪中的一罪、多次中的一次；不要求证据证实所有的犯罪情节，仅需证明基础犯罪构成的事实。据以证明犯罪事实的证据数量要充足，但不需要充分。“证据充分在证据数量上显然要大于证据充足。”③

2. 反向解读：能动摇基础犯罪构成认定的疑点和矛盾必须得到排除

在综合全案证据进行判断时，有矛盾和疑点是很正常的现象，如果证据“高度

---

① 参见邓亚兵：《逮捕的证据标准：一次(种)以上犯罪的定罪证据确实充分》，载《人民检察》2004年第6期；赵运恒：《逮捕证明标准的异化及其重构》，载《人民检察》2012年第3期；孙长永、黄维智、赖早兴：《刑事证明责任制度研究》，中国法制出版社2009年版，第304～305页；陈卫东主编：《刑事审前程序与人权保障》，中国法制出版社2008年版，第232～233页。

② 黄河等：《审查逮捕方法论》，载《侦查监督指南》2015年第3辑。

③ 孙谦：《论逮捕的证明要求》，载《人民检察》2000年第5期。

一致”反而要警惕作假的可能,如“复制粘贴”式讯问笔录。但是,绝不能存在动摇“基础犯罪构成”的矛盾和疑点,否则案件事实的认定不具有科学性,不能认为达到了证明标准。疑点排除的方法:首先发现和检验疑点,审查案件时刻保持对证据和事实的警惕,注意发现矛盾和可疑之处,一旦发现即应核实。然后采用经验法则和逻辑法则进行全方位审视,检查和验证矛盾点和疑点能否被合理解释,通过进一步收集运用证据或者深入地对证据进行综合分析,有效排除疑点,确定事实可否认定,得出相应的结论。

3. 底线解读:事实不能没有、人头不能搞错的内心确信

底线是从事物或者问题的最低程度、临界值方面进行思考。坚决禁止冲破应当坚守的法律底线,这是检察机关审查逮捕的基本要求,也是防止冤假错案、保障人权的底线。同时,它又是主观标准,是检察官在作出逮捕决定时内心确信的标准。大陆法系国家和英美法系国家的证明标准均采用主观标准:前者采用职权主义诉讼模式,从裁决者的角度将证明标准界定为“内心确信”;后者采取当事人主义,控方证明标准必须达到“排除合理怀疑”。[①] 证明标准应当包含着主客观两方面的标准,包含(或者属于)主观性标准,反映出证据制度的核心就在于确保形成准确的内心确信,这既与自由心证制度的要求相符合,也有助于强化案件事实裁决者的重要地位和重大责任。[②]

三个维度的解读是有机统一的整体。“基础犯罪构成事实证据齐备”着眼于建构,主要体现为积极和肯定的标准,适用于采用证据证明待证事实,是对积极证明活动的评价;“能动摇基础犯罪构成认定的疑点和矛盾必须得到排除”则着眼于解构,主要体现为消极和否定的标准,即在证明过程中寻求其薄弱环节,发现、检验和消除疑点与矛盾;[③]“事实不能没有、人头不能搞错”是客观见之于主观的内心确信,也是底线要求,更加注重经验法则运用,力求从主客观相统一的角度来解释证明标准。

(二)逮捕社会危险性的证明标准

逮捕社会危险性要件在立法和司法中,经历了从无到有、从笼统到具体、从被

---

① [法]卡斯东·斯特法尼等:《法国刑事诉讼法精义》(上),罗结珍译,中国政法大学出版社1999年版,第35页;宋英辉、孙长永、刘新魁:《外国刑事诉讼法》,法律出版社2006年版,第221页。

② 参见沈德咏主编:《严格司法与诉讼制度改革——推进以审判为中心的刑事诉讼制度改革策论》,法律出版社2017年版,第108~109页。

③ 参见龙宗智:《中国法语境中的“排除合理怀疑”》,载《中外法学》2012年第6期。

忽视到被重视的发展历程。立法上,我国1996年修改《刑事诉讼法》时,作了比较明确的规定,2012年《刑事诉讼法》将其细化为五种特定情形。司法实践中,在相当长的时间内处于可有可无状态,直到近年来才引起人们的重视。2012年《刑事诉讼法》修改后,社会危险性审查在审查逮捕工作中比重逐渐提高,但司法实务部门仍普遍反映在责任承担方面争议较大,认定标准上很难把握。最高人民检察院、公安部《关于逮捕社会危险性条件若干问题的规定(试行)》的出台,解决了社会危险性是否要证明、证明责任由谁承担以及证明模式等一些重大问题,为司法实践提供了一定遵循。

1. 逮捕社会危险性证明的要素

逮捕社会危险性的审查和认定也需要采用司法证明的模式和规则,用证据加以证明。侦查机关作为取证主体,应当承担证明责任。检察官作为决定者进行权威的验证和判断,犯罪嫌疑人及其辩护律师可以在该程序中提供证据、发表意见。逮捕社会危险性有两种证明模式:一是说明模式。如果提请逮捕犯罪事实足以表明犯罪嫌疑人具有人身危险性,侦查机关就无须再提供相关的证据材料,但应当在提请逮捕时专门予以说明。二是证明模式。如果提请逮捕的犯罪事实并不能当然地表明犯罪嫌疑人具有人身危险性,则侦查机关仍然需要另行收集和固定犯罪嫌疑人具备社会危险性条件的证据,在提请逮捕时一并随案移送。

社会危险性的证明有其特殊性。作为程序事实的社会危险性是一种可能、概率,这就决定了它很难由证据直接证明,而是采用推定的方法进行间接证明。推定分为法律推定和事实推定。《刑事诉讼法》第79条第2款规定的"径行逮捕"是一种法律推定。事实推定需要满足三个条件,即基础事实、法律行为和允许反驳。[①]《关于逮捕社会危险性条件若干问题的规定(试行)》总结实践经验,明确了犯罪嫌疑人在犯罪前后19种情形,作为推定的基础事实,据此可以推定具有社会危险性,如是否具有妨碍诉讼的违法记录、以犯罪所得为主要生活来源、滋扰被害人、举报人、控告人的正常生活、工作等。《人民检察院刑事诉讼规则》第140条规定的内容也是据以推定的基础事实,具备其中情形之一的可以推定犯罪嫌疑人的社会危险性较小或没有,如自愿达成和解协议、共同犯罪中的从犯、胁从犯、过失犯罪后有效控制损失或积极赔偿损失等。可见,对社会危险性的证明,多数情况下呈现"证明(基础事实)+推论(待证事实)"的结构,即社会危险性的大小存否,

① 参见陈瑞华:《事实推定的原则与方法》,载《人民检察》2007年第21期。

并非运用证据直接证明,而是基于基础事实进行推论的结果。[①] 推定降低了证明难度,解决了逮捕社会危险性证明中多年困扰实践的难题。[②]

2. 逮捕社会危险性证明标准的实务界定

学界对于社会危险性条件的证据应采取何种证明标准存在差异,有主张优势证据、合理根据证明标准、高度盖然性等几种证明标准。[③] 我们认为,对逮捕社会危险性的证明应确立优势证据的证明标准为宜。理由如下:

一是充分考虑社会危险性具有难以证明的特点。逮捕社会危险性具有主观性、盖然性、动态性的特征,这使对危险性证明存在较大难度。虽然《关于逮捕社会危险性条件若干问题的规定(试行)》明确了可以采用推定方法,但难以完全列举,案件中还将出现新的情况,犯罪嫌疑人和辩护人也会提出反证事实,强化事实与弱化事实也会并存,这些都为社会危险性证明和标准掌握带来困难。

二是充分考虑人权保障与惩罚犯罪的平衡。犯罪事实证明标准与社会危险性证明标准同时设置很高标准,等于在逮捕阶段为刑事诉讼设定了过高的入罪门槛、羁押门槛,在侦查初期取证难以充分的情况下,会影响国家对犯罪的控制,影响人民群众的社会安全感。相反,二者如果同时设置得很低,则会对犯罪嫌疑人的人权造成重大的侵害,甚至使无辜的人被剥夺人身自由。为此,双层次证明标准的互补模式有利于实现惩罚犯罪与保障人权的平衡,防止顾此失彼、价值失衡。

三是充分考虑对司法效率的合理追求。侦查初期任务紧迫繁重,取证难以充分,如果设置过高的社会危险性证明标准,侦查机关难以承受,可能会导致大量案件难以达到证明标准,无法采取必要的逮捕措施,难以有效继续侦查,或者导致社会危险的证明愿望落空,使司法解释成为一纸空文。因此,充分考虑诉讼成本、诉讼效率和诉讼效益的需求,采用优势证明标准,提高司法实践的可操作性,是很有必要的。

五、关于审查逮捕程序的诉讼化转型

一直以来,关于我国审查逮捕程序存在诸多批评声音,包括逮捕行政化审批、

---

① 参见万毅:《逮捕程序若干证据法难题及其破解——法解释学角度的思考》,载《西南民族大学学报(人文社会科学版)》2015 年第 2 期。

② 参见孙茂利、黄河:《逮捕社会危险性有关问题研究——兼论〈最高人民检察院 公安部关于逮捕社会危险性条件若干问题的规定(试行)〉的解读》,载《人民检察》2016 年第 6 期。

③ 参见刘慧玲:《逮捕社会危险性的证明》,载《人民检察》2013 年第 3 期;闵春雷:《论审查逮捕程序的诉讼化》,载《法制与社会发展》2016 年第 3 期。

司法属性不明显、信息来源单向、无法兼听则明以及缺少司法救济途径等。在司法体制改革背景下，实现逮捕诉讼化转型，有利于回归逮捕司法属性，有利于完善人权司法保障。最高人民检察院《"十三五"时期检察工作发展规划纲要》已经明确提出"围绕审查逮捕向司法审查转型，探索建立诉讼式机制"的改革目标。①

（一）逮捕诉讼化转型的意义

逮捕诉讼化转型，是指改变以往审查逮捕程序书面、封闭、行政化审查方式，构建一种检察官居中裁断，侦查机关、辩护律师充分参与、相互对抗的司法审查程序。逮捕诉讼化转型，不仅有比较法基础和国外经验可供借鉴，而且对于改革和完善我国审查逮捕制度具有重要意义。

1. 从封闭审理走向诉讼化审查，符合审查逮捕的司法属性

司法活动有两方面的特征：一是在活动方式上，司法主体直接审理案件，确定事实和法律适用，具有亲历性、判断性和独立性；二是在行为构造上，采用对抗与判定的"三方组合"结构，司法主体在兼听双方意见的基础上判断和处置。逮捕作为最严厉的刑事强制措施，是对公民权利的重大干预，涉及人身自由的宪法权利，唯有经过司法程序，决定方可取得正当性。这是联合国《公民权利和政治权利国际公约》设专条对羁押的司法审查作出明确要求的基本原理。② 2012 年《刑事诉讼法》增加规定人民检察院审查批捕时讯问犯罪嫌疑人和听取辩护律师意见的程序，提出了捕后继续羁押必要性审查要求。这为检察机关实现审查逮捕诉讼化奠定了基础。通过诉讼化审查，实现逮捕程序的兼听则明，以公开促公正、以公正促公信，从而更好地保障犯罪嫌疑人诉讼主体地位和诉讼权利。

2. 逮捕诉讼化转型契合司法责任制改革的内在要求

以司法责任制为核心的司法改革，突出检察官的办案主体地位，实现让审理者裁判、由裁判者负责，保障检察官依法独立办案、独立定案。司法责任制对办案组织、办案程序的改造，是对司法规律的遵循，使检察官办案过程体现亲历性、办案决定具有裁决力，使逮捕决定的事实调查、证据展示、意见听取、控辩对抗、裁决结果均能形成于公开审查之中，使逮捕程序具备司法审查的核心要素。同时司法责任制改革要求在裁决中体现和保障程序正当，而对审查逮捕进行适当诉讼化改

---

① 参见最高人民检察院：《"十三五"时期检察工作发展规划纲要》；戴佳、徐日丹：《"十三五"时期检察工作发展规划纲要发布》，载《检察日报》2016 年 9 月 2 日，第 1 版。

② 参见陈卫东：《逮捕程序司法化三题》，载《人民检察》2016 年第 21 期。

造,能够充分听取侦辩双方意见,拓宽获取监督线索渠道,破解封闭式审查弊端,及时发现侦查违法行为,有效化解非法证据发现难的现实困境,尽早排除非法证据,防止冤假错案。

3. 逮捕诉讼化审查顺应了国际人权保障的主流趋势

逮捕关系到公民人身自由这一基础性权利,国际公约中对于羁押司法审查有着明确的规范依据,比如,《世界人权宣言》第 9 条规定,“任何人不得加以任意逮捕”,这里的任意是指违背法律正当程序的羁押。再如,《公民权利和政治权利国际公约》也强调逮捕审查与决定程序的正当化、司法化要求。中国是联合国安理会常任理事国,对于签署与批准的一系列国际公约具有信守并适用的国际义务。从世界主流来看,对审前羁押一般采取司法审查制,对审前程序进行诉讼形态设计,使之形成侦辩对抗、由司法官居中裁决的格局。

(二)逮捕诉讼化的现状和难题

近年来,检察机关逐步开始探索逮捕的诉讼化、司法化的工作方式。诉讼化探索主要围绕案件范围、参与人员、程序启动、审查地点而展开。

关于案件范围。大部分省市试点范围规定在社会危险性条件方面有争议的案件,有的拓展到案情重大、疑难、复杂的案件,检察机关与侦查机关在是否构成犯罪存在重大争议的案件,社会高度关注的案件,以及涉及专业知识需要听取专业意见的案件等。除正面规定了适用逮捕诉讼化审查的案件外,一些地方还规定了不适用逮捕诉讼化审查的案件范围。主要集中于事实证据存疑的案件,应当径行逮捕的案件,以及涉及国家秘密、商业秘密和个人隐私的案件。

关于参与人员范围。目前主要是案件的利益相关方,以侦查人员和辩护律师为主,但总体来说律师参与率低。犯罪嫌疑人在有条件的地方通过远程视频方式参加,有的是把地点放在看守所,让犯罪嫌疑人直接参与审查。也有的邀请人大代表、政协委员等,最典型的如“南京虐童案”逮捕的公开审查,人大代表等独立第三方还需要对是否逮捕发表意见。

关于启动程序。目前主要是依职权和依申请两种启动模式。为充分保障犯罪嫌疑人诉讼权利,对于犯罪嫌疑人、辩护人提出申请的,符合条件的原则上都进行诉讼化审查。有的地方将申请范围扩大至犯罪嫌疑人近亲属、被害人法定代理人及其近亲属。但一般都规定并非经申请就当然启动,需要经过审核或审批。

关于审查地点。有的把逮捕诉讼化审查放在检察办案区,有的在看守所,有的则在检察机关办公场所。从当下情况看,逮捕诉讼化转型需要探索和解决以下难题:

1. 公正与效率的关系问题

公正与效率都是司法追求的价值目标,公正是法治的生命线,只有案件的处理符合法律的公平正义,司法的价值才能得以实现,而"迟来的正义并非正义",在无限的社会需求和有限的司法资源的挤压下,公正的司法也需要效率予以保障。如何实现两者的价值,是司法工作的永恒命题,逮捕诉讼化转型也是如此。逮捕诉讼化通过对强制措施的司法控制和公民人身自由权的保障,体现了司法公正。处理好司法公正与效率的关系,需要合理的程序设计,调动参与者的积极性。既要通过双层次的逮捕证明标准,解决社会危险性的证明问题,并以社会危险性为内核,构建羁押审查一体化机制;又要发挥非羁押性强制措施替代作用,使检察官能够集中精力开展逮捕诉讼化审查。

2. 程序公开与侦查保密的关系问题

诉讼化要求程序公开,这与侦查保密原则有所冲突。侦查机关普遍认为,开展诉讼化审查可能会提前暴露关键性证据和侦查取证程度(如同案犯到案及供述情况),为犯罪嫌疑人翻供提供机会;可能会使侦查机关的继续侦查线索被犯罪嫌疑人及其辩护律师掌握,为毁灭证据或者串供提供机会;可能会暴露证人,进而影响证人安全和证言稳定性。检察机关也有观点认为,检察机关还承担着打击犯罪的控方职能,侦查监督部门除了审查逮捕还要提前介入、引导侦查,因此认为提前向辩护律师和犯罪嫌疑人展示证据状况并不适宜。要求侦查机关向辩方开示证据也存在一定的法律障碍,根据现行刑事诉讼法,辩护律师在侦查阶段不能向犯罪嫌疑人核实证据,也不能查阅、摘抄、复制案卷证据材料,不能了解侦查取证具体情况。所以,逮捕诉讼化对侦查机关在审查逮捕阶段向律师开示证据,并就证据证明情况与律师展开辩论等要求,缺乏明确的法律依据,还有待理论研究和实践探索。

3. 检警、检律的关系问题

良性互动的检警、检律关系是逮捕诉讼化审查的必备要素。一方面,治安形势复杂严峻,维护稳定任务繁重,公安机关注重打击力度和效果,对批准逮捕的期望值较高。而社会危险性观念尚未完全树立,办案中重犯罪事实调查、轻社会危险性证明,提请批捕时不说明、不论证社会危险性,不提供社会危险性证明材料等情况还不同程度地存在。另一方面,侦查阶段辩护率低,司法援助尚不健全。部分检察官也存在错误认识,认为通过阅卷、讯问犯罪嫌疑人和单独听取辩护律师意见,已经能够查清事实,诉讼化审查仅具有形式意义,必要性不大。在实践中部分诉讼化审查案件不存在争议,或者已经预先有了审查结论,“先定后审”的现象,导致侦查人员、律师对逮捕诉讼化审查存在误解。

(三)逮捕诉讼化的主体问题

从我国司法实际出发,检察官作为审查逮捕主体具有理论合理性和现实必要性,是中国特色司法制度的必然要求,是我国检察制度监督优势的具体体现。逮捕诉讼化转型正是进一步保障检察官正确行使审查逮捕职能的重要途径。

1. 我国审查逮捕权归属的传统

我国在建立现代逮捕制度之后至今百余年间,审查逮捕权(羁押权)基本上一直归属于检察官。我国最早规定现代逮捕制度的法律是1911年的《大清刑事诉讼律(草案)》,根据该法第三章第二节“被告人之传唤、拘摄及羁押”之规定,羁押就相当于现在的逮捕,建立了起诉前检察官决定羁押适用、起诉后审判长决定羁押适用的模式,[①]与现在的审查逮捕权的分配完全相同。此后,民国的各部刑事诉讼法典沿袭了这种检察官执掌审查逮捕权的制度安排。[②] 中华人民共和国成立后,我国借鉴了苏联的检察监督体制,通过1954年《宪法》和《逮捕拘留条例》明确了审查逮捕权由检察机关行使。最高人民检察院确定了由侦查监督部门负责刑事案件的审查批捕工作,并建立了一整套审查逮捕程序。

2. 诉讼角色决定适格主体的正当性

逮捕关系公民人身自由这一宪法性权利,应当由司法官员经过司法审查方式作出决定。西方一些国家将逮捕审查交由法院行使,也是其司法制度中检察机关的中立性不足所致。例如,典型的大陆法系国家是由检察机关领导、指挥侦查活动的,英、美等国家将检察机关定位于指控角色。检察机关主要履行控方职能,中立性不足,因此逮捕交由法官行使,并单独设立羁押法官,将其与审判法官分离。在我国,检察机关是独立于行政机关、审判机关之外专门的法律监督机关,检察机关属于司法机关是中国特色法律制度的鲜明特点。“我国的司法机关包括法院和检察院”,[③]检察机关是“客观的官署”,法律监督的定位要求其必须秉持客观中立的立场履行职责。审查逮捕既是法律监督的方式,也是司法权属性的体现,侦查

---

① 参见《大清刑事诉讼律草案》第71条、第81条、第82条、第99条、第100条、第101条之规定。

② 参见民国时期1928年《刑事诉讼法》第六章,1945年《刑事诉讼法》第十章。

③ 陈光中、崔洁:《司法、司法机关的中国式解读》,载《中国法学》2008年第2期。

机关向检察机关提请批准逮捕,实质上是接受检察机关监督的重要方式。由于我国是检警、检审分立,由检察机关行使审查逮捕权,既能实现对侦查权的有效控制,又能实现审判权对批捕权的有效控制,形成侦查权、检察权、审判权互相制约的格局。[①] 从联合国《公民权利和政治权利国际公约》精神看,第 9 条第 3 款规定:"任何因刑事指控被逮捕或拘禁的人,应被迅速带见审判官或其他经法律授权行使司法权力的官员,并有权在合理的时间内受审判或被释放。"这里也考虑到参加该公约的世界上 100 多个国家的法律制度不同,不能"一刀切"地一律要求由"审判官"决定逮捕,而同时提供了另一种选择。"其他经法律授权行使司法权力的官员",重点是独立"行使司法权力"。即逮捕必须按照司法活动的要求运行,对社会公众是公开的、透明的,对当事人是参与的、保障的,决定者自己是中立的、独立的。[②] 这既是我国审查逮捕的定位,也是审查逮捕诉讼化改造的方向,检察机关具备保证审查逮捕司法审查属性的条件。

根据司法亲历性原则的要求,各国为防止法官在庭审前对案件形成预判,纷纷设计了阻断、防范的程序。[③] 我国"以审判为中心"的诉讼制度改革的方向也是保证法官能在庭审中对案件形成判断,防止庭前预断和庭后审理。如果将批准逮捕权交由法官行使,法官势必要庭前阅卷,甚至接触当事双方听取意见,我国由于并未设置独立的羁押法官体系,主体的同一性可能导致审判法官形成主观预断。甚至,对于批捕后再作出无罪判决,法官将面临自我否定的困境,法院由于逮捕职能的行使客观上导致其站在了控方立场上,影响了审判中立性,还可能出现"一错到底"的危险局面。

3. 检察机关行使审查逮捕职能的有效性

正如前文所说,审查逮捕具有惩罚犯罪与保障人权的双重功能。检察机关经过多年的实践,已经积累了丰富的经验,在依法履行审查逮捕职能、坚决维护国家安全和社会稳定的同时,高度重视人权司法保障,一直对逮捕权的行使秉持慎之又慎的态度。坚持"凡逮捕均依法逮捕,凡不捕均依法不捕",在保障刑事诉讼顺利进行的前提下,尽可能减少羁押,人权保障不断加强,批捕率逐年下降。从检察机关内部设置来看,审查批捕部门与审查起诉部门分立,保证了审查逮捕程序的

---

① 朱孝清:《中国检察制度的几个问题》,载《中国法学》2007 年第 2 期。

② 参见顾永忠:《关于未决羁押的几个理论与实践问题——兼谈我国逮捕制度的改革路》,载《河南社会科学》2009 年第 6 期。

③ 如日本的"起诉书一本主义",阻断法官通过起诉材料产生预断的可能,再如,美国的陪审团制度,通过详细的制度设计阻断裁判者(陪审团员)在庭外对案件形成认知。

独立性,也在检察机关内部形成了对批捕权的有效制约。近年来进行的逮捕诉讼化转型改革,推行的司法责任制改革,也是为了使一线办案检察官成为有职有权、相对独立的办案主体,赋予审查逮捕主体以独立、完整的裁决权,目的就是凸显司法审查的特点,从而更好地发挥审查逮捕应有的功能。

(四)如何推进逮捕诉讼化转型

在诉讼化构建的问题上,程序的设计是至关重要的。由于我国司法体制和检察职能的特殊性,探索逮捕诉讼化需要不断加强实践创新。

1. 进一步扩大审查案件范围

对于社会危险性存有争议的案件进行诉讼化审查基本没有异议,案件审查范围主要集中在能否包括事实证据存疑的案件。这涉及协调侦查保密与逮捕公开的关系。侦查保密并非绝对原则,2012年欧盟通过的被追诉人信息知悉权指令中已经明确要求欧盟成员国在决定羁押时应当事先告知辩方所有的侦查证据与材料。[①] 更为关键的是,审查逮捕程序本身不是侦查程序,而是侦查阶段中的司法审查程序,在审查逮捕过程中应当奉行司法权内在的规律,而不是完全遵守侦查程序的相关原则。[②] 总体来看,确定诉讼化审查案件范围应兼顾打击犯罪和保障人权的平衡,对于某些罪与非罪存在重大争议的案件、存在重大非法取证嫌疑的案件,在充分听取侦查机关意见的基础上,可以就证据问题开展诉讼化审查。

2. 突出对社会危险性条件的审查

社会危险性条件是判断是否应当羁押的关键。逮捕诉讼化的审查重点也在于社会危险性条件,通过推动侦查机关强化对社会危险性的证明,从而进一步降低审前羁押率。审查社会危险性过程实际上也是检察官行使裁量权、进行综合衡量的过程。因此,需要完善社会危险性评估机制,按照一定的规则,评估犯罪嫌疑人社会危险性的大小,实现评估因素、评估程序的标准化和客观化,提高审查结论的规范性和可靠性。在社会危险性审查中,需要注意与认罪认罚从宽制度的对接。认罪认罚是犯罪嫌疑人不具有社会危险性的重要标志,在国外审前羁押的审查中,认罪会影响法官对被告人重新实施犯罪、逃庭等潜在危险性的判断。[③] 虽然目前认罪认罚从宽制度试点仅限于犯罪嫌疑人、刑事被告人自愿如实供述自己

---

① 参见陈卫东:《逮捕程序司法化三题》,载《人民检察》2016年第21期。
② 参见陈卫东:《逮捕程序司法化三题》,载《人民检察》2016年第21期。
③ 参见蓝向东:《我国审前羁押制度问题研究》,人民法院出版社2015年版,第63页。

罪行,对指控的犯罪事实没有异议,同意人民检察院量刑建议并签署具结书的案件,但是要发挥该项制度加强人权司法保障、提升司法公正效率的目的,就应当在侦查阶段尤其是审查逮捕程序中予以对接。因此,应当探索将犯罪嫌疑人认罪认罚作为考量社会危险性的重要因素,并纳入逮捕诉讼化审查的内容。

3. 加强对证据合法性的诉讼化审查

逮捕诉讼化转型既是深化司法责任制改革的重要举措,又是贯彻以审判为中心刑事诉讼制度改革强化审前程序司法控制的重要路径。这要求在审查逮捕过程中全面贯彻证据裁判原则,强化对证据的精细化审查,既要重视审查证据内容的真实性,也要重视审查证据来源的合法性。传统的审查逮捕方式中,检察官获取的信息往往是依赖于侦查机关形成的案卷和证据,具有单向性,难以发现非法证据,影响对证据能力和证明力的判断。逮捕诉讼化审查制度一方面是基于逮捕的羁押职能,有效降低羁押率;另一方面随着对审查逮捕职责的全面体现,诉讼化审查案件范围和审查内容也将扩大,更多关注证据合法性,加强侦查权控制,发挥审查逮捕作为检察机关防范冤假错案第一道关口的作用。

4. 合理设置审查程序

结合各地探索实际,诉讼化审查程序要在流程设计、参与人员、参与地点等方面予以明确。第一,案件繁简分流。应当充分考虑效率和公正之间的平衡。现阶段,不能"一刀切"要求所有案件都实行逮捕诉讼化审查,也不宜将每一个诉讼化审查案件都经过复杂的程序,而应当根据案件的不同需要,当繁则繁,当简则简。西方国家庭审时间不长,如英国繁忙的治安法院的保释庭审平均时间只有 6 分钟,美国一般案件的初次聆讯也只有几分钟。① 结合我国速裁程序、认罪认罚从宽制度试点,针对轻刑认罪认罚案件,完全可以简化流程,协调三方到场、说明理由、当场宣告。而重大、疑难、复杂案件,则不能是简单的各方发表意见,而要有举证、质证和认证规则。第二,参与人员差别化。不同类型案件的逮捕诉讼化审查范围是有差别的。对于涉及案件事实证据内容的,参与范围仅限定为辩护律师、侦查人员、犯罪嫌疑人,并且应当要求参与的辩护律师签订保密协议。对于案件事实清楚、犯罪嫌疑人认罪、社会危险性有争议的案件,为了充分调查了解犯罪嫌疑人的社会危险性状况,促进社会矛盾化解,可以吸纳犯罪嫌疑人亲友、第三方评估监管机构等相关人员参与。第三,参与地点规范化。为了促进逮捕诉讼化审查的规范化,应当在专门的司法办案区进行。检察机关举行审查的场所应与现行办

---

① 参见江涌:《未决羁押制度的研究》,中国人民公安大学出版社 2011 年版,第 125 ~ 126 页。

公区域分离,体现司法行为的公正性、庄重性。

5. 转变审查逮捕具体办案形式

随着审查逮捕逐步由行政审批向司法审查转变,具体办案形式也需要相应转变。一是权限下放。通过制定检察官权力清单,将普通案件是否批准逮捕的权力赋予检察官,有利于增强检察官对于逮捕中社会危险性条件的重视程度。二是简化文书、笔录。供内部审批使用的《审查逮捕意见书》在审查逮捕办案中耗费了大量精力和时间,在司法责任制改革后,层报审批模式扁平化为检察官决定模式,因此,探索通过同步录音录像和诉讼化审查笔录取代《审查逮捕意见书》和讯问笔录的部分功能,简化审查逮捕意见书制作,既可以客观反映审查过程,发挥排除非法证据和证实供述合法性的作用,防止犯罪嫌疑人翻供,又可以提高办案效率。三是公开宣告。逮捕公开审查后,根据司法责任制和检察官权力清单情况,可以由检察官当场作出决定,进行公开说理,这有助于参与各方了解裁判依据,支持检察官决定,提高各方参与的积极性,同时彰显司法公正,提高司法公信力。

6. 完善法律援助制度

限于知识结构、文化程度等客观原因,绝大部分犯罪嫌疑人并不真正理解逮捕条件和社会危险性含义,很难真正参与到诉讼化审查中,需要借助辩护律师为其充分表达观点诉求。但司法实践中,许多案件在侦查阶段缺乏律师介入,听取律师意见和逮捕诉讼化审查都难以开展。应当完善审查逮捕阶段法律援助机制,建立稳定、便捷的法律援助程序。与公诉阶段的认罪认罚从宽、速裁程序对接,建立值班律师制度,①在看守所设立法律援助值班律师,为犯罪嫌疑人提供免费法律帮助,释明逮捕条件和社会危险性含义,参与逮捕诉讼化审查,提高审查逮捕案件的辩护率。

7. 健全司法救济措施

结果可救济是诉讼化审查程序应当具备的核心要素。② 西方各国在构建司法权对侦查羁押权力制约机制时,通常不仅重视事前对羁押合法性和必要性进行审查,也强调在事后为犯罪嫌疑人提供畅通的司法救济途径。英美法系国家主要是在押犯罪嫌疑人在诉讼的各个阶段可以随时申请保释或人身保护令,大陆法系

---

① 或者称"公设辩护人"制度。国际上,不仅美国等发达国家设有公设辩护人事务所,巴西、智利和秘鲁等南美国家针对本国羁押率过高问题,也通过司法改革设立了公设辩护人制度。

② 参见[美]迈克尔·D. 贝勒斯:《程序正义:向个人的分配》,邓海平译,高等教育出版社 2005 年版,第 22 页。

国家主要是被羁押者可以要求司法复查或者上诉、抗告。[①] 此外,各国的羁押都有一定期限,期满后继续羁押需要履行特别的延长程序。我国刑事诉讼法并未规定对批准逮捕的抗告、上诉等羁押救济程序,[②]但规定了延长侦查羁押期限审批和捕后羁押必要性审查制度。从司法实际出发,建立健全犯罪嫌疑人权利救济机制。首先,应当完善犯罪嫌疑人申诉权,履行诉讼权利告知义务,赋予犯罪嫌疑人不服逮捕或不予变更强制措施决定向上一级检察机关提出复核的权利。[③] 其次,积极开展羁押必要性审查。及时依职权或者根据犯罪嫌疑人及其辩护人申请,对逮捕后社会危险性发生变化,犯罪嫌疑人不需要继续羁押的,及时建议办案单位予以变更或者释放。最后,促进延长羁押期限全面审查。由于我国没有区分羁押期限与侦查期限,延长羁押期限的审查作为对羁押的法定控制手段和司法救济途径,就显得尤为重要。应当遵循实体审查与程序审查并重的要求,对延长羁押进行全面审查,防止犯罪嫌疑人被不当继续羁押,保障其权利。

六、结语

全面推进依法治国,建设中国特色社会主义法治体系是一个系统工程,是国家治理领域一场广泛而深刻的革命。逮捕作为刑事诉讼制度的重要组成部分,如何回应司法改革,既要符合优化司法职权配置、完善司法权运行机制等改革的内在机理,又要符合司法管理体制改革、以审判为中心等改革的外在条件,是完善逮捕制度必须面对的重要课题。

在司法改革背景下,完善逮捕制度,实现控制犯罪与保障人权的合理平衡是关键,也是专题要表达的核心理念。逮捕既是诉讼保障制度,也是人权保障制度,既要通过限制犯罪嫌疑人人身自由的方式保障诉讼进而控制犯罪,又要防止国家权力对公民人身自由的恣意侵犯。平衡公民个人自由与国家、社会利益,兼顾惩治犯罪与保障人权的目的,必须"将刑事诉讼中的强制措施定位于程序保障方面,使得羁押被限制在最必要的层面上"。[④] 逮捕的规范化、法治化必须紧紧围绕这一主线,科学设置程序,规范权力运行。具体从以下进路加以完善:一是在制度设计和司法理念上秉持司法审查原则、司法救济原则、比例原则等国际通行的审前

---

① 参见陈卫东、陆而启:《羁押启动权与决定权配置的比较分析》,载《法学》2004 年第 11 期。

② 参见卞建林:《论我国审前羁押制度的完善》,载《法学家》2012 年第 3 期。

③ 参见卞建林:《我国刑事强制措施的功能回归与制度完善》,载《中国法学》2011 年第 6 期。

④ 陈瑞华:《刑事诉讼的前沿问题》,中国人民大学出版社 2016 年版,第 684 页。

羁押原则,规制逮捕程序,限制羁押适用。[1] 二是明确逮捕法定条件之间的递进关系,突出社会危险性在逮捕和羁押条件中的核心地位,坚持证据证明,细化评判标准,完善认定方法,提高社会危险性审查的可操作性,进而构建羁押审查一体化机制,杜绝恣意逮捕,减少长期羁押。三是建立双层次的逮捕证明标准,在证明模式、证明方法等方面对犯罪事实和社会危险性区分处理,为检察官行使批准逮捕权所必须完成的自向证明提供可行依据,[2]既防错捕,又防滥押,兼顾社会安全与公民自由、侦查效率与程序正义等多方面的要求。四是探索逮捕程序的诉讼化转型,科学设置诉讼化审查范围、审查程序、配套机制,通过各方充分参与、平等对抗,检察官兼听两造、居中裁决的诉讼化程序,保障当事人尤其是犯罪嫌疑人诉权,实现对侦查机关的法律监督与程序制约,同时引入外部监督,防止司法擅断,贯彻少捕慎捕。

总之,我们从理论上探讨了影响逮捕发展的若干重大问题,对如何完善逮捕制度做了一些思考,以期对司法实践有所裨益。我们也深知,仍有许多关于逮捕的理论性和实践性问题有待深入探讨和研究。例如,逮捕是强制措施的一种、侦查阶段的一个重要节点,逮捕制度的科学构建与整个刑事强制措施体系的现代化、刑事侦查法治化的关系,需要我们深入研究。再如,在推进国家治理体系和治理能力现代化的背景下,逮捕功能如何与社会治理能力对接、如何更加有效回应社会转型要求和犯罪态势发展,也需要我们深入思考。马克思在《黑格尔法哲学批判》导言中指出,“理论在一个国家实现的程度,总是决定于理论满足这个国家的需要的程度”。司法改革背景下,我们期待理论界和实务界对逮捕问题有更多、更深入的研究,为司法实践提供科学的指引。

---

① 卞建林:《论我国审前羁押制度的完善》,载《法学家》2012 年第 3 期。

② 自向证明就是向自己证明,即证明者先提出一个假设的结论,然后去寻找证据,并按照一定规则运用证据去证明该结论是正确的或可以成立。参见何家弘:《论司法证明的目的和标准——兼论司法证明的基本概念和范畴》,载《法学研究》2001 年第 6 期。

全面依法治国背景下的刑事公诉*

孙 谦** 最高人民检察院

目 次

* 在本课题研究中,最高人民检察院陈国庆、鲜铁可、谢鹏程、徐鹤喃、刘辰、白洁、王广聪等参加了讨论并提出了诸多意见和建议,在此深表谢意。本文发表于《法学研究》2017年第15期。

** 孙谦,最高人民检察院党组成员、副检察长、检察委员会委员,二级大检察官。

习近平总书记指出："全面依法治国是坚持和发展中国特色社会主义的本质要求和重要保障，事关我们党执政兴国，事关人民幸福安康，事关党和国家事业发展。"①党的十八大以来，党中央从坚持和发展中国特色社会主义出发，以建设中国特色社会主义法治体系、建设社会主义法治国家为总目标，对全面推进依法治国作出了重大战略部署，特别是十八届四中全会《中共中央关于全面推进依法治国若干重大问题的决定》（本专题以下简称《全面推进依法治国决定》）是中国共产党历史上第一个关于加强法治建设的中央全会决定，开创了中国法治建设的新时代。在全面依法治国的大背景下，我国刑事司法制度逐步完善，朝着法治化、民主化、信息化、精细化方向发展，《全面推进依法治国决定》中特别强调"优化司法职权配置"，公诉在刑事诉讼中的地位更加凸显，职能更加丰富完善。只有按照党中央关于全面依法治国的要求，深刻认识刑事公诉制度发展的历史规律，结合刑事司法改革总体部署，完善刑事公诉制度，更新刑事公诉理念，才能推动刑事公诉工作科学发展，更好地适应全面依法治国和刑事法治建设的需要。

一、刑事公诉制度的价值与发展趋势

刑事公诉是检察机关代表国家要求人民法院审理被指控的被告人的行为，以确定被告人刑事责任并予以刑事制裁的诉讼职能。当下，对刑事公诉的相关理论和实践问题进行深入的探索，是适应全面依法治国和诉讼制度改革的需要，是推进刑事公诉工作健康、科学发展的需要。刑事公诉制度是检察制度的重要组成部分，是国家实现法治目标的重要手段。

（一）刑事公诉制度的价值

刑事公诉制度的产生，基于人们对司法权力运行中的弊端的反思，是对侦查权和审判权进行监督制约的产物，是人类司法文明进步的重大成果。我国台湾地区学者林钰雄指出，"创设检察官制度的主要目的，乃废除当时的纠问制度，确立诉讼上的权力分立原则"，②将"检察官置于法官与警察两大山谷的谷间带，既制衡法官，又监督警察，具有双重控制的作用"。③ 检察官这一角色，通过监督侦查和制约审判，把住侦查出口与审判入口，守护法律的统一正确实施。现代公诉制

① 《习近平在中国政法大学考察时强调立德树人德法兼修抓好法治人才培养　励志勤学刻苦磨炼促进青年成长进步》，载《人民日报》2017 年 5 月 4 日，第 1 版。

② 林钰雄：《检察官论》，法律出版社 2008 年版，第 6 页。

③ 林钰雄：《检察官论》，法律出版社 2008 年版，第 84 页。

度的发展，在坚持其创设初衷的同时又承担了人权保障的法治责任，成为现代司法的重要元素。在中国特色社会主义法治体系中，公诉体现出国家性与人民性的高度统一。

1. 保障国家统一行使刑罚权

刑事公诉是伴随国家对犯罪社会危害性认识的深化和国家权力强化的需要，由私人起诉发展而来的一种国家行使追诉权的起诉方式和诉讼制度。起初，基于朴素的报应观念，认为被害人本人才享有当然的起诉权利，可以启动诉讼程序，追诉犯罪。但随着犯罪形式的发展变化和对犯罪的认识不断深入，犯罪行为不再被认为是仅针对被害人的侵害，而被认为是对国家公共利益的侵害和对社会秩序的破坏，因此国家有必要、有责任以国家之名启动诉讼程序，这也是公诉制度的重要理论基础。而且犯罪形态的多样性、复杂性也决定了，私人启动刑事追诉受制于能力、精力、主观认识等方面的局限，难以完成权利的行使。出于国家统治管理的需要，针对社会秩序被破坏而私诉权又无力救济的情形，由国家行使公诉权启动诉讼的制度应运而生。在现代社会，公诉已经基本垄断了刑事诉讼起诉方式，一些国家完全取消了自诉；另有一些国家虽然在法律上保留了自诉，但实际上自诉数量已经很少，主要是作为公诉的补充而存在。在中国公诉职能是检察机关的重要职能之一，是刑事诉讼中的主要起诉方式，它有利于保障刑罚权由国家统一行使。

2. 防止法官专断与控制警察恣意

检察官制度作为警察制度和法官制度之间的一种新的制度设置，是为了防止警察的恣意和法官的滥权，以检察官的监督制约功能实现司法公正。这一意义既可以从刑事司法体系的结构及关系法理来确认，又可以通过当初设立检察官制度的背景与初衷来判断。① “检察制度出现的主要目的之一，即在于透过诉讼分权制衡模式，以法官与检察官彼此监督制约的方法，确保刑事司法行使的客观性与正确性。”②在封建纠问式诉讼下，由法官掌管追诉与审判职能，法官独揽权力，可任意启动司法程序，权力不受监督制约，导致秘密侦查与刑讯逼供盛行，严重影响司法公正。对司法公正的追求使人们反思刑事诉讼构造的弊端。随着西方权力制衡等启蒙思想的出现，纠问式诉讼逐渐退出历史舞台，法官的权力被分解为追诉（含侦查）与审判，分别由检察官和法官独立行使。由此，也催生了现代意义上的“控审分离”与“不告不理”原则，制约审判启动与限制审判范围，防止法官滥

① 参见龙宗智：《检察官客观义务与司法伦理建设》，载《国家检察官学院学报》2015 年第 3 期。

② 许春金等：《刑事政策与刑事司法》，台北，三民书局 2011 年版，第 574 页。

权。除了防止法官专断外,控制警察恣意也是检察(公诉)制度创设的价值所在。“创设检察官制度的另外一项重要功能,在于以受严格法律训练及法律拘束的公正客观官署,控制警察活动的合法性,摆脱警察国家的梦魇。”①在现代国家,随着社会治理精细化的发展,警察的权力十分广泛。基于专业化分工而产生的刑事侦查权,因涉及人身自由、私有财产、隐私等基本人权,是警察权力中最危险的一种。检察机关通过对侦查行为的监督、对侦查结果的审查、对侦查违法的调查等方式,监督警察在侦查活动中依法规范用权,防止警察恣意行使权力。在我国刑事诉讼中,检察官通过运用法定不起诉或证据不足不起诉,对无辜者进行法律宣告;通过运用相对不起诉或附条件不起诉,对微罪者予以司法宽容评价;通过排除非法证据,保障取证的合法性;通过对侦查活动的监督和引导,规范侦查权力运行。这些都起到了防止警察恣意的作用。因此,《全国推进依法治国决定》要求:“健全公安机关、检察机关、审判机关、司法行政机关各司其职,侦查权、检察权、审判权、执行权相互配合、相互制约的体制机制。”

3. 惩治犯罪与保障人权

刑事诉讼本质上是国家为了实现刑罚权而进行的专门性活动。刑事公诉是国家权力在刑事诉讼中的一种具体体现。惩治犯罪是刑事公诉的基本目的,提起公诉是实现国家追诉权的基本方式。提起公诉是对侦查结果的法律态度,表明国家将行使追诉权,对犯罪行为进行追究。另外,公诉权在将国家意志融入刑事诉讼的同时,还肩负着监督侦查和制约审判的职能。并且,随着人权意识、程序意识的不断觉醒和深入人心,公诉权行使的目标逐渐从传统的注重打击犯罪转向惩治犯罪与保障人权并重。惩治犯罪与保障人权是辩证的关系,惩治犯罪不能以侵犯人权的方式实现,否则不仅难以真正实现对犯罪的惩治,还将导致对法治的破坏;刑事诉讼中的人权保障并非为惩治犯罪设置障碍,而是在更高层次上实现惩治犯罪。保障人权不仅包括对犯罪嫌疑人、被告人的人权予以保障,还包括对被害人、证人等诉讼参与人的人权予以保障。在保障人权原则的要求下,检察官要摒弃“狂热追诉”的立场,不仅要依法有效追诉,还要依法不起诉或对有利于犯罪嫌疑人、被告人的情形予以高度关注和采取相应的法律行动。

4. 守护法律的统一正确实施

“设置检察官还有另一重要的法治国功能:守护法律,使客观的法意旨贯通整个刑事诉讼程序,而所谓的客观法意旨,除了追诉犯罪之外,更重要的是保障民

---

① 林钰雄:《检察官论》,法律出版社2008年版,第7页。

权。”[①]“法律守护人”与“护法机关”的角色定位，要求检察机关在诉讼中要秉持客观公正立场，守护法律的统一正确实施。我国宪法确立了检察机关的法律监督地位，这是保障法律统一正确实施的制度设计，它构成了中国检察制度和司法制度的特色。守护法律统一正确实施的职责，要求公诉人必须以合法的证据为指控基石，防止将非法证据带入审判环节。非法证据排除规则的确立，为检察官审查证据合法性提供了有力支持。审查证据合法性的意义在于，一方面通过遏制警察违法实现人权保障，另一方面通过有力支持公诉完成证明任务。检察官通过公诉活动，可以向世人昭示法律的不可违反性，以及维护法律尊严和权威的过程。检察官对法律适用的把关，贯穿在侦查、审查起诉和审判的全过程。检察官主要通过“审查起诉”“量刑建议”“抗诉”等具体职能对法律适用把关。检察官除对侦查机关提请批准逮捕和移送起诉案件的定罪是否准确进行把关外，还通过审查罪轻、罪重等犯罪情节，以提出量刑建议的方式为准确量刑提供参考意见。对于判决确有错误的，还可以通过抗诉的方式表达异议，通过审判监督职能完成法律适用的把关职责。《全面推进依法治国决定》指出“公正是法治的生命线”，要求“必须完善司法管理体制和司法权力运行机制，规范司法行为，加强对司法活动的监督，努力让人民群众在每一个司法案件中感受到公平正义”。检察机关严格、正确地履职，包括开展公诉及在公诉中履行法律监督职能，是确保法律统一正确实施、实现公正司法的重要一环。

（二）刑事公诉制度的发展趋势

在全面推进依法治国的背景下，我国刑事诉讼制度发生了重大而深刻的变革。刑事公诉作为连接侦查与审判的承上启下环节，其作用的发挥直接影响着刑事诉讼的进程与质量。刑事公诉制度在秉承传统制度价值与契合世界司法文明潮流的基础上，正在经历着深刻的变化，呈现以下发展趋势：

1. 由起诉法定主义向起诉法定主义兼采起诉裁量主义转变

所谓起诉法定主义，是指“凡是具有犯罪的客观嫌疑，只要具备起诉条件，就必须提起公诉”。[②] 起诉法定主义强调维护法律的统一权威，要求对符合法定起诉条件的必须起诉，排斥检察官的自由裁量。随着刑法改革逐渐向“轻刑化”“非刑罚化”方向发展，轻罪案件大量涌入，起诉法定主义过于机械和僵化的弊端逐渐凸显，起诉裁量主义应运而生。起诉裁量主义也称起诉便宜主义，是指虽然具备

---

① 林钰雄：《检察官论》，法律出版社2008年版，第8页。
② 程味秋：《外国刑事诉讼法概论》，中国政法大学出版社1994年版，第188页。

犯罪嫌疑和起诉条件,但在不必要起诉时,由检察官裁量作出不起诉决定。① 其强调检察官在具体个案中拥有对是否起诉及如何起诉的酌定处置权,对不宜交付审判的可以决定不予起诉。这既有利于个别预防的实现,也为体现刑事政策提供了更大空间。我国的刑事公诉制度正在经历由法定主义向兼采裁量主义的发展过程。在经历了1996年《刑事诉讼法》修改取消免予起诉权后,实践中检察机关对待相对不起诉的态度变得非常审慎,通常对不起诉设定了严格的审批程序。这种做法虽然避免了可能产生的不起诉滥用现象,但这种过于严格、机械的做法忽视了起诉裁量在案件分流、人权保障和庭审实质化方面的积极作用,使大量轻罪案件进入普通审判程序,导致诉讼拖延、耗费司法资源,既无益于被告人回归社会,也不利于诉讼过程中的人权保障。因此,对起诉裁量权应当予以重新审视。《全面推进依法治国决定》提出要"完善刑事诉讼中认罪认罚从宽制度"。当下,以认罪认罚从宽制度为主的一系列分流诉讼程序的制度性改革正在推进,审查起诉环节的程序分流是各类审判程序得以开展的基础。改革要求检察机关对起诉裁量权要重新认识、科学运用,积极回应社会对司法效率的期许。一是在诉与不诉的裁量上,要依法适用新增的针对未成年人犯罪的附条件不起诉,逐步扩大相对不起诉范围,简化不起诉程序,转变限制约束不起诉的做法,依法运用不起诉方式分流案件,发挥起诉裁量的积极作用。二是在如何起诉的裁量上,要体现宽严相济刑事政策和个案具体情节的差异化,发挥自由裁量的能动性,准确提出量刑建议,推进诉讼制度改革。

2. 由注重追诉向履行客观公正义务转变

从检察官作为国家代理人的制度源起就注定其作为国家公权力的代表,不能将自己作为积极追诉的一方看待,而是应当承担维护国家司法公正的职责。因此,检察官必须抛弃偏见、客观公正。但我国在20世纪八九十年代,也是厉行法治的初期,诉讼观念以强调打击犯罪为主,忽视诉讼中的人权保障和程序正义,检察官往往成为打击犯罪的"急先锋",片面追求打击犯罪、激情追诉,忽视了检察官的客观义务,导致很多冤假错案错过了阻断、纠正的机会。聂树斌、呼格吉勒图等冤错案件就是忽视人权保障和程序正义的深刻教训。这其中,固然首先是因为侦查机关有罪推定、不依法行使侦查权,但也与公诉人履行客观公正义务不够、证据审查与法律适用把关不严有密不可分的关系。随着我国社会进步、司法文明的不断发展,法治理念逐渐深入人心。"尊重和保障人权"写入了宪法和刑事诉讼

① 参见[日]田口守一:《刑事诉讼法》,张凌、于秀峰译,中国政法大学出版社2010年版,第123页。

法，并成为刑事诉讼的重要目标；"疑罪从无""不得强迫自证其罪""非法证据排除"等法治原则、规则相应确立；诉讼制度向法治化方向完善。《全面推进依法治国决定》提出，要"健全落实罪刑法定、疑罪从无、非法证据排除等法律原则的法律制度。完善对限制人身自由司法措施和侦查手段的司法监督，加强对刑讯逼供和非法取证的源头预防，健全冤假错案有效防范、及时纠正机制"。在此法治语境下，国家和民众对公诉人的要求也逐渐恢复理性平和，由片面追诉向客观公正转变，如完善保障律师执业各项权利机制，完善听取辩方意见以及沟通协商机制，构建庭审理性对抗模式，强化审判监督促进依法公正裁判等。检察官客观义务本身是对检察官的一种单方面的限制和约束，在功能上迫使检察官抛弃单方面的控方（当事人）角色和意识，恪守客观中立的司法官立场履责行权，以充分保障被追诉方的利益。① 履行好客观义务，要求公诉人在审查起诉以及支持公诉中，要关注对被告人有利和不利的各种证据，依法排除非法证据；要克服单纯追诉心态，坚持理性平和、有理有据地开展指控。

3. 由注重实体正义向实体正义、程序正义与诉讼效益并重转变

由于社会进步程度和人的认识的局限性，追求实体公正在我国过往的较长时间里被认为是刑事诉讼的首要任务，甚至是唯一任务。在"重实体、轻程序"的传统思维下，一味追求"实体真实"，导致忽视犯罪嫌疑人、被告人辩护权、妨碍律师依法执业等情况时有发生，"实体真实"反而难以实现。我国法治国家建设的进程就是不断深化法治内在认知的过程，随着程序意识、人权意识的觉醒，既往单一追求"实体真实"的认识逐渐向实体正义、程序正义以及诉讼效益并重转变。

程序正义保障了当事人的诉讼参与权、诉求表达权、诉讼程序与结果知情权以及诉讼权利不受非法侵犯，有利于增强人们对公诉程序的认同感，提高司法裁判的可接受度。在客观真实诉讼观向法律真实诉讼观的转型下，以确立非法证据排除规则、完善庭审结构、强化律师辩护权为标志的程序正义得到了重视。刑事公诉中也更加重视听取各方意见、强化证据合法性审查以及加强保障被告人诉讼权利等。此外，诉讼效益也得到了前所未有的关注。"面对着现代社会中权利救济大众化的要求的趋势，缺少成本意识的司法制度更容易产生功能不全的问题。"②在保证公正的基础上，提高诉讼效率，优化司法资源配置，是当下司法改革的重要关注点。为提高诉讼效率，通过繁简分流，进一步扩大速裁程序和简易程

---

① 参见万毅：《检察官客观义务的解释与适用》，载《国家检察官学院学报》2015年第6期。

② ［日］棚濑孝雄：《纠纷的解决与审判制度》，王亚新译，中国政法大学出版社2004年版，第267页。

序的适用范围,有效缩短诉讼周期。检察机关通过构建多种公诉模式和积极运用程序建议权,实现案件的繁简分流,对保证惩治犯罪的及时性与有效性是必要的、可行的。通过完善检察机关参与庭前会议制度保证庭审集中与庭审实质化,通过正确适用刑事和解以促进矛盾化解,都提升了刑事公诉的法律效果与社会效果。

4. 由定罪请求权向定罪请求权与量刑建议权并行转变

由定罪请求权向定罪请求权与量刑建议权并行转变,是近年来刑事公诉制度发生的新变化。在以往的刑事公诉中,公诉人只对被告人的定罪问题提出指控意见,只要法院认定了指控事实即完成了公诉任务,而少有对量刑问题的关注,即使指出从重或从轻的量刑情节,也较少关注法院如何量刑,法庭上更是鲜有对量刑专门展开辩论。而随着司法精细化和对被告人诉讼权利保障的要求,刑事公诉理论不断发展,“将公诉权明确区分为定罪请求权和量刑建议权两个独立的部分,从根本上改变了公诉权的结构”,①是对刑事公诉权的完善。量刑程序形成了控、辩、审三方参与的诉讼构造。刑事公诉权在量刑建议上的延伸,完善了量刑程序的启动,使辩护方有机会就量刑充分发表意见,也规范了法官的量刑裁量权。“规范自由裁量权,将量刑纳入法庭审理程序”是深化司法体制改革的内容之一。②将量刑作为庭审的重要内容,使检察机关的“量刑建议”成为刑事公诉的组成部分,应当被看作刑事公诉制度的新发展。

二、依法治国背景下的刑事公诉制度改革

随着全面依法治国的推进和展开,我国刑事司法中的人权保障、程序公正、证据规则、监督制约等成为社会关注的焦点,取得了高度的社会共识。这是推进刑事法治的重要基础。依法治国背景下的各项刑事司法改革举措都与刑事公诉息息相关。正确理解和实践改革精神,才有利于依法治国的科学推进,及时妥善解决和处理改革中的问题,才有利于依法治国的全面确立。为在更高层次上实现司法公正和司法效率的统一,改革进行了一系列的制度设计,如通过“繁案精审”“简案快办”的方式,提高司法效率,把优质司法资源集中到处理复杂、疑难案件上来;围绕认罪认罚从宽制度改革,形成了速裁程序、简易程序、普通程序等多层

---

① 陈瑞华:《刑事诉讼的前沿问题》,中国人民大学出版社2011年版,第337页。

② 参见最高人民法院《关于印发〈人民法院第三个五年改革纲要(2009—2013)〉的通知》(法发〔2009〕14号),载司法业务文选编辑部:《司法业务文选》2009年第27期,法律出版社2009年版,第25页。

次的案件审理体系；为保障快速审理程序的顺利运行，与之相配套的制度改革还包括量刑建议和庭前会议制度；基于各种快速办理程序以“认罪”为前提，庭审重点也呈现由“定罪”向“量刑”转化的趋势，提出量刑建议成为适用认罪认罚从宽制度的配套性机制；庭前会议通过完善庭前准备工作增强了庭审实质化的可能，弥补了我国以往对庭前程序重视不够的弊端；通过严格证据规则和完善诉讼构造来实现“繁案精审”，加大了公诉人证明证据合法性的责任等。

（一）庭前会议制度

1. 庭前会议制度的定位与实践状况

庭前会议制度，是指审判人员在开庭前召集公诉人、当事人和辩护人、诉讼代理人，对回避、出庭证人名单、非法证据排除等与审判相关的问题，了解情况，听取意见的制度。以往我国由于缺少对庭前过滤、准备、分流的法律规定，导致庭审负担过重，庭审重点不清晰，出现了庭审拖沓甚至虚化的现象，影响了控辩质量和庭审效果。为了有利于确定庭审重点，提高庭审效率，保证庭审质量，[①]2012 年《刑事诉讼法》[②]修改时增设庭前会议制度，“将庭前审查程序由封闭式的构造改造为三方参与的诉讼构造，将附属于审判的程序改造为相对独立的审判前程序”，[③]旨在承担起审前程序应有的功能。司法实践中，对案情重大、疑难、复杂的案件，特别是当事人、辩护人申请排除非法证据的案件，依法召开庭前会议，对庭审的顺利进行具有重要的意义。但从目前的情况看，庭前会议制度的实践效果尚不理想，主要是各方召开庭前会议的积极性不高。据统计，地市级以上检察院参加庭前会议的案件数量占其办理起诉案件的约 2%。[④] 庭前会议适用率低，其原因在于：第一，庭前会议上法官已经作出决定或控辩双方已经达成合意的事项是否具有法律效力，缺乏明确规定。有的地方对庭前已经解决的问题，庭审时又允许重新审查，否定了庭前会议决定的效力，影响了适用庭前会议制度的积极性。第二，对庭前会议的功能定位缺乏清晰的认识。有的地方庭前会议被异化为“小庭审”；有的地方对本该在庭审中解决的问题在庭前会议中进行过多调查，甚至对证据内容、证明力等详细质证。这些做法有损庭审功能的发挥。

---

① 参见郎胜主编：《中华人民共和国刑事诉讼法释义》（最新修正版），法律出版社 2012 年版，第 395 页。

② 下文没有特殊说明时，《刑事诉讼法》均指 2012 年修改后的《刑事诉讼法》。

③ 汪建成：《刑事审判程序的重大变革及其展开》，载《法学家》2012 年第 3 期。

④ 据最高人民检察院案件管理办公室统计，2013 年至 2016 年，全国地市级以上检察院召开庭前会议的案件数分别占其起诉数的 2.07%、2.07%、2.01%、2.19%。

2. 对庭前会议制度相关问题的思考

庭前会议制度旨在承担审前程序过滤、准备、分流等功能,在这样的定位下,其制度功能应包括:一是做好庭前准备,保障庭审能够集中连贯进行;二是整理案件争议点,明确庭审重点,保证庭审质量;三是进行程序繁简分流,确定个案的审理程序。为此,应重点解决以下问题:

(1)坚持庭审为主、庭前会议为辅原则

庭前会议审议的事项及其与庭审的界限,一直是各方关注的热点。有观点认为,庭前会议只能解决程序性问题;也有观点认为,除了法律规定的程序性问题外,还可以将申请变更强制措施、确认自首、立功情形、当事人达成和解协议等情况一并纳入庭前会议讨论范围。① 我们认为,实践中实体问题和程序问题往往相互交织,难以明确界分,应当从庭前会议的定位和制度功能出发,明确审议范围和审理程度。

其一,庭前会议应当以审议程序性异议为核心。庭前会议一般适用于普通程序审理的一审公诉案件,对于管辖、回避、非法证据排除、不公开审理、证人、鉴定人出庭事宜、延期审理、变更强制措施等单纯程序性事项,可以在庭前会议中审议;二审开庭审理的案件,法官也可以与控辩双方沟通后,根据情况召开庭前会议。

其二,庭前会议应当以明晰争点和证据能力为基本点。在庭前会议中,应当注重控、辩、审三方的沟通,充分交换意见,争取实现控辩双方证据双向开示。在庭前会议中,要厘清案件争点,将有争议的事实作为出庭公诉和庭审的重点。特别要关注辩护方提供的被告人无罪、罪轻的证据。这将有助于检察机关全面审查案件,适时调整公诉方案、量刑建议,甚至撤回起诉。

要尽量确定证据能力,排除非法证据。对于辩方质疑其合法性的证据,检察机关应当履行证明责任,除需要侦查人员出庭作证或情况复杂需要在庭审中予以解决的以外,尽量在庭前会议中明确证据能力,确认证据合法或排除非法证据,以保障庭审集中连贯进行。

其三,庭前会议不应深究与案件核心事实紧密相关的事实证据。庭前会议在梳理争点、开示证据时,控辩双方应只就对证据有无异议发表意见,而不进行质证,要防止将庭前对证据的听取意见变为对证据的实体审查。由于程序性事项和

---

① 相关观点参见魏晓娜:《庭前会议制度之功能"缺省"与"溢出"——以审判为中心的考察》,载《苏州大学学报(哲学社会科学版)》2016 年第 1 期;卞建林、陈子楠:《庭前会议制度在司法实践中的问题及对策》,载《法律适用》2015 年第 10 期。

实体性事项存在交织的可能，在审议程序性事项时可能牵涉实体性事项，如需要证人出庭，需要对案件主要事实、证据进行核实，或对自首、立功等量刑情节有争议等，这些实体性事项应当在庭审时解决，以保证庭前会议的辅助性功能。

此外，庭前会议要兼顾程序分流。应当适用简易程序、速裁程序审理的案件，由于事实清楚、证据确实充分，从诉讼效率出发，通常没有必要召开庭前会议。但对于适用普通程序审理的案件，如果在庭前会议中，被告人的态度发生变化，导致案件符合简易程序或速裁程序的适用条件的，可以进行程序分流。

（2）赋予庭前会议决定以法律效力庭前会议中对审议事项能否作出决定、决定是否具有法律效力，在理论上认识比较一致，基本认可庭前会议就审议事项所作决定应当具有法律效力。但司法实践中，由于缺少明确依据，导致做法各异。我们认为，应当从规范层面推动庭前会议决定效力的实现，具体包括：

其一，对庭前会议中已经依法作出决定的管辖、回避、不公开审理等程序性事项，赋予其法律效力，在没有新的事实和证据的情况下，庭审中一般不得再次提出异议。

其二，对证据合法性提出异议，在庭前会议中确定为非法证据的，要坚决予以排除；对已确认合法的证据，在没有新的事实和证据的情况下，庭审时再次提出的，法庭不予审理，维持庭前决定的效力。对于能够在庭前会议中提出非法证据排除申请而不提出的，应当予以合理解释；对于故意进行“证据突袭”的，检察官可建议法庭对辩护人予以警告。

其三，庭前会议中基于当事人双方自愿和真实意思达成刑事和解的，和解协议具有法律约束力，没有新的事实和理由不得随意改变。

此外，还需要进一步细化庭前会议工作流程，规范庭前会议启动主体、参与人员、会议内容、决定的效力等问题，以及对无故不参加庭前会议的相关方给予一定的惩戒等。

（二）简易程序

1. 简易程序的制度背景与实践状况

广义上的简易程序，是指包括与普通程序相对而言的所有快速办理程序。世界上许多国家都有各自的简易程序。如美国的辩诉交易、德国的处罚令程序、日本的即决裁判程序等，而且有的国家还不止一种刑事案件快速办理程序。[①] 相比

---

① 参见汪海燕、付奇艺：《刑事速裁程序的两种模式——兼论我国刑事速裁程序的构建》，载《安徽大学学报（哲学社会科学版）》2016 年第 5 期。

较而言,我国针对轻微刑事案件或认罪案件的快速办理程序发展较为缓慢,与刑事案件的数量不相适应,造成了实践中大量简单案件积压、诉讼效率低下、司法资源浪费、当事人难脱讼累等弊端。因此,在依法治国与司法改革背景下,通过法律或司法解释扩大简易程序适用范围、增设案件快速办理程序的意图非常明确。

我国狭义上的简易程序是指根据《刑事诉讼法》第 214 条的规定,适用于基层人民法院管辖的所有认罪案件的审判程序。在司法实践中,对于简易程序的具体适用,很多地方做了积极探索,如有的地方推行了集中移送、集中审查、集中起诉、集中开庭的“四集中”工作模式;有的地方建立了专人承办、专人出庭的工作机制;一些地方出台相关文件,通过规范讯问方式、出庭程序、庭审时间等,兼顾办案质量和效率。[①] 但是,简易程序适用率总体偏低,没有像人们期待的那样承担起大量刑事案件的分流任务。据统计,2013 年至 2016 年适用简易程序的案件数量分别为 490,021 件、520,555 件、537,995 件、565,683 件,2016 年全国适用简易程序的案件占基层人民检察院起诉案件的 54%,[②]与人们普遍预期的高适用率有较大差距。我们认为,简易程序适用率不够高的原因,主要在于法律规定不够明确,现有做法并未真正使简易程序“简”下来,导致“简者不简”。

2. 对简易程序相关问题的思考

在现代社会,刑事案件大幅增长,犯罪轻刑化趋势凸显,诉讼效率已成为司法机关不得不重视的问题和必须采取相应举措解决的问题。司法改革中,很多改革举措都是围绕提高诉讼效率而设立的。检察人员要转变观念,不能固守传统的办案模式,而应对适用简易程序采取积极的态度,探索解决适用中的具体问题。

(1)全程简化简易程序

法律对简易程序庭审活动作了简化规定,但对审前程序及庭后程序如何简化并未作出规定。司法实践中存在“简者不简”现象,如适用简易程序的案件,庭外工作与普通程序相差不大,文书制作、案件审批仍然沿袭旧有做法。仅仅庭审程序的简化并不能大幅缩短办案期限,而简易程序的审限却比普通程序缩短了很多,致使公诉人并不热衷于适用简易程序。对此,应针对性地简化简易程序各环节,将简易程序与普通程序真正区别开来。一是审批程序“放权”。能否适用简易程序,应由司法人员依法决定。二是法律文书“精简”。简易程序案件做庭前准备时,只制作必要的法律文书和工作文书,探索文书格式化、审查报告简易化,

---

① 如 2013 年江苏省苏州市中级人民法院、苏州市人民检察院、苏州市公安局、苏州市司法局会签了《关于规范适用简易程序审理的公诉案件的工作意见(试行)》。

② 数据来自最高人民检察院案件管理办公室。

“三纲一书”①等适用于普通程序的文书可以省略。三是庭审程序有“侧重”。庭审中，公诉人可以只摘要宣读起诉书中的案件事实、罪名等重点内容；对控辩双方没有异议的事实、证据，可以不讯问，仅宣读证据目录；对需要讯问询问、示证质证的，应当突出重点，针对有争议的证据进行；法庭辩论应重点围绕有争议的问题，特别是量刑问题进行辩论。此外，对选择适用简易程序的被告人可以从宽处理，让“用者有利”，也能够促使被告人自愿选择简易程序等快速审理程序。

（2）探索办案模式集约化、科技化

司法实践中，部分地方探索了集中移送、集中审查、集中起诉、集中开庭的“四集中”办案模式，将办案流程集约化，节约了办案时间，但公、检、法三机关在机制层面对接配合尚不够健全。我们认为，应当加强各机关间的沟通协调，如检察机关可以商请侦查机关尽可能集中移送审查起诉、对接法院安排固定时间集中开庭审理，检察机关自身则应探索“简案专办”，由专门人员或办案组专门办理，调整现有办案方式与“四集中”不对接的问题。此外，有条件的地方还可以积极利用科技手段，探索远程视频提讯、出庭和送达等方式，甚至实现“三地四方”②视频开庭方式。目前广东深圳市及所辖地区、东莞市、浙江杭州西湖区、福建福州苍山区③等不少地方已经实现了远程视频庭审，大大提升了诉讼效率。

（3）加强检察监督

适用简易程序的案件不能因简化诉讼程序而降低案件质量，不能因缩短审理时限而放弃监督职责。刑事诉讼法之所以要求适用简易程序的案件公诉人必须出庭支持公诉，就是为了避免诉讼结构缺陷，防止出现监督盲点。公诉人要提高监督意识，注重监督量刑幅度是否超出合理范围以及简易程序向普通程序随意转化的情况，尤其是为了延长审理期限而不当转为普通程序的情况，保证案件审理的公平公正。

---

① “三纲一书”指控方的举证、质证、辩论提纲和公诉意见书。

② 即“法院、检察院、看守所”三地，“法官、公诉人、被告人、辩护人”四方。

③ 参见相关报道：《南山法院启用远程视频庭审系统促诉讼高效率》，载 http://www.chinacourt.org/article/detail/2013/04/id/948035.shtml；《东莞法院首用“远程视频”开庭审刑案》，载 http://news.163.com/16/1028/05/C4EK453H00014Q4P.html；《西湖区检察院首次对刑事速裁案件开展远程视频庭审支持公诉》，载 http://www.toutiao.com/i6239568457801662977 1；《福建福州仓山区：远程视频开庭提升办案效率》，载 http:///news.163.com/15/1025/101B6P/NVDR00014SEH.html，最后访问日期：2017年2月3日。

(三)认罪认罚从宽制度

1. 认罪认罚从宽制度背景与价值基础

为了提高诉讼效率,2014 年 6 月,经全国人大常委会授权,在 18 个城市开展了为期两年的刑事速裁程序试点工作。在试点基础上,2016 年 11 月 16 日,最高人民法院、最高人民检察院、公安部、国家安全部、司法部联合发布了《关于在部分地区开展刑事案件认罪认罚从宽制度试点工作的办法》(本专题以下简称《认罪认罚试点办法》),确立了认罪认罚从宽制度。根据该制度,犯罪嫌疑人、被告人自愿如实供述自己的罪行,对指控的犯罪事实没有异议,同意量刑建议,签署具结书的,可以依法从宽处理。根据《认罪认罚试点办法》,全部刑事案件均可纳入认罪认罚从宽范围,有助于全面提升办案效率。经过多次司法改革,我国目前形成了速裁程序、简易程序、普通程序等互相衔接、层次分明的多层次案件审理体系。对于可能判处 3 年有期徒刑以下刑罚的案件,可以适用速裁程序,最快可将案件审理时间缩短至 10 日以内;[①]对于基层法院管辖的可能判处 3 年以上有期徒刑的案件,可以适用简易程序;对于其他认罪认罚案件,在适用普通程序审理时,可以适当简化庭审程序。认罪认罚从宽的精神在我国刑事法律中早已存在,且被广泛运用于司法实践。如关于"坦白从宽"的刑事政策和刑法中关于"自首"的规定,刑事诉讼法中关于"刑事和解"的规定等。认罪认罚从宽制度是在以往经验基础上的具体化和系统化,以契合中国刑事司法实践需要和特点为基本导向,具有重要的制度价值。一是体现了现代司法的宽容精神。认罪认罚从宽体现了现代刑事司法宽容、平和、谦抑的理念,也是我国"坦白从宽""宽严相济"等刑事政策的具体化、制度化。二是推动了刑事案件繁简分流。面对刑事案件的快速增长和轻罪案件的高位运行,有区别、分层次的审理方式是司法科学化、精细化的体现,有利于优化司法资源配置,提高诉讼效率。三是促进被追诉人认罪服法和教育改造。通过"从宽"的司法承诺,有利于促使犯罪嫌疑人、被告人自愿认罪,主动配合司法机关查明犯罪事实、补充完善证据、及时结案,使被追诉人及时接受教育改造,有效减少因刑事追诉产生的冲突对抗。

2. 对认罪认罚从宽制度相关问题的思考

认罪认罚从宽制度以宽容、谦抑、效率为主要宗旨,运行过程中容易忽视对公平公正的追求,因此要特别强调对法治原则的遵循。只要始终遵循法治原则,改革中出现的问题就不难找到正确的解决路径。

---

① 《认罪认罚试点办法》第 16 条第 2 款规定:"适用速裁程序审理案件,人民法院一般应当在十日内审结;对可能判处的有期徒刑超过一年的,可以延长至十五日。"

（1）对适用阶段的理解

根据《认罪认罚试点办法》，认罪认罚从宽制度原则上适用于审查起诉和审判阶段，在侦查阶段除有重大立功或涉及国家重大利益等两类特殊案件外，原则上不能适用。我们认为，侦查阶段原则上不适用该制度，不表明侦查程序中犯罪嫌疑人不能认罪认罚。从制度设计来讲，应当鼓励犯罪嫌疑人尽早认罪认罚，只是“从宽”的后果不宜体现在侦查阶段。因为侦查阶段的主要任务是依法全面收集固定证据、查明案件事实，若此时允许从宽，“可能导致侦查人员放弃法定查证职责，采取威胁、利诱等非法手段获取犯罪嫌疑人的口供，造成冤假错案”。[①]

同时，也不利于保障犯罪嫌疑人的诉讼权利。办案人员容易因为嫌疑人认罪而放松证据要求，降低证明标准，为案件后续办理埋下隐患。对侦查阶段认罪认罚的，从宽后果应当在审查起诉阶段或者审判阶段予以体现。审查起诉阶段是适用认罪认罚从宽的主要阶段，但不排除审判阶段的适用。有的观点认为，有的被告人在庭审终结前认罪认罚是根据庭审情况作出的不得已的选择，无法体现其悔罪诚意，也没有节约司法资源，不宜对其从宽。这种观点虽有一定道理，但不排除被告人在庭审中认识加深而改变态度的情况。从司法宽容精神出发，只要一审法庭辩论终结前或适用简易程序判决前，征得法院同意，对于上述情形应当允许适用认罪认罚从宽制度，这样也可以减少上诉的发生。但是，对审判阶段的从宽和审查起诉阶段的从宽应有一定区别。英国在被告人认罪制度中的做法可以给我们提供一些借鉴和思路。英国实行量刑“逐级折扣”优惠，被告人在不同阶段认罪，将获得不同的量刑折扣，越早认罪折扣幅度越高。[②]

（2）对“认罪”“认罚”与“从宽”的认识

一是“认罪”应当具有实质性，即自愿如实供述自己的罪行或对指控的事实无异议，仅有认罪表示，不能认为是认罪。有的观点认为，“认罪”需认同指控的具体罪名。我们认为，对“认罪”的要求不宜太严格，“概括认罪”即可。对于指控的主要犯罪事实予以认可，仅对个别细节提出异议的，或对犯罪行为的法律性质存在不同意见的，不影响“认罪”的成立。二是在“认罚”的问题上，我们认为，在审查起诉阶段，“认罚”是指犯罪嫌疑人对检察机关建议判处的刑罚种类、幅度及刑罚执行方式没有异议，同意量刑建议、签署具结书的行为。而在侦查阶段，由于侦查机关不能提出从宽意见，因此不存在认罚的基础。“认罚”要体现出悔罪态度和悔罪表现，对于只认罪不认罚，或者表面“认罚”，背地里却串供、毁灭证据或

---

① 陈卫东：《认罪认罚从宽制度研究》，载《中国法学》2016 年第 2 期。

② 参见郑曦：《英国被告人认罪制度研究》，载《比较法研究》2016 年第 4 期。

者隐匿、转移财产,不赔偿损失的,则不能认为是认罚。对于犯罪嫌疑人不同意适用速裁程序、简易程序的,是其对程序选择权的行使,不影响对"认罚"的认定。三是"从宽"应当体现在实体从宽和程序从简两方面。实体从宽指实体上的从轻处理,包括对被告人提出从宽处罚的量刑建议;程序从简包括适用人身自由限制程度较轻的强制措施和优先适用从简从速的诉讼程序。四是要宽严有度、依法从宽。司法机关在裁量是否从宽、如何从宽时,应当依法进行,并且考虑从宽的社会效果和个案公正;在体现从宽政策的同时,也要避免一味从宽,特别是对犯罪性质恶劣、犯罪手段残忍、危害后果严重的犯罪分子,认罪认罚不足以从宽的,则不能从宽,防止突破法律和政策底线。

(3)对证明标准的理解

有观点认为,认罪认罚从宽案件的证明标准可以有所降低,否则达不到提高诉讼效率的目的。[①] 我们认为,认罪认罚从宽案件的证明标准不能降低。近年来暴露出一些冤假错案,没有把握好证明标准是发生这些冤错案件的主要原因之一。在这种情况下,如果允许对事实证据存在疑问的案件适用认罪认罚从宽从而适用较低的证明标准,无疑是认可了"疑罪从轻"的错误做法,将可能导致侦查人员采取威胁、利诱等方式获取口供,后果将不堪设想。"认罪认罚归根结底是被告人的认罪态度问题,其并不能动摇对于案件事实清楚,证据确实、充分的证明标准。"[②]因此,我国《刑事诉讼法》规定的"案件事实清楚,证据确实、充分"的证明标准不能降低,认罪认罚案件同样要坚持这一标准。当然,这"并不意味着一些次要的事实、情节都要达到此种程度",[③]在证据规则的具体运用上,可做适当调整。[④]

(4)关于诉讼中的权利保障

一是保障犯罪嫌疑人、被告人合法权益和律师辩护权的行使。适用认罪认罚从宽制度,被追诉人享有程序选择权,但他们大多缺乏诉讼经验和法律知识,为保障其准确理解程序内容和适用后果,防止其为了尽早"解脱"而被迫认罪现象的发生,应当保障辩护律师的参与。辩护律师的参与,对于保障认罪认罚的自愿性、真实性,推动认罪认罚从宽制度公平公正落实具有不可替代的作用。因此,司法

---

① 参见张相军、顾永忠、陈瑞华:《检察环节认罪认罚从宽制度的适用与程序完善》,载《人民检察》2016 年第 9 期。

② 樊崇义、李思远:《认罪认罚从宽程序中的三个问题》,载《人民检察》2016 年第 8 期。

③ 陈光中、马康:《认罪认罚从宽制度若干重要问题探讨》,载《法学》2016 年第 8 期。

④ 参见陈瑞华:《认罪认罚从宽制度的若干争议问题》,载《中国法学》2017 年第 1 期。

机关应尊重和保障律师执业权利的实现，认真听取律师关于量刑和程序适用的意见；适当提高值班律师[①]待遇，探索值班律师的设置及职能作用；赋予值班律师通过适当方式行使阅卷、会见的权利，使犯罪嫌疑人、被告人获得更全面有效的法律帮助。二是对被害人的权利保障要予以充分的关注。在适用认罪认罚从宽制度过程中，不能将被害人置于事外，要防止为了加快诉讼进程而忽视被害人的权益保障，使其遭受二次伤害，而应充分听取被害方的意见，并将当事人双方是否达成和解作为从宽量刑建议的重要因素。在认罪认罚案件中，未能与被害方达成谅解的和已达成谅解的在从宽幅度方面应当体现差别。当然也要防止被害方"漫天要价"的情况，对于确因犯罪嫌疑人、被告人无赔偿能力而未能达成和解的，不影响从宽的适用。三是加强对认罪认罚案件办理的监督制约。对社会上担心的认罪认罚从宽制度可能带来的打击不力、冤错案件增加，特别是"权权交易""权钱交易"等司法腐败问题，要高度重视和警惕。一方面要严格落实办案责任制，细化权力清单、责任清单、审批流程和责任追究，实行内部制约和主动接受外部监督，公开办理过程和相关法律文书，"以公开促公正"；另一方面要加强对认罪认罚案件侦查和审判活动的法律监督，坚决排除非法证据，防止刑讯逼供等非法取证行为，对于裁判确有错误的，检察机关要及时提出纠正意见或者抗诉。[②]

（5）逐步扩大刑事和解范围

立法机关在将刑事和解引入法律之初，为防止以罚代刑和放纵犯罪，将刑事和解的适用范围限定于轻刑案件。[③] 有观点认为，法律规定的适用范围过于谨慎，和解的制度优势没有得到充分发挥，应考虑对重罪案件也适用和解。[④] 在刑事和解制度初建之时，出于对其中蕴含的高风险的考虑，持有审慎态度是正确的，但在制度发展过程中，我们发现，对于双方有和解愿望或已经自行达成和解的重罪案件，在没有违背社会公平的情况下，司法机关一概否定双方的和解合意和已

---

① 最高人民法院、最高人民检察院、公安部、司法部印发《关于在部分地区开展刑事案件速裁程序试点工作的办法》（法发〔2014〕220 号）第 4 条规定：建立法律援助值班律师制度，法律援助机构在人民法院、看守所派驻法律援助值班律师。犯罪嫌疑人、被告人申请提供法律援助的，应当为其指派法律援助值班律师。

② 参见孙谦：《关于检察机关开展"刑事案件认罪认罚从宽制度"试点工作的几个问题》，载《刑事司法指南》（2016 年第 4 集），法律出版社 2016 年版，第 11 页。

③ 即《刑事诉讼法》第 288 条规定，民间纠纷引发，故意犯罪涉嫌刑法第四章、第五章罪名可能判处 3 年有期徒刑以下刑罚的案件；过失犯罪可能判处 7 年有期徒刑以下刑罚的案件。

④ 例如，参见陈光中：《刑事和解是否适用于死刑案件之我见》，载《人民法院报》2010 年 8 月 4 日，第 6 版；龙宗智：《刑事和解实证研究观点撷录》，载《国家检察官学院学报》2009 年第 2 期；谢佑平、姚石京、刘晖：《刑事和解尚需厘清的八个问题》，载《人民检察》2013 年第 13 期。

平复的社会关系是值得商榷的。司法实践中,重罪案件甚至死刑案件将民事赔偿谅解作为从轻量刑情节的情况并不鲜见。"通过对中国裁判文书网上公开的统计发现,2014 年故意杀人案因存在赔偿谅解情节而未判处死刑立即执行的有 52 件,已非个别现象。"[①]刑事和解在鼓励认罪、促进矛盾化解、关注诉讼当事人双方利益等内在价值上与认罪认罚从宽制度是一致的,其条件比认罪认罚从宽的要求更高,不仅要求被告人认罪认罚,还要求对被害方予以赔偿并获得谅解。认罪认罚从宽制度适用于所有刑事案件,可以认为是将刑事和解扩大至所有案件的制度依据。因此,可在试点范围内探索对于重罪案件甚至死刑案件,基于赔偿谅解情节,谨慎地予以从轻处理。当然,在推动刑事和解扩大适用时,要注意把握好罪行与赔偿幅度的平衡,把握好罪行与从宽幅度的平衡,把握好保护被害人权益与维护社会公平正义的平衡,谨慎平稳地推动刑事和解在认罪认罚从宽制度框架下发展。

(四)速裁程序

1. 速裁程序定位与实践状况

2012 年至 2014 年,全国法院判处拘役以下刑罚的人数占全部生效判决人数的 40% 以上,判处 3 年有期徒刑以下刑罚的人数占全部生效判决人数的 80% 左右。[②] 在轻罪案件占绝大多数的情况下,以效率为导向的、针对轻刑案件的、"简上加简"的刑事速裁程序应运而生。速裁程序专门针对事实清楚、证据确实充分,被告人认罪认罚,适用法律和诉讼程序无争议的轻刑案件,是简化诉讼流程、缩短办案期限的一种案件快速办理程序。"刑事速裁程序是一种在公正基础上以效率为主要价值取向的程序模式,这也是其区别于刑事普通程序与简易程序的独特属性。"[③]2014 年,全国人大常委会《关于授权最高人民法院、最高人民检察院在部分地区开展刑事案件速裁程序试点工作的决定》,授权北京、天津等 18 个城市对可能判处 1 年有期徒刑以下刑罚的案件试点适用速裁程序。试点两年后,又在《认罪认罚试点办法》中将速裁程序纳入认罪认罚从宽制度中整体推进,适用范围扩大至可能判处 3 年有期徒刑以下刑罚的各类案件,以便进一步提高司法效率。

在速裁程序试点的两年中,各地提起公诉的速裁案件 56,420 件 58,500 人,

---

① 刘辰:《死刑案件刑事和解之法理分析与合理限度》,载《四川大学学报(哲学社会科学版)》2016 年第 2 期。

② 参见赵恒:《刑事速裁程序试点实证研究》,载《中国刑事法杂志》2016 年第 2 期。

③ 汪建成:《以效率为价值导向的刑事速裁程序论纲》,载《政法论坛》2016 年第 1 期。

法院适用速裁程序审结52,540件54,572人,占试点法院同期判处1年有期徒刑以下刑罚案件的35.88%,占同期全部刑事案件的18.48%。全部速裁案件被告人上诉率为2.01%,检察机关抗诉率仅为0.01%,附带民事诉讼原告人上诉率为零,上诉率、抗诉率之和比简易程序案件低2.83%,比全部刑事案件低9.52%。速裁程序的成效主要体现在:一是简化了诉讼程序,提高了诉讼效率,推进了繁简分流。各地普遍对速裁案件区别对待,大幅缩短了办案期限,审查起诉周期由过去的平均20天缩短至5天左右;法院10日内审结的占92.35%,比简易程序案件高65.04%;当庭宣判率达96.05%,比简易程序案件高41.22%。二是体现了从宽精神,对认罪认罚的被追诉人减少了审前羁押,适用非监禁刑的比例明显上升,速裁程序案件中适用非监禁刑的占42.31%,比简易程序案件高13.38%。[①] 三是当事人服判息诉、矛盾化解效果明显。速裁程序判决认可度高,上诉、抗诉情况极少。但是,速裁程序在运行和构建上还存在一些争议,需要研究探讨。

2. 对速裁程序相关问题的思考

(1)速裁程序的价值取向

有观点认为,刑事速裁程序的价值取向在于提高诉讼效率,因此主张速裁程序应当适用一审终审的审级构建。[②] 也有观点认为,可借鉴国外有限上诉权的做法,在速裁案件上诉程序中设置过滤审查机制,只有在被告人替人顶罪、非自愿等情况下作出有罪供述的,被告人才具有上诉权。我们认为,虽然速裁程序的突出价值在于提高效率,但速裁程序的效率应是公正基础上的效率。在追求程序效率的同时,不能放松对公正的要求,否则这项改革将是失败的。“正义是社会制度的首要德性,正像真理是思想体系的首要德性一样。法律和制度,不管它们如何有效率和安排有序,只要它们不正义,就必须加以改造或废除。”[③]基于此,我们认为,应当遵守我国两审终审的审级原则,不应剥夺被告人的上诉权。但鉴于被告人已认罪认罚,速裁程序的二审审理方式可以与其他上诉案件有所区别,如可以不开庭审理等。为提高诉讼效率,也有观点认为速裁程序没有开庭审理的必要,可借鉴德国的处罚令程序,进行书面审理,公诉人也无须出庭。[④] 我们认为,公诉人出庭支持公诉是控、辩、审诉讼构造的基本要求,突破诉讼构造将打破兼听则

---

① 本自然段中的数据主要参见最高人民检察院新闻办公室:《图说检察2016》,中国检察出版社2017年版,第97页以下。

② 参见汪建成:《以效率为价值导向的刑事速裁程序论纲》,载《政法论坛》2016年第1期。

③ [美]约翰·罗尔斯:《正义论》,何怀宏等译,中国社会科学出版社2009年版,第3页。

④ 参见林喜芬、何斐明:《我国刑事速裁程序:角色定位与改革前瞻》,载《思想战线》2016年第4期。

明、相互制约的格局,最终导致司法公正受损。德国的处罚令程序判处的往往是罚金等财产刑,几乎没有自由刑,和我国速裁程序的适用范围差异很大。[①] 速裁程序在诉讼程序上已经十分简化,若不开庭审理,将难以准确判断被告人是否自愿认罪,认罪的真实性难以查清,产生错案的风险将明显增大。提高诉讼效率可以从科技手段入手,如很多地方为提高速裁程序效率而探索的视频开庭方式,效果良好,可以借鉴。

(2)消除制约诉讼效率的内外部因素

从外部环节来看,案件在侦查阶段耗时较长,移送审查起诉较分散,提出适用速裁程序建议的比例较低。有的庭前社会调查评估工作因犯罪嫌疑人户籍地、居住地不在本地,出现不同程度的拖延。从内部环节来看,一些原有的内部审批流程制约了速裁程序的效率。如检察机关对审查报告、起诉书、量刑建议的报批程序,审判机关对裁判文书的报批程序等。对此,我们认为,一方面要加强办案机关之间的沟通协调,构建集约化案件审理、调查机制;另一方面要通过司法责任制改革等理顺内部关系,解决办案机关内部审批程序烦琐等问题。此外,还可以探索通过大数据等科技手段,为社会调查评估工作构建数据化评估平台。

(五)量刑建议制度

1. 量刑建议制度背景与实践状况

量刑建议指检察机关在刑事诉讼中,根据被告人的犯罪事实、性质、情节、主观恶性以及社会危害程度等因素,向审判机关就被告人应判处的刑罚提出建议的活动。为了适当约束量刑自由裁量权,赋予被告人在量刑上的辩护权,促进量刑公开公正,量刑建议制度应运而生。

量刑建议是源于公诉权的一种司法请求权。“量刑建议与定罪申请一起,应当成为公诉权的有机组成部分。”[②]早在20世纪末,我国检察机关开始探索量刑建议,随后在最高人民检察院的推动下,部分地区开展了量刑建议试点,并逐步在全国推行。2010年2月,最高人民检察院出台《人民检察院开展量刑建议工作的指导意见(试行)》,2010年9月,最高人民法院、最高人民检察院、公安部、国家安全部、司法部发布《关于规范量刑程序若干问题的意见(试行)》,确立了检察机关量刑建议制度。刑事诉讼法增加了对量刑开展庭审辩论的规定后,量刑建议在量刑规范化改革的推动下得到整体推进。从近年的司法实践看,检察机关在依法提

---

① 参见刘哲:《刑事处罚令程序的比较与借鉴》,载《人民司法》2012年第11期。

② 陈瑞华:《刑事诉讼的前沿问题》,中国人民大学出版社2011年版,第314页。

出量刑建议与尊重量刑裁判相结合原则指导下，所提量刑建议采纳率达 90% 以上。开展量刑建议案件的上诉率、抗诉率以及二审改判、发回重审率普遍下降，取得了良好的司法效果。[①] 但与此同时，量刑建议工作也存在一些值得研究和厘清的问题，如量刑建议的适用范围、量刑建议的提出形式与提出时间、如何提高量刑建议精准度、大数据在量刑建议中的科学应用等。

2. 对量刑建议制度相关问题的思考

(1) 量刑建议的范围

在量刑建议的适用范围上，有观点认为，对适用普通程序以及普通程序简化审的案件，可以充分行使量刑建议权。对适用简易程序的案件，可以暂时不提量刑建议。[②] 还有观点认为，量刑建议作为新生事物，适用范围应重点放在被告人认罪案件、未成年人犯罪案件和无受害人案件方面。[③] 我们认为，量刑建议权是公诉权的组成部分，其有利于规范量刑裁量权、保障辩护方量刑答辩权、促进审判公正，而且"建议"的性质与"决定"有质的差别，并没有妨碍法院的量刑决定权。因此，无论案情是否复杂，适用法律是否存在争议，也无论适用何种诉讼程序，以及拟适用的刑罚轻重，均可提出量刑建议。在当前认罪认罚从宽制度改革中，量刑建议是适用认罪认罚从宽的前置条件，其重要性更为凸显。

(2) 量刑建议的类型

量刑建议可分为三种：一是概括的量刑建议，即仅向法庭提出从重、从轻或减轻处罚等原则性建议；二是相对确定的量刑建议，即向法庭提出相对较小幅度的量刑建议；三是绝对确定的量刑建议，即向法庭提出不存在幅度的具体刑罚。[④] 量刑建议的提出应以对法院提供科学量刑参考和进行合理量刑约束，便于辩护方有针对性地开展量刑辩护为目的。概括的量刑建议范围过宽，起不到建议应有的作用，一般情况下不值得提倡。相对确定的量刑建议，既有相对明确的建议范围，又为法官行使裁量权留有足够的空间，具有较强的合理性，可以作为量刑建议的主要方式。绝对确定的量刑建议一般用于附加刑、死刑（死缓）、无期徒刑等不存在幅度的法定刑，对于财产刑也宜提出确定的数额。量刑建议类型的选择要根据

---

① 参见赵阳：《量刑建议逾九成被法院采纳》，载《法制日报》2011 年 8 月 17 日，第 5 版；刘宜俭：《98% 量刑建议被采纳》，载《检察日报》2012 年 6 月 13 日，第 10 版；欧阳晶、胡文星、罗春强：《量刑建议采纳率高达 96.3%》，载《检察日报》2013 年 12 月 22 日，第 2 版。

② 参见王顺安、徐明明：《检察机关量刑建议权及其操作》，载《法学杂志》2004 年第 5 期。

③ 参见江苏省镇江市润州区人民检察院：《适用量刑建议值得注意的几个问题》，载《江苏法制报》2005 年 2 月 21 日，第 3 版。

④ 参见王军、吕卫华：《关于量刑建议的若干问题》，载《国家检察官学院学报》2009 年第 5 期。

案件具体情况确定,不能一概而论。在当前认罪认罚从宽制度改革中,以相对明确的量刑建议征求犯罪嫌疑人的意见更具有实际意义,[①]辩护方也更具有辩护依据和动力。因此,应尽量提出相对确定、范围相对明确的量刑建议。但也要防止走向另一个极端,量刑建议也并非越具体越好。一味地追求过于具体的量刑建议会不当限缩法官的裁量空间。若量刑建议常被判决改变,则不利于当事人服判息诉。因此,提高量刑建议的精准度和科学性是检察机关面临的重大课题。

(3)量刑建议的提出形式和时间

量刑建议的提出形式,实践中主要有两种:或在起诉书中提出,或单独以"量刑建议书"的形式提出。关于量刑建议的提出时间,有法庭调查之后、法庭辩论之初提出和审查起诉结束后提起公诉时提出等观点。[②] 实践表明,量刑建议的提出形式和时间应当区分案件类型具体把握,特别是在认罪认罚案件中,对量刑建议有更具体的需求,因此不宜完全统一。对于适用认罪认罚从宽的案件,需要在审查起诉阶段就量刑建议询问犯罪嫌疑人是否同意,签署具结书。量刑建议是"认罚"的前提,且已然形成并得到犯罪嫌疑人确认,自然可以在起诉书中予以体现。对于其他案件,量刑建议则可以在法庭辩论时以公诉意见的形式提出。而在法庭辩论阶段提出,则便于公诉人根据庭审情况及时全面地把握量刑事实、情节、认罪态度等变化,从而能适时调整建议内容,提高量刑建议的科学性。

(4)提高量刑建议的精准性

检察机关能否提出量刑建议的问题,随着刑事诉讼法修改和认罪认罚从宽制度的确立,不再有争议。现在面临的主要问题是检察机关如何提高量刑建议的精准度和科学性。量刑建议只有提的精准,才能发挥出自身价值;只有提的科学,才能树立"建议"的权威。一方面,可以探索大数据技术在量刑建议中的应用。例如,贵州等地探索的大数据量刑分析参考技术,通过对录入计算机的大量案件信息数据进行类案分析、比对,进行量刑提示和量刑偏离度分析,运用互联网思维提高量刑建议的准确性,解决案件量刑不均衡问题。[③] 另一方面,量刑规则和量刑指导意见是开展量刑建议的重要参考,对提高量刑建议的准确性起着重要作用。

① 参见孙谦:《关于检察机关开展"刑事案件认罪认罚从宽制度"试点工作的几个问题》,载《刑事司法指南》(2016年第4集),法律出版社2016年版,第7页。

② 参见张国轩:《检察机关量刑建议问题研究》,中国人民公安大学出版社2010年版,第277页以下。

③ 2016年8月,贵州省检察机关对近两年14,100件故意伤害案件进行大数据分析,发现2395件案件存在量刑偏离,参见李波:《大数据新技术破解老难题》,载《检察日报》2016年10月31日,第7版。

检察机关和人民法院应共同研究大数据背景下的量刑规则和量刑指导意见，为规范、准确量刑提供依据。

三、牢固树立正确的刑事公诉理念

习近平总书记指出："天下之事，不难于立法，而难于法之必行。"①法律的有效施行依靠人，而人的行为方式靠理念。正确的理念是法律良好运行之基础。没有正确的理念，好的法律也会被曲意执行；而在正确的理念下，可以完善矫正法律的不足，可以充分彰显法律的内在精神与价值。"理念，不只是口号，需要变成自己内心深处的真实想法才有用。"②崇尚维护法治、尊重保障人权、理性平和司法、加强监督制约是建设法治国家不可或缺的基本理念，关系到各项公诉制度改革能否正确实施，以及全面依法治国能否顺利实现。因此，公诉理念是检察官首先应该关注和树立的。

（一）崇尚维护法治

党的十八大提出，"法治是治国理政的基本方式"。《全面推进依法治国决定》提出要"运用法治思维和法治方式深化改革、推动发展、化解矛盾、维护稳定"，明确了"法治思维和法治方式"在治国理政中的地位。法治与人治，就像民主与专制一样，是相反的两个概念。

马克思曾深刻指出：在民主的国家，法律就是国王；在专制的国家，国王就是法律。③ 法治是现代国家能够长治久安、不断发展的内在需求和前提条件。在我国当前社会经济高速发展、社会结构转型升级、人民需求期待不断提高的情况下，法治是必然的选择和基本的保障。中国有着漫长的封建社会，法治传统薄弱，人治观念深厚，在新中国初步奠定了法治基础后，又遭受了十年内乱的严重破坏，法治发展历程充满艰辛。直至宪法将"依法治国"确立为治国基本方略，法治才逐步成为社会共识。因此，我国法治理念的树立与维护仍任重道远。在全面推进依法治国的司法改革进程中，诸多改革制度都与公诉工作密不可分。检察官要积极关注、支持和参与改革，在充分遵循司法规律的基础上，运用法治思维和法治方式

---

① 中共中央文献研究室编：《十八大以来重要文献选编》（上），中央文献出版社 2014 年版，第 717 页。

② 张明楷：《网络时代的刑法理念——以刑法的谦抑性为中心》，载《人民检察》2014 年第 9 期。

③ 参见《马克思恩格斯文集》（第 9 卷），人民出版社 2009 年版，第 224 页。原文是"资本盈利凌驾于竞争之上，就像普鲁士国王当年凌驾于法律之上一样"，后来被演绎发挥成了此说法。

履行公诉职责,推进公诉制度改革。要坚持证据裁判和证明标准,办理案件要证据先行,内心怀疑不能取代证据证明,达不到证明标准的要敢于不诉,摒弃"疑罪从轻"的做法。要坚持程序公正与人权保障,坚决排除非法证据,监督、引导侦查活动规范运行。检察官必须在法律规定的范围和程序内,科学、规范地用好起诉裁量权,杜绝权力滥用。要以法治思维来解决改革中涌现的难题。比如,在认罪认罚从宽制度改革中,对能否因认罪认罚而降低证明标准的疑问,只要坚持证据裁判和证明标准的法治思维,就不难得出答案;而对认罪认罚后的"从宽"是否可在法定刑幅度之下"从宽"的困惑,只要坚持罪刑法定、程序法定的法治思维,就可得到合理解决。一系列司法改革中的新问题,都需要运用法治思维来解决。

(二)尊重保障人权

尊重保障人权是现代刑事司法的核心理念。人权的历史并不久远,两次世界大战带来的战争灾难引起了人们对人权的关注和重视。英国的米尔恩指出,人权是维护人类赖以存在的、普遍的,包括生命权、自由权在内的最低限度的权利。[①]在我国,人权概念从最初的避于提及被正式认可,再到如今被确立为宪法原则和刑事诉讼法的基本任务,走过了一条艰辛但平稳发展的道路。之所以刑事司法领域要更加关注尊重保障人权,是因为以国家暴力为后盾的刑事司法更容易侵犯人权。在强大的国家追诉之下,个人的自我防卫能力很薄弱,也因此很容易产生冤假错案。

我国自 2012 年以来纠正的重大冤假错案就有几十起,这些冤错案件中绝大多数都存在刑讯逼供的问题,如"聂树斌案""于英生案""陈满案"等。[②] 如果公诉环节检察官有牢固的人权保障意识,也许很多错案就能够被及早阻止。检察官在履行公诉职责时,要时刻牢记客观公正的立场、法律守护人的职责,将尊重保障人权视为自己的神圣使命。程序公正是实体公正的重要保证,也是人权保障的重要内容,检察官要注重监督诉讼活动中违反正当程序的行为。除了防止刑讯逼供等人权保障的基本要求外,在全面依法治国背景下,认罪认罚从宽、速裁程序、简易程序等制度安排保障被告人快速接受审判,减少讼累,也体现了对人权的保障。以宽容、谦抑为导向的刑事司法改革容易使人忽视对犯罪嫌疑人、被告人辩护权的保障,因此,检察官要更加关注保障律师执业权利的充分行使,强化侦查监督和

---

① 参见[英]A. J. M. 米尔恩:《人权哲学》,王先恒等译,东方出版社 1991 年版,第 8 页以下、第 233 页以下。

② 参见鲜铁可、高锋志:《刑事申诉检察视角下强化错案防范的若干思考》,载《刑事申诉检察工作指导》(第 2 辑),中国检察出版社 2016 年版,第 70 页以下。

审判监督，将人权保障向纵深化、细微处延伸。

(三)理性平和司法

理性、平和是一种司法境界。理性，是指正常思维下理智、客观、符合逻辑的思维活动；平和，乃不偏激、平正谐和、调和之意。① 检察官必须保持理性、平和，否则将难以履行实现司法公平正义的职责。客观公正是刑事公诉的基本要求，理性平和是实现客观公正的保障。只有理性、平和的司法观才有助于公诉人排除干扰、坚持客观公正的立场。若公诉人持“狂热追诉”的非理性、不平和心态，将对侵犯人权、破坏程序不以为然，甚至对无罪证据视而不见，很难想象在此种情况下可以实现司法公正。价值衡平是刑事公诉的价值基础，理性平和又是价值衡平的前提。刑事公诉对诉讼价值的追求是多元的，要将实体正义、程序正义、诉讼效率、诉讼效果同时兼顾，不能偏废。要实现价值衡平，需要理性平和的司法理念支撑。如速裁程序中，保持理性就能避免只顾“摆平”效率、不顾正义而降低证明标准；刑事和解时，保持理性就能避免只顾效果、一味迁就当事人双方要求而罔顾法律底线；面对真实但由刑讯取得的供述时，保持平和的心态，才能在实体真实与程序正义之间不受冲动追诉的驱使，坚持排除非法证据。宽容谦抑是刑事公诉的发展方向，理性平和是宽容谦抑的实现路径。在刑事司法改革中，要做到准确适用审理程序、准确进行“从宽”处理，在公诉环节就要做到对公诉裁量权的准确把握与科学运用，包括对相对不起诉的运用、对量刑建议的提出、对程序分流的把握等。要做到科学运用公诉裁量权，就需要以理性平和的司法理念为指导，对权力行使进行内在约束和自我克制。“平和的司法境界，离不开司法思维方式的养成。”②检察官要注重培养缜密的逻辑思维、冷静客观的处事态度、完善健康的人格，加强对自身情感因素和消极情绪的控制。检察官在准确理性地适用法律的同时，又不能机械司法、简单办案，还要注重体会社会冷暖、人情世故，结合实际，为社会输出公平正义。

(四)加强监督制约

习近平总书记强调：“权力不论大小，只要不受制约和监督，都可能被滥用。”③

---

① 参见《汉语大词典》(缩印本)，汉语大词典出版社 1997 年版，第 1132 页。

② 孙谦：《论检察》，中国检察出版社 2013 年版，第 453 页。

③ 中共中央文献研究室编：《习近平关于全面推进依法治国论述摘编》，中央文献出版社 2015 年版，第 59 页。

依法治国的核心,是加强对公权力的监督制约和对私权利的有效保障。检察机关从创制之初就肩负着监督侦查和制约审判的职责,我国检察机关是宪法确立的法律监督机关,在保障国家法律统一正确实施方面更是责无旁贷。刑事公诉处在连接侦查和审判的特殊位置,发挥着无可替代的双重控制作用。在全面依法治国的背景下,一方面,刑事公诉要在传统的监督制约侦查、审判上予以加强;另一方面,也要在自身接受监督制约上予以加强。在刑事司法改革顺利进行的过程中,不仅不能降低监督制约的力度,反而只有加强监督制约,才能保障改革目标的圆满实现。如在认罪认罚从宽制度中,被告人认罪认罚的真实性和程序选择的自愿性是制度运行的基础,没有公诉人的监督容易产生违背意愿的妥协;"从宽"是对认罪认罚者的司法宽容,如果缺少监督,"从宽"也容易产生不依法、不平衡的问题;速裁程序、简易程序等可以采用独任审判,缺少监督则容易滋生司法腐败;刑事和解如果离开了监督,可能产生花钱买刑、漫天要价等弊端,从而消解刑事和解制度的生命力。因此,刑事公诉监督制约的范围与程度应与司法改革需求相匹配,进行合理的延伸和加强。

刑事公诉同样应该接受监督制约。"不受监督的权力必然产生腐败",刑事公诉权也不例外,刑事公诉应当主动接受来自各个方面的监督制约。随着司法改革对公诉裁量权的不断扩大,公诉人更要增强接受监督制约的理念。如作出的不起诉决定,应当接受公安机关、被害人、被不起诉人以复议、复核、申诉等形式进行的监督制约;法院是否支持公诉请求和采纳量刑建议则是对起诉权的制约;在以"协商"为基础的各项改革中,公诉人应加强与律师的沟通,并充分保障律师的执业权利,高度重视律师的意见,学会以辩护思维审视自身工作中的不足。此外,公诉人还要以开放的心态,主动接受人大、政协、新闻舆论以及上级检察院的监督制约。

四、结语

随着全面依法治国的推进,特别是刑事法治的发展,公诉工作面临深刻的变革:一要增强诉前引导作用。为从源头上保证办案质量,提高指控犯罪证据的合法性与完整性,要求公诉工作要向移送起诉前延伸,发挥诉前引导作用,通过引导侦查、退回补充侦查等方式强化诉前引导,对侦查取证活动施加必要的影响。二要发挥审前过滤功能。为保障庭审集中连贯进行,公诉在审前的过滤功能显得十分重要。一方面应构建以证据为核心的刑事指控体系,在坚持证据裁判原则下,推动从言词证据为主向实物证据为主的证据模式转型,并运用非法证据排除规则保障证据的合法性，对达不到起诉标准的案件，坚决依法不起诉；另一方面应完善以庭审准备为重点的审前程序。通过庭前会议发挥庭前证据双向开示、控辩双方充分交换意见、梳理庭审争点等功能，为庭审集中、高效进行打下基础。三要完善庭审程序分流职能。在当前认罪认罚从宽制度改革过程中，形成了速裁程序、简易程序、普通程序等多层次刑事案件审理体系，公诉人要准确引导科学的繁简分流、恰当选择诉讼程序。四要探索有区别的出庭公诉模式。为适应“繁案精审”“简案快办”的要求，出庭公诉模式也需要进行有区别的应对，使公诉人在“繁案”中能够应对复杂的出庭要求，对“简案”能够做到突出重点、准确简化、快速了结。

习近平总书记在 2017 年 5 月 3 日考察中国政法大学时指出，“全面推进依法治国是一项长期而重大的历史任务，要坚持中国特色社会主义法治道路，坚持以马克思主义法学思想和中国特色社会主义法治理论为指导”。在全面依法治国背景下推进司法改革，对刑事公诉理论与实践都提出了新的、更高的要求。为厘清改革中的难点与争议，研究破解改革中的困惑与障碍，我们对刑事公诉中的若干问题进行梳理、探讨，总结分析公诉工作的经验与教训，探索现代刑事公诉理念，目的就是通过推动刑事公诉制度科学理性发展，从而推进中国特色社会主义法治体系建设，推进全面依法治国方略的贯彻实施。

专题三

新时代刑事检察工作的创新与发展

陈国庆* 最高人民检察院

目 次

* 陈国庆,最高人民检察院党组成员、副检察长、检察委员会委员,二级大检察官。

2021年6月，中共中央印发《关于加强新时代检察机关法律监督工作的意见》（以下简称《意见》）。这是党的历史上首次就加强检察机关法律监督工作作出明确部署，为新时代检察工作高质量发展提供了根本遵循和科学指南，也为检察工作带来了新的发展机遇。刑事检察是检察机关最基本、最核心的业务，是履行检察机关法律监督职能，发挥检察机关在国家政治、经济、社会生活中保障法律实施作用的最为重要的方式和途径。新时代刑事检察工作应当全面贯彻习近平法治思想，探索具有中国特色、符合司法规律的创新发展之路。

一、创新与引领——刑事检察工作的理念更新

理念一新天地宽。先进的理念为刑事检察工作的创新和发展提供正确的指引。伴随改革发展和法治进步，对刑事犯罪的立法规范和司法追诉都发生了深刻的变化。特别是近20年来，刑事案件总量不断增加，犯罪形态和犯罪结构发生重大变化，严重暴力犯罪大幅下降，醉驾、电信诈骗、侵犯知识产权、破坏环境资源等新型危害社会管理秩序犯罪大幅上升。进入新时代，人民群众在民主、法治、公平、正义、安全、环境等方面有着内涵更丰富、水平更高的需求。面对新的社会形势、犯罪态势和犯罪结构的变化，刑事检察工作相较以往要求更高，必须转变理念才能跟上变化的速度。秉承正确之理念，以此为基石，推动刑事检察之创新发展，才能真正实现让人民群众在每一起司法案件中感受到公平正义。

（一）坚持讲政治、顾大局

旗帜鲜明讲政治，坚持党的领导，服务大局是开展一切检察工作的前提和根本要求。新时代，刑事检察工作要创新发展，首先要坚持将讲政治、顾大局融入刑事检察履职全方面、全过程。一是始终坚持党对检察工作的绝对领导。检察工作

是政治性很强的业务工作,也是业务性很强的政治工作。讲政治首先要求在司法办案中落实和维护党的领导,增强“四个意识”,坚定“四个自信”,做到“两个维护”,自觉贯彻党中央的决策部署,与党中央保持高度一致,把执行党的政策和执行国家法律统一起来,特别是在办理涉及国家利益、改革发展稳定大局的案件中,要善于把严格适用法律与维护国家安全和社会稳定紧密结合起来,确保党的政策和国家法律得到统一正确实施。二是紧紧围绕大局履行刑事检察职责。要始终牢记“国之大者”,找准刑事检察工作与经济社会发展的结合点,才能为经济社会高质量发展提供有力检察保障。扫黑除恶专项斗争常态化、服务打好三大攻坚战、加强民营经济平等保护、维护网络安全、加大知识产权检察保护等都内含政治、体现民意、影响发展。刑事检察应当找准结合点和切入点,运用好政治智慧、法律智慧、检察智慧,以扎实办好案件为基础,精准服务大局。比如,继续推进清理“挂案”专项行动,努力解决“挂而不决”“挂而不撤”问题,允许处于取保候审、社区矫正期间的企业人员赴外地从事生产经营活动,更好服务保障民营经济健康发展。又如,依法审慎办理涉科研经费、科研人才案件,正确把握好违反财物制度和违法、违法和犯罪的关系,把握好刑法介入的尺度。三是将讲政治与讲法治深度融合。讲政治是引领,讲法治是底线。在讲政治的引领下,坚持运用法治思维和法治方式做好刑事检察工作。比如,常态化推进扫黑除恶专项斗争,首先要坚决贯彻党中央关于扫黑除恶的决策部署,同时又必须坚持“是黑恶犯罪一个不放过,不是黑恶犯罪一个不凑数”的理念,严格依法办案,既不拔高、也不降格,确保扫黑除恶专项斗争始终在法治轨道内运行。

(二)坚持以人民为中心

习近平总书记指出,“民心是最大的政治”。古罗马法学家西塞罗也说过,人民的福祉是最高的法律。新时代刑事检察工作创新发展必须始终坚持以人民为中心的理念,积极回应人民群众新期待,在每一个具体案件、每一项具体工作中把以人民为中心落到实处。一是切实办好群众身边的“小案”。刑事案件绝大多数发生在群众身边,其中90%以上又是常见多发案件。每一起案件都关乎法律、政治,关乎当事人的人生,案件再小,对涉案人及其家庭来说都是“天大的案件”。检察机关要通过办理好一个个“小案”,引领全社会的法制观念和法治意识。比如“杭州郎某、何某诽谤案”,检察机关果断向网络诽谤亮剑,推动自诉转公诉,给无辜者撑腰,让无力者有力。二是扎实办好涉及人民群众操心事、揪心事、烦心事的案件。比如,依法从严惩治危害食品药品安全、污染环境、危害安全生产等犯罪,切实保障民生福祉。推进扶贫领域涉案财物快速返还,推进司法救助市、县全覆盖,坚持“应救尽救”,加强对受到犯罪侵害和因案致贫、因案返贫家庭的救助,让人民群众切实感受到司法温度、检察温度。三是办理好刑事申诉案件,努力实现案结事了。依法办理刑事申诉案件,严格落实“7 日内程序回复、3 个月内办理过程或结果答复”制度,检察长带头办理申诉案件,带头做好矛盾化解工作。将公开听证作为审查办理申诉案件的重要方式,特别是对一些申诉多年的疑难案件,积极开展公开听证,通过听证摆事实、举证据、释法理,以公开促公正、以听证赢公信。

(三)坚持客观公正的立场

《检察官法》第 5 条第 1 款规定:“检察官履行职责,应当以事实为根据,以法律为准绳,秉持客观公正的立场。”社会上有人往往把检察机关只看作犯罪追诉人和惩治者,一些检察人员也存在重打击轻保护、重实体轻程序、重配合轻制约的倾向,体现在办案上就存在可捕可不捕的倾向于捕,可诉可不诉的倾向于诉,可宽可严的倾向于严。《意见》开篇即重申“人民检察院是国家的法律监督机关”,这一宪法定位决定了刑事检察官绝不只是单纯履行追诉职责,而应把客观公正作为履职的本质要求,不能单纯地追诉犯罪,而应当既注重对被追诉者不利的方面,又注重对被追诉者有利的因素,依法收集、审查能够证实犯罪嫌疑人、被告人有罪或者无罪、犯罪情节轻重的各种证据,依法保障犯罪嫌疑人、被告人和被害人的合法权利,切实做到不偏不倚、不枉不纵、既无过度也无不及,既当好犯罪的追诉者,也当好无辜的保护者,更当好公共利益的代表,努力成为中国特色社会主义法律意识和法治进步的引领者。比如,近几年检察机关通过客观公正办理“昆山龙哥案”“河北涞源反杀案”“浙江盛某平案”“云南唐某案”等一系列正当防卫案件,捍卫了“法不能向不法让步”的法治精神,依法维护公民的正当防卫权利,弘扬了社会正气,引领了社会法治意识的进步。

(四)坚持协作式司法和恢复性司法理念

国家追诉是现代刑事诉讼制度的普遍原则,无论是英美法系国家还是大陆法系国家均是如此。[①] 我国刑事诉讼制度,也是以公诉为主,自诉为辅。随着实践

---

① 可以说,无论英美法系国家,还是大陆法系国家,其刑事诉讼均秉承国家追诉原则,即由国家专门机构代表国家对犯罪进行追诉。当然,在具体制度设计上,由于两大法系历史文化、政治经济发展等因素的不同,英美法系国家的刑事诉讼制度更多地体现了当事人主义的倾向,大陆法系国家则更多体现职权主义倾向。

的发展,绝对的国家追诉主义在逻辑层面和经验层面逐渐显现出一些局限,比如过于强调犯罪的社会危害性而忽略犯罪的个体侵权性,被害人常处于被忽略的地位,其诉求常常难以得到保障;又如,国家对诉讼进程的垄断与当事人的能动参与缺乏,使得在司法资源有限的情况下,案件积压、诉讼拖延等现象不断出现,诉讼效率不尽如人意。基于此,让当事人充分地能动地参与诉讼以调和与弥补国家追诉主义的弊端,逐渐从理论走向实践。其中,最典型的就是诉讼协商即协商性司法的兴起,主要表现:一是在被告人自愿认罪的情况下,国家与犯罪嫌疑人或者被告人之间产生了合作,检察机关的追诉出现减缓甚至放弃,法院也可以作出相对轻缓的量刑。其中最为典型的就是美国的辩诉交易制度和大陆法系国家的认罪协商程序[①]。二是在国家的参与下,被害人与被告人之间产生了合作。20 世纪 70 年代起,"恢复性司法"在西方国家兴起,迅速普及到全世界范围内。恢复性司法将被害人—被告人关系置于刑事诉讼制度的重要位置,为我们提供了一种以和解方式、在案件当事人充分参与的基础上解决刑事冲突的新途径,使现代以来几乎由国家垄断刑事公诉案件的诉讼进程,转而更加注重发挥当事人的积极作用,尤其是注重维护被害人的权益,使被害人得到较为充分的救济,实现当事人的和解并促使犯罪人认罪、融入社会、改过自新,尽快恢复被破坏的社会秩序和社会关系。[②] 恢复性司法作为传统刑事司法的重要补充及一种有效的刑事政策,对特定范围的案件采取替代性犯罪处理方式,对处理犯罪案件、调整诉讼模式产生非常积极的作用。[③] 其中,最典型的就是刑事和解制度的确立。当今世界主要国家的刑事诉讼制度均是在国家追诉与诉讼协商的不断融合中得以发展和完善的。2018 年《刑事诉讼法》修改确立的认罪认罚从宽制度,表明我国在法律和刑事政策层面对诉讼协商、恢复性司法精神的确认。认罪认罚从宽制度下,被告人认罪认罚中通常都蕴含着被告方认罪、赔礼道歉、赔偿损失、被害人谅解等,认罪认罚与刑事和解相融合,形成了当事人双方和解以及检察官、被告方在量刑方面进行协商并存的诉讼格局。

(五)坚持少捕慎诉慎押

近年来,刑事犯罪结构发生重大变化,严重暴力犯罪比例持续下降,判处 3 年有期徒刑以下刑罚案件占比,从 1999 年的 54.4% 上升至 2020 年的 77.4%,法定

---

① 比如法国的认罪答辩程序,意大利的辩诉交易程序。

② 陈国庆:《论检察》,中国检察出版社 2014 年版,第 315 页。

③ 同上。

犯罪不断增加，比如危险驾驶取代盗窃成为刑事追诉第一犯罪，2020 年起诉侵犯知识产权犯罪是 1999 年的 63.7 倍。与此同时，审前羁押率从 1999 年的 93% 降至 2020 年的 49.8%，每年百余万人被羁押候审，带来羁押成本居高不下、交叉感染等问题。这与新时代犯罪结构的变化、国家治理现代化和国家法治发展的进程不相适应。在司法实践中，构罪即捕、以捕代侦、以押促侦、以押便诉等做法还不同程度存在。因此，适应国家治理体系和治理能力现代化和法治建设发展的要求，刑事检察必须转变“构罪即捕”的理念，落实宽严相济刑事政策，坚持少捕慎诉慎押，加大对社会危险性的审查，加强羁押必要性审查，扩大取保候审等非羁押强制措施的适用，用好起诉裁量权，最大限度减少社会对立面，以犯罪治理的现代化推动国家治理现代化。

（六）坚持在办案中监督、在监督中办案

检察机关是国家的法律监督机关，刑事检察批捕、起诉、刑事抗诉等职能都统一于法律监督职能。刑事检察工作创新发展必须落在办案监督这一根本职责上，正确把握办案与监督的关系。一方面，坚持在办案中监督，以法律监督为本位和目标履行批捕、起诉职能，克服片面办案、孤立办案等倾向。要善于在办案中发现监督线索，找准监督着力点。比如充分发挥“捕诉一体”机制作用，在批捕环节及时开展引导侦查取证工作，督促纠正侦查工作的不规范不合法行为。又如，对刑事立案、侦查、审判、刑事执行及监管活动中暴露出的执法不严、徇私枉法案件，依法立案查办就是最直接、最刚性的监督。另一方面，坚持在监督中办案，将批捕、起诉职能履行作为履行法律监督职责的基本手段，克服割裂监督、虚置监督等倾向。认真落实中央关于推进政法领域全面深化改革部署要求，因地制宜建立健全派驻检察监督工作，充分发挥侦查监督平台在发现监督线索等方面重要作用，围绕刑讯逼供、非法取证、漏捕漏诉以及有案不立、有罪不究、违法运用刑事手段插手经济纠纷等问题开展重点监督。

（七）坚持双赢多赢共赢

法律监督不是零和博弈，监督与被监督的目标和任务一致，都是努力让人民群众在每一个司法案件中感受到公平正义。检察机关与其他执法司法机关只是分工不同，新时代做好刑事诉讼监督工作，应当坚持双赢多赢共赢的监督新理念，从构建监督者与被监督者良性互动关系出发，加强沟通，构建新型侦诉、诉审关系，赢得被监督者的支持与配合，赢得社会的信任和理解。要完善诉侦配合制约

机制,发挥"捕诉一体"办案机制作用,加强侦诉衔接,有效引导侦查取证;规范补充侦查工作,加大自行补充侦查力度;完善侦查监督平台,健全派驻检察监督工作机制,提升侦查监督质效。完善诉审配合制约机制,加强沟通,促进解决证据采信、法律适用、政策把握方面的认识分歧,统一司法尺度;处理好审判监督与尊重法官权威的关系,既尊重和支持法官在审判活动中的权威,又依法履行法律监督职能,共同促进庭审实质化。

(八)坚持法、理、情相统一

近年来,司法办案如何兼顾法、理、情广受关注。前些年"天津气枪大妈案""内蒙古收购玉米案"等案件之所以引发广泛关注,就是因为其单纯地考虑生硬的法条,而违背了常情常理。所谓法的精神,就是司法处断不能脱离社会生活条件,必须兼顾天理、国法、人情,古今中外均是如此。卢梭曾说过,一切法律中最重要的法律,既不是刻在大理石上,也不是刻在铜表上,而是铭刻在公民的内心里。博登海默也指出,一个法律制度之实效的首要保障必须是它能为社会所接受,而强制的制裁职能是次要和辅助的保障。在中华法系里,司法一直被赋予能动积极的作用,也一直要求实现天理、国法、人情的统一。《四库全书》按语中即指出:"刑为盛世所不能废,而亦为盛世所不尚。"其内在含义就是司法办案不能单纯考量法律,而要根据经济社会发展的需要综合衡量各方因素,更好实现法、理、情有机统一。进入新时代,在个案处理中强调三者的统一,实际上就是落实习近平法治思想的精髓,让每一个案件处理得到更广泛的认同。刑事检察监督办案要充分体现人民国家之情、人民立法之义,绝不能只守住形式上"不违法"的底线,必须将天理、国法、人情融为一体,努力让人民群众感受到执法、司法的温暖。①

(九)坚持办案数量、质量、效果的统一

面对新形势、新要求,最高人民检察院党组提出了要以"求极致"的标准大力提升刑事检察工作质效。"求极致"要求刑事检察工作应当从"过得去"向"过得硬"转变,要实现这一转变,就应当努力提升办案质效,坚持办案数量、质量、效果的统一。数量往往体现了某一项工作的力度,比如立案监督、侦查监督、审判监督的数量,2019 年"两项监督"数据降幅较大,很大程度上表明,"两项监督"工作开展的不尽如人意;又如,适用认罪认罚从宽制度的案件数,2019 年上半年制度适

---

① 张军:《坚持以习近平法治思想为引领,为书写法治中国建设新篇章贡献检察力量》,载《求是》2021 年第 5 期。

用率仅有百分之二十几，表明制度未能得到广泛较好的适用。质量是关键，案件质量是刑事检察工作的生命线。效果是根本，一些案件表面上看依法办了，但是社会并不认同，这说明办案效果不好。没有好的效果，就无法让群众感受到公平正义。需要注意的是，不能机械理解办案数量、质量、效果相统一，而应当结合具体工作整体评价。比如数量能够体现工作力度，但并非数量越多越好，过于追求数量往往会忽视质量。以认罪认罚从宽制度适用为例，2019 年针对制度适用滞后情况，检察机关自上而下，大力推动，实现了 85% 以上的较高适用率，但实践中也出现了一些质效不高的问题，为此，最高人民检察院党组及时调整工作目标，提出要在"保持较高稳定适用率的基础上，更加注重提升案件质效"。

（十）坚持"四大检察"协同发展

检察机关内设机构改革后，"四大检察"构成了检察机关完整的法律监督体系。刑事检察处在检察机关法律监督体系中最基础的地位，刑事检察应当树立战略思维、全局观念，通过刑事办案，为民事、行政、公益诉讼检察提供助力。一是健全刑事公诉与民事、行政公益诉讼衔接机制。实践中不少基层检察机关建立健全刑事检察、公益诉讼检察部门之间的信息共享、证据共享、线索移送、协同配合机制，有效解决了基层检察机关公益诉讼线索发现难、案件数量少、成案率低的问题。从效果看，刑事附带民事公益诉讼是公益诉讼工作开展的重要方面，案件数量占比近 80%，在破坏环境资源和危害食品药品安全类刑事案件中，除了刑事附带民事公益诉讼线索外，还有不少行政公益诉讼线索。刑事检察部门在办理生态环境资源保护、食品药品安全等领域犯罪时，要善于发现民事、行政公益诉讼线索，及时移送公益诉讼检察部门，共同推动案件办理和普遍性问题解决。二是刑民联动保护当事人合法权益。比如，随着经济社会的发展，刑民交叉案件不断增多，在办理此类犯罪时，应准确把握罪与非罪的界限，防止通过刑事手段插手民事纠纷。又如，刑事案件涉及损害赔偿时，运用好《民法典》，充分尊重和保障当事人的民事权利，向犯罪嫌疑人讲明赔偿的法定责任、方式及对量刑的影响，向被害人释明依法获得赔偿的请求权基础、赔偿的具体事项和计算标准，引导被害人提出合理的赔偿诉求。再如，刑事检察部门在办理虚假诉讼案件中，应及时将民事诉讼监督线索移送有关部门，及时纠正错误的民事判决，既打击违法犯罪，也帮助被害人维护合法权益。民事检察部门在开展民事监督过程中，如果发现虚假诉讼线索的，也应及时移送查办。

二、构建与完善——刑事检察工作制度与机制的创新和发展

刑事检察工作创新和发展是一项系统工程,涉及理念更新、职权配置、制度设计、机制完善等,把握好发展的维度和路径十分重要。当前应当以习近平法治思想为指引,在更新理念的基础上,顺应中国特色社会主义司法制度和刑事诉讼制度改革的方向、国家治理现代化的要求,重点在以下几个方面推动刑事检察制度和机制的创新,实现刑事检察工作高质量发展。

(一)推动审查逮捕程序诉讼化改革

为克服传统审查逮捕单方审、书面审、封闭审,司法审查属性不够,辩护权保障不足等问题,自2000年以来,最高人民检察院循序渐进、不断深化审查逮捕方式改革。从1997年《刑事诉讼法》和1999年《人民检察院刑事诉讼规则》中"审阅案卷材料,制作阅卷笔录,提出审查意见"的单方、书面审查模式,到2009年检察改革规划提出"对于争议较大的案件,可以试行当面听取侦查人员和犯罪嫌疑人及委托律师意见的机制";从2013年侦查监督工作会议上提出要"探索公开审查案件的办案方式",到2018年检察改革规划中明确"围绕审查逮捕向司法审查转型,探索建立诉讼式审查机制""建立有重大影响案件审查逮捕听证制度";从2019年《人民检察院刑事诉讼规则》修订,在审查逮捕和羁押必要性审查程序中增加了公开审查的内容,到2021年8月,最高人民检察院印发了《人民检察院羁押听证办法》,对羁押听证的案件范围、听证形式、程序适用等作出具体规定,要求对案件有重大社会影响的,羁押必要性审查案件在事实认定、法律适用、案件处理等方面存在较大争议的,涉及公共利益、民生保障、企业生产经营等领域,听证审查有利于实现案件办理政治效果、法律效果和社会效果统一的等情形的,可以进行羁押听证,审查逮捕司法属性不断得到强化。下一步,检察机关应当将审查逮捕诉讼化审查机制作为贯彻落实少捕慎诉慎押刑事司法政策的重要举措,将审查逮捕听证作为审查逮捕诉讼化转型的具体形式,落实好《人民检察院刑事诉讼规则》和《人民检察院羁押听证办法》,在办理审查逮捕、审查延长侦查羁押期限、羁押必要性审查案件中,对符合法定情形的案件,积极组织开展听证审查,确保准确作出逮捕羁押的决定。

(二)完善非羁押诉讼机制

非羁押诉讼是贯彻落实少捕慎诉慎押司法政策的重要内容,实践中,一些地方对非羁押诉讼模式进行了积极探索,推动取保候审等非羁押强制措施的适用,

摸索出一系列可推广可复制的做法，有效降低了审前羁押率。比如，山东东营的电子手铐，浙江杭州的非羁码，均对非羁押人员实现了有效监管，有力推动审前羁押率的下降。又如，江苏苏州检察机关大力推动非羁押强制措施的适用，“取保是常态，羁押是例外”的理念日趋深入，10 年来审前羁押率持续降低，从 2007 年的 86% 降至如今的 37%，不仅没有影响诉讼进行，人民安全感、法治建设满意度等指标还不断攀升。为贯彻落实好“少捕慎诉慎押”刑事司法政策，有效降低审前羁押率，检察机关应当大力推动完善非羁押诉讼机制：一是探索社会危险性量化评估标准，对轻罪犯、过失犯、未成年人犯等尽量采取非羁押强制措施。二是强化非羁押监管措施，借鉴东营、杭州、苏州等地的经验，用好取保候审、监视居住等非羁押强制措施和训诫、责令具结悔过、赔偿损失、行政处罚等替代性处罚，推广电子手环、非羁码等电子监控手段的应用。三是深化羁押必要性审查专项检查活动，重点对法定刑在 3 年以下有期徒刑的逮捕案件、涉民营企业案件、久拖不决案件的羁押必要性进行审查，稳步推动降低审前羁押率。

（三）深化认罪认罚从宽制度改革

进入新时代，社会和人民群众对庭审、指控证明犯罪提出了更高要求，检察职能不再是只要案件诉出去就了事，而应更加自觉、主动、高水平地融入国家治理体系和治理能力现代化进程。基于此，最高人民检察院党组提出了要充分发挥检察职能在刑事诉讼中的主导责任，而认罪认罚从宽制度是典型的以检察官主导责任为基础的制度设计，其本质上是推动国家治理现代化的一种诉讼模式。检察机关要通过深化认罪认罚从宽制度适用，履行好主导责任，以此推动刑事检察工作转型升级。2018 年《刑事诉讼法》修改正式确立了认罪认罚从宽制度，制度全面实施 3 年以来取得了显著成效，制度整体适用率已稳定保持在 85% 以上，一审后被告人上诉率在 3.5% 左右，低于其他刑事案件 11 个百分点，确定刑量刑建议提出率和采纳率分别达 90% 和 96%，认罪认罚案件不捕率高于整体刑事案件 12.3 个百分点，有效促进了社会和谐稳定。总体上，制度运行顺畅，但也还存在不少问题和困难，制度适用不平衡问题仍然存在，办案质效有待提升，衔接配合需要加强，能力素质尚有不适应的地方。推进国家治理体系和治理能力现代化，要求刑事检察必须把认罪认罚从宽制度进一步做实、做好。一是推动刑事诉讼模式转型。检察机关应当适应认罪认罚从宽制度要求，由被动司法走向能动司法，改变以往消极的、被动的办案模式和履职状态，以更加主动和积极的姿态履行职责，主动开展认罪教育、量刑协商、刑事和解等工作，履行好在刑事诉讼中的主导责任。同时，自上而下积极推动构建新型侦诉审辩关系,引导侦查机关从一接触犯罪嫌疑人开始就开展认罪认罚教育工作,为顺利、快速侦办案件创造条件。在检察环节要注重推动繁简分流、强化控辩协商、促进审判模式转型,推动辩护模式由庭审阶段前移到审前阶段。二是坚持依法该用尽用。全面贯彻宽严相济刑事政策,对严重危害国家安全、公共安全和社会治安,严重影响人民群众安全感的刑事犯罪,坚决依法从严打击;对轻微刑事案件依法从宽处理,促进社会和谐。把认罪认罚从宽制度融入党和国家大局,在涉民营企业平等保护等案件中,教育促使更多犯罪嫌疑人认罪认罚,更好服务统筹推进疫情防控和经济社会发展。三是更加注重提升认罪认罚案件质效。全面落实"两高三部"指导意见和高检院落实全国人大常委会审议意见28条检察意见,从严规范检察环节适用程序。完善认罪认罚自愿性、真实性保障机制,防止虚假认罪。落实少捕慎诉慎押司法理念,对犯罪嫌疑人认罪认罚的,依法能不捕的不捕、能不起诉的就不诉。完善认罪认罚案件抗诉标准,对法院采纳检察机关量刑建议后被告人无正当理由反悔上诉,或者量刑建议并无明显不当而未被采纳,选择典型案件依法提出抗诉,维护制度良性运行。健全控辩量刑协商机制,全面推开控辩协商过程同步录音录像制度,提高控辩协商的透明度、公信度。出台《人民检察院关于办理认罪认罚案件开展量刑建议工作指导意见》,规范量刑建议提出程序,推广量刑智能辅助系统,提升良性建议精准度。四是强化协作配合,共同推进认罪认罚从宽制度稳健运行。加强与公安机关沟通,发挥捕诉一体作用,引导尽早开展认罪教育工作。加强与法院沟通,细化量刑标准和量刑指引。加强与司法行政机关协作,充分发挥值班律师、辩护律师在落实这一制度中的作用,推动值班律师法律帮助实质化,构建多元化法律援助机制,推动退休法官、检察官以志愿者身份参与法律援助和值班律师工作,切实保障犯罪嫌疑人获得法律帮助权。五是强化监督管理。落实人民检察院办理认罪认罚案件监督管理办法,处理好员额检察官履行职责与部门主任、检察长监督管理的关系,严格按照法律、上级规范和本院权责清单的要求,规范权力行使程序。严格执行过问或干预、插手司法办案记录报告的"三个规定",坚决防止人情案、关系案、金钱案。

(四)完善起诉裁量制度

在现代刑事诉讼中,为更好体现刑事政策,使刑事追诉实现更好的社会效果,检察机关享有公诉裁量权。比如在美国,一方面实行国家追诉,对符合起诉条件的案件,检察官代表国家提起公诉,但是另一方诸如辩诉交易制度的存在又充分体现了起诉便宜主义。在日本,起诉便宜主义作为一个基本原则,已写进刑事诉讼法。德国的“微罪不举”亦是起诉便宜的体现。联合国《关于检察官作用的准则》对起诉裁量权也有明确规定，其第 18 条指出：“根据国家法律，检察官在充分尊重嫌疑人或者受害者的人权的基础上适当考虑不起诉，有条件或无条件地终止诉讼程序，或使某些刑事案件从正规的司法系统转由其他办法办理。为此目的，各国应充分探讨转用非刑事办法的可能性，目的不仅是减轻过重的法院负担，而且犯罪嫌疑人也可避免监禁可能带来的不利后果。”我国刑事公诉制度也充分体现了起诉法定主义与起诉便宜主义的融合。《刑事诉讼法》第 175 条第 4 款和第 177 条第 2 款关于存疑不起诉和相对不起诉的规定，体现了起诉便宜主义的基本精神。当前，随着捕诉一体改革、以审判为中心的诉讼制度改革、认罪认罚从宽制度等改革的深化，刑事检察的主导责任和审前过滤功能进一步强化，起诉裁量权的行使则是履行主导责任和发挥审前过滤功能的重要方式。我国的起诉裁量制度虽然已初具雏形，但无论在立法上还是在实践中仍然存在一些突出问题，比如作为起诉裁量之重要组成的撤回起诉制度仍无立法依据，又如不起诉制度运行不理想，附条件不起诉适用范围过窄等。刑事检察应在秉承国家追诉、起诉法定的前提下，适应新形势需要，吸纳起诉便宜的有益精神，对起诉裁量制度作出进一步完善。一是落实认罪认罚从宽制度的要求，探索扩大相对不起诉的适用范围，完善不起诉标准，充分发挥其诉讼过滤功能和质量传导机能。不起诉范围的适当扩大与认罪认罚从宽制度应当有效对接，可在目前刑诉法规定的相对不起诉“情节轻微”的基础上适当扩大范围，将条件把握在“可能判处三年以下有期徒刑的”案件。二是探索赋予检察机关不起诉的处罚权包括社区服务、罚没权。不起诉案件能否没收违法所得与认罪认罚从宽的实体处理紧密联系。赋予检察机关对不起诉案件违法所得的没收权，有其内在的合理性：其一，不让犯罪分子从犯罪行为中得到利益，是一个重要的正义和法律原则。其二，目前不起诉案件中建议主管机关没收违法所得执行得不够好。《刑事诉讼法》第 177 条第 3 款规定的“有关主管机关”指向不明，执行的刚性不足。其三，在国外的认罪协商机制中，通常被告人在与检察官达成的认罪协商协议中，会将放弃违法所得予以列明。其四是对不起诉案件由检察官直接没收违法所得更为可行。我国检察机关与法院同为司法机关，并且是专门的法律监督机关，依法对刑事诉讼活动进行监督，对不起诉案件直接没收违法所得具有正当性、合理性。但为防止权力的滥用，一方面应当严格限定没收违法所得的审批程序；另一方面应完善救济方式，赋予犯罪嫌疑人不服检察机关没收违法所得决定的救济权利。三是完善撤回起诉制度。现代公诉理论认为，公诉作为一种追诉权，天生具有主动性的特征，它不但主动纠举犯罪，提起控诉启动审判程序;而且在发现指控有错漏的情况下,可以主动予以补正。[1] 撤回起诉是诉讼的一种过滤机制和救济措施,也是衡量公诉案件质量的一个重要指标,对保障人权和提高诉讼效率具有重要意义。当前撤回起诉制度适用中存在相关规定缺失、权力滥用、程序启动不规范等突出问题,影响了制度功用的发挥。有必要从立法和司法两个层面对撤回起诉制度予以完善,推动在立法上确立撤回起诉制度。同时,司法实践中,检察人员应当严格按照修改后《刑事诉讼法》及"两个证据规定"的要求审查案件,严格证明标准,确保案件质量,尽量减少撤回起诉案件;确有必要时,应当严格按照法律规定的条件、范围和程序适用撤回起诉。

(五)完善侦查监督与协作配合机制

中共中央关于加强公安工作的有关文件中明确提出,加强公安机关执法办案场所建设,因地制宜建设执法办案管理中心,深化执法办案公开,主动接受检察机关法律监督。近年来,一些地方试点在公安机关执法办案管理中心派驻检察室,效果良好。公安执法办案管理中心建设给检察机关"两项监督"提供了新的平台,通过派驻检察,可以实时掌握执法办案信息,也为及时介入重大疑难复杂案件侦查提供了条件。自2019年以来,全国检察机关在总结推广地方探索经验基础上,秉持双赢多赢共赢理念,在各级党委、政法委领导和支持下,因地制宜推进派驻检察机制改革,但也存在理念认识不统一,职能定位不清晰,派驻机制保障不到位,派驻检察机构自身履职不到位等问题。应当加强与公安机关沟通协作,加强理念引领和对下指导,推动、引导各级公安机关、人民检察院共树"大控方"理念,健全完善侦查监督和检警配合工作机制,以此推动检察监督质效和刑事办案质效不断提升。同时,加强规范化建设,推动办案信息双向共享。日前,最高人民检察院与公安部《关于健全完善侦查监督与协作配合机制的意见》已印发,各级检察机关刑事检察部门应按照该文件要求,依托公安机关执法办案管理中心,联合公安机关法制部门共同设立侦查监督与协作配合办公室,积极开展侦查监督和协作配合相关工作,对检察机关补充侦查意见进行跟踪指导和督促落实,协调督促庭审阶段侦查人员出庭和联合督办案件的沟通协调、信息通报、督促办理,跟踪督促监督意见和检察建议的整改落实,对公安机关要求说明理由、要求复议、提请复核、申请复查和提出的意见建议及时跟踪反馈,并积极推进完善人民检察院与公安机关执法办案和侦查监督数据信息的共享机制。

---

① 谢佑平、万毅:《刑事公诉变更制度论纲》,载《国家检察官学院学报》2002年第1期,第53~58页。

（六）完善补充侦查制度

补充侦查工作对于及时固定完善证据，依法惩治犯罪，保障当事人合法权益具有十分重要的作用。完善补充侦查制度是检察机关实施侦查监督工作的需要，也是有效指控和追诉犯罪的需要。2020 年 3 月，最高人民检察院联合公安部印发了《关于加强和规范补充侦查工作的指导意见》，各地检察机关和公安机关采取有效措施，落实指导意见要求，推动补充侦查工作不断完善，取得了较好成效，存疑不起诉数量明显下降，多次延长、退查现象明显好转，侦查监督得到强化。但实践中仍然存在一些问题，侦查人员执法理念、取证规范化程度和专业化水平有待进一步提升，检察机关补充侦查提纲质量不高、退而不查、查而不细、查而不清等问题，仍一定程度上存在，检察机关自行补充侦查意识、能力和水平，尚有较大差距，公安机关、检察机关通过退回补充侦查延长办案期限，导致程序空转的情况仍然存在，需要进一步加强和改进。一是充分发挥“捕诉一体”办案机制优势，加强引导侦查取证。对于作出批准逮捕决定的案件，为保证案件达到起诉标准，积极提出捕后侦查意见，消除“捕后诉前”监督盲区，尽可能把证据问题解决在移送审查起诉之前，有效降低案件在审查起诉阶段的退查率。强化因证据不足不捕后提出补充侦查的规范性和有效性，规范《补充侦查提纲》的制作，继续推进案件证据的收集、固定，积极履行司法办案的主体责任。二是强化对补充侦查工作的监督。加强对退回补充侦查案件的跟踪监督，实时掌握侦查进展情况，及时审查已补充调取的证据、了解未落实事项的原因与困难，确保补充侦查实效。加强对补充侦查活动合法性、规范性的监督，对公安机关未及时有效开展补充侦查工作的进行口头督促；对因不及时补充侦查导致证据无法收集影响案件处理的，必要时可制发检察建议；对非法取证等情形依法启动调查核实程序、制发纠正违法通知书，涉嫌犯罪的应依法进行侦查。还要特别加强对补充侦查后未重报案件的监督，审查逮捕阶段补充侦查后未重报的，及时与侦查人员沟通查明原因；审查起诉阶段补充侦查期限届满未重报的，依法要求公安机关说明理由；发现公安机关违反法律规定撤销案件、终止侦查，或者长期“挂案”等情形的，应当提出纠正意见。三是加大自行补充侦查力度。在具备自行侦查条件、具有自行侦查可行性、自行补充侦查更为适宜的情况下，依法开展自行补充侦查，推动自行补充侦查从轻微刑事案件向重大、疑难、复杂案件扩展。

（七）健全刑事司法与行政执法衔接机制

加强行刑衔接工作，是新时代检察机关法律监督的重要内容。实践中，行刑衔接的重点多在民生领域,受到行政执法部门、司法机关乃至社会各界普遍关注。检察机关开展行刑衔接已有多年实践,取得了一些成绩,但也存在一些问题,实践中"以罚代刑""不刑不罚"现象依然存在;检察监督手段单一,有的单位或者个人对检察监督不支持、不理解;有的地方检察机关就是否继续对行政执法机关移送涉嫌犯罪案件予以监督存有疑惑,工作积极性不足等。为此,《意见》着眼于民生司法保障,在第5条明确提出要"健全行政执法和刑事司法衔接机制"。为深入贯彻落实《意见》,在新的更高层次上推动实现全面依法治国,最高人民检察院在总结行刑衔接办案难点和突出问题的基础上,于2021年9月制定发布了《关于推进行政执法与刑事司法衔接工作的规定》。该规定明确由负责捕诉的部门负责开展行政执法与刑事司法衔接工作。刑检部门应当落实好规定要求,推动做好"双向衔接",提升监督质效。一是主动做好与相关单位的沟通配合。通过主动通报情况、走访等多种形式加强与相关部门的沟通、联系,争取理解与支持,推动建立长效机制。提高检察意见书的质量,加强释法说理、跟踪反馈,帮助、督促行政执法机关依法履职,实现双赢多赢共赢。二是健全检察机关对决定不起诉的犯罪嫌疑人依法移送有关主管机关给予行政处罚、政务处分或者其他处分制度。检察机关对已经进入刑事司法环节的拟不起诉案件,需要给予行政处罚的,在作出不起诉决定的同时向有关主管机关移送案件。三是提高发现线索的能力。注重在检察履职过程中发现线索,尤其有针对性地加强重点领域的线索摸排,对行政执法机关不依法向公安机关移送涉嫌犯罪案件的,依法开展监督;通过建立信息共享平台与相关部门主动对接,挖掘线索,跟进监督。信息共享平台是发现案件线索的重要途径,检察机关要积极配合司法行政机关开展平台建设;已经接入平台的检察机关,应当及时录入审查有关信息,及时提出移送、监督意见。

(八)繁简分流,完善多层次诉讼程序体系

从理论上讲,诉讼程序的运行,必然需要相应诉讼成本的投入,程序愈加完善复杂,则必然要求更多的成本投入,在司法资源有限的情况下,如何使有限的资源配置获取最大的诉讼效益,将是司法公正能否得以实现的关键。如波斯纳所言,正义与效益这一对法价值,并不总是对立排斥的,相反,对效益的追求由于避免讼累、节约资源、缩短时间等特点而有助于正义价值的实现,所以波斯纳说,正义在法律中的第二个含义就是效益。可以说,如何在公正与效率两大价值中取得平衡是任何一个司法制度都面临的重要问题。各国的实践证明必须对案件进行繁简分流,才能解决刑事案件总量不断上升与有限司法资源之间的矛盾。比如在日

本,90%以上的刑事案件都是按照略式程序处理,只有不足10%的案件请求提起公审。[①] 又如德国的处罚令程序,即对符合条件的轻微刑事案件,检察官可以直接向法官申请实施处罚令,而省略案件的初步庭审和正式审理程序。再如美国的辩诉交易制度。在美国,没有高达90%的刑事案件通过辩诉交易程序得到快速的解决,那种建立在极高诉讼成本投入基础上的对抗式诉讼制度,将处于不堪重负甚至濒于崩溃的境地。[②] 对案件进行难易分类,对程序进行繁简分流,强化审前程序的作用,提升诉讼效率,已越来越成为共识。总的原则是"轻轻重重",轻的更轻,重的更重,简单案件尽可能简化审理,复杂案件尽可能细化审理。2018年《刑事诉讼法》修改,增设了速裁程序,至此我国在刑事诉讼中初步构建起普通程序—简易程序—速裁程序多层次诉讼程序体系。应当注重改进办案方式,完善速裁程序、简易程序、普通程序有序衔接的诉讼体系,推动轻重分离、快慢分道。一是完善检察机关适用普通程序办案机制。实质化的庭审实际上就是严格适用普通程序的庭审。对重大疑难复杂、被告人不认罪或者关键证据有争议的案件,应当严格依照普通程序进行较为彻底的实质审理。检察机关办理此类案件,庭前要全面梳理、编织与公诉指控相匹配的证据体系,还要注重庭前的程序净化工作,加强与法院的沟通协调,完善庭前会议制度,庭审中加强当庭讯问、举证、质证和辩论。当然,对适用普通程序的案件,如果被告人认罪的,程序可适当简化。二是完善检察机关适用简易程序办案机制。当前,适用简易程序案件仍然存在"简易不简"的问题,表面上庭审时间缩短了,但刑检部门庭外的工作量增加,造成一些地方不愿意适用简易程序。要真正发挥简易程序的作用,不仅要简化庭审程序,还要合理简化庭前准备程序。比如对可以适用简易程序的案件,在审查起诉阶段简化审查报告制作,在庭前准备阶段不制作"三纲一书"。同时会同公安机关、人民法院健全简易程序案件"三集中"办案模式。三是大力推动速裁程序适用。速裁程序自2014年在部分地区试点,到2016年纳入认罪认罚从宽制度试点,再到2018年《刑事诉讼法》修改正式增设该程序在全国推开,在节约司法资源、提高诉讼效率等方面发挥了巨大的作用。但实践中,还存在速裁程序适用率较低,程序从简价值未充分发挥的问题,部分地区速裁程序适用率不足20%。究其原因,既有主观上不愿意适用,也有客观上与侦查、审判机关沟通不畅、快速办理机制不健

---

① ［日］田宫裕:《刑事程序的简易化》,载［日］田原春夫主编:《日本刑事法的形成与特色》,李海东等译,法律出版社、成文堂出版社1997年版,第409～410页。

② 陈瑞华:《司法过程中的对抗与合作——一种新的刑事诉讼模式理论》,载《法学研究》2007年第3期。

全的因素。应当进一步转变观念,大力推动速裁程序适用,加强与公安机关、法院的沟通协调,通过在公安机关执法办案管理中心、派出所、交巡警支队等设立派驻中心检察室、速裁办公区等形式,建立案件快速分流和流转机制,对认罪认罚案件集中移送、集中起诉、集中审理,构建"全流程"简化速裁模式。

(九)完善刑事审判监督机制

近年来刑事审判监督工作持续加强,规范化、专业化、智能化建设有新的发展,但是也面临着一些新的挑战。比如随着以审判为中心的诉讼制度改革、认罪认罚从宽制度以及法院量刑规范化的推进,刑事审判质量不断提升,检察机关提出抗诉的难度加大,刑事抗诉结构面临调整;又如,随着司法责任制改革的推进,法官自由裁量权的扩张容易导致裁判标准不统一和量刑不均衡,如何有效监督这种量刑失衡问题成为刑事审判监督工作的重要任务。一是完善和细化控审分离的具体制度。诉审关系中坚持控审分离是研究健全司法权运行机制的重要内容。重点完善以下制度:其一,建立诉因制度。未经起诉之个人和事实,法院不得径行审理并定罪科刑。这是调整诉审关系的基本原则。我国刑事诉讼中没有确立诉因制度,现行的公诉方式存在结构性缺陷,表现有三:(1)起诉书往往呈现的是包括犯罪构成要件事实以及案件相关事实在内的庞杂的图景,构成犯罪的事实不能通过诉因明示出来,在数罪案件中尤其明显,这就使法官在行使审判权时,难以充分意识到审理活动的对象范围界限。(2)刑事诉讼法关于起诉效力与审判范围问题规定得不够明确,使"审判突袭"现象并不鲜见。实践中审判对象超起诉范围,法院认定罪名与起诉罪名不一致,以及对在审理中发现可能影响定罪的新的事实,在未经检察机关补充起诉或者变更起诉情况下,人民法院可以径行审理并改变罪名等情况时有发生。① (3)前述现象使得被告人的辩护权得不到有效保障。因而构建中国特色的诉因制度,有助于弥补现行公诉方式的结构性缺陷,是促进完善控辩审三方关系的重要途径,这也契合构建公正、高效、权威的司法制度的改革要求。其二,完善公诉变更制度。这与诉因制度也密切相关。要推动在立法上明确规定变更、追加起诉制度,如果法院认为指控的罪名与指控事实不符,而检察机关不同意法院变更指控罪名的动议时,法院应当告知控辩双方改变指控罪名的意图,在控辩双方进行必要的准备后,再行审理和判决。二是完善审判监督工作机制。强化审判监督,促使法官谨慎用权、依法公正裁判是诉讼制度改革的

---

① 卞建林:《健全司法权分工配合制约机制的思考》,载《河南社会科学》2015年第1期。

必然要求。检察机关应当以抗诉为重点加强刑事审判监督，面对以审判为中心带来的审判监督难度加大的情况，积极拓展“抗源”、找准“抗点”，注重抗诉的精准性，对重大典型案件要发挥检察一体优势，接力抗诉，通过一个案件纠正一片问题。针对实践中存在的公诉案件包括抗诉案件法院开庭几年不下判的情况，要加强监督，切实纠正“审而不判”。针对近年来无罪案件抗诉中存在的随意性问题，要深入剖析“诉判不一”的原因，对判决裁定确属错误的，要依法提出抗诉，防止“该抗不抗”；对属于证据体系存在问题或者理解适用法律存在认识分歧的，慎重提出抗诉。需要注意的是，对法院错误适用法律以及重大程序违法等具有示范意义和导向作用的案件，即使量刑没有明显不当也要依法抗诉。还要注重抗诉与其他监督手段的综合运用。要根据刑事审判违法和瑕疵的不同情况合理选择和适用监督手段，在重视抗诉的同时，也要重视运用纠正违法、检察建议、口头监督等监督方式提升监督效果。

（十）完善企业合规制度

开展企业合规改革是检察机关发挥司法职能作用参与社会治理的一种方式。检察机关对于办理的涉企刑事案件，在依法作出不批准逮捕、不起诉决定或者根据认罪认罚从宽制度提出轻缓量刑建议等的同时，针对企业涉嫌具体犯罪，结合办案实际，督促涉案企业作出合规承诺并积极整改落实，促进企业合规守法经营，减少和预防企业犯罪，促进市场主体健康发展，推动营造法治化营商环境，为经济社会高质量发展提供更加优质的法治保障。2020 年 3 月，最高人民检察院在上海、江苏、山东、广东等基层检察院开展企业合规改革第一期试点工作，对民营企业负责人涉经营类犯罪，依法能不捕的不捕、能不诉的不诉、能不判实刑的提出适用缓刑的量刑建议，同时探索督促涉案企业合规管理，促进“严管”制度化。2021 年 3 月，最高人民检察院印发《关于开展企业合规改革试点工作方案》，进一步扩大试点范围。2021 年 6 月，最高人民检察院联合司法部、财政部等八个部委共同印发了《关于建立涉案企业合规第三方监督评估机制的指导意见（试行）》，进一步完善企业合规制度。开展涉案企业合规改革，完善企业合规制度是刑事检察创新发展的重要内容。刑事检察部门应当按照上述试点方案要求，积极开展第二批涉案企业合规从宽改革试点，将涉案企业合规及其成效作为司法裁量的重要情节，对轻微刑事案件，如果企业认罪态度好，主动做好合规管理，可以考虑做不起诉处理；对普通犯罪和严重犯罪，企业认罪认罚且愿意做好合规整改的，检察机关可以提出从轻处罚的量刑建议。同时，应当结合本地实际，探索建立包括市场监管部门、税务部门、工商联等以及律师、审计师、会计师、人民监督员、人大代表、政协委员等在内的企业合规第三方监管机制。通过第三方监管,监督、促进企业践行合规承诺。检察机关要定期检查合规建设情况,并根据案件具体情况依法作出相应处理。并根据试点效果,逐步扩大试点范围,总结试点经验,适时提出立法建议,推动建立涉企业犯罪附条件不起诉制度。

三、基础和保障——刑事检察队伍专业化建设

随着检察工作的发展、司法责任制的落实、内设机构的调整、捕诉一体办案机制的确立,刑事检察队伍的结构发生了很大的变化,检察人员的能力素养与新形势下刑事检察工作的需要仍有差距。加强刑检队伍"革命化、正规化、专业化、职业化"建设,努力打造"四个铁一般"的刑事检察铁军,事关刑事检察工作发展的根本。

(一)加强思想政治建设

讲政治要求刑事检察必须旗帜鲜明把加强党的政治建设放在首位。强化政治机关意识,强化政治理论学习,持续深入学习贯彻习近平新时代中国特色社会主义思想、习近平法治思想,增强"四个意识",坚定"四个自信",做到"两个维护",把党对检察工作的绝对领导体现在检察监督办案的具体实践中、效果上。

(二)加强专业能力建设

讲政治与抓业务是辩证的统一。每一项检察业务、每一个具体案件办理都与人民群众切身利益相关。要落实"检察工作是政治性极强的业务工作,也是业务性极强的政治工作"的要求,深刻理解法律规定的本质,在为大局服务、为人民司法中取得最佳的检察监督办案政治效果、社会效果和法律效果。面对刑事案件的复杂多样,检察官不仅要熟悉法律规定,还必须熟悉相关专业领域的知识。一是加大与相关行政部门的沟通交流,通过互派干部交流学习,丰富检察官在金融、知识产权、食品药品、行政执法和刑事侦查等领域的知识储备。二是大力培养刑事检察领军人才。多年来刑事检察部门培养了一大批全国"优秀公诉人""侦查监督能手",也为检察事业输送了大批人才。"捕诉一体"新背景下,应当探索适合新工作布局和办案模式的优秀人才选拔方式。正所谓"千军易得,一将难求",要继续大力培养一批善于办理重大疑难复杂案件、承担重大理论和实务研究,在检察系统内外具有影响力,得到法律界和社会公认的高层次领军人才,通过领军人

才发挥“头雁”的引领作用，由点带面，推动提升检察人才队伍的能力和水平。

（三）创新教育培训理念和方式

根据检察工作的需要和检察官能力短板，开展分专业、分层次、针对性的培训活动。一是注重刑事检察工作理念的教育培训，将法律政策和检察工作要求真正传导至基层检察人员。二是积极借助内外脑，开展集中教学、专家讲座、观摩交流、高校进修、岗位练兵等多种形式的培训活动，提升检察官的综合素质和专业实战能力。三是培养一批具有丰富培训教学经验的检察官教官，鼓励检察官研发刑事检察业务课程，提升教育培训的针对性和实践性。四是加强与相关政法部门沟通协调，建立健全法官、检察官、警官、律师同堂培训制度，增进法律职业共同体交流与互动，统一执法理念和办案标准尺度。

（四）加大检察官助理的培养力度

检察官助理占到检察人员的半壁江山，是检察官的后备力量，也是检察人才的蓄水池。目前检察官助理的职责定位、办案权限、司法责任仍不够清晰，各地做法不一。要结合刑事检察工作的素能要求，明确检察官对助理的带教责任，有计划、有针对地开展检察官助理专业培训，将传统的带教方式与阶梯式培养紧密结合。要明确界定检察官助理在协助办案中的职责和权限，完善检察官助理的考核评价体系，将优秀的检察官助理充实到检察官队伍。

（五）完善统一调用检察官办案工作机制

《人民检察院组织法》第 24 条第 1 款规定“上级人民检察院对下级人民检察院行使下列职权：……（四）可以统一调用辖区的检察人员办理案件”，这为异地跨区域调用检察官办案提供了立法依据。《人民检察院刑事诉讼规则》对此进一步细化，第 9 条第 2 款规定“上级人民检察院可以依法统一调用辖区的检察人员办理案件，调用的决定应当以书面形式作出。被调用的检察官可以代表办理案件的人民检察院履行出庭支持公诉等各项检察职责”。2020 年 1 月，最高人民检察院又下发了《关于规范上级人民检察院统一调用辖区检察人员办理案件工作的通知》，对统一调用检察官办案程序进一步细化。异地跨区域调用检察官参与重大疑难复杂案件的办理，是检察一体化的充分体现，有利于确保重大案件的办案效果，也有利于提高基层检察官办理重大案件的经验和能力。下一步应当进一步完善统一调用检察官办案工作机制，在办理重大疑难复杂案件中，注重配强公诉人，对需要多个公诉人出庭的,充分发挥一体化优势,组成优秀公诉团队出庭支持公诉,一些重大案件可以统一调配业务专家参与指导。

(六)完善规范刑事检察权高效制约监督体系

近年来,随着司法责任制、捕诉一体、认罪认罚从宽等改革的推进,检察职责任务越来越重,检察官自由裁量权越来越实,被围猎、干预、影响会明显增多,廉政风险也越来越大。因此,加强党风廉政建设,强化职业道德养成,守住纪律底线,是新时代刑事检察面临的重大课题。要结合实际,突出问题导向,针对认罪认罚从宽制度、检察司法责任制落实等廉政风险点完善规范细则,明确程序流程,扎紧扎牢廉政"篱笆",让检察官办案有规可循、有规必循、违规必究、自律与他律并重。健全检察长、业务部门负责人对案件审核把关机制,完善审核案件的范围、程序和责任承担,行使监督管理职责须书面全程留痕。全面推行刑事申诉、国家赔偿、无罪判决、撤回起诉、撤回抗诉等案件反向审视和分析报告制度。狠抓干预、过问案件"三个规定"的落实,对过问插手干预办案的情形如实记载,严肃追究。通过严管、厚爱,教育引导刑事检察部门广大检察人员培养职业尊荣感,培养对刑事检察工作发自内心的热爱、尊崇、敬畏。

适用认罪认罚从宽制度的若干问题

陈国庆[*] 最高人民检察院

目 次

* 陈国庆,最高人民检察院党组成员、副检察长、检察委员会委员,二级大检察官。

2018年10月26日,第十三届全国人民代表大会常务委员会第六次会议作出关于修改《刑事诉讼法》的决定。这次修改,是在决胜全面建成小康社会、中国特色社会主义进入新时代的历史条件下,在全面依法治国、推进国家治理现代化的时代背景下,对刑事诉讼法这一基本法律作出的重要修改。认罪认罚从宽制度是此次修改的主要内容之一,这是我国刑事诉讼制度的重大改革,是全面深化司法体制改革的重大成果,对于完善我国刑事诉讼制度、依法及时有效惩罚犯罪、加强人权司法保障、促进公平正义和社会和谐、优化司法资源配置、实现司法公正和司法效率的统一具有重要现实意义,也对刑事司法工作带来深远的影响。

一、设立认罪认罚从宽制度的背景和意义

(一)认罪认罚从宽制度的发展历程

认罪认罚从宽制度伴随着我国认罪案件处理机制的不断完善而发展。从我国认罪案件处理机制看,1996年《刑事诉讼法》采取大陆法系的传统模式,以案情简单轻微作为适用简易程序的主要依据。2012年《刑事诉讼法》在刑事程序繁简分立上借鉴英美法系国家的模式,以被告人认罪作为适用简易程序的主要依据。2014~2016年的刑事速裁程序试点,采取"案情简单轻微"加"被告人认罪"的双重标准。2016~2018年的认罪认罚从宽制度试点,明确区分为被告人认罪认罚案件和不认罪认罚案件,将被告人认罪认罚成为程序简化的基本依据;同时犯罪嫌疑人、被告人也因认罪认罚而获得实体上的从宽处理。

完善刑事诉讼中认罪认罚从宽制度,是党的十八届四中全会作出的重大改革部署。2016年9月3日全国人大常委会通过《关于授权最高人民法院、最高人民检察院在部分地区开展刑事案件认罪认罚从宽制度试点工作的决定》。"两高三部"于2016年11月16日印发了《关于在部分地区开展刑事案件认罪认罚从宽制度试点工作的办法》,为期两年的认罪认罚从宽制度试点工作正式启动。在此之前,在全国人大常委会的授权下,"两高"通过两年的速裁程序试点对完善刑事诉讼中认罪认罚从宽制度进行了先行探索,积累了一定经验。《关于在部分地区开展刑事案件认罪处罚从宽制度试点工作的办法》印发后,速裁程序被纳入认罪认罚从宽制度,继续在北京等18个城市开展试点。经过两年试点,取得显著成效,适用案件数量、比例稳步上升,2016年11月~2018年7月,18个试点城市共适用认罪认罚从宽制度审结刑事案件18万多件,占同期法院审结刑事案件的50.3%。

试点实践证明,认罪认罚从宽制度符合我国司法实践需要,符合刑事诉讼制度发展规律,符合全面依法治国要求,是我国刑事司法制度的重大改革。

2018 年 10 月 26 日,第十三届全国人大常委会第六次会议通过了《关于修改〈中华人民共和国刑事诉讼法〉的决定》,从立法上对认罪认罚从宽制度改革成果予以确认,设立了认罪认罚从宽制度。该决定中涉及认罪认罚从宽制度的共有十九个条款,分布在总则的任务和基本原则、辩护和代理、强制措施,以及侦查和提起公诉、审判等各章节,这表明在立法上认罪认罚从宽已然有别于单纯的刑事政策或者诉讼程序,而成为独立于其他体现认罪从宽制度(如坦白、自首、刑事和解、刑事简易程序等制度)的一项全新的制度,主要体现了以下特点:首先,认罪认罚从宽制度既是刑事司法的一项原则,又是一项重要刑事制度;既是实体制度,又是程序制度,是集实体规范与程序规则于一体的综合性法律制度。正如有学者提出的"认罪认罚从宽制度的确立意味着我国刑事诉讼范式的重大变迁,标志着刑事诉讼'第四范式'的形成,它意味着刑事司法的结构性变革"(第一范式为人类社会早期的弹劾式诉讼模式,第二范式为中世纪后期形成的纠问式诉讼模式,第三范式为资产阶级革命之后产生的审问式和对抗式诉讼模式,第四范式则是"放弃审判制度"或控辩合作、协商诉讼模式)。[①] 其次,它具有其他从宽制度所没有的广泛覆盖性,从诉讼流程看,涵盖和贯穿包括侦、诉、审在内的整个刑事诉讼过程,制度的重心在审查起诉阶段,即审查起诉阶段是认罪认罚的关键阶段,检察机关在认罪认罚中起主导作用;从实体上看,它可能涉及所有法定、酌定的从宽情节以及规范化量刑;从程序上看,它可以适用于速裁程序、简易程序、普通程序,在多层次的诉讼体系中均得到了体现。最后,为了保障"底线正义",坚持法官保留原则,即检察机关在认罪认罚案件中起主导作用,法院拥有司法审查权和最终的决定权。

(二)认罪认罚从宽制度的重要意义

从一项试点的司法改革举措,到诉讼制度的立法正式确立,认罪认罚从宽制度历经了一条极具时代意义的发展之路,有着深远的历史意义和重大的现实意义。

---

① 熊秋红:《比较法视野下的认罪认罚从宽制度——兼论刑事诉讼"第四范式"》,载《比较法研究》2019 年第 5 期。熊秋红教授在文中提出了刑事诉讼的四个范式,第一范式为人类社会早期的弹劾式诉讼模式,第二范式为中世纪后期形成的纠问式诉讼模式,第三范式为资产阶级革命之后产生的审问式和对抗式诉讼模式,第四范式则是"放弃审判制度"诉讼模式。

1. 有利于化解社会矛盾,促进社会和谐,推动国家治理体系和治理能力现代化。习近平总书记在党的十九大报告中深刻指出,“社会矛盾和问题交织叠加,全面依法治国任务依然繁重,国家治理体系和治理能力有待加强”,“全面深化改革总目标是完善和发展中国特色社会主义制度、推进国家治理体系和治理能力现代化”,“必须坚持和完善中国特色社会主义制度,不断推进国家治理体系和治理能力现代化”。当前,我国正处于深刻变革的特殊历史时期,许多矛盾以违法犯罪的形式进入司法领域,特别是随着社会治理体系的创新,以往的一些严重行政违法行为如扒窃、危险驾驶等被纳入刑事处罚范畴,刑法越来越多地介入社会生活。比如,以往的一些行政违法行为如“醉驾”等入刑后,目前危险驾驶在数量上已成为超过盗窃的第一多发犯罪。这就对司法机关通过办理刑事案件,发挥刑事司法惩罚警示功能和教育矫治功能,充分保障人权,确保办案“三个效果”有机统一,推动提升国家治理体系和能力现代化水平提出了很高要求。认罪认罚从宽制度恰为这一问题的解决提供了有利的契机和可行的路径。在该制度下,一是在充分听取犯罪嫌疑人、被告人和被害人的意见并保障其权益的基础上,控辩双方就犯罪嫌疑人的认罪认罚充分沟通达成一致意见,由犯罪嫌疑人签署具结书,检察机关提出从宽的量刑建议,由法院予以确认,从而实现了对认罪认罚的犯罪嫌疑人、被告人依法从宽处理的结果。这有助于充分发挥刑罚的教育矫治作用,鼓励促使更多的犯罪人认罪服法,最大限度转消极因素为积极因素,促进社会矛盾化解和社会和谐。2019 年 1 月至 2020 年 7 月,检察机关适用认罪认罚从宽制度办理的案件,被告人上诉率仅为 4.2%,低于其他案件上诉率 11.3 个百分点。检察机关抗诉率 0.66%;法院对量刑建议采纳率 87.49%,认罪认罚案件非羁押性强制措施和非监禁刑适用比例进一步提高,有效促进了罪犯的改造和回归社会,最大限度减少了社会对立面。二是被害人的合法权益得到充分保障。犯罪嫌疑人、被告人是否与被害人达成和解协议,是否赔偿了被害人损失,是否取得被害人谅解,都是量刑的重要考虑因素。这对促进犯罪嫌疑人、被告人与被害人之间达成和解、谅解,减少甚至化解当事人双方的对立,提升对司法处理结果的接受度和认可度,从而消弭社会戾气,促进社会和谐,提升社会治理水平具有重要意义。可以说,认罪认罚从宽制度在很大程度上是一种对被告人和被害人都有利的制度设计,本质上是推动社会治理体系和治理能力现代化的一种诉讼模式。

2. 有利于准确及时惩罚犯罪,维护社会稳定。准确及时查明犯罪事实,正确适用法律惩罚犯罪,保障无罪的人不受刑事追究,是我国刑事诉讼的基本任务。当前,我国社会大局保持稳定,但国家安全和社会稳定形势依然严峻复杂,尤其是随着经济社会的发展,国家安全、公共安全、经济领域犯罪及网络犯罪呈现新的特点,新型犯罪案件不断增多,司法机关惩治犯罪、维护稳定压力增大,无论是侦查取证,还是审查起诉、提起公诉、审判定案,难度都不断加大。而面对法治文明进步的新要求,刑事司法中对证据规格要求和证明标准的把握也越来越严,一些案件因为相关的证据难以收集和固定,导致证据达不到确实充分的要求,这在一定程度上也影响了惩治犯罪的力度。实行认罪认罚从宽制度,有利于促使犯罪嫌疑人、被告人如实供述犯罪,配合司法机关及时查明犯罪事实。特别是那些犯罪手段比较隐蔽的案件,犯罪嫌疑人、被告人的如实供述,对于查证案件细节,收集客观性证据,起获犯罪工具或者赃款赃物等关键物证,从而促使案件顺利侦破、起诉和审判具有重要价值。

3. 有利于贯彻宽严相济刑事政策,强化人权司法保障。认罪认罚从宽制度是将党和国家长期以来宽严相济、区别对待、坦白从宽、抗拒从严一系列刑事司法政策的法律化、规范化和制度化的转型和建构,为宽严相济刑事政策的落实,提供了具体的可供执行的规范和依据。它通过将以往关于认罪认罚的零星规定系统化、制度化,通过严密的程序设计,从实体"从宽"和程序"从简"两个层面,确定认罪认罚的法律后果,充分体现了现代司法保障人权和宽容、平和的理念。对认罪认罚的犯罪嫌疑人,特别是轻罪案件从宽处理,扩大"缓管免"、单处罚金和非刑罚方法的适用,可以降低羁押率,使犯罪嫌疑人及时得到处理、被告人及时获得审判,有利于避免诉讼迟延,维护当事人的合法权益。

4. 有利于推动刑事案件繁简分流,优化司法资源配置,提升诉讼效率。从理论上讲,诉讼程序的运行,必然需要相应诉讼成本的投入,程序愈加完善复杂,则必然要求更多的成本投入,在司法资源有限的情况下,如何使有限的资源配置获取最大的诉讼效益,将是司法公正能否得以实现的关键。可以说,在确保司法公正的前提下,实行繁简分流,构建多元化、多层次的案件处理机制,提高诉讼效率,已成为世界刑事司法的发展趋势。许多国家司法机关由于案件负担过重带来了难以承受的拖延,从而积极探索建立以认罪与否来繁简分流的程序机制,扩大检察官起诉裁量权以减少指控。当前,我国严重危害社会治安犯罪案件和暴力犯罪案件呈现下降趋势,轻微刑事案件的数量仍在高位徘徊,近年来,全国检察机关年均起诉超过200万人。面对居高不下的案件总量与司法资源有限的矛盾,我国刑事诉讼效率低下的问题日益凸显,比如在以往被告人认罪与不认罪不相区别的出庭公诉模式下,不仅简易程序案件存在"简而不简""简而不快"的问题,普通程序案件也存在出庭公诉模式千篇一律,举证、质证等环节拖沓冗长烦琐的现象。如何优化司法资源配置，提升诉讼效率就是我们面临的重大课题。认罪认罚从宽制度就是平衡公正与效率的一个有益探索实践。认罪认罚从宽制度的基本价值之一就是程序从简，即对于犯罪嫌疑人、被告人自愿认罪认罚的案件，合理简化诉讼程序，有效提高诉讼效率。两年的试点实践充分印证了这一点，试点地区适用认罪认罚从宽制度起诉的案件审查起诉平均用时缩短至 26 天，其中速裁程序审查起诉 5 天左右；当庭宣判率近 80%，其中速裁案件当庭宣判率达 95% 左右。试点地区司法资源配置更加优化，案多人少的矛盾得到了一定缓解，也推动了简案快办、繁案精办，庭审实质化。鉴于此，修改后的《刑事诉讼法》在吸收改革试点精神的基础上，对认罪认罚案件作出了分流处理的规定，构建了速裁程序、简易程序、普通程序有序衔接的诉讼体系，形成诉讼程序与案件难易、刑罚轻重相适应的多层次的案件处理机制，推动简单案件快办，疑难案件精办，为不同类型案件的及时有效处理提供依据。当前，我国判处 3 年以下有期徒刑的案件比例达到 80%，且呈上升趋势。从这个角度讲，对这部分案件进行程序分流，将是司法机关适用认罪认罚从宽制度的主要任务，这符合国际刑事司法领域“轻轻重重”的总体趋势。

二、认罪认罚从宽制度是中国刑事司法制度的重大改革

认罪认罚从宽制度是我国刑事诉讼领域的一项重大改革，它通过控辩审之间的良性互动，对现有控辩审三方诉讼结构带来了改变。同时，对认罪认罚案件依法从宽、从简、从快处理，形成速裁程序、简易程序、普通程序以及被告人认罪与不认罪案件有序衔接、繁简分流的多层次诉讼体系，有效地推动了刑事诉讼程序的层次化改造，为完善我国刑事诉讼制度提供法律和实践基础。可以说，认罪认罚从宽制度对我国刑事诉讼理念、诉讼机制、诉讼结构都带来了重大变革，深化了法学理论和刑事司法的实践探索。

（一）认罪认罚从宽制度构建了一种全新的诉讼模式

现代刑事诉讼制度特别是公诉制度的产生和发展不同程度地受到近代以来国家追诉主义、起诉法定主义、起诉便宜主义、司法公正、诉讼效率等理念的影响，无论英美法系国家还是大陆法系国家均是如此。认罪认罚从宽制度正是国家追诉与诉讼协商相融合的产物。国家追诉与私人追诉相对应，是指由国家专门机关代表国家追诉犯罪的行为。国家追诉原则的产生始于近代以来对犯罪本质属性认识的变化及国家权力的强化，即“从贝卡利亚以来，在刑事司法领域中，一直有

这样的基本的假定——犯罪被视为孤立的个人对抗统治秩序的活动,因此犯罪的基本特征是社会危害性,在此基础上我们强调实行国家追诉原则,强调对犯罪行为有罪必罚"①。在国家追诉原则下,个体利益是国家利益和社会公共利益的组成部分,犯罪行为侵害之利益,与国家利益和意志具有本质上的一致性,由国家设立专门公诉机构统一行使追诉权,通过维护国家利益和社会秩序而使受害之个体利益也得到了实现。国家追诉摒弃了原始"私力救济"的种种缺陷,迅速成为近现代国家刑事诉讼的普遍原则。② 我国刑事诉讼制度,也是以公诉为主,自诉为辅的。但是,随着实践的发展,绝对的国家追诉主义在逻辑层面和经验层面逐渐显现出一些局限,比如过于强调犯罪的社会危害性而忽略犯罪的个体侵权性,被害人常处于被遗忘的地位,其诉求常常难以得到保障;又如国家对诉讼进程的垄断与当事人的能动参与缺乏,使得在司法资源有限的情况下,案件积压、诉讼拖延等现象不断出现,诉讼效率不尽如人意。

基于此,让当事人充分地能动地参与诉讼,以调和与弥补国家追诉主义的弊端,逐渐从理论走向实践,成为世界刑事司法的趋势。其中,最典型的就是诉讼协商即协商性司法的兴起,主要表现有二:一是在被告人自愿认罪的情况下,国家与犯罪嫌疑人或者被告人之间产生了合作,检察机关的追诉出现减缓甚至放弃,法院也可以作出相对轻缓的量刑。其中最为典型的就是美国的辩诉交易制度和大陆法系国家的认罪协商程序③。其中,英美法系国家,其刑事诉讼模式为一种纠纷解决型的模式,被告人认罪是程序繁简分立的主要依据。大陆法系国家,将发现案件真实作为刑事诉讼的基本价值追求,在程序繁简分立问题上,传统上将简易程序的适用范围限制在案件事实清楚、罪行轻微的刑事案件,但是近二三十年来,为了解决案件积压及诉讼拖延问题,大陆法系不少国家借鉴英美法系的做法,扩大了以认罪为前提的简易、特别程序的适用范围,并且引进了协商程序。如德国在原有的刑事处罚令和快速审理程序之外,2009 年确立了量刑协商制度,法国则有刑事处罚令程序、刑事和解程序、庭前认罪答辩程序等。二是在国家的参与下,被害人与被告人之间产生了合作。20 世纪 70 年代起,"恢复性司法"在西方国家兴起,迅速普及全世界。恢复性司法将被害人—被告人关系置于刑事诉讼制

---

① 陈瑞华:《论法学研究方法》,北京大学出版社 2009 年版,第 158 页。

② 可以说,无论英美法系国家,还是大陆法系国家,其刑事诉讼均秉承国家追诉原则,即由国家专门机构代表国家对犯罪进行追诉。当然,在具体制度设计上,由于两大法系历史文化、政治经济发展等因素的不同,英美法系国家的刑事诉讼制度更多地体现了当事人主义的倾向,大陆法系国家则更多是职权主义倾向。

③ 比如法国的认罪答辩程序,意大利的辩诉交易程序。

度的重要位置,为我们提供了一种以和平方式、在案件当事人充分参与的基础上解决刑事冲突的新途径,使现代以来几乎由国家垄断刑事公诉案件的诉讼进程,转向更加注重发挥当事人的积极作用,尤其是注重维护被害人的权益,使被害人得到较为充分的救济,实现当事人的和解并促使犯罪人认罪、融入社会、改过自新,尽快恢复被破坏的社会秩序和社会关系。① 恢复性司法作为传统刑事司法的重要补充及一种有效的刑事政策,对特定范围的案件采取替代性犯罪处理方式,对处理犯罪案件、调整诉讼模式产生非常积极的作用。② 其中,最典型的就是刑事和解制度的确立。我国有学者将前一种被告人与国家也即控辩双方协商情形称为"刑事诉讼的公力合作模式",将后一种情形称为"刑事诉讼的私力合作模式"。③

当今世界主要国家的刑事公诉制度均是在国家追诉与诉讼协商的不断融合中得以发展和完善的。根据公正审判国际组织对世界上 90 个国家和地区的认罪案件处理机制进行的考察,发现"消失的审判"(the disappearing trial)在全球范围内传播——被追诉人通过答辩有罪而放弃了正式审判,法律制度通过降低指控、减轻量刑等鼓励被追诉人认罪认罚。截至 2015 年年底,这 90 个国家和地区中,有 66 个建立了鼓励被告人认罪、放弃完整审判权的制度,简称"放弃审判制度"(trial waiver systems)。我国的认罪认罚从宽制度也体现了国家追诉与诉讼协商相融合的这一趋势。认罪认罚从宽制度既充分吸收了辩诉交易、认罪协商制度的合理成分,又高度契合我国国情和司法实践需要,是为满足人民群众多元化的司法需求,平衡国家追诉与诉讼民主而建立的具有中国特色的认罪协商制度。从形式上看,认罪认罚从宽制度改革似乎只是带来刑事诉讼程序的进一步简化,从过去的控辩双方通过对抗来推动诉讼进程,转变为通过合作、协商和妥协,来促进刑事诉讼活动的快速进行。从实质上看,这一改革的最大突破,是对协商特别是认罪协商机制下量刑协商的引入,确立了一种建立在平等沟通协商基础上的公力合作模式。该制度下,当事人的主动和有效参与以及控辩审三方的积极良性互动,使诉讼构造上有重大调整,这正契合了新时代当事人不断增强的参与诉讼、影响诉讼的主体意识,使程序符合中立性、对等性、合理性、及时性的基本正当程序要求,同时也为发挥刑事司法惩罚警示功能和教育矫治功能,平衡好各方诉求,恢复

① 陈国庆:《论检察》,中国检察出版社 2014 年版,第 315 页。

② 同上。

③ 陈瑞华:《刑事诉讼的公力合作模式——量刑协商制度在中国的兴起》,载《法学论坛》2019 年第 4 期。

被损害的社会关系，实现“三个效果”的统一提供了有利的契机和可行的路径。

（二）认罪认罚从宽制度是典型的以检察官主导责任为基础设置的诉讼制度设计

2019 年 7 月全国大检察官研讨班上，张军检察长指出：修改后《刑事诉讼法》确立的认罪认罚从宽制度，是十分典型的以检察官主导责任为基础的诉讼制度设计。首先，从责任上看，所谓主导责任，不过是也仅仅是对检察工作自身更高的要求，与以审判为中心的本质上是以庭审为中心、以证据为中心的刑事诉讼制度改革目标是一致的，都是诉讼规律的体现，都是为了维护司法公正，优质高效办好案件。《刑事诉讼法》修改确立的这一诉讼制度绝不只是诉讼程序的变化，也不仅仅是给检察官增加了诉前就要有效做好证明犯罪工作的更重职责。其次，从能力上看，履行主导责任，不仅需要检察官法庭上有较强的指控证明犯罪能力，更需要检察官整体司法能力的提升，更好把握法律适用的原则性、掌控自由裁量的灵活性，优质高效地做好刑事案件双方当事人的工作。比如做好犯罪嫌疑人认罪认罚工作，就要对案件的事实、证据和相关法律规定，对犯罪嫌疑人的心理、所处的家庭和社会环境、受过的教育等，都有准确精当的了解把握，才能有的放矢，有效做好工作。还要善做被害方的工作，把维护法律和社会秩序与站在被害方立场考虑案件依法处理相结合，让被害方感受到、能认同、可接受。必须与律师主动协调、更深沟通，实现好维护被告人合法权益的共同目标。在这个过程中，必须了解并运用好法官对同类案件以往的量刑情况和规律。这些都要求检察官有更高的司法检察能力。最后，从作用上看，在案件还处在起诉阶段，检察机关就根据案件具体情况，已经在尝试做好犯罪嫌疑人认罪服法、被害方谅解加害人，让他们相信检察机关公正司法、促进社会和谐的工作。裁判生效后，犯罪人基于认罪认罚，改造的主动性、积极性和更好效果就有了基础和保障。把这些方面的工作都做扎实到位，检察机关在推进国家治理体系和治理能力现代化中发挥的作用就会更加突出。具体来说，检察机关在认罪认罚从宽制度中的主导责任主要体现在以下几个方面：

1. 制度适用的主导者。认罪认罚从宽制度强化了检察机关在刑事诉讼中的主导责任，主要体现在三个方面：

（1）主导认罪认罚协商过程。认罪认罚从宽制度最核心的一环是在审查起诉阶段，检察机关除对侦查阶段犯罪嫌疑人认罪认罚的自愿性和合法性进行审查外，最重要的内容即是修改后《刑事诉讼法》第 174 条所规定的，犯罪嫌疑人通过自愿认罪、量刑协商与检察机关达成一致,签署具结书。协商系在检察机关的主导下进行,对是否要启动认罪认罚从宽制度,与犯罪嫌疑人进行认罪认罚的沟通协商,决定权在于检察机关,是检察机关审前主导作用的重要体现。当然,主导并不意味着地位的高低,检察机关应当以平等的姿态与犯罪嫌疑人进行沟通协商。实践中也会存在审查起诉阶段认罪认罚协商未果,到审判阶段被告人又认罪认罚的情形。在适用普通程序或者简易程序审理过程中,被告人自愿认罪认罚的,法院经听取检察机关和被告人意见,可以适用认罪认罚从宽制度。

(2)主导决定多数案件。从修改后《刑事诉讼法》条文规定看,审查起诉阶段,犯罪嫌疑人与检察机关经平等的认罪认罚协商达成一致而签署具结书后,在法院审判阶段,法院一般应当采纳人民检察院指控的罪名和量刑建议。通常意义上讲,检察机关的量刑建议是一种程序性的建议权,对法院没有约束力,是否采纳,法院具有主导决定权。但是在认罪认罚从宽制度下,检察机关的量刑建议从单纯的程序性权力向实体性权力转变,虽然法院仍然拥有最终的定罪量刑权,但是这一权力受到法律的规制,即法院"一般应当采纳检察机关的指控罪名和量刑建议","一般应当"意味着以采纳为原则,不采纳为例外,对这些例外情况法律有明确规定。这就意味着认罪认罚案件的决定权被前移、被前置,在一定程度上转移到了控辩双方的合意上,而这恰与该制度所体现的诉讼协商的精神相契合。这与法院的最终裁判权并不冲突。因为它使法官可以在单位时间内最大限度地处理更多的刑事案件,并可以将更多精力放在重大疑难复杂不认罪案件的审理上。

认罪认罚从宽制度下,犯罪嫌疑人、被告人在与检察机关沟通协商达成一致意见的基础上,自愿认罪认罚并签署具结书,实质上是在个人与国家之间达成了协议。根据契约精神,协议双方均应当受协议内容的约束,有义务配合推动协议的履行,这种协商达成的合意应当得到司法程序的尊重和确认。这种效力既表现为检察机关原则上不得撤销协议内容,除非被告人首先不履行其在具结书中承诺的内容;又表现为合意对后续的审判产生了牵制和约束,非有法律规定的几种情况,法院不得变更检察官与被告方合意基础上的协议(具结书)内容。

(3)改变审判模式。认罪认罚制度给法院的审判模式带来改变。法院应当对案件进行实质性审查,对证据进行全面客观分析,但其必然要投入更多的精力在审查被告人认罪认罚的自愿性、具结书的合法性、真实性上。同时,认罪认罚从宽制度下,犯罪嫌疑人、被告人的程序选择权,在检察机关与犯罪嫌疑人签署具结书时,通常会对案件适用的程序进行选择,速裁程序、简易程序、普通程序的并行适用特别是新设速裁程序的适用也必然对法院传统的审判方式带来改变,比如速裁程序由一人独任审判、不受送达期限的限制,不进行法庭调查和法庭辩论等。

2. 诉讼程序的分流者。充分发挥公诉审前过滤作用,对案件进行科学分流,确保进入审判程序的案件质量,是以审判为中心的刑事诉讼制度改革和认罪认罚从宽制度的应有之义。一方面,检察机关进行审前分流最重要的手段和途径就是起诉裁量权的行使,即通过对不符合起诉标准的案件,依法作出不起诉决定。认罪认罚从宽制度则为起诉裁量权的进一步完善提供了空间,对符合条件的认罪认罚案件作出不起诉处理,既是实体从宽的重要体现,也是审前分流的重要方式。从认罪认罚从宽试点情况看,法院判处缓免刑的占 40% 左右,这表明检察机关的不起诉权还有很大拓展适用的空间。可以讲,起诉裁量权的完善必将成为检察机关刑事检察工作的一个重要方面。另一方面,审判程序的繁简分流。认罪认罚从宽制度下,充分尊重犯罪嫌疑人、被告人的程序选择权,在检察机关与犯罪嫌疑人签署具结书时,对案件适用的程序进行选择。正如有学者指出的,"我国未在庭前准备阶段建立罪状认否意义上的被告人答辩制度,但是在更早的审查起诉阶段,实质意义上的被告人答辩制度即认罪认罚具结制度已经建立,其很大程度上能够决定是否适用速裁程序、简易程序、普通程序简化审以及是否和如何对被告人进行从宽处罚"。①

3. 诉讼权利的保障者。保障犯罪嫌疑人、被告人在自愿的前提下认罪认罚,是该制度取得实效的关键。为此,修改后《刑事诉讼法》作出了一系列制度规定,既赋予了保障犯罪嫌疑人、被告人相应的权利,又给司法机关规定了相应义务,审查起诉阶段对犯罪嫌疑人的各项权利保障尤为重要。一是保障犯罪嫌疑人获得有效的法律帮助。在刑事诉讼中,犯罪嫌疑人、被告人大多缺乏专业法律知识,更缺乏诉讼经验和知识,其对认罪认罚的性质和法律后果很难做到真正了解,就需要来自制度的保障以确保其认罪认罚的自愿性。获得有效的法律帮助特别是辩护律师的有效帮助,对于促进认罪认罚从宽制度的落实具有不可替代的重要作用。所以在认罪协商过程中,检察官与犯罪嫌疑人的量刑协商结果签署具结书必须律师在场,保障其自愿性和知悉后果。修改后《刑事诉讼法》第 35 条、第 36 条为保障犯罪嫌疑人、被告人获得有效法律帮助,提供了委托辩护、法律援助律师和值班律师帮助无缝对接机制。二是保障被害方合法权益。一方面,检察机关负有听取被害人意见的义务,并将和解调解、赔偿情况作为从宽处罚的重要考虑因素。

---

① 熊秋红:《比较法视野下的认罪认罚从宽制度——兼论刑事诉讼"第四范式"》,载《比较法研究》2019 年第 5 期。

对符合司法救助条件的,积极协调申请司法救助。另一方面,也不能将被害人的意见作为是否适用认罪认罚从宽制度的决定性因素。犯罪嫌疑人、被告人自愿认罪并且愿意积极赔偿损失,但由于被害人赔偿请求明显不合理,未能达成调解或和解协议的,一般不影响对犯罪嫌疑人、被告人从宽处理。

4. 公正司法的监督者。加强对认罪认罚案件的监督,确保制度公正适用是检察机关法律监督宪法定位的必然要求。认罪认罚案件中,检察机关的监督作用主要体现在以下方面:一是对侦查取证进行监督,防止刑讯逼供等非法行为。特别是通过对侦查阶段认罪认罚自愿性进行审查,如果侦查机关采取刑讯逼供等非法手段强迫犯罪嫌疑人违背意愿认罪认罚的,则该供述应当作为非法证据予以排除。二是对法院审判活动进行监督。对认罪认罚案件,人民法院作出判决后,人民检察院发现案件认定事实、采信证据等方面确有错误,或者人民法院改变检察机关量刑建议确有错误的,应当依法提出抗诉。三是对在办理认罪认罚案件中,发现相关司法工作人员有刑讯逼供、暴力取证或者权钱交易、放纵犯罪等滥用职权、徇私枉法情形的,严格依法追究刑事责任(构成犯罪的)、行政责任(尚不构成犯罪的)。

(三)认罪认罚从宽制度与辩诉交易、认罪协商制度的区别

认罪认罚从宽制度,是党和国家长期坚持的宽严相济、坦白从宽刑事政策的深化发展和制度化,是我国刑事法律制度自然演进的结果。当然,如前所述,认罪认罚从宽制度借鉴了国外辩诉交易、认罪协商等诉讼制度中的一些合理因素,如强化认罪认罚的法律效果、完善相关法律程序、尊重被告人的诉讼主体地位和程序选择权等,但绝不是辩诉交易的翻版,两者存在重大区别。主要体现在:

1. 制度定位不同。认罪认罚从宽的根本目的是确保公安机关、人民检察院、人民法院依法、及时、公正履行追诉、惩罚犯罪的职责,犯罪嫌疑人、被告人只是通过认罪认罚来争取从宽,除特殊情况外,控辩双方只能就量刑进行沟通协商,不能就罪名和罪数协商。而且认罪认罚后只能依法从宽,即基于较为明确、刚性的法律规定,检察官所建议的量刑种类和幅度,控辩双方的协商应有明确的法律限制,因而是一种法定从宽模式。此外,我国的控辩协商排除法官的参与。而辩诉交易制度,是当事人主义诉讼模式的产物,犯罪嫌疑人、被告人与检察官可以就诉讼结果包括罪名和罪数进行协商处分、交易还价,以避免诉讼风险,是一种交易从宽模式。比如《美国检察官手册》中设置了三种类型的辩诉交易形式,即“指控协议”(指政府同意放弃部分指控或者降低指控)、“量刑协议”(指政府同意一定的量刑

建议)和“混合协议”(指政府同意进行指控和量刑两种交易)。德国的量刑协商程序则由法院启动,法院可以与诉讼参与人就程序的进一步发展和程序的结果进行协商,法院可以基于案件的所有情况及综合量刑考量,自由裁量给出刑罚的上限和下限,如果被告人和检察官同意法院提出的建议,则协议成立。英国的有罪答辩也是在法官主导下进行的。

2. 适用标准不同。我国刑事诉讼法对侦查机关侦查终结、人民检察院提起公诉、人民法院作出有罪判决规定了相同的证明标准,这一法定证明标准适用于所有刑事案件,包括认罪认罚案件。认罪认罚从宽制度并未降低证明犯罪的标准,而是在坚持法定证明标准的基础上,力图更加科学地构建从宽的评价机制,特别是在程序上作出相应简化,以更好地实现公正与效率的统一。对犯罪嫌疑人或被告人认罪认罚的案件,侦查机关(部门)仍然必须按照法定证明标准,依法全面及时收集固定相关证据,检察机关和审判机关也必须按照法定标准,全面审查案件,若认为“事实不清、证据不足”的,应当坚持“疑罪从无”原则,依法作出不起诉或者判决无罪。特别是在指控犯罪事实的证明问题上,证明标准是不能降低的,这是无罪推定、实质真实和避免冤错案件的要求。这也是我国认罪认罚从宽制度与美国的辩诉交易一个重要的不同。辩诉交易制度下,控辩双方可以将那些事实不清、证据不足的案件,纳入认罪协商的对象,但在我国,基于实质真实的原则,控辩双方不能将那些事实不清、证据不足的案件,纳入认罪协商的对象。需要指出的是,我国认罪认罚案件证明标准并未降低,但是证明规则与不认罪案件相比应当有一些差异,比如庭审质证简化,法庭调查程序简化等,即不同案件可以采取不同的证明程序和证明方式。

3. 适用案件范围不同。认罪认罚从宽制度没有适用案件范围的限制,辩诉交易制度也是。但认罪协商制度有适用案件范围的限制,一般适用于轻罪案件。比如意大利认罪协商制度,旧有的认罪协商程序适用刑罚限定于“单处或与财产刑并处不超过两年监禁刑”的案件,2003 年新通过的法律将认罪协商程序可以适用的刑罚上限提升至“单处或财产刑并处不超过五年监禁刑”的案件。

4. 适用的原则不同。罪责刑相适应是我国刑法的基本原则,它要求根据犯罪的事实、性质、情节、后果,依照法律规定提出量刑建议,准确裁量刑罚,确保刑罚的轻重与犯罪分子所犯罪行和应当承担的刑事责任相适应。适用认罪认罚从宽制度办理案件也要坚持罪责刑相适应原则。犯罪嫌疑人、被告人认罪认罚,对其从宽特别是量刑上的从宽并非无原则从宽,必须在法定范围内从宽。认罪认罚属于罪后情节,同时也是反映被告人主观恶性大小的情节,影响刑罚的轻重。而犯罪的性质、实施犯罪的手段、造成的后果等,对决定刑罚轻重处于更为根本的位置,比如重罪案件适用认罪认罚从宽,其量刑折扣一般也应当低于轻罪案件。因此,办理认罪认罚案件,提出量刑建议或者量刑时,既要体现认罪认罚从宽,又要考虑其所犯罪行的轻重、应负刑事责任的大小和人身危险性的大小,依照法律规定提出量刑建议,准确裁量刑罚,确保刑罚的轻重与犯罪分子所犯罪行、应当承担的刑事责任相适应,避免罪刑失衡。特别是对于共同犯罪案件,主犯认罪认罚,从犯不认罪的,人民检察院、人民法院应当注意两者之间的量刑平衡,防止因量刑失当严重偏离一般的司法认知。

三、认罪认罚从宽制度的几个具体问题

(一)关于适用条件和案件范围

根据修改后《刑事诉讼法》的规定,认罪认罚从宽制度适用的案件范围原则上没有限制,即犯罪嫌疑人、被告人自愿如实供述自己罪行、对指控的犯罪事实没有异议、愿意接受处罚的,均可以适用。也就是说,所有犯罪案件都可以适用认罪认罚从宽制度。这与《刑法》第67条所规定的自首一样,自首没有限定某一类案件可以适用,某一类案件不可以,包括死刑案件在内的所有案件都可以适用。立法在案件范围上的无限制,意味着今后所有刑事案件,只要被追诉人在刑事诉讼过程中选择认罪认罚并符合条件的,就应当公平地获得从宽处理的机会。比如共同犯罪案件,如果部分犯罪嫌疑人或被告人认罪认罚、部分不认罪认罚的,对认罪认罚的犯罪嫌疑人或被告人可以适用认罪认罚从宽制度,这类案件在程序上可以不简化,但对认罪认罚的犯罪嫌疑人或被告人从实体上可以体现从宽,进一步体现宽严相济刑事政策。当然,所有案件原则上均可以适用认罪认罚从宽制度,但并不等于必然适用,是否适用的决定权在于司法机关,由司法机关根据案件具体情形判定,对一些罪行极其恶劣、后果极其严重的犯罪,即使犯罪嫌疑人或者被告人认罪认罚,司法机关也可以决定不适用认罪认罚从宽制度。

关于适用阶段,认罪认罚从宽制度贯穿刑事诉讼全过程,适用于侦查、起诉、审判各个阶段。对侦查阶段是否适用认罪认罚从宽制度,理论和实务中存在一些争议。对此,《刑事诉讼法》第15条将认罪认罚从宽作为一项重要原则予以规定,意味着认罪认罚从宽贯穿于整个刑事诉讼活动之中,适用于所有诉讼阶段。侦查阶段适用主要是鼓励犯罪嫌疑人尽早认罪,及时告知权利,帮助其了解认罪认罚的法律后果,在有关法律文书中载明认罪认罚的事实。从整个制度设计来讲,鼓

励犯罪嫌疑人、被告人早些认罪认罚，这对侦破案件、节约司法资源、提升诉讼效率意义重大，但侦查阶段认罪认罚后的从宽主要体现在程序方面，比如适用非羁押性强制措施，快速办理案件等，实体上从宽的后果原则上不能在侦查阶段体现，因为侦查阶段的主要任务是依法全面及时收集固定证据、查明案件事实，若此阶段体现具体从宽后果，可能使侦查机关放松证明要求，不按照法定证明标准收集证据，给后续处理埋下隐患；也会因未经任何司法审查即对犯罪嫌疑人从宽处理而欠缺程序的正当性，犯罪嫌疑人认罪认罚的自愿性也因欠缺后续起诉和审判环节的审查而无法得到保障，容易导致侵犯人权，也容易导致权力滥用。

（二）关于认罪认罚的认定

"认罪"是指犯罪嫌疑人、被告人自愿如实供述自己的罪行，对指控的犯罪事实没有异议。"认罪"作为一种广义的概念，包含刑法中规定的"坦白"与"自首"以及其他可能的情形。对于认罪具体可以根据刑法中关于自首、坦白中的"如实供述自己的罪行"来把握。相关司法解释如《关于处理自首和立功具体应用法律若干问题的解释》《关于处理自首和立功若干具体问题的意见》《关于办理职务犯罪案件认定自首、立功等量刑情节若干问题的意见》等对如何认定"如实供述"有较为明确的规定，实践中可以参照把握。需要明确的是，认罪的概念是比较宽泛的，实践中如何把握要根据案件的具体情况。比如承认指控的主要犯罪事实，仅对个别事实情节提出异议，或者虽然对行为性质提出辩解但表示接受司法机关认定意见的，不影响"认罪"的认定；又如犯罪嫌疑人、被告人犯数罪，仅如实供述其中一罪或者部分罪名事实的，全案不作"认罪"的认定，不适用认罪认罚从宽制度，但对如实供述的部分，人民检察院可以提出从宽处罚的建议，人民法院可以从宽处罚；再如被告人的认罪是避重就轻、推卸责任，或者仅作认罪表示，却不提供具体犯罪过程，甚至捏造事实，又或者虽然如实供述了犯罪事实，但认为自己的行为不构成犯罪，或者隐瞒自己真实身份、影响对其定罪量刑的，不宜认定为"认罪"。值得注意的是，不认罪并不等于未如实回答，犯罪嫌疑人、被告人对案件事实的否认与辩解的原因往往是复杂的，既可能有非法取证行为的存在，也可以出于规避刑罚的心理，因此，对于未如实回答的犯罪嫌疑人、被告人，不宜界定为"认罪态度不好"从重处罚，而是应当作为认罪态度一般来处理；到案后主动承认犯罪行为、主动供述案件事实的，则应当作为"认罪"态度较好；对于到案后无理狡辩、推卸责任甚至诬陷他人的行为，才应当视为"认罪态度不好"。

关于认罚的认定，从文义上讲，认罚是指同意、接受处罚；审查起诉阶段，认罚是指同意检察机关量刑建议,包括同意检察机关建议判处的处罚种类、刑期及刑罚执行方式。其中,同意量刑建议是认罚的实质要求,签署具结书是形式要件。以往司法实践中,更多地关注"认罪"情节,对"认罚"这一情节关注不多。而认罪认罚从宽制度框架下,"认罚"成为认罪认罚从宽的必要条件,从以往的酌定情节,变成一个独立的准法定情节,或者说是制度性情节,在决定从宽时应当予以考虑。"认罚"直接体现了犯罪嫌疑人、被告人的悔罪态度和悔罪表现,比如犯罪嫌疑人、被告人积极退赃退赔,积极与被害人达成和解赔偿损失,这在很大程度上反映出犯罪嫌疑人、被告人对所犯罪行的认识和悔罪的态度,应当在法律和制度层面给予其正面评价。因为,悔罪从刑法的特别预防价值看,意味着犯罪嫌疑人、被告人意识到自己的行为是错的,内心对此感到悔恨,也表明其人身危险性降低。若犯罪嫌疑人仅认罪而不认罚,比如坚决不道歉、不退赔退赃,则表明其对犯罪行为并未悔过,不能适用认罪认罚从宽制度。需要注意的是,认罪认罚从宽制度中犯罪嫌疑人、被告人对程序具有选择权,若犯罪嫌疑人不同意适用速裁程序、简易程序的,不影响"认罚"的构成。

(三)关于从宽的把握

修改后《刑事诉讼法》对符合条件的认罪认罚案件,规定的是"可以从宽",这可以从两个层面理解:一方面,"可以"从宽暗含了条文的导向性,即不是可有可无,而是没有特殊理由的,都应当体现法律规定和政策精神,从宽处罚。特别是对3年以下的轻罪案件,要尽量依法从宽从简从快办理,探索相适应的诉讼程序、处理原则和办案方式。另一方面,"可以"从宽意味着并非必然从宽,是否从宽由司法机关根据案件事实和法律综合考量。为确保宽严有据、罚当其罪,避免片面地从严和一味从宽两种倾向,对犯罪性质恶劣、犯罪手段残忍、社会危害严重的犯罪分子,其认罪认罚不足以从轻处罚的,也应当依法严惩。简言之,认罪认罚从宽,同《刑法》第67条规定的自首从宽一样,都是"可以"从宽,而非一律从宽。

关于从宽具体幅度的把握,鉴于个案情节千差万别,统一划定从宽界限较为困难。司法机关在把握罪责刑相适应原则和宽严相济刑事政策的基础上,可以结合实践,根据案件具体情况,积极探索,逐步总结提炼出经验规则。在前期试点过程中,许多地区对此进行了有益的尝试,比如根据认罪时间、认罪内容和认罪态度等方面的不同在从宽幅度上予以层次化的体现,越早认罪认罚,可能获得的从宽幅度就越大,有积极退赃退赔、达成刑事和解的,获得的从宽幅度可能就越大。具体来说:一是除法律规定的特殊情形以外,对没有其他法定减轻情节的,一般应当在法定刑幅度内予以从宽。二是充分考虑犯罪的社会危害性和犯罪嫌疑人、被告人的人身危险性，结合认罪认罚的具体情况，确定是否从宽以及从宽幅度。办理认罪认罚案件，提出量刑建议或者量刑时，既要体现认罪认罚从宽，又要考虑其所犯罪行的轻重、应负刑事责任的大小和人身危险性的大小，做到罪责刑相适应。三是根据认罪认罚的主动性、及时性、稳定性、全面性，是否确有悔罪表现，以及对司法机关及时侦破案件、节约司法资源的价值，来决定从宽的具体幅度。比如始终稳定供述与时供时翻，全部供述犯罪事实与隐瞒次要犯罪事实，认罪认罚但无悔罪表现与认罪认罚真诚悔罪取得谅解，在确凿罪证面前才认罪与主动带领公安人员找到重要物证、人证，对于这些情形，在确定从宽幅度时应当有所区别。四是要结合罪行的严重程度来确定从宽幅度。比如对罪行较轻、人身危险性较小的，特别是初犯、偶犯，从宽幅度可以大一些；对罪行较重、人身危险性较大的，以及累犯、再犯，从宽幅度可以小一些。对民间矛盾引发的犯罪、真诚悔罪并取得谅解、达成和解、尚未严重影响群众安全感的，不妨碍树立和引领社会行为规范的，要尽可能适用认罪认罚从宽，量刑时一般应当充分考虑从宽。对重大犯罪、严重暴力犯罪、严重破坏社会治安的犯罪，以及社会普遍关注的重大、敏感案件，尤其是认罪价值不大的，适用认罪认罚从宽必须慎重、严格把握，避免案件处理明显违背群众的公平正义观念。

（四）关于认罪认罚自愿性保障

保障犯罪嫌疑人、被告人在自愿的前提下认罪认罚，是认罪认罚从宽制度取得实效的关键。修改后《刑事诉讼法》为保障认罪认罚的自愿性，作出了告知权利、听取意见、获得有效法律帮助等一系列规定。一是应当保障犯罪嫌疑人、被告人及时获得有效法律帮助。办理认罪认罚案件，应当保障犯罪嫌疑人、被告人获得有效法律帮助，确保其了解认罪认罚的性质和法律后果，自愿认罪认罚。犯罪嫌疑人、被告人自愿认罪认罚，没有辩护人的，人民法院、人民检察院、公安机关（看守所）应当通知值班律师为其提供法律咨询、程序选择建议、申请变更强制措施等法律帮助。符合指定辩护条件的，应当依法通知法律援助机构指派律师为其提供辩护。人民法院、人民检察院、公安机关（看守所）应当告知犯罪嫌疑人、被告人有权约见值班律师，获得法律帮助，并为其约见值班律师提供便利。犯罪嫌疑人、被告人及其近亲属提出法律帮助请求的，人民法院、人民检察院、公安机关（看守所）应当通知值班律师为其提供法律帮助。二是完善听取意见机制。犯罪嫌疑人认罪认罚的，检察机关应当就相关事项，包括涉嫌的犯罪事实、罪名及适用的法律规定,从轻、减轻或者免除处罚等从宽处罚的建议,认罪认罚后案件处理适用的程序等,听取犯罪嫌疑人及其辩护人或者值班律师的意见。这里需要注意的是,虽然修改后《刑事诉讼法》第36条第1款第1句规定的是"法律援助机构可以在人民法院、看守所等场所派驻值班律师",对"等场所"应当作等外解释,即可以包含检察机关。各地检察机关可以根据实际工作需要联系法律援助机构派驻或者安排值班律师,实际上在认罪认罚从宽制度试点中,许多地方已经对在检察机关安排值班律师进行了探索。认罪认罚案件,特别是诸多轻罪案件,往往犯罪嫌疑人没有被羁押,在检察机关安排值班律师,显然更加符合实际工作需要。三是关于值班律师的职责。值班律师应当维护犯罪嫌疑人、被告人的合法权益,确保犯罪嫌疑人、被告人在充分了解认罪认罚性质和法律后果的情况下,自愿认罪认罚。《刑事诉讼法》第36条对值班律师提供法律帮助的内容作出了规定,包括提供法律咨询、程序选择建议、申请变更强制措施、对案件处理提出意见等。关于值班律师是否可以阅卷,实践中争论较大。肯定的观点认为,应当赋予值班律师阅卷权,《刑事诉讼法》第173条规定人民检察院应当为值班律师了解案件有关情况提供必要的便利,查阅案卷属于必要的便利,否则值班律师无法提供实质的有效法律帮助。否定的观点认为,刑事诉讼法将值班律师定位为提供法律帮助,"两高三部"《关于开展法律援助值班律师工作的意见》(已失效)第2条第2款更是明确规定"法律援助值班律师不提供出庭辩护服务……",由此可见,无论是法律还是司法解释都已明确值班律师不等同于辩护人,因此其不能享有法律赋予辩护律师的阅卷权。我们认为"自案件移送审查起诉之日起,值班律师可以查阅案卷材料、了解案情。人民法院、人民检察院应当为值班律师查阅案卷材料提供便利"。四是探索证据开示制度。实践中,一些地区针对案件具体情况,探索证据开示制度,在量刑沟通时,将与案件指控事实相关的证据进行简化集中展示,实现各诉讼参与主体信息对称,增强犯罪嫌疑人对审判结果的预测性,确保犯罪嫌疑人在充分了解知悉证据的基础上作出自愿选择,避免因"信息不对称"作出错误判断。我们认为,这一做法值得探索实践,对保障犯罪嫌疑人的知情权和认罪认罚的真实性及自愿性具有积极作用。

(五)关于量刑建议

量刑建议是适用认罪认罚从宽制度的重要组成部分,犯罪嫌疑人同意量刑建议,是审查起诉阶段适用认罪认罚从宽制度的必要条件,而人民法院依法作出判决时,一般也应当采纳人民检察院的量刑建议。这不仅将提出量刑建议作为人民检察院办理认罪认罚案件的必经环节，而且对检察机关量刑建议的精准性提出了很高的要求。

1. 关于量刑建议的内容。根据刑事诉讼法的规定，犯罪嫌疑人认罪认罚的，人民检察院应当就主刑、附加刑、是否适用缓刑等提出量刑建议。由此，量刑建议主要包括三个方面内容：一是主刑，主要指主刑刑种。二是附加刑。以往我们提出量刑建议，主要关注主刑，对附加刑关注较少，现在附加刑成为量刑建议不可或缺的重要内容。也就是说，我们不仅要对主刑提出建议，还要对附加刑提出建议，特别是附加刑中的财产刑，作为"认罚"的重要组成部分，直接体现了犯罪嫌疑人的悔罪态度，直接影响着从宽的后果，必须予以关注。当然，对于附加刑的量刑建议是以指控罪名的法定刑包括相应的附加刑为前提，指控罪名不包括相应附加刑的，则没有此内容。三是是否适用缓刑。这主要指刑罚执行方式。

2. 关于量刑协商。根据刑事诉讼法的规定，一方面犯罪嫌疑人签署认罪认罚具结书的前提是自愿认罪并同意量刑建议；另一方面人民检察院办理认罪认罚案件应当听取犯罪嫌疑人、辩护人或者值班律师对从宽处罚的建议。因此，在人民检察院正式提出量刑建议前，必然要与犯罪嫌疑人、辩护人或者值班律师进行量刑沟通或者协商，协商一致后，犯罪嫌疑人才会签署认罪认罚具结书。这种平等的沟通与协商既有利于保障最终的控辩合意科学合理，也是对检察官的要求和义务，有利于检察权的正确行使。这种平等的量刑协商充分体现了"合作性司法"的精神。人民检察院提出量刑建议前，应当充分听取被告人、辩护人或者值班律师、被害人及其诉讼代理人的意见，尽量协商一致。量刑协商系在控辩双方之间进行，法官作为裁判者，不能介入，否则就失去了基本的中立性和超然性，也容易使被追诉人失去真正的自由选择权。

3. 关于量刑建议的提法。关于量刑建议的提法，即应以哪种量刑建议方式（幅度刑或确定刑）为原则，既是量刑建议的模式问题，也是理论与实务中的难点问题。有观点认为，如何量刑，裁量权在于法官，提出幅度刑量刑建议有利于法官根据具体案件和庭审变化充分运用裁量权实现罪责刑相适应。也有观点认为，认罪认罚从宽制度下，为了增强量刑协商过程及其结果的稳定性、权威性与延续性，进一步固化具结书的签署效力，维护认罪认罚从宽制度的稳定适用，检察机关应当提出确定刑量刑建议，这与法院的审判权并不冲突。我们认为，基于认罪认罚从宽制度的内在机理和价值功能，对认罪认罚案件检察机关一般应当提出确定刑量刑建议，即对刑种、刑期、刑罚执行方式等提出明确、确定的量刑建议。当然，对于一些新类型、不常见的，以及量刑情节复杂的重罪案件等，也可以提出幅度刑量刑建议。主要是由于:一是认罪认罚案件中量刑建议是控辩协商合意的结果,确定的量刑建议是合意最直接、最充分的体现。犯罪嫌疑人、被告人的认罪认罚是具体明确的,相应地,司法机关给予的量刑减让也应当是明确的,提出确定刑建议不仅是检察机关追诉犯罪职能的体现,更是兑现法律对认罪认罚的犯罪嫌疑人、被告人从宽处理的郑重承诺。二是确定刑量刑建议有助于达成控辩协商,并增强认罪认罚从宽制度适用的稳定性。一般来说,量刑建议越具体,犯罪嫌疑人及其辩护律师与检察机关协商的动力越大,达成一致的可能性也越大。因为确定刑的建议更符合犯罪嫌疑人对"罚"的期待,其之所以选择认罪认罚,就是想换取一个比较确定的刑罚预期,让从宽处理的激励变成现实,以避免庭审的不确定性和潜在风险。如果是幅度刑的建议,犯罪嫌疑人对可能受到的处罚的预期仍然不确定,即使其认罪认罚签署具结书,其心理预期也往往是法官会在量刑建议的下限作出判决,一旦判决无法满足心理预期,其就可能对判决不满,不利于息诉罢访、化解矛盾。精准确定刑的建议一方面可以更好地激活认罪认罚从宽制度的"激励机制",有利于犯罪嫌疑人自愿作出认罪认罚的选择;另一方面,也意味着控辩双方围绕量刑问题,展开了实质性的平等沟通与协商,最终形成了控辩合意,这对量刑建议的合理性、可接受性、认可率,都有积极的保障价值,可以防止事后因量刑问题引发上诉、抗诉以及程序回转等问题,从而有利于认罪认罚从宽制度的推进和稳定适用。三是精准量刑建议与人民法院的审判权并不实质冲突,根据刑事诉讼法规定,案件最终仍由法院来确认与裁判。同时确定刑量刑建议有助于诉讼分流,使得法官可以把更多的精力投入在重大疑难复杂案件的办理上。四是认罪认罚案件在审前阶段已经解决定罪量刑的争点,具有提出确定刑建议的可能。不可否认对于不认罪及重大复杂案件而言,由于证据的可变性和不确定性,法院具以定罪量刑的事实可能在不同诉讼阶段发生变化,幅度刑建议为可能变化的定罪量刑提供了空间。但对于认罪认罚案件来说,案件事实清楚、证据充分,提起公诉后发生变化的可能性极小。这也是刑事诉讼法规定的速裁程序、简易程序可以简化庭审的根本所在。即使发生变化,刑事诉讼法也允许检察机关重新调整量刑建议,被告人彻底反悔的,可以进行程序转换。

4. 关于认罪认罚是否应当作为独立的量刑情节。我们认为,应当将认罪认罚作为单独的量刑情节予以评价,即在自首、坦白等从宽情节基础上,再给予适当从宽考虑,如此可以鼓励犯罪嫌疑人尽早认罪认罚,凸显制度功能和价值。一是就认罪认罚从宽的本意和内涵而言,独立评价有利于体现制度优势,符合立法原义。二是认罪认罚不仅具有实体价值,还具有重要的程序价值。自首、坦白、刑事和解等认罪认罚情节，都着重从实体上予以评价。而认罪认罚不仅具有实体效果，还具有重要的程序价值。从宽既指实体上的依法从轻，又指程序上适用较轻的强制措施和从简的诉讼程序。三是作为独立量刑情节的具体减让体现。首先，犯罪嫌疑人认罪认罚没有其他法定量刑情节的，人民检察院可以根据犯罪的事实、性质等，在基准刑基础上适当减让提出确定刑量刑建议。有其他法定量刑情节的，人民检察院应当综合认罪认罚和其他法定量刑情节，参照相关量刑规范提出确定刑量刑建议。其次，犯罪嫌疑人在侦查阶段认罪认罚的，主刑从宽的幅度可以在前款基础上适当放宽；被告人在审判阶段认罪认罚的，在前款基础上可以适当缩减。建议判处罚金的，参照主刑的从宽幅度提出确定的数额。需要注意的是，这里并未对减让幅度给出具体的数字，而是用了"适当"一词，主要考虑一是"两高"正在研究修改常用罪名的量刑指导意见，里面会对具体幅度作出规定；二是给各地留下探索的空间。需要指出的是，人民检察院应当注意同一时期同一地区同类型案件量刑建议的均衡性。

（六）关于认罪认罚案件的审理方式

对速裁程序是否有必要保留开庭审理，理论和实践中曾有过争议。我们认为，有必要保留开庭审理的方式，但庭审的重点应当转变，认罪认罚的自愿性将成为庭审审查核实的重点内容，特别是在速裁程序和简易程序案件中。根据美国辩诉交易制度的实施经验，法官在审查控辩双方的协商结果时，要举行一种名为"罪状答辩程序"（arraignment）的法庭审理程序。在这种有控辩审三方参加的庭审程序中，法官要当庭询问被告人究竟选择有罪答辩还是无罪答辩。假如被告人选择无罪答辩，法官将组成陪审团，对案件进行正式的法庭审判。而假如被告人选择了有罪答辩，法官则要当庭询问被告人的选择是否出于自愿，有无受到各种强迫、利诱、威逼、欺骗等非法行为，是否获得了律师的有效辩护；被告人的选择是否是明智的，是否出于理性考虑而作出的选择，审查指控的犯罪事实是否具有基本的事实基础。这种审查一般通过当庭询问被告人、听取控辩意见的方式来进行。这种当庭审查方式，一方面将控辩双方私下进行的协商和交易过程公开在法庭上；另一方面也给予被告人重新考虑是否接受协商结果的机会，这有助于确保被告人当庭所作的选择是出于真实的意愿和理性的选择。在认罪认罚制度下，通过量刑减让吸引被告人认罪认罚，被告人认罪认罚具结，则意味着其放弃了无罪辩护和正式庭审的机会。从维护实体正义和程序正义角度出发，对认罪认罚案件，不仅要继续保持开庭审理的方式，而且要将法庭审理的重心放在被告人认罪认罚的自愿性、合法性、真实性问题上。

(七)关于当事人上诉权

实践中争议较大的就是法院采纳检察机关从宽建议作出一审判决后被告人又上诉的如何处理,检察机关能否抗诉。对这一问题需要把握两点:一是应当明确被告人的上诉权不可剥夺。上诉权是被告人的基本诉讼权利,虽然被告人上诉使认罪认罚制度的效率价值大为减损,但保障上诉权是程序公正的基本要求,是结果公正的救济途径,也是认罪认罚从宽制度可持续发展和良好运行的保证。只有保有被告人对于认罪认罚反悔上诉的权利,才能使其拥有对审判程序和诉讼结果的自由选择权,进而对最终的裁判结果不产生抵触情绪,增强其对认罪认罚结果的接受度。二是检察机关应当秉持客观公正的立场稳妥把握认罪认罚案件的抗诉问题。对认罪认罚案件,人民法院改变检察机关量刑建议、加重被告人的刑罚确有错误的,应当依法提出抗诉;对被告人否认指控的犯罪事实、不积极履行具结书中赔礼道歉、退赃退赔、赔偿损失等义务,而提出上诉符合抗诉条件的,检察机关可以提出抗诉。特别是现阶段对检察机关提出确定刑量刑建议,法院采纳后被告人无正当理由上诉,原则上应当抗诉。因为这一行为违背了具结,而具结书是有法律效力的,这也使被告人的具结是一种"虚假认罚",带来了"不当得利",可以通过抗诉权予以制约。对检察机关提出幅度量刑建议,法院在幅度中线或者上线量刑后,被告人上诉的,则不宜抗诉。

《人民检察院刑事诉讼规则》修改的若干问题

万　春* 　最高人民检察院

目　次

* 万春,最高人民检察院二级大检察官。

机关

(六)审查起诉阶段发现公安机关、监察机关对案件没有管辖权的,应当如何处理

(七)案管部门能否将案卷退回公安机关

(八)是否恢复中止审查起诉的规定

(九)人民法院审判程序违法,公诉人能否建议休庭

(十)公诉人当庭发表与起诉书不同意见应如何处理

(十一)适用缺席审判程序的案件,是否要求人民检察院向人民法院提供犯罪嫌疑人在境外的居住地和联系方式

(十二)缺席审判程序中报请最高检核准的问题

(十三)是否增加再审检察建议的规定

《人民检察院刑事诉讼规则》(以下简称《规则》)是检察机关全面正确实施刑事诉讼法、规范司法办案行为的重要规范依据。2012 年 11 月发布的《人民检察院刑事诉讼规则(试行)》,在经过多年实践后,于 2019 年年底进行了较大篇幅的修改,并正式发布实施。作为《规则》研究修改工作的具体组织和参与者,我向大家介绍一下《规则》修改过程和涉及的主要问题。

一、《规则》修订的背景、过程及把握的原则

此次修订之前的《人民检察院刑事诉讼规则(试行)》(以下简称试行规则)是 2012 年 11 月 22 日由最高人民检察院印发、自 2013 年 1 月 1 日起施行的。在试行过程中遇到了一些新的情况和问题,特别是党的十八大以来全面深化改革,陆续推出的国家监察体制改革、以司法责任制为核心的司法体制改革、以审判为中心的刑事诉讼制度改革以及认罪认罚从宽制度改革等对《规则》的适用带来重大影响。2018 年 10 月 26 日,第十三届全国人大常委会第六次会议通过了《关于修改〈中华人民共和国刑事诉讼法〉的决定》,对人民检察院的刑事诉讼职能作出调整。同时,通过六年多的实践检验,试行规则确定的一些工作机制、部门分工等也需要进一步调整、完善。在上述背景下,亟须作出修订。

早在 2014 年年底,为适应构建以审判为中心诉讼制度等改革需要和司法办案实践的呼声,最高人民检察院(以下简称最高检)就着手启动了试行规则的研究修订工作,并形成了修订草案,征求过多方面意见。后因深化非法证据排除制度改革、试点刑事速裁程序和认罪认罚从宽制度改革,特别是国家监察体制改革

的推出,修订进程暂停。随着《监察法》的出台和《刑事诉讼法》(以下简称《刑诉法》)的再修改,2018 年 9 月,最高检决定重启试行规则的修改工作,并成立了规则修改领导小组,由法律政策研究室牵头,抽调院内和地方检察院业务骨干组成工作小组开展工作,院党组和领导小组多次召开会议对修改工作进行研究指导。

2019 年 1 月底,工作小组起草的《人民检察院刑事诉讼规则(修改草案征求意见稿)》分送最高检相关办案部门、各省级人民检察院和全国人大常委会法工委、中央政法委、国家监察委员会、最高人民法院、公安部、国家安全部、司法部以及专家学者征求意见。4 月,工作小组向张军检察长及领导小组进行了专题汇报,并根据张军检察长的指示,与中央有关单位就部分问题再次进行沟通。7 月下旬,领导小组进行了为期 5 天的逐条集中讨论。8 月 31 日,张军检察长主持召开专家论证会,樊崇义、卞建林、陈卫东、龙宗智、顾永忠、张建伟等 10 余名知名刑诉法专家逐章逐节发表了意见。9 月 11 日,张军检察长召集部分院领导和相关厅局负责同志,再次对规则修改的重点问题进行讨论研究。在此基础上,工作小组对修订草案作了进一步修改完善,形成了《审议稿》,于 10 月 14 日提请检委会审议并原则通过。对检委会讨论中就个别问题提出的意见,工作小组进一步做了研究,再次征求全国人大常委会法工委、国家监委和最高人民法院意见后,进行了相关条文的完善,于 12 月 2 日第二次提请检委会审议并获通过。12 月 30 日,最高检召开新闻发布会,正式发布修改后的《规则》,并从即日起开始施行。

《规则》修订坚持了以下原则:

一是遵循立法精神。坚持《规则》是《刑诉法》司法解释的基本定位,确保基本制度设计、关于人民检察院职权以及当事人、诉讼参与人权利和义务的规定均做到于法有据。严格依据《刑事诉讼法》《监察法》《人民检察院组织法》《检察官法》等相关法律的规定,做好相关法律适用的衔接。

二是充分体现司法体制改革成果。坚持将全面履行刑事诉讼职责与落实司法体制改革和检察改革的要求相结合,认真梳理、参照中央、最高人民检察院出台的与刑事诉讼相关的改革文件,总结吸收各项改革工作的经验成果,如司法责任制改革、检察机关内设机构改革、以审判为中心的刑事诉讼制度改革、严格非法证据排除、认罪认罚从宽、法法衔接、监检衔接、"捕诉一体"办案机制等,使改革成果在规则中得以固化。

三是坚持问题导向,回应实践需求。对于 2013 年试行规则实施以来办案实践中发现的新情况新问题,认真梳理研究并加以解决;对于最高检单独或者联合有关部门制发的司法解释、司法解释性质文件中已经作出规定、实践证明行之有效、确有必要在规则中作出规定的,予以吸收。

四是坚持突出重点,力求详略得当。在《规则》修改过程中,各业务条线都希望将本条线行使职权的程序、方式等在《规则》中作出具体详尽的规定。因此,条文数量经历了膨胀,缩减,再膨胀,再缩减的过程。我们经研究认为,此次修改主要是为了适应《刑诉法》修改、与《监察法》衔接、吸收司法体制改革和刑事诉讼制度改革成果。对于与《刑诉法》关系不大,或者相关法律规定(如《监狱法》《看守所法》《社区矫正法》《未成年人保护法》《预防未成年人犯罪法》等)尚在制定和修改的内容,可以不写。《规则》通过后,最高检各业务部门可根据法律和本《规则》研究制定相应的单项司法解释或规范性文件予以细化。有的内容也可在规则通过后,通过解读培训加以进一步释明。

二、修改的主要内容

修改后的《规则》共17章684条,相比试行规则的17章708条,章的数量保持不变,但将原来分为两章的"审查逮捕"和"审查起诉"合并为一章,以体现"捕诉一体"改革要求;将原作为"刑事诉讼法律监督"章节内容的"刑罚执行和监管执法监督"独立作为一章,以适应近年来刑事执行检察职能发展的实际。条文总体数量虽然仅减少24条,但是各章节的条文数量和具体内容包括文字表述等变化较大,原试行规则中有修改调整的条文大约500余条。修改主要涉及以下内容:

(一)落实司法责任制

司法责任制改革全面实施以来,试行规则中规定的"检察人员承办,部门负责人审核,检察长或者检察委员会决定"这种"三级审批"的行政化办案模式已不适应改革要求。为了贯彻"谁办案、谁负责,谁决定、谁负责"的要求,突出检察官办案主体地位,根据《人民检察院组织法》第29条的规定,《规则》第4条明确:"人民检察院办理刑事案件,由检察官、检察长、检察委员会在各自职权范围内对办案事项作出决定,并依照规定承担相应司法责任。检察官在检察长领导下开展工作。重大办案事项,由检察长决定。检察长可以根据案件情况,提交检察委员会讨论决定。其他办案事项,检察长可以自行决定,也可以委托检察官决定。"

关于是否应当明确规定各类办案主体对不同办案事项的决定权,即统一权力清单的问题,《规则》修改过程中有两种意见:一种意见认为,可以借刑诉规则修改契机,总结各地权力清单,统一明确各项职责的决定权;另一种意见则认为,检察机关的具体办案事项多而复杂，而且全国各地检察队伍状况相差较大，对决定权进行统一规定的时机尚不成熟，可以在第一章“通则”中对各办案主体的职权作出原则性规定，各省级检察院根据《规则》结合实际修改细化本地权力清单。经认真研究，采纳了第二种意见。

在修改过程中，对部分事项是否必须由检察长或者检委会决定有不同认识，尤其是对于批准或者决定逮捕是否一律由检察长或者检委会作出决定，有较大分歧。一种意见认为，刑诉法明确规定审查批准逮捕犯罪嫌疑人由检察长决定，重大案件应当提交检委会讨论决定。刑诉规则或者权力清单关于检察长可以授权检察官决定的事项不能突破刑诉法的规定。另一种意见则认为，各地检察机关普遍反映，检察长对所有案件的逮捕作出决定，既不符合司法责任制改革关于司法亲历性的要求和“捕诉一体”改革的精神，从实践来看也没有必要。从各省级检察院制定的权力清单来看，均不同程度地将批准逮捕的权力授予检察官行使。我们研究认为，虽然批准逮捕由检察长决定、重大案件提交检委会讨论决定是《刑诉法》第 89 条的明文规定，但法律也并没有禁止检察长在必要时将此项权力授权检察官行使。综合考虑法律规定、改革精神和各地的实际情况，对于这一具体问题未作统一规定。

目前，对于权力清单问题的解决方案是，在《规则》第 4 条第 3 款原则规定：“本规则对应当由检察长或者检察委员会决定的重大办案事项有明确规定的，依照本规则的规定。本规则没有明确规定的，省级人民检察院可以制定有关规定，报最高人民检察院批准。”第 4 款规定：“以人民检察院名义制发的法律文书，由检察长签发；属于检察官职权范围内决定事项的，检察长可以授权检察官签发。”

对于各方面意见比较一致的应当由检察长或检委会决定的重大办案事项，在《规则》各章节的具体条文中作出明确规定。其中，明确应当由检察长决定的事项共计 60 项，主要包括 6 个方面：(1)决定回避的事项；(2)人民检察院办理直接受理侦查的案件中的大部分事项；(3)改变案件诉讼走向的事项；(4)特别程序案件的相关决定；(5)向有关机关提出意见、建议的情形；(6)审查逮捕、审查起诉阶段，适用强制措施的特殊情形。明确应当由检委会审议决定的事项共 6 项：(1)检察长的回避；(2)公安机关负责人的回避；(3)检察长应当回避，本人没有自行回避，当事人及其法定代理人也没有申请其回避的，由检察委员会决定其回避；(4)被决定回避的检察长、公安机关负责人在回避决定作出以前所取得的证据和进行的诉讼行为是否有效；(5)地方各级人民检察院报请最高人民检察院核准追诉；(6)省级以下人民检察院对需要报请最高人民检察院核准的缺席审判案件。

此外,对于由检察长决定的事项,必要时也可以提请检委会审议决定。

针对司法责任制改革中遇到的检察官办案权限和独立性增大而内部监督制约有所弱化的新情况新问题,为了加强检察长、部门负责人对检察官的监督、管理职责,《规则》在第4条第5款规定,检察官办理"重大、疑难、复杂或者有社会影响的案件,应当向检察长报告"。第6条第2款规定:"业务机构负责人对本部门的办案活动进行监督管理。需要报请检察长决定的事项和需要向检察长报告的案件,应当先由业务机构负责人审核。业务机构负责人可以主持召开检察官联席会议进行讨论,也可以直接报请检察长决定或者向检察长报告。"第7条规定:"检察长不同意检察官处理意见,可以要求检察官复核,也可以直接作出决定,或者提请检察委员会讨论决定。检察官执行检察长决定时,认为决定错误的,应当书面提出意见。检察长不改变原决定的,检察官应当执行。"

另外,关于检察官办案制度,《规则》依据《人民检察院组织法》第24条的规定,在第9条第2款增加规定:"上级人民检察院可以依法统一调用辖区的检察人员办理案件,调用的决定应当以书面形式作出。被调用的检察官可以代表办理案件的人民检察院履行出庭支持公诉等各项检察职责。"在当前开展扫黑除恶专项斗争中,一些省级检察院依照组织法的规定尝试调用辖区内各级院骨干检察官组成办案组集中办理影响性大案,效果很好,《规则》的上述规定也是对实践经验的总结。

(二)做好《监察法》与《刑诉法》相关规定适用的对接

《监察法》和修改后的《刑诉法》对人民检察院审查起诉监察机关移送的案件、留置措施与刑事强制措施之间的衔接、退回补充调查与自行补充侦查等作了原则性规定,《规则》对《监察法》《刑诉法》有关规定的适用作了细化:

一是《规则》第六章第六节对监察机关移送案件适用强制措施问题作出规定。依据《刑诉法》第170条第2款,区分两种情况作了规定:一是对于已采取留置措施的案件,人民检察院应当在受理后及时对犯罪嫌疑人作出拘留决定,交公安机关执行。执行拘留后,留置措施自动解除;二是对于监察机关移送起诉的未采取留置措施的案件,人民检察院受理后,在审查起诉过程中根据案件情况,可以依照本规则相关规定决定是否采取逮捕、取保候审或者监视居住措施。另外,参考刑事诉讼法关于辩护权告知以及拘留、逮捕后通知犯罪嫌疑人家属的规定,增加以下内容:人民检察院应当自收到移送起诉的案件材料之日起3日内告知犯罪嫌疑人有权委托辩护人;对已采取留置措施案件的犯罪嫌疑人,应当在执行拘留时告知。决定拘留、逮捕的案件,除无法通知的之外,应当在公安机关执行后 24 小时以内,通知犯罪嫌疑人家属。

二是对监察机关移送案件的证据及相关问题作出规定。依据《监察法》第 33 条,《规则》在"证据"一章中明确了监察机关办理职务犯罪案件收集证据的效力问题:监察机关依法收集的各类证据材料,在刑事诉讼中可以作为证据使用。同时,为明确对检察机关收集证据的审查问题,参考"两高三部"《关于办理刑事案件严格排除非法证据若干问题的规定》第 31 条的规定,《规则》增加了以下内容:人民检察院可以对监察机关收集证据的合法性进行审查,包括要求监察机关对证据收集的合法性作出说明(第 74 条、第 393 条);同监察机关协商调取有关录音录像(第 263 条);经审查认定监察机关在调查活动中存在非法取证行为的,对该证据应当予以排除(第 341 条);在法庭对证据收集合法性进行调查过程中,公诉人可以提请法庭通知调查人员出庭说明情况(第 410 条)。

三是对审查起诉环节的程序衔接作出规定。为保证程序衔接顺畅,依据《刑诉法》第 170 条,增加了以下内容:经监察机关商请,人民检察院可以派员介入监察机关办理的职务犯罪案件(第 256 条);需要指定审判管辖的,应当在监察机关移送起诉 20 日前商人民法院办理指定管辖事宜(第 330 条);明确人民检察院可以自行补充侦查的具体情形(第 344 条);细化对监察机关移送案件决定不起诉的程序以及对不起诉决定的复议程序(第十章第九节)。

(三)完善人民检察院直接受理案件的办理程序

修改后的《刑诉法》对检察机关的侦查职权作出了调整。2018 年 11 月最高检印发的《关于人民检察院立案侦查司法工作人员相关职务犯罪若干问题的规定》(以下简称《若干规定》)对人民检察院直接受理侦查案件的办理程序作出规定,《规则》吸收了上述规定,作出相应修改。

一是对人民检察院直接受理侦查案件的范围作出原则性规定。《规则》第 13 条根据《刑诉法》的规定,原则性规定了检察机关直接受案的范围,但未列明具体罪名。主要考虑是,《若干规定》已对目前可以立案侦查的 14 个罪名予以一一列举,在刑诉规则中仅作原则性规定,不影响办案实践,还可以为今后改革深化留下探索空间。

二是明确了直接受理侦查案件的级别管辖。吸收《若干规定》的规定,《规则》第 14 条规定:"人民检察院办理直接受理侦查的案件,由设区的市级人民检察院立案侦查。基层人民检察院发现犯罪线索的,应当报设区的市级人民检察院决定立案侦查。”“设区的市级人民检察院也可以将案件交由基层人民检察院立案侦查，或者要求基层人民检察院协助侦查。对于刑事执行派出检察院辖区内与刑事执行活动有关的犯罪线索，可以交由刑事执行派出检察院立案侦查。”“最高人民检察院、省级人民检察院发现犯罪线索的，可以自行决定立案侦查，也可以将案件线索交由指定的省级人民检察院或者设区的市级人民检察院立案侦查。”由于这类案件的主体都是司法工作人员，由市级院立案侦查，能够确保立案的慎重性，有利于排除办案中的阻力。而且，此类案件数量不大，市级院立案侦查，在办案力量上能够适应。同时，这样也有利于集中有限的资源，提高办案质量和效率。因此，基层人民检察院开展诉讼监督中发现这类犯罪线索的，应报请市级院审查，决定是否立案侦查。如果案件由基层院结合诉讼监督开展侦查更便于掌握情况，及时收集、固定证据，而且该基层院也有侦查力量的，设区的市级人民检察院也可以将案件交由基层人民检察院立案侦查，或者由基层人民检察院协助侦查。另外，采纳最高检五厅建议，增加规定对于刑事执行派出检察院辖区内与刑事执行活动有关的案件线索，需要交由基层院立案侦查的，一般应当指定刑事执行派出检察院立案侦查。

三是增加了与监察机关互涉案件处理的规定。吸收《若干规定》的规定，结合实践经验总结，《规则》第 17 条规定：“人民检察院办理直接受理侦查的案件，发现犯罪嫌疑人同时涉嫌监察机关管辖的职务犯罪线索的，应当及时与同级监察机关沟通。”“经沟通，认为全案由监察机关管辖更为适宜的，人民检察院应当将案件和相应职务犯罪线索一并移送监察机关；认为由监察机关和人民检察院分别管辖更为适宜的，人民检察院应当将监察机关管辖的相应职务犯罪线索移送监察机关，对依法由人民检察院管辖的犯罪案件继续侦查。”“人民检察院应当及时将沟通情况报告上一级人民检察院。沟通期间不得停止对案件的侦查。”

四是完善了并案管辖的规定。为了与晚于试行规则发布的“六机关”《关于实施刑事诉讼法若干问题的规定》第 3 条保持一致，《规则》第 18 条第 2 款规定：“对于一人犯数罪、共同犯罪、共同犯罪的犯罪嫌疑人还实施其他犯罪、多个犯罪嫌疑人实施的犯罪存在关联，并案处理有利于查明案件事实和诉讼进行的，人民检察院可以在职责范围内对相关犯罪案件并案处理。”即强调对检察机关职责范围内的相关案件才可以并案处理。

五是规定案件线索由负责侦查的部门统一受理、登记和管理。考虑到职务犯罪侦查和预防职能已转隶监察机关，检察机关不再设立举报中心，《规则》第 166 条规定：“人民检察院直接受理侦查的案件线索，由负责侦查的部门统一受理、登记和管理。负责控告申诉检察的部门接受的控告、举报,或者本院其他办案部门发现的案件线索,属于人民检察院直接受理侦查案件线索的,应当在七日以内移送负责侦查的部门。”“负责侦查的部门对案件线索进行审查后,认为属于本院管辖,需要进一步调查核实的,应当报检察长决定。”

六是不再使用试行规则中“初查”的概念,改用“调查核实”。《刑诉法》中没有初查的概念,在立案一章只规定了审查。《刑诉法》第 112 条规定:“人民法院、人民检察院或者公安机关对于报案、控告、举报和自首的材料,应当按照管辖范围,迅速进行审查,认为有犯罪事实需要追究刑事责任的时候,应当立案……”一般认为,审查不仅包括对材料的书面审查,还包括进一步调查核实有关情况。试行规则规定的“初查”就是说的审查中的这种调查核实。但是对此也有不同认识。修改后的《人民检察院组织法》第 21 条规定,人民检察院行使本法第 20 条规定的法律监督职权,可以进行调查核实。而第 20 条规定的职权当中就包括“依照法律规定对有关刑事案件行使侦查权”。这就为正式立案侦查之前进行上述调查核实活动明确了法律依据。为与法律上的表述保持一致,《规则》不再使用“初查”一词,而以“调查核实”代替原来的“初查”,原条文中出现“初查”一词的地方,均以“调查核实”替代。

七是规定询问重大或者有影响案件的重要证人、被害人,应当对询问过程实行全程录音、录像。在专家论证会上,有专家建议增加询问重要证人、被害人,或者重大案件的证人、被害人,应当录音录像的规定。我们认为,对于重大或者有社会影响的案件的重要证人、被害人,检察机关已经具备对询问过程实行录音录像的条件,因此采纳了该建议,在《规则》第 194 条和第 195 条增加了上述规定。在司法实践中,检察机关对询问证人、被害人进行录音录像要尊重证人、被害人的意见,对于有顾虑的,要做好说服解释工作,向其说明,进行录音录像是为了规范检察机关取证行为,只在内部监督或者证明取证合法性时使用,不会对外公开。

八是根据修改后的《刑诉法》,删除了侦查期间辩护律师会见犯罪嫌疑人应当经人民检察院许可、指定居所监视居住、采取技术侦查措施等相关内容。

九是适当精简第九章“侦查”的条文。职务犯罪侦查和预防职能转隶监察机关后,检察机关的侦查权大幅限缩,不宜在规则中占据过多篇幅,关于开展侦查的具体流程和要求,可通过另行制定规范性文件解决。

(四)适应捕诉一体办案机制要求

捕诉一体是检察权运行机制改革的重要内容,是适应以审判为中心的刑事诉讼制度改革和检察官办案责任制要求、充分发挥检察机关在审前程序中主导作用的客观需要,对于优化检察资源配置、提高诉讼效率,加强引导和监督侦查活动,协调诉侦关系,提升办案质量具有重要意义。《规则》为落实捕诉一体的要求,完善审查逮捕、审查起诉办案机制,作了相应修改。

一是确立捕诉一体办案机制的一般原则。《规则》在第一章“通则”第 8 条规定:“对同一刑事案件的审查逮捕、审查起诉、出庭支持公诉、立案监督、侦查监督、审判监督等工作,均应当由同一检察官或者检察官办案组负责,但是审查逮捕、审查起诉由不同人民检察院管辖,或者依照法律、有关规定应当另行指派检察官或者检察官办案组办理的除外。”同时,根据修改后《检察官法》的规定,在第 3 条办理刑事案件的原则中,增加“秉持客观公正的立场,尊重和保障人权,既要追诉犯罪,也要保障无罪的人不受刑事追究”的规定。

二是将试行规则第十章“审查逮捕”和第十一章“审查起诉”合并为一章,在该章第一节“一般规定”中整合了两个办案环节的共性要求,如全面审查原则,讯问、询问的要求,听取辩护人、值班律师意见,诉讼权利告知,介入侦查,调取、审查录音录像等。此外,还增加了捕诉工作衔接的具体规定,如对漏捕案件追加逮捕、非法证据排除的衔接等。为体现最高检关于加强和规范补充侦查工作的要求,《规则》第 257 条专门就批捕后要求公安机关继续侦查、不捕后要求公安机关补充侦查和审查起诉阶段退回补充侦查,如何制作继续侦查提纲和补充侦查提纲并加强说理,提出明确具体要求。

三是修改完善审查逮捕的具体工作机制。如明确对有重大影响的案件可以采取当面听取侦查人员、犯罪嫌疑人及其辩护人等意见的方式(听证方式)进行公开审查;删除职务犯罪案件审查逮捕上提一级的相关规定;明确不捕复议案件由负责捕诉的部门另行指派检察官办理等。特别是根据实践中反映比较突出的问题,《规则》第 287 条增加规定:“对于没有犯罪事实或者犯罪嫌疑人具有刑事诉讼法第十六条规定情形之一,人民检察院作出不批准逮捕决定的,应当同时告知公安机关撤销案件。”“对于有犯罪事实需要追究刑事责任,但不是被立案侦查的犯罪嫌疑人实施,或者共同犯罪案件中部分犯罪嫌疑人不负刑事责任,人民检察院作出不批准逮捕决定的,应当同时告知公安机关对有关犯罪嫌疑人终止侦查。”“公安机关在收到不批准逮捕决定书后超过十五日未要求复议、提请复核,也不撤销案件或者终止侦查的,人民检察院应当发出纠正违法通知书。公安机关仍不纠正的,报上一级人民检察院协商同级公安机关处理。”进一步强化审查逮捕与立案监督、侦查监督的衔接。

四是增加了审查是否符合提起附带民事公益诉讼的内容。《规则》第330条在规定人民检察院审查起诉应当查明有无附带民事诉讼的内容中，增加规定：对于破坏生态环境和资源保护、食品药品安全领域侵害众多消费者合法权益，侵害英雄烈士的姓名、肖像、名誉、荣誉等损害社会公共利益的行为，是否需要由人民检察院提起附带民事公益诉讼。这是对近年来检察公益诉讼工作实践的总结。需要指出的是，根据“两高”2019年年底共同作出的批复，检察机关对于拟提起刑事附带民事公益诉讼的案件，应当按照《民诉法》的规定先进行公告，公告期满，没有适格主体或者适格主体不提起诉讼的，检察机关才提起刑事附带民事公益诉讼。

（五）规范认罪认罚从宽制度和速裁程序适用

《规则》依据刑诉法并吸收“两高三部”《关于适用认罪认罚从宽制度的指导意见》，对检察环节适用认罪认罚从宽制度和速裁程序作了以下规定：

一是在第一章“通则”中对犯罪嫌疑人认罪认罚可以依法从宽处理作了原则性规定。明确认罪认罚从宽制度可以适用于所有刑事案件；人民检察院在办理案件的各个诉讼环节，都应当做好认罪认罚的相关工作。

二是在第十章“审查逮捕和审查起诉”增加专节“认罪认罚从宽案件办理”，对审查逮捕、审查起诉环节涉及认罪认罚从宽的内容相对集中作出规定。包括：人民检察院应当商法律援助机构通过设立法律援助工作站派驻值班律师或者及时安排值班律师等方式为犯罪嫌疑人提供法律帮助；人民检察院应当告知犯罪嫌疑人有权约见值班律师，并为其约见值班律师提供便利；人民检察院应当听取犯罪嫌疑人、辩护人或者值班律师、被害人及其诉讼代理人的意见，并为值班律师了解案件有关情况提供必要的便利；案件移送审查起诉之日起，值班律师可以查阅案卷材料，了解案情；犯罪嫌疑人自愿认罪认罚，同意量刑建议和程序适用的，应当在辩护人或者值班律师在场的情况下签署认罪认罚具结书；犯罪嫌疑人认罪认罚的，人民检察院应当就主刑、附加刑、是否适用缓刑等提出量刑建议，量刑建议一般应当为确定刑等内容。

三是在第十一章“出席法庭”设专节规定速裁程序，明确了速裁程序的适用范围、不得适用速裁程序的情形、起诉书和庭审程序的简化、程序转换等内容。

此外，在强制措施、侦查、未成年人刑事案件诉讼程序等章节，也有适用认罪认罚的相关规定。

(六)完善人民检察院对刑事诉讼的监督机制

一是第十三章"刑事诉讼法律监督"增加第一节"一般规定",主要是根据修改后的《刑诉法》《人民检察院组织法》等相关法律和实践经验,总结提炼刑事诉讼各环节开展监督的共性内容及要求,包括开展监督的方式、调查核实的措施、纠正意见和检察建议的提出、复查与督促落实等,统一在本节作出规定。

二是进一步完善立案监督、侦查活动监督、审判活动监督、判决裁定监督、死刑复核监督的程序和内容。如明确了对公安机关未在规定期限内作出是否立案决定的情形进行监督;完善了侦查活动监督需要纠正的具体违法情形;规定上一级检察院认为下级检察院抗诉不当的应当先听取下级检察院意见,支持抗诉的可以变更、补充抗诉理由;明确对再审监督案件应当另行指派检察官或者办案组办理;明确省级院依法对高级法院复核未上诉且未抗诉死刑立即执行案件和死缓案件的活动实行法律监督;完善审查死刑复核案件的方式等。

三是充分总结实践经验,调整羁押必要性审查工作的职责分工,规定:负责捕诉的部门依法对侦查和审判阶段的羁押必要性进行审查,经审查认为不需要继续羁押的,应当建议公安机关或者人民法院释放犯罪嫌疑人、被告人或者变更强制措施。审查起诉阶段,负责捕诉的部门经审查认为不需要继续羁押的,应当直接释放犯罪嫌疑人或者变更强制措施。负责刑事执行检察的部门在检察工作中收到有关材料或者发现不需要继续羁押的,应当及时将有关材料和意见移送负责捕诉的部门。这就将2012年试行规则确定的由刑事执行检察部门统一行使羁押必要性审查权的分工做了重大调整,更有利于办理捕诉案件的部门及时开展审查,准确适用建议释放、变更强制措施或者直接释放、变更强制措施权,同时也仍然能够发挥负责刑事执行检察的部门移送相关材料和提出意见建议的作用。

四是新增第十四章"刑罚执行和监管执法监督"。近年来,社会各界对刑罚执行和监管执法活动越来越关注,刑事执行检察职责内容有较大发展,需要增加的条文内容较多,如仍放在"刑事诉讼法律监督"一章,将导致分节和条文过多,体例失衡。而且,修改后的《人民检察院组织法》也将对判决、裁定等生效法律文书执行工作的法律监督和对监狱、看守所执法活动的法律监督,作为与对诉讼活动的法律监督相并列的检察职权加以规定,这也表明刑事执行检察工作具有不同于一般刑事诉讼监督的特殊性,因此宜设专章进行规定。本章分为"一般规定""交付执行监督""减刑、假释、暂予监外执行监督""社区矫正监督""刑事裁判涉财产部分执行监督""死刑执行监督""强制医疗执行监督""监管执法监督""事故检察"九节,吸收了以往出台的刑事执行检察工作相关规范性文件的重要内容。

特别是，根据《人民检察院组织法》的规定和实践经验，在第一节“一般规定”中，明确了派驻与巡回相结合的监督方式，以及对于在巡回检察中发现的问题、线索的整改落实情况，通过巡回检察进行督导，即实践中“回头看”的做法。

（七）加强对诉讼参与人诉讼权利的保障

一是简化接待律师的内部程序。对辩护人申请人民检察院向公安机关调取证据材料，辩护律师申请人民检察院收集、调取证据，辩护人要求听取意见的，原规定由负责案件管理的部门移送有关办案部门，程序较为烦琐。根据律师等各方面意见，《规则》修改为直接由办案部门进行审查或者安排听取意见。

二是明确或者缩短办理期限，提高诉讼效率。将书面通知法律援助机构指派律师提供辩护的期限由“及时”明确为“自发现之日起三日以内”；将转交法律援助申请材料的期限由“三日以内”缩短至“二十四小时以内”；将辩护律师申请向被害人一方收集证据的许可决定期限由“七日以内”缩短至“五日以内”。

三是便利诉讼，减轻诉讼参与人经济负担。明确辩护人复制案卷材料，不收取费用；对证人因履行作证义务而支出的费用给予补助的规定，由原规定的侦查、审查起诉阶段，扩大适用至审查逮捕阶段。

四是加强对未成年人合法权益的保护。包括：办理未成年人与成年人共同犯罪案件，一般应当分案办理、分别起诉；不宜分案处理的，应当对未成年人采取隐私保护、快速办理等特殊保护措施；开展社会调查应当尊重和保护未成年人隐私；对于没有固定住所、无法提供保证人的未成年人适用取保候审的，可以指定合适成年人作为保证人；询问未成年被害人、证人，应当以一次为原则；上级人民检察院封存犯罪记录时，应当通知下级人民检察院对相关犯罪记录予以封存；等等。

（八）规范缺席审判程序适用

修改后的《刑诉法》在第五编特别程序中增设了缺席审判程序一章。《规则》修改过程中，我们同全国人大常委会法工委刑法室就缺席审判程序的有关问题进行了沟通。法工委方面表示，缺席审判制度是刑事诉讼法新设立的一项制度，缺少实践经验，建议待条件成熟时由相关部门另行会签文件，在规则中暂不作过细规定。鉴于此，《规则》仅从以下五个方面作了原则性规定：

一是明确了缺席审判案件由有管辖权的中级人民法院的同级人民检察院提起公诉。

二是规定省级以下人民检察院对需要报请最高检核准的案件，经检察委员会讨论提出提起公诉意见的,应当以书面方式层报最高检核准。

三是明确最高检核准提起公诉的案件,由检察长决定核准或者不予核准。

四是明确了审查起诉期间、报请核准期间或者提起公诉后,犯罪嫌疑人、被告人到案的,人民检察院应当重新审查案件。

五是明确了因被告人患有严重疾病无法出庭,中止审理超过6个月,被告人仍无法出庭,被告人及其法定代理人、近亲属申请或者同意恢复审理的,人民检察院可以建议人民法院适用缺席审判程序。

(九)精简第十六章刑事司法协助的条文

《刑诉法》第18条对刑事司法协助仅作了原则规定:"根据中华人民共和国缔结或者参加的国际条约,或者按照互惠原则,我国司法机关和外国司法机关可以相互请求刑事司法协助。"我们研究认为,《规则》作为适用刑事诉讼法的司法解释,不宜对司法协助程序规定得过细,因此对第十六章条文作了精简,由原来的四节28条,精简为9条,不分节。开展刑事司法协助的具体程序、规范,可以按照《国际刑事司法协助法》的规定,另行制定相关规范性文件。

(十)主要文字表述的修改

一是对内设机构名称作出修改。《规则》坚持"尽可能淡化部门色彩"的原则,主体一般只写到"人民检察院"或者"检察人员",对于"三定"方案已有明确规定,或者对于分工已达成高度共识的,则不写具体部门;涉及工作分工、内部流转等,为避免职责不清,确实需要写到部门的,采用"职能+部门"的表述,不写部门的名称。如"负责侦查的部门""负责捕诉的部门""负责刑事执行检察的部门""负责未成年人检察的部门""负责死刑复核监督的部门""负责案件管理的部门"等。另外,对于与负责案件管理的部门相对应的部门,统一表述为"相关办案部门";对于与负责申诉控告检察的部门相对应的部门,统一表述为"其他办案部门"。

二是关于"检察人员""检察官"等用语的界定。规则修订草案曾将检察人员界定为检察官和检察官助理、书记员、司法警察、检察技术人员等检察辅助人员。有专家学者提出,这里的"检察人员"与《刑诉法》的定义不符(根据《刑诉法》有关回避的规定,检察人员不包括书记员),另外,书记员、司法警察、检察技术人员也不宜作为可以单独办案的"检察人员"。经研究,《规则》对检察人员的概念重新作了界定,第682条规定:"本规则所称检察人员,包括检察官和检察官助理。"

相关条文中涉及书记员、司法警察、检察技术人员的,均具体写明。

三是将相关条文中的"侦查机关"统一改成"公安机关"。试行规则条文中大量存在"公安机关"与"侦查机关"混用的情况,鉴于《刑诉法》第4条规定,国家安全机关依照法律规定,办理危害国家安全的刑事案件,行使与公安机关相同的职权。第308条第4款规定,军队保卫部门、中国海警局、监狱办理刑事案件,适用本法的有关规定。且《规则》第680条规定:"人民检察院办理国家安全机关、海警机关、监狱移送的刑事案件以及对国家安全机关、海警机关、监狱立案、侦查活动的监督,适用本规则关于公安机关的规定。"将相关条文中的"侦查机关"统一改成"公安机关",不会引起歧义。

其他文字修改,包括将"人民检察院直接受理立案侦查的案件"改成"人民检察院直接受理侦查的案件";将"移送审查起诉"改成"移送起诉";将"签名并捺指印,或者盖章"改成"签名或者盖章,并捺指印";将"械具"改成"戒具";等等。

三、修改过程中的一些争议问题及其解决

(一)行政机关收集的鉴定意见、勘验、检查笔录能否作为证据使用

试行规则第64条第2款规定:"行政机关在行政执法和查办案件过程中收集的鉴定意见、勘验、检查笔录,经人民检察院审查符合法定要求的,可以作为证据使用。"第3款和第4款分别规定:"人民检察院办理直接受理立案侦查的案件,对于有关机关在行政执法和查办案件过程中收集的涉案人员供述或者相关人员的证言、陈述,应当重新收集;确有证据证实涉案人员或者相关人员因路途遥远、死亡、失踪或者丧失作证能力,无法重新收集,但供述、证言或者陈述的来源、收集程序合法,并有其他证据相印证,经人民检察院审查符合法定要求的,可以作为证据使用。""根据法律、法规赋予的职责查处行政违法、违纪案件的组织属于本条规定的行政机关。"修改过程中,我们删除了上述第3款和第4款的规定。该两款规定主要为解决纪检监察机关收集的部分言词证据可否在刑事诉讼中作证据使用的问题。《监察法》第33条规定:"监察机关依照本法规定收集的物证、书证、证人证言、被调查人供述和辩解、视听资料、电子数据等证据材料,在刑事诉讼中可以作为证据使用。"已经解决这一问题,因此《规则》不再规定。但拟保留第2款的规定。征求意见中,有意见提出,《刑诉法》没有将"鉴定意见、勘验、检查笔录"纳入可以直接使用的证据材料范围,上述规定有扩大解释之嫌,《规则》不能突破《刑诉法》的规定。我们经研究认为,《刑诉法》第54条第2款规定:"行政机关在

行政执法和查办案件过程中收集的物证、书证、视听资料、电子数据等证据材料,在刑事诉讼中可以作为证据使用。”这里的“等”应当是等外等,不限于物证、书证等四种证据形式。行政机关在行政执法和查办案件过程中收集的鉴定意见、勘验、检查笔录具有一定的客观性,并且在刑事诉讼中有时难以重新收集,如因鉴定的检材毁损、灭失、污染等原因不具备重新鉴定的条件,或者因现场破坏无法重新勘验、检查。上述情况下如果不能使用行政机关收集的鉴定意见、勘验、检查笔录,将对案件事实的认定带来困难。并且,《公安机关办理刑事案件程序规定》也作了相同的规定。经与有关部门反复沟通最终达成共识,《规则》保留了上述规定。

(二)立案前调查收集的证据材料能否在刑事诉讼中作为证据使用

研究修改过程中,许多地方检察机关都提出,应当明确“初查”阶段收集的证据材料可以作为诉讼证据使用。对于这一问题,有不同认识。有意见认为,检察机关在立案前调查收集的证据材料,不具有诉讼证据效力。我们研究认为,《刑诉法》第112条并没有限定立案审查的形式只能是对犯罪线索材料进行书面审查,事实上,很多案件仅凭书面审查难以确定是否符合立案条件,有必要对犯罪线索进行必要的调查核实。立案前调查的任务是收集必要的证据材料,以确定是否有犯罪事实且需要追究刑事责任。相关证据材料既然可以在立案审查阶段用于证明立案条件和支撑立案决定,自然也可以用于后续诉讼阶段的证明活动。立案前调查收集的证据与立案后侦查收集的证据在证明目的和功能上是高度一致的。《刑诉法》第50条规定,可以用于证明案件事实的材料,都是证据。因此,只要采取的调查措施合法,符合证据的客观性、关联性和合法性要求,就具有证据能力。而且,《刑诉法》第54条第2款规定:“行政机关在行政执法和查办案件过程中收集的物证、书证、视听资料、电子数据等证据材料,在刑事诉讼中可以作为证据使用。”《刑诉法》之所以作出上述规定,主要是考虑到被害人陈述、证人证言等言词证据可以重新收集,但物证、书证、视听资料、电子数据等实物证据,如果要求侦查机关重新收集,会在很大程度上增加侦查机关的负担,而且很多实物证据实际上也无法重新收集。如果这些证据材料不能在刑事诉讼中作为证据使用,司法机关查明案件事实就会存在严重困难,对于打击犯罪、保障人权都不利。既然行政机关收集的证据材料都可以在刑事诉讼中作为证据使用,行使侦查权的司法机关通过依法调查核实收集的有关证据材料,理应可以作为证据使用。因此,《规则》第170条第2款规定:“调查核实终结后,相关材料应当立卷归档。立案进入侦查程序的,对于作为诉讼证据以外的其他材料应当归入侦查内卷。”其含义就是,立案前调查核实取得的证据材料可以作为诉讼证据归入案卷,其他不作为证据使用的材料,可归入侦查内卷。

（三）对公安机关已经采取取保候审措施,审查起诉期间取保候审期限尚未届满的,人民检察院是否需要重新作出取保候审的决定

试行规则第 102 条规定:"公安机关决定对犯罪嫌疑人取保候审,案件移送人民检察院审查起诉后,对于需要继续取保候审的,人民检察院应当依法重新作出取保候审决定,并对犯罪嫌疑人办理取保候审手续……"在研究过程中,有意见提出,如果前一阶段的取保候审措施没有即将届满,审查起诉阶段可以继续沿用,不必重新作出决定,建议进行修改。主要理由是:实践中,对于拟适用速裁程序办理的案件以及其他可以快速办理的轻微刑事案件,办案时间往往较短,是否需要重新采取取保候审措施,主要看之前采取的取保候审措施期限是否即将届满。我们研究认为,最高人民法院、最高人民检察院、公安部、国家安全部 1999 年印发的《关于取保候审若干问题的规定》第 22 条,既规定了"在侦查或者审查起诉阶段已经采取取保候审的,案件移送至审查起诉或者审判阶段时,如果需要继续取保候审,或者需要变更保证方式或强制措施的,受案机关应当在七日内作出决定,并通知执行机关和移送案件的机关"。也规定了"取保候审期限即将届满,受案机关仍未作出继续取保候审、变更保证方式或者变更强制措施决定的,执行机关应当在期限届满十五日前书面通知受案机关。受案机关应当在原取保候审期限届满前作出决定,并通知执行机关和移送案件的机关"。这表明,审查起诉阶段在 7 日内重新作出取保候审决定是原则性、一般性要求;如果适用速裁程序等办理案件,办案期限很短,虽然没有重新作出取保候审决定,但在原取保候审期限届满前已作出起诉与否的结案决定的,这种个案处理,从四部门的规定看也有一定空间。因此,上述规定不需要进行修改。

（四）逮捕人大代表由哪个机关报请许可

按照《全国人民代表大会和地方各级人民代表大会代表法》第 32 条的规定,县级以上的各级人民代表大会代表,非经本级人民代表大会主席团许可,在本级人民代表大会闭会期间,非经本级人民代表大会常务委员会许可,不受逮捕或者刑事审判。对县级以上的各级人民代表大会代表,如果采取法律规定的其他限制人身自由的措施,应当经该级人民代表大会主席团或者人民代表大会常务委员会许可。《公安机关办理刑事案件程序规定》第 161 条规定:"公安机关对县级以上各级人民代表大会代表拘传、取保候审、监视居住、拘留或者提请批准逮捕的,应当书面报请该代表所属的人民代表大会主席团或者常务委员会许可。”试行规则第146条第1款规定:“人民检察院对担任本级人民代表大会代表的犯罪嫌疑人批准或者决定逮捕,应当报请本级人民代表大会主席团或者常务委员会许可。报请许可手续的办理由侦查机关负责。”征求意见时,有意见提出,由公安机关在提请人民检察院批准逮捕时报请人大主席团或者常委会许可,可能出现人大主席团或者常委会作出许可,但人民检察院不批准逮捕的情况,建议由审查逮捕的人民检察院报请许可。

我们研究认为,由审查逮捕的人民检察院报请许可不具有可操作性,由公安机关报请许可更符合办案实际。第一,检察机关审查逮捕的法定期限较短,在审查案件事实和犯罪嫌疑人的社会危险性的同时,完成报请人大许可工作,在实践中难以做到。第二,如果由检察机关在拟批准逮捕或者作出批准逮捕决定时才报请许可,由于人大作出许可需要一定时间,此种做法将不利于批准逮捕决定的作出和执行。第三,人大的许可属于程序性许可,而不是实体性许可,与人民检察院是否批准逮捕并不矛盾。实践中,可能存在人大许可,但检察机关不批准逮捕的情形。但这种情形不影响犯罪嫌疑人的权益。第四,对于涉人大代表案件,检察机关可依照规定适时介入侦查提出意见,可以避免因意见不一致,导致公安机关报请批准逮捕并报请人大许可后,人民检察院不批准逮捕的情况发生。因此,《规则》坚持了由公安机关报请人大许可的规定。同时,吸收全国人大常委会法工委2005年4月20日答复陕西省人大常委会的《关于人大代表由刑事拘留转逮捕是否需要再次许可问题的意见》的规定,在《规则》第148条第8款增加规定:“担任县级以上人民代表大会代表的犯罪嫌疑人,经报请该代表所属人民代表大会主席团或者常务委员会许可后被刑事拘留的,适用逮捕措施时不需要再次报请许可。”

(五)案管部门发现移送起诉的案件本院没有管辖权,能否退回移送机关

试行规则第153条规定,案件管理部门受理案件时应当依据移送的法律文书载明的内容审查案件是否属于本院管辖,但没有规定对不属于本院管辖的案件应当如何处理。有意见提出,对于不属于本院管辖的案件,案管部门应当不予受理或者退回移送案件的公安机关,由公安机关移送有管辖权的检察机关,即走“体外循环”。我们研究认为,“六机关”《关于实施刑事诉讼法若干问题的规定》第23条第2款规定,人民检察院对于审查起诉的案件,按照《刑诉法》的管辖规定,认为应当由上级人民检察院或者同级其他人民检察院起诉的,应当将案件移送有管辖

权的人民检察院，即明确要走“体内循环”。《规则》作为最高检单独发布的司法解释，不宜修改“六机关”共同制发的规定。司法实践中，针对某些个案，如果地方检察机关和公安机关经沟通协调，退回案件材料，由公安机关移送有管辖权的检察机关，也未尝不可，但不宜在《规则》中写明。

（六）审查起诉阶段发现公安机关、监察机关对案件没有管辖权的，应当如何处理

试行规则第392条规定：“人民检察院立案侦查时认为属于直接立案侦查的案件，在审查起诉阶段发现不属于人民检察院管辖，案件事实清楚、证据确实充分，符合起诉条件的，可以直接起诉；事实不清、证据不足的，应当及时移送有管辖权的机关办理。”有意见提出，实践中也有可能监察机关、公安机关在立案调查、侦查时，认为该案件属于本部门管辖范围，但是在移送起诉后，检察机关审查认为公安机关移送起诉的案件属于监察机关管辖，或者监察机关移送起诉的案件属于公安机关管辖。例如，公安机关以涉嫌职务侵占罪移送起诉的案件，经审查认为构成贪污罪；或者监察机关以公职人员涉嫌受贿罪移送起诉的案件，经审查认为犯罪主体不是公职人员。这种情况人民检察院应当作何处理？我们研究认为，案件移送起诉后才发现调查或者侦查管辖错误的，如果一律移送有管辖权的机关重新调查或者侦查，不仅浪费司法资源，而且有可能错过取证时机。因此，《规则》第357条规定：“人民检察院立案侦查时认为属于直接受理侦查的案件，在审查起诉阶段发现属于监察机关管辖的，应当及时商监察机关办理。属于公安机关管辖，案件事实清楚，证据确实、充分，符合起诉条件的，可以直接起诉；事实不清、证据不足的，应当及时移送有管辖权的机关办理。”“在审查起诉阶段，发现公安机关移送起诉的案件属于监察机关管辖，或者监察机关移送起诉的案件属于公安机关管辖，但案件事实清楚，证据确实、充分，符合起诉条件的，经征求监察机关、公安机关意见后，没有不同意见的，可以直接起诉；提出不同意见，或者事实不清、证据不足的，应当将案件退回移送案件的机关并说明理由，建议其移送有管辖权的机关办理。”

（七）案管部门能否将案卷退回公安机关

在《规则》修改过程中，有意见主张对公安机关提请逮捕和移送起诉的案件，增加案管部门实质审查和退回公安机关的内容：人民检察院对不构成犯罪或者不应当追究刑事责任的犯罪嫌疑人作出不批准逮捕的决定后，公安机关又移送审查

起诉,经审查没有新的事实和证据的,负责案件管理的部门应当将案卷退回公安机关;对于事实不清、证据不足不批准逮捕,公安机关未按照人民检察院补充侦查的意见进行补充侦查,又提请逮捕或者移送起诉的,负责案件管理的部门应当将案卷退回公安机关。也有意见认为,上述建议实际上是要求案管部门对案件进行实质审查,这对案管部门人员的专业办案能力提出了过高的要求。我们研究认为,“将案卷退回公安机关”实质上等于不予受理。2012 年刑诉规则修改征求意见过程中,全国人大常委会法工委曾明确表示不同意增加检察机关不予受理的内容。鉴于“将案卷退回公安机关”的法律依据不足,因此《规则》未采纳上述建议。

(八)是否恢复中止审查起诉的规定

1998 年刑诉规则曾规定中止审查起诉制度,2012 年规则修改时,全国人大常委会法工委认为该制度缺乏《刑诉法》依据,是对刑事诉讼制度的重大突破,要求删除。删除后,各地检察机关反映对于实践中出现的脱逃或者患有严重疾病的犯罪嫌疑人,无法在法定期限内审查起诉完毕。对此,经征求法工委意见,最高检对审查起诉期间犯罪嫌疑人脱逃或者患有严重疾病的应当如何处理作出批复(高检发释字〔2013〕4 号),以退回补充侦查的形式,解决了实践中的部分问题。该批复作出后,虽然各地检察机关较好领会了批复精神,但仍希望最高检在刑诉规则中能够再次确认中止审查制度。同时反映,目前案件管理系统中对因犯罪嫌疑人脱逃、患有严重疾病未办结,且犯罪嫌疑人不在押的,依然提示为超期案件。因此,我们在修订草案过程稿中曾经恢复中止审查制度。但在征求意见中,法工委再次提出该制度突破刑诉法,要求删除,同时建议检察机关适用上述批复解决实践难题。经认真研究,《规则》不再规定中止审查制度,同时我们提出,应当对案件管理系统作出相应修改。

(九)人民法院审判程序违法,公诉人能否建议休庭

修订草案过程稿曾规定:“出席法庭的检察人员发现法庭审判违反法律规定的诉讼程序,应当在休庭后及时向检察长报告。认为可能影响公正审判的,应当及时建议休庭。”

在征求意见过程中,有关方面提出,检察人员建议休庭需要说明理由,实际效果与当庭提出纠正意见无异,这样就与“人民检察院对违反程序的庭审活动提出纠正意见,应当由人民检察院在庭后提出”的原则存在冲突,建议删除。我们认为,增加建议休庭的规定,主要是为了解决实践中检察人员出席法庭时发现影响公正审判的情形无法及时制止，造成审判资源浪费及舆论关注炒作的问题。例如，对于合议庭人员组成不合法、审判人员应当回避而不回避、适用审判程序错误等情形，如果不建议休庭，将使诉讼活动归于无效，浪费司法资源。检察人员认为可能影响公正审判的建议休庭，与庭后提出纠正意见的原则并不矛盾。建议休庭仅仅是建议权，是否休庭由法庭决定，休庭并不必然得出法庭审判程序违法的结论，检察机关也会十分慎重地提出休庭建议，并不会对法庭权威造成影响。但经反复沟通，未能达成共识，有关方面建议对有关内容可交由司法实践个案灵活把握。鉴于此，《规则》未规定这一建议休庭权。

（十）公诉人当庭发表与起诉书不同意见应如何处理

在征求意见过程中，有意见提出，实践中存在公诉人当庭发表与起诉书不同意见的情形，个别案件甚至存在公诉人当庭变更起诉书意见，庭后又坚持以起诉书为准的情形，如何处理存在不同认识。建议在《规则》中增加规定："公诉人当庭发表与起诉书不同的意见的，以公诉人当庭发表的意见为准；但是，需要变更、追加、补充或者撤回起诉的，公诉人应当建议休庭，报经检察长或者检察委员会决定，并以书面方式向人民法院提出。"

我们研究认为，起诉书是加盖人民检察院印章，以人民检察院名义制发的正式法律文书，公诉人当庭发表的公诉意见与起诉书意见不一致的，不能规定以公诉意见为准。但是个案审判中具体采纳哪种意见，人民法院根据审理情况有裁量权，所以不需要进行规定。同时，试行规则对需要补充、追加或者变更起诉的，公诉人可以建议法庭延期审理已作了规定，而且人民检察院撤回起诉，可以当庭提出也可以在法庭宣布延期审理后补充侦查的期限内提出，不需要单独规定建议休庭。因此，《规则》未采纳上述意见。

（十一）适用缺席审判程序的案件，是否要求人民检察院向人民法院提供犯罪嫌疑人在境外的居住地和联系方式

修订草案稿在征求意见时，有意见建议增加规定："适用缺席审判程序向人民法院提起公诉的，人民检察院应当查明被告人在境外的实际居住地和联系方式，并将相关材料随案移送。""对于由于无法联系被告人，致使无法证明被告人在境外的案件，人民法院退回人民检察院的，人民检察院应当退回监察机关或者公安机关处理，或者自行补充侦查。"主要理由是：缺席审判应当以起诉书副本能够送达为必要条件，否则不具备起诉、开庭的条件；公告送达是民事诉讼送达方式，目

前许多国家都不允许通过这种方式;希望检察机关能够将查明被告人在境外的居住地和联系方式作为审查起诉的审查内容,同时在审查案件材料时,应当要求监察机关、公安机关提供相关证据材料。

我们研究认为,人民检察院查明被告人在境外的实际居住地和联系方式,实践中不是所有案件都能够做到。根据《刑诉法》第 291 条的规定,人民检察院只需查明犯罪嫌疑人、被告人在境外即可。无法联系被告人并不意味着无法证明犯罪嫌疑人、被告人在境外,根据出入境记录足以证明犯罪嫌疑人、被告人是否在境外。《刑诉法》第 292 条规定,人民法院应当通过有关国际条约规定的或者外交途径提出的司法协助方式,或者被告人所在地法律允许的其他方式,将传票和人民检察院的起诉书副本送达被告人。传票和起诉书副本送达后,被告人未按要求到案的,人民法院应当开庭审理,依法作出判决,并对违法所得及其他涉案财产作出处理。根据上述规定,在人民检察院无法查明犯罪嫌疑人被告人实际居住地和联系方式的情况下,人民法院也可以通过司法协助方式或者被告人所在地法律允许的其他方式送达。当然,如果犯罪嫌疑人、被告人在境外的实际居住地、联系方式明确的,人民检察院应当向人民法院提供。因此,《规则》第 505 条第 4 款规定:"人民检察院提起公诉的,应当向人民法院提交被告人已出境的证据。"

(十二)缺席审判程序中报请最高检核准的问题

一是由谁报请?修改后的《刑诉法》第 291 条规定,对于需要及时进行审判,经最高检核准的严重危害国家安全犯罪、恐怖活动犯罪案件,犯罪嫌疑人、被告人在境外,公安机关移送起诉,人民检察院认为犯罪事实已经查清,证据确实、充分,依法应当追究刑事责任的,可以向人民法院提起公诉。研究中,有意见认为,对于此类案件应当在公安机关侦查终结后层报公安部,由公安部商请最高检核准后移送审查起诉(先纵后横)。主要理由是,经最高检核准,应当是指核准公安机关移送起诉而不是人民检察院提起公诉,审查的内容主要是案件是否需要及时进行审判,以及是否属于严重的危害国家安全犯罪、恐怖活动犯罪,犯罪嫌疑人是否在境外等。而且,由公安机关报请最高检核准后再移送审查起诉,可以避免检察机关报请核准时间较长,占用审查起诉的办案期限。也有意见认为,应当由公安机关移送同级检察院,再由检察院逐级报请最高检核准(先横后纵)。主要理由是,公安机关移送起诉,不需要最高检核准。对于此类案案件,在移送起诉前,公安机关逐级向公安部报告或者报请批准,属于其内部工作程序。如果由公安部商请核准,最高检作出核准决定后,下级人民检察院能否再将案件退回公安机关或者作出不起诉决定，是否还需要再报经最高人民检察院批准，存在诸多矛盾。我们研究认为，“经最高人民检察院核准”，应是对人民检察院行使公诉权的核准，审查内容除了前述内容外，还包括犯罪事实是否已经查清，证据是否确实、充分，是否依法应当追究刑事责任。因此，赞同上述第二种意见。《规则》规定，由检察机关逐级报请核准。

二是上级人民检察院能否阻断报请核准程序？有意见提出，检察机关在逐级报请最高检核准过程中，市级、省级人民检察院如果不同意下级院意见的，可以不再报最高检核准。对此有不同意见。赞同者认为，《刑诉法》实施后，地方公安机关今后报请核准起诉案件数量可能会比较多，省、市两级检察机关应当负起审查把关的职责，对于明显不符合起诉条件的，可以驳回，不再逐级报请最高检核准。反对者认为，《刑诉法》规定须经最高检核准的事项，地方人民检察院即使有不同意意见，也不能阻断报请核准程序，应该提出是否同意的审查意见，报最高检作出核准或者不予核准的决定。例如，对核准追诉案件就没有赋予省级人民检察院阻断报请程序的权力。经认真研究，在《规则》中没有规定阻断程序。

（十三）是否增加再审检察建议的规定

修改草案曾经规定：“人民检察院经审查认为人民法院已经发生法律效力的判决、裁定，符合前款规定（抗诉）情形之一，根据案件具体情况也可以向人民法院提出再审检察建议。”征求意见中，有部门提出，根据《刑诉法》第254条的规定，人民检察院发现人民法院生效的判决和裁定确有错误，可以由上级人民检察院向其同级人民法院提出抗诉。与《民诉法》《行政诉讼法》对人民检察院可以向同级人民法院提出再审检察建议作出明确规定不同，《刑诉法》对此未作规定。《人民检察院组织法》第21条规定，人民检察院“依法”提出抗诉、纠正意见、检察建议。在法律没有明确规定的情况下，检察机关不宜对刑事案件再审检察建议作出规定。经认真研究，在《规则》中未再明确规定再审检察建议，各地检察机关可以按照《人民检察院检察建议工作规定》的相关规定办理。

专题六

中国特色刑事诉讼制度的新发展

徐鹤喃 * 国家检察官学院

目 次

---

* 徐鹤喃,国家检察官学院副院长、教授。

2018 年 10 月 26 日,第十三届全国人民代表大会常务委员会第六次会议通过了《关于修改〈中华人民共和国刑事诉讼法〉的决定》(以下简称《决定》),于当日公布实施,我国《刑事诉讼法》完成了第三次修改。这是党的十八大以来,以习近平同志为核心的党中央协调推进"四个全面"战略布局,深化国家监察体制改革、反腐败追逃追赃、深化司法体制改革等方面作出一系列重大决策部署,取得了重大成果和进展的背景下,刑事诉讼制度及时调整跟进的重要举措。这次修改法律,推动中国特色刑事诉讼制度实现了新的重大发展,为我国刑事司法制度有效运行、司法理念和司法能力提升带来新的发展机遇和重大挑战。2018 年以来,以习近平新时代中国特色社会主义思想为指导,特别是深入贯彻习近平法治思想,全面贯彻党的十九大和十九届历次全会精神的基础上,我国刑事诉讼制度和刑事司法实践有了飞跃式的发展。在全面依法治国的进程中,在服务国家与社会高质量发展的过程中,发挥着越来越大的作用。中国特色刑事诉讼制度的发展全面诠释了法治建设的中国道路,展现了刑事诉讼理念的中国内涵,这是中国特色刑事诉讼制度的形成和发展的内在规律。以下从我国刑事诉讼制度整体发展脉络的梳理分析出发,通过立法修改内容的分析,侧重于修改法律带来的制度层面的发展变化,以及由此带来的理论和执法理念发展问题,谈几点思考,供批判参考。

一、中国特色刑事诉讼制度模式的形成与发展

诉讼模式是诉讼法学的一个基本理论范畴和分析工具,用来概括一个国家或者时期诉讼制度的主要内容和基本特征,是比较诉讼制度研究的基本分析工具之一。一般而言,诉讼模式指的是刑事诉讼中控诉、辩护和审判三项基本职能之间的关系以及相关制度安排。正如大家都熟悉的,诉讼理论上一般将封建社会时期的诉讼模式分为纠问式和控告式两种,将现代刑事诉讼制度基本分为两大典型的诉讼模式,即职权主义和当事人主义,分别对应的是大陆法系和英美法系国家的诉讼制度。诉讼模式是一种概括的总结分析,并且随着法律的融合发展,各国的诉讼制度也都在相互借鉴和融合,因此诉讼模式也主要是一种分析路径,没有绝对指向。对于我们本次的主题而言,谈诉讼模式有两个意义:一是我们可以有一个比较分析的概念,即了然中国刑事诉讼制度的基本特征;二是我们可以依此梳理和把握一下我国刑事诉讼制度发展演进的历史脉络,进而理解和把握我国诉讼制度发展内在规律和要求,这也是我们的法律理念素养的重要组成部分和基本要求,是执行法律的基础。

从诉讼模式形成和发展来看,中华人民共和国成立以来我国刑事诉讼制度的

发展可以分为以下几个阶段:

(一)中华人民共和国成立以后到"文化大革命"结束的中华人民共和国刑事诉讼制度——人民民主专政思想指导下的制度建设起步阶段

这是新中国刑事诉讼制度的初建时期。这一时期的刑事诉讼制度的建设与发展有两个特征:一是在指导思想和实践基础方面,主要是以人民民主专政的理论和列宁关于社会主义检察制度的思想等作为指导,以新民主主义革命时期根据地和解放战争时期解放区的人民司法经验为基础;二是进行了初步的法制建设。如中央人民政府颁行了《人民法院暂行组织条例》《中央人民政府最高人民检察署暂行组织条例》《各级地方人民检察署组织通则》等司法组织和诉讼程序法律,1954年通过了《宪法》《人民检察院组织法》《人民检察院组织法》《逮捕拘留条例》等,同时最高人民法院审判委员会制定了《关于〈十四个大城市高、中级人民法院刑、民事案件审理程序初步总结〉的试行总结和今后在全国试行的意见》、司法部在大、中城市试行律师制度等。这些使一系列刑事诉讼原则、制度和程序在法律中确立下来,包括人民法院、人民检察院依法独立行使职权原则,人民法院、人民检察院和公安机关分工负责、互相配合、互相制约的原则,刑事被告人有权获得辩护的原则,公开审判制度,合议制度,人民陪审员制度,两审终审制度,思想符合制度,审判监督制度,回避制度等,后来成为刑事诉讼法的重要法律渊源。这一时期的制度建设是短暂的,1957年开始"反右"斗争以及后来发生的"文化大革命"使刑事诉讼制度与整个国家法制建设一样,陷入停滞状态。从诉讼模式的角度分析,这一时期的刑事诉讼制度建设更突出的是一种诉讼理念指导下的诉讼制度形成阶段,即人民民主专政思想指导下的诉讼制度与实践起步阶段。因之刑事诉讼中呈现出一些特征,包括犯罪被认为是敌我矛盾,被告人是诉讼客体,缺少辩护权,刑事诉讼结构从形式到实质都是线型的,表现为国家与个人的关系,刑事诉讼在本质上是镇压工具。

(二)1979年刑事诉讼制度法典化——呈现职权主义诉讼模式特征

党的十一届三中全会召开之后,总结十年"文化大革命"的历史教训,我国开始了民主法制思想指导下的法制化建设,公、检、法三机关的职能逐渐得到恢复,刑事诉讼制度开始重新建设。1979年7月全国人大颁布了《刑事诉讼法》,这是中华人民共和国第一部《刑事诉讼法》。《光明日报》为此发表了题为《学会使用法律武器维护社会安定团结》的社论指出,过去,长期以来我们比较习惯于用搞政治运动的办法对反党反社会主义的势力和各种刑事犯罪分子进行政治斗争。如果说，无产阶级革命时期（包括革命胜利初期）……采用搞运动的办法，尚可称必要和可取的话……现在和今后要求发展社会主义民主、健全社会主义法治的情况下，继续沿用过去那一套政治运动的办法，也就成了不必要和不可取的了。我们应该并且可以学会运用法律武器（包括罚款、重税一类的经济武器）与反党反社会主义的势力和各种刑事犯罪分子作斗争。

这部法律，奠定了我国刑事诉讼制度模式带有职权主义模式的基本特征，当然其中也体现出制度建设发展的初级阶段性。根据这部法典，控、辩、审职能和诉讼结构基本建立，制度建设和诉讼实践中，国家权力积极主导地位和作用突出，明确人民法院和人民检察院都负有收集和调查证据的职责，控诉和审判职能亲和，辩护职能微弱。此外，契合我国当时的法制发展阶段，该法明确刑事诉讼以查明犯罪，惩罚犯罪为主要任务。确立了追求实体真实的诉讼观念，强调实事求是，明确了事实清楚、证据确实充分的证明标准。同时，当时排斥无罪推定，强调不枉不纵，认为查明事实是刑事诉讼的最高境界。

（三）1996 年《刑事诉讼法》修改——修正的职权主义诉讼模式

我国实行改革开放以后，随着市场经济的改革向纵深发展，中国以积极的姿态加入了世界经济一体化的发展进程中，带来了中国社会的转型发展，社会结构和法律文化发生了重大发展，平等、权利等观念日益深入人心。与此同时，20 世纪 80 年代至 90 年代末，《刑事诉讼法》在实施过程中出现的问题越来越多，法学界出现了日益强烈的要求修改《刑事诉讼法》的呼声。1993 年，全国人大常委会法制工作委员会正式将修改《刑事诉讼法》列入其立法议事日程，并委托刑事诉讼法学方面的专家组织起草《刑事诉讼法》修改建议稿。经过调查研究和起草工作，法制工作委员会对修改建议稿进行了补充、修改，提出了修正案草案。1996 年 3 月 17 日，第八届全国人大第四次会议审议通过了《刑事诉讼法》修正案。

这次修改，对中国刑事诉讼制度进行了重大的改革和完善，使新是诉讼制度向科学化、民主化的方向迈出了一大步，被称为我国刑事司法制度的新的里程碑。修改不仅涉及具体程序改变，更主要的是涉及了一些基本制度和原则。包括将保障人权明确为刑事诉讼任务之一，吸收了无罪推定的主要精神，确立了法院统一定罪原则；改革辩护制度，允许犯罪嫌疑人和被告人在侦查阶段聘请律师提供法律帮助；完善强制措施体系；变审前程序的实质审查为程序性审查；强调控审分离，控辩对抗；加强对被害人的权利保障等。从诉讼模式分析的角度，这次法律修改有重要意义。笔者认为,有几点值得关注:一是法律修改过程体现了一个特点,就是学者参与立法,这在前边已经交代过;二是从当时的比较普遍的认识来看,学术界和社会认识趋向于纠正我国的刑事诉讼中国家权力过于积极主动,当事人特别是被告人的诉讼权利保障不力,审判程序走过场等弊端,刑事诉讼制度的完善受到了比较刑事诉讼制度研究的影响深刻,甚至当时提出"变纠问式为控告式",主张借鉴和吸收当事人主要诉讼模式的观点比较积极;三是修改后《刑事诉讼法》更加强调了控、辩、审三项职能的等腰三角形关系,强调审判职能的相对中立,控诉职能的独立和充分承担证明责任,加强辩护制度,规定侦查阶段可以有律师开始介入诉讼。为此改造了庭前程序,完善了证据制度,强调证人出庭等。综合这三个方面可以说,这次《刑事诉讼法》修改体现了我国刑事诉讼模式在进行修正。有观点说,修改后的《刑事诉讼法》是当事人主义的诉讼特征了,我们说修改后的刑事诉讼依然无论是在控辩对抗方面、证人出庭方面,还是法官依然享有庭上庭下的调查权等方面,有别于英美当事人主要的诉讼模式,修正后的法典保持了职权主义的基本特征,吸收了当事人主义诉讼模式的一些因素,因此,笔者认为,这次修法带有制度移植和引进的特点,但称修正后的诉讼制度为修正的职权主义诉讼模式。

(四)2012年《刑事诉讼法》再修改——明确建立和完善中国特色刑事诉讼模式

1996年《刑事诉讼法》修改之后,中国的经济社会飞速发展,带来了法治建设的进一步发展。1997年《宪法修正案》将"国家尊重和保障人权"写入宪法,1999年将依法治国写入《宪法》,为《刑事诉讼法》的再修改提供了重要契机。实践中,1996年《刑事诉讼法》的实施也暴露出诸多不适应的问题,理论界对于1996年《刑事诉讼法》修改的方向进行了反思,各方面认为有必要进一步予以完善。第九届、第十届两届全国人大均将《刑事诉讼法》的再修改列入立法规划,历经十年,十一届全国人大五次会议于2012年3月14日表决通过了《刑事诉讼法》修正案,《刑事诉讼法》完成了第二次修改。

这一次修法的一个重要现实基础是,两轮司法改革的推进取得了重要成果,积累了丰富的经验。全国人大关于2012年《刑事诉讼法》修改的说明指出,此次修法的基本思路之一是,秉持中国特色社会主义法治理念,从我国基本国情出发,循序渐进推进我国刑事诉讼制度的完善。以此为出发点,2012年《刑事诉讼法》立足本国国情,做了八个方面的修改,包括在总则部分明确写入了"尊重和保障人权”;完善了辩护制度,规定犯罪嫌疑人在侦查阶段可以聘请辩护人;完善了证据制度,对证明标准作了修改,增加了不得强迫任何人证明自己有罪,非法证据排除,证人出庭等新的规定;对强制措施进行了体系化完善;建立了简易程序;增加了刑事和解、未成年人犯罪等特别程序;强化并拓展了检察机关的诉讼监督职能;对侦查措施作出一定调整,放在强制措施后面简易程序前面等。这些规定,根据我国的宪法规定,立足本国国情,充分吸收司法改革经验成果,在基本的制度方面,突出了立足国情、解决中国问题、建立中国制度的特点。无论是证据制度还是强制措施制度,都具有完全不同于当事人主义和职权主义的特点,比如关于证明标准,新的规定在进一步肯定事实清楚,证据确实、充分的规定的基础上,吸收了排除合理怀疑的表述,还有检察机关在诉讼中的地位和职能,呈现了中国化的制度安排,这是诉讼模式中国特色的核心内容之一。

(五)2014年以来推进以审判为中心的诉讼制度改革——中国特色刑事诉讼制度实践进行自我完善

2012年《刑事诉讼法》实施以后,随着两轮司法体制改革结束,中央开始部署新的改革要求。2014年10月十八届四中全会《中共中央关于全面推进依法治国若干重大问题的决定》,要求严格司法,以保证公正司法和提高司法公信力。《中共中央关于全面推进依法治国若干重大问题的决定》提出推进以审判为中心的诉讼制度改革,确保侦查、审查起诉的案件事实证据经得起法律的检验。2016年6月27日,中央深改组第二十五次会议审议通过,2016年7月20日最高人民法院、最高人民检察院、公安部、国家安全部、司法部联合印发了《关于推进以审判为中心的刑事诉讼制度改革的意见》(以下简称《意见》),意见共21条。对此,官方公布谈到四个特点,一是把握改革的正确方向,立足我国国情和司法实际,坚持公、检、法三机关分工负责的宪法原则不动摇,在我国社会主义司法制度和刑事诉讼制度自我完善的基本框架内进行制度机制的完善;二是涵盖内容丰富,涉及侦查、起诉、审判、辩护、法律援助、司法鉴定等多个领域和环节;三是坚持问题导向,围绕司法理念、关键诉讼制度的落实,职能作用发挥不充分等问题,有针对性地从贯彻证据裁判要求、规范侦查取证、完善公诉机制、发挥庭审关键作用、尊重和保障辩护权和当事人诉讼权利义务等方面提出改革举措;四是注重统筹兼顾。坚持惩罚犯罪与保障人权、司法公正与司法效率,实体公正与程序公正,司法文明进步与维护社会大局稳定相统一,既充分考虑现实条件,又遵循诉讼原理和司法规律,力争各项改革措施切实可行。《意见》中有几个亮点内容,包括提出裁判要求和标准的概念;[1]明确了定罪和量刑的证明标准;[2]建立重大案件侦查终结前对讯问合法性进行核查制度;[3]推进案件繁简分流,优化司法资源配置。[4] 在《意见》的指引下,实践中连续推进了为期两年的速裁程序改革和认罪认罚从宽制度改革等举措,为《刑事诉讼法》的第三次修改奠定了坚实的基础,提供了重要的制度渊源。

至2018年《刑事诉讼法》第三次修改,中国刑事诉讼制度的历史发展呈现几个方面的特点:发展路径方面坚定地选择了中国道路;发展逻辑体现为诉讼模式的中国化,制度运行的科学化;发展成果是中国特色社会主义诉讼制度模式基本形成和制度实践得到进一步发展。其中,中国特色刑事诉讼模式发展成果主要体现在几个方面:强调惩罚犯罪和保障人权相结合;明确公、检、法三机关在刑事诉讼中分工负责、互相配合、互相制约;随着诉讼程序多元化的发展,律师制度面临进一步发展;检察机关在刑事诉讼中的诉讼监督职责和程序主导地位进一步强化。至此,刑事诉讼制度和实践进一步发展的基本方向是更加注重司法的社会效果和社会功能,更加注重诉讼原理和诉讼规律的遵循。在这样的背景下,我国《刑事诉讼法》迎来了第三次修改。

(六)2018年《刑事诉讼法》修改——中国特色刑事诉讼制度全面发展

1. 2018年《刑事诉讼法》修改的背景和特点

本次立法修改是在党的十八大以来,以习近平同志为核心的党中央协调推进"四个全面"战略布局的大背景下进行的。具体而言,是中央贯彻习近平新时代中国特色社会主义思想和党的十九大精神,落实新时代国家发展战略,深化国家监察体制改革、反腐败追逃追赃、深化司法体制改革等方面作出一系列重大决策部署,取得了重大成果和进展,刑事诉讼制度有必要及时调整跟进,这是《刑事诉讼法》修改的直接推动。修改主要内容包括三个方面:一是保障国家监察体制改革的顺利进行,完善监察与刑事诉讼的衔接机制;二是加强反腐败国家追逃追赃

---

① 《意见》第2条第2款规定:"侦查机关、人民检察院应当按照裁判的要求和标准收集、固定、审查、运用证据,人民法院应当按照法定程序认定证据,依法作出裁判。"

② 《意见》第2条第3款规定:"人民法院作出有罪判决,对于证明犯罪构成要件的事实,应当综合全案证据排除合理怀疑,对于量刑证据存疑的,应当作出有利被告的认定。"

③ 《意见》第5条第2款规定:"……重大案件,由人民检察院驻看守所检察人员讯问犯罪嫌疑人,核查是否存在刑讯逼供、非法取证情形,并同步录音录像。……侦查机关应当及时排除非法证据……"

④ 《意见》第21条规定:"……完善刑事案件速裁程序和认罪认罚从宽制度,对案件事实清楚、证据充分的轻微刑事案件,或者犯罪嫌疑人、被告人自愿认罪认罚的,可以适用速裁程序、简易程序或者普通程序简化审理。"

的工作力度和手段,建立刑事缺席审判制度;三是在总结认罪认罚从宽制度和速裁程序试点工作经验的基础上作出法律规定,在全国实行。本次《刑事诉讼法》修改有几个特点:

一是从修法本身来看,《决定》是经由全国人大常委会通过的,修改内容体现了应急性和局部修改,重点解决监察体制改革后《监察法》与《刑事诉讼法》的衔接问题,以及速裁程序改革和认罪认罚从宽制度试点结束后相关制度要在全国推行,急需要立法明确规定的问题,所以只作了相关局部的修改。同时,本次修改决定共26项内容,都与检察职能密切相关。这正是我国刑事诉讼模式进一步发展的体现。检察机关的职能和地位是诉讼模式中国特色的一个核心要素,因此,这一点是我们学习修改后《刑事诉讼法》在理论和实践上要特别关注的问题之一。

二是本次《刑事诉讼法》修改带来了我国刑事诉讼制度的重大创新发展。尽管本次修法是局部的修改,但是所作三项主要修改内容关系重大,实现了诉讼制度的创新发展,包括基于《监察法》关于监察委员会对国家公职人员职务犯罪案件进行调查的规定,调整了检察机关的侦查权、改变了检察机关审查起诉前程序,即职务犯罪案件直接由监察调查与检察机关的审查起诉衔接,认罪认罚从宽的法律规定决定了检察机关的审查起诉职能将在诉讼过程中发挥更加主导的作用,刑事诉讼程序实现了多元化发展等。

三是本次《刑事诉讼法》修改带来了重大的理论和实践挑战。如何经由法律条文的修改和诉讼制度的创新发展,从理论上加以证成以及推进传统诉讼理论乃至司法权理论的创新发展,是本次《刑事诉讼法》修改带来的重要理论挑战。而刑事诉讼各方主体如何发展司法理念,更好地行使诉讼权力和权利来执行修改后《刑事诉讼法》,这是当前和今后时期迫切需要回应的挑战。

2. 2018年《刑事诉讼法》修改的主要内容

(1)关于《监察法》与《刑事诉讼法》的衔接①

这是本次《刑事诉讼法》修改的主要任务之一。在此主要谈及三个方面的问题,一是法律修改的主要内容;二是相关修改带来了怎样的制度创新发展;三是如何看待所谓的"衔接"问题。

第一,立法修改的主要内容。一是修改了侦查的概念。修改后《刑事诉讼法》第108条第1项规定,侦查是指公安机关、人民检察院对于刑事案件,依照法律进行的收集证据、查明案情的工作和有关的强制性措施。将原来的"专门性调

---

① 参见徐鹤喃:《监察法与刑事诉讼法的衔接与统合》,载《人民检察》2019年第1期。

查工作"修改为"依照法律进行的收集证据、查明案情的工作",进而与《监察法》关于监察委员会行使对职务犯罪案件的调查权之规定相衔接。

二是调整了检察机关的侦查权。修改后《刑事诉讼法》第 19 条第 2 款规定,人民检察院在对诉讼活动实行法律监督中发现的司法工作人员利用职权实施的非法拘禁、刑讯逼供、非法搜查等侵犯公民权利、损害司法公正的犯罪,可以由人民检察院立案侦查。对于公安机关管辖的国家机关工作人员利用职权实施的重大犯罪案件,需要由人民检察院直接受理的时候,经省级以上人民检察院决定,可以由人民检察院立案侦查。这一规定,删去了人民检察院对贪污贿赂等案件行使侦查权的规定,是对《监察法》相关调查权规定的直接回应。调整后,检察机关的侦查权主要定位为对司法工作人员利用职权实施的侵犯公民权利、损害司法公正犯罪案件的侦查权,以及机动侦查权。

为做好人民检察院与监察委员会案件管辖范围的衔接,依法履行侦查职责,最高人民检察院 2018 年 11 月 24 日印发了《关于人民检察院立案侦查司法工作人员相关职务犯罪案件若干问题的规定》(高检发研字〔2018〕28 号),明确了人民检察院在对诉讼活动实行法律监督中发现司法工作人员涉嫌利用职权实施的下列侵犯公民权利、损害司法公正的犯罪案件,可以立案侦查:非法拘禁罪,非法搜查罪,刑讯逼供罪,暴力取证罪,虐待被监管人罪,滥用职权罪,玩忽职守罪,徇私枉法罪,民事、行政枉法裁判罪,执行判决、裁定失职罪,执行判决、裁定滥用职权罪,私放在押人员罪,失职致使在押人员脱逃罪,徇私舞弊减刑、假释、暂予监外执行罪一共 14 个罪名。其中,有两个罪名即滥用职权和玩忽职守罪也可能有非司法工作人员犯罪,会涉及监察委员会的管辖。该规定同时明确了检察机关对上述案件的侦查权主要由设区的市级人民检察院立案侦查。设区的市级人民检察院也可以交由基层人民检察院侦查,或者由基层人民检察院协助侦查。检察机关侦查终结以后,需按照审判管辖的规定,交由有管辖权的人民法院同级的人民检察院提起公诉。此外,还明确了案件线索移送和互涉案件的处理,即人民检察院立案侦查上述犯罪案件时,发现犯罪嫌疑人同时涉嫌监察委员会管辖的职务犯罪案件线索的,应当及时与同级监察委员会沟通,一般应当由监察委员会为主调查,人民检察院予以协助。经沟通,认为全案由监察委员会管辖更为适宜的,人民检察院应当撤销案件,将案件和相应职务犯罪线索一并移送监察委员会;认为由监察委员会和人民检察院分别管辖更为适宜的,人民检察院应当将监察委员会管辖的相应职务犯罪案件线索移送监察委员会,对依法由人民检察院管辖的犯罪案件继续侦查。人民检察院应当及时将沟通情况报告上一级人民检察院,沟通期间不得停止对案件的侦查。分别管辖的案件,调查(侦查)终结前,人民检察院应当就移送审查起诉有关事宜与监察委员会加强沟通,协调一致,由人民检察院依法对全案审查起诉。规定还对具体办案程序作了规定,明确不再适用对直接立案侦查案件决定立案和逮捕需报上一级人民检察院备案或者审查决定的规定;拟作撤销案件、不起诉决定应当报上一级人民检察院审查批准,办理上述案件依法接受人民监督员监督等程序。

三是吸收了《监察法》关于检察机关对监察机关移送起诉案件的审查、退回补充调查和自行补充侦查的规定。修改后《刑事诉讼法》第 170 条第 1 款规定,人民检察院对于监察机关移送起诉的案件,依照本法和《监察法》的有关规定进行审查。人民检察院经审查,认为需要补充核实的,应当退回监察机关补充调查,必要时可以自行补充侦查。

审查起诉是监察调查和刑事诉讼衔接的重要环节。为了更好地实现衔接,2018 年年初《国家监察委员会与最高人民检察院办理职务犯罪案件工作衔接办法》出台,对检察机关提前介入监察委员会办理案件工作作出了原则性规定。其中规定提前介入关键是围绕证据的"充分、确凿、合法"提出建议。

四是规定了检察机关对监察机关移送案件采取强制措施的时间和种类。修改后《刑事诉讼法》第 170 条第 2 款规定:"对于监察机关移送起诉的已采取留置措施的案件,人民检察院应当对犯罪嫌疑人先行拘留,留置措施自动解除。人民检察院应当在拘留后的十日以内作出是否逮捕、取保候审或者监视居住的决定。在特殊情况下,决定的时间可以延长一日至四日。人民检察院决定采取强制措施的期间不计入审查起诉期限。"

第二,上述立法修改带来的制度创新问题。综合上述有关《监察法》与《刑事诉讼法》衔接的规定可见,这些规定对于传统的刑事诉讼制度关于诉讼职能、诉讼结构和诉讼阶段的规定都有所发展。就诉讼职能而言,将职务犯罪案件的侦查变更为监察调查,直接与审查起诉衔接。换言之,就职务犯罪案件而言,除了补充侦查以外,没有了刑事侦查职能和阶段,而职务犯罪案件的审查起诉中增加了监察委员会的诉讼主体关系,从而对传统的诉前程序结构作了改变。这些改变,有待理论和实践进一步证成和践行。

第三,如何看待《监察法》与《刑事诉讼法》的衔接问题。《监察法》与修改后的《刑事诉讼法》是我国政治体制改革和司法改革的重大法制成果,两部法律相互有重要关联。所谓"法法衔接",一是《监察法》对《刑事诉讼法》产生了重要影响,决定了《刑事诉讼法》的相关修改;二是修改后《刑事诉讼法》建立了与《监察法》的衔接制度,构成了对《监察法》相关内容的承继与制约。从中可见,《监察法》对于《刑事诉讼法》的影响主要表现为直接改变,而《刑事诉讼法》的修改主要体现为回应性调整,并以此基本完成两部法律规定的衔接。而所谓“衔接”,其实质在于“统合”。一是法律规定的统合。《监察法》和《刑事诉讼法》在文本上进行了一定的统合,这种统合也可以视为广义的衔接。主要体现为《监察法》在直接改变《刑事诉讼法》的规定的同时,选择承继和遵从《刑事诉讼法》的一些基本原则和程序,而《刑事诉讼法》也根据《监察法》的规定作了同步调整,体现了宪法框架下的两部基本法律规定的一致性。二是内在统合。“法法衔接”问题是一个新问题,是一个中国问题。学术界和实务部门广泛参与的讨论表明,一定程度上,从我国刑事诉讼理论与实践的角度出发,既有的知识体系、思维逻辑和实践认知面临挑战,如何进行理念转变,梳理思考进路成为重要问题。同时,监察体制改革、《监察法》的颁布和《刑事诉讼法》的修改,带来了制度层面和操作层面的重大变革,这种变革直观表现为执法和司法实践的方式转变,以及具体问题如何处理的挑战,客观上也要求执法和司法理念转变。立足于上述规范分析,笔者认为两部法律之间深层次的统合,至少可以有两条规律可循,即政治体制改革统领司法体制改革,决定了一定程度上的《监察法》相关规定具有适用等方面的优越性;国家治理能力和治理体系现代化发展要求职务犯罪案件的监察调查以刑事诉讼为归处和出口。《监察法》与《刑事诉讼法》衔接问题在根本上是监察理论和刑事诉讼理论相融合问题,理论层面有待进一步结合实现创新发展。

(2)关于认罪认罚从宽的法律规定

将认罪认罚从宽制度上升为法律规范,是本次修改《刑事诉讼法》的重要任务之一。自 2014 年 6 月全国人大常委会作出决定,授权最高人民法院、最高人民检察院在北京等 18 个城市开展刑事案件速裁程序试点,2016 年 9 月又作出决定,授权“两高”开展刑事案件认罪认罚从宽制度试点工作,扩大范围后的速裁程序试点纳入新的试点继续进行,两年的试点探索了认罪认罚从宽的工作机制、积累了经验,表明该项制度在依法及时惩治犯罪、强化人权保障、优化司法资源配置、推动繁简分流、提升诉讼质量效率、完善多层次刑事诉讼程序体系等方面发挥了重要作用。修改后《刑事诉讼法》在充分吸收试点经验的基础上,将认罪认罚从宽这项制度立法化,将其贯穿在整个刑事诉讼程序中加以规定。在此,谈几个问题:

第一,法律规定。修改后《刑事诉讼法》关于认罪认罚从宽制度总共有 14 条规定,包括两部分:一是在总则部分,增加了一项基本原则;二是规定了认罪认罚从宽制度适用的一些具体内容,在法律文本上将其统称表述为"认罪认罚的法律规定"。总体来说,规定了以下几方面内容:一是基本原则。犯罪嫌疑人、被告人自愿如实供述自己的罪行,承认指控的犯罪事实,愿意接受处罚的,可以依法从宽处理(第15条)。

二是犯罪嫌疑人和被告人的权利。包括:(1)自愿如实供述自己罪行,承认指控的犯罪事实,接受处罚的权利(第15条、第162条第2款、第173条第2款、第190条第2款)。(2)获得值班律师帮助的权利。犯罪嫌疑人没有委托辩护人,法律援助机构没有指派律师为其提供辩护的,由值班律师为犯罪嫌疑人、被告人提供法律咨询、程序选择建议、申请变更强制措施、对案件处理提出意见等法律帮助(第36条)。(3)了解法律适用、量刑建议、程序选择等处理并表达意见的权利。人民检察院审查起诉应当听取犯罪嫌疑人、辩护人或者值班律师、被害人及其代理人对下列事项的意见:①涉嫌的犯罪事实、罪名及适用的法律规定;②从轻、减轻或者免除处罚等从宽处罚的建议;③认罪认罚后案件审理适用的程序;④其他需要听取意见的事项(第173条第2款)。(4)程序选择权。同意适用速裁程序的,可以适用速裁程序(第222条)。(5)被告人认罪认罚对量刑建议提出异议权。被告人、辩护人对量刑建议提出异议的,人民法院可以调整量刑建议(第201条第2款)。

三是犯罪嫌疑人的义务。犯罪嫌疑人自愿认罪,同意量刑建议和程序适用的,应当在辩护人或者值班律师在场的情况下签署认罪认罚具结书,有法定情形的除外(第174条)。

四是审查逮捕、侦查、审查起诉和审判的程序处置权。包括:(1)认罪认罚情况应当作为审查逮捕时是否可能发生社会危险性的考虑因素(第81条第2款)。(2)撤销案件和不起诉权。犯罪嫌疑人自愿如实供述涉嫌犯罪的事实,有重大立功或者案件涉及国家重大利益的,经最高人民检察院核准,公安机关可以撤销案件,人民检察院可以作出不起诉决定,也可以对涉嫌数罪中的一项或者多项不起诉(第182条)。(3)人民法院判决改变量刑权。人民法院经审理认为量刑建议明显不当,或者被告人、辩护人对量刑建议提出异议的,人民检察院可以调整量刑建议。人民检察院不调整量刑建议或者调整量刑建议后仍然明显不当的,人民法院应当依法作出判决(第201条第2款)。(4)审判程序回转。人民法院在审理过程中,发现被告人违背意愿认罪认罚,不宜使用速裁程序审理的情形的,应当按照本章第一节或者第三节的规定重新审理(第226条)。

五是司法机关的义务。包括:(1)告权义务。侦查人员、检察机关、审判长有向犯罪嫌疑人、被告人告知认罪认罚的法律规定的义务(第162条、第173条第2

款、第190条第2款)。(2)记录和随案移送义务。犯罪嫌疑人自愿认罪的,侦查机关应当记录在案,随案移送,并在起诉意见书中写明有关情况(第162条第2款);人民检察院审查起诉应当随案移送认罪认罚具结书等材料(第176条第2款)。(3)听取意见义务。犯罪嫌疑人认罪认罚的,人民检察院应当听取犯罪嫌疑人、辩护人或者值班律师、被害人及其诉讼代理人的意见,并记录在案(第173条第2款)。(4)缩短审查起诉期限义务。犯罪嫌疑人认罪认罚,符合速裁程序适用条件的,人民检察院审查起诉应当在10日内完成,最长延长至15日(第172条第1款)。(5)提出量刑建议义务。犯罪嫌疑人认罪认罚的,人民检察院应当就主刑、附加刑、是否适用缓刑等提出量刑建议(第176条第2款)。(6)及时处理扣押财物的义务。对认罪认罚犯罪嫌疑人作出不起诉或者撤销案件的,人民检察院、公安机关应当及时处理查封、扣押、冻结的财务及其孳息的义务(第182条第2款)。(7)法庭的审查义务。被告人认罪认罚的,审判长应当审查认罪认罚的自愿性和认罪认罚具结书内容的真实性、合法性(第190条第2款)。(8)法庭采纳义务。对于认罪认罚案件,人民法院依法作出判决时,一般应采纳人民检察院指控的罪名和量刑建议,但有该条规定的具体情形的除外(第201条第1款)。

从上述梳理可见,修改后《刑事诉讼法》在操作层面较为完整地规定了认罪认罚从宽处理的办理程序,即在操作层面看,这些规定完成了基本的程序保障任务。

第二,关于认罪认罚从宽的法律规定的几点认识。一是制度定位。上述法律规定,建立了中国的控辩协商机制和多元审判程序,为难案精办、简案快办实现案件分流提供了法律保障。这种控辩协商,具有鲜明的中国特色。二是认罪认罚从宽制度在《刑事诉讼法》中尚不是一项独立的制度和独立的诉讼程序,立法修改采取“嵌入式”的制度安排在既有的刑事诉讼中加入了犯罪嫌疑人和被告人认罪认罚之后司法机关的一些处理权限和程序规定。三是认罪认罚从宽的适用没有案件范围限制,适用于所有刑事案件。四是认罪认罚从宽的法律规定的实施意味着我国检察机关在刑事诉讼中将发挥更大的程序主导作用,检察机关的量刑建议工作面临更大的要求和挑战。五是认罪认罚从宽的法律规定的实施面临进一步的理论证成和实践自觉双重挑战。特别需要从诉讼本质上分析认识该项制度的合理性和正当性,并深入分析证明标准适用的理论与实践问题,并切实面对该项制度的进一步发展问题。

(3)速裁程序问题

2014年6月27日第十二届全国人大第九次会议通过《关于授权最高人民法

院、最高人民检察院在部分地区开展刑事案件速裁程序试点工作的决定》，明确在北京等 18 个城市开展为期两年的刑事案件速裁程序试点工作。后与认罪认罚从宽制度试点结合进行。《刑事诉讼法》修改在第三编第二章增加一节作为第四节，单独规定了速裁程序，与简易程序和普通程序并列，实现了我国刑事诉讼程序多元化发展的突破。速裁程序适用于基层法院管辖的可能判处 3 年有期徒刑以下刑罚的案件，事实清楚，证据确实、充分，被告人认罪认罚并同意适用速裁程序的。适用速裁程序可以由审判员一人独任审判。人民检察院在提起公诉的时候，可以建议适用。依据法律规定，6 种情形不适用速裁程序。包括：(1)被告人是盲、聋哑人，或者尚未完全丧失辨认或者控制自己行为能力的精神病人；(2)被告人是未成年人的；(3)案件有重大社会影响；(4)共同犯罪案件中部分被告人对指控的犯罪事实、罪名、量刑建议或者适用速裁程序有异议的；(5)被告人与被害人或者法定代理人没有就附带民事诉讼赔偿等事项达成调解或者和解协议的；(6)其他情况。

按照规定，适用速裁程序审理案件，不受送达期限限制，不进行法庭调查和辩论，判决前听取辩护人意见和被告人最后陈述。当庭宣判。10 日内、最长 15 日内审结。

(4)缺席审判和律师制度

关于律师制度的发展，是本次《刑事诉讼法》修改的一个重要内容。近年来，改革试点过程中推动了法律援助值班律师制度的发展，最高人民法院和司法部也在联合推动刑事案件审判阶段律师辩护制度的全覆盖试点。本次《刑事诉讼法》修改从几个方面作了明确规定：

一是明确了法律援助机构派驻值班律师制度，律师提供法律帮助全覆盖。《刑事诉讼法》规定，法律援助机构可在人民法院、看守所等场所派驻值班律师。犯罪嫌疑人、被告人没有委托辩护人，法律援助机构没有指派值班律师为其提供辩护的，由值班律师为犯罪嫌疑人、被告人提供法律咨询、程序选择建议、申请变更强制措施、对案件处理提出意见等法律帮助。人民法院、人民检察院、看守所应当告知有约见值班律师的权力，并提供便利。

二是检察机关审查起诉应当听取辩护人或者值班律师的意见。提出书面意见的应当附卷。犯罪嫌疑人认罪认罚的，应当听取辩护人或者值班律师对下列事项的意见，并记录在案：(1)涉嫌的犯罪事实、罪名及适用的法律规定；(2)从轻、减轻或者免除等从宽处罚的建议；(3)认罪认罚后案件审理适用的程序；(4)其他需要听取意见的事项。人民检察院应当提前为值班律师了解案件有关情况提供必要的便利(第173条)。

三是辩护人或者值班律师在场签署认罪认罚具结书。犯罪嫌疑人自愿认罪,同意另行建议和程序适用的,应当在辩护人或者值班律师在场的情况下签署认罪认罚具结书(第174条)。

3. 2018年《刑事诉讼法》修改的新发展及其带来的挑战

2018年《刑事诉讼法》修改在2012年立法确立的中国特色刑事诉讼模式的基础上,经过吸收司法改革的成功经验,结合中国实际,遵循中国道路,推动刑事诉讼制度朝着更加注重司法的社会功能、更加尊重诉讼原理和诉讼规律,适应国家治理能力和治理体系现代化发展的需要,实现了新的发展。这一新发展可以通过几个关键词加以标记,如制度变迁、程序多元、注重效率、认罪从宽、司法裁量等,还有待进一步的理论总结和实际践行。与此同时,法律修改提出了诸多理论与实践挑战。理论上,本次《刑事诉讼法》修改带来的重大的制度变迁发展对司法权理论、传统诉讼理论都带来了重要挑战,包括监察权与司法权的关系、认罪认罚从宽与证明标准的适用、诉讼结构与诉讼职能理论、检察基础理论等都有待深化发展。实践层面,检察机关如何提升司法理念,切实提高执行能力,特别是在行使法定职权的过程中处理好法律效果、政治效果和社会效果的统一,包括如何更充分、有效地做好量刑建议工作,切实担当起越来越重要的程序主导职责,都还有待更多的思考和总结。

二、2018年以来我国刑事诉讼制度与实践的发展

2018年《刑事诉讼法》颁布施行以来,我国刑事诉讼制度与实践有了进一步的内生性发展。主要体现在两个层面。在立法层面,相继制定实施了一些司法解释,对刑事诉讼程序做了进一步的细化规范。包括2018年《刑事诉讼法》颁布之后,围绕认罪认罚从宽之法律规定的实施,"两高三部"于2019年10月28日颁布了《关于适用认罪认罚从宽制度的指导意见》,对于何为"认罪"、何为"认罚"、如何"从宽"、能否"反悔"等问题作出了明确解释;最高人民检察院印发了《人民检察院办理认罪认罚案件监督管理办法》(2020年5月11日施行),"两高三部"联合印发了《关于规范量刑程序若干问题的意见》(2020年11月5日施行)、最高人民检察院就十三届全国人大常委会对人民检察院适用认罪认罚从宽制度情况报告的审议意见提出28条贯彻落实意见(2020年12月1日)、最高人民检察院印发了《人民检察院办理认罪认罚案件开展量刑建议工作的指导意见》(2021年12月3日施行)、最高人民法院和最高人民检察院联合发布了《关于常见犯罪的量刑指

导意见(试行)》(2021 年 7 月 1 日施行)、《人民检察院办理认罪认罚案件听取意见同步录音录像规定》(2022 年 3 月 1 日施行)等。与此同时,最高人民检察院和最高人民法院、公安部分别就 2018 年《刑事诉讼法》的实施作出了司法解释,如最高人民检察院制定《人民检察院刑事诉讼规则》于 2019 年 12 月 30 日开始施行;最高人民法院《关于适用〈中华人民共和国刑事诉讼法〉的解释》于 2021 年 3 月 1 日起施行;《公安机关办理刑事案件程序规定》于 2020 年 9 月 1 日起施行。此外,2021 年 8 月 20 日第十三届全国人民代表大会常务委员会第三十次会议通过了《法律援助法》,对刑事辩护制度和认罪认罚从宽制度的实施提供了进一步的制度保障。

在实践层面,刑事司法实践有了很大的发展,这些发展孕育了中国特色刑事诉讼理念的进一步发展,对中国特色刑事诉讼制度的深化发展有至关重要的推动作用。主要有以下几个方面:

一是认罪认罚从宽制度充分落实。检察机关积极主导该用尽用,制定量刑建议指导意见,听取当事人、律师意见同步录音录像,确保认罪认罚自愿、合法。2021 年认罪认罚适用率超过 85%,量刑建议采纳率超过了 97%,一审服判率 96.5%,高出其他刑事案件 22 个百分点,从源头上减少了大量上诉、申诉案件,取得了良好的司法效果,2018 年《刑事诉讼法》修改所秉持的建立多元诉讼程序,实现案件繁简分流等宗旨得到了充分贯彻落实。

二是确立并实施少捕慎诉慎押刑事司法政策。我国刑事犯罪结构 20 年来发生了很大变化,犯罪数据出现了“一升一降”的变化,即重罪案件占比从 1999 年的 19.6% 下降至 2019 年的 2.7%,八类严重暴力犯罪自 2009 年以来呈现“十连降”。与之相比较,判处 3 年有期徒刑以下刑罚的人数占比从 1999 年的 54.6% 上升至 78.7%,特别是最高刑只有拘役的醉驾案件,占比达到 20%。基于这些案件的犯罪嫌疑人的社会危险性通常较低,主观恶性小,司法实践中特别对以往“构罪即捕”“有罪必诉”“一押到底”的传统办案模式进行了反思,适应时代发展和社会需要,特别是随着指纹、DNA、视频侦查等刑事侦查技术手段的普及应用,口供证据地位下降,对犯罪嫌疑人不羁押也不影响案件办理,这使得刑事司法对逮捕、羁押、追诉的依赖程度大大降低。借助信息化手段,比如“电子手铐”跟踪定位,非羁押条件下保证诉讼进行越来越受到重视。降低逮捕率、羁押率成为司法实践中的大势所趋。2021 年 4 月中央全面依法治国委员会把“坚持少捕慎诉慎押刑事司法政策,依法推进非羁押强制措施适用”列入 2021 年工作要点,作为本年度需研究推进的重大改革举措。刑事案件诉前羁押率从 2018 年的 54.9% 降至 2021

年的 42.7%。

三是深化了检察机关的刑事诉讼监督。推进了行政执法与刑事司法衔接,规范执法司法信息共享、案件移送,监督行政执法机关移送涉嫌犯罪案件和公安机关立案的案件在 2021 年同比分别上升 30.8% 和 35.3%。2021 年 10 月 31 日最高人民检察院、公安部联合印发了《关于健全完善侦查监督与协作配合机制的意见》,就进一步健全完善侦查监督与协作配合机制作出了设立侦查监督与协作配合办公室等具体规定。全面推进了巡回检察制度的实施。

四是运用检察裁量权、探索涉案企业合规改革试点工作。检察机关着力营造安商惠企法治化营商环境,持续落实对企业负责人涉经营类犯罪依法能不捕的不捕、能不诉的不诉、能不判实刑的提出适用缓刑建议等检察政策,涉企类单位犯罪不诉率 38%,同比增加 5.9 个百分点。自 2020 年 3 月起,最高检在上海浦东、金山,江苏张家港,山东临沂郯城,广东深圳南山、宝安 6 家基层检察院开展企业合规改革第一期试点工作,2021 年 4 月最高检下发《关于开展企业合规改革试点工作方案》,正式启动第二期企业合规改革试点工作。2021 年 6 月 3 日,最高人民检察院、司法部、财政部等九部委联合下发了《关于建立涉案企业合规第三方监督评估机制的指导意见(试行)》,将全面推开涉案企业合规改革,落实第三方监督评估机制,并推动了涉案企业合规不起诉立法建议工作。

五是检察权运行机制有了进一步发展。检察权在刑事诉讼中的运行有了很大的推进,包括强调和充分发挥检察机关在刑事诉讼中的主导作用,建立"捕诉合一"工作机制,即对同一刑事案件的审查逮捕、审查起诉、出庭支持公诉和立案监督、侦查监督、审判监督等工作,由同一检察官或者检察官办案组负责的工作机制和程序,检察机关的内设机构做了重塑性改革。2019 年 3 月 20 日最高人民检察院第十三届检察委员会第十六次会议第二次修订了《关于案例指导工作的规定》,规定各级人民检察院应当参照指导性案例办理类似案件,可以引述相关指导性案例进行释法说理,但不得代替法律或者司法解释作为案件处理决定的直接依据。变革检察理念,创制推出"案—件比"司法质效评价标准,压减空转程序、内生案件 86.4 万个。

六是探索了数字时代刑事诉讼实践和制度理念应对。远程刑事诉讼,大数据侦查与大数据证据,人工智能介入刑事司法审判等,这些也带来了诸多的挑战和思考,包括:信息时代技术的运用对刑事司法原有的理念、原则、规则等造成了冲击;刑事司法领域的公权力运行机制与信息时代下的案件办理方式进行协调;刑事司法中的个人信息保护需求提高;等等。

三、道路与理念:中国特色刑事诉讼制度发展的内在逻辑

刑事诉讼法素有"小宪法"之称,是国家法治的一个十分重要的组成部分。如前所述,中国特色刑事诉讼模式的形成经历了一个萌发、照搬、徘徊、自我塑造的过程,相应地,中国特色刑事诉讼制度的发展蕴含了十分重要的两个内生推动力量,一个是道路,另一个是理念,前者是方法和路径问题,后者是价值标准问题。此二者对于当下乃至未来立法、制度与实践发展都具有根本的指导意义。

中国特色刑事诉讼制度之所以成就其中国特色,根本在于其形成与发展所探寻和形成的是中国道路,这意味着诉讼模式和制度发展在根本上考量的是本国的国情、条件、问题、需要和经验。换言之,中国特色刑事诉讼制度的形成与发展是一个内生的过程和结果。理解和遵循该项制度,需要从制度形成的基本条件即政治、经济、社会和文化等方面背景去看待和把握这项制度,同时兼及刑事诉讼制度的现代发展规律。两者相比较,我们更应该从制度内生机理去思考和理解。诉讼制度乃至全部法律制度作为一项社会管理和控制手段,其需要自我建构、其形成与发展有阶段性、适用有客观决定性、考量评价有三个效果的统一性,依此回溯中国特色刑事诉讼制度的七个发展阶段,更需要我们实实在在地用坚定"四个自信"来指引我们的刑事诉讼程序观念和制度理论素养。这有助于我们确当地理解和更好地适用相关程序法律规定,解决复杂的实践问题。

中国特色刑事诉讼制度的形成与发展的另一个重要的内生力量在于我们特有的诉讼理念。几十年的中国法治建设过程中,中国刑事诉讼实践中孕育和发展了一系列法律理念,这些理念决定了刑事诉讼制度的中国特色,塑造了中国特色刑事诉讼制度。如何以习近平中国特色社会主义思想特别是习近平法治思想为统领,对中国特色刑事诉讼制度与实践中贯彻和体现的诉讼理念进行深入的思考和践行,这是当下乃至决定未来制度与实践发展的重要任务。从政治高度和宗旨意义理解,坚持党的领导、坚持以人民为中心、坚持中国特色社会主义法治道路,是中国特色刑事诉讼制度发展的根本指导和基本理念;从诉讼机理的角度理解,刑事诉讼法规定的基本原则,包括三机关分工负责互相配合互相制约原则、检察机关法律监督、证据裁判原则等构成了重要的诉讼理念;从诉讼实践发展的角度总结,为大局服务,为人民司法、少捕慎诉慎押、能动检察等这些实践发展孕育的法治理念和诉讼理念,切实地推动着制度实践的创新发展,有待进一步思考、讨论、总结和践行。

捕诉一体中的侦查活动监督

赵学武* 江苏省人民检察院

目 次

* 赵学武,江苏省人民检察院第四检察部副主任。

（三）监督案件的证据要素

（四）监督案件的程序要素

（五）监督事项案件化的司法实践

侦查活动监督是法律监督中的重点、难点。在司法上，不敢于监督、不善于监督、不依法监督、不规范监督等现象依然存在。线索发现难、调查核实难、监督处理难这三个“老大难”问题依然是影响、制约和困扰侦查活动监督开展的大问题。目前，侦查活动监督工作粗糙、碎片、零散的现状，与公正司法的时代要求还有相当的差距。

新时代，思考侦查活动监督需要考虑三大背景。一是时代背景。我国已经进入新时代，人民群众在民主、法治、公平、正义、安全、环境等方面有了更高水平的需求。这就要求检察机关应当提供民主、法治、公平、正义等人民群众迫切需要的检察产品，让人民群众切切实实地在每一起案件中感受到公平正义，真正体现出法律监督的价值与意义。二是检察定位。新时代法律监督要有新的作为，最高人民检察院提出“讲政治、顾大局、谋发展、重自强”，要求“在办案中监督，在监督中办案”，实现监督工作的双赢、多赢和共赢。三是机构改革。最高人民检察院为推动专业化建设，开展以捕诉一体为中心的内设机构改革，侦查活动监督贯彻于刑事诉讼的侦查、审查逮捕、审查起诉、一审和二审程序全过程，侦查活动监督的理论和制度设计应当涵盖并适用于上述程序，体现机构改革的要求。

新时代，谋划和推进侦查活动监督工作，需要梳理研究侦查活动监督的基础理论。这是破除监督难的必由之路，是深化对侦查活动监督的基本认识，促进侦查活动监督工作体系化，以便广大检察同人更全面更准确地理解、把握侦查活动监督工作，从而提升侦查活动监督工作的内涵与质效。本课程运用法解释学的方法，系统阐释了侦查活动监督的原则、对象、范围、手段、方式、模式和依据，初步构建了侦查活动监督的理论体系。这个体系对于具体侦查活动监督的开展具有指导意义。具体侦查活动监督的开展常常需要综合考量法内法外、案内案外的各种因素，没有放之四海而皆准的统一标准，只能具体情况具体分析，作综合判断。梳理研究侦查活动监督的基础理论，就是总结综合判断的思路和方法，为具体侦查活动监督的开展提供一种思考的路径和模式，力求做到在法律上有依据、在实践中有基础、在理论上有支撑，让侦查活动监督工作体系化、精细化。

一、侦查活动监督的原则

(一)监督法定原则

监督法定原则,也称为依法监督原则,是指检察机关开展侦查活动监督,必须要严格依法,以法律为准绳。法律有规定的,就要不折不扣地开展监督工作,法律没有规定的,就不能自我授权。该原则来自《刑事诉讼法》第3条。该条规定,人民检察院进行刑事诉讼,必须严格遵守法律规定。因此,检察机关开展侦查活动监督必须依照法定程序进行。监督法定原则是程序法定原则对侦查活动监督的必然要求。坚持监督法定原则,就是贯彻程序法定原则。一方面,检察机关应当严格依照法律的授权和法律规定的程序开展侦查活动监督,准确认定侦查违法事实,恪守监督的法定条件,规范开展监督工作,防止滥用监督权。另一方面,应当严格依法主动监督。凡是法律要求检察机关开展侦查活动监督的,检察机关就应当监督,确保法律统一正确实施,要依法独立行使监督权,防止和克服只讲配合而不敢监督的倾向;要正确处理好监督与被监督的关系,坚持“实事求是,有错必纠”,实现防止滥权、保障人权的监督目的。

(二)监督比例原则

监督比例原则,是指侦查活动监督方式的种类、轻重与侦查违法行为的严重程度相适应。也就是说,要根据侦查违法行为的性质、情节、后果和预防将来侦查违法的效果等情况,综合权衡,决定适用监督的方式,体现轻轻重重的精神。监督方式的运用要体现监督目的,离开监督目的去监督,是为监督而监督,是滥用监督权。侦查活动监督工作既要切实维护诉讼当事人的合法权益,又要有利于及时侦查破案,有效打击犯罪,要把握两者之间的平衡,就不能凭个人意愿和感情用事。贯彻监督比例原则,侦查活动监督就必须突出重点、有节制、讲方式、重成效,不断提升监督品质。在监督手段的运用上坚持多种监督方式灵活运用,既要敢于监督、善于监督、讲究监督的严肃性,又要注重工作方式方法的灵活性,讲究监督策略,实现监督的“双赢”“多赢”“共赢”。要把监督纠正个案问题与强化对侦查环节普遍性、倾向性问题的监督紧密结合起来,坚持个案监督和类案监督、日常监督与专项监督、纠正违法和检察建议相结合,更加注重监督实效。

(三)监督一体原则

监督一体原则,是检察一体化在侦查活动监督工作的具体运用。检察一体化是检察机关在坚持各级党委领导和人大监督下,实行“上下统一、横向协作、内部整合、总体统筹”的工作机制。监督对象的特殊性,是侦查机关和侦查人员的违法行为,侦查活动监督不能光靠诉讼监督部门单打独斗,更不靠单个检察官的冲锋陷阵,必须坚持一体化监督机制,才能形成监督合力,达到防止滥权、保障人权的监督目的。贯彻监督一体原则,包括横向一体和纵向一体。横向一体就是首先要整合检察机关不同部门之间有关侦查活动监督的资源。侦查活动监督权由刑事检察和控告申诉检察等部门按照各自的职责范围和程序行使,各部门要加强联系与配合,充分发挥各部门的职能作用与优势,形成监督合力。纵向一体就是上下级检察院加强支持和配合,充分发挥检察机关领导体制的优势,加强监督的力度,提升监督权威。

二、侦查活动监督的对象

侦查活动监督的对象是侦查违法行为。整个侦查活动监督都是围绕侦查违法行为展开的,从线索发现、调查核实,到监督处理和跟踪督促,都是针对侦查违法行为来展开的。

深化对侦查违法行为的认识,从而更好地认定侦查违法行为,笔者认为,可以从不同的角度,对侦查违法行为进行不同的分类。

(一)侦查违法行为的分类

1. 根据侦查行为所违反的法律规范的性质不同,侦查违法行为可以分为三类,即违反授权性规范的侦查违法行为、违反义务性规范的侦查违法行为和违反禁止性规范的侦查违法行为。

法律规范在性质上可以分为授权性规范、义务性规范和禁止性规范。授权性规范,如《刑事诉讼法》第 91 条第 2 款规定,“对于流窜作案、多次作案、结伙作案的重大嫌疑分子,提请审查批准的时间可以延长至三十日”。义务性规范,如《刑事诉讼法》第 93 条第 2 款第 2 句规定,“除无法通知的以外,应当在逮捕后二十四小时以内,通知被逮捕人的家属”。禁止性规范,如《刑事诉讼法》第 52 条规定,禁止刑讯逼供。

无论何种法律规范,都有“假定—处分—制裁”的逻辑结构,也可以概括为“行为模式—法律后果”的双重构造。但《刑事诉讼法》仅对刑讯逼供等有限的规范设置了法律后果,多数规范没有设置法律后果,而是授权人民检察院进行法律监督,通知公安机关予以纠正。因此,有的侦查违法行为有法定的法律后果,有的侦查违法行为没有法定的法律后果,这就要求检察机关在监督时必须予以区别,从而作出适当的监督决定。

2. 根据侦查行为所违反的法律的类型不同,侦查违法行为可以分为违反程序法的侦查违法行为和既违反程序法又违反实体法的侦查违法行为。

违反程序法的侦查违法行为,如讯问笔录未交犯罪嫌疑人核对,违反了《刑事诉讼法》第 122 条的规定。

既违反程序法又违反实体法的侦查违法行为,如致犯罪嫌疑人轻伤的刑讯逼供,既违反了《刑事诉讼法》第 52 条禁止性规范,构成程序性违法;又触犯了《刑法》第 247 条,涉嫌犯罪,构成实体性违法。

没有单纯违反实体法的侦查违法行为,通常情况下,违反实体法的侦查违法行为一定也是违反程序法的侦查违法行为,只不过是违反程序法的基础上,因为情节严重,同时又违反了实体法。还以刑讯逼供为例,尚未涉嫌犯罪的刑讯逼供,只构成程序性违法,不构成实体性违法;如果刑讯逼供造成致人轻伤以上后果,此时,既构成程序性违法又构成实体性违法。

这种分类对于检察机关使用何种监督方式具有决定意义。对于仅违反程序法的侦查违法行为,应当使用程序性监督方式;对于既违反程序法又违反实体法的侦查违法行为,则要根据其违法的性质、情节、后果等因素,使用程序性和实体性等多种监督方式予以监督。

3. 根据侦查违法行为所承担的法律后果,侦查违法行为可以分为承担程序性制裁的侦查违法行为和既承担程序性制裁又承担实体性制裁的侦查违法行为。这种分类与前一种分类大致相同,功能也相同。

4. 根据行为方式的不同,侦查违法行为可以分为积极的作为和消极的不作为。

一般来说,违反禁止性规范的侦查违法行为通常是积极的作为,禁止性规范禁止侦查人员实施一定的行为,如果实施即违法。

违反义务性规范的侦查违法行为通常是消极的不作为,义务性规范要求侦查人员积极实施一定的行为,以推进刑事诉讼的开展。如《刑事诉讼法》第 93 条规定,"……除无法通知的以外,应当在逮捕后二十四小时以内,通知被逮捕人的家属"。公安机关如不履行通知义务,这种消极的不作为,侵犯了被逮捕人的家属的知情权,即构成侦查违法。

而违反授权性规范的侦查违法行为，既可以是积极的作为，也可以是消极的不作为。授权性规范授权公安机关可以实施一定行为，侦查机关既可以行使，也可以不行使；既可能超越职权违法行使，也可能消极违法。《刑事诉讼法》第 91 条第 2 款规定，“对于流窜作案、多次作案、结伙作案的重大嫌疑分子，提请审查批准的时间可以延长至三十日”。实践中，既有对不符合延长条件的案件，违法延长拘留期限至 30 日；也可能对符合延长条件的案件，未办理延长手续，导致拘留超过法定期限。前者是作为，后者是不作为，都构成侦查违法。

这种区分对于理解《刑事诉讼法》不同条文中“纠正”的含义有指导意义，也有利于检察机关督促公安机关及时正确履行纠正义务。

对于以作为方式实施的侦查违法行为，因违法行为已经实施，违法后果已经既成事实，对其纠正违法的意义在于预防再犯。

而对于以不作为方式实施的侦查违法行为，通知公安机关予以纠正，就意味着公安机关应当实施一定的行为。如应当退回取保候审保证金而不退还的，通知公安机关纠正，就意味着公安机关应当退还保证金，方才完成纠正义务。

5. 根据侦查违法行为所侵犯的权利的不同，侦查违法行为可以分为侵犯诉讼权利的侦查违法行为、侵犯实体性权利的侦查违法行为和既侵犯诉讼权利又侵犯实体性权利的侦查违法行为。

侦查违法行为通常侵犯两类公民权利，一是犯罪嫌疑人的人格尊严、隐私、人身自由等实体性权利。二是犯罪嫌疑人的诉讼权利，包括获知指控罪名和理由的权利、获得律师帮助的权利等。举例说明：

侵犯诉讼权利的侦查违法行为，如讯问笔录未交犯罪嫌疑人核对，侵犯了犯罪嫌疑人的知情权、辩护权，这些诉讼权利对于犯罪嫌疑人维护自身合法权益具有重要意义。

侵犯实体权利的侦查违法行为，如超期适用拘留侵犯了犯罪嫌疑人的人身自由，这是《宪法》规定的基本人权，是行使其他人权的前提。

既侵犯实体权利又侵犯诉讼权利的侦查违法行为，如刑讯逼供则既侵犯了犯罪嫌疑人的人格尊严这一实体权利，又侵犯了犯罪嫌疑人不被强迫自证其罪的诉讼权利。

（二）侦查违法行为的认定方法

准确认定侦查违法行为，是正确开展侦查活动监督的基础。

认定侦查违法行为，有两种方式：一是形式判断，二是实质判断。

形式判断,就是根据侦查行为是否在形式上违反了一个法律规范,而判断其是否违法;也就是说,侦查行为在形式上违反了一个法律规范,就作出违法认定。

实质判断,就是不仅要看侦查行为是否在形式上违反了一个法律规范,还要看侦查违法行为所违反的法律规范性质、规范目的、所侵犯的权利性质等多个因素,进行综合分析,才能作出是否违法的认定。

这种实质判断可以分三步走:

第一步作形式上的判断,看侦查行为是否违反了一个刑事诉讼法律规范;

第二步是分析侦查行为所违反的法律规范的目的是什么,这个规范目的是否与侦查滥权有关,如果规范目的与侦查滥权无关,则不能作出违法认定;

第三步是分析侦查违法行为是否侵犯了诉讼参与人的合法权益,如果侦查违法行为没有侵犯诉讼参与人的合法权益,一般不作出违法认定。

举例说明,公安机关拘留外国人未通知政府外事部门,违反了《公安机关办理刑事案件程序规定》第357条的规定,但是能认定该行为是侦查违法吗?答案是否定的。因为该规范目的是外事管理,意在规范公安机关与外事部门做好涉外犯罪的衔接工作,防止影响外交工作。公安机关违反这一规范,与侦查活动是否合法无涉,与侦查活动是否滥权无关,也没有侵犯诉讼参与人的合法权益。因此,公安机关拘留外国人未通报外事部门仅涉及外事工作的规范性,不能认定构成侦查违法。

这里,需要注意两个问题。

一是规范目的的认定问题。每个法律规范都有自己的目的,怎样认定法律规范的目的呢?一般而言,刑事诉讼法律规范都是围绕刑事诉讼的目的来规定的。也就是说,服务于发现真实、保障人权和正当程序的目的。结合规范在刑事诉讼体系中的位置,一般能够认定规范目的。

二是认定侦查违法是否需要考虑侦查人员的主观因素,是否需要查明侦查人员是出于故意还是过失。笔者认为不需要。侦查活动监督的目的是防止侦查滥权、保障人权。侦查行为只要在客观上违反了防止滥权的目的而且侵犯了诉讼参与人的合法权益,对于侦查活动监督而言,就已经构成滥权成为监督的对象。至于侦查人员主观上是故意还是过失,只是影响滥权程度,而不改变滥权的性质。

三、侦查活动监督的范围

《刑事诉讼法》第115条规定,“公安机关对已经立案的刑事案件,应当进行侦查,收集、调取犯罪嫌疑人有罪或者无罪、罪轻或者罪重的证据材料。对现行犯或者重大嫌疑分子可以依法先行拘留，对符合逮捕条件的犯罪嫌疑人，应当依法逮捕”。因此，侦查活动监督的范围呈现出“点多、面广、线长”的特征。

1. 对侦查机关适用强制措施的监督。包括对拘传，拘留，取保候审，监视居住、逮捕等强制措施是否合法的监督，以及决定、执行、变更、撤销强制措施等活动中违法行为的监督。

2. 对侦查机关采取强制性侦查措施的监督。强制性侦查措施包括搜查、查封、扣押、查询、冻结。重点是对与案件无关的财物采取查封、扣押、冻结措施的监督，或者应当解除查封、扣押、冻结而不解除的监督，对贪污、挪用、私分、调换、违反规定适用查封、扣押、冻结的财物及其孳息的监督。

3. 对侦查机关侦查取证行为的监督。包括对讯问犯罪嫌疑人、询问证人、勘验、检查、侦查实验、辨认、鉴定、通缉等事项的监督。重点是对刑讯逼供、暴力取证等非法取证行为、非法采取技术侦查措施以及伪造、隐匿、销毁、调换、私自涂改证据、帮助当事人毁灭、伪造证据的监督。

4. 对侦查过程中侵害当事人、诉讼参与人诉讼权益的监督。重点是对侦查过程中不依法告知当事人权利而影响诉讼权利行使的监督，对阻碍当事人、辩护人、诉讼代理人依法行使诉讼权利等侦查违法行为进行的监督。

5. 其他侦查违法行为的监督。具体而言主要是：管辖违法；回避违法；徇私舞弊、放纵包庇犯罪分子；贪污、受贿等渎职违法行为；侦查机关遗漏应当提请逮捕的犯罪嫌疑人，侦查机关遗漏应当移送审查起诉的犯罪嫌疑人；等等。

四、侦查活动监督的手段

手段就是措施。侦查活动监督过程中，能够采取的措施比较多，笔者把其中能够查清侦查违法事实的措施，称为监督的手段。

《刑事诉讼法》第6条规定，人民检察院进行刑事诉讼必须以事实为依据。进行侦查活动监督也必须坚持以事实为依据，侦查活动监督的事实主要是侦查违法行为的性质、情节、后果等，查清侦查违法事实是监督的前提。查清事实需要手段，手段来自法律、司法解释的明确授权。因此，侦查活动监督的手段是指法律和司法解释赋予检察机关在侦查活动监督过程中查清侦查违法事实所能采取的措施。

根据法律司法解释授权，检察机关侦查活动监督的手段主要有三种。

1. 审查、调取案卷材料。2010年最高人民法院、最高人民检察院、公安部、国家安全部、司法部联合制定的《关于对司法工作人员在诉讼活动中的渎职行为加强法律监督的若干规定(试行)》(以下简称《渎职行为的监督规定》)第2条规定,对司法工作人员的渎职行为可以通过依法审查案卷材料、调查核实违法事实、提出纠正违法意见或者建议更换办案人、立案侦查职务犯罪等措施进行法律监督。根据该规定,检察机关发现有侦查违法行为线索的,可以审查侦查机关的案卷材料,这是检察机关开展侦查活动监督的常规做法,司法解释予以了明确。

这里的案卷材料包括哪些内容?《渎职行为的监督规定》第7条规定,人民检察院可以查阅、调取或者复制相关法律文书或者报案登记材料、案卷材料、罪犯改造材料。由此可见,这里的案卷材料既包括证据卷,也包括侦查内卷。

2. 调查核实。《渎职行为的监督规定》第2条规定,对司法工作人员的渎职行为可以通过调查核实违法事实等措施进行法律监督。这是中央政法各单位第一次以司法解释形式,授权检察机关可以就诉讼中的违法事实开展调查核实。根据该规定,检察机关发现侦查违法线索的,为查清侦查违法事实,可以进行调查核实。《刑事诉讼法》第57条又明确授权检察机关可以对侦查人员以非法方法收集证据的报案、控告、举报进行调查核实。《渎职行为的监督规定》第3条以列举的方式明确了调查核实的范围,共有12项,第12项是兜底性规定,即"其他严重违反刑事诉讼法、民事诉讼法、行政诉讼法和刑法规定,不依法履行职务,损害当事人合法权利,影响公正司法的诉讼违法行为和职务犯罪行为",检察机关也可以调查核实。因此,根据《渎职行为的监督规定》第3条的默示授权,检察机关调查核实的范围并不局限于《刑事诉讼法》第57条授权的范围,而包括一切严重的侦查违法行为。

需要说明的是,《刑事诉讼法》第49条、第117条中用的是"审查",而非调查核实,那么对于这两条中的侦查违法事实检察机关能否调查核实。根据体系解释,这两条中的"审查"应当理解为调查核实。从规范目的讲,这两个规范属于权利救济,是国家为当事人和诉讼参与人的权利在遭受侦查机关侵犯时提供的救济途径,是检察机关的一项全新职能。对于这样的申诉、控告,检察机关必须查清申诉控告的事实是否属实,即侦查违法事实是否存在,才能督促侦查机关纠正,以维护当事人和诉讼参与人的合法权益。怎样才能查清侦查违法事实,仅仅依据审查申诉、控告材料是远远不够的,必须进行必要的调查核实,才能查明真相,真正贯彻以事实为依据、以法律为准绳的精神。

3. 书面要求侦查机关对证据收集的合法性进行说明。《人民检察院刑事诉讼规则》(以下简称《诉讼规则》)第74条规定,人民检察院认为存在以非法方法收集证据情形的,可以书面要求侦查机关对证据收集的合法性进行说明。根据该规定,检察机关可以发《提供证据收集合法性说明通知书》,要求侦查机关说明证据收集的合法性。

要求侦查机关对证据收集的合法性进行说明是一种独立的监督手段。《诉讼规则》第 72 条、第 73 条对调查核实进行了规定,而书面要求提供证据收集合法性说明的规定位于调查核实之后,根据体系解释,说明不是调查核实的方式,而是一种独立的监督手段。这种手段有两个功能,一是查清违法事实,二是就非法取证问题听取侦查机关意见,给侦查机关和侦查人员一个表达意见的途径,让监督工作做到兼听则明。

五、侦查活动监督的方式

侦查活动监督的方式是指人民检察院对于已经确认的侦查违法行为进行纠正、处理的措施和手段。这是从检察机关对侦查机关表达监督意见的外在形式来界定侦查活动监督的措施和手段,以区别于为查清侦查违法事实而采取的措施和手段。

(一)监督方式的种类

检察机关对违法侦查行为的监督方式从现行的法律司法解释的规定看,有如下 11 种:

1. 回避。依据是《刑事诉讼法》第 30 条。根据该条规定,侦查人员接受当事人及其委托的人的请客送礼,应当回避。

2. 纠正违法。依据是《刑事诉讼法》第 49 条、第 100 条、第 117 条。根据这三条规定,检察机关认定侦查机关存在相关违法情形的,通知侦查机关予以纠正。根据《诉讼规则》第 552 条的规定,纠正违法有两种形式:口头纠正和书面纠正。书面纠正的,制作《纠正违法通知书》。

3. 纠正非法取证。依据是《刑事诉讼法》第 57 条。确认侦查人员非法取证的,应当向侦查机关提出纠正非法取证的意见,制作《纠正非法取证意见书》。

4. 排除非法证据。依据是《刑事诉讼法》第 56 条。刑讯逼供、暴力、威胁等非法方法收集的言词证据,收集程序不符合法律规定、严重影响司法公正、不能补正且不能作出合理解释的物证、书证,系非法证据,应当排除,不能作为逮捕的依据。

5. 排除因取证程序违法而影响证据真实性(科学性)的证据。司法实践中,一些证据的取证明显违反法律规定,不是非法证据,但是因取证程序违法而影响证据真实性或者科学性,司法解释否定其证据能力,从而不能作为定案的根据。

如《关于办理死刑案件审查判断证据若干问题的规定》第 20 条、第 24 条、第 30 条,对讯问笔录、鉴定意见、辨认笔录的排除就属于这种情形。这种情形的证据排除司法解释中还有许多规定。

6. 排除不能补正且不能合理解释的瑕疵证据。司法实践中一些证据的收集程序、方式存在瑕疵,导致证据的形式要件不完备或者存在缺陷,司法解释规定,侦查机关应当作出补正或者合理解释,否则予以排除。如《关于办理死刑案件审查判断证据若干问题的规定》第 26 条,对勘验、检查笔录的排除就属于这种情形。

7. 建议更换办案人。依据是《渎职行为的监督规定》第 2 条。根据该规定,对于侦查活动中存在渎职行为的侦查人员,检察机关可以建议更换办案人。

8. 纠正漏捕。依据是《诉讼规则》第 288 条。根据该规定,人民检察院办理审查逮捕案件,发现应当逮捕而公安机关未提请批准逮捕的犯罪嫌疑人的,应当建议公安机关提请批准逮捕。如果公安机关仍不提请批准逮捕或者不提请批准逮捕的理由不能成立的,人民检察院也可以直接作出逮捕决定,送达公安机关执行。

9. 纠正漏诉。依据是《诉讼规则》第 356 条。根据该规定,人民检察院在办理公安机关移送起诉的案件中,发现遗漏罪行或者依法应当移送审查起诉同案犯罪嫌疑人的,应当要求公安机关补充移送审查起诉;对于犯罪事实清楚,证据确实、充分的,人民检察院也可以直接提起公诉。

10. 移送职务犯罪线索。依据是《渎职行为的监督规定》第 2 条。根据该条规定,对于侦查人员渎职行为涉嫌犯罪、需要追究刑事责任的,应当移送有管辖权的机关立案侦查。《刑事诉讼法》第 57 条规定,侦查人员以非法方法收集证据构成犯罪的,依法追究刑事责任。对于没有侦查权的刑事检察部门来说,应当移送职务犯罪线索。

11. 检察建议。依据是《诉讼规则》第 552 条规定,根据该规定,带有普遍性的违法情形,经检察长决定,可以向相关机关提出检察建议。

(二)“纠正”含义辨析

不同条文中的“纠正”,含义并不相同。

第一,《刑事诉讼法》第 49 条中的“纠正”含义。

《刑事诉讼法》第 49 条规定:“辩护人、诉讼代理人认为公安机关、人民检察院、人民法院及其工作人员阻碍其依法行使诉讼权利的,有权向同级或者上一级人民检察院申诉或者控告。人民检察院对申诉或者控告应当及时进行审查,情况属实的，通知有关机关予以纠正。”

纠正的方式应当是消除阻碍，让辩护人、诉讼代理人行使权利。因此，这里纠正的含义是消除阻碍。

第二，《刑事诉讼法》第 117 条中的“纠正”含义。

《刑事诉讼法》第 117 条第 1 款规定：“当事人和辩护人、诉讼代理人、利害关系人对于司法机关及其工作人员有下列行为之一的，有权向该机关申诉或者控告：（一）采取强制措施法定期限届满，不予以释放、解除或者变更的；（二）应当退还取保候审保证金不退还的；（三）对与案件无关的财物采取查封、扣押、冻结措施的；（四）应当解除查封、扣押、冻结不解除的；（五）贪污、挪用、私分、调换、违反规定使用查封、扣押、冻结的财物的。”

这里的侦查违法行为主要是不作为，应为而不为，纠正的方式是履行作为义务。因此，这里“纠正”的含义是恢复原状。如应当退还取保候审保证金不退还的，纠正违法时，公安机关应当立即退还保证金，这是恢复原状。

第三，《刑事诉讼法》第 100 条中的“纠正”。

《刑事诉讼法》第 100 条规定：“人民检察院在审查批准逮捕工作中，如果发现公安机关的侦查活动有违法情况，应当通知公安机关予以纠正，公安机关应当将纠正情况通知人民检察院。”

该条中“纠正”的含义是开放的，需要结合具体违法情形进行具体分析。大致说来，该条中的“纠正”有预防再犯、补做、重做、消除阻碍、恢复原状等多种含义。

预防再犯的“纠正”。审查逮捕阶段发现侦查机关在第一次讯问犯罪嫌疑人时未告知其有权委托辩护人，此时的纠正仅有预防再犯的意义。

补做的“纠正”。拘留后未通知被拘留人家属的，纠正违法时，可以督促公安机关补充通知，这是补做。

重做的“纠正”。讯问未成年人犯罪嫌疑人未通知法定代理人到场，纠正违法时，可以督促公安在下一次的讯问中通知法定代理人到场，这是重做。

消除阻碍和恢复原状的“纠正”。《刑事诉讼法》第 49 条、第 117 条和第 100 条的关系是竞合的关系。当审查逮捕时发现侦查机关存在第 49 条、第 117 条的违法情形时，检察机关应当依据第 100 条的规定开展监督工作。此时，第 100 条的“纠正”则是消除阻碍和恢复原状。

第四，《刑事诉讼法》第 57 条中“纠正”的含义。

《刑事诉讼法》第 57 条规定：“人民检察院接到报案、控告、举报或者发现侦查人员以非法方法收集证据的,应当进行调查核实。对于确有以非法方法收集证据情形的,应当提出纠正意见;构成犯罪的,依法追究刑事责任。”

一方面,非法取证行为已经发生,对于实施非法取证行为的侦查人员来说,这里的“纠正”是预防再犯。另一方面,因为非法证据已经排除,检察机关会建议侦查机关更换办案人,这里的“纠正”还有重新取证的内容。因此,第 57 条“纠正”的含义有两个,一是预防再犯,二是重新取证,即重做。

综上所述,《刑事诉讼法》中“纠正”的含义是多重的,在不同的情形下有不同的含义:预防再犯、补做、重做、消除阻碍、恢复原状等。

第 57 条与第 100 条的竞合问题。构成刑讯逼供的,适用第 57 条。不构成的,但又有侵权行为的,如打了一个耳光,不构成刑讯逼供,但侵犯了犯罪嫌疑人的人格尊严。这时,应该如何监督?笔者认为,应当适用第 100 条,纠正违法,建议更换办案人。

(三)监督方式的适用

监督方式的适用应当遵循比例原则,综合侦查违法行为的性质、情节、后果和预防将来侦查违法的效果等情况,决定适用监督的方式,既可以多种方式并用,也可以单独适用一种方式。当一种监督方式能够发挥监督作用,就不必适用多种监督方式,体现监督的理性和节制。

1. 针对一个侦查违法行为,存在一种监督方式,单独适用的情形。例如,拘留后未依法通知被拘留人的家属的,其违反的法律规范是《刑事诉讼法》第 85 条,这一义务性法律规范,该规范目的是保障人权,这一侦查违法行为侵犯了被拘留人的家属的知情权,属于程序性违法。针对这一侦查违法行为,仅有一种纠正方式,即纠正违法,只能单独适用。

2. 针对一个侦查违法行为,存在多种监督方式,只需适用一种监督方式予以监督的情形。例如,讯问笔录未交犯罪嫌疑人核对,这一侦查违法行为违反了法律规范正当程序的目的,侵犯了犯罪嫌疑人的知情权,属于程序性违法。针对这一侦查违法行为,有两种监督方式,一是排除证据,二是纠正违法。笔者认为,排除证据足以达到防止滥权、保障人权的监督目的,因此,不需要再同时适用纠正违法的监督方式。同样的道理,对于侦查违法行为导致瑕疵证据,因不能补正且不能合理解释而被排除的,也无须再适用纠正违法。

3. 针对一个侦查违法行为,存在多种监督方式,适用多种监督方式予以监督的情形。例如,刑讯逼供违反的法律规范是《刑事诉讼法》第 52 条严禁刑讯逼供这一禁止性法律规范,该禁止性规范的目的是保障人权和维护刑事诉讼的正当程序。刑讯逼供侵犯了犯罪嫌疑人诉讼主体地位和人格尊严,既是程序性违法又是实体性违法。为遏制刑讯逼供,法律和司法解释从程序性制裁和实体性制裁两个方面着手,为其配置了多种层次不同的监督方式,从排除证据、纠正非法取证、更换办案人直至追究刑事责任。如果检察机关能确认侦查人员存在刑讯逼供的,那么根据《刑事诉讼法》第56条、第57条的规定,可以适用排除证据、纠正非法取证、更换办案人等多种方式予以监督;对于构成犯罪的,可以移送犯罪线索,进行立案侦查。

4. 证明标准影响监督方式的适用。根据《刑事诉讼法》第60条的规定,非法取证的证明标准有两个:一个是确认存在非法取证的情形;另一个是不能排除存在非法取证的情形。

前者是检察机关用确实充分的证据证明侦查人员实施了非法取证,后者是有证据证明侦查人员实施非法取证的可能不能被排除,这是举证责任倒置,是由侦查机关承担证据合法性证明义务的必要要求。

对于这两种情形的非法取证,检察机关的监督方式是不同的。

以刑讯逼供为例,如果确认侦查人员存在不构成犯罪的刑讯逼供的,那么根据《刑事诉讼法》第56条、第57条的规定,可以适用排除证据、纠正非法取证、更换办案人等多种方式予以监督。

如果检察机关不能排除侦查人员有刑讯逼供可能的,那么检察机关只能适用证据排除这一种监督方式予以监督,而不能适用纠正非法取证、更换办案人的方式,因为检察机关并没有查清刑讯逼供的违法事实。

六、侦查活动监督的模式

侦查活动监督的模式,主要内容是监督的程序。

当前,侦查活动监督工作存在两种模式。一种是传统的办事模式;另一种是正在探索的案件化模式。

传统的办事模式遵循“受理—制作—审核—签发”的步骤,体现了监督工作的行政化特点。用传统的办事模式处理所有的法律监督事项,没有突出法律监督的主责主业地位。

2016年最高人民检察院《关于加强侦查监督维护司法公正情况的报告》提出“探索重大监督事项‘案件化’办理模式”,这是健全检察监督体系的重要举措。

从办事到办案,不是简单的一字之差,而是思维模式乃至工作模式的重大变化,直接牵涉侦查活动监督的格局和实效。

两种模式各有特点,要正确评估它们的优势和不足,从而根据监督案件的具体情况选择适用恰当的监督模式。

传统的办事模式是检察机关在长期的监督实践中自发形成的。长期以来,检察机关监督职能的履行依附于诉讼职能的履行,以侦查活动监督为例,一般是在审查逮捕的过程中附带审查侦查活动是否合法,如果检察官发现侦查违法线索,视情况选择是否启动监督工作,采取“谁发现、谁办理,谁办理、谁跟踪”的监督方式。这种办事模式没有严格的程序和证据要求,具有灵活便捷、监督成本低的特点,但是缺点也比较明显,程序简单、启动程序不规范,证据裁判意识不强、调查核实没有围绕证据开展,结案缺乏标准、监督质量难以评价,整个监督工作呈现分散、不系统的特点。这也在客观上导致了监督过程虚化、监督决策不够审慎、监督公信力不高,影响并制约了法律监督职能的健康发展。

案件化模式意味着把重大监督事项当作案件来办理,内容涉及五个方面:程序规范、证据规则、管理流程、质量标准、办案机制,是一个五位一体的完整体系。单从案件化办理的程序来看,一般包括线索受理、立案、调查、决定、实施、救济、跟踪、结案、归档等,规范了监督案件的办理,提高了事实证据标准,强化了监督程序化和仪式化。但也要看到,案件化模式程序严格、证据要求高、监督周期长,相应地增加了监督成本,需要投入大量的人力、物力和精力。

正是两种模式的差别和优劣,在监督过程中因地制宜、因时制宜、因案制宜、区别对待,灵活适用监督模式。

从线索的角度来说,所有的监督线索都应该统一管理。

从办案的角度来说,并不是所有的监督线索、监督事项都要以案件化方式办理。

笔者认为,应当根据监督比例原则,结合诉讼行为违法的严重程度和监督措施的严厉程度来确定监督事项案件化的范围。

从侦查违法程度看,对于轻微侦查违法行为,没有必要进行案件化办理,对于重大侦查违法行为,才有必要按照案件化模式办理。

从监督方式来看,凡可能适用口头纠正违法的监督案件,一律无须案件化办理,适用办事模式办理。

从证据角度来看,对于重大监督事项,如果侦查违法事实清楚,证据确实、充分,无须进行复杂的调查核实工作,也可以适用办事模式办理。

从实际监督情况分析,大多数的侦查违法行为的认定较为容易,不需要开展太多的调查核实工作，比如超办案期限造成超期羁押、应当告知犯罪嫌疑人诉讼权利而不告知，以及询问未成年人无法定代理人在场、提取物证无搜查笔录、扣押清单无见证人等。

一切从实际出发，从侦查活动监督的实际出发，不搞“一刀切”，既不简单化地运用办事模式处理一切侦查活动监督事项，也不搞程序烦琐主义，全部案件化办理侦查活动监督事项。办事模式和案件化模式完全可以并行不悖，优势互补，扬长避短，共同服务于侦查活动监督质效的提升。

七、侦查活动监督的依据

（一）法律渊源

1. 监督授权。《刑事诉讼法》第 8 条授权人民检察院对刑事诉讼实行法律监督。这是法律对检察机关监督侦查活动的一般授权。

2. 侦查活动监督权的法律依据。《刑事诉讼法》第 100 条授权检察机关在审查逮捕工作中对侦查活动是否合法进行监督。《刑事诉讼法》第 49 条、第 57 条、第 75 条、第 117 条，则授权检察机关对几项具体侦查活动的合法性进行监督。《渎职行为的监督规定》第 3 条明确了侦查活动监督的范围。《诉讼规则》第 317 条、第 327 条、第 555 条，对刑事诉讼法的规定作出了细化规定。上述法律规范呈现由抽象到具体、由一般到个别的层次分明的授权体系。

3. 侦查违法认定标准的依据。《刑事诉讼法》是认定侦查活动是否合法的基本依据。《诉讼规则》、最高人民法院《关于适用〈中华人民共和国刑事诉讼法〉的解释》以及《公安机关办理刑事案件程序规定》等大量司法解释对刑事诉讼进行了细化和补充，为检察机关判断具体侦查违法行为提供了形式标准。

4. 侦查活动监督手段、程序和方式的依据。除了《刑事诉讼法》，《诉讼规则》对检察机关如何开展侦查活动监督进行了细化解释，以专节规定了侦查活动监督的手段、程序和方式。《渎职行为的监督规定》明确了检察机关对侦查中的渎职行为开展法律监督的手段、程序和方式。

（二）综合分析

根据上述法律授权，检察机关对公安机关的监督是事后监督。这种事后监督的程序启动有两种方式，一种是依职权启动，另一种是依申诉启动。

1. 依职权启动监督程序的依据

(1)审查逮捕中发现的侦查违法行为,依据是《刑事诉讼法》第100条。

(2)指定居所监督居住的监督,依据是《刑事诉讼法》第75条。

(3)审查公安机关重新计算侦查羁押期限备案材料过程中发现的侦查违法行为,依据是《诉讼规则》第317条。

(4)办理核准追诉案件中发现的侦查违法行为,依据是《诉讼规则》第327条。

2. 依申请启动监督程序的依据

这里的申请包括《刑事诉讼法》第14条、第49条、第57条、第117条规定的申诉、控告、报案、举报。

(1)依申请监督的一般依据。《刑事诉讼法》第14条第2款规定,诉讼参与人对于审判人员、检察人员和侦查人员侵犯公民诉讼权利和人身侮辱的行为,有权提出控告。

(2)阻碍辩护人、诉讼代理人依法行使诉讼权利申诉、控告的依据。《刑事诉讼法》第49条。

(3)对侦查机关处理申诉、控告不服的申诉进行监督的依据。《刑事诉讼法》第117条规定,当事人和辩护人、诉讼代理人、利害关系人对于司法机关及其工作人员有下列行为之一的,有权向该机关申诉或者控告:①采取强制措施法定期限届满,不予以释放、解除或者变更的;②应当退还取保候审保证金不退还的;③对与案件无关的财物采取查封、扣押、冻结措施的;④应当解除查封、扣押、冻结不解除的;⑤贪污、挪用、私分、调换、违反规定使用查封、扣押、冻结的财物的。受理申诉或者控告的机关应当及时处理。对处理不服的,可以向同级人民检察院申诉。人民检察院对申诉应当及时进行审查,情况属实的,通知有关机关予以纠正。

(4)对第117条规定情形之外申诉或者控告进行监督的依据。《诉讼规则》第555条第4款规定,对当事人和辩护人、诉讼代理人、利害关系人提出的《刑事诉讼法》第117条规定情形之外的申诉或者控告,人民检察院应当受理,并及时审查,依法处理。

3. 既可依职权又可依申请启动监督程序的依据

(1)对以非法方法收集证据的监督,依据是《刑事诉讼法》第57条。当事人和诉讼参与人可以报案、控告、举报侦查人员以非法方法收集证据。

(2)对《渎职行为的监督规定》第3条所列举的侦查违法活动,依据《渎职行为的监督规定》第 4 条规定，检察机关可以依职权，也可依申请进行监督。

4. 监督依据的逻辑关系

(1)《刑事诉讼法》第 14 条与《刑事诉讼法》第 49 条、第 117 条，《诉讼规则》第 555 条的关系。

《刑事诉讼法》第 14 条是一般规定，《刑事诉讼法》第 49 条、第 117 条，《诉讼规则》第 555 条是具体授权，后者来自前者，是对前者的细化和具体化。

(2)《诉讼规则》第 555 条与《刑事诉讼法》第 117 条的关系，是排斥关系，或者是互补关系。两者合起来，构成完整的依申请监督的授权，是对《刑事诉讼法》第 14 条的细化。

(3)《诉讼规则》第 555 条与《刑事诉讼法》第 49 条、第 57 条、第 75 条的关系，是竞合关系。

5. 几点结论

(1) 所有审查逮捕等办案中发现的侦查违法行为，检察机关均可监督。

(2) 所有来自当事人申请的侦查违法行为，检察机关均可监督。

(3) 所有授权检察机关依职权监督的事项，均可依申请而监督。

(三) 具体监督依据的分析

1. 审查起诉等办案中发现违法行为进行监督的依据。实践中，对审查起诉、延长侦查羁押期限、羁押必要性审查案件中发现的侦查违法行为，检察机关也进行了监督，侦查机关也接受了监督，但是上述监督，法律并没有明确的授权，监督依据是什么？笔者认为依据是《刑事诉讼法》第 100 条。立法在第 100 条授权，人民检察院在审查批准逮捕工作中监督公安机关的侦查违法行为，根据当然解释，对审查起诉等办案工作，也有权有责任监督公安机关的侦查违法行为。节约立法资源，没有必要重复规定，法律文本简洁。

2. 提前介入开展监督的依据。提前介入是根据《刑事诉讼法》第 87 条的规定发展而来，是审查逮捕案件的前奏，从这个意义上讲，提前介入是审查逮捕办案的扩大和向前延伸。

3. 追加逮捕的监督依据。追加逮捕属于办理审查逮捕案件过程，对公安机关适用强制措施进行的监督，仍然是《刑事诉讼法》第 100 条的监督范围，《诉讼规则》安排在审查批准逮捕一节当中，具体为第 288 条，这是合适的。

4. 不捕执行的监督依据。不批准逮捕决定的执行，属于办理审查逮捕案件的一个环节，对不捕执行的监督其依据应当是《刑事诉讼法》第 100 条。

5. 另案处理的监督依据。依据是最高人民检察院、公安部《关于规范刑事案件"另案处理"适用的指导意见》(高检会〔2014〕1号)。

6. 逮捕不当变更为释放。《刑事诉讼法》第96条要求公安机关要通知检察机关。如果有申请,检察机关自然可以监督。但是没有申请,检察机关依职权发现逮捕不当变更为释放的,则没有监督依据。因此,人民检察院只能用检察建议的方式,建议公安机关重新报捕。

7. 逮捕不当变更为监视居住的监督依据。《刑事诉讼法》第96条要求公安机关要通知检察机关。如果有申请,检察机关自然可以监督。但是没有申请,检察机关依职权发现不当变更为普通监视居住的,人民检察院只能用检察建议的方式,建议公安机关重新报捕。不当变更为指定居所监视居住的,人民检察院依据《刑事诉讼法》第75条的规定,进行监督。

8. 逮捕不当变更为取保候审的监督依据。《刑事诉讼法》第96条要求公安机关要通知检察机关。如果有申请,人民检察自然可以监督。但是如果没有申请,检察机关依职权监督逮捕不当变更为取保候审的,人民检察院只能用检察建议的方式,建议公安机关重新报捕。

9. 专项检查的监督依据。一方面,专项检查活动本身没有依据。这是协商式监督,需要公安机关的配合与支持。这是检察机关主动对接公安机关内部执法监督借力开展监督工作的探索。开展专项监督工作能够在短期内发现一批线索,办理一批监督案件,监督效果也比较明显。目前,实践中开展过的专项监督有:刑拘未报捕未移诉、取保候审、存疑不捕跟踪监督等。另一方面,专项检察中发现的具体违法事项的监督,是否有监督依据,需要具体分析。其中,依职权启动的独立型监督案件,如果《刑事诉讼法》没有明确授权的,则检察机关的监督只能使用检察建议书,而不能使用纠正违法通知书。

八、重大监督事项案件化办理的探索与思考

重大侦查活动监督事项案件化是健全检察监督体系、实现检察监督法治化、现代化发展的重要举措。推进重大监督事项案件化办理契合了最高人民检察院"在办案中监督,在监督中办案"的要求,有利于提升侦查活动监督质效,实现监督工作的双赢、多赢和共赢。2016年最高人民检察院把"重大监督事项案件化"作为侦查活动监督工作的发展方向,写进了《"十三五"时期检察工作发展规划纲要》,为加强侦查监督工作规范化、精细化建设指明了方向。

（一）监督案件的诉讼构造

监督案件属于案中案。侦查机关办理的刑事案件是原案，解决的是犯罪嫌疑人的罪责问题。监督案件则是调查、监督侦查机关在办理刑事案件过程中的侦查违法行为，是由原案派生出来的案件，是为了确保原案的办理遵循正当程序、实现实体公正和程序公正的重要举措。

监督案件的主体涉及控、辩、裁三方。现行诉讼模式中，侦查权较为强大，法院对侦查程序司法审查不彰，由独立的第三方检察机关对侦查活动是否合法性进行监督。具体而言，就是检察机关居中，侦查机关与犯罪嫌疑人、诉讼参与人两造，监督结果应当具有申诉等救济手段。因此，侦查活动监督可以认为是将侦查活动的合法性作为裁判对象的相对独立的诉讼审查程序。第一，作为侦查违法行为主要受害者的犯罪嫌疑人，成为“程序性原告”；而被监督的侦查机关成为“程序性被告”。第二，裁判的问题是侦查机关是否存在违法侦查行为以及违法侦查行为是否应受处罚性。第三，确定适当的调查程序、程序性听证、双方陈述本方意见和进行辩论。第四，确定相应的证据采信标准、证明责任分配原则以及相应的证明标准。第五，依法行使法律监督职权的检察机关对侦查机关是否存在违法侦查行为以及应当采取何种程序性制裁措施作出决定，并给予利害关系人救济的权利。有控告的监督案件呈现出这种典型的诉讼构造。如果监督案件系检察机关依职权启动办理的，则形成检察机关—侦查机关的两方构造，但这不影响监督案件的实体要素、证据要素和程序要素。

（二）监督案件的实体要素

案件由人和事实两个基本要素构成，刑事案件由犯罪嫌疑人和犯罪事实两个基本要素构成，同理，侦查活动监督案件由侦查人员和侦查违法事实构成。侦查违法事实由人实施，主要是侦查人员，因此，侦查人员是案件的主体要素，侦查违法行为由其实施。除了主体要素外，侦查违法事实还包括侦查违法行为，侦查违法行为对象、情节、后果等内容，但是，在这些因素中，侦查违法行为是案件的核心要素，也是侦查违法事实的核心内容。综上所述，监督案件的实体要素主要是侦查违法主体和侦查违法行为。

（三）监督案件的证据要素

人民检察院进行刑事诉讼必须以事实为依据。同样，办理侦查活动监督案件也要坚持以事实为依据，坚持证据裁判原则，用证据证明侦查违法事实，这就需要明确监督案件的证据种类、证明责任、证明标准。

1. 监督案件的证据。刑事诉讼中的事实分为定罪事实、量刑事实和程序事实。证据合法性是重要的程序事实。因此,与证据合法性紧密关联的侦查违法事实从总体上讲,属于程序性事实,从属于侦查行为合法性的证明。因此,凡是能够证明侦查违法事实的材料都是监督案件的证据。从形式上讲,可以是《刑事诉讼法》第50条规定的任何一种,这些证据形成于侦查活动过程中,或者形成于监督案件办理过程中。

2. 监督案件的证明责任。侦查违法事实的证明责任由检察机关或者侦查机关承担,而不能由犯罪嫌疑人、诉讼参与人所在的控方承担。这是由侦查工作的特点和监督案件的性质所决定的。我国的侦查行为具有封闭性特点,犯罪嫌疑人、诉讼参与人很难掌握侦查违法的证据,一般只能提供侦查违法的线索。犯罪嫌疑人、诉讼参与人所在的控方仅承担初步的举证责任。如果控告、举报侦查机关、侦查人员有侦查违法事实的,应当提供线索或者材料,这是监督案件启动的条件。这种初步的举证责任不是证明责任,侦查违法事实是否存在的证明责任不由控方承担。侦查行为在性质上属于行政行为,虽然在我国不具有可诉性,但是根据《刑事诉讼法》的规定,侦查机关应当依照法定程序实施侦查行为,侦查机关有义务确保侦查行为的合法性。《刑事诉讼法》第59条规定,人民检察院在审判阶段承担证据合法性的证明责任。在侦查阶段,检察机关作为监督者,侦查机关作为被监督者,侦查机关应当承担证据合法性的证明责任,这是公法领域举证责任倒置原则的必然要求。因此,《诉讼规则》第74条规定,人民检察院认为存在非法方法收集证据情形的,可以书面要求侦查机关对证据的合法性进行说明。但是对证据合法性承担证明责任,不等于对侦查违法事实承担证明责任,这是两个不同概念。侦查机关仅在法律有特别规定的场合,承担侦查违法事实的证明责任。这就是控方提出证据证明侦查机关存在非法取证可能时,侦查机关应当证明取证行为的合法性,不能证明时,根据《刑事诉讼法》第60条的规定,检察机关将依法认定存在非法取证的可能,从而排除相关证据。除此之外,侦查违法事实的证明责任由检察机关承担。这是检察机关作为法律监督机关的职责使然。

3. 证明标准。侦查违法事实的认定涉及侦查机关和侦查人员的声誉和荣誉,一旦认定,将会产生系列后果,兹事体大,不能不慎之又慎。笔者认为,认定侦查违法的证明标准有两种,一种是不能排除合理怀疑的标准,另一种是确实、充分的标准。前者适用于非法取证的证明,只要检察机关证明到不能排除非法取证存在的合理怀疑的,就可以认定非法取证的存在,从而作出排除非法证据的监督决定。

后者适用于其他侦查违法事实的认定。如此规定,让监督事实的认定有扎实的证据基础,让监督决定在事实上经得起检验,让侦查机关无话可说。

(四)监督案件的程序要素

程序具有限制恣意、保障平等、规范司法等重要功能。监督案件的程序同样具有限制监督滥权、规范监督活动的功能。监督程序的正当性直接关系到检察机关的监督权威。监督案件的程序,一般包括线索受理、立案、调查、决定、实施、救济、跟踪、结案、归档等程序。

1. 线索受理。线索受理是发现违法行为、启动监督程序的重要途径,也是检察机关广泛收集违法事实信息的有效手段,它是侦查活动监督运行的前提。线索受理的关键是要实现检察机关对侦查活动监督线索的统一管理。

2. 立案。立案是区分侦查活动监督线索与侦查活动监督案件的标志。监督程序的启动应当避免随意和滥用,因此设置立案环节,规定监督案件的启动标准和启动程序。笔者认为,立案的标准是有证据证明有重大侦查违法嫌疑,需要监督纠正。对于轻微违法行为不需要立案。当然对于一类轻微违法可以立案,采用检察建议的形式予以监督。对于符合立案条件的,向案件管理部门申请和分配案号。案号管理是案件化办理的重要标志,也是科学管理监督案件的基础。监督案件以一个违法事实或同类监督事项为基本单位,实行一案一号,一号一卷。同一案件中存在多个被监督事实,或者其他多个事实适宜合并监督的情形,应作为一案办理,编一个案号。

3. 调查。调查核实是侦查活动监督运行的关键,也是检察机关查清侦查违法事实的重要手段和保障。调查的目的是查清侦查违法事实,即要查清违法主体、侦查违法行为、违法结果、主观过错,为监督工作奠定事实基础。在最高人民检察院侦查监督厅制定的《关于侦查监督部门调查核实侦查违法行为的意见(试行)》第5条中,明确规定了10种调查核实方式,应当根据案件的不同性质和情况,决定采取调查核实的方式,查清案件事实。当违法行为情节严重涉嫌犯罪时,应当启动与职务犯罪侦查程序的对接。

4. 决定。审查决定是保障检察机关侦查活动监督科学决策的需要。通过法定程序对侦查违法事实是否存在作出认定,说明确认违法的理由和依据,进而提出监督意见。在审查过程中,视情况要求侦查机关对侦查行为的合法性进行说明,以听取侦查机关、侦查人员的意见,做到兼听则明。在必要时,可以对于重大复杂、社会影响较大的侦查活动监督案件通过公开审查的方式,增强侦查活动监督决定的透明度与公信力。

5. 实施。实施是落实检察机关侦查活动监督决定的需要,是实现监督目的的重要环节。实施的方式是送达。因此,监督案件的监督决定应当送达侦查机关和侦查人员,保障其知情权,同时告知救济的渠道。当然,监督案件有控告、申诉、举报人的,也应当告知其监督决定。检察宣告是送达的一种特殊形式。它是检察权行使的重要环节,是体现检察权作为司法权的重要仪式。长期以来,检察机关的监督决定简单地送达给侦查机关,依靠侦查机关主动纠正,不能真正从灵魂深处促动侦查人员依法执法、规范执法。探索检察宣告,在特定场所、特定人员见证、按照特定程序宣告检察机关的监督决定,对强化监督的权威性和实效性具有十分重要的意义。

6. 救济。救济因对象不同而有不同的救济渠道。侦查机关不接受检察机关纠正意见的,根据《诉讼规则》第 554 条的规定,可以要求复查,作出监督决定的检察院复查后报上一级检察院,上一级检察院开展复核。监督案件被调查人不服调查核实结论的,根据《渎职行为的监督规定》第 11 条的规定,可以向作出监督决定的检察院申诉而启动复查程序;对复查决定不服的,再向上一级检察院申请复核。控告、申诉人不服检察机关监督决定的,走申诉程序。

7. 跟踪。侦查机关有义务接受检察机关正确的监督决定,因此,向检察机关反馈监督决定的执行情况是侦查机关的当然义务,也是检察机关检验、评价监督效果的重要依据。当然检察机关也要跟踪收集侦查机关的反馈意见,保障检察机关监督决定落到实处。

8. 结案。结案是关于监督案件办理终结的标准和方式。检察机关要审查侦查机关和举报人、控告人、申诉人对检察机关监督决定的反馈意见,审视监督效果,达到监督目的的,可以结案;未达到监督目的的,应当根据检察一体原则,报告上一级检察院,继续开展监督工作,达到监督目的后结案。

9. 归档。归档是监督案件办理结束后,明确卷宗装订和归档要求,体现侦查活动监督事项作为案件的外在表现。

(五)监督事项案件化的司法实践

1. 监督案件办案机制

(1)繁简分流机制。办事模式与办案模式并举,口头纠正走办事模式,重大事项走案件化模式。这需要合理确定案件化办理的适用范围。

(2)过程监督机制。为解决办事模式下的监督过程虚化、公信力弱化问题,有针对性地提出强化调查核实、开展公开审查和建立检察宣告制度三项措施。强化过程监督，主要是加大监督力度，增强监督刚性。

(3)检察长为核心的办案组织。鉴于侦查活动监督对象的特殊性，在当前的司法体制下，由检察官对侦查机关及侦查人员进行监督，力不从心，效果不彰，为保证监督的严肃性和权威性，江苏省检察机关把侦查活动监督案件的立案、决定、结案等几个关键环节的决定权统一由检察长行使，体现对等监督、权力制约。建立检察长为核心的办案组织主要是体现监督的权威。

2. 监督案件管理

(1)加强监督线索的集中统一管理。监督线索既是监督案件的源头，也是监督工作的结果。对于具体的监督案件来说，线索是监督案件的源头；对于监督工作来说，线索是监督工作的结果。除了举报、控告、申诉，线索来自检察机关的监督工作，不开展监督工作就不能发现线索。办理监督案件是成绩，发现线索也是成绩。要建立线索发现、收集、经营到成案的管理机制，对发现线索、经营线索的工作提供激励。监督线索要进行初查，了解有多少走案件化办理程序、有多少走办事模式、有多少未进入监督程序，从源头上弄清监督线索底数。

(2)加强案号管理。对于立案的监督案件，应当单独编号，一案一号，最终监督结果是什么，排除证据有多少、纠正违法有多少、检察建议有多少、移送渎职案件线索有多少，一目了然，改变过去根据监督文书的编号进行统计的做法。

(3)加强案由管理。经梳理，侦查活动监督共有8类37个监督案由，250种监督情形，每一个监督案件都有了案由和立案标准。

(4)加强文书管理。办理监督案件需要使用符合监督案件特点的文书，为此，共设计了监督案件立案类、询问类、调取类、检查类、鉴定类、结案类等10类15种工作文书，有利于进一步规范监督案件的办理。

(5)加强质量管理。监督线索的来源是否合法；调查核实过程是否合法；侦查违法事实是否查清；是否有足够的证据能够证实侦查违法行为的情节、后果；监督手段是否合法，监督方式是否符合比例原则，是否与侦查违法行为相适应；监督的效果是否实现了防止侦查滥权、保障人权的监督目的。上述6个方面是检验监督案件质量高低的重要内容。

(6)加强卷宗管理。监督案件办理完毕，应当把办案过程中产生的证据材料单独立卷，根据案号顺序单独归档。对于走办事模式的监督事项，也应当登记、编号和归档。

公诉语言的基本规范与技巧

桑　涛*　浙江省杭州市富阳区人民检察院

目　次

* 桑涛，浙江省杭州市富阳区人民检察院检察长。

公诉语言，是检察人员在依法行使检察机关公诉职权过程中所使用的工作语言，包括公诉书面语言和公诉口头语言。有人说，其实，法律恰恰就是语言本身。不仅如此，法律得以存活的诉讼过程，就是一种语言的复杂游戏，一门语言的修辞艺术。公诉活动究其实质是检察机关的法律监督活动，其基本工具就是语言，因而掌握公诉语言，对开展好公诉工作意义重大。

一、审查起诉语言的基本技巧

审查起诉活动是公诉活动最基础的行为，这一阶段中，既有阅卷活动，又有直接面对犯罪嫌疑人的讯问活动，同时还有撰写审查报告、汇报案件、撰写法律文书等语言活动，公诉语言的运用十分普遍，现就主要的两部分做如下讲解。

（一）公诉讯问语言技巧

1. 要把握审查起诉阶段讯问犯罪嫌疑人的性质。审查起诉阶段讯问犯罪嫌疑人的性质，与侦查阶段侦查人员的讯问和审判阶段法庭的讯问均有不同，其根本性质是侦查监督。尽管审查起诉活动具有指控犯罪的功能，但其根本的立足点还是法律监督功能，这是由检察机关的宪法地位和审查起诉的任务决定的。

2. 审查起诉阶段讯问犯罪嫌疑人的目的。审查起诉阶段讯问犯罪嫌疑人的主要目的是：核实犯罪事实与情节、判断其刑事责任能力、掌握思想动态，预测庭上态度、开展侦查监督，发现冤错案件、发现遗漏的犯罪事实和犯罪嫌疑人，还有就是消除对抗情绪，促使犯罪嫌疑人认罪认罚。

3. 审查起诉阶段讯问语言的特点。审查起诉阶段的讯问语言，具有如下特点：使用口语，通俗易懂；文明合法，纯洁健康；语言规范，态度严肃；言简意赅，语意明确；对于认罪认罚工作，要说理清晰，以理服人，促其自愿接受。

（二）审查报告制作语言技巧

公诉案件审查报告是检察机关公诉部门的办案人员对公诉案件进行全面审查后，就案件是否应当起诉或者不起诉，以及是否需要提起附带民事诉讼等，提出结论性意见并阐明理由的重要书面材料。其具有案件审查、案件审批、庭审准备、明确责任的功能，语言特点主要是规范完整、表达丰富、详略得当、分析透彻、注重说理。这里重点说一下审查报告的三个方面：一是叙事语言技巧；二是证据分析语言方法；三是法律适用论证语言方法。

公诉案件审查报告的叙事语言方法是：一要符合记叙文的语言要求；二要详

细描写事件的发生过程;三要突出犯罪构成要件事实;四要忠实于案件证据,不能主观臆测;五要注意详略得当。

公诉案件审查报告的证据分析语言技巧:一是证据的摘录与列举语言,需要准确、客观、全面、详略得当。二是对证据进行说明语言,就是在每一份证据写完之后,都应当概括说明该证据证明了什么、与其他证据的吻合与矛盾之处、是否存在问题、存在什么样的问题、这一问题能否得到解决、是否需要补强或者重新提取。三是对证据的分析论证语言,要求公诉人员在认定证据的基础上,结合存在的问题,运用刑事诉讼证据理论,对本案所有证据的证明力、客观性、合法性以及证据间的关联性等进行综合分析论证,从而得出所建立的证据体系是否完善,全案证据是否确实、充分的结论。

公诉案件审查报告的适用法律论证语言技巧包括:一是应当符合议论文的一般语言特点;二是应当正确运用刑事法律理论;三是应当讲求科学的表达论证方式。

二、公诉人的法庭形象——以公诉语言为基础

我国台湾地区的张熙怀检察官曾说:"公诉检察官就是检察机关的门面,在公诉法庭上,公诉检察官的言行举止,就是该检察机关之代表,也是百姓心中检察官之表征。不在乎你是男性或女性律师,更不在乎你的期别,当然你的身高、相貌也不成问题,唯有挺直你的腰杆,双眼炯炯有神直视,口语清晰有力,才能充分展现出你的自信,被害人相信你的能力,被告凛于你的威严,辩护人钦佩你的风范,检察官的精神油然而生,同事间也将会以你为荣。"而最高人民检察院对公诉人的形象定位和要求是:"提高语言表达能力,做到语言词汇表述规范,增强语言的感染力和说服力,增强旁听群众的认同感,塑造公诉人可亲、可信、可敬的执法形象。"为此,对于公诉人的法庭形象总体要求是:理性而不流于平淡,激情而不失却风度。现实生活中,常见一些公诉人或在法庭上紧张发抖,声音发颤、无法组织语言,语无伦次;或语言淡而无味,缺乏激情活力,造成出庭死气沉沉,令人听得昏昏欲睡;或因片言只语被对方激怒,在法庭上"发飙"、脸红脖子粗,尽失风度,斯文扫地。更有甚者,有的人在法庭上与法官斗气,不听法庭指挥,意气用事,甚至拂袖离开法庭,造成公开开庭审理无法进行,严重影响良好形象。这些都是出庭形象的大忌,需要在工作中克服。而解决这一问题的重要手段,一是注重保持法庭形象,二是加强锤炼法庭语言。

(一)什么是法庭气势

要解决上述问题,就要解决什么是法庭气势问题。有人片面地认为,只要在法庭上声音大、得理不让人就是气势,其实这是对公诉人法庭气势的误解。详细分析,气势包括两个层面:气质,声势。其中,“气”,可以理解为气质、气韵、气场,这里包含了公诉人的修养、语言、风格。“势”,包括声势、态势、姿势,它是由声音、态度、体态决定的。因此,声嘶力竭不是气势,胡搅蛮缠不是气势,“喃喃自语”没有气势,结结巴巴影响气势,东倒西歪破坏气势,两眼无光丧失气势。公诉人在法庭上的形象,是通过其在法庭上的活动表现出来的,而这种活动分为两个大的方面,一是肢体的动静,二是语言表达。其中,肢体动静表现为法庭上的衣着面貌、精神状态、举手投足、坐立顾盼、面部表情等。语言表达,表现为在法庭上的语言交流,既包括法庭上的举证质证、发问询问、法庭辩论等“工作语言”,也包括与合议庭、辩护人的交流语言。上述两方面的表现,构成了法庭上的整体形象,旁听人员以及法庭上其他人员对于公诉人的印象、法庭形象的感受,正是通过这两个方面获得的。因而,良好的法庭形象,要求公诉人的外表形象可以不英俊、不漂亮,但一定要有气质,这种气质应是良好的个人素质和职业修养的自然流露,是出庭人员丰富的内在素质的外在展现。公诉人通过在法庭上的一系列活动,带给人们思想情绪的影响,正是法庭形象。

(二)法庭形象与气势的设计

要实现法庭上的气势,就需要公诉人刻意设计自己的法庭气势,具体来说,可以按照出庭的顺序来注意和锻炼自己的出庭气势。出庭人员应当从步入法庭那一刻起,直至走出法庭,始终注意自己的法庭形象,可以根据在法庭上的活动顺序和内容,设计和保持法庭形象。

1. 进入法庭到庭审开始前的阶段

(1)步入法庭时,是在法庭上的第一次亮相,第一印象的好坏,直接影响公众对出庭人员形象的判断。因此,要保持精神饱满,斗志昂扬。

(2)出庭人员在法庭上就座后,要注意保持良好的坐姿,做到直腰挺胸,镇定自若,而不能缩胸抱腹,给人一种缺乏信心之感。

庭上骚动怎么办?法庭审理中,难免会出现法庭上骚动的情况,一方面可能是被告人、被害人方因情绪、犯罪情节等原因发生争辩、争吵、情绪失控;另一方面,旁听人员因是当事人一方的亲属等,也会出现上述情绪反应。出现这种情况时,应对的方法要注意四个方面:镇定自若,处变不惊,目光控场,提醒法庭。

2. 法庭调查阶段

(1)宣读法律文书时要口齿清晰,姿态端正,铿锵有力。

(2)公诉人讯问被告人、律师发问时,总体的形象是态度威严而不失和气、语气严肃但不盛气凌人。

(3)交叉询问,应当理性、严肃、通俗、不威胁、不诱导,同时密切注意对方的发问态度、方式,及时抗议、反对。

(4)在举证阶段,要注重证据出示的顺序编排,举证时声音要响亮,宣读证据时不宜用平淡、枯燥的语气,而应当注意语音、语调和语言的节奏控制。

(三)庭审讯问的语言规范与技巧

前面已经说过审查起诉阶段讯问犯罪嫌疑人的性质与方法。法庭上的讯问被告人,与侦查阶段、审查起诉阶段的讯问都有不同,总体来说,这一阶段的讯问,需要把握的是:

法庭上讯问被告人的目的是:(1)通过被告人当庭的供述查明案件事实;(2)证明起诉书所认定的内容;(3)表明被告人的认罪态度,作为法庭处罚的依据;(4)揭穿被告人的虚假供述;(5)发现案件的争议焦点,为后面的举证质证和法庭辩论做准备。

法庭上讯问被告人语言特点包括:(1)语言的公开性;(2)语言的目的性;(3)语言的他向性;(4)语言的规范性;(5)语言的口语化和通俗性;(6)提问的简明单一性;(7)讯问方式的多样性;(8)讯问范围的限制性。

法庭上讯问被告人的具体方法有:(1)开门见山法;(2)迂回曲折法;(3)揭露矛盾法;(4)层层剥笋法;(5)引而不发法;(6)当面对质法;(7)借力打力法,即借辩护人对上一个被告人问话中的内容,作为下一个被告人的问题,揭露其虚假供述等。

在讯问技巧上,要注意的是:(1)明确讯问目的,围绕构成要件,突出重点。(2)语言规范,问话简练。(3)注意针对出现被告人翻供、沉默、答非所问等情况而设计问题。(4)对多名被告人讯问,从薄弱环节入手,各个击破。具体地说,就是对认罪的,要做到步步深入、突出重点、条理清晰、逻辑缜密。对不认罪的,要求迎头痛击、欲擒故纵、迂回包抄、避实就虚。

这里,有法庭讯问十要诀,大家可以试用:一是拣重点问,不要面面俱到。二是实则实之,伪则揭之。三是问案件事实与过程,不急于辩论案件定性。四是态度严肃,威而不怒。五是合理安排讯问的顺序。六是必要时对被告人进行对质。

七是必要的时候要记住,追上去补充讯问,不要懈怠。八是针对不同的被告人,选择不同的讯问策略。九是适时运用“反对”,对辩护人的诱导性发问予以制止。十是注意讯问用语禁忌。对于用语禁忌,很多同志不知道,但这是影响庭审效果的重要内容,应当注意总结与规范。比如,当被告人前后供述不一时,不要问被告人“你以哪次供述为准?”或者“你只要回答是或者不是”;在讯问中尽量不要念其以往的供述;不要威胁被告人;等等。

(四)质证的语言气势

质证是庭审活动中一个非常重要的环节,很多人却将这一环节忽视了。这里需要提醒公诉人的是,在质证时,要密切注意被告人、对方对所举证据的质疑、辩解等,及时对证据进行有效的质疑、说明,驳斥对方的观点。在被告人或对方举证时,首先要用肢体语言表达出是在认真倾听,身体略微前倾,双眼要炯炯有神地注视对方,一方面表现出对于对方的尊重,另一方面也要向对方传递出这样的信息:“我认真听着呢,你可别胡说哦! 我会反驳你的!”许多有经验的律师,就是用这种眼神和姿态,让对方举证时开始慌乱,一些本来就有问题、经不起质疑的证据,可能对方就不敢在法庭上出示了。

(五)占领心理高地,有效应对证人出庭

随着以审判为中心的诉讼制度改革的推进,刑事诉讼中直接言词原则将进一步影响公诉工作,因为从目前庭审情况来看,辩护人申请证人、鉴定人出庭的情况越来越普遍,而很多公诉人还没有引起足够的重视,或者还没有掌握应有的技巧。法庭上问话有一个基本原则,必须问你知道答案的问题,否则宁愿不问。为此,作为公诉人,首先,就要判断他是哪一方的证人:这个证人或者鉴定人会说什么? 如果这么说,对证据体系的影响怎样? 该如何处理? 如果是对方证人:是卷宗材料里原有的证人、鉴定人出庭呢,还是新的证人、新的有专门知识的人出庭呢? 而应对的基本方法是,“问其所必答、攻其所必救”“实则实之,伪则揭之”,实现“谎言揭穿在法庭”的效果。需要研究的问题有:如果是对方证人,公诉人就需要“占领心理高地”,即对于出庭作伪证或者推翻原证言的证人,要充分应对,其基本原理就是,这类人来出庭其实是个两难,毕竟以前提供过证言,轻易推翻很不容易,而且是在庄严的法庭上,当众说谎又可能付出伪证的代价,他心理压力是很大的,尤其是那些案发前主动交代行贿事实的人,本来就有从轻、减轻或者免除处罚的情节。这是我们占领心理高地的前提条件。其次,怎么占领? 这里分两个方面:一

是庭前掌控。如果有可能,可以在庭前及时与证人沟通,掌握他出庭的动向,讲清如实作证的必要性和作伪证的法律后果,最重要的是要打消他的顾虑。二是庭上智取。如果没有条件做到上述掌控,那么法庭上首先要问他以前证言的内容是什么样的,再问今天为什么和过去说得不一样,原因是什么?——如果他回答以前是忘记了,或者是没说清楚,以今天说的为准;或以前是侦查人员逼着说的,或者是侦查人员写好让他签字的,或者是侦查人员说一句让他重复一句,然后让他签字等,则针对他说侦查人员逼他作证问题,问清楚是哪个侦查人员这么做的、谁在场能够证明这一点,如果有同步录像,可以用同步录像证明他所说的是虚假的;如果没有,而你在审查起诉阶段或者在得知他要来出庭的时候也问过他,那么就问他在检察环节所说的为什么与侦查阶段一致、为什么不说在侦查阶段被逼或者侦查人员写好让他签字的问题,以证明他当庭所说的虚假性。对于他作证中的实质内容,还是要通过你所掌握的证据内容,在问话中揭露他的矛盾之处,从而证实今天他出庭所说的内容是虚假的。总之,在他作伪证的时候,你就要想尽办法让人觉得,他今天来作证,就是在说假话。还有一种情况,就是这个证人原来没有出现过,辩护人申请他来出庭。对于这种过去没有出现过的证人,在准备的时候我们就要尽量判断,他是来证明什么问题的?可以向法官了解,也可以通过对我们证据体系进行重新审视来判断,哪里证据比较薄弱,什么地方容易出问题,通过这些来判断这个证人来法庭上作证的目的。对于被人指使来作伪证的证人,我们要做的,就是放弃幻想,迎头痛击,没有别的办法。那么,对公诉人来说,如何实现迎头痛击?我们就要从他来作证是谁找来的、他对案件的了解程度、他与被告人及其亲属的关系、在案件中他看到了什么、一些具体细节问题他都知道什么,尤其是他与被告人说法之间是否存在矛盾等方面入手来问,一样是"伪则揭之",让他的谎言扩大,一开始不要急于说破,要让他说得越离谱越好,这里有个口诀,叫作"谎言最怕细节",他越怕对细节进行解释,你越要问,问到他无法解释,无法自圆其说,你就成功了。所以我们在准备证人、鉴定人出庭的时候,也要从这几个方面去考察,这个案子有没有什么问题没有解决?会不会在这些方面存在漏洞?

在这种交叉盘问过程中,我们同样要注意积极运用反对。首先,我们怎样提出反对?就是以什么形式向法庭表示你的反对?一般来讲,我们可以说:"反对!××在进行诱导性发问!"但这种提出方式的问题在于由于句子没有主语,让法庭上的人不知道公诉人是在对对方说,还是在对被告人说:你不要回答,还是在对合议庭说的。因此,最好是向审判长举手示意提出来:"审判长!××在对被告人进行诱导性发问,请予以制止!"这种做法的好处是能够遵守法庭纪律,不是随意发言、提问,而是向审判长提出抗议,如果对方确实是在诱导性发问,有时其实审判长已经想提出来了,而此时如果从我们口中提出这一意见,审判长一般都会立即支持我们的反对,要求对方不要进行诱导性发问。那么,什么时候提出反对最合适呢? 一般要当对方问话声音刚落,被告人还没有回答的时候,是提出反对的最佳时机,如果等到被告人已经回答了才反应过来,则效果就打了折扣。所以在对方发问时要集中精力听其问话,不要思想开小差,使反应能力降低。

(六)法庭辩论阶段的气势

法庭辩论的技巧后面专门论述,这里仍然说气势。具体来说:

1. 首轮辩论阶段。这是公诉人的法庭演说,要有演说的感觉与气势。主要方法有两个:一是写好公诉意见书;二是最好能用演讲的方式表达出来。

2. 在听取对方发表辩论意见阶段,同样要用肢体语言表明自己是在认真倾听。

3. 法庭答辩阶段,是对各方心理素质、语言素质、应变能力的集中检验,也是法庭形象的又一次集中展示,因而公诉人一定要在这方面下苦功夫。答辩阶段,要做到态度不温不火、答辩有理有节,并可适时地运用一些手势,让人觉得挥洒自如、既公正威严又不失温和,真正表现出执法的文明、理性、平和、公正。答辩的语言要有力度和气势,这"气势"二字怎么来? 不是基本靠吼,靠的是声音洪亮,使全场能够听见;靠的是语言流利顺畅,不结巴,不要有太多语气词;靠的是语言要抑扬顿挫,该停顿的时候要停顿,不要轻易把话语滑过去,该放慢节奏的时候要放慢节奏,加重语气表示强调,该慷慨有力的时候语调要激昂起来。这才叫气势。

综合上述内容来看,公诉人在法庭上的气势,需要的是平时的养成与训练,这就要求:一是我们要注重平时的体态仪表,养成公诉人的气质。二是要加强自我暗示,树立庭审的信心,正如孟子所说:"自反而缩,虽千万人吾往矣!"三是要加强语言技巧训练,形成有气势的语感,这个训练,包括我们平时的听、说、读、写训练等。

三、法庭辩论的语言规范与技巧

(一)法庭辩论的基本要求

1. 认识"法庭辩论"与"法庭上的辩论"

首先需要说明的是,法庭上的辩论和法庭辩论是有区别的,不要认为只有在法庭辩论阶段我们才需要辩论,笔者的体会是,法庭辩论活动其实基本上是贯穿整个庭审过程的。一位优秀的公诉人或者辩护人一定懂得在什么时机展开自己的辩论,而不一定非要在法庭辩论环节才开始辩论。比如,关于非法证据排除,这个问题怎么来解决?又如,我们在讯问被告人的过程中,被告人提出了自己的辩解,而公诉人对他的辩解可能有其他的一些看法,那么我们在提出异议的时候,可能双方就会展开辩论。再如,在举证质证环节,可能更加会短兵相接,这个时候的辩论反而比法庭辩论阶段更加激烈和精彩。

在这方面,相信很多检察官和律师都会非常有体会,现在开庭十几天,几十天已经不是稀罕的事了,而其主要的争议焦点,主要就是在法庭的举证、质证阶段展开的。所以说,有时候法庭上的辩论更能发挥一个公诉人或者辩护人的水平,体现他的才能,因为这个时候是最考验应变能力、处置能力和说服能力的。

2. 法庭辩论的程序

法庭辩论的程序是法律规定的,公诉人发表公诉意见,辩护人发表辩护意见,然后双方展开辩论。关于公诉意见书及辩护词的制作方法,这可以说是一个专门的题目,在这里就不详细展开了。对于这两“书”,笔者认为,总体的要求是六个字:“抓要点”“留后手”。“抓要点”就是要求我们不能面面俱到,什么都说到,要解决核心的争议问题;“留后手”就是要有所保留,比如对方没有注意到的或根本没有提到的我们这一方的薄弱环节,就不要先行暴露。

3. 法庭辩论中的显规则与潜规则

显规则就是纸面上的要求,关于法庭辩论,我们都有相应的规则。比如,公诉人与辩护人或者辩护人之间,要一个一个地说;辩论及辩护意见要围绕案件的事实与证据,不能人身攻击,也不能骂人,不管带不带脏字都是不允许的。

那么虽然有些东西没有写在纸面上,但是这些潜规则有时候更加重要。也就是说,法庭上我们说的话,说给谁听,对方能不能接受,能不能被你驳倒。潜规则就告诉我们,辩论的人要坚持听众中心主义,抑制一心打败对方的冲动,或者说抑制自我中心主义。因为法庭辩论的原理是,法庭辩论具有不可说服性,你不可能在法庭上当场把对方说服。

还有就是,风度比态度重要,道理比技巧重要,大气比聪明重要。因此,无论是公诉人还是辩护人,千万不要在法庭上给人一种巧言令色的印象,要大气,要有风度。

（二）法庭辩论的基本原理

1. 法庭辩论的意义

法庭辩论的意义有以下几个方面。

（1）通过争辩明确案件争议的焦点

对于一个案件，如何审视，如何判断罪与非罪，需要兼听则明。如果没有对抗，案件是否存在争议就比较难以判断，案件事实也往往难以真正查清，最可怕的是可能会导致法官偏听偏信。那么在争辩中，双方提出的对立的焦点问题，往往正好是罪与非罪、此罪与彼罪、重罪与轻罪的核心问题，法庭辩论的意义也就能够凸显出来。

（2）通过争辩解决争议的焦点或提出解决的路径

法庭开庭是干什么的？是要解决问题，而不是展示口才的。那么案件争议的焦点明确之后，控辩双方都会提出解决的方案。比如，公诉人坚持指控的观点，辩护人提出自己的辩护意见，应当判无罪或轻罪；再如，事实是否清楚，控辩双方都通过举证和质证来阐明案件事实清楚、证据充分的理由，双方会提出观点，看这个案件有没有达到证据确实、充分的标准。通过双方各自意见的发表，使法庭对是否采纳双方的意见，如何采纳，以及谁说得更加透彻、道理更加充分有一个判断。

（3）通过争辩辩明错误的观点、澄清模糊的认识

控辩双方的观点谁是正确的谁是错误的，一方面肯定要靠辩论技巧，另一方面可能更依靠谁的道理更加正确。道理不说不清，法理越辩越明，通过这样的激烈对抗，论辩中的正确观点才得以凸显，从而使证据的分析和判断更加符合客观真实，使程序的疏漏和错误得以弥补和更正，也使法律的适用更加准确和全面，使具体的诉讼目的统一到控辩双方的根本目的上来，即正确地适用法律。

（4）通过争辩宣传法律、教育旁听群众

因为辩论本身往往是关于法律正确理解的争辩，往往会使用一些似是而非的刑事法律理论来论证案件，这时候，无论是公诉人还是辩护人在辩论中可能都会出现一些问题，或是一定要指控被告人构成此罪，或是一定要为其开脱罪名。比如受贿罪中，“收受他人财物为他人谋取利益”怎么理解？有人说一定要谋得利益才行，而有人说没有具体请托事项而收受他人财物也视为承诺为他人谋取利益，其实这两方面的观点都是有问题的。我们通过对这些模糊观点的澄清，把正确的法律告诉大家，才能够起到宣传法律和教育群众的作用。

这就是法庭辩论的意义所在。

2. 法庭辩论的语言特点及价值

(1)语言的辩驳性

我们说,既然是辩论肯定就要辩起来,就要辩驳,它的第一个特点就是语言的辩驳性,这是法庭辩论语言最本质的特征。我们观看法庭辩论经常说这个辩论很精彩,那么究竟精彩在哪里,其实就是精彩在它的语言魅力上。和其他诉讼环节中的交流相比,法庭辩论语言的侧重点是不同的。法庭辩论中的语言形式主要是驳论,侧重于反驳对方的观点,实现在"破"中"立"自己的观点。当然,这种辩驳性并不是说答辩语言只讲驳不讲立,而是在立论的基础上进行辩驳,同时在辩驳中又强调自己的立论的正确性。语言的辩驳性要求控辩双方对驳论的方法要充分进行研究,掌握"破中立"这样的技巧。

(2)发言的即时性

我们都知道,法庭辩论不可能是说,对手提出一个观点,我一下子答不上来,赶紧跟法官建议休庭,先去研究一下,等会儿再来答辩。它是针对对方所提出的问题,在法庭上即刻进行回答和辩驳。这种答辩是不给控辩双方准备的机会的,也不能庭下讨论,更没有查资料的时间,在对方发言之后就要立即作答,具有发言的及时性。这就要求控辩双方一方面在庭前要进行充分的准备,另一方面对于没有预测到的问题要有应变能力,能够运用自己的知识储备和机敏反应,去积极地、有力地应对对方的辩论。

(3)语言的多向性

法庭辩论到底是说给谁听的?公诉人说完之后辩护人进行反驳,貌似是说给公诉人听的,实则不是。法庭辩论的目的是通过控辩双方的争论及辩驳明确各方的观点,批驳错误认识,通过争辩实现发现真相这一目的。一方面,事实胜于雄辩;另一方面,事实需要雄辩。所以我们要清楚,在辩论当中,表面上是说给对方听的,实则不仅仅是说给对方听,更主要是说给法庭听,说给旁听人员听。

语言的多向性应当说对我们很重要,因为我经常看到一些年轻的公诉人、辩护人,他们没有掌握语言多向性的规律,只顾对着对方说,对于一些东西他根本没有想到是要说给审判长听的,有的则认为是说给当事人听的,实际上,这对于语言多向性的理解都是有偏差的。

(4)发言的交替性

法庭辩论的方法和大专辩论会的自由辩论不一样,它是一种完整式的法庭发言,不是你一言我一语的自由辩论,你说完一句话我马上接上去,而是要把完整的意见发表完之后,对方才可以回答问题。发言的交替性就要求控辩双方组织语言要全面、完整,不能只准备只言片语、三言两语,因为法庭上的时间有限,发言的次数也是有限的,不可能说给你们5分钟自由辩论,不可能控辩双方无休止地一次又一次发言。所以我们要注意掌握发言的密度,要把观点或者信息尽可能多地融入一次发言中,而且也不宜太长。同时由于发言的交替性,在对方发言的时候,注意不要浪费时间,在倾听对方意见的同时,要利用好这段时间进行酝酿,思考下一轮答辩该说什么问题,而不是只听不思考,只满足于把对方的话听明白。

(5)发言的针对性

既然是辩论,就要针锋相对。有些公诉人或辩护人经常自说自话,把自己的观点说完之后不理对方说什么,等到对方说完之后,又把自己之前准备的东西再念一遍,这样就没有针对性。法庭辩论必须针对对方的观点来展开,对错误的观点进行批驳,对正确的观点予以肯定。针对性的特征就要求我们要有的放矢地来发言,法庭辩论不仅是对自己观点的重申,更重要的是对对方错误观点的反驳。

那么,我们就要围绕自己的体系,然后看他针对我的发言中有没有错误,对于他的错误进行法理、道理的辩驳。因此,发言的针对性就要求我们针对对方的错误观点而进行,不要只说自己的理,不辩别人的理。

(6)语言的简洁明快性

法庭辩论是针对对方提出的观点,进行有针对性的辩驳,因此,控辩双方要掌握好自己答辩语言的风格,要简洁明快,多用短语。不要使用长句,长句子的修饰词太多,别人也听不懂,也不要长篇大论,喋喋不休。因此,语言的明快性就要求控辩双方注意发言的语言风格,用最简洁、通俗易懂的语言把观点说清楚。

(7)用语的通俗性

法庭辩论是说给别人听的,不是说给自己听的,而且不仅是控辩双方之间的交流,所以我们的辩论语言就要让所有人都能听得懂,要更多地使用音感比较强的双音词,切忌用故作高深、晦涩难懂的话来表达自己的意思。有时在法庭辩论中,我发现有些人水平很高,掌握的很多名词我们都听不懂,只是知道基本意思。你把这种专用名词说出来,虽然用了法言法语,但没有用通俗易懂的语言进行展开,别人不知道你在说什么,尤其是旁听人员中不懂法律或者法律知识不多的群众,他可能就不知道你在说什么,那么法庭的辩论效果就大打折扣了。

(8)用语的逻辑性

辩论肯定是逻辑之战,符合逻辑是辩论的一般要求。任何人在辩论中,即使是诡辩也不会承认,要极力坚持自己的观点和方法是合乎逻辑的。当然,只有真正合乎逻辑的方法才能够得出正确的辩论结论,因此,我们的辩论用语要合乎逻辑,没有逻辑性的答辩语言是经不起批驳的。所以,用语的逻辑性要求控辩双方在答辩的过程中必须注意运用逻辑方法,如同一律、排中律,不能自己说东西的自相矛盾。

(9)语言的准确性

既然是法庭辩论,对于一个观点、法理的阐述就要准确,不能含糊其词,所以用语要严谨,逻辑要缜密,不要给对方留空子,因为一旦用词不准确,很可能就给对方留了一个攻击的口子。

(10)表达的艺术性

法庭辩论之所以精彩,除了逻辑缜密、论理清楚之外,还有一点就是有艺术性,所以其实在法庭辩论中,大多数人不是看门道,而是看热闹的。当然我们说肯定要说出门道来的,因为控辩双方和法官是能听出门道来的,但在法庭辩论中旁听的大部分人是不懂法律的,所以我们在法庭辩论中除了说门道之外,热闹也还是需要的。表达的艺术性就要求控辩双方在语言的表达上要注意修辞,讲究语言的文学艺术色彩,要使用生动形象的语言以及各种辩论手法进行答辩,充分地展现良好的素质和形象。

(三)法庭辩论的实战分析

1.刑事案件法庭辩论的难点

大家都知道法庭辩论比较难,难在什么地方,笔者认为有以下五个方面。

(1)知识储备的较量

法庭辩论最终是知识储备的较量,一个人嘴皮子再溜但脑子里空空的是不行的,法庭辩论辩的是法理、道理,辩的是你的知识、知识面,以及你对案件的熟悉掌握程度,这些当然肯定要靠你的知识储备。

(2)语言的艺术交锋

刚才前面也说到了需要高超的语言技巧,我们说别人看法庭辩论,既要看门道也要看热闹,可能大多数人更多的是看你的热闹,那么这个时候你在短时间内能把你的语言表达得很艺术,让人听起来感觉是一种艺术享受,这也是对我们提出了一个比较高的要求。

(3)应变能力的考验

法庭上的局面经常是瞬息万变的,本来认罪的突然不认罪了,不认罪的突然认罪了,或者传唤的证人突然改变了你预期的证言,这些都可能会发生。在这个时候,对我们的控辩双方,无论是公诉人还是辩护人,都提出了有较高的应变能力的要求。

(4)主动权的掌控

法庭上,谁掌握了庭审的主动权,谁就可能在辩论当中占上风。那么主动权怎么把握,这也是需要技巧的,而不是说掌握了庭审的主动权就掌握了辩论主动权。

(5)及时处置意想不到的状况

法庭上经常还会出现一些意想不到的状况。比如我是一个辩护人,突然被害人家属向我扔鞋子,我该怎么办;有人闹庭,在法庭上大骂、大哭大闹该怎么办;有人冲撞审判区,又应该怎么办。这些都需要我们及时处置和应对。这些突发的状况,虽然不是我们法庭辩论中的问题,但也和我们的辩论效果息息相关,需要我们妥善处理。

2. 当前控辩双方在法庭辩论中存在的问题

笔者也经常去观摩庭审,感觉在当前的法庭辩论中,无论是公诉方还是辩护方,在答辩中的表现,可能都存在以下几种情形:

一是"慢"。"慢"就是反应慢。有的人在法庭辩论上反应迟钝,对方提出的辩论意见、观点,他没有听懂或者没有听清,没有能够立刻领会对方提出的核心焦点问题,更没有作出快速的反应,感觉就是愣住了,半天不知道该怎么说,或者根本答非所问,没有针对性。

二是"断"。"断"就是断断续续。法庭上的语言表达,尤其是法庭辩论中的语言表达需要流畅。有的人语言驾驭能力比较差,答辩中语言不流畅,表达跟不上思维,表现出来就是语言断断续续、结结巴巴,或者长时间的冷场,想不起来用什么词了,又或者是多余的语气词比较多,湮没了主要的发言内容。

三是"乱"。"乱"就是思维混乱。在答辩中头绪纷乱,层次不清,对于对方提出的相关理论问题答不上,结果越答越慌,显得乱了阵脚。答辩缺乏逻辑性,内在的逻辑关系搞不清,不能冷静、沉着地回答对方的问题,不能及时处置意外的情况,对于没有预料到的问题束手无策,慌了手脚,造成答辩的时候语无伦次。

四是"散"。"散"的表现就是没有自己的体系。对方说到什么问题他就答什么,导致被对方牵着鼻子走,事无巨细地一概答辩,面面俱到,四面出击,结果时间可能说了很长,但是完全没有突出答辩的重点,主次也不清楚。特别是在一些多被告人、多辩护人的庭审中,有的公诉人就会有这种表现,答辩冗长、重复、散乱无边,根本不知道其重点所在。

五是"软"。"软"是嘴软。有的人在答辩过程中没有针对性,态度不坚决,语言犹犹豫豫,观点不鲜明。该义正词严的时候没有义正词严,答辩显得软弱无力,缺乏气势,感觉庭审局面完全被对方笼罩,出现一边倒的被动局面。

对于这一点,笔者发现公诉人可能经常会存在这个问题,而现在的辩护人气势普遍都还是不错的,那么有的公诉人就感觉底气不足,他并不是对案子底气不足,而是个人的自信心不够,所以在这方面,可能还要加强对自信心的训练。

六是"抗"。"抗"跟软是相对的。有的人就感觉一定要在法庭上把对方驳倒,这样才算胜诉。这表现在答辩时斗气的思想比较严重,不能冷静地对待法庭辩论,甚至强词夺理,不惜诡辩、说歪理,或者粗暴打断对方的发言,或者一语不合就暴跳如雷、没有风度等。尤其是某些公诉人,我认为很不好的就是,在法庭上把一些不属于本案指控的也没有证据的事实,甚至是被告人个人的隐私,如包养情妇、嫖娼等,也作为赌胜负的筹码和指控的依据,试图说明被告人人格低下,其实这种做法反而是授人以柄。

七是"僵"。有的人虽然有自己的辩论风格,但他就只是一个风格,不能根据对方的风格去调整自己的辩风,只知道义正词严不知道和风细雨。其实,在以审判为中心的刑事诉讼模式中,控辩双方出庭的风格都应当由过去传统的慷慨激昂型转向现在的理性平和型。

为什么有的人僵?我感觉尤其是一些公诉人,由于长期以来受传统的职权主义诉讼模式的影响,在出庭公诉的时候一直没有改变高高在上、居高临下的心态,认为自己代表国家,代表正义,代表公平,而辩护人是代表当事人的。那么在这样的错误理念的驱使下,就表现得不够理性、平和。

所以现代的刑事诉讼庭审方式越来越要求控辩平等、理性平和、以理服人和以正治人,这样的风格更能够有助于法官查明案件事实,分清责任,正确裁判。所以说,控辩双方在法庭辩论当中都应当保持客观、公正、理性、平和的风格。只有能够按照法庭上的形式,按照对方的辩论风格,及时调整自己的答辩风格,才不会表现得僵化不灵。

3. 针对上述问题法庭辩论的一般要点

针对上述问题,关于法庭辩论的一般要点,我也是根据当前法庭辩论中存在的问题,有针对性地提出来的,有这样六个字:"立""备""听""思""变""对"。

一是"立"。"立"就是在法庭辩论当中,首先要立足于自我,守住阵地。很多人之所以在法庭上被对方牵着鼻子走,就是没有自己的主见和观点,忘记了自己的庭审职责。我们的庭审职责,就是立足于案件的事实和证据,来准确判断、处理案件，这是我们庭审活动的根本，只要把这个根本立住了，其他的问题其实都是次要的、枝节的。所以，我们在答辩中一定要注意紧紧围绕自己掌握的核心问题。例如，这个案件证据不足，不足在什么地方，就紧紧抓住这点，不要对方说了一个其他问题，就去抓那个问题，把自己的核心问题丢了，我们不能偏离主题。

二是“备”。做好庭前预测，做好充分准备，这是在法庭辩论中取胜的一个很重要因素。在法庭辩论之前，我们就要进行充分的准备，不能轻敌。古人说：“凡事预则立，不预则废。”我们的法庭辩论应当是有备而来，而不是仓促应战，所以在开庭之前我们要熟悉案件情况，准备好答辩提纲，做好答辩的准备。

大家应该都知道，接到出庭通知之后，首先要熟悉与案件有关的情况，熟悉证据，熟悉各个证据所证实的内容、证据之间的关系以及证据有没有问题，熟悉和案件有关的法律、司法解释以及政策、行政法规，掌握定性、量刑的相关依据。同时，还要了解和熟悉与案件相关的专业知识。比如，群里经常讨论的鉴定意见的问题，又如，案件的背景知识，再如，杀人案件就要懂法医学，股票、期货的案件就要懂股票、期货，要是去辩论计算机案件，你要懂计算机。

某网络犯罪案件中，辩护人问公诉人“你用没用过网络视频？”公诉人说“没有。”辩护人就说“那你没有用过，不知道，怎么指控？”公诉人就不知道该怎么回答了。其实这个问题很好回答，没有看过不代表不懂，更不代表其他的专业人员不懂，只要通过专业人士，或者庭前了解，就可以掌握它的基本原理。

再一个就是准备好答辩提纲，要根据阅卷、调查所掌握的情况，把答辩提纲准备好；同时在法庭调查阶段，注意修正答辩提纲；在法庭辩论阶段，根据庭审中的动态、被告人口供的变化、证人证言等，及时地调整、修改答辩提纲，从而使答辩提纲具有针对性，能够有效地实现辩论的目的。

三是“听”。“听”很重要，就是要注意倾听，听出门道来。在法庭辩论中，没有听也就没有说，不知道对方说了什么怎么去答辩，所以我们要实现答辩的针对性，就是要注意倾听，要听出门道。对方的辩论意见可能很多，但是我们可以进行归纳，比如，说围绕证据问题，对方可以提出很多问题，但是这些问题归纳起来可能就是一个大问题；再如，说围绕定性问题，对方会提出很多问题，但归纳起来最终还是一个如何辨明案件性质的问题。很多人就是因为不会听，不会归纳，所以别人说一个问题他就记一个问题，他记一个问题到时候就答辩一个问题，结果三个辩护人提了30个问题，他在答辩中就要回答30个问题，其实这就是因为他不会听。

四是“思”。“思”就是思考，我们不但要听对方的观点，同时还要在对方发言的时候思考出对策。因此,我们就要训练一心二用的能力,以及迅速找出对策的能力。这就需要靠训练,要求能够结合他提出的辩论观点和我们前期准备的观点进行提炼,作出一个答辩准备,“听”和“思”要结合,不能顾此失彼。

对于这两个问题怎么结合,笔者的做法是:在法庭辩论中拿一张纸,在纸的中间画一条线,左边是听到的对方的观点,右边是针对这些观点归纳出的答辩的意见。在听和记录的同时,还要注意,这个观点与前面的观点有没有重复的地方,这个观点属于哪一类问题,比如这一观点是证据类的,这一观点是适用法律类的,这一观点是量刑情节类的,在听的时候,就把它们进行归类,然后标个箭头,标到相对应的那一类,这就做到了“听”和“思”的结合。

五是“变”。“变”就是我们都要提高自己的应变能力。预测是一回事,在法庭上出现了新的变化,我们就要去应变,掌握主动。那么经常出现的问题是,庭前预测可能很充分,准备得很多,但是突然在辩论过程中,他没有根据我所准备的问题进行答辩、辩论。这个时候怎么办? 不能乱了阵脚。遇到变化就要沉着冷静,不能慌乱紧张,要放松,要用积极的心态去应对,根本的问题还是要立足于案件的基本事实,机动灵活地处理庭上的变化。当然这种沉着冷静是以心中有数为基础的,也就是说,关于对方提出的问题,你自己要有一个基本的看法或者观点,能够针锋相对地予以回击,这个就要靠我们平时多思考、多积累了。

六是“对”。“对”也就是应对。根据对方的风格,针锋相对地调整、运用答辩语言和方式,有力地应对,有效地实现答辩的效果。在形成自己风格的同时,要根据对方在法庭上的风格,有针对性地运用答辩和辩论的技巧。应当说,每一个稍微成熟一点的公诉人或辩护人都会有自己的风格,在此前提下,还要根据法庭上对方的辩风、态度、语言风格,适度调整自己的风格,不能一成不变。

要实现这六个方面,我感觉除了要精通刑法、刑事诉讼法及相关司法解释之外,更多的还要对一些相关的法律知识,如民商法、行政法、刑事侦查、法医学等各方面,有相当的学习和了解。在这一方面,我们公诉人的知识要比律师朋友们欠缺很多,要向律师们学习。除了具备系统的法律知识之外,还要有其他自然科学、社会学、经济学、哲学、人口学等科学知识,同时还要对一些大政的方针政策、工作大局,以及形势政策的发展、变化、调整,都要有所了解。这样你才能够在法庭辩论当中掌握主动权。

(四)提升法庭辩论水平的方法与技巧

这里有一段我国台湾地区张熙怀检察官对于公诉检察官在法庭辩论的攻防

过程提出的几个意见，笔者认为有必要推荐给大家。他说一个公诉检察官在法庭辩论攻防过程中，必须兼具专心、分心、细心、耐心、决心、爱心。

专心，就是专注本案案情，以及在交叉询问当中，必须根据过程的推进而推进，要心无旁骛。

分心，就是不但要专注案情，还必须分心注意被告，注意对方的发问目的何在，以及有无不当之处，注意证人、鉴定人的表情神态，以及回答有无不当的地方，另外还要注意笔录、记录是否翔实，记载的问答内容有无歧义。

细心，待证事项建立的摧毁是点滴所积累而成的，无论是否立于重返结论的地位，无论你是主询问还是反询问，发问者都应当提出逐渐建构的问题、安全无暇的问题、投石问路的问题，就是要设计好自己的问题。

耐心，就是在案件复杂，牵扯面广，证据材料、被告人、无罪辩论比较多，以及反方的证人比较顽抗等情况下，我们需要有耐心，只有耐心才能使真相大白。

决心，我们公诉人经常立于举证这方，压力比较大，对于人、事、实、地、物、构成要件等要素，在开庭之前就要准备好，进行一问一答等事无巨细的询问，要有不达目的绝对不终止的决心。

爱心，就是要讲人文关怀，要有公益人的色彩，不要一味地指控犯罪，不考虑人文关怀，不但要打击犯罪，还要有保障人权的观念。

结合张熙怀检察官提出的几个“心”，对于答辩当中的技巧，笔者认为有以下几个方面。

1. 掌握驳论文的写作方法

我们从小以及参加高考都要写作文，一般都是议论文。我们知道有议论文，还有驳论文，驳论文写作的方法主要是驳论点、驳论据和驳论证方法。驳论点就是先举出对方荒谬的论点，然后用正确的道理和确凿的事实加以驳斥。

这个人用一个错误的事实，来论证他不构成或构成犯罪，那么我们就针对他所说的错误的事实，对其进行驳斥；他所使用的证据是错误的，证据存在合理怀疑，或者体系不完善，或者是非法证据，那我们就通过攻击这个非法证据，得出证据体系没有达到排除合理怀疑的证明标准，因此事实就不清楚。通过这种驳论据的方法，来驳倒他的理论。

2. 组织好语言

一场法庭辩论为什么可看性比较强，就是因为双方语言精彩。所以我们要组织好我们的语言，做到沉着、沉稳、大气、观点明确、说理透彻、表达流畅、语言犀利等，那么怎么做到这一点呢？特别是对于初学的同志，有这样几点建议：

第一,就是写好发言稿。因为很多新入门的律师或者公诉人感觉可能脱不了稿,脱不了稿怎么办。你就把你的答辩提纲写得详细一点,用写发言稿的形式,把一些过渡性的语句也都写进去。

第二,就是在写好发言稿的前提下压缩发言的内容,有些可以用脑子里的东西直接组织起来,就可以过去了,这样除了念的成分之外就还有说的成分,显得从容不迫。

第三,列一个提纲,大胆地锻炼我们的脱稿辩论。无论是公诉人还是辩护人,看他们的水平如何,在法庭辩论中能否脱稿是一个很重要的因素,这很能反映一个人的水平。大家看一些比较优秀的律师,特别是在辩论阶段,除了发表辩护词,他们一般都是脱稿的。他们是怎么训练出来的呢?也是从写发言稿,列提纲,再把提纲记在脑子里,根据庭审的情况再打好腹稿,而对于比较复杂的问题,就通过一二三四列点的形式说出来。这种脱稿的形式有什么好处呢?就是增强了法庭辩论的气势,给人的感觉,一是对案件很熟悉,二是能够熟练地掌握辩论的技巧,那么辩论效果就会好很多。

第四,我们的答辩要精彩还需要有始有终。怎么做到有始有终呢?就要说好答辩的开场白和结束语,使答辩活动首尾呼应。答辩的开场白虽然不是答辩的具体内容,但是如果开场白说得好的话,会给人耳目一新、精神一怔的感觉,尤其是当辩护人气势正盛或者混淆视听,其气焰需要打击的时候,你的开场白就更加重要了。

第五,在语言表达的同时注意法庭形象。我们说法庭形象可以促进答辩的效果,因为答辩的效果不仅是通过有声语言传递出来的,还要通过人的形象、无声的肢体语言来表达。对于这一点,首先要控制语速,吐字清晰。笔者经常看到有的辩护人,声音不是非常洪亮,语速也不是非常快,但是他说的每一句话都能让法庭上的所有人听得到、听得清,他所想表达的意思也都能被大家所接受。其原因就是在于他能够合理地控制语速,并且吐字清晰,让人能够听得清楚,听得明白。

3. 善于入情入理

语言可以伤人也可以感人,如果用辩论语言来伤人,对法律人来说是不道德的,但是用辩论语言以情感人就是可取的,所以使用语言表达情感的时候要注意这样几个问题:

第一,具体案件的辩论语言要有一个基调,要注意和具体的案件情况结合起来,比如人命案件就不能说得太喜庆。

第二,作为一个法律人,不能带有当事人的感情色彩,我们的语言情感需要进行理智的处理才能表达出来。古人曾经有一副对联中说到"莫将私意入公门"，就是说不要把自己的私人感情带到案件中去。笔者曾经办过一个拒不执行判决裁定的案件，对面的辩护人就把当事人的情感带到了法庭辩论中，在辩论中他当场就哭起来了，这个是不可取的。

当然公诉人这方也是一样的。笔者曾经观摩一个案例，几个被害人是被毒死的，很可怜很惨，公诉人在法庭上也泣不成声，这让人感觉是怀着对广大人民群众的深厚感情去发表辩论。虽然说这也不足为怪，但是我感觉作为一个法律人，还是应当控制自己的情感，要懂得如何在法庭上发挥自己的情感。

在法庭辩论中，我们情感的措辞应当发而不露、放而不重，用委婉、曲折、含蓄的这种中性语言来表达。控辩双方在法庭上更应该像一个说书人，虽然说的内容中带有感情，但是不能把自己变成书里面的人物，变成当事人，这就不可取了。

4. 注意形象

前面我已经说到了，不但要注意语言表达，还要注意肢体表达，不要出现一些有失风度的行为或动作，这里就不再展开了。

（五）根据对方特点确立辩论策略

一个优秀的公诉人或者辩护人，不但要形成自己的辩风，还应当摒弃僵化的模式。比如有的人是理性平和型的，他就只会平铺直叙地讲道理，没有慷慨激昂的时候；有的则是慷慨激昂型，他就不会委婉地讲道理，这样都是不行的。

因为经常看到一个理性平和型的公诉人，他遇到一个比较喜欢煽情的、慷慨激昂的对手，他还是用他原来理性平和的套路，这让人感觉整个庭上的气氛一边倒，公诉人就像一个受气的角色，导致庭审效果不佳。因此，一个优秀的公诉人或辩护人，应当把自己培养成一个全攻全守型的选手，把自己的语言风格塑造成"嬉笑怒骂，皆成文章"，当然不是让你去骂人，而是百炼钢成绕指柔，就是你来什么样的风格我都可以应付。

所以我说，我们的法庭辩论应当是激情而不失于理性，理性而不流于平庸。那么基于这样一个立足点，我们就要研究每一个对手可能的风格，根据他们的风格来选择我们的应对策略。仔细考虑一下，笔者认为有这样几种风格。

1. 理性平和型

这也是我们所倡导的一种类型，在辩论当中，风格比较稳健、务实。对于这样的对手，他往往作风很扎实、细致，如果你不谨慎就可能会栽在他的手里。所以对待这样风格的对手，你一定要认真再审视一下你的案件材料，是不是掌握得很清楚了,有些观点是不是有漏洞,防止被他抓到漏洞。

2. 高傲自满型

可能是执业时间比较长,或者是做公诉人的时间比较长,比较有自信,就像笔者这样干了20多年的,可能对于年轻人不太放在眼里,其实这也是有问题的。凭经验去辩护、辩论没有问题,但是不能犯经验主义的错误,而高傲自满型风格的人往往会犯经验主义的毛病,他可能对于一些新的法律规定和司法解释没有掌握,这时就要从这些方面入手,来挫败他高傲自满的做派。

3. 激昂煽情型

他在法庭上情绪比较饱满,富有激情,语言有气势很精彩,喜欢夸大对方的过错或者渲染一些情绪,特别是人多的时候人来疯。可是事物往往会走向反面,如果一味地去煽情,那法律的问题他可能就研究得比较少。这个时候,如果你对自己有自信,也可以进行煽情对抗,能压倒对方那是最好的;如果你压不倒他,感觉这方面可能弱一点,那你就诉诸理性,按照你所掌握的道理,用大道理来管他的小道理。他煽情针对的可能只是小部分人的价值,那你就要从主流价值,从大的方面来对抗他。

还有一种方法叫搞笑对抗,你可以在他的慷慨激昂中找出一些可笑的地方,轻轻一点,可能就达到了老子说的"挫其锐,解其纷"的目的。

4. 虚与应付型

有的人作风不扎实,工作不认真,态度不细致,虚与应付,责任心不强。对于这种风格就比较好办,你只要认真细致一点,抓住他的毛病,狠狠地去驳倒他。笔者曾经碰到过一个律师,他可能业务也比较多,就稀里糊涂跑来代理,估计会见也都是让助手去会见的,把被告人名字都弄错了。当时笔者就说了两句:"辩护人收了当事人高额的律师费用应当认真负责地对待我们的当事人,遗憾的是我们发现辩护人把当事人名字都弄错了,这是很不认真严肃的态度,希望辩护人在今后的工作当中予以注意。"这种类似的情况,对于对方存在的问题我们可以指出来。

5. 咬文嚼字型

这种人喜欢挑你的小毛病,对于这种情况,如果你确实有毛病,比如刚才在答辩的时候有口误,你就大胆承认,如果这个都不承认说明你的态度不积极、不中肯,而且承认的同时也不会影响你的主流问题,因为枝节性问题不会影响主流问题。

6. 强词夺理型

这种人有时候错了还一定要坚持,这个时候我们就要当场指出来,对于你这点前面法庭已经界定为有问题了,不能再拿这个错误的论据出来,否则得出的必然是荒谬的结论。对于这种强词夺理型的,我们一定要直接指出他存在的问题。

7. 攻其一点型

有些人是攻其一点型的,你有一点什么毛病他就死死抓住,攻其一点,不及其余。这时我们就要全面地说问题,举出已经查明的事实或者法庭调查中已经明确的东西,我其他的问题已经解决了,你不要只关注这一点,不管双方的证据体系是否有问题,都不可能用攻其一点来解决问题。

8. 卖弄理论型

前面我也说到了,有的人只是说一些高深的概念,也不进行阐明,这个时候我们就要用通俗易懂的话语和道理来破解。而且我们要紧紧围绕现在已经掌握的案件事实,以及案件中简单的理论,用四两拨千斤的方法来破解。

这是应对不同辩论风格的人所需要采取的不同的策略。

(六)答辩提纲的制作与修改技巧

在答辩提纲制作之前,首先要熟悉案情、证据及相关的法律、法规、政策等,要归纳辩点。答辩提纲归纳辩点主要从这样几个方面入手:

第一,根据阅卷的情况来归纳辩点。

第二,通过提审或者会见,见了当事人之后,注意他的供述和他的心态,根据他的要求来归纳辩点。

第三,通过听取对方的意见,或者是与公诉人沟通交流来发现辩点。我们在开庭之前,或在案件交流的时候,经常会听到对方的意见,他很有可能也会在法庭上这么说,因此,根据这个来归纳辩点。

第四,针对案件的争议问题来确定辩点,每个案件肯定都会有比较突出的争议问题,我们把这些争议问题理出来,就是我们的焦点问题。

第五,针对起诉书所认定的事实、情节来确定辩点。我们看起诉书中存在什么问题,它的事实认定、证据方面以及适用法律方面等,有哪些问题是我们争议的焦点,这也就是我们在法庭上会产生争议的问题。

答辩提纲是我们在庭前准备的时候写好的,但它不是一成不变的,一定要根据庭审当庭的情况来及时地调整,那么怎么来调整呢?

第一,通过当庭的询问或者发问被告人的情况,来调整我们的答辩提纲。比如,我本来是打算做无罪辩解的,结果他当庭突然认罪了怎么办,有的辩护人措手不及,遇到这种情况,就是要改变我们的辩护策略。当然大部分情况下,我们是跟当事人沟通好了的。

第二,通过对方的询问、发问来调整我们的答辩提纲,就是对方在问的过程中隐含了什么问题,通过这个问题我们可以预测到他在法庭辩论中会提什么东西。也就是根据他所提问的问题,我们要深究他隐含在问题背后的观点,根据这个来修改我们的答辩提纲。

第三,通过双方的举证、质证情况来调整,在这过程中,双方的观点又有什么变化,根据其中所出现的问题来调整答辩提纲。

第四,根据证人出庭的情况来调整答辩提纲。随着以审判为中心诉讼制度改革进程的加快,今后证人出庭的情况会越来越多。证人出庭最大的一个问题是可变性,他可能会改变之前作出的证言,或者你掌握的证人会怎么说,他到了法庭上又不是这样说了,这个时候你就不能一成不变了,就要根据他当庭所说的证言来调整你的答辩提纲。

(七)法庭辩论技能提高的方法

简单地说有这样几个方面:

第一,积累。因为办理刑事案件,无论是公诉人还是辩护人,更多的时候还是一个经验的总结,所以我们要随时总结,同时还要注意经常观摩别人开庭。

第二,学习。当然积累也是学习,这里指的是狭义的学习,就是我们要学实体法和程序法,同时还要学案例,学辩论的方法。

第三,训练。训练很重要,我们说辩论,其实说简单也简单,说复杂也复杂,更多的时候看你怎么训练。无论是开展律师辩论赛还是公诉人与律师的控辩赛,应该说都起到了很好的训练作用。因为我们在辩论实训中练得最多的就是案例,无论担任控方或辩方,拿到一个案例后就要研究怎么去论证,对于从事法律工作的律师、公诉人,这样的实训都是非常有意义,也是非常实用的。

第四,思考。思考有这么几个方面:

1. 第一时间思考。

下了庭之后马上就思考在法庭上、在答辩过程中有什么问题。出庭、辩论永远是一个遗憾的艺术,永远会想到那句话要是这么说就好了。如果你每次下了庭之后,都把这些问题记下来,那你的辩论水平肯定会越来越高。

2. 通过写文章来反思。

用笔头来训练你的思维也是一个很好的方法,把这个东西总结出来,既可以供自己学习,同时也可以和别人分享。

3. 通过别人的启发来反思。

比如跟大家一起交流,一起实训,包括观摩别人的庭审,通过别人的启发来促进你的反思。

第五,准备。准备一个庭审需要反复地思考,把问题想得周密一些,完整一些。

(八)法庭辩论需要注意的几个问题

简单地说有以下五个方面:

第一,功夫在辩外。法庭辩论绝对不是耍嘴皮子和玩弄技巧,靠的是人格魅力和知识的积累与沉淀。简单地说,就是要尊重对手,只有这样才能显示出你的人格,同时要进行广博的知识储备。

第二,充分准备是王道。做了充分准备或者没做充分准备,在法庭上是高下立判的,所以说不论你的水平怎么样,无论你对案件熟悉得怎么样,准备再准备是最重要的。

第三,莫斗气,莫逞口舌之快。辩护人在法庭上的目的,是为当事人服务的,是来解决问题的,不是来争高低的,所以不要意气用事,要围绕着案件事实、证据以及适用法律来进行辩论,不要进行人身攻击,更不要说一些没有依据的话,否则其实只是自贬人格。

第四,孔子说的"辞达而已矣",说到就可以了,得理且饶人。有的人认为在法庭上就要跟别人争个高低,所以得理不让人,其实这最后影响的还是自己,就让人感觉你这个人不够大气,不够宽厚。

第五,要说到点子上。并不是说得越长越好,因为法官及听众的耐心是有限的,说得长不一定说得好,一定要突出重点,才能有效地实现辩论的最终目的。

专题九

认罪认罚从宽制度的理解与适用

孙　锐* 国家检察官学院

目　次

---

* 孙锐，国家检察官学院副教授、法学博士。

认罪认罚从宽制度是当前刑事司法改革的重要内容。本课程主要围绕检察官们在司法实践中比较关心的问题,结合相关法律规定、“两高”的指导性案例及典型案例、各地的实践情况和相关的学术研究成果等,对认罪认罚从宽制度的理解与适用展开探讨。

一、认罪认罚从宽制度适用中的基础性问题

(一)为什么要适用认罪认罚从宽制度

关于为什么要适用认罪认罚从宽制度,在认识上有一个逐渐深化的过程。

1. 优化司法资源配置

认罪认罚从宽制度是在速裁程序改革的基础上发展起来的,在改革初期,关于认罪认罚从宽制度功能的认识主要集中在优化司法资源配置上。2015 年2 月,最高人民检察院《关于深化检察改革的意见(2013—2017 年工作规划)》提出:“推动完善认罪认罚从宽制度,健全认罪案件和不认罪案件分流机制”。2015 年 2 月,最高人民法院《关于全面深化人民法院改革的意见》提出:“完善刑事诉讼中认罪认罚从宽制度。明确被告人自愿认罪、自愿接受处罚、积极退赃退赔案件的诉讼程序、处罚标准和处理方式,构建被告人认罪案件和不认罪案件的分流机制,优化配置司法资源。”可见,这一时期,无论是检察院还是法院,都将优化司法资源配置作为认罪认罚从宽制度改革的主要目标。

2. 落实宽严相济的刑事政策

随着认罪认罚从宽制度改革的推进,落实宽严相济的刑事政策逐渐成为认罪认罚从宽制度改革的重要目标。2016 年 9 月,最高人民法院周强院长在《关于授权在部分地区开展认罪认罚从宽制度试点工作的决定(草案)》的说明中指出,开展认罪认罚从宽制度的试点工作是及时有效惩罚犯罪,维护社会稳定的需要;是落实宽严相济刑事政策,加强人权司法保障的需要;是优化司法资源配置,提升司法公正效率的需要;是深化刑事诉讼制度改革,构建科学刑事诉讼体系的需要。2019 年 10 月印发《关于适用认罪认罚从宽制度的指导意见》(以下简称《意见》)的通知中则指出:“认罪认罚从宽是 2018 年修改后刑事诉讼法规定的一项重要制度,是全面贯彻宽严相济刑事政策的重要举措。”

3. 推动国家治理体系和治理能力的现代化

随着认罪认罚从宽制度改革的进一步深入,对该制度意义的认识也进一步提高,也即要从推动国家治理体系和治理能力现代化的高度来认识该制度的意义。

2019年10月发布的《意见》中指出,适用认罪认罚从宽制度对准确及时惩罚犯罪、强化人权司法保障、推动刑事案件繁简分流、节约司法资源、化解社会矛盾、推动国家治理体系和治理能力现代化有重要意义。印发《意见》的通知中指出,各级人民法院、人民检察院、公安机关、国家安全机关、司法行政机关要站在推动国家治理体系和治理能力现代化的高度,充分认识这项制度对及时有效惩治犯罪、加强人权司法保障、优化司法资源配置、提高刑事诉讼效率、化解社会矛盾纠纷、促进社会和谐稳定的重要意义,强化责任担当,敢于积极作为,深入推进制度贯彻实施,确保制度效用有效发挥。

(二)如何把握认罪认罚从宽制度的适用率要求

针对认罪认罚从宽制度适用率低而难以发挥应有功能的问题,最高人民检察院对检察系统认罪认罚从宽制度的适用率提出了要求。2020年1月至10月,全国检察机关适用认罪认罚从宽制度办结人数占同期刑事案件办结人数的83.27%。但在此过程中,也出现了盲目攀比适用率,不注重案件质效的问题。2020年12月,《最高人民检察院就十三届全国人大常委会对人民检察院适用认罪认罚从宽制度情况报告的审议意见提出28条贯彻落实意见》(以下简称《28条意见》),其中第1条即指出,要着力在依法能用尽用、提升案件质效上下功夫,树立正确的工作目标和业绩导向。经过两年自上而下的持续推进,认罪认罚从宽制度适用率达到较高水平,取得了较好效果,但也存在个别案件质效不高的问题。下一步,应在稳定保持较高适用率的基础上,更加注重提升认罪认罚案件质效。

1. 既要依法适用、应用尽用,又要更加注重提升案件质效,不能片面追求适用率。上级检察院通报制度适用情况时,对已经达到较高适用率的,不搞排名、不分先后。要遵循司法规律,实事求是,避免层层加码。既不能为了追求高适用率,胁迫或者诱导犯罪嫌疑人、被告人认罪认罚,也不能对无正当理由、要求一再从轻的犯罪嫌疑人过度迁就,防止造成量刑失当、轻纵犯罪,影响司法权威。

2. 在稳定制度适用基础上,对认罪认罚案件的考核评价要更加注重司法行为是否依法规范、释法说理是否充分、沟通协商是否到位、量刑建议是否准确、社会矛盾是否化解等方面。要通过评估办案质效,评查评选优秀(精品)案件、优秀文书等更为细化的标准评价检察官办案业绩。上级检察院要加强督导调研,有计划地对认罪认罚案件质效开展评查,及时全面掌握制度适用中存在的突出问题,有针对性地改进工作。

(三)如何把握认罪认罚从宽制度的适用条件

1. 如何把握"认罪"

根据《意见》第 6 条的规定,所谓"认罪"是指犯罪嫌疑人、被告人自愿如实供述自己的罪行,对指控的犯罪事实没有异议。从"对指控的犯罪事实没有异议"本身的语义来说,只要求承认指控的自然性犯罪事实,并不要求认可指控罪名,但是认罪认罚意见书的签署是要求认可指控罪名的。

对实践中可能存在一些特殊情况,可作如下把握:

(1)概括认罪。承认指控的主要犯罪事实,仅对个别事实情节提出异议,或者虽然对行为性质提出辩解但表示接受司法机关认定意见的,不影响认罪的认定。

(2)一人犯数罪。犯罪嫌疑人、被告人犯数罪,仅如实供述其中一罪或部分罪名事实的,全案不作"认罪"的认定,不适用认罪认罚从宽制度,但对如实供述的部分,人民检察院可以提出从宽处罚的建议,人民法院可以从宽处罚。

(3)共同犯罪。共同犯罪中部分犯罪嫌疑人、被告人认罪的,对认罪的犯罪嫌疑人、被告人可以适用认罪认罚从宽制度,但对于主犯认罪认罚,从犯不认罪认罚的,应当注意两者之间的量刑平衡,防止量刑失当,严重偏离一般的司法认知。

2. 如何把握"认罚"

根据《意见》第 7 条的规定,所谓"认罚",是指犯罪嫌疑人、被告人真诚悔罪,愿意接受处罚。"认罚",在侦查阶段表现为表示愿意接受处罚;在审查起诉阶段表现为接受人民检察院拟作出的起诉或不起诉决定,认可人民检察院的量刑建议,签署认罪认罚具结书;在审判阶段表现为确认自愿签署具结书,愿意接受刑罚处罚。

"认罚"考察的重点是犯罪嫌疑人、被告人的悔罪态度和悔罪表现,应当结合退赃退赔、赔偿损失、赔礼道歉等因素来考量。对实践中可能出现的一些常见情况,可作如下把握。

(1)犯罪嫌疑人、被告人有能力赔偿而不赔偿

根据《意见》第 7 条的规定,犯罪嫌疑人、被告人虽然表示"认罚",却暗中串供、干扰证人作证、毁灭、伪造证据或者隐匿、转移财产,有赔偿能力而不赔偿损失,不能适用认罪认罚从宽制度。

(2)犯罪嫌疑人、被告人有能力赔偿而不积极赔偿

根据《28 条意见》第 8 条的规定,对有条件、有能力赔偿被害方损失,而不积极赔偿的,慎重或不适用从宽。这种情况与上述第一种情况的区别在于,第一种情况是以积极作为的方式逃避赔偿,拒不认罚的态度非常明显,因此不能适用认

罪认罚从宽制度;这种情况则仅是以不作为的方式拖延赔偿,因此可以通过认罪认罚从宽制度的适用来促使其赔偿,只是在适用上要比较慎重,要与积极进行赔偿的情况有所区别,对于过分拖延或因其他原因不宜从宽的,也不适用从宽。

(3)犯罪嫌疑人、被告人没有能力赔偿

目前相关的规范性意见都没有对此种情况作出明确规定,但法院系统《刑事审判参考》总第 127 辑指导案例第 1414 号王某受贿案的"裁判理由"中明确指出"犯罪嫌疑人、被告人认罪认罚,但确无能力退赃退赔、赔偿损失的,不能以此否定'认罚'情节的认定"。因此,如果犯罪嫌疑人、被告人真诚悔罪,但确实没有能力赔偿的,是可以认定"认罚"并适用认罪认罚从宽制度的。但是,根据《意见》第 18 条的规定,犯罪嫌疑人、被告人认罪认罚,但没有退赃退赔、赔偿损失,未能与被害方达成调解或者和解协议的,从宽时应当予以酌减。

(4)被害人不接受赔偿请求或者赔偿请求明显不合理

最高人民检察院于 2021 年 12 月 31 日发布的《人民检察院办理认罪认罚案件开展量刑建议工作的指导意见》(以下简称《量刑建议指导意见》)第 9 条第 2 款明确规定:犯罪嫌疑人自愿认罪并且有赔偿意愿,但被害方拒绝接受赔偿或者赔偿请求明显不合理,未能达成调解或者和解协议的,可以综合考量赔偿情况及全案情节对犯罪嫌疑人予以适当从宽,但罪行极其严重、情节极其恶劣的除外。

此外,《意见》第 7 条还规定,犯罪嫌疑人、被告人享有程序选择权,不同意适用速裁程序、简易程序的,不影响"认罚"的认定。

(四)如何理解"依法可以从宽处理"

1. 如何理解"可以从宽"

根据《意见》第 8 条的规定,可以从宽不是一律从宽,对犯罪性质和危害后果特别严重、犯罪手段特别残忍、社会影响特别恶劣的犯罪嫌疑人、被告人,认罪认罚不足以从轻处罚的,依法不予从宽处罚。

2. 如何理解"依法可以从宽"

根据《意见》第 8 条的规定,办理认罪认罚案件,应当依照刑法、刑事诉讼法的基本原则,根据犯罪的事实、性质、情节和对社会的危害程度,结合法定、酌定的量刑情节,综合考虑认罪认罚的具体情况,依法决定是否从宽、如何从宽。对于减轻、免除处罚,应当于法有据;不具备减轻处罚情节的,应当在法定幅度以内提出从轻处罚的量刑建议和量刑;对其中犯罪情节轻微不需要判处刑罚的,可以依法作出不起诉决定或者判决免予刑事处罚。

二、值班律师制度适用中的问题

（一）如何应对值班律师资源短缺的问题

律师资源短缺的地区可以通过探索现场值班和电话、网络值班相结合，在人民检察院、人民法院毗邻设置联合工作站，省内和市内统筹律师资源，以及建立政府购买值班律师服务机制等方式，保障法律援助值班律师工作有序开展。

对于实在没有值班律师的，陈国庆副检察长在2020年4月《认罪认罚从宽制度若干争议问题解析》的专访中指出，没有值班律师，可以邀请见证人在场，有条件的地方可以同步录音录像。起诉后，检察机关应当将没有律师签字的具结书提交法庭。如此处理，主要是为了避免因值班律师资源紧缺而使犯罪嫌疑人丧失认罪认罚的机会。

实践中，还存在对同案犯罪嫌疑人，能否由同一名值班律师提供法律帮助的疑问。由于同案犯罪嫌疑人间涉及责任分配，不宜由同一名值班律师提供法律帮助。对于因值班律师资源短缺而无法为同案犯罪嫌疑人分别安排值班律师提供法律帮助的，也可采取前述方式处理。

（二）如何实现值班律师作用的实质化

实践中，存在值班律师提供法律帮助流于形式的问题。其原因主要有两点：第一，值班律师的介入时间太晚。值班律师应当是在犯罪嫌疑人作出认罪认罚的决定之前而非之后介入，才可能真正发挥为犯罪嫌疑人提供相关建议及保障其认罪认罚自愿性的作用。但实践中，在大部分试点地区，实际上都是由检察官而非值班律师，向犯罪嫌疑人提出认罪认罚和程序选择的建议，待犯罪嫌疑人决定认罪认罚后，才由值班律师介入。这时值班律师主要的作用就只能是在犯罪嫌疑人签署认罪认罚具结书时到场并在具结书上签字，从而往往沦为了见证人的角色，而难以为犯罪嫌疑人提供实质性的帮助。第二，值班律师对案件缺乏了解。值班律师必须充分、深入地了解案件，才可能为犯罪嫌疑人提供真正具有参考价值的正确建议。为解决值班律师提供法律帮助流于形式的问题，一些检察院在适用认罪认罚从宽制度的过程中做了积极的探索。例如，北京市海淀区检察院在速裁案件办理中，要求检察官在第一次讯问犯罪嫌疑人时就通知值班律师同时到场进行三方协商，福建省福清市检察院则要求值班律师必须提前阅卷并至少在三方协商的前一天先行会见犯罪嫌疑人，甘肃省玉门市检察院探索了认罪认罚案件办理中的证据开示制度。这些实践探索都有利于促使值班律师发挥实质性的作用。《人民检察院办理认罪认罚案件听取意见同步录音录像规定》的实施也有利于促进值班律师作用的实质化。

(三)对律师持不同意见的情况如何处理

1. 值班律师对认罪认罚有异议的,如何处理

根据《法律援助值班律师工作办法》第 10 条第 2 款的规定,值班律师对人民检察院量刑建议、程序适用有异议的,在确认犯罪嫌疑人系自愿认罪认罚后,应当在具结书上签字,同时可以向人民检察院提出法律意见。

对于值班律师对事实认定或指控罪名有异议的如何处理,则尚无明确的法律规定。实践中,对犯罪嫌疑人确系自愿认罪认罚的,有的检察机关会采取更换值班律师的方式处理,以免因值班律师拒绝签字而使犯罪嫌疑人丧失认罪认罚的机会。笔者认为,即便更换值班律师,原值班律师的不同意见也应附卷。

2. 辩护律师对认罪认罚有异议的,如何处理

《28 条意见》第 7 条规定,严禁无故要求犯罪嫌疑人、被告人解除委托。认罪认罚案件签署具结书时,犯罪嫌疑人有辩护人的,应当由辩护人在场见证具结,严禁绕开辩护人,安排值班律师代为具结见证。《量刑建议指导意见》第 27 条规定,犯罪嫌疑人有辩护人的,应当由辩护人在场见证具结并签字,不得绕开辩护人安排值班律师代为见证具结。辩护人确因客观原因无法到场的,可以通过远程视频方式见证具结。

此外,实践中还存在辩护律师如果对认罪认罚有异议,能否在庭审中作无罪辩护的疑问。对此,陈国庆副检察长在签署专访中指出,如果被告人认罪,关于事实问题,符合案件实际,律师不应反驳;如果律师认为法律适用和重大证据上存在问题,则可依法提出法律上的辩护意见。《量刑建议指导意见》第 34、35 条规定,被告人认罪认罚而庭审中辩护人作无罪辩护的,人民检察院应当核实被告人认罪认罚的真实性、自愿性。被告人仍然认罪认罚的,可以继续适用认罪认罚从宽制度,被告人反悔不再认罪认罚的,人民检察院应当了解反悔的原因,被告人明确不再认罪认罚的,人民检察院应当建议人民法院不再适用认罪认罚从宽制度,撤回从宽量刑建议,并建议法院在量刑时考虑相应情况。依法需要转为普通程序或者简易程序审理的,人民检察院应当向人民法院提出建议。

三、量刑建议工作中的问题

（一）如何提出量刑建议

1. 如何减少检法分歧

实践中，检察机关和法院在量刑问题上可能产生分歧，并可能导致检察机关的量刑建议不被法院所接受，对此，可通过以下途径减少检法分歧。

（1）正确理解"确定刑量刑建议"

确定刑量刑建议，是指以某一具体的刑罚，而不是某一刑罚幅度为内容的量刑建议，其指向的是量刑建议内容的确定性，而不是准确性。关于量刑建议的准确性，《意见》仅要求其达到并非明显不当的程度即可，并不要求其完全符合法官的判断。事实上，关于什么样的量刑才是准确的，不同的法官也会有不同的判断，没有完全统一的标准答案。根据《意见》第 41 条的规定，只有人民法院经审理，认为量刑建议明显不当，且人民检察院不予调整或调整后仍然明显不当的，人民法院才能够拒绝接受。

（2）联合制定量刑实施细则

《28 条意见》第 16 条指出，要加强与法院沟通协调，在"两高三部"文件的基础上，制定符合本地区实际的量刑实施细则，细化常见罪名量刑标准，统一量刑方法与裁量幅度，形成共同遵循的量刑规则。

（3）注重类案检索

法院系统在《刑事审判参考》总第 127 辑指导案例第 1409 号苏某花开设赌场案中指出，人民法院审查认罪认罚案件的量刑建议时要注重类案检索，确保类案量刑平衡和法律适用的统一，检索后发现量刑建议与类案量刑明显不平衡的，量刑建议属明显不当。因此，检察机关也要注重类案检索。最高人民法院 2020 年 7 月 7 日发布了《关于统一法律适用加强类案检索的指导意见（试行）》，要求各级人民法院依托中国裁判文书网、审判案例数据库等加强类案检索，检索范围包括：①最高人民法院发布的指导性案例；②最高人民法院发布的典型案例及裁判生效的案例；③本省（自治区、直辖市）高级人民法院发布的参考性案例及裁判生效的案件；④上一级人民法院及本院裁判生效的案件。除指导性案例以外，优先检索近 3 年的案例或者案件；已在前一顺位中检索到类案的，可以不再进行检索。检察机关在提出量刑建议时也要进行类案检索，避免因与类案量刑明显不平衡，而被法院认定为明显不当。

(4)充分听取各方意见

首先,人民检察院提出量刑建议前,应当听取犯罪嫌疑人、辩护人或者值班律师的意见,尽量协商一致。与法院相比,检察机关在量刑工作方面本来不具有优势,但是在认罪认罚案件中,检察院通过与犯罪嫌疑人、辩护人或者值班律师的协商所确定的量刑建议具有特殊性,它是控辩双方之间的一种协议,法律之所以规定法院对检察院的量刑建议一般应当接受,就是出于对控辩双方协议的尊重与认可,协商环节是法院量刑所不具备的,是检察机关在量刑问题上的唯一优势所在,因此,检察机关必须要重视这一环节,充分进行协商,以其作为说服法院接受量刑建议的重要理由。

其次,检察机关在提出量刑建议前,应当听取被害人及其诉讼代理人的意见,并将犯罪嫌疑人、被告人是否与被害方达成和解协议或者赔偿被害方损失,取得被害方谅解,作为从宽处罚的重要考虑因素。《量刑建议指导意见》第 9 条第 1 款规定:人民检察院办理认罪认罚案件提出量刑建议,应当听取被害人及其诉讼代理人的意见,并将犯罪嫌疑人是否与被害方达成调解协议、和解协议或者赔偿被害方损失,取得被害方谅解,是否自愿承担公益损害修复及赔偿责任等,作为从宽处罚的重要考虑因素。《28 条意见》中还要求检察机关要协同侦查机关做好犯罪嫌疑人、被告人的财产状况调查,将是否"认赔"、是否赔偿到位作为认罪认罚从宽的重要考虑因素。要依法听取被害方意见,向被害人释明依法获得赔偿的请求权基础、赔偿的具体事项及计算标准,引导被害人根据案件的事实、证据、法律规定和司法实践,提出合理的赔偿诉求。要积极维护被害方的合法权益与合理诉求,对符合司法救助条件的被害人及其近亲属,积极开展司法救助。检察机关在听取被害人意见、促进赔偿、落实司法救助方面的工作越充分,其量刑建议就越能受到被害人的认可,也越能受到法官的认可。《刑事审判参考》总第 127 辑指导案例第 1410 号于某民拒不执行判决案中,检察机关对于某民适用了认罪认罚从宽制度,但法院在开庭前就检察机关建议适用认罪认罚从宽制度听取了被害方的意见,并认为被害方公司诉讼代表人所陈述的意见具有合理性、正当性,应当听取,对于某民不宜适用认罪认罚从宽制度,从而没有采纳检察机关的量刑建议。该案例充分说明了听取被害人意见及做好相关工作在避免检法分歧方面的必要性。最高人民检察院 2020 年 12 月发布的第 22 批指导性案例中的"钱某某故意伤害案"(检例第 82 号)为检察机关在认罪认罚案件办理中充分听取各方意见及救助被害人提供了指导。该案中,检察机关依法听取各方意见,有效保障辩护人参与量刑协商,强化量刑建议说理,对被害方开展有效的司法救助,取得了较好的效果，也取得了法院的认同。

最后，根据《量刑建议指导意见》第 9 条第 3 款的规定，必要时，人民检察院可以听取侦查机关、相关行政执法机关、案发地或者居住地基层组织和群众的意见。

(5)注重总结研判

检察机关要注重对一段时间内法院采纳或不采纳量刑建议的整体情况予以梳理总结，分析原因，在之后的量刑建议中予以有针对性的调整。例如，检察官由于承担着控诉职能，与中立的法官相比，其所认为的合理量刑往往会偏重一些。如果发现法院最终判处的刑罚大多轻于量刑建议，或者总是在量刑建议的幅度中选择偏轻的刑罚，那么就可以考虑在今后的量刑建议中予以相应的调整。

(6)提出附条件的、可选择的量刑建议

实践中，检法在量刑问题上发生分歧还可能是由于量刑情节在具结书签署后发生了变化。对此，《28 条意见》第 19 条指出，各地可根据案件实际情况和能够预期的量刑情节变化，探索在具结书和量刑建议书中提出多项或附条件的量刑建议，供法庭在审判环节根据情节变化选择采纳。《量刑建议指导意见》第 19 条规定，人民检察院可以根据案件实际情况，充分考虑提起公诉后可能出现的退赃退赔、刑事和解、修复损害等量刑情节变化，提出满足相应条件情况下的量刑建议。

2. 提出量刑建议，应遵循哪些原则

《量刑建议指导意见》第 2 条规定，人民检察院对认罪认罚案件提出量刑建议，应当坚持以下原则：①宽严相济。应当根据犯罪的具体情况，综合考虑从重、从轻、减轻或者免除处罚等各种量刑情节提出量刑建议，做到该宽则宽，当严则严，宽严相济，轻重有度。②依法建议。应当根据犯罪的事实、性质、情节和对于社会的危害程度等，依照刑法、刑事诉讼法以及相关司法解释的规定提出量刑建议。③客观公正。应当全面收集、审查有罪、无罪、罪轻、罪重、从宽、从严等证据，依法听取犯罪嫌疑人、被告人、辩护人或者值班律师、被害人及其诉讼代理人的意见，客观公正提出量刑建议。④罪责刑相适应。提出量刑建议既要体现认罪认罚从宽，又要考虑犯罪嫌疑人、被告人所犯罪行的轻重、应负的刑事责任和社会危险性的大小，确保罚当其罪，避免罪责刑失衡。⑤量刑均衡。涉嫌犯罪的事实、情节基本相同的案件，提出的量刑建议应当保持基本均衡。

3. 提出确定刑量刑建议应当遵守哪些要求

《量刑建议指导意见》第 12 条规定，提出确定刑量刑建议应当明确主刑适用刑种、刑期和是否适用缓刑。建议判处拘役的，一般应当提出确定刑量刑建议。建议判处附加刑的，应当提出附加刑的类型。建议判处罚金刑的，应当以犯罪情节为根据,综合考虑犯罪嫌疑人缴纳罚金的能力提出确定的数额。建议适用缓刑的,应当明确提出。

4. 提出幅度刑量刑建议应当遵守哪些要求

《量刑建议指导意见》第4条规定,办理认罪认罚案件,人民检察院一般应当提出确定刑量刑建议。对新类型、不常见犯罪案件,量刑情节复杂的重罪案件等,也可以提出幅度刑量刑建议,但应当严格控制所提量刑建议的幅度。

《量刑建议指导意见》第13条规定,除有减轻处罚情节外,幅度刑量刑建议应当在法定量刑幅度内提出,不得兼跨两种以上主刑。建议判处有期徒刑的,一般应当提出相对明确的量刑幅度。建议判处6个月以上不满1年有期徒刑的,幅度一般不超过2个月;建议判处1年以上不满3年有期徒刑的,幅度一般不超过6个月;建议判处3年以上不满10年有期徒刑的,幅度一般不超过1年;建议判处10年以上有期徒刑的,幅度一般不超过2年。建议判处管制的,幅度一般不超过3个月。

5. 如何把握从宽的幅度

首先,对于没有法定的减轻处罚情节的,只能在法定刑幅度以内提出从轻处罚的量刑建议,而不能在法定刑以下提出减轻处罚的量刑建议。这可能导致在某些情况下,对认罪认罚和不认罪认罚的犯罪嫌疑人的量刑建议难以体现出差别,但受当前法律规定的制约,目前这一问题尚无法解决。具有减轻处罚情节的,应当在法定刑以下提出量刑建议,有数个量刑幅度的,应当在法定量刑幅度的下一个量刑幅度内提出量刑建议。

其次,关于从宽的具体幅度,《关于常见犯罪的量刑指导意见(试行)》中规定,对于被告人认罪认罚的,综合考虑犯罪的性质,罪行的轻重,认罪认罚的阶段、程度、价值、悔罪表现等情况,可以减少基准刑的30%以下;具有自首、重大坦白、退赃退赔、赔偿谅解、刑事和解等情节的,可以减少基准刑的60%以下,犯罪较轻的,可以减少基准刑的60%以上或者依法免除处罚。认罪认罚与自首、坦白、当庭自愿认罪、退赃退赔、赔偿损失、刑事和解、羁押期间表现好等量刑情节不作重复评价。

最后,根据《量刑建议指导意见》第14条至第18条的规定,在确定具体从宽幅度时,要遵守以下规则:

一是应当区别认罪认罚的不同诉讼阶段、对查明案件事实的价值和意义、是否确有悔罪表现,以及罪行严重程度等,综合考量确定从宽的限度和幅度。在从宽幅度上,主动认罪认罚优于被动认罪认罚,早认罪认罚优于晚认罪认罚,彻底认罪认罚优于不彻底认罪认罚,稳定认罪认罚优于不稳定认罪认罚。认罪认罚的从宽幅度一般应当大于仅有坦白,或者虽认罪但不认罚的从宽幅度。对犯罪嫌疑人具有自首、坦白情节,同时认罪认罚的,应当在法定刑幅度内给予相对更大的从宽幅度。

二是犯罪嫌疑人虽然认罪认罚,但所犯罪行具有下列情形之一的,提出量刑建议应当从严把握从宽幅度或者依法不予从宽:(1)危害国家安全犯罪、恐怖活动犯罪、黑社会性质组织犯罪的首要分子、主犯;(2)犯罪性质和危害后果特别严重、犯罪手段特别残忍、社会影响特别恶劣的;(3)虽然罪行较轻但具有累犯、惯犯等恶劣情节的;(4)性侵等严重侵害未成年人的;(5)其他应当从严把握从宽幅度或者不宜从宽的情形。

三是犯罪嫌疑人既有从重又有从轻、减轻处罚情节,应当全面考虑各情节的调节幅度,综合分析提出量刑建议,不能仅根据某一情节一律从轻或者从重。

四是犯罪嫌疑人犯数罪,同时具有立功、累犯等量刑情节的,先适用该量刑情节调节个罪基准刑,分别提出量刑建议,再依法提出数罪并罚后决定执行的刑罚的量刑建议。人民检察院提出量刑建议时应当分别列明个罪量刑建议和数罪并罚后决定执行的刑罚的量刑建议。

五是对于共同犯罪案件,人民检察院应当根据各犯罪嫌疑人在共同犯罪中的地位、作用以及应当承担的刑事责任分别提出量刑建议。提出量刑建议时应当注意各犯罪嫌疑人之间的量刑平衡。

6. 如何听取犯罪嫌疑人及辩护人或律师意见的意见

听取犯罪嫌疑人及其辩护人或值班律师的意见,应遵守以下要求:

(1)告知。根据《量刑建议指导意见》第 24 条第 1 款的规定,人民检察院在听取意见时,应当将犯罪嫌疑人享有的诉讼权利和认罪认罚从宽的法律规定,拟认定的犯罪事实、涉嫌罪名、量刑情节,拟提出的量刑建议及法律依据告知犯罪嫌疑人及其辩护人或者值班律师。

(2)听取意见。根据《量刑建议指导意见》第 25 条的规定,人民检察院应当充分说明量刑建议的理由和依据,听取犯罪嫌疑人及其辩护人或者值班律师对量刑建议的意见。犯罪嫌疑人及其辩护人或者值班律师对量刑建议提出不同意见,或者提交影响量刑的证据材料,人民检察院经审查认为犯罪嫌疑人及其辩护人或者值班律师意见合理的,应当采纳,相应调整量刑建议,审查认为意见不合理的,应当结合法律规定、全案情节、相似案件判决等作出解释、说明。

根据《量刑建议指导意见》第28 条的规定,听取意见过程中,犯罪嫌疑人及其辩护人或者值班律师提供可能影响量刑的新的证据材料或者提出不同意见，需要审查、核实的，可以中止听取意见。人民检察院经审查、核实并充分准备后可以继续听取意见。

（3）证据开示。根据《量刑建议指导意见》第 26 条的规定，人民检察院在听取意见的过程中，必要时可以通过出示、宣读、播放等方式向犯罪嫌疑人开示或部分开示影响定罪量刑的主要证据材料，说明证据证明的内容，促使犯罪嫌疑人认罪认罚。言词证据确需开示的，应注意合理选择开示内容及方式，避免妨碍诉讼、影响庭审。

（4）录音录像。根据《量刑建议指导意见》第 24 条第 2 款的规定，人民检察院听取意见可以采取当面、远程视频等方式进行。根据《人民检察院办理认罪认罚案件听取意见同步录音录像规定》第 2 条的规定，人民检察院办理认罪认罚案件，对于检察官围绕量刑建议、程序适用等事项听取犯罪嫌疑人、被告人、辩护人或者值班律师意见、签署具结书活动，应当同步录音录像。听取意见同步录音录像不包括讯问过程，但是讯问与听取意见、签署具结书同时进行的，可以一并录制。多次听取意见的，至少要对量刑建议形成、确认以及最后的具结书签署过程进行同步录音录像。对依法不需要签署具结书的案件，应当对能够反映量刑建议形成的环节同步录音录像。

7. 如何提出缓刑或者管制的量刑建议

提出缓刑或管制的量刑建议，主要是要解决好社会调查评估的问题。

实践中，为了解决社区矫正机构的社会调查评估报告滞后的问题，有的地区要求公安机关在作出取保候审决定的同时就要委托社区矫正机构进行调查评估。

根据《意见》第 36、37 条及《量刑建议指导意见》第 10 条的规定，人民检察院应当认真审查侦查机关移送的关于犯罪嫌疑人社会危险性和案件对所居住社区影响的调查评估意见。侦查机关未委托调查评估，人民检察院拟提出判处管制、缓刑量刑建议的，一般应当委托犯罪嫌疑人居住地的社区矫正机构或者有关组织进行调查评估，必要时，也可以自行调查评估。调查评估意见是人民检察院提出判处管制、缓刑量刑建议的重要参考。人民检察院提起公诉时，已收到调查评估材料的，应当一并移送人民法院，已经委托调查评估但尚未收到调查评估材料的，人民检察院经审查全案情况认为犯罪嫌疑人符合管制、缓刑适用条件的，可以提出判处管制、缓刑的量刑建议，同时将委托文书随案移送人民法院。也就是说，人民检察院提出缓刑或者管制的量刑建议，人民法院判处管制、宣告缓刑，都不再以收到社区矫正机构的调查评估报告为前提。陈国庆副检察长在前述专访中号召检察官们要主动担当,履行主导责任,及时开展社会调查,为缓刑量刑建议提供参考。

此外,要做好认罪认罚案件缓刑或者管制的量刑建议工作,还要注意在审查逮捕阶段就适用认罪认罚从宽制度,依法能不捕的不捕,以为后期顺利提出缓刑或者管制的量刑建议打好基础。

8. 如何提出财产刑量刑建议

司法解释关于如何提出财产刑量刑建议规定的都比较粗疏。《意见》仅规定,建议判处罚金的,参照主刑的从宽幅度提出确定的数额。《关于常见犯罪的量刑指导意见(试行)》规定,判处罚金刑,应当以犯罪情节为根据,并综合考虑被告人缴纳罚金的能力,依法决定罚金数额。《关于规范量刑程序若干问题的意见》规定,对于法律规定并处或者单处财产刑的案件,侦查机关应当根据案件情况对被告人的财产情况进行调查,并向人民检察院移送相关证据材料。人民检察院应当审查并向人民法院移送相关证据材料。《量刑建议指导意见》第6条第3款规定,对于依法需要判处财产刑的案件,人民检察院应当要求侦查机关收集并随案移送涉及犯罪嫌疑人财产状况的证据材料。

地方检察机关在提出财产刑量刑建议方面作出了积极的探索,例如,《江苏省检察机关职务犯罪常见罪名量刑指导意见(试行)》中规定,按照每个月刑期对应一定罚金数额的方法,确定不同量刑档次罚金刑的数额。如受贿罪,被判处有期徒刑3年以上的,每增加1个月,罚金刑增加4000元。

(二)如何调整量刑建议

1. 什么情况下需要调整量刑建议

《量刑建议指导意见》第32条规定,人民法院经审理,认为量刑建议明显不当或者认为被告人、辩护人对量刑建议的异议合理,建议人民检察院调整量刑建议的,人民检察院应当认真审查,认为人民法院建议合理的,应当调整量刑建议,认为人民法院建议不当的,应当说明理由和依据。

《量刑建议指导意见》第34条规定,被告人签署认罪认罚具结书后,庭审中反悔不再认罪认罚的,人民检察院应当了解反悔的原因,被告人明确不再认罪认罚的,人民检察院应当建议人民法院不再适用认罪认罚从宽制度,撤回从宽量刑建议,并建议法院在量刑时考虑相应情况。依法需要转为普通程序或者简易程序审理的,人民检察院应当向人民法院提出建议。

也即对量刑建议确实明显不当或被告人、辩护人对量刑建议的异议合理的,应当调整量刑建议。被告人、辩护人对量刑建议的异议不合理的,应询问被告人是否还认罪认罚,如果被告人明确不再认罪认罚的,则应撤回从宽量刑建议。

2. 调整量刑建议应履行哪些程序

(1)调整量刑建议,是否需要重新听取被告人及律师的意见?是否需要重新签署认罪认罚具结书?

《量刑建议指导意见》第 33 条规定,开庭审理前或者休庭期间调整量刑建议的,应当重新听取被告人及其辩护人或者值班律师的意见。庭审中调整量刑建议,被告人及其辩护人没有异议的,人民检察院可以当庭调整量刑建议并记录在案。当庭无法达成一致或者调整量刑建议需要履行相应报告、决定程序的,可以建议法庭休庭,组织听取意见,履行相应程序后决定是否调整。适用速裁程序审理认罪认罚案件,需要调整量刑建议的,应当在庭前或者当庭作出调整。

至于被告人是否需要重新签署认罪认罚具结书,《量刑建议指导意见》未作要求,实践中可根据实际情况决定是否要求被告人重新签署认罪认罚具结书。

(2)调整量刑建议有无期限要求

当前的法律规定中,对调整量刑建议的期限并无明确要求。但是,在法院系统《刑事审判参考》总第 127 辑指导案例第 1407 号刘某民、马某凯故意毁坏财物案中,法院指出“公诉机关未在规定的期限内调整量刑建议”,并强调,“要明确量刑建议的调整避免程序烦琐“,“检察机关调整量刑建议,形式要灵活简便,避免因量刑建议调整造成速裁不速,简易不简,进而影响认罪认罚从宽制度功能的发挥,影响庭审实质化”。

四、不起诉工作中的问题

(一)认罪认罚案件证据不足应如何处理

根据《意见》第 30 条第 2 款的规定,对认罪认罚后案件事实不清、证据不足的案件,应当依法作出不起诉决定。

实践中,存在认罪认罚案件能否降低证明标准的争议。有部分观点认为,在美国辩诉交易制度中,对被告人作出认罪答辩的案件,证明标准是明显降低的,或者说,根本不存在证明标准,因此主张我国的认罪认罚从宽制度中,也应降低证明标准,尤其是降低起诉时的证明标准。此种观点存在误解。首先,美国的认罪答辩制度中之所以不提“证明标准”的问题,是因为在美国刑事司法中,“证明”是一个非常狭义的概念,仅指以所有的证人、专家证人出席法庭提供证言的方式来进行的“证明”，在被告人作出认罪答辩的案件中，证人、专家证人无须出庭，因此就不存在“证明”，当然也就不存在“证明标准”。其次，美国辩诉交易案件中不存在证明，因此也就不存在证明标准，但实际上还是有定罪标准的。就法官而言，由于美国奉行传闻证据规则，而在被告人作有罪答辩的案件中，证人、专家证人都不出庭，因此法官实际上是无法展开证据调查的，所以美国刑事司法制度并不苛求法官在无法进行证据调查的情况下对犯罪事实的认定要达到排除合理怀疑的程度，而是要求有事实基础就行，从这个角度来说，法官认定被告人有罪的心证标准确实是降低了的。但是与法官不直接参与案件调查不同，检察官是直接参与案件调查的，不存在传闻证据规则的问题，检察官接触所有的庭前证据，只有在其根据对这些证据的调查确信被告人有罪的情况下，他才能与辩方进行交易。最后，我国的起诉标准与美国的起诉标准的概念也并不对应。我国的起诉标准和定罪标准实际上是检察官和法官各自认定被告人有罪所需要达到的标准。美国的起诉标准则是指能否启动正式审判的标准，因此当然低于定罪标准，而从我国的起诉标准概念出发，美国检察官也只有在自己排除合理怀疑地认定被告人有罪时，才会起诉。允许检察官对一个自己都不能确信达到定罪标准的案件起诉，并指望案件在审理中经过辩方的质疑与辩驳后反而能达到定罪标准，这种逻辑是荒唐的。因此，检察官在自己都认为证据不足、不能认定被告人有罪时，唯一正确的选择就是不起诉。

（二）认罪认罚案件如何作相对不起诉

1. 认罪认罚案件在什么情况下可以作相对不起诉

《意见》第 30 条第 1 款规定：“……完善起诉裁量权，充分发挥不起诉的审前分流和过滤作用，逐步扩大相对不起诉在认罪认罚案件中的适用。对认罪认罚后没有争议，不需要判处刑罚的轻微刑事案件，人民检察院可以依法作出不起诉决定。人民检察院应当加强对案件量刑的预判，对其中可能判处免刑的轻微刑事案件，可以依法作出不起诉决定。”结合起来，也就是说，对于认罪认罚后没有争议，不需要判处刑罚或者可能免除刑罚的轻微刑事案件，人民检察院可以作出不起诉决定。

对比《刑事诉讼法》第 177 条第 2 款对相对不起诉适用条件的规定，“对于犯罪情节轻微，依照刑法规定不需要判处刑罚或者免除刑罚的，人民检察院可以作出不起诉决定”。可见，认罪认罚案件的相对不起诉并没有突破原有的相对不起诉的适用条件，只是在原有的相对不起诉的条件上又增加了“认罪认罚后没有争议”的附加条件,这一方面意味着,认罪认罚案件也要符合相对不起诉的适用条件,才能作出相对不起诉的决定;另一方面也意味着,相比非认罪认罚案件,对认罪认罚案件的处理还是应当具有一定的特殊性,这一特殊性就体现在应“逐步扩大相对不起诉在认罪认罚案件中的适用”,也即在相对不起诉的标准上应对认罪认罚案件掌握得更宽松些,能作不起诉处理的,尽量作不起诉处理。

值得探讨的是,由于不起诉实际上并不属于“罚”,那么,这里的“认罚”应如何认定呢?根据《意见》第7条第2款的规定,“认罚”考察的重点是犯罪嫌疑人、被告人的悔罪态度和悔罪表现,应当结合退赃退赔、赔偿损失、赔礼道歉等因素来考量。也就是说,如果被告人认罪并有相应的悔罪表现,且符合相对不诉的适用条件的,即可对其作出不起诉的处理。《28条意见》第15条强调,要会同有关部门,完善认罪认罚后不起诉处理与行政处罚程序、民事诉讼程序的衔接机制。准确适用《刑事诉讼法》第177条第3款的规定,进一步加强与行政机关的沟通,依法运用检察意见,完善不起诉决定与后续行政处罚、处分的衔接机制,提升不起诉适用效果。

最高人民检察院2019年10月下发的检察机关适用认罪认罚从宽制度的典型案例中的丰某某盗伐林木案就是关于相对不起诉的。在该案中,犯罪嫌疑人丰某某涉嫌盗伐林木,根据黑龙江省林区中级人民法院刑事审判庭《关于依法惩治涉林犯罪指导意见》,应在3个月拘役至6个月有期徒刑幅度内量刑。但检察机关考虑到丰某某系初犯,犯罪情节轻微,主观恶性不大,社会危害性较小,又自愿认罪认罚,已履行“补种复绿”义务,因此,结合认罪认罚从宽制度,综合考量宽严相济刑事政策、社会公共利益和办案效果,依法对其作出了不起诉决定。最高人民检察院2020年12月发布的第22批指导性案例中的“无锡F警用器材公司虚开增值税专用发票案”(检例第81号)也是关于认罪认罚案件适用相对不起诉的案例,在该案中,检察机关了解企业状况,评估案件对企业生产经营的影响,提出检察建议,考察涉罪企业改进合规经营情况,把建章立制落实合法规范经营要求,作为悔罪表现和从宽处罚的考量因素,依法做好刑事不起诉与行政处罚、处分有效衔接,取得了较好效果。

2. 认罪认罚案件作相对不起诉是否都应进行公开听证

《人民检察院办理认罪认罚案件监督管理办法》第10条第1款规定,对于下列拟作不批捕、不起诉的认罪认罚从宽案件,可以进行公开听证:(1)被害人不谅解、不同意从宽处理的;(2)具有一定社会影响,有必要向社会释法介绍案件情况的;(3)当事人多次涉诉信访,引发的社会矛盾尚未化解的;(4)食品、医疗、教育、环境等领域与民生密切相关，公开听证有利于宣扬法治、促进社会综合治理的；(5)具有一定典型性，有法治宣传教育意义的。

可见，根据相关规定，认罪认罚案件作不起诉处理并非均需进行公开听证。但是，在制度推行的初期，为了避免公众误解，应当尽可能地进行公开听证，待公众普遍理解和接受了该项制度后，可根据上述规定选择性地进行公开听证，以兼顾效率问题。

3. 对认罪认罚案件作相对不起诉的如何签署认罪认罚具结书

《意见》第 31 条第 1 款规定："……具结书应当包括犯罪嫌疑人如实供述罪行、同意量刑建议、程序适用等内容……"拟作出不起诉决定的，无须提出量刑建议，严格来说，不起诉也不属于"罚"，那么，拟作相对不起诉处理的案件还要不要签署认罪认罚具结书呢？这方面曾经有过争议。但是在最高人民检察院 2020 年发布的认罪认罚具结书模板中，量刑建议一栏里专门注明了"如相对不起诉，可写鉴于……情况，我院拟对你决定不起诉"，但是，为了避免犯罪嫌疑人签署认罪认罚具结书后，检察长不同意作不起诉处理，此类案件宜事先向检察长汇报。

4. 被相对不起诉人反悔的，应如何处理

根据《意见》第 51 条的规定，犯罪嫌疑人认罪认罚，人民检察院依法对其作出相对不起诉的决定后，被不起诉人又否认指控的犯罪事实或者不积极履行赔礼道歉、退赃退赔、赔偿损失等义务的，应区别情形分别作下列处理：其一，发现犯罪嫌疑人没有犯罪事实，或者符合《刑事诉讼法》第 16 条规定的不予追究刑事责任的情形之一的，应当撤销原来的相对不起诉决定，依法重新作出绝对不起诉的决定。其二，即便被不起诉人不再认罪认罚，但是仍属于犯罪情节轻微，依照刑法规定不需要判处刑罚或者免除刑罚的，可以维持原不起诉决定。其三，排除认罪认罚因素后，符合起诉条件的，应当根据案件具体情况撤销原不起诉决定，依法提起公诉。

其中，第 2、3 点应当结合起来理解。对于犯罪嫌疑人认罪认罚的案件，检察机关作出了不起诉处理后，犯罪嫌疑人又不再认罪认罚的，是维持不起诉决定，还是撤销原不起诉决定，依法提起公诉，取决于检察机关的裁量。一方面，因为相对不起诉的适用本身并不以认罪认罚为必要条件，只要是犯罪情节轻微，依照刑法规定不需要判处刑罚或者免除刑罚的，本来就可以作出不起诉决定，因此即便是犯罪嫌疑人不再认罪认罚，检察机关也可以维持原不起诉决定。另一方面，相对不起诉案件本身就是符合起诉条件的可诉可不诉的案件，因此如果犯罪嫌疑人不再认罪认罚，检察机关根据其他情况，也完全可以选择撤销原不起诉决定，依法提起公诉。

五、审判程序中的问题

(一)认罪认罚案件的审判程序有哪些特点

认罪认罚案件的审判程序包括速裁程序、简易程序、适当简化的普通程序。与适用于非认罪认罚的普通程序相比,这三种适用于认罪认罚案件的审判程序都有所简化。其中,速裁程序一般不进行法庭调查和法庭辩论。简易程序中,法庭调查可以简化,但对有争议的事实和证据应当进行调查、质证,法庭辩论可以仅围绕有争议的问题进行。可适当简化的普通程序,对控辩双方无异议的证据,可以仅就证据名称及证明内容进行说明;对控辩双方有异议,或者法庭认为有必要调查核实的证据,应当出示并进行质证;法庭辩论主要围绕有争议的问题进行。但由于我国一直没能落实证人、鉴定人出庭制度,因此与证人、鉴定人不出庭的普通程序相比,这三种程序除速裁程序的简化比较明显外,其他两种程序的简化程度都很有限,与普通程序的区分度不高。但是随着认罪认罚从宽制度的推进,如果可以实现绝大多数案件认罪认罚,只有极少数案件不认罪认罚的,那么在仅适用于极少数非认罪认罚案件的普通程序中实现证人、鉴定人出庭制度,是有可能的。

此外,认罪认罚案件无论适用哪种审判程序,都有一个审查被告人签署认罪认罚具结书的自愿性、真实性和合法性的环节,这是认罪认罚案件的审判程序区别于非认罪认罚案件审判程序的重要特点。但在当前认罪认罚案件的审判实践中,这一环节进行的都比较简单,如何审查完全由法官自行把握,没有统一的标准。

(二)到审理阶段才认罪认罚的案件应如何处理

被告人在侦查、审查起诉阶段没有认罪认罚,但当庭认罪,愿意接受处罚的,人民法院应当根据审理查明的事实,就定罪和量刑听取控辩双方意见,依法作出裁判。

至于在审理阶段认罪认罚,是否还需要检察机关通过控辩协商提出量刑建议和要求被告人签署认罪认罚具结书,《量刑建议指导意见》第29条规定,人民检察院提起公诉后开庭前,被告人自愿认罪认罚的,人民检察院可以组织听取意见。达成一致的,被告人应当在辩护人或者值班律师在场的情况下签署认罪认罚具结书。

对于被告人在开庭后认罪认罚的是否需要签署认罪认罚具结书,则无明确规定。实践中,如果此前控辩协商一直在持续进行,被告人最终认罪认罚实际上是控辩协商的结果,那么检察机关可以提出量刑建议,由被告人签署认罪认罚具结书。如果被告人最终认罪认罚并非控辩协商的结果,则不需要再签署认罪认罚具结书。

六、抗诉工作中的问题

(一)认罪认罚的被告人上诉的,如何处理

被告人上诉的,应根据其上诉理由和案件的具体情况来决定是否抗诉。

(1)被告人仅以量刑过重为由提出上诉的

根据《量刑建议指导意见》第39条的规定,认罪认罚案件中,人民法院采纳人民检察院提出的量刑建议作出判决、裁定,被告人仅以量刑过重为由提出上诉,因被告人反悔不再认罪认罚致从宽量刑明显不当的,人民检察院应当依法提出抗诉。

被告人以量刑过重为由上诉,意味着不再认罚,也即作为原审判决依据之一的被告人认罪认罚的量刑情节发生了变化,但如果该量刑情节的变化不至于导致原审判决的量刑明显不当,则可以不予抗诉;如果该量刑情节的变化导致原审判决的量刑明显不当的,则应当依法提出抗诉。

(2)被告人提出上诉,否认指控的犯罪事实的

原认罪认罚的被告人提出上诉,否认指控的犯罪事实的,应在认真审查案件的基础上,分情况处理:如果被告人辩解成立的,意味着原审判决错误,应当提出有利于被告人的抗诉;如果被告人辩解不成立,意味着作为原审判决依据之一的被告人认罪认罚的量刑情节发生了改变,对此可参考上述规定,对因该量刑情节发生改变导致原审判决量刑明显不当的,应当依法提出抗诉。

(二)人民法院不接受量刑建议的,如何处理

人民法院不采纳量刑建议的,检察机关应对其不采纳量刑建议的理由予以审查,根据具体情况决定是否抗诉。

1. 法院认为量刑建议的依据不成立

根据《意见》第40条第1款的规定,对于人民检察院提出的量刑建议,事实清楚,证据确实、充分,指控的罪名准确,量刑建议适当的,人民法院应当采纳。具有下列情形之一的,不予采纳:(1)被告人的行为不构成犯罪或者不应当追究刑事责任的;(2)被告人违背意愿认罪认罚的;(3)被告人否认指控的犯罪事实的;

(4)起诉指控的罪名与审理认定的罪名不一致的；(5)其他可能影响公正审判的情形。

对于法院以上述情况为由不采纳检察机关的量刑建议的，检察机关经审查，认为确实存在上述情况，法院不采纳量刑建议有理有据的，不应抗诉；认为不存在上述情况，法院不采纳量刑建议理由不成立的，应当抗诉。

2. 法院认为量刑建议明显不当，且人民检察院拒绝调整或调整后仍然明显不当的

根据《意见》第 41 条第 1 款的规定，人民法院经审理，认为量刑建议明显不当的，人民法院应当告知人民检察院，人民检察院可以调整量刑建议。人民法院认为调整后的量刑建议适当的，应当予以采纳；人民检察院不调整量刑建议或者调整后仍然明显不当的，人民法院应当依法作出判决。《量刑建议指导意见》第 38 条规定，认罪认罚案件审理中，人民法院认为量刑建议明显不当建议人民检察院调整，人民检察院不予调整或者调整后人民法院不予采纳，人民检察院认为判决、裁定量刑确有错误的，应当依法提出抗诉，或者根据案件情况，通过提出检察建议或者发出纠正违法通知书等进行监督。

这里值得指出的是，人民法院只有在量刑建议的不当达到了“明显”程度的情况下才能拒绝接受量刑建议，但是，实践中，对何为“明显不当”却很难有一个明确的标准。对此，法院系统《刑事审判参考》总第 127 辑指导案例第 1409 号“苏某花开设赌场案”中指出，人民法院在查清事实，正确适用法律的基础上，应对量刑建议进行实质审查：一要审查量刑建议适用的刑种是否适当。刑期相同，但刑种不当的，属于量刑建议明显不当。二要对拟宣告刑与量刑建议的刑期进行比较。既要考虑二者相差的绝对值，又要考虑二者差值所占的比例。对于较长的刑期，虽然所占比值不高但差值的绝对值较大的，属于明显不当。对于较短的刑期，虽然差值的绝对值不大但所占比例较高的，也属于明显不当。三要重类案检索，确保类案量刑平衡和法律适用的统一。检索后发现量刑建议与类案量刑明显不平衡的，量刑建议亦属明显不当。四要对认罪认罚案件与一般案件的量刑进行比较。认罪认罚案件量刑重于一般案件，影响司法公正的，量刑建议亦属不当。检察机关在判决量刑建议是否属于“明显不当”时，也需以此作为参考。

在“苏某花开设赌场案”中，检察机关的量刑建议是对苏某花在有期徒刑 8 个月以上 10 个月以下判处刑罚，并处罚金，苏某花签署了认罪认罚具结书。但法院却认为该量刑建议明显不当，认定某桂花犯开设赌场罪，判处拘役 5 个月，并处罚金人民币 3000 元。本案由有期徒刑改为拘役，意味着法院认为量刑建议刑种不

当，而根据上述法院系统的判断标准，刑种不当的属于量刑建议明显不当，如检察机关以量刑建议并非明显不当对本案提出抗诉，恐很难获得法院支持。另有一案，2019年4月某日，浙江省某县的蔡某某酒后驾车与一辆小轿车碰撞，造成两车损坏，经鉴定，蔡某某属醉驾，负事故全部责任，蔡某某就危险驾驶罪认罪认罚，检察机关对其提出了“拘役二个月十五日，并处罚金六千元”的量刑建议，但一审法院未采纳该量刑建议，而判处其拘役3个月10日，并处罚金8000元。检察院遂提出抗诉，二审法院支持了检察院的抗诉，认为检察院量刑建议不属明显不当，法院在判决时应采纳检察院的量刑建议，改判被告人蔡某某拘役2个月15日，并处罚金6000元。在这个案例中，一审法院所判处的刑罚和量刑建议的差值的绝对值不大，仅有25天，但该差值占量刑建议的1/3，占原判刑罚的1/4，如果法院认为该案属于上述“对于较短的刑期，虽然差值的绝对值不大但所占比例较高的，也属于明显不当”的情形，则检察机关的抗诉也可能不被法院支持。可见，关于何种情况属于“明显不当”，还需要进一步探索相对明确的标准，检察机关应当在此标准的探索中发挥积极作用。

3. 法院未通知检察机关调整量刑建议而径行判决的

根据《刑事诉讼法》第201条第2款和《意见》第41条第1款的规定，人民法院经审理，认为量刑建议明显不当的，应当告知人民检察院。人民检察院不调整量刑建议或者调整后仍然明显不当的，人民法院才应当依法作出判决。但是，实践中，有的法院认为量刑建议明显不当，未经通知人民检察院调整量刑建议，就直接作出判决。对此，检察机关能否以程序违法提出抗诉呢？

《量刑建议指导意见》第37条规定，人民法院违反《刑事诉讼法》第201条第2款规定，未告知人民检察院调整量刑建议而直接作出判决的，人民检察院一般应当以违反法定程序为由依法提出抗诉。

但是，法院系统《刑事审判参考》总第127辑指导案例第1409号“苏某花开设赌场案”中明确指出，检察机关因一审法院未建议调整量刑建议而抗诉的，二审法院不应以程序违法发回重审。“实践中，人民法院在庭审中已就量刑充分听取控辩双方意见，并在此基础上依法径行作出判决的，不属于程序违法，符合确保裁判形成在法庭的庭审实质化要求，同时还避免了因量刑建议调整造成审判周期的延长和司法资源的浪费。检察院以此提出抗诉的，二审法院应全面审查，审理后认为一审判决事实认定、定罪量刑没有错误的，不应以程序违法为由发回重审。”因此，检察机关如果仅以程序违法为由提出抗诉，也可能难以获得法院支持。对此也需要检法系统的进一步沟通。

刑事证据审查运用的基本思路*

于同志** 最高人民法院

目 次

* 本文节选自作者撰写的《刑事实务十堂课：刑事审判思路与方法》一书。

** 于同志，最高人民法院刑事审判第二庭审判长、法学博士。

当前,刑事司法工作为什么要重视证据的审查与运用,笔者理解有以下三个背景值得关注:

一是现代证据制度发展的必然结果。从立法层面看,刑事证据规范越来越充实。1979 年、1996 年和 2012 年的我国《刑事诉讼法》关于证据的规定分别有 7 条、8 条和 16 条;"五部门"关于非法证据排除的规范性文件由 2010 年的 15 条发展到了 2017 年的 42 条;最高人民法院关于适用《刑事诉讼法》的司法解释已由 1998 年的 11 条增加至 2012 年的 60 条;1997 年的《人民检察院刑事诉讼规则(试行)》对证据未作专章规定,2012 年修订时则独立成章、详加规定等。关于刑事证据的规范条文数量成倍增长、越来越多,必然带来司法人员要加大理解和适用的问题。从司法层面看,现在对证据问题,不仅检法重视,公安机关也十分重视,由此带来了案件证据材料、信息的丰富。前一段时间,笔者看过最高人民法院刑庭一位退休法官的回忆文章,他说过去办案的苦恼是缺乏证据。比如,一个反革命集团案件,可能被告人几个、十几个乃至几十个,但案卷就是薄薄的几本,内容大致是起诉书、被告人供述、揭发检举材料等。现在办案也有烦恼,就是案卷材料普遍较多,一个案子几十本、上百本乃至数百卷宗,比比皆是。案件证据材料多,有时可能泥沙混杂。一方面,这给了我们进行证据审查运用的巨大空间;另一方面,证据材料多、信息杂,单纯依靠经验往往难以完成,必然要求我们积极构建和适用证据规则,提升刑事证据审查与运用的专业化水平。

二是防范冤假错案的关键举措。中央政法委原书记孟建柱同志在全国法院刑事审判工作座谈会上指出:"刑事审判最大的风险是发生错案,刑事法官重要的职责是防范错案。"这句话其实对整个参与刑事诉讼活动的人员均有指导意义。不发生错案,应是每一位刑事法律人的职业底线。防范冤假错案,固然需要从多个方面做工作,但最为重要的还是要加强对证据的审查与运用。我曾对党的十八大以来全国法院纠正的近四十起重大冤错案件进行梳理、分析,发现绝大多数案件也都是因为证据的收集和采信出问题而导致的。所以,无论是从事侦查、起诉,还是辩护、审判工作,大家在办案中都必须高度重视、更加关注证据问题,要把夯实每一起案件的事实证据基础作为工作的重中之重,以此有效防范冤假错案。

三是推进审判中心制度改革的客观需要。当前刑事司法领域,最引人注目的改革是以审判为中心的刑事诉讼制度改革。此项改革如何有效推进,可能见仁见智。但有一点是清晰的,那就是从确保案件质量、实现司法公正的角度,必须抓住证据的收集、审查和运用这一核心问题。"以审判为中心"包含整个诉讼活动向审判标准看齐,发挥审判标准的引导和制约作用之含义与要求。审判标准涉及多个方面，但最为关键的是裁判定案确立的证据标准，这也是当前各办案机关需要统一认识、协调一致的重要方面。近年来，人民法院强调刑事审判工作要实现庭审实质化。一般认为，庭审实质化包含“证明”“控辩”“裁判”三个方面的实质化，其支撑点仍在于对证据问题的严格把握和准确裁量。所以，最高人民法院2017年印发了《关于全面推进以审判为中心的刑事诉讼制度改革的实施意见》（以下简称《审判中心改革意见》），该文件的首条内容便是规定“证据裁判原则”。在2018年的司法改革推进会上，最高人民法院还提出要推动形成诉讼以审判为中心、审判以庭审为中心、庭审以证据为中心的诉讼格局。可见，强化证据的审查、判断与运用，已成为推进以审判为中心的刑事诉讼制度改革的重要着力点和落脚点。

现结合自身办案体会，谈谈刑事证据审查、判断和运用的基本思路与方法。概括起来就是七句话，即“坚守一个立场，立足两个视角，关注三大方面，厘清分析思路，善用多种方法，坚持因材施法，依法审慎定案”。

一、坚守一个立场

全面裁量证据，是进行证据裁判的基本立场。依法全面收集能够证明被告人有罪或无罪、罪重或罪轻的各种证据，是《刑事诉讼法》对案件办理的明确要求。如果严格贯彻执行《刑事诉讼法》规定收集证据，通常一个特定案件容易出现有利于被告人的证据和不利于被告人的证据共存的局面。客观、公正地进行证据裁判，必然要求对被告人有利与不利的两方面证据都要充分考虑，不能顾此失彼。

从近年来纠正的刑事冤错案件来看，案卷材料中大多不同程度地存在定罪的反证性证据或者疑点，而对于这些有利于被告人的证据材料或者信息，原审时法庭以及公诉机关也大多不同程度地发现了问题，但都未能充分重视起来，亦未能采取有效措施，以致铸成大错。

例如，在聂树斌故意杀人、强奸案中，就既有证明被告人有罪的证据，也存在一些与有罪证据相矛盾的反证，正如再审判决所指出的，“本案缺乏能够锁定聂树斌作案的客观证据，聂树斌作案时间不能确认，作案工具花上衣的来源不能确认，被害人死亡时间和死亡原因不能确认”“聂树斌有罪供述的真实性、合法性存疑，有罪供述与在卷其他证据供证一致的真实性、可靠性存疑”等。该案再审时，法庭既高度重视审查不利于被告人的证据，也高度重视审查有利于被告人的证据。不仅如此，在原审作出有罪判决，申诉人多年坚持做无罪申诉，同级检察机关认为原审判决认定事实不清、证据不足的情况下，更是加大了对定罪的反证性证据的审查力度。比如,将视线投射到被告人归案后前5天作出的含有无罪辩解的讯问笔录,而该笔录已经缺失,但合议庭通过分析在卷材料和调查研究,确认被告人曾做过无罪辩解,故仍对此反复做审查与判断。[①] 由此,该案再审在证据裁判上不仅针对在卷的所有证据,还注意审查相关证据与线索显示的其他材料或信息,这就拓展了证据裁判的范围。正是建立在对案件全部证据、所有信息进行全面、深入而细致的审查的基础上,再审作出了符合现代诉讼理念和司法公正要求的裁判结论。

不仅是聂树斌案,近年来纠正的其他多起重大冤错案件都在警示我们,司法运用证据认定案件事实时,对有利于被告人的证据(特别是证明无罪的证据)不仅不能忽视,还要给予更多关注、重点审查,这是构建定案的严密证据体系所必需的。所谓"千里之堤溃于蚁穴",定案的证据体系即是如此。定罪证据存疑,往往意味着该证据的真实性没有保障或者不能排除非法取证的可能,该证据经审查后,要么不具有证据能力,要么不具有证明力或证明力极低而依法不作为定案依据,进而导致案件的证据体系存在根本缺陷,无法达到"证据确实、充分"的证明标准。所以,在办案中要始终坚守住对全案证据进行全面裁量的根本立场。具体说,要做到以下几点:

1. 加强对反证的审查与分析,只要是定罪上存在可能产生合理怀疑的"疑点",就应当引起重视,绝不放过。

2. 善于把反证放到全部证据中去分析、判断,只要这样才有可能防止出现"一叶障目"的问题。

3. 避免先入为主,对"反证"不加甄别,轻易否定。

4. 坚持正确、有效的证据审查思路。既要从关联性、客观性和合法性入手,加强对关键、存疑证据的判断,又要注重从其与相关证据材料的比对、印证方面进行审查,必要时还应依程序开展补查、补证工作,以确保定案的证据体系上不存在疑点或疑点都得以排除。概言之,要聚焦关键证据,解决矛盾证据,固定可变证据,明确非法证据,完善瑕疵证据,补强薄弱证据。

二、立足两个视角

要从证据能力和证明力两个方面入手,对全案的证据逐一进行分析、审查,决

① 于同志:《论聂树斌案再审证据裁判的"八个方面"》,载《法律适用(司法案例)》2017年第2期。

定取舍。这里要注意区分两组概念:证据材料和证据、证据能力和证明力。打个比方,证据材料好比工厂车间里的原材料,可用的,具有证据能力;不可用的,不具有证据能力。证据好比工厂车间里生产出来的产品,经质检部门检验合格即具有证明力,淘汰的不具有证明力。

证据能力规则解决证据资格问题,它易于法定化,所以很多国家的刑事证据立法更多是围绕证据能力规则展开,我们讲的非法证据排除规则、关联性规则等,基本都是证据能力规则。而证明力规则针对的是证据的作用和价值,它更多是经验层面的问题,不宜法定化,而应更多地交由司法人员来自由裁量。但在过去的一个时期里,我们的立法及司法解释把重点放在证明力规则的建构上。比如,我们曾规定一些证据的原件效力大于复印件,国家机关出具的材料效力高于其他机构出具的材料等。但如果深入思考,复印件的效力一定小于原件吗?如果我们能够保持复印件的真实可靠,那它的效力就应当等同于原件。

在规范层面上,对易于法定化的证据能力规则应当给予更多重视。这也是近年来我国刑事证据立法上的一个重要动向,已开始重视构建成体系的证据能力规则。概括起来,我们已有了以下十大证据能力规则:

1. 关联性规则。例如,最高人民法院《关于适用〈中华人民共和国刑事诉讼法〉的解释》(以下简称《刑诉法解释》)第 98 条第 8 项规定,鉴定意见与案件事实没有关联的,鉴定意见不得作为定案根据。《关于建立健全防范刑事冤假错案工作机制的意见》(以下简称《防范刑事冤假错案意见》)第 9 条规定,现场遗留的可能与犯罪有关的指纹、血迹、精斑、毛发等证据,未通过指纹鉴定、DNA 鉴定等方式与被告人、被害人的相应样本作同一认定的,不得作为定案的根据。《审判中心改革意见》第 27 条规定,通过勘验、检查、搜查等方式收集的物证、书证等证据,未通过辨认、鉴定等方式确定其与案件事实的关联的,不得作为定案的根据。

2. 验真规则。例如,《刑诉法解释》第 83 条第 2 款规定,物证的照片、录像、复制品,不能反映原物的外形和特征的,不得作为定案的根据。第 86 条第 1 款规定,在勘验、检查、搜查过程中提取、扣押的物证、书证,未附笔录或者清单,不能证明物证、书证来源的,不得作为定案的根据。第 98 条第 3 项规定,送检材料、样本来源不明,或者因污染不具备鉴定条件的,鉴定意见不得作为定案根据。《关于办理死刑案件审查判断证据若干问题的规定》第 9 条第 3 款规定,对物证、书证的来源及收集过程有疑问,不能作出合理解释的,该物证、书证不能作为定案的根据。第 24 条规定,鉴定对象与送检材料、样本不一致的,鉴定意见不得作为定案根据。《关于办理刑事案件收集提取和审查判断电子数据若干问题的规定》第 28 条规定，电子数据具有下列情形之一的，不得作为定案的根据：（1）电子数据系篡改、伪造或者无法确定真伪的；（2）电子数据有增加、删除、修改等情形，影响电子数据真实性的；（3）其他无法保证电子数据真实性的情形。《防范刑事冤假错案意见》第 9 条规定，涉案物品、作案工具等未通过辨认、鉴定等方式确定来源的，不得作为定案的根据。

3. 最佳证据规则。例如，《刑诉法解释》第 84 条第 2 款规定，对书证的更改或者更改迹象不能作出合理解释，或者书证的副本、复制件不能反映原件及其内容的，不得作为定案的根据。

4. 意见证据规则。例如，《刑诉法解释》第 88 条第 2 款规定，证人的猜测性、评论性、推断性的证言，不能作为证据使用，但根据一般生活经验判断符合事实的除外。

5. 传闻证据规则。例如，《审判中心改革意见》第 29 条规定，证人没有出庭作证，其庭前证言真实性无法确认的，不得作为定案的根据。

6. 非法证据规则。例如，《刑事诉讼法》第 56 条第 1 款规定，采用刑讯逼供等非法方法收集的犯罪嫌疑人、被告人供述和采用暴力、威胁等非法方法收集的证人证言、被害人陈述，应当予以排除。收集物证、书证不符合法定程序，可能严重影响司法公正的，应当予以补正或者作出合理解释；不能补正或者作出合理解释的，对该证据应当予以排除。《关于办理刑事案件严格排除非法证据若干问题的规定》（以下简称《非法证据排除规定》）第 2 条规定，采取殴打、违法使用戒具等暴力方法或者变相肉刑的恶劣手段，使犯罪嫌疑人、被告人遭受难以忍受的痛苦而违背意愿作出的供述，应当予以排除。第 3 条规定，采用以暴力或者严重损害本人及其近亲属合法权益等进行威胁的方法，使犯罪嫌疑人、被告人遭受难以忍受的痛苦而违背意愿作出的供述，应当予以排除。第 4 条规定，采用非法拘禁等非法限制人身自由的方法收集的犯罪嫌疑人、被告人供述，应当予以排除。第 6 条规定，采用暴力、威胁以及非法限制人身自由等非法方法收集的证人证言、被害人陈述，应当予以排除。

7. 瑕疵证据规则。例如，《刑诉法解释》第 86 条第 2 款、第 3 款规定，物证、书证的收集程序、方式有下列瑕疵，经补正或者作出合理解释的，可以采用：（1）勘验、检查、搜查、提取笔录或者扣押清单上没有调查人员或者侦查人员、物品持有人、见证人签名，或者对物品的名称、特征、数量、质量等注明不详的；（2）物证的照片、录像、复制品，书证的副本、复制件未注明与原件核对无异，无复制时间，或者无被收集、调取人签名、盖章的；（3）物证的照片、录像、复制品，书证的副本、复制件没有制作人关于制作过程和原物、原件存放地点的说明，或者说明中无签名的；(4)有其他瑕疵的。对物证、书证的来源、收集程序有疑问，不能作出合理解释的，该物证、书证不得作为定案的根据。第 90 条规定，证人证言的收集程序、方式有下列瑕疵，经补正或者作出合理解释的，可以采用；不能补正或者作出合理解释的，不得作为定案的根据：(1)询问笔录没有填写询问人、记录人、法定代理人姓名以及询问的起止时间、地点的；(2)询问地点不符合规定的；(3)询问笔录没有记录告知证人有关作证的权利义务和法律责任的；(4)询问笔录反映出在同一时段，同一询问人员询问不同证人的；(5)询问未成年人，其法定代理人或者合适成年人不在场的。《人民检察院刑事诉讼规则》(以下简称《诉讼规则》)第 264 条规定，经审查讯问犯罪嫌疑人录音、录像，发现侦查机关、本院负责侦查的部门讯问不规范，讯问过程存在违法行为，录音、录像内容与讯问笔录不一致等情形的，应当逐一列明并向侦查机关、本院负责侦查的部门书面提出，要求其予以纠正、补正或者书面作出合理解释。发现讯问笔录与讯问犯罪嫌疑人录音、录像内容有重大实质性差异的，或者侦查机关、本院负责侦查的部门不能补正或者作出合理解释的，该讯问笔录不能作为批准逮捕或者决定逮捕、提起公诉的依据。《办理毒品犯罪案件毒品提取、扣押、称量、取样和送检程序若干问题的规定》第 3 条第 2 款规定，毒品的提取、扣押、称量、取样、送检程序存在瑕疵，可能严重影响司法公正的，人民检察院、人民法院应当要求公安机关予以补正或者作出合理解释。经公安机关补正或者作出合理解释的，可以采用相关证据；不能补正或者作出合理解释的，对相关证据应当依法予以排除，不得作为批准逮捕、提起公诉或者判决的依据。

8. 证人不适格的证言规则。《刑诉法解释》第 88 条第 1 款规定，处于明显醉酒、中毒或者麻醉等状态，以致不能正确表达的证人所提供的证言，不能作为定案的根据。

9. 取证程序违法影响证据客观性规则。例如，《刑诉法解释》第 89 条规定，证人证言具有下列情形之一的，不得作为定案的根据：(1)询问证人没有个别进行的；(2)书面证言没有经证人核对确认的；(3)询问聋、哑人，应当提供通晓聋、哑手势的人员而未提供的；(4)询问不通晓当地通用语言、文字的证人，应当提供翻译人员而未提供的。第 94 条规定，被告人供述具有下列情形之一的，不得作为定案的根据：(1)讯问笔录没有经被告人核对确认的；(2)讯问聋、哑人，应当提供通晓聋、哑手势的人员而未提供的；(3)讯问不通晓当地通用语言、文字的被告人，应当提供翻译人员而未提供的；(4)讯问未成年人，其法定代理人或者合适成年人不在场的。第 98 条规定,鉴定意见具有下列情形之一的,不得作为定案的根据:(1)鉴定机构不具备法定资质,或者鉴定事项超出该鉴定机构业务范围、技术条件的;(2)鉴定人不具备法定资质,不具有相关专业技术或者职称,或者违反回避规定的……(5)鉴定程序违反规定的;(6)鉴定过程和方法不符合相关专业的规范要求的;(7)鉴定文书缺少签名、盖章的……(9)违反有关规定的其他情形。第 105 条规定,辨认笔录具有下列情形之一的,不得作为定案的根据:(1)辨认不是在调查人员、侦查人员主持下进行的;(2)辨认前使辨认人见到辨认对象的;(3)辨认活动没有个别进行的;(4)辨认对象没有混杂在具有类似特征的其他对象中,或者供辨认的对象数量不符合规定的;(5)辨认中给辨认人明显暗示或者明显有指认嫌疑的;(6)违反有关规定、不能确定辨认笔录真实性的其他情形。第 107 条规定,侦查实验的条件与事件发生时的条件有明显差异,或者存在影响实验结论科学性的其他情形的,侦查实验笔录不得作为定案的根据。第 135 条第 3 款规定,公诉人提交的取证过程合法的说明材料,应当经有关调查人员、侦查人员签名,并加盖单位印章。未经签名或者盖章的,不得作为证据使用。《诉讼规则》第 264 条规定,发现讯问笔录与讯问犯罪嫌疑人录音、录像内容有重大实质性差异的,该讯问笔录不能作为批准逮捕或者决定逮捕、提起公诉的依据。

10. 未经法定程序查证的证据规则。例如,《刑诉法解释》第 71 条规定,经过当庭出示、辨认、质证等法庭调查程序查证属实的证据,才能作为定罪量刑的根据。《诉讼规则》第 404 条第 3 款规定,经人民法院通知,鉴定人拒不出庭作证的,公诉人可以建议法庭不予采纳该鉴定意见作为定案的根据。《防范刑事冤假错案意见》第 12 条第 2 款规定,采取技术侦查措施收集的证据,除可能危及有关人员的人身安全,或者可能产生其他严重后果,由人民法院依职权庭外调查核实的外,未经法庭调查程序查证属实,不得作为定案的根据。

由上可见,我国现行刑事证据能力规则的内容体系逐渐丰富。不仅如此,近年来最高司法机关还通过多种途径发布了一系列具有指导意义的典型案例,其中也包含了不少证据法规则。例如,最高人民法院五个刑庭共同主办的《刑事审判参考》就刊登了多篇涉及刑事证据规则运用的“指导案例”。诸如一些学者探讨的“疲劳审讯”“威胁、引诱”、看守所之外提讯、不进行录音录像审讯等获取的口供采信问题,该刊物此前都刊登过相关案例,对这些问题都有明确的解读。这些案例都经过了最高人民法院刑事审判庭的审查、认可,代表了最高审判机关的立场,"是我国目前公认的、最权威的、带有指导性作用的案例文本",①完全可供我们办案参考。

1. 积极运用

如前所述,现在的案件证据材料普遍越来越多,单纯靠经验和一般认识来审查和判断证据,时常不好判断,我们必须注意运用证据的能力规则和证明力规则,推进刑事证据收集和采信工作的专业化、技术化、精细化。在此有两个理念需要提及:(1)综合的理念,是指不仅是非法证据排除规则,对其他的刑事证据规则,也要注意运用。很多时候,我们在办案中审查和判断刑事证据,往往需要综合运用多个证据规则。(2)整合的理念,是指我们要善于挖掘散落在各个角落中的刑事证据规则,既包括有关法律、司法解释、司法文件规定的证据规则,也包括最高司法机关发布的指导性案例中的证据规则,这些都是我们办案赖以参考或参照的依据,都应当重视并用足用好。

2. 一体运用

从道理上讲,在法官的视野里,第一映入眼帘的应是判断有无证据能力,然后才是对证明力的第二道筛选。这在实行陪审团制度的英美国家最为典型。为防止不良的证据污染和误导由普通民众组成的陪审团,这些国家构建了较为完善的证据能力规则,以保障陪审团能够置身于由合法、可靠的证据构筑的世界。我国实行专业法官全面审理事实和适用法律的制度,所以,在对证据的证明能力和证明力进行审查时,两者时常分得不那么清晰(也没有必要严格区分),很多时候需要把对证据能力的审查和证明力的审查结合起来进行,并应将之贯穿于证据裁判的全过程。

三、关注三大方面

在办案过程中,要重点审查证据的关联性、合法性和客观性,并贯彻全面审查原则。

(一)关联性审查

1. 关联性是证据的首要属性

从证据裁判的要求看,认定事实必须依据合格证据。"合格证据"有多重含义,其一便是该证据要与待证事实之间有"关联性"。如果缺乏关联性,则不是适

---

① 陈瑞华:《辩护律师如何运用证据规则》,载"司法改革大讲堂(第一期)"录音整理材料。

格的证据,不可以进入诉讼中,更不得作为定案依据。所以,“关联性是证据进入诉讼的第一道‘门槛’,是证据的首要属性”。[①] 一项证据材料,不管它是多么的真实、合法,只要与本案无关,那就要直接排除出去。故在刑事诉讼中运用每一项证据时,都应首先关注其有无关联性。

2. 忽视证据的关联性会造成不良后果

我国现行立法对证据的关联性关注不够,有关证据规则较为粗疏、简单,远远没有证据客观性、合法性方面的规则发达,由此也带来实践中对证据关联性的重视不够。笔者在工作中,时常发现一些与案件关联性不大甚至没有关联性的材料被作为证据在庭审中出示、在裁判文中列举。

例如,尹某、刘某受贿案:二被告人案发前分别担任某市房产局产权处正副处长。2006 年至 2011 年,两人利用负责办理房屋产权证、管理该市房地产担保公司等职务的便利,多次收受他人贿赂,其中尹某收受他人贿赂款人民币 81 万元、价值人民币 16.9 万元的房屋一套,刘某收受他人贿赂款人民币 44.7 万元。一审法院以受贿罪分别判处尹某有期徒刑 8 年,判处刘某有期徒刑 5 年,并判决没收尹某、刘某受贿所得款物。后刘某因在看守所羁押期间检举了同监人魏某的盗窃犯罪事实,有立功表现,二审法院依法对其从轻处罚,以受贿罪改判其有期徒刑 4 年,同时维持了对尹某的定罪量刑。在尹某、刘某的生效判决书列举的认定事实依据的证据中,有二被告人所在单位出具的“请求减轻处罚的函”,用以证明“某市房产管理局请求法院对二被告人减轻处罚”。该做法引起法学界的热烈讨论与质疑,认为请求减轻处罚的函件不是用来证明案件事实的证据,没必要提交法庭、列入判决书。[②] 该案暴露出的问题指向的就是证据的关联性。

被告人单位出具的“请求减轻处罚的函”,大体可归属于品格证据的范畴。对于此类证据,国际上的通行做法是:一是仅在某些特定案件中使用,如未成年人犯罪案件;二是庭审阶段一般禁止控方首先提出表明被告人不良品格的名声或意见证据,只有在辩方首先提出被告人良好品格或被害人不良品格的证据之后才允许控方使用上述证据对此进行反驳(被告人有未被消灭的犯罪前科例外)。对于被告人良好品格的证据,也是慎重使用。例如,《德国联邦证据法》第 51 条第 1 项规定:“凡已不列入或将不再列入记录之前科,在当事人后来另一起刑事诉讼案中,原则上不得将其视为不利于当事人之用。”品格证据之所以被限制使用,就在于其与案件事实的关联性普遍不够,使用容易引发争议、影响案件公正处理。

---

① 马秀娟:《论证据的关联性及其判断》,载《政法学刊》2008 年第 6 期。

② 陈伶俐:《证据相关性的判断与规则构建》,载《法律适用(司法案例)》2017 年第 24 期。

3. 证据的关联性具有客观性

诚如美国证据法学者华尔兹所言,“相关性实际上是一个很难用切实有效的方法界定的概念”,“容易判断,但却不容易描述”。① 或因如此,各国立法都很少明确规定其概念。但这并不妨碍我们对其内涵进行理论上的剖析。从实际来看,关联性所体现的某项证据与特定案件待证事实之间的联系,可以是因果联系和时空联系,可以是必然联系和偶然联系,可以是肯定联系和否定联系,可以是直接联系和间接联系等,呈现的外在形态是多姿多彩的,但其在本质上应有自身特定的“边界”。

(1)关联性不是哲学意义上的普遍联系。辩证唯物主义告诉我们,万事万物都处于普遍联系之中,一些学者就用普遍联系的观点来支持证据的相关性。这在哲学层面固然不错,但对认识证据关联性没有多大意义,并对实际办案有危害性。“案件事实不是普遍的、抽象的概念,而是特殊的、具体的概念。”②所以,不能把证据与待证事实之间的关联性看成哲学意义上的普遍联系,它应是一种经验意义上的特殊联系。

(2)关联性不是证据之间的关联。有观点认为,证据关联性包括两个方面,“一是证据与要证事实的关联;二是证据与证据之间的关联。证据只有环环相扣,形成紧密的锁链,才能称其为具有关联性”。③ 我们不赞同此观点。证据关联性指的是证据与待证事实之间的关联,至于证据与证据之间的关联,即通常所说的间接证据定案形成的“完整证据锁链”,并不是作为证据基本属性之一的相关性所包含的内容,“如果将一般意义上的‘关联’当成‘证据的关联性’则会产生很多负面效应,使得关联性规则的理解和适用难度增大”。④

(3)证据关联性具有客观性。关联性反映的是证据与案件待证事实之间存在的联系,这种联系本身是客观的,通常不以人意志为转移。所以,判断一个材料是否与特定案件有关,能否作为定案的证据使用,虽然有个体认识的差异性,但绝不能脱离在案证据去臆测,应当始终坚持从实质意义对关联性作出客观的评判。

4. 重视审查“破案经过”“抓获经过”等证据材料

从实际看,“破案经过”“抓获经过”等证据材料可直接用于确定犯罪嫌疑人、

---

① [美]乔恩·R. 华尔兹:《刑事证据大全》,何家弘等译,中国人民公安大学出版社1993年版,第64页。

② 龙宗智:《“大证据学”的建构及其学理》,载《法学研究》2006年第5期。

③ 陈卫东:《论刑事证据法的基本原则》,载《中外法学》2004年第4期。

④ 奚玮等:《证据关联性问题之研究》,载《审判研究》2006年第1期。

被告人与案件的关联性，它是刑事案件侦破过程中侦查机关第一时间收集到的证据材料，也是所有证据中最为直接并相对更为客观的第一手材料。规范、客观、全面、细致的抓获经过，不仅直接关乎定案，而且对案件来源、立案时间、强制措施的运用等程序性事实，以及自首、坦白、悔罪等量刑情节都能起到重要证明作用。所以，我们应当重视对“破案经过”“抓获经过”等证据材料的制作以及审查与运用。

例如，在聂树斌案再审中，法庭就是从“抓获经过”入手解构原判证据体系的。再审判决指出原审定案证据体系存在九大问题，首要的便是聂树斌的抓获经过与康某被害案之间缺乏关联性。原审认定，侦查机关根据群众反映将聂树斌抓获从而将案件侦破，但原审卷宗内却没有群众反映聂树斌涉嫌实施本案犯罪的任何证据或线索，甚至具体是哪些群众反映的证据也没有。那么，聂树斌的“抓获经过”，显然不具有证据的适格性，也就不能据此确定其为犯罪嫌疑人，再审由此掀开了原审定案证据体系上的裂缝。该案再审的上述做法，具有一定的方法论意义。

(1)“破案经过”“抓获经过”等材料虽然由调查人员、侦查人员出具，但“没有人在自己的案件中被视为可靠的证人”，如作为定案依据仍要经法定程序查证属实。

(2)此类材料中记载的信息内容不客观、不全面的情况在实际办案中时常会遇到，必须对其加大审查力度，否则会给案件埋下重大隐患。

(3)对“破案经过”“抓获经过”等材料，应当结合在案的其他相关证据综合审查判断，必要时通知侦查人员到庭作出说明。对于经审查缺乏其他证据或线索支持的“孤证”，不得作为定案依据。

(二)合法性审查

这是刑事证据得以正确运用的重要保障。从实践看，非法取证是刑事案件办理中的“重大隐患”。近年来，纠正的刑事冤错案件中，大多不同程度地存在非法取证行为。甚至说，“刑讯逼供、非法取证是导致冤假错案发生的主要原因”(中央政法委报告语)。所以，必须把证据的合法性审查放在更为突出的位置，切实通过审判环节强化对“证据合法”的要求，引导和督促侦查机关“合法取证”。

1. 厘清认识

这里要注意区分四组概念：

(1)刑事证据规则与非法证据排除规则。刑事证据规则是一个丰富的体系，除了非法证据排除规则之外，还包括关联性规则、传闻证据规则、意见证据规则、最佳证据规则、补强证据规则、自白任意性规则等。我们不能用非法证据排除规则替代所有的刑事证据规则,不能眼里只有非法证据排除规则,从而忽视了对其他刑事证据规则的运用。

(2)非法证据排除程序与证据合法性审查。非法证据排除程序是一个特殊的证据审查程序,适用对象和具体程序法定。从立法看,它的启动仅针对五类证据:采用刑讯逼供等非法方法收集的犯罪嫌疑人、被告人供述,采用暴力、威胁等非法方法收集的证人证言、被害人陈述,以及收集取证不符合法定程序,可能严重影响司法公正且不能补正或者作出合理解释的物证、书证(《刑诉法解释》、《非法证据排除规定》及《人民法院办理刑事案件排除非法证据规程(试行)》等司法文件虽然对非法证据规则的具体适用对象作了扩张性解释,但仍严格地限于上述证据类型)。有的地方文件把非法证据排除程序的适用范围弄得很大,这是不符合《刑事诉讼法》规定的。它实质上是把非法证据排除程序与证据合法性审查混同了。任何证据的收集过程损害到证据的可信性或者有适用其他证据规则的情形的,都可能被排除而不作为定案的根据。但其排除并不是、没有必要且也不可能都通过非法证据排除程序来完成。除了非法证据排除程序外,我们还有更为灵活、简便的质证或庭审程序,经查证后决定采用与否即可。所以,我们可以也应当对任何一个据以定案的证据在庭审中进行合法性审查,但启动非法证据排除程序只能针对五类法定对象。当前,我们既要克服不敢启动和运用非法证据排除程序的情况,也要避免非法证据排除程序的不当滥用。

(3)非法证据与瑕疵证据。如前所述,非法证据的内涵和范围特定,一般指向严重违法和严重损害司法公正的取证行为。现实中,除了非法证据之外,更多的是瑕疵证据,后者的范围、类型更为广泛、多样。比如,非法的证人证言,主要是指采用暴力、威胁等非法方法收集的证人证言。但瑕疵的证人证言则包括但不限于具有下列情形之一的证人证言:①询问笔录没有填写询问人、记录人、法定代理人姓名以及询问的起止时间、地点;②询问地点不符合规定;③询问笔录没有记录告知证人有关权利义务和法律责任;④询问笔录反映出在同一时段,同一询问人员询问不同证人;⑤询问未成年人,其法定代理人或者合适成年人不在场。对于瑕疵证据的审查,可以不用启动非法证据排除程序,按照通常的法庭调查程序即可完成;并且瑕疵证据也不是必然地排除不用,如果能够补正或合理解释,相当多的瑕疵证据还是可以用的。

(4)非法证据与应当排除的证据。非法证据是一种应当排除的证据,但应当排除的证据远非法定的五类非法证据所能涵盖,其外延与内涵十分广泛。例如,应当排除的物证、书证,除了收集取证不符合法定程序,可能严重影响司法公正且不能补正或者作出合理解释的物证、书证,还包括具有以下情形之一的物证、书证:①物证的照片、录像、复制品,不能反映原物的外形和特征的;②对书证的更改或者更改迹象不能作出合理解释,或者书证的副本、复制件不能反映原件及其内容的;③在勘验、检查、搜查过程中提取、扣押的物证、书证,未附笔录或者清单,不能证明物证、书证来源的;等等。应当排除的犯罪嫌疑人、被告人供述,除了采用刑讯逼供等非法方法收集的犯罪嫌疑人、被告人供述,还包括具有下列情形之一的犯罪嫌疑人、被告人供述:①讯问笔录没有经被告人核对确认的;②讯问聋、哑人,应当提供通晓聋、哑手势的人员而未提供的;③讯问不通晓当地通用语言、文字的被告人,应当提供翻译人员而未提供的;④讯问未成年人,其法定代理人或者合适成年人不在场的;等等。应当排除的证人证言、被害人陈述,除了采用暴力、威胁等非法方法收集的证人证言、被害人陈述,还包括处于明显醉酒、中毒或者麻醉等状态,不能正常感知或者正确表达的证人、被害人所提供的证言、陈述;证人、被害人的猜测性、评论性、推断性的证言、陈述(根据一般生活经验判断符合事实的除外);以及具有下列情形之一的证人证言、被害人陈述:①询问证人、被害人没有个别进行的;②书面证言、陈述没有经证人、被害人核对确认的;③询问聋、哑人,应当提供通晓聋、哑手势的人员而未提供的;④询问不通晓当地通用语言、文字的证人、被害人,应当提供翻译人员而未提供的;等等。此外,具有瑕疵性的物证、书证,犯罪嫌疑人、被告人供述以及证人证言、被害人陈述,如果对其不能补正或作出合理解释,则属于应当排除的证据,不得作为定案依据。

应当排除的证据除了上述五种法定类型外,还包括鉴定意见、辨认笔录、视听资料、电子数据等证据类型。具体说,应当排除的鉴定意见,包括具有以下情形之一的鉴定意见:①鉴定机构不具备法定资质,或者鉴定事项超出该鉴定机构业务范围、技术条件的;②鉴定人不具备法定资质,不具有相关专业技术或者职称,或者违反回避规定的;③送检材料、样本来源不明,或者因污染不具备鉴定条件的;④鉴定对象与送检材料、样本不一致的;⑤鉴定程序违反规定的;⑥鉴定过程和方法不符合相关专业的规范要求的;⑦鉴定文书缺少签名、盖章的;⑧鉴定意见与案件事实没有关联的;⑨违反有关规定的其他情形以及经人民法院通知,鉴定人拒不出庭作证的鉴定意见;等等。

应当排除的辨认笔录,包括具有下列情形之一的鉴定意见:①辨认不是在调查人员、侦查人员主持下进行的;②辨认前使辨认人见到辨认对象的;③辨认活动没有个别进行的;④辨认对象没有混杂在具有类似特征的其他对象中,或者供辨认的对象数量不符合规定的;⑤辨认中给辨认人明显暗示或者明显有指认嫌疑的;⑥违反有关规定,不能确定辨认笔录真实性的其他情形;等等。

应当排除的视听资料,包括具有下列情形之一的视听资料:①系篡改、伪造或者无法确定真伪的;②制作、取得的时间、地点、方式等有疑问,不能作出合理解释的;等等。

应当排除的电子数据,包括具有下列情形之一的电子数据:①系篡改、伪造或者无法确定真伪的;②有增加、删除、修改等情形,影响电子数据真实性的;③其他无法保证电子数据真实性的情形;等等。

上述应当排除的证据,如同法定的五类非法证据一样,均不得作为定案的根据。对于法定非法证据以外的其他应当排除的证据,其审查亦可不必启动非法证据排除程序,而是运用一般的法庭调查、举证质证程序即可。

2. 全面把握

我国的非法证据排除制度是一个规范体系,除了《刑事诉讼法》及配套司法解释和2017年"两高三部"的《非法证据排除规定》外,还包括《审判中心改革意见》《人民法院办理刑事案件排除非法证据规程(试行)》《防范刑事冤假错案意见》等相关规定。这些规定共同构成了中国的非法证据排除制度体系,对此应当全面把握。我在一些场合遇到一些同人提问,有的条文不是规定在《非法证据排除规定》中,可不可以用。我说当然可以。这些规定,只要没有明确废除,就应当具有效力,都可以参照执行。如果是司法解释规定,办案中还可以直接引用。并且我通过梳理发现,这些规定之间并没有本质上的不同或冲突,它们之间更多是互补关系,有的规定原则,有的规定具体,完全可以结合起来使用,对这个问题应当认识到位。

3. 发展眼光

要关注两个词:"本土"与"本身"。

(1)"本土"。如果我们历史地看现代证据制度的发展,就会发现绝大多数刑事证据规则都源于英美法系国家。过去我们曾一度认为,这是因为他们更加重视人权保障和程序公正。经历这些年的学习和工作,笔者渐渐明白,任何国家的司法制度设置首先总是功利性的,要解决现实问题。英美法系国家为什么重视证据规则,这其实和陪审制度不无关系。由于事实审查判断交由缺乏法律专业知识的普通民众,就必须保证摆在陪审团面前的证据是干净的、没有污染的,那么就得建立一整套的证据过滤机制,把不良的、无关的、多余的、容易被夸大的证据排除出去。由此,一系列刑事证据规则脱颖而出。所以说,看一个国家的刑事证据制度,要立足于该国的本土实际。

(2)“本身”。非法证据排除制度本身是一个利弊共存的制度,其价值和功能是多元的。排除非法证据有助于规范侦查活动,落实程序正义。但在查明案件事实上,其不利的一面也是客观存在的。从实际看,确有不少非法收集的证据是真实客观的,可以有力证明案件事实,如果将这样的一些证据予以排除,势必会影响案件事实的查明。所以,人们对待它的态度一直是纠结的,各国的制度构架也大都不同。比如,有的仅针对非法言词证据,有的还包括非法实物证据。《联合国禁止酷刑公约》中规定的非法证据也仅限于言词证据,并未包括实物证据。各国的制度规定也有一个不断调整的过程。比如,大家公认的最早建立非法证据排除制度的美国,它的非法证据排除规则最初针对的是物证,即违反现行宪法第四修正案,非法搜查扣押的物证予以排除。之后,随着宪法第五、第六修正案的出台,违反自白任意规则的口供,以及侵犯当事人获得律师帮助权的证据,也应予排除。20世纪60年代,最高法院以微弱优势确立了“毒树之果”规则,对违反上述宪法修正案的规定,进而获得的第二手的“派生证据”,予以排除。最初,美国对“毒树之果”规则,执行得很坚决,坚持一律排除。但是之后基于打击恐怖主义、有组织犯罪、毒品犯罪等的需要,这一规则后来不断得以调整,联邦最高法院先后通过判例设立了若干例外法则,如“必然发现的例外”“善意的例外”“公共安全的例外”等,以维持刑事司法在打击犯罪与保障人权之间的平衡。由此可见,对一个国家的非法证据排除制度要用发展的目光看。

在相当长的时期内,我国是没有非法证据排除规则的。2010年我们才颁行“两个证据规定”《关于办理死刑案件审查判断证据若干问题的规定》和《关于办理刑事案件排除非法证据若干问题的规定》,2012年《刑事诉讼法》修改正式确认了非法证据排除规则,2017年“两高三部”又共同出台了细则性的规定,可以说是制度进步很大,成绩来之不易,应予充分肯定。但从以往的立法经验看,现行的规定应当不是终点,还会随着形势发展变化而不断调整。并且,正如前面说的,非法证据排除规则只是众多刑事证据规则中的一个,即便一些问题证据没有被立法规定为“非法证据”,并不妨碍我们可以运用其他刑事证据规则对其作出恰当的判断。

(三)客观性审查

这是刑事证据审查运用的关键环节。从司法实际看,有以下三个方面需要重点关注。

1. 慎用主观推测

主观推测是在一定事实基础上根据经验、情理推测和判断另一个事实,如被告人与被害人有矛盾,推测其可能有作案动机;被告人案发前与被害人在一起,推测其可能有作案机会;被告人案发后清洗衣物,推测其可能在清洗衣物上的血迹等。主观推测也是司法认定的方法之一,在实践中被经常运用,但我们应当认识到它的局限性,主观推测不同于证据分析,依靠主观认识推测出的"可能性"只是线索,结论能否成立需要进一步的证据验证,而不能直接视作案件事实本身。实践反复证明,脱离证据与程序规则的主观推测,时常不可靠,甚至是危险的。"盲目自信"不等于"内心确信",切记要始终靠证据说话。

2. 坚持综合分析认定

分析某一个证据是否客观真实,要把它放在整个证据体系,放到与其他证据的比较中去判断,只有这样才能够看清证据的本质、问题的实质,避免出现"只见一木、不见森林"的现象。例如,聂树斌案再审时,法庭至少从五个方面对被告人的有罪供述作了深入分析:(1)从供述本身入手,指出被告人对关键事实的供述前后矛盾、反复不定、随证而变、不合常理。(2)从供证一致入手,指出被告人的供述虽然与现场勘查笔录、尸体检验报告等内容基本一致,但由于存在先证后供等问题,难以保证供证一致的可靠性。(3)从取证合法性入手,指出有罪供述的取得,不能排除存在指供、诱供的可能。(4)从经验情理入手,指出被告人关于偷拿花上衣自穿等的供述,不符合生活常识。(5)从供述完整性入手,指出聂树斌被抓获之前5天的讯问笔录缺失,由此严重影响了在卷讯问笔录的客观性等。基于上述全面而深入的分析,便得出被告人有罪供述存疑的结论。

3. 注意区分"先证后供"与"先供后证"

对于"先供后证"的案件,由于被告人供述在先,根据其供述、指认进一步取得其他物证、书证、证人证言等,有的还提取到隐蔽性强的客观性证据,由此既能建立被告人与这些证据之间的关联性,又能印证被告人的供述具有可靠性,所以"先供后证"所形成的供证一致体系,往往具有较强的证明力。但"先证后供"则不同。被告人归案前,侦查人员在侦破案件过程中已经掌握了相关证据情况,除非能够确保被告人供述的自愿性和合法性,否则很难确定其供述的真实性。故在此情形下,即便被告人的供述与在案其他证据形成印证关系,其证明价值也相对较小。

从实践看,在"先证后供"的案件中,由于侦查人员根据相关证据或线索事先已经锁定了犯罪嫌疑人,一旦其归案拒不供认,个别侦查人员为突破口供,还有可能采取指供、诱供甚至逼供等非法手段。综观近年来纠正的刑事冤错案件，侦查机关在办案中大都取得了被告人的有罪供述，并且，被告人的有罪供述内容大多与现场勘查、检查笔录、尸体检验报告等基本一致，但案件经再审最终仍被证明是错案。这不能不令人警醒！在侦查机关已经发现作案现场及被害人尸体的情况下，被告人对现场勘查、尸体检验等方面的一致性供述往往与侦查人员指供、诱供、逼供有关。所以，仅凭被告人的供述与现场勘验、检查、指认等笔录，尸体检验情况一致就认定被告人作案，往往并不可靠。如果案件同时缺乏客观证据，供证一致又不能完全排除指供、逼供、诱供可能，在认定被告人有罪时务必慎之又慎，以避免酿成错案。

四、厘清分析思路

在对具体证据进行审查和判断时，通常可以按照以下三个步骤依次推进：

1. 单个证据的分解验证。将某个证据的相关信息掰开揉碎，仔细甄别以查看其自身内容有无问题，比如被告人的供述是否存在对关键事实的供述前后矛盾、反复不定、随证而变、不合常理的情况。通过对单个证据的分解、甄别，往往就能够审查出问题。

2. 相关证据的双向比对。将证明同一事实的两个或两个以上的证据材料进行比较和对照，查看其所证明的内容是否一致。具体有纵向对比和横向对比两种方法。前者主要针对言词证据而言，即对同一案件事实做过的多次陈述或供述进行对比，辨明其前后内容有无矛盾之处。后者是指对证明同一案件事实的不同种类的证据进行比对。比对印证是证据分析、审查最基本、最直接的方法。

3. 全案证据的综合判断。将经过分解验证和比对分析后的各个证据材料，按照法律逻辑有机地整合成一个证据体系，既在全案证据体系中考察、评估单个证据的证明力，又对整个证据体系是否达到确实、充分的法定要求进行综合判断。

五、善用多种方法

在对具体证据审查时，除了经常使用的个别甄别、同一认定、比较印证等书面阅卷方法外，对一些疑难复杂案件，有时还可能运用到其他一些非常规的方法，如实证调查、咨询专家、经验识别等。例如，在聂树斌案件的再审中，合议庭在认真开展阅卷工作的同时，积极奔赴案发地核实相关证据，察看案发现场、被害人上下班路线、聂树斌被抓获地点及其所供偷衣地点，询问部分原办案人员和相关证人，还就有关尸体照片及尸检报告等证据的审查判断咨询著名的刑侦技术专家，并从经验识别的角度,对原办案人员当年的办案行为和事后的解释进行评判,认为“不合常理”,从而排除认定一些事实和情节等。

此外,该案再审在对客观证据的审查上,也是运用了个别甄别、同一认定、比较印证等多种方法,从不同方面、多个角度进行分析。具体来说,(1)从客观证据缺失入手,指出现场勘查未能找到直接证明被告人实施故意杀人、强奸犯罪的任何痕迹物证,导致案件缺乏锁定被告人作案的客观证据。(2)从证据关联性入手,指出现场勘查提取到的缠绕被害人尸体颈部的花上衣,其来源无法查清,由此该花上衣与被告人之间的联系难以确定。(3)从证据合法性入手,指出辨认程序没有依法进行,导致用于被告人辨认的花上衣与缠绕尸体颈部的衣物是否同一存在疑问,由此认定花上衣为被告人故意杀人的作案工具的证据不足。(4)从客观证据内容入手,指出原判据以定案的尸体检验报告没有提取、检验被害人的胃内容物以确定死亡时间,且法医亦未根据被害人尸体蛆虫情况对其死亡时间作出推断,由此导致被害人的死亡时间不能确认。(5)从客观证据之间印证入手,指出现场勘查笔录虽然记载花上衣缠绕被害人尸体颈部,尸体检验报告进一步记载被害人“符合窒息死亡”,但却未能作出确定性的鉴定意见,与此导致被害人死亡的具体原因不明。(6)从客观证据与被告人供述、证人证言等证据比对入手,指出现场勘查笔录、尸体检验报告等证据与后者存在不协调甚至相矛盾的情况,由此不仅揭示了客观证据的局限性,也表明了被告人供述等言辞证据的真实性存疑。基于上述由表及里、层层深入的分析论证,再审很自然地就得出了“本案存疑”的结论。

上述对待客观证据的态度以及具体审查思路,对一线办案是有借鉴意义的。一方面,要重视审查客观证据。主观证据虽然在复述案件全貌方面有着得天独厚的优势,但其在证据内容的稳定性和可靠性上远不如客观证据,“严刑之下其造假的可能性很高”,“我们传统意义上所提到的‘口供中心主义’所产生的冤假错案中,起主要作用的正是被害人陈述,犯罪嫌疑人、被告人供述和辩解等主观性证据”。[①] 所以,办案中应当扭转长期存在的“以主观证据为中心”“口供至上”的倾向,树立客观证据优先的理念,高度重视和加强对客观证据的审查,进而引导侦查机关注重调取客观证据。

另一方面,要提高审查客观证据的能力。客观证据虽然有较强的稳定性和可靠性,但也不能迷信客观证据,不经审查就直接采用。办案中不仅要保持好奇、求真的欲望,充分挖掘客观证据,善于从案件的边边角角中发现问题,还要重视对客

---

① 樊崇义、李思远:《刑事证据新分类:客观性证据与主观性证据》,载《南华大学学报(社会科学版)》2016 年第 1 期。

观证据进行科学解释,全面、细致地把握证据蕴含的信息。对全案证据不仅要逐一进行审查判断,还要综合进行审查判断,无论是何种证据,只有经甄别后具备真实性、关联性、合法性的,才可作为定案根据。但逐一审查判断证据,并非孤立地进行,亦应将该证据与全案证据进行综合比较、分析,以便排查矛盾与疑点。

六、坚持因材施法

概括地讲,被告人供述、被害人陈述、证人证言等主观证据的审查,更为侧重证据的内容方面;物证,书证,鉴定意见,勘验、检查、辨认、侦查实验等笔录,视听资料和电子数据等客观证据的审查,更加重视证据的形式方面。在对证据进行裁判时,要针对证据的不同特点有针对性地开展工作。

比如,对被告人的供述,可以着重从供述的时间,地点,有无逼供、诱供等方面进行审查;对证人证言,可以从证人的辨别能力、与案件的利害关系等方面进行判断;对物证、书证,可以着重从来源、提取过程、签名及标注等方面进行甄别;对鉴定意见,要重点分析鉴定人的资质、检材的原始性、鉴定过程等方面;对辨认笔录,要重点关注有没有个别进行、混杂辨认,辨认过程是否符合程序等。各类证据的特性各有不同,只有坚持因材施法,才能够更为准确、有效地把握证据存在的相关问题及实质,从而去粗存精、去伪存真。

七、依法审慎定案

审查证据的目的是得出结论。从刑事司法实际看,在定案上有两种倾向需要避免:一是未达证据标准定案,二是达到标准不敢认定。这两种情况都是因对《刑事诉讼法》规定的“事实清楚,证据确实、充分”这一证明标准理解不准确、不到位所导致的。

(一)牢固树立三大司法理念

无罪推定、证据裁判、正当程序,是刑事司法工作必须坚守的司法原则和基本理念。对刑事法律人而言,它们最为重要、最不可或缺。综观近年来获得纠正的重大冤错案件,其形成无不是对三大理念的失守导致的。所以,《审判中心改革意见》一开始就开宗明义地提出了“坚持严格司法原则,树立依法裁判理念”,要求:(1)坚持证据裁判原则,认定案件事实,必须以证据为根据。重证据,重调查研究,不轻信口供,没有证据不得认定案件事实。(2)坚持非法证据排除原则,不得强迫任何人证实自己有罪。经审查认定的非法证据,应当依法予以排除,不得作为定案的根据。(3)坚持疑罪从无原则,认定被告人有罪,必须达到犯罪事实清楚,证据确实、充分的证明标准。不得因舆论炒作、上访闹访等压力作出违反法律的裁判。(4)坚持程序公正原则,通过法庭审判的程序公正实现案件裁判的实体公正。发挥庭审在查明事实、认定证据、保护诉权、公正裁判中的决定性作用,确保诉讼证据出示在法庭、案件事实查明在法庭、诉辩意见发表在法庭、裁判结果形成在法庭。上述四项要求,归纳起来就是无罪推定、证据裁判、正当程序这三大诉讼基本原则。

(二)全面准确理解证明标准

《刑事诉讼法》第55条第2款规定:"证据确实、充分,应当符合以下条件:(一)定罪量刑的事实都有证据证明;(二)据以定案的证据均经法定程序查证属实;(三)综合全案证据,对所认定事实已排除合理怀疑。"这是我们法定的证明标准,对其正确把握需要注意几个方面。

1. 定罪证据存疑和量刑证据存疑

定罪证据有别于量刑证据,办案中要注意区分定罪证据存疑和量刑证据存疑的不同。"疑罪从无"原则针对的是定罪证据存疑,不是量刑证据存疑,后者会导致刑罚裁量的宽松,但不直接关涉犯罪成立与否的问题。只有定罪证据存在疑问,才会导致宣告当事人无罪。

2. 定罪证据瑕疵和定罪证据存疑

定罪证据上存在瑕疵,可以要求补充侦查或解释和说明,但一旦存疑,也即根据案件的现有证据不能排除合理怀疑、得出唯一结论时,则要慎重对待,存疑会导致无罪。在实际办案中,要注意区分何种情况是"瑕疵",何种情况是"存疑",不可将二者混同,否则会引发严重问题。笔者曾经办过这样一个案子:送检的现场血迹经DNA鉴定系被告人的,但是现场没有记载该血迹的提取情况,也没有记载如何提取的,导致其来源不明。这个证据又很关键,如果将其排除,案件就达不到证据确实、充分的程度,这种情况已不再属于证据瑕疵的范畴了。

再如,第85辑《刑事审判参考》刊载的王某喜强奸案:

根据起诉书指控,2007年9月27日13时许,被告人王某喜窜至安徽省怀远县城关镇某小学,见该校女生孙某上厕所,遂用绳子勒住孙某的脖子,强行将其抱至厕所旁边的石榴林内,孙某大声呼救,王某喜又用手掐其脖子,并言语威胁,而后脱掉其裙子,强行与其发生性关系。根据侦查材料,案发后刑警大队从孙某母亲处提取到孙某当时所穿的内裤并于2008年5月30日将该内裤送交安徽省公安厅检验。安徽省公安厅出具的生物物证检验报告显示，在孙某内裤上检见人的精斑，在对该精斑的基因进行检验后录入全国公安机关 DNA 数据库应用系统。2010 年 5 月王某喜因涉嫌犯其他罪被逮捕。2010 年 7 月 21 日，浙江省公安厅物证鉴定中心作出 DNA 检验报告，证实孙某内裤上的精斑为王某喜所留。

本案除了被害人的内裤及鉴定意见外，缺乏其他直接证据。换言之，上述"物证"内裤及对其所作的鉴定意见是定案的关键证据。但法院经审理发现，本案中，侦查过程中对被害人孙某内裤的收集、复制、保管工作存在以下多处违反法律规定的地方：

(1) 侦查人员在提取内裤时没有制作提取笔录，或者通过扣押物品清单客观记录提取情况，导致有关内裤来源的证据不充分。

(2) 根据有关司法解释规定，据以定案的物证应当是原物。只有在原物不便搬运、不易保存或者依法应当由有关部门保管、处理或者依法应当返还时，才可以拍摄或者制作足以反映原物外形或者内容的照片、录像或者复制品。本案起诉书的证据目录虽然记载提取了被害人孙某的内裤，但未将该内裤随案移送。考虑到该物证的特殊性且所附生物检材易污染需要特殊条件保存，可采用照片形式对该内裤予以复制移送，但有关机关均未做此项工作。

(3) 法律规定对证据的原物、原件要妥善保管，不得损毁、丢失或者擅自处理。由于该起犯罪久未侦破，其间办案人员更换，加之移交、登记、保管等环节存在疏漏，被害人孙某的内裤已遗失，导致出现疑问后有关复核工作无法进行等。

一审期间，公安机关曾就被害人孙某内裤的收集、复制、保管工作出具说明材料："案发后，某县公安机关将孙某的内裤进行了提取，后一直放在刑警支队保管。2008 年 5 月 30 日，民警将孙某的内裤送到省公安厅刑警总队进行 DNA 鉴定。现内裤已做技术处理。"该说明材料没有对未制作提取笔录或扣押物品清单、未拍摄照片复制以及为何将内裤处理等情况进行合理的解释。概言之，作为定案关键证据的被害人孙某内裤的收集、复制、保管工作均不符合有关法律规定，导致该内裤来源存疑，且办案机关无法补正或者作出合理解释。而被害人孙某的内裤又是生物物证鉴定意见和 DNA 鉴定意见能够作为证据使用的基础。检材来源不明，则相关鉴定意见自然难能采用。如果被害人的内裤及其鉴定意见这一关键性证据排除，则案件就达不到证据确实、充分的程度。这种情况显然已不再属于"证据瑕疵"的范畴了，应当属于"证据存疑"。所以，法院经审理认为，本案指控事实不清、证据不足，不能认定该起强奸事实。

3. 客观证据关联性存疑

客观证据包括实物证据与鉴定意见等，这些证据多数属于间接证据，要重点审查它与被告人的关联性，存疑则要务必慎重。比如，从开放性场所取得的物证，如果没有其他证据加以佐证，则要慎重使用。例如，从被害卖淫女出租房提取的生物证据，包括指纹、脚印、精斑等。我们曾经办理过几起被害卖淫女在出租房被杀案件，指控被告人犯罪的关键证据就是从房间现场收集到的被告人的上述生物证据。被告人到案多数是不供述，侦查机关经工作拿到了少数几次的有罪供述。但案件一旦到审查起诉、法庭审理阶段，被告人立马翻供，辩称案发前到被害人处嫖娼了，因此留下指纹、脚印、精斑等。这些证据如果不是从开放性场所收集的，其证明力通常是比较高的，有的甚至可以直接据此定案。但因为此类案件的现场是开放性的，被告人倘若嫖娼留下生物证据，实为正常。由此，这些证据在案件中的证明力就会大打折扣，如果没有取得其他的有力证据，定案必须慎之又慎。

这里有个发生在西部某省的典型案件：被告人与实际犯罪人同住在一个工地，犯罪人抢劫杀人后将带有被害人血迹的衣服遗留在工棚后潜逃外地，天冷被告人就随手穿上了。侦查机关在当地排查中根据被害人的衣服抓获了被告人。被告人归案后否认犯罪，并辩称不知道衣服的来源，办案人员就认定被告人系狡辩，可能存在刑讯逼供等非法取证情况，就拿下了被告人的有罪供述。因为证据“扎实”，一审、二审都判了死刑。但在最高人民法院复核时，真凶因其他犯罪落网并供认，侦查机关根据其供述还从住处搜到被害人的其他财物，至此真相大白。本案定罪的关键证据是从被告人处收集到的带有被害人血迹的衣服，但该证据与被告人的关联性恰恰存在问题，虽然被告人辩称不知道来源，但对该证据关联性问题，一审、二审法院未能引起足够重视，以至于作出了错误的判决。从我个人办案的体会看，对实物物证和鉴定意见等客观证据的关联性审查十分重要，对于被告人以此为依据提出无罪辩解的，不能简单地否定其辩解，一定要结合全部案情深入地审查判断。

4. 客观证据缺失的处理

从实际来看，如果案情表明现场极有可能存在某些实物证据，但案卷材料中却没有此类证据，这表明侦查机关可能现场勘查不细，遗漏关键证据，甚至可能故意隐匿有利于犯罪人的证据，对此要格外小心，以免酿成错案。比如，杀人案件中一般应当有血迹，强奸案中一般应有精斑等，如果案卷中没有，务必提高警惕，要求侦查机关提取或给出合理解释。

例如，胡某被控强奸杀人案：根据起诉书指控，被告人强奸被害人后使用镰刀砍被害人颈部致其死亡,但提取的镰刀及被害人衣物上没有被害人血迹,现场及被害人体内也未提取被告人的精斑。审判人员多次要求侦查机关补充提供,但其一直答复,胡某强奸时系体外射精,案发后又下过雨,所以没有提取到相关痕迹物证。法院就以事实不清、证据不足建议检察机关撤回了起诉。后来发现,实际上侦查机关在现场勘查时已从被害人阴道提取到精斑和被害人、胡某的血样送鉴定机关进行鉴定,后经鉴定与另一个服刑人员赵某一致,经讯问,赵某对抢劫、强奸并杀害被害人的事实供认不讳。

从实际看,被告人到案后很快作出有罪供述的案件,其客观物证的提取时常没有被告人否认犯罪的案件的物证收集得好。比如作案工具,在不少案件中未能提取到。有的案件发回重审后,却又重新收集到了。办案中一定要特别审查现场勘验、检查、搜查、扣押的具体情况,不放过蛛丝马迹。对于被告人供述与客观证据存在矛盾的,不能简单地以被告人供述否定客观证据。我们要逐步树立起客观证据优先的理念。

5. 准确把握间接证据的定案标准

从实际看,用间接证据认定的案件往往是被告人不供述的案件,也没有其他的目击证人的证言等直接证据,司法认定上相对复杂,一遇到此类案件内心会纠结和摇摆。所以,这个问题值得重视探讨。最高人民法院《刑诉法解释》第 140 条规定:"没有直接证据,但间接证据同时符合下列条件的,可以认定被告人有罪:(一)证据已经查证属实;(二)证据之间相互印证,不存在无法排除的矛盾和无法解释的疑问;(三)全案证据已经形成完整的证据链;(四)根据证据认定案件事实足以排除合理怀疑,结论具有唯一性;(五)运用证据进行的推理符合逻辑和经验。"

上述规定相对较为复杂、抽象,理解上经常会出现疑问与争议。在笔者看来,间接证据的证明标准其实从以下两个方面掌握就足够了:(1)正面证真,即形成内心确信,其要求是保证"所有的证据都指向被告人";(2)反面证伪,即排除合理怀疑,其要求是做到"没有证据或线索指向其他人(证据没有疑点或疑点得以排除)"。如果一个案子的证据体系能够满足这两点,基本上可认为是"事实清楚,证据确实、充分"。从我们纠正的冤错案件看,除个别案件外,大多能满足第一个条件,做到了"正面证真",所有的在案证据都指向了被告人,但是普遍没有做到"反面证伪",案件的证据体系存在疑点或者疑点未能得到完全排除,证据链上未能"闭合"。换言之,证据没有达到法定的证明标准,一旦作出有罪认定,则风险与隐患巨大,对此应引为警醒。

关于运用间接证据认定案件,笔者有几个切身体会。

(1)回归常识和经验法则

英国法学家麦克白有一句名言,“良知是最高的法律准则”。这句话也可以用到证据裁判上。记得多年前与一位来访的英国法官团的资深法官探讨过“办案中遇到疑难纠结事项,内心不知如何决断”时怎么办的问题,他说,“通常我会回家问问妈妈该怎么判”。当时听到这句话时,笔者很有疑虑。经过这些年的办案实践,再回过头来品味这位外国同行的话,开始认同并对其中的道理越来越深信不疑。英国同行说的其实就是,司法要善于回归常识和经验法则,这一点对办理疑难复杂案件来说,十分重要。“从近年来纠正的冤假错案来看,很多案件从侦查之初,就不仅违背了法律规定的诉讼程序和办案规则,而且背离了常情常理,违背了生活的逻辑”,由此将案件的“侦查方向引入歧途,最后酿成冤错案件”。[①] 比如呼格案,被告人是一个刚成年且涉世未深的年轻人,在主动向公安机关报案时因害怕而精神有些紧张,本属正常,但是办案人员却据此认为他有犯罪嫌疑以致弄假成真。再如浙江张氏叔侄案,二被告人是没有任何前科劣迹的正经生意人,且受熟人之托,顺道带一个女孩至杭州。按照生活常识,这种人不可能在光天化日之下将该“搭便车”的女孩先奸后杀,但办案人员却背离常识地认定叔侄二人系真凶,以致造成冤假错案。又如杜培武案,被告人作为一名警察,工作及生活均正常,没有表现出任何犯罪潜质和迹象,且案发时正潜心准备党校考试,但却被认定故意持枪当面杀害自己的妻子及其警察同学并陈尸车上。还有安徽余某生案件,没有任何证据显示案发前被告人与妻子关系不和,而且被告人当时已被组织部门任命为“区长助理”,仕途顺利,而其妻也是当地公认的美女,这样一个人被指控以残忍、龌龊手段杀害妻子,从常理上不能理解与解释……这么多的血淋淋案子警示我们:背离良知、常识、常情办案,就会误入歧途。

“生活经验虽然不能像理论法则那样揭示事物之间联系的规律性,但它揭示的事物之间的某种常态联系、某种程度的可能性或盖然性,也可以作为审查判断证据的重要依据。”[②]最高人民法院《刑诉法解释》第140条也明确要求“运用证据进行的推理符合逻辑和经验”。所以,在审查运用证据认定案件事实时:一方面,我们绝不能仅凭“经验”就认定案件事实,无视证据规则的“唯经验论”是错误的;另一方面,证据裁判和事实认定也绝不能无视生活常识和常理。应当注意将法律

① 胡云腾:《向群众和传统学习司法智慧》,载《中国审判》2016年第19期。

② 江健、朱珊珊、王攀等:《客观性证据审查模式探索》,载正义网,http://www.jcrb.com/xztpd/20152t/lanmu/GFSFXWTSSFGXL/201508/t20150825_1539242.html。

上的程序及证据规则与经验层面的常识常理结合起来裁量。

(2)善于和正确运用司法推理

最高人民法院胡云腾大法官曾撰文谈裁判文书的说理，认为要讲好“五理”，即事理、法理、学理、情理、文理。在笔者看来，还有一个“论理”的问题，即要积极运用法律逻辑。法律逻辑其实很重要，但是我们在这方面的训练相对较少。这和我们成文法的法制传统也有关系。记得2013年笔者还在北京高院工作期间，担任审判长主持“大兴摔童案”的二审庭审，这个案子证据较为扎实，辩护空间很小，但是辩护律师从逻辑推理的角度谈了自己对证据的看法，当时让我觉到耳目一新，所以，在法庭上让他很充分地发表一个较长的辩护意见。证据审查时运用逻辑推理手段，既有利于搭建案件的证据体系，也有助于发现案件证据体系上的“疑点”。对于在逻辑与经验上的“反常之处”，要加大审查力度。

(3)重视对细节证据的审查

运用间接证据定案，往往需要从证据的细枝末节、蛛丝马迹中发现并建构案件事实体系，所以，加强对证据材料的细节的审查，尤显重要。

例如，在笔者参与审查的叶某受贿案中，行贿人陈某供称其是在叶某办公室送的钱，但叶某归案后始终否认收受贿赂，并辩称陈某从来没有去过他的办公室。经审查陈某的证言，陈某对叶某办公室的格局、布置的描述与实际基本相符，且讲到了叶某办公室墙壁上贴有一个“佛头”，而该细节在案件中为陈某首次提及，叶某的办公室在案发前业已几经装修，陈某对该细节的证言增强了合议庭成员的内心确信，结合其他在案证据最终认定了该笔贿赂。

(4)坚持对全案证据综合分析认定

如前所述，综合分析认定是所有刑事案件证据审查判断的基本方法，但由于运用间接证据认定的案件往往缺乏直接指认、证明犯罪的证据，故对全部在案证据进行综合分析认定，变得愈加重要，甚至可以说是此类案件司法认定的根本性路径。

(5)敢于和不能放弃司法判断

司法权本质上是判断权。不能判断，就不是合格的司法官。现在强调敢于判断，是有现实意义的。随着司法责任制改革的推进，特别是终身追责制度的建立，一些办案人员不敢判断、畏惧判断、怠于判断的问题凸显出来了。比如，在一些主要依据间接证据定案的案件，本来根据法律及司法解释的规定，是可以考虑认定的，但是承办人则提出这个案子证据薄弱，定不了。最后，经过庭、院长指导乃至审判委员会审议等程序后，承办人才说，其实笔者也认为这个事情就是被告人做的。但是他之前就是不公开表达自己的真实想法。这是不对的。当然,敢于判断,绝不是号召大家做葫芦僧,擅断、乱断,判断要依据"证据、事实、程序、法律、法理、(常)情(常)理、逻辑和价值",笔者把这八个方面称为司法裁判的"八个纬度"。这是我们在裁判时要充分考量的要素,哪一个都不应忽视。这里要强调一下价值判断,就是你的裁决要符合主流社会的核心价值,符合社会的公平正义标准。

(6)证据采信上杜绝侥幸心理

证据问题不同于一般的法律问题,它直接关涉被告人有罪与无罪,对任何案件来说,都是一个最为重要的根基性问题。在证据采信上,不能有任何的侥幸心理,否则会遗患无穷。

(7)避免"数量主导"的机械认定模式

在运用证据认定案件事实的问题上,不能片面地注重证据的数量优势,而忽视证据的质量要求。可能全案的证据基本都是定罪证据,但只要存在一个具有杀伤力的"反证",就足以否定全案。所以,我们运用证据去支撑案件事实应当坚持综合分析,而不能机械地收集证据,简单套用证据规则,以证据的多寡作为判断的标准。

(三)疑罪的认定与处理

所谓疑罪,就是指定罪的事实不清、证据不足。如果按照"两高两部"2010年发布的《关于办理死刑案件审查判断证据若干问题的规定》对"证据确实、充分"证明标准的界定,所谓定罪的事实不清、证据不足,是指据以定罪的证据之间、证据与案件事实之间存在矛盾,或者根据证据认定案件事实的过程不符合逻辑和经验法则,全案证据不能得出被告人有罪的唯一结论。该界定对疑罪的范围作了限定:其一,排除了量刑上的事实不清、证据不足;其二,必须是定罪证据和主要案件事实上存在疑点,如果案件中存在一般的细枝末节问题和不影响定罪事实的疑点,不属于"疑罪"。

《刑事诉讼法》第55条规定了运用证据定案的具体标准,只有满足定罪量刑的事实都有证据证明,据以定案的证据均经法定程序查证属实和综合全案证据对所有认定事实已排除合理怀疑三个条件,才能认定被告人有罪和处以刑罚。对这一法定证明标准,要从正反两个方面理解和把握。详言之,作出有罪认定,要能保证所有的证据都指向被告人,且没有证据指向其他人(定案证据体系上没有疑点或疑点得以排除)。既要从"正面证真"的角度做到内心确信,又要从"反面证伪"

的角度排除合理怀疑、得出唯一结论。如果在案的证据对被告人是否犯罪既不能证真也不能证伪，那么这个案件就是我们讲的“疑罪”。

从法律规定看，检察机关承担证明被告人有罪的举证责任，应当提供确实、充分的证据来证实被告人有罪。而“疑罪”的存在，意味着检察机关提供的证据不足以认定犯罪行为系被告人实施，所以，“疑罪”是检察机关未能实现证明责任的结果，其本身并不以被告人是否认罪为前提。即使被告人笼统认罪，但如其有罪供述的真实性缺乏保障，在案证据未能达到确实、充分标准，也不能认定被告人有罪。同时，“疑罪”也不同于存在无罪证据的案件，如果有证据证明被告人是无辜者，则案件不再属于疑罪，而应当依法宣告被告人无罪，这是事实上的无罪。故而，“疑罪”是既不能在“正面证真”上做到内心确信，也不能在“反面证伪”上排除合理怀疑、得出唯一结论。诚如有学者所指出的，“疑案的原审被告人实际上既可能是真正的罪犯，也可能是没有实施犯罪的无辜者，故从客观真相而言是或然的、不确定的状态”①。

对“疑罪”这一概念，我们要准确认识。如果一个案子存在“真凶出现”或“被害人现身”的情况，它就不再是“疑案”，而是法定的无罪案件，如果认定被告人犯罪，那就是一个“冤案”。冤案不仅不能认定被告人有罪，而且能够认定被告人无罪，从而排除其实施犯罪的可能性，如呼某图、赵某海案等。而“疑案”是证明不了也否定不了，但是根据法律关于疑罪从无的规定，此种情况要宣告被告人无罪。如果不作无罪宣告，那就是一个错案，在这方面，聂树斌案无疑是一个典型。现在我们常说“冤错案件”，其中“冤案”与“错案”的概念是有差异的。

1997年《刑事诉讼法》第一次修改即确立了疑罪从无原则，对证据不足的案件，遵循程序正义和证据链条完整性的要求，自然就应该做无罪处理。但20多年来，从司法理念，到司法实践，再到社会心理，疑罪从无却总是呈现“知易行难”的尴尬。这也是一些案件不能作无罪判决，以至于酿成“错案”的重要原因。我想说的是，如果对已确认“疑罪”的案件，我们现在还不能或不敢宣告无罪，那么就想一想聂树斌案。对这样一起20余年前被告人已经被执行死刑的“历史悬案”，最高审判机关都敢于按照疑罪从无原则宣告被告人无罪，在我们的刑事司法实践中，还有什么理由不去坚守“疑罪从无”！

---

① 胡云腾：《聂树斌案再审：由来、问题与意义》，载《中国法学》2017年第4期。

专题十一

从证据法的角度看冤假错案防范

郭云忠* 国家检察官学院

目 次

* 郭云忠，国家检察官学院教授、法学博士。

如何有效防范冤假错案是一个老大难问题，古今中外概莫能外，我们今天主要从刑事证据法的角度来探讨。法检工作和律师工作比起来，律师辩护的时候是在找点，法检工作做的是面。但有时候一个点或几个点没做好就会出大问题，就会导致冤假错案的发生。冤假错案危害很大，因此要高度重视。

一、历史视野

要从历史上梳理一下冤假错案，建议大家看《史记》，《史记》记载了很多冤假错案。李斯案就是特别典型的一个，赵高怕李斯翻案，就不断派人假扮皇帝的钦差来监狱提审李斯，问你到底是不是谋反？李斯说哪能谋反，冤枉，都是赵高害我。来人说我们就是赵丞相派来的，一顿打。等皇帝真派人去提审李斯时，李斯说一点都不冤枉，我就是想谋反，结果被杀掉了。《史记》里的韩信案，也是著名的冤假错案。韩信要是想造反早反了，一直不反，到最后没兵也没将时却要谋反，可见是被人所害。司马迁用的春秋笔法，比较委婉隐讳，他评论韩信说：这个人太不像话了，居功自傲，天下大定的时候还想谋反。反过来想就是天下大定的时候还谋什么反。

《贞观政要》也有关于防范冤假错案的论述，怎么防范？通过三复奏五复奏。什么是三复奏？这是李世民采纳的一个大臣的建议。李世民特别注重反思，有大臣因罪被杀，过后觉得这个人罪不当死，怎么没有人劝我。别人说你龙颜大怒谁敢劝，然后他就定下不能奏一回就杀掉，奏三回，三回批准才能杀。过了一段时间，提这个建议的人出事了，奏了三回李世民把这个人杀掉了，就是把提出三复奏建议的人被杀了。过了一段时间，李世民又反思也可以不杀，三复奏没有管用，是因为一天连奏三回，在气头上越奏越急。后来李世民说这不行，得隔日奏，不能当天连着奏。最后京城里改成五复奏，京外三复奏，主要是考虑京外五复奏太费劲了，离得远骑马奏五回成本太大。

小说是一个民族的秘史，也在一定程度上反映了当时的社会生活，包括司法活动及冤假错案。《红楼梦》大家都知道，仅王熙凤制造的冤假错案就很多。

建议大家再读两本书：《福尔摩斯探案全集》和《包公案》。福尔摩斯确实用一些科技手段，如物理学、化学、医学等破了很多疑难案件，可破了就不管了。而《包公案》特别适合中国的国情，除了破案、起诉还有审判和执行，把法律、社会、政治几个效果综合考虑。比如行为证据，现在来说好像还是一个新词，但《包公案》里已经多次运用行为证据了。行为证据在司法实践中已经在用，但是没有法律依据。《刑事诉讼法》没有规定隐蔽证据，但是最高人民法院的司法解释和之前的《关于办理死刑案件审查判断证据若干问题的规定》,各有一条规定了隐蔽证据。

《包公案》有一个案子名字叫《三娘子》,是典型运用行为证据的案例,也可以说是运用逻辑推理来侦破案件,我给大家介绍一下:张三和李四商量好准备第二天做生意,前一天在附近的码头和船家王五商量好第二天坐船,张三、李四晚上又在张三家里商量到很晚,然后李四告别回家。第二天李四早早就去了码头,一看王五在船上还睡觉呢,就叫醒他,两个人等了很久不见张三来。李四就说王五你去叫张三,时间观念怎么那么差。王五就跑到张三家敲门,叫道:"三娘子,三娘子,你们家张三怎么还不走?"三娘子是张三的夫人,她开门说张三大早起就走了,昨天晚上他们商量到很晚几乎没有怎么睡觉,一大早就走了。王五说不可能,李四去了,我也在那里等着,都没有见,李四才让我来叫他。三娘子慌慌张张跑到码头,顺着河找,发现张三在芦苇丛里飘着,人被杀死钱没了。

报案之后县官怀疑三娘子和别人谋害亲夫,打一通不承认,又打李四,李四也不承认,后来再打三娘子,三娘子受刑不过承认了,但供不出是和谁一块杀的,也供不出钱去哪了。后来一个官员来巡查时,看完卷批了一句话,但也没有破案,最终包公根据那句话把这个案子给破了。什么话?大家觉得凶手是谁?为什么是王五?巡查官员在卷里批道"拍门便叫三娘子定知房内已无夫",实际上这就是一个逻辑推理,也是一个行为证据,要找别的证据没有。包公据此认定是王五,就把这句话说了,王五也服了,这个案子就破了。你拍门便叫"三娘子"肯定知道屋里面没有张三,找谁应该叫谁。

我有一次讲这个案子的时候,正好遇到某县院的检察长,他说前几年遇到过相似的案子:检察长接待日来了一个老太太,蓬头垢面。进门就说,"领导我儿子被杀了"。这么大的案子他当然很重视,可这老太太再一说,他就让其他人把老太太送走,感觉可能是个疯子。老太太第二句话说,"昨天晚上我儿子给我托梦了"。可能老太太碰钉子也多了,一看领导要赶她走,就边走边说了第三句话,这个检察长立马说大娘别走快请回来。老太太说什么?第一句话是儿子被杀,第二句话是昨天晚上儿子托梦,第三句话是我儿媳妇把我儿子的东西烧的烧卖的卖。大家想想第三句话有什么问题?防范冤假错案我们不能光从检察环节考虑,必须首先从侦查环节考虑,第一关没有把好后面会比较麻烦。为什么听了第三句话之后检察长认为这个事是真的呢?考虑一下,关于案件谁掌握的信息多?加害人和被害人。被害人死了,加害人掌握的信息就是最多的。顺着这个逻辑考虑一下,儿子失踪,儿媳妇可以改嫁,但是不应该把东西烧掉卖掉,这非常不符合逻辑。把东西烧掉卖掉，只能证明她知道这个人已经死了。

这个人死了分两种情况：第一种情况是她知道或者参与了杀害，第二种情况是意外事件。意外事件的话不应该不吱声，很可能就是被害死了，这样的话，要么知道被害，要么参与甚至是主谋。检察长马上和公安联系去搜查，结果也不知道是不是母子连心，还真在院子里找到了儿子的尸体，真在院子里一个废弃的地窖里埋着。把他的东西烧掉卖掉，这是典型的行为证据。

关于行为证据或运用逻辑推理侦破案件，《包公案》里还有很多，我再给大家介绍一个。还是提醒大家记住那句话，防范冤假错案必须从侦查取证环节入手。这个案子的主角是一位仵作，有一天仵作回到家里唉声叹气，他媳妇特别贤惠而且还漂亮，赶快把酒菜端上。一看还是闷闷不乐，就轻声问他怎么了？想买房子买不起？想入员额没有入成？还是司法改革要转隶？他说都不是。仵作又叹了口气才说道："包公人挺好的，但是老爱念叨这句话，不考核不干活，一考核乱干活，现在他要考核我。包公喜欢微服私访，那天带我们走到一个小胡同里，突然小胡同深处传来哭声，我们听着很正常，但是他说不正常，说这个女的哭的声音很大但是不痛，说这里面必有隐情。一问家里的男人死了，他不让人出殡，还让我开棺验尸。验了一遍又一遍，银针也试了，各种方法都试了，没有外伤也没有看出什么异常来，打听的情况就是暴病而亡，可包公说明天最后一天找不到死因就让我下岗，饭碗要砸了。"

媳妇说："我以为多大点事，明天你把死者的头发打开，摸摸头顶。"第二天仵作打开头发一摸，正头顶一颗大钉子。死因查明就好办了，包公也挺高兴，请他喝茶。真是不考核不干活，限期破案真破了。仵作说，每个成功男人的背后都有一个贤惠的女人，主要是媳妇找的好。包公问是不是青梅竹马两小无猜。仵作说美中不足是二婚，当年夫人的丈夫暴病而亡，他一看人这么好就别计较那么多了，就娶到家里了。包公一听，说："别喝了，走！"到她前夫的坟上打开一看，头顶上也钉着个大钉子。包公运用逻辑推理，不但侦破了眼前的案子，还把陈年旧案也破了。因此，防范冤假错案要重在从侦查环节入手，立案监督、侦查活动监督、批捕、公诉和其他各项检察工作都要多从侦查环节和侦查角度来审查证据。

二、现实关注

冤假错案的成因，大家普遍认为主要有两点：一是刑讯逼供，二是个案协调。现在个案协调已经很少了，近年翻出来的旧账都是当年协调的。导致冤假错案的主要原因是刑讯逼供，近年披露的冤假错案十有八九有刑讯逼供，极个别的没有。

美国一位退休检察官总结了美国导致错案的六种因素,包括:虚假供述,采信不可靠的线人和告密者的陈述,劣质的辩护,不可靠的科学,政府的不当行为,目击者错误的认同。

在座的都比较年轻,但在检察院工作时间长了,可能就疲了,就麻木了,麻木之后对案子就不太敏感,易忽略案件背后当事人的重要权利甚至宝贵生命。对你来说就是个案子,就是个工作指标,但对当事人来说却是他们的人生。把握不好,检察院就会成为一个文书中转站。我们抱着卷在楼道里跑来跑去,看卷签字,却不太关注案卷背后的东西。之所以会出现冤假错案,有时候就是因为我们麻痹大意,就是因为出发的太久,以至于忘记了为什么出发。

就像银行押运钞车的工作人员过一年半载就轮岗,因为刚押车时胆战心惊,过段时间就放松了,这有什么,不就是花花纸么,就容易出事。我们办案也是这样,时间长了也会松懈。这几年披露的冤假错案为什么老百姓反映那么强烈,而我们觉得很委屈?办了一万个案子都非常好,怎么一个错了就揪着不放?如果去医院本来是阑尾炎却把其他重要的器官给割下来了你急不急。还有更严重的,左腿要截肢,一会儿手术室推出来右腿没了,医生反应倒是比较快,说你的右腿也不行了,现在推出来让你看一下手法怎么样,还要再接着切左腿。医生能否辩解说切错的是少数,大多数都对了。同理,案子办错了为什么还要辩解?

关注冤假错案,除了因为后果严重和涉及身家性命,还有一个原因就是心理恐慌。民众会推断这个案子错了,那么相似的错误还有没有。聂树斌、呼格、念斌、杜培武等,之后是谁。杜培武这个案子是警察杀警察,警察打警察,可以说是四个警察和一群警察的故事。这个案子确实扑朔迷离,另外杜培武的“运气”也不太好,三只警犬味觉辨认,有一只警犬沉默,两只认为杜培武到过现场。正好杜培武衣袖上还有打枪之后的弹药残留物,他警校毕业又是戒毒所的警察,那段时间不排除打靶的可能性。还有,现场的土正好在杜培武车的离合器上也发现了,杜培武也没有通过测谎,最后幸亏真凶抓住了。警察都不能幸免于难,普通百姓能不害怕冤假错案吗?

再一个是纠错难。大家想想河北聂树斌案纠错用了多长时间,十几年,近二十年。还有呼格案,呼格的母亲经常去公安反映情况,尤其真凶抓获之后更是经常去公安反映情况,可公安管这种类似咱们控申上访的副局长却正好是当年办案组的组长,这种制度设计怎么纠错。抓获真凶之后又拖了好几年才把案子平反。此外,能否防止悲剧重演就更难说了。

三、侦查取证

按照我国《刑事诉讼法》的规定,检察机关有监督侦查活动的职能。但打铁需要自身硬。要想监督别人,自己必须强大。检察官要监督侦查活动,除要精通法律这门艺术之外,还要娴熟地掌握侦查这门技术。在社会分工日益专业化的今天,尤属不易。审判监督不易,侦查监督更难。前几天偶遇西部某市检察院的副检察长,恰好分管侦监。他给我讲述了他办理的一起立案监督案件。该案虽不是严格意义上的命案,但也是死了人的大案,一案6人,涉及3个罪名,在当地影响颇大。由于该案对于从侦查取证的角度防范冤假错案非常有研究价值,因此有必要将该副检察长的讲述内容介绍如下。

首先是受案过程。

春节过后,正常是初七上班,我请假回农村老家处理事情,正月十一才上的班。按我们的风俗习惯十五之后才算过完年,因此大家都还沉浸在过年的喜悦中。那天下午四五点钟回到院里后,我先去侦监处处长办公室转了一圈,处长和本处的几个人正在整理档案,我看没什么事,转身要往外走,侦监处长边叫我等等,边拿个夹子跑过来说:"有个案子,自己把自己轧死了,家里想讹别人钱,非说是后面的车撞的,公安不立案,家属不干。复核复议程序都走完了,又闹到检察院要求立案监督,控申前几天转过来的,我们都调查过了,同意公安的不立案决定,你签个字就结了。"

我说死了人的案子要慎重。伤害、侵财类案件,只要人活着,就可以说出来,一般不会有太大的冤枉,除非不敢说。可人死不能说话,就需要我们为他们说话,替他们申冤。虽然侦监处处长再三解释说,既调阅了公安的卷,又去看了现场,感觉没问题,我还是没有签字,并让他把卷抱到我办公室。

我并不是怀疑这个处长徇私枉法,也不是对他的专业水平不放心。他很敬业,也很专业。名牌大学法学本科毕业,十五六年的资深检察官。主要是我经常看《包公案》和《福尔摩斯探案全集》,非常受启发,尤其佩服包公的怀疑精神和逻辑推理能力。我原来仅关注包公的审判能力和处理案件时情、理、法相结合的能力,实际上,包公首先是侦查高手。如果他不懂侦查,很多案子破都破不了,何谈为民申冤?何谈纠正冤假错案?同理,在现代社会中,检察官要想对侦查进行监督,首先自己要懂侦查。公安人员批评我们检察官常说的一句话就是:"你们不懂侦查。"我们往往小声回应说:"你们不懂法律。"通过近期的学习,我越来越体会到侦查确实有许多独特之处。侦查和司法在理念和原则上最大的区别之一就是侦查应当坚持有罪推定,而不是无罪推定。不要误会。我的意思是说,对侦查工作而言,有罪推定是一种思维,一种意识,一种方法。要大胆怀疑,但也要小心求证。无罪推定是从保障人权的角度来说的,是一种权利,一种法律待遇,当然没错。更准确地说,它应该是审判原则或断案思维。无罪推定原则上不能简单机械地向前延伸到检察环节、侦查环节。由于检察职能的复杂性,也由于检察工作处于侦查和审判的中间环节,有人形象地说是"两山夹一沟"。我个人觉得检察官应该坚持半有罪推定和半无罪推定,或者说"半信半疑"。从经验和概率上说,侦查终结移送来的案子,绝大多数是办对了,是有罪的,但也有极少数是错了,是无罪的。因此,不能不信,也不能全信,要核实。虽然错的是极少数,但也不能掉以轻心。这"关键少数"是"1",绝大多数对的是"1"后面的"0",司法公信力主要取决于前面的"1",老百姓关注的也是前面的"1",因为这个"1"对老百姓而言,就是全部。

专业化、职业化、精英化固然好,但是随着从业时间的不断增长,有的人思维或思想就会变得越来越麻木、固化,甚至僵化。对有的检察官而言,面前摆着的一本本卷宗,仅仅是工作材料而已。至于卷宗里面鲜活的生命和重要的自由、财产等权利,则渐渐变得模糊了,看不见了,不关心了。就会形成司法冷漠,甚至司法专横。司法专横一旦普遍形成,检察院就可能异化为"文书中转站",即把侦查终结的案卷,随手转给法院审判完事,成为形式上的"二传手",最终导致侦、诉、审相分离的制度失灵。

其次是案情简介。

先不说抽象的规范了,还是回到案件上吧。我刚才说到让侦监处处长把案卷抱到了我办公室。说是"抱",实际上卷很薄很轻,就是几份笔录、死亡鉴定书、死者照片和现场照片。案情也就"显得"很简单。

死者王某,男,38岁,系邻省某村农民。曾和张某一起开过七八年出租车,生意不景气,张某退出,买了辆大货车,与同村赵某、钱某、孙某等三人一起到我所在的市的一家小煤矿拉煤,然后运回老家再卖,两地相距200多公里。各开各的车,各卖各的煤,只是结伴而行,路上好有个照应。跑了几趟,张某感觉挣钱,就招呼王某卖了出租车,买了货车也一起拉煤。死者王某与张某等人同属于一个镇,但不是一个村,只和张某熟,其他人连王某的名字都不知道,因为只跑了两天路。那个小煤矿没有现代设备,还在用铲车装煤。煤矿内部的小路只有两车道,常常是这边排队等装车,那边装满车往外拉。但出事这天由于有辆装上煤的车坏了,导致两边排起了队,都动弹不得。王某的车和钱某(20岁的小伙子)的车依次排队等装煤,张某等三辆车装了煤盖好遮布也在排队,恰好是车头对车头,几个人就凑在一起聊天。突然有人喊:“溜车了!”众人一看是王某的车在溜。钱某年轻反应快,三步两步跳到王某车上,拉手刹,踩脚刹,把车停了下来。只见王某从车下爬了出来,戴着手套,一手拿钳子,一手拿扳手,只说了一句话:“痛,快救我!”就再也说不出话了,但意识清醒。他们几个人就赶紧找煤矿主借了辆小汽车,众人把王某抬上车,矿主的司机开车把王某送到附近的镇医院。随车去的有两个人:一个是救人的钱某;另一个是张某的儿子,13岁,初中辍学在家。闲着无事,张某就带儿子出来转转。出事的时间大约是下午5点多钟。上述情况是张某、孙某、赵某、钱某这几个人的笔录说的。

然后是镇医院值班医生周某的笔录。据周某说,下午6点多钟,三个人开车送来一个伤者。为什么说是6点多呢?因为他们医院6点下班,这几个人来时医生都走了,就他一个人在值班。他接诊后,司机和一个十几岁的小孩就走了,只留下一个二十来岁的小伙子陪着。伤者意识清醒,但不能说话,身上粘了不少泥土,衣服上有碾轧痕,没有外伤,没有出血,但盆腔和大腿粉碎性骨折,双手还带着一副白手套。他看伤者情况危急,一方面赶紧给他吸氧和输液,另一方面赶紧打电话召集医生。陆陆续续来了几个医生和护士。陪同的小伙子就开始抱怨镇医院条件差,医生来得慢,后来提出转院,要求给他们准备救护车,想转到他们老家的某解放军医院,还说那里医疗条件好,陪护方便。周某只好安排了一名医生和一名护士把伤者抬上救护车,按小伙子的要求转院。

接着是救护车上医生的笔录。医生说,救护车从医院开出来十几公里到达高速路口,路口停着一辆小汽车,车内有一名司机和一名五十多岁的人。那名五十多岁的人掏出一沓子钱,数了八千元递给陪护伤者的小伙子,让交住院押金用。并告诉小伙子说,他身上还有几万元,他先去煤矿开上车,随后就赶回老家会合。通过他们的谈话,知道这人是小伙子的车老板。小伙子接过钱,救护车就上了高速。跑了四五十公里,医生告诉陪护的小伙子说,伤者病情非常严重,还要再往前跑一百多公里才能到解放军医院,伤者肯定会死在路上。如果现在返回镇医院,可能还会抢救过来。小伙子同意,便返回了镇医院,可惜最终没有抢救成功,人死了。

再后面是车老板的笔录。车老板说,他下午接到受雇司机钱某的电话,说一起拉煤的人出事了,钱某要把人送医院,车停在煤矿里,没法去开。拉煤人的规矩是“人闲车不能闲”,车闲就赚不了钱。他就说他带司机去开。后来钱某又打电话说镇医院条件很差,伤者又很严重。他就说,那就转院,他们老家的军医院条件好。正好刚卖了几车煤,身上有几万元钱。后来他们就在高速路口碰了面。车老板没敢多给钱某钱,钱某太年轻,觉得够交住院押金就行。后来钱某又打来电话说,人死了,在镇医院。他赶过去,就和钱某一起报了警。至于人是怎么死的,他不清楚,他是后来才赶来的,前面的事不知道。听钱某说是修车时溜了车,自己把自己轧死了。

案卷材料还显示,公安接警后,镇派出所派人来医院把车老板和小伙子带回派出所,做了份笔录,就让他俩走了。第二天又把张某等一同拉煤的三个人叫到派出所做笔录。都说是王某修车,自己轧死了自己,也就让他们走了。后来又反复做过几次笔录,都是这么说的。公安就得出结论:王某死亡是溜车所致,系意外事件,不构成刑事案件,不予立案。

但死者家属不服,怀疑是小伙子钱某开车撞死了王某,并提出一系列疑问。第一,家属提出,那天下午接到钱某用王某手机打来的几个电话,一会儿说让他们去镇医院,一会儿说去解放军医院,一会儿又说去镇医院,后来就联系不上了。最后王某死在了镇医院。公安机关对此进行调查后,结论是符合事实。当时的情况确实是先送镇医院抢救,之后转院,途中又返回镇医院。后来钱某联系不上是因为正在派出所做笔录,不能接打电话。第二,家属提出,张某等人都说事发时间是下午5点多钟,而镇医院的值班医生则说伤者是6点多钟被送来的,家属开车实地走了一趟,最多15分钟路程,他们怀疑伤者是被人为放在半路上故意延误治疗而死亡的。公安机关又进一步调查,值班医生说,他们医院规定6点下班,但平常5点多钟人就走光了,因为医院小,没什么病人。那天伤者送来时,人也都走光了,很可能是5点多钟。开始不敢说大家都早退,怕得罪人。但如果说这个时间对案件很关键,他才觉得应该说实话。公安机关又调查了矿主司机,司机说无冤无仇的,在路上绝对没耽误,确实是直接去的医院。第三,家属提出,他们到现场看了,路面没有大坡、大坑,不可能溜车。公安又做了现场勘查,认为没有大坡、大坑,但煤矿内部的小路,确实有几个小坡、小坑,不能排除溜车的可能性。第四,家属怀疑是小伙子钱某开车撞的王某,因为他有许多毁灭证据的行为。比如,让车老板带司机开走了他的车,车头前部有凹陷痕,事后没多久就更换了前轮胎等。公安机关也做了调查:车头的凹陷痕看不出有撞人的痕迹;上面也没有提取到死者的生理样本,比如血液、毛发等;也没有提取到死者衣服的残留物。还查明,大货车负重跑路,很费轮胎,更换新胎确实比较频繁。又找到了换胎的修理厂,没发现有什么异常,换下的旧胎早被修理厂卖了,去向不明。

虽经死者家属申请复核、复议,公安机关还是维持了王某死亡属于意外事件,系自己修车时不慎溜车将自己轧死,不构成刑事案件,不予立案的决定。家属仍然不服,遂把案件材料递到了检察院。

再次是案情分析。

我不认同公安机关的结论。我觉得这个案子公安机关办错了。

第一,我当晚阅卷时的第一个感受就是,近年来法学教育关于“无罪推定原则”的宣讲太成功了,推进得太有力了,连派出所的民警都开始信奉“无罪推定原则”了。从那几份询(讯)问笔录中丝毫看不出民警有一点怀疑,一点点疑问。就是简单问问“人是怎么死的?”别人简单回答“是自己把自己轧死的”。这就完了。这对于侦破案件是非常不利的。刑事侦查的理念和原则在许多方面是与刑事审判不相同的。也许那两个民警都不是学侦查的,很可能是学法学的,没准是学刑事诉讼法的。我总觉得侦查应该坚持“有罪推定原则”,就像普通医院的门诊医生应该坚持“有病推定”一样。如果一个人到医院看病,门诊医生肯定先问他哪病了? 他也肯定回答说哪哪不舒服。如果他要回答说:医生,你不应该问我哪病了,应该先假定我没病。这时候,我估计医生肯定怀疑这个人脑子有毛病,应该去脑科检查。当然,怀疑有病不一定真有病,还要检查,找证据,然后对症下药。我的意思是说在侦查中,一定要提高警惕,敢于怀疑,善于怀疑,当然之后还要认真收集证据来证明或证伪这些怀疑。

第二,死者时年38岁,并且开过七八年出租车,属于经验丰富的司机了,办事应当比较老道了,犯毛手毛脚的那些低级错误的可能性不能绝对说没有,但可能不高。

第三,虽然张某、钱某等人和死者王某是一个镇的,但不是一个村的,他们的证言就不一定可信,因为他们之间有亲疏远近。具体说,就是张某、钱某等人关系近,他们和死者王某远。在农村人与人之间是很讲究亲疏远近的。我本身是农村出来的,很了解这一点。费孝通《乡土中国》里有篇文章《差序格局》,就是专门讲传统社会中人与人间的亲疏远近的。

第四,活人对死人作证,很可能对死者不利。这一推断也是源于我农村的生活经验。我们农村老家就有这样一种说法:“维(为)活人,不维(为)死人。”因为是方言,不能确定是哪个字。村民对此有两种解释:一种是功利说。活着的人有用,要维护,要巴结,死了的没用了,不用管了。另一种是苦难说。人活着就是苦难,就要受罪,死了就解脱了,因此,要帮活着的人,这可能源于农村生活的艰苦。两种解释角度不同,但都有一定的道理。

第五,我还注意到,在张某和钱某两人的笔录中都有这样一句话:“我们聊了7分钟的天。”在侦查中要非常注意细节,不能放过任何蛛丝马迹。细节对不上是假的,但细节如果能特别对得上,往往更是假的。谁聊天还看着表呀?而且还不是约数,是准确的7分钟。只有一种解释:串供。

也许有人会说我的这些分析只是怀疑或疑问,缺乏实实在在的证据。而且,很多事情也没查清楚,比如,有没有溜车的可能性?到底溜没溜车?能否把那辆车送到交通大学车辆工程系做些检测?能否做个侦查实验,看看溜车时能否从人身上轧过去?

整天搞理论研究的人,往往理想色彩很重。其实,司法实践中很多情节是根本或永远不可能查清的,理想主义根本行不通。案件到我手上的时候,已经事发好几个月了,现场早就没留下什么了。把车运到外地检测更不现实。侦查实验轧人谁愿意试试?即使愿意被轧,法律也不允许。破案靠证据没错,但有时候还要靠推理。准确地说,是推理方向对了才会找到证据。

实际上,王某死亡案的成功侦破也得益于逻辑推理:小伙子钱某为何要给王某转院?他说跳到车上刹车,把王某送医院,这些都无可厚非。我们当然不能仅靠这些就说钱某撞死了王某。但是,送到医院,作为一个善意救助人的义务也就完成了。但是,他不能给王某转院,因为他没有这个权利和义务。钱某当时连王某的名字都说不上来。这种过分热心是不符合常理的,肯定另有原因。那么,谁有权利给王某转院呢?医生有,亲属有。更准确地说是掏钱的近亲属才会提出来转院。后来,公安人员也正是顺着我提出的“你为什么给王某转院?”这一追问,最终突破了案件。先是钱某交代了案情,后来其他人也陆续交代了,并且能够互相印证。

最后是案件处理。

我那天晚上是边阅卷边列疑点和问题,实际上也是在寻找侦查方向和思路,一直到半夜。我内心最终形成确信:王某的死是钱某造成的。第二天一上班在请示了检察长后,就约见了市公安局主管刑警的副局长,并发出了《不立案理由说明书》,要求7日内说明不立案理由。那位副局长对我很客气,但对他们的办案水平更自信。我见此情景就下了狠话:“7日之内不管你们给出什么理由,必须强制你们立案。”副局长立马有些紧张,说:“如果我们理由成立,按法律规定就不用立案了。强制立案的话,考核扣分很厉害。”我说:“扣多少分我不管,我能肯定你们办错了。”他问:“为什么?”我答:“因为你们派出所办案的民警不懂侦查,他们和我的思路一样,而我不懂侦查。”副局长没想到我会这样回答,一时无言以对。后来,想了想说:“那我们更换办案人员,重新再查一查吧。”我就把我的侦查提纲交给了他,并说:“你们要是还拿不下,就找我,我有办法。”

我当时的判断是，这些人不是职业犯，不是惯犯，都是普遍善良的农民，还都是老乡。当时不知是出于什么原因，僵到那儿了，都不承认。但几个月过去了，他们内心肯定非常受煎熬，吃不香，睡不着，人变得很脆弱，更容易突破。还有，农村是乡土社会，对外封闭，对内信息流动非常活跃，根本没有什么隐私可言，这么大的事不可能瞒得住，只要深入调查肯定能查出来。

后来的证据表明，王某确实是被自己的车轧死的。但不是由于溜车，而是钱某私自挪动王某的车轧死了王某。当时王某在车下面修车不假，他们排队聊天也不假，但聊着聊着突然有人喊："有人加塞！"原来前面出现了空档，有辆小型车贴边挤到了前面加塞。小伙子钱某赶快上了自己的车想挪车，却发现前面王某的车不动。他就跑过去，发现驾驶室没人，钥匙却插着呢，就拉开门打着火往前挪车，不幸把躺在车底下正在修车的王某轧个正着。别人看到了赶紧喊停车，他也感觉到了，从后视镜里也看到王某捂着肚子从车下爬出来。接着送医院、转院都是真的。后来，王某死了。钱某就和车老板商量说，一会儿警察问就说是他修车时溜车，把自己轧死了。他俩被带到派出所后，先给钱某做笔录，门大开着，车老板就坐在门外的凳子上，听得一清二楚。钱某问完出来时，还给车老板使了个眼色，意思是让他也照着说是溜车。办案民警对二人的描述和王某死因没有任何怀疑，问完就让二人回了家。钱某的父亲正在家里等着呢，听完就让张某等人统一口径都说是溜车。

我当时还有两点疑问：一是这些人为什么要听钱某父亲的话？二是车老板为什么要听受雇司机钱某的话？在得到钱某等人供认轧死王某的消息后，我马上到看守所提审了他们。原来，车老板是外乡人，在本地做生意，所以不敢得罪钱某。而钱某、张某等人都是一个村的，还都是亲戚，抹不开面子，所以听从了钱某父亲的安排。当时在看守所提审时，他们一个个痛哭流涕，追悔莫及，都觉得对不住死者。他们这些天也打听明白了，如果钱某当时及时自首，及时赔偿，取得被害人家属谅解后，可走刑事和解程序。其他人如实交代的话，更不会有牢狱之灾。

这起成功立案监督的案件共涉及 6 人 3 个罪名：钱某涉嫌过失致人死亡罪，钱某的父亲和车老板涉嫌包庇罪，张某等三人涉嫌伪证罪，影响很大，办案过程也很曲折，需要总结的地方很多。

死者家属接到案件告破的通知后，打电话说要给检察院送锦旗。我在电话中告诉家属："案件还没有宣判，我们要以法院的判决为准，办案是我们的责任，感谢对检察院的信任，但不用送锦旗。"

我是认可司法最终裁决主义的。我认为，这时候应该坚持无罪推定原则。即在法院作出有罪判决之前,应推定犯罪嫌疑人、被告人无罪。无罪推定是一种法律待遇,也是保障人权、保障司法权威的需要,和我前面讲的侦查中要坚持有罪推定不在一个层面上,二者也并不矛盾。一个是外在的法律权利,另一个是内在的逻辑思维。日本学者平野龙一说过:"按刑事诉讼程序,检察官在侦查中有'司法警察官'职能,在起诉裁量时有'审判官'的职能,莅庭实施公诉时有'公益辩护人'的职能,刑罚执行时有'罪犯矫正师'的职能。"我觉得有道理。具体到我们国家的司法实践,由于我国检察职能的复杂性,检察官如果想履行好法律监督职责,必须学会换位思考,必须具备三种意识和三种能力,即侦查的意识和能力,辩护的意识和能力,审判的意识和能力。只有这样才能"让人民群众在每一个司法案件中,都感受到公平正义",也只有这样才能有效防范冤假错案的发生。

四、辨认笔录

冤假错案防范很难,首先要总结经验教训然后再去防范,准确说主要是吸取经验教训。辨认笔录现在也出现了很多问题,佘某林案的教训就很深刻。他和妻子张某玉关系不好,张某玉失踪后恰巧在池塘里发现了一具无名女尸。先让她哥哥去看,认为就是他妹妹,后来又让她母亲带着张某玉的同学同事去辨认,都说是张某玉。当时的情况是尸体在池塘泡了几天,头部被砸烂看不清模样了,另外人死和活着模样有变化。辨认之后仍有疑问:一是死者身上穿的衣服从来没有见张某玉穿过,有人解释说佘某林太狡猾故意换了;二是张某玉身上有生孩子的剖宫产疤痕,死者没有,又解释说可能在水里泡没了。当时就这样认定死者是张某玉。把佘某林关到监狱里折腾了好几个来回,最后判15年。后来"亡者归来",张某玉从山东回来了。

这个案子主要问题出在哪里?就是哭了半天不知道谁死了。这也是2012年《刑事诉讼法》修改之后,最高人民法院的司法解释里为什么要专加一款,即关于杀人案件要求被害人尸体已经查清。也就是说,在杀人案件中事实清楚,证据确实充分,除了其他标准还要有这一条:被害人身份已经查明。就是专门防止再发生佘某林案这类冤假错案的。回头再看辨认的问题究竟出在哪里:违背了辨认原则,一群人一起辨认而且还不先说特征。对尸体的辨认应该是单独分别进行,而且也应该先说特征,包括衣着模样等。我建议大家看一本书《乌合之众》,对于研究集体决策包括陪审团、人民监督员、辨认和检委会运作都有启发意义。群体心理学的研究表明,一群人决策的时候往往是盲目的。实际上是一种旁观者效应,比如有一个人病了,我们一大堆人都觉得自己责任轻,可能就不去管他,但是如果就你一个人可能就会管。

佘某林这个案子如果当时把众人分开，先说特征，然后再单独分别辨认，可能每个人都会好好考虑一下死者究竟是谁。一群人一块看，而且哥哥已经传话说是，当妈的都开始哭了，其他人可能要么哭，要么劝。再者死人谁都不愿意多看，当妈的都说是，你还用细看吗。这是典型的由于不当辨认导致冤假错案的例子。

五、科学证据

科学证据运用不好也容易出现冤假错案。现在存在的普遍问题是：不懂行，用得少，不规范，过度相信。比如心理测试，杜培武案就是一个典型，杜培武这个案子被搞错，有很多原因。法律方面的原因是杜培武没有通过心理测试，再加上其他证据就简单粗暴下结论，认定杜培武是凶手。心理测试现在发展很快，准确率已经非常高，美国已经开始尝试测脑电波，当前主要手段还是通过呼吸、脉搏和皮肤导电性来测量。对于皮肤导电性测量的工作原理是，说谎的时候就会出汗，出汗越多导电系数曲线相应上升越高。

利用心理学来测谎《包公案》里有，日常生活中也很多。英国前首相曾讲过他当年上学的时候几个同学去玩，回来耽误了考试，他骗老师说轮胎爆了修车才迟到。老师说这好办，我给你们补考，题很简单，四个同学一人一个教室的角站好，哪个胎爆了分别填到纸上。

实践中，心理测试不规范的问题时有发生，杜培武案是一个，还有河北的王某雷案。当测到王某雷时，后面还有几个人没有测，测试员一拍桌子说不用测了就是他。问题在哪，主要是没有进行双测双评。规范的做法不应该同一个人既测又评。比如我来测形成一个结论，然后我把这些指标给你分析，你不能在这里看我测，而应当在别的办公室等着。这样就像算数一样，两个人都算错的概率很低。心理测试不能一个人测，要不然就双测，要不然就单测双评，另外一个还应当是盲评。

杜培武案如果这样测的话可能也不会出错，王某雷案如果当时多一点耐心，测完之后再盲评一下也很可能不会出错。越有能力的人，办案经验越丰富的人往往越自信甚至自负，乃至走向司法专横。

法医鉴定这方面更要加强学习，不懂就问，而且一定要看，要研究，才能看出问题来。比如最高人民法院的一位大法官在讲课的时候，告诫说不能太迷信科学证据。他当时管死刑复核，死刑复核案件送到最高人民法院，如果核准就执行死刑。有一天晚上加班看卷，二审高院报上来的案卷中，被告人指纹和现场提取的指纹是同一认定。但他怎么看怎么不一样,他高度近视,那时候 50 多岁了,又是晚上。就让年轻人过来看两枚指纹是否一样,年轻人一看,一个簸箕一个斗,这怎么能一样。后来这个案子打回去就再也没有上来,意味着死缓甚至无罪。如果不仔细看的话,这个案子绝对是错案。现场的指纹和被告人的指纹不一样,为什么大家都不细看,因为大家都觉得不懂科学证据,这实际上也是一种对科学证据的迷信。

DNA 证据也是这样。据专家介绍,现在 DNA 技术又有新突破。白银连环杀人案已经突破了:从个人一对一的 DNA 比对认定,到男系家族。白银这个案子不是把凶手抓住比对出来的,而是他的堂兄犯罪被抓后取样比对,发现他家族某男性是白银案的凶手,锁定他的男性家族就好办了,岁数小的和岁数特别大的排除,剩不了几个人就容易锁定凶手。抓这个凶手的时候,夫妻两人开了个小店正过着隐居生活。

另外,在量和抗污染能力上取得突破。比对或检测所需的样本量比原来可以少很多,大概是原先量的几分之一。抗污染能力也提高了,大家知道原先晒的时间长点,水洗或者发霉就不行了,现在不是说绝对行,但很可能行。有一个案子,抓住一个抢劫和强制猥亵的人,他又供认一个多月前还抢过一个女的,把那个女的捅了,一说都能对上。当时那个女的在居民小区的公共厕所上厕所,他过去想抢人家首饰,女的见有人进来就喊流氓。他一手摸女的脖子一手用刀捅,一摸脖子上、耳朵上什么都没有,他一捅女的肯定叫,拔出刀子来又捅再一转,把动脉转断血就喷出来了。那女的蹲着他站着,肯定腿上喷的血比较多,手抽得快,手上有一点,上衣上也比较少。他跑出来之后还拿一个砖头往后扔了一下。这个人是在拉面馆打工,跑回去之后发现裤子上有许多血,就把裤子烧掉了,上衣没舍得扔就洗了洗收起来了。

这个男的有 30 多岁,出过车祸,脑子不太清醒,这种状态一般不会洗得特别干净,也没有太多反侦查的经验,所以不会多洗几回或者用开水烫,可能稍微洗一下就算了。后来公安把上衣找到了,刀子没有找到,砖头也没有找到,现场对上了,但是感觉证据不够。公安左右为难,他们认为洗过就做不出来了,我建议他们去试一下,因为 DNA 技术发展这么快还是有可能的。据说公安部物证鉴定中心做这个水平很高,上海做得也很好。后来公安采纳了建议,检测出在袖子上有血迹而且是被害人的,这下证据就扎实了。

法医精神病鉴定大家要把握一个原则,即法医精神病鉴定要坚持无病推定。就是不能轻易启动精神病鉴定,不能轻易启动也不能轻易认定,这是有科学依据的。严格说人没有能力判断别人有精神病,因为角度不一样,感受不一样,处理问题的方法不一样,很难判断别人精神上有问题。

给大家推荐一本书《疯狂实验室》,人类一二百年做的各种实验,都是严肃的实验,想法很疯狂但实验很规范,涉及很多法律方面的实验。比如,破窗、搭车、监狱、电击实验、同性恋等。有一个关于精神病鉴定方面的实验:科学家选定美国某著名精神病医院,先派一部分人去医院门口装疯卖傻,门诊医生一看典型的精神病症状就收诊了,约定的实验步骤是进去之后恢复正常,该怎么样还怎么样,当然不能说我是来研究的,该说话的时候说话,该思考的时候思考。半个月后,原先的精神病人陆陆续续找医生说,后面进来的看着不像精神病人,你别被他们骗了,他们跟我们不一样,医生还是安慰病人的套话,什么放松心情配合治疗,你会慢慢好起来的。当然,药片能含到嘴里没有人的时候可以吐掉,发的药可以扔马桶里冲掉,但是打针就得忍,不过打的都是一些镇静剂。等到约定的时间,另一部分科学家找上门来要求放人,说先前进去的那些人都是科学家,我们在搞研究,我们的研究结论是,人没有能力判断人有精神病,只有上帝才能。历史上有多少伟大的思想家曾被认为是疯子,被赶得流离失所。现在觉得正常,原先认为简直是疯人疯语,比如提出太阳中心说,地球是运动的,地球是圆的,当时有人就反对说圆的就掉下去了,圆的头朝下怎么生活。

视频作为证据在案件中用得越来越多,不注意审查也容易出现错案。曾经遇到这么一个案子:一帮人在饭店里吃饭时打起来了,追着楼上楼下跑,店里的工作人员维护秩序拦他们,有一个很壮的客人和一个人对骂,突然镜头一闪特别壮的人一头栽倒,那个人看看扭头走了。那个人体态中等,是饭店老板的亲戚,在云南当兵休年假来这里顺便帮忙看店。这个视频有20分钟,一开始倒地的人胸部起伏还有呼吸,后来就没有了,十来分钟后“120”来了,穿着白大褂抢救了一会儿就走了,最后公安来现场勘查。视频可以确定最终那个倒地的人死了,但看不清怎么样倒地的。有办案人员说,这是由于自己喝醉了酒一头栽倒撞死的,法医鉴定为颅骨损伤出血死亡。这个案子在批捕环节拿过来请示能不能捕。如果是他情绪激动又喝醉了酒一头栽倒,就不构成犯罪。如果是那个人把他推倒的,故意伤害致人死亡就能定罪。大家围着视频反复看就是看不清怎么倒地的,当时就是快速一闪。

我隐隐看着像是摔跤柔道的动作,就问那个人是干什么的?说在云南当兵,就建议去查到底当的是什么兵,因为感觉他是侦察兵或者特种兵之类的。再一个视频影像怎么处理,建议找影视公司或者婚纱摄影店用专业软件把视频放慢,放慢之后就是一帧一帧跟照片一样。后来一查那个人在云南是特种兵,还获过武术比赛前几名。后来把视频放慢一看就是一个过顶摔的动作。为什么感觉镜头闪,就是他出手太快了,身子一晃直接把人摔死了。喝酒后特别容易出现伤亡,心脑血管容易膨胀,被害人喝多了不防备。大家一定要注意认真审查视频,如果看不清就算了的话,很可能案子就办错了。

六、隐蔽证据

由于隐蔽证据具有补强口供的作用和定罪倾向,办案人员在司法实践中往往非常留意甚至过分依赖隐蔽证据。隐蔽证据规则在我国立法上尚属空白,在司法解释中仅规定了两个内容相似的条文。为解决隐蔽证据规则运用中的种种问题,除了要完善立法之外,还要在案件办理过程中注意区别相对隐蔽证据和绝对隐蔽证据,区别重罪案件、轻罪案件和某些特殊类型的案件。

聂树斌案是近年来一个非常典型的冤假错案,引起社会各界的广泛关注。在聂树斌案件中发现的花衬衣和钥匙串应属于相对隐蔽证据,而不是绝对隐蔽证据,证明力不高。我们先来看看聂树斌案的基本案情:康某某于 1994 年被杀死在玉米地里,后来出现了一案"两凶"。一个"凶手"是聂树斌,已于 1995 年被执行死刑。对他定罪的重要依据之一是他供出了一个隐蔽证据,即尸体脖子上系着的一件花衬衣。为什么说花衬衣是隐蔽证据呢?因为花衬衣上面还盖着玉米秸和杂草,很隐蔽。另一个"凶手"是王某金,但王某金没有供出脖子上的花衬衣,却供出了案发中心现场附近的一串钥匙。聂树斌没有供出这串钥匙。聂树斌在被执行死刑 20 多年后,该案于 2016 年年底被最高人民法院认定为错案。王某金虽然供认自己是杀害康某某的凶手,却没有被法院认定。

这个案子涉及很多法律问题和证据问题,其中特别重要的就是关于隐蔽证据规则的理解与适用问题。下面主要从三个方面来研究:法律依据、作用与导向、问题与对策。

首先,来看隐蔽证据的法律依据。在一些案件中,侦查人员根据犯罪嫌疑人的供述,可以获得此前在侦查工作中未能收集到的证据,尤其是重要的物证。这种基于犯罪嫌疑人供述而发现的证据通常被称为隐蔽证据。隐蔽证据还可以概括为:不易为案外人觉察而通常只有作案人知晓的案件信息或者是案情信息。例如,根据犯罪嫌疑人指认在河沟中打捞出来的作案工具刀子,根据犯罪嫌疑人交代,在他家中地下挖出的被害人尸体等。这些隐蔽证据能够建立犯罪嫌疑人与犯罪证据之间的关联,具有较强的证明力,并可印证犯罪嫌疑人供述的真实性。隐蔽证据往往具有以下特点:间接性、细节性、独特性、独立性等。这些特点归结为一点，就是隐蔽性，即不易被发现或猜到。

我国《刑事诉讼法》没有关于隐蔽证据的规定，但在两个司法解释中有相关规定，分别是《关于办理死刑案件审查判断证据若干问题的规定》第 34 条和最高人民法院《关于适用〈中华人民共和国刑事诉讼法〉的解释》第 141 条，二者内容基本一致。《关于办理死刑案件审查判断证据若干问题的规定》第 34 条规定："根据被告人的供述、指认提取到了隐蔽性很强的物证、书证，且与其他证明犯罪事实发生的证据互相印证，并排除串供、逼供、诱供等可能性的，可以认定有罪。"《关于适用〈中华人民共和国刑事诉讼法〉的解释》第 141 条规定："根据被告人的供述、指认提取到了隐蔽性很强的物证、书证，且被告人的供述与其他证明犯罪事实发生的证据相互印证，并排除串供、逼供、诱供等可能性的，可以认定被告人有罪。"可见，按照上述司法解释的规定，我国隐蔽证据的范围仅限于物证和书证，不包括言词证据。美国有认定言词证据也可以作为隐蔽证据的判例。

其次，再来看隐蔽证据的作用和导向。隐蔽证据的作用是补强口供。口供往往具有不可信性、易变性的特点，如何认定或印证口供的真实性呢？方法之一就是凭借隐蔽证据规则。作为重要的证据种类之一，口供素有"证据之王"之称，真实的口供对案件事实具有极强的证明作用。而我国历史上就有倚重口供的传统，司法实践中的刑讯逼供等行为极有可能导致口供的虚假性，现行司法体制又难以有效保障口供的自愿性和真实性。因此，我国《刑事诉讼法》确立了口供补强规则。隐蔽证据规则就是对口供补强规则的具体细化和完善。

隐蔽证据的倾向是定罪。虽然司法解释规定的是"可以"认定被告人有罪，但这里的"可以"明显具有定罪倾向，或者说有很强的定罪倾向。因为从条文内容来看，在"可以"前面列举了那么多限制条件，如隐蔽性很强，又有其他的证据相互印证，而且还排除了串供、逼供、诱供等可能性，这种情况下规定"可以"认定被告人有罪，这里的"可以"应该理解为接近于"应当"。当然法律或司法解释不能明确规定为"应当"，那样就太教条了。因为司法实践千差万别，要给司法官一定的自由裁量权。另外，如果规定为"应当"的话，就等于又退回到法定主义证据模式了。因此，虽然规定的是"可以"，其实是倾向定罪的。

最后，来看隐蔽证据规则的运用。在司法实践中，隐蔽证据规则的运用主要存在以下问题：

一是过度渴望。由于办案的时间紧、压力大，也由于案件本身的重大、疑难、复杂，办案人员往往非常渴望能发现隐蔽证据。

二是过分相信。有的办案人员之所以认为所办案件虽然复杂却非常容易认定,就是因为发现了隐蔽证据。因为隐蔽证据很难为案外人所知,人们往往相信,得到隐蔽证据补强的供述具有高度可信性。其思维逻辑是:如果你没有罪,怎么会交代出那么多细节。正是基于对隐蔽证据的高度信任,侦查人员和司法人员在办案时很留意此类证据。在司法实践中正是由于对隐蔽证据的过分信任,常常会影响办案人员对其他证据的评价,甚至会排斥与之矛盾的其他证据。可以说人们对隐蔽证据的态度是非常复杂的,既渴望,又相信,甚至过分依赖。

三是程度难以把握。什么是隐蔽证据?何种程度算隐蔽性很强?由于人的主观认识差异较大,导致司法实践中对隐蔽证据的准确界定也非常困难。

四是口供污染。在司法实践中,根据犯罪嫌疑人供述的来源,可将案件大致分为两类:嫌疑人先供述,侦查机关后掌握犯罪事实的案件;侦查机关先掌握犯罪事实,后得到嫌疑人供述的案件。前一种可以说是自愿供述,能够排除非法取证的可能,因而可信,可不必要求强制补强其他证据,只根据嫌疑人的供述和其他一些可印证的证据即可定案。后一种是侦查机关掌握一定的间接证据(这些间接证据不足以认定嫌疑人系作案人)后再获得的嫌疑人供述,极易引发非法取证行为,供述的真实性极有可能存在瑕疵。这种情况下有些证据看起来隐蔽性很强,但由于犯罪嫌疑人的口供是通过诱供、逼供等方式取得的,实际上口供已经受到了污染,这时候所谓的“隐蔽证据”实际上并不隐蔽了。

解决上述问题的对策如下:

第一,区分绝对隐蔽证据和相对隐蔽证据。

绝对隐蔽证据就是除了作案人知道之外,包括办案人或者到过现场的人都不可能知道的证据。该类证据的隐蔽性非常强,是真正意义上的隐蔽证据或者说是绝对的隐蔽证据。

相对隐蔽证据,比如作案人知道,但是办案人也知道的隐蔽证据。这种情况下,办案人为破案和立功,可能会诱导犯罪嫌疑人,导致实际上不是真正凶手的犯罪嫌疑人,说出了某个隐蔽性信息,这实际上是受到了污染的隐蔽证据。还有一种情况,就是作案人知道,办案人可能知道也可能不知道,但是案发现场没有得到很好的保护,有过路或者围观的群众看到了“隐蔽”证据,证据的隐蔽性实际上已遭到了某种程度甚至是完全的破坏,只能算是相对的隐蔽证据。

在聂树斌案件中,是不是有人到过现场?是不是有人看到了死者脖子上被遮盖的花衬衣?即使花衬衣上面盖着玉米秸和杂草,但是有没有这种情况:杂草或者玉米秸滑落了,有人到现场看到了花衬衣。甚至不排除案发时死者脖子上本来什么也没有盖,后来有过路群众帮着盖上了玉米秸和杂草。这时隐蔽信息实际上早已遭到了破坏，这些"隐蔽"证据实际上是受到了污染的证据。因此，要区分绝对隐蔽证据和相对隐蔽证据，对相对隐蔽证据的运用尤其要慎重，必须结合全案证据综合判断。

第二，区分重罪案件和轻罪案件。

从学理上分析，在轻罪案件中，对隐蔽证据的运用标准，可以把握得稍微宽一点。比如有这样一个案例：村民乙回到家中，见村民甲在屋内，乙连忙查看，发现藏在柜子内的2万元现金不翼而飞。甲辩解说刚进门没见什么现金，并主动翻衣让乙查看。乙遂报警。警察经耐心盘问，甲答："乙可能忘了把钱藏哪儿了，没准藏到里间屋的米缸里了。"按甲的说法寻找，果然2万元现金深埋在米缸内。对于此类轻罪案件，依据隐蔽证据并结合其他证据就可以认定甲盗窃罪成立。

但是对于重罪，尤其是命案，可能适用死刑、无期徒刑的，即使能够认定存在绝对隐蔽证据的情况下，也要慎重，必须结合全案所有证据来综合判断。因为从错案的发生机制分析，虚假补强的发生率与案件的严重程度成正比。首先，案件越重大，口供真实性的保证越重要。该类案件一旦定罪，刑罚很重，甚至可能判处死刑，没有被告人口供法官通常不敢判决，这会促使控方努力取得口供。其次，案件越重大，违法取证的可能性越大。刑罚的严重程度会影响供述的意愿，案件越重大，犯罪嫌疑人自愿供述的可能性往往越低。而案件越重大，破案的压力就越大，违法取证的可能性也越大，虚假补强的可能性随之增加。最后，案件越重大，无辜者被释放的可能性越低。因为案件越重大，有人应对此负责的社会心理就越强。若无替代者出现，无辜者摆脱诉讼的难度就越大。

第三，注意某些特殊类型的犯罪案件。

既要注意涉及未成年人的、有精神疾病的、限制刑事责任能力的案件，还要特别注意某些特殊人群的犯罪案件。例如，父子几人涉嫌共同杀害某人，如果有一个人招认了，这种情况下即使有隐蔽性很强的证据，也要保持警惕。因为有可能出现一个儿子主动愿意承担责任，其他人承担赡养老人的义务。这种情况下，因为是共同犯罪，很可能隐蔽证据大家都知道，办理此类案件一定要慎重。还有交通肇事案件，例如夫妻二人共同开车，一个有公职另一个没有工作。为保住公职，没有工作的可能会说是他（她）开车发生的交通肇事，这时候的隐蔽证据往往也能对上，因为事发时两人都在车上，或顶包时一人会把细节告诉另一人。处理这类案件就要格外慎重，否则，就会由于对隐蔽证据的错误认定而导致冤假错案。

综上所述，在康某某被杀案中，无论是聂树斌供述的花衬衣，还是王某金供述的钥匙串，都只能是相对的隐蔽证据，证明力都不大甚至可能等于零。并且，由于是命案,对该案的认定就不能过多依赖于所发现的这一两个隐蔽证据,而是要在理性分析全案证据基础上综合判断。否则,聂树斌式冤假错案的悲剧还会发生。

七、其他证据

大家还要注意刑事案件事实的多时空存在问题。案件在普通民众中、在当事人中是一种状态存在,时间、空间、主体不同,到侦查环节又不同,到检察环节又是一种存在,到法院又是另一种。这要求我们必须换位思考,才能办好案子,不出错案。简单说就是要有三种意识、三种能力:要有侦查意识和侦查能力,要有辩护的意识和能力,还要有审判的意识和能力。我们办案的时候多想想律师提出来我们怎么办,法官会怎么判,这样就会形成倒逼机制,逼迫我们审查证据少出错、不出错,从而在检察官环节有效防范冤假错案的发生。

到案过程大家也要注意,聂树斌也好,呼格也好,这些冤假错案的到案过程都是跳跃式到案。到案时什么证据都没有,到案之后才开始找这个口供,找那个工具。防范冤假错案,大家要注意审查到案过程,到案之后的证据先不要看,先看到案之前有什么证据。如果到案之前什么证据都没有,后来通过口供找到凶器很有可能会搞错。聂树斌案、呼格案都是这样。个别不负责的侦查人员有一个习惯:丈夫死了怀疑妻子,妻子死了怀疑丈夫,丈夫妻子如果都怀疑不了,谁报案就怀疑谁。当然这也是人之常情,也是他们的经验,但是我们审查案件时要注意,到案之前和到案之后要尤其注意证据问题,到案过程要避免跳跃式到案。

讯问笔录大家也要注意,避免图省事随意粘贴,实践中出现过行贿和受贿的笔录连标点符号都一样的极端情况。粘贴复制乱套了也会导致错案。三个人抢劫杀害一个出租车司机,致命伤是刀捅的,副驾驶这个人用刀捅,后面两个人用绳子勒。粘贴复制乱了,当时公安没有看出来,检察院也没有看出来,到法院法官和律师看出来了。讯问笔录是这么写的:我捅他的时候他挣扎,我就使劲用绳勒,勒的时候他挣扎我就使劲捅,三个人的行为说不清了。法官说要不就撤案,要不就判事实不清无罪。当然不能接受判无罪,检察院赶快找公安沟通,公安说你们早干什么了,我们粗心你们怎么不监督。然后再提审被告人,问到底谁捅的,谁勒的,这些人也不傻,回答说时间长记不清了,以原先说的为准吧。能记不清吗?以前说不清怎么为准。最后沟通来沟通去,本来是杀人偿命的,结果都保住了性命,这实际上也是一种错案。

公诉业务中的非法证据排除*

郭欣阳** 国家检察官学院

目 次

* 鉴于授课的即时性与互动性无法在书中呈现,本专题授课的成文过程主要着眼于对于部分授课提纲进行法条充实,故所有案例、争议与倾向性意见均未在文中体现,尚请读者谅解为盼。

** 郭欣阳,国家检察官学院副教授、法学博士。

一、我国法律规定的非法证据排除规则

非法证据排除问题在2012年《刑事诉讼法》修正案出台之前在全国人大立法层面上一直是个空白,但是长期以来,这个问题一直备受我国学术界和实务界人士的密切关注。

在这次《刑事诉讼法》修正案出台以前,早在1998年,最高人民法院就通过司法解释确立了非法言词证据的排除规则。最高人民法院《关于执行〈中华人民共和国刑事诉讼法〉若干问题的解释》(已废止)第61条规定,严禁以非法的方法收集证据。凡经查证确实属于采用刑讯逼供或者威胁、引诱、欺骗等非法的方法取得的证人证言、被害人陈述、被告人供述,不能作为定案的根据。这是我国首次以司法解释的形式对非法证据排除问题作出的规定。

2010年,最高人民法院、最高人民检察院、公安部、国家安全部和司法部联合发布《关于办理死刑案件审查判断证据若干问题的规定》和《关于办理刑事案件排除非法证据若干问题的规定》,并于7月1日开始实施。《关于办理刑事案件排除非法证据若干问题的规定》标志着我国正式确立了非法证据排除规则,这个规定在概念范围、证明责任、适用程序和适用阶段等方面相对完整地确立了非法证据排除规则体系。

2012年修正《刑事诉讼法》,有效吸纳并完善了《关于办理刑事案件排除非法证据若干问题的规定》的主要内容。自此,非法证据排除规则在立法层面得到正式确认。如果说过去我们主要进行非法证据排除规则的规范建构工作,那么2012年开始进入非法证据排除规则的实施与解释阶段。

2012年年末,最高人民法院、最高人民检察院和公安部又分别颁布了最高人民法院《关于适用〈中华人民共和国刑事诉讼法〉的解释》、《人民检察院刑事诉讼规则(试行)》以及《公安机关办理刑事案件程序规定》。这些文件进一步对《刑事诉讼法》中的非法证据排除问题进行了补充和完善。

2013年,一系列冤错案件被报道。如浙江张氏叔侄冤案,福建福清纪委爆炸案被告人吴某龙被宣告无罪释放,浙江萧山五青年抢劫杀人案的原审判决被推翻,河南王某金案开启再审。11月12日,党的十八届三中全会通过中共中央《关于全面深化改革若干重大问题的决定》。该决定明确提出,“完善人权司法保障制度。国家尊重和保障人权。进一步规范查封、扣押、冻结、处理涉案财物的司法程序。健全错案防止、纠正、责任追究机制,严禁刑讯逼供、体罚虐待,严格实行非法证据排除规则”。

9天之后,最高人民法院发布《关于建立健全防范刑事冤假错案工作机制的意见》,对非法言词证据的范围作出进一步解释。《关于建立健全防范刑事冤假错案工作机制的意见》第8条规定,采用刑讯逼供或者冻、饿、晒、烤、疲劳审讯等非法方法收集的被告人供述,应当排除。除情况紧急必须现场讯问之外,在规定的办案场所外讯问取得的供述,未依法对讯问进行全程录音录像取得的供述,以及不能排除以非法方法取得的供述,应当排除。

2014年10月,十八届四中全会通过了中共中央《关于全面推进依法治国若干重大问题的决定》。该决定明确提出要"健全落实罪刑法定、疑罪从无、非法证据排除等法律原则的法律制度"。

2016年6月27日,中央全面深化改革领导小组第二十五次会议审议通过《关于推进以审判为中心的刑事诉讼制度改革的意见》,10月"两高三部"发布实施。该意见第4条规定:"侦查机关应当全面、客观、及时收集与案件有关的证据。侦查机关应当依法收集证据。对采取刑讯逼供、暴力、威胁等非法方法收集的言词证据,应当依法予以排除。侦查机关收集物证、书证不符合法定程序,可能严重影响司法公正,不能补正或者作出合理解释的,应当依法予以排除。"第5条规定:"完善讯问制度,防止刑讯逼供,不得强迫任何人证实自己有罪。严格按照有关规定要求,在规范的讯问场所讯问犯罪嫌疑人……探索建立重大案件侦查终结前对讯问合法性进行核查制度。对公安机关、国家安全机关和人民检察院侦查的重大案件,由人民检察院驻看守所检察人员询问犯罪嫌疑人,核查是否存在刑讯逼供、非法取证情形,并同步录音录像。经核查,确有刑讯逼供、非法取证情形的,侦查机关应当及时排除非法证据,不得作为提请批准逮捕、移送审查起诉的根据。"

为了把这个文件的各项举措不折不扣地落实到位,最高人民法院于2017年2月21日发布《关于全面推进以审判为中心的刑事诉讼制度改革的实施意见》,旨在健全落实证据裁判、非法证据排除、疑罪从无等法律原则的法律制度。它的主要内容之一就是坚持非法证据排除原则,把审查和排除非法证据的规则指引、证据合法性争议的裁判方式都予以明确。

2017年4月18日,中央全面深化改革领导小组第三十四次会议审议通过《关于办理刑事案件严格排除非法证据若干问题的规定》。同年6月27日,"两高三部"联合发布实施。《关于办理刑事案件严格排除非法证据若干问题的规定》的制定,主要是为了严格防范刑事冤假错案。"严格排除非法证据,事关依法惩罚犯罪、保障人权。要加强对刑讯逼供和非法取证的源头预防,明确公安机关、检察机关、人民法院在各自诉讼阶段对非法证据的审查方式和排除职责,从侦查、审查逮捕和审查起诉、辩护、审判等各个环节明确排除非法证据的标准和程序,有效防范刑事冤假错案产生。”该规定结合了重大冤错案件反映出来的突出问题,对刑事诉讼不同程序分别提出更高的标准、更严的要求,帮助公安司法人员进一步树立规则意识、证据意识和程序意识。同时,《关于办理刑事案件严格排除非法证据若干问题的规定》的制定也是为了健全非法证据排除规则。这是因为,在此之前法律规定中的非法证据排除规则相对来讲还是比较原则的,人们对相关规定的理解和认识有时会存在较大的分歧,司法实践中仍然存在非法证据启动难、证明难、认定难、排除难等问题,所以希望通过《关于办理刑事案件严格排除非法证据若干问题的规定》,使非法证据排除规则的内容具有有效性、针对性和可操作性,公安机关、检察机关、法院等单位能够在司法实践中一体遵循、严格执行非法证据排除规则。

最高人民法院对于非法证据排除规则非常重视,2017 年 11 月,最高人民法院发布《人民法院办理刑事案件排除非法证据规程(试行)》,2018 年 1 月 1 日开始在全国法院正式试行。“为贯彻落实最高人民法院、最高人民检察院、公安部、国家安全部、司法部《关于推进以审判为中心的刑事诉讼制度改革的意见》和《关于办理刑事案件严格排除非法证据若干问题的规定》,规范非法证据排除程序,准确惩罚犯罪,切实保障人权,有效防范冤错案件,根据法律规定,结合司法实际,制定本规程。”这个规程的内容,大部分是审判阶段排除非法证据的程序性规定。

这是到目前为止我国非法证据排除规则的法律规定层面的梳理。面对形势的变化和法治化的要求,无论是证据的收集者还是证据的审查者,无论是从提高工作质量角度还是从防范个人职业风险的角度,办案人员都应提高证据意识,避免非法取证,审查的时候剔除非法证据,未来避免不必要的争议。

二、什么是非法证据

非法证据排除规则是一条进口的规则,是“舶来品”。但我们确立的非法证据排除规则是非常具有中国特色的。它最大的特点就是非法证据的排除主体不同。

国外非法证据的排除主体是各级法院,包括上级法院和最高法院,通过听审决定证据是否合法、是否排除。但是,比如在美国,因为非法证据排除规则很严格,所以检察官为了胜诉,会事先审查确认证据是否非法取得,如果属于非法获取,检察官会主动排除非法证据。

我国《刑事诉讼法》第 56 条第 2 款规定,“在侦查、审查起诉、审判时发现有应当排除的证据的,应当依法予以排除,不得作为起诉意见、起诉决定和判决的依据”。由此可见,我国的非法证据排除规则在法律上明确规定不仅适用于审判阶段,还适用于审前阶段,这是极具中国特色的。

《刑事诉讼法》第56条第1款规定,“采用刑讯逼供等非法方法收集的犯罪嫌疑人、被告人供述和采用暴力、威胁等非法方法收集的证人证言、被害人陈述,应当予以排除。收集物证、书证不符合法定程序,可能严重影响司法公正的,应当予以补正或者作出合理解释;不能补正或者作出合理解释的,对该证据应当予以排除”。据此,我国非法证据排除规则确立了“强制性的排除”与“自由裁量的排除”相结合的证据排除规则。需要注意的是,非法证据排除规则所要规范的不是证据的证明力问题,而是证据能力问题。

从证据合法性审查的角度上讲,合法性有问题的证据可以分为两类:一类是按照非法证据排除规则必须“强制排除”的证据;另一类是按照非法证据排除规则需要“裁量排除”的证据。

(一)“强制排除”的证据

在《刑事诉讼法》第56条的统领下,目前比较全面的规定是《关于办理刑事案件严格排除非法证据若干问题的规定》第2条至第7条的规定:

“第二条　采取殴打、违法使用戒具等暴力方法或者变相肉刑的恶劣手段,使犯罪嫌疑人、被告人遭受难以忍受的痛苦而违背意愿作出的供述,应当予以排除。

第三条　采用以暴力或者严重损害本人及其近亲属合法权益等进行威胁的方法,使犯罪嫌疑人、被告人遭受难以忍受的痛苦而违背意愿作出的供述,应当予以排除。

第四条　采用非法拘禁等非法限制人身自由的方法收集的犯罪嫌疑人、被告人供述,应当予以排除。

第五条　采用刑讯逼供方法使犯罪嫌疑人、被告人作出供述,之后犯罪嫌疑人、被告人受该刑讯逼供行为影响而作出的与该供述相同的重复性供述,应当一并排除,但下列情形除外:

(一)侦查期间,根据控告、举报或者自己发现等,侦查机关确认或者不能排除以非法方法收集证据而更换侦查人员,其他侦查人员再次讯问时告知诉讼权利和认罪的法律后果,犯罪嫌疑人自愿供述的;

(二)审查逮捕、审查起诉和审判期间,检察人员、审判人员讯问时告知诉讼权利和认罪的法律后果,犯罪嫌疑人、被告人自愿供述的。

第六条　采用暴力、威胁以及非法限制人身自由等非法方法收集的证人证言、被害人陈述,应当予以排除。

第七条　收集物证、书证不符合法定程序,可能严重影响司法公正的,应当予以补正或者作出合理解释;不能补正或者作出合理解释的,对有关证据应当予以排除。”

对这类证据,我们在排除时不设置任何前置条件,对其中的违法情形是重还是轻、造成的后果是重还是轻不再进行审查,也不论这种违法情形是不是会导致这种证据的不真实或不可信,都一律把这种证据排除掉。

(二)“裁量排除”的证据

在这一类证据里,还要根据情况做细分。第一小类是违法证据。也就是除了非法之外,其他违反法律规定的取证行为收集的证据。比如,从兼顾实体公正和程序公正的角度,不宜对非法实物证据实行强制排除。那我们就可以综合考虑收集物证、书证违反法定程序以及所造成后果的严重程度等情况,决定是否排除非法实物证据。如果侦查人员在制止犯罪、抓捕犯罪嫌疑人、避免证据灭失等紧急情况下,未经依法批准,采用搜查、扣押等措施收集物证、书证,在作出补正或合理解释后,实物证据就可以作为证据使用。第二小类是瑕疵证据。证据有欠缺,但还不属于违法。比如,两个人去讯问,但是笔录上面写的讯问人和记录人是一个人。取证过程没有违法,但证据形式有缺陷,有瑕疵。

最高人民法院《关于全面推进以审判为中心的刑事诉讼制度改革的实施意见》第 28 条规定,收集证据的程序、方式存在瑕疵,严重影响证据真实性,不能补正或者作出合理解释的,有关证据不得作为定案的根据。

非法证据与违法证据和瑕疵证据都有特定的含义,虽然都涉及证据的合法性问题,但违法程度存在实质性差异。非法证据一般是指通过违反法定程序并且侵犯宪法性权利或者重要的诉讼权利的方式取得的证据,但并非所有违反法律规定收集的证据都是非法证据。有的证据虽然也存在违反取证程序的情节,但属于轻微违法,并未侵犯宪法性权利。这是非法证据与违法证据最本质的区别。如果轻微违法或瑕疵能够严格按照《刑事诉讼法》规定的取证程序和方法得到补正或者作出合理解释,如通过补证增加证据效力,通过作出合理解释获得证据效力,或者通过重新取证获得证据效力,满足证据合法性的形式要件,就可以作为诉讼证据使用;如果无法补正或者作出合理解释,那么就不具有证据能力,不能作为诉讼证据使用。

三、在规定的办案场所外讯问取得的供述是否要排除

《刑事诉讼法》第85条规定,“拘留后,应当立即将被拘留人送看守所羁押,至迟不得超过二十四小时”。第93条规定,“逮捕后,应当立即将被逮捕人送看守所羁押”。最高人民法院《关于建立健全防范刑事冤假错案工作机制的意见》第8条第2款规定,“除情况紧急必须现场讯问以外,在规定的办案场所外讯问取得的供述,未依法对讯问进行全程录音录像取得的供述,以及不能排除以非法方法取得的供述,应当排除”。

《关于办理刑事案件严格排除非法证据若干问题的规定》第9条规定,“拘留、逮捕犯罪嫌疑人后,应当按照法律规定送看守所羁押。犯罪嫌疑人被送交看守所羁押后,讯问应当在看守所讯问室进行。因客观原因侦查机关在看守所讯问室以外的场所进行讯问的,应当作出合理解释”。这一条进一步明确严格禁止把犯罪嫌疑人提到看守所外讯问。中央政法委《关于切实防止冤假错案的规定》第1条明确要求:“讯问犯罪嫌疑人、被告人,除情况紧急必须现场讯问外,应当在规定的办案场所进行……侦查机关不得以起赃、辨认等为由将犯罪嫌疑人提出看守所外进行讯问。”在规定的办案场所外讯问取得的证据是否应当排除?《人民法院办理刑事案件排除非法证据规程(试行)》第26条规定,“经法庭审理,具有下列情形之一的,对有关证据应当予以排除:……(三)对于侦查机关没有在规定的办案场所讯问,现有证据不能排除以非法方法收集证据情形的”。也就是说,侦查机关没有在规定的办案场所讯问,如果现有证据能够排除以非法方法收集证据的,可以不排除相关证据。

四、与全程录音录像有关的证据问题

(一)讯问录音录像是否属于诉讼证据

上海市人民检察院法律政策研究室曾经专门就个案向最高人民检察院研究室请示,即《关于辩护人要求查阅、复制讯问录音、录像如何处理的请示》,最高人民检察院法律政策研究室在2014年1月27日的答复里有这么一段回复:

“一、根据《刑事诉讼法》第三十八条的规定,辩护律师自人民检察院对案件审查起诉之日起,可以查阅、摘抄、复制本案的案卷材料,即法律规定的辩护人的阅卷范围仅限于案件的案卷材料。对案卷材料以外的其他与案件有关的材料,刑事诉讼法及有关司法解释并未授权辩护人查阅、摘抄、复制。辩护人是否可以查阅、摘抄和复制,需要由人民检察院根据案件情况决定。

二、根据《人民检察院刑事诉讼规则(试行)》第四十七条第二款(现《人民检察院刑事诉讼规则》第47条第1款)的规定,案卷材料包括案件的诉讼文书和证据材料。讯问犯罪嫌疑人录音、录像不是诉讼文书和证据材料,属于案卷材料之外的其他与案件有关的材料,辩护人未经许可,无权查阅、复制。"

但是,在研究中、在司法实践中,这个问题的争议一直存在:有观点认为,讯问录音录像证实的只是取证过程,而非案件事实本身,故不属于诉讼证据。也有观点认为,对犯罪事实的证明,讯问录音录像不是诉讼证据;但对证据收集合法性的证明,讯问录音录像又是重要的证据。还有观点认为,讯问录音录像客观记录了讯问的过程和内容,就其内容而言,与讯问笔录相比只是载体形式不同而已,故应属于诉讼证据。

我们赞成,从学理上来讲,讯问录音录像属于诉讼证据。但是,《刑事诉讼法》等相关规定并未将随案移送讯问录音录像作为硬性要求。《人民检察院刑事诉讼规则》第76条规定:"对于提起公诉的案件,被告人及其辩护人提出审前供述系非法取得,并提供相关线索或者材料的,人民检察院可以将讯问录音、录像连同案卷材料一并移送人民法院。"《关于实施刑事诉讼法若干问题的规定》第19条规定:"人民检察院、人民法院可以根据需要调取讯问犯罪嫌疑人的录音或者录像,有关机关应当及时提供。"根据这些规定,尽管讯问录音录像不是一律随案移送,但检察院和法院为审查讯问过程的合法性、核实讯问笔录记载的内容,可以向办案机关调取。

(二)如何审查录音录像

《人民法院办理刑事案件排除非法证据规程(试行)》第22条规定:"法庭对证据收集的合法性进行调查的,应当重视对讯问录音录像的审查,重点审查以下内容:(一)讯问录音录像是否依法制作:对于可能判处无期徒刑、死刑的案件或者其他重大犯罪案件,是否对讯问过程进行录音录像并全部随案移送。(二)讯问录音录像是否完整:是否对每一次讯问过程录音录像,录音录像是否全程不间断进行,是否有选择性录制、剪接、删改等情形。(三)讯问录音录像是否同步制作:录音录像是否自讯问开始时制作,至犯罪嫌疑人核对讯问笔录、签字确认后结束;讯问笔录记载的起止时间是否与讯问录音录像反映的起止时间一致。(四)讯问录音录像与讯问笔录的内容是否存在差异:对与定罪量刑有关的内容,讯问笔录记载的内容与讯问录音录像是否存在差异;存在实质性差异的,以讯问录音录像为准。"

据此，讯问录音录像应当自讯问开始时开始，至犯罪嫌疑人核对讯问笔录、签字确认后结束。因技术故障等原因无法对讯问过程录音录像的，应当立即中止讯问，侦查人员应当告知犯罪嫌疑人中止讯问的原因，并在讯问笔录中写明，由犯罪嫌疑人签字确认。中止讯问情形消失后继续讯问的，应当对讯问过程录音录像。讯问后才发现因技术故障等原因未能录音录像，未在笔录中写明并由犯罪嫌疑人签字确认的，侦查人员应当作出书面说明，技术人员应当对技术故障等原因与修复过程作出书面说明。

（三）没有全程录音录像的供述是不是要排除

《人民法院办理刑事案件排除非法证据规程（试行）》第 26 条规定，"经法庭审理，具有下列情形之一的，对有关证据应当予以排除：……（二）对于应当对讯问过程录音录像的案件没有提供讯问录音录像，或者讯问录音录像存在选择性录制、剪接、删改等情形，现有证据不能排除以非法方法收集证据情形的……（四）对于检察人员在重大案件侦查终结前未对讯问合法性进行核查，或者未对核查过程同步录音录像，或者录音录像存在选择性录制、剪接、删改等情形，现有证据不能排除以非法方法收集证据情形的"。虽然没有录音录像，或者虽然讯问录音录像存在选择性录制、剪接、删改等情形，但现有证据能够证明供述系被告人自愿作出，能够排除以非法方法收集证据的，就应当认可供述的合法性。

五、重复性供述排除规则

犯罪嫌疑人、被告人在审前阶段往往会形成多份供述，如果其中一份供述尤其是侦查阶段获取供述被证明为非法言词证据，那么后面供述的证据能力是否受到影响？后一阶段的有罪供述是否一并排除？在规定和规程实行之前，理论界和实务界主要存在分阶段排除和一体化排除两种意见。

分阶段排除意见认为，检察机关与公安机关系不同主体，且法律赋予了检察机关调查取证权，因此，即使在侦查阶段被告人的有罪供述系侦查人员逼供所致，只要在审查起诉阶段不存在刑讯逼供等非法取证行为，审查起诉阶段取得的被告人供述的效力不应受到公安机关刑讯逼供的影响，不应当一并排除。

一体化排除意见认为，根据现实国情，不能寄希望于犯罪嫌疑人、被告人准确区分侦查人员和公诉人员，他在遭受刑讯逼供后，可能会对所有司法人员产生惧怕心理，从而违背意愿作出有罪供述。因此，如果公安机关刑讯逼供在先，检察机关所取得的被告人的有罪供述也应一并排除。

《关于办理刑事案件严格排除非法证据若干问题的规定》第5条规定:“采用刑讯逼供方法使犯罪嫌疑人、被告人作出供述,之后犯罪嫌疑人、被告人受该刑讯逼供行为影响而作出的与该供述相同的重复性供述,应当一并排除,但下列情形除外:(一)侦查期间,根据控告、举报或者自己发现等,侦查机关确认或者不能排除以非法方法收集证据而更换侦查人员,其他侦查人员再次讯问时告知诉讼权利和认罪的法律后果,犯罪嫌疑人自愿供述的;(二)审查逮捕、审查起诉和审判期间,检察人员、审判人员讯问时告知诉讼权利和认罪的法律后果,犯罪嫌疑人、被告人自愿供述的。”需要注意的是,第一,重复性排除规则的适用范围限定为“采用刑讯逼供方法”,犯罪嫌疑人、被告人后来做出的重复性供述须与之前的刑讯逼供行为具有直接因果关系。第二,重复性供述排除规则具有例外情形。《关于办理刑事案件严格排除非法证据若干问题的规定》对重复性供述排除规则设定了两种例外:一是侦查主体变更的例外。侦查期间,侦查机关确认或者不能排除以非法方法收集证据,因此更换侦查人员,新的侦查人员再次讯问时告知诉讼权利和认罪的法律后果,犯罪嫌疑人自愿供述的,之后收集的重复性供述可以作为证据使用。二是诉讼阶段变更的例外。审查逮捕、审查起诉和审判期间,检察人员或审判人员讯问时告知其诉讼权利和认罪的法律后果,犯罪嫌疑人、被告人自愿供述,有关供述可以作为证据使用。

六、侦查机关“情况说明”的法律效力

谢某龙从2005年出任中国足协副主席,到2008年下课,3年时间里,中国足球成绩大滑坡。2009年1月,他被调任中体产业公司董事长。2010年,因涉嫌操纵足球比赛收受贿赂犯罪被依法逮捕。2012年4月24日,丹东市中级人民法院开庭审理此案。在法院审理期间,辩方申辩称谢某龙在调查取证阶段遭受到刑讯逼供,并提出排除非法证据。辩方还具体描述了遭到暴力取证的情节,如办案人员用电棍塞进谢某龙的嘴里并电击其心脏等,并对谢某龙作无罪辩护。控方向法庭提交了办案人员没有刑讯逼供的书面证明。经审理,法院对被告人谢某龙及辩护人所提谢某龙被刑讯逼供的意见未予采信。

2010年10月22日,武汉大学原党委副书记龙某乐受贿案一审在湖北荆州中院开庭。龙某乐在案件侦结即将起诉时得知自己可能被判处10年以上有期徒刑,思想迅速变化,拒绝与办案人员合作,在审查起诉阶段开始编造自己遭受刑讯逼供等情节,在庭审中对犯罪事实全部予以否认,称检察机关存在“违法办案、刑讯逼供、超时审讯”——打耳光、疲劳审讯等行为,审讯时间日均超过了20小时,

最长的超过22小时,最短的也超过17小时。他多次向省委领导同志写信,通过有关途径向最高人民检察院申诉,声称自己遭受检察机关刑讯逼供等非人待遇。检方称,“虽然审讯时间较长,但并无相关法律对审讯时间作出规定,不存在违法超时审讯的问题”。而对于体罚、诱供、欺诈等指证,控方出庭证人均否认。辩方称被告人的供述为非法取得,应予以排除,这一申辩未得到法院的支持。

在过去相当长的一段时间里,如果出现了非法证据排除的申请,“依法取证的情况说明”这种证据几乎成为公诉方的必备证据材料。这两起典型案件中,谢某龙、龙某乐两人都在法庭翻供且提出办案人员暴力取证,而公诉方均提供书面材料证明没有非法取证,且这些证明材料均被法庭采信。但这种情况说明究竟效力如何,能不能作为证明侦查机关取证合法性的当然依据?一种现象就是,有的公诉人习惯于把这种情况说明作为重要的有罪证据进行举证;如果没有证明力强的无罪证据,法官基本上是采纳的,作为驳回辩护方申请非法证据排除的依据。

尤其是,《关于办理刑事案件排除非法证据若干问题的规定》第7条规定,“公诉人提交加盖公章的说明材料,未经有关讯问人员签名或者盖章的,不能作为证明取证合法性的依据”。言外之意似乎是,如果这种说明材料有讯问人签名或盖章的,能够作为证明取证合法性的依据。但是,需要注意的是,《刑事诉讼法》第175条规定:“人民检察院审查案件,可以要求公安机关提供法庭审判所必需的证据材料;认为可能存在本法第五十六条规定的以非法方法收集证据情形的,可以要求其对证据收集的合法性作出说明。”“情况说明”这种证据不是一种当然具有证据资格和证明力、不需要经过审查的特殊证据,它只是一种普通证据。那么“情况说明”属于《刑事诉讼法》第50条规定的8种证据法定形式中的哪一种?实际上,“情况说明”是侦查讯问人员用纸面形式表达其合法取证的过程,属于证人证言。需要像其他证人证言一样,经过审查判断,才能成为诉讼证据,而不是当然就具有证据资格。

《刑事诉讼法》第57条规定,“人民检察院在接到报案、控告、举报或者发现侦查人员以非法方法收集证据的,应当进行调查核实”。这种“情况说明”,是我们调查核实的一种结果,需要检察机关进行核实和判断。根据最高人民法院《关于适用〈中华人民共和国刑事诉讼法〉的解释》第101条的规定,公诉人提交的取证过程合法的说明材料,不能单独作为证明取证过程合法的根据。这说明,这种“情况说明”只是作为一种补强证据。

《关于全面推进以审判为中心的刑事诉讼制度改革的实施意见》第25条规定:“现有证据材料不能证明证据收集合法性的,人民法院可以通知有关侦查人员出庭说明情况。不得以侦查人员签名并加盖公章的说明材料替代侦查人员出庭。经人民法院通知,侦查人员不出庭说明情况,不能排除以非法方法收集证据情形的,对有关证据应当予以排除。”

《人民法院办理刑事案件排除非法证据规程(试行)》第20条规定:“不得以侦查人员签名并加盖公章的说明材料替代侦查人员出庭。”第23条第2款又进一步规定了侦查人员不出庭的法律后果:“经人民法院通知,侦查人员不出庭说明情况,不能排除以非法方法收集证据情形的,对有关证据应当予以排除。”

七、非法证据的证明标准

关于非法证据排除的证明标准,这些年也是有个变化过程。1998年最高人民法院《关于执行〈中华人民共和国刑事诉讼法〉若干问题的解释》(已废止)第61条规定,“严禁以非法的方法收集证据。凡经查证确实属于采用刑讯逼供或者威胁、引诱、欺骗等非法的方法取得的证人证言、被害人陈述、被告人供述,不能作为定案的根据”。这一条要求对需要排除的非法言词证据的认定要达到查证确实的程度。2010年《关于办理刑事案件排除非法证据若干问题的规定》第2条规定,“经依法确认的非法言词证据,应当予以排除,不能作为定案的根据”。《刑事诉讼法》第60条规定,“对于经过法庭审理,确认或者不能排除存在本法第五十六条规定的以非法方法收集证据情形的,对有关证据应当予以排除”。《关于办理刑事案件严格排除非法证据若干问题的规定》第34条规定:“经法庭审理,确认存在本规定所规定的以非法方法收集证据情形的,对有关证据应当予以排除。法庭根据相关线索或者材料对证据收集的合法性有疑问,而人民检察院未提供证据或者提供的证据不能证明证据收集的合法性,不能排除存在本规定所规定的以非法方法收集证据情形的,对有关证据应当予以排除。”

什么是“查证确实”“依法确认”?经过查证确定属实——这是一个非常高的标准,在实践中操作起来,想把证据排除掉非常难,所以非法言词证据被排除的案例十分罕见。

什么是“不能排除”?全国人大常委会法制工作委员会刑法室给出了意见:“不能排除存在第五十四条规定的非法取证情形的,即检察机关对证据收集的合法性的说明没有达到确实、充分的程度,审判人员对是否存在第五十四条规定的以非法方法收集证据情形仍有疑问的情况。人民法院对有关证据也应当予以排除,不得作为判决的依据。”也就是说,存疑的非法证据也是需要排除的。

我们现在可以得出结论,修改后《刑事诉讼法》对于非法证据排除的立场是非常严格的，当裁判者有合理理由怀疑刑讯逼供的存在，而控诉方又没法就有罪供述的真实性和自愿性提出确实、充分的证据来证明，就必须排除有罪供述。这种证明标准的变化，也是符合世界各国证据法规则发展的大趋势的。美国联邦最高法院在非法证据的证明标准问题上，也是不适用排除合理怀疑的标准，认为优势证据标准就能够满足这个问题的证明。

最高人民法院《人民法院办理刑事案件排除非法证据规程（试行）》第 26 条细化了规定："经法庭审理，具有下列情形之一的，对有关证据应当予以排除：（一）确认属于以非法方法收集证据情形的；（二）对于应当对讯问过程录音录像的案件没有提供讯问录音录像，或者讯问录音录像存在选择性录制、剪接、删改等情形，现有证据不能排除以非法方法收集证据情形的；（三）对于侦查机关没有在规定的办案场所讯问，现有证据不能排除以非法方法收集证据情形的；（四）对于检察人员在重大案件侦查终结前未对讯问合法性进行核查，或者未对核查过程同步录音录像，或者录音录像存在选择性录制、剪接、删改等情形，现有证据不能排除以非法方法收集证据情形的；（五）其他不能排除存在以非法方法收集证据情形的。"

八、威胁、引诱、欺骗所获供述的可采性

威胁、引诱、欺骗的取证手段跟那些直接作用于人身体的强制性物理手段不同，它是通过言语、环境、心理等向犯罪嫌疑人施加压力。对于威胁、引诱、欺骗获得的供述应该裁量具体情况决定是否排除。

《关于办理刑事案件严格排除非法证据若干问题的规定》第 1 条规定："严禁刑讯逼供和以威胁、引诱、欺骗以及其他非法方法收集证据，不得强迫任何人证实自己有罪。"但在具体的排除问题上有了新发展。第 3 条规定："采用以暴力或者严重损害本人及其近亲属合法权益等进行威胁的方法，使犯罪嫌疑人、被告人遭受难以忍受的痛苦而违背意愿作出的供述，应当予以排除。"第 6 条规定："采用暴力、威胁以及非法限制人身自由等非法方法收集的证人证言、被害人陈述，应当予以排除。"这两条规定从规范层面上明确了采用何种威胁取得的言词证据应当排除。

在日常生活中，只要以不利的后果作为要挟，都属于威胁。侦查实践中为了通过讯问获取供述，侦查人员在选择讯问方法时，往往会试图给犯罪嫌疑人施加一定的心理压力，从这个角度讲，威胁与侦查策略之间存在一定的交叉。但非法证据排除规则中的威胁，直接关联供述的自愿性，主要是指对犯罪嫌疑人采用威

逼胁迫的手段迫使其违背意愿作出供述。《关于办理刑事案件严格排除非法证据若干问题的规定》主要对威胁的认定做了两个层面的限制:一是将威胁的范围限定为以暴力或者严重损害本人及其近亲属合法权益进行威胁的方法;二是将威胁的程度限定为使犯罪嫌疑人、被告人遭受难以忍受的痛苦而违背意愿作出供述的程度。按照《关于办理刑事案件严格排除非法证据若干问题的规定》,如果威胁达到了使犯罪嫌疑人、被告人遭受难以忍受的精神痛苦而违背意愿作出供述的程度,就应当对供述实行强制排除。

引诱也包括很多内容,比如围绕"坦白从宽"所进行政策攻心,对犯罪嫌疑人关心、为其积极安排和家人见面等,这些行为都是可以理解和被人们所接受的。过度的或者是极有可能影响犯罪嫌疑人供述自愿的引诱,主要是指办案人员以法律禁止的利益,或在其权力范围之外的利益进行引诱。超过限度的欺骗主要是指办案人员以超出其权力范围不可能实现的承诺或者用虚假的证据和事实欺骗犯罪嫌疑人,从而使其违背意愿,作出虚假供述。目前,在实践中,对引诱、欺骗方法收集言辞证据的,实行裁量排除。采用引诱、欺骗方法收集犯罪嫌疑人、被告人供述,可能严重影响司法公正的,对有关供述应当予以排除。有观点认为,将引诱限定为"采用以非法利益进行引诱的方法",比如对吸毒的犯罪嫌疑人称,只要认罪就可以为其提供毒品;将欺骗限定为"以严重违背社会公德的方式进行欺骗的方法",比如对犯罪嫌疑人谎称他老母亲遭遇车祸,只有认罪才能见面。

九、如何审查判断证据合法性

《人民检察院刑事诉讼规则》第 410 条规定,在法庭审理过程中,被告人及其辩护人提出被告人庭前供述系非法取得,审判人员认为需要进行法庭调查的,公诉人可以通过出示讯问笔录、提讯登记、体检记录、采取强制措施或者侦查措施的法律文书、侦查终结前对讯问过程合法性进行核查的材料等证据材料,有针对性地播放讯问录音、录像,提请法庭通知调查人员、侦查人员或者其他人员出庭说明情况等方式,对证据收集的合法性加以证明。审判人员认为可能存在《刑事诉讼法》第 56 条规定的以非法方法收集其他证据的情形,需要进行法庭调查的,公诉人可以参照前款规定对证据收集的合法性进行证明。

最高人民法院《关于全面推进以审判为中心的刑事诉讼制度改革的实施意见》明确了审查和排除非法证据的规则指引,明确证据合法性争议的裁判方式,给我们审查判断证据合法性提供了一定程度的指引。主要体现在第 2 条、第 5 条、第 7 条、第 21 条至第 28 条。

《人民法院办理刑事案件排除非法证据规程(试行)》第 20 条也提供了一个证据合法性审查的指引:"公诉人可以出示讯问笔录、提讯登记、体检记录、采取强制措施或者侦查措施的法律文书、侦查终结前对讯问合法性的核查材料等证据材料,也可以针对被告人及其辩护人提出异议的讯问时段播放讯问录音录像,提请法庭通知侦查人员或者其他人员出庭说明情况。"

在实践中,通过总结非法证据排除的案例,发现有一些排除非法言词证据的实际标准可供参考:①

1. 辩方能够提供涉嫌非法取证的材料或者线索。这里的材料包括:被告人出示的血衣、伤痕、伤痕照片、医疗证明、伤残证明、同监人证言等。这里的"线索"包括:刑讯逼供的时间、地点、方式、实施人员等信息。

2. 出现以下 11 种情形中的一种或者几种:

(1)侦查机关未能及时对涉嫌非法取证的情况在笔录中予以解释。

在文某非法持有毒品案中,文某于 2012 年 2 月 19 日被抓获,20 日因涉嫌运输毒品罪被立案,21 日因吸毒被送戒毒所行政拘留,26 日被送看守所执行刑事拘留。对于文某"双眼青紫"的事实,侦查机关出具了一份情况说明,载明:2 月 19 日晚将文某抓获带至某派出所时才发现其有伤,文某自称是 18 日自己撞到眼部所致。将其送至戒毒所执行行政拘留,其在回答伤势原因时也称是自己所撞。"但是关于文某自称眼部受伤系自身所致的内容,并未在任何一次讯问笔录中得到体现。"

在李某某运输毒品案中,"对于能够证明取证合法的关键证据,公诉机关未能提供,例如:第一次讯问笔录中没有记载李某某受伤的情况"。

(2)缺少讯问同步录音录像或者录音录像未做到"同步",且对此无法作出合理解释。

比如,上述非法持有毒品案,侦查机关未能提供讯问全程同步录音录像,并出具了一份情况说明,载明:侦查人员就本案审讯过程制作过全程同步录音录像,但因主办人员于 2013 年 4 月调离且其电脑已报废,故该录音录像灭失。"由于案发地公安机关有对所有刑事案件全程同步录音录像的惯例,只是区分是否属于大要案而决定是否另行刻录光盘。该情况说明以主办人员调离、电脑报废作为录音录像资料灭失的理由难以令人信服。"

在李某某运输毒品案中,"对于能够证明取证合法的关键证据,公诉机关未能

① 这部分内容为主要参考。

提供,例如:讯问李某某的同步录音录像未能提供”。

在李某1、李某2贩卖毒品案中,“侦查机关对李某2讯问时没有按照法律规定进行同步录音或者录像”。

在刘某某、罗某某贩卖毒品案中,“刘某某第三次供述的笔录记载讯问时长2小时19分,而同步录音录像资料仅持续12分10秒,法庭播放了该录音录像,发现录音录像的内容仅为侦查人员向刘某某宣读讯问笔录,不能反映讯问过程,并且,录像中反映刘某某有一定疲倦表情。该录音录像不能印证刘某某该次供述收集的合法性”。

在陈某某故意杀人案中,二审法院认为:“侦查机关对陈某某的审讯进行过一次录像,却没有依照法律及公安部有关办理刑事案件的程序规定制作笔录。在缺乏审讯笔录的情况下,只有一项有罪供述的审讯录像,难以作为定案的根据。此外,自陈某某被提押出仓进入审讯室起至开始对其进行审讯录像前,侦查人员的审讯活动有40分钟左右的时间呈现空白状态,既无审讯笔录记录,也无录像记录,该次审讯的视听资料并非全程录音录像,而陈某某在重审庭审中提出,侦查人员在录音录像前曾对其进行过恐吓,综合上述情况,认定该审讯录像无证据能力,属非法证据予以排除。”

在吴某某贩卖毒品、吴某1运输毒品案中,法院认定:“针对吴某某第一次讯问的同步录音录像资料,该资料确实没有自带的时间显示,只有讯问人员告知被告人讯问的时间,且没有将在场讯问人员的情况录入画面,由于该瑕疵未能补正,合议庭不采用该证据。”

(3)犯罪嫌疑人(被告人)自书未遭受非法取证的解释性说明不符合常理。

在文某非法持有毒品案中,把犯罪嫌疑人送入戒毒所的时候,戒毒所要求侦查人员及文某对文某的眼伤作出书面情况说明,所以侦查人员先在同一张纸上写:“文某眼睛红肿,其本人称是于2013年2月18日自己不小心撞到的,眼睛无大碍”,然后文某在同一张纸上自书“本人文某眼睛伤系正常碰撞,自己撞到的,脚有痛风”。二审法院认为,正常情况下,侦查机关应当及时对这一涉嫌刑讯逼供的行为主动给予合理说明,不是因为戒毒所的要求作出。

之后,在文某于2月26日被送至看守所执行刑事拘留之时,文某在监管场所这一办案民警、监管民警多人在场的复杂环境体检时,其自述伤势系遭受刑讯逼供所致。此外,在审查起诉阶段,其于3月6日向公诉机关反映,其被抓获当晚及次日,被公安人员打耳光、吊飞机、按在地上打,并描述了两位侦查人员的体貌特征。“显然,文某就伤势形成原因前后矛盾的解释,不能作为侦查机关、公诉机关取证过程合法性的辅证材料。同时,因为文某不具有取证合法性的证明义务,故不能基于其对伤势形成原因解释不清楚就作出对其不利的判断。"

(4)疲劳审讯。

在尹某受贿案中,尹某称:其于2013年7月25日晚进入侦查机关指定的办案地点接受调查,至28日上午立案之时,历时约72小时,没有离开过办案地点,并一直接受办案人员"车轮战"式的调查,每天睡眠时间不足4小时。另外,25日至27日,侦查机关没有制作一份调查笔录,也未移送25日至27日的同步录音录像资料。据办案人员称,此段时间,其一直在对尹某进行思想教育。办案法官认为,其间侦查机关是采用了"疲劳战术"对尹某进行取证。

在刘某某、罗某某贩卖毒品案中,供述起止时间跟提讯证记载时间严重不一致。提讯证记载,刘某某于2012年10月26日17时被押解出看守所,于同年10月29日3时还押,持续时间为58小时(中途没有送回关押监室),而刘某某第三份供述正是形成于这段时间。而笔录记载,刘某某在侦查阶段的第三次供述时间起于2012年10月28日21时7分,止于同日23时26分,讯问地点在重庆市梁平县看守所三楼。

(5)侦查人员威胁、辱骂犯罪嫌疑人。

在尹某受贿案中,法官通过观看同步录音录像发现,在2013年7月27日17时至19时,办案人员对尹某有言语辱骂,并威胁其再不交代问题将把其家人带至办案地点一并调查,以此给尹某造成较大的心理压力,迫使其尽快承认犯罪事实。

(6)治安案件转刑事案件中的取证程序不合法。

(7)伪造看守所的在押人员入所检查表等。

在周某、葛某、臧某盗窃案中,"三被告人均称'入所人员调查表'和'在押人员健康检查表'上三被告人的签名和指印不是自己留的,并提出申请对以上签名和按印进行鉴定。公诉机关对三被告人的鉴定申请,仅出具了一份'入所人员调查表上被告人葛某签名为其本人所写'的笔迹鉴定书,被告人葛某又辩解,即使是其签名,也是侦查机关强迫所签"。

(8)审讯地点、程序或者讯问笔录形式不合法。

在陈某某故意杀人案中,一审法院认定:"关于2009年2月25日对陈某某的审讯笔录的证据采信问题。该次审讯笔录是侦查人员在未办理入所手续前在看守所审讯室审讯陈某某而制作,且审讯时间与办理入所身体检查及财物保管时间上出现重叠。鉴于该次审讯行为有违看守所条例,审讯地点及程序均不合法。因此,该次讯问笔录不予采信。"

在吴某某贩卖毒品、吴某1运输毒品案中,被告人吴某某的第三次笔录开头记录的时间是29日,但是签名的时间是28日,法院认定:"针对吴某某的第三次讯问笔录,确实存在辩护人提到的记录时间和被告人签名时间不一致的情况,由于该证据不符合法律规定的形式要件,被告人对该笔录交代的情况亦予以否认,该证据没能补正,故合议庭不采用该证据。"

(9)存在明显的指事问供迹象。

在陈某某故意杀人案中,陈某某提出,侦查人员教授其杀人方法,写好了笔录让其签名。二审法院认定:"陈某某于2009年3月2日和同年4月7日所作的有罪供述,对本案有直接证明作用,然而这两份相隔一个月零五天的笔录记录文字高度雷同,显示出侦查人员讯问方式违反相关程序规定,存在明显的指事问供迹象,这种迹象与被告人的控告内容相吻合。而参与审讯及记录的侦查人员在庭审作证时并不能对笔录存在的疑点作出合理解释,陈某某以上两份有罪供述的笔录不排除受到指事问供而形成的可能性。因此,这两次审讯笔录无证据能力,属非法证据,应予排除。"

(10)同监室人员对犯罪嫌疑人(被告人)的身体状态作出有利于犯罪嫌疑人(被告人)的证言。

在周某、葛某、臧某盗窃案中,"经查,在看守所羁押期间,被告人周某、葛某、臧某的同监室人员张某等数人,分别证实被告人周某、葛某、臧某进入看守所时身上有明显外伤和浮肿,且进行了吃药治疗,并证实听三被告人说他们身上的伤,是公安机关刑讯逼供所致"。

(11)讯问人员无合适理由拒绝出庭。

在李某1、李某2贩卖毒品案中,侦查机关于2012年4月1日下午将李某2抓获,当晚20时3分至22时19分对李某2第一次讯问;4月2日凌晨1时,办案人员将李某2带至医院进行B超、心电图、血液、双下肢外伤等检查,但检查后侦查人员并未将其送看守所羁押;4月3日,李某2被送看守所羁押后,看守所对李某2再次进行健康检查,体检结果为李某2身体健康,无外伤。庭审中,公诉机关对侦查人员讯问结束后于凌晨带李某2到医院检查身体的原因作出说明,为查明这一原因,法院要求侦查机关对此作出说明,侦查机关没有回应;法院依法通知办案人员出庭说明情况,但办案人员无合适理由拒绝出庭。

刑事案件中手机数据的收集提取与审查判断

刘林呐 *　国家检察官学院

目　次

---

* 刘林呐,国家检察官学院教授、法学博士。

在现代社会,手机对人的生产生活以及社会的影响愈加广泛深远,手机给人们带来方便快捷的同时,亦能被用于实施严重的犯罪,给刑事侦查(侦查工作)带来全新的课题与严峻的挑战。在很多案件中,侦查机关能否成功发现和提取手机内的信息已成为能否成功破案的关键。如今大量的刑事案件涉及手机中电子数据的收集提取,广州市公安局电子数据检验鉴定实验室中的工作人员表示,对于涉案所送检的检材,以往计算机与手机之比是4:1,现如今已经变为1:4。一些涉及(利用)伪基站的犯罪分子甚至只用一部小小的手机就完成(轻而易举地实施)了发送诈骗短信、推销广告等犯罪行为。

一、手机数据概述

(一)手机数据的概念与内容

手机数据属于电子数据,是案件发生过程中形成的,以数字化形式存储、处理、传输的,能够证明案件事实的数据。通常认为,手机中存储的数据信息分为两大部分:一部分是存储在手机硬件以及相关设备等有形载体中的数据信息,包括图片、文字、录音、录像等信息资料,如手机通讯录、通话记录、手机短信、微信等其他聊天软件的记录、记事本、图库等。

另一部分是存在于移动(通讯)运营商网络中的电子数据信息,这些手机信息(数据)的存在是基于移动(通讯)运营服务商的支持,利用云(云计算)实现(其云端存储)功能,如通过支付宝、微信(等)(网上)支付(发生的)银行的支付信息,微信、微博的朋友圈人际关系,手机使用人浏览网页的地址、时间、内容等相关信息等。

(二)手机数据的特点

1. 系统性

信息网络是系统性的。信息网络具有层次性和系统性,这也改变了过去我们认为电子数据不可靠易篡改的观念。信息系统是一个复杂的分层次的系统,任何一个操作,都会留下大量的痕迹,这是信息网络系统的本性所决定的。如一个文件删除以后,对于操作系统来说,这个文件就不存在了。但从文件系统的角度,完全可能恢复回来,让操作系统重新"看到"这个文件。电子数据与传统数据相比是更为可靠的证据,虽然破坏部分证据相对比较容易,但要完整地破坏全部证据几乎是不可能的。手机上没有执行这些标准,逐渐趋向简化。不记录所有的操作过程，一旦删除，节点便清除了。按照现在的文件格式，不留痕迹。早期计算机连续存储，盘旋转起来，按照区域存储。而现在 FLASH 存储结构，不存在物理上的盘片旋转，而是通过电平信号记录信息，所以不存在跳地址困难。现在文件注重时效性、空间性，随机存储，所以重组和辨真比较困难。通常认为，手机的虚拟性，指的是通过计算机模拟手机进行 App 登录，进而获得用户的云端数据。例如，支付宝交易、订餐、打车信息、云盘。不少 App 的登录不是依赖输入的密码，而是依赖早期输入密码之后形成的验证文件，有效期一般几个月，在有效期内只要将验证文件提交给相关服务器就可以实现登录。对仅仅出现在内存中的数据，通过计算机可以方便地抓取。手机操作系统，如 Linux 操作系统与 Windows 操作系统最大的区别，是存在“权限”的概念，程序之间相互访问数据权利受限，访问内存难度更大。而 Windows 操作系统则可以打破这样的限制。

2. 虚拟空间性或者数字空间性

电子信息技术的发展一日千里，从最原始的有限电报到现代光通信、网络通信、卫星通信，从光信号到电信号、磁信号等各种物理信号，网络聊天，电子邮件，电子资金划拨，电子签名，域名，网页浏览记录，GPS 记录，不一而足。可以说，从来没有哪一种证据具有如此丰富的表现形式，而且它们有一个共同特征，那就是，我们通常无法用肉眼看出电子数据是否属实，也不能从电子数据本身入手判断是否属实，可以说，电子数据颠覆了我们传统的“耳听为虚，眼见为实”的认知观。电子证据不能被直接感知，必须借助相应的电子设备才能被感知。电子证据与传统证据相比最大的特点是，电子证据是虚拟空间证据，往往存储于手机、电脑、摄像机等，与存在于物理空间的传统证据不同，在本质上是一种电子信息，可以实现精确复制，可以在虚拟空间里无限快速传播，在传播方式上与传统证据只能在物理空间传递存在明显的差异，无法看得见、摸得着。

3. 数据量大，实时变化

处于开机状态的手机不能进行关机操作，关机可能导致数据丢失。处于关机状态的手机不能开机，也不能移出电池 SIM 卡等。将关闭的手机打开，即使有电磁屏蔽环境隔绝手机与移动通信网络连接，但手机中的数据也会发生变化，这种变化是难以避免的，侦查员应当在保持对证据产生最小改变的情况下从手机中提取数据。处于开机状态的手机，应采用手机信号屏蔽袋，手机没有密码的，可以关闭 Wlan 无线网络功能或者开启飞行模式，目的是防止手机与网络连接产生数据变化。

二、手机数据收集提取

(一)手机物证的收集

手机作为电子数据的载体应当根据其特征妥善保存。通常分为查找、识别、记录和收集几个步骤。

1. 查找。现场取证的时候,需要细致查找可能将要进行的手机数据提取相关物品和材料,如数据线,充电线。

2. 识别。查找到可能与手机取证工作存在关系的证物后,需要在现场进行判断,分析和评估其是否可能存在取证价值。比如,现场发现充电宝、充电池,侦查员需要判断是不是属于本次调查所涉及的手机设备。充电宝会记录手机信息。

3. 记录。根据手机取证规范,在进行手机取证的过程中,侦查人员都应当对所有操作进行记录。如查找与手机取证相关的证据,需要即时记录证据的外形、形状和状态,并进行拍照记录;在进行封存时,需要在证据封存袋标记识别文字;在进行手机无线信号屏蔽时,应使用数码摄像机对过程进行拍摄。

4. 收集。在进行手机证据的现场收集时,注意同时收集手机的各种附件和周边产品,如电池,数据线和充电线缆、手机充电适配器,手机包装盒,说明书和保修证书。

(二)手机系统的基本构成

最简单的手机系统是由交换网络子系统(运营商)、无线基站子系统(基站塔)和移动台(手机)组成的。

1. 运营商与基站塔

手机开机以后,接收附近基站的信号,搜索到最近的或者信号最强的基站以后,向基站发送自己的信息,比如 SIM 卡的号码和 IMEI 码,然后进行登录,运营商就知道了你的这个手机已经在线上,哪个基站在为这部手机服务,这个手机的任何电话、短信、GPRS 上网等,都是通过这个基站来进行的服务。一旦手机移动位置,移动到另外一个基站的服务区内,则登录到下一个基站,并且从上一个基站服务中下线。一旦按手机关机键,则从当前的基站服务中下线,然后再执行关机操作,运营商知道这个手机已经下线,一旦有对这个手机的呼叫,运营商自动提示手机已经关机。而如果不按开机键直接拔掉电池,没有从基站下线的通知就关机了,运营商就不知道手机已经关机,而提示该用户无法接通。

一个手机基站一般覆盖几公里的范围,以及服务一定数量的手机。在这个系统里,任何一部手机从开机到关机的时间内,哪个时间点由哪个基站提供的服务,提供了什么样的服务,这些都能够进行查询和掌握,进而可以分析出这个人的运行轨迹以及打电话发短信上网等行为的粗略描述。这种特征也为案件侦破提供了极大的帮助,比如某流窜盗窃团伙专门对储蓄所进行盗窃,行动极为迅速,每次作案完毕都迅速逃离作案城市,案件极难侦破。最终侦查员调取了各个案发城市运营商的记录,查看在案发时间、案发地的服务基站有几部手机被这个基站服务,通过查找多个案发地的记录,发现每次案发时,案发地都有三部手机被同一个基站服务,意味着每次案发时这三个人都在案发地附近。因此侦查员推断这三个人就是最大的嫌疑对象,进而破获了案件。

2. 移动台(手机)的基本构成

手机是由软件和硬件两大部分组成的。

(1)手机的硬件基本上是由几大模块组成:电源管理模块包括电池、电源管理电路、充电电路等组成,负责整个手机的供电及电源管理;射频电路模块包括手机信号的接收和发射、信号混频、调制解调、基带管理、蓝牙、WiFi 等,可以实现拨打电话、收发短信、无线上网、无线传输等;数字电路模块包括 CPU(高通、海思、联发科、三星)、暂存(RAM)、闪存(FLASH)等,组成软件运行的核心;其他模块包括电路、液晶、摄像头、键盘、耳机、MIC、SIM 卡、多媒体卡(TF 卡)等,以及外设的充电器等外设配件。我们所说的手机数据取证,所有数据均存储在闪存、多媒体卡、SIM 卡这三个存储介质里。

(2)手机的软件分为系统层软件和应用层软件两个层面。系统层软件负责手机的核心运作以及管理手机的一切硬件,负责手机的开关机、硬件管理、文件管理、程序管理等。系统层的软件拥有高级的权限,可以实现最基本的功能,如打电话、发短信及对应用程序进行函数,给应用层的软件进行调用。也就是说,系统层的软件控制着应用层软件的使用权限。过去我们很少关注操作系统,现在操作系统主要分成三类,一是苹果 iOS 操作系统,适用苹果品牌手机;二是 Google 的安卓操作系统,适用三星、小米、中兴、华为、联想、酷派;三是微软开发的 Windows 操作系统,适用于诺基亚 Lumina。

第一,苹果 iOS 操作系统。

iOS 是由苹果公司开发的移动操作系统。苹果公司最早于 2007 年 1 月 9 日的 Macworld 大会上公布这个系统,最初是设计给 iPhone 使用的,后来陆续套用到 iPodtouch、iPad 以及 Apple TV 等产品上。2010 年 WWDC 大会上宣布改名为 iOS

(iOS 为美国 Cisco 公司网络设备操作系统注册商标,苹果改名已获得 Cisco 公司授权)。

苹果操作系统的特点:

一是安全性。从使用者打开设备的那一刻起,iOS 就启动了内置安全机制。iOS 专门设计了低层级的硬件和固件功能,用以防止恶意软件和病毒的入侵;同时还设计了高层级的 iOS 功能,有助于在访问个人信息和企业数据时确保安全性。为了保护使用者的隐私,从日历、通讯录、提醒事项和照片获取位置信息时,必须先获得系统的许可。为防止有人未经授权访问设备,使用者可以设置密码锁,并进行相关配置,允许设备在多次尝试输入密码失败后删除所有数据。该密码还会为设备存储的邮件自动加密和提供保护,并能允许第三方 App 为其存储的数据进行加密。iOS 还支持加密网络通信,供 App 在数据传输过程中保护敏感信息。如果设备丢失或失窃,使用者可以利用"查找我的 iPhone"功能在地图上定位设备,并远程擦除所有数据。一旦 iPhone 失而复得,使用者还能将上一次备份过的全部数据恢复到 iPhone 上。很多企业选用 iOS 设备,一个重要的原因是它具有企业专属功能和高度的安全性。iOS 兼容 Microsoft Exchange 和标准服务器,可无线推送电子邮件、日历和通讯录。iOS 在传输、设备内等待和 iTunes 备份三个不同阶段为信息分别加密,确保数据安全。使用者可以安全地通过业界标准 VPN 协议接入私人企业网络,企业用户还可以使用配置文件轻松地在企业内部署 iPhone。

二是封闭性。2007 年 10 月 17 日,史蒂夫·乔布斯在一封张贴于苹果公司网页上的公开信上宣布软件开发工具包。它将在 2008 年 2 月提供给第三方开发商。软件开发工具包于 2008 年 3 月 6 日发布,并允许开发人员开发 iPhone 和 iPod touch 的应用程序,并对其进行测试,名为"iPhone 手机模拟器"。然而,只有在付出了 iPhone 手机开发计划的费用后,应用程序才能发布。开发人员必须加入 iPhone 开发者计划,其中有一步需要付款以获得苹果的批准。加入了之后,开发人员将会得到一个牌照,他们可以用这个牌照将他们编写的软件发布到苹果的 App Store。发布软件一共有三种方法:通过 App Store,通过企业配置仅在企业内部员工间应用,也可通过基于"Ad - hoc"而上载至多达 100 部 iPhones。具有模块性、灵活性、可伸缩性、可操作性特点的 iOS 提供最广泛的基于标准的物理和逻辑协议接口——超过业界任何其他供应商:从双绞线到光纤,从局域网到园区网到广域网,Novell NetWare、UNIX、SNA 以及其他许多接口。也就是说,一个围绕 iOS 建立的网络将支持非常广泛的应用。

第二,安卓操作系统。

"Android"一词的本义指"机器人",同时也是 Google 于 2007 年 11 月 5 日宣布的基于 Linux 平台的开源手机操作系统的名称,该平台由操作系统、中间件、用户界面和应用软件组成。在 2008 年 9 月,Google 正式发布了 Android 1.0 系统,这也是 Android 系统最早的版本。"Android"一词最早出现于法国作家利尔亚当(Auguste Villiersde I'Isle - Adam)在 1886 年发表的科幻小说《未来夏娃》(L'ève Future)中。他将外表像人的机器起名为 Android。Android 的 Logo 是由 Ascender 公司设计的,诞生于 2010 年,其设计灵感源于男女厕所门上的图形符号,于是布洛克绘制了一个简单的机器人,它的躯干就像锡罐的形状,头上还有两根天线,Android 小机器人便诞生了。其中的文字使用了 Ascender 公司专门制作的称为"Droid"的字体。Android 是一个全身绿色的机器人,绿色也是 Android 的标志。颜色采用了 PMS 376C 和 RGB 中十六进制的 A4C639 来绘制,这是 Android 操作系统的品牌象征。有时候,他们还会使用纯文字的 Logo。

安卓系统的特点:开放源代码。Android 平台首先就是其开发(放)性,开发(放)的平台允许任何移动终端厂商加入 Android 联盟中来。显著的开放性可以使其拥有更多的开发者,随着用户和应用的日益丰富,一个崭新的平台也将很快走向成熟。开发(放)性对于 Android 的发展而言,有利于积累人气,这里的人气包括消费者和厂商;而对于消费者来讲,最大的受益正是丰富的软件资源。开放的平台也会带来更大竞争,如此一来,消费者将可以用更低的价位购得心仪的手机。丰富的硬件这一点还是与 Android 平台的开放性相关,由于 Android 的开放性,众多的厂商会推出千奇百怪、功能特色各具的多种产品。功能上的差异和特色,却不会影响数据同步,甚至软件的兼容,如同从诺基亚 Symbian 风格手机一下改用苹果 iPhone,同时还可将 Symbian 中优秀的软件带到 iPhone 上使用,联系人等资料更是可以方便地转移。方便开发 Android 平台提供给第三方开发商一个十分宽泛、自由的环境,不会受到各种条条框框的阻挠,可想而知,会有多少新颖别致的软件诞生。但其也有两面性,对于如何控制血腥、暴力、情色方面的程序和游戏正是留给 Android 难题之一。从搜索巨人到全面的互联网渗透,Google 服务如地图、邮件、搜索等已经成为连接用户和互联网的重要纽带,而 Android 平台手机将无缝结合这些优秀的 Google 服务。

第三,Windows 操作系统。

Windows 操作系统的手机经历了两个阶段。第一个阶段是 Windows Mobile,简称 WM,是微软针对移动设备而开发的操作系统,设计初衷是尽量接近于桌面版本的 Windows,微软按照电脑操作系统的模式来设计 WM,以便能使 WM 与电脑操作系统一模一样。2010 年 10 月,微软宣布终止对 WM 的所有技术支持,WM 系列正式退出手机系统市场,被新继任者 Windows Phone(以下简称 WP)操作系统取而代之。WP 初始版本命名为 Windows Phone7.0。基于 Windows CE 内核,采用了一种称为 Metro 的用户界面(UI),并将微软旗下的 Xbox Live 游戏、Xbox Music 音乐与独特的视频体验集成至手机中。第二个阶段是 2011 年 2 月,诺基亚与微软达成全球战略同盟并深度合作共同研发该系统,两家公司强强联手,在接下来的三年里,推出了一系列 WP 手机,系统版本直至 Windows 10。此后随着 iOS 和安卓两大阵营的强势崛起,WP 日渐式微,目前已难觅踪迹了。

(三)手机数据的提取与恢复

1. 手机取证的困境

(1)手机实名制滞后。虽然手机实名制(用户办理手机入网必须持身份证进行实名登记)于 2010 年 9 月 1 日起正式实施,但由于机主信息实名制的落实不到位,未实行实名登记的用户超过 3.2 亿人,导致机主信息往往存在机主资料残缺、虚假等现象。而违法犯罪人员反侦查能力日益增强,导致侦查人员单纯依靠手机话单分析往往无法直接锁定犯罪嫌疑人。另外,我国存在大量的山寨手机(山寨手机是一些小的手机厂商,以极低的成本模仿主流手机品牌产品的外观或功能,并加以创新,最终在外观、功能、价格等方面全面超越这个产品的手机)。按照国际标准,每一部正规手机都有一个国际移动设备识别码(IMEI),相当于手机的“身份证”,此码具有全球唯一性。由于山寨手机不需要做入网检测,经常通过伪造 IMEI 号码进行销售,几百、上千部手机可能只用一个 IMEI 号码。如果几百部手机共用一个 IMEI 号码,通过技术手段定位一个 IMEI 号码,可能会发现无数个手机的位置,手机上网监管难度增大。

(2)手机无线上网多样化。在 3G 时代,实现了手机用户的高速上网,加速了手机与互联网的融合,手机上网方式呈现多样化,犯罪嫌疑人既可以选择通过移动运营商提供的服务上网,也可以在提供 WiFi、Wimax 等公共无线网络区域上网,从事违法犯罪活动。由于犯罪行为的移动性和接入互联网的开放性,导致司法机关面临着立案、定位、取证困难等问题。

(3)手机电子信息提取困难。手机中的电子信息包括内存和存储卡的数据,但由于手机操作系统种类繁多,手机存储卡类型众多,数据线和充电接口不统一,手机电子信息提取面临极大的困难。

（4）手机操作系统种类繁多。目前，我国手机生产厂家众多，手机种类繁多，型号不断更新，不同的生产厂家使用不同的手机操作系统。目前，应用在手机上的操作系统主要有 Palm OS、Symbian、Windows Mobile、Linux、Android、iPhone OS、Blackberry 等，由于不同的操作系统文件管理、数据存储原理和方式各不相同，提取手机内存中的电子信息比较困难。

2. 苹果手机 iOS 系统取证技巧

（1）苹果系统手机有指纹锁时，注意手机不能重启，重启以后必须输数字密码（苹果手机没有图形锁和 password）。在一起刑事案件中，被害人死亡，警察把手机关机再开机发现必须输入数字密码。指纹锁从 5S 开始出现，现在苹果手机很普遍。

（2）开机之前，一定先取出 SIM 卡。如果手机一直是 4G、3G、GPRS 或者 WiFi 联网，就可以远程操作登录 iCloud 账户（苹果是 iOS 系统手机，如果是安卓系统手机，安装了三方安全软件也可以远程删除所有用户数据）进行远程抹除手机上的所有用户数据，也就是恢复出厂模式。

（3）对于 iOS 10.0 以下版本，以色列的 Universal Forensic Extraction Device（UFED）能够提供密码破解服务。以色列《新消息报》（Yedioth Ahronoth）报道称，Cellebrite 以色列手机取证软件供应商 Cellebrite 正在协助 FBI 对 iPhone 手机解锁。Business Insider 称，Cellebrite 可能使用了一种叫“内存镜像嗅探”的方法解锁。根据官网介绍，该公司创立于 1999 年，提供数码鉴识体工具和软件解锁移动设备。它们的主力产品 UFED 号称可以帮助执法人员撷取手机里的所有资料和密码。意大利法院聆讯过一桩毁容攻击案，该案犯罪嫌疑人声称忘记了自己 iPhone 5 手机的开机密码。法院寻找专家破解这部装有 iOS 8 系统的手机，最后找到了 Cellebrite 公司。需要指出的是，2015 年 12 月美国加州枪案犯罪嫌疑人使用的是 iPhone 5c 手机，而 iPhone 5c 与意大利案件中的 iPhone 5 使用类似的 32 位芯片，但是前者的系统为 iOS 9，后者系统为 iOS 8。破解不同版本操作系统开机密码的难度并不相同，iOS 9 被认为是更安全、更难以破解的系统。到目前为止，Cellebrite 能破解的最高系统版本为 iOS 8.4，这也是意大利一案中 iPhone 手机安装的系统。

（4）对于 iOS11.2.6 系统以下版本，美国科技公司 Grayshift 能够提供密码破解。该公司的产品为一部名为“灰钥匙”（GrayKey）的 iPhone 工具。“灰钥匙”是一个便携灰色小盒子，伸出两根苹果设备适用的 Lighting 线缆，可以同时连入两部 iPhone。这台破解设备不仅操作方便，而且破解一部 iPhone 密码的成本也十分低廉。iPhone 连入“灰钥匙”后，首先会用 2 分钟安装破解软件，软件安装成功后即会对 iPhone 进行密码破解。4 位数密码破解只需几个小时,6 位数密码破解可能需要几天。密码破解之后会直接显示在 iPhone 屏幕上。此时将已经破解的 iPhone 再插回“灰钥匙”,就能通过电脑下载 iPhone 上的所有数据,包括解密后的钥匙串内容。

3. 安卓操作系统取证方案

取证技术从本质上可以分为逻辑技术和物理技术。逻辑技术通常是通过访问系统文件的手段来实现;物理技术则直接以存储在物理介质上的数据为目标,不访问系统文件。物理技术的优势,可以访问到大量已被删除但尚未被覆盖的数据。经过研发人员的多次验证,物理技术在 iOS 设备上无法应用,原因是 iOS 的存储介质内的数据,是经过 AES 算法加密的,在无法获取密码的情况下,无法解密。而低于 6.0 版本的安卓设备,及少量高版本的安卓设备,存储介质内的数据没有经过加密处理,物理技术获取到的数据是可以被解析的。

(1)逻辑层面软件植入

美亚、平航、高奈特等国内移动终端电子数据取证设备,主要在逻辑层面对手机数据进行提取和恢复。国外如以色列的 UFED、瑞典的 XRY、美国的 MPE +、俄罗斯的氧气等这些取证设备基本也都是在逻辑层面对手机数据进行提取和恢复。也就是说,手机必须开机正常,不能破损,不能开机异常,不能有开机密码等,否则基本就无法进行用户数据提取。这些取证设备支持的手机操作系统有安卓、苹果、塞班、黑莓等常见操作系统。由此可见,目前国内外的移动终端电子取证产品,基本都在通过逻辑层面对用户数据进行提取,这种取证手段被国内外其他取证设备广泛使用。但逻辑层面的局限性很大,如果遇到需要取证的手机不开机、屏幕碎、进水、暴力破坏、手机数据接口腐烂无法通信、苹果 iOS 高版本有话机锁、安卓手机有密码锁并且手机调试关闭等情况时,想通过逻辑手段来取证基本是不可能完成的,也就是说,目前国内外的电子取证产品遇到以上问题时就无法进行取证了。

在移动终端电子产品人手一部的今天,基本上每一个涉案人员都会涉及电子数据的取证和分析工作。如果目前这些移动终端电子取证产品,仅仅局限在逻辑层面来进行取证的话,那么就会有非常大的局限性和制约性。我们的手机都会设置各种密码来防止隐私的泄露,如有反侦查意识更有可能会故意暴力破坏这些电子证据。一旦手机有密码或者被破坏,单单从逻辑层面进行取证,很多时候是无从下手的。如果没有物理手段的配合或者从手机存储芯片着手,那么电子数据取证工作必然会因为技术手段的缺失而陷入僵局,很多重要的线索和证据也会无法获取。

(2)物理层底层数据获取

手机取证物理技术分为两类:一是硬件技术,物理上实际获取手机存储器;二是软件技术,将手机中的软件在具有 ROOT 访问权限条件下运行的技术,获得数据的物理映像。

第一,JTAG 技术。

JTAG 技术,是英文"Joint Test Action Group"(联合测试行为组织)的词头字母的简写,该组织成立于 1985 年,是由几家主要的电子制造商发起制定的 PCB 和 IC 测试标准。其主要的作用是用于芯片的后台程序调试与整机性能测试,其方法是通过控制 CPU 进而控制和监测整个设备的工作状态。目前,在移动终端设备上占有市场统治地位的高通、三星、TI 等厂家生产的 CPU,底层调试接口采用的都是 JTAG 模式。以手机取证为例,说明一下 JTAG 的工作原理:手机工作核心是 CPU,其内部嵌入一个内核的 ROM 存储器,这个存储器在芯片生产的时候已经把程序固化写入了,类似于计算机的 BIOS 芯片。手机充电或者被复位信号线复位以后,首先运行内核 ROM 的程序,进行最基础的系统初始化工作。然后,判断是否有 JTAG 管脚发来的命令,也就是判断 TCK 和 TMS、TDI 上是否有明确的有效命令,如果在一段时间内没有接收到有效的命令,则自动转入手机操作系统的开机程序。

一旦 CPU 接收到了有效的 JTAG 命令,则手机不再进入开机程序,直接等待和响应 JTAG 命令。JTAG 命令通过控制 CPU 进而控制了整个设备,这个特性就被我们用来进行底层的数据取证。其优势在于,无论手机是什么操作系统,手机是否有密码,手机的其他电路是否正常,均可以进行取证。通过控制 CPU 的工作,把 FLASH 作为一个基本的外设,将其所有数据发送给 CPU,并从 CPU 的 TDO 管脚上,读走所有的数据。整个过程 CPU 未向 FLASH 发送写数据的命令,因此,这个过程是完全只读的,读取的内容是手机 FLASH 的完整镜像文件。

由于中国是手机生产大国,低端功能手机数量庞大,尤其是联通、电信、移动定制了百元手机,犯罪分子使用这些手机较多。这些手机的特点是手机本身只有充电接口而与计算机没有通信接口。比如,三星的 B119、B139、B339、F339,华为的 C2800、C2801,中兴的 C300、C321、F101 等。对于这类手机的取证,JTAG 技术是最方便、有效的手段。

第二,ISP 技术。

ISP 技术,是 In – System Programming 的缩写,在线编程技术的意思。目前,取证领域中能够采用 ISP 技术的基本上是 EMMC FLASH 芯片的手机。ISP 应用于手机取证领域,主要原因是拆卸及安装手机 FLASH 的过程比较烦琐,对操作者技术要求相对较高。普通的 NAND FLASH 和 NOR FLASH,由于控制其读写都最少要使用将近 20 根数据线,因此,不适合 ISP 技术。唯有 EMMC FLASH,其最少可操作的连接线只有 6 根:CLK、CMD、D0,以及两条电源线和一根地线。连接线很少才使 ISP 技术可以应用于手机取证领域。采用 ISP 技术,与 JTAG 技术的不同之处是,手机并不整体加电,只给 FLASH 加电,整个手机除了 FLASH 是正常供电之外,其他元件均未被正常供电,也均未工作。CLK 是输入信号,只由外部仪器控制,CMD 和 D0 是双向信号,外部仪器通过控制 CLK 和 CMD、D0,给芯片发送读取命令,FLASH 通过 CMD 和 D0,给出芯片的内部数据,进而完成手机镜像数据读取的任务。这个技术在一部重刷过系统的手机取证中得到了实战的应用。由于刷过手机,手机内容全部是空的,这部手机的存储芯片是 16G 容量的 EMMC FLASH,若采用 JTAG 技术读取时间太长,因此,采用了 ISP 技术,通过焊接 6 条线读取了手机 FLASH 的全镜像数据,然后对镜像数据做了文件解析并恢复了大量的刷机前的数据内容。

第三,存储芯片摘取技术。

该技术包括三个步骤:首先,取出芯片。通过断开焊接点或者通过设备喷出热气及吸取的方式把芯片取出。这个过程中芯片很容易受到损害。其次,清洗和修复。取出芯片过程经常会损坏芯片底部的连接头,所以必须进行清洗,然后修复芯片底部的导电球。最后,放入特殊硬件设备对芯片进行读取。

办案过程中,经常遇到手机经过外力破坏,部分元器件物理损坏而不能开机的情况,如用力砸向地面、抛到楼下的手机。还会遇到经过污水、海水、含有电解质如盐分浸泡的手机,如将手机扔入河流大海、下水道、便池等。因为电解质的作用会使高度复杂的手机电路产生短路及数据故障,贸然通电测试会加重手机故障。火烧、爆炸等高温及冲击波作用,会使部分元器件损毁。由于手机已经破损,通过常规的手段已经很难取得证据。手机的数据,都是存储在手机的 FLASH 中的。目前移动终端上的 FLASH,是采用陶瓷外壳封装的方式,体积很小,这就决定了其具有非常高的硬度和强度。因为 FLASH 都是焊接到印刷电路板上并且被金属屏蔽罩保护,所以高空跌落或者砸向地面的方式,甚至是汽车碾压等方式,都基本不会损伤 FLASH 本身。陶瓷本身耐腐蚀性也很强,芯片的要求必须要隔绝空气防止芯片内部微米级的元件氧化,因而芯片具有极好的密闭特性,因此,浸泡的方式是不能破坏其结构的。FLASH 本身在安装和焊接的时候,要承受近 300

摄氏度的高温才能焊接到印刷电路板上,因此,也具备一定程度的耐高温特性。

通过拆取芯片做镜像读取的方式进行终极取证的案例已经很多,如湖南化粪池白骨案。警方送检的一部高度腐蚀的手机,是在被害人遇害后被抛入化粪池多年后,连同尸体一同被打捞上来的。由于时间过长,运营商处已经查询不到该手机的任何记录。手机主板、外壳、显示屏、外围电路已经高度腐蚀并损坏,这时普通的逻辑手段已经没有任何解决办法。唯一的希望就是取下手机的存储芯片,在技术人员的操作下,最终读取出了手机存储芯片内的镜像文件,并解析出了手机内部存储的电话本、通话记录、短信、照片、录音等死者生前的所有用户数据。

第四,三星、华为、魅族高端手机系统版本破解方案。

一种方案是通过 BL 锁的漏洞暴力破解。BL 锁,它的全称是 BootLoader 锁。BL 锁的功能就是限制用户刷第三方 ROM 和降级系统,在锁住 BL 的情况下,用户是根本不可能刷第三方 ROM 和第三方 RECOVERY 的,最多也就是刷个基于官方的精简包。BL 锁还可以限制 ROOT,所有要 ROOT 的机器,都必须解锁才能获取。三星 S6、NOTE5 系列都有 BL 锁,解决方案就是利用 BL 锁的漏洞,绕过 BL 锁,解开指纹锁和屏幕密码锁。

另一种方案是将需要解锁的三星 S6 手机通过降级或者升级到有漏洞的固定版本,然后通过改 BOOT 和对应的 RECOVERY 模式,后者指的是一种可以对安卓机内部的数据或系统进行修改的模式,而且必须获得三星的签名。因为如果没有获得三星签名是无法刷入 BOOT 文件和 RECOVERY 文件的。在这个模式下可以刷入新的安卓系统,或者对已有的系统进行备份或升级,也可以在此恢复出厂设置,密码问题也就迎刃而解。

(四)手机数据已删除数据的恢复

现在的手机,不但品种繁多,而且功能强大,人们对它的依赖,已经超越了个人计算机。计算机对数据和文件的管理,有一套成熟的算法,称为文件系统,包括了 FAT(早期功能机)、NTFS(WINDOWS 系统的手机)、EXT 等诸多规范。手机也不例外,既有从计算机处借鉴而来的 FAT、NTFS,又有根据所选存储器而量身定做的 YAFFS(早期安卓系统的智能机)。发展到现在,得益于 CPU 的运算速度成倍增加以及存储空间的突飞猛进,手机毫不费力地采用了在计算机上应用的十分成熟、可以管理超大型文件的 EXT 文件系统。所谓文件系统,是操作系统用于明确存储设备(常见的是磁盘,也有基于各类闪存的存储介质)或分区上的文件的方法和数据结构,即在存储设备上组织文件的方法。操作系统中负责管理和存储文件信息的软件机构称为文件管理系统,简称文件系统。文件系统由三部分组成:文件系统的接口,对象操纵和管理的软件集合,对象及属性。从系统角度来看,文件系统是对文件存储设备的空间进行组织和分配,负责文件存储并对存入的文件进行保护和检索的系统。具体地说,它负责为用户建立文件,存入、读出、修改、转储文件,控制文件的存取,当用户不再使用时撤销文件等。一部手机的大概分区,系统区是固定的,DATA 区(1/8 空间或者 1/4 空间,16G 的 DATA 区 2 ~ 3G,64G 一般 6 ~ 8G 的 DATA 区)、多媒体存储区存储图片、视频、语音。当我们增加或删除一条通话记录、拍摄或删除一张照片、安装或卸载一个应用时,都需要用文件系统的相应操作方法,对闪存进行读写操作。

文件在存储的时候,除了存储文件内容外,还会将包括文件名、创建时间、长度在内的各类文件信息加以保存,同时还会在特殊位置创建一个链表,把保存文件所占用的空间标记出来,一方面便于操作系统了解这个文件,另一方面也是在声明"此处已经被我占领"。当某个文件被删除时,为了减少系统的运行开销,闪存中文件的内容并不做改变,仅把文件信息标记为已删除的状态,并将链表释放,用来表示文件内容所处的位置"可以被回收利用了"。这种删除标记会一直存在,直到系统觉得有回收的必要了,将这些可回收利用的位置上的数据,擦除成一片空白(全 0 或者全 1),用来安放后来的数据文件。这种擦除是有代价的,那就是消耗了该处存储区域的一点"寿命"。闪存中任一位置的擦除次数,都是有限制的,擦除次数因闪存生产商家及闪存的生产工艺不同而不同,一般在 10 万次以内。市面上的闪存一般分为三种:TLC 三层单元,寿命短,五百次擦除寿命;MLC 双层单元,寿命一般,一万次左右;SLC 单层单元,速度快、寿命长,价格贵,约 10 万次。这个数字虽说不小,但是对于电子芯片来说,轻而易举就能达到。所以在手机系统设计之初,就要好好规划数据区的回收机制,均衡各区域的磨损率,以避免在闪存的局部反复擦写,造成不可逆转的物理性损坏。

正是由于擦除操作的小心翼翼,给文件恢复留下了一个时间窗口。根据上面的介绍,不难看出,手机使用越不频繁,手机内可利用空间越大,删除操作离现在越近,数据被擦除的可能性也就越小,文件被恢复的可能性也就越大。一些细节之处,也决定了文件恢复的成败,具体如下。

第一,有固定格式或者特征码的文件,容易被恢复。如 MP4 类型的视频文件,有固定格式的文件头和文件尾,文件头中,又包含了文件长度、视频时间等大量信息,根据这些信息,既能判断出文件的一些基本特征,又能检验出恢复出来的文件是否完整。再如 JPG 类型的图片文件,总是将一张大图片划分成若干块小图片，并把这些小图片按照Z形顺序进行存储，每块小图片都有固定格式的特征码，查找到一个特征码，也就查找到了一小块图片，最终加以拼接，就还原了文件；反之则很难恢复。

第二，按顺序存储在同一区域的文件，容易被恢复。刚出厂的手机，或者做过恢复出厂设置的手机，闪存里除了一些系统运行所必需的数据文件之外，其他部分都被标记为可用。假设这时候我们拍摄了一段视频，那么视频文件就被放置在闪存内可用空间的前面，如果再拍一段视频，那么会将之存储在上一个视频文件的后面，以此类推，像排队一样，按时间顺序在物理空间上依次被存储。由于数据在物理地址上是连贯的，没有被其他数据隔断，那么只需判断出文件头和文件尾，然后将这之间的数据提出、保存，就可以完整地将这个视频文件恢复了。如果手机使用了一段时间，可用空间变得不那么完整，有些文件就会分布在不同的存储区域，而且又失去了数据与文件之间进行关联的链表，想把若干碎片拼凑成一个完整的文件，就变得比较困难，甚至无法实现了。

第三，微信的内容被删除很难恢复。具体地说，安卓系统下微信的删除数据是无法提取的，无论是否ROOT或者通过镜像解析都无法解析出删除的微信数据，这是因为微信的数据库采用的全文件加密技术，每一次有任何改动都需要全盘加密处理，那么你删除了一条微信数据，程序就会即时进行全盘加密处理，在做全盘加密处理的时候就把删除的数据从数据库里彻底删除了，不再做个标记存放了，所以很难或者基本没有取出删除数据的可能性。苹果的微信程序暂时没有进行全盘加密处理算法，因为这么做会对存储芯片的寿命造成巨大的影响，因为存储的芯片是有擦除寿命的，10万次就是存储芯片的擦除寿命。

三、手机数据审查判断

（一）手机数据的真实性审查

手机数据的真实性审查又称为手机数据的鉴真。鉴真规则是证据法中的一个重要原则，即对一个证据进行审查、质证之前，必须首先证明有关证据来源的真实性，以解决证据的可采性问题。手机数据鉴真是指在诉讼中应有充分理由证明手机数据来源可靠，而且这些证据的提取、收集程序，以及提取或收集到的信息在庭审证据开示之前能得到真实性保证。

2016年，最高人民法院、最高人民检察院、公安部印发《关于办理刑事案件收集提取和审查判断电子数据若干问题的规定》（以下简称《电子数据规定》），对电子证据鉴真规则方面进行了实质性的改进。第 5 条规定了保护电子证据完整性的方法;第 8 条规定了封存手机等具有无线通信功能的存储介质,应当采取信号屏蔽、信号阻断或者切断电源等措施;第 9 条规定了无法封存原始存储介质的几种情况;第 22 条规定了电子证据真实性审查的内容;第 23 条规定了验证电子证据完整性的方法;第 27 条规定了需要作出合理解释才能作为定案依据的几种瑕疵电子证据的类型;第 28 条规定了电子证据未能鉴真时的排除性规则。与过去相比,《电子数据规定》将电子证据完整性审查纳入了鉴真的要求,同时对电子证据的增删改的情况也进行了细化,“电子数据有增加、删除、修改等情形,影响电子数据真实性的”不能作为定案的根据,确立未能鉴真的有限排除规则。这都是电子证据鉴真领域的一大突破。

如何通过审查电子数据收集、提取、保管来保障其真实性,就是电子数据鉴真所要解决的问题。《电子数据规定》中诸多条款设置都旨在保障电子数据真实性识别。具体而言,主要包括以下内容:

1. 电子数据原始存储介质的封存、移送。《电子数据规定》第 8 条对电子数据存储介质封存作出了明确规定,它要求原则上应当封存原始存储介质,并对封存的标准、程序作出了明确规定。《电子数据规定》第 18 条要求对于收集、提取的原始存储介质或者电子数据,应当以封存状态随案移送。原始存储介质封存、移送,可以减少因硬盘破坏、数据覆盖等因素而产生电子数据失真或者破坏的风险。只有在符合《电子数据规定》第 9 条规定的例外情形下,才可以不扣押、封存原始存储介质,但需要在笔录中注明不能扣押原始存储介质的原因、原始存储介质的存放地点或者电子数据的来源等情况,并计算电子数据的完整性校验值,以便为核实电子数据的真实性提供基础。

2. 审查电子数据收集、提取过程。笔录和录像是固定电子数据收集过程的重要方式,它也是法院通过审查电子数据提取过程合法性进而保障其真实性的重要载体。《电子数据规定》第 14 条对电子数据收集、提取中的笔录、录像等制度予以规定。该条要求记录案由、对象、内容、收集、提取电子数据的时间、地点、方法、过程,并附电子数据清单,注明类别、文件格式、完整性校验值等,由侦查人员、电子数据持有人(提供人)签名或者盖章。法院在审查电子数据时需对其收集、提取笔录的上述要素进行审查。如果欠缺某一要素,电子数据就属于瑕疵证据。如果不能补正或者作出合理解释的,则该电子数据不得作为定案的根据。

3. 对于电子数据保管链条的规范和审查。《电子数据规定》第 18 条规定:“收集、提取的原始存储介质或者电子数据,应当以封存状态随案移送,并制作电子数据的备份一并移送。对网页、文档、图片等可以直接展示的电子数据，可以不随案移送打印件；人民法院、人民检察院因设备等条件限制无法直接展示电子数据的，侦查机关应当随案移送打印件，或者附展示工具和展示方法说明。对冻结的电子数据，应当移送被冻结电子数据的清单，注明类别、文件格式、冻结主体、证据要点、相关网络应用账号，并附查看工具和方法的说明。”该条对电子数据的移送环节进行规范，可以防止在移送、传递中出现电子数据保管链条断裂而影响其真实性。

4. 对电子数据完整性的审查。《电子数据规定》第 22 条规定，法院对电子数据有无增加、删除、修改等情形予以审查，审查电子数据是否具有数字签名、数字证书等特殊标识，还需审查电子数据的完整性。第 23 条规定，电子数据是否完整，应当根据保护电子数据完整性的相应方法进行验证，如比对电子数据完整性校验值等。

完整性校验值，是指为防止电子数据被篡改或者被破坏，使用散列算法等特定算法对电子数据进行计算，得出的用于校验数据完整性的数据值。散列算法，英文名字为 Hash，有时候音译为哈希算法或者哈希函数，得到的校验值称为哈希值。举例说明，第一组数字 12、35、45、90、102、71、355，规律是：前 6 个数的和等于最后一个数；第二组数字 1、3、6、8、12、9、335，规律是：前 6 个数的平方和等于最后一个数。这两组数字中，改动前 6 个数中任意一个，规律将不成立，很容易被发现，验证者只要掌握了最后一个数和前面数据的运算规律，那么前面的任何一个数值被篡改，就会被发现。第一组数字看起来过于简单，同时篡改两个数，就能骗过验证者；第二组数字虽然稍微复杂，但是可以通过篡改和增加数据，来欺骗验证者，只要经过多次尝试就能实现。对于庞大的电子数据来说，通过制定更复杂的算法，使篡改后尝试的次数非常大，现有条件下有效时间内无法达到目的，就可以实现对数据的唯一性验证。所以，我国密码专家王小云院士认为，哈希函数的职责是提炼消息的数字指纹，如同人的指纹一样独一无二。一个消息的签名本质上是对指纹进行签名，既安全又高效。哈希函数提供三个安全属性：抗碰撞攻击、原像攻击和第二原像攻击，可以使对任何基于消息篡改的攻击失效。典型的哈希算法包括 CRC32、MD2、MD4、MD5 和 SHA－1 等。通常一个安全哈希函数的攻击难度很大，但 2004 年和 2005 年，中国密码专家公布了哈希函数一种新型的密码分析方法——模差分比特分析方法，给出了广泛通用的两大哈希函数标准 MD5 与 SHA1 的碰撞攻击。基于 SHA1 的攻击，美国标准技术局 NIST 启动了新的哈希函数标准 SHA3 五年设计工程。

另外,《电子数据规定》第28条明确规定对于电子数据系篡改、伪造或者无法确定真伪的,电子数据有增加、删除、修改等情形,影响电子数据真实性的,或者其他无法保证电子数据真实性的情形,电子数据不能作为认定案件事实的根据。这主要是基于电子数据真实性无法得到保障,而不将其作为定案依据。特别注意,电子数据发生增加、删除、修改的,并不必然导致其不真实。例如,为了使部分损坏的视频文件能够正常播放,在视频文件的文件头增加某些信息;为了打开部分损坏的电子图片,对文件错误的字节进行修改(通常修改的数据很少,目的是正常展示图片,不会影响图片的内容)。为此,在审查电子数据真实性时,当发现电子数据存在增加、删除、修改的情形时,应当作进一步审查,如果不影响手机数据的真实性的,可以作为认定案件事实的根据。

(二)手机数据的合法性审查

《电子数据规定》第24条规定,对收集、提取电子数据是否合法,应当着重审查以下内容:(1)收集、提取电子数据是否由二名以上侦查人员进行,取证方法是否符合相关技术标准;(2)收集、提取电子数据,是否附有笔录、清单,并经侦查人员、电子数据持有人(提供人)、见证人签名或者盖章;没有持有人(提供人)签名或者盖章的,是否注明原因;对电子数据的类别、文件格式等是否注明清楚;(3)是否依照有关规定由符合条件的人员担任见证人,是否对相关活动进行录像;(4)电子数据检查是否将电子数据存储介质通过写保护设备接入检查设备;有条件的,是否制作电子数据备份,并对备份进行检查;无法制作备份且无法使用写保护设备的,是否附有录像。具体而言,注意如下问题。

1.收集、提取手机数据的侦查人员不足二名的属于瑕疵证据,应当进行补正或者作出合理解释。《电子数据规定》第7条规定,电子数据收集、提取,应当由两名以上侦查人员进行。第24条规定,审查"收集、提取电子数据是否由二名以上侦查人员进行"。《刑事诉讼法》第118条规定,讯问的时候侦查人员不得少于二人。其他侦查行为并没有对侦查人员的人数明确规定,只有公安部规定勘验检查的侦查人员不得少于二人。《电子数据规定》强调了两名以上侦查人员取证,体现了一种保证取证合法性与客观性的慎重态度,但是对电子数据取证,要求由两名以上侦查人员进行,不太符合侦查实践情况及现实需要。不过,我们也承认在一种情况下两名侦查人员是适用的,即侦查人员同时也是技术人员,具备电子数据收集、提取的技术能力,如公安机关所属网络安全保卫部门的侦查人员。

2.审查取证方法是否符合相关技术标准。截至2016年4月,我国的电子证据司法鉴定技术标准包括4项国家标准,22项公共安全行业标准,9项司法部标准,8项最高检标准。但是,随着科技进步,取证设备的更新速度很快,相关技术标准很难跟得上取证设备的发展。在一些高科技犯罪案件的侦办过程中,甚至没有现成的取证设备,侦查人员只能自行开发取证工具,在这种情况下,如果以新式取证设备或者侦查人员自己开发的工具没有相关技术标准为由而将收集、提取的电子数据予以排除,显然不合适。技术发展很快,技术标准制定具有滞后性。因此,规定没有对取证设备的技术标准作出要求,仅要求取证方法应当符合相关技术标准。实践中,对相关取证设备有疑问,可以通过出具说明、侦查实验、程序功能检验或鉴定予以验证。根据2018年3月最高人民检察院《关于指派、聘请有专门知识的人参与办案若干问题的规定(试行)》的要求,人民检察院可以指派、聘请有鉴定资格的人员,或者经本院审查具备专业能力的其他人员,作为有专门知识的人参与办案。当检察官审查取证行为是否符合技术标准的时候,可以聘请精通手机数据取证工作的专业人士参与审查工作,提高审查的专业性和科学性。

3. 见证人制度。《电子数据规定》第15条规定:"收集、提取电子数据,应当根据刑事诉讼法的规定,由符合条件的人员担任见证人。由于客观原因无法由符合条件的人员担任见证人的,应当在笔录中注明情况,并对相关活动进行录像。"根据该规定,收集和提取电子数据时,一般应当有见证人在场进行见证,只有"由于客观原因无法由符合条件的人员担任见证人"的例外情况下,才允许没有见证人。最高人民法院《关于适用〈中华人民共和国刑事诉讼法〉的解释》第80条规定,行使勘验、检查、搜查、扣押等刑事诉讼职权的公安、司法机关的工作人员或者其聘用的人员不是适格见证人。但是因为客观原因不能及时找到合格见证人的,应当在笔录中注明情况,并对相应活动进行录像。也就是说,该搜查扣押笔录也不会一概排除。有录像是最好的合理解释。电子取证应当建立专业见证人制度,即邀请具有计算机等相应专业知识的人参加取证。在传统证据取证中,由于一般不涉及专业性问题,一般见证人有能力达到见证效果。然而,在电子取证中由于技术性、专业性都较强,因此,见证人具有相应的专业知识才能达到见证效果。

4. 审查手机介质与手机数据收集提取过程。检察官要重点审查收集、提取电子数据,是否附有笔录、清单,并经侦查人员、电子数据持有人(提供人)、见证人签名或者盖章;没有持有人(提供人)签名或者盖章的,是否注明原因;如果没有签名和注明原因的需要及时补正或者作出合理解释,不能补正或者作出合理解释的,不得作为定案的根据。例如,孙某开设赌场案件中,公诉人指控孙某利用微信软件建立红包群组织赌博,赌资累计1,077,967元。辩护人认为,本案中电子证据检查笔录中没有任何人员的签名。“电子证据检查人员”一栏为空白状态,“电子证据检查记录人员”一栏也仅有打印字体的笔录人、照相人。共计9页的电子证据检查笔录仅在第9页和骑缝处加盖了公安局网络安全保卫大队的印章,这不符合公安部及“两高”在以上规定和意见中对电子数据收集、提取程序的具体要求,属于收集和提取程序不合法。勘验检查照片记录表不能反映封存手机时是否采取了信号屏蔽、阻断或者切断电源的措施,无法保证手机中保存的电子数据未被增加或修改,无法证实收集、提取到的电子数据的真实性和完整性,且现已不具备重新提取或鉴定的客观条件,不应当作为定案的依据使用。法院最后采信了辩护人的辩护意见,仅认定赌资为109,686元。

(三)手机数据的关联性审查

关联性是源于英美证据法上的一个基本概念,即证据对要求证明的事实具有的最小限度的证明能力。我国证据法体系也吸收了这一概念理论,《电子数据规定》第25条规定,认定犯罪嫌疑人、被告人的网络身份与现实身份的同一性,可以通过核查相关IP地址、网络活动记录、上网终端归属、相关证人证言以及犯罪嫌疑人或被告人供述和辩解等进行综合判断。认定犯罪嫌疑人、被告人与存储介质的关联性,可以通过核查相关证人证言以及犯罪嫌疑人、被告人供述和辩解等进行综合判断。鉴于我国立法与司法机关并没有对关联性的具体概念进行解释说明,我国证据法学家主要借助《美国联邦证据规则》第401条的有关规定来理解关联性概念:一个证据具有关联性需要同时具备两个条件:一是该证据试图证明的事项属于能够影响诉讼结果的案件事实,也即实质性;二是该证据对于结果事实的证明能够产生一定的影响,也即证明力。我国证据法学对关联性定义的解释偏重于证据与案件待证事实之间的关系,即诉讼双方所提供的证据必须与案件具有必要的联系。电子数据与传统证据的关联性证明过程存在很大不同。从学理上讲,传统证据是属于“人—行为”的证明过程,而电子数据则属于“人—机—数据—行为”的证明过程。这意味着,从司法证明上讲,侦查机关必须从“人—机—数据—行为”各个环节建立起关联性证明的锁链。

1. 电子数据的物理关联

电子数据的特性与存储方式直接关系到关联性的建立,因此,首先要明确电子数据的存储方式。电子数据存储在电子介质中,电子介质属于特定人所有。三者之间的关系为:物理关联解决的是人与有形物(存储电子数据的介质)的关联性问题。所谓物理关联,是指电子数据存储介质与犯罪嫌疑人之间存在某种联系,这种联系使犯罪嫌疑人与其犯罪行为、犯罪行为所使用的工具或犯罪产生的后果联系在一起。电子数据存储在储存介质、电子设备中,电子数据介质与犯罪嫌疑人关联,即要确定该存储电子数据的介质与犯罪嫌疑人是相关的,确定关联必须选定存储电子数据的介质与犯罪嫌疑人之间的关联点。此相关性主要通过侦查收集电子数据的过程来实现。电子数据的存储介质与犯罪嫌疑人的关联点主要有如下情形:所有、所有并使用、使用(视频、DNA、用户名、IP 地址)。

确定关联点。一是所有权。基于所有权关系而产生的物理关联,是指犯罪嫌疑人对存储电子数据的介质有所有权。所有权是一种绝对权,是人对物的占有、使用、收益和处分的权利。在实践中,个性物品、私人物品,如手机、MP3 等,往往是犯罪嫌疑人所有的、专用的。因此当查实该介质是犯罪嫌疑人所有的时候,就可认为该介质与犯罪嫌疑人相连。二是所有并使用。基于所有并使用电子介质而产生的物理关联,这是一种最为标准的关联。犯罪嫌疑人是电子介质的所有者,并有证据证明其使用了该介质,因此足以认定犯罪嫌疑人与该介质有关联。之所以强调所有并使用是因为在实践中所有权与使用权分离的情况比较多,但凭所有权难以使犯罪嫌疑人与案件产生关联。三是使用。基于使用关系而产生的物理关联是指在实践中,虽然犯罪嫌疑人不是介质或者网络的所有人,但有证据证明其使用了电子介质,可通过对使用关系的调查确认其与案件的关联。在实践中,确定犯罪嫌疑人使用电子数据介质的主要途径有证人指认、视频资料、DNA、用户名密码、IP 地址等。证人指认犯罪嫌疑人使用了电子介质或者网络,这具有直观全面、解释力强的优势,此不赘述;视频资料被称为与刑事技术、行动技术、网络侦查并行的第四刑事技术,已经在实践中发挥越来越大的作用,其证据具有客观准确直观的特性,视频资料对使用的证实具有独特证明力;DNA 技术是比较成熟的个体识别技术,具有准确进行同一认定的证明力,如果能在介质上提取犯罪嫌疑人的 DNA 生物样本,可以认定犯罪嫌疑人使用了该电子介质;用户名密码、IP 地址是网络用户注册的个性身份代码,具有独特性和个体性,通常只有犯罪嫌疑人本人使用。《电子数据规定》第 25 条仅仅规定认定犯罪嫌疑人、被告人与存储介质的关联性,可以通过核查相关证人证言以及犯罪嫌疑人、被告人供述和辩解等进行综合判断。对侦查人员在证明电子数据关联性上过于强调“口供”,应该通过加强在电子数据取证环节的关联性证据的收集与固定来降低对言词证据的依赖,方是可取之道。

2. 电子数据的实质关联

物理关联解决的是人与物的外在有形关联问题,但存储在电子介质中的电子数据是如何生成的,该电子数据与具体案件之间的关系如何,这是判定案件性质、确定定罪量刑的核心。实质关联是指电子数据的内容与待证犯罪事实是相关的,电子数据的内容直接影响着案件性质。案件性质的差异决定了实质关联的不同,对实质关联需要通过具体的案件来决定关联点。电子数据实质关联主要有 3 种方式:

(1)以网络为犯罪现场的案件,犯罪嫌疑人通过手机进入网络,在网络内活动,则可认定其实质参与了犯罪。信息化和网络化的发展,形成了虚拟世界,虚拟世界为犯罪嫌疑人犯罪提供了虚拟空间,然而造成的危害社会的结果同样适用于现实世界。犯罪嫌疑人利用科技手段在虚拟世界施行犯罪行为,将虚拟世界作为犯罪现场,其痕迹被客观地记录在虚拟世界中,通过提取手机数据可以复盘犯罪嫌疑人的行为。在实践中,此类案件主要有网络赌博案。

(2)以手机为犯罪手段的案件,传输的电子数据为实质关联点。犯罪嫌疑人的行为在虚拟的犯罪现场进行,具有立体化、全面性特点,在实践中并不多,但犯罪嫌疑人利用手机作为犯罪手段的案件在实践中占有很大比例。这类案件中,犯罪嫌疑人以手机为通信手段,或传达犯意,或虚构事实,或进行敲诈,或纠集同犯,或制造影响等。实质的关联具有典型的个案特征,不同案件有不同的关联内容,由于犯罪手段的内容存留在手机中的电子数据中,暴露了其行为的犯罪性质,因此该传输的内容就是这类犯罪的实质关联点。当然,确认实质关联,主要从犯罪嫌疑人是电子数据生成者、犯罪嫌疑人是电子数据传输者、犯罪嫌疑人是电子数据的接触者三方面进行调查取证。

(3)以存储设备为存储信息的案件,存储设备内容为实质关联点。当电子数据只是存储于介质中时,该介质只是充当了“存储”的功能,其内容即是实质关联点。在实践中,作为存储功能的介质有手机、存储卡等,对这些存储内容的直接调取,即可证明与案件的关联性。在实践中往往通过对电子数据的存储位置、内容的描述来确定其在介质中的位置。

定罪中的法律思维和法律方法

沈海平 * 国家检察官学院

目 次

* 沈海平,国家检察官学院教授、法学博士。

一、引言

现代社会以追求和实现法治为理想,法治是一种规则之治,而规则除了包含价值的内涵,在工具意义上则是一种理性,一种逻辑规则。作为一种规则体系的法律的理性有赖于司法者运用自己专业的和常识的理性去发现、去体会,并在具体的司法活动中加以贯彻落实,法律理性的落实过程同时也是法律价值的实现过程。显然,这一过程和结果离不开司法者专门习得并娴熟掌握一套专业性的法律思维和法律方法。

法国著名社会学家迪尔凯姆指出:"任何一个学科如欲取得和运用某种多多少少具有真理性的认识,就不能仅仅停留于理论上的论证和思想上的体验,而要遵从一种严格的准则、方法,否则就不可避免要重走过去的老路。"德国法学家齐佩利乌斯指出:"方法是指这样一种路径,它以理性的,因而也是可检验和可控制的方式导向某一理论上或实践中的认识,或导向对已有认识之界限的认识。"方法之于一个学科的意义在于,它以该学科所建立的规律性认知为基础,指导某种特定领域的社会实践达成某种既定的目标,获得某种确定的结果。法学作为一种人文社会科学,虽然无法像自然科学那样获得一种精确性,但是它仍然在抽象的主观的价值领域追求一种最大可能的确定性,没有确定性,就不可能有公正和正义,也不可能有法治和秩序。要获得确定性,法学就需要一套独有的准则和方法。

近年来,在我国法学领域,法教义学(区别于理论法学,也不同于传统的注释法学)日渐盛行,并显示出日益蓬勃的生机。法教义学的本质就在于其实践性,其宗旨和使命就是为法律的适用(解释、推理、论证)提供理论工具和指导方法,以最大限度实现法律的价值和目的。法教义学表现在司法实践中,就是一套系统的法律思维和法律方法。过去司法者在从事法律适用过程中,虽然也强调以规范为依据,重视对规范的解释及其对事实的涵摄(所谓"以事实为依据,以法律为准绳"),但由于规范的不完备及解释技术的局限,很大程度上是凭借司法者的个人经验处理案件,而现在则更多是法律思维方法的训练和法律专业技能的提升。这代表我国的司法乃至整个法治实践已经或正在完成从经验到理性的转变和提升。

二、法律思维概说

(一)定罪:一种复杂的法律思维过程

刑事司法中的定罪,就是将案件事实与法律规范进行耦合和对接。由于事实是个别的、具体的,而规范总是一般的、抽象的,从个别到一般,从具体到抽象,中间有一段或大或小的鸿沟需要司法者去跨越,而跨越这段鸿沟的桥梁就是法律思维和法律方法。

司法者为什么必须养成法律思维,掌握法律方法?就微观层面而言,司法关乎公民(及社会组织等)私人权利、利益的保护和实现;就宏观层面而言,司法关乎社会秩序、公正的维系和保障。如果司法者不具备法律思维和法律方法,如果司法是任意的、随心所欲的、无逻辑的,则无论是公民的权利和利益,还是社会的秩序和公正,都不可能得到保护和实现。对刑事司法而言,尤其需要注重对司法者进行法律思维和法律方法的训练,因为刑法的法律后果是刑罚,是一种最严厉的制裁措施,涉及剥夺公民的自由、财产甚至生命,也就是所谓生杀予夺,所以刑法尤其重视法的安定性、确定性和可预测性。为此,刑事司法必须遵从一定的司法逻辑,这种司法逻辑就表现为专业化的法律思维和法律方法。

(二)什么是法律思维

思维,是人脑的一种高级智力活动,包括认知、概念、判断、推理,主要与感知、感觉、情绪等感性活动相对。亚里士多德认为,思维一般包括两种形式,即"沉思"(contemplation)和"审慎"(deliberation),前一种思维可以使人获得对事物的认识,即获得理论理性,后一种思维可以使人作出正确的决策,即获得实践理性。思维实际上是人的理性的反映,它意味着人会为自己的行为设定目标,并依此目标寻求问题、解决问题、选择手段、达成目的。虽然人并不总是理性的,而是在相当程度上受感觉、情绪、情感等非理性因素的支配,但总体而言人是理性的,从而使人区别于一般动物而成为万物的主宰。思维的工具一般认为有两种,即符号(一般为语言,也包括数理符号)和逻辑。

法律思维,是思维活动的一种,与法律活动的职业性、专业性有关。虽然非从事法律职业的人(尤其是法学研究人员、立法工作者等)也可能具有实质意义的法律思维(甚至是相当专业化的法律思维),但是一种泛化的法律思维概念是没有多大意义的,应当关注的是职业法律人(主要是法官、检察官、律师)在职业活动中的思维方式。因此,在典型意义上,法律思维就是职业法律家(法官、检察官、律师)的思维,是一种法律职业操作技术,与其相关联的法律职业活动包括执法、司法、法律监督等。法律思维在根本上发生在事实与规范之间,思考的是诸如损害和赔偿、犯罪与刑罚之间的关系,其间会运用到解释、推理、论证、价值衡量等思维方法。

(三)法律思维的要义

法律思维的要义,是指法律思维应秉持的基本立场和出发点,它既具有法治的价值蕴含(法律思维的存在价值就在于其作为实现法治的工具),又具有方法论意义。一般认为,法律思维包含以下要义:

1. 合法律性优于合道德性:司法过程中,法律作为一种正式的规范,其效力高于其他非正式规范(典型为道德,此外还有习惯等)。司法者在处理案件、作出裁决时,应当以法律作为最高标准,而不能依据社会道德情感等非正式规范。当然法律与道德并非对立,而是有一定的共通性(法律一般是一个社会底线的、共识性道德),司法者在处理案件时,也并非不考虑社会公众一般的道德认知(尤其在中国,人们总是讲求情、理、法兼容),但法律更具有体系性、明确性、逻辑一致性,因此,其效力高于道德等非正式规范。

2. 普遍性优于特殊性:法律是一种普遍性规则,它平等保护所有人的权利,平等制裁所有人的违法犯罪行为,而不考虑行为人或被害人的民族、种族、性别、文化程度、社会地位、经济状况等个人化因素,这也是法律的平等原则的必然要求。当然,司法者在处理个案时也并非不考虑特殊因素,比如对有罪被告进行量刑时,要考虑其前科、一贯表现、犯罪动机、人身危险性等,但在定罪标准上,不会因人而异。

3. 形式优于实质:法律作为一种规范,首先是形式的,没有形式性,就没有规范性,或者说,法律就是通过形式而起作用,即通过形式正义来实现实质正义。这也是为什么刑法特别强调罪刑法定原则。一个行为只有符合刑法所规定的形式化构成要件,才可能被认定为犯罪。故此法律思维强调形式优先。当然,在定罪过程中,形式评价只是先导,最终还是要落实到实质评价,即行为只有实质地侵害到刑法法益,而且值得用刑罚加以惩罚时,该行为才是真正意义上的犯罪。

4. 程序优于实体:法治首先是程序之治,在程序的框架内来解决实体问题。诉讼各方的行为,只有遵守法定的程序,才能产生法律上的效果。程序既是用来约束诉讼当事人的行为,更是用来约束司法权的运行。司法者作为法律思维的主体,必须恪守诉讼程序,通过程序正义来追求实体公正。

5. 谨慎超于自信:司法者是国家的代言人,法律的代言人,在行使职权过程中可以说“言出法随”,其言行涉及公民及社会组织权益的损益,所以应持非常“谨慎”的态度,对自己对于案件事实、证据、法律性质的认知和判断,应有自我怀疑的精神,应认真听取和吸纳其他不同意见,而不能过于相信自己的直觉和判断力,以免造成冤假错案。

6. 论证优于结论：司法是一种说理的艺术，讲究以理服人，而非以力服人。因此，对司法而言，重要的不是裁判结论正确与否，而应该是能否针对裁判结论给出有力的逻辑论证。裁判不说理，则司法没有公信力，也无从树立权威。

7. 逻辑优于修辞：司法讲究逻辑推理，即从"如是因"推出"如是果"，案件事实与法律结论之间必须有强大的逻辑连接，所形成的裁判才可能是有说服力的、正确的。司法者不能自命"道德权威"，用所谓春秋大义、君子之道等道德修辞来教化并说服当事人及公众接受自己的裁判。

8. 推理优于描述：这还是强调逻辑推理的重要性，不能用过多的事实、观点的陈述来代替司法逻辑。

以上法律思维各要义中，前四种更侧重法治的基本立场，后四种则侧重法律方法论。

（四）法律思维之于法治的功能意义

1. 法律思维使法律自治成为可能，而法律自治则是法治实现的前提。法律自治是哈佛教授昂格尔提出的命题，他说，世界上几乎所有国家都有法律，但不是所有国家都是法治国家。成为一个法治国家的重要前提是法律具有自治性。所谓法律自治，意指：一是实体自治，法律是社会治理中独立的规范和标准；二是机构自治，适用法律的机构独立于立法、行政及各种社会力量；三是职业自治，从事法律适用的人是有资格限制的，他们需要接受专门的教育培训，需要通过资格考核，从而形成一种知识、伦理、利益的共同体；四是方法自治，适用法律、处理案件要运用独特的思维方法，也就是法律思维，而且法律思维是整个法律自治的核心。

2. 法律思维可使法律获得一种确定性（同案同判）、理性和权威。法律思维也是一种逻辑思维，必须遵从一定的逻辑规则（没有逻辑的思维是胡思乱想）。法律思维的逻辑主要体现为司法三段论，在三段论之下包含一系列严密的法律解释、推理、论证规则。法律思维之所以要讲究逻辑，目的就在于追求法律适用的确定性。逻辑就像一套数学运算规则一样，可以保证不同的法官、检察官在处理同类案件时，得到基本相同的结论，也即实现同案同判，从而使法律适用获得一种确定性。法的确定性（或曰安定性）是公正、秩序、法治的基本前提和核心要义。法律只有是确定的，才具有理性和权威。

3. 法律思维使司法过程和结论可检验、可评价，从而对司法权形成监督和约束。司法权是讲究独立性的，这种独立性不只是独立到机构，在很大程度上还独立到个人（尤其是法官、检察官的独立性也越来越多地受到强调和重视）。但问题是，司法权独立后,如何防卫司法权的腐败和滥用。过去是靠建立各种复杂的监督体系,但是监督作为一种外部手段,成本高、效果差,而且会产生一种副作用:危及司法权的独立性,而且监督者自身也难免腐败。因此,监督作为对司法权的外部约束机制不太符合司法规律。要建立对司法权的有效约束机制,须从司法权内部运行机制入手,其重要途径之一就是司法人员要展现出自己的法律思维(如何推理论证,如何得出结论),以供司法同行和社会公众进行检验和评价。这对司法权的行使将会产生一种强大的自我约束效果,也是司法越来越强调公开和说理的理由。

(五)法律思维的构成:司法逻辑 + 价值判断

法律思维绝非纯粹的司法逻辑,不是成文法规则对于案件事实简单的涵摄和演绎,而是包含着许多价值判断。一方面,事实的意义并不总是清晰的,而是隐晦的(如偷换商店收款二维码以侵占销货款究竟是盗窃还是诈骗),需要司法者去"挖掘",而"挖掘"涉及复杂的价值评价过程。另一方面,规则提供的构成要件并不总是客观的事实性描述,而是包含了很多规范性要素(如"公共财物""公共安全""社会秩序""淫秽物品"等),对这些规范性要素必须进行价值判断才能明确其含义。即使是一些看起来是纯事实性的要素,由于其抽象性、概括性,也需要做价值填补(如"武器")。也就是说,无论对于案件事实还是法律规则,要明确其内涵和意义,都需要用到价值判断。法律思维实际上是司法逻辑和价值判断共同作用的过程。司法逻辑具有形式性、客观性、确定性,而价值判断则具有实质性、主观性、不确定性。(见图 14-1)正因如此,法律思维所追求的法律适用的确定性永远是相对的,法律适用不存在唯一的答案,也不存在绝对的"同案同判",而是有着很大的弹性空间。然而,价值判断并非只有消极的作用,它恰恰可以中和司法逻辑某种程度上存在的机械和僵化。正是因司法者的价值判断,使冰冷的法律规则能够和鲜活、生动的社会现实相关联,使司法裁判能够和社会公众普遍的正义感、道德、良知相关联,司法才具有了温情的色彩。

图 14-1　司法逻辑与价值判断

三、法律方法及其体系

（一）法律思维与法律方法的关系

法律思维与法律方法是两个具有紧密关联的概念，具有同质性，但是两者又有位阶上的差异。一般认为，法律思维可以区分为关于法律的思维和根据法律的思维：前者是指司法者对于法律的基本概念、原理、原则、价值等的认知和理念，它是司法者据以进行法律思维的前提和出发点；后者是指以法律为工具对现实中的案件进行处理的方法、步骤、过程，此种意义上的法律思维就是法律方法。由此可知，法律方法是法律思维的一个下位概念（见图 14－2）。

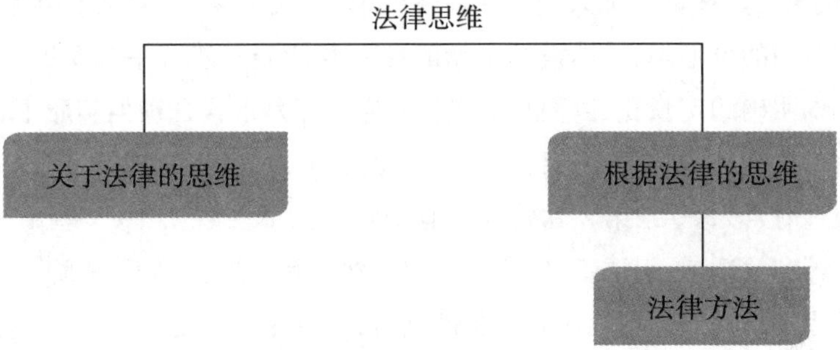

图 14－2　法律思维的区分

（二）法律方法的发生

一般认为，法律方法的发生，是源于事实与规范的不对称。正是因事实与规范不对称，才产生对法律方法的需求。如果事实与规范可以完全相适应（所有事实在规范中都可找到对应的现成答案），则法律方法就没有存在的必要。

但事实与规范并非完全不能相适应，适应与否及适应程度如何，因规范的明确性程度不同而不同。一般而言，法律中有关数字的规定（如责任年龄、追诉时效、注册资本额、量刑幅度等）是最为明确的，无须解释和建构，即可直接适用。如《刑法》第 17 条第 2 款规定，已满 14 周岁不满 16 周岁的人，犯故意杀人、故意伤害致人重伤或者死亡、强奸、抢劫、贩卖毒品、放火、爆炸、投放危险物质罪的，应当负刑事责任。《刑法》还明确规定，所谓“周岁”依公历计算，“已满”是指满周岁的第二天起算。由于规则十分明确，无须运用任何法律方法。

然而在法律中，规定如此明确的情况只是特例，更经常的情况是，法律词语非常抽象、概括、模糊，从而对规范与事实的耦合、对接造成困难。比如《刑法》第

263 条规定“持枪抢劫”为加重的抢劫罪,相对于普通抢劫罪需要加重处罚。问题是,何为“枪支”。如果有人持仿真枪抢劫,是否为持枪抢劫。此则为事实与规范不完全对应。

事实与规范不对应首先源于规范的缺陷,主要包括以下几种情况:一是概念模糊。《刑法》中有大量词语如“公共财产、枪支、国家工作人员、重伤、其他危险方法、其他依照法律从事公务的人员”等。虽然法律可能对其含义进行了某种定义或界定,但是仍然存在较大程度的模糊性,面对事实时,其是否能够与某种特定的对象物相对应,往往难以确定。此时需要运用恰当的法律解释方法,明确相关法律词语的含义,以确定该词语是否能够涵摄该对象物。二是空白条款。《刑法》中还有大量诸如“数额较大、情节严重、情节恶劣、重大损失、严重后果、必要限度”等词语。这些词语都只是定性描述,缺乏定量要素,姑且名之为空白条款,对其需作适当的价值填补,即根据事物的性质及社会一般公平观念等,将这些定性描述予以明确的定量化,以便与事实相对应。三是形式合理但实质不合理。也就是适用形式合理的法律会达到实质不公正的结果。比如,现行《刑法》在 1997 年修订通过时,第 360 条第 2 款曾规定有嫖宿幼女罪。现实中,一些不法分子以给予财物等利益诱惑,引诱不满 14 周岁的幼女与其发生性关系,法院一般判定行为人构成嫖宿幼女罪。单纯从构成要件分析,对行为人的定罪似乎符合刑法规范(形式合理),但是幼女的身心发育不全,认知水平低下,自我保护能力很弱,因此,世界各国的刑事政策几乎都对幼女予以特殊保护,即与幼女发生性行为,即使得到了幼女的“同意”,这种“同意”在法律上也属无效,对行为人应以强奸罪论处。因此,将与幼女发生有偿性关系的行为评价为嫖宿幼女罪,在实质上明显不妥当、不公正,也招致了社会公众很多非议。正因如此,《刑法修正案(九)》取消了该罪,今后对此类行为,将以强奸罪论处。一般而言,对于刑法中形式合理但实质不合理的规定,即使该规定具有正式的效力(未被取消),司法者也可以通过合理化解释或价值衡量等方法,规避其适用,转而采用更恰当的规范。

当然,事实与规范不对应也不能全部“归咎”于规范的欠缺,事实不典型、事实的性质模糊,也会造成评价上的困难。如偷换商店收款二维码以侵占销货款究竟是盗窃还是诈骗,用拾得的他人信用卡在 ATM 上取款是盗窃还是诈骗(核心问题是机器能否被骗),这些争议很大。在规范结构上,盗窃与诈骗是有明确区分的,但由于事实不典型,事实应该涵摄于何种规范之下,并非一目了然,需要运用法律方法来加以判断。

(三)法律方法及其体系(见图14－3)

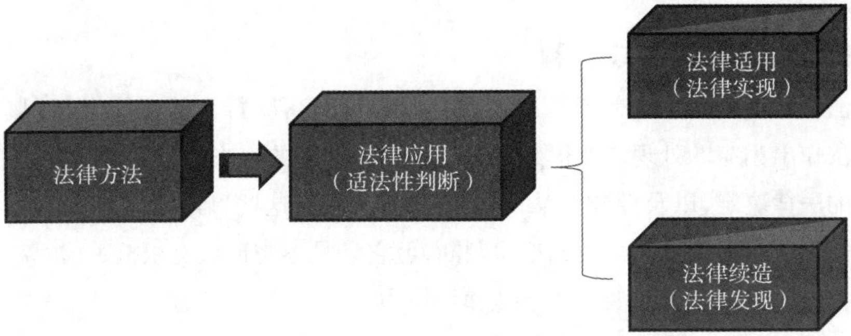

图14－3　法律方法及其体系

1.法律方法的概念。法律方法就是法律应用中的方法,而法律应用是一种判断活动,即判定事实符不符合法律。这是一种适法性判断,即事实是否符合法律,而不是指对事实作出正当或不正当的价值评判。适法性判断看似简单,但是因为它要跨越具体与抽象、个别与一般的鸿沟,其间要用到复杂的法律方法,无方法的判断难免任意。

2.法律方法的功能(价值)。法律方法的运用是个双向的作用过程。一方面,将法律规范运用于处理案件事实,是实现法律的过程,使法律规范所内含的主观意志、价值、精神在社会生活中得以实现。另一方面,通过法律规范涵摄事实的过程,可以发现法律规范的真正含义,同时也可发现规范存在的问题与不足,并通过法律解释方法,对其进行补充和矫正。这是一个法律续造的过程。

3.法律方法的体系。依司法三段论的步骤,法律方法主要包括以下一些种类:

(1)建构小前提。其中又可分为:①法律意义的确证(对事实的法律评价),包括演绎、归纳、设证、论证、诠释等;②物理意义的确证(对事实真实性的查证),包括观察、实验、技术鉴定、法医鉴定等。

(2)建构大前提。其包括演绎、归纳、类比、论证、诠释、解释、客观目的探究(目的论限缩、目的论扩张)等。

(3)推出结论。其主要方法有演绎。

4.法律方法的运作机理。(1)法律方法的根本任务是法律判断,而形成法律判断取决于大小前提是否相称。在大多数情况下,大小前提不相称,或曰事实与规范关系紧张,这就需要去建构大小前提。(2)建构意味着,一方面使事实一般化,将个案向规范提升;另一方面将规范具体化,使规范向个案下延,并在两者之间来回审视,使两者产生对接。在这一过程中,要单一或交叉运用到各种方法。

四、法律判断形成过程

法律职业就是一种判断性的工作:判断某种事件/行为的法律意义(属性),并依法作出相应的处理。法律判断最终表现为法院的判决或裁定、检察院或公安机关的法律决定,以及行政执法决定、仲裁裁决等,这些判断具有法律上的约束力。律师的辩护意见无疑也属法律判断,但它只是参与形成有权机关(法院、检察院等)的法律决定,其自身不具有法律约束力。

法律判断的基本过程大致如下:

1. 处理事实,提出问题。事实是法律判断的素材和前提。事实首先是一种客观存在的状态,但真正有意义的是进入人的认识活动中的事实,因为客观事实不会自动呈现,而是需借助物质材料和人的陈述显现出来。更关键的是法律对事实的评价,依表现形态和性质,可以把事实分为三类:(1)生活事实:反映的是事实的原始状态;(2)证明事实:主要解决事实的真假问题;(3)法律事实:主要解决事实的法律评价问题。

解决了生活事实的证明问题、明确了其法律意义后,接着需要提出案件有待解决的问题。就刑法视角而言,问题包括:事实中的行为是否是刑法上的行为,即是否构成犯罪?如果是,构成何罪?

2. 寻找规范。寻找规范看起来是寻找某个适合于待决事实的规范,实则涉及全体法律体系。首要问题是去哪里寻找法源。法源(法的渊源)是据以作出法律判断的根据和理由。可以作为法的渊源的材料包括:制定法、判例(法)、习惯、道德、常识、学理。中国还具有一个特别的法源:司法解释。司法解释虽然在本义上是对成文法规则的一种有权解释,以揭示法条的含义,但实质上规范性司法解释具有补充立法的作用。

就刑法而言,受罪刑法定的制约,制定法(刑法典、单行刑法、附属刑法)、司法解释是最重要的法源。近年来,由于案例指导制度的引入,最高司法机关发布的指导性案例也是一种重要的准法源。此外,个别情况下也不排除其他法源(习惯、道德、法理)等的运用。

规范包括规则和原则。规则就具体的法律事实规定其事实构成和相应的法律结果,是作出法律判断的主要根据;原则担负着作为规则的根据、补充规则的漏洞和纠正规则的偏差三大职能。

3. 分析事实构成。找到相应的法源——某个规则后,必须联系案件事实来分析其事实构成(在刑法中称为犯罪构成),这需要深入法律规则内部,认识其规则结构,明确规则的含义,以考察、确定该规则是否能够涵摄该事实。这是法律判断的关键环节。

4. 建构大前提。大前提即规则本身。为何需要建构,而非直接适用规则？原因在于,规则为一般,事实为个别。规则的含义往往非常概括和抽象,需要通过复杂的解释方法加以明确,以确定细节化的个别事实是否契合一般规则的抽象形式,此过程为建构。例如,侵入他人股票账户,以高进低出方式造成他人股票收益损失的是否构成故意毁坏财物罪(见下文例2)？大前提建构要解决的问题是,“财物”是否包括纯粹经济利益,“毁坏”是否包含故意造成他人利益损失。

5. 涵摄。其是指把某事物置于另一事物之下,又称“归入”。具体到法律判断形成中,通常指把某个案件事实置于法律的事实构成之下,即把小前提置于大前提之下,或把小概念置于大概念之下。涵摄的一般过程如下：

法律规则 = 事实构成 + 法律结果

如果将事实构成表为T(Tatbestand),将法律结果表为R(Rechtsfolge),将个案事实表为S(Sachverhalt),涵摄就是判断S符不符合T,如果符合,就发生结果R,具体如下：

$$T \rightarrow R$$

$$S \rightarrow T$$

$$S \rightarrow R$$

涵摄一般经历三个步骤:对法律的事实构成进行分解(包含要素A、B、C、D);对个案事实进行分解(包含要素a、b、c、d);如果个案事实特征(a、b、c、d)可以归入法律的事实构成(A、B、C、D),即可得到法律结果R。

例1:温某偷开4S店客户的送修车辆,发生事故并撞毁。

(1)处理事实:这是一个法律事实,行为人应对车辆损毁负法律责任。

(2)提出问题:是否构成犯罪？构成何罪？

(3)寻找规范:行为涉嫌触犯故意毁坏财物罪。

(4)分析事实构成:故意毁坏财物罪的犯罪构成要素包括故意、毁坏、财物、数额较大或情节严重。但本案中温某偷开机动车是故意的,撞毁车辆是过失的。

(5)建构大前提:作为大前提,法律规则强调“故意”。故意,是指明知自己的行为会发生危害社会的结果,并希望或放任这种结果的发生。本案中,依常理,温某对于撞毁车辆的结果,主观上既无希望,也无放任。因此,故意毁坏财物罪的事实构成无法涵摄温某的行为。

(6)重新寻找规范:有过失毁坏财物罪吗?查找刑法文本,无此罪。此外,温某还有一个行为:偷开机动车,刑法应如何评价这一行为?偷开机动车实质上属于盗窃使用(权)行为,但中国刑法中的盗窃罪仅指侵犯财产所有权的盗窃,不包括盗窃使用(权)行为,刑法也没有另外规定盗窃使用权罪。依罪刑法定原则,温某的行为不构成犯罪。本案实质上就是一个侵犯财产权的民事违法行为,可依民法规范处理(损害赔偿)。

例2:侵入他人股票账户,以高进低出方式造成他人股票收益损失。

(1)处理事实:这是一个法律事实,行为人应对被害人股票收益损失负法律责任。不侵犯占有权但侵犯所有权。

(2)提出问题:是否构成犯罪?构成何罪?

(3)寻找规范:行为涉嫌触犯故意毁坏财物罪。

(4)分析事实构成:故意毁坏财物罪的犯罪构成要素包括故意、毁坏、财物、数额较大或情节严重。本案中,行为人故意造成被害人股票收益损失。关键问题是,纯粹经济价值(利益)是否可等同于财物?

(5)建构大前提:依解释规则不同而结论不同。①依形式解释论,"财物"是有体的,或是可感知的。本案行为导致的只是经济价值损失,而非财物的毁坏,故本案缺少故意毁坏财物罪的对象。同时,造成他人经济价值损失的行为也不能解释为刑法中的"毁坏"。所谓"毁坏",应是指财物的物理结构、功能的破坏或灭失。故行为不符合故意毁坏财物罪的构成。②依实质解释论,财物的本质就是一种经济价值,一种利益。本案行为人高进低出为他人代为买卖股票,导致他人股票收益损失,符合故意毁坏财物罪的犯罪构成。对于本案,主流观点支持实质解释论,认为故意毁坏财物罪的立法目的就是保护他人的财产法益(目的解释论),故行为符合故意毁坏财物罪的犯罪构成。

(6)涵摄:高进低出买卖股票导致他人股票收益损失可以被故意毁坏财物罪的犯罪构成所涵摄。

(7)结论:行为构成故意毁坏财物罪。

五、建构小前提的方法

法律判断要解决的问题首先是,对某生活事实是否可以(且应当)进行法律评价,如果回答是肯定的,该生活事实就转化为一个法律事实。在基本确定此生活事实是一个法律事实后,才去证明它是真实存在的。故在动态上,建构小前提的过程是生活事实→法律事实→证明事实。

建构小前提的任务有两个：一是评价（从生活事实到法律事实）；二是求真（从法律事实到证明事实）。所谓方法即评价方法和求真方法。我们着重讨论评价方法。

评价即将生活事实“归属”于法律事实，也即生活事实是否符合法律中的事实构成，符合何种法律事实构成。将个案事实一般化是建构小前提的核心含义。显然，这有赖判断者对法律规范的准确理解和把握。

（一）建构小前提的基本方法

有两个重要的概念是我们讨论建构小前提时要用到的重要工具：

1. 前理解（前见）

人类天然具有一种抽象思维能力，能对若干个别的具有基本相同属性的事物进行归类，从个别中抽象出一般，再从一般认识个别。这种对于“一般”的相对固定的认识就是对某类事物的前理解，是我们认识事物、作出判断的基本依据。前理解无处不在，尽管不一定完全正确，其实质是人类的直觉思维。比如，当提到不同国家的人时，我们的头脑中会马上浮现一种概念式想象：美国人的豪放，法国人的浪漫，德国人的严谨，日本人的认真等。

法律人在进行法律判断时也依赖前理解。法律人基于长期的职业经验，对法律规定的各种不同犯罪的事实构成已形成模式化的前理解，在面对个案事实时，可以迅即作出判断（是否犯罪、构成何罪）。此后的法律解释和权衡不过是事后的“一致性审查”，以证明自己的判断与实证法律制度是一致的。总之，理解生活事实的意义是基于对法律规范的前理解，它指引着法律判断的方向。

2. 诠释循环与等置

诠释循环，是指欲知个别必先了解整体，欲知整体必先了解个别。个别是丰富多彩的，但如脱离了整体，其本质特征难以突出；整体萃取了若干个别的本质特征，使其变得突出，但却舍弃了个别的多样性和丰富信息。欲判断个别是否属于整体，必须将个别的个性化特征与整体的本质特征加以类比，如果两者能够基本等置，则可认为此个别属于该整体。比如，鸵鸟是鸟吗？鲸鱼是鱼吗？通过诠释循环和等置可以得知，鸵鸟是鸟（尽管不会飞），而鲸鱼不是鱼（尽管有着鱼形身体，生活在海中，会游动）。

同理，要判断生活事实是否符合法律规范预设的事实构成，须将生活事实的个性特征与规范预设的共性特征加以类比，如果两者可以等置，则此生活事实就是一个法律事实（一个多次循环和往返的过程）。类比和等置的过程实际上就是将事物进行归类。一种具体的法律规范实质上就是法律所设定的一种特定的行为类型(立法就是行为的类型化艺术)。类比和等置的根据在于:同类事情相同处理。

建构小前提就是建构案件事实,即将案件事实一般化,具体说就是将个案事实向法律规范提升。其面临的首要任务就是寻找与事实匹配的规范(找法)。找法的第一步是"设证":面对案件事实,司法者凭职业经验一般先有初步结论,然后经由大前提去寻找小前提,以获得引出结论的条件。可以简单公式概括:结论→大前提→小前提。这与司法三段论的逻辑顺序(大前提→小前提→结论)完全不同,理论上称为超越规则的亚推论。设证之后,第二步是"诠释":将通过设证寻找到的规范与案件事实相类比,如能等置,即完成小前提建构。这需要诠释者在事实与规范之间循环往复,寻找二者的契合点(见图 14-4)。

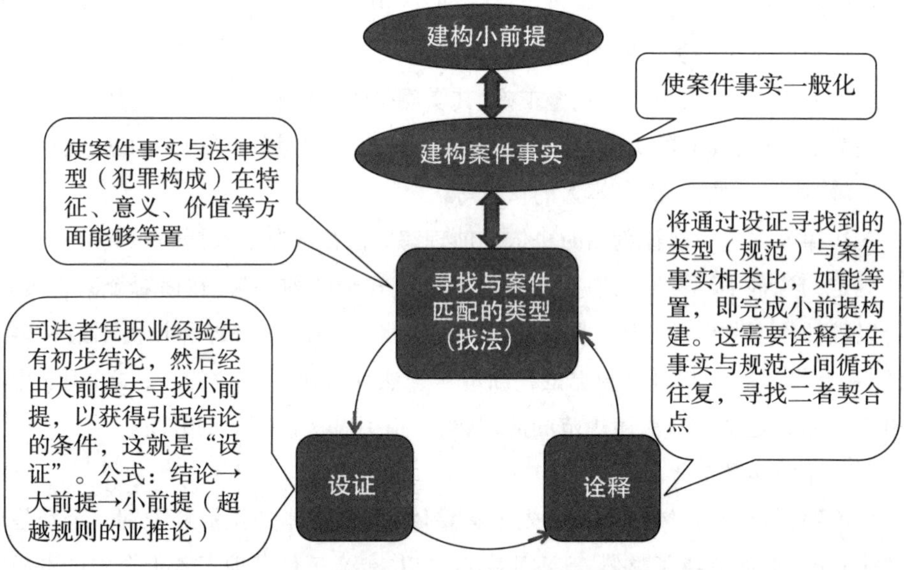

图 14-4　建构小前提的方法

设证不是凭空的,而是基于司法者对于案件事实的价值、意义,以及对法律规范的前理解而展开的,如果前理解发生错误,设证就会发生错误,最终的司法结论就会出现错误。前理解体现了司法者的职业素质(职业经验和理论素养)。司法实践中大量定罪错误大多源于对犯罪规范前理解的错误,而非法律解释错误(法律解释的任务大多已通过最高司法机关的司法解释完成,解释质量也已获得基本保证)。

(二)如何建立对犯罪规范(类型)正确的"前理解"

建立对犯罪规范正确的"前理解"关键是对法律规范的本质和构造有准确把握。应从类型化的视角来理解法律规范,一种法律规范就是一种行为类型(一条刑法分则规范就是一种犯罪类型),而类型(相对于概念)的特征是开放性、流动性、关联性。要建立对刑法规范正确的前理解,首先,要对刑法体系下整体性的犯罪类型的结构有全面、准确的了解;其次,要对各具体的犯罪类型(犯罪构成)之间的逻辑、意义关联有深入理解和把握——犯罪类型不是孤立的、封闭的、隔绝的,而是开放的、流动的、彼此关联的。要准确理解一种犯罪类型的意义和本质,需要与其他毗邻的、关联的犯罪类型相参照,明确其联系和区别。

1. 毗邻犯罪类型的关联(以侵犯财产罪为例)(见图 14－5)

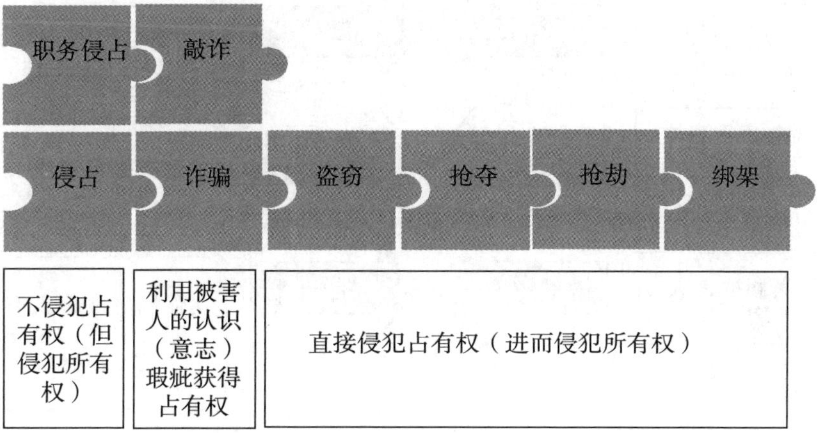

图 14－5　侵犯财产罪

如图 14－5 所示,在常见的八种财产犯罪中,以所侵犯客体(所有权或占有权)的不同,它们之间存在一个明显的逻辑关联。其中,就一般财产犯罪(盗窃、抢夺、抢劫、绑架)而言,行为必须首先侵犯财产占有权,通过对占有权的侵犯而实现对所有权的侵占。而侵占罪却是不侵犯占有权而直接侵犯所有权的犯罪(侵占罪包括两种:一是侵犯委托占有物,此种情况下,行为人已经合法占有他人财物;二是侵犯脱离占有物,此种情况下,财物与原占有人已脱离占有关系,且不在任何人的占有之下),这是侵占罪与其他财产犯罪最大的不同。因此,通过对行为时财产占有状态的分析,可以将侵占罪与其他财产犯罪相区隔。与侵占罪高度近似的还有职务侵占罪和贪污罪,后两种犯罪的行为人也是(基于职务)已经占有财物,在此前提下利用职务便利侵犯财物所有权,据此可以将职务侵占罪、贪污罪与一般盗窃罪、诈骗罪相区别。

在各种常见财产犯罪中,诈骗罪和敲诈勒索罪是比较特殊的类型,其特殊之处在于行为人对财产占有权的侵犯介入了被害人自身的行为,是行为人对被害人的认识或意志施加了某种影响。被害人基于认识瑕疵(诈骗罪)或意志瑕疵(敲诈勒索罪)而主动交付财物(转移占有权),行为人据此获得财物占有权乃至所有权。就是说,诈骗罪和敲诈勒索罪是行为人与被害人双方互动的结果,当然行为人在其中起到了主导的作用,由此决定了行为的非法性。

除了从整体上把握各相邻财产犯罪之间的本质和意义关联外,我们还应注意分析和把握最相类似、最易发生混淆的财产犯罪之间的本质区别。(见图 14 - 6)

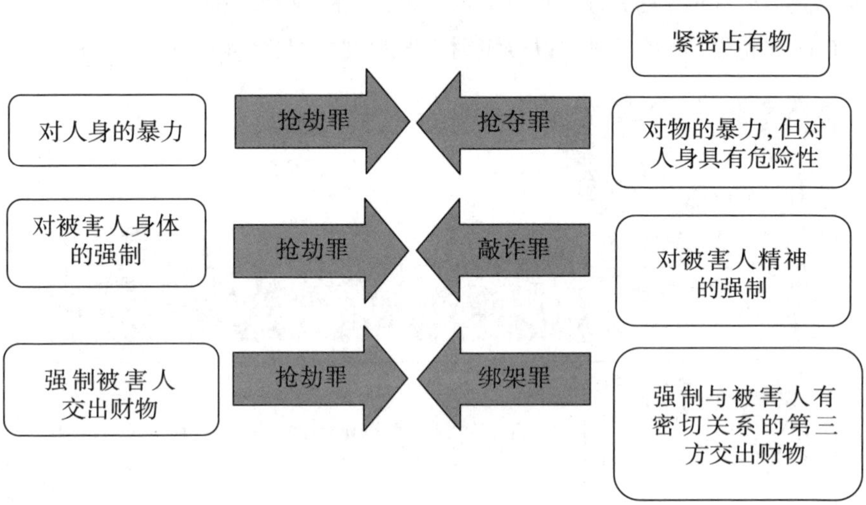

图 14 - 6 财产犯罪之间的区别

抢劫罪与抢夺罪有一定的关联性(两者都有"抢"的要素),同时又有本质区别。但是,传统刑法理论却将抢夺罪与盗窃罪相关联,认为盗窃罪是使用"秘密"手段窃取他人财物,而抢夺罪则是"乘人不备,公然夺取"他人财物。这种对于抢夺罪本质意义的界定是否准确。笔者认为,此种观点忽略了抢夺罪之"抢夺"的要素,而想当然地加之以"公然"的要素,没有把握抢夺罪的本质。抢夺罪之"抢夺"是具有一定的暴力性的,这种暴力性会给被害人带来一定的身体伤害的危险,这才是抢夺罪的本质要素。"公然"拿走他人财物而没有对被害人造成任何身体伤害的危险,此种行为根本不具有"抢夺"的要素,其危害性等同于盗窃,可以盗窃罪论处(当然这又必须放弃盗窃罪必须以"秘密窃取"为要素的观念)。实际上,抢夺罪与抢劫罪更具有意义关联性,只不过抢劫罪是对被害人身体实施暴力行为,意在压制被害人的反抗,夺取财物;而抢夺罪是对物的暴力行为(行为人无意伤害被害人的身体），但这种暴力行为会给被害人带来身体上的危险（或现实危害）。抢夺行为之所以会给被害人造成这种危险（或危害），原因是抢夺罪的对象是被害人的紧密占有物（包含但不一定是贴身占有物）。

司法实践中，抢劫罪与敲诈勒索罪是最易发生混淆的犯罪，原因是，抢劫罪和敲诈勒索罪都包含暴力胁迫的要素（通过胁迫强令被害人交出财物）。两罪的区别究竟在哪里？理论界一直没有厘清二者的区分标准。多数人都持“两个当场”观点，即凡使用或威胁使用暴力，当场取得财物的，构成抢劫罪，否则构成敲诈勒索罪。也有人认为，此种区分标准过于简单化、表面化，但又没有提出令人信服的替代标准。笔者认为，二罪的本质区别在于，抢劫罪是对被害人身体实施强制以获取他人财物，而敲诈勒索罪是对被害人精神实施强制，使其产生恐惧心理，从而获取他人财物。更进一步说，如果行为人是使用暴力胁迫对他人实施身体强制，通过身体强制作用于他人的意志自由，以迫使其交出财物，这种行为应属抢劫；如果行为人是使用暴力胁迫直接作用于他人的意志自由（不假借身体强制这一中间环节），以迫使他人交出财物，则这一行为构成敲诈勒索。举例而言，行为人绑架拘禁被害人，迫使与被害人有密切关系的第三人交出财物的，对第三人而言，这种行为就是敲诈——行为人对第三人没有实施身体强制行为，而直接作用于其意志自由，使其在产生心理恐惧的条件下被迫交出财物。而绑架罪实质上是非法拘禁（可能还有故意伤害或杀人）与敲诈勒索两种行为的复合。

［**案例 1**］2013 年 1 月底，李某从其妻子黄某处得悉其妻与盘某有不正当男女关系，便产生了向盘某索要赔偿的想法。2013 年 2 月 3 日凌晨 1 时许，李某伙同其朋友陈某等三人（均不知情）将盘某约到 M 县第一中学附近的一家装饰设计店。在盘某当面承认与其妻黄某有不正当男女关系并愿意赔偿 2000 元后，李某认为盘某不够诚意，和陈某等三人一起殴打、持刀威胁盘某并强迫盘某书写一张“因资金周转困难，在李某处借款 10 万元，保证于 2013 年 2 月 6 日还款”的借条交给李某收执。后经法医鉴定，盘某的损伤构成轻微伤。法院判定李某等人的行为构成敲诈勒索罪，是否正确？（答案：应构成抢劫罪）

关于抢劫罪与绑架罪的区分，如图 14－6 所示，在此处略。

除了从毗邻犯罪之间本质与意义的关联把握罪与罪的联系和区别外，我们还应深入个罪内部，探究其规范结构，进一步把握个罪的本质特征。在此仅以常见的侵占罪、盗窃罪、诈骗罪为例：

(1)侵占罪(见图 14－7)

图 14－7　侵占罪的规范结构

侵占罪是不侵犯占有权而直接侵犯所有权的犯罪,因为行为时财物已处于行为人的合法占有之下,或者财物已脱离原占有人的占有,这是侵占罪最本质的特征。但是关于财物的占有状态,仍有几个问题值得研究:一是临时代为保管(看管)他人财物,是否为委托占有？二是以欺骗方式获得保管权,是否为委托占有？三是误以为是脱离占有物而占有他人财物,是否构成侵占？

①临时代为看管他人财物,占有权未转移,财物仍在原占有人的占有之下。如果利用临时代为看管他人财物之机非法占有他人财物,不构成侵占罪,视情可能构成盗窃罪。②委托占有是一种合法占有,不包括以欺骗方式获得占有权(如借打手机,乘机非法占有手机)。③误以为是脱离占有物而占有他人财物,如果行为人的认识错误具有合理理由,且在行为人发现自己的认识错误后愿意将财物归还原占有人的,显然不构成犯罪;如果行为人的认识错误具有合理理由,但在行为人发现自己的认识错误后编造种种理由不愿意归还财物的,可以侵占罪论处;如果行为人的认识错误不具有合理理由,且在发现这一认识错误后仍然不予归还所占有财物的,不构成侵占罪,而应以盗窃罪论处。

(2)盗窃罪(见图 14－8)

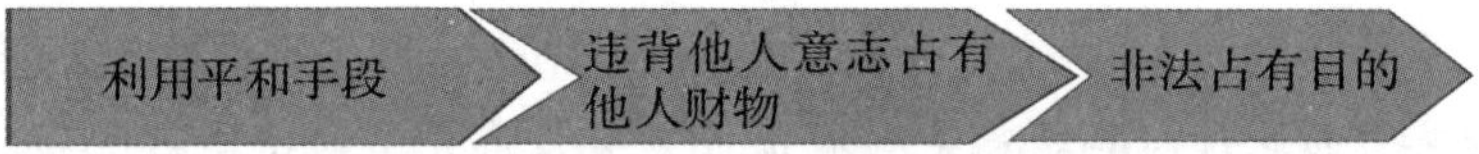

图 14－8　盗窃罪的规范结构

盗窃罪是违背他人意志,通过自己的行为,将他人财物转移为自己占有的犯罪。值得讨论的一个问题是,盗窃罪是否以秘密窃取为必要？传统刑法理论坚持盗窃罪的秘密窃取特征,以此与抢夺罪的“公然夺取”相区分。然而国外多数国家(包括大陆法系和英美法系)的刑法都已承认存在公开的盗窃。我国《刑法》实际上也已开始承认盗窃罪在某些场合下的公开性(如扒窃),司法实践中也大量存在公开盗窃行为,尤其在遍地摄像头的情况下。实际上,秘密窃取只是盗窃罪常见的事实特征,而非决定盗窃罪社会危害性的本质特征。显然,我们不宜把一种犯罪常见的事实特征固化为该犯罪的本质特征,以免造成行为评价的失准。

(3)诈骗罪(见图 14－9)

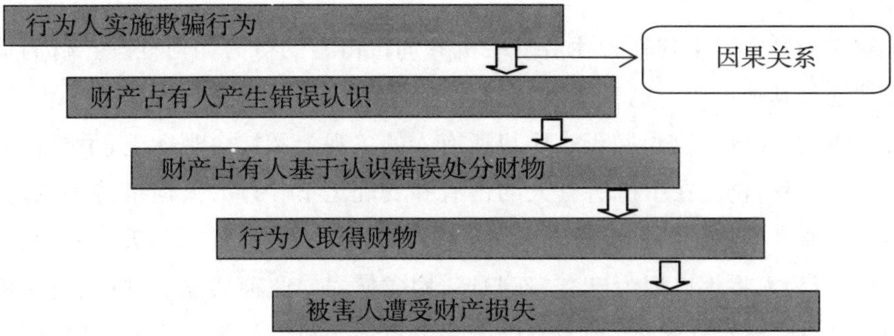

图 14－9　诈骗罪的规范结构

诈骗罪是一种交付型财产犯罪,财产占有人基于认识错误处分财物是本罪的关键构成要件。“处分”即交付,是一种民法上的行为,既包括直接对财产之物权的处分,也包括对债权的处分(如债务免除)。值得讨论的有以下几个问题:

第一,有处分能力和无处分能力。

作为诈骗罪处分行为的前提,财产占有人必须具有处分能力。如果没有处分能力,则这种处分是无效的,行为人也就不能构成诈骗罪。所谓“处分能力”,即指民法上的民事行为能力,其中最关键的要素是民事主体具有相应的认识能力、判断能力及意思表达能力。为何必须以财产占有人具有认识、处分能力作为行为人构成诈骗罪的必要条件?理由在于,只有当财产占有人具有正常人的认识能力,才能将其错误认识“归因”于行为人的欺骗,才能在行为人的欺骗行为与财产占有人陷入认识错误以及基于认识错误处分财物之间建立因果联系。如果财产占有人不具有正常人的认识能力,则不能将其基于认识错误处分财物的行为归因于行为人的欺骗,因而行为人不能构成诈骗罪。

由此出发,衍生出的一个问题是,机器能否被骗?在当今智能化机器(如 ATM 等)广泛应用的形势下,行为人向机器输入错误信息,并从机器中获得钱财的,是否成立诈骗罪,在学界及司法实践中存在争议。依笔者之见,在现今的智能化机器还不具备自主思维和判断能力以及在弱人工智能时代,不应认为机器可以被骗。行为人向机器输入错误信息并获得非法利益的,不构成诈骗罪,而应按盗窃或其他犯罪处理。

第二,终局性处分与非终局性处分。

诈骗罪的处分行为导致财物占有权的转移,是一种终局性处分。如果是临时性交付,没有导致财物占有的转移,则为非终局性处分。在财产占有人(被害人)

非终局性处分行为下,行为人取得财物的行为不构成诈骗,而可能构成其他犯罪,如盗窃。

现实中经常发生的临时性借打手机并伺机占有的行为如何处理?行为构成诈骗罪还是其他犯罪?笔者认为,此种行为应属盗窃,因为临时性借打手机,虽然存在手机的临时性"交付",但在手机所有人的主观上及社会观念上,手机占有权没有发生转移,仍然在手机所有人的占有和支配之下。行为人伺机持手机逃离,构成盗窃罪。但是如果手机所有人同意将手机借给行为人使用一天、一周甚至更长时间,行为人将手机据为己有、不归还,构成何罪?此种情况下,应认为手机占有权已经发生终局性转移,行为人已合法占有该手机。如果行为人不愿意归还,意图占为己有,构成侵占罪。

第三,有意识处分与无意识处分。

诈骗罪中,财产占有人(被害人)处分财物时是否要有处分意识。在刑法理论上,存在有意识处分说和无意识处分说之争。有意识处分说认为,被害人基于认识错误而处分财物时,必须对处分行为及所处分的财物具有明知的意思。如果没有处分该财物的意思,或者没有认识到所处分财物的价值,而将财物转移给他人,不构成诈骗罪。无意识处分说则认为,诈骗罪中的处分财物并不要求被害人具有处分该财物的意思,只要在客观上处分了财物,就具有处分行为,因而构成诈骗罪。以上两种观点的争议涉及不知情交付是否属于诈骗罪中的处分行为,这对于诈骗罪与盗窃罪的区分具有重要意义。

[**案例 2**]2011 年 7 月 9 日,王某申请 QQ 号,在网上聊天室发布虚假广告,谎称付费 1 元即可参与视频裸聊。邵某看到这则广告后,表示愿意购买和参加裸聊服务。王某要求邵某上传其网银卡余额截图,以表示其有支付能力。王某根据邵某发送的网银卡余额截图,知晓其网银卡余额达 10 万余元。王某便在事先编写好的软件程序中填写盗取数额 9.8 万元,并将该软件程序发给了邵某。邵某按照王某告知的账号及登录口令登录,并在支付页面显示付款 1 元,在输入了自己的网银卡号及密码并确认后,其网上银行卡中的 9.8 万元自动转入王某银行卡中。问:王某的行为构成何罪?

依无意识处分说,王某的行为构成诈骗罪;但依有意识处分说,王某的行为不构成诈骗罪,而是构成盗窃罪。我国学界及司法实践中大多支持有意识处分说,认为王某的行为应构成盗窃罪。其他情形如超市购物调包案,亦属被害人(超市及收银员)不知情交付财物,应按盗窃罪处理。不过此种盗窃罪与典型的取得型盗窃毕竟不同,行为人是通过被害人自己的处分行为而获得财物的,此种情况,在理论上被称为“利用他人的自害行为”的间接正犯。

2. 法条竞合与想象竞合式关联

对于罪与罪的关联，除了毗邻犯罪之间的关联，最常见的还是法条竞合与想象竞合。法条竞合是由于立法原因而造成的罪与罪之间犯罪构成的交叉和重叠。刑法在设置一般类型的犯罪构成之后，因社会情势的发展变化，在此一般犯罪类型之下，某方面的犯罪更为突出，更具有行业特征，需要进一步明确其罪状特征，设计罪刑更相适应的法定刑，立法者因此将该类行为独立出来，单独立罪，以实现对该类犯罪更精准的制裁，这样就使独立出来的犯罪与原来一般类型的犯罪产生了构成要件的重叠，从而形成法条竞合（典型如诈骗罪与合同诈骗罪、各种金融诈骗罪的竞合）。这种竞合，理论上一般称为特别法与普通法的竞合，在选择法条时，原则上采用特别法优于普通法的原则，优先适用特别法。但是如果适用特别法，罪与刑明显不适当，则采用重法优于轻法的原则，适用重法条。另一种常见的罪与罪的竞合是想象竞合，其是指两个罪本无立法和逻辑上的关联，因具体犯罪行为而发生竞合的情形。当然其之所以能发生竞合，还是因为两个罪的个别构成要件（要素）存在重合的情形。如行为人盗窃正在使用中的电缆，既可能构成盗窃罪，又可能构成破坏公用电信设施罪，这为二罪的想象竞合。简言之，想象竞合是指一行为触犯两个以上不同的罪名，这些不同罪名不存在法条竞合关系（排除法条竞合，即是想象竞合）。法条竞合与想象竞合的差异，除了前述竞合形成的原因不同外，一般而言，法条竞合是整体性犯罪构成的竞合，而想象竞合是构成要件的竞合。由罪与罪之间大量的竞合关系可以看出，认定犯罪时并非非此即彼，并非意味着在确定行为构成某种犯罪后，就不能构成其他犯罪。在找法时，针对某个行为，找到一个法条（规范）后，不能止步不前，而是应继续在整个刑法规范体系中搜索可能满足案件事实特征的法条，直至穷尽所有法条为止，这就是定罪中必须坚持的体系化思维。

（三）犯罪评价体系：四要件 vs. 三阶层

小前提的建构过程，实际上就是犯罪评价过程，也就是事实与规范耦合、对接并进行诠释、论证的过程，这一过程显然离不开犯罪构成体系（或称犯罪论体系）这一重要的理论工具。实际上，犯罪构成体系的设计就是为了帮助我们在刑事司法过程中完成小前提建构的任务。

传统司法实践中，我们一直使用的是四要件的犯罪评价体系。但是近年来，这一体系遭到越来越多的挑战，认为其在逻辑、功能、价值等方面存在诸多缺陷，很多人主张引入大陆法系的三阶层体系来替代当下的四要件体系。但是支持和维护四要件体系的也大有人在,认为四要件体系并不存在重大问题,其缺陷并非不可克服,而三阶层体系也并非完美无缺。这种争议估计还将继续。

我国刑法中的四要件体系是以社会危害性为中心、以主客观相统一为原则建构起来的犯罪论体系,具有平面、对称、静态、耦合、共存等特征。在犯罪评价方面,四要件体系表现为如下几个统一,即主观要件和客观要件的统一,事实评价和规范评价的统一,刑事违法性和社会危害性的统一,形式违法性和实质违法性的统一,客观危害与个人责任的统一,以及评价过程与评价结论的统一。但是,四要件体系基本聚合了定罪过程中的关键要素,能够比较正确地解决常态性犯罪的认定问题。但是,四要件体系在逻辑结构及功能价值等方面确实存在种种问题,主要包括它的平面性(各要件共处于一个平面,无层次之分,导致犯罪评价过程中往往主观优先)、静态性(对犯罪的评价一次完成,未反映其中的逻辑推理过程)、依存性(各要件相互依存,无独立评价的功能和价值)、不完备性(只含有积极要件,不包含实质意义的消极要件,不能为那些形似犯罪、实质无害的行为提供有效的出罪渠道)。除此之外,四要件体系最大的问题是其逻辑结构的缺陷,即在它自身之外,又存在一个排除犯罪事由的体系(包括正当防卫、紧急避险,是否还存在超法规的事由,法律未明确),这样使四要件体系处于究竟是实质的还是形式的不清不楚的尴尬境地。

在评价犯罪方面,三阶层体系相较于四要件体系确有以下几种优势:

首先是它的位阶性和递进性。理论认为,评价犯罪时,应该从一般的犯罪要素开始,其后研究具体的、特殊的犯罪要素。而且对由定型的、形式的判断能够认识的东西,要先于非定型的、实质的判断处理。三阶层体系以抽象的、一般的而且定型的构成要件该当性的判断为前提,对肯定了构成要件该当性的行为,再进行具体的、个别的而且非定型的违法性及责任的判断。至于违法和责任的位阶关系,显然违法是第一性的,责任是第二性的,因为只有行为违法才会产生责任,无违法则无责任。总之,评价犯罪时,应该先客观(违法性)后主观(责任)、先定型后非定型。这种犯罪构成要件之间的位阶关系既符合理论逻辑,也有利于正确、恰当地评价犯罪。

其次是它的体系性思考。司法定罪看起来只是刑法规范的适用,实际上关乎整个法体系和法秩序。这一方面,是指刑法只能作为最后手段来使用,当使用其他法律手段足以调整和处理某种社会关系或行为时,不得动用刑法手段;另一方面,当某种行为并不违反其他任何法律(民商法、行政法等)时,不得依刑法将其作为犯罪来处理。相比于四要件体系，三阶层体系提供了更大的体系性思考的空间，因为后者设置了专门的"违法性"要件，凭此可以对行为违法性作法秩序下的全景考察。而前者将行为的实质违法性直接等同于刑事违法性，即只在刑法体系下考察行为的违法性问题。由于其视野的局限，可能导致定罪判决违背整体法秩序的情形。

最后是三阶层体系提供了交互（双向）检验的途径和手段。一个科学的完整的犯罪论体系不能只是提供正面的检验规则（入罪的条件和标准），也应该具备反向检验规则（出罪的理由和通道）。比较而言，三阶层体系在内部构造上较好地解决了反向检验的问题，因为它一方面提供了正面的作为入罪条件的构成要件（包括客观要件和主观要件）检验规则；另一方面又通过违法性、有责性评价提供了反面的作为出罪通道的检验规则（阻却违法事由、阻却责任事由）。这样通过犯罪论体系的操作，既可以提示裁判者在进行定罪判断时，必须进行交互的、双向的评价，同时又为被告人、辩护人反驳有罪指控提供了操作空间，从而有利于使司法推理过程导向相对正确的、公正的判决。但是在我国的犯罪构成体系中，四要件体系只包含积极要件，而作为消极要件的排除犯罪事由（正当防卫、紧急避险、情节显著轻微等）则被置于四要件体系之外单独考察。且不说这种犯罪论体系安排存在的逻辑问题，更因为体系中缺乏统一的原则/例外思考、正向/反向检验相结合的交互检验方法，不利于保障被告有效行使辩护权，也不利于形成正确的、公正的司法判决。

总结三阶层体系的定罪思维，可以概括为以下几点：一是形式评价先于实质评价，客观判断先于主观判断，而不能同时进行或相反；二是如果运用民事、行政等法律手段足以对行为作出恰当评价和处理，就不要使用刑事法律手段，以保持刑法的谦抑性；三是不仅要注重对行为进行有罪评价，而且要充分考虑行为无罪或免责的可能性，对行为进行入罪和出罪的双向检验和评价，防止刑罚权的不当运用，罚及无辜，努力实现刑事司法的公正。

不过，笔者也认为，不要夸大四要件体系与三阶层体系的实质性差异。在实质意义上说，二者只不过是定罪过程中诠释、论证的方式不同，其对于司法者的思考方向、裁判结论的影响，可能并没有我们想象的那样大。因为不同体系下的司法者的理性、正义感没有实质的差异，而且司法者在进行定罪时并不仅仅遵从理论的逻辑、法律规定，还要依靠经验、直觉和正义观。

六、建构大前提的方法

(一)为何需要建构大前提

司法实践中,经常存在事实与规范(不同程度)不对称的情形,此时即需要进行大前提建构(法律发现),核心是使规范具体化。大前提建构过程还涉及法律论证:阐释、证明某规范能够涵摄某特定事实,从而可以将其作为法律推理大前提的理由。

事实与规范不对称可分为两类:一是有法律规定的情形;二是无法律规定的情形。由于刑法受制于罪刑法定原则,无法律规定的情形下是不能定罪的,故我们只讨论有法律规定的情形。

有法律规定的情形又可分为两种情况:(1)在多数情况下,虽有法律规定但不明确,不能直接获得具体规范,要获得具体规范需借助法律解释方法。(2)少数情况下,虽有法律规定,但或违背客观目的,或不合理,应对此类情况的方法为合理化解释、客观目的探究。

刑法学界有所谓形式解释论与实质解释论之争。形式解释论强调形式正义,主张严守立法原意,严格依照法条文字解释法律;实质解释论强调实质正义,主张依社会情势、法的客观目的来解释法律,对行为的处罚需考虑处罚的必要性、合理性。在学界,实质解释论渐成主流。

(二)法律规定不明确的解决之道——法律解释

法律解释对象:法律文本(制定法规范)。

法律解释的目的:确定立法者原意,或发现法的客观意义。

法律解释方法的体系构成:文义解释、体系解释、历史解释、目的解释。其中前三种解释方法意在探寻立法原意。当立法原意不明确或不合理时,即运用目的解释方法。所谓目的解释,即依据社会发展的客观情势,探求法律应当具有的目的(含义)。

1. 文义解释

法谚:文义除非不明确,即应严守。但文义常有不明确之处,故法律解释不可或缺。

文义解释发生于法条文字含义不能恰当地与事实相对应的情形。正是事实决定法条的文字含义是否清楚,故法律解释应始终围绕事实进行。脱离事实无所谓法律解释。

文义解释包括字面含义(平义),对字面含义的扩大、限制三种。是否需要扩大或限制,看字面含义是小于还是大于立法原意。

(1)平义解释:直接依字面含义来理解,无须扩大和限制。法律文本中,多数概念、术语及表述直接源于社会生活,而且多数情形下法律用语的含义与其日常含义是一致的,此时只需采用平义解释。

除日常语言外,法律和诉讼程序中还使用很多“法言法语”,它们具有特定含义,得到了法律共同体的认可。如当事人、原告、被告、诉讼、仲裁、正当防卫、累犯、缓刑、假释、破产、专利、法人等。法言法语一般在法律中被给予了清楚的界定。

(2)扩张解释:是指超出法律条文通常的字面含义所进行的解释,但并非可以无限地超越字面含义,必须有一定的合理限度,即不允许超出法律规定可能文义的范围(从文字核心含义至其边缘区域)。

例如,《刑法》规定,“入户抢劫”为抢劫罪的情节加重犯。如何理解“户”?最高人民法院《关于审理抢劫案件具体应用法律若干问题的解释》规定,“入户抢劫”是指为实施抢劫行为而进入他人生活的与外界相对隔离的住所,包括封闭的院落、牧民的帐篷、渔民作为家庭生活场所的渔船、为生活租用的房屋等进行抢劫的行为。

最高人民法院对“户”的含义显然作了扩张,但其没有把工厂集体宿舍、宾馆旅店、商场超市等包括在内,原因是后者在一定意义上都属于公共场所。“户”的边界在于,它是个人与外界相对隔离的私密生活空间。

再如,对我国《刑法》第384条挪用公款罪中“挪用公款归个人使用”如何理解,司法实践中一直存在分歧。

2002年4月28日第九届全国人大常委会《关于〈中华人民共和国刑法〉第384条第1款的解释》将“挪用公款归个人使用”的含义解释为:①将公款供本人、亲友或者其他自然人使用的;②以个人名义将公款供其他单位使用的;③个人决定以单位名义将公款供其他单位使用,谋取个人利益的。

立法解释显然将刑法中的“个人”作了扩张解释,但立法解释是否已突破了“个人”的含义边界,个人既包括自然人,也包括单位,或者说立法解释是否已改变了“挪用公款归个人使用”的要件特征?一般而言,立法解释仍是法律解释,不是造法,应遵守法律解释的限度。

其实,立法解释虽对“个人”的含义作了扩张,但并未改变“挪用公款归个人使用”的要件特征。注意立法解释②③项中“以个人名义”“个人决定”的表述,其体现的仍然是挪用人的个人意志,相当于先将公款挪归个人,再交其他单位使用。

(3)限制解释:与扩大解释相反,当法律条文的含义过于宽泛,不符合立法者原意时,应限制法律条文的文义,使其局限于核心含义。

例如,我国《刑法》第 20 条第 3 款规定,对正在进行行凶、杀人、抢劫、强奸、绑架以及其他严重危及人身安全的暴力犯罪,采取防卫行为,造成不法侵害人伤亡的,不属于防卫过当,不负刑事责任。如何理解“行凶”,存在极大争议,而这直接关系到防卫过当与否的认定。

“行凶”是一个日常用语,内涵、外延极不明确,从轻度的人身攻击(打一拳、扇耳光)到杀人,都可称“行凶”。但上述法条规定的“行凶”显然不包括轻度的一般性暴力行为,而是指实施严重威胁他人人身安全、人身权利的暴力犯罪行为(与杀人、抢劫、强奸等程度相当)。故法律规定的“行凶”相对于日常语言的行凶,其含义必须受到严格的限制。

2. 体系解释

在文义解释不能释疑时,便寻求体系解释。体系解释包括两种情况:一是在此条文中不能确定文字含义,便在其他条款或其他法律文件中寻找答案;二是用整体来解释部分或个别。体系解释的根据是,法律应是一个内在统一的体系,各具体规范是体系的组成部分,它们具有含义、意义上的关联性。

例如,《刑法》第 236 条第 2 款规定,奸淫不满 14 周岁的幼女的,以强奸论,从重处罚。问题是:行为人是否必须“明知”对方是幼女?2003 年 1 月 24 日最高人民法院《关于行为人不明知是不满十四周岁的幼女双方自愿发生性关系是否构成强奸罪问题的批复》要求行为人必须存在“明知”,但学界有人对这一解释提出强烈批评,认为不利于对幼女的严格保护。从体系解释的立场看,刑法分则条款都要受到总则的指导和约束。强奸罪是故意犯罪,“故意”的要件要求行为人对行为对象的性质、状态是明知的。故最高人民法院的解释是完全正确的。

思考:(1)危险驾驶罪成立是否需要考虑情节?(2)抢劫罪作为既侵犯人身法益又侵犯财产法益的犯罪,应依何种法益侵害结果确定既遂标准?

3. 历史解释

在体系解释也不能确定法律规范的含义时,历史解释就出场了。历史解释力图从历史资料、历史背景、法律演变中获得立法者原意。历史解释所使用的资料包括:(1)提案人关于法案的说明;(2)有关立法辅助机构对法案审议结果的报告;(3)人大的审议意见;(4)起草、审议、审查、讨论法案过程中各方面的意见。

例如,借记卡是否为信用卡?

现行《刑法》第196条规定了信用卡诈骗罪。1997年修法时,金融机构所称信用卡既包括具有透支功能的银行卡,也包括具有借记功能的银行卡。当时金融管理法规未对信用卡作这种两分,刑法中与金融法规中,信用卡的概念是一致的。此后,金融法规将具有透支功能的称为信用卡,其他的则称为借记卡。这便出现了争议:是否应按金融法规后来的信用卡含义去解释刑法中的信用卡?站在历史解释的立场,2004年12月29日第十届全国人大常委会《关于〈中华人民共和国刑法〉有关信用卡规定的解释》对刑法中的信用卡解释为:由商业银行或者其他金融机构发行的具有消费支付、信用贷款、转账结算、存取现金等全部功能或部分功能的电子支付卡。此解释沿用了信用卡的历史含义。

4. 目的解释

目的解释,是指当用前述几种解释方法都无法确定法律文本的含义,或者因法律的滞后性无法涵摄当下事实,或者解释结论存有疑义时,就从社会情势发展的客观需要、立法者所致力保护的法益(立法目的),以及法的公正价值等方面,来探究法律应该具有的客观目的,以此确定法律文本的应有含义。

有学者认为,法律的客观目的已超出了立法原意(立法目的),客观目的解释已经不是法律解释,而是法官造法。笔者认为,基于客观目的的扩张,只要离规范要件的核心含义不是太远,不违背罪刑法定原则,仍是允许的,但需要作严格的论证。

[**案例3**]2003年1月至8月,被告人李某为营利,先后与他人预谋,采取张贴广告、登报等方式招聘男青年做“公关人员”,并制定了公关人员管理制度。李某指使他人在其经营的“金麒麟”、“廊桥”及“正麒”酒吧内将多名“公关先生”多次介绍给男性顾客,由男性顾客将“公关人员”带至南京市“新富城”大酒店等处从事同性卖淫活动。

问题:组织男性“公关人员”从事同性卖淫活动,是否符合《刑法》关于“卖淫”的含义,被告人李某的行为是否构成组织卖淫罪?

在1997年《刑法》修订时,社会上还没有出现男男卖淫现象(或者未进入立法者、司法者的视野),立法者所理解的卖淫仍然是传统意义上的卖淫。男男卖淫现象是随着经济发展、社会开放、个人自由度的提高而出现在公众及司法者的视野中的。男男卖淫与传统意义上妇女向男性的卖淫在对风化的危害性上没有本质区别,为了惩治这种行为,需要从法律的客观目的出发,应男男卖淫的新的社会现实,扩展卖淫的含义。这就是客观目的解释。

5. 解释方法的位阶关系

不同的解释方法会导致不同的解释结果。各种解释方法在适用时存在优先次序。解释方法的位阶关系影响解释结论的合理性。

解释方法的运用次序一般按文义解释—体系解释—历史解释—目的解释排列。其理由是:(1)直接的文义比上下文的脉络(体系解释)具有更高的可信赖性;(2)成文法律比立法理由(历史解释)更为公开;(3)能够直接获得明确且合理的立法意图,就不必另探求立法目的。

附:思考案例参考答案

案例1:强奸罪是故意犯罪,行为人必须明知自己的行为违背了被害妇女的意志,并认识到自己使用了暴力、胁迫手段"强行"与妇女发生性关系。甲男与丙女之所以发生性关系,是基于双方的错误认识而完成的。与甲男发生性关系虽然违背了丙女的真实意志,但至少其在行为时没有反抗,而是选择接受。甲男在与丙女发生性关系时,没有认识到自己的行为违背了对方的意志,并且也没有采取暴力或胁迫的手段,因此,甲男的行为不构成强奸罪。

案例2:(1)小偷甲进入乙的住宅行窃,盗得欠条。一般认为,欠条无价值,甲的行为构成盗窃未遂。但是,也有观点认为,欠条对甲虽然无价值,但对被害人乙(李某的债权人)而言却有实质的经济价值(重要的甚至是唯一的债权凭证),对债权的实现具有至关重要的作用,因此,甲的行为仍然构成盗窃罪(既遂)。刑法设立盗窃罪意在保护公民的财产法益,只要财产法益受到侵害,犯罪即成立,而不以行为人从犯罪行为中实际获得收益为前提。笔者认为,此观点具有逻辑合理性,甲盗窃他人欠条的行为应构成盗窃罪(既遂)。(2)甲将欠条卖给李某,李某意图赖掉对乙的债务。显然双方存在共同犯罪行为,至于构成何罪,应以李某赖债行为的性质而定。一般而言,赖债是一种诈骗(以债务免除为目的侵占他人财产权)。因此,李某与小偷共同构成诈骗罪,不过就案情分析,诈骗并未实际实施,仍处于预备阶段。

案例3:此案比较复杂,不仅涉及法律评价及推理,还涉及价值判断。有观点认为,被害人程某事前有不法行为(意图猥亵梁某),事后因自己逃跑而致溺水死亡,因此,该危害结果与被告人张某的追赶行为缺少直接的因果关系,故张某及梁某的行为不构成犯罪。笔者认为,此观点还可商榷。以加害他人的意图追赶他人,致他人因发生意外而伤亡,对追赶者而言,是否绝对不构成犯罪,恐怕不能一概而论。本案中,程某事前对梁某确有不轨行为,但这一行为并不能使张某与梁某设计加害、追赶并致程某死亡的行为及结果正当化,张某、梁某的行为具有不法性。首先,不能否认张某、梁某具有加害程某的故意;其次,张某的追赶行为虽然不是造成程某死亡的直接原因,但是一个重要的间接原因,间接原因有时也能说明行为的可罚性;最后,张某在发现已结冰的湖面有个冰窟窿后,应该预想到程某有可能掉入其中,处于一种危险境地,但他却扬长而去,不管不顾,主观上有严重过失。因此,张某、梁某的行为应构成故意伤害罪(预备)与过失致人死亡罪的想象竞合,依从一重处罚的原则,认定二被告的行为构成过失致人死亡罪是比较正确的。当然,这一结论是否合理,还可讨论。

专题十五

刑事法律应用的理念与方法*

李　勇** 江苏省南京市人民检察院

目　次

* 此专题系根据作者在“第一期全国检察机关法律应用培训班”上的讲稿整理而成。因此,在语言上保留了一些讲课口语化的风格,同时注释也没有学术论文那样详尽和全面。

** 李勇,江苏省南京市人民检察院法律政策研究室主任、法学博士。

这个题目听起来似乎有点空，想讲得有血有肉、有用有效，并不容易。如果单纯从理论到理论地讲授这个题目，对司法实务人员来说，意义和效果不大。所以，笔者今天讲授的内容会跟你们以往听到的大不同，会更实用、更接地气。实践中，经常出现一些“奇葩”判决，出现一些让人难以接受的判决，很大程度上是因为法律应用的理念和方法出了问题。下面以刑事法（包括刑事实体法和程序法）为例，从理念和方法两个层面展开。理念层面要处理好客观与主观、形式与实质、罪刑法定与无罪推定、（刑事）政策与司法的关系，方法层面要理解和运用好阶层论的方法、三段论的方法、后果考察的方法。

理　念　篇

一、客观与主观

（一）客观与主观的关系

客观与主观这个问题是法律上一组非常普遍和重要的概念。刑法中关于主观与客观的字眼简直让人眼花缭乱，主观主义刑法、客观主义刑法、主观说与客观说、客观行为与主观故意等。所以我国台湾地区学者许玉秀说：“不管是初习刑法的人，或是已浸淫刑法相当时日的研究者，往往因为这种主客观理论纠葛，感到十分受折磨而认为刑法理论不过是一连串的‘主观与客观的迷思’。”①我们可以把这种主观与客观问题，分为以下几大类：一是解决问题的判断标准，以人的平均能力为标准的是客观说，以行为人个人能力为标准的是主观说。如过失的结果回避

① 许玉秀：《主观与客观之间——主观理论与客观归责》，法律出版社2008年版，第4～5页。

可能性判断,期待可能性认识。二是根据一般经验判断的是客观说,根据行为人个人认知判断的是主观说。如违法性认识,因果关系等。三是行为的客观面与行为人的主观意思。如着手、共犯与正犯的区分。四是主观主义刑法与客观主义刑法。这是刑法学派之争的问题。

笔者今天要讲的客观与主观的关系是指犯罪构成的判断方法,也就是在认定犯罪的思维方法上,是先判断主观面还是先判断客观面的问题,大体上属于上述的第三类。需要注意的是,上述各种客观说与主观说,在认定犯罪成立问题上都是主客观相统一的,只是侧重点不同。

这里顺便指出,主观主义刑法与客观主义刑法,是新派与旧派之争在犯罪论领域的体现。客观主义学派认为刑事责任的基础是表现于外部的犯罪人的行为及其实害,重视行为,又称行为主义;主观主义学派认为刑事责任的基础在于犯罪人的危险性格,行为只具有征表犯罪人危险性格的意义,又称征表主义。对于这一组概念的理解需要把握以下几个要点:(1)二者都是主客观相统一的,都是在三阶层体系之下,从构成要件符合性、违法性、有责性三个要件上讨论犯罪成立条件;既不是客观归罪,更不是主观归罪。(2)主观主义刑法与客观主义刑法之争现在仅具有理论和学术史意义,在犯罪论领域以客观主义刑法的胜利而告终,当今的学派之争都是客观主义刑法内部之争,如结果无价值论与行为无价值论之争,形式刑法观与实质刑法观之争等。(3)在我国的司法实践中,主观主义法律应用思维如幽灵般存在,毒害很深。这是我们需要重点清理的。

(二)法律应用实践的误区

客观与主观的关系在我国的司法实践中处理得很不好,很多司法人员对此没有认识,深陷误区而不知。这些误区主要表现在以下方面:

1. 认定犯罪时动辄先讨论主观故意,陷入定性争议的泥潭。司法实践人员习惯于在认定犯罪时先考虑被告人的主观罪过。比如下面这个案例:

[**案例1**]2009年7月10日21时许,被告人张某骑电动自行车带着其怀孕的妻子,在非机动车道上行驶,与对面酒后摇摇晃晃骑自行车的被害人王某发生碰擦,被害人王某追上来打被告人张某,两人相互推搡,王某用脚踢了张某怀孕的妻子后,张某用拳头推被害人王某,王某晃了两下倒地,后脑勺着地,口吐白沫,三四分钟后死亡。根据尸体检验,王某枕部右侧头皮有挫擦伤,对应部位颅骨见粉碎性骨折,符合摔跌枕部右侧着地致严重颅脑损伤而死亡。被害人王某血样乙醇含

量为 112.5mg/100ml。[①]

这个案件争议的焦点问题是被告人张某是否构成犯罪？如果构成犯罪，则构成何罪？司法实践人员，看到这种案件立马本能似的就提出一个问题：行为人主观上是故意伤害还是过失呢？然后围绕这个问题反复纠结，百思不得其解，一会儿觉得故意伤害有道理，一会儿觉得过失致人死亡也有道理，谁也说服不了谁，自己也说服不了自己。为什么不先考虑行为，然后在考虑主观罪过呢？为什么一上来就追问被告人深藏内心的想法呢？

2. 动辄以主观故意区分此罪与彼罪、罪与非罪。司法实践中经常出现这样的现象：一个人的行为是构成此罪还是彼罪，居然不是取决于行为特征而是取决于被告人自己的想法，似乎被告人自己想犯什么罪名就定什么罪名。比如下面这个案例：

[**案例 2**]2009 年 11 月 10 日，被告人黄某某伙同万某、"老李"（均另案处理）经预谋，由"老李"至某食品店，假冒某大学工作人员与店主被害人陈某洽谈生意，并要求陈某开设中国银行账户便于转账货款。同日，万某用虚假的军官证以陈某的名义办理了中国银行活期存折加借记卡（账号为……3221）。2009 年 11 月 11 日，被告人黄某某假冒某大学工作人员与"老李"在校园内，以查验资料为名，趁陈某不备，用万某开办的存折与陈某携带的中国银行活期存折（账号为……0902）进行调换，并要求陈某在存折上存款以证明其实力。陈某遂至银行，将人民币 105,020 元存入已被调换的存折（账号为……3221）。当日，万某持与该存折配套的借记卡取出人民币 105,020 元。

这个案件是定诈骗罪还是盗窃罪呢？按理说，诈骗罪与盗窃罪的行为基本构造不同，应当从行为构造入手对二者进行区分，但是实践中会拿被告人自己的想法来定性。上述案例的判决书指出："被告人黄某某与万某、'老李'预谋行骗，主观上具有诈骗他人财物的故意；客观上实施了诈骗行为，被告人黄某某等人分饰不同角色，分工配合，以洽谈生意为名骗取被害人个人信息，制作名为被害人的假军官证，以被害人名义开具活期存折账户加借记卡，并趁机将此存折与被害人自己开具的存折调换，使被害人在不明真相的情况下，陷入错误认识，将 105,020 元存入由被告人掌控的存折中，进而达到骗取他人财物的目的，其行为符合诈骗罪的主、客观要件"。从上述裁判理由可以看出，认定诈骗罪的主要思路是这样的：

---

① 参见李勇：《结果无价值论的实践性展开》，中国民主法制出版社 2013 年版，第 53 页。

被告人主观上具有诈骗他人财物的故意——客观上实施了欺骗行为——主、客观相一致,所以成立诈骗罪。判决之所以认定为诈骗罪,关键的理由就是被告人主观上是“骗”,而非“盗”。[①] 如下面这个案例:

[**案例3**]只有四张桌子能容纳八个客人的小面馆。被告人进入面馆后吃面,当时面馆没有其他客人。被告人吃面过程中,看到桌子上有一部手机(经查明是面馆老板的手机),为了等待时机,被告人先后3次加面汤,一碗面吃了20多分钟,趁机将手机拿走,并放在桌子底下关机,后离开。出门后,将手机内的SIM卡取出扔掉。

这个案件,一审判决认定盗窃罪;被告人不服而上诉,二审法官认为应该定侵占罪。理由何在?该法官说:被告人当时并不知道这个手机是面馆老板的,被告人供述他根本不想偷,而是捡。被告人以为是别人的遗忘物,所以属于拾得他人遗忘物,应该定侵占罪。按照这个逻辑,定盗窃还是侵占,取决于被告人自己心里怎么想?这是荒唐的。

3.随意添加主观要素,过于注重目的、动机等主观因素。司法实践中,一些司法人员对主观要素情有独钟,动辄随意添加主观要素。比如下面这个案例:

[**案例4**]某职业技术学校几个女生和一个男生,在晚上10时左右,把另一个女生被害人带到校外一个隐蔽的地方殴打一顿,并强迫该被害女生脱光衣服。

这个案件成立强制猥亵、侮辱罪吗?有人认为不构成,其理由是行为人没有追求性刺激的动机和目的。这就属于随意添加主观要素。刑法规定的强制猥亵、侮辱罪并没有限定必须要有追求性刺激的动机。果真如此,行为人出于报复的动机,在大街上当着众人的面扒光妇女的衣服,也无法成立强制猥亵、侮辱罪?这显然无法让人接受。

这种随意添加主观要素的做法有时还表现在正当防卫的认定上,比如下面这个案例:

[**案例5**]被告人李国某与其邻居李某某有宅基地纠纷。2009年12月3日上午,被告人李国某在其家北山墙搭建架木粉刷山墙。李某某发现所搭建架木超过其家边界,遂持刀上前制止,与被告人李国某引起厮打。在厮打过程中,李国某从李某某手中夺过菜刀,用该菜刀照李某某头部砍了两下,致李某某重伤。经法院调解,被告人李国某一次性赔偿被害人共计15,000元。法院认为,被告人李国某

---

① 参见李勇:《结果无价值论的实践性展开》,中国民主法制出版社2013年版,第163~164页。

与被害人李某某互相厮打，都有侵害对方的故意，目的均不正当，都不属于正当防卫。在本案发生的前因上，被害人李某某持刀前往，加剧了矛盾升级，存在一定过错。被告人李国某认罪、悔罪，积极赔偿，得到被害人谅解。以故意伤害罪判处李国某有期徒刑三年，缓刑三年。

此案判决书认定不属于正当防卫的核心理由居然是"目的均不正当"。这也属于随意添加主观要素。

（三）正确的理念与方法

1.先客观后主观

在任何犯罪当中，都存在客观的要素和主观的要素，客观要素和主观要素对于犯罪成立来说都是不可缺少的，但是在定罪过程中，必须要遵循客观判断先于主观判断这样一个基本原则。也就是说，我们首先要看是否存在客观上成立犯罪的要素，只有经过客观判断得出了肯定性的结论，然后才能进入主观判断。如果客观的判断已经得出一个否定性结论，那么定罪的过程就终止了，就不需要再去判断行为人主观上是否具有故意或过失。原因在于：(1)这种客观判断先于主观判断的原则，能够最大限度地保证我们定罪首先依据的是一个人的客观行为。因为客观的要素如行为、结果是看得见、摸得着的，是能够被人们认知的，而且刑法惩罚的主要是行为，这种行为是通过行为人的作为或者不作为表现出来的，正是这种行为导致了对刑法所保护的法益的侵犯，所以，首先要确定是否存在这种行为，然后再来看这种行为是在什么样的主观心理状态支配之下实施的。人们的主观心理状态不是表露于外的，而是隐藏在人们内心的，尽管我们可以通过客观的要素去推定主观心理状态，但是客观的要素和主观的要素相比较而言，毕竟客观的要素是更容易被人们认识，因此先确定客观的要素，再来看主观的心理状态，这样就能够最大限度地保证定罪的正确性，不容易导致随意出入人罪。(2)从程序上来看，客观要素易于通过证据来证明。证明客观要素的证据也较容易收集，并且不容易出错。主观要素难以用证据证明，证据也难以收集。

结合上述方法来看案例1，不要动不动上来就问行为人主观上如何如何，先看行为人客观"用拳头推被害人王某"，这个行为本身是故意伤害罪中的"伤害行为"吗？刑法中的实行行为是指具有法益侵害危险的符合构成要件的行为，这个行为是否能够导致轻伤以上法益侵害的行为？如果是，那就要考虑故意伤害罪；如果不是，就没有考虑故意伤害罪的余地。这样我们就知道，这个案例不可能成立故意伤害罪，因为"用拳头推被害人王某"行为本身不足以导致轻伤以上的后果，客观行为就不符合故意伤害罪。那是正当防卫，还是过失致人死亡，还是意外事件？这就需要接着进行违法性判断和有责性判断。

上述案例2、案例3都涉及财产犯罪的界限问题。盗窃罪、诈骗罪、侵占罪之间的区别不在于主观上行为人想如何如何，更不能说被告人想实施什么罪名就定什么罪名，区别关键在于客观上的行为模式和行为构造不同。盗窃罪的行为基本特征是违背财物所有人或占有人的意志，改变占有关系；诈骗罪的行为基本特征是财物所有人或占有人基于错误认识"自愿"处分了财物；侵占罪的行为基本特征是先合法占有，再由合法占有变为非法占有。这样来看案例2，陈某将人民币105,020元存入已被调换的存折，陈某以为是存入自己的银行卡，存钱是为了证明自己的资金实力，并不是把这105,020元作为货款处分给被告人，因此这个存钱的行为不是处分行为，也没有处分意思，那就没有成立诈骗罪的余地。而被告人违背被害人的意志秘密调包存折、秘密取款，取走这105,020元是违背被害人意志的，符合盗窃罪的行为特征。对于案例3，应当首先判断手机由谁占有。很显然，面馆老板的手机放自家的面馆里，属于面馆老板占有。被告人违背面馆老板的意志改变占有关系，属于盗窃罪，不存在被告人合法占有、拾得遗忘物的问题。问这个法官："如果你是这个案件的被害人，你报警会怎么说？"他说："那我肯定说'手机被偷了'。"我问："那你咋不说，我的手机成为遗忘物，然后被捡走了？"

2. 先违法后责任

跟先客观后主观判断方法密切关联的就是先违法判断后责任判断。传统上，我们说"违法是客观的，责任是主观的"，尽管后来的发展承认主观的违法要素，但是违法性判断具有客观性这一先天的"基因"仍然是保留的。比如，案例5中正当防卫的判断，应当先判断被告人李国某的行为是否具有实质的违法性，是否保护了一种法益从而阻却了违法，防卫的手段通过法益衡量是否超过必要限度，如果得出阻却违法的结论，就无须再进行有责性的主观判断，直接就得出不成立犯罪的结论。如果得出不能阻却违法的结论，再进一步判断责任要素。此案中，被害人李某某持刀上前厮打，被告人李国某从李某某手中夺过菜刀进行反击，属于为了制止不法侵害的防卫行为，而且这个防卫没有超过必要限度，成立正当防卫。

3. 不要随意添加不必要的主观要素

不要随意添加不必要的主观性要素。对于案例4，强制猥亵、侮辱罪以往认为是倾向犯，要求具有追求性刺激的动机，但是日本早已抛弃了这种观点。这个罪名保护的法益是性的羞耻心，就是除了性交之外的性权利。大庭广众之下把一个妇女的衣服扒光，这个行为本身就侵害了受害人性的羞耻心，要先看这个行为，至于动机如何，对受害人性的羞耻心的侵害并无影响。

二、形式与实质

（一）形式与实质的关系

1. 形式解释论与实质解释论的含义

形式解释论更加关注刑法规范用语的字面含义、规范的本来含义。在哲学上是一种规则功利主义的价值观。首先要进行形式解释，只有在符合形式解释的情况下，才需要进一步作实质的判断。

实质解释论认为，应当根据生活中的不同事实，依据事物的本质，不断对法律作出不同的（但符合事物本质的）解释，以求得最合理的解释，即不仅要从形式上来解释刑法，更要从实质的角度来解释刑法。这种解释论更加关注行为的效果，是一种行为（效果）功利主义的价值观念。实质解释论的产生是法学实质化运动中的一环。19 世纪自然主义哲学、实证主义哲学盛行，贝林的中性无色的构成要件应运而生。19 世纪末 20 世纪初新康德主义哲学兴起，强调实质化和价值论，这样构成要件实质化、实质违法论应运而生。

我国的实质刑法观与形式刑法观之争与日本刑法学中的实质犯罪论与形式犯罪论之争相似。在日本，实质犯罪论、形式犯罪论分别以结果无价值论者前田雅英、行为无价值论者大谷实为代表。实质犯罪论认为“刑法的目的在于保护个人的生命或财产这种生活利益或法益，刑罚只有在能够保护该种法益的限度之内，才具有意义”，刑法规范主要是裁判规范；形式犯罪论认为“刑法的作用不仅在于保护法益，通过保护法益来维持社会秩序才是刑法的目的之所在”，刑法规范首先应当是行为规范。

2. 实质解释与形式解释的关系

实质解释与形式解释的关系是两种解释论争议的关键，争议的焦点主要体现在以下方面：

（1）关于罪刑法定问题。有人说形式解释侧重保障人权，坚守罪刑法定；而实质解释侧重保护法益，会突破罪刑法定。这种论调是典型的抹黑实质解释论。事实上，无论是形式解释论还是实质解释论都主张坚守罪刑法定主义，更不存在谁更有利于保障人权的问题。

（2）关于谁先谁后的问题。实质解释并不反对形式判断。这种对立是一种假象,甚至伪命题。在司法实践中,既需要实质解释,也需要形式解释。在先后顺序上,应当先进行形式解释,后进行实质解释。

(3)要不要扩大解释,扩大到何种程度的问题。这是形式解释论与实质解释论关键的分歧所在。用语可能具有的含义与处罚必要性成正比,与用语的射程范围成反比。比如,故意毁坏财物罪中"毁坏",实质刑法观认为,"毁坏"应当坚持"效用侵害说",形式刑法观则坚持"有形侵害说"。再如,把被害人的戒指扔到湍急的河水中:形式解释论认为不属于故意毁坏财物,因为戒指本身没有遭受到物理性损害;实质解释论认为属故意毁坏财物,因为戒指已经无法找到,失去效用,被害人的财产权受到实际侵害。

(二)法律应用实践的误区

司法实践中,没有很好地把握形式解释与实质解释的关系,经常顾此失彼,从一个极端到另一个极端,主要表现在以下方面:

1. 只看形式,机械司法

陈兴良教授和邓子滨研究员认为,实质解释在实践中导致入罪比较容易,导致可能把不该定罪的定罪了。但是笔者觉得,这种看法是不符合实践的。所谓的导致入罪容易根本不是实质解释的原因,而是刑事政策对司法的侵入。为了政策导向、社会效果,从社会危害性的角度动辄入罪,这不是实质解释的问题。政策侵入司法以社会治理的过度刑法化为指针,而实质解释是以法益为核心的解释论。这个问题,笔者后面再具体讲。这里重点讲的是,实践中过于重视形式解释,甚至只看重形式解释,导致机械司法。就笔者的观察,形式解释导致机械司法而出现"奇葩"判决远超过实质解释。比如,陆某案,陆某未经允许从印度购买进口的抗癌药,形式上看属于"以假药论",机械地看似乎符合销售假药罪,这是陆某被卷进刑事诉讼的重要原因。但是从实质上看,这种行为实际上有益于社会,并无实质的违法性。如果不是舆论的作用,陆某被判刑的概率非常之大。如下面这个案例:

[**案例6**]2014年11月至2015年1月,被告人王某军未办理粮食收购许可证,未经工商行政管理机关核准登记并颁发营业执照,擅自在临河区白脑包镇附近村组无证照违法收购玉米,将所收购的玉米卖给巴彦淖尔市粮油公司杭锦后旗蛮会分库,非法经营数额218,288.6元,非法获利6000元。案发后,被告人王某军主动退缴非法获利6000元。2015年3月27日,被告人王某军主动到巴彦淖尔市临河区公安局经侦大队投案自首。原审法院认为,被告人王某军违反国家法律

和行政法规规定，未经粮食主管部门许可及工商行政管理机关核准登记并颁发营业执照，非法收购玉米，非法经营数额 218,288.6 元，数额较大，其行为构成非法经营罪。①

《刑法》第 225 条规定：“违反国家规定，有下列非法经营行为之一，扰乱市场秩序，情节严重的……（一）未经许可经营法律、行政法规规定的专营、专卖物品或者其他限制买卖的物品的；（二）买卖进出口许可证、进出口原产地证明以及其他法律、行政法规规定的经营许可证或者批准文件的；（三）未经国家有关主管部门批准非法经营证券、期货、保险业务的，或者非法从事资金支付结算业务的；（四）其他严重扰乱市场秩序的非法经营行为。”原审判决显然对这里的“违反国家规定”“扰乱市场秩序”“其他严重扰乱市场秩序的非法经营行为”作了形式化的、机械的理解。从形式来看，王某军确实违反规定、扰乱市场秩序，机械地形式解释很容易得出非法经营罪定罪的错误结论。类似的天津气枪案、深圳鹦鹉案，都是犯了机械主义、形式主义的错误。还有大量的防卫过当的案件，一看到重伤的后果，就形式地、机械地认为是防卫过当，而没有从实质的角度衡量有无实质的违法性。

2. 只看实质危害，盲目入罪

与片面强调形式解释而落入机械主义相对应的是，片面强调实质危害，不顾罪刑法定而盲目入罪。

[**案例 7**]2010 年 4 月至 6 月，犯罪嫌疑人杨某至距离南京某学院女生宿舍约 100 米的一楼房的平台，先后 7 次脱下裤子裸露生殖器，面对众多女学生进行手淫。引起该校师生及周围群众公愤，经当地媒体报道后，引起群众广泛谴责。②

这个案例，有人认为社会危害性很大，不定罪不足以“平民愤”。但是刑法规定的强制猥亵、侮辱罪，要求行为要具有强制性。本案中，并没有体现出强制性，不能为了处罚实质的危害性而置刑法的明确规定于不顾。实践中，在网络上进行露阴等其他不雅动作，都不能解释为强制猥亵、侮辱罪，不能突破“强制性”的刑法规定。

---

① 参见最高人民法院指导性案例 97 号。

② 参见李勇：《结果无价值论的实践性展开》，中国民主法制出版社 2013 年版，第 140 页。

(三)正确的理念

1. 先形式后实质

在判断一个行为是否符合构成要件时,应当先进行形式判断,然后再进行实质判断。在形式判断已经得出否定结论时,就不能通过实质判断来突破刑法的明确规定。比如,案例7中的露阴行为,先从形式上判断就不具有"强制性",就可以直接否定强制猥亵罪的成立。

2. 在形式的范围内更加注重实质

这是防止机械司法的重要内容。特别是要从实质判断上进行出罪。从这个意义上来说,"形式解释入罪,实质解释出罪"具有一定的合理性。比如案例6,从形式上来看,被告人未办理粮食收购许可证而收购玉米扰乱市场秩序,但是从实质上:一方面,这个行为有利于解决农民卖粮难问题,有利于粮食的市场流通;另一方面,从《刑法》第225条规定的其他专营专卖商品的同类解释看,粮食也难以解释为该罪名中的专营专卖商品。

无论是刑事实体法还是刑事程序法,都需要这样先形式后实质的判断方法。具体来说:

(1)构成要件符合性的判断:构成要件符合性中实行行为不能仅仅进行形式解释,还需要一定程度的实质解释,当然这里涉及实质刑法观和形式刑法观的问题,笔者是实质刑法观的立场。笔者主张的实质解释是符合刑法条文目的的具有处罚必要性,且没有超过刑法文本可能具有含义范围的解释。这种实质解释是必要的。比如下面这个案例:

[案例8]行为人甲对楼下跳广场舞的领舞大妈深恶痛绝,一直想弄死她,扎小人、求神仙,就是弄不死她。一次听说某国家的航空公司易出事故,就劝领舞的大妈乘该航空公司的飞机去旅游,结果真的出事了。

能定故意杀人吗?不能,在构成要件符合性阶段就否定了。因为劝人家乘飞机,飞机偶然失事的行为,不是杀人行为。杀人行为要从实质上解释,也就是具有导致他人死亡危险性的行为才是杀人行为。不能只看形式上飞机出事了就认为符合故意杀人罪的构成要件。例如下面这个案例:

[案例9]有一个穿短裙的红衣女郎A站在马路边,一阵风吹来,风吹起她的裙摆。B骑摩托车刚好路过,老盯着看,结果撞电线杆上了,撞死了。

A构成犯罪吗?有人说,A不穿超短裙、不站在那,B就不会死。这就是典型机械形式化的思维。穿超短裙这个行为不会有导致人死亡的危险性吧?在实质上，这不是一个侵害法益的行为，甚至是有益于社会的行为。

（2）刑法中因果关系与客观归责。这也是一个从形式判断到实质判断的问题。很多学者写的客观归责文章，理论性很强，但是同时也很空洞，对司法办案意义不大。这些文章没有从根本上认识到因果关系与客观归责的实际操作问题。其实，客观归责理论的出现，就是解除了原来因果关系理论同时担负着事实判断和责任判断的任务。客观归责理论主张，分两步走：第一步是因果关系的判断，用条件公式进行形式判断；第二步用客观归责进行责任的判断，用风险规则进行实质判断。这就是从形式到实质的判断。[①] 如图 15－1 所示：

- 因果关系
  - 条件公式：若无 A 则无 B
  - 客观归责
    - 创设风险
    - 实现风险（规范保护目的）
    - 风险管辖（构成要件效力范围）

图 15－1　因果关系

（3）证据法中的证据能力的判断。证据能力是指证据能否作为定案依据的资格。无证据能力的证据就是应当作为非法证据排除的证据，证据能力待定的证据就是瑕疵证据。如何判断非法证据？这也需要一个从形式到实质的过程，就是先从形式上判断某个证据是否违反法律、法规、司法解释的规定，这是第一步。如果违反那就是违法证据，但是违法证据未必就是应当排除的非法证据，因为很多违法证据可能是瑕疵证据。这在理论上就是“证据取得禁止不等于证据使用禁止”。到底是非法证据还是瑕疵证据需要综合多种因素进行实质判断和衡量，这是第二步。[②] 如图 15－2 所示：

非法证据判断公式：

第一步：形式判断（是否违法取证）

第二步：实质判断（是否排除）

图 15－2　非法证据判断公式

---

① 关于因果关系及客观归责问题，笔者开发的全国检察教育培训精品课程“因果关系的司法认定”中有详细讲述，也可参见李勇：《结果无价值论的实践性展开》，中国民主法制出版社 2013 年版，第 56～66 页。

② 关于刑事证据的审查以及非法证据的判断，笔者开发的全国检察教育培训精品课程“刑事证据的审查判断”中有详细阐述，也可参见李勇：《刑事证据审查三步法则》，法律出版社 2018 年版，第 50 页以下。

三、罪刑法定与无罪推定

罪刑法定原则与无罪推定原则分别从程序和实体两个角度,共同构成了现代刑事法治的两大基石。对刑事法律的适用具有根本性的指导意义。尽管理论的解读文献可谓汗牛充栋,但是实践中依然存在很多问题。

(一)罪刑法定的出罪与入罪问题

罪刑法定的初衷是为了限制入罪的,也就是说,要想定某一个人的罪,就必须有刑法的明确规定,从这个意义上来说,“无法则无罪,无法则无刑”,也就是我们常说的“法无明文规定不为罪,法无明文规定不处罚”。那能不能反过来说“法有明文规定必为罪,法有明文规定必处罚”呢?这是不可以的。换言之,出罪未必需要刑法有明确规定。这一点并不难理解,比如超法规的违法阻却事由,尽管我国刑法没有规定被害人承诺不构成犯罪,但是因为实质上阻却违法,所以不成立犯罪。这就是超法规的阻却违法事由,也就是出罪并不需要法律的明确规定。这能说违反罪刑法定原则吗?当然不能。再如,2018 年修改后的《刑事诉讼法》增加了认罪认罚从宽的规定,有人认为刑法没有规定认罪认罚可以从宽处罚,刑事诉讼法这样“越俎代庖”违反罪刑法定原则。这种观念也是错误的。从严处罚必须要有刑法的依据,但是从宽处罚即使刑法没有规定,只要不是徇私枉法,实质上并不违反罪刑法定。

这里还涉及我国《刑法》第 3 条的规定:“法律明文规定为犯罪行为的,依照法律定罪处刑;法律没有明文规定为犯罪行为的,不得定罪处刑。”有人说,该条的前段意思就是“法有明文规定必为罪,法有明文规定必处罚”。其实,这种理解是错误的。比如,刑法中规定的故意杀人罪,但是因为被告人死亡,就不能“必处罚”,而刑事诉讼法规定被告人死亡的属于法定不起诉的类型。其实,“法律明文规定为犯罪行为的,依照法律定罪处刑”这句话的重心在于“依照法律定罪处刑”,而“依照法律定罪处刑”这句话的重心又在于“依照法律”,也就是提示司法人员注意:即使某个行为法律明文规定为犯罪行为的,也要依法办案,不能徇私枉法。这是立法上的注意规定,并不是罪刑法定的实体内容。

(二)无罪推定的两个问题

无罪推定原则的基本含义是任何人在未经审判机关判决确定有罪前,应推定其无罪。在法律适用中,有两个问题需要注意:

1. 有罪必须经法院判决确定，无罪是否也必须经法院判决确定？

昆山于某明正当防卫案将这个问题推到了风口浪尖。刑法学者冯军质疑道："涉及是否属于正当防卫的性质认定问题，行为性质的认定问题也能由公安机关决定吗？人命关天的事，没有律师代表死者在法庭上辩论就作出结论，是否有失公平？这样的做法是否与中央'以审判为中心'的司法改革方案背道而驰？"①

这种质疑是没有道理的。根据无罪推定原则，无罪的行为由公安机关撤案并无不当。无罪推定的基本含义就是任何人未经判决确定有罪前，应推定其无罪。但是由此能不能推导出要确定一个人无罪也必须经法院判决呢？显然不能。要让法院对天下所有无罪之人都判决无罪，类似于颁发"良民证"，岂不荒谬?! 无罪推定原则是为了保障犯罪嫌疑人或被告人的人权，在判决前推定其无罪，从而有效保障其各项诉讼权利，并让控方承担证明责任，从而保障犯罪嫌疑人、被告人的人权。因此，要定某一个人的罪，必须经法院判决；要想确定某一个人无罪，则未必都要经过法院判决。②

2. 无罪推定原则的下位规则存疑有利于被告原则如何理解？

有以下几点需要特别注意：(1) 存疑有利于被告只限于事实和证据存疑，不允许在实体法适用问题上存疑而有利于被告。比如，一个行为是定盗窃罪还是定诈骗罪存在分析，这是实体刑法的适用，不能来一个"存疑有利于被告"，哪个罪轻就定哪个。这样刑法罪名研究就变得毫无意义。(2) 存疑有利于被告中的"存疑"包括质的存疑和量的存疑。质的存疑是指在"有"和"无"之间存疑的时候，推定为"无"。比如，在行为人有没有实施杀人行为上存疑，那推定为没有杀人行为。量的存疑是指在"多"和"少"之间存疑的时候，推定为"少"。比如，行为人盗窃 18,000 元还是盗窃 15,000 元之间存疑，那推定为 15,000 元。不能因为量上存疑就认为是"疑罪从无"而直接否定犯罪事实成立。

四、(刑事)政策与司法

(一) 政策与司法的关系

刑法与刑事政策的关系可以分为法律与理论两个层面：在理论层面，主要是

---

① 冯军：《感谢网友们辛苦"拍砖"，冯军的回应都在这里了》，载微信公众号"法律与生活杂志"，https://mp.weixin.qq.com/s/k-1lJzK7M3yeEMlNv2G1Cw，最后访问日期：2018 年 9 月 17 日。

② 参见李勇：《正当防卫实体及程序难题研究》，载《中国检察官（经典案例版）》2018 年第 9 期（下）。

刑事政策与刑法教义学之间的关系;在法律层面,是刑事政策与刑事立法、司法之间的关系。刑事政策刑法化又包括立法上的刑事政策化和司法上的刑事政策化。政策与司法的关系就是司法层面的刑事政策化,即刑事政策司法化问题。不可否认,刑事政策对于刑法立法具有导向作用,对于刑法教义学具有基础性影响,从这个意义上说,刑事政策刑法化确实一个不可阻挡的世界潮流。但是刑事政策过度介入司法所造成的负面影响,至少在当下中国是值得反思和警惕的,从刑事政策刑法化中引申出"刑事政策司法化"隐藏着巨大法治风险,值得反思。在中国,刑事政策司法化很容易被演变为政策司法化。

(二)法律应用的实践误区

1. 跟风执法

政策司法化的表现形式之一就是跟风执法。"毒豆芽"事件就是典型的跟风执法。使用"无根剂"6-苄基腺嘌呤和4-氯苯氧乙酸钠生产的豆芽曾经被媒体渲染为"五毒俱全"的"毒豆芽",司法机关闻风而动,跟风执法。2013年1月1日到2014年8月22日,中国裁判文书网公开的相关案例709起,有918人被以"生产、销售有毒、有害食品罪"获刑。直到2015年人们才恍然大悟,当初媒体声称的"毒豆芽"不一定就是有毒,当初"毒豆芽"案大多以生产、销售有毒、有害食品罪定罪处罚是错误的。研究表明,使用"无根剂"6-苄基腺嘌呤和4-氯苯氧乙酸钠生产的豆芽,既无毒也无害,使用这种无根剂生产豆芽既是国际通例,也不为我国法律所明令禁止。豆芽"毒不毒"既是个严肃的法律问题,更是个严肃的科学问题,在没有鉴定或其他证据表明这种无根豆芽含有有毒有害物质的情况下,为何各地司法机关一窝蜂地纷纷动用生产、销售有毒、有害食品罪这个罪名重拳出击呢?或许,我们可以找出千万种理由,但是根本原因在于司法机关面对媒体热炒"毒豆芽"之"五毒俱全"时缺乏定力,盲目以政策主导司法,以政策扭曲法律。

2. 冲动执法

司法人员有一种错误的冲动,就是动不动会说:"这个行为社会危害性太大,一定要找个罪名打击此类行为。"这是政策主导司法的传统与我国传统刑法理论的一个核心概念——社会危害性——巧妙地勾连在一起。个别司法人员甚至公开主张,刑事政策对具体案件的判决有影响,有些案件找不到理由,就拿刑事政策甚至政策说事。

(三)正确的理念

司法层面坚守李斯特鸿沟。[①] 德国刑法学大师李斯特曾提出了一个至今仍然广为流传的命题——"刑法是刑事政策不可逾越的屏障",这句话也被译为"罪刑法定是刑事政策不可逾越的樊篱",被称为"李斯特鸿沟"(Lisztsche Trennung)。德国的著名刑法学家罗克辛教授主张将刑事政策导入刑法体系,致力于移除"刑事政策与刑法体系两者中间的那堵墙"。但是,需要注意的是,罗克辛是从刑法学体系、刑法教义学的角度,主张将刑事政策导入刑法学理论体系,实际上谈的是刑法学发展问题。刑事政策的评价纳入刑法学体系建构中,是指刑事政策的课题纳入刑法的教义学方法中;但并不是在司法层面引入刑事政策,更不意味着刑事政策学直接作用于司法,不能在解释和适用刑法时打着刑事政策的幌子随意出罪入罪。因此,罗克辛也警告人们"刑事政策原则的发展不可以脱离立法者的那些规定。如果真的脱离了现行规定,那么它就只属于应然法,从而就丢掉法律解释的基础了"。[②]

方　法　篇

一、阶层论方法及其运用

(一)阶层论的理论基础

刑法和刑事诉讼法存在的目的不单纯是惩罚犯罪,更是限制国家刑罚权的发动。如果单纯为了惩罚犯罪,没有刑法和刑事诉讼法的"束缚"反而更加快捷、方便。日本著名刑法学家西原春夫说:"从这一点说刑法是无用的,是一种为了不处罚人而设立的规范。"[③]因此,我们在解释和适用刑法过程中,要将某种行为认定为犯罪时,应当从出罪机能、限制国家刑罚权的角度考虑问题。阶层论的认定方法就是以出罪机能为指导,设置多道关口,层层过滤,尽可能把不是犯罪的行为过滤掉。这就是阶层论的思维,也可以称为体系性思维。德国学者普珀说:"体系方法,乃是将一个思考的任务(无论是要解答一个抽象的问题,还是要判断一个具体的个案)分解成一个个单一个别的思维步骤或决定步骤,并且将这些步骤合乎逻辑地整理排列好。这特

① 参见李勇:《坚守"李斯特鸿沟"》,载《检察日报》2016年2月25日,第3版。

② [德]克劳斯·罗克辛:《刑事政策与刑法体系》,蔡桂生译,中国人民大学出版社2011年版,第41页。

③ [日]西原春夫:《刑法的根基与哲学》,顾肖荣等译,法律出版社2004年版,第45~46页。

别像德国谚语所指出的:第二步不会先于第一步。第二步,是指所有逻辑上以第一步为前提的步骤。体系方法,本质上也就是一种逻辑的运用。"[①]很多人片面地认为阶层论只适用于犯罪构成。这是狭隘的。甚至把阶层论与犯罪构成三阶层画等号。这是不正确的。阶层论作为一种司法逻辑方法,无论是在刑事实体法领域还是刑事程序法领域,都有很多方面的运用。

(二)阶层论运用

1. 犯罪构成中的三阶层与四要件

阶层论思维运用得最广为人知的当然是犯罪构成(犯罪成立条件)。德日刑法中的三阶层是指:构成要件符合性——违法性——有责性。今天,"不法——责任"的二阶层也正变得越来越有力。事实上,国内很多人对三阶层的理解还过于肤浅,很多人理解的三阶层其实是贝林—李斯特的古典模式,三阶层有一个复杂的发展演变过程:古典体系——新古典体系——目的论体系——新古典暨目的论体系——目的理性体系——二阶层等。[②]

我国传统刑法理论中的四要件:犯罪客体——客观方面——犯罪主体——主观方面,来自苏联,而苏联又改造自德国。二者之间的改造关系如图 15-3 所示:

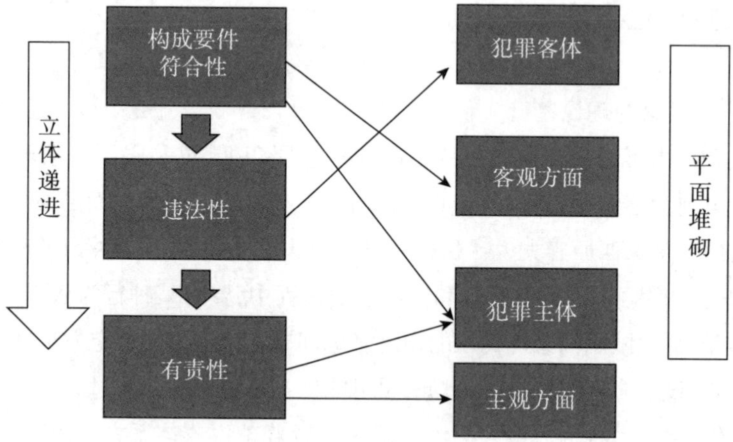

图 15-3　三阶层与四要件关系

---

① [德]英格博格·普珀:《法学思维小学堂——法律人的 6 堂思维训练课》,蔡圣伟译,北京大学出版社 2011 年版,第 179 页。

② 关于三阶层的发展脉络及其司法运用,笔者开发的全国检察教育培训精品课程"三阶层的理解与运用"中有详细阐讲述,也可参见李勇:《结果无价值论的实践性展开》,中国民主法制出版社 2013 年版,第 37 页以下。

三阶层与四要件最大的区别在于，前者是立体的阶层论思维，在认定犯罪的审查步骤上，通过三个阶层逐步过滤，三个步骤之间的逻辑关系是不容颠倒的，也就是德国谚语中说的“第二步不会先于第一步”，第二步在所有逻辑上以第一步为前提。后者是平面的耦合结构，四个方面的要件没有逻辑上的先后次序，一荣俱荣、一损俱损，尽管把客体和客观方面在理论上排在前面，但是由于没有内在的逻辑秩序，导致实践中动辄会先进行主观方面的审查和判断。所以，我们要学会这种阶层论的思维方式，在法律适用中习惯于适用体系性的审查步骤。例如下面这个案例：

[**案例 10**]2000 年 7 月某日中午，被告人李某（具有责任能力，达到责任年龄）伙同未成年人申某（1986 年 11 月 9 日出生，时龄 13 周岁）将幼女王某（1992 年 5 月 21 日出生）领到一块玉米地里，李某按住被害人头部、口部。申某强行脱掉被害人衣裤并强行奸淫了被害人，然后再由申某按住被害人，李某强行奸淫被害人。2000 年 11 月 2 日，因被害人亲属报案，李某、申某被抓获。

这个案例中，达到刑事年龄的李某与未达刑事责任年龄的申某轮流强行与被害人发生性关系的行为是否成立轮奸？

我国《刑法》第 236 条第 3 款第 4 项规定，2 人以上轮奸的，处 10 年以上有期徒刑、无期徒刑或死刑。轮奸是强奸罪的情节加重犯，轮奸在本质上是两人以上共同实行强奸的行为，我国刑法立法上将这种共同正犯规定为强奸罪的加重情节。正因为轮奸在本质上系共同犯罪，所以按照四要件，四个要件都要符合才是共同犯罪，但是其中一个人主体要件不符合，所以不是共同犯罪，所以国内一贯的通说认为，轮奸的主要特点是：主体是两名或多名年满 14 周岁、有刑事责任能力的男子，具有共同强奸的故意。换言之，实施轮奸的人必须是具有刑事责任能力和达到刑事责任年龄的人，否则不能认定为轮奸。按照传统通说，前述李某强奸案就不能认定为“轮奸”。可是这合理吗，被害人明明被两个人先后强奸，还说不是轮奸，这不能接受。按照三阶层，李某强奸案中，李某和未成年人申某共同实施了轮奸的行为，具备构成要件符合性；被害人的性自决权连续受到来自两人的侵害，违法性符合，当然应当认定为轮奸，至于申某某因未达刑事责任年龄而不承担刑事责任，这是有责任层面的问题，而与违法性无关。虽然，申某无罪，但是李某不仅构成强奸罪，而且要承担轮奸的加重犯。这样的结论更加合理。

2. 证据法上的证据三性与证据两力

我国传统证据法理论和实践谈证据必谈“三性”，即客观性、关联性、合法性。这里的“三性”其实谈论的是证据的属性问题，与证据的证据能力和证明力（以下简称证据的“两力”)存在重大差别。证据能力是指证据作为定案根据的资格和能力,证明力是指证据对证明案件事实的作用与价值。

证据“三性”与证据的“两力”之间最大的区别之一,就是前者是平面耦合的结构,后者是阶层递进的结构。证据的“三性”之间没有逻辑上的先后次序,客观性、关联性、合法性谁先谁后并无内在的逻辑定位,无法突出证据合法性的首要地位。事实上,一个证据即便具有客观性和关联性,但是如果是刑讯逼供得来的,仍然不能作为定案的根据,抛开合法性来谈证据客观性和关联性是没有意义的。也许有人会说,可以把证据“三性”中的合法性排在前面,把客观性和关联性排在其后,但这是没有实际意义的,因为“三性”之间原本没有内在逻辑上的先后次序,把谁排在第一个只是文字游戏而已,实践中无法保证办案人员始终把合法性放在第一位,这是由“三性”之间的平面结构与耦合关系所决定的。这与犯罪构成“四要件”中理论上将客观要件放在主观要件前面而实践中动辄先判断主观要件是一样的。但是证据的“两力”之间在逻辑结构上是递进的关系,没有证据能力就不具备作为认定案件事实根据的资格,当然也就谈不上证明力,即对事实的证明作用与证明价值。换言之,证据能力是证明力的前提和条件。这与刑法学中的犯罪构成“三阶层”中构成要件符合性、违法性和有责性中逻辑上的递进关系是一致的。大陆法系证据法通说认为,证据能力在逻辑上先于证明力,如我国台湾地区学者林钰雄指出:“证据,取得作为认定犯罪事实之资格后,亦即取得证据能力后,法官到底依照何种‘规则’来判断这个证据可否采信? ……此即‘证据价值之评价’问题,也就是‘证据之证明力’问题……逻辑顺序上必先具备证据能力之后,始生证明力之问题。”林教授这段论述对证明力与证据能力的逻辑关系的论述精当而清晰。我国台湾地区黄东熊等在《刑事证据法则之新发展》一书中更加直截了当地指出:“证明力与证据能力有别,盖证明力有无之判断,系证据具备证据能力之后问题;易言之,于评价证据对于判断事实之真伪能否发生心证上作用力之前,系以该证据已具备证据能力为先决条件。”简言之,证据能力在先,证明力在后,前者侧重形式判断,后者侧重实质价值判断。这种内在结构上的逻辑关系决定了在审查证据过程中,必然先审查证据能力,然后才能判断证明力,从而迫使司法人员先审查证据能力再判断证明力,进而有效贯彻非法证据排除规则。

事实表明,大量的冤假错案表面上看证据之间相互印证,证据具有关联性和客观性,但是用来印证的证据是没有证据能力的证据,是应当排除的证据,所以形成的印证就是“假象印证”,从而导致错案。比如,云南杜培武案,泥土同一性鉴定意见,作为一个科学证据,司法机关认为其客观性和关联性没有问题,但是这个作为检材的泥土没有合法的来源，而没有来源的物证不具有证据能力，不能作为定案根据。有学者将错案的责任归咎于印证证明模式是极端错误的。印证作为现代国家特别是大陆法系国家普遍的证明力判断规则，本身并无不当。问题出在没有严格把关证据的证据能力，过于强调证据的关联性和客观性，从而导致"假象印证"，这恰恰与证据"三性"理论是有勾连的。正因如此，越来越多的学者认为证据"三性"本质上属于证据属性问题，其学术价值有限，实践意义不大。陈瑞华教授也指出，"我们无须再去关注所谓的'证据属性问题'，而应更多地讨论证据转化为定案根据的条件问题"。

证据能力作为大陆法系的基本概念，是指证据能否作为定案的依据，其发挥着把守证据作为认定事实依据的"出口"功能。这与英美法系中证据的可采性、合法性不同，可采性、合法性是指证据进入法庭调查程序的资格，发挥着把守证据进入法庭调查程序的"入口"作用。我们急需倡导大陆法系的证据法两个核心概念"证据能力"和"证明力"，来扭转证据"三性"所可能形成的误导。[①]

二、三段论方法及其运用

（一）三段论的基本内涵

三段论是构成要件符合性判断的重要逻辑方法。三段论又称包摄推论，其基本内容是：大前提是法律规范——小前提是案件事实——得出结论。比如，《刑法》第264条规定的"盗窃公私财物，数额较大的，或者多次盗窃、入户盗窃、携带凶器盗窃、扒窃的"是盗窃罪，这是大前提；行为人甲盗窃了别人3000元钱，这是小前提；甲的行为具备盗窃罪的构成要件符合性，这是结论。

（二）三段论的适用

三段论的适用需要特别注意的是"三段论倒置"问题。"三段论倒置"就是先凭法感觉得出定什么罪的初步判断，然后按照三段论来验证这个初步的结论。这在法律适用上是非常常见的，理论上也没有问题。但是需要特别注意这种倒置是通过法感觉先假定结论，然后通过三段论的推理验证这个假定是否成立，而不是大小前提颠倒。如果颠倒大小前提就错了。例如单位盗窃问题、单位诈骗问题。

---

① 参见李勇：《重视证据能力与证明力之证据判断功能》，载《检察日报》2017年12月31日，第3版。

单位组织人员实施盗窃、诈骗,刑法没有规定单位可以构成盗窃罪和诈骗罪,那能否对组织、策划、实施的人员以盗窃、诈骗等罪追究刑事责任?

这个问题曾经引起广泛争议,传统观点认为,既然刑法没有规定盗窃、诈骗等是单位犯罪,所以,不能对组织、策划、实施的人员以盗窃、诈骗等罪追究刑事责任,否则违反罪刑法定。最高人民法院和最高人民检察院为此也争论得不可开交。最高人民检察院于2002年8月13日公布并施行的《关于单位有关人员组织实施盗窃行为如何适用法律问题的批复》指出:"近来,一些省人民检察院就单位有关人员为谋取单位利益组织实施盗窃行为如何适用法律问题向我院请示。根据刑法有关规定,现批复如下:单位有关人员为谋取单位利益组织实施盗窃行为,情节严重的,应当依照刑法第二百六十四条的规定以盗窃罪追究直接责任人员的刑事责任。"最高人民法院在《全国法院审理金融犯罪案件工作座谈会纪要》中规定:"单位实施的贷款诈骗行为,不能以贷款诈骗罪处罚,也不能以贷款诈骗罪追究直接负责的主管人员和其他直接责任人员的刑事责任……"

上述最高人民法院的观点显然是颠倒了三段论逻辑规则。这种无罪论的逻辑推论是这样的:该行为属于单位盗窃行为——刑法条文没有规定单位可以成为盗窃罪的主体——所以无罪。这样的推论过程显然是颠倒了大、小前提。如前所述,"三段论"中的法律规范是大前提,案件事实是小前提,无罪论者把案件事实作为大前提,法律规范作为小前提,当然难以得出正确的结论。正确的推论应该是:《刑法》第264条规定了窃取他人财物的行为属于盗窃罪的构成要件(大前提)——某公司总经理指使行为人甲实施的窃取他人财物的行为符合盗窃罪的构成要件(小前提)——该公司总经理(教唆犯)及行为人甲(实行犯)构成盗窃罪的共同犯罪。

《刑法》第30条规定:"公司、企业、事业单位、机关、团体实施的危害社会的行为,法律规定为单位犯罪的,应当负刑事责任。"这句话的正确理解应该是:法律规定为单位犯罪,单位应当负刑事责任;法律没有规定为单位的,单位不负刑事责任。但不能由此得出法律没有规定为单位犯罪的,不能追究任何自然人的刑事责任。否则,就会导致荒谬的结论。例如,两个竞争企业,其中一个企业为取得竞争优势,集体研究雇用甲将对方企业负责人乙杀死。按照无罪论的观点,这种行为无罪,无须任何人为此死亡后果承担刑事责任。果真如此,刑法中几乎所有的罪名,只要行为人打着单位这个旗号实施杀人、放火、爆炸等行为,就都无须承担刑事责任,这显然是荒谬的。有人会说,可以增设单位犯罪。这种观点更不可取,难道要将刑法中所有的罪名都规定为单位的犯罪吗?

2014 年 4 月 24 日全国人民代表大会常务委员会《关于〈中华人民共和国刑法〉第三十条的解释》终于平息了这一旷日持久的争论，该解释规定："公司、企业、事业单位、机关、团体等单位实施刑法规定的危害社会的行为，刑法分则和其他法律未规定追究单位的刑事责任的，对组织、策划、实施该危害社会行为的人依法追究刑事责任。"这个立法解释是符合三段论逻辑的，值得肯定。

三、"后果考察"方法及其运用

（一）"后果考察"的基本内涵

"后果考察"，是指法律应用过程中，运用一定解释方法得出某种解释结论，需要考虑该解释结论在其他案件或其他情况中可能导致的其他后果。当这种后果对法律适用具有负面效益，甚至可能产生荒谬结论的时候，就要放弃这种解释路径。解释结论正当与否不是来自立法者的权威，也不是来自文本，而是来自结果的有益性。① 简单地说，就是当我们对某种行为作出法律性质判断结论后，用这个结论反推到其他相关情形下，看会不会得出不合理、难以接受甚至荒谬的结论。如果是，那就应该放弃这种解释结论。这种方法非常重要，比如，于欢案中，一审不认定防卫，这个解释结论从后果考察来看，违背一般人的基本价值观，那就要反思这个结论是否妥当。

（二）"后果考察"运用方法

运用后果考察，需要把握以下几个方面：

1. 体系解释方法

使法律之间相协调的解释是最好的解释。如果一种解释方法对某一个案件得出一个结论后，会导致这个被解释的条文与刑法中其他相关条文形成重大矛盾和不协调，那就要反思这种解释结论是否妥当。例如，前面讲到的单位犯罪问题，如果认为单位组织实施的盗窃行为，既不能追究单位的刑事责任，也不能追究自然人的刑事责任，那就必须考虑这样的解释结论会不会导致相关条文的不协调。比如单位雇凶杀人，那是不是也不能追究任何人的刑事责任，这导致与故意杀人罪的刑法条文之间的体系性矛盾。如果认为可以在立法上增设单位犯罪，那就必

---

① ［德］英格博格·普珀：《法学思维小学堂——法律人的 6 堂思维训练课》，蔡圣伟译，北京大学出版社 2011 年版，第 179 页。

须从体系的角度考虑,是不是所有的罪名都要增设单位犯罪。

2. 朴素的正义感和常识常理

“道不远人”,刑法也一样,刑法是为普通人而设定的规范,因此当某种解释结论违反一般人的认识和价值观念,甚至违背朴素的正义情感,违背一般的常识常理,那这个解释结论一定是有问题的。比如下面这个案例:

[**案例11**]2016年2月28日13时许,杨某伟(51岁)、杨某平(55岁)在武昌区杨园街住所门前,遇彭某明遛狗路过,因杨某平摸了彭某明所牵的狗,双方发生口角,彭某明当即扬言去找人报复。一审判决书显示,双方发生口角后约10分钟,彭某明邀约另外三名男子,手持工地上常用的洋镐把,返回找杨氏兄弟报复。彭某明率先冲到杨某伟家门口,与其发生打斗,杨某伟用单刃尖刀朝彭某明胸腹部猛刺。双方打至门外的街上,彭某明邀来的三名男子也冲上来,用洋镐把对杨某伟进行围打。不远处的杨某平见弟弟被围打,便从家中取来一把双刃尖刀,朝彭某明的胸部猛刺。彭某明受伤后离开现场,不久因伤势过重抢救无效死亡。经法医鉴定,其胃、肝破裂,因急性失血性休克而死。案发一年后,武昌区法院作出一审判决。法院认为,杨某伟、杨某平合伙故意伤害他人身体,致人死亡,其行为构成故意伤害罪;杨某伟手段较残忍,其行为不属于仅为制止对方侵害而实施的防卫行为;杨某平系在看见弟弟被打的情况下,出手帮忙而持刀伤害被害人,“不存在自己面临他人不法侵害的情形”。2017年2月,武昌区法院判决杨某伟、杨某平犯故意伤害罪,前者判刑15年,后者判刑11年,两人共同赔偿附带民事诉讼原告人经济损失56万余元。①

2018年8月7日,此案在武汉市中级人民法院二审开庭审理此案,认为杨某伟在彭某出言挑衅,并扬言报复后,准备刀具是出于防卫目的。彭某带人持械返回现场,杨某伟人身安全面临现实威胁。彭某冲至杨某伟家门口首先拳击其面部,杨某伟才持刀刺向彭某胸腹部,该行为是为了制止正在进行的不法侵害的防卫行为。彭某空手击打杨某伟面部,杨某伟此时并非面临严重的不法侵害,却持刀捅刺彭某胸、腹部等要害部位。彭某要害部位多处致命刀伤系杨某伟所致,是其死亡的主要原因,杨某伟的防卫行为明显超过必要限度造成重大损害,属于防卫过当,构成故意伤害罪。当彭某返回现场用手指向杨某平,面对挑衅,杨某平未予理会;彭某与杨某伟发生打斗时,杨某平仍未参与,说明杨某平主观上没有伤害

---

① 《武汉“摸狗”被刺死案再开庭:是否正当防卫仍是焦点》,载网易新闻,http://news.163.com/18/1129/21/E1QE5FN80001875P.html,最后访问日期:2018年12月19日。

彭某的故意。彭某等四人持洋镐把围殴杨某伟致其头部流血,打倒在地,双方力量明显悬殊,此时杨某平持刀刺向彭某,是为了制止杨某伟正在遭受的严重不法侵害,属于正当防卫。据此撤销武昌区人民法院的刑事判决;杨某伟犯故意伤害罪,判处有期徒刑4年;杨某平无罪。①

这个案件,如果不认定正当防卫,简直天理难容。一审判决不认定正当防卫的结论,违背基本的朴素正义感。如果一审的司法人员当时能够运用"后果考察"的方法来反推这个解释结论的妥当性,就能够避免这样的"奇葩"判决的出现。二审判决在舆论的推动之下,作出了相对明智的判决。

理念是行动的先导,方法是行动的路径,希望这些理念和方法有助于各位在办案中实现正义,促进刑事法治的进步。

① 《武汉"摸狗命案"二审:弟弟获刑4年,哥哥无罪释放》,载凤凰网,http://news.ifeng.com/a/20181219/60204056_0.shtml。

案例教学：四要件 vs. 三阶层*

郭　莉** 最高人民检察院
徐　然*** 中国政法大学

目　次

* 2018年4月在国家检察官学院举办的第十六期学术沙龙上，郭莉博士与徐然博士以对话的形式分别站在四要件与三阶层的立场上探讨了犯罪构成理论的问题。后将沙龙内容转化为培训课程，并采取教师双讲、案例讨论、学员根据教师论辩"用脚投票"等形式，增加教师与学员之间的交流互动，在检察业务培训班次上多次讲授。本稿系对该课程核心内容的整理，文中谬误难免，皆因作者学力浅薄，还请方家指正为盼。

** 郭莉，最高人民检察院第四检察厅二级高级检察官助理、法学博士。

*** 徐然，中国政法大学副教授、法学博士。

第一部分　理论背景铺垫

一、刑法理论的当代图景

以当前为视角,回溯刑法理论40年发展历程,有两个具有范式性意义的理论转型,一为刑法理论研究的教义学化,二为刑法理论研究的去苏俄化。这两重转型的出发点各有不同,但均发生于21世纪初期,各自的转型趋势实现了互相强化和彼此推动,共同形塑了刑法理论的当代图景。

(一)理论研究的教义学化

第一大转型表现为理论研究的视角从立法环节向司法环节转移,研究的重心由立法政策学向司法解释学转移,研究的目的自推动刑事立法的合理修改向实现刑事司法的平等适用转移。由此便形成了与法律政策学相区分的刑法教义学,它对实定法进行体系化研究,以作为法律和司法实践的桥梁为己任,以促进司法判决稳定一致地适用刑法、减少司法的恣意性、强化法的安全性为目标。

所谓教义学(doctrine,源于拉丁文 doctrina),根据康德所言,是“对自身能力未先予批判的纯粹理性的独断过程”。法教义学(Strafrechtsdogmatik)既不是一个学派,也不是一个具体的部门法,从本质上来说它是一种研究法律的方法(study of law),是通过对实在法律规范的分析和解释,进而为法律的适用和实践问题的解决提供指南所形成的方法和知识体系的总称。由于法教义学的中心任务在于解释法律,因此也有很多学者乐于称其为法释义学或法解释学。

其具有以下特征:其一,以现行有效的实在法(positive law)为研究对象,它以实实在在的具有效力的法律规范作为思维起点,这突出了法教义学所具有的较强实证品性。其二,确定或信奉现行法规范及法秩序的合理性,先接受之、解释之和适用之。其三,暂且不怀疑或批判之,这是法教义学所预设的逻辑起点。法律规范的解释和法律规范的体系化是法教义学的两大中心任务,而正是在这种意义上德国法学家拉德布鲁赫将教义学称为一种"体系化的""解释性"的法学(interpretive science of law)。其四,法教义学的目的在于为实践中的个案提供解决建议或方案,因此,它是一种个案导向或实践指向的,法教义学既可以为简单案件(easy cases)或常规案件(regular cases)提供一套简便、高效的分析工具或裁判指南,又可以依据利益衡量、目的解释、体系解释等法律续造方法,应对复杂疑难案件。

何以出现如此转变?其原因主要有两点:一方面,时代的差异,决定了理论任务的不同,即在20世纪八九十年代,处于较大的社会转型时期,需要对大量的新兴社会现象予以法律评价,这便涉及对相应行为的"犯罪化",因此1979年《刑法》和1997年《刑法》都是在这一阶段制定和实施的。彼时以立法论为研究对象的理论深深地带有这一时代的烙印,各类专著、论文几乎都是以修改法律为主要内容的,以致只要新法(或修正案)一出,便有大量持反对立场的文献产生。另一方面,对法的理解的差异,决定了理论重心的不同。这一点从早期强调"法制"到当下注重"法治"可见一斑,即在法治初期,制度处于百废待兴之际,人们对法的需求往往更多地停留在"有法可依"这一完善法律制度的层面;而一旦逐渐形成体系性的法律制度,人们对法的需求就提升为有利于自身权利保障的法安全性和可预测性的层面。

(二)理论研究的去苏俄化

由于理论研究存在教义学化的转向,则反向地对当前研究的理论架构及其合理性提出了"疑问",即以苏联理论为模板的中国传统刑法理论,能否任重道远地推动并实现理论刑法教义学的转向?

起初,对传统理论去苏俄化的质疑,集中在社会危害性这一概念之上。以陈兴良教授为代表,强调社会危害性属于政治性概念而非规范性概念,并认为在犯罪认定中司法机关惯性地以社会危害性为由突破罪刑法定原则,为了防范这种风险,就要在刑法理论中批判性地清理社会危害性理论。不谋而合地是,以张明楷教授为代表,将对传统理论的质疑集中在四要件之中的客体这一要件,主张其并非构成要件的内容,与其他要件不属于同一层次,也即“犯罪侵犯法益,不等于法益本身是构成要件”,并在其教科书中删去“犯罪客体要件”。事实上,在传统要件理论中,承载并表现社会危害性的主要是客体要件,陈张两位教授都予以了批判。同时,陈兴良教授所主张的规范性概念,实际上就是张明楷教授所言的“法益”。

由这一点而展开,主张刑法理论去苏俄化的学者发现,不仅社会危害性、客体存在问题,而且正当化事由与犯罪成立理论的关系也不无疑问,同时刑法中有关犯罪的多重含义、犯罪成立理论所应当具有的功能价值等问题,逐一出现并摆在中国刑法学者的面前。于是,以传统要件理论为批判或改良模板的各类型犯罪论体系相继出现,并由此引发“我们需要何种犯罪成立理论”的理论争鸣。

二、犯罪成立理论三大模式览述

犯罪成立理论即犯罪论体系是刑法学理论的基石,是对刑法规定的成立犯罪必须具备的各种条件进行系统化整合和归纳的学理产物。当前各国关于犯罪成立理论表述的模型主要有三种:大陆法系的阶层理论、苏俄法系的要件理论及英美法系的双层次理论。

阶层理论以德、日为代表,认为犯罪的成立必须经过三个阶段的检验,即构成要件该当性、违法性和有责性。构成要件该当性是指行为符合刑法分则所描述的犯罪类型要件,当一个具体犯罪事实具备犯罪构成要件类型所描述的要素时,还不能表明该行为构成犯罪或不被刑法规范允许,必须进行第二个层次的违法性判断,方能确定行为是否违法。违法性判断不是根据具体的违法性要素作积极的判断,系采取一种反证排除法,去消极地判断是否存在阻却违法的事由,一个行为事实一旦满足了构成要件该当性,即间接表明该行为具备不法性,但如果能够证明存在法秩序应予容忍的情状,则不具备不法性,进而否定犯罪。一个行为事实如果具备构成要件该当性和违法性,也不能证明成立犯罪,还需进行第三个层次有责性的判断,在罪责阶段考察的是行为人是否应该为此行为负责的问题。行为只有依次经过上述三个阶段的检验,犯罪才成立。在阶层理论内部,除三阶层体系外还有二阶层的体系构造,即将构成要件该当性和违法性统称为不法,构成要件该当性彰显行为的一般不法,而违法性则是对行为不法进行个别化的确认,构成要件该当性与违法性都是为了确定行为的不法性质,继而形成不法与责任的两个阶层。但二阶层并非对三阶层的否定,因为在考察顺序上仍要延续构成要件符合性、违法性和有责性三个层次,无论是三阶层还是二阶层,本质都是区分不法与责任,这是阶层理论的核心。

要件理论则为苏联、俄罗斯及中国通说所倡导。要件理论的典型形式即四要件说,认为犯罪的成立必须具备犯罪客体、犯罪客观方面、犯罪主体和犯罪主观方面四个要件。犯罪客体是刑法所保护而为犯罪行为所侵害的(社会主义)社会关系。犯罪客观方面是刑法所规定的,说明侵犯某种客体的行为的社会危害性的诸客观事实特征,包括危害行为、危害结果、因果关系、犯罪时间、地点等。犯罪主体是指达到法定责任年龄具有责任能力实施了危害社会行为的人。犯罪主观方面是指行为人对于其所实施的危害行为及其危害结果所持的心理态度,包括故意、过失、犯罪目的、动机等。除四要件外,在要件理论的内部,也有二要件说、三要件说、五要件说的分歧,与此同时,要件的排序也是要件理论激烈争执的话题,但无论如何,只要是坚持主客观相统一的原则立场,行为所包含的诸要素之间系基于“交互”的逻辑径路构建犯罪成立体系的,均可称为要件理论。要件理论认为,犯罪成立的诸要素之间是彼此关联的,任何一个要素的缺失都会导致整个犯罪构成体系的瓦解,进而导致不成立犯罪,可见,要件理论是统合性考虑犯罪构成的。

与德日的三阶层和俄中的四要件不同,英美法系采用了双层次的犯罪构成理论。该理论认为犯罪成立由犯罪本体要件和责任充足要件构成,犯罪本体要件包括犯罪行为与心态,当行为符合犯罪本体要件时,还不能说行为成立犯罪,必须要证明无罪辩护事由不存在,也即满足责任充足要件才能构成犯罪。这些无罪辩护事由主要包括三大类:正当化事由(正当防卫、紧急避险、意外事件、警察圈套、职务行为、医疗行为、体育竞技、机械故障、被害人同意等)、可宽恕事由(未成年人、精神病人、认识错误、醉态、受胁迫、受挑衅等)及其他辩护事由(外交豁免、辩诉交易、双重危险禁止、司法豁免、证据豁免等)。在刑事司法中,公诉方只需证明被告人行为符合犯罪本体要件,即可推定被告人的刑事责任在表面上成立,如果被告方不抗辩,犯罪成立。可以看出,双层次的犯罪构成理论与英美法系的判例法传统及对抗式的诉讼模式息息相关。也正因如此,在我国犯罪构成理论的反思重构思潮中,主张直接借用双层次犯罪构成理论的学者较少。

就双层次犯罪构成理论的思维模式而言,有学者认为与阶层理论相同,是一种抽象纳入和具体排除的逻辑结构形式,第一层次的犯罪本体要件类似于阶层理论的构成要件该当性,第二层次的责任充足要件相当于阶层理论的违法性和有责性。不过,也有学者认为其系采用了正反维度的统合思维方式,与要件理论相同,第一层次的犯罪本体要件类似于要件理论的四个要件，第二层次责任充足要件的功能则与要件理论中的排除社会危害性事由相仿，这场争论的结果仍指向了构建犯罪成立理论的基础思维问题——统合还是分层？

三、四要件的源起及流变

探寻四要件的起源需追溯“犯罪构成”概念本身，1581 年意大利著名刑法学家法利那休斯在其著作 *Variae quaestiones et communes opiniones* 中使用了“corpus delicti”一词，18 世纪末德国学者克莱因将 corpus delicti 译成德文 thatbestand，起初是在诉讼法的语境下使用，意指各种物证的总和。后来该词的含义不断扩大，不仅包括物证，还包括犯罪的外部行为，继而又包括犯罪的内部方面，使用的范围也从程序法领域延伸至实体法领域。至 19 世纪初，德国刑事古典学派的著名学者费尔巴哈将 thatbestand 界定为违法行为中所包含的各个行为或事实的诸要件的总和。此后，沿着费氏的主张，以康德哲学和黑格尔哲学为基础，在德国分别形成了以贝林为代表的客观、记叙性的古典犯罪构成体系和以贝尔纳、凯斯特林为代表的主客观相统一的 thatbestand 理论。

19 世纪中期，俄罗斯涌现出了一股留学德国的风潮，将德国早期的主客观相统一的 thatbestand 理论引入俄罗斯，并将 thatbestand 翻译为“犯罪构成”，帝俄时代的学者如斯帕索维奇、季斯甲科夫斯基、塔甘采夫、布金斯基等均接受了该理论，并进一步发展，提出了成立犯罪的若干构成要件学说（如五要件说、四要件说、三要件说、二要件说），形成了帝俄时代的犯罪构成理论。十月革命后，辩证唯物主义成为研究犯罪构成理论的哲学基础，苏联学者在承继帝俄时代理论成果的基础上继续研究，其中皮昂特科夫斯基在 1924 年所著的《苏俄刑法》中指出犯罪的基本要件包括：犯罪主体、犯罪客体、犯罪主体行为主观方面的特征及犯罪主体行为客观方面的特征，初步奠定了后续占通说地位的四要件的雏形。苏联著名刑法学家特拉伊宁教授在其 1957 年的封笔之作《犯罪构成的一般学说》中则明确提出成立犯罪需具备四个要件：表明犯罪客体的构成因素、表明犯罪客观方面的构成因素、表明犯罪主体的构成因素、表明犯罪主观方面的构成因素，至此，四要件说正式定型。苏联解体后，俄罗斯联邦并未摒弃四要件理论，而是在此基础上发展完善，并提出了犯罪构成的系统论。

我国是在 1949 年之后引入四要件说的，新中国成立后，在全面废除国民党六法全书及一切旧法统和制度，以及基于意识形态全面学习苏联经验的历史背景下，将当时苏联刑法学中的犯罪构成理论移植到我国，成为我国研究犯罪构成的摹本,1957 年中央政法干校刑法教研室编著的《中华人民共和国刑法总则讲义》介绍了四要件说。但随后,我国进入“反右”斗争、“文化大革命”等特殊历史阶段,犯罪构成理论的研究一度中断,直到 1979 年首部《刑法》颁布后,才重拾犯罪构成的研究,当时学界的一致看法是应当采用四要件理论,1982 年司法部统编教材《刑法学》的出版,正式奠定了四要件说的通说地位。此后,经过 30 余年的发展,四要件说仍在学界和实务占据主流。

四、三阶层的沿革及变迁

如前所述,从 corpus delicti 到 thatbestand,最初构成要件仅仅被作为诉讼法上的一个概念。thatbestand 作为实体法上的概念,始于费尔巴哈和施蒂贝尔(Stübel)。费尔巴哈在 1801 年所著的《德国刑法教科书》中指出,犯罪构成就是违法行为中所包含的各个行为或事实的诸要件总和。施蒂贝尔于 1805 年出版的《论犯罪构成》一书中认为,犯罪构成就是那些应当判处法律所规定的刑罚的一切情况的总和。因此,在德国近代刑法的早期,认定犯罪成立更多的是将各行为及要素“找齐”,并拼接出犯罪的具体形象。可见,起初德国犯罪成立理论,与四要件理论并无本质区别,即缺乏必要的逻辑结构,将认定犯罪的要素有机联结,进而促进犯罪认定的过程明晰化。

至于对犯罪成立理论进行体系化建构,将认定犯罪的“要素集合”提升为“位阶体系”,则是由于 20 世纪初以来贝林等数代学者的持续推动。

(一)贝林和李斯特的古典犯罪论体系

一般认为,德国的古典(klassisch)犯罪论体系由李斯特、施密特和贝林所创建,其在 20 世纪初处于统治地位,这个体系是德国刑法理论发展史上第一个正式的犯罪论体系,因此,又以贡献最大的两位学者命名——“贝林李斯特体系”。李斯特早在 1881 年已经对违法与罪责进行了一个大致的区分,并将犯罪的概念分为形式的概念和实质的概念两种。贝林通过三个阶层及其功能价值、相互关系,而对犯罪论体系创立起了直接作用。

具体而言,该理论认为行为是一种源于意志的身体举动,认为故意属于罪责。犯罪的客观方面包括行为构成要件和违法性,罪责属于主观犯罪要件。其中,构成要件是客观的、中立的,因而只是犯罪的类型,而仅仅是违法性的一种标志,从而突出强调了刑法构成要件的保障机能。同时,在罪责层面,古典的犯罪论体系并不是从规范评价的角度出发,而只是立足于心理学的立场之上,即从行为人的主观心理状态来理解责任，故而这种责任论又被称为心理责任论。换言之，古典犯罪论体系是将犯罪分为客观和主观两个层面，仅将犯罪作为自然意义上的存在客体加以看待，这明显受到了 19 世纪以来的自然主义的影响。

这种自然主义，将诸如法的评价这些规范性的判断置于自然科学的精确分析之中，刑法体系因此被导入可以计量、从经验上可以证明的现实要素上去。按照其标准，犯罪成立的要素要么是客观的外部世界的要素，要么只能是主观的内在心理过程，因此，由互相分离的客观因素和主观因素作为组成刑法体系的两个部分，就成了古典犯罪论的基本立场。

古典犯罪论体系从因果行为论的立场出发，主张对构成要件符合性和违法性的判断都是纯客观的判断，而与主观有关的因素则从属于责任的内容。因此，仅仅在责任阶段加以考虑。责任的本质在于行为人对于具体客观行为所持有的故意或过失的心态，因而被称为心理责任论。例示如下：

古典犯罪构成体系主要奠基人：李斯特（Liszt，1851～1919 年）、贝林（Beling，1866～1932 年）。

1. 构成要件符合性

（1）行为：有意识的身体移动；

（2）结果：对客观世界的改变；

（3）因果关系：条件说。

2. 违法性

在存在违法阻却事由的时候阻却违法性。

3. 责任（心理责任论）

（1）作为责任前提的可归责性；

（2）故意：对于违法性认识可能性是否属于故意，有所争议；

（3）特别的主观构成要件要素（盗窃罪中的不法所有目的等）；

（4）欠缺责任阻却事由。

（二）迈耶和梅茨格尔的新古典犯罪论体系

新古典（neo－klassisch）犯罪论体系在原则上维持了客观不法和主观罪责的划分，但对于主观违法要素、构成要件与违法性的关系、罪责的内涵作了重新理解，其核心变革在于“不法并不是在所有情况下都可以通过纯客观的特征来说明，反过来说，罪责也并不是绝对地使用主观因素才能建立”。

首先，对于古典犯罪论体系的变更，始于主观违法要素的发现。最初由民法学者费舍尔首先提出了主观的违法要素的概念,人们逐渐意识到,行为人的内心意志这些主观要素,对于判断行为的违法性同样具有十分重要的意义,进而冲击了贝林所强调的构成要件客观性和中立性。以盗窃罪为例,盗窃行为的实质违法性,并不仅仅来源未经占有人同意下取走他人财物的行为,如果没有非法占有的目的,则本罪的不法是难以确定的。因此,“不法是客观”的这一教义,就因为主观违法要素的存在而不得不存在例外。

其次,迈耶并不认同贝林将构成要件和违法绝对独立的论断,其认为所有的构成要件都是违法性的一个表征,是违法性的认识根据。违法的实质是对规范的违反。构成要件与违法性的关系犹如烟与火的关系,有烟就可以推断有火的存在。梅茨格尔则进一步密切了构成要件与违法性的关系,强调构成要件是违法性的存在根据,除非存在例外(正当化事由),否则原则上符合构成要件即可推定违法性。因此,符合构成要件和违法性的行为,在新古典犯罪论体系中被称为“不法”,即行为具有法益侵害性。

最后,梅茨格尔在有责性的判断中引入了规范性判断,将罪责从行为人内心主观要素这一事实性概念改造成为在刑法上评价行为人应当受到刑罚谴责这一规范性概念,即罪责是对行为人的“应受谴责性”的判断。

应当看到,新古典犯罪论体系明显地受到新康德主义哲学思潮的影响,后者强调严格区分事实与价值,从而避免自然主义视野下的纯粹事实判断,为社会科学提供了独立存在的价值基础。具体而言,古典学派和新古典学派在违法性的判断上是存在差异性的。根据古典学派之观点,由于违法性是外在、客观的判断,因此针对构成要件该当行为,只要进行形式上有无法定违法阻却事由的判断即可,也就是单纯依已经明定的条文来认定违法性之有无,因此,称为形式违法性论。反之,根据新古典学派的说法,行为所造成的法益侵害性乃判断有无违法性的实质标准。违法性的有无,除了存在于行为与法规的关系之外,另涉及行为本身的社会损害性内容。依此种观点,犯罪行为不单单为违反刑法法规的行为而已,其必须亦属于社会损害行为,故称为实质违法性论。违法的形式与实质的双重判断思维正式诞生。

新古典犯罪构成体系将导致客观世界变化的不作为也纳入了行为体系,并且在构成要件符合性阶层融入了主观构成要件要素。这一时期,虽然故意仍然停留在责任阶层,但是对有责性的判断已经加入了客观的、规范的衡量因素(责任能力)。责任不再是纯粹的行为人的主观心态,而转化为对行为人之行为的可谴责性。因此,即便行为人对于行为和结果持故意,如果行为人欠缺责任能力,一样会

导致否定有责性。例示如下:

新古典犯罪构成体系,主要奠基人:梅茨格尔(Mezger,1883～1962 年)。

1. 构成要件符合性

(1)客观构成要件

①行为:有意识的身体动静,包括作为和不作为;

②结果:对客观世界的改变;

③因果关系:条件说。

(2)主观构成要件

特别的主观构成要件要素(盗窃罪中的非法占有目的等)。

2. 违法性

在存在违法阻却事由的时候阻却违法性。

3. 责任(规范—心理的责任论)

(1)责任能力;

(2)故意:对于违法性认识可能性是否属于故意,有所争议;

(3)欠缺责任阻却事由。

(三)威尔策尔的目的行为论犯罪论体系

"二战"后兴起的目的行为论犯罪论体系,对之前的体系进行了"颠覆",其与过去所不同的本质在于对行为的理解。威尔策尔认为,行为概念由于受到自然因果关系的影响而导致其客观方面被因果关系予以吸收,主观方面则被心理责任论予以吸收,进而丧失了行为概念的统一性。"人的行为的目的性结构,对于刑法规范来说完全具有基础性的意义。法规范,即法的禁止或要求,不可能指向盲目的因果进程,而只能指向那些能够以目的为导向塑造未来的行为。规范只能对一个目的性的举动加以要求或禁止。"因此,行为的概念再次被引起重视,三阶层的犯罪论体系在某种意义上成了四阶层,而行为被前置于构成要件而成为一个单独的阶层。

目的行为论在构成要件上的变化是,主观的违法要素被定为主观的构成要件,故意被置于主观的不法构成要件中。相对于新古典犯罪论体系例外地在构成要件中承认"超过的主观要素",目的行为论将原属于罪责要素的故意纳入构成要件,"说违法性是客观的,只是意味着它是一种普遍性的价值判断;但它的对象,即行为,却是客观与主观要素的统一体。违法性指的仅仅是一种纯粹的联系,而不法则指的是某种实体:违法举动自身。违法性是一个谓语,不法则是一个名词。

规范违反性指的是构成要件的实现与单个禁止规范之间的冲突,而违法性指的则是构成要件的实现对整体法秩序的违背”。目的行为论强调了故意对客观行为的指引和塑造作用,因而也是不法判断的重要内容。

在责任层面,目的行为论是在批判心理责任论的基础上发展起来的规范责任论。在试图将故意与过失予以统一的基础上,出现了所谓的规范责任论,其认为,在心理的或者生理的事实之外,还有非难可能性的评价要素存在,期待可能性是责任的规范的要素,而故意与过失是责任的心理的要素,二者共同构成所谓的责任。于是,我们可以看到,在责任论层面,已经不单单是所谓的心理责任论,而是心理责任论与规范责任论相结合。其中,故意被认为具有双重的地位,分为构成要件的故意与责任的故意。并且,为了体现其主观不法理论,威尔策尔提出了人的不法理论,使违法性的本质由结果无价值走向了行为无价值。尽管今天很多学者对目的行为理论持批评态度,但是至少从结果上看,当今刑法学的主流观点仍然认为,故意或过失是行为构成要件方面的问题。

目的行为论建立在哲学的现象论——本体论之上,受这种哲学理论的影响,目的行为论认为诸如人的行为这样的基本概念,应当是犯罪理论的中心议题,而由于其客观存在这一前提,对立法者而言设定了一种“物本逻辑结构”,因此,无论是立法规定,还是司法适用,乃至于理论建构的犯罪成立体系,都必须符合这种前置性的设定。

目的行为论虽然今天已经基本被淘汰了,但是目的行为论对于德国犯罪构成体系的发展却做出了非常巨大的贡献。在目的行为论中,行为是人有目的的举动,因此,在考察行为是否符合构成要件的时候就必须考虑行为人的主观心态。于是,故意终于被从责任阶层转移到了构成要件符合性阶层。同时,由于违法性认识可能性本身无法被融入构成要件层面,因此违法性认识可能性被强制性地从故意中剥离,并且停留在责任阶层,从而变成了一个独立的责任要素。在德国犯罪构成体系发展过程中,违法性认识可能性和故意的分离是经历了数十年的过程才最终完成的。德国联邦最高法院 1952 年才通过判例确认违法性认识可能性是独立于故意之外的责任要素。直到 1975 年,《德国刑法典》第 17 条规定了违法性认识可能性,这一问题才算大体上被解决。此外,在目的行为论下的犯罪构成体系中,由于故意不再存在于责任阶层,对责任的判断已经基本脱离了行为人的主观心态,因而这一时期的责任论成了纯粹的规范责任论。

目的行为论下的犯罪构成体系,主要奠基人:威尔策尔(Welzel,1904 ~ 1977 年)。

1. 构成要件符合性

(1)客观构成要件

①行为:目的行为论;

②结果;

③因果关系。

(2)主观构成要件

①故意;

②特别的主观构成要件要素(盗窃罪中的非法占有目的等)。

2. 违法性

在存在违法阻却事由的时候阻却违法。

3. 责任(纯粹的规范责任论)

(1)责任能力;

(2)特殊的责任要素;

(3)违法性认识可能性;

(4)欠缺责任阻却事由。

(四)罗克辛的目的理性犯罪论体系

目的理性犯罪论体系是罗克辛在1970年首先提出来的,他从20世纪70年代开始,批评目的行为理论和新古典犯罪论体系之间的争论,因为这一争论仅仅在探讨体系内部的结果。而他所追求的是将法律的拘束力与刑事政策的合乎目的性相结合。学术的任务在于,依据刑事政策功能对犯罪进行归类并将这种分类系统化。罗克辛认为,罪责的问题应当具有深刻的刑罚目的论的烙印,也就是说一般预防和特殊预防的目的要对行为人个人责任的问题产生影响。除了迄今为止的罪责种类外,还应当考虑对于预防而言,刑罚处罚是否必要,以此来确定行为人的个人责任。雅·科布斯则从20世纪80年代起将对功能的思考引入刑法。对他来说,刑事政策的后果就是积极的一般预防,即规范的稳定性以及对规范的信赖,预防的观念尤其应该扩展至罪责问题。

无论罗克辛还是雅·科布斯的理论,均被归纳为功能论或者目的理性犯罪论体系,其拒绝目的行为理论的前提——以诸如行为、因果关系或者客观物本逻辑结构之类实在的预设为出发点,他们追求的是纯粹从刑法的目的出发。他们认为概念应当完全以法律上对规范的需要为依据,没有哪部分内容应享有“优先权”。

目的理性犯罪论体系反对目的行为论的存在论立场,而是以新康德学派的规范论和新黑格尔学派的归责思想作为其体系建构的一个基本方向。罗克辛依据规范保护目的来决定当罚性,依据预防必要性来决定处罚的理性必要界限,并考量目的趋向与刑事政策,赋予罪责特定价值功能。罪责和预防必要性彼此是相互限制的,共同产生引起刑罚的行为人的个人责任。另外,目的理性犯罪论体系主张客观归责理论,由此导致构成要件的判断重心转移到了客观构成要件领域,即先检验行为是否符合客观的构成要件,再看其是否符合主观的构成要件,并借由"风险"这一概念来说明客观构成要件是否该当。

目的理性犯罪论体系肯定了不法与罪责的区分,在不法阶层,区分构成要件该当性与违法性被认为是必要的,因此,构成要件体现形式上的不法,而违法性则调整刑法规范与其他规范之间的潜在性冲突,属于实质上的不法。同时,在行为、构成要件该当性、违法性和有责性之后出现了第四个阶层,那就是其他处罚条件,其包括客观处罚条件和阻却处罚条件,这也是基于刑法规范之外的一个目的性的考量。例示如下:

目的理性犯罪论体系的奠基人为罗克辛教授,其审查犯罪的逻辑体系例示如下:

1. 构成要件符合性

(1)客观构成要件

①行为:社会行为论;

②结果;

③因果关系:条件说;

④客观归责。

(2)主观构成要件

①故意;

②特别的主观构成要件要素(盗窃罪中的非法占有目的等以及其他特殊的主观不法要素)。

2. 违法性

在存在违法阻却事由的时候阻却违法。

3. 责任(规范责任论)

(1)责任能力;

(2)作为责任形式的故意;

(3)特殊的责任要素;

(4)违法性认识可能性。

4. 欠缺责任阻却事由

在存在责任阻却事由的时候阻却责任。

五、四要件与三阶层的相互检视

(一)四要件的优势及对三阶层的评价

1. 四要件眼中的四要件

自 2003 年开始,四要件的通说地位受到了挑战,2009 年三阶层犯罪论体系被纳入国家司法考试大纲将这一争论彻底推向高潮,此后,围绕中国的犯罪成立理论究竟是坚守四要件还是转向三阶层就成为刑法学研究的根本问题。总体来看,三阶层对四要件的态度是清理扫除式的批判,特别是三阶层将自身的思考模式归纳为"从不法到有责""从客观到主观""从形式到实质""从事实到规范",并认为四要件采用整体观察、全体性思考的模式完全没有体现体系性和阶层性,这是四要件的致命伤,除此之外,四要件还存在体系内外缺乏逻辑关联、结论推导欠缺多元可能性、理论封闭不易发展等弊病,因此必须让位于三阶层。针对上述批评,四要件并不接受,相反,四要件认为其有自身优势:

第一,三阶层的发难点绝大部分系具体问题而非体系问题。三阶层认为四要件难以妥善安置正当化事由、不能合理解决共犯问题、社会危害性的概念容易扩大犯罪圈、不贯彻客观优先可能导致主观归罪等,但这些问题要么是概念性问题,要么是某类理论问题,还上升不到整个体系的程度。

第二,与三阶层相比,四要件具有本土实践的比较优势。中国的四要件虽然取法于苏联,但经过 30 余年的发展已经完成了本土化的改造,也为司法实践熟练掌握,断然摒弃的做法既不尊重历史也罔顾现实。四要件所暗含的推演方法符合国人的认知方式,通俗易懂,有利于发挥法的指引功效。相反,三阶层却具有强烈的唯体系论倾向,在理论的亲民性及操作性方面不及四要件。

第三,四要件认为建立在主客观相统一基础上的全体观察法可以灵活安排检验定罪的起点和次序,具有经济性,同时回溯往返式的检验流程也可以最大限度地保证结果的准确性,而三阶层所提倡的递进式判断是根本不可能做到的,这是因为在四要件看来离开主观就无法判断客观、离开实质就无法判断形式、离开规范就无法判断事实。事实上,回顾三阶层的发展史,其实就是不断增添主观要素、规范要素、评价要素的历史,或者说是不断实现主客观相融合的过程,这与四要件殊途同归。

2. 四要件眼中的三阶层

相比三阶层，四要件对三阶层并没有采取全盘清退的态度，作为德日刑法学最引以为傲的学术资产，三阶层的确发展出了各种精确的概念，这些概念能够促成复杂问题的解决，四要件在不少领域都吸纳或借助了三阶层的理论，这恰巧也说明了两种体系仅在逻辑思维上存在差异，在构架的材料上完全可以互用。不过，四要件认为三阶层也非完美无缺。正如日本学者平野龙一教授所说，没有唯一正确的体系，三阶层的原产国德国也曾总结过阶层理论的缺点。总体而言，三阶层具有以下不足：第一，体系内部存在冲突。第二，复杂的体系设置有时会牺牲个案正义。第三，定罪检验时过分机械缺乏刑事政策的考量。第四，过度追求体系化容易使自身陷入僵化。基于这些理由，在中国完全没有必要驱赶四要件而走向三阶层。

（二）三阶层的优势及对四要件的评价

1. 三阶层眼中的三阶层

其一，有效的阶层化。通过三个阶层的分步骤限缩判断，避免了先讨论后面阶层要素而未充分论证前面阶层的审查上的不经济。构成要件该当性，在犯罪认定中发挥确定事实、描述类型的作用，需要通过刑法分则具体罪状的指引加以实现。违法性，在犯罪认定中发挥着评价行为的刑事不法的作用，需要结合刑法总则以及整体法秩序，判断法益侵害的有无及其程度。有责性，在犯罪认定中发挥着要求行为人承担罪责的作用，需要结合刑罚目的能否实现，对行为人之行为提出法规范上的合理期待。

其二，合理的目的化。将刑罚目的导入犯罪的认定过程之中，使犯罪的认定不仅仅停留在报应，而附加了积极的预防效应。首先，在构成要件该当性中坚守罪刑法定原则，为刑罚划定不可逾越的边界，避免无限报应。其次，在违法性中坚守法益原则，将实质上合法的行为排除犯罪圈。最后，在有责性中坚守罪责原则，并根据处罚的必要性，合理确定行为人应当承担的刑罚及其程度。

其三，功能的体系化。通过区分事实归入和规范评价，对行为的规范评价和对行为人的规范评价，为行为的正当化和行为人的免责化提供刑法以外的广阔空间，从整体的法秩序乃至道德哲学中去寻找更为妥当的判决和更为合理的刑罚。这种功能有助于发展诸如超法规的违法阻却事由、超法规的责任阻却事由，并将这些事由、要素合理地安置于犯罪认定的体系之中，彼此保持体系上的逻辑关联。

2. 三阶层眼中的四要件

其一,四要件体系内外缺乏逻辑关联性。就四要件内部而言,客体、客观方面、主体、主观方面,何者为判断的初始项,并不明确。同时,四个要件各自承担的内容,于犯罪认定而言具有何种独立作用,同样存疑——往往其中一个要件不存在,则其他要件也不存在,即所谓的“一有俱有,一无俱无”。而三阶层则不会因为行为人不具有刑事责任能力,而否定其行为的刑事不法性。换言之,三个要件分别发挥着相对独立的功能。就四要件外部而言,一方面认为犯罪构成是认定犯罪的唯一根据;另一方面则任由正当防卫、紧急避险等事由否定犯罪的成立,其出罪事由和入罪理论属于何种关系,并不明确。

其二,四要件理论推导缺乏多元可能性。由于四要件理论中各个要件不具有独立的功能价值,因而经过四要件判断的结论,只能得出一种结论,即行为人应当对犯罪行为负完整意义上的“犯罪”。而三阶层中各个阶层的不同功能属性,其分别肩负着行为类型的归入(构成要件的解释)、行为实质不法的认定(法益的权衡)、行为人罪责的认定(刑法能否期待其为合法行为的判断),相应的犯罪可以理解为“犯罪类型”“不法行为”“有责行为”,这三种结论分别属于广义、中义、狭义的“犯罪”。

其三,四要件理论发展缺乏开放持久性。由于四要件理论内外的逻辑不明、事实归入与规范判断混杂、各要件缺乏独立功能,各种与犯罪认定相关的要素难以有效地在理论中安置。因此,四要件理论发展至今,并未发展出更多不同层级的概念,诸如间接正犯、被害人同意、期待可能性等概念,均无法在四要件理论中找到适当的体系性地位。与三阶层理论相比较,四要件理论由于是一次性判断,各种不同类型的要素杂糅一体,往往会模糊问题线索,使问题在认定犯罪的“暗箱”中不经意地溜走,导致其缺乏发展概念的能力,长期处于主客观二分的要素平面组合的低水平层次。

第二部分　案例分析演练

一、三阶层定罪顺序:从不法到有责

发现不法与罪责是作为构筑刑法体系与众不同的材料,依照 Hans Welzel 的看法,这是最近二到三代学者在释义学上最为重要的进展;Wilfried Küper 认为这个发现是刑法释义学的重大成就而无法再走回头路;此外,依西班牙法的观点来,

Santiago Mir Puig 表示这个发现建立起了犯罪概念的两大支柱。

不法是由行为符合构成要件和违法性这两个层次共同决定的。其中,构成要件的判断是立基于禁止性规范,从正面、入罪的角度,对行为是否符合刑法分则之规定而进行的类型性判断;违法性的判断则属于允许性规范,即从反面、出罪的角度,对行为是否违反包括整个法律秩序进行的个别性判断。罪责则是对“是否应由实施了该特定不法行为的人承担相应责任”的规范判断,其以实现刑罚目的为指引,认定行为人在刑法上的非难可能性。

三个阶段的判断,会产生两个中间性结论和一个最终性结论,这三类结论都可以称为“犯罪”:其一,符合构成要件的行为,是形式意义的“犯罪”,即分则所规定的“犯行”;其二,不具有违法阻却事由的行为,是实质意义上的“犯罪”,即法律秩序中不能允许的“犯行”;其三,具有罪责的行为,是完整意义的“犯罪”,即有具体行为人对此负责、承担责任的“犯行”。换言之,构成要件的判断,为认定“犯罪”划定了可能的最大边界;违法性的判断,将“犯罪”的标签贴在了符合构成要件的行为之上;有责性的判断,则将“犯罪人”的标签贴在了实施不法行为的人之上。据此判断后,行为人才应承担相应的刑事责任。

区分不法和有责:一方面,使“犯罪”具有多义性,有助于妥善地解决共同犯罪的认定问题;另一方面,要求司法工作人员在不同阶段考虑该阶段的规范目的,将罪刑法定、法益保护和刑罚目的的考量,分别纳入三个阶段之中讨论。

【案例 1】(2017)鲁 1329 刑初 305 号

山东省临沭县人民检察院以沭检刑诉(2017)291 号起诉书指控被告人刘某东犯盗窃罪,于 2017 年 7 月 19 日向本院提起公诉。本院依法组成合议庭,公开开庭进行了审理。山东省临沭县人民检察院指派检察员马某、葛某涛出庭支持公诉。被告人刘某东、辩护人周某国到庭参加诉讼。现已审理终结。

法院经审理查明:2017 年 3 月 30 日 19 时许,被告人刘某东伙同李某强(犯罪时系不满 14 周岁的未成年人)来到临沭县石门镇驻地,被告人刘某东在外接应,由李某强翻墙进入李某岭住宅盗窃长虹牌黑色平板液晶电视机一台,后被告人刘某东和李某强又再次折返,二人翻墙进入李某岭住宅,盗窃茶叶三盒,旺仔牛奶、火腿肠等物品。2017 年 3 月,被告人刘某东伙同李某强进入临沭县石门镇驻地康琪餐馆外铁皮屋内,盗窃肉夹馍、火腿肠等物品。经鉴定,被盗长虹牌黑色平板液晶电视机及三盒茶叶价值共计人民币 1050 元。

法院认为,被告人刘某东与不满 14 周岁的人结伙以非法占有为目的,入户盗窃财物,其行为侵犯了公民财产权,触犯刑律,构成盗窃罪。公诉机关指控的犯罪事实及罪名成立,本院予以确认。被告人刘某东对其参与实施的全部犯罪行为承担刑事责任。被告人刘某东系初犯、自愿认罪、大部分盗窃物品被追回退赃、缴纳罚金,可酌情从轻处罚;归案后如实供述司法机关尚未掌握的同种犯罪事实,具有坦白情节,可以从轻处罚。

问:1. 刘某东与李某强能否构成共同犯罪?

2. 若刘某东教唆李某强实施入户盗窃,如何处理?

3. 若刘某东为李某强提供入户盗窃的便利,如何处理?

四要件的思考:此案涉及的是有刑事责任能力的人与无刑事责任能力的人共同实施犯罪行为应该如何处理的问题。如果贯彻通说对共同犯罪有非常严格的限制,两人无法成立共同犯罪,若刘某东教唆李某强实施入户盗窃,对于刘某东可以按照间接正犯处理。但若刘某东只是为李某强提供入户盗窃的便利,则刘某东也不构成犯罪。不过,在四要件内部,关于共犯的认定也出现了松弛的趋势,如果将"二人以上共同犯罪"中的犯罪理解为客观违法行为,那么刘某东也有可能构成盗窃罪的帮助犯。本案例不能说明三阶层优于四要件,它只是共犯论的问题。

三阶层的思考:按照四要件理论,共同犯罪中的"犯罪"必须四个要件齐备,在有刑事责任能力和无刑事责任能力者共同实施的场合,要么扩张性地理解间接正犯,要么只能认定不构成共同犯罪。正如郭莉老师所言,四要件理论内部有所松动,但只要对"犯罪"作多重含义的理解,便是某种体系化、阶层式认定犯罪的开始。事实上,根据三阶层判断,刘某东无论是教唆还是帮助,都应认定为共同犯罪,即在实施不法行为(广义的犯罪)之上是"共同"的,便可以径行根据共同犯罪规定处罚有责任能力人。此外,将间接正犯适用于这一场合,也并不符合"将他人作为工具加以利用"的构造,即教唆者并没有有优越性认知的"意志支配",这与利用不知情的第三人或者不能理解窃取意义的孩童,存在显著差别。

【案例2】最高人民法院指导案例97号/(2017)内08刑再1号

内蒙古自治区巴彦淖尔市临河区人民法院经审理认为,2014年11月至2015年1月,被告人王某军未办理粮食收购许可证,未经工商行政管理机关核准登记并颁发营业执照,擅自在临河区白脑包镇附近村组无证照违法收购玉米,将所收购的玉米卖给巴彦淖尔市粮油公司杭锦后旗蛮会分库,非法经营数额218,288.6元,非法获利6000元。案发后,被告人王某军主动退缴非法获利6000元。2015年3月27日,被告人王某军主动到巴彦淖尔市临河区公安局经侦大队投案自首。原审法院认为,被告人王某军违反国家法律和行政法规规定,未经粮食主管部门许可及工商行政管理机关核准登记并颁发营业执照,非法收购玉米,非法经营数额218,288.6元,数额较大,其行为构成非法经营罪。鉴于被告人王某军案发后主动到公安机关投案自首,主动退缴全部违法所得,有悔罪表现,对其适用缓刑确实不致再危害社会,决定对被告人王某军依法从轻处罚并适用缓刑。宣判后,王某军未上诉,检察机关未抗诉,判决发生法律效力。

最高人民法院于2016年12月16日作出(2016)最高法刑监6号再审决定,指令内蒙古自治区巴彦淖尔市中级人民法院对本案进行再审。再审中,原审被告人王某军及检辩双方对原审判决认定的事实无异议,再审查明的事实与原审判决认定的事实一致。内蒙古自治区巴彦淖尔市人民检察院提出了原审被告人王某军的行为虽具有行政违法性,但不具有与《刑法》第225条规定的非法经营行为相当的社会危害性和刑事处罚必要性,不构成非法经营罪,建议再审依法改判。原审被告人王某军在庭审中对原审认定的事实及证据无异议,但认为其行为不构成非法经营罪。辩护人提出了原审被告人王某军无证收购玉米的行为,不具有社会危害性、刑事违法性和应受惩罚性,不符合刑法规定的非法经营罪的构成要件,也不符合刑法谦抑性原则,应宣告原审被告人王某军无罪。

内蒙古自治区巴彦淖尔市中级人民法院再审认为,原判决认定的原审被告人王某军于2014年11月至2015年1月,没有办理粮食收购许可证及工商营业执照买卖玉米的事实清楚,其行为违反了当时的国家粮食流通管理有关规定,但尚未达到严重扰乱市场秩序的危害程度,不具备与《刑法》第225条规定的非法经营罪相当的社会危害性、刑事违法性和刑事处罚必要性,不构成非法经营罪。原审判决认定王某军构成非法经营罪适用法律错误,检察机关提出的王某军无证照买卖玉米的行为不构成非法经营罪的意见成立,原审被告人王某军及其辩护人提出的王某军的行为不构成犯罪的意见成立。

问:1. 在认定犯罪中,刑事违法性、社会危害性与刑事处罚必要性具体内涵是什么?

2. 在认定犯罪中,刑事违法性、社会危害性与刑事处罚必要性内在具有何种关联?

四要件的思考:本案涉及如何理解《刑法》第225条非法经营罪第4项的兜底性条款,以及妥善处理情与法相冲突的问题。随着我国粮食产量的增长,粮食流通领域的专营制度已经不适合当前的粮食市场和管理,但审批制度并没有改变,由此出现了法律制度与社会现实的脱节,这就需要运用刑法解释方法合理解释相关条文,达到法律效果与社会效果的统一。另外,本案还存在刑事政策的问题。这个案例只是涉及对具体条文的理解及刑事政策等问题,同样不能说明三阶层优于四要件。

三阶层的思考:本案更多地涉及如何对被告人王某军的行为出罪,控审的立场基于传统四要件,既对是否符合非法经营罪兜底条款以及是否违反前置性行政专营条例的分析,也对本案购销粮食行为的社会危害性加以阐释,还对刑罚处罚的必要性作了简单论述。然而,从三阶层看来,这三个角度并不是一体多面的存在,而是不同层次的判断。首先,本案行为能否被兜底条款所涵摄,是犯罪认定的前提,没有这个判断,就压根不符合第225条之规定,又何必论述其社会危害性及刑罚处罚必要性? 其次,本案行为如果已经符合了刑法分则的规定,那么才需要分析行为是否在真正意义上属于法律秩序不能允许的行为,这时才应当引入法益侵害性的判断。最后,只有当行为已然被法秩序作了否定性评价,才会出现有人需要对此负责的问题,才需要进行刑罚在这一个案中能够实现目的的思考(刑罚必要性)。

二、三阶层定罪顺序:从客观到主观

传统四要件强调主客观相统一,但在主客观标准、主客观顺序等问题上,含混不清,如通常认为责任年龄和责任能力属于"主观要素",但二者并非内心外化的内容,而具有完全客观的判断依据;再如,由于不存在明确的认定顺序,且口供易于取得,实务中习惯于将主观置于客观之先加以判断,犯罪事实上成为"故意、过失支配行为人实施的特定犯罪行为",故意、过失(主观)决定了行为性质(客观),于是"客观不足主观补""主观先入为主"等现象便不足为奇。

然而,一则就语义而言,"主客观相一致",是将"主观"之于"客观"加以合致性对照,客观"皮",主观是"毛","皮之不存毛将焉附"。二则就实体而言,刑法分则对犯罪的表述通常是以客观罪刑的表述为主,即通过行为构造上的差别来区分此罪与彼罪。若以主观优先,则事实上是以行为人的意志,选择了罪名的适用,既不符合分则规定犯罪的类型逻辑,也会极大地扩张犯罪圈,如在未遂犯的场合。三则就程序而言,以主观为先,必须依赖案卷中的被告人供述,这种对口供的"痴迷"无疑会加剧不法取证甚至刑讯逼供的风险;同时,这种认定思路,在被告人翻供的场合,会给审判和控诉带来变数。

相反,坚持从客观到主观,要求司法工作人员重视客观行为的类型化作用,以此作为区别罪与非罪、此罪与彼罪的前提。如此,有利于在控诉中发现客观性、事实性证据,从而提升控诉的有效性和成功率。

【案例3】(2013)穗中法刑二终字第244号

广东省广州市白云区人民法院审理广东省广州市白云区人民检察院指控原

审被告人陈某犯诈骗罪一案,于2013年1月10日作出(2012)穗云法刑初字第1290号刑事判决。宣判后,原审被告人陈某不服,提出上诉。本院依法组成合议庭,公开开庭审理了本案。广东省广州市人民检察院指派检察员方某出庭履行职务,上诉人陈某到庭参加诉讼。现已审理终结。

原审判决认定:"(1)2009年3月10日,被告人陈某化名'吴某军'应聘珠海市吉泰物流有限公司广州分公司当司机。同年3月13日14时许,吉泰物流公司员工宋某等人让陈某负责驾车一起外出工作,在本市越秀区广州铁路局门口,陈某趁单独驾车在该处等待之机,将驾驶的车主为吴某的宝来牌BORA1.8T小型汽车一辆(价值人民币75,000元)开走,并带走了车上的一部手提笔记本电脑。(2)2009年3月6日,被告人陈某化名'吴某军'进入广州英捷咨询有限公司当临时司机。同年3月12日,其以有事要请假为由,介绍同案人周某俭(已判刑)化名'胡某辉'进入该公司顶替其担任临时司机。同年3月13日14时许,周某俭驾车与该公司员工外出,在本市白云区江高镇双岗加油站对面的顺意餐厅门前,周某俭趁其单独驾车加油之机,将车主为闵某的一辆价值人民币175,438元的奥德赛HG6480型小型普通客车开走,并带走车上现金若干。后陈某与周某俭将车销赃后所得赃款共同分用。"

宣判后,原审被告人陈某提出上诉称,其有自首情节,且是从犯,原审判决量刑过重。

经本院开庭审理查明,原判认定上诉人陈某犯诈骗罪,据以定罪的证据均经庭审质证和认证。在二审审理期间,上诉人陈某未提供新的证据,本院对一审判决认定的事实和证据均予确认。对于上诉人陈某提出其是从犯的意见,经查,陈某在共同犯罪中负责以虚假身份先后应聘英捷公司、吉泰公司任职司机,并介绍同案人周某俭到英捷公司顶替自己担任临时司机,伺机将两公司的汽车占为己有,陈某在共同犯罪中所起作用并非次要辅助作用,不符合刑法关于从犯的规定,故对该上诉意见,本院不予采纳。对于上诉人陈某提出,其有自首情节,请求从轻处罚的意见,经查,原审判决以陈某辩解自己及同案人是临时起意侵占公司财产,并未如实供述预谋诈骗的犯罪事实为由,不应认定为自首。上诉人陈某在公安机关"清网"行动中能自动投案,归案后对其以虚假身份应聘做司机、单独或者伙同同案人周某俭将单位的汽车非法占为己有的犯罪事实均予以供认,其一审时否认一开始应聘时就已预谋诈骗,是属于对行为性质的辩解,应当认定陈某构成自首,依法对其从轻处罚,故对该上诉意见,本院予以采纳。

本院认为,上诉人陈某以非法占有为目的,单独或者伙同他人诈骗公民财物,数额巨大,其行为已构成诈骗罪。上诉人陈某作案后能自动投案,并能如实供述自己的犯罪事实,是自首,依法可予从轻处罚。原审判决认定事实清楚,证据确实、充分,定性准确,审判程序合法,唯适用法律不当,对上诉人陈某的自首情节未予认定,本院予以纠正。

问:1. 应聘时是否已经预谋诈骗,应否成为案件定性的关键?

2. 本案中哪些可以被评价为"犯罪(实行)行为"?该行为是否符合诈骗罪的基本构造?

四要件的思考:本案可能涉及的罪名有诈骗罪、盗窃罪与职务侵占罪。由于盗窃罪与职务侵占罪存在一定竞合关系,因此,首先区分诈骗罪和盗窃罪。按照现在的通说,两罪的区分关键在于有无处分行为,而处分行为判断中有一项是财产减损的直接性。本案中,行为人通过欺骗取得司机身份的行为,并没有直接导致公司财产的损失,因此,不能说被骗者进行了处分,不能构成诈骗罪。其次,区分盗窃罪和职务侵占罪,两者四个要件均不相同。可以从主体进行区分。如果行为人已经与公司签订了劳动合同或者形成了事实上的劳务关系,就属于公司人员,构成职务侵占罪;反之,按盗窃罪认定。针对此案例,三阶层预测四要件可能会陷入主观归罪,但其实这绝非四要件的原罪,对于司法人员来说,需要的是正确理解四要件并在正确理解的基础上正确适用。

三阶层的思考:列举本案,更多的原因在于控方直接以被告人供述的主观意图作为认定犯罪的初始项,进而忽略了本案讼争的关键行为在于"转移占有"还是"据为己有"。换言之,如果认为行为人因为职务行为,已经占有了汽车,那么则无论其事先的主观意图如何,其只能构成职务侵占。若认为行为人并未占有汽车,如公司在汽车上装有 GPS 定位装置等,则应认为属于未经共同占有人同意,打破了共同占有的盗窃行为。由于传统四要件理论并未在四个要件判断上设置先后关系,导致司法实践倾向于以更易获得的口供中的主观意图作为认定犯罪的前提,这种"主观先入为主"突破了客观对主观的限制,使我国刑事司法带有明显的主观主义色彩,甚至在部分案件中"客观不足主观补"。另外,以口供中的主观意图为凭据,在被告人翻供的场合,也会带来控诉上的风险和不利。

【案例 4】刑事审判参考案例第 37 号

上海铁路运输检察分院以被告人胡某犯故意杀人罪,被告人张某筠、张某峰犯运输毒品罪(未遂),向上海铁路运输中级法院提起公诉。

上海铁路运输中级法院经公开审理查明:1997 年 11 月初,被告人胡某因赌博、购房等原因欠下债务,遂起图财害命之念。先后准备了羊角铁锤、纸箱、编织袋、打包机等作案工具,以合伙做黄鱼生意为名,骗取被害人韩某根的信任。1997年11月29日14时许,被害人韩某根携带装有19万元人民币的密码箱,按约来到被告人胡某的住处。胡某趁给韩某根倒茶水之机在水中放入五片安眠药,韩喝后倒在客厅的沙发上昏睡。胡某见状即用事先准备好的羊角铁锤对韩某根的头部猛击数下致韩某根倒地,又用尖刀乱刺韩某根的背部,致使韩某根因严重颅脑损伤合并血气胸而死亡。

次日晨,被告人胡某用羊角铁锤和菜刀将被害人韩某根的尸体肢解为五块,套上塑料袋后分别装入两只印有"球形门锁"字样的纸箱中,再用印有"申藤饲料"字样的编织袋套住并用打包机封住。嗣后,胡斌以内装"毒品"为名,唆使被告人张某筠和张某峰帮其将两只包裹送往南京。被告人张某筠、张某峰按照胡某的指示,于1997年11月30日中午从余姚市乘出租车驶抵南京,将两只包裹寄存于南京火车站小件寄存处。后因尸体腐烂,于1998年4月8日案发。

上海铁路运输中级法院认为:被告人胡某为贪图钱财而谋杀被害人韩某根,并肢解尸体,其行为已构成故意杀人罪,且手段残忍、情节严重,依法应予严惩;被告人张某筠、张某峰明知是"毒品"仍帮助运往异地,均已构成运输毒品罪,但因二人意志以外的原因犯罪未得逞,系未遂,应依法从轻处罚。被告人张某筠、张某峰均辩称不知包裹内藏有"毒品"的理由与事实不符,不予采纳。

问:1. 自以为运送了"毒品",实际运送了"尸块",如何进行主客观相一致的评价?

2. 刑法规制运输毒品罪的规范目的是什么?

四要件的思考:本案可以抽象为误将假毒品当作真毒品贩卖应该如何处罚,关涉的问题点是事实认识错误及不能犯。通说认为不能犯应区分绝对不能犯与相对不能犯,绝对不能犯不构成犯罪,相对不能犯包括工具不能犯、对象不能犯等,根据认识错误的内容可能构成犯罪未遂。本案属于对象不能犯,因此,可以构成贩卖毒品罪的未遂。主客观相一致的发生场域是评价范畴而非事实范畴,在认识错误的情况下,主客观在事实上自然不一致,此时要寻求两者的最大公约数,即可以按照具体犯罪的未遂论处。

三阶层的思考:本案表现出了典型的"主观主义"倾向,即从客观构成要件而言,运送尸块的行为,不可能产生毒品扩散传播的风险,而贩卖、运输毒品罪的规范目的便在于减少或者阻断毒品的交易可能性。因此,本案客观行为完全不在这些罪状的规制范围之内,处罚的原因仅仅在于行为人内心的"恶"。

三、三阶层定罪顺序:从形式到实质

从四要件看来,犯罪构成是关于某种犯罪的法律概念,即从法律和社会政治的本质及其危害程度说明作为危害社会行为的犯罪的那些要件的总和。因此,犯罪构成就是社会危害性的构成,而社会危害性就不是其中的一个要件,而是符合犯罪构成行为的共同特征。在这个意义上,符合四要件犯罪构成的,就同时具备了刑事违法性、社会危害性和应受刑罚惩罚性,也因此犯罪构成在四要件中被作为"认定犯罪的唯一根据"。

然而,一方面,刑事违法性、社会危害性和应受刑罚惩罚性之间是何种关系,在四要件中并不明确。若认为三者"一有俱有,一无俱无",一来三者中以何者判断为准依然存在问题;二来这实际上指的是终局判断后完整意义上的"犯罪",但不具有刑事责任能力的人实施的犯罪行为,明显不具有"应受刑罚惩罚性",难道连"刑事违法性""社会危害性"就一并不存在了吗?另一方面,将犯罪构成认为是认定犯罪的唯一根据,但同时又要在此之外(或者之后)判定包括正当防卫、紧急避险在内的正当化事由,不仅存在前后矛盾的不周延之处,而且正当化事由游离于犯罪认定之外,成为"游兵散勇",无助于对犯罪的理解,更不利于发展超法规的正当化事由。

对此,三阶层认为,"刑事违法性""社会危害性""应受刑罚惩罚性"分别对应构成要件符合性、违法性和有责性,其核心功能在于分步骤逐级限制刑罚权的行使和刑罚的发动:其一,通过刑事违法性的判断,将打击和追诉犯罪的热情牢牢锁定在刑法分则的犯罪圈内,这一阶段的限制在于罪刑法定原则。其二,通过社会危害性的判断,将表面上符合了刑法分则规定的行为排除犯罪圈,这一阶段的操作性标准在于法益侵害与法益权衡。其三,通过应受刑罚惩罚性的判断,根据已经被标签化的不法行为,判断行为人对此有无"期待为合法行为的可能性",这一阶段的指引性规则在于刑罚能否通过处罚该不法行为的实施者,从而实现有效的一般预防和个别预防。

【案例5】刑事指导案例第325号

无锡市中级人民法院经公开审理查明:2001年8月至2002年1月,被告人钱某良在华泰证券江阴营业部(以下简称华泰营业部)交易大厅,通过偷窥和推测的方法先后获得在该营业部开户的殷某祥、蒋某初、叶某英等16人的股票账户账号及交易密码后,利用电话或在证券公司的交易大厅内进行电脑操作等委托方式,在殷某祥、蒋某初、叶某英等16人的股票账户上高买低卖某一股票,同时通过自己在华泰营业部及国信证券江阴营业部(以下简称国信营业部)开设的股票账户上低买高卖同一股票,从中获利,共给被害人造成37.1万余元的经济损失,钱某良共获取非法利润14.3万余元。案发后,钱某良退出人民币23万余元,已发还各被害人。

无锡市中级人民法院认为,被告人钱某良以非法占有为目的,秘密窃取他人财产,数额特别巨大,其行为已构成盗窃罪。关于钱某良的行为是构成操纵证券交易价格罪还是盗窃罪的问题,经查,操纵证券交易价格罪,是指以获取不正当利益或者转嫁风险为目的,利用资金优势、持股优势、信息优势制造市场假象,诱导投资者作出违背其本来意愿的决定,扰乱证券市场秩序、情节严重的行为,而钱某良以非法占有为目的、盗用他人账号和交易密码,采用在被害人账户上高买低卖某一股票,同时在自己的账户上低买高卖同一股票的方法改变财产的持有状态,将他人财产据为己有,钱某良的主观故意和行为不符合操纵证券交易价格罪的构成要件,应当构成盗窃罪。被告人及其辩护人的意见不予采纳。

问:1. 盗窃罪的构成要件是什么?认定盗窃罪的核心要素有哪些?

2. 在他人账户"高买低卖",自己账户"低买高卖",盗窃的直接客体(犯罪对象)是什么?

四要件的思考:盗窃罪的基本构造是行为人违背权利人的意志破除其对财物的占有,建立自己或第三人新的占有,盗窃的核心是破除占有。在恶意盗买盗卖他人股票的案件中,问题的关键是行为人有无实现占有,从股票的交易过程看,行为人不可能实现对他人股票的占有,因此,不能成立盗窃罪。本案可以考虑认定《刑法》第275条的故意毁坏财物罪。这同样不涉及体系问题,只是关于具体个罪的讨论。

三阶层的思考:设置本案的一个重要目的在于,如何理解具体罪状的表述。如果将本案的股票利益损失理解为财产毁坏,进而论以故意毁坏财物罪,则事实上将故意毁坏财物罪作为所有财产犯罪的兜底犯罪,因为所有财产犯罪都伴随着利益的丧失。换言之,仅从"实质"(结果)上理解犯罪,而忽视"形式"(条文)上的涵摄可能,则不可避免地不当扩张犯罪成立的范围。另外,若考虑适用盗窃罪,则既需要判断是否存在"占有转移",也需要判断财物或财产性利益的同一性,本案中这两个要素都较难论证。

【案例6】

21岁女青年李某于某日晚骑自行车下乡,途中遇一男性青年拦车抢劫。李某趁对方不备,用自行车上配置的打气筒将其打昏在地,然后骑车逃离。途中见有一户人家亮着灯光,便上前敲门求助。开门的是一位50多岁的妇女,家中只有母女二人。房东得知事情经过后便挽留李某留宿,与自己17岁的女儿同睡一床。房东家女儿睡在内侧,头朝北;李某睡在外侧,头朝南。二人睡下后,房东的女儿很快进入梦乡,但李某紧张的心情却久久不能平静下来。随后外面又有人敲门。原来抢劫李某的人正是房东的儿子。当听母亲说李某和自己的妹妹住在一起及各自睡觉的方位时,他摘下窗外铡草用的铡刀,悄悄推开房门,走进房间,在黑暗中摸准睡在床外侧的人头,照准颈部猛砍一刀,然后出去找了两块草帘子将尸体包起来,扛到野外扔进枯井内以湮灭罪迹。男子以为杀死的是李某,但实际上杀的是自己的妹妹。原来李某听房东妇女和儿子谈话时已经发现男子就是被自己打昏的人,通过木板墙壁缝隙,李某看到男子取刀朝自己住的房间走来,急中生智,与房东的女儿换了位置。最后,等男子扛着尸体外出后,李某起身逃离。

问:李某行为如何定性?有无出罪的可能性?

四要件的思考:《刑法》第21条规定的紧急避险要求在保全的利益与损害的利益之间进行衡量,只有前者大于后者时才能成立。本案中涉及的是生命权,而生命权是无法进行比较的,因此,不符合紧急避险的限度条件,但本案符合紧急避险的其他条件,应该按照避险过当来处理,行为人构成故意杀人罪,减轻或者免除处罚。

三阶层的思考:与四要件理论紧守正当防卫和紧急避险这两个明文规定的阻却违法事由不同,三阶层中不法和罪责的两层评价,因为分别具有独特功能,而可以发展出超法规的违法阻却或责任阻却事由。就本案而言,尽管在法定层面上,行为人属于紧急避险过当的行为,即"法秩序不能允许任何人以牺牲他人生命的方式保全自己的生命",因而属于不法行为;但在罪责层面,则要进一步追问两个问题,其一,刑法在这一个案中能否强人所难,要求行为人为合法行为?其二,对本案中的行为人处以刑罚,能否实现一般预防或特别预防的目的?

四、三阶层定罪顺序:从事实到规范

如前所述,四要件对犯罪的认定,是一个事实性要素和评价性要素、行为评价和行为人评价的综合体,其将事实与规范、不法与责任的要素分别归入客体、客观方面、主体、主观方面的内容之中,使其对犯罪判断,往往是"一次性""终局性"的,其评价的过程则是一个"黑箱",其结果则只能是裁判者的个体独断,缺乏可争辩性。

从三阶层看来,司法决断的过程是由"案件事实裁剪"——"来回比照刑法分则条文规定"——"对行为的规范评价(不法)"——"对行为人的规范评价(罪责）”等先后阶段组成的。换言之，事实的裁剪及归入特定的条文，是犯罪认定的前提和基础，没有在事实（具体案件）和规范（分则条文）的循环往复，就没有足以评价的对象和贴标签的素材，而评价、贴标签，正是一种规范的判断。进一步而言，即便是规范判断，也存在明显的前后逻辑关系，没有将不法认定为不法，就不可能先要求行为人承担罪责，不法评价先于罪责评价。据此，无论是事实裁剪和归入的事实阶段，还是不法和罪责评价的规范阶段，都处在一种逐级推导的过程之中，“无前者即无后者”，以此避免混淆不清的“一次性”“终局性”判断，从而增加裁判过程的论争性和说理性。

【案例7】（2006）佛刑一终字第68号

广东省佛山市南海区人民检察院指控称：2005年6月27日23时许，被告人陈某安驾驶悬挂鄂A/17734号牌（假号牌）的大货车从佛山市南海区丹灶镇往西樵镇方向行驶，至樵丹路北西科技园路口时靠边停车等人。其间张某海驾驶粤Y/B9357号小型客车（车上搭载关某明）同向行驶，追尾碰撞陈某安驾驶的大货车尾部，导致粤Y/B9357号车损坏、关某明受伤和张某海当场死亡。事故发生后，陈某安驾车逃逸。2005年7月29日，陈某安及其肇事货车被公安机关缉获。经交警部门认定，被告人陈某安发生交通事故后逃逸，负事故的主要责任；张某海酒后驾驶机动车，负事故的次要责任。广东省佛山市南海区人民检察院以陈某安犯交通肇事罪向佛山市南海区人民法院提起公诉。

佛山市南海区人民法院经审理认为，被告人陈某安驾车发生交通事故，造成一人死亡，肇事后逃逸，违反了《道路交通安全法》第70条第1款的规定，根据《道路交通安全法实施条例》第92条第1款的规定，负事故的主要责任，其行为已构成交通肇事罪。以交通肇事罪判处被告人陈某安有期徒刑1年6个月。被告人陈某安不服，以其事后逃逸行为与交通事故的发生不存在法律上的因果关系，其行为不构成交通肇事罪为由，提起上诉。

佛山市中级人民法院经审理认为，交通事故发生在前，陈某安的逃逸行为发生在后，其逃逸行为并非引发本次交通事故的原因。至于陈某安有无其他与本次事故发生有因果关系的违反交通运输管理法规的行为，如陈某安是否在禁止停车路段停车、其停车是否阻碍其他车辆的正常通行？陈某安的其他违反交通运输管理法规的行为应否对事故负全部或者主要责任？一审没有查明。在事实不能查明的情况下，应按照“疑罪从无”的原则处理。如果陈某安有在禁止停车的路段停放车辆从而妨碍其他车辆正常通行的违规行为，结合本案事实，陈某安也只应负同等责任以下的事故责任。而公诉机关仅指控陈某安有逃逸的违规行为。因此，本案现有证据尚不足以认定陈某安的行为构成交通肇事罪。原判认定的事实不清，证据不足，适用法律错误。依照《刑事诉讼法》第 189 条第 3 项之规定，裁定："（1）撤销佛山市南海区人民法院（2005）南刑初字第 1964 号刑事判决；（2）发回佛山市南海区人民法院重新审判。"

问：1. 如何评价本案一审、二审的不同判决？

2. 规范判断在犯罪认定中的作用？

四要件的思考：实践中，关于交通肇事罪的认定有泛化倾向，只要行为人存在违规行为，负事故主要责任，法院就可能判定该罪，一审判决正代表了这种立场。事实上，在交通肇事罪的认定中，行为人违反行政法的违规行为是否是在刑法上有意义的行为，仍然需要进行刑法上的二次评价，只有违规行为是刑法上造成危害结果的前置行为时才考虑交通肇事罪成立，二审判决体现了这一思路。本案例涉及对交通肇事罪的理解问题，跟适用何种犯罪论体系无关。

三阶层的思考：设置本案的一个目的在于，传统四要件理论往往不对事实问题和规范判断作区分，导致司法工作人员习惯于作事实的、形式的判断，而不考虑对相关罪名的规范目的。换言之，即使存在形式上违反交通运输法规的行为，但是所导致的结果并非由此引起，那么意味着在客观责任的归属上，难以将这个仅仅具有形式不法的行为入罪。

【案例 8】检察指导性案例第 47 号

2018 年 8 月 27 日 21 时 30 分许，于某明骑自行车在江苏省昆山市震川路正常行驶，刘某醉酒驾驶小轿车（经检测，血液酒精含量 87mg/100ml），向右强行闯入非机动车道，与于某明险些碰擦。刘某的一名同车人员下车与于某明争执，经同行人员劝解返回时，刘某突然下车，上前推搡、踢打于某明。虽经劝解，刘某仍持续追打，并从轿车内取出一把砍刀（系管制刀具），连续用刀面击打于某明颈部、腰部、腿部。刘某在击打过程中将砍刀甩脱，于某明抢到砍刀，刘某上前争夺，在争夺中于某明捅刺刘某的腹部、臀部，砍击其右胸、左肩、左肘。刘某受伤后跑向轿车，于某明继续追砍 2 刀均未砍中，其中 1 刀砍中轿车。刘某跑离轿车，于某明返回轿车，将车内刘某的手机取出放入自己口袋。民警到达现场后，于某明将手机和砍刀交给处警民警（于某明称，拿走刘某的手机是为了防止对方打电话召集人员报复）。刘某逃离后，倒在附近绿化带内，后经送医抢救无效，因腹部大静脉等破裂致失血性休克于当日死亡。于某明经人身检查，见左颈部条形挫伤 1 处、左胸季肋部条形挫伤 1 处。

8 月 27 日当晚公安机关以"于某明故意伤害案"立案侦查，8 月 31 日公安机关查明了本案的全部事实。9月1日,江苏省昆山市公安局根据侦查查明的事实,依据《刑法》第20条第3款的规定,认定于某明的行为属于正当防卫,不负刑事责任,决定依法撤销于某明故意伤害案。其间,公安机关依据相关规定,听取了检察机关的意见,昆山市人民检察院同意公安机关的撤销案件决定。

检察机关的意见与公安机关的处理意见一致,具体论证情况和理由如下:

第一,关于刘某的行为是否属于"行凶"的问题。在论证过程中有意见提出,刘某仅使用刀面击打于某明,犯罪故意的具体内容不确定,不宜认定为行凶。论证后认为,对行凶的认定,应当遵循《刑法》第20条第3款的规定,以"严重危及人身安全的暴力犯罪"作为把握的标准。刘某开始阶段的推搡、踢打行为不属于"行凶",但从持砍刀击打后,行为性质已经升级为暴力犯罪。刘某攻击行为凶狠,所持凶器可轻易致人死伤,随着事态发展,接下来会造成什么样的损害后果难以预料,于某明的人身安全处于现实的、急迫的和严重的危险之下。由于刘某的行为系典型行凶行为,该类型行为的评价侧重于客观上有致人死亡或重大伤害的危险,因而其主观上到底持有杀人还是伤害的故意,并不影响行凶行为的判定。因此,刘某的行为符合"行凶"的认定标准,应当认定为"行凶"。

第二,关于刘某的侵害行为是否属于"正在进行"的问题。在论证过程中有意见提出,于某明抢到砍刀后,刘某的侵害行为已经结束,不属于正在进行。论证后认为,判断侵害行为是否已经结束,应看侵害人是否已经实质性脱离现场以及是否还有继续攻击或再次发动攻击的可能。于某明抢到砍刀后,刘某立刻上前争夺,侵害行为没有停止,刘某受伤后又立刻跑向之前藏匿砍刀的汽车,于某明此时作不间断的追击也符合防卫的需要。于某明追砍两刀均未砍中,刘某从汽车旁边跑开后,于某明也未再追击。因此,在于某明抢得砍刀顺势反击时,刘某既未放弃攻击行为也未实质性脱离现场,不能认为侵害行为已经停止。

第三,关于于某明的行为是否属于正当防卫的问题。在论证过程中有意见提出,于某明本人所受损伤较小,但防卫行为却造成了刘某死亡的后果,二者对比不相适应,于某明的行为属于防卫过当。论证后认为,不法侵害行为既包括实害行为也包括危险行为,对于危险行为同样可以实施正当防卫。认为"于某明与刘某的伤情对比不相适应"的意见,只注意到了实害行为而忽视了危险行为,这种意见实际上是要求防卫人应等到暴力犯罪造成一定的伤害后果才能实施防卫,这不符合及时制止犯罪、让犯罪不能得逞的防卫需要,也不适当地缩小了正当防卫的依法成立范围,是不正确的。本案中,在刘某的行为因具有危险性而属于"行凶"的前提下,于某明采取防卫行为致其死亡,依法不属于防卫过当,不负刑事责任,于某明本人是否受伤或伤情轻重,对正当防卫的认定没有影响。公安机关认定于某明的行为系正当防卫,决定依法撤销案件的意见,完全正确。

问:刑法既是行为规范,又是裁判规范,如何在本案中理解这两种功能?

四要件的思考:刑法是行为规范,也是裁判规范。刑法通过法定构成要件表述禁止或容许的举止,这是行为规范。同时刑法又要求司法机关对犯罪的行为予以制裁,这是裁判规范。本案中,法律虽然禁止杀伤他人,但在正当防卫的情况下,法律就允许杀伤他人,同时对于符合正当防卫的杀伤行为,法律也不应该启动制裁。这里刑法作为行为规范起到了指引功效,作为裁判规范又进一步予以确认。不过,与前述观点相同,本案的处理结论跟犯罪论体系有关吗?本案只是关于正当防卫的认定问题。

三阶层的思考:刑法既是行为规范,又是裁判规范,但两种功能的发挥和适用的场景是不同的。从法的安定性角度看,行为规范先于裁判规范,即刑法首先是指引国民为合法行为的行为规范,在此就应当以一般人(国民)的立场来理解刑法的规定。于是,对于本案被害人实施侵害行为的危险判断,应当站在行为当时,以一般人的立场和能够认知的事实作为判断依据,而不能站在事后,以专业人(如法官)的立场和事后能够查明的事实作为判断依据。

第三部分 两种犯罪成立理论的总结

一、四要件的基底与质疑

(一)哲学根基与问题主义

四要件的哲学基础是辩证唯物主义,这是肯定的。因为四要件中的犯罪构成正是社会内容与法律形式的统一,犯罪构成是法律所明定的,但它绝不仅仅是单纯的规范之物,而是反映社会生活的规则之制,在四要件看来,法律形式的犯罪构成必须以社会现实为基础,并且反映社会现实,在两者之中社会内容又是第一性的,它决定法律形式。四要件的哲学根基决定了它在定罪时是以一种类型思维进行操作的,在解释方法上因循“循环诠释学”的路径,任何一个要件都可以成为检验定罪的入口,任何一个要件也都可以成为否定犯罪的出口,这正体现了四要件适用的灵活与经济。

三阶层认为四要件不加区分的混沌思考模式不利于复杂问题的解决,但迄今为止却无法举出令人满意的示例。在许多问题的回答上,四要件并非一定得出与三阶层不同的结论,同时在四要件内部答案也有分歧,这里关键点在于对所探讨问题涉及具体理论的选择,而根本无关乎体系本身。

(二)专业性格与亲民性格

犯罪构成理论是学理基于法律规定构建犯罪成立大厦的产物,自然极具专业性,但犯罪构成理论的最终用途却是解决犯罪应否成立,亦即具有工具效用。既然如此,我们为何不去选择一种方便有效、易懂易悟的工具呢?三阶层的复杂性导致即使是专业人士也望而却步,更不用说是普通的民众了。然而,无论是法律指引功效的发挥,还是法律适用本身,都需要民众的参与,采用符合国人思维的亲民话语体系是四要件加深与民众对话、做到最佳释法说理效果的显著优势。

(三)理论的自信与自省

四要件理论是与德日三阶层、英美双层次相并列的犯罪构成理论的代表。自20世纪50年代承继苏联后,四要件在中国已经走过了几十年的时光,如果说当初的继受带有极强的政治色彩,那么经过这些年的研究发展,也已经内化为本土的理论了。东欧剧变后,俄罗斯并未推翻苏联时代的四要件,而是在此基础上继续修正完善,开创出了新的理论产品。这说明四要件是有生命力的理论。当然我们也要看到,与三阶层相比,四要件在概念的丰富性、理论的延展性方面都逊色不少。这也充分说明四要件是仍在发展之中的理论。

四要件与三阶层的犯罪论体系之争是最近10年中国刑法学界最热议,也是最重大的问题。对于各位检察官来说,了解一下是非常必要和有益的,学者并非只是在做益智游戏,而是为了确保解决实践问题所构建学理体系的有效性,并且这套体系不仅单纯作为教学工具,也会成为实务检验定罪的解释工具。四要件与三阶层的区别不在于概念的多寡,也不在于结论的不同,根本差异在于定罪思维模式的不同。

二、三阶层的回应与关切

(一)体系之争与问题之争

体系之争必然表现为问题之争,但问题之争并非总是能够还原回体系之争。四要件犯罪构成理论,更多地表现为成立犯罪的诸要素的总和,是一个平面拼图式的要素组合;而三阶层犯罪论体系,更多地表现为将成立犯罪的诸要素进行阶层性的分配,并赋予每一阶段独特的意义,是一个立体积木式的要素体系。

简单来说,四要件的理论特性,倾向于将体系性和工具性的讨论还原回具体犯罪的问题之争,原因在于其客体、客观方面、主体、主观方面这些部分,都无法单独地发挥功能,而只有平面地组合起来,才能发现犯罪的轮廓。三阶层则通过多层次判断,赋予不同阶段体系性意义,使诸要素直接服务于其所处的体系阶段。由此观之,三阶层强调经由体系到问题,而四要件则更多直奔主题。

那么,是否四要件犯罪构成更为经济有效?答案是否定的。这是因为,通过体系性地在刑法中设定界限和规定概念,就可以最大限度使刑法在安全和可预见的方式下得到运用,并且能够避免非理性化、专横性和随意性。通过教义学的方式认定犯罪体系化,具有以下明显优点:其一,减少审查案件的难度,阶层间层层递进,使前一个阶层未得到印证,即不必讨论后面的阶层;事实性的问题未满足,则不需要对事实进行规范评价;客观层面的要素没有齐备,就不用推定行为人的主观恶性。其二,可以实现平等地区别适用法律,即不因具体案情的变化,而更改认定犯罪的顺序,避免“因人论罪”;同时,由于区分了对行为的规范评价和对行为人的规范评价,可以有效地区分合法行为和免责行为。其三,简化法律和提升操作性,通过体系性地安排,节省立法的相关规定,仅以概念的方式,即可以经由体系还原,避免烦琐的立法。其四,发展法学理论,特别是创造概念。在导入刑罚目的之中的体系时,因其不同阶段的不同功能,尤其是对行为和行为人的评价环节,会大量引入道德哲学、社会学的知识和标准,从而极易在具体案件中提炼新的概念来应对同类案件的相似问题,这一点在诸如被害人同意、期待可能性等超法规违法阻却或责任阻却中表现得相当明显。

(二)大众话语与精英话语

犯罪构成中的主观与客观、主体与客体,尽管更易为大众接受,但其依然并非大众话语,而是哲学概念。当然,由于众所周知的原因,以及字面化、简单化,这类话语的大量普及,在司法工作人员和普通大众的理解中不会有太大的偏差,因而被认为是一种大众话语,而自然获得了伦理上的政治正确。

然而,应当看到,司法本身是一项极其专业的工作,尤其是在自诩为“最为精确科学”的刑法之中,其是否得到正确适用,关系到刑罚权的发动和被告人的基本人权。在此意义上,用大众话语去表述刑法概念,自然就不具有实务上的妥当性。否则,缘何不要求医学也采取大众话语表述疾病及其诊断?其原因便在于,概念是专业性工具,其用于精确表达和交流专业问题。

这里需要明确区分大众话语和大众正义直觉,后者不仅对判决的合法性具有重要影响,而且之于现代民主政治架构中也有举足轻重的基础性作用。至于前者,更多地表现为日常生活的表达与交流。功能的不同,决定其适用的场域和场景不同。当然,概念化程度越高,专业的门槛就越高,其抽象化程度与事实的具体化成反比。因此,运用专业性语言进行司法说理,更多的是在司法过程中,特别是控辩审的互动当中。而当检察官、法官面向被告人、犯罪人进行释法说理时,则未必需要严格的概念术语,以日常用语加以说明即可,一如医生不需要向病患解释病症机理,而只需要形象地描述和提出解决对策即可。

(三)理论工具与学术传统

要注意区别理论知识与理论工具,前者在借鉴时需要甄别分析,否则难免水土不服;后者则是分析问题的框架,往往不具有国别性。因此,可以强化理论的国际交流与互动,反过来形成本国的学术特点和传统。

学术传统的形成,有赖更为精确的分析工具,从而避免学术的低水平重复。一套妥当的理论工具,会有效地将实务中的需求提升为专业概念,从而发展理论体系,强化司法说理。这将有利于解决“理论和实践两张皮”的现象,极大地推动了理论和实务的良性互动。

普通犯罪检察业务

专题十七

黑恶势力案件证据的认定

杨迎泽* 国家检察官学院

目　次

* 杨迎泽，国家检察官学院党委副书记、二级教授。

一、概述

全国组织开展为期三年的扫黑除恶专项斗争,是以习近平同志为核心的党中央统筹“五位一体”总体布局、协调推进“四个全面”战略布局作出的一项重大决策部署,是事关进行伟大斗争、建设伟大工程、推进伟大事业、实现伟大梦想的一项重要政治任务,是坚持以人民为中心的发展思想,回应人民群众对美好生活需要的一项重大民生工程。

检察机关要深入贯彻习近平总书记重要指示,认真贯彻执行党中央系列部署要求和最高人民检察院《关于充分发挥检察职能作用,深入开展扫黑除恶专项斗争的通知》精神,贯彻依法严惩方针,坚持“打早打小”,严惩“保护伞”,采取多种措施深入推进扫黑除恶专项斗争。要坚持把严格依法办案贯穿专项斗争始终,把“依法”作为必须坚守的底线,不能逾越的红线,强化证据意识、程序意识,确保办理的每起黑恶案件都经得起法律和历史的检验。要坚持“以事实为根据,以法律为准绳”,坚持“事实清楚,证据确实、充分”的法定证明标准,严格把好事实关、证据关、程序关和法律适用关,严禁刑讯逼供,防止以非法方式收集证据。要正确理解办理黑恶势力案件相关文件精神。多年来,中央政法机关根据司法实践中惩治黑恶势力犯罪的需要,为贯彻执行《刑法》《刑事诉讼法》制定了有关司法解释、座谈会纪要、指导意见等规范性文件,其中较为重要的包括 2000 年印发的最高人民法院《关于审理黑社会性质组织犯罪的案件具体应用法律若干问题的解释》、2009 年印发的“两高一部”《办理黑社会性质组织犯罪案件座谈会纪要》(以下简称 2009 年《纪要》)、2012 年印发的“两高两部”《关于办理黑社会性质组织犯罪案件若干问题的规定》、2015 年印发的《全国部分法院审理黑社会性质组织犯罪案件工作座谈会纪要》(以下简称 2015 年《纪要》)和 2018 年印发的“两高两部”《关于办理黑恶势力犯罪案件若干问题的指导意见》(以下简称 2018 年《意见》)。我们办理中要正确理解、准确把握这些法律法规、意见。

二、黑社会性质案件构成四要件证据标准

根据《刑法》第 294 条第 1 款的规定,组织、领导、参加黑社会性质组织罪是指组织、领导、参加以暴力、威胁或者其他手段,有组织地进行犯罪活动,称霸一方,为非作恶,欺压、残害群众,严重破坏经济、社会生活秩序的黑社会性质组织的行为。依照《刑法》《刑事诉讼法》及相关立法、司法解释,这类案件公诉证据参考标准如下:

(一)关于犯罪主体的证据

关于犯罪主体的证据，主要是组织、领导、参加黑社会性质组织的犯罪嫌疑人自然情况的证据，一般由犯罪嫌疑人的户口登记及微机底卡、居民身份证、出生证明等书证予以证明。

通过上述证据的收集和固定，要证明的是犯罪嫌疑人系年满16周岁、具有刑事责任能力的自然人，且具备起诉所要求的各身份要素，即犯罪嫌疑人姓名（曾用名、别名、绰号）、性别、出生年月日、居民身份证号、民族、籍贯、出生地等。

在收集、审查和判断运用上述证据过程中要注意两点：

1. 对于犯罪嫌疑人是否未成年人有争议时，可以辅以知情人证言。如犯罪嫌疑人父母的证言、同龄人证言、同龄人父母的证言及其他了解犯罪嫌疑人真实年龄的证人证言。

有利于被告推定。最高人民法院《关于适用〈中华人民共和国刑事诉讼法〉的解释》第112条规定，证明被告人已满14周岁、16周岁、18周岁或者不满75周岁的证据不足的，应当认定被告人不满14周岁、16周岁、18周岁或已满75周岁。

2. 对于犯罪嫌疑人拒不交代真实姓名的，可按他所报的姓名起诉。

(二)关于犯罪主观方面的证据

犯罪主观方面的证据是指证明犯罪嫌疑人组织、领导、参加黑社会性质组织主观心态。实践中，一般运用犯罪嫌疑人本人关于组织、领导、参加犯罪组织的供述和辩解、其他黑社会组织成员的供述和辩解及证人证言等言词证据来证明。其组织、领导、参加黑社会组织的内心起因一般是为了称王称霸，攀比心理、寻求靠山或报复社会以及被引诱、被胁迫等，犯罪目的一般是攫取金钱、获取权力或称霸一方。

1. 在收集和提取上述言词证据时，要讯（询）问以下内容：

（1）犯罪嫌疑人关于组织、领导、参加黑社会性质组织的动机、目的；

（2）犯罪嫌疑人关于预谋、组织、领导参加黑社会性质组织的时间、地点、参与人及分工、方式、原因、经过、结果；

（3）犯罪嫌疑人按照组织分工，采用暴力、威胁或者其他手段，聚敛钱财、扩充实力、争夺势力范围时间、地点、参与人及分工、原因、经过、结果。

2. 在犯罪嫌疑人拒不供认组织、领导、参加黑社会性质组织的真实目的时，可以通过收集和固定其他证据来证明犯罪嫌疑人的动机与目的。这些证据主要有：

（1）证明犯罪组织成立的时间、地点、人数、组织者、领导者、积极参加者的姓名(绰号、代号)及个体特征,主要分工、活动(责任)区域、行为习惯,组织帮规及对违规人实施惩戒的时间、地点、参与人及分工、原因、经过、结果等的证据;

(2)证明黑社会性质组织网罗、训练成员的时间、地点、行为人及个体特征的证据;

(3)证明黑社会性质组织实施具体违法犯罪活动的种类、手段,及实施具体违法犯罪活动的时间、地点、参与人及分工、原因、经过、结果的证据;

(4)证明黑社会性质组织通过实施具体违法犯罪活动,或依靠国家工作人员的包庇、纵容获取经济利益、扩充经济实力的证据;

(5)证明黑社会性质组织通过欺压、残害群众、为非作恶,形成势力范围的证据。

通过上述证据的收集和固定,证明犯罪嫌疑人以黑社会性质组织为依托,以组织者、领导者、参加者的身份,采用暴力、威胁或者其他手段,组织、策划、指挥、协调、参加多种违法犯罪活动,或者利用国家工作人员的包庇、纵容,大肆攫取金钱,获取权力,危害一方,从而证明组织、领导、参加黑社会性质组织行为系直接故意。

(三)关于犯罪客观方面的证据

犯罪客观方面的证据种类繁多,且具有双重证明功能,既可以证明黑社会性质组织的成立,有的又独立成罪。犯罪客观方面证据主要有黑社会性质组织结构证据和黑社会性质组织实施的具体违法犯罪活动证据两部分。通过对上述证据的收集和固定,证明犯罪嫌疑人以组织、领导或者参加的行为方式,形成较稳定的犯罪组织,并以暴力、威胁或者其他手段,有组织地多次、连续实施违法犯罪活动,形成行业或区域垄断。具体证据有:

1. 物证、书证

(1)黑社会性质组织成立的时间证明,主要是该组织由犯罪团伙到犯罪集团再到黑社会性质组织的演化情况,或者犯罪嫌疑人非法发起设立黑社会性质组织情况的书面材料;

(2)地点证明,主要是黑社会性质组织非法集会的窝点,主要管理活动场所,或者是藏匿犯罪工具、赃款赃物或其他财产的场所;

(3)人员构成及职务分工情况证明,主要是黑社会性质组织的名称、机构设置、组织成员名册、骨干成员分工名册、招募协议、工资表、组织成员登记表、各种会议记录等,颁发的证明组织者、领导者、参加者身份的任命书、委托书、聘用书、决心书、保证书等；

（4）帮规证明，黑社会性质组织的“帮规”“戒约”“规矩”等书面材料，惩戒人惩戒违规者所使用的枪、刀、棍棒、绳索等，被惩戒人因受惩戒所形成的人体伤残情况及医疗证明；

（5）通过违法犯罪活动所获得的财产，产权证，生产经营场所，营业执照、生产经营状况，金钱、钱款往来票证，赃款、赃物数量、价值、去向等；

（6）进行违法犯罪活动所使用的作案工具，枪支、弹药、刀、交通工具、车船牌照及照片等。

2. 证人证言

（1）关于黑社会性质组织知情人、关系人、目睹人、围观人、发现人、扭送人、举报人的证言，如关于黑社会性质组织网罗、训练成员的证言，对其成员进行惩戒的证言，组织者、领导者和参加者个人自然情况的证言，有组织地进行违法犯罪活动的证言，在当地或在一定行业规范内形成势力范围的证言，拉拢、收买国家工作人员的证言，对社会公众心理造成重大影响的证言；

（2）侦查活动见证人证言，如侦查机关采取搜查、扣押、冻结、查封等侦查措施时见证人的证言；

（3）有关部门关于黑社会性质组织生产经营状况的证言，如工商、税务、海关、基层政府组织或者其他企事业单位关于黑社会性质组织生产经营情况及其违法犯罪情况所出具的证言；

（4）群众对黑社会性质组织要求惩处的意见。

3. 被害人陈述

（1）受到惩戒的黑社会性质组织成员就自己所受到的惩戒的时间、地点、手段、原因、经过、结果、惩戒人、伤情等作出的陈述；

（2）受到黑社会性质组织欺压、残害、威胁、滋扰的被害人关于受害的时间、地点、手段、原因、经过、结果、侵害人及个体特征等所作出的陈述，以及要求对黑社会性质组织成员予以惩处的意见，如被欺压者、被残害者、被绑架者、被敲诈者、被非法拘禁者、被迫参加赌博、被迫卖淫者等所作出的陈述；

（3）受到不法侵害的单位，就本单位所受黑社会性质组织欺压、掠夺、敲诈及所受财产损失情况的陈述，及对黑社会性质组织成员予以惩处的意见；

（4）被害人辨认现场、物品、犯罪嫌疑人笔录。

4. 犯罪嫌疑人、被告人供述和辩解

（1）犯罪嫌疑人、被告人关于组织、领导、参加黑社会性质组织，有组织地从

事违法犯罪活动所要达到的动机、目的所作出的供述和辩解;

(2)犯罪嫌疑人、被告人关于实现犯罪目的、宗旨所采取的暴力、胁迫或其他手段、方法、途径、渠道等所作的供述和辩解;

(3)犯罪嫌疑人、被告人关于是否组织、领导、参加黑社会性质组织,黑社会性质组织发起、发展过程、组织活动宗旨、成立时间、地点、原因、经过、组织角色分工、成员间的隶属关系、相互关系等所作出的供述和辩解;

(4)犯罪嫌疑人、被告人关于是否参与从事具体违法犯罪活动,以及在具体违法犯罪活动中的地位、作用、时间、地点、原因、经过、被害人等所作的供述和辩解;

(5)犯罪嫌疑人、被告人指认现场、赃物、被害人笔录。

5. 鉴定意见

(1)法医鉴定意见,受到黑社会性质组织残害、欺压人员所受伤害程度、财产蒙受损失情况的检查笔录、鉴定意见,如死亡,伤害,活(尸)体创口,致伤、致死原因,血型(血衣、血迹、毛发等)及其他伤检鉴定;

(2)物品估价鉴定,由有关部门对赃款、赃物的价格鉴定;

(3)需要明确产权关系文书的文检鉴定;

(4)其他可能涉及的鉴定:精神病鉴定、毒品鉴定、枪支鉴定、痕迹鉴定、技术鉴定等。

6. 勘验、检查、辨认、侦查实验等笔录

勘验、检查笔录主要分现场、人体(活体或尸体)及物品勘验检查笔录三种。

(1)现场勘验

现场勘验、检查证据一般由现场勘查图、现场照片或同步录音录像资料、现场勘验检查笔录三部分组成。

犯罪现场主要包括:

①黑社会性质组织成员的主要聚集点;

②黑社会性质组织藏匿犯罪工具、赃款、赃物现场;

③黑社会性质组织从事生产经营管理活动现场;

④黑社会性质组织从事具体违法犯罪活动现场,如绑架、非法拘禁、杀人、故意伤害现场,欺压、残害群众现场,走私、贩毒被抓获的现场,从事赌博、组织卖淫等违法犯罪活动的现场等。

(2)人体检查笔录

被害人人体伤亡情况、致死(伤)原因、致死(伤)工具、因果关系、伤残的检验报告。

(3)物品勘验、检查笔录

犯罪中涉及的物品、犯罪工具、痕迹的勘验、检查报告,可以结合现场勘验、检查同时进行。

7. 视听资料、电子数据

(1)记录黑社会性质组织成立、重大经营举措、招募广告录音带、录像带;

(2)重大犯罪案件的现场录像资料;

(3)重大犯罪案件新闻录音、录像资料;

(4)黑社会性质组织生产经营、管理活动中形成的微机数据库软盘等;

(5)短信、微信等。

在收集、审查和判断运用上述证据过程中,要注意黑社会性质组织中组织者、领导者、参加者地位和作用的划分。证明黑社会性质组织成员的地位和作用,要重点收集和固定以下证据:

1. 对于黑社会性质组织的组织者,重点查明:

(1)组织者为成立黑社会性质组织而注入资金、实物、财产性利益的时间、地点、交接人、经过、财产数额、财产去向及相应票证;

(2)组织者为黑社会性质组织制定活动宗旨、帮规戒律等的时间、地点、手段、参与人、原因、经过、结果;

(3)组织者依照黑社会性质组织章程,行使人事安排权、经营决策权、利益分配权、惩戒权的时间、地点、手段、参与人、原因、经过、结果;

(4)组织者对国家工作人员进行拉拢、收买、威胁的时间、地点、手段、参与人、原因、经过、结果;

(5)组织者组织、策划、指挥黑社会性质组织活动实施具体违法犯罪活动的时间、地点、手段、参与人、被害人、原因、经过、结果。

实践中,要注意区分名义上的组织者与事实上的核心人物,不能单纯以组织者的称谓来认定其在黑社会性质组织中的地位与作用,而应当根据上述证据,综合考察犯罪嫌疑人在黑社会性质组织及其实施具体违法犯罪活动中的地位和作用,认定其是否为黑社会性质组织的主要出资人或公认的核心人物。

2. 对于黑社会性质组织的领导者,重点查明:

(1)犯罪嫌疑人成为黑社会性质组织领导者的时间、地点、参与人、手段、原因、经过、结果;

(2)领导者参与制定黑社会性质组织活动宗旨、帮规戒律的时间、地点、手段、原因、经过、结果;

(3)领导者依照黑社会性质组织章程,具体行使人事安排权、经营决策权、利益分配权、惩戒权的时间、地点、参与人、手段、原因、经过、结果;

(4)领导者对国家工作人员进行拉拢、收买、威胁的时间、地点、参与人、手段、原因、经过、结果;

(5)领导者组织、策划、指挥黑社会性质组织活动实施具体违法犯罪活动的时间、地点、参与人、被害人、手段、原因、经过、结果。

实践中,要注意区分名义上的领导者与事实上的领导者,不能单纯以称谓来认定其在黑社会性质组织中的地位与作用,而应当根据上述证据,综合考察犯罪嫌疑人在黑社会性质组织及其实施具体违法犯罪活动中的地位和作用,认定其是否为黑社会性质组织的具体领导、指挥、协调的重要人物。

3. 对于黑社会性质组织的参加者,重点查明:

(1)有没有参加的故意,指导意见规定,没有加入黑社会性质组织的故意,受雇到黑社会性质组织开办公司、企业、社团工作,未参与违法犯罪活动,不应认定为"参加黑社会性质组织";

(2)犯罪嫌疑人于何时、何地、通过何人、以任何方式参加黑社会性质组织,是否参与具体违法犯罪活动,以及参加具体违法犯罪活动的时间、地点、参与人及分工、被害人、手段、原因、经过、结果;

(3)犯罪嫌疑人是否明知加入的是犯罪组织及加入的时间、地点、参与人、手段、原因、经过、结果,加入黑社会性质组织后身份变化情况;

(4)犯罪嫌疑人是否因被欺骗、被蒙蔽而参加黑社会性质组织,且是否未参与具体违法犯罪活动。

(四)关于犯罪客体的证据

犯罪客体的证据是指证明组织、领导、参加黑社会性质组织犯罪对社会主义市场经济秩序、社会管理秩序造成的危害及其严重程度的证据,主要通过组织、领导、参加黑社会性质组织行为所造成的客观危害结果予以综合证明。具体包括以下几个方面的证据:

1. 黑社会性质组织活动持续的时间、地点、危害的对象、领域。2018 年《意见》规定,组织形成后,在一定时期内持续存在,应当认定为形成较为稳定的犯罪组织。关于存续时间的起点,黑社会组织未举行成立仪式或者进行类似活动的,成立时间可以按照足以反映其初步形成非法影响的标志性事件的发生时间认定。没有明显标志实践的,组织者、领导者与其他成员首次共同实施犯罪活动的可以认定为形成时间。

2. 黑社会性质组织活动的内容、手段、强度、次数(三次以上)。

3. 黑社会性质组织活动造成的人身伤亡、财产损失的情况。

4. 黑社会性质组织活动对社会公众心理造成的影响。

办理此类案件时,常出现参加黑社会组织的犯罪嫌疑人做如下辩解,“我不知加入的组织是黑社会性质的组织”,对此,可以收集以下证据:证人证言、同案犯供述、犯罪嫌疑人供述、物证、书证等。通过上述证据,证明参加者明知是加入犯罪组织即可。

三、黑社会性质案件四特征证据标准

黑社会性质组织犯罪是集团犯罪的一种特殊形式,是一种具有严密组织形式的有组织犯罪。认定黑社会性质组织犯罪必须首先区分黑社会性质组织与其他组织的界限。根据《刑法》第 294 条第 5 款的规定,黑社会性质组织应当同时具备组织特征、经济特征、行为特征、危害性特征。认定一个犯罪组织是否构成黑社会性质组织,应当围绕上述四个特征收集、固定、审查、判断证据。

(一)关于组织特征的认定

黑社会性质组织的组织特征,是指形成较稳定的犯罪组织,人数较多,有明确的组织者、领导者,骨干成员基本固定。认定组织特征一般应有证明以下事实的证据:

1. 组织的稳定性

(1)组织形成的时间节点及其标志性事件,包括组织发起、发展过程、组织成立时间、地点、原因、经过、组织活动宗旨、重大经营举措等的证据;

(2)组织存续时间较长,包括组织系为了在较长时间内多次实施违法犯罪而建立或者组织成立后较长时间内以实施违法犯罪活动为主要内容,或者该组织由合法组织逐步演变为黑社会性质组织的证据;

(3)定期或者不定期地组织召集会议或者聚会的证据;

(4)有相对固定的活动场所,包括有进行主要管理活动的场所、经营场所、组织成员主要聚集场所、藏匿犯罪工具、赃款、赃物或者其他财产的场所等的证据。

2. 组织的严密性

(1)通过成文或者不成文的帮规、戒约或者通过毒品控制、精神控制等手段约束组织成员的行为,主要包括证明该组织存在帮规、戒约或规矩等的记录、书

信、短信息、微信等书证,或者关于上述内容的被告人供述、电子数据、证人证言等证据;

(2)对组织成员实施奖惩情况,主要包括证明实施奖惩的时间、地点、参与人、经过,以及被奖惩组织成员的心理变化等方面的证据;

(3)组织成员在组织内部的任职情况,主要包括证明在开办公司、企业等合法行业的任职情况和在"黄、赌、毒"等非法行业的组织角色分工情况,以及在具体案件中实行行为的分工情况等方面的证据;

(4)为实施违法犯罪购置、使用装备工具等,主要包括证明该组织及其成员为实施违法犯罪活动或者惩戒违规者购买、使用、储存、销毁的刀、枪、棍棒、绳索、通讯联络工具、交通工具、电脑等作案工具以及使用的标志、暗语、代号等方面的证据;

(5)有相对固定的人员对内对外进行协调的情况,主要包括证明对该组织成员内部矛盾的协调,以及实施违法犯罪活动后对案件处理结果协调情况等方面的证据。

3. 组织的规模性

(1)证明该组织有明确的组织者、领导者或者幕后操纵、策划、指挥者的证据;

(2)证明该组织人数较多且有相对固定的骨干成员的证据,对于组织人数,2015 年《纪要》规定是 10 人,2018 年《意见》没有具体人数要求,至少明显高于 3 人,不能太少;

(3)证明该组织成员组织、领导、参加该组织的动机、目的等方面的证据,主要包括行为人出于称王称霸、相互攀比、寻求靠山或者报复社会等动机,为了攫取金钱、获取权力或称霸一方的目的,以该组织为依托,采用暴力、威胁或者其他手段,或者利用国家工作人员的包庇、纵容,组织、策划、指挥、协调、参加多种违法犯罪活动,大肆攫取金钱,获取权力,危害一方的主观心态的证据;

(4)证明该组织内部层级结构及成员间的隶属关系、相互关系以及该组织决策形成、指令下达、行为实施情况等方面的证据。

(二)关于经济特征的认定

黑社会性质组织的经济特征,是指有组织地通过违法犯罪活动或者其他手段获取经济利益,具有一定的经济实力,以支持组织的活动。认定经济特征一般应有证明以下事实的证据:

1. 组织的经济来源

(1)证明合法收入来源情况,主要包括

①组织成员经营餐饮娱乐、物流运输、建筑、采矿、房地产等经济实体及其收入的证据;

②经济实体的工商、税务登记、法人代表、股权变更、注册资本、公司规模、财产状况、盈利能力、经营时间、范围等方面的证据。

(2)证明非法收入来源情况,主要包括

①通过提供非法货物或服务牟取利益方面的证据;

②组织非法经营的地点、时间、形式、相关人员及收入等方面的证据;

③依仗组织势力通过抢劫、诈骗、敲诈勒索、强迫交易等违法犯罪手段获取经济利益情况的证据;

④利用组织的社会影响为本组织或他人获取利益的证据。

2. 利用上述收入维系组织内部关系、使组织发展壮大和实施违法犯罪

(1)为组织成员发放工资、福利,提供生活费用等方面的证据,以及为组织成员亲属提供经济资助的证据;

(2)为组织成员提供资金垫付、收益分红、投资入股等方面的证据;

(3)为实施违法犯罪活动购买作案工具,提供作案经费等方面的证据;

(4)为被采取刑事强制措施或追究刑事责任的组织成员提供生活费或者精神抚慰金,资助作案后在逃的人员等方面的证据;

(5)为受伤、死亡的组织成员提供医疗费、丧葬费等方面的证据。

3. 利用上述收入拉拢腐蚀国家工作人员

(1)为拉拢腐蚀国家工作人员而主动为其休闲、娱乐、消费等活动提供场所或者支付费用的证据;

(2)向国家工作人员行贿以及国家机关工作人员包庇、纵容黑社会性质组织的证据;

(3)以其他方式拉拢腐蚀国家工作人员的证据。

(三)关于行为特征的认定

黑社会性质组织的行为特征,是指以暴力、威胁或者其他手段,有组织地多次进行违法犯罪活动,为非作恶,欺压、残害群众。认定行为特征一般应有证明以下事实的证据:

1. 多次(三次以上)实施违法犯罪活动

(1)具体犯罪行为按个案、个罪的证据标准收集固定审查判断证据;

(2)多次违法犯罪活动中至少有一次构成犯罪,且违法犯罪行为具有多样化、关联性等方面的证据。

2. 违法犯罪活动的组织性

(1)实施违法犯罪活动动机和目的的证据;

(2)实施违法犯罪活动事前、事中、事后谋划和请示汇报情况,主要包括:

①组织者、领导者直接组织、策划、指挥、参与实施的违法犯罪活动的证据;

②由组织成员以组织名义实施,并得到组织者、领导者认可或者默许的违法犯罪活动的证据;

③组织成员为逞强争霸、插手经济纠纷、报复他人、替人行凶、非法敛财而实施,并得到组织者、领导者认可或者默许的违法犯罪活动的证据;

④组织成员为争夺势力范围、排除竞争对手、确立强势地位、谋取经济利益、维护非法权威或者按照该组织的纪律、惯例、共同遵守的约定而实施的违法犯罪活动的证据;

⑤由黑社会性质组织实施或为黑社会性质组织利益实施的其他违法犯罪活动的证据。

3. 违法犯罪活动的暴力性

(1)实施暴力或者采取暴力威胁手段的证据;

(2)实施"软暴力",即以暴力、威胁现实可能性为基础,在利用组织势力和影响已对他人形成心理强制或威慑的情况下,进行所谓的"谈判""协商""调解"滋扰、哄闹、聚众造势等干扰、破坏正常经济、社会生活秩序行为的证据。

(四)关于危害性特征的认定

黑社会性质组织的危害性特征,是指通过实施违法犯罪活动,或者利用国家工作人员的包庇或者纵容,称霸一方,在一定区域或者行业内,形成非法控制或者重大影响,严重破坏经济、社会生活秩序。"一定区域"的大小具有相对性,不能简单地要求"一定区域"必须达到某一特定的空间范围,而应当根据具体案情,并结合黑社会性质组织对经济社会生活秩序的危害程度加以综合分析判断。认定危害性特征一般应有证明以下事实的证据:

1. 形成称霸一方的强势地位,具有下列情形之一的证据:

(1)对群众形成心理强制,致使合法利益受损的群众不敢举报、控告的;

(2)与其他黑恶团伙逞强争霸的；

(3)以强势地位侵蚀基层政权的，如介入基层选举、村民选举等；

(4)利用“保护伞”形成强势地位的；

(5)形成称霸一方的强势地位的其他情形。

2. 形成非法控制或者重大影响，严重破坏社会生活秩序，具有下列情形之一的证据：

(1)采用暴力、威胁手段或者利用其强势地位，多次介入当地各层面的纠纷处理或重大利益分配，如多次代人强立债权、强索债务、插手民间矛盾或经济纠纷，强收“保护费”，强行“罚款”，干扰或阻碍国家机关正常执法活动等；

(2)严重侵害群众利益，造成严重后果，如引发群众上访、流离失所、多人受伤或者死亡、多人被非法拘禁、造成重大财产损失等；

(3)多次公然使用枪支、刀具等作案，造成群众心理恐慌、安全感下降等；

(4)其他严重破坏社会生活秩序的情形。

3. 形成非法控制或者重大影响，严重破坏社会经济秩序，具有下列情形之一的证据：

(1)造成国家或者集体的财产重大损失，严重破坏集体利益和国家利益；

(2)长期操纵色情、赌博、高利贷、毒品及其他非法行业，获取非法利益；

(3)对抗国家职能部门对行业或市场的正常管理；

(4)对市场或者生产、生活资料和流通领域形成非法垄断或非法经营。

4. 其他严重破坏社会经济秩序的情形。

四、“恶势力”认定的证据标准

2018 年《意见》指出：在相关法律文书中的犯罪事实认定部分，可使用“恶势力”等表述加以描述，公安机关、人民检察院、人民法院在办理恶势力犯罪案件时，应当依照上述规定区别于普通刑事案件，充分运用《刑法》总则关于共同犯罪和犯罪集团的规定，依法从严惩处。因此，有必要明确认定“恶势力”的证据标准。上述意见对“恶势力”“恶势力集团”特征进行了描述。第 14 条规定，“恶势力”，是指经常纠集在一起，以暴力、威胁或者其他手段，在一定区域或行业多次实施违法犯罪活动，为非作恶，欺压百姓，扰乱经济、社会秩序，造成较为恶劣的社会影响，但尚未形成黑社会性质组织的违法犯罪组织。可以据此收集、固定、审查、判断证据。

(一)关于"恶势力"认定的证据

1. 组织特征证据

"恶势力"组织特征一般为三人或三人以上,经常纠集在一起,纠集者相对固定,并且经常纠集在一起实施违法犯罪活动,但尚未形成黑社会性质组织的违法犯罪组织。实践中,通常聚合随机,组织松散。

认定"恶势力"组织特征,一般应具有证明三人或者三人以上经常纠集在一起的事实的证据,具有证明纠集者相对固定的事实的证据。此时,要特别注重尚未形成黑社会性质组织的证据。

2. 行为特征证据

以暴力、威胁或者其他手段,在一定区域或者行业内多次实施违法犯罪活动。违法犯罪活动主要为强迫交易、故意伤害、非法拘禁、敲诈勒索、故意毁坏财物、聚众斗殴、寻衅滋事等,同时还可能伴随实施开设赌场、组织卖淫、强迫卖淫、贩卖毒品、运输毒品、制造毒品、抢劫、抢夺、聚众扰乱社会秩序、聚众扰乱公共场所秩序、交通秩序以及聚众"打砸抢"等。

认定"恶势力"行为特征一般应有证明以下事实的证据:一是证明多次实施违法犯罪活动的证据;二是证明采用暴力、威胁或者其他手段的证据。

3. 社会危害性证据

"恶势力"的社会危害性主要表现为,在一定区域或行业内,多次实施违法犯罪活动,虽未达到黑社会性质组织称霸一方,形成非法控制或重大影响的程度,但为非作恶,欺压百姓,扰乱经济、社会生活秩序,造成较为恶劣的社会影响。因此,认定社会危害性特征的证据主要是证明其为非作恶、欺压百姓、扰乱经济、社会生活秩序,侵害群众利益,造成较为恶劣的社会影响的事实。

(二)关于"恶势力犯罪集团"认定的证据

1. 组织特征证据

"恶势力犯罪集团"的组织特征为有三名以上的组织成员,有明显的首要分子,重要成员较为固定,组织成员经常纠集在一起。因此,认定"恶势力犯罪集团"组织特征的证据主要包括:关于组织成员人数的证据,有明显的首要分子的证据,重要成员较为固定的证据,以及成员经常纠集在一起的证据。

2. 行为特征证据

"恶势力"不等于"恶势力犯罪集团",二者的最大区别在于,"恶势力"要求多次实施违法犯罪活动,但不要求三次以上均为犯罪活动;而"恶势力犯罪集团"要求组织成员共同故意实施三次以上“恶势力”惯常实施的犯罪活动或者其他犯罪活动。因此，认定“恶势力集团”行为特征，必须具有证明其共同实施三次以上“恶势力”惯常实施的犯罪活动或者其他犯罪活动的事实的证据。

3. 社会危害性证据

同“恶势力”犯罪社会危害性特征相同，此处不再赘述。

重罪检察业务

专题十八

正当防卫中的天理、国法、人情

——聚焦"于欢案""昆山反杀案"*

目　次

* 本专题文章选自《中国检察官》2018 年 9 月(下)正当防卫专刊。

编者按：案件承载着司法，丈量着公平正义。为了更好地服务司法办案，发挥检察智库作用，通过对社会热点案件的研究，让有影响力的案件更有影响，2018年9月12日，《中国检察官》杂志承办了国家检察官学院和中国犯罪学学会举办的“法·善”系列沙龙之影响力案件研讨第一期。沙龙聚焦“于欢案”“昆山反杀案”，从正当防卫“理、法、情”的维度进行了深入而激烈的讨论，本栏目就其精彩内容的实录予以刊发，以期对正当防卫的理论研究和司法实践有所助益。

第一部分　办案情况介绍

于欢案办理回顾

一、案发事实

为了讨回高息借款，2016年4月14日16时许，赵荣荣纠集郭彦刚等9人陆续赶到源大公司，以盯守、限制离开、不时叫骂、扰乱公司秩序的方式向苏银霞索债，后赵荣荣先行离开。18时许，讨债人员在源大公司办公楼门厅前烧烤、饮酒。19时许，苏银霞、于欢被允许到公司食堂吃饭，其间么传行、苗龙松等人轮流盯守，苗龙松先行离开，之后杜志浩、杜建岗驾车赶到。20时48分许，郭彦刚要求苏银霞、于欢返回公司办公楼，公司员工马金栋、张立平陪同进入一楼接待室。

21时53分起，杜志浩、张博、李忠、程学贺、么传行、严建军、张书森、杜建岗8人相继进入接待室继续向苏银霞逼债，并将苏银霞、于欢的手机拿走。随后，杜志浩将烟头弹至苏银霞身上，辱骂苏银霞，褪下裤子暴露下体左右晃动，最近时距离苏银霞约30厘米。后杜志浩又向于欢发出“啧啧”唤狗声音进行侮辱，以不还钱还穿耐克鞋为由扒下于欢一只鞋子让苏银霞闻，苏银霞挡开后，杜志浩又扒下于欢另一只鞋子扔掉。杜志浩继而扇拍于欢面颊，与其同伙揪抓于欢头发、按压于欢不准起身。其间，杜志浩还以苏银霞、于欢本人及其姐姐为对象进行辱骂，内容污秽。22时01分，马金栋走出接待室，告诉室外的公司员工刘付昌报警，22时07分刘付昌拨打“110”电话报警。

22时17分，民警朱秀明带领辅警宋长冉、郭起志到达源大公司处警。在接待室内，杜志浩等人声称无人报警只是索要欠款，苏银霞、于欢向民警指认杜志浩等人有殴打行为，杜志浩等人不予承认，民警朱秀明现场警告“要账归要账，不能打架”“打架就不是欠钱的事了”。22时22分，3名警员走出接待室，于欢、苏银霞欲跟随出去被杜志浩等人阻拦。处警民警离开接待室后,于欢、苏银霞打算离开继续受阻,杜志浩强迫于欢坐下,于欢不肯,杜志浩等人遂采用推搡、勒颈等强制手段把于欢逼至接待室东南角。22 时 25 分许,于欢拿起身旁办公桌上公司日常削水果所用的一把单刃刀,朝杜志浩等人挥舞并大喊"别过来",杜志浩边骂边靠近于欢,于欢先后向杜志浩、程学贺各捅刺一刀,随后又朝围住他的严建军、郭彦刚各捅刺一刀。民警听到响动迅速赶回接待室将于欢控制。受伤的杜志浩、程学贺、郭彦刚、严建军被杜建岗、李忠、郭树林等人驾车送往冠县人民医院救治,次日凌晨杜志浩因抢救无效死亡。

二、主要办案工作

2017 年 3 月 29 日,山东省人民检察院收到山东省高级人民法院阅卷通知书后,按照既定方案,专案组迅速开展阅卷、复核、调查取证等工作。专案组重点围绕一审判决认定的事实与法律适用、上诉人的上诉理由、辩解意见、诉讼代理人意见、省法院补查核实意见以及舆论关注焦点,全面、细致地进行了二审复核、取证工作。专案组实地查看、测量了案发现场并全程录音录像,两次提审上诉人于欢,复核苏银霞、马金栋、于秀荣、郭彦刚、程学贺等主要证人、被害人 19 人,调取侦查实验笔录 1 份,调取办案说明、通话记录、报警记录、鉴定人资格证书等书证 50 余份,听取 3 起关联案件办理情况的汇报,向技术人员、法医等咨询了案件中相关专业问题,听取省检察院渎职检察部门、省公安厅督察及法制总队就民警处警行为的调查情况等。对全部新证据进行拍照、扫描,绘制现场图、位置图、流程图,对部分视听资料进行截图、降噪、提高清晰度等技术处理,委托专业机构在视频中配制字幕。

为确保案件二审庭审顺利进行,专案组与省法院合议庭建立双方常态联系机制,随时向省法院合议庭通报案件复核、取证情况,提供调取全部证据的复印件。根据复核、取证情况,省检察院分管副检察长、专案组与省法院分管副院长、合议庭多次进行座谈沟通,就案件主要事实的认定,二审审理的方式、公开的途径、庭前会议、庭审主要内容、证人出庭、多媒体示证等程序问题达成一致意见;对舆情引导、律师重点人、辩护人团队应对及庭审中可能出现的问题等共同预测、研判、协商,为案件审理提供了坚实的基础保障。

二审庭审中,出庭检察官紧紧围绕"法治教育课"这一主要任务,结合庭审实质化,申请双方证人苏银霞、杜建岗出庭作证。从作证效果看,上述证人的出庭对案件事实的查明起到了较好效果:苏银霞对侮辱事实的叙述,有力回应舆论误传的猥亵情节;杜建岗证实的杜志浩抢救过程,对杜志浩死亡排除介入因素起到了直接证明作用。

二审增加认定了四方面事实:(1)苏银霞、于西明向吴学占、赵荣荣高息借款共计135万元;(2)2016年4月1日、4月13日吴学占、赵荣荣纠集人员违法逼债;(3)2016年4月14日下午赵荣荣等人以盯守、限制离开、扰乱公司秩序等方式向苏银霞索债;(4)2016年4月14日晚,杜志浩等人实施了强收手机、弹烟头、辱骂、暴露下体、脱鞋捂嘴、扇拍于欢面颊、揪抓头发、限制苏银霞和于欢人身自由等具体不法侵害事实。

三、二审认定防卫过当的主要理由

1. 从防卫意图看,于欢的捅刺行为是为了保护本人及其母亲合法的权益而实施的。为了保护合法的权益,这是正当防卫的目的性条件。合法的权益,并不限于生命健康,还包括人身自由、人格尊严等其他合法权益。本案中,于欢持刀捅刺杜志浩等人的行为,正是为了保护自己和母亲的人身自由、人格尊严、人身安全等合法权益免受不法侵害而实施的。

2. 从防卫起因看,本案存在持续性、复合性、严重性的现实不法侵害。针对不法侵害行为才能实施防卫,这是正当防卫的前提条件。这里的不法侵害,既可以是犯罪行为,也可以是一般违法行为。本案中,杜志浩等人并不是苏银霞高利贷借款的直接债权人,而是被赵荣荣纠集前去违法讨债。对讨债一方的不法侵害行为,必须整体把握。在案证据证实,讨债方存在持续进行的严重不法侵害行为,按时间顺序可分三个阶段:一是2016年4月1日,赵荣荣等人非法侵入于欢家住宅,4月13日擅自将于欢住宅家电等物品搬运至源大公司堆放,吴学占将苏银霞头部强行按入马桶;二是2016年4月14日下午至当晚民警处警,讨债方采取盯守、围困等行为限制剥夺于欢、苏银霞人身自由,实施辱骂、脱裤暴露下体在苏银霞面前摆动侮辱等严重侵害于欢、苏银霞人格尊严的行为,采用扇拍于欢面颊、揪抓于欢头发、按压于欢不准起身等行为侵害于欢人身权利,收走于欢、苏银霞的手机,阻断其与外界的联系,在源大公司办公楼门厅前烧烤饮酒扰乱企业生产秩序;三是从处警民警离开接待室至于欢持刀捅刺之前,讨债方持续阻止于欢、苏银霞离开接待室,强迫于欢坐下,并将于欢推搡至接待室东南角。这三个阶段的多种不法侵害行为,具有持续性且不断升级,已经涉嫌非法拘禁犯罪和对人身的持续侵害。面对这些严重的不法侵害行为,于欢为了予以制止,反击围在其身边正在实施不法侵害的加害人,完全具有防卫的前提。

3. 从防卫时间看,于欢的行为是针对正在进行的不法侵害实施的。防卫适时,是正当防卫的时间性条件。本案中,处警民警离开接待室是案件的转折点。

民警处警本应使事态缓和,不法侵害得到有效制止。但在案证据证实,杜志浩一方对于欢的不法侵害行为,没有因为民警处警被控制和停止,相反又进一步升级。在苏银霞、于欢急于随民警离开接待室时,杜志浩一方为了不让于欢离开,对于欢又实施了勒脖子、按肩膀等强制行为,并将于欢强制推搡到接待室的东南角,使于欢处于更加孤立无援的状态。于欢持刀捅刺杜志浩等人时,不法侵害的现实危险性不仅存在,而且不断累积升高,于欢面对的境况更加危险。

4. 从防卫对象看,于欢是针对不法侵害人本人进行的反击。针对不法侵害人本人实施防卫行为,这是正当防卫的对象性条件。这里的不法侵害人本人,是指不法侵害的实施者和共犯。本案中,于欢持刀捅刺的对象,包括了杜志浩、程学贺、严建军、郭彦刚4人。在案证据证实,这4人均属于参与违法讨债、涉嫌非法拘禁犯罪的共同行为人,杜志浩还在非法拘禁过程中实施了污秽语言辱骂和暴露阴部、扇拍于欢面部等严重侮辱行为。4人均是不法侵害人。

5. 从防卫结果看,明显超过必要限度,造成重大损害。不能明显超过必要限度造成重大损害,这是正当防卫的适度性条件,也是区分防卫适当与防卫过当的标准。衡量必要限度时必须结合不法侵害的行为性质、行为强度和可能造成的危害后果等进行综合考量。本案中,于欢的行为具有防卫的性质,采取的反制行为明显超出必要限度且造成了伤亡后果,应当认定为防卫过当。首先,于欢不具备特殊防卫的前提条件。《刑法》第20条第3款规定的特殊防卫,其适用前提是防卫人针对严重危及人身安全的暴力犯罪的加害人而实施防卫行为。本案中,虽然于欢母子的人身自由权遭受限制乃至被剥夺、人格尊严权遭受言行侮辱侵犯、身体健康权遭受轻微暴力侵犯,但直至民警处警后均未遭遇任何严重危及人身安全的暴力侵害,因而不具有实施特殊防卫的前提。其次,本案属于违法逼债激发的防卫案件。本案中,杜志浩等人的目的就是把钱要回,手段相对克制,没有暴力殴打于欢母子的意思和行为;讨债一方(李忠)对杜志浩脱裤暴露下体的行为给予了制止;当于欢捅刺杜志浩、程学贺后,严建军、郭彦刚、么传行等人围站在于欢身边,也没有明显的暴力攻击。最后,防卫行为与不法侵害相比明显不相适应。本案中,于欢为了制止不法侵害、摆脱困境,使用致命性工具刺向加害人,造成1死2重伤1轻伤的后果,其行为结果明显属于"重大损害"。从不法侵害行为看,虽然加害人人数众多,但未使用工具,未进行严重暴力攻击,于欢身上伤情甚至未达到轻微伤程度;从防卫紧迫性看,处警民警已到场,虽然离开接待室,但仍在源大公司院内寻找报警人、了解情况,从接待室可以清晰地看到门前警车及警灯闪烁;从防卫行为保护的法益与造成结果体现的法益衡量看,要保护的是人身自由和人格尊严,造成结果体现的法益是生命健康,两者相比不相适应。从防卫行为使用的工具、致伤部位、捅刺强度及后果综合衡量看,于欢使用的是长 26 厘米的单刃刀,致伤部位为杜志浩身体的要害部位(肝脏),捅刺强度深达 15 厘米,造成 1 死 2 重伤 1 轻伤的严重后果,其防卫行为“明显超过必要限度”。

(介绍人:李文杰,山东省人民检察院检察官)

“昆山反杀案”办理回顾

当事人于某明,男,1977 年 3 月 18 日生,汉族,高中文化,原系昆山市昆城一品酒店业务经理,因涉嫌故意伤害罪,于 2018 年 8 月 28 日被昆山市公安局采取强制措施,9 月 1 日撤案并解除强制措施。

一、公安机关侦查的事实

2018 年 8 月 27 日 21 时 30 分许,刘海龙醉酒驾驶皖 AP9G57 宝马轿车(经检测,血液酒精含量为 87mg/100ml),载刘某某(男)、刘某(女)、唐某某(女)行至昆山市震川路,向右强行闯入非机动车道,与正常骑自行车的于某明险些碰擦,双方遂发生争执。经双方同行人员劝解,交通争执基本平息,但刘海龙突然下车,上前推搡、踢打于某明。虽经劝架,刘海龙仍持续追打,后返回宝马轿车拿出一把砍刀(经鉴定,该刀为尖角双面开刃,全长 59 厘米,其中刀身长 43 厘米、宽 5 厘米,系管制刀具),连续用刀击打于某明颈部、腰部、腿部。击打中砍刀甩脱,于某明抢到砍刀,并在争夺中捅刺、砍击刘海龙 5 刀,刺砍过程持续 7 秒。刘海龙受伤后跑向宝马轿车,于某明继续追砍 2 刀均未砍中。刘海龙跑向宝马轿车东北侧,于某明追赶数米被同行人员拉阻,后返回宝马轿车,将车内刘海龙手机取出放入自己口袋。民警到达现场后,于某明将手机和砍刀主动交给处警民警(于某明称拿走刘海龙手机是为了防止对方打电话召集人员报复)。

刘海龙后经送医抢救无效于当日死亡。经法医鉴定并结合视频监控认定,刘海龙连续被刺砍 5 刀,其中,第 1 刀为左腹部刺戳伤,致腹部大静脉、肠管、肠系膜破裂;其余 4 刀依次造成左臀部、右胸部并右上臂、左肩部、左肘部共 5 处开放性创口及 3 处骨折,死因为失血性休克。于某明经人身检查,见左颈部条形挫伤 1 处,左胸季肋部条形挫伤 1 处。

二、介入过程

2018 年 8 月 27 日 23 时许,在接到昆山市公安局的介入邀请后,昆山市人民检察院立即派员第一时间到达案发现场介入该案。

2018年8月28日,该案案发时的监控视频及刘海龙的生前照片、抖音视频、个人违法经历等信息在互联网上不胫而走,并迅速成为全民关注的热点。苏州市人民检察院迅速反应,于8月29日介入该案。在最高人民检察院、江苏省人民检察院的指导下,对案件的进一步侦查进行引导。

2018年8月29日,检察机关在公安机关初步查证的基础上,向公安机关发出书面侦查建议16条。针对本案可能系正当防卫的情况,要求公安机关查清于某明砍刘海龙第一刀的致伤情况、后面的伤情是否单独可以评价为轻伤、重伤、对刀具是否是管制刀具进行鉴定等;针对群众关心的刘海龙是否涉黑的问题,要求公安机关查清刘海龙名下的聚业投资有限公司从事的主要活动、有无"套路贷"的可能、有无其他成员、扫黑除恶期间是否对该公司及人员予以关注、刘海龙的收入来源等。

2018年8月31日,在公安机关进一步侦查取证的基础上,检察机关综合全案事实、证据,提出于某明对正在进行的行凶采取防卫行为,没有过当,属正当防卫,与公安机关的意见一致。

2018年9月1日,昆山市公安局发布警方通报:依据《刑法》第20条第3款"对正在进行行凶、杀人、抢劫、强奸、绑架以及其他严重危及人身安全的暴力犯罪,采取防卫行为,造成不法侵害人伤亡的,不属于防卫过当,不负刑事责任"之规定,于某明的行为属于正当防卫,不负刑事责任,公安机关依法对于某明撤销案件。

2018年9月1日,昆山市人民检察院发布检方通报:死者刘海龙持刀行凶,于某明为使本人人身权利免受正在进行的暴力侵害,对侵害人刘海龙采取制止暴力侵害的行为,属于正当防卫,其防卫行为造成刘海龙死亡,不负刑事责任。公安机关对此案作撤案处理符合法律规定。

三、本案的积极意义

2018年9月1日,昆山市公安局、昆山市人民检察院两个通报及江苏省人民检察院《于某明的行为属于正当防卫的分析意见》的发布,回应舆论关切,赢得社会各界点赞。昆山市人民检察院、昆山市公安局共收到来自全国各地网民、群众赠送的锦旗60余面,案件处置获得群众广泛认可。对于某明的行为认定为正当防卫,具有以下积极意义:

第一,于某明案认定为正当防卫,可以成为对正当防卫的一堂法治普及课,对于公民大胆运用正当防卫保护自己和他人的人身权利、财产权利等合法权益,具有重要的示范意义。刑法不仅要成为打击犯罪的工具，而且要成为保护人民的武器。而对正当防卫的正确认定，就是刑法保护人民功能的正确体现。于某明案认定为正当防卫，可以通过实际案例向公众发出规范指引和政策宣示，向社会释放“公民可以正当防卫、与违法犯罪作斗争”“好人无须忍气吞声、坏人不能为非作歹”“弘扬社会正气、保护良善公民”等方面的正确信号。

第二，于某明案认定为正当防卫，对司法人员正确理解正当防卫的立法规定具有重要意义。司法实践中，司法人员对正当防卫的立法精神和成立条件未能正确掌握，存在许多不正确的观念，很少认定正当防卫，或者对防卫限度提出近乎苛刻的要求，或者是非不分，将对暴力犯罪采取手段反抗的情形简单地认定为互殴等。本案在社会普遍关注的情况下，即时将案情和认定理由公布，对于此后正当防卫尺度的把握具有重要参考价值。

第三，于某明案认定为正当防卫，对震慑违法犯罪行为，维护社会治安秩序具有积极意义。司法离不开公共利益、刑事政策和社会效果的考量。本案认定为正当防卫，可以告诫社会公众，如果实施攻击性、紧迫性、暴力性的不法侵害就会使自己处于被防卫的状态，受法律保护的程度就会降低；任意持械寻衅滋事者在侵害别人的时候，自己就得不到安全。这不仅对遏制民间黑恶势力的蔓延、伸张社会正义具有积极意义，而且对侵害他人的其他违法犯罪分子也是一种震慑。

第四，于某明案认定为正当防卫，对社会公众而言，有厘清正当防卫和紧急避险的现实价值。现实中，对于发生紧迫性的不法侵害，应当如何处理，社会公众缺乏重大影响案例的指引，甚至个别司法人员也认为，防卫人在有条件采取逃跑、报警、劝阻等方法时，应该优先选择上述方法，只有迫不得已才能正当防卫，严重混淆正当防卫和紧急避险的区别。这就导致司法实践中，存在将“没有明显超过必要的限度”变成“不得已的应急措施”“必须穷尽一切手段之后，才能实施正当防卫”，其结果使公民在面对凶残暴徒时，畏畏缩缩，投鼠忌器，似乎回避犯罪成为面对犯罪时唯一的正确选择。本案认定为正当防卫，可以破除这种错误认识，具有倡导社会良好风尚、弘扬正气的现实价值。

（介绍人：王海东，江苏省昆山市人民检察院检察官）

第二部分　正当防卫制度解读

刑事政策视野中的正当防卫

卢建平(北京师范大学法学院院长、博士生导师,中国刑法学研究会副会长)

1996年、1997年那段时间,我比较关注刑法修正,这两天也对照看了一下当时立法机关的几个稿本,基本上可以确定的是,1997年3月14日全国人大通过的《刑法》第20条第3款"对正在进行行凶、杀人、抢劫、强奸、绑架以及……"中的"正在进行行凶",就是我们经常说的立法当中的"最后条款",即在法案表决的最后时刻增加进去的条款,而在此前的立法建议稿中并没有"正在进行行凶"的表述。这是基于一种什么样的考虑呢?是根据某一个人大代表的临时提议,还是听取了某些专家的研究建议,再或者是某一个领导的指示?现在还不得而知。总之,立法机关在最后关头增加这几个字眼和这个顿号,不是随意而为的,而是有其深意的。在刑法修正过程中,有的机关,比如最高人民法院,就曾经想用"对正在实施暴力犯罪"这样笼统的字眼把第20条第3款试图涵盖的犯罪全部包罗进去,但又觉得"暴力犯罪"这样的字眼太笼统,需要再细化。也有人主张使用"暴力侵害"的表述,因为相比于"行凶"这样的通俗用语,暴力侵害就有点半专业的味道了。但是在立法修正的过程中,全国人大宪法和法律委员会,包括很多专家,还是认为"暴力侵害"这个词仍然不够专业,不像后边的杀人、强奸、抢劫、绑架等,都是专门的法定罪名。

我觉得今天这样一个活动非常有意义。"讲政治"这个关键词在我们会议主题"正当防卫中的天理、国法、人情"中正好是缺失的。因此,我就想讲一点正当防卫中的政治。因为这个跟我研究的领域(刑事政策),或者说和我自己的爱好有直接的关联。我首先把结论说出来:我觉得正当防卫就是一种政治安排,我们的讨论不应该忽略这一点。首先从概念这个角度来说,为什么叫正当防卫,而不是叫合法防卫或者是法定防卫呢?我们搞理论的都知道,正当防卫某种意义上是一种超法规的制度安排,所以它的核心应该落脚在正当性(legitimacy),而不是合法性(legality)上。这个正当性,某种意义上可以说它是由自然法,或者说由某种非常抽象的公平正义来代表的,而不仅仅是在实在法或人定法的层面来评判。这是第一个方面。

第二个方面,政治就是国家治理的学问。历史和实践证明,黑格尔所想象的那种全能国家(他认为国家就是在大地上行走的神,什么事情国家都可以办到),是虚幻的,国家不可能是全能的,政府也不可能是全能的。难以想象说我们现在这个世界上的70亿人口,或者中国960多万平方公里的每一个角落、每一个时点都在国家的有效保护之下。尽管现在有几乎无处不在的CCTV这样一个系统,尽管我们现在的破案主要是靠录像、靠视频,但总还是有死角,还是有破不了的案件,也就是说,总还是有国家权力到不了的地方。特别是在我们犯罪学这个角度,说国家可以保护每一个公民免受犯罪的侵害,这个说法就是乌托邦,实践中很难做到。因此,虽然国家基本垄断了刑法惩罚权,或者说对于犯罪的反应基本上是由国家垄断的,但是仍然有国家权力行使不到的、鞭长莫及的地方,因而在这样一些权力空缺或者是这样的一些边缘地带,私力救济,正当防卫,甚至是私下和解,有的时候是故意或非故意的遗忘,比如追诉时效等,这些制度安排都是必要的。这样的制度安排也符合现在的社会共治,即社会治理是党的领导、政府主体、社会协同、公民参与等组成的共治体系。在这个意义上,我也赞同前两天梁根林、车浩教授在接受媒体访谈时的一个说法,即与犯罪作斗争应该是每个公民的权利。公民有自卫的权利,国家也有保护公民免受犯罪侵害的神圣职责。而当国家保护不到位、警察到不了的时候,公民完全可以自力救济,自卫也是公民的基本权能,这也是人权的题中应有之义。这里不妨套用一个书名"走向权利的时代"。如果说正当防卫这个条款或者制度长期得不到重视,它的使用率很低,那么从保障权利的角度考虑,现在就应该慢慢把它激活,使刑法在保障权利、因而也在保护秩序方面的作用更加积极。这是正当防卫制度的本质所在。

第三个方面,从司法过程来看,我觉得对正当防卫的评判,为什么会举国关注、全民参与呢?因为相对而言,正当防卫讲的就是一个正与不正的力量对比关系,明眼人稍微有一点是非观念,他都可以参与,都可以评判。这不像那些专业性很强的案件(如内幕信息或环境污染案件),需要专门知识或技术的支持。所以这个案件的处理过程引发如此高的社会关注率,引发如此多的社会公众表达意见,我觉得很正常,这是社会进步,也是司法进步的体现。这也说明正当防卫这样一个制度或者法律规定,它不仅仅是依托或者建基在法律的专业知识基础之上。类似案件的裁判依据,本身就是超法律的,或者说正当防卫本身就是带有一定政治考虑的制度安排,因此,必然会有公共政策、公共利益的因素,有天理人情、常识常理的介入,而不仅仅是一场职业的"拳击比赛"。这里我借用车浩教授的名言,

“正当防卫不是拳击比赛,而是抗击侵略”! 社会舆论对于类似案件的影响要远大于那些专业性强的案件。反过来说,办案机关在处理类似案件的时候,一定要多关注法律效果和社会效果的统一。就案件处理的效果而言,我个人认为,无论是去年的于欢案件,还是刚刚结束的昆山于某明案件,应该说主流的观点或者多数人的观点都是完全认可的。这就是案件的政治效果。政治效果当然需要有法律效果来作为前提、作支撑,但是仅仅停留在法律效果上,可能它的意义表露或者表达还不够充分。

最后想说一点,就是我们对于任何事件或案件的评判,如果从政治角度考虑,必然都有一个历史的维度。为什么 1997 年修订《刑法》的时候,我们对于正当防卫制度要做那么大的修改? 首先我们要充分肯定 1997 年《刑法》修订所取得的成就,比如说第 1 款里增加了国家利益。我们能说“国家利益”不是一个政治术语? 在受保护的权利中,1979 年《刑法》只明确表述了人身权利,1997 年刑法修订时才把财产权利加了进去,这同样是一个时代的进步。当然,正当防卫制度的修改中,有扩大的,也有缩小的,例如,它的防卫对象指向仅是不法侵害人。这样一来,我们针对不法侵害人以外的第三人可不可以防卫? 假如说丈夫来打我,我把他老婆或者他的孩子给打了,这种情形可否定正当防卫? 第 2 款修改的意义尤其重大,如果按照车浩教授形象的比喻,就是在拳击比赛的双方对垒中,天平明显地偏向于防卫人,所以在法律用语上用的是“明显超过必要限度造成重大损害”,一方面强调防卫行为明显超过必要限度,另一方面强调结果上造成重大损害。第 3 款就是我们现在所看到的样子。虽然说从专业的角度还可以提出这样那样的批评,但是它的基本导向,我们是支持的。同时,这里我还要强调,我们不要忘记那些消失在历史烟云当中的曾经的立法建议,比如针对夜间非法侵入他人住宅,针对那些利用暴力、撬锁、破门、撬窗等方式非法侵入他人住宅的不法侵害所设置的特殊防卫,或者为了保护国家集体财产,比如银行、仓库的特殊防卫,或者对见义勇为是不是需要奖励的特别规定。还有一个就是国外立法当中所规定的对于防卫人处在惊慌、恐慌状态下防卫过度的专门条款。这些条款在刑法修订的过程中都有非常正式的提议,但在 1997 年,立法为了慎重起见,最后这些条款都没有写进刑法。如今,20 多年过去了,这些曾经消失的条款,是否有必要再把它们一条一条地拣出来重新审视? 社会在进步,我们的立法也应该与时俱进。我个人觉得,就以于某明案件为例,至少我们可以把防卫人在那种特定的惊慌、紧张的情况下防卫过度的行为予以特别考虑,建议在《刑法》的下一次修改当中加以研究。当然,这个任务就得依赖像周光权这样的立法专家来完成了。

正当防卫制度适用的现状与困境

曲新久（中国政法大学刑事司法学院教授、博士生导师，
中国刑法学研究会副会长）

非常高兴能参加这次会议。生活是幸福的，正是在座的各位搞刑法研究的朋友，还有若干个没来的教授，使我感觉到人生还是有幸福的。我跟梁根林教授多次说过，如果不是汝等的存在，我的存在又有什么意义呢，真的没什么意义。很高兴，与诸位教授讨论正当防卫话题。热烈的讨论让我觉得非常享受。我想理论界的这种分歧，两位检察官应该能理解。其实，我听你们对于昆山案件是有五种意见的，也很正常。我一直认为理论上的分歧越多越好，但实际案件的处理意见越统一越好。但是，统一认识的过程实际上也是一个痛苦的过程。前一天听法院一个同志给我说，在他们法院，有一个法官的意见没有被大家接受，他就很生气，吃饭的时候都不和大家在一起了，端着饭盆躲到一边吃去了。我想时间一长，这位法官真的会出健康问题的。所以我一直希望司法人员，始终把办理复杂案件作为一种享受，做到真正的超脱，既能够独立出来，又身在其中，而不是把它作为一种负担，也不是把它变成一种机械性的工作，时间长了，人们难免机械化地去对待生活、对待案件。

就正当防卫而言，我觉得议程上的这些话题非常好。但话题太多，我也说不到很多，就说第一个话题，正当防卫的适用现状和困境。这方面的说法非常多，有些我很赞同，有些我有不同的看法。我强调“理论观点越多越好，而司法实践越统一越好”。基本上来讲，说实话，无论是参加过的闭门会议，还是参加的各种研讨会，遇到正当防卫案例还是不少的。就朝阳检察院，还有朝阳法院，我想了想，至少也七八次了，还有东、西城检察院、法院，也有印象深刻的正当防卫的案件。我没有系统地调查研究，总的感觉是正当防卫的司法认定标准掌握偏严。清华有篇博士论文写得还是不错的，把基本上能够收集到的正当防卫的案例，进行了统计分析，也得出司法标准掌握过严的结论。我个人观察，应该是正当防卫的案件却被定性为防卫过当，应该认定为防卫过当的案件而直接定罪判刑不做从宽处理的案件，还是有不少的。所以结论我还是同意司法机关在正当防卫的掌握上是偏严的。

但是，我不太同意说正当防卫的刑法规定已经成为“僵尸条款”，这样的说法

要慎重,因为得出这样的结论不是我们的任务。笔者认为,这是法社会学家研究的范围,只有他们通过大数据的统计分析才可以得出这样的结论。全面统计分析全国范围内的普通刑事案件,看看公安司法机关是否真的高比例地不正确地认定涉正当防卫案件,使正当防卫成了"僵尸条款"。我们知道,在法律规范层面上,所有法律条款都是有用的,都是有意义的,而非僵死的。当然,具体到实践层面,刑法上的禁止性规定备而不用也是正常的。我们刑法中的有些条款就属于备而不用的条款,永远不用最好,比如,背叛国家罪,哪有那么多机会用它,这很正常。但是,我们不能简单地说这些条款是"僵尸条款"。我不同意正当防卫是个"僵尸条款"的说法。为什么?最高人民法院从1979年刑法以来开始公布了很多正当防卫指导案例,有多少还真记不住了。这些指导案例90%以上,我认为都是没问题的,是正确的,也包括认定防卫过当的案例。我印象中就包括北京海淀的正当防卫案例。总的来看,在全部指导案例中,正当防卫案例还是比较多的。还有,我们接触和观察公安机关也会发现,有许多正当防卫案件在公安机关立案环节就过滤掉了,即公安机关认为是正当防卫而没有刑事立案。

综上所述,我们不能简单地说正当防卫是"僵尸条款"。但是我们确实都认为,公安司法机关认定正当防卫还是偏严了。偏严的原因,我个人认为主要还是出在理论研究和司法实践自身上。我非常同意周光权老师的看法,我国正当防卫的刑法规定是完备的。就条文文字数量来讲,除了比不过英美国家,在大陆法系国家,我国关于正当防卫条款的纯字数并不少。从立法上来看,从1979年到1997年有很大的变化,1979年刑法规定确实相对保守一些,1997年立法者更多的鼓励正当防卫。但是,我也认为立法者不仅是这么一个导向。我同意冯军老师说的,扩张正当防卫又要非常谨慎,因为毕竟是关系到公民生与死。其实,立法者在1997年的时候还是有所克制的,一方面是鼓励,另一方面是克制。克制的主要表现是当年提交刑法草案到全国人大讨论的时候,其中有两个很重要的条款,记得刚才卢建平老师也提到了,就是关于罪犯逃跑可以击毙,以及主人可以杀死非法侵入住宅者,因为我们古代本来就有夜入民宅格杀勿论这样的规定。草案中的这两个条款在常委会前面的工作会议都没异议的,提交到全国人民代表大会讨论的时候,若干名法院代表提出异议,还包括几个高院的院长,后来是在大会上给拿下来,拿下来也就是全国人民代表大会即立法者的意见,这反映了立法者的谨慎态度。所以,尽管我们承认立法者鼓励正当防卫,但一定还要看到立法者谨慎的一面。我非常能够理解冯军老师的态度:如果我们过于鼓励民间崇尚暴力,有点事情,只要有理,就可以把人弄死,也很危险。

问题也许与我国的国家理论有着千丝万缕的联系。大家知道,苏俄列宁的理论,国家是暴力,民主就是专政,法律只不过是统治阶级意志的文字表达。首先,在这个话语体系之下,国家是高度垄断暴力的,国家不愿意、不希望暴力权力更多为民众分享。正当防卫是天赋人权,是与生俱来的自然权利,这样的说法既不为公共政策容忍,也不容易为公安司法人员所接受。在相当多的司法人员看来,任何人实施暴力即为不法,出现重伤死亡结果不可接受,梁根林老师所批评的"唯结果论"便大行其道。所以,司法机关过于限缩地理解掌握正当防卫的立法规定,过严地把握正当防卫成立条件,也就不难理解了。比如,车浩老师说正当防卫不是拳击比赛,不法侵害是侵略,我认为也没有问题,这是基于不同的理论视角而可以自然得出的结论。从哲学的高度上讲,萨特说得不错:"他人是你的地狱。"从世俗伦理的角度讲,不法侵害难道不就是对公民个体的侵略吗?"他人是你的影像",那可能就比较中性,相对关爱一些的说法。所以,这样的问题可能还需要在刑法理论之外继续研究,还需要哲学、伦理学等学科知识的支持。就正当防卫法律制度而言,立法规定和刑法学教科书上的基本知识,我认为够了。正当防卫掌握过严的主要责任还是在座的检察官们以及未到场的警官们,你们要继续努力。别看现在会议上有这么多分歧,刑法教科书在正当防卫法律规定的进一步演绎方面大致上是取得一致的。比如,关于精神病人的防卫,我认为有分歧很正常,无所谓的。正当防卫和紧急避险相比,正当防卫的防卫精神病人的必要性与限度要求更高,但是,说对实施不法侵害的精神病人只能紧急避险并不是没有道理,这是理论论证路径上的分叉。但是,两条道路得出的结论上应该是一致的,即不构成"违法"或者相反。如果结论不一致,说明某一条路径上推理论证过程存在其他问题。所以我前面讲,尽管理论上不一致,但是司法结论应当一致。于欢案就是非常典型的案件。非常高兴地看到,民众直觉判断一审判决有问题,而理论上也一致认为一审判决错了。我相信,我们研究刑法的学者,一看一审判决书就知道错了,按照一审判决认定的事实,应当定性为防卫过当。但是真正看到省检察院实际上比较完整的调查,也包括一部分录像可以得出结论,于欢案定性为正当防卫可能更合适。但我也能理解,作为公共决策领导来说,认定正当防卫,案件反差太大,似乎没有办法向方方面面交代。这是我想说的正当防卫制度的现状。正当防卫的刑法规定不是"僵尸条款"。我看到包括陈兴良老师,还有谁,记不住了,对于昆山反杀案的表态,我觉得还是很慎重的。因为要理性维护司法的权威性,所以,一般来讲,法学教授比较激烈地批评法律或者批评司法机关的还是要十分慎重的。对于昆山这个案子,我原本真的不想评论,后来实在没办法,《今日说法》一个朋友,多年的朋友,非要我表态。当然是在公安机关案件公布之后,公布之前我还真没说过,当然说也是无所谓的,只是需要特别慎重。这是我讲的这个问题的第一个点,就是怎么看待正当防卫制度现状的问题。下面,第二点是司法实践和理论研究如何应对正当防卫的困境问题。

就第二点而言,我想司法者和理论研究者还是能够做得更好。在这方面,我认为司法者确实有优势,我比较强烈地建议司法者应该同情地理解社会。因为我们公安司法工作长了以后,难免职业倦怠,会比较机械。案子堆得那么多,结案压力大,有时候司法者就不太关注案件背后的东西。比如说许霆案件,当年公安司法机关显然没有关注到案件的特殊性——ATM 故障的偶发性,媒体记者觉得这好玩,结果媒体一公布,民众疯了,无论如何难以理解许霆的行为是盗窃,更无法接受无期徒刑的判决。现在我知道媒体还有意无意地封锁了一个消息,许霆是法院的保安,如果这一点再深入地报道出来舆论就更热了。有时候司法官很容易忽视案件非常特殊的一面,但是,司法官必须关注社会生活和法律规范的互动。为什么民众会对于欢案和昆山案有这么多的强烈关注,其实是司法官忽视了"人情"的方面。毕竟是在社会主义国家,人和人之间离不开平等、尊重、友善,比如说正当防卫,从友善的角度上来讲,有的时候该退让还是要退让的。如邪不压正,就防卫行为和不法的强度来讲,仍然需要是必要的、适度的,如此才是妥当的。但是在案件起因上,认定正当防卫行为确实还是要考虑与人为善的好。在这一点上我还是赞同冯军老师的意见,并不是什么事情都可以要干起来。在这里,还要考虑中国的过去、现在和未来。传统的熟人社会、乡村社会与现代化城市是不一样的。比如说在北京、上海,人们之间越来越陌生化,所以要考虑城市生活和农村生活不一样对于正当防卫的影响。在城市生活当中,正当防卫条件要放得宽点。在城市生活当中有密切关系的人,与没有什么密切关系的人,又不一样。熟人之间有密切关系就要严,比如说家庭之间,动不动就对老爹、对老妈、对妻子实行正当防卫,那就太过分了。谈到天理、国法、人情,冯军老师坚决反对天理的"存在",那是实证地看待法律,确实文本之外无法律,何来"天理"。天理、国法、人情,刚才梁根林老师分享的说法我印象非常好。关于天理、国法、人情,我觉得我们老祖宗说得非常好。我个人理解天理、国法、人情,就像是"石头剪子布"、"老虎棒子鸡"。你可以对老百姓说人情大不过国法,但是国法压不住天理,而天理又不外乎人情,是螺旋循环的,都没办法,就这样。所以有时候我也能理解我们的司法官,那么大的工作压力,又要考虑到这些方方面面。对于搞理论的人来说,你越是不和别人一样,似乎就越厉害。而对于司法官来说,特别做基层法官检察官,那日子真不好过。上面给改了一个,又改了一个,日子可就没法混了。所以在这里头有很多问题。于欢案和昆山案,我个人认为司法机关最后的处理结果还是不错的。

我个人认为,有一点需要特别指出,就是如何关注案件细节。人们常说,魔鬼隐藏在字节之中。这是说细节的重要性。我个人感觉细节一定要置于案件之中,而案件要置于当时当地的那个大的社会背景之下才行。首先是分析,然后再综合。比如说于欢案件,我不止一次地被法官、检察官问道,甚至是质问:“曲老师你知道不知道？于欢对一个人是砍在后背上的。”他认为砍在后背上那就过分了,其实不应该这样看待细节。在于欢案中,被害人所讨要的债务,早已远远地超出了法律所保护的范围(当然于欢母子认为利息还没有还清),于欢若非采取致人重伤死亡的防卫措施,根本没有办法摆脱被害人的不法侵害——长时间限制自由以及极其严重的、令人难以忍受的凌辱。再说昆山这个案子,确实有人就说好像后面两刀非常重要。言外之意,如果致命伤是后两刀所致,正当防卫就不成立。因为刚才王海东检察官介绍的时候,说后面这两刀没砍着,看录像能够清楚佐证。7秒5刀,我开始看了一下录像,冯军老师看后假想他可能是武林高手,我们自己拿着扫帚挥舞,7秒钟挥5下,也不是太容易的。总之,分析必须针对具体案件在事实(依据证据法和程序法)和法律(依据刑法实体规范)两个层面上进行,而案件必须置于特定的社会背景中,分析之后再综合。涉及事实认定的细节分析要从有利被告人的角度考虑,然后从法律规范层面上整体地判断案件性质。

最后一点,我们研究法律的人也要从社会学的角度关注暴力。刑法适用需要社会学以及犯罪学知识支撑。可以看到,只要是有暴力发生的案件,实施暴力的过程通常都非常短促,非常快,没有打架打 天的。武林高手也是站着看看,你看我,我看你,盘算着,三招之内不分胜负,不干完,大家就不玩了,大战三百回合那都是张飞干的。从社会学角度能够观察到,暴力酝酿过程可能很长,而暴力行为非常短促,噼里啪啦见血了、有人死了,就结束了。我记得是东城还是西城,印象特别深刻,发生过这样一个案件:在医院排队过程中,七八个人欺负一个人,被告人批评加塞的人,加塞的人不服就打他,结果就没打过,于是招呼同伴来围攻。当年录像还没像现在这么多,录像只是摄录了部分区域。一群人就拿着棍子,抓着石头砖头,打被告人一个人,这个人是练过的,好像是全国散打冠军什么的。呼啦啦一群出现在录像里又从录像里消失了,一会儿呼噜噜回来了,原来是七八个人,回来剩下六个;又出去了,回来剩五个;再次出去,回来只剩四个;然后就散了,只有这哥们儿在现场等着接受司法处理。当时很多人就讲这家伙你这么厉害,弄得一死两伤,太过分了,超过了必要限度,是防卫过当。还好,我记的那案子最后应该是没有起诉。

我们需要高度谨慎地对待“暴力”现象,既要切实保护正当防卫人的权利,又要防止暴力现象的蔓延。但遗憾的是,由于尺度必然遭遇公共政策的不确定性和意识形态模糊性的挑战,而不太好把握。所以从这个角度来讲,对不起,我们还要同情地理解不容易的司法实践。

正当防卫制度的理解与适用

车　浩(北京大学法学院教授、博士生导师,
挂职北京市朝阳区人民检察院副检察长)

首先,我想讲一下正当防卫的观念。我觉得对正当防卫的正确理解与适用归根结底是个观念的问题。所有的技术性解释,包括一些教义规则的设置,其实都是解释主体在一定的观念指导下的产物,我们不得不承认这一点。因为法律本身是有很大价值空间的,有的时候不同的学者或者办案人员,他们脑海当中对正当防卫价值导向的态度不一样,那么,他们对同样的规则,例如《刑法》第 20 条第 3 款,仍然可以从不同的角度去解释和适用。各国立法上一般来说都会有紧急避险的规定与正当防卫相对应。从实际情况来看,防卫和避险都是在面对一个紧急状态,都会造成自己的利益受损,然后行为人采取应对措施,一个叫防卫,另一个叫避险。两者到底有什么差别呢?如果在基本法理和价值观念上没有一个重大差异的话,那么,对一直以来被普遍承认的两种不同正当化事由的区分就失去意义了。

从这个角度去讲,正当防卫就有所谓“正对不正”的说法,而在避险的场合,就没有所谓正与不正的说法,只是面对紧急情况的一个利益权衡,你可以伤害他人到多大,保全自己到多少。在正当防卫的场合,一般来说,法理基础上有几种理解,一个是法秩序的确证或维护原则。法秩序对个人的一个基本义务要求,就是不得侵害他人。这也是刚才阮齐林老师提到的,人与人之间相处的一个规则,就是你不能随便去欺负人。如果你违反了这样一个义务在先,那么防卫人他要恢复法秩序,通过他的防卫行动,确证每个人是处在一个不能随意欺负他人的这样的一个法秩序之中。

此外,我们也会讲到正当防卫的另一个法理基础,自我保全原则。防卫行为不仅是为了确证和维护社会秩序,而且是要保全自我,保护自己的利益。那么,为了保全我自己,我当然就要做到,必须把这个让我无法保全自己的危险状态消除,

才能达到保全自己的目的。如果说这个有可能让我继续受损害的状态仍然在持续,那我要保全自己的目的就没有实现,即使法秩序已经有所确证,可是我个人仍然处在被继续侵害的危险当中。由此就会提出问题说,在防卫的场合,由谁来判断,如何判断,那个已经被启动的不法侵害状态是否已经结束,自我保全的目的是否已经得到安全实现呢?

在对这个问题的回答上,不能完全依赖事后理解。一方面,我当然承认判断材料很重要,而这个材料往往是事后才能够确定下来,这是毫无疑问的。另一方面,我们也很难要求说,案发当时的防卫人,你的尺度应当到哪一刻,不可能到现场叫暂停,让双方都凝固在那,然后法官穿越时空到现场跟防卫人讲一讲,你知不知道侵害你的这个人,他也曾经见义勇为过的?他也并不是完全是一个坏人,你想没想过,他可能是处在醉酒状态呢?你是不是真的想清楚了,然后再决定要不要真的砍下那一刀?显然,这些都是不可能的,实际上法官是没有办法当时到现场。在这种场合下,我讲要从一个事中的视角去评价防卫人,就是指的现场这一刻他面对侵害时的反应状态。

我在写《昆山启示录》这篇文章时,用到了“抗击侵略”这个比喻。那篇文章的语境,主要是针对《刑法》第 20 条第 3 款的规定展开的。也就是说,一般的不法侵害,可能达不到《刑法》第 20 条第 3 款列举的那几种严重暴力犯罪的程度,可能只是一般的轻微的殴打、推搡。对此,当然还评价不到侵略这个高度,侵略的话,国与国之间那就开战了,当然是死伤无论。因此,我的意思是,在《刑法》第 20 条第 3 款的场合,对方要杀人、抢劫、强奸,这个时候,对于面对这种严重侵害的个体来说,他面对的就是一个要消灭自己的敌人。因此,面对敌人的反击,当然就是如刑法规定的,造成伤亡不负责任。

这里面有一个怎么理解“敌人”这个词的问题。从国家、社会的全局视角来看,即使一个人要杀你,要强奸你,要抢劫你,他也是一个在刑事实体和程序中拥有权利的公民。可是对于那个在紧急状态下遭受严重暴力侵害的人来说,那个要杀他的、要强奸她的人,就是他最大的敌人,是会要了他命的。这只能是事中的防卫人的视角,而不是从事后的国家社会的整体视角来理解。我是在这个意义上来讲,防卫行为就是抗击侵略。

至于说在《刑法》第 20 条第 1 款和第 2 款的场合,类比的话,就像国与国之间的冲突,有时候没有升级到战争的程度。一些国家之间,一开始相互挑衅,我跳到你国边境内再跑回去,或者士兵互相扔几个石头,这个时候,你扔几个石头,我也就是扔几个石头,但不能首先开枪。开枪就意味着宣战,类比的话,就相当于实施

《刑法》第20条第3款的暴力行为。既然启动侵略,发动战争,那防卫一方就进入“自卫反击战”的状态。这就是我说的“抗击侵略”的意思。至于说拳击比赛的比喻,是在讲那是一种双方都同意进入互相攻击的状态,可是在紧急防卫的场合,只是发动不法侵害的那一方主动进入,被侵害的一方完全没有同意跟你一起到赛场上来比拳,只是被动地被拽入这个状态下,因此,对正当防卫的理解,就不能适用拳击比赛的观念。

第二点,我想讲防卫规则的问题。以昆山案为例,在这个案件当中讨论比较多的,就是刘海龙被砍倒在地之后的追砍行为,包括最后两刀是否砍中,第一刀是否致命等。我也反复看过现场视频录像,我觉得这个问题主要出现在我们对于法条当中规定的“正在进行”这几个字怎么理解。所谓正在进行,其实也就是讲侵害已经启动,但是还没有结束。这里面要区分两点,如果是判断有没有不法侵害,这当然是一个根据事后材料来判断有无假想防卫的问题。假想防卫的场合,主要是说有没有错误,当然,即使有错误,还要看是不是一个不可避免的错误。这个放在责任里面去处理。可是,这个场合讨论的不是有没有不法侵害,而是不法侵害已经真实发生了,但它又没有结束,此时,要以事中一般人的视角来看,不法侵害人到底还会不会继续侵害。对此,我觉得有这么几点需要考虑。第一,不法侵害人是否已经在时空上脱离当场。如果他都跑离了现场几百米,防卫人还追着非要打,这肯定有问题。是否脱离现场,这个从一般经验上可以判断。第二,不法侵害人继续或重新发动侵害的可能性存不存在?这一点是很重要的。因为在拳击比赛的场合是有裁判在中间可以判断说,倒在地上的拳手,是否还能重新站起来再战,然后双方做好准备,重新开始比赛。可是,在不法侵害的场合,不法侵害的发动者,本身就是在不遵守社会交往规则的情况下,突然发动了侵害,即使中间受挫或者暂停,但是否还会继续重新侵害,既没有裁判来判断,也没有时间给防卫人准备,是没有任何规则约束的。所以,不法侵害是否会持续或反复这个事情,要注意看事中一般人的防卫感受,只要持续侵害的可能性没有消除,就应当认为不法侵害正在进行。当然如果说侵害人扑通就跪地上说我再也不敢了,我明确表示放弃侵害了。那么,我认为,在判断侵害是否已经结束时,明确放弃侵害意图需要考虑进来,这就好像说侵略者举白旗明确表示投降了,再屠杀俘虏,就属于报复而非防卫了。当然,他是真投降还是诈降,也需要防卫人进行一个合乎情理的判断。

关于规则的第二个问题,我就想讲讲行凶。《刑法》第20条第3款的行凶这个概念,大家争议得很多。我觉得这个概念很好,但是不能够把它理解为一定是要有生命或者重伤后果的风险。法条当中讲得很清楚,是严重危及人身安全的暴力犯罪,但不一定是非要有生命或者重伤后果的犯罪。因为如果这么限缩理解的话,这个法条本身都废了。比如,在强奸的场合,我们都知道,绝不是说凡是强奸都是危及生命或者造成重伤的,强奸罪的核心是违反性的自我决定权,很多被害人连轻伤都谈不上,强奸犯本身也没有伤害对方身体的意思。再如,迷奸、骗奸,有什么生命危险?所以,如果非要按照必须造成死亡或重伤的程度来理解第3款的防卫对象的话,那强奸这两个字几乎就可以从法条中剔除掉了。有人可能会说,要区分不同强度的强奸,只有当行为人掐着被害人脖子说要弄死你的强奸,才能适用第3款防卫,一般的强奸,例如,他说你只要听话我不会杀你,这种强奸你就不能适用第3款。我认为,如果这样理解的话,法理上荒谬,实践中也无法适用。再比如说抢劫,行为人拿着一把刀比画,让对方拿出钱来,刀都没架到脖子上,都没挨着身体,更没有像昆山案中的挫伤。那你说被害人能不能防卫,能不能用第3款?那么,我们就会问,这个刀非得和被害人身体接触到什么程度,才能说用第3款进行防卫?再如,拿着一把枪顶在被害人头上,没有开枪,没有挫伤,就是为了吓唬你,这个能不能适用第3款防卫?难道一定要等到扣扳机的时候才能无限度地反击吗?

所以,我认为第3款行凶的概念,与该款规定的杀人、强奸、抢劫一样,如果把它限制地解释成必须是要造成死亡或者重伤害后果的话,这一款基本就限制死了。法条明确规定的,是严重危及人身安全,这里的危及人身安全,是一种不确定的状态,可能是会造成重伤,也有可能是其他的侵害。从这个一般性的标准倒过来理解行凶,我觉得这样个概念很好,就把其他明确表明了行为意图(杀人、强奸、抢劫等)的那些犯罪之外的,但也有可能严重危及人身安全的这些行为类型就放在行凶这里面处理。我觉得是没有问题的。

第三点就是关于于欢案的意义。于欢案的事实细节很复杂,最后作出的结论,是只有在这些具体事实细节的基础上才能做出。但是这一点,对于普通的老百姓来说,是不重要的,他们并不是真正关心于欢个人的命运,也不会想象自己完全落在于欢案这样一种由各种错综复杂的细节组成的具体事件中该怎么办。他们真正关心的,其实是于欢案的改编版,也就是一些专家总想要纠正、认为是媒体博眼球的辱母杀人。假设甲和他的母亲被众人围在一起,他的母亲遭受极端形式的性侮辱,他没有别的方式防卫,只有一把刀。假设他除了用刀捅死对方这种方法外,其他方式都不能制止这个侵害,那现在老百姓问,到底能不能捅,捅死了是不是无罪?不必再给公众说于欢案那些细节,谁能完全活成另一个于欢?谁能再返回现场遭遇那么多同样的细节后,再关心自己的命运?那都是不可能的,普通人关心的,就是简化的、改编过的于欢案,就是想知道辱母之后我能不能杀人。所以,无论你用了多大的劲儿,纠正说其实于欢案不是媒体报道的那样,其实对普通人意义都不大,因为普通人关心的,恰恰就是媒体简化过的那个虚假的于欢案。

那什么是于欢案折射出的一般性问题?在我看来,就是说一个人的尊严和自由在通常场合下是低于生命的,但是说一个人的尊严要被严重侵犯到什么程度,他才可以对抗生命。有没有这种可能性?通常我们认为是没有的,即使尊严或者自由被对方侵犯了,但肯定也不能把对方杀了。比如,一般的限制自由,普通的非法拘禁,肯定不能把对方杀死。但我现在举一个极端例子,比如说一个人被另外一个人抓起来,关到一个地牢里面,奴隶化,我们就不说性奴隶,因为性奴就涉及其他性犯罪,我们就假设他就单纯地被作为奴隶饲养,关了几年不见天日,除了自由之外,其他什么生命身体法益啊、性法益啊都没有被侵害到。终于有一天行为人给被害人拿东西送饭的场合,被害人有唯一的机会,可以用手边的一个东西杀死对方,只有这样,他才能逃出去,重获自由。现在的问题是,他能不能为了自由而杀死对方?自由在这一刻能不能对抗生命,能不能为了我的自由,把对方杀了?这个问题我在课堂上以及各种场合,问过很多人,绝大多数人回答都是可以的。如果可以,那就是说自由是有一个量的,在自由被极端形式侵害的时候,与生命相比,可以承认自由价更高。我认为,尊严的场合也是如此。通常的侮辱,一般性的打骂,不可能允许以杀死对方的方式来防卫,可是说如果出现了一个极端形式的侮辱,是否允许呢?于欢案,恰好提供了一个供我们想象和讨论的案例。公然以性侮辱的方式,来侮辱自己的母亲,在中国这样特别重视人伦秩序的社会中,这是不是一种最极端形式的侮辱?如果是,是否在这种场合下承认,就值得保护性而言,人格尊严不低于生命,进而可以允许防卫人杀死对方?我觉得,这就是于欢案的意义。它既是实践的,也是学术的。朝着这个方向去讨论,才是学者的责任,而不仅仅是为具体的、真实的于欢案的审理提供一个专家解读和论证。

第三部分　正当防卫的认定规则构建

不退让和城堡规则在正当防卫制度中的运用

阮齐林（中国政法大学刑事司法学院教授、博士生导师）

案例是推动学术发展的火车头，其实也是推动立法、司法的火车头。在于欢防卫案、昆山防卫案发生之后，大家聚焦于正当防卫制度适用的时候，国家检察官学院及时召集各位学者聚在一起，研讨于欢案、昆山防卫案，具有非常重要的意义。如果案件发生过、处理完，热闹一阵后就一哄而散过去了，错失良机，十分可惜。今天，召集各位学者、司法实务人员，继续从法理、学理上进行总结和升华，具有重要的学术意义。

我今天借昆山防卫案想讲的话题是：一方面，天理、人情影响从于欢案到昆山案正当防卫制度的适用；另一方面，通过《刑法》第 20 条正当防卫国法适用于于欢案和昆山案，推动天理、国法降落人间。这个天理、国法降落人间，形成人们的交往准则、社会秩序，或者说人与人之间交往的禁忌。

正当防卫其中一个要点是"前提条件"，正在发生着不法侵害，这是"启动"防卫的前提条件。具备这个前提，就能够适用正当防卫制度，即使不能成立正当防卫至少可以成立防卫过当，即使因防卫过当造成损害构成犯罪，至少具有一个法定的应当减轻、免除处罚的情节。于欢案一审被判处无期徒刑，之后二审改判为 5 年有期徒刑，一审与二审的事实证据相同，处罚却天壤之别，根源是有没有启用正当防卫。二审认为于欢致人死伤的行为是针对正在进行的不法侵害，适用正当防卫制度，属于防卫过当，依法应当减轻处罚，故判处 5 年有期徒刑。由此可见，适用正当防卫制度的关键是确认"发生了不法侵害"。发生正进行的不法侵害，就涉及何时何种情况之下能够启动正当防卫制度的适用。这就想到人们常说的正当防卫两个方面的规则：

其一，"不退让规则"，面对不法侵害不退让。如昆山防卫案，刘海龙持刀攻击，显而易见是不法侵害，于某明面对其不法侵害，可以启动防卫权进行防卫。没有人对于于某明的行为具备防卫前提有异议，因为不法侵害太明显，所以昆山案的焦点在防卫限度上、防卫前提下的分歧。于欢案则不同，一审判决只是认为对方有“过错”,不属于正在进行的不法侵害,因而没有启动防卫制度,由此导致于欢失去了防卫过当的法定减轻处罚情节,导致于欢被重判无期徒刑。可见,需要考虑合理启动防卫制度。换言之,公民遭遇不法侵害有权不退让,针对什么样的不法侵害可以不退让、实施防卫,不退让规则该如何掌握?这个应当以人们交往规则为依据。俗话说的“君子动口不动手”,人们发生争执,动口不动手是“君子”,君子处事之道,就是人们解决纠纷的基本规则。人与人之间难免发生纠纷,最基本的解决方式是摆事实、讲道理、守法律,不得以大欺小、以强凌弱。动辄诉诸武力或暴力,“动手”是违反规则和法律的,非君子之道。确定了这个规则后,再来考虑“不退让”,是对什么“不退让”?应当是对率先发起的暴力攻击不退让。发生了争执,如果一方冲上来打人,另一方不必逃避,就站在那里,给予前来暴力攻击者迎头痛击。这是防卫前提起点,技术性非常强。有一个指导案例:甲乙二人骑车时发生碰撞,继而争吵,之后甲冲向乙挥拳打乙。甲乙争吵之时双方尚有一定的距离,甲挥拳打乙之前有冲向乙的过程。乙被甲拳击的同时反击一拳。甲被拳击中头部摔倒,后脑勺磕地致颅下腔蛛网膜出血死亡。这个指导案例要旨认为乙拳击行为不具有故意伤害性质,不成立故意伤害罪(致人死亡),仅成立过失致人死亡罪。案例指导要旨没有提及防卫。我在课堂上讲这个案例时,就有学生提出来,甲率先冲向乙挥拳打乙,属于不法侵害,乙不退让原地还击一拳应该是防卫行为。只不过乙回击一拳打得比较瓷实,致年已 6 旬的甲头部遭拳击摔倒、后脑磕地死亡。对这类偶发纠纷引起争执,一方冲来率先挥拳袭击,是否可以认为是不法侵害?另一方没有躲避退让,而是在遭到拳击后挥拳反击,是否可以认为针对不法侵害的反击?从而启动防卫前提。这值得讨论,不退让到底针对什么而言?如果能够达成共识、通过发布系列案例示范认定规则,将有利于正当防卫制度的合理启动。同时,也有利于促进社会文明礼貌规则。发生纠纷、争执,人人需恪守“动口不动手”的君子规则,摆事实讲道理;讲不通,可以报警找警察寻求公权力救济,依法解决纠纷。谁也不许率先动手打人,诉诸暴力。谁率先动手攻击他人,就认为是不法侵害,被攻击一方对其反击,就可以认为是针对不法侵害的反击,就可以启动正当防卫,也即认为具备“防卫前提”。

人们发生纠纷,比如说走路、骑车相撞,汽车发生剐蹭,一般有三种可能:一是有理方率先攻击,比如对方逆行,违反交通规则而且不留心观察导致相撞。有理一方火冒三丈,动手打人。这种情形率先动手打人,是否应当认为是不法侵害?对其反击是否认可具备防卫前提?最令人犹豫。我认为,未尝不可认为是不法侵害,因为破坏了“君子动口不动手”的规则。交通中相撞或剐蹭毕竟是无意的,率先动手打人是故意的，性质不同。当然，个中是非曲直非常重要，有理方斥责无理方在情理之中，如果无理方蛮不讲理，激怒有理方有推搡举动，这类激愤中肢体动作不能认为是不法侵害，不得启动防卫权。年轻力壮一方无理，在争执中蛮不讲理故意激怒对方率先动手之后予以痛击，应当认为是防卫挑拨，不应认为具备防卫前提。二是双方各有过错，争执起来，率先动手打人可以认为是不法侵害。三是无理方不知错或不认错，争执起来还率先动手打人，就像昆山案中的刘海龙，应当认为是不法侵害。总之，坚持一个基本原则，发生纠纷争议，谁也不许率先打破“君子动口不动手”的规则，正当防卫的“不退让”，应当是针对破坏“动口不动手”规则的行为。久而久之，形成“禁忌”，争执中谁也不许率先动手。这个一般规则之外，认定防卫前提时，还需重视个案中的是非曲直，严格防范恶意防卫挑拨行为。

此外，遭遇到无端或无缘无故的侵害，如遭遇抢劫、盗窃、寻衅滋事等违法犯罪行为的不法侵害，当然可以启动防卫权，认为具备防卫前提。

其二，“城堡规则”。“住宅”或“家”是人们生活起居场所，也是人们人身、财产安全的庇护所、身心安宁的港湾。因此，住宅遭遇非法侵入，就可认为是不法侵害，主人可启动防卫权。非法侵入住宅行为，侵害到人的安全、安宁的最后寄托之地，往往会引起主人严重不安，也严重威胁到人对于自己住宅的主权感、支配感。法律也应当维护住宅庇护功能、主人的主权感。因此，应该赋予主人在自己住宅、维护住宅安全的优越地位，可启动防卫权。比如，半夜突然有人出现在客厅里或院落中，好多人家是“空巢”老人，手无缚鸡之力，或家中有老有小。在家遭遇这样突如其来的情况，主人主动攻击致不明侵入者死伤的，应当认为是防卫行为。如果事后发现是邻居醉酒或梦游或其他不速之客走错门，没有违法犯罪意图，对这种情况我们过去都认为不是不法侵害，对其防卫是“假想防卫”。这种见解有问题，因为未经主人许可进入他人住宅，即使没有违法犯罪恶意，也应当认为是非法侵入住宅行为，可以认为是不法侵害，可以启动防卫制度。即使造成不应有损害承担刑事责任，至少具有防卫过当的法定减轻、免除处罚情节。再如，债权人、讨债人未经同意也不得进入债务人住宅讨债，也不得有侵犯住宅的行为。如果有非法侵入住宅行为，可以启动防卫权或者报警求助。不能凭借存在经济纠纷的理由就可以随意侵犯住宅权。因为经营贷款业务，存在债务人无力偿还甚至赖债的风险，不能把防范这种风险建立在滋扰、妨害债务人居所安宁的基础上。

综上所述，一方面，通过确立不退让规则和城堡规则，保护人身、住宅安全；另一方面，还要进一步深入探讨对什么行为可“不退让”，启动防卫权，对什么样侵犯住宅行为,可以按照"城堡规则",启动防卫权。从而合理适用正当防卫制度,保护个人人身、财产安全、人格尊严。由此促进"君子动口不动手"、尊重住宅安宁的观念深入人心,维护社会生活安宁。

防卫过当的认定:思维误区与方案选择

梁根林(北京大学法学院教授、博士生导师,中国刑法学研究会副会长)

长期以来,我国刑法规定的正当防卫制度没有被真正激活,立法者的良苦用心没有被真正地体认。尽管《刑法》第 20 条对正当防卫的条件、正当防卫与防卫过当的区分已经作了非常明确、具体的规定,立法意图与目的亦非常清晰,但是司法实践多年来一直没有完整而准确地予以理解与把握,由此导致正当防卫条款在相当程度上成为"僵尸条款"。就此,我围绕正当防卫特别是防卫过当的认定与处理着重讲以下几点:

第一,正当防卫如何判断,特别是防卫限度与防卫时间如何把握?我觉得,司法实践中要注意避免四个方面的误区:第一个误区是对防卫人提出"客观冷静的圣人标准",即以一个客观冷静的与己无关的圣人标准,要求防卫人面对突然而至、猝不及防的暴力攻击,做出客观冷静、精确理智的反应;第二个误区是"事后诸葛思维",不是设身处地,将心比心,换位思考,站在当事人所处的突发情景,斟酌他面对暴力攻击时能够做出什么样的反应,而是以一个事后诸葛亮的标准去苛求防卫人;第三个误区是"对等武装论",在判断是否防卫过当时,总是要求防卫人采取在总体上或者基本上与不法侵害同样的打击方式,选择同样的打击部位,实施同样的打击力度,造成基本相当的伤害结果,否则,就认定为防卫过当;第四个误区是"唯结果论",往往认为只要防卫行为造成了严重的伤害结果,特别是死了人,就要按防卫过当论处,甚至直接认定为故意杀人或故意伤害致人死亡。司法实践如果不跳出这四个思维误区,正当防卫制度就没法真正被激活。

第二,正当防卫与天理、国法、人情。过去一段时间以来,我们的法治理念与法教义学有一个误区,认为无论是入罪还是出罪,只要严格依法裁判,形式上有法律根据就行。我们往往把复杂的定罪思维过程简化为个案事实和法律规定对号入座的三段论演绎推理过程,导致司法实践中机械主义、教条主义、形式主义思维盛行,排斥天理、人情对国法的渗透与制约。关于这一点,我想提请大家进一步思考的问题是,我们的老祖宗给我们留下的关于"天理国法人情"的那些东西到底是应当予以摒弃的糟粕，还是应当汲取的法文化精华。我最近拜读了范忠信教授等著述的《情理法与中国人》。该书有一段归纳非常好，我在这儿念一下，跟大家一起分享。该书指出："国法是一个孤岛，天理和人情是两个桥梁，如以天为彼岸，人为此岸，则天理沟通了彼岸，人情架通了此案，国法居中连接两岸。"有人可能会说这是糟粕，我们现在学习西方法治与西方法教义学，人家不讲天理，不讲人情。但是，实际情况真的是这样吗？大家都知道自然法，自然法源于古希腊，在十七八世纪得到复兴。自然法讲得最多的是什么？是自然权利、普遍理性与公平正义，并且主张用自然法来审视、校正实定法、人定法。如果实定法、人定法违反了自然法的基本理念，就可能产生"恶法非法"的合法性危机。在自然法的终极审视下，当代法治观念不再拘泥于纯粹的规则自治，不是仅仅强调形式理性，而是强调良法之治与良法善治，追求具体法治与个案正义。这是在形而上的理念层面强调自然法对实定法的终极审视，这种意义上的自然法其实就是我们中国法文化的天理。在形而下的操作层面，德国、日本发展出来的刑法教义学一方面把自然法的理念，即天理融入法教义学的价值判断之中；另一方面则把对人情的关照和关怀融入定罪思维模式之中，据此发展出区分不法与责任的阶层犯罪论体系，在责任论中不断地吸纳人情对定罪的影响，在心理责任论的基础上发展出规范责任论，在规范责任论范畴内进一步衍生出期待可能性、违法性认识可能性等旨在体现"法律不强人所难"这一法谚的新的责任要素。可见，中华法文化与西方法文化在解释与适用国法的过程中都十分重视兼顾天理与人情，都特别强调解释和适用刑法、处理个案时应当依据国法，上通天理，下达人情。

第三，防卫过当案件的解决方案选择。方案之一是现实中比较通行且能够接受的方案，即在四要件犯罪构成理论不区分不法与责任的理论前提下，对正当防卫与防卫过当作整合不法与责任内涵的统一理解，防卫过当是客观上行为明显超过必要限度造成重大损害结果、主观上行为人具有过错或者罪责的不法行为。因此，立足于鼓励与保护公民行使正当防卫权利，对正当防卫应当从宽认定，对防卫过当则应当从严认定，能够不认定为防卫过当的尽量宽松认定为正当防卫。但这并非最佳方案。其实比较理想的方案应当是基于不法与责任的二元区分，即在肯定防卫过当不法的前提下将防卫过当区分为有责的防卫过当与免责的防卫过当两种形态。有责的防卫过当不仅客观上明显超过必要限度造成重大损害，而且行为人对此具有罪责，主观上对防卫过当不法行为具有可非难性，因此应当认定为犯罪，只是在处罚时应当减轻或者免除处罚。而免责的防卫过当则是，虽然行为后果上明显超过必要限度造成重大损害，但行为人于防卫当时不具有合理地把握防卫限度的期待可能性,因而不值得用刑罚对其防卫过当行为进行非难谴责,其防卫过当行为虽然构成不法,但因缺乏罪责,仍然不构成犯罪。"于欢案"如果按此方案处理,也许更加令人信服,效果更好。这种方案既维系了正当防卫制度的权威性,又结合了个案的具体情况,兼顾了当事人的特殊情况,把法律规定的一般正义与个案正义很好地予以结合,因而我们的司法实践应当在接受不法与责任的区分的基本思维逻辑的基础上,逐渐尝试按照这种方案处理防卫过当案件。当然,处理防卫过当案件还有一个更为彻底而有效的解决方案,那就是借鉴德国《刑法典》第33条的规定,在现有的刑法条文的基础上进一步明确,"防卫人在反击不法侵害时因惊慌、恐惧、愤怒而防卫过当的,不受处罚"。尽管我同样认为,如果把现有的法律解释到位并加以正确适用,原本不必在立法上引入类似规定。但是,在司法实践缺乏充分的正确理解与适用法律的能力的情况下,立法上明确规定免责的防卫过当不罚,也许具有更为明确的规范指引与政策宣示作用,更有利于司法实践妥当地处理正当防卫案件,避免错误地将不该入罪的防卫行为认定为犯罪,从而促进刑事司法个案正义的实现。

正当防卫裁判规则的构建

周光权(清华大学法学院教授、博士生导师,中国犯罪学学会副会长)

我先讲两层意思,第一层意思,这个研讨会我觉得很重要,很有必要,因为像于欢案、昆山案处理的结局老百姓都很满意,司法机关处理得也挺好,但正当防卫认定的长效机制实际上还没建立起来。就这个案子,实际上刚才两位检察官的汇报已经讲了,有很多偶然的因素才导致被告人有一个好的出路,这些偶然因素,比如说有监控录像,恰好这个不法侵害人自己又有一堆的毛病,有文身又多次坐牢,有这么些毛病。因为这些信息一传递出来,整个舆论几乎是"一边倒",所以导致司法机关处理这个案件压力小一些。但是大量的案件,那个实施不法侵害的,最后死伤的那个人并没有那么可恶,所以老百姓判断起来比较难,司法机关下决心也比较难。因此,我觉得建立长效机制,建立司法裁判规则,确实需要法律共同体。我觉得我们今天这个研讨会就是法律人共同努力下的结果。这是我讲的第一层意思。

第二层意思,呼应一下卢老师刚才讲的那个问题。我也看到这次这个事出来以后,有的学者在自媒体写文章,说这个问题还是怪我们立法不清楚,所以导致很多争议。但是我想回应的是,包括卢老师刚才讲的,我们这个立法已经够清楚了,《刑法》第 20 条一共有 3 款。我们翻一翻全世界的正当防卫的立法,写成中国这样的几乎绝无仅有,他们写的更抽象,都没有什么解说,没有《刑法》第 20 条第 3 款这样一个写法。各位再去看看《民法总则》,《民法总则》里也有正当防卫,民事上也有同样的问题。《民法总则》中规定的正当防卫就很简单,特别是第 181 条第 2 款,"正当防卫超过限度造成损害的,是防卫过当,要承担民事赔偿责任"。就是这样写的,没有什么明显超过必要限度,重大损害之类的。其实我们都参与过《民法总则》立法,我还跟他们提出来,我说是不是需要仿照《刑法》这样写一下?民法室的人告诉我说没有必要。他说我们民法的正当防卫在实践中认定几乎没什么争议,没什么误区,因为法官下得了决心,下得了手,判断得了,不用担心。该条也没有什么第 3 款,这其实也没有什么问题。我觉得现在立法问题的板子,不应该把它打到立法者身上,还是要打在各种因素身上。司法实践中不敢担当,其实也是很重要的原因。

卢老师刚才讲的是不是要像德国刑法那样,增设一个被害人因为恐慌等陷入那种精神上确实是比较乱的状态,然后他的行为就不过当,但是实际上不规定的话也没问题。因为他本身就是超法律的责任的情形问题,就得司法官在实践中去判断。我再讲主题,讲得会很简单,就是防卫过当和正当防卫的认定,我觉得要建立裁判规则。这个裁判规则当中可能能列出很多,但是有几条我觉得比较重要。

第一个裁判规则,防卫是不是过当。我觉得主要看行为,不要事后去看结果。因为最后成为案件,到了司法机关案头的那些都是有结果的,那个结果不是死就是伤,往往都很严重。你要只看事后的症状,案子都没法判了,哪有什么症状?没有。那个结果都是血淋淋的,后果很严重。我觉得要重新看《刑法》第 20 条第 2 款。可能我这个观点,始终跟张明楷老师说的所谓的结果无价值,也有点争议,他们都认为这个结果是判断核心。但是我的意思《刑法》第 20 条第 2 款,已经不是单纯重视结果。因为该款讲防卫行为明显超过限度,先是讲行为的,后面才是造成重大损害。它是讲这两个你都要去判断,而且同时存在的时候,才能得出一个防卫过当的结论。那这个判断在我看来始终是那个行为,就是防卫的当时。行为人的行为是不是合适,是不是相当,这个是重点。如果只重视后面造成损害,每个案子都有损害。而且如果只重视损害,那《刑法》第 20 条第 2 款本来就应该是别的表述方式,写成防卫行为造成重大损害的不是防卫过当,但是立法者不是这个意思。所以对防卫过程当中行为的判断,我觉得很重要。刚才冯老师提的那个问题,就是行凶字典上和教科书解释上有差别,但行凶肯定也是重视过程、重视行为当时,行为的危险性向前发展是一个什么样的危险性,它肯定不是说行为人下手这下形成了什么结局。如果是这样,像强奸,那就没法防卫了。要等到犯罪分子强奸完再去防卫,就没有什么意义了。所以针对被害人的暴力,如果被害人不防卫,对被侵害的妇女,下一步发展就是强奸了,这个时候无限防卫权就可以行使了。所以行为人当时的判断,我觉得很重要,而且还要立足于行为人本人的一些判断。行为人站在当时立场,他的判断点是什么?不能说一个冷静的法官,我事后看录像说你当时可以跑,你当时为什么不跑?这样就是正义向邪恶屈服,要委屈才能求全,这是不可以的。还有一个,我觉得在司法上判断行为的时候,确实要考虑危险的分担、不法的分担。换句话说,不法侵害,当你去侵害别人的时候,其实你是分担了特别大的风险。所以《刑法》第 20 条第 3 款背后隐藏一个法理,你侵害别人的时候下手越重,别人对你的反击就可以越重。所以分担的这种法理,也可以是客观规则的法理,也可以是被害人自我负责的一些考虑。如果这样,有些案子,我看三亚有个判决,被害人遭受不法侵害,他老婆被人调戏了,他又被人围殴,然后他就防卫,防卫的时候在旁边捡了一把刀,那个刀是短刀,没这个案子刀那么长,他在那挥舞,其中刺了一刀,把不法侵害人刺中,同时挥舞的时候,把旁边另外三个人也划伤,后来有一死三伤。整个案子的判决书里就讲,行为人是持刀挥舞,挥舞姿势是防卫的姿势,如果旁边的这些人不往上扑,这个后果就没有,我觉得这个判决书写得很精彩。被刺中的那些人,看起来你可以说,我对你的不法侵害不是行凶,没有要你的命,你为什么把我刺成这么严重。人家法官就说了,你往上扑你承担风险,背后的法理讲得很好。

第二个裁判规则,就是要注意持续的侵害,特别是实践中那种持续不断的侵害,在它持续时间很长以后,我觉得对防卫的要求就要放宽。在昆山这个案子中,王勇处长起草的那个说明里面大概有这个意思,我觉得讲得挺好。就是说你连续不断地殴打他人,要让那个防卫人很准确地判断你这一下,你这连续不断的当中哪些是开玩笑的,哪些是当真的,你下手很重,特别是凶器很厉害的时候,要作出判断,那是不可能的。于欢那个案子也是这样,你持续那么长时间地非法拘禁,然后人家都处于崩溃状态,你要让人家防卫很清醒,去把那个分寸感掌握得很好,我们刑法教授去都弄不好,都掌握不了。所以持续侵害、不法侵害,累积升高,这个时候防卫限度的把控不应该太严。

第三个裁判规则,我觉得即使是最后不能认定正当防卫的案子,防卫的因素一定要考虑。就是在我们的司法文书里,比如说我们的起诉书或者是公诉词中,还有法院的判决,有的案子你最后认定不了它,但是防卫的因素一定要承认。有的案子比如说指控一个被告人涉黑，但是实际上他是涉恶，真实的罪名是寻衅滋事。为什么说他寻衅滋事呢？他打了别人，但是他就提出来，我打的人是因为被打的那个人把车堵在我门口，我没办法，我找几个人去打他，最后双方都有伤，那被害人有轻微伤，打人的人也有轻微伤，最后现在把这个很多年的事翻出来，说你很多年前打了人，你寻衅滋事，你涉黑，当然他还有点别的事情。但是像这种的话，我觉得他是有防卫因素的，你就得承认。有防卫因素，你一旦承认了的话，他的寻衅滋事就不成立，他不是无事生非。所以我觉得正当防卫这种例子，它的裁判规则其实是要放大，就是不仅仅在我们提供的有死伤的，最后认定正当防卫的这些少数的案子，我们要考虑防卫因素，其实一些更多的案子也是要考虑。刑法中这种体系性的思考、危险的分配，要贯彻到对所有法律问题的讨论中，而不是紧紧盯住现在这些案子。当然现在这些案子能够把它处理得很妥当，已经是很了不起了。所以我是完全赞成昆山这个案子的处理，从整个处理的司法程序，检察机关的介入，到最后的结局，释法说理等，都完全同意。当然我们这中间也有反对派，还是再听听他们的意见。

第四部分　正当防卫制度的冷思考

正当防卫热案带给我们的几个问题思考

黄京平（中国人民大学法学院教授、博士生导师，中国刑法学研究会副会长）

听了几位老师的高见，就这两起案件，我想说以下四个方面的思考：

第一，关于民意，因为我们不可能回避民意。无论是于欢案还是昆山反杀案，我个人认为，至少在现有的环境下，在新媒体、自媒体极度发达的情况下，我们应该将涉及案件的民意引申理解为一种司法参与。这是民众参与司法的一种方式，我们现在必须面对这么一个现实。以往，司法民主主要体现在案件旁听、陪审、参审等方面。但是，有很多案件，比如，昆山案件和于欢案件，民众参与的方式是不同的。在昆山这个案件中，结案时间很特殊，它在公安机关立案侦查阶段撤案，立案后再撤案，就不可能按照正常的诉讼阶段进入审判阶段。或者换句话说，这个标杆性案件的示范效应，会使更多的案件在侦查阶段、审查起诉阶段终止刑事诉讼。在这种情况下，民众如何参与到司法中来？我个人觉得应当正常地看待舆论。昆山反杀案的正确定性,到底是舆论胜利还是法律胜利?我个人认为两者的权重应该是都很大。所以,某种意义上讲,在新媒体时代,我们要关注民众参与司法的新途径、新的方式。法律人也应该适应这种新的环境和新的氛围。在这种新的环境和新的氛围下,应有冷静的法律思考,这是我想说的第一点。记得拉德布洛赫曾经说过这样的话,"人民不能过问之权力,乃以人民为工具,不以人民为目的之权力"。换句话说,在我们追求法治的进程中,民众参与司法的途径、方式、力度都在发生改变。所以,我们从这个案件中应该总结出这么一点。而且,国家检察官学院可以把它作为一个话题进一步去研究、去思考、去调研,甚至可以研究它的制度化。

第二,技术重要还是理念重要?今天更多的学者,比如说刚才周光权教授、冯军教授,讲的更多的是技术层面的事情。我个人认为,这两个案件反映出,我们的制度资源已经足够。我们关于正当防卫的规定,其实已经相对比较完整。我们现在更多的缺的是什么?缺的是理念。换句话说,实际上我们的视角变了,我们的理念调整了,在一定程度上就可以去充分地激活我们沉睡的制度。激活沉睡的制度,在有些情况下,实际上就是调整或改变我们已有的一些司法惯性。换句话说,这种司法惯性的调整是因理念的调整而改变。其实我们的司法官都知道这些制度,都知道这些规则,包括刚才讲的规则,包括新总结的规则。比如说车浩教授总结的规则,我赞同车浩教授总结的规则。正当防卫制度,就要树立邪不压正、正必压邪的观念。这个案件就是邪不压正、正必压邪,不退让、不妥协,就得向民众传达这种理念。在这种案件的定性判断中,优势当然要向正义一方倾斜,所有的关于规则的判断,包括技术的运用、制度的激活,都要以这种理念为支撑。

第三,检察机关在昆山这个案件中提前介入,是一个成功的案例,要很好地总结。总结或归纳这个案例的判断规则,应注意到检察官精确的取证。精确的取证很重要,但是也应注意到检察官在精确取证的情况下,还是做了一个整体判断。就像周光权教授刚才说的,要把它作为一个连续性的行为加以理解。我再补充刚才前面说的理念问题,比如,刚才说到"行凶",其实"行凶"这个词,如果理念改了,就没有必要用"行凶"这个词,有《刑法》第 20 条第 3 款规定的严重危及人身安全的暴力行为,完全可以把"行凶"解释进去。比如,周光权教授刚才提到国外的刑法没有我们这么详细的规定,为什么可以把"行凶"解释进去?那就是因为理念——邪不压正、正必压邪的理念,这是进行实质性解释的结果。

第四,关于指导案例的形成机制和修正机制。我们的指导案例制度,目前要求是必须进入检察环节的案例，比如说不起诉案例，法定不起诉、相对不起诉、存疑不起诉，以及必须是进入审判环节的案例，才能形成指导案例。但是，昆山的这个案例，毫无疑问具有充分的指导意义，但是按照目前的制度运行情况，它不能上升到指导案例的层面。这是一个非常新的问题。我建议国家检察官学院的领导，组织国家检察官学院研究指导案例制度能不能往前走一步，就是把这个案件，检察机关提前介入的成功案例变成指导案例。这是指导案例制度发展值得重视的一个新的领域。最后，我想说一下于欢故意伤害案。于欢案已经成为最高人民法院第 93 号指导案例。第 93 号指导案例的裁判要点之一是，限制人身自由有侮辱、轻微殴打情节，且并不十分紧迫的不法侵害，针对这种情况，认定为防卫过当。但是必须注意，这个指导案例里，有一个值得高度关注的一个问题：案件事实的认定部分确认，22 时 22 分，那几个加害人冲上去，有掐于欢脖子的行为。如果这个事实要能认定，前面所说不十分紧迫的不法侵害可能就改变了，我不知道我这样的理解对不对。换句话说，最高人民法院对第 93 号指导案例裁判要点的归纳和总结，与案件的事实之间是有一些偏差或偏离。如果是有掐脖子等行为，我个人认为已经转换成十分紧迫的不法侵害，已经不是不十分紧迫的不法侵害了。我想提出一个问题，我们的指导案例如果错了，能不能有一个修正指导案例的机制？于欢案作为指导案例，为什么事实是这样的，最后总结出来的裁判要点是另外一回事。我感觉到非常蹊跷。所以，这也是一个值得讨论的问题，如果指导案例真是错了，应该有一个调整的办法，或者说有一个调整的机制。

正当防卫理论与实践问题辩驳

冯　军（中国人民大学法学院教授、博士生导师）

一

我先说第一点，我们到底应该对正当防卫抱一个什么样的立场？应该有什么样的态度？

首先，刚才卢建平教授说了，他说我们要分清正当性和合法性，正当是政治上的正当。这个观点我其实不能同意，在一个法治国家里，没有合法性，就没有正当性，只有法律能够界定什么是正当的。

其次，刚才卢建平教授说了，正当防卫是一个非专业的问题，大家都可以说。

在我看来,其实不是这样,正当防卫的问题和紧急避险的问题,在刑法学中都是极其复杂的,不是什么人都可以说清楚的。普通人可以遇到这个事情,大家也可以发表看法,但它的的确确是一个极其专业的事情。

最后,刚才卢建平教授引用车浩教授的话说,“正当防卫不是拳击比赛,而是抵抗侵略”。我不知道你是在什么意义上使用“侵略”这个词的?侵略一般来说是你侵略我,你就是敌人,针对敌人的侵略我应该怎么做。但是,正当防卫绝对不是针对敌人的,它是针对一些可能还是比较好的人,只是说他是一个不法的侵害你的人,他在刑法中可能是连犯罪都没有实施,只是一个实施了违法行为的人,对于这样的人,是不能用“侵略”这个词来说的。你可以说他侵入了你的某一个组织圈,但你不能说这就是侵略。

正当防卫所面对的那些人,很多人是好人,就在昆山这个案子中,刘海龙也不是那么坏,他曾是一个见义勇为者,他也坐过牢,他在北京盗窃过,那只是他很年轻时,十几岁时干的事儿。他也因为故意伤害坐过牢,那也不过是因为喝了酒以后在歌厅里面因为矛盾纠纷把别人的鼻梁打折了。这是一个很坏的人吗?我在网络上看到了,说刘海龙有两面性,有人说他还不错,他对我们挺客气,他买东西从来不欠账。你去问问公安局的,他们中有多少人买东西不欠账?我说话有点激动,我之前已经说了,我的确血压比较高一点,对不起,对不起。

正当防卫的确是一个权利,包括梁根林教授、卢建平教授,都说它是一个权利。可是,你们千万不要忘记,正当防卫不是一个可以扩大的权利,它是一个必须严格限制的权利,正当防卫其实是一种私人暴力的行使。你们不要忘记,它在我们刑法中是有极其严格的限制的。你们不断地扩大正当防卫,后果会非常严重。我告诉你们,不能这样以不断地扩大来唤醒我们的正当防卫制度,在我们国家,正当防卫制度从来都没有沉睡过。我们司法机关判过很多正当防卫,我们法院的判决、最高人民法院的判决、各基层法院的判决,都没有那么多错,很多是你们自己搞错了,然后说别人搞错了,要不得,真的要不得。

当然,我也看到我们司法实践中有把防卫过当判决成正当防卫的。我曾经看过一个案件,一个小伙子就是因为从厂家买了点东西,说质量不合格,产生纠纷了。他父亲是派出所所长,他就想讹厂家钱,叫了三个朋友,拿了一把假枪,对老板说不给钱我就打死你。然后,老板和厂里的工人看到拿枪,很害怕,有人用棒子把假枪从他手中打掉了,然后一个人拿刀就把他砍死了,你告诉我,法院竟然把它当成正当防卫来判,不是开我的玩笑,昆山案也是这样。

现在讲第二点,要不要对醉酒的人进行正当防卫?我写的那个《冷思考》被别人骂的第一点就是这个问题。我提出的问题是:如果一个人醉酒了,而且已经醉得很严重,根据当时的情况来判断,他已经是不能控制自己的行为。也就是说,他没有责任能力了,这种醉酒是比较严重的醉酒,不是一般的喝了酒,而是已经醉到没法控制自己的行为了,对于这样没有责任能力的人,要不要进行正当防卫?这一直是中外刑法学中争论极其大的问题。

在我们国家的刑法学中,就在我们的学者之间,我可以举出至少四种观点。第一种观点说对于这样的人,不能进行正当防卫。张明楷教授早期的观点就是这样。喝醉酒,前提是喝醉酒醉到没有责任能力的程度,但不是所有喝酒的人最终都会到这个程度,一旦达到无责任能力的程度,我们根据当时的状况来判断,他真的是没有责任能力的,他没法控制自己的行为,如果是这种人,张明楷教授的早期观点认为,是绝对不可以对他进行正当防卫的。这是第一种观点。

第二种观点是主张所谓的有限制的正当防卫。也就是说,你要是不知道那个人醉酒到了无责任能力的话,那你是可以正当防卫的。如果你知道他已经醉酒醉到没有办法控制、没有责任能力的程度,是这样一个醉酒的人的话,那你是不能对他进行正当防卫的,高铭暄老师早期的观点就是这样。

第三种观点就是现在的所谓主流学说,现在张明楷教授,包括其他教授,都认为面对一个没有责任能力的醉酒的人,我再强调一下,达到没有责任能力的程度,对于这样的醉酒的人,你要是能跑一跑,对你没有什么负担,那就不宜进行正当防卫。所以我就特别问,于某明是不是知道刘海龙当时醉酒了?如果他怀疑这家伙醉到这么严重,他没法控制自己,也可以一跑了之。

第四种观点就是现在包括车浩教授在内的,像陈兴良教授,认为不要管他醉没醉酒,不管是精神病人还是儿童,都可以进行正当防卫。最后这种观点最错。错在什么地方?你们自己看,陈兴良教授在《正当防卫论》中,早就提出一个问题,他说对精神病人、儿童、醉酒的人,至少达到无责任能力程度的醉酒的人,为什么不能进行正当防卫呢?你看看,防卫人是在保护自己的正当利益呀,你说他不是正当防卫,但是,他又不是紧急避险,那他就是故意犯罪哟!这是一个极其错误的推论。因为我们说对一个精神病人或者是儿童,或者是自己醉得没有责任能力程度的人,你本来就是可以紧急避险的,没有说你实施了反击就是故意犯罪。陈兴良教授说,紧急避险只是针对第三人的,针对侵害者本人实施的反击不能成立紧急避险。这是对紧急避险的误解。我国《刑法》第 21 条从来没有说紧急避险不是针对造成危险的人,而是针对其他的第三人的。《刑法》第 21 条没有这样说,也就是说,紧急避险是可以针对侵害你的人的。比如,你本来只要向他的胳膊砍一刀,你就不能砍死他,只要你砍他胳膊一刀就能阻止他的侵害的话,砍他胳膊的这一刀,就叫紧急避险。你本来不需要把他搞死,你却把他搞死了,这有什么意义呢?对一个精神病人、一个小孩或者一个喝醉酒的人,本来只要砍他,就可以阻止他,为什么要搞死他?我搞不清楚。只是因为陈兴良教授,他当时并不知道有一种针对那个造成危险的人的紧急避险,所以他才提出来说,可以进行正当防卫。在今天看来,这是明显错误的。因为紧急避险可以针对那个造成危险的本人进行,我们把这种紧急避险称为防御性紧急避险。你既保护了自己,又让醉酒的人没有受到太大伤害,没让他死,这为什么不可以,对大家都有好处。你本来跑一下就可以了,那个精神病人就不会伤害到你,你说我不要跑,就是要把他搞死。这不合适,人家是有病的人,是儿童,是喝醉了酒的人呀,怎么一定要与他们计较呢!

二

针对刚才黄京平教授的说法,我真的要问,到底是技术重要还是理念重要?我觉得不能够截然分开问哪个重要,其实我们要把一个正确的理念放在一个好的技术中间去。而且,关于正当防卫的理念,不能说我是正当的,我就一味地压着别人,不是这样的,正当防卫毕竟是有限度的。不是说我是正当的我就可以把你搞死,这是完全不可以的。理念虽然很重要,但是,我们要有好的技术来贯彻一个好的理念。

在昆山案中,其实刚才卢建平教授谈到的一个观点,属于技术性的观点,即我们是否要进行整体的判断。于某明的行为是不是正当防卫?我们要把刘海龙从打拳开始到拿刀来击打,再到从地上爬起来后跑等一系列行为作为一个整体来判断。如果人们这样去整体判断的话,死再多人都没有过当。因为你把它整体化的话,防卫过当就会成为正当防卫的一部分。我们不仅要看整体,还要注重细节,细节是什么?在正当防卫过当案件的判断中,重要的不是把每一个案件的所有行为放在一起,如果是这种意义上的整体判断,就不可能发生过当。我们可以说存在某一个可以中断、可以分开实行的某一个整体行为,比如说拿刀起来用刀砍,这是一个整体行为。对于这样一个整体行为,在当时的情况下,它是不是过当的?根据案件当时的情况,做一个综合判断,重要的不是对整个案件中的所有行为的整体判断,而是要对某一个作为整体的行为,一个不间断的行为,进行综合判断。要对这样的一个行为,结合案件的具体情况,进行综合判断。

如果说刘海龙拿刀在砍,这样拍打于某明的时候,这个时候于某明直接把他弄死,这个可能问题不大。关键是刘海龙的刀甩脱手以后,于某明先抢到这个刀的时候,他个子比刘海龙高,力量比刘海龙大,有刀在手,把刘海龙摔倒在地,已经刺戳刘海龙一个致命伤,一刀造成致命伤,这一刀结束了。在这种情况下,你再看一看,第二刀第三刀有没有必要,是不是过当,只能这样判断。你说我不管什么第二刀第三刀,要把它们与第一刀结合在一起进行一个整体判断,那怎么可能过当呢?就不会有过当一说。我们只能问防卫人的这个反击行为结束了,下一个反击行为是不是过当了,只能这样看。对是否是防卫过当的判断,不是什么整体判断,而是针对每一个具体的反击行为进行的综合判断。我强调这一点,这是个技术规则。

三

对梁根林教授最后说的,对具体案件的结论,跟我是一样的,这个我非常赞同。我只是说于某明是防卫过当,但是,针对他的防卫过当,我们可以根据他的情绪,当时不可以期待他不过当时,我们可以对他宣告一个免于处罚,这没有问题,这个结论我是同意的。但是,对你刚才的其他几个说法,我坚决反对。

第一,今天说天理、国法、人情,其实,要把天理去掉,只有国法和人情。你告诉我哪儿有天理?真有一个天在讲理吗?不是这个意思吧?没有天理,没有自然法,这个世界没有自然法,只有实证法。自然法只是一个绝代佳人,过去了,没有自然法,我们这儿只有实证法。也就是说,我们在全国人民代表大会上制定了一个法律,这就是最好的法律。

为什么它不好?在它没有被修改之前,它就是最好的法律。你不要老跟我说这个法律不好要修改,是可以修改,但在没修改的时候,只要它有效力,你就要承认它是好法。没有自然法,只有一个在全国人民共同的代表协商下制定的最好的法律,一定要坚持这个观点。我们刑法教义学讲的就是这个东西,刑法教义学是什么?就是要以这个法律为圣经,你不要在这个法律之外给我搞那个什么天理,没有那个意义上的天理,在法律中有人情,我同意,没有一个可以用来批判实证法的自然法,没有这个东西。谁这样搞,谁就不是在搞法治,把自然法或者领导人的话顶在法律之上,绝对不可以的,这是我要说的第一点。

第二,梁根林教授刚才讲到关于正当防卫有四个误区。没有什么四个误区。

一定要说客观冷静的圣人标准的话,当然,这个话说回来又要说到黄老师,我觉得昆山于某明的这个案子最让我生气的就是,这么大一个人命关天的案件,竟然由公安机关撤案处理了,我不知道根据在哪里,你说你立案了,立案以后你说我查查事实不存在,这个刘海龙根本就不是于某明捅死的,他是被车轧死了,没有事实,你撤案我同意,你说刘海龙就是于某明拿刀捅死的,你来说于某明是正当防卫,不是应该由法院来说吗?这只是我的疑问,因为我不是搞诉讼法的,我不知道公安机关在什么时候可以撤案。对正当防卫定性的判断,如果是由法官判断的,法官就应该是一个客观冷静的圣人,要客观,要冷静,不能像防卫人那样或者其他民众那样,法官就应该成为一个客观理智的圣人。

梁根林教授说存在一个什么事后诸葛思维。正当防卫涉及一个风险判断,就是一个攻击行为有没有可能对别人的法益造成一个风险,损害的风险可能性有没有?这个判断是怎么判断的?它是一个根据事后所获得的材料,由一般人站在行为时行为人的立场上做出的判断。梁老师强调"一般人的判断",这一点我同意,但是他忽略了一点,忽略了我们判断的材料是事后获得的材料,我们根据事后获得的材料来判断,来考虑,这不是事后看,这也是当时的情况,但是,材料是事后查明的,事后查明的这个刀子造成了什么伤?这当然是我们判定刘海龙那个行为有没有造成重大死亡危险的一个材料,这个东西当然要考虑,怎么就不考虑呢?这是我说的一点,这不叫事后诸葛思维,这只是说法官用事后查明的材料,考虑行为人在行为时应该怎么做才是合理的,这是以事后查明的材料为基础,站在一般人的立场上进行的事前判断,他不是完全不考虑事后的材料,不考虑事后材料凭什么判断呢?

梁老师你说有一个误区叫作对等武装,你说的对等武装无非就是我们刑法学所说的基本相适应说。打到什么部位,以什么方式,使用什么工具,要对等。这样判断,肯定不对,但是,这并不是我们的误区。我们今天的刑法学已经不再采用基本相适应说了,哪儿还有什么对等武装的误区。我们今天采用的是必需说或者折中说的时候,没有你说的对等武装或者基本相适应说的适用空间,哪儿有这个误区。

最后,梁老师说什么唯结果论,这当然是不对的,因为那个侵害者他在捅刀子的时候,他根本就只是一个危险嘛。这个危险,他没有造成死亡,只是造成面临死亡的危险。但是,面对这种死亡危险的时候,我当然可以把他捅死。所以,不能说那个攻击者死了,防卫人没死,那防卫人就是防卫过当,这样说肯定是不对的。如果你在这个意义上说,我也同意。不能光看有人死了,就说防卫人是防卫过当,这肯定是不对的。但是,你千万不要忘记一点,人命是关天的,有人死了,就是死了人这件事情发生了,我们一定要非常严格地按照法律规则认真判断,得出一个符合正义的结论。

专题十九

职务犯罪案件的审查与公诉

余啸波 * 上海市人民检察院
刘 岳 ** 新疆生产建设兵团人民检察院

目 次

* 余啸波,上海市人民检察院原副检察长。
** 刘岳,新疆生产建设兵团人民检察院党组成员、副检察长。

随着国家监察体制改革和司法改革的不断深入,《监察法》的颁布实施,以及《刑事诉讼法》的修改,公职人员职务犯罪案件调整至监察委员会立案调查。检察机关仅保留对司法工作人员利用职务实施的非法拘禁、刑讯逼供、非法搜查等侵犯公民权利、损害司法公正犯罪的侦查权。这种职能上的调整,对构建高效的检察办案机制也提出新的挑战。做好职务犯罪检察工作,必须准确把握职务犯罪规律,坚持以证据为中心,不断提高案件审查和出庭能力和水平。

一、职务犯罪案件的审查

(一)职务犯罪的危害性与特点

职务犯罪是指国家工作人员利用掌握的公共权力,以权谋私或滥用权力,损害国家工作人员形象的行为。这类犯罪不同于普通刑事犯罪,对国家、社会的危害性特别严重。职务犯罪的特点可以从几个方面来审视:

从危害看,第一,犯罪对国家制度建设的极大破坏。我们是中国共产党领导的社会主义国家,官员腐败犯罪直接影响国家政治体制的建设,引发人民群众的质疑,是一个关乎国家政体、国体的敏感性政治问题。有些高官用手中权力甚至是国家机密换取个人利益,对国家制度构成严重危害。第二,犯罪对社会和群众利益的极大损害。官员代表国家、政府行使公权力,一些职务犯罪人置人民群众的利益而不顾,以权谋私或滥用职权极大损害群众利益。第三,犯罪对社会风气和文化的极大破坏。权钱交易,利益输送,败坏社会风气,践踏公平竞争的环境,侵蚀市场交易规则和社会公约准则,颠覆人们的道德观、价值观,助推物欲横流、唯利是图风气的蔓延。

从与普通刑事犯罪的比较看,第一,职务犯罪极其隐蔽。职务犯罪远比普通刑事犯罪隐蔽,往往由犯罪分子单独或少数几个人在暗中实施,这类犯罪利用职权施行,没有具体的受害人,一切在悄然无声中进行,几乎不留痕迹。而且罪犯大多事先做过精心策划,事后又采取多种手段销毁隐匿证据、掩盖真相。所以,职务犯罪客观书证、物证少,发现犯罪难是一大特点。职务犯罪不同于杀人、抢劫、盗窃、诈骗类侵犯公民生命、健康、财产权益犯罪,与职务行为密切相关。这类犯罪通常缺少客观证据,证据固定难,可辩性强,起诉后庭上变数较大,加之大多案情复杂,指控的风险明显高于普通刑事犯罪。第二,职务犯罪社会影响大。社会各界对这类犯罪案件关注度高。犯罪人往往是一个单位、一个部门或一个地方的主要领导,是社会公众人物,犯罪会引发公众的关心,网络媒体以及社会上的各种传闻也很活跃。第三,职务犯罪人往往具有两面性。犯罪分子曾经是对社会有贡献的人,往往有政绩,有实绩,常给一些部门、单位或地方群众带来一定福利或利益,也可能赢得了一部分百姓的好评;但同时,又是侵吞国家财产、损害国家利益、非法攫取个人财物的腐败分子。第四,职务犯罪人通常具有较高的文化水平。职务犯罪的犯罪主体大多有较高的学历或者文化水平,长期担任有影响力的领导,犯罪后的辩护中也通常比普通刑事犯罪的嫌疑人能言善辩,一些人有较好的心理素质。

因此,要做好职务犯罪案件的审查起诉工作,就要针对职务犯罪的特殊性,在办案中不断摸索和寻找行之有效的案件审查方式,保证案件在事实认定、证据采信、法律适用上能够适应庭审的需要。

(二)职务犯罪案件调查与审查的衔接

随着检察机关职务犯罪侦查机构和职能转隶于监察机关,监察机关与司法机关如何在实务中进行业务协调和工作衔接,成为国家监察体制改革进入"深水区"后所不得不面临的现实问题。而审查起诉作为监察委员会职务犯罪案件调查程序结束后的下一个阶段,决定了监察机关与检察机关在工作和业务上的紧密性要大于监察机关与其他司法机关,监检衔接的问题由此提出。

所谓监检衔接,在制度层面,是监察制度与刑事诉讼制度的协调衔接;在立法层面,是监察法与刑事诉讼法的协调衔接;在操作层面,是监察职能与检察职能的协调衔接。从监察体制改革启动后两年的情况看,各地检察机关强化与纪检监察机关的协作配合,职务犯罪案件的监察调查和司法审查工作总体上衔接有序,进展平稳。但《监察法》刚刚颁行,监检衔接仍然需要一个磨合的过程,在实务中难免会存在一些问题和困惑。要坚持以巩固和深化国家监察体制改革成果作为出发点,准确理解《监察法》《刑事诉讼法》的相关内容,不断完善职务犯罪案件监检衔接的制度机制,确保职务犯罪案件监察和检察在实践中的具体衔接与协调,对于存在的问题及时梳理、深入研究并适时加以解决。下面主要从制度层面阐述调查和审查衔接的主要内容。

1.《监察法》

《监察法》以国家立法的形式,对监察工作的指导思想和领导体制、监察工作的原则和方针、监察委员会的产生和职责以及监察程序等进行了规定。就具体立法内容而言,为保证职务犯罪调查工作在法治框架内有效开展以及监察程序与检察程序进行有效的承接与过渡,《监察法》主要作出了以下规定:

(1)关于监察职能和监察范围。《监察法》第 3 条规定:"……依照本法对所有行使公权力的公职人员(以下称公职人员)进行监察,调查职务违法和职务犯罪,开展廉政建设和反腐败工作,维护宪法和法律的尊严。"将行使公权力的公职人员统一纳入监察范围,实现监察全覆盖。作为刑事诉讼职权的行使主体,公检法人员也属于监察和监督的对象。

(2)关于基本原则。《监察法》第 4 条第 2 款规定:"监察机关办理职务违法和职务犯罪案件,应当与审判机关、检察机关、执法部门互相配合,互相制约。"

(3)关于调查终结与移送起诉。《监察法》第 11 条第 2 项规定,"对涉嫌贪污贿赂、滥用职权、玩忽职守、权力寻租、利益输送、徇私舞弊以及浪费国家资财等职务违法和职务犯罪进行调查",该条第 3 项规定,"对涉嫌职务犯罪的,将调查结果移送人民检察院依法审查、提起公诉"。该两项规定,一是赋予监察机关调查权;二是调查终结进入刑事诉讼的法律效力,即可移送审查起诉和提起公诉。

(4)关于认罪认罚从宽。《监察法》第 31 条监察机关可以向人民检察院提出从宽处罚建议的规定,调查机关可以在履职中执行"认罪认罚从宽"政策。

(5)关于证据标准。《监察法》第 33 条第 2 款规定,"监察机关在收集、固定、审查、运用证据时,应当与刑事审判关于证据的要求和标准相一致",以及第 3 款关于非法证据依法予以排除的规定,要求监察机关行使调查权必须坚持证据裁判原则,其要求标准和刑事诉讼的标准相一致。

(6)关于涉案财物。《监察法》第 46 条规定:"……对涉嫌犯罪取得的财物,应当随案移送人民检察院。"

(7)关于职务犯罪案件的强制措施适用以及审查起诉后处理。《监察法》第 47 条规定:一是对监察机关移送的案件,人民检察院依照《刑事诉讼法》对被调查人采取强制措施;二是人民检察院经审查,认为犯罪事实已经查清,证据确实、充分,依法应当追究刑事责任的,应当作出起诉决定;三是人民检察院经审查,认为需要补充核实的,应当退回监察机关补充调查,必要时可以自行补充侦查。对于补充调查的案件,应当在一个月内补充调查完毕,补充调查以二次为限;四是人民检察院对于有《刑事诉讼法》规定的不起诉的情形的,经上一级人民检察院批准,依法作出不起诉的决定。监察机关认为不起诉的决定有错误的,可以向上一级人民检察院提请复议。

(8)关于逃匿或死亡后非法所得财物的处理。《监察法》第 48 条规定:"监察机关在调查贪污贿赂、失职渎职等职务犯罪案件过程中,被调查人逃匿或者死亡,有必要继续调查的,经省级以上监察机关批准,应当继续调查并作出结论。被调查人逃匿，在通缉一年后不能到案，或者死亡的，由监察机关提请人民检察院依照法定程序，向人民法院提出没收违法所得的申请。”

《监察法》的上述规定，为职务犯罪案件监察调查与审查起诉等活动提供了重要的法律依据，应当严格执行。

2.《刑事诉讼法》

2018 年 10 月 26 日，经过广泛征求意见，第十三届全国人大常委会第六次会议审议通过了《关于修改〈中华人民共和国刑事诉讼法〉的决定》（以下简称《〈刑诉法〉修改决定》）。本次修改共 26 项内容，虽然内容不多，但是意义很大。一是贯彻党中央重大决策部署，完善与监察法的衔接机制，保障监察体制改革顺利进行；二是丰富反腐败和国际追逃追赃的工作力度和手段，建立刑事缺席审判制度；三是总结认罪认罚从宽制度、速裁程序试点工作经验，将可复制、可推广的经验做法及时上升为法律，在全国范围内施行。其中，关于调查和审查起诉衔接的相关问题，《〈刑诉法〉修改决定》主要做了以下规定：

（1）关于案件管辖的衔接。为了与《监察法》的内容相衔接，《〈刑诉法〉修改决定》第 2 项将原《刑事诉讼法》第 18 条修改为第 19 条，删去由人民检察院管辖的“贪污贿赂犯罪、国家工作人员的渎职犯罪”，转隶为国家监察委管辖。这两类犯罪涉及刑法规定的六大类案件：贪污贿赂犯罪；滥用职权犯罪；玩忽职守犯罪；徇私舞弊犯罪；重大责任事故犯罪；公职人员的其他犯罪。

（2）关于强制措施的衔接。强制措施的衔接主要涉及监察机关向检察机关移送审查起诉案件中已经采取留置措施的案件。《〈刑诉法〉修改决定》第 12 项在《刑事诉讼法》中增加一款，作为第 170 条第 2 款规定：“对于监察机关移送起诉的已采取留置措施的案件，人民检察院应当对犯罪嫌疑人先行拘留，留置措施自动解除。人民检察院应当在拘留后的十日以内作出是否逮捕、取保候审或者监视居住的决定。在特殊情况下，决定的时间可以延长一日至四日。人民检察院决定采取强制措施的期间不计入审查起诉期限。”

（3）关于审查起诉和证据标准的衔接。为与《监察法》更好地衔接，《〈刑诉法〉修改决定》第 12 项增加第 170 条第 1 款规定：“人民检察院对于监察机关移送起诉的案件，依照本法和监察法的有关规定进行审查。人民检察院经审查，认为需要补充核实的，应当退回监察机关补充调查，必要时可以自行补充侦查。”对于监察机关调查终结、移送起诉的案件，其证据标准仍然是“犯罪事实已经查清，证据确实充分”，方能提起公诉。司法机关必须遵守《刑事诉讼法》规定的证明标准来审查监察委提供的证据，以保障移送案件的质量，防范错案发生，维护和推进监察体制改革的成果。

(4)关于涉案财物处置的衔接。《刑事诉讼法》第177条第3款规定:“人民检察院决定不起诉的案件,应当同时对侦查中查封、扣押、冻结的财物解除查封、扣押、冻结。对被不起诉人需要给予行政处罚、处分或者需要没收其违法所得的,人民检察院应当提出检察意见,移送有关主管机关处理。有关主管机关应当将处理结果及时通知人民检察院。”

(三)职务犯罪案件的审查

审查,是一门系统性很强的学问。案件审查由于审查的内容是经过调查的事实、证据,因此处在“事后审查”的检察官就必须熟知调查人员的心态,熟知他们的工作方式,了解调查工作的特点和容易疏漏的问题。所以,我们研究审查,必须秉承客观立场,研究调查人员的心理,研究调查取证的方法,研究调查人员遇到“难点”“瓶颈”时可能采取解决办法。在这个基础上进行审查,才有可能透过字面看到背后的隐情,才不会受纸质材料、电子文件类的局限,才可能提高审查的能力与水平。

1. 审查的原则

审查有两个原则必须重申,那就是亲历性和中立性。

亲历性要求承办案件的检察官必须亲力亲为。询问证人,熟知重要证人的性格、特点与心态。讯问被告人,通过其了解调查的过程和他对调查的感受,听取他作有利或不利自己供述的真实动机。会见辩护人,听取辩护人的意见,必要时补充收集证据。与调查人员、鉴定人员等接触,向他们了解案发和取证的过程,了解原始证据收集、保存、移送、封存的过程。复核现场等相关证据,排除疑点,补充遗漏的细节。重要案件参加补充调查,用亲历的感受去验证材料记录的内容,去伪存真,作出判断。

中立性要求实事求是、客观中立,不戴有色眼镜看人对事,检察官应秉持不偏不倚的立场,耐心且认真地听取调查机关与被告方的意见、判断真伪。

2. 审查的目的

刑事诉讼中检察机关的审查主要任务是甄别起诉意见书中认定的事实是否真实,证据是否确凿,是否有提起公诉的必要性。具体包括证据收集、保存、移送等过程是否完备,证据内容是否真实,以及法律适用是否正确等方面。

3. 审查的主要方式

审查案件的方式分书面审查与复核审查两种。

书面审查主要是对纸质材料、录音录像等电子文档进行审阅查看，这里重要的方法是比对。首先，比对证据产生的先后顺序，通过证据产生的时间排序，看案件由暗到明的发展过程，看嫌疑人交代在调查取证中的作用，看调查人员即时掌握的真实情况，基于此，可从“先供后证”来印证交代犯罪内容的真实性，从调查人员实际掌握证据内容来判断有无指供诱供可能等。其次，比对证据内容相互的关联性，按证据内容排列组合，看构成的事实是否完整，证据是否达到无缝衔接，有无空缺，有无矛盾，有无疑点，如有则针对空缺、矛盾、疑点再做进一步的核查，逐一进行排除，直到真像完全浮出水面为止。再次，比对同一主体形成的证据，比如，对同一证人前后所作的三份证言进行比对，看内容是否一致，有无变化、矛盾之处。最后，比对不同主体所作相同的证据，比如，有无同一个事实，调查机关与辩护人都提供了相关证据，对来自不同主体收集的证据内容进行比对，发现问题和疑点，找到进一步弄清真相的突破口。再如，两个不同鉴定机关对相同送鉴物品进行鉴定的意见进行比对，通过比对，看鉴定方式谁更科学，鉴定过程谁更可靠，鉴定意见谁更符合实际。总之，通过证据的比对来发现错误、疑点、矛盾和隐患，然后逐一予以纠正。

复核审查主要是承办检察官通过自己了解掌握的情况与移送的证据材料进行比较，甄别证据内容真伪。比如，被告人称，在调查阶段共做过 7 份供述，交代犯罪是第 4 次讯问。那么就可查移送的讯问笔录是否符合上述数字等，有无短缺。再如，将录音录像与辨认、指认和讯问笔录进行比对，看是否相吻合。手机短信、微信往来、播发电话与证人、嫌疑人证言口供相比对复核，看是否一致。

4. 检察机关对职务犯罪案件审查的重点

检察机关依法对监察委员会调查终结的公职人员职务犯罪审查，对事实不清的，检察机关可以补充侦查，也可以退回监察委员会再行调查，那么，下面我就结合实际，谈谈检察机关对贪污、贿赂等职务犯罪的审查。

根据此类职务犯罪的特点，着重对以下证据的审查。

(1)对口供的审查与判断。在职务犯罪案件中，言词证据比重高，书证物证相对少，口供的真伪成为据以认定案件事实的关键。对调查产生的口供应保证客观理性，保证证据的合法性。

第一，对职务犯罪调查形成供述的核实与判断，审查案件的核心能力其实就是分析判断的能力。审查阶段，检察官审查判断案件事实和证据，一般是基于调查讯问获取的口供展开的。因审查时限紧，证据收集不到位，检察官识别虚假口供的途径有限。要从调查讯问口供入手，通过审查讯问核实确认犯罪嫌疑人供述的合法性和真实性，特别是犯罪嫌疑人供述的自愿性。

首次有罪口供是审查的重中之重。审查首次有罪口供来源的合法性，包括：首次有罪口供产生的时间背景和原因，了解是否出于自愿；审查有罪口供产生的动机，其思想活动过程（思想防线从抵抗到放弃、崩溃有个过程），了解是否真实；审查首次有罪口供内容是否翔实，关键是有无供述当时并不掌握而讯问后才得以证实的内容，即"先供后证"，以判断内容的真实性。

变供、翻供是审查不可忽视的重点。审查变供、翻供的时间、场合及其缘由，判别变供、翻供的真实动机，比如是想逃避制裁还是真有隐情；审查变供、翻供的内容，看其内容的合理性，与其他证据的关联性，判别真实性。

第二，坚持理性审查。对犯罪嫌疑人一直认罪的口供要保持合理疑虑。基于趋利避害的本能，人们一般会认为如果犯罪嫌疑人作不利于己的供述，通常是真的。承认犯罪以免受刑讯逼供也是一种趋利避害的本能反应。不仅如此，有的犯罪嫌疑人经历了刑讯逼供而作出有罪供述后，由于极度害怕再度被逼供，即使到了检察环节，也不敢轻易推翻在调查机关的有罪供述。对犯罪嫌疑人供述与案件细节描述高度一致的要保持一定戒备。要结合案情，争取了解调查人员讯问犯罪嫌疑人前已掌握了哪些证据和案情细节，了解哪些证据是调查人员讯问犯罪嫌疑人后根据更新内容收集获取的，认真排除调查人员具备指供诱供等非法讯问的条件与可能。对犯罪嫌疑人有罪供述内容过于笼统，并无交代真实的犯罪动机，也无悔罪表示；或有罪供述极其勉强，供述内容过于简单，情绪低落，消沉寡言的，应对供述保持一定警惕。应结合案情与证据做进一步深入的讯问了解，彻底弄清实情真相。犯罪嫌疑人翻供的以及到检察机关作无罪辩解的，要通过讯问发现蛛丝马迹。犯罪嫌疑人作出有罪供述后，即便后来翻供，也往往被看作为脱罪而进行的欺骗。检察官审查案件开展讯问时，要核实事实真相，判断其是真的无辜，还是为自己脱罪，不应轻易下嫌疑人态度不老实的结论。

（2）关于对笔录的审查。笔录是案卷中最常见、最普遍的证据。常见的笔录有讯问笔录、询问笔录等用文字记录与嫌疑人、证人、被害人交谈的内容；记录某项调查工作的笔录，如现场勘查笔录、搜查笔录等；获取证据的笔录，如辨认笔录、指认笔录等。

讯问、询问证人笔录。记录人应当尽可能真实记录问答实情，完整地用文字反映讯（询）问的场景。但是，部分讯（询）问笔录存在笔录残缺、不完整，笔录失真、不可信，笔录同一、不具体等问题。对笔录中存在的上述问题，审查发现后应当纠正排除。专项调查工作笔录力求准确完整。比如，现场勘查笔录对现场提取到的痕迹、证物都应当记录明确,包括提取时的具体位置、形态等,不能遗漏。现场勘查笔录必须与现场照片相符,与检查鉴定的痕迹物品相吻。司法实践中两者不对接的情况并不少见,直接影响案件质量。

搜查、辨认、指认笔录应当与录音录像吻合,搜查笔录应有中立见证人签名确认。对中立见证人,不得由调查方指定调查人员替代。

(3)对鉴定意见类证据的审查。鉴定意见是职务犯罪中的常见证据,主要有价格评估意见、资产评估意见、审计意见、笔迹、指纹等痕鉴定意见、税务稽查报告等。

对这类证据审查要注意以下几点:一是审查鉴定机构是否符合资质。过去,检察机关对贪污、贿赂等职务犯罪自行侦查时,一些检察机关通过内部的审计、文字鉴定部门出具鉴定意见。还有的一些鉴定机构资质不够,或是以营利为目的,缺乏鉴定的客观性。二是鉴定内容的客观性。鉴定应当根据客观实际的情况给出鉴定意见。鉴定意见的客观性还包括送请鉴定的材料是否真实、齐全,若送鉴材料失真、不全,就会直接影响鉴定意见结论的权威性。三是鉴定内容的科学性。估价、评估等应当说明依据,以及估价的计算过程,供第三方复核,经得起推敲。四是在审查鉴定意见类证据时,结论应当与被告人见面,专门听取被告人意见,注意被告人的辩解并认真核查,防止存有不可预料的隐患。

(4)对关键证人证言的审查。审查这类证人证言:一是亲历复核。对这类证人,应当直接见面复核,以听取其证言的内容,要求其诠释存在的疑惑,听取其在调查阶段作证的原始经过,判断证言内容真伪,了解掌握是否适合出庭作证。二是录音录像。对这类证人,在复核时应当首先告知权利义务,澄清利害关系,要求其依法如实作证,以固定证据。三是符合条件的应当书写亲笔证词。四是严格推敲证言内容的真实可信性,比如行贿的细节:有无行贿的条件,是否已获利具有行贿的故意,行贿金额与获利的比较等。再如,举报揭发或供述他人犯罪的原因,与被告人有无利害关系,防止诬告陷害。

(5)注意了解掌握调查取证的完整信息。检察官应当注意通过与监察委员会调查人员沟通,通过听取辩护人意见或通过本人接触案件相关当事人,尽可能地掌握调查阶段的取证情况,对已收集或获取的证据材料没有随案移送的,应了解不移送的原因,尽可能也对这些材料作进一步的了解,以免存有隐患造成被动。

(6)审查的难点与对策。职务犯罪案件审查常会遇到以下三类难案,一是被告人翻供的案件;二是"零口供"被告人拒不认罪的案件;三是关键证据单薄或全案证据残缺不全的案件。

第一,对被告人翻供案件的审查对策。被告人翻供是指被告人在调查(侦查)阶段认罪,曾做过有罪供述,案件移送至检察机关审查后,被告人推翻原有罪供述,全案或部分否认犯罪的案件。

被告人翻供变供一般有以下几种原因:一是供认犯罪后畏惧重罚而反悔。二是供认部分犯罪事实后,从调查人员的态度等方面觉察到调查机关并未掌握其犯罪信息和"软肋",自认为改变原来供述对自己更有利,可获得更轻的处罚。三是犯罪嫌疑人在接受律师咨询后,感到自己案件证据基础薄弱,萌生侥幸一搏的心理,权衡利弊后决定翻供一试。四是犯罪嫌疑人原先的有罪供述内容就有部分虚假,此后几次供述,为力求说圆,不断"更新补充","补丁"一多导致前后矛盾,索性翻供。五是原先有罪供述是迫于威胁或暴力违心供认的,一有机会就申辩推翻。

检察官应当结合案情认真分析,找到翻供的真实原因,然后对症下药,争取"一把钥匙开一把锁"。认真听取并核查被告人翻供的理由。一方面,检察官应详细问清具体细节,查明有无刑讯逼供、威胁逼迫,从翻供理由真实与否来判断翻供的真实性。另一方面,检察机关也要认真核查被告人在调查阶段有罪供述内容与其他证据的印证情况,交代犯罪过程与细节有无"先供后证"的情况,等等,以原口供内容是否真实来判断翻供理由是否存在。

第二,对"零口供"拒不认罪案件的审查对策。拒不认罪通常有五种情况:一是畏罪。自认为罪孽深重无可挽回,不想供述,顽固抵抗。二是委屈。认为调查机关认定其行为性质或事实有误,心存不服,不想申辩。三是隐情。犯罪嫌疑人还有重大犯罪未被发现,生怕把自己想隐瞒的人或事牵扯出来。四是义气。有的嫌疑人到案后不愿供出同伙,顽固对抗,不做交代。五是冤屈。被冤枉受冤屈,但又心存疑虑,不敢申辩或不愿申辩。

对拒不认罪的案件审查应特别谨慎,可以参考以下审查路径:一是全面审查案发经过始末。彻底排除打击迫害,诬告陷害,对案件线索的来源、线索分析、启动初查着手立案等每一个环节的启动都要认真核对。二是对构成犯罪的基本关键证据要复核比对,防止作伪,其中,对有利害关系的证人,被害人的证言陈述更应客观冷静审查,在此基础上作出判断。三是对案件的关键环节(如送钱送物、侵吞公共财物等)证据应完全排除矛盾。

第三,证据单薄或全案证据残缺的案件的审查对策。这类案件重要的是检察官应冷静地对全案证据作出正确的评估。首先要甄别这一证据内容的真实来源的合法性,其次要想方设法"补强加固",对关键证人,建议还是出庭作证,公诉人不可"大包大揽",而应由法庭对该证据作取舍。对全案证据残缺的,虽经过努力也无法弥补修复的案件,要实事求是根据现有的证据对事实作出判断。

二、职务犯罪案件庭前预测与准备

职务犯罪客观证据少,被告人维权意识强,辩护人善辩,庭上揭露、证实犯罪的困难更大。由于职务犯罪案件的上述特点,提起公诉的风险和难度明显大于普通刑事犯罪。特别庭审实质化要求,提起公诉前和开庭前必须做好认真的应对。

(一)庭前预测

开庭前,公诉人首先要冷静地梳理指控的证据,找准辩护人对指控证据的攻击点,做好充分的应对准备。通常辩护人(被告人)对控方证据的质疑如下:

1. 对证据来源的合法性提出异议。针对被告人的有罪供述,辩护人(被告人)会指出是出自刑讯逼供或诱供、指供等非法情况下形成的。随着新修改《刑事诉讼法》实施和以审判为中心的诉讼制度改革的推进,这种质疑会逐渐增多。公诉人必须给予高度重视并作认真准备。

2. 对证据内容真实性提出质疑。通常辩护人或是被告人会抓住公诉人出示或宣读的证据内容中前后不一之处,或是此证与彼证不相一致之处提出质疑,否定证据的真实性,认为不可采信。

3. 对控方选择证据提出异议。辩护人会对控方没有出示或举证的在案其他证据提出要求出示,并否定已出示证据的全面性和真实性,认为公诉人对证据的选择有偏颇,缺乏公正性。

4. 对证据的证明效力提出质疑。对证据内容或证据本身有缺陷、瑕疵的,辩护人会抓住不放,以此质疑证据的效力。对辩护人对口供来源合法性提出质疑,要求排除的,公诉人应在庭前与审判组织进行沟通,运用《刑事诉讼法》有关庭前会议制度的规定,依法解决分歧,防止在庭上对此纠缠。

(二)应对准备

1. 关于辩方对口供来源合法性的质疑与应对性准备

辩方对口供来源合法性质疑,通常围绕调查方采取打骂冻饿、疲劳审讯、精神威胁等非法手段。

公诉方应当做如下准备:一是用嫌疑人亲笔书写供述,证明口供产生的自愿性,以及供述环境的合法性。二是运用嫌疑人交代犯罪并进一步交代认罪供述的真实思想等内容,回应有关供述非法产生的辩解。三是指出"先供后证"的客观实际,证明或驳斥受到指控、诱供等非法手段的辩方观点。四是准备庭上播放的嫌疑人在调查或在检察讯问时作有罪交代的录像,注意突出在调查期间交代的自愿性、主动性;在检察阶段在检方告知权利义务的背景下,交代犯罪的自然性、真实性。五是做好庭审有关讯问提纲。

2. 关于辩方对口供等证据内容真实性质疑,或被告人翻供的常见理由与应对性准备

辩方质疑口供等证据内容真实性大多与被告人翻供、证人变证等相结合,理由通常有如下几点:一是证据内容不符合常理,比如,夜间光线昏暗,根本看不清衣着颜色和具体款式,证人的证言不可信。二是证据孤单,得不到印证。三是证据内容与其他证据相悖,多处矛盾。四是证据不符合相关条件(如鉴定机构不符合资质等)。

公诉方应当做如下考虑和准备:一是应客观预测评估辩方观点的有效性以及争议证据在本案中的地位作用,综合两者正确做出应对,防止更多精力投入枝节问题。二是审视辩方观点的合理性,找出夸大、虚浮、模糊、有悖真相的内容,予以驳斥,击垮辩方的辩解理由,动摇辩方观点。三是实事求是,结合全案证据,从在案证据的关联性、合法性与客观性,论证该证据内容的客观真实性。

3. 证人出庭准备

控方证人出庭,今后将成为职务犯罪案件开庭审理不可或缺的形式。这是由职务犯罪案件特殊性所决定的,职务犯罪案件控辩争议焦点有时在证人证言,取证合法性以及鉴定意见效力上。这些争议,由证人出庭,或鉴定人出庭说明,接受双方及法庭的交叉式询问,更有利于说明情况,公正裁判。准备工作要注意以下问题:一是帮助做好出庭作证的心理准备;二是帮助出庭证人熟悉庭审程序;三是切实为证人解决合理要求与实际困难,解决出庭作证的后顾之忧。

三、职务犯罪案件庭审翻供的应对

对被告人供述不稳定的案件,要做好庭上翻供准备。一是审查环节讯问时对有罪口供的产生,有罪交代的动机详问细记;二是讯问时应当全程录音录像;三是出庭前,通过庭前会议及时掌握被告人心态以及可能翻供的理由;四是排列好相关证据,做好庭审调查的准备。

(一)做好翻供的预测

庭上翻供一般分为两类,一类是首次翻供。对这类翻供,公诉人很可能由于预测不足而准备缺失,形成庭审的被动。另一类是多次翻供或持续性翻供,这类庭上翻供,公诉人一般有准备、有应对。

为防止庭上翻供的突袭,审查案件时的预测性摸底、评估很重要。除此之外,针对不同翻供原因进行教育疏导,对症下药,解开思想症结,稳定被告人情绪也十分重要。

1. 针对畏惧受到重罚而翻供的对象,应结合其对家人、对亲人后悔等"核心"问题进行疏导。讲清量刑从轻、从重的法律规定,翻供可能加重处罚的危害,进一步分析今后服刑表现好可减刑、提前释放等条件,鼓励其走认罪悔罪争取从轻的道路。

2. 针对舆论压力而翻供的对象,应结合其怕回归社会后的冷遇、白眼、受歧视的心理症结,与其分析认罪与翻供的利害关系,并可帮助做一些亲属、邻里的思想工作,化解其"后顾之忧",堵住其翻供害己害人的思想裂口。

3. 针对侥幸逃避法律追究而翻供的对象,这要针对被告人这种投机心理,结合案情,使其明白"事实清楚、证据确凿"的根本状况不可能改变或扭转,同时讲清楚利害关系,彻底打消其企图逃避制裁的幻想。

4. 赌气耍赖式翻供。有个别被告人对调查或审查不满,为了增添指控、判决的难度,故意在庭上翻供、拒供、不配合调查,以此为难司法人员。针对这种被告人,要注意化解其情绪,耐心说明诉讼程序,消除误解,晓以利害。

(二)庭上应对策略

策略之一:充分调动指控资源,切忌"单兵作战"。要求鉴定人员、证人等出庭作证,尽可能利用"第三方"主体说明事实真相。

策略之二:不急于播放被告人有罪供述录像,力求有铺垫、有重点、有针对性。播放录像前应当先讯问,突出播放的效果。例如,"你是否作过有罪供述?你是否多次做过有罪供述?你除了在调查阶段供认了犯罪,你在检察机关是否依然作了有罪供认?针对其翻供理由进行讯问,突出重点和针对性。比如,你不仅交代了犯罪,还交代了作案时的动机,当时供认的想法等思想活动,以证明你交代时的自愿性、主动性,对此,你有什么要说的?"又如揭露式讯问:"公诉人注意到,你最初供认犯罪事实时,供认了收受财物的地点,调查人员事后根据你的供认才查获财物,说明调查人员当时并不掌握你犯罪的具体细节,对此,你怎么说?"然后,有针对性地播放两三段录像,证明讯问的合法性,驳斥翻供理由虚假。

策略之三:公诉人要注意控制情绪,保持客观、冷静、自信的心态。公诉人针对被告人庭上翻供,无论是否有所准备,都应当控制情绪,不慌不乱,沉着应对。对讯问,还应当向法庭有专门的说明。例如,“审判长,被告人今天当庭推翻以往有罪供认,并称以前供述虚假或部分虚假,主要是遭到或唯恐遭到不测,受到威胁。公诉人经讯问,证人出庭和播放相关讯问录像,充分证明翻供理由虚假,翻供内容与其他证据相悖,不符合实际,针对被告人当庭否认犯罪的态度,建议法庭记录在案,在量刑时予以考虑”。

策略之四:确属始料不及、辩方且有新证的,公诉人可依法处置。对当庭翻供情况准备不足,被告人的翻供理由难以排除,辩护人也出示一定新证予以支撑的情况,公诉人应当依据《刑事诉讼法》有关公诉人发现需要补充侦查的相关规定,向审判长建议延期审理。“鉴于被告人当庭翻供,且出示新的证据予以佐证,为进一步查明本案事实真伪,公诉人建议合议庭延期审理,待调查清楚,再行依法审判。”

(三)职务犯罪案件庭审翻供的具体应对办法

职务犯罪案件庭上翻供,通常涉及以下几个问题。

1. 是否利用职务为他人谋利

发问应当围绕以下几点:一是围绕事先有无请托、允诺、拒绝的事实;二是围绕履行职务有无异常;三是围绕请托人(关系人)是否因其职务行为而获得利益,如中标了工程、获得盈利、省了费用、竞争过关等;四是围绕与请托人(关系人)的关系交往,如过去是否相识,有无财利往来,以此来证明送财的真实意图等。

2. 是否符合指控认定的数额

一是申请审计、估价、鉴定、评估人员出庭作证,阐明认定的过程依据;二是出示相关证据,通过比对、说明,证明认定过程和认定数额的合理性。

3. 是否属于犯罪性质

一是依法证明“贿与借”。发问或证明应围绕以下几个环节:有无借款的必要,比如,有无关于缺钱的事实,家中是否缺钱,欠款是否用于该处等;有无正常的形式,比如借条等约定,有无约定归还的时间、形式或利息;有无归还诚意,是否到期归还,是否有钱不还,是否听到查处风声匆忙归还;案发前有无攻守同盟。二是依法证明是否属于“公款”。发问或证明应围绕以下几个环节:是否违背财务记账方式,在经营活动中利用“暗度陈仓”“瞒天过海”“虚假凭证”等违法手段。三是依法证明是否“个人”占有。讯问与示证应围绕以下几个环节:用于下属奖励、补贴等福利有没有说明钱款的真实来源;钱款是否进入小金库或交他人保管、记账;除本人外,还有谁知道有这部分钱在嫌疑人这里。

四、职务犯罪案件法庭调查与质证

以审判为中心诉讼改革后,对职务犯罪的公诉应着力提高几个环节的能力,一是法庭讯问;二是法庭举证;三是法庭质证。

(一)讯问策略

作为指控犯罪一方的公诉人,法庭上讯问的目的是证实和揭露犯罪。因此,公诉人应持证明与揭露犯罪的鲜明立场和威而不怒的严肃态度。

1. 需要注意的问题

(1)法庭讯问切忌走过场。公诉人没有目的性或针对性地泛泛讯问,使旁听人似懂非懂,堕入云里雾里。甚至出现本来被告人认罪,由于这种漫无边际、软弱无力的讯问反而不认罪、翻供的情况,造成讯问失败。

(2)法庭讯问应当做到知己知彼。公诉人事先要做好调查摸底,筹划如何应对的方案,针对当场翻供、抵赖、说谎的被告人,不能软弱无力,也不能操之过急,显得焦躁失措,以致陷入被动。而应善于发现破绽,抓住矛盾,攻其不备,以智取胜。

(3)化解法庭讯问遇到的复杂情况。被告人不配合的案件,更要抓住要领,控制方向,掌握主动权。防止出现越问越糊涂,越问离事实越远,丧失讯问主动权的局面。

(4)法庭讯问还应把握重点。始终围绕和突出案件的焦点问题,防止重复。公诉人要根据庭上变化不断调整讯问方式和内容,不能“以不变应万变”,按准备的证据“照本宣科”。

2. 法庭讯问要领

(1)明知故问。法庭讯问是给法庭在座的旁听人员、法官听的,是公诉人通过讯问,让被告人将结果说出来告知公众。所以,公诉人要学会和掌握庭审讯问这门学问,设计好哪些情况应由被告人来告知大众,让讯问更简洁、明了。

(2)突出重点。无论简单还是复杂的案件,讯问都不应冗长,一定要简练、有力,直击案件最核心事实和焦点内容。对被告人认罪的部分要尽量简洁,重点放在被告人不认罪或有辩解的部分;对被告人不认罪的案件,也要抓住案件的最关键、最核心内容进行讯问。

(3)善抓"软肋"。针对当庭翻供、说谎抵赖或拒不认罪的被告人,要让其有限度地"发挥",也可有意将其引入"歧途绝境",然后抓住其最大矛盾或与其他证据明显有悖的虚假部分,出其不意进行讯问,挑明自相矛盾之处,揭露事实真相。

(4)注重顺序。对多被告人的共同犯罪案件,讯问要注意先后顺序。一般先讯问认罪态度好的被告人。若几名被告人都认罪的,可将了解情况最多,参与犯罪环节最广泛的被告首先作为讯问对象,接下来再逐一讯问其他被告人。有主从犯的案件,也可先问从犯,再讯问主犯,这样更有利于揭露犯罪。有的案件也可以被告人参与犯罪的先后为序进行讯问,有利于更清晰明了地展示犯罪过程。

(5)当庭对质。遇有多名被告人的案件,有的被告人不认罪的,应采取在对多名被告都讯问过后,再将认罪态度好的被告人与不认罪的被告人留在法庭上,先讯问认罪态度较好的被告人,在其回答事实后,再讯问不认罪的被告人,以对质的方式揭露真相。

(6)补充讯问。补充讯问一般有两种情况,最普遍的一种是当辩护人讯问后,被告人出现避重就轻或是混淆视听不符合事实的回答后,为澄清真相,为接下来举证质证奠定基础,公诉人可申请补充发问。还有一种是在举证过程中,需要边举证边向被告人讯问,以进一步证明出示证据所证明的事实真相。

(7)灵活用语。针对不同的案件,不同的文化程度差异、认罪态度等,选择合适恰当的语言讯问,是讯问技巧之一。如对文化程度不高的被告人,要选择通俗易懂的语言;对文化程度较高,社会地位也较高的被告人,讯问时也要顾及其在意脸面的心理,一般不宜用"你是怎样受贿?"等这样较刺激的语言,容易产生对立情绪。所以,应针对被告人的具体情况,设计适当的语言讯问,尽可能做到因案而异,量身定制。

(8)慎用"反对"。法庭禁止控辩双方采用诱导式语言讯问,诱导发问常见有如下几种:①诱导被告人作出某种回答,如"那笔钱存在境外,你怎么占有呢?"②直接说出结论,要求被告人确认。例如,"这说明你根本不想占有这笔钱,对不对"。③故意透露信息,暗示被告人作出有利于自己的选择。如"刚才行贿人说,送你的是银行卡,不是现金,是不是?"当被告人回答不符合辩护人想得到的,辩护人会追问:"你再想一想,是不是这样的? 你有没有记错?"④以本案无关的事实来比喻暗示被告人,如"你曾有过不签字,打个电话让财务报销的情况是吗?"出现上述诱导被告人的情况,公诉人应当及时提请法庭注意辩护人的讯问用语,指出其诱导、暗示以及提出与本案无关事实,无益于法庭弄清事实真相的后果,请求审判长及时干预制止,维护法庭审理的客观性与公正性。

(9)用语禁忌。公诉人要注意用语文明和准确。一般以下几种情况应当引起注意:一是当被告人前后供述不一时,公诉人一般不要问"被告人以哪次供述为准?"被告人肯定回答以庭上供述的为准。这就会给接下来的讯问和法庭调查带来困难。此时,公诉人既可以采取直接指出被告人供述中的矛盾或破绽,来揭露其供述的虚伪,也可以这样表示:"公诉人注意到你前后有两种截然不同的供述,其中必有一假,公诉人接下来将通过举证证实真相,区分真伪。"二是公诉人一般不应使用"你只要回答是或者不是"这样的语言,这既有诱供之嫌,也显得公诉人缺乏方法和风度。公诉人遇到这种情况可以调整提问内容,使问题更直接明了。同时,要求被告人直接回答提问。三是不要用侮辱、讽刺或威胁语言。法庭上公诉人应维护被告人应有的权益,树立良好的国家公诉人形象。也不能训斥或威胁被告人,这反而会丧失公诉人的主动地位,影响指控效果。四是当被告人庭上翻供时,不要直接宣读其以往的有罪供述,因为此时是讯问阶段,尚未进入举证环节。

(二)举证方法

庭审实质化以后,控辩双方对证据的争议会由程序合法到内容真实全面展开,既会涉及非法证据的排除,也会涉及非法证据的不被采信。法庭对证据的依法筛选,是以审判中控辩双方的博弈中进行的。诉讼制度改革,法庭举证应当注重方法,重点关注和把握好以下几点:

1. 出庭作证

鉴定人、专门知识人员和证人出庭作证,是庭审实质化的重要内容。其中,鉴定人员出庭目前较为普遍,证人出庭较少。原因主要在于证人出庭面临控辩审三方的交叉询问,证人将回答与解释各方对证词的疑问,证人还可能与被告人当面对质,揭露事实真相,公诉人在庭上将面临更为严峻的考验,如果公诉人掌握娴熟的技巧和扎实的证据,可利用证人出庭进一步有力地揭露犯罪,从而遏制被告人不认罪、不如实供述的嚣张气焰。

2. 形象举证

充分利用视频音频资料进行举证,使之更形象生动,真实客观达到清晰易懂的效果。比如,将复杂的职务犯罪权力履行过程用图表或线路的方式由视频放出来解释,会更加清晰明了。再如,将合同、财务报表、账册拍照后放大,字迹清晰可见易辨认,也能起到很好的直观效果。

3. 实物辨认

当实物与案件事实密切关联时,出示实物以证实犯罪和出示实物交被告人辨认并作出确认,会起到较好的效果,法庭上出示实物举证要注意几个问题:一是在出示实物交被告人辨认前,应讯问被告人实物的特征,以便出示的实物与其表述吻合。二是在法庭出示实物前,应当在审查起诉时先交被告人辨认,认真听取其意见,以免法庭上出示发生意外。三是出示实物与播放实物录像可以同步进行,放大实物原型,显示其特征,效果更好。

4. 录音录像

一般来说,播放搜查起获赃款赃物、账册等录像,就可以展示取证的合法性以及证据来源和调查活动的正当性。播放被告人利用职务开会、电话关照等为请托人谋利等实施具体犯罪行为的录音录像,有利于进一步揭露实施犯罪的事实真相。播放行贿人供述,证人证言采集过程和内容,证实证据来源的合法性和陈述内容的自愿性。有的证人确实不便出庭作证,用播放证人证言录音录像的方式也不失为一种较好的举证方式。最后,庭上公诉指控职务犯罪时,应注意尽可能客观、公正,客观地分析嫌疑人转变的过程与危害,从法律角度阐明其行为的危害性与当罚性,客观地表明其功过,更有利于教育人、改造人。

(三)质证方式

公诉人在质证时,大致可通过以下方式回应。

1. 论证

论述证据的关联性、真实性和客观性,以进一步阐明证据的作用和足以采信的理由。比如,"上述一组证据,证据内容相互印证,内容吻合,共同证明了被告人收受贿赂的过程。"再如,"结合出示的证人证言,公诉人就证人的品行,证人的能力等证明证言内容的客观真实性。"

2. 释疑

对证据内容有瑕疵或有争议,公诉人应结合举证主动释明疑惑,确保证据能被采信。比如,宣读的证据中有一部分内容与其他证据有异,针对此,公诉人应表明,公诉人也注意到证据内容的矛盾,但强调每个人由于个体不同和观察事物角度不同可能都会影响观察结果,这些内容不一致并不影响该证据要证明的主要内容,相反还反映了收集证据的客观原始状况。

3. 反驳

针对辩护人对证据的片面理解或错误认识所作的阐述和诠释,要据实反驳,以正视听。例如,辩护人提出证人并没有看到被告人随身携带了香烟,只是看到被告人手里拿着塑料袋内装着如条形香烟状的物品。公诉人回应:两名互不相识的证人,共同证实当天先后看到被告人手持塑料袋内装有条状香烟的物品,这反映了两人看到的确属同一事实,在时间与物品上是相互吻合的,足以证明所证内容的真实性、可信性,应当予以采信。

专题二十

网络犯罪的态势与刑事对策调整

喻海松* 最高人民法院

目 次

* 喻海松,最高人民法院研究室刑事处处长、法学博士。

一、互联网的发展与网络犯罪的蔓延

作为20世纪最伟大的发明之一,互联网深刻影响了社会运作模式和生产生活方式。信息、物质、能源成为当今社会的三大基础元素,计算机、互联网组成的网络虚拟社会也已形成。全世界互联网网民超过30亿,全球范围内实现了网络互联、信息互通。"同一个世界、同一个网络。"互联网的发展与全球化相互促进,把世界变成了"地球村"。互联网融入社会生活的方方面面,对政治、经济、文化、社会、军事等领域产生了深刻影响,有力推动了人类社会的发展。自1994年接入国际互联网以来,[①]我国充分利用后发优势,实现了信息技术的飞速发展和网络空间日益扩大。我国互联网的发展极大地促进了科技、经济、政治、社会、文化的发展,促进了社会文明进步和人民生活水平的提高。

早在1935年,学者芒福德在其出版的全球技术史名著《技术与文明》中对人类发出警告,无论技术如何发展,它都是人类文化中的一个元素,它所起作用的好坏取决于社会集团对其利用的好坏,机器本身不提出任何要求,也不保证做什么。[②] 信息技术是一把"双刃剑"。互联网加快了社会发展步伐,但信息技术的安全隐患和威胁也逐渐显现,特别是利用计算机网络实施的各类犯罪迅速蔓延,社会危害严重。[③] 从世界范围来看,1965年,美国斯坦福研究所的计算机专家在调查与计算机有关的事故和犯罪时,发现一位电子工程师通过篡改程序在存款余额上做了手脚,这起案件是世界上第一起受到追诉的计算机犯罪案件。我国破获的第一起计算机犯罪案件于1986年发生在深圳。进入20世纪90年代,我国计算机犯罪以惊人的速度增长,特别是互联网普及后,计算机网络犯罪迅速蔓延。当前,除了非法获取计算机信息系统数据、破坏计算机信息系统等网络犯罪不断凸

---

① 在20世纪80年代中后期,我国科研人员和学者就积极尝试利用互联网。在1992年、1993年国际互联网年会等场合,我国计算机界的专家学者曾多次提出接入国际互联网的要求,并得到国际同行们的理解与支持。1994年4月,在美国华盛顿召开中美科技合作联委会会议期间,我国代表与美国国家科学基金会最终就接入国际互联网达成一致意见。1994年4月20日,北京中关村地区教育与科研示范网接入国际互联网的64K专线开通,实现了与国际互联网的全功能连接,这标志着我国正式接入国际互联网。国务院新闻办公室:《中国互联网状况》,载《人民日报》2010年6月9日,第14版。

② 朱迅垚:《勒索病毒暴露了网络安全的脆弱性》,载《南方周末》2017年5月18日,B18版。

③ 计算机网络犯罪有一个发展演变的过程。计算机犯罪(computer crime)是相当长时期内使用最为广泛的概念,反映出当时此类犯罪主要侵犯单个的计算机,网络化特征尚未显现。随着网络技术的发展,此类犯罪突破时空限制,跨国跨区域实施成为常态,故网络犯罪(cybercrime)的概念在21世纪初被提出并广泛运用。可以预见,人工智能犯罪(AI crime)会成为计算机网络犯罪的新样态。当然,计算机网络犯罪的不同样态,并非相互替代,而是迭代呈现。

显外,盗窃、诈骗等传统犯罪也日益通过计算机网络实施。除了强奸罪等必须以行为人自身或者他人的人身作为犯罪工具的传统犯罪外,其他犯罪基本可以通过互联网实施。即使是前述传统犯罪,也日益涉互联网,甚至与互联网交织在一起,如通过互联网雇凶杀人。①

当今社会,“技术”变“骗术”的事情层出不穷,网络犯罪已成为一个无法回避的科技之痛。据统计,在英、美等国家,网络犯罪已成为第一大犯罪类型。在我国,网络犯罪已占犯罪总数的近 1/3,而且每年还在大量增加。② 网络犯罪不仅严重侵害公民的人身安全和财产安全,还严重影响社会秩序甚至国家安全,依法有效惩治网络犯罪已经成为当前及未来一段时期的重要任务。特别是随着云计算、物联网、大数据、人工智能等新技术的快速发展与广泛应用,网络犯罪的风险被聚集放大,防范和惩治的难度会进一步加大。③

二、网络犯罪的样态与特点

计算机网络犯罪有一个发展演变的过程。计算机犯罪(computer crime)是相当长时期内使用最为广泛的概念,反映出当时此类犯罪主要侵犯单个的计算机,网络化特征尚未显现。随着网络技术的发展,此类犯罪突破时空限制,跨国跨区域实施成为常态,故网络犯罪(cybercrime)的概念在 21 世纪初被提出并广泛运用。

网络犯罪是犯罪在互联网上的新型表现形式,虽然其犯罪本质与传统犯罪相同,但具有迥异于传统犯罪的特点。从不同视角观察网络犯罪,对其特点的概括可能会有不同观点。与传统犯罪相比,网络犯罪的如下特点值得特别关注:

---

① 例如,作为中国“硅谷”的北京海淀,传统犯罪网络化增长明显。从该地法院审理的案件情况来看,较之将网络作为犯罪对象的新型网络犯罪,将网络作为实施犯罪行为的中介、场所的更为常见,尤其是网络诈骗、网络传播淫秽物品、网络盗窃、网络销售违禁品等。此类犯罪是传统犯罪网络化的表现,近十年该地法院审结此类网络犯罪案件共计 230 件(全部网络犯罪案件为 322 件)。游涛、杨茜:《2007 年至 2016 年海淀区人民法院审结网络犯罪案件情况调研报告》,载海淀法院网,http://bjhdfy.chinacourt.org/public/detail.php? id=4705,最后访问日期:2017 年 11 月 23 日。

② 《充分发挥法治对创新的引领规范作用　善用法治方式提高社会治理效能》,载《法治日报》2016 年 10 月 14 日,第 1 版。

③ 2017 年,一款叫作 WannaCry 的病毒在全球范围内快速暴发,被该款病毒攻击的计算机几乎所有文件都被加密锁定,尔后黑客会向用户索要价值 300~600 美元的比特币作为赎金。全球 150 多个国家的网络被攻击。中、英两国受害程度最为严重,英国的 NHS 服务器遭受大规模的网络攻击,至少 40 家医疗机构内网被黑客攻陷。在中国,北京、上海、天津、江苏等多地的出入境、派出所等公安网也疑似遭遇了病毒攻击,众多高校成为“重灾区”。朱迅垚:《勒索病毒暴露了网络安全的脆弱性》,载《南方周末》2017 年 5 月 18 日,B18 版。

一是犯罪行为隐蔽，技术性强。网络犯罪将犯罪行为与信息技术结合，是典型的技术型犯罪。例如，黑客犯罪往往需要运用非法侵入计算机信息系统、非法获取计算机信息系统数据、非法控制计算机信息系统等技术手段。又如，QQ 盗窃、诈骗，则是传统盗窃、诈骗与技术方法的结合，通过盗窃 QQ 号码后欺骗好友汇款、通过盗窃银行账户窃取资金，该行为虽然本质上仍属于诈骗和盗窃的范畴，但其作案技术性特征更加明显。而且，网络犯罪借助互联网实施，彼此不见面、作案易得手，且容易通过加密等措施掩盖犯罪事实、隐蔽身份，使相关案件的侦破难度进一步加大。

二是突破时空限制，跨地域犯罪突出。由于网络的无地域性，通过互联网实施的犯罪可以突破时空限制，全方位全时段实施，极易在短时间内通过网络组织多地不特定人员共同参与犯罪活动，也极易通过网络针对大量不特定人实施犯罪。因此，跨地域针对或者组织、教唆、帮助不特定多数人实施犯罪的现象日益多发。例如，在网上设立一个 QQ 群，很容易在短时间内纠集成百上千的人员共同实施贩卖毒品等犯罪活动；设立诈骗网站，很容易对成千上万人实施诈骗。

三是犯罪成本低廉，非法获利巨大。过去相当长的一段时期，对于网络犯罪、特别是涉众型网络犯罪，往往存在"广撒网，积少成多"的获利模式，即面向不特定多数人犯罪，对每名被害人的犯罪所得数额有限，但累计起来的数额相当可观。这一现象在近年来有了较大变化，随着公民个人信息的泄露，通过非法获取的公民个人信息实施精准网络犯罪的情况日益突出，极大地提高了诈骗得逞的可能性，犯罪获利数额也不断攀升。网络犯罪的非法获利数额，可能大大冲击我们对传统"犯罪所得"的概念。例如，贵州都匀诈骗案是我国近年来单笔诈骗金额最大的一起电信诈骗案，被骗资金达到 1.17 亿元。①

四是犯罪集团化，帮助行为凸显。网络犯罪基本不会是"单打独斗"，通常表现为"协同作案"。从人民法院审理的网络犯罪案件情况来看，平均每件网络犯罪案件涉及 2.73 名被告；超四成网络犯罪案件为 2 人及以上团伙犯罪，3 人及以上共同犯罪的案件占比逐年提高。② 值得进一步关注的是，网络犯罪不仅表现为共同犯罪凸显和共犯人数众多，更为重要的是形成了分工负责、利益共享的利益链条和"流水线"式的作业，行为人从中牟取了巨大利润，也使相关犯罪的"技术

---

① 刘子阳：《创新打法最大限度挽回群众损失——访公安部刑侦局局长杨东》，载《法治日报》2016 年 3 月 22 日，第 3 版。

② 《网络犯罪大数据报告及电信网络诈骗犯罪典型案例新闻发布会》，载最高人民法院官网 2020 年 3 月 21 日，http://www.court.gov.cn/zixun－xiangqing－200651.html。

门槛"日益降低。例如,在司法实践中,很多实施危害计算机信息系统安全犯罪活动的行为人只有初中文化程度,其往往是通过购买用于破坏计算机信息系统功能、数据的程序、工具或者获取技术帮助进而实施危害计算机信息系统安全犯罪的。[①] 某种意义上,当今的网络犯罪已经不是"白领犯罪""高科技犯罪",技术门槛日益降低,其原因大抵主要在此。

五是犯罪群体集中,地域特点明显。从法院的统计数据来看,大部分网络犯罪案件分布于东南沿海,京、沪、津、渝地区法院审结网络犯罪案件合计总量仅占6.81%;福建、浙江、山西等十地利用网络手段实施犯罪的案件占比超过全国平均水平。[②] 电信网络诈骗犯罪更是呈现明显的地域性职业群体特征,地域性职业电信诈骗犯罪重点地区凸显。

六是行为主体年龄集中,低龄化特征突出。从法院的统计数据来看,3/4 的网络犯罪案件被告人年龄在 20~40 周岁,年龄为 28 周岁的被告人最多。[③]

在此,有必要提及当前受到高度关注的人工智能(Artificial Intelligence,AI)犯罪的问题。人工智能这一概念,自 1956 年由计算机学家约翰·麦卡锡(John McCarthy)在达特矛斯会议上首次正式提出以来,在计算机领域内得到了广泛的重视和认可。此次会议上,约翰·麦卡锡将人工智能定义为"就是要让机器的行为看起来就像是人所表现出的智能行为一样",这也是关于"人工智能"较为流行的定义。显而易见,这个定义侧重于强人工智能,即有知觉和有自我意识的机器。但是,当前主流科研集中在弱人工智能(人造机器所表现出来的智能性)上,而且已经取得了可观成果和广泛应用。未来,关于人工智能、特别是强人工智能的发展或许难以预估;但立足当下,强人工智能的发展尚需时日。正因如此,强人工智能犯罪在未来或许会成为计算机网络犯罪的新型样态,但当下与人工智能技术相

---

① 不仅危害计算机信息系统安全犯罪如此,就整个网络犯罪而言,低学历人群数量不断增加,犯罪人文化水平逐渐下降。据统计,2015 年被起诉的网络犯罪嫌疑人中,大部分是无业人员,17%是农民,农民工也占了 4%。在所有网络犯罪嫌疑人中,86%都是高中及以下学历,其中超过一半只有初中文化程度。《网络犯罪嫌疑人激增沿海省份占总数的一半以上过半仅初中文化程度》,载南方网,http://it. southcn. com/9/2016 - 10/18/content_157704586. htm。网络帮助行为的泛滥,使犯罪手段工具化,尤其在新型网络犯罪中,犯罪行为借助工具即可实施,对高超的计算机技术依赖性下降。例如,非法控制计算机信息系统犯罪和扰乱无线电通讯管理秩序犯罪,前者常见手段是利用软件植入他人计算机,控制"傀儡机"之后发动 DDoS 攻击,后者则是利用车载"伪基站"设备发送垃圾信息。游涛、杨茜:《应对网络新型犯罪:做足功课 拿出对策》,载《人民法院报》2017 年 3 月 5 日,第 3 版。

② 《网络犯罪大数据报告及电信网络诈骗犯罪典型案例新闻发布会》,载最高人民法院官网 2020 年 3 月 21 日,http://www. court. gov. cn/zixun - xiangqing - 200651. html。

③ 《网络犯罪大数据报告及电信网络诈骗犯罪典型案例新闻发布会》,载最高人民法院官网 2020 年 3 月 21 日,http://www. court. gov. cn/zixun - xiangqing - 200651. html。

结合的犯罪，也就是弱人工智能犯罪，尚未突破网络犯罪的特征属性，仍然是网络犯罪的当代变异发展而已。

例如，浙江绍兴警方曾宣称破获了全国首例人工智能犯罪大案，但该案实际上仍然是一起利用信息网络手段侵犯公民个人信息的案件，并非与网络犯罪完全不同的强人工智能犯罪案件。该案所涉及的犯罪链条主要由数据获取、数据撞库、数据销售、数据犯罪四个环节组成。具体而言，以黄某为首的团伙先非法获取网站后台用户数据后，分类整理后将数据卖给下线；然后以吴某为代表的制作撞库转件团伙，通过软件验证所盗来的账号密码是否匹配。撞库人员将相关数据与“快啊”打码平台对接，进行批量撞库、匹配，将各类账号与密码匹配成功的账户贩卖给网络诈骗团伙。一般而言，登录网站要求各种各样的验证码，此类输入验证码的环节依靠人工手动，传统的打码犯罪亦通常如此。但在本案中，“快啊”打码平台利用人工智能技术自动识别验证码，识别速度快、准确率高，每秒钟可打码1000条以上，准确率超过98%。[①] 可见，该案所涉及的人工智能技术实际上就是机器智能，即所谓的弱人工智能，实际上还是一种利用现代信息技术实施的犯罪，与传统网络犯罪相比尚未表现出明显的代际差异。

三、传统刑事对策的成效、不足与调整

犯罪是复杂的社会现象，需要运用多种社会手段加以治理，刑事手段是其中的重要方式。应该说，我国的惩治犯罪的刑事对策主要是以传统犯罪为基准设置的，故应对传统犯罪较为有效。经过不懈努力，当前我国社会治安形势持续好转，严重暴力犯罪持续下降，人民群众安全感稳步上升。据统计，近年来，我国杀人、爆炸、抢劫等严重暴力犯罪和非正常上访、群体性事件数量持续下降，人民群众安全感保持在90%以上。2015年我国每10万人中发生杀人案件0.67起，是世界上杀人案件发生率最低的国家之一。[②]

与之形成反差的是网络犯罪的态势。近年来，网络犯罪案件的上升趋势日渐

① 《绍兴警方实行全链条打击　破获全国首例利用AI人工智能犯罪大案》，载法制网，http://www.legaldaily.com.cn/locality/content/2017－09/22/content_7327598.htm。

② 《近几年我国人民群众安全感保持90%以上　全国刑事类警情下降超二成》，载《法治日报》2016年10月14日，第1版。2016年，我国每10万人中发生的杀人案件数进一步下降为0.62起。

显著,[①]电信网络诈骗、侵犯公民个人信息等新类型案件层出不穷。网络犯罪已成为危害社会的一大"毒瘤"。上述局面的形成,究其原因,就在于沿袭传统犯罪的对策应对网络犯罪,没有充分考虑网络犯罪自身的特点,导致刑事对策在一定程度上失灵。某种意义上而言,网络犯罪是"现代"的,而应对网络犯罪的对策却还是"传统"的,所形成的局面可能是"人在天上飞,我在地下追"。

法治是社会治理的最优模式,刑法是社会治理的重要手段。以云计算、物联网、大数据、人工智能等为代表的信息技术正在改变人们的生活,互联网时代带来新的问题和挑战。但是,网络空间不能成为违法犯罪的"温床"。适应信息时代网络犯罪的新形势,实现刑法在治理网络犯罪方面的积极作为,有力惩治和防范网络犯罪,促进互联网的健康发展,是深入推进社会治理创新和社会治理现代化的应有之义。

"正如地形发生变化后,只能修改地图一样",[②]互联网时代刑事对策的谋划必须置身于互联网生活之中,充分考虑网络犯罪的态势与特点。宽严相济刑事政策是党和国家在惩罚犯罪、维护社会稳定的长期实践中形成的基本刑事政策。与传统的刑事犯罪比较,网络犯罪具有主体的智能性、行为的隐蔽性、手段的多样性、犯罪的连续性、传播的广泛性、犯罪成本低、后果难以控制和预测等突出特点。而且,随着信息技术的飞速发展,网络犯罪迅速蔓延,不断推陈出新。应对日新月异的网络犯罪,要求在宽严相济刑事政策之下,根据网络犯罪的自身特点及时调整对策,从而实现与网络犯罪作斗争的对策适当转型。

四、网络犯罪刑事对策调整的主要着力点

(一)适度扩张网络犯罪圈的范围

刑法面临的挑战来自社会变革,源于社会形势的变化。从世界范围来看,世界主要国家的刑法典均制定于20世纪,甚至是在计算机诞生之前。随着信息技术的不断发展,与网络犯罪作斗争必然会面临新情况、新问题,刑法的漏洞必然会不断显现。应对日益增长的网络犯罪,刑法亟须更新,不断完善相关规定,以形成

---

① 北京海淀法院近十年审理的网络犯罪总体态势增长较快。自2015年以来,犯罪数量呈现稳中有升的趋势,2015年审结案件相较2014年增长68.9%。游涛、杨茜:《2007年至2016年海淀区人民法院审结网络犯罪案件情况调研报告》,载海淀法院网,http://bjhdfy. chinacourt. org/public/detail. php? id =4705,最后访问日期:2017年11月23日。

② 皮勇:《从计算机犯罪到网络犯罪:互联网对刑法的冲击》,载《信息网络安全》2007年第2期。

打击网络犯罪的高压态势。

刑法立法的基本走向源于社会政治经济发展状况，网络刑法是随着信息社会的兴起和网络犯罪的增长而产生的。1997年《刑法》制定于我国接入互联网的初始阶段，网络犯罪的猖獗态势尚未显现，当时的刑法不可能对网络犯罪有过多考虑。进入21世纪，针对计算机信息系统本身的网络攻击破坏活动日益增多，危害越发严重。2009年《刑法修正案（七）》全面系统完善了危害计算机信息系统安全犯罪的刑法规定，实现了网络犯罪的第一次集中扩张。随着技术的发展，传统犯罪日益向互联网迁移，以互联网为手段的新型网络犯罪不断凸显，危害日益严重。针对这一情况，2015年《刑法修正案（九）》突出了对网络犯罪的关注，有8个条文直接针对新型网络犯罪，涉及新增犯罪、扩充罪状、降低门槛、增加单位犯罪主体等多种方式。这些规定对于加大信息网络保护力度，促进互联网的健康发展，维护广大人民群众的合法权益，具有重要意义。然而，可以预见，网络犯罪还将在相当长的时期内处于高发、频发态势，且规制的难度将逐渐加大。作为应对，网络刑法的扩张也应是长期、不间断的过程，在今后相当长的时期内，主要的趋势仍然是不断扩充网络犯罪的犯罪圈。

需要强调的是，应对网络犯罪，需要完善相关刑事立法，但更为重要的是准确把握立法精神，更新刑法解释的理念，根据时代发展背景和案件具体情况，合理妥当地解释刑法。但是，同时要严格遵循罪刑法定原则，把握住网络时代刑法解释的边界。兹以两个具体问题加以例证：

1. 盗窃网络虚拟财产行为的定性。网络盗窃，①特别是网络盗窃虚拟财产行为的定性，是刑法理论和实务界长期争论的一个热门问题。近年来，随着计算机信息技术和互联网业的快速发展，网络犯罪呈上升趋势，盗窃虚拟财产作为一种常见的网络犯罪，增长迅速。盗窃QQ号码、游戏装备等现象日益猖獗，甚至形成了产业链条。随着网络盗窃虚拟财产案件的不断增多，我国刑法实务界作出了相

---

① 关于网络盗窃、网络盗窃虚拟财产，刑法学界和实务界尚未形成统一的界定。结合司法实践的具体案件，网络盗窃主要涉及如下几类对象：(1)与计算机信息系统安全相关的数据中最为重要的是用于认证用户身份的身份认证信息（如口令、证书等），此类数据通常是网络安全的第一道防线，也是网络盗窃的最主要对象，特别是非法获取电子银行、证券交易、期货交易等网络金融服务的账号、口令等身份认证信息的活动非常猖獗。(2)网络金融服务以外的身份认证信息。对于网络金融服务以外的其他网络服务，如网络即时通信、网络邮箱等，网络盗窃者非法获取这些身份认证信息的案件也较为多发。(3)游戏装备等网络虚拟财产。由于网络游戏装备在游戏玩家眼中具有较高价值，并存在一定的交易市场，针对此类数据的盗窃也十分突出。经研究认为，无论针对何种对象，只要通过侵入计算机信息系统或者采用其他技术手段，非法获取他人计算机信息系统数据的行为，都可以称为“网络盗窃”。因此，包括盗窃网络虚拟财产在内的行为都可以为“网络盗窃”的概念所涵括。

应判决,而理论界针对这些判决也进行了诸多评议。

(1)盗窃网络虚拟财产的定性争论。概括而言,对于网络盗窃,特别是网络盗窃虚拟财产的行为,理论界和实务界大多认为应以犯罪论处,但在具体罪名的选择上存在不同观点:①盗窃罪说。2008 年,广东省广州市天河区人民法院对于某某盗窃网游虚拟财产案作出判决,以盗窃罪判处于某某有期徒刑 3 年 3 个月,并处罚金人民币 2 万元。[①] 法院认为,被告人于某某以非法占有为目的,利用骗取网易公司后获取的被害人游戏账号密码,非法进入被害人账号,窃取多名被害人的虚拟财产,数额巨大,其行为已构成盗窃罪。一审宣判后,被告人于某某不服判决提出上诉,广州市中级人民法院依法驳回上诉维持原判。[②] ②侵犯通信自由罪说。2006 年 1 月 13 日,广东省深圳市南山区人民法院对全国首例盗卖 QQ 号码案作出宣判,以侵犯通信自由罪分别判处曾某、杨某两名被告人拘役 6 个月,并追缴两名被告人违法所得人民币 61,650 元,上缴国库。[③] 2005 年,南山区人民检察院以盗窃罪向法院提起公诉,但法院认为,QQ 号码未被明文纳入刑法保护的财产之列,不属于刑法意义上的财产保护对象,不构成盗窃罪。本案中,两被告人篡改了多个 QQ 号码密码,使原注册的 QQ 用户无法使用本人的 QQ 号与他人联系,造成侵犯他人通信自由的后果,情节严重,构成侵犯通信自由罪。[④] ③非法获取计算机信息系统数据罪说。2009 年 12 月 15 日,江苏省徐州市鼓楼区人民法院对"温柔"系列木马程序案作出判决,以非法获取计算机信息系统数据罪判处张某

---

① 本案基本案情如下:2005 年年初,于某某在互联网论坛上以签订电子合同购买"大话西游 2"网络游戏人物账号为名,诱骗游戏玩家向其提供真实身份资料、电子邮箱等,并以猜测邮箱密码等方式,进入玩家邮箱获取其大话西游账号资料,其后再冒充玩家将伪造或者变造的身份资料发送至网易公司修改账号安全码。于某某在获得游戏账号安全码后,在互联网上公开售卖游戏账号及虚拟物品牟利。2005 年至 2007 年,于某某利用上述方法,共窃取大话西游游戏账号 33 个,并将其中 15 个账号内的召唤兽、宝石等虚拟财产出售,获利 2 万余元。《网游大盗倒卖虚拟财产牟利 2 万元获刑 3 年》,载《广州日报》2009 年 10 月 29 日,A6 版。

② 《网游大盗倒卖虚拟财产牟利 2 万元获刑 3 年》,载《广州日报》2009 年 10 月 29 日,A6 版。

③ 本案基本案情如下:2004 年 5 月,曾某受聘于腾讯公司,后被安排到该公司安全中心负责系统监控工作。2005 年 3 月至 7 月,曾某伙同杨某,合谋通过窃取他人 QQ 号出售获利。杨某将随机选定的他人的 QQ 号(主要为五六位数的 QQ 号)通过互联网发给曾某,曾某通过私下破解腾讯公司离职员工柳某使用过但尚未注销的账号的密码(该账号拥有查看 QQ 用户原始注册信息,包括证件号码、邮箱等信息的权限)。曾某利用该账号进入腾讯公司的计算机后台系统,根据杨某提供的 QQ 号查询该号码的密码保护资料,即证件号码和邮箱,然后将查询到的资料再发给杨某,由杨某将 QQ 号秘密保护问题答案破解,再将 QQ 号的原始秘密更改后出售给他人,造成该 QQ 号码原始用户无法使用原注册的 QQ 号。2005 年 3 月至 7 月,曾某、杨某两人修改密码并卖出的 QQ 号约 130 个,从中获利人民币 61,650 元。其中,曾某分得人民币 39,100 元,杨某分得人民币 22,550 元。杨洪涛、徐强:《全国首例盗卖 QQ 号码案》,载《中国审判》2006 年第 4 期。

④ 杨洪涛、徐强:《全国首例盗卖 QQ 号码案》,载《中国审判》2006 年第 4 期。

甲、张某乙、龚某某、陈某某有期徒刑 1 年 5 个月至 2 年 6 个月不等。[①] 法院经审理认为，被告人张某甲、张某乙明知是盗号木马程序而通过购买取得使用权后，借助他人技术手段加以传播，窃取网络游戏账号、密码数量巨大，情节严重；被告人龚某某、陈某某知道张某乙通过非法手段获取游戏账号、密码而为其提供技术服务，情节严重，上述被告人的行为均已构成非法获取计算机信息系统数据罪。[②]

（2）境外关于盗窃网络虚拟财产的刑事对策。由于网络的互联性以及由之带来的无国界性，网络犯罪已成为世界各国所面临的共同问题。因此，对于盗窃网络虚拟财产的定性问题，宜通过比较法的视角，考察境外的解决方案，以更好地思考我国当下相关争议，提出解决办法。

20 世纪 90 年代以来，随着计算机网络技术的快速发展，特别是网络空间的虚拟性、开放性和流动性，网络犯罪的跨国性日益突出，加强国际协调和合作、共同打击网络犯罪成为国际社会的共识。在此背景下，欧洲委员会于 1997 年设立委员会起草打击网络犯罪的国际公约，美国、日本、加拿大等欧洲以外的国家也参与其中。经过 4 年谈判，前后历经 27 稿，《网络犯罪公约》最终于 2001 年 11 月 8 日在欧洲委员会第 109 次部长委员会会议上通过，并于 11 月 23 日在布达佩斯开放签署。开放签署当日，包括德国在内的欧洲委员会中的 26 个成员国和美国、日本、加拿大、南非共同签署公约。2004 年 7 月 1 日，在签署和批准成员国达到规定的条件后，《网络犯罪公约》正式生效。作为当前国际社会唯一生效的打击网络犯罪的专门法律文书，《网络犯罪公约》对包括网络盗窃在内的网络犯罪提出了刑事对策。《网络犯罪公约》第二章要求国家层面在实体刑法中针对妨害计算机数据和系统的机密性、完整性与可利用性的犯罪作出规定。其中，第 3 条要求将

---

① 本案基本案情如下：2008 年 3 月至 8 月，被告人张某甲通过互联网从他人处获取了针对“QQ 华夏”网络游戏的盗窃木马程序使用权。为了使该木马程序发挥盗号功能，通过流量商将该木马程序插入到网络上各正常网页，随玩家点击而将木马程序植入玩家计算机系统，在上述玩家登录网络游戏时，木马程序自动运行并后台盗取“QQ 华夏”游戏账号、密码合计 42 万余组，并倒卖非法获利 3 万元。2008 年 4 月至 8 月，被告人张某乙通过互联网从他人处获取了针对“天龙八部”网络游戏的盗号木马程序使用权。为了使该程序发挥作用，张某乙以支付报酬的方式雇用龚某某为其租用了网络服务器，在计算机系统内设置了存放所窃取网络游戏账号、密码的箱子，以及提供其他技术支持。之后，张某乙通过流量商将该木马程序插入到网络上各网页，随玩家点击相应网页而将该木马程序植入玩家计算机系统，在玩家登陆“天龙八部”网络游戏后，木马程序自动运行并后台盗取“天龙八部”游戏账号、密码合计 244 万余组。在此期间，陈某某受雇于张某乙，并按照张某乙联系的买主将所盗账号、密码转卖他人。张某乙因此非法获利 23 万元，龚某某获利 2 万元，陈某某获利 1 万元。参见江苏省徐州市鼓楼区人民法院刑事判决书，（2009）鼓刑初字第 150 号。

② 参见江苏省徐州市鼓楼区人民法院刑事判决书，（2009）鼓刑初字第 150 号。

非法拦截数据行为入罪,即对通过技术手段、未经授权对非公开传输的数据进行拦截的,或者入侵计算机信息系统直接获取数据的行为,每一个缔约国应当采取本国法律下认定犯罪行为的必要立法和其他手段。从该条规定不难看出,《网络犯罪公约》对于非法获取计算机信息系统数据的行为,无论是在传输过程中获取数据,抑或直接侵入计算机信息系统获取数据,都没有要求缔约国定性为盗窃罪,而只是要求规定为相应的计算机犯罪,以维护电子数据传输的私密性。

2009 年 3 月 9 日,德国联邦议会批准《网络犯罪公约》,该公约于 2009 年 7 月 1 日起在德国生效。为了履行作为《网络犯罪公约》缔约国的国内立法义务,德国联邦议会于 2007 年 8 月 7 日通过了《关于打击网络犯罪的第 41 部刑法修正案》,于 8 月 11 日正式施行,德国网络犯罪立法也达到了相当完备的程度。《关于打击网络犯罪的第 41 部刑法修正案》的一个主要内容就是针对非法获取计算机信息系统数据的行为增设了刑法第 202b 条“获取数据”,规定:“通过运用技术手段,无权为自己或者他人从非公开的数据传输或者数据处理装置中获取不属于行为人的数据(同第 202a 条第 2 款的界定),如果其他条款没有规定更重的刑罚的,处二年以下自由刑或者罚金刑。”从这一规定不难看出,对于盗窃网络虚拟财产的行为,德国刑法没有将其作为诸如盗窃等财产犯罪处理,而是单独规定为获取数据,以更为有效地打击此类犯罪。

我国台湾地区 1997 年修正所谓“刑法”时,在第 323 条将“电磁记录”增设为动产,使电磁记录成为窃盗罪的行为客体。根据这一修正案,盗窃网络虚拟财产的行为应当以盗窃罪论处。但是,2003 年修正所谓“刑法”时,又将“电磁记录”从动产的范围内删除,将窃取电磁记录的行为用专门的获取数据等计算机犯罪来处理,在第 359 条增设变更他人电脑或其相关设备之电磁记录罪,规定无故取得、删除或变更他人电脑或其相关设备之电磁记录,致生损害于公众或他人者,处 5 年以下有期徒刑、拘役或科或并科 20 万元以下罚金。这一修改的主要考虑在于,所谓“刑法”上所称的窃盗,须符合破坏他人持有,建立自己持有之要件,而电磁记录具有可复制性,此与电能、热能或其他能量经使用后即消耗殆尽之特性不同;且行为人于建立自己之持有时,未必会同时破坏他人对该电磁记录之持有。因此将电磁记录窃盗纳入窃盗罪章规范,与所谓“刑法”传统之窃盗罪构成要件有所扞格。为因应电磁记录之可复制性,并期使电脑及网络犯罪规范体系更为完整,将我国台湾地区 1997 年修正所谓“刑法”所作的有关电磁记录部分删除,将窃取电磁记录之行为改纳入新增之妨害电脑使用罪章中规范。①

通过考察《网络犯罪公约》、德国和我国台湾地区关于非法获取数据犯罪的规定,可以看出,虚拟财产应受刑法保护,对于盗窃网络虚拟财产的行为应当予以刑事制裁。但是,“虚拟财产应受刑法保护”并不意味着虚拟财产可以成为盗窃罪的犯罪对象,通行的做法是规定单独的计算机犯罪规制此类行为。

(3)我国关于盗窃网络虚拟财产刑事对策的演变。我国现行刑法是1997年3月14日第八届全国人民代表大会第五次会议修订的,而当时互联网的发达程度远不如今天,特别是网络游戏尚未在国内兴起,与之相伴随的网络盗窃虚拟财产现象几乎没有,刑法自然未对此类行为作出明确规定。进入21世纪以来,互联网在我国迅速发展普及,网民人数不断增长,互联网已成为民众生活的重要组成部分。在此背景之下,网络游戏在中国也获得了前所未有的发展,从2000年境外游戏进入中国,到国产游戏开始占据主导地位。互联网的快速发展及网络游戏的兴起,引发了网络盗窃虚拟财产案件逐渐多发,关于此类案件的定性问题也引起了刑法理论界的关注和争议。有观点主张,对于网络盗窃虚拟财产案件的行为,由于刑法盗窃罪的犯罪对象限于公私财物,而虚拟财产不属于公私财物的范畴,对于此类行为不宜以盗窃罪论处;而不少刑法学者主张或通过扩大解释《刑法》第92条第4项规定的“其他财产”的范围,或通过立法、司法解释的方式,将虚拟财产纳入盗窃罪的犯罪对象范畴。尽管存在种种争议,刑事司法实务必须解决业已出现并日趋增多的网络盗窃虚拟财产案件,如前所述,法院分别以盗窃罪、侵犯通信自由罪等罪名作出过相关有罪判决。

在《刑法修正案(七)》研究过程中,公安部网络安全保卫部门针对非法获取他人账号、身份认证信息、窃取计算机信息系统数据犯罪凸显的情况,建议将非法获取计算机信息系统中存储、处理或者传输的数据的行为规定为犯罪。② 虽然用刑法保护网络虚拟财产的呼声越来越高,有的建议刑法应当增加盗窃虚拟财产罪,③但立法机关没有通过立法将此类行为规定以盗窃罪论处,而是基于刑事立法者应有的睿智和审慎,充分借鉴境外成熟立法例,在《刑法》第285条增设了第2款,规定违反国家规定,侵入国家事务、国防建设、尖端科学技术领域以外的计

---

① 陶百川等编纂:《综合最新六法全书》,台北,三民书局2011年版,第4~79页。我国台湾地区所谓“刑法”第359条规定:“(变更他人电脑或其相关设备之电磁记录罪)无故取得、删除或变更他人电脑或其相关设备之电磁记录,致生损害于公众或他人者,处五年以下有期徒刑、拘役或科或并科二十万元以下罚金。”需要注意的是,该罪须告诉乃论。

② 黄太云:《〈刑法修正案(七)〉解读》,载《人民检察》2009年第6期。

③ 黄太云:《知识产权与网络犯罪立法完善需认真研究的几个问题》,载《中国刑事法杂志》2007年第3期。

算机信息系统或者采用其他技术手段，获取该计算机信息系统中存储、处理或者传输的数据，情节严重的，以非法获取计算机信息系统数据罪论处。这一规定对严厉打击网络盗窃虚拟财产，保护计算机信息系统安全，打击计算机网络犯罪发挥了重要作用。为统一司法适用，最高人民法院、最高人民检察院《关于办理危害计算机信息系统安全刑事案件应用法律若干问题的解释》（法释〔2011〕19 号，以下简称《危害计算机信息系统安全犯罪解释》）对非法获取计算机信息系统数据的行为规定了明确的定罪量刑标准。

（4）盗窃网络虚拟财产的定性见解。基于前面的分析，当前关于盗窃网络虚拟财产的刑事对策已经十分清晰，即采用技术手段非法获取包括虚拟财产在内的计算机信息系统数据的行为，应当以非法获取计算机信息系统数据罪论处。实际上，在最高人民法院、最高人民检察院《关于办理盗窃刑事案件适用法律若干问题的解释》（法释〔2013〕8 号）起草过程中，有意见提出，应当在司法解释中明确，对盗窃游戏币等虚拟财产的，以盗窃罪定罪处罚。经研究认为，此意见不妥。对于盗窃虚拟财产的行为，如确需刑法规制，可以按照非法获取计算机信息系统数据等计算机犯罪定罪处罚，①不应按盗窃罪处理。主要考虑如下：

---

① 对于非法获取虚拟财产的案件，究竟适用非法获取计算机信息系统数据罪还是破坏计算机信息系统罪，需要进一步判断行为方式。需要注意的是，破坏计算机信息系统罪在客观上要求行为人要对计算机信息系统功能进行删除、修改、增加、干扰，造成计算机信息系统不能正常运行，或者是对系统中存储、处理或传输的数据和应用程序进行删除、修改、增加的操作。因此，如果行为人并未实施上述行为，仅仅是非法获取计算机信息系统数据，只能适用非法获取计算机信息系统数据罪。例如，2015 年 4 月至 8 月 28 日，被告人杨某利用北京玩蟹科技有限公司所开发并负责运营的苹果客户端手机游戏“大掌门”“忍将”充值系统漏洞，在不实际支付货币的情况下对他人上述两款游戏账号进行反复充值，并将非法获取的部分游戏币在网络上变卖，并以此获利人民币 877，750 元。检察机关认为被告人杨某违反国家规定，对计算机信息系统中存储的数据进行增加，后果特别严重，其行为构成破坏计算机信息系统罪。法院经审理认为，本案中被告人系利用网络游戏的管理漏洞，侵入该游戏，根据本案证人证言证明，涉案游戏的漏洞关键是作案方利用越狱手段和某些特定工具阻止其服务器销毁苹果公司提供的票据，从而形成未实际支付价款而多次重复下订单，获取游戏虚拟财产的情况。可见，这种作案手法只是在系统终端通过某种手段拦截了后台服务器发送的信息，而没有通过对被害单位计算机信息系统功能即后台服务器进行修改、删除或增加的手法，使系统被破坏。此情节已经被被害单位认可。被害单位在向公安机关报送的补充材料中提到，被告人的上述行为并未造成其公司游戏数据恢复、服务器更换等损失。换言之，被告人只是利用了计算机信息系统的漏洞非法获取了系统内的部分数据（游戏币），同时再转移此部分数据获利。基于此，法院认为，被告人杨某违反国家规定，利用他人计算机系统的漏洞侵入被害单位的计算机系统，获取该计算机信息系统中存储、处理、传输的数据，且通过变卖非法获取的部分数据（游戏币），违法所得人民币 877，750 元，情节特别严重，其行为已构成非法获取计算机信息系统数据罪，应予惩处。检察机关指控被告人杨某犯破坏计算机信息系统罪的事实清楚，证据确凿，但指控罪名有误，应予纠正。最终，法院判决被告人杨某犯非法获取计算机信息系统数据罪，判处有期徒刑 4 年，并处罚金人民币 80 万元。《海淀法院召开“海淀区人民法院 2007 年至 2016 年审结网络犯罪案件情况调研报告新闻发布会”》，载 http://www. live. chinacourt. org/chat/chat/2017/03/id/46975. shtml。

第一,虚拟财产的财产属性不明。我国台湾地区“地方法院”的部分法官认为,玩家盗窃虚拟的“天币”或“宝物”的行为,充其量只能被评为“干扰他人游戏之游戏违规行为”罢了,而且“天币”“宝物”在现实社会中并无客观上的价值,就像玩大富翁盖房子游戏,这些房子在现实社会并无客观价值。因此盗窃此类物品并未侵害实际的“财产法益”。① 而在我国大陆,原文化部于 2010 年 6 月就网络游戏下发了《网络游戏管理暂行办法》(已失效)。以网络游戏虚拟货币为例,该规章第 2 条对网络游戏虚拟货币作出界定:网络游戏虚拟货币是指由网络游戏经营单位发行,网络游戏用户使用法定货币按一定比例直接或者间接购买,存在于游戏程序之外,以电磁记录方式存储于服务器内,并以特定数字单位表现的虚拟兑换工具。这个定义实际上道出了虚拟货币的本质,本质上就是虚拟兑换工具,就是电磁记录。根据该规章的规定,网络游戏虚拟货币发行种类、价格、总量等情况按规定报送注册地省级文化行政部门备案后就生效。也就是说,虚拟货币的价格是发行单位自行定下来的,不是市场交易所决定的。因此,该规章明确规定:网络游戏虚拟货币的使用范围仅限于兑换自身提供的网络游戏产品和服务,不得用于支付、购买实物或者兑换其他单位的产品和服务。② 这实际上很好理解,因为虚拟货币的价格是发行商自行确定的,不是根据市场交易形成的,所以是不能用于自由流通交易的,故难以纳入财物的范畴。

有论者进一步指出,虚拟财产实际上不具有稀缺性,不能成为刑法中的“财物”。针对被告人吴某非法获取网络游戏《画皮世界》游戏币案,③该观点认为:“虚拟财产特点是只要程序设置完毕,可以无限产出,游戏币不像真的货币那样存在发行量的限制,网络服务上的虚拟财产的损失与现实财产的损失有明显不同。即使被告人吴某非法获取了《画皮世界》100 亿个游戏币,《画皮世界》依旧可以满足其他所有用户对游戏币的需求,并不代表麒麟公司就损失了 100 亿元财产,也

---

① 于志刚:《论网络游戏中虚拟财产的法律性质及其刑法保护》,载《政法论坛》2003 年第 6 期。

② 此前,原文化部、商务部于 2009 年 6 月联合下发《关于加强网络游戏虚拟货币管理工作的通知》(文市发〔2009〕20 号)亦有类似规定:网络游戏虚拟货币的使用范围仅限于兑换发行企业自身所提供的虚拟服务(不包括发行企业以外的企业的虚拟服务),不得用以支付、购买实物产品或兑换其他企业的任何产品和服务。

③ 2014 年 8 月,被告人吴某发现网络游戏《画皮世界》的充值系统存在漏洞,可利用火狐浏览器及相关插件对该系统数据进行修改,致使充入 0.01 元人民币即可获得 5000 游戏币(游戏内规则为充值 1 元人民币获得 1 游戏币)。2014 年 8 月至 9 月,被告人吴某利用上述漏洞进行反复操作,多次向 8 个《画皮世界》游戏账号充值,并通过他人在互联网上变卖上述账号内的部分游戏币,获利人民币 2.1 万元。游涛、杨茜:《应对网络新型犯罪:做足功课　拿出对策》,载《人民法院报》2017 年 3 月 5 日,第 3 版。

并不代表别的游戏玩家就无法再购买游戏币。实际上,被害单位麒麟公司本身注册资本是9000万元,可能正常经营10年,在《画皮世界》这款游戏中也不可能卖出100亿个游戏币。”因此,不宜将本案中的游戏币认定为财产犯罪中的财物,本案不能以诈骗、盗窃等财产犯罪论处。经综合考虑全案情节,法院以非法获取计算机信息系统数据罪判处被告人吴某有期徒刑1年9个月,并处罚金人民币5000元。一审宣判后,被告人未上诉,公诉机关亦未提起抗诉,判决已生效。①

总之,包括虚拟货币在内的虚拟财产不是财物,而《刑法》第264条明确规定“盗窃公私财物的”才构成盗窃罪,因此盗窃虚拟财产的行为不构成盗窃罪。

第二,虚拟财产的法律属性是计算机信息系统数据。虚拟财产不是财物,本质上是电磁记录,是电子数据,这是虚拟财产的物理属性。但是,这个电磁记录、电子数据在法律上、在刑法上应当有特定的法律属性。举一个例子:企业的商业秘密可能就是一组数据,这组数据的物理属性是数据,但是法律属性却是知识产权,非法获取这组数据可能构成侵犯知识产权罪中的侵犯商业秘密罪。回到虚拟财产的概念上来,这种电磁记录、电子数据在刑法上的法律属性是计算机信息系统数据,故而,盗窃虚拟财产的行为应当适用非法获取计算机信息系统数据罪。

第三,对盗窃网络虚拟财产的行为适用盗窃罪会带来一系列棘手问题。如果承认了非法获取虚拟财产的行为构成盗窃罪,等于承认了虚拟财产的价值,最为困难的一个问题就是价格认证问题。正如有论者所指出的:“游戏用户花了500元人民币买游戏币,玩到一定级别,可以拥有游戏商赠送的虚拟财产——价值5000元的屠龙刀,如果屠龙刀被窃,被盗窃虚拟财产的价值如何计算?是价值500元,还是5000元?对整天沉湎于游戏的玩家来说,头盔、战甲、屠龙刀等虚拟财产价值千金,但对局外人来说可能一文不值。对于虚拟财产能否有一个能够被普遍接受的价值计算方式?”②实际上,虚拟财产没有,也不可能有一个能够被普遍接受的价值计算方式。一个五位数的QQ号到底值多少钱?游戏装备值多少钱?这些问题恐难有统一答案。

第四,不适用盗窃罪同样可以而且能够更好地解决问题。如果换一个思路,不要往盗窃罪方面靠,而往非法获取计算机信息系统数据罪方面靠,则问题好解

---

① 游涛、杨茜:《应对网络新型犯罪:做足功课　拿出对策》,载《人民法院报》2017年3月5日,第3版。

② 黄太云:《知识产权与网络犯罪立法完善需认真研究的几个问题》,载《中国刑事法杂志》2007年第3期。

决得多。盗窃一个五位数的QQ号,卖了之后获利5万元,这个时候要认定为盗窃罪,则必须认定这个QQ号的价值是多少,谁来做这个认定都会有争议,都不合适。如果按照非法获取计算机信息系统数据罪办理,根据前述司法解释的规定,违法所得5000元以上的就可以入罪了,那么适用非法获取计算机信息系统数据罪一点问题也没有。

第五,对盗窃网络游戏虚拟货币的行为适用非法获取计算机信息系统数据罪,符合罪责刑相适应原则。非法获取计算机信息系统数据,情节严重的,处3年以下有期徒刑或者拘役,并处或者单处罚金;情节特别严重的,处3年以上7年以下有期徒刑,并处罚金。可见,适用非法获取计算机信息系统数据罪,并不会放纵盗窃网络游戏虚拟货币的行为,仍然能够对其罚当其罪。

第六,不承认虚拟财产的财产属性符合世界惯例。从境外刑事立法和司法来看,鲜有将盗窃网络虚拟财产的行为以盗窃罪论处的。如前所述,从目前掌握的资料来看,国外关于网络盗窃虚拟财产的定性也处于探索尝试阶段,很少有直接将之按照盗窃罪定罪处罚的。我国台湾地区1997年修正所谓“刑法”时,在第323条将“电磁记录”增设为动产,对窃取电磁记录的行为适用盗窃罪,但是2003年修正所谓“刑法”时,又将“电磁记录”从动产的范围内删除,实际上是否定了1997年的修正,对窃取电磁记录的行为规定适用专门的获取计算机信息系统数据等计算机犯罪来处理。这种否定之否定的探索历程令人深思。

综上所述,对盗窃网络游戏虚拟货币的行为,目前宜适用非法获取计算机信息系统数据罪、破坏计算机信息系统罪等定罪量刑。当然,如果未来相关民事法律明确虚拟财产的财产属性,作为其他部门法的保障法的刑法再行跟上,对于盗窃虚拟财产的行为适用盗窃罪等财产犯罪,自然也就没有问题。[①]

2. 网络游戏外挂程序犯罪的处理。进入21世纪,随着网络游戏在中国的快速发展,制作、销售网络游戏外挂程序的行为也日益增多。而且,随着信息技术的不断发展,涉网络游戏外挂的案件数量不断增长,形式不断翻新。对于制作、销售网络游戏外挂是否应当予以刑事处罚以及适用何种罪名,存有较大争议。[②]

(1)具体案例。2007年起,被告人张某伙同被告人黄某针对《冒险岛》网络游戏研究制作外挂程序。2010年2月起,由黄某负责制作外挂的功能模块,由张某

---

① 2020年5月28日发布的《民法典》对此也采取了回避态度,第127条规定:“法律对数据、网络虚拟财产的保护有规定的,依照其规定。”

② 刘守芬、申柳华:《网络犯罪新问题刑事法规制与适用研究》,载《中国刑事法杂志》2007年第3期。

编写外挂主程序,进行模块整合、功能细化,将外挂程序细分为周卡、月卡,取名“CS 辅助”。经鉴定,涉案的“CS 辅助”通过内存挂钩方式入侵《冒险岛》网络游戏客户端程序,获得对该程序内存地址、数据修改的控制权,调用、复制了《冒险岛》124 项客户端软件功能数据的数据命名、数据结构、运行方式,通过改变数据的数值、参数以加强应用功能。为集中研发外挂以应对《冒险岛》游戏更新和更好地销售,张某与被告人梁某某通谋,由张某提供外挂,梁某某担任销售总代理,负责外挂销售。张某与梁某某之间以“CS 辅助周卡”每张 4 元、“CS 辅助月卡”每张 14 元的价格结算。梁某某再通过网络以周卡每张约 5.5 元、月卡每张 16 元的价格批发出售给分销下线。其中被告人阮某某、刘某是两个主要的分销商。从 2010 年 2 月起,阮某某以营利为目的,明知系外挂程序仍从梁某某处购买《冒险岛》外挂“CS 辅助”周卡和月卡,并在淘宝网上以周卡一口价 10 元、月卡一口价 30 元对外销售。2010 年 6 月起,刘某以营利为目的,明知系外挂程序仍从梁某某处购买《冒险岛》外挂“CS 辅助”周卡和月卡,并在淘宝网上以周卡一口价 10 元,月卡一口价 18 元、25 元或者 30 元不等的价格对外销售。经查明,被告人张某收取被告人梁某某涉案外挂款 1,412,100 元,被告人黄某获取张某通过银行转账的款项 317,346 元;被告人梁某某对外销售涉案外挂,收取货款 1,565,822 元;被告人阮某某购买涉案外挂支付 537,850 元,对外销售收款 478,802 元;被告人刘某购买涉案外挂支付 870,800 元,对外销售收款 364,461 元。

(2)非法生产、销售网络游戏外挂程序的定性争议。从司法实践来看,主要有侵犯著作权罪、非法经营罪、破坏计算机信息系统罪等几种观点:

其一,制作、销售网络游戏外挂程序行为构成侵犯著作权罪。主要理由如下:①制作网络游戏外挂程序本质上是一种侵犯网络游戏软件著作权的行为,从保护法益的角度理解,侵犯著作权罪对该行为的评价比较全面。②从案件认定的事实看,涉案的外挂程序通过内存挂钩方式入侵网络游戏客户端程序,获得对该程序内存地址、数据修改的控制权,调用、复制了 124 项客户端软件功能数据的数据命名、数据结构、运行方式,通过改变数据的数值、参数以加强应用功能,可见研发外挂程序是以复制游戏程序为基础的。虽然复制的是部分数据,但复制的客观事实是存在的。③适用侵犯著作权罪可以避免适用非法经营罪在量刑上可能导致的不平衡状况。按照非法经营罪定罪的外挂类案件极有可能判处比适用侵犯著作权的私自复制类案件更重的刑罚,而后者在复制程度上远远高于外挂,是典型的复制行为。④刑法关于著作权方面的立法相对滞后,在立法未修改之前,从司法的角度对基本符合犯罪构成的,可以突破一下,有利于引导立法和司法的走向。

其二，制作、销售网络游戏外挂程序行为构成非法经营罪。主要理由如下：①认定侵犯著作权罪存在法律障碍。根据《刑法》第 217 条的规定，刑法对侵犯著作权的保护权仅限于复制发行权。外挂程序在编写过程中，虽然使用技术手段突破网络游戏软件的技术保护措施，调用、复制了游戏客户端软件功能数据的命名、数据结构、运行方式，但此处的复制与《刑法》第 217 条中的"复制"在复制内容、复制目的等方面并不相同。前者复制的只是被侵权软件的部分数据，目的是制作外挂程序，最终呈现的外挂程序是一个新的程序；后者则复制了被侵权作品的核心内容，最终呈现的是与被侵权作品本质相同的产物，如盗版图书、音像制品，其内容与被侵权作品是相同的。②对本案如果以复制的部分数据而认定构成《刑法》第 217 条的"复制"，而对丧失鉴定条件的外挂案件，以及仅复制个别数据的外挂案件如何定罪是需要考虑的。另外，各地鉴定意见的表述各不相同，有的只对外挂制作过程中复制数据的过程予以描述，有的直接认定是否构成复制核心程序，鉴定意见的不同表述极有可能导致法院作出不同的认定。如果同为外挂案件但定性不同，法律效果和社会效果如何也是一个问题。③未经著作权人许可，通过破坏网络游戏作品的技术保护措施，擅自修改相关数据，大量制作网络游戏外挂卡，违反了著作权法的规定，外挂程序的内容非法。另外，被告人制作外挂程序后，未经批准，将该外挂程序上传互联网出售牟利，违反有关互联网出版规定。2003 年原新闻出版总署、原信息产业部、原国家工商总局、国家版权局、全国"扫黄""打非"工作小组办公室《关于开展对"私服"、"外挂"专项治理的通知》（新出联〔2003〕19 号）也明确规定，"外挂"违法行为属于非法互联网出版活动。根据最高人民法院《关于审理非法出版物刑事案件具体应用法律若干问题的解释》（法释〔1998〕30 号）的规定，可以非法经营罪定罪处罚。

其三，制作、销售网络游戏外挂程序行为构成破坏计算机信息系统罪。主要理由如下：外挂程序通过技术手段破坏网络游戏的技术保护措施，进入游戏服务器系统，并利用服务器判别数据的缺陷，发送不正常的数据包给服务器，经服务器解析后使用户状态发生与游戏开发商定义的状态不同的变化。上述行为虽未达到控制计算机信息系统的程度，但干扰了网络游戏系统的正常运行，可以根据《刑法》第 286 条的规定，以破坏计算机信息系统罪定罪处罚。

（3）非法生产、销售网络游戏外挂程序的处理。经研究认为，对于制作、销售网络游戏外挂程序的行为，要全面综合判断行为的社会危害性，秉持刑法的谦抑性，慎用刑事制裁手段。对于社会危险性严重、确需追究刑事责任的制作、销售互联网游戏外挂程序行为,也应妥善选择适用罪名。对制作、销售网络游戏外挂程序的行为,应以侵犯著作权罪(或者销售侵权复制品罪),但不宜适用非法经营罪、破坏计算机信息系统罪等其他罪名。主要考虑如下:

第一,对制作、销售网络游戏外挂程序行为应慎用刑事制裁手段。网络游戏外挂程序,又被称为网络游戏辅助程序,是指通过破解网络游戏软件的技术保护措施,利用网络游戏程序的技术漏洞,能够在用户端改变游戏程序操作的一种独立程序。外挂程序利用服务器判别数据的缺陷,自行或者让游戏客户端发送不正常的数据包给服务器,该数据包经服务器解析后可使用户状态发生与游戏开发商定义的状态不同的变化。用户利用外挂程序可以轻易得到其他正常用户无法得到,或者通过长期在线动手运行才能得到的游戏效果。简言之,使用外挂程序,主要是将外挂程序连接到网络游戏程序当中,通过截取并修改游戏发送到服务器的数据而修改客户端内存中的数据,实现客户端各种功能的增强。网络游戏外挂程序的危害,主要是使网络游戏服务器需要处理的数据激增,有时也可能影响网络游戏的运行速度,最为重要的是影响了网络游戏运营商的预期经济收益。需要注意的是,外挂程序本身并不破坏网络游戏运行系统,对于社会主义市场经济秩序和社会秩序的危害程度也有限。因此,对于制作、销售网络游戏外挂程序的行为,要全面综合判断行为的社会危害性,秉持刑法的谦抑性,慎用刑事制裁手段。

第二,对制作、销售网络游戏外挂程序行为必要时适用侵犯著作权罪。

一是制作、销售网络游戏外挂程序的行为符合侵犯著作权罪的构成要件。网络游戏外挂程序是某些人利用自己的电脑技术专门针对一个或多个网络游戏,通过改变网络游戏软件的部分程序,制作而成的作弊程序。制作、销售互联网游戏外挂程序与私自架设网络游戏服务器不同,前者只是复制了互联网游戏程序的源代码中的部分内容,而后者则是复制了互联网游戏程序的源代码中的全部内容。因此,私自架设网络游戏服务器的行为被毫无争议地认定为侵犯著作权罪;而制作、销售互联网游戏外挂程序的行为是否构成侵犯著作权罪的定性之争,主要就在于其对网络游戏程序的复制发行,是否属于侵犯著作权罪中的"复制发行"。侵犯著作权罪的核心特征在于"复制发行",即行为人所制作发行的作品应与权利人的作品具有较高程度的相似性,否则不宜认定为侵犯著作权罪的行为。一个很简单的例子是,行为人发行的作品与权利人的作品仅有5%的相似性,恐怕是不会被认定为侵犯著作权罪中的"复制发行"的。但是,毫无疑问,研发网络游戏外挂程序须以网络游戏原有程序为基础,存在复制网络游戏数据的客观事实。因此,外挂程序对网络游戏程序本身的复制行为,可以作为此种行为被定性为侵犯著作权罪的考虑之一。此外,外挂程序未经著作权人许可,破译和擅自使用了网络游戏的通信协议。通信协议又称通信规程,是指通信双方对数据传送控制的一种约定,即对数据格式、同步方式、传送速度、传送步骤、纠错方式以及控制字符定义等问题作出统一规定,通信双方必须共同遵守。只有经过网络游戏经营者的许可,才可以使用网络游戏的通信协议。网络游戏外挂程序破译并擅自使用网络游戏的通信协议,截取并修改游戏发送到游戏服务器的数据,修改客户端内存中的数据,以达到增强客户端各种功能的目的。外挂程序这种以营利为目的,未经授权,使用网络游戏通信协议的行为,进一步说明了制作、销售网络游戏外挂程序行为的侵犯著作权特性。总之,制作、销售网络游戏外挂程序的行为基本符合侵犯著作权罪所规定的"复制发行"的要求,可以认定为侵犯著作权罪;对于其中单纯的销售行为,可以考虑适用销售侵权复制品罪。

在此有必要提及《刑法修正案(十一)》关于侵犯著作权罪的修改。《刑法修正案(十一)》对《刑法》第 217 条作出修改完善,将"未经著作权人或者与著作权有关的权利人许可,故意避开或者破坏权利人为其作品、录音录像制品等采取的保护著作权或者与著作权有关的权利的技术措施的"行为明确列为侵犯著作权罪的客观行为方式之一。在《刑法修正案(十一)》之后,对于网络游戏外挂程序案件的罪名适用,可以不再纠结于相关程序与权利人程序的相似性程度是否达到"复制发行"所要求的较高相似性,可以转而适用《刑法》第 217 条第 6 项"未经著作权人或者与著作权有关的权利人许可,故意避开或者破坏权利人为其作品、录音录像制品等采取的保护著作权或者与著作权有关的权利的技术措施的"规定。网络游戏外挂程序实际上是作弊程序,无论是对客户端施加影响的外挂,还是通过作用封包数据施加影响的外挂,运行的基本原理均为通过破坏相应技术保护措施实现作弊目的,"突破技术保护措施"是本质属性。基于此,认定网络游戏外挂程序"破坏权利人为其作品……采取的保护著作权或者与著作权有关的权利的技术措施",似属当然结论。在此基础上,相关网络外挂程序属于"侵权复制品",也系自然推论。因此,依据《刑法》第 217 条第 6 项的规定,对网络外挂程序案件的罪名适用宜以侵犯著作权罪为基本罪名;对于其中单纯的销售行为,可以考虑适用销售侵权复制品罪。①

二是制作、销售网络游戏外挂程序的行为,不宜被认定为破坏计算机信息系统罪。外挂程序通过破坏网络游戏的技术保护措施,进入游戏服务器系统,其虽未达到控制计算机信息系统的程度,但干扰了游戏系统的正常运行。在我国刑法中,只将非法控制计算机信息系统的行为规定为犯罪(第285条第2款),对于干扰计算机信息系统功能的,必须造成计算机信息系统不能正常运行,才构成犯罪(第286条第1款)。使用互联网游戏外挂程序,尚不会造成网络游戏系统自身不能正常运行,故不宜认定为破坏计算机信息系统罪。②

三是制作、销售网络游戏外挂程序的行为,不宜被认定为非法经营罪。从司法实践来看,制作、销售互联网游戏外挂程序的行为不少被以非法经营罪追究刑

---

① 在此,需要重申刑法适用的谦抑立场。侵犯著作权罪规定在《刑法》分则第三章"破坏社会主义市场经济秩序罪"之中,对相关案件适用该罪名应当考虑法益侵害是否涉及经济秩序。需要注意的是,网络游戏外挂程序对经济秩序的破坏多系间接破坏。而且,一些网络游戏外挂程序的制售,实际上也是具有一定需求的。网络游戏玩家使用外挂程序实际具有相当普遍性,甚至存在"不外挂,无游戏"的口号。虽然不能说"法不责众",但对此类具有一定普遍性的行为启动刑事追究,应当全面综合判断行为的法益侵害程度,秉持刑法谦抑和慎用。作为这一立场的真正落地,对于此类行为适用侵犯著作权罪应当另行制定较之一般侵犯著作权行为更高的定罪量刑标准。而且,《刑法》第217条第6项的行为较之前五项行为的法益侵害程度明显有异,另行确定定罪量刑标准也在情理之中,更是罪责刑相适应这一刑法基本原则的必然要求。

② 此外,有观点认为,提供侵入计算机信息系统的程序、工具罪的程序、工具不应要求以《刑法》第285条第1款限定的三大领域计算机信息系统(国家事务、国防建设、尖端科学技术领域的计算机信息系统)为对象,而是包括其他领域的计算机信息系统。一般而言,外挂程序也难以对主程序进行非法控制,但除了脱机类外挂程序外,通常都会避开或者突破主程序的安全保护措施,对主程序发送数据或者请求,唯此才能实现"作弊"目的。因此,将此类程序理解为"专门用于侵入计算机信息系统的程序、工具",进而适用提供侵入计算机信息系统的程序、工具罪。而从近年来的司法实践来看,已有此类案件适用提供侵入、非法控制计算机信息系统程序、工具罪。经研究认为,上述观点对"侵入"作了过于泛化的解释,可能导致网络犯罪中"侵入"无所不在,似不妥当。实际上,最高人民法院、最高人民检察院《关于办理危害计算机信息系统安全刑事案件应用法律若干问题的解释》第2条明确规定:"具有下列情形之一的程序、工具,应当认定为刑法第二百八十五条第三款规定的'专门用于侵入、非法控制计算机信息系统的程序、工具':(一)具有避开或者突破计算机信息系统安全保护措施,未经授权或者超越授权获取计算机信息系统数据的功能的;(二)具有避开或者突破计算机信息系统安全保护措施,未经授权或者超越授权对计算机信息系统实施控制的功能的;(三)其他专门设计用于侵入、非法控制计算机信息系统、非法获取计算机信息系统数据的程序、工具。"据此,认定"侵入",不仅是避开或者突破计算机信息系统安全保护措施,还应当要求获得获取数据或者对数据进行增加、删除、修改操作的权限。显而易见,外挂程序不具有上述功能,认定其为"专门用于侵入计算机信息系统的程序、工具"不符合司法解释的规定。

事责任。[①] 持此种观点的主要依据是最高人民法院《关于审理非法出版物刑事案件具体应用法律若干问题的解释》（以下简称《非法出版物犯罪解释》）第 11 条或者第 15 条的规定。该解释第 11 条规定："违反国家规定，出版、印刷、复制、发行本解释第一条至第十条规定以外的其他严重危害社会秩序和扰乱市场秩序的非法出版物，情节严重的，依照《刑法》第二百二十五条第（三）项的规定，以非法经营罪定罪处罚。"第 15 条规定："非法从事出版物的出版、印刷、复制、发行业务，严重扰乱市场秩序，情节特别严重，构成犯罪的，可以依照刑法第二百二十五条第（三）项的规定，以非法经营罪定罪处罚。"经研究认为，上述规定在起草过程中有特定的背景，不宜扩大适用范围。其一，《非法出版物犯罪解释》第 11 条主要是针对内容上有问题的非法出版物的行为，[②]即"不黄不黑"的非法出版行为。[③] 无疑，网络游戏外挂程序属于一种非法出版物，但不同于内容上有问题的出版物。其二，《非法出版物犯罪解释》第 15 条的适用条件是严重扰乱市场秩序，情节特别严重。制作、销售网络游戏外挂程序的行为，主要是影响了网络游戏经营者的利益，尚未严重扰乱市场秩序，不应当适用上述规定。其三，私自架设网络游戏服务器的社会危害性明显大于制作、销售外挂程序的社会危害性，而对前者适用侵犯著作权罪，对后者适用非法经营罪，也会造成罪刑明显失衡，不符合罪责刑相适应原则。因此，对制作、销售网络游戏外挂程序的行为，不能以非法经营罪追究刑事责

① 从司法实践来看，在北京、南京、深圳等地，不少制作、销售网络游戏外挂程序的案件都被以非法经营罪定罪处罚。例如，被告人董某、陈某通过互联网向他人（网名"拉哥"）购买名为"冰点传奇"的外挂程序，并与该程序卖家"拉哥"协商合作利用外挂进行游戏代练。2007 年 3 月以来，董某、陈某以 80 元/周、300 元/月等价格帮助游戏玩家使用"冰点传奇"的外挂程序代练升级。董某、陈某将雇佣来的 12 名员工分成客服组和代练组利用外挂软件"冰点传奇"日夜经营代练。至案发时止，已先后替 1 万多个《热血传奇》游戏玩家的账户代练升级。自 2007 年 3 月至 12 月 7 日，二被告人收取了全国各地游戏玩家汇入的巨额代练资金，其二人仅通过户名为"张五强"的银行账户向"冰点传奇"外挂程序卖家"拉哥"汇去的费用就达 130 多万元。江苏省南京市江宁区人民法院一审、南京市中级人民法院二审裁定认为，"冰点传奇"外挂软件在出版程序上没有经过主管部门的审批，违反了《出版管理条例》的规定，在内容上也破坏了《热血传奇》游戏软件的技术保护措施，不仅违反了《信息网络传播权保护条例》的相关规定，而且侵犯了著作权人的合法权益，被《出版管理条例》《互联网出版管理暂行规定》禁止，属于最高人民法院《非法出版物犯罪解释》第 11 条所规定的严重危害社会秩序和扰乱市场秩序的非法出版物。被告人董某、陈某利用外挂软件从事"代练升级"，客观上是对该非法外挂程序的发行、传播，属于出版非法互联网出版物的行为，应当以非法经营罪定罪处罚。综上所述，以非法经营罪分别判处被告人董某有期徒刑 6 年，罚金人民币 160 万元，被告人陈某有期徒刑 3 年、缓刑 4 年，罚金人民币 140 万元。参见《最高人民法院公报》2012 年第 2 期。

② 孙军工：《〈关于审理非法出版物刑事案件具体应用法律若干问题的解释〉的理解与适用》，载《法律适用》1999 年第 2 期。

③ 黄晓新、李一昕：《磨砺正义之剑——〈最高人民法院关于审理非法出版物刑事案件具体应用法律的若干问题的解释〉出台始末》，载《出版经济》1999 年第 1 期。

任,以避免非法经营罪的适用范围被无限扩大,成为新的“口袋罪”。其四,最高人民法院、最高人民检察院、公安部印发《关于办理侵犯知识产权刑事案件适用法律若干问题的意见》明确规定:“非法出版、复制、发行他人作品,侵犯著作权构成犯罪的,按照侵犯著作权罪定罪处罚,不认定为非法经营罪等其他犯罪。”如前所述,制作、销售外挂程序的行为构成侵犯著作权罪,自然不应当再考虑非法经营罪的适用。

(二)充分发挥网络刑事法的功能

刑法是现代社会治理的重要方式,应对网络犯罪刑法责无旁贷。网络犯罪的严峻态势,要求我们必须准确把握而不能片面理解刑法的谦抑原则。[①] 实际上,刑法的谦抑并不意味着刑法的惰性,应对急剧增长的网络犯罪,须充分发挥刑法的功能和作用。刑法在网络治理中应当处于什么样的地位,并非简单的谦抑性问题,而是惩治网络犯罪应当如何进行政策考量的问题。

通常认为,刑法是其他部门法的保障法,刑法的相关规定(特别是行政犯)应有其他部门法的规定作为前置条件。然而,由于各种原因,我国关于网络的法律体系尚不健全,不少网络犯罪欠缺前置规定。一方面,应当适时完善其他部门法的规定;另一方面,刑法也可以主动作为,在其他部门法管控不力时率先封住底线。[②] 侵犯公民个人信息犯罪的刑法规定就是佐证。近年来,非法获取、出售、提供公民个人信息的违法犯罪日趋普遍,危害日益严重。与此同时,关于公民个人信息保护专门法律未能出台。在此情况下,立法机关于2009年通过《刑法修正案(七)》先行增设了侵犯公民个人信息的专门犯罪,并于2015年通过《刑法修正案(九)》作出较大幅度的修改完善。可以说,刑法先于其他部门法明确了侵犯公民个人信息犯罪的界限,通过刑法积极适用防止侵犯公民个人信息违法犯罪持续蔓延,为系统治理奠定基础。而后,对网络公民个人信息保护作出集中规定的《网络

---

① 正如有论者所指出的,“网络犯罪下刑法的谦抑性需要以刑事政策为前提,谦抑要分界度,分类型,分区域”。石亚淙:《网络时代的刑法面孔——“网络犯罪的刑事立法与刑事司法前沿问题”研讨会观点综述》,载《人民检察》2016年第15期。

② 正如有论者所指出的,“在网络犯罪的规制中,刑法是最后手段。但其他法在没有制定出来、其他措施难以应对时,可以先用刑法封住底线”。石亚淙:《网络时代的刑法面孔——“网络犯罪的刑事立法与刑事司法前沿问题”研讨会观点综述》,载《人民检察》2016年第15期。

安全法》于2016年通过。[①]

惩治网络犯罪，要正确把握宽严相济刑事政策的总体要求，细化宽严相济的具体标准，根据经济社会的发展和治安形势的变化，在法律规定的范围内，适时适度调整从宽和从严的对象、范围和力度，增强政策的可操作性。传统社会，犯罪的危害主要表现为对生命、自由、财产等权益的侵犯，但网络犯罪对法益侵害的情形更为多元。现代社会，“在主观认知层面上，公民对犯罪的恐惧感日益增加，他们也期待着国家应对新型风险以确保安全”。[②] 例如，不少侵犯公民个人信息、扰乱无线电通讯管理秩序案件表现为“骚扰电话”“垃圾短信”的形式，侵犯的实际是生活安宁的权益，这同直接侵犯财产、人身的传统犯罪存在较大差异。刑法功能因时而变，根据现实情况的变化及时调整刑法功能的发挥，已是必然。在具体政策的考量上，既要考量惩罚犯罪的必要，又要兼顾预防犯罪的需要。预防的理念已经深深植根于网络刑法的立法与适用之中，无论是网络刑法防线的前移，还是网络帮助行为的独立入罪，彰显的都是积极预防的刑法观。特别是，在网络社会规则不健全的当下，针对网络社会治理中的突出问题，通过刑法惩治为有关行业、群体确立必要的基本规则，发挥好刑事司法在规范社会行为、引领社会风尚中的重要作用，是刑法功能发挥在网络时代的应有之义。

（三）适度前移网络犯罪的刑事防线

当前，网络犯罪迅速蔓延，危害严重，一个主要原因是网络的无地域性，极易在短时间内通过网络组织多地不特定人员共同参与犯罪活动，也极易通过网络针对大量不特定人实施犯罪。例如，在网上设立一个QQ群，很容易在短时间内纠集成百上千的人员共同实施贩卖毒品等犯罪活动；设立诈骗网站很容易对成千上万人实施诈骗。对于网上发现的犯罪线索，通常都需要查清其在现实社会的犯罪活动后才能够打击，而到查清时，通常犯罪已蔓延到很大规模，这也是网络犯罪案件的行为人、被害人动辄涉及成千上万的原因。应对网络犯罪迅速蔓延的势头，要求从刑事政策的角度适应网络时代的形势变化，对网络犯罪采取“打早打小”的基本策略，在犯罪活动尚未形成规模时即予以打击，而不能放任这类行为泛滥

---

① 当然，刑法的积极作为不意味着刑法的万能，刑法在网络犯罪治理中虽然作用明显，但只能治标，尚难治本。有效应对网络违法犯罪，要靠提升网络社会治理能力，要靠综合施策，实现防范、打击、治理一体化。特别是，运用刑法惩治网络犯罪切不可“一打了之”“一味从重”，要注重分析相应犯罪滋生的原因，既要靠刑法惩治，更要靠行政管理、行业自治等手段。

② ［德］乌尔里希·齐白：《全球风险社会与信息社会中的刑法》，周遵友、江溯等译，中国法制出版社2012年版。

之后再予以规制。

根据网络犯罪"打早打小"的策略要求,应当实现网络犯罪刑法防线的适度前移,有针对性地对尚处于预备阶段的网络犯罪行为入罪处罚,实现从规制刑法向预防刑法的适度转型。这当然可以在司法适用中充分利用犯罪预备、犯罪未遂的刑法规定。例如,最高人民法院、最高人民检察院《关于办理诈骗刑事案件具体应用法律若干问题的解释》(法释〔2011〕7 号,以下简称《诈骗罪解释》)立足已有刑法规定,明确利用发送短信、拨打电话、互联网等电信技术手段对不特定多数人实施诈骗,诈骗数额难以查证的,可以根据具体情况以诈骗罪(未遂)定罪处罚。然而,上述做法也只是应急之策,可操作性较弱。从立法完善的角度,应当统筹考虑,"一揽子"解决有关问题。基于此,《刑法修正案(九)》增设非法利用信息网络罪,针对为实施诈骗,销售违禁品、管制物品等违法犯罪活动而设立网站、通讯群组、发布信息的行为独立入罪。可以说,设立非法利用信息网络罪,目的就是解决网络犯罪中带有预备和未遂性质的行为的处理问题,将刑法规制的环节前移,以适应惩治网络犯罪的现实需要。针对司法实践情况,最高人民法院、最高人民检察院《关于办理非法利用信息网络、帮助信息网络犯罪活动等刑事案件适用法律若干问题的解释》(法释〔2019〕15 号)对非法利用信息网络罪的定罪量刑标准和有关法律适用问题做了进一步明确。

(四)有效惩治网络犯罪黑色产业链

信息时代,网络犯罪一个极为重要的特点就是犯罪活动分工细化,形成利益链条。[①] 当前网络犯罪呈现分工细化的态势,并逐步形成由各个作案环节构成的利益链条,这是网络犯罪泛滥的主要原因之一。以电信网络诈骗为例,其团伙通常分工明确,各司其职,如在支付领域针对支付宝、财富通等支付工具进行网络犯罪,从号码盗窃、聊天诈骗到取款等各环节,分工负责,流水作业,形成地下黑色产业链。以危害计算机信息系统安全犯罪为例,为这类犯罪提供用于破坏计算机信息系统功能、数据的程序,提供互联网接入、服务器托管、网络存储空间、通讯传输通道、费用结算、交易服务、广告服务、技术培训、技术支持等帮助,通过委托其推广软件、投放广告等方式向其提供资金等行为十分突出,行为人从中牟取了巨大利润,也使实施危害计算机信息系统安全犯罪活动的"技术门槛"日益降低。例如,在司法实践中,很多实施危害计算机信息系统安全犯罪活动的行为人只有初

① 顺带提及的是,当今网络犯罪的牟利性动机越发突出,已不同于 21 世纪初网络犯罪行为人普遍有炫耀技术动机的情形。

中文化程度，其往往是通过购买用于破坏计算机信息系统功能、数据的程序、工具，或者获取技术帮助进而实施危害计算机信息系统安全犯罪的。[①] 再如，通过互联网搜索引擎可以发现，黑客培训广告"漫天遍野"。可以说，危害计算机信息系统安全犯罪活动分工细化和进而形成的利益链条，导致危害计算机信息系统安全犯罪活动迅速蔓延。

打击网络犯罪的关键是要斩断利益链，突出对网络犯罪黑色产业链的惩治。立足现行刑法规定，对于利益链条的打击主要靠适用共同犯罪的有关规定。需要注意的是，网络环境下共同犯罪具有区别于传统共犯的特性，固守传统共犯理论难以有效解决问题。因此，亟须对网络共同犯罪帮助行为的规制作出专门规定。对此，大致有两种路径：一种路径是提供侵入、非法控制计算机信息系统程序、工具罪的立法模式，《刑法修正案（七）》增设《刑法》第 285 条第 3 款规定："提供专门用于侵入、非法控制计算机信息系统的程序、工具，或者明知他人实施侵入、非法控制计算机信息系统的违法犯罪行为而为其提供程序、工具，情节严重的，依照前款的规定处罚。"这实际上就是将本来是一个共同犯罪行为中的帮助行为独立入罪，作为单独的犯罪处理。[②] 另一种路径是帮助信息网络犯罪活动罪的立法模式，《刑法修正案（九）》针对无法构成共同犯罪，或者按照共同犯罪处罚较轻的情况，将明知他人利用信息网络实施犯罪，为其犯罪提供互联网接入、服务器托管、网络存储、通讯传输等技术支持，或者提供广告推广、支付结算等帮助，情节严重的行为规定为帮助信息网络犯罪活动罪，并配置专门刑罚规定。无论基于何种模式，目的都是将网络犯罪利益链条中的帮助行为独立入罪，以有效斩断利益链条。[③] 针对司法实践情况，最高人民法院、最高人民检察院《关于办理非法利用信息网络、帮助信息网络犯罪活动等刑事案件适用法律若干问题的解释》（法释〔2019〕15 号）对帮助信息网络罪的定罪量刑标准和有关法律适用问题做了进一步明确。

---

① 不仅危害计算机信息系统安全犯罪如此，就整个网络犯罪而言，低学历人数量不断增加，犯罪人文化水平逐渐下降。据统计，2015 年被起诉的网络犯罪嫌疑人中，大部分是无业人员，17% 是农民，农民工也占了 4%。在所有网络犯罪嫌疑人中，86% 都是高中及以下学历，其中超过一半只有初中文化程度。《网络犯罪嫌疑人激增　沿海省份占总数的一半以上　过半仅初中文化程度》，载南方网，http://it.southcn.com/9/2016-10/18/content_157704586.htm。

② 黄太云：《〈刑法修正案（七）〉解读》，载《人民检察》2009 年第 6 期。

③ 顺带提及的是，对网络帮助行为的单独规制，惩治网络犯罪黑色产业链，并不会误伤"中立帮助行为"。只要准确把握网络犯罪帮助行为的主客观要件，中立帮助行为不会成为刑法的规制范围。相反，如何改变当前司法实践中对不少已成为网络犯罪直接帮凶的帮助行为难以刑事规制的现状，更值得各方关注。

(五)深度融合法律规范与技术规则

应对技术日新月异的网络犯罪,必须注重法律规制的"因时而变""因技而变",及时根据信息技术的发展趋势,实现网络犯罪刑事规制的现代化。司法实践中的多起案件表明,很多犯罪分子也在"学习"并"运用"现代信息技术,实现犯罪手段的不断翻新和成功率的不断提升。显然,传统刑事对策没有跟上网络犯罪的现代步伐。网络犯罪时代,"动动键盘就能骗钱,追捕依然要千里奔波;戳戳屏幕就可能受骗,追回损失却困难重重"。[①] 如何解决好技术领先与法律滞后之间的矛盾,对瞬息万变、持续扩张的网络犯罪加以有效规制,是网络犯罪刑事对策面临的现实挑战。实现"魔高一尺,道高一丈",必须根据技术的发展状况,特别是网络犯罪的技术特征,适时调整刑事法律规范。无论是实体罪刑规范的设置,还是司法管辖、证据规则、诉讼程序等程序规则,都亟须创新制度设计,实现刑事对策的现代化。以证据为例,科学技术的发展,使证明案件事实的材料不断扩展,以计算机和网络为依托的电子数据在证明案件事实的过程中发挥着越来越重要的作用。刑事诉讼法无法对电子数据的运用"视而不见",而只能"顺势而为",及时将电子数据纳入规制范围。

实现网络犯罪刑事对策的现代化,必经路径是深度融合法律规范与技术规则,真正做到技术为法律所用。未来一段时期,网络犯罪刑事规范的技术化是必然趋势。[②] 网络犯罪是现代信息技术发展的产物,以互联网技术为工具,故无论是增设罪名,还是完善现有罪刑规范,都必须考虑技术的要素,确保相应规范满足实践所需。否则,可能出现的局面就是法律与技术"自说自话"。法律专家与技术专家合作,实现技术与法律相结合的刑事一体化,或许是发展的必然趋势。不仅刑事实体规则如此,程序规则亦是如此。仍然以电子数据为例,该类证据是计算机信息技术发展的产物,对其的收集、提取自然应当符合相关技术标准。同时,电子数据的收集、提取是刑事诉讼的取证活动,自然应当遵从刑事诉讼规则的基

---

① 《网络犯罪日益"现代",维护安全岂能"传统"》,载网易新闻,http://news.163.com/16/0920/17/C1E3UFGQ00014SEH.html。

② 在这一过程中,还需要妥当把握法律干预与技术发展之间的关系。一方面,法律要尊重技术,为技术创新和发展提供足够空间,为其"保驾护航";另一方面,法律要防止技术滥用,有效规制和预防因为技术滥用对社会可能带来的风险与危害。对此,正如有论者所指出的:"网络犯罪是典型的法律与技术的对话。法律对技术的干预要尊重技术,法律对互联网行业、互联网行为的规制一定要以技术为基础,特别是网络服务提供商的服务类型为基础,法律不要粗暴地干预技术,妨碍技术发展。另外,技术不要被滥用,技术滥用必然带来现代社会不可控的法律风险。"石亚淙:《网络时代的刑法面孔——"网络犯罪的刑事立法与刑事司法前沿问题"研讨会观点综述》,载《人民检察》2016 年第 15 期。

本要求。申言之,只有“遵守法定程序,遵循相关技术标准”,在具体规则设计上突出法律规则与技术规范的融合,才能规范电子数据的收集、提取与审查判断,确保相关电子数据的真实、完整。

拓展性阅读资料

1. 喻海松编著:《最高人民法院、最高人民检察院侵犯公民个人信息罪司法解释理解与适用》,中国法制出版社2018年版。

2. 喻海松:《网络犯罪二十讲》,法律出版社2018年版。

金融犯罪与检察实务

王　新* 　北京大学

目　次

* 王新，北京大学教授、博士生导师。

(一)集资诈骗罪的立法过程

(二)“非法占有目的”的认定

(三)周某集资诈骗案

一、刑事立法的变迁

(一)1951年4月19日《妨害国家货币治罪暂行条例》(已失效)

(二)1979年《刑法》

计划经济体制下金融犯罪活动尚不严重,涉及金融犯罪的条文寥寥无几,仅有以下相对典型的金融犯罪的罪名:走私(伪造的国家货币)罪、伪造国家货币罪、贩运伪造的国家货币罪、伪造有价证券罪、(违反金融法规的)投机倒把罪及以银行为侵害对象的诈骗罪、抢劫罪、盗窃罪等。

(三)1995年6月30日《关于惩治破坏金融秩序犯罪的决定》

该决定针对我国金融犯罪日趋猖獗、危害严重的情况专门制定,增设许多新的罪名,具体涉及危害货币管理的犯罪(含出售、购买、运输、持有、使用、变造假币罪)、集资诈骗、贷款诈骗、金融票据诈骗、信用证诈骗、信用卡诈骗、保险诈骗以及金融机构工作人员的职务犯罪等许多方面。该决定增设的新罪名之多,是以往“补充规定”所罕见的。

(四)1997年《刑法》

1. 突出了打击金融犯罪的需要

第二编分则第三章的八节中有二节,条文数共计31条,占该章条文数(共92条)的34%,涉及罪名30多个。(混合分类法)

该章第四节“破坏金融管理秩序罪”(客体分类法):货币、银行、票据、信贷、证券(期货)、外汇、保险管理。(多标准的混合体)

该章第五节“金融诈骗罪”:该罪名是类罪名(行为分类法),下设8个罪名,其中设立4个死罪(《刑法修正案(八)》废3个,《刑法修正案(九)》再废1个,至此全无死刑罪名)。

2. 罪名的设置

不仅将1995年决定设立的罪名予以法典化,而且对于金融领域中新出现的、需要追究刑事责任的犯罪行为,经过研究认为比较有把握的,尽量作出规定,从而增设许多全新的罪名。最突出的就是在当时我国《证券法》尚未颁布的大形势下,增设擅自发行有价证券、内幕交易、编造并传播虚假信息、诱骗他人买卖证券、操纵证券交易价格等罪名。

为了保障银行信贷资金和银行信用的安全,新刑法不仅对加害方设置了贷款诈骗罪、信用证诈骗罪、金融票据诈骗罪以及骗取贷款、票据承兑、金融票证罪,而且对被害方设置了相对应的罪名,即违法向关系人发放贷款罪、违法发放贷款罪、非法出具金融票证罪以及对违法票据承兑、付款、保证罪。

对被害方实施的这些属于玩忽职守性质的行为,采取了从严惩处的方针,规定了比其他国家机关工作人员犯玩忽职守罪更为严厉的法定刑。(《刑法》第397条:国家机关工作人员犯玩忽职守罪的法定刑两个档次为3年和7年;后者相应的法定最高刑却分别是5年和15年有期徒刑。)

(五)7+1“补丁”:修订幅度很大

1.《关于惩治骗购外汇、逃汇和非法买卖外汇犯罪的决定》(1998年)。

2.《刑法修正案》(1999年)指出该次刑法修正是“为了惩治破坏社会主义市场经济秩序的犯罪”。[注:该修正案未加(一)]

3.《刑法修正案(五)》及《刑法修正案(六)》的修改:增加和修改了9个罪名。

4.《刑法修正案(七)》(2009年):利用未公开信息交易罪(“老鼠仓”⇒“偷食”金融产品上涨盈利)。

5.《刑法修正案(八)》(2011年):对金融诈骗罪的法定刑(死刑)进行修改:废除3个死罪(票据诈骗罪、金融凭证诈骗罪、信用证诈骗罪)。

6.《刑法修正案(九)》(2015年):再废除“集资诈骗罪”的死刑。

7.《刑法修正案(十一)》(2020年):对证券犯罪、骗取贷款罪、非法集资犯罪、洗钱罪等进行修订。

二、反洗钱罪名体系的检察适用

【案例】国家发改委煤炭司副司长魏某远家中被搜出现金2亿余元,成为中华人民共和国成立以来检察机关一次起获赃款现金数额最大的案件;河北一个科长家中被搜出现金1.2亿元。

虽然洗钱犯罪不是一个多发的犯罪类型,但是其危害性质很严重。洗钱已经被国际社会公认为冷战之后典型的“非传统性安全问题”之一,已经威胁到社会政治、经济、法律、公共秩序等多个方面。因此,反洗钱已经被提升到维护国家经济安全和国际政治稳定的战略高度,是国际合作的重点领域之一,国际社会在法律制度、金融机构和非金融行业的预防措施、国际合作等方面做出了快速反应。美国甚至将其上升到危害国家安全的程度。

国际上有专门致力于国际反洗钱和恐怖融资的一个政府间国际组织“反洗钱金融行动特别工作组”(Financial Action Task Force,FATF)。中国在2007年6月加入。

【顶层设计】全面深化改革领导小组第三十四次会议(2017年4月18日):完善我国“三反”(反洗钱、反恐怖融资、反逃税)监管体制机制。反洗钱是国家治理体系的重要内容。

国务院办公厅发布《关于完善反洗钱、反恐怖融资、反逃税监管体制机制的意见》(2017年8月29日),有27条具体措施。

【三个“重要”】“反洗钱、反恐怖融资和反逃税监管体制机制是建设中国特色社会主义法治体系和现代金融监管体系的重要内容,是推进国家治理体系和治理能力现代化、维护经济社会安全稳定的重要保障,是参与全球治理、扩大金融业双向开放的重要手段。”

(一)洗钱的产生和演变

1. 产生——毒品交易衍生的“怪胎”

20世纪80年代,世界毒品贩运猖獗。每年全球毒品交易的非法收益高达4000亿美元,约占国际贸易量的8%。

贩毒集团面对的尴尬问题:毒品交易所得的纸币重量是毒品本身重量的10倍,这是极其危险的事情。为了逃脱缉毒部门的追踪和“合法地”取得、利用贩毒赃款,通过金融机构将赃款进行周转,转变现金的形态。

2. 发展——有组织犯罪和腐败犯罪的必然选择

洗钱是大规模有组织犯罪的不可缺少的组成部分:再投资、扩大经营范围和从犯罪活动中再次获益。

腐败犯罪:转移和漂白“赃钱”。

3. “9·11”事件后的洗钱演变——恐怖融资

“9·11”事件所花费的费用就超过50万美元。

“基地组织”维持全球恐怖网络的总费用就高达数10亿美元。

“基地组织”取得资金后,一般都存储在包括美国在内的世界各地的银行之中,并且通过洗钱来转移。洗钱已成为国际恐怖组织获得资金的重要渠道。反洗钱是反恐战争的必不可少的组成部分。反恐要取得成功,必须遏制和消除恐怖融资行为。

(二)我国反洗钱罪名体系的形成

1. 从无到有:从毒品犯罪到上游犯罪的“三罪”鼎立

(1)旧刑法:“窝赃、销赃罪”。

(2)《关于禁毒的决定》(1990 年):增设“掩饰、隐瞒毒赃性质、来源罪”。

(3)1997 年《刑法》:第 191 条的洗钱罪⇒洗钱上游犯罪的“三罪”鼎立:毒品犯罪、黑社会性质的组织犯罪、走私犯罪。第 312 条“窝藏、转移、收购、销售赃物罪”。第 349 条“窝藏、转移、隐瞒毒品、毒赃罪”。

2. 第 191 条上游犯罪的修正:“1 + 3”犯罪的糅入

《刑法修正案(三)》(2001 年):恐怖活动犯罪。

《刑法修正案(六)》(2006 年):贪污贿赂犯罪、破坏金融管理秩序犯罪、金融诈骗犯罪。

我国刑事立法关于第 191 条洗钱罪的上游犯罪范围就包括了以下 7 类犯罪类型:毒品犯罪、黑社会性质的组织犯罪、恐怖活动犯罪、走私犯罪、贪污贿赂犯罪、破坏金融管理秩序犯罪、金融诈骗犯罪。

3.《刑法修正案(十一)》(2021 年 3 月 1 日实施)

四个方面修订:自洗钱入罪、行为方式、明知要件、罚金。

4.《刑法修正案(六)》对第 312 条的修改

罪名称谓:“窝藏、转移、收购、销售赃物罪”⇒“掩饰、隐瞒犯罪所得、犯罪所得收益罪”。(双重属性)

犯罪对象:“犯罪所得的赃物”⇒“犯罪所得及其产生的收益”。

行为方式:窝藏、转移、收购、代为销售 + 第五种兜底性的方式(“以其他方法掩饰、隐瞒”)。

刑事处罚:加入“情节严重”的第二档次法定刑(处 3 年以上 7 年以下有期徒刑)。

修改的背景:若以 FATF 所指定的上游犯罪种类为标准,我国《刑法》第 191 条洗钱罪所列举的 7 类上游犯罪类型只达到其一半的水准,这并没有满足我国加入 FATF 的门槛条件。然而,FATF 的评估报告认为这个差距被第 312 条掩饰、隐瞒犯罪所得、犯罪所得利益罪所弥补,因而并没有对此问题提出质疑,否则 FATF

就很难吸收我国成为其成员国。(第312条的双重属性)

5.《刑法修正案(七)》(2009年)对第312条的修改

将单位增设为第312条的犯罪主体:为了回应FATF对该罪问题的批评。

6.第349条“窝藏、转移、隐瞒毒品、毒赃罪”

没有任何修改,即使FATF对该罪提出诸如第312条同样的批评。

7.资助恐怖活动罪

《刑法修正案(三)》(2001年)增设(作为第120条之一)。

《刑法修正案(九)》修改:“资助恐怖活动组织、实施恐怖活动的个人的,或者资助恐怖活动培训的”“为恐怖活动组织、实施恐怖活动或者恐怖活动培训招募、运送人员的”(最高人民法院、最高人民检察院将罪名的称谓改为:帮助恐怖活动罪)。

在2013年之前,我国没有一起案件被判处资助恐怖活动罪(零适用的现状):据此FATF提出我国《刑法》第120条之一没有得到有效贯彻,这警示我国的司法机关需要加强打击资助恐怖活动罪,否则该条文就等于形同虚设。但是,在新疆已经有几起判例。

8.结论

经过我国刑事立法的变迁,我国刑法已形成了区别打击洗钱犯罪的罪名体系,从而为遏制洗钱犯罪提供了较为完备的刑法武器。

对于涉及毒品犯罪、黑社会性质的组织犯罪、恐怖活动犯罪、走私犯罪、贪污贿赂犯罪、破坏金融管理秩序犯罪、金融诈骗犯罪7类严重犯罪的洗钱犯罪活动,适用第191条的狭义洗钱罪规定,予以较严厉的制裁。

对涉及其他犯罪的洗钱犯罪活动,则可视情形分别适用第312条的掩饰、隐瞒犯罪所得、犯罪所得收益罪以及第349条的窝藏、转移、隐瞒毒品、毒赃罪的规定处理。

根据国际社会将反洗钱与反恐怖融资紧密联系在一起的共识,我国反洗钱的罪名体系还包括第120条之一的帮助恐怖活动罪。

(三)《刑法》第191条的洗钱罪

1.第191条洗钱罪的司法适用

(1)根据FATF评估团在2006年11月对中国的评估,截至2006年10月,在10年中,中国3起案件4名被告人被依据第191条判决有罪。

(2)FATF认为,我国反洗钱的罪名没有得到有效贯彻,故将中国洗钱犯罪化事项的评估结果定为“部分达标(PC)”,强烈建议我国要加强司法机关发现和打击洗钱活动的意识,提升打击的实际效果。

(3)立法改进和司法完善:

①2 个刑法修正案的修改。

②2009 年 11 月,最高人民法院颁布《关于审理洗钱等刑事案件具体应用法律若干问题的解释》。

③2015 年 5 月,最高人民法院发布《关于审理掩饰、隐瞒犯罪所得、犯罪所得收益刑事案件适用法律若干问题的解释》(2021 年已修正)。

④司法效果:定罪判决的数量得以实质地增加。[FATF:Mutual Evaluation of China:8th Follow – up Report (2012)]。

⑤近期的具体举措:

2020 年 3 月,最高人民检察院召开反洗钱电视电话会议部署工作;

2021 年 3 月,央行、最高人民检察院联合发布 6 个洗钱罪典型案例;

2021 年 6 月 1 日,最高人民检察院召开党组扩大会,“上半年的工作要在月底前进一步抓好落实”,加大反洗钱犯罪惩治力度。

通过各项措施,2020 年全国检察机关共起诉洗钱犯罪 707 人,较 2019 年上升 368.2%。具体参见张军:《最高人民检察院工作报告》(2021 年)。

2. 犯罪对象:“钱”⇒“上游犯罪”的违法所得及其产生的收益

“上游犯罪”的法定范围:7 个类型(两个刑法修正案对洗钱罪的修改主要集中在上游犯罪的扩大上),若是 7 类之外的犯罪类型,则不能构成第 191 条的洗钱罪。

我国《反洗钱法》第 2 条沿袭了《刑法》第 191 条关于洗钱罪的上游犯罪范围,只是在列举了 7 种上游犯罪类型的名称之后,又加了一个“等”字。

“违法所得”:违法收入(“第一桶黑金”)。“犯罪产生的收益”:犯罪收入用于合法或非法投资、经营等活动所获的各种经济利益(“第二桶黑金”)。

“上游犯罪”的认定:《关于审理洗钱等刑事案件具体应用法律若干问题的解释》第 4 条以上游犯罪事实成立(而非“罪名成立”)为认定前提。

“三个不影响认定”的情形:(1)上游犯罪尚未依法裁判,但查证属实的,不影响《刑法》第 191 条、第 312 条、第 349 条规定的犯罪的审判。(2)上游犯罪事实可以确认,因行为人死亡等原因依法不予追究刑事责任的,不影响《刑法》第 191 条、第 312 条、第 349 条规定的犯罪的认定。(3)上游犯罪事实可以确认,依法以其他罪名定罪处罚的,不影响《刑法》第 191 条、第 312 条、第 349 条规定的犯罪的认定。

3. 客观行为方式:列举五种“清洗”方式

《刑法修正案(十一)》将洗钱罪的行为方式修订为:(1)提供资金账户;(2)将财产转换为现金、金融票据、有价证券;(3)通过转账或者其他支付结算方式转移资金;(4)跨境转移资产;(5)以其他方法掩饰、隐瞒犯罪的违法所得及其收益的性质和来源。

载体:通过金融机构转换、转移的交易。早期和典型的手段到不断翻新的手段:新技术手段使瞬间、远程和匿名的大规模交易成为可能,而且会成功地在传统的金融机构未介入的情形下完成交易。

第五种方式“其他方法”:“概括性”的法律术语,这表明立法者意在覆盖所有可能发生的洗钱行为方式。

洗钱的本质和最终目的:为非法资金和收益披上“合法”的外衣,实现赃钱的安全循环使用。

规定的原则性:该规定很原则,不具有可操作性,导致司法机关无法适用,故实际案件很少。因此,最高人民法院有针对性地在 2009 年 9 月颁布司法解释,细化“其他方法”如下:

(1)通过典当、租赁、买卖、投资等方式,协助转移、转换犯罪所得及其收益;

(2)通过与商场、饭店、娱乐场所等现金密集型场所的经营收入相混合的方式,协助转移、转换犯罪所得及其收益;

(3)通过虚构交易、虚设债权债务、虚假担保、虚报收入等方式,协助将犯罪所得及其收益转换为“合法”财物;

(4)通过买卖彩票、奖券等方式,协助转换犯罪所得及收益;

(5)通过赌博方式,协助将犯罪所得及收益转换为赌博收益;

(6)协助将犯罪所得及收益携带、运输或者邮寄出入境;

(7)通过前述规定以外的方式协助转移、转换犯罪所得及其收益。

4. 自洗钱入罪

《刑法修正案(十一)》最大“亮点”。

5. 主观方面:故意犯

《刑法修正案(十一)》删除“明知”术语。

在自洗钱入罪后,对于洗钱罪的主观认识,应分为“自洗钱”与“他洗钱”两种类型来理解适用:(1)在“自洗钱”的情形下,不存在对“主观认识”的证明问题;(2)在“他洗钱”的情况下,依然需要证明“主观认识”的成立。

6. 竞合适用问题

孙谦副检察长在《〈刑法修正案(十一)〉的理解与适用》(载《人民检察》2021年第8期)一文中表述:"在具体适用时,要特别关注新增'自洗钱'行为构成洗钱罪的规定,上游犯罪分子实施犯罪后,掩饰、隐瞒犯罪所得来源和性质的,应当对上游犯罪和洗钱罪实行数罪并罚,不再被上游犯罪吸收。司法机关在办理上游犯罪案件时,应当同步审查上游犯罪主体以及其他涉案人员是否涉嫌洗钱犯罪。在审查起诉时发现遗漏认定洗钱罪的,应当要求相关部门移送起诉或者自行侦查;对于证据确实、充分的,可以直接以洗钱罪追加、补充起诉。"

三、非法集资刑事案件的检察适用

(一)民间融资态势概述

近20年来,我国民间融资呈现出跳跃式增长的态势。

1994年全国民间融资至少有500亿元,1995年已增至800亿~1000亿元。

进入21世纪后,我国民间融资规模的增长速度更是惊人:在2004年,全国民间融资规模已增至7400亿~8300亿元;2005年,中国人民银行推算民间融资规模为9500亿元;2010年,民间融资规模增至1.7万亿元;截至2011年5月末,中国人民银行进行的专项调查结果表明,全国民间融资总量已达到3.38万亿元,占当时贷款余额比重为6.7%,占企业贷款余额比重为10.2%。

(二)民间融资的原因

1. 以非公有制经济为主的广大资金需求者融资困难。

2. 国内投资渠道有限,无法满足投资者需要。(1)银行存款利率常年处于负利率水平。(2)正规金融市场上投资品种单调,合理投资渠道匮乏。

(三)严格监管:金融"三乱"

20世纪90年代初至21世纪初,民间融资活动得到高速发展,全国范围内出现了被政府称作"乱集资""乱办金融机构""乱办金融业务"的金融"三乱"现象。

非法集资活动的危害性、民间融资规范化的重要性受到了监管部门的高度重视。

近年来,国家在温州设立金融综合改革试验区,对民间资本的投资、融资、借贷进行探索,其目的是要合理、理性地引导民间融资。但是,国家对非法融资的行为采取坚决禁止的原则(见表 21－1)。

表 21－1　我国打击非法集资的若干重要规范文件

发文机关	文件名称	年份
全国人大常委会	《关于惩治破坏金融秩序犯罪的决定》	1995
国务院	《非法金融机构和非法金融业务活动取缔办法》(已失效)	1998
	《整顿乱集资乱批设金融机构和乱办金融业务实施方案》	1998
	《关于依法惩处非法集资有关问题的通知》	2007
	《关于严厉打击非法集资有关问题的通知》	2010
最高人民法院	《关于审理诈骗案件具体应用法律的若干问题的解释》(已失效)	1996
	《关于依法严厉打击集资诈骗和非法吸收公众存款犯罪活动的通知》	2004
	《关于审理非法集资刑事案件具体应用法律若干问题的解释》(2022 年修正)	2010
中国人民银行	《关于取缔非法金融机构和非法金融业务活动中有关问题的通知》	1999
	《关于进一步打击非法集资等活动的通知》	1999
最高人民法院、最高人民检察院、公安部	《关于办理非法集资刑事案件适用法律若干问题的意见》	2014

(四)非法集资犯罪基本态势

非法集资犯罪属于典型的涉众型犯罪,具有极为严重的社会危害性:集资群众损失惨重,频频引发聚众上访等大规模群体性事件和受害群众自杀等恶性事件。

2014 年 4 月 21 日,处置非法集资部际联席会议召开新闻发布会:当前非法集资形势依然严峻,2013 年发案数量、涉案金额、参与集资人数均超过以往常规年份的平均水平,发案区域已涉及全国 31 个省、87% 的市和港、澳、台地区,新发案件多集中在中东部省份,并不断向新的行业、领域蔓延。许多小额贷款公司、私募股权投资等融资性机构超范围经营涉嫌非法集资,网络平台打着“民间借贷”旗号非法集资风险也日见凸显。

2015 年 4 月,处置非法集资部际联席会议办公室主任杨玉柱用“爆发式增长”来形容当前的非法集资形势。2014 年,我国非法集资发案数量、涉案金额、参与集资人数等大幅上升,同比增长 2 倍左右,均达到历史峰值。

2014 年全国公安机关立案非法集资案件 8700 余起、涉案金额逾千亿元。全国案均涉案金额超过千万元,为近年来最高。

近年来,非法集资的犯罪手段和形势发生了很大变化,以投资理财、P2P 网络借贷等名义进行非法集资成为重灾区。据统计,2014 年,P2P 网络借贷平台涉嫌非法集资发案数、涉案金额、参与集资人数分别是 2013 年的 11 倍、16 倍和 39 倍。

在非法集资案件中,私募股权投资基金类、P2P 网贷类、投资理财类案件呈爆发态势。近年来,私募股权投资基金类成为大案要案高发领域和非法集资主要方式。

2018 年 4 月 23 日,2018 年防范和处置非法集资法律政策宣传座谈会在北京召开。非法集资是社会一大痼疾,2018 年非法集资形势仍将持续严峻。非法集资案件继续“双降”,但总体形势依然严峻。据联席会议办公室统计,2017 年全国新发涉嫌非法集资案件 5052 起,涉案金额 1795.5 亿元,同比分别下降 2.8%、28.5%,2018 年 1～3 月,新发非法集资案件 1037 起,涉案金额 269 亿元,同比分别下降 16.5% 和 42.3%,继续保持“双降”态势。但案件总量仍在高位运行。

当前,全国非法集资新发案件几乎遍布所有行业,呈现“遍地开花”的特点,投融资类中介机构、互联网金融平台、房地产、农业等重要行业案件持续高发。大量民间投融资机构、互联网平台等非持牌机构违法违规从事集资融资活动,发案数占总量的 30% 以上。

集资手段花样翻新,认定难度加大。一些不法分子层层包装设计所谓的项目和产品,以当下“热门名词”“热点概念”炒作,诱惑社会公众投入资金。

案件集中爆发,案件数量持续攀升。2015～2017 年全国法院接收非法集资犯罪案件同比分别上升 108.23%、36.7%、6.13%;2015～2017 年审结非法集资犯罪案件同比分别上升 70.1%、76.2%、22.2%。非法集资犯罪案件自 2015 年以来呈“井喷式”增长,增幅有所放缓,但案件数量仍保持高位运行。大案要案高发频发,案件处置难度大。目前是非法集资案件高发期。“e 租宝”“泛亚”等跨省区的大案、要案不断出现,涉案数额不断攀升。犯罪蔓延速度加快,从实体产品转向金融产品。

重刑率和监禁刑率较高。2015～2017 年,非法吸收公众存款犯罪案件的重刑率(判处 5 年有期徒刑以上刑罚的比率)分别为 23.17%、19.42%、18.4%,集资诈骗犯罪案件的重刑率分别为75.03%、77.77%、77.22%；非法吸收公众存款案件的监禁刑率分别为71.20%、72.91%、78.36%，集资诈骗案件的监禁刑率分别为93.44%、94.82%、93.66%。2015～2017年，集资诈骗犯罪案件的重刑率连续三年均超过70%，监禁刑率连续三年均超过90%，均远高于同期全部金融犯罪案件的重刑率和监禁刑率。

（五）非法集资：范围、特征

非法集资是指采取公开宣传的途径，以在一定期限内还本付息或给付回报为诱饵，向社会公众违法吸收资金的行为。

"非法集资"不是个罪罪名，而是罪名体系：

（1）集资诈骗罪（加重罪名）；

（2）非法吸收公众存款罪（基础罪名）；

（3）擅自发行股票、公司、企业债券罪；

（4）欺诈发行股票、债券罪；

（5）擅自设立金融机构罪（准备行为）；

（6）组织、领导传销活动罪；

（7）非法经营罪（未经依法核准，擅自发行基金份额募集基金）。

《关于审理非法集资刑事案件具体应用法律若干问题的解释》第1条规定：违反国家金融管理法律规定，向社会公众（包括单位和个人）吸收资金的行为，同时具备下列四个条件的，除刑法另有规定的以外，应当认定为《刑法》第176条规定的"非法吸收公众存款或者变相吸收公众存款"上述解释以"非法吸收公众存款罪"作为非法集资活动的基础罪名，其余罪名则为非法集资活动的特殊罪名。集资诈骗罪是非法集资犯罪的加重罪名。

非法吸收公众存款罪和集资诈骗罪在客观行为要素方面并无本质差异，二者的根本区别在于主观方面是否具有非法占有的目的。

（六）非法吸收公众存款罪："四性"特征

根据最高人民法院《关于审理非法集资刑事案件具体应用法律若干问题的解释》第1条的规定，非法吸收公众存款具有以下四个特征：

（1）未经有关部门依法许可或者借用合法经营的形式吸收资金。（非法性）

（2）通过网络、媒体、推介会、传单、手机短信等途径向社会公开宣传。（公开性）

（3）承诺在一定期限内以货币、实物、股权等方式还本付息或者给付回报。（利诱性）

（4）向社会公众即社会不特定对象吸收资金。（除却规定）未向社会公开宣传，在亲友或者单位内部针对特定对象吸收资金的，不属于非法吸收或者变相吸收公众存款。（社会性）

1. 非法性

1996 年最高人民法院《关于审理诈骗案件具体应用法律若干问题的解释》（已失效）规定："非法集资是指法人、其他组织或者个人，未经有权机关批准，向社会公众募集资金的行为。"

将非法集资的定义落在"未经有权机关批准"，存在诸多局限性和不确定性：（1）合法借贷、私募基金等在内的合法融资活动，无须有关部门批准；（2）获经批准并不一概合法，违法批准、骗取批准的集资行为仍属于非法集资；（3）对于法律已有明确禁止的行为，没有必要考虑是否批准的问题；（4）对于以生产经营、商品销售等形式进行非法集资的行为，是否批准不具有直接判断意义。

第一，未经有关部门依法批准。它包括四种情况：（1）未经有关部门批准；（2）骗取批准，欺诈发行；（3）具有主体资格，但具体业务未经批准；（4）具有主体资格，但经营行为违法。"未经批准"只是违法性判断的一个方面，违法性包括未经批准，但不限于未经批准。

第二，利用合法经营形式。

问题：对于故意规避法律规定批准事项的行为，在以往的司法实践中仍以"是否取得批准"来判断属于正常的民商事行为还是非法集资。

解决：关键不在于是否批准，而在于是否以生产经营和商品销售为名，行非法集资之实。

2. 公开性

第一，公开宣传是公开性的实质，而具体宣传途径可以多种多样。

2010 年最高人民法院《关于审理非法集资刑事案件具体应用法律若干问题的解释》（本专题以下简称 2010 年《非法集资司法解释》）采用"列举式"：通过媒体、推介会、传单、手机短信等途径宣传。

2014 年最高人民法院、最高人民检察院、公安部《关于办理非法集资刑事案件适用法律若干问题的意见》（本专题以下简称 2014 年《非法集资意见》）扩大为"各种途径"：现代社会传媒非常发达，实践中常见的还有标语、横幅、宣传册、宣传画、讲座、论坛、研讨会等宣传途径。互联网不再是法律规制的空白地带。（司

法机关已注意到,互联网已成为非法集资案爆发新的集中领域,2014 年《非法集资意见》出台的针对性很强)

2014 年《非法集资意见》之前,P2P(个人对个人的借贷,person to person,“金融脱媒”)、众筹等互联网金融创新涉嫌非法集资已引起金融监管部门的注意。

2013 年 11 月 25 日,处置非法集资部际联席会议在银监会组织召开“宣传座谈会”。人民银行表示,有一些不法分子利用 P2P 网络借贷平台经营行为缺乏有效监管的有利条件,以开展 P2P 网络借贷业务为名实施非法集资行为,造成大量投资者的财产损失。

2014 年 3 月下旬,人民银行提出互联网金融监管五大原则,其中明确 P2P 和众筹融资要坚持平台功能,不得变相搞资金池,不得以互联网金融名义进行非法吸收存款、非法集资、非法从事证券业务等非法金融活动。(“四不红线”:不能直接经手资金,不能提供担保,不得建立资金池,不能进行非法集资)

根据 2014 年《非法集资意见》第 2 条,所谓“向社会公开宣传”,包括以各种途径向社会公众传播吸收资金的信息,以及明知吸收资金的信息向社会公众扩散而予以放任等情形。非法吸收资金,通常是承诺在一定期限内以货币、实物、股权等方式还本付息或者给付回报,这些相关信息非常容易在社会公众中大范围地快速扩散。如果行为人明知吸收资金的信息向社会公众扩散,并未设法加以阻止,而是放任传播。这在实际效果上与主动向社会公众传播吸收资金信息并无差异。

第二,公开宣传:不限于虚假宣传。

尽管非法集资往往都有欺骗性,但欺骗性不属于非法集资的必备要件。

3. 利诱性

非法集资是有偿集资,不包括公益性集资。

非法集资具有承诺性:不是现时给付回报,而是承诺将来给付回报。回报的方式,既包括固定回报,也包括非固定回报;给付回报的形式,除货币之外,还有实物、消费、股权等形式;具体给付回报的名义,除了较为常见的利息、分红之外,还有工资、奖金、销售提成等。

2010 年《非法集资司法解释》未强调“高额”回报。

4. 社会性

社会性是非法集资的本质特征,禁止非法集资的重要目的在于保护公众投资者的利益。社会性特征包含两个层面的内容:不特定性和广泛性。(质与量的统一)社会公众包括单位和个人,不宜作为一个日常生活用语来理解。

关于“公众”的量化:

(1)2010 年《非法集资司法解释》第 3 条规定了非法吸收或者变相吸收公众存款之入罪门槛,“个人非法吸收或者变相吸收公众存款对象 30 人以上的,单位非法吸收或者变相吸收公众存款对象 150 人以上的”。

(2)在 2001 年《全国法院审理金融犯罪案件工作座谈会纪要》(以下简称《2001 年金融犯罪纪要》)中采用的计算依据是“户”,概念不够明确,也很难统计,2010 年《非法集资司法解释》修改为“人”。

(3)“人”不同于“人次”,对于一人多次的情形不得重复计算(算一人)。

(4)实践中大量存在人传人等多层次的情形:一般应当将不同层次的人累加计算。

2014 年《非法集资意见》第 3 条规定,下列情形不属于 2010 年《非法集资司法解释》第 1 条第 2 款规定的“针对特定对象吸收资金”的行为,应当认定为向社会公众吸收资金(间接公众)(针对“除却规定”):(1)在向亲友或者单位内部人员吸收资金的过程中,明知亲友或者单位内部人员向不特定对象吸收资金而予以放任的;(亲友的上家人员,间接债主:吴英案)(2)以吸收资金为目的,将社会人员吸收为单位内部人员,并向其吸收资金的。(集资手段更加隐蔽,纳入“间接公众”的概念)

(七)非法集资的认定:行政程序前置的问题

2014 年《非法集资意见》第 1 条否定行政程序前置。

该条规定:行政部门对于非法集资的性质认定,不是非法集资刑事案件进入刑事诉讼程序的必经程序。行政部门未对非法集资作出性质认定的,不影响非法集资刑事案件的侦查、起诉和审判。公安机关、人民检察院、人民法院应当依法认定案件事实的性质,对于案情复杂、性质认定疑难的案件,可参考有关部门的认定意见,根据案件事实和法律规定作出性质认定。

最高人民法院《关于非法集资刑事案件性质认定问题的通知》(2011 年):

(1)行政部门对于非法集资的性质认定,不是非法集资案件进入刑事程序的必经程序。行政部门未对非法集资作出性质认定的,不影响非法集资刑事案件的审判。

(2)人民法院应当依照刑法和司法解释等有关规定认定案件事实的性质,并认定相关行为是否构成犯罪。

(3)对于案情复杂、性质认定疑难的案件,人民法院可以在有关部门关于是否符合行业技术标准的行政认定意见的基础上,根据案件事实和法律规定作出性质认定。

（八）杨某国等非法吸收公众存款案（最高人民检察院指导案例第64号）

非法吸收公众存款罪在司法适用中呈现“井喷式”的局面，特别是依托金融科技发展和新型金融产品衍生出的日趋复杂化的集资犯罪手段，给司法人员带来前所未有的认定难题。例如，网络非法集资是否改变了其本质特征？相关的司法解释是否还能适用于网络非法集资犯罪的认定？对于“非法性”的认定，在新型网络犯罪类型下应如何进行？对于这些突出的问题，急需统一认识标准。为了有针对性地解决非法吸收公众存款罪在互联网金融发展背景下的办案疑难问题，最高人民检察院在第17批指导性案例中选录了“杨某国等非法吸收公众存款案”，尤其是在规范层面和证据指控方面解析了该罪在P2P网络借贷背景下的适用要点。具体表现如下：

1. 形式认定：裁判要旨对非法集资“四性”特征的适用

在规范意义上，2010年《非法集资司法解释》第1条在形式要件层面确立了非法吸收公众存款罪成立的四个特性，即非法性、公开性、利诱性和社会性。但是，上述“四性”特征是规定于互联网金融犯罪在我国兴起之前，其能否适用于后发的利用P2P网贷进行的非法吸收公众存款罪呢？通过裁判要旨的形式，判例可以引导法官和民众去适用，在某种程度上发挥着司法解释的功能。杨某国案例明确以下要旨：“单位或个人假借开展网络借贷信息中介业务之名，未经依法批准，归集不特定公众的资金设立资金池，控制、支配资金池中的资金，并承诺还本付息的，构成非法吸收公众存款罪。”从具体内容看，该要旨是以“四性”特征为纲要，解析“四性”特征在P2P网贷土壤上认定非法吸收公众存款罪的具体适用问题。

第一，“非法性”的认定：资金池衍生出的本质异化。

对于“非法性”的认定，2010年《非法集资司法解释》第1条确立了二元认定标准：（1）形式认定标准：未经有关部门依法批准；（2）实质认定标准：借用合法经营的形式吸收资金。杨某国案中，被告人辩称其集团的线上平台是在经营正常的P2P网络借贷业务，不需要取得金融许可牌照，在营业执照许可的经营范围内即可开展经营。对此，公诉人围绕理财资金的流转对被告人进行重点讯问，证明集团直接控制理财客户在第三方平台上的虚拟账户和设立托管账户，揭示该线上业务是在归集客户资金而形成的资金池，并且进行控制、支配和使用，其已经从网络借贷的“信息中介”异化为“信用中介”。一字之差，本质迥异。由于资金池的运作和交易结构极为脆弱，其与普通的金融风险不同，一旦资金池的风险爆发，经常会演变成为系统性风险。鉴于此,杨某国案的指导意义第3点将网络借贷信息中介机构的性质明确地界定为:依法只能从事信息中介业务,为借款人与出借人实现直接借贷提供信息搜集、信息公布、资信评估、信息交互、借贷撮合等服务;信息中介机构不得提供增信服务,不得直接或间接归集资金,包括设立资金池控制、支配资金或者为自己控制的公司融资。通过对资金池的这种"穿透式"证据审查,并且依据2010年《非法集资司法解释》关于借用合法经营的形式吸收资金的"实质认定标准",公诉人揭开被告人假借开展网络借贷信息中介业务之名的"外衣"。

同时,吸收存款是商业银行的最为基础的业务,可谓是商业银行的生命线。马克思说过:"对银行来说具有重要意义的始终是存款。"我国《商业银行法》第11条规定:未经国务院银行业监督管理机构批准,任何单位和个人不得从事吸收公众存款等商业银行业务。但是,杨某国等实际上是从事直接或间接归集资金,甚至进行自融或变相的自融活动,在本质上属于吸收公众存款。鉴于此,杨某国案的指导意义第1点明确提及:向不特定社会公众吸收存款是商业银行专属金融业务,任何单位和个人未经批准不得实施。这实际上是再次体现出2010年《非法集资司法解释》第1条关于"未经有关部门依法批准"的形式认定标准,这是我国最早确定的通行标准,与我国对吸收公众存款实行审批制的法律规定契合。

需要指出的是,对于认定"非法性"的"法"的外延之问题,依据2010年《非法集资司法解释》第1条所要求的"违反国家金融管理法律规定",部门规章被排除在"非法性"的认定依据之外。但是,主要金融管理法律法规均颁行在P2P网络借贷出现之前。与此相对应,关于P2P网络借贷的监管规范文件,则主要体现在中国人民银行等行政主管部门所颁行的部门规章。对于这种法律适用的难点问题,最高人民法院、最高人民检察院、公安部《关于办理非法集资刑事案件适用法律若干问题的意见》第1条中,扩大了"非法性"中"法"的外延范围,要求司法机关应当以"国家金融管理法律法规"作为依据;如果仅是原则性规定的,则可以根据法律规定的精神并参考有关行政主管部门制定的部门规章予以认定。据此,关于在后期出现的监管P2P网络的部门规章,可以成为认定"非法性"的规范依据。

第二,"公开性"的认定:"向社会公开宣传"的外在特征。

最高人民法院将"公开性"列为非法吸收公众存款罪的成立特征之一,主要是基于是否向社会公开宣传,是区分非法集资与合法融资的关键之所在,也是判断是否向社会公众吸收资金的重要依据。最高人民法院、最高人民检察院、公安部《关于办理非法集资刑事案件适用法律若干问题的意见》将向社会公开宣传的手段形式,修改为"以各种途径"的概括性规定。这具有很强的针对网络非法集资的时代需求,也可以容纳将来新出现的宣传手段。在杨某国案中,望洲集团在全国多个省、市开设门店,采用发放宣传单、举办年会、发布广告等方式进行宣传,致使集资信息在社会公众中大范围的快速扩散,加速了集资规模的快速扩张,导致13,400余人参与其中,这符合"公开性"认定的外在特征。

第三,"利诱性"的认定:经济特征。

从各种非法集资的产生和发展历程看,高利率的有偿回报是非法集资活动不可缺少的诱因。正是基于对此规律性的认识,2010年《非法集资司法解释》将"利诱性"规定为:承诺在一定期限内以货币、实物、股权等方式还本付息或者给付回报。在杨某国案中,非法集资活动表现为根据理财产品的不同期限,约定7%至15%不等的年利率,并且通过明示年收益率、提供担保等方式,承诺向理财客户还本付息。这符合"利诱性"的经济特征。与此同时,鉴于给付回报是将集资参与人引入圈套的诱发剂,也是集资参与人的被害要因,"利诱性"是我们遏制非法集资犯罪的重要切入点,需要我们共同地使集资参与人认识到参加非法集资的风险,以便消除他们获取高额回报的利益驱动力,从被害方的角度来有效地预防非法集资犯罪的发生,达到法律效果与社会效果的统一。

第四,"社会性"的认定:公众特征。

"社会性"是非法集资的本质特征,禁止非法集资的重要目的还在于保护公众投资者的利益。根据2010年《非法集资司法解释》,"社会性"是指集资人向社会公众即社会不特定对象吸收资金。在杨某国案中,望洲集团通过线上和线下两个渠道非法吸收公众存款共计64亿余元,其中通过线上渠道吸收公众存款11亿余元,涉及13,400多名集资参与人,具有明显的涉众性特征。正是基于"社会性"的特征,非法集资属于最为典型的涉众型金融犯罪,天然地具有参与人多、影响范围广的属性。在非法集资活动中,众多参与人一旦血本无归,就势必极力追讨,从而产生连锁的影响社会稳定的负面效应。由此可见,非法集资刑事案件不只是一个纯粹的金融犯罪案件,它还与维护社会稳定的社会效果乃至政治效果紧密联系在一起。

2. 实质判断:刑事政策的"出罪口"

在规范层面,"四性"特征确立了非法吸收公众存款罪成立的形式要素。但是,在认定犯罪成立时,还需要在此基础上进行价值层面的实质判断。从目前具有司法效力的法律规范看,2010年《非法集资司法解释》第3条第4款规定:"非法吸收或者变相吸收公众存款,主要用于正常的生产经营活动,能够及时清退所吸收资金,可以免予刑事处罚;情节显著轻微的,不作为犯罪处理。”最高人民检察院在 2018 年发布 11 项关于保护民营企业发展的执法司法标准中,也在第 1 项规定:“对于民营企业非法吸收公众存款,主要用于正常的生产经营活动,能够及时清退所吸收资金,可以不起诉或者免予刑事处罚;情节显著轻微的,不作为犯罪处理。”上述两个司法解释考虑到所处金融时代的发展变化和为民营企业发展营造良好环境的政策,为了防止将那些在形式标准上已构成非法吸收公众存款罪的行为均入罪打击,故从刑事政策的角度,将“集资用途”和“能否及时清退”并列地设置为追究刑事责任的两个条件。其中,用于正常的生产经营活动之“集资用途”,是从集资是否具有正当性切入;对于“能否及时清退”,则主要考察公众投资者的财产利益,不会产生维护社会稳定的压力,两者共同地从“后端”给该罪的认定提供了一个“出罪口”。这在一定程度上有助于防止非法吸收公众存款罪的扩大适用,体现了宽严相济的刑事政策。

在杨某国案中,也体现了实质判断的立场。通过理财、审计报告等证据,检察官证实望洲集团吸收的资金除用于还本付息外,主要用于扩大望洲集团下属公司的经营业务。虽然这符合“集资用途”正当性的要求,但是望洲集团将吸收的少部分资金用于个人支出,因资金链断裂而在案发时线下、线上的理财客户均遭遇资金兑付困难,未兑付资金共计 26 亿余元,不具备“及时清退”的条件。因此,难以同时满足实质判断后的“出罪”前提,一审法院由此判决杨某国构成非法吸收公众存款罪,判处有期徒刑 9 年 6 个月,并处罚金人民币 50 万元。

四、集资诈骗罪:变迁、构成与认定

集资诈骗罪(《刑法》第 192 条):以非法占有为目的,使用诈骗方法非法集资,数额较大的行为。构成范式:非法集资 + 诈骗罪的一般特征(以非法占有为目的)。

(一)集资诈骗罪的立法过程

1995 年,全国人大常委会《关于惩治破坏金融秩序的犯罪分子的决定(草案)》规定,集资诈骗罪的最高法定刑为无期徒刑。然而,在这一草案征求意见时,有一种意见提出,集资诈骗的现象较为突出,而且极大地破坏了社会秩序和金融秩序,建议在草案中增设死刑。最终该法律文件采纳了这一意见。

1997 年《刑法》将集资诈骗罪的死刑纳入其中。

《刑法修正案(八)》颁布后,集资诈骗罪是唯一保留死刑的金融诈骗类犯罪

（8种）。

《刑法修正案（九）》废除集资诈骗罪的死刑。

《刑法修正案（十一）》将集资诈骗罪的刑期修改为两个档次的法定刑。

（二）“非法占有目的”的认定

集资诈骗罪和欺诈发行股票、债券罪及非法吸收公众存款罪在客观上均表现为向社会公众非法募集资金。区别的关键在于行为人是否具有非法占有的目的。

主观认定的困难：司法中对“明知”的激烈争论。

客观认定的可能与司法推定的限度（被告人可反驳）。

2010年《非法集资司法解释》第4条规定，具有下列8种情形之一的，可以认定为“非法占有目的”：

（1）集资后不用于生产经营活动或者用于生产经营活动与筹集资金规模明显不成比例，致使集资款不能返还的。［注：删除了《2001年金融犯罪纪要》中“明知没有归还能力而大量骗取资金的”（不易掌握，具体化为本规定），表明采用单一的事后推定方式］

（2）肆意挥霍集资款，致使集资款不能返还的。（“肆意”：“度”的把握，大部分资金用于投资或生产经营，而将少量资金用于个人消费或挥霍，不应认定。挥霍性投资：需要具体情况具体分析。如果行为人仅将投资行为作为对外宣传等行骗手段，投资行为纯属消耗性，行为人也不指望从该投资行为获取收益的，可以视为挥霍性投资）

（3）携带集资款逃匿的。（“逃匿”的双重含义，包含逃跑和藏匿。以往司法解释均表述为逃跑，2010年《非法集资司法解释》修改为逃匿，意在突出行为人逃避刑事追究的一面。逃匿必须与携款联系。逃匿可能出于躲债、筹资等多种原因的，不应该纳入。只有携款潜逃的，才足以说明行为人具有拒绝返还集资款的主观目的）

（4）将集资款用于违法犯罪活动的。（用于违法犯罪活动与非法占有目的没有必然联系，该规定是基于从严打击政策考虑所作出的一种法律上的拟制。从事高风险行业不包括在此）

（5）抽逃、转移资金、隐匿财产，逃避返还资金。

（6）隐匿、销毁账目，或者搞假破产、假倒闭，逃避返还资金的。

（7）拒不交代资金去向，逃避返还资金的。

（8）其他可以认定非法占有目的的情形。（兜底）

2010 年《非法集资司法解释》第 4 条第 3 款规定:集资诈骗罪的非法占有目的应当区分情形进行具体认定。(不以“部分”决定“全部”)

行为人部分非法集资行为具有非法占有目的的,对该部分非法集资行为所涉集资款以集资诈骗罪定罪处罚;非法集资共同犯罪中部分行为人具有非法占有目的,其他行为人没有非法占有集资款的共同故意和行为的,对具有非法占有目的的行为人以集资诈骗罪定罪处罚。

根据《2001 年金融犯罪纪要》的规定,在处理具体案件时要注意以下两点:

(1)仅凭较大数额的非法集资款不能返还,不能推定行为人具有非法占有的目的;(还要考察集资款的用途:2010 年《非法集资司法解释》第 4 条将其界定为前两种情形);(2)行为人将大部分资金用于投资或生产经营活动,而将少量资金用于个人消费或挥霍的,不应仅以此便认定具有非法占有的目的。(“肆意”的度的把握)

(三)周某集资诈骗案

作为打击非法集资犯罪的两个主力罪名,集资诈骗罪与非法吸收公众存款罪在客观方面均表现为向社会公众非法募集资金,区别的关键点在于行为人是否以非法占有为目的,但这一直是司法实践中认定的难点问题,也表现在最高人民检察院在第 10 批指导性案例中收录的“周某集资诈骗案”之中。

1. 控辩焦点与指导意义、要旨

在周某案的审理过程中,辩护人辩称周某利用互联网从事 P2P 借贷融资,一直在偿还集资款,主观上不具有非法占有集资款的故意,不构成集资诈骗罪,仅构成非法吸收公众存款罪。对此,公诉人通过相关证据开示,认为周某系利用互联网从事 P2P 借贷融资,吸收资金建立资金池,其行为与 P2P 网络借贷有着本质区别;此外,周某在主观上认识到资金不足,少量投资赚取的收益不足以支付许诺的高额回报,却采用编造虚假借款人、虚假投标项目等欺骗手段募集大量资金,不用于生产经营活动,或者用于生产经营活动与筹集资金规模明显不成比例,致使集资款不能返还,而且大量集资款被其个人肆意挥霍,体现出明显的非法占有目的,故其行为构成集资诈骗罪。在此基础上,周某案的指导意义强调:“是否具有非法占有目的,是正确区分非法吸收公众存款罪和集资诈骗罪的关键。对非法占有目的的认定,应当围绕融资项目真实性、资金去向、归还能力等事实、证据进行综合判断。”

针对不法分子利用 P2P 网贷平台进行集资诈骗的刑事风险,为了指导司法机关在新形势下认定“以非法占有为目的”,周某案有针对性地规定以下要旨:“网络借贷信息中介机构或其控制人,利用网络借贷平台发布虚假信息,非法建立资金池募集资金,所得资金大部分未用于生产经营活动,主要用于借新还旧和个人挥霍,无法归还所募资金数额巨大,应认定为具有非法占有目的,以集资诈骗罪追究刑事责任。”具体而言,该要旨是以 2010 年《非法集资司法解释》第 4 条认定“以非法占有为目的”成立的情形为纲要,解析了在 P2P 网络借贷中如何适用的问题。

2. 事实推定:“以非法占有为目的”之认定立场

对于金融诈骗犯罪中“以非法占有为目的”的认定问题,最高人民法院首先在 2001 年颁行的《2001 年金融犯罪纪要》中,要求坚持主客观相一致的原则,避免单纯根据损失结果客观归罪,并且特别要求仅凭较大数额的非法集资款不能返还的结果,不能推定行为人具有非法占有的目的。后来,2010 年《非法集资司法解释》第 4 条第 2 款采取事实推定的立场,规定了 8 种可以认定为“以非法占有为目的”的具体情形。

具体细分,可以将其中的第一种情形和第二种情形归为同一个类别,即在“集资款不能返还”的客观结果出现后,还需要结合考察下列两种不具有正当性的“集资款的用途”之原因力:第一,不用于生产经营活动或者用于生产经营活动与筹集资金规模明显不成比例。这是采取单一的事后推定立场,取代了《2001 年金融犯罪纪要》中所规定的“明知没有归还能力而大量骗取资金”之情形。第二,肆意挥霍。其中,“肆意”一词是对“挥霍”在定量方面的限制条件。从《2001 年金融犯罪纪要》开始,要求行为人将大部分资金用于投资或生产经营活动,而将少量资金用于个人消费或挥霍的,不应仅以此认定具有非法占有的目的。对比可见,在周某案中,对于以非法占有为目的之认定就是采用这种类别中的两种情形,这也体现在其他许多集资诈骗的案件认定中,诸如“e 租宝”案、吴英案等。

在司法实践中,集资诈骗罪通常表现为共同犯罪的形式,涉及众多的共同犯罪人,体现为多人参与和分工实施的样态。从分工和作用的角度,包括组织者、策划者、指挥者、主要实施者和一般参加者;从职业类别看,包含高级管理人员、中层级管理人员和普通职员。对于涉众型集资诈骗罪案件的处理,应该体现“分化打击、区别对待”的刑事政策导向,避免为了从严惩处犯罪人而将难以认定“以非法占有为目的”成立的犯罪人也纳入集资诈骗罪打击的范畴,否则会陷入客观归罪的泥潭。为此,我们应当严格地适用 2010 年《非法集资司法解释》第 4 条,应当区分情形进行认定集资诈骗罪中的“非法占有目的”。同时,该条第 3 款明确规定,行为人部分非法集资行为具有非法占有目的的,对该部分非法集资行为所涉集资款以集资诈骗罪定罪处罚;非法集资共同犯罪中部分行为人具有非法占有目的,其他行为人没有非法占有集资款的共同故意和行为的,对具有非法占有目的的行为人以集资诈骗罪定罪处罚。具体而言,该款从行为与行为人两个维度,表现出不以"部分"决定"全部"的立场。例如,在"e租宝"案的处理过程中,司法机关并没有简单地将全案的两个被告单位和26名自然人被告人均定性为集资诈骗罪,而是根据证据事实,将具有"以非法占有为目的"的两个被告单位及丁某1、丁某2、张某等10名被告人认定为构成集资诈骗罪;对于王某焕等其他16名被告人,鉴于难以认定他们具有"以非法占有为目的",但是违反国家金融管理法律规定,变相吸收公众存款,故认定他们的行为构成非法吸收公众存款罪,由此出现了对基于同样基础事实的一个案件的被告人,出现两个不同罪名的模板,这完全是以共同犯罪人是否具有"以非法占有为目的"而细分的结果,并没有单纯地对全案均以集资诈骗罪的重刑打击,也没有简单地将不具有"以非法占有为目的"的被告人以无罪认定。

3. 办案"三个效果"的辩证统一

按照被害人学的原理,利害关系是骗局中的动力学因素。在集资诈骗罪的加害人与参与被害人的互动过程中,不仅包括加害人对被害人的利益诱惑,也体现出被害人对集资回报的追求,而这恰恰是集资参与人的被害要因。双方利害关系中所包含的利益驱动越强烈,所指向的被害者权益越大,集资骗局实施的可能性就越大,其规模、强度就越大,给被害人带来或可能带来的损失就越大。因此,对集资被害要因的自觉,正是积极预防被害的先决条件。基于上述原理,考虑到集资诈骗罪是检察机关重点打击的金融犯罪之一,在周某案的指导意义中,着重强调将办理案件与追赃挽损相结合,最大限度减少人民群众的实际损失,并且要结合案例开展以案释法,增强社会公众的法治观念和风险防范意识,有效预防相关犯罪的发生,从而鲜明地体现出办案追求法律效果、社会效果和政治效果的"三个效果"之辩证统一。

专题二十二

“套路贷”的司法处理

黄生林*　浙江省人民检察院

目　次

* 黄生林,浙江省人民检察院党组副书记、常务副检察长。

近年来,“套路贷”作为一种隐蔽性较强的知识型犯罪,逐渐浮现在公众视野。他们通常伪装成民间借贷,披着合法外衣,通过环环相扣的骗局,把很多受害者骗得倾家荡产,甚至逼上绝路。类似的新闻在网络上随手可搜,如“借款5万元赔掉2辆轿车”“借款3万元一年滚成800万元”等,“套路贷”案件在不少民间借贷活跃的地方更是呈高发态势。

相信不少人经常会收到贷款借款类短信和推销电话,这也正好说明“套路贷”就潜伏在我们身边!

民间借贷的繁荣活跃,一方面促进了民间资本加速流动,为企业和个人融资提供了便利,促进了经济社会发展;另一方面也衍生了高利贷,甚至是“套路贷”等违法犯罪活动,严重侵害了人民群众财产安全和其他合法权益,人民群众反映强烈。由于“套路贷”往往经过精心伪装,本质上是将诈骗罪“演化成”合法的民间借贷关系,因此往往调查取证难,案件性质争议大,容易钻民刑交叉的空子,个别司法判决容易被“套路贷”所绑架,仅被当作普通民事纠纷处理,这也让游走在“灰色地带”的“套路贷”一度猖狂。

解决“套路贷”问题,司法机关责无旁贷。自2017年10月以来,上海、重庆、安徽等地相继出台规范性文件,严厉打击“套路贷”行为。2018年3月,浙江省公检法三家联合出台了《关于办理“套路贷”刑事案件的指导意见》。2018年8月,最高人民法院下发《关于依法妥善审理民间借贷案件的通知》,要求加强对隐藏在民间借贷“外衣”下的“套路贷”行为的甄别。2019年4月,最高人民法院、最高人民检察院、公安部、司法部下发了《关于办理“套路贷”刑事案件若干问题的意见》,进一步明确了“套路贷”治理规则。2019年9月,公安部发布了公安机关打击“套路贷”犯罪的10起典型案例,指导实践办案。但从实际情况看,司法实践对“套路贷”的认识还存在争议,进一步明确“套路贷”案件的特点规律很有必要。下面,本文将围绕如何认识“套路贷”行为、如何认定“套路贷”性质、如何审查“套路贷”案件、如何治理“套路贷”问题四个方面开展论述,为司法实务提供借鉴。

一、如何认识“套路贷”行为

(一)“套路贷”之定义

“套路贷”并非法律术语,亦非政策概念。“套路贷”一词的出现也就是近几年的事,而真正意义上以规范性文件使用和界定“套路贷”一词,并被司法工作人员所普遍接受和适用也就这两三年时间。“套路贷”是在办案实践中对假借民间借贷之名非法占有他人财物的类型化违法犯罪的概括性称谓,之前没有统一的定义,各地出台的规范性文件对其界定虽大致相同但也有差异。2018 年 1 月最高人民法院、最高人民检察院、公安部、司法部《关于办理黑恶势力犯罪案件若干问题的指导意见》(以下简称《黑恶势力案件指导意见》)第 20 条明确,对于以非法占有为目的,假借民间借贷之名,通过“虚增债务”“签订虚假借款协议”“制造资金走账流水”“肆意认定违约”“转单平账”“虚假诉讼”等手段非法占有他人财产,或者使用暴力、威胁手段强立债权、强行索债的,应当根据案件具体事实,以诈骗、强迫交易、敲诈勒索、抢劫、虚假诉讼等罪名侦查、起诉、审判。《黑恶势力案件指导意见》的上述相关规定概括了“套路贷”的一些实践特征,但遗憾的是,并未明确使用“套路贷”一词。2019 年 4 月最高人民法院、最高人民检察院、公安部、司法部《关于办理“套路贷”刑事案件若干问题的意见》在《黑恶势力案件指导意见》第 20 条规定的基础上,从最高司法机关层面使用了“套路贷”一词,并明确了“套路贷”的概念,即“套路贷”是对以非法占有为目的,假借民间借贷之名,诱使或迫使被害人签订“借贷”或变相“借贷”“抵押”“担保”等相关协议,通过虚增借贷金额、恶意制造违约、肆意认定违约、毁匿还款证据等方式形成虚假债权债务,并借助诉讼、仲裁、公证或者采用暴力、威胁以及其他手段非法占有被害人财物的相关违法犯罪活动的概括性称谓。

(二)“套路贷”之常见类型

“套路贷”的表现形式多样,可以分为“抵押贷”和“无抵押贷”两种,其中“抵押贷”主要集中在“车贷”“房贷”;“无抵押贷”又分线上的“网络贷”和线下的“现金贷”“校园贷”“裸贷”“手机贷”“培训贷”等。实践中,线上和线下经常会交叉,“无抵押贷”也经常会发展成“抵押贷”。无论表现形式如何五花八门,“套路贷”的实质就是“设置套路”再加上“各种形式的催讨”,从而实现“非法占有财物的目的”。从司法实践看,常见类型有:

1. 普通型“套路贷”。它亦可称为基础型“套路贷”,即一般的无抵押型“套路贷”，行为人采取签订虚高借款协议、制造资金走账流水、肆意认定违约、转单平账、提起诉讼或使用暴力、软暴力讨债等手段，以达到非法侵占被害人财物的目的。

典型案例：浙江省湖州地区一起真实案例。被害人杨某向被告人王某借款人民币2.5万元，王某以扣除GPS费、押金、利息等费用为由，实际只给杨某1.3万元，同时制造了银行资金流水，并告知杨某如果再去其他地方借款属于违约，须再支付违约金。后王某多次以杨某违约，垒高其欠款高达12万元，并以借条、银行交易流水作为证据，向法院提起诉讼。目前被告人王某已被判处诈骗罪。

2. 车贷类“套路贷”。它又分为贷后担保类、购车贷款类等。行为人诱骗被害人签订虚高借款合同，肆意制造或认定违约，强行将车辆开走，在索取“拖车费”“报关费”“停车费”“违约金”等高额费用后将车归还，或索讨“债务”未成后擅自处分车辆。

典型案例：浙江省宁波地区一起真实案例。被告人陈某等人以“易贷”“车易贷”为平台，与被害人签订远高于实际借款金额的车辆抵押借款合同，后利用备用钥匙将被害人车辆拖走并藏匿在停车场，以不支付高额违约金、拖车费就不归还车辆为要挟，对被害人进行敲诈勒索。该案以敲诈勒索、寻衅滋事等罪名提起公诉。

3. 房贷类“套路贷”。行为人与被害人签订虚高合同，诱使被害人与之签订房产抵押合同，并以所谓“手续费”“上门费”“评估费”等随意克扣被害人到手款项，后采取逼债、恐吓、起诉等方式逼迫被害人将房产过户，以达到非法侵占被害人房产目的。

4. 校园贷。行为人以大学生群体为放贷对象，往往不详细告知贷款利息、违约金、滞纳金等收费项目的计算方式，以只需要身份证学生证、不需要抵押、放贷便利为诱饵，引诱某些涉世不深、自制能力较弱且消费欲望旺盛的大学生与其签订虚高合同，致使借款人陷入无止境还款境地。

5. 裸贷。行为人在与被害人签订虚高借款合同时，以被害人提供裸体照片或视频作为借款保证，当发生违约时，行为人以公开裸体照片或视频为要挟，逼迫受害人还款。这类案件又极易引发强奸、强迫卖淫等涉性犯罪。

6. 网络贷。行为人通过网络平台发布无抵押贷款等信息，通过各种网络平台签订虚假借款合同，当发生违约时，即通过宣扬借款信息、发送侮辱短信、拨打骚扰电话等方式，威胁被害人支付本金及高额利息费。

(三)“套路贷”之行为手段

现实中,不法分子通过一步步“缜密”操作,设置层层陷阱,导致被害人“一旦被套路,永远在还债路上”。

1. 借贷名义招揽生意。通过行业中介、网上发帖、散发小广告等方式,以不用任何抵押、即刻申请即刻放款、额度大利息低、可以随借随还等为幌子,引诱目标群体成为客户。

2. 引诱签订虚高合同。当借款人表示出借款意愿,行为人即诱导其签订金额虚高合同。如编造行业潜规则、保证金可以退还、正常还本付息后可不支付虚高部分等理由,引诱被害人签订借款数额虚高的合同、借条、还款承诺书等协议。

3. 制造保存不利证据。通过银行账户汇款或微信、支付宝转账给被害人的方式,客观形成网上交易记录,或通过拍摄被害人取得现金的照片,有意制造被害人已经取得合同全部款项的“证据”,形成犯罪团伙已经真实履约的假象。

4. 刻意设置违约陷阱。如有意拉长还款期限,减少单笔还款数额,增加还款总期数,指定具体还款时间,还款时以电话故障、系统维护等理由让被害人无法按期还款等,恶意增加受害人可能违约的风险和概率,为收取高额违约金做准备。

5. 借机平账垒高债务。在被害人被肆意认定违约或无力还款的情况下,诱骗被害人再次签订虚高合同,以后账还前账的方式平账转单,故意垒高债务,达到借款金额“滚雪球”的目的。

6. 软硬兼施强行索债。“套路贷”行为人通常有两种索债方式:一是提起诉讼。利用事先准备好的抵押合同、银行流水等凭证,向法院提起诉讼,主张所谓的债权,要求法院保全、拍卖借款人名下的房、车等财产用于还债;由于形式上借贷、抵押手续齐全,部分判决将之作为普通民间借贷处理,强制执行借款人财产。二是软硬兼施迫使借款人及其亲友交付财物。行为人常用的讨债“硬手段”主要包括泼油漆、溜门撬锁、暴力恐吓、言语威胁、非法拘禁、故意伤害等。“软”套路包括实时跟踪、拨打骚扰电话甚至静坐等,有些行为人还给受害人所在单位打电话,或将受害人照片 PS 成黄色图片、冥照、棺材、骨灰盒等,发给其本人及亲友,照片上显示受害人欠钱数额及其联系方式等个人信息,并加有侮辱、诋毁的文字,迫使被害人及其亲友在不堪其扰下交付财物。

以上行为手段可以概括为以下线路图:寻找目标群体→签订虚高合同→制造流水凭证→设置违约陷阱→垒高债务→强行索债,但上述要件并不需要全部齐备,现实中的“套路贷”情形往往更加复杂,有的不是非常典型,这也给我们取证和定性带来难度。

(四)“套路贷”之基本特征

综观“套路贷”的种种“套路”,其基本特征有:

1. 披上“合法外衣”。“套路贷”团伙多以经政府工商管理部门审批注册的“小额贷款公司”或其他注册公司为名义,并配备有公司“官方”网站、手机 App 以及微信公众号等。

2. 专业团伙运作。“套路贷”团伙往往组织严密、分工明确:投资人负责提供资金;业务人员负责联系业务、招揽客户;风控人员负责收集个人信息、审核资质;催讨人员负责催收债务;中介团队或者网络平台负责招揽、引诱客户;有的团伙甚至设有“法律顾问”,专门负责策划骗局、隐匿证据,可谓组织严密,手法专业。“套路贷”的分工和团伙属性,极易成为黑恶势力的天然土壤。

3. 被害群体特殊。一般针对社会不特定人群,从破获的案件看,被害群体主要有三类:一是超前消费的在校大学生和未成年人。该类群体通常缺乏社会经验,非理性消费较多,更易于受到欺骗、威胁、恐吓,是“套路贷”主要作案目标。二是有急切资金需求,且有车、房的本地人员。不法分子喜欢对本地常住人口且名下有房产的人群下手,这既是因为车辆、房产可以作为非法占有的目标,又是考虑到被害人生活、工作、社交的重心皆在本地,便于上门讨债、对其亲人施压等。三是部分在银行有不良信用被拉入“黑名单”的人。这类被害人多无法在银行等正规金融机构借款,当生意资金周转、支付购房首付甚至偿还赌债、购买毒品等产生急迫的借贷需求时,就忽视了借款合同中的骗局和风险。

4. 骗与被骗交织。实践中发现,一些被害人自身就有不良行为记录,明知“套路贷”“其中有诈”仍签订借款合同;有的因此“永远在还债路上”,也有的借款时本来就不打算还款,或者在不能还款时以举报、告发“套路贷”团伙为要挟,以达到自己不还款乃至反向索要赔偿金的目的。

5. 多类犯罪并发。很多“套路贷”案件不仅触犯诈骗犯罪,还往往通过敲诈勒索、非法拘禁或者滋扰被害人及其近亲属正常生活等方式催收欠款,同时触犯非法拘禁、故意伤害、寻衅滋事、敲诈勒索、强迫交易等犯罪,定性处理上存在一罪还是数罪的问题。

二、如何认定“套路贷”性质

(一)“套路贷”的本质属性

这是办理“套路贷”案件需要首先解决的问题,对此,理论上和实践中认识也很不一致。本文认为,“套路贷”的本质就是诈骗,行为人处心积虑设置各种“套路”,其目的就是非法占有他人财物。只要采取的手段系“套路”,那么行为人的主观目的就不应作为一个待证的事实,犹如“司马昭之心,路人皆知”。

1.“套路贷”与民事借贷的界限。民事借贷一般有两类,一类是普通民事借贷,另一类是“高利贷”。“套路贷”与普通民事借贷,泾渭分明,一般都有共识。实践中碰到的主要是“套路贷”与“高利贷”如何区分的问题。“套路贷”与“高利贷”,形式上有相似性。“套路贷”与“高利贷”都为获取经济利益并均可能伴随有暴力讨债等行为,都是以“滚雪球”的方式,最后积累到难以偿还的地步,但二者有着本质不同,可以说“套路贷”是“高利贷”的衍生品、升级版。“套路贷”比“高利贷”更复杂,套路更多、更深。一是主观目的不同。“高利贷”是以获取高额利息为目的,出借人希望借款人按时还本付息,借款人若是提前还本付息,出借人一般也欣然接受;而“套路贷”表象是民间借贷,实质是以民间借贷为幌子,诱骗或者迫使被害人陷入借贷圈套,通过各种方式非法占有他人财物的犯罪行为。二是行为方式不同。“高利贷”虽然要价高,但那是明码标价,是双方都接受的事实,一般不存在欺诈或胁迫,是双方真实意思表示的体现;而“套路贷”被害人签订借款合同时多遭遇欺骗甚至威胁,实践中惯常用到的伎俩是让借款人翻倍出具借条以及制造假的走账流水,让被害人处于明显不利的诉讼地位。三是侵害客体不同。“套路贷”不仅直接侵害被害人的合法财产权益,还通过暴力、威胁、提起诉讼等手段对被害人威逼利诱,容易衍生出寻衅滋事、敲诈勒索等暴力催债行为,有的甚至进一步演化成人身伤害、强奸、卖淫等犯罪,侵犯多种法益;而“高利贷”是一种民事行为,除法律明文规定的外,一般不涉嫌犯罪,一些特殊的涉嫌犯罪的高利贷行为,如《刑法》第 175 条的高利转贷罪,则主要破坏金融管理秩序。四是出借人对“违约”的态度不同。“套路贷”犯罪行为人为了达到占有虚增款项的目的,往往希望或放任借款人违约从而可以垒高其债务,常见的方式有拒接电话、“失踪”等,让被害人在约定期限内无法还款,或是设置严苛的条款使借款人不得不“违约”,进而使借款人处于十分被动的境地;高利贷的出借方则不然,他们囿于高息意味着担负着风险,往往希望借款人按时还本付息或者提早还款。五是法律后果不同。“套路贷”是违法犯罪行为,除被害人实际收到的本金外,虚高的本金和利息都不受保护;“高利贷”则体现了双方意思自治,利息在法律规定范围内受保护。所以,引用一句很贴切的比喻——“高利贷是明小人,而套路贷是伪君子”。

2.“套路贷”与借贷领域民事欺诈的界限。这里的民事欺诈是指狭义的、不构成诈骗罪的民事纠纷(欺诈),即在民商事活动中,一方当事人有隐瞒部分事实,夸大宣传,虚假包装,造成对方当事人误信,从而从中获取更大利益的行为。借贷领域民事欺诈和"套路贷"的区别在于:一是主观目的不同。借贷领域的民事欺诈,典型的如出借人通过虚构交易背景、行业规则等方式,旨在通过欺诈促成借贷关系的达成或图谋更高收益;而"套路贷"只是假借借贷的名义便于设置种种"套路",实则为了非法占有他人财物,本该作为资本安全的如期还款及资本收益的利息反而都不是其关注的重点。二是危害程度不同。借贷领域民事欺诈中的虚构事实或隐瞒真相在一定限度内,虽有不实之处,往往导致借款人利益受损但不至于错误处分自己的财物或凭空产生巨额债务;而"套路贷"往往致使借款人产生错误认识后签订虚高合同、陷入违约陷阱及被迫垒高债务,如行为人设置陷阱让被害人签订翻倍"阴阳合同",虽被害人知晓合同条款,但不能否定借款协议本身就隐含诈骗属性,因为往往借款人错误认为虚增部分仅是借贷行业的惯例、规矩或违约责任等,虽其对借款没有认识错误,但对借款本金产生了错误认识。三是行为手段不同。借贷领域民事欺诈一般只是虚构背景、编造用途、为了招徕客户夸大宣传或在磋商时虚构、隐瞒资金来源等部分事项;而"套路贷"则是仅留一份合同由出借人持有,协议上出借方或金额等空白,放款时配套制造虚假流水等,完全不符合民事借贷的惯例。四是法律后果不同。借贷领域民事欺诈形成的交易关系属于民事法律关系调整范围,若被害人因受欺诈、违背真实意思表示签订协议,可以向法院或仲裁机构申请撤销;而"套路贷"就是刑事诈骗,应当追究刑事责任。

综上所述,"套路贷"与高利贷、民事欺诈都有本质不同,虽说"套路贷"为一类犯罪的统称,但其行为本质还是诈骗。至于后期催债索债过程中侵犯了其他法益,只是如何处断的问题,因为无论从"套路贷"之文意抑或逻辑体系之构建上讲,若无诈骗之基础,后期行为纵使涉及犯罪,也不应属于"套路贷"范畴。

(二)罪与非罪的几个问题

1. 被害人主观认知对定性的影响。实践中,不少"套路贷"案件的被害人对双方约定的虚高债务、高额违约金及苛刻的违约条款等在签订协议时往往是有认知的,那么行为人以虚高、垒高金额索要钱款,该行为是否构成诈骗罪。(如甲向乙借款 10 万元,但被扣除保证金、服务费等后,只到手 8 万元,却被要求出具借条 20 万元,还被要求配合制造 20 万元的银行资金流水。后甲因未能按时还款违约,乙拿着借条向甲追讨,甲偿还了 20 万元。)对这种情况,实践中存在争议:第一种观点认为,诈骗犯罪实质是被害人基于错误认识而自愿交付,若双方对约定事项均系明知,则是"你情我愿"的意思自治行为,不应认定为诈骗犯罪。第二种观点则认为,"套路贷"行为人在签订借款协议时,故意设置明显不公平的"套路",其主观上就存在骗取借款人财物的故意,无论被害人主观上是否明知,行为人都成立诈骗罪。本文倾向第二种观点,因为法律评价的是行为人一方而非被害人一方的主客观行为,《刑法》第266条也并没有规定构成诈骗罪须基于被害人的错误认识。"套路"就是骗局,这个客观事实摆在那里,行为人主观心态一开始就不是"借贷",而是以骗财为目的的"诈骗";至于双倍借条也好,制造假的走账流水也好,都是行为人骗财的手段,也能印证其主观上就不希望被害人按约定归还,甚至能预料被害人实际不可能按约归还,借款人明知是"套路"而执意为之,并不能改变"套路"的性质。另外要注意的是,在民间借贷中也会出现出借人在借款人明知的情况下,从借款本金中预扣利息、收取费用的现象,但此时预扣的利息、收取的费用是基于借贷双方的约定,一般也不会过于偏离当地正常借款行情,而且出借人后续亦不会实施故意制造违约、恶意垒高借款等行为,这时就不宜认定为"套路贷"。故在被害人明知的情况,出借人的行为可能构成"套路贷",也可能不构成"套路贷"。也就是说,"套路贷"犯罪不应以被害人是否明知被骗为前提条件,无论借款人对"套路"是否明知,都是诈骗行为。

2."套路不深"对行为性质的影响。如果是为了规避高利贷,只是把超过法定保护利率外收取的高额利息计入本金,这种行为显然难以认定为诈骗。但对于设置"套路"的,不管套路有多少、有几种,并不影响诈骗的实质,"套路不深"不等于没有"套路",这也正是"套路贷"作为刑事诈骗之所以区别于民事借贷的本质所在;没有暴力催讨只是说明行为人没有侵犯敲诈勒索罪、寻衅滋事罪等相关的新的法益,但不妨碍仍以诈骗罪对"套路不深"行为进行论处。司法实践中,很多办案人员认为行为人没有"肆意制造违约"就无法以诈骗罪论处,对诸如"借款人因无力归还数万元借款,面对不平等的违约条款被迫无奈屡屡垒高债务,数月后高达数百万元"的情形,也机械地桎梏于"行为人没有虚构事实、隐瞒真相"之表象,认为行为人不构成犯罪。这实际上是割裂了虚高借款及恶意垒高借款等行为本就应整体评价为"套路",也就是诈骗之实质。

3.诈骗不成反被骗的定性把握。实践中,有些借款人明知自己没有还款能力,仍主动接受"套路贷",主观上就是借而不还的"赖账"心态,取得款项后用于挥霍或从事赌博、吸毒等违法行为,事后甚至还有借款人以举报"套路贷"团伙为要挟拒还借款,造成"套路贷"团伙诈骗未成反而被骗。应注意的是,此类情况下,“套路贷”团伙的行为仍然是对不特定人实施诈骗,而借款人的行为也是典型的以非法占有为目的的诈骗。

(三)“套路贷”的罪数认定

这是办理“套路贷”案件需要着重研究的问题。“套路贷”行为人最终要实现非法占有他人财物的目的,一般均可分为两个行为阶段,一个是诱骗签订虚高合同阶段,另一个是实现占有他人财物的索债阶段。因此,行为人实施“套路贷”犯罪,除了可能触犯诈骗罪外,还往往触犯敲诈勒索、寻衅滋事、非法拘禁、故意伤害、故意毁坏财物等犯罪,在同时触犯数罪的情况下,究竟应数罪并罚还是从一重处罚,各地有不同的观点和做法。

上海、浙江、重庆等地有关“套路贷”的相关指导意见或纪要都谈到了数罪问题,重庆会议纪要作了较明确规定,即行为人实施“套路贷”犯罪过程中,采用故意杀人、故意伤害、非法拘禁、故意毁坏财物等手段强行索取“债务”,同时构成诈骗罪和上述犯罪的,依法数罪并罚;对于采用暴力、胁迫、威胁、绑架等手段,强行索要债务,同时构成诈骗罪、抢劫罪、敲诈勒索罪、绑架罪等犯罪的,依照处罚较重的规定定罪处罚等。

从浙江省办案实践看,基层单位认识不一,把握也不一。有的办案单位认为,应当按照“套路贷”须予以严打的精神,实施数行为、触犯数罪名的,应当数罪并罚;如前期行为构成诈骗罪,讨索债行为又构成非法拘禁、寻衅滋事、敲诈勒索等犯罪的,予以数罪并罚,对此从理论上解释为“牵连性不强”。有的办案单位认为,“套路贷”中的诸多行为存在手段和目的的牵连关系,最终都是为了实现非法占有目的,应当从一重处罚。有的办案单位认为,行为对不同对象实施的,可以认定数罪,比如在催收过程中,既对借款人本人敲诈勒索,又对其亲人实施非法拘禁的,可以数罪并罚。较常见的做法是,对于催讨行为未明显超出侵财犯罪范围的,如敲诈勒索、寻衅滋事等,与前期的诈骗行为从一重处罚;对于明显超出侵财范围的,如故意杀人、故意伤害等,数罪并罚。

最高人民法院、最高人民检察院、公安部、司法部《关于办理“套路贷”刑事案件若干问题的意见》对于在实施“套路贷”过程中多种手段并用时如何认定罪数的问题,确定了相关原则,即“应当根据具体案件事实,区分不同情况,依照刑法及有关司法解释的规定数罪并罚或者择一重处。”本文认为,总体来看,罪数认定的关键在于如何运用有关牵连犯理论去正确分析和把握。根据牵连犯理论,只有当某种手段通常用于实施某种犯罪,或者某种原因行为通常导致某种结果行为时,才适宜认定为牵连犯。行为人实施“套路贷”,在催款过程中实施了超出诈骗犯罪关联行为的,不是侵财犯罪的通常手段,不成立牵连犯,一般应数罪并罚。具体可分为以下四种情形:

(1)以虚高合同提起民事诉讼行为的处理。在以往实践中,对于行为人签订虚高合同,后以虚高合同提起民事诉讼的,通常以构成虚假诉讼罪与诈骗罪择一重处罚,从而加大对“套路贷”行为的打击。值得注意的是,根据最高人民法院、最高人民检察院2018年9月底出台的《关于办理虚假诉讼刑事案件适用法律若干问题的解释》,上述行为难以认定构成虚假诉讼罪。该解释及相关解读规定,虚假诉讼罪中“捏造事实”系指“无中生有型”,即凭空捏造不存在的民事法律关系,这与“套路贷”案件虚高借款金额的情形并不相同。除构成诈骗罪外,并不能与提起诉讼行为构成牵连犯罪。

(2)以侵财型手段实施催讨的,如行为人实施“套路贷”犯罪时,既实施了诈骗行为,在催讨过程中又实施了敲诈勒索、寻衅滋事、强迫交易、抢夺甚至抢劫等行为,上述行为未明显超出侵财犯罪范围的,宜以牵连犯罪择一重处罚。

(3)以非侵财型手段实施催讨的,如行为人既实施了诈骗行为,又采用故意杀人、故意伤害、非法拘禁、故意毁坏财物等暴力、胁迫手段强行索要“债务”的,因后续行为明显超出侵财犯罪范围,牵连性不强,一般应数罪并罚。

(4)对为实施“套路贷”犯罪而组成的较为固定的犯罪组织,以及采用讨债公司、“地下执法队”等各种形式有组织地进行上述活动,符合恶势力、黑社会性质组织、犯罪集团认定标准的,应当依照《刑法》及最高人民法院、最高人民检察院、公安产、司法部《黑恶势力案件指导意见》等司法解释的相关规定,以组织、领导、参加黑社会性质组织罪或者黑恶势力犯罪集团处理。

(四)“套路贷”行为共同犯罪认定

根据《刑法》第25条的规定,共同犯罪离不开共同犯意。如何认定“套路贷”犯罪中具有共同犯意?最高人民法院、最高人民检察院、公安部、司法部《关于办理“套路贷”刑事案件若干问题的意见》在起草过程中,曾一度采用“与‘套路贷’犯罪分子事先通谋”才能以共犯论处的观点,后考虑到“通谋”一般会被理解为二名以上行为人通过交流沟通形成共同犯罪故意的过程,而反映这一过程的证据往往难以获取,大多数情况下严重依赖口供,容易出现只要一方否认就难以形成闭合证据链的情况,经慎重考虑后,起草组后将“通谋”改为“明知”。

从实践层面看,“套路贷”共同犯罪所要解决的问题是,把不法事实归属于哪些参与人。认定的基本方法是,先要在不法层面认定正犯,确定了正犯之后,就必须将结果或者危险客观归属于正犯行为。再判断哪些参与人的行为与正犯之间具有因果关系,只要具有因果性,就可以肯定其为不法层面的共犯。“套路贷”案件中,以下几类特殊人员共同犯罪的认定值得重视:

1. 出资人的共犯认定问题。现实中,嫌疑人多以个人名义或小额信贷公司的业务员身份与被害人直接签订虚高借款合同,而真正背后出资并操纵犯罪过程的则另有其人。大多数被害人往往会将与自己直接签订借款合同的嫌疑人作为报案对象,而幕后的出资人则通过各种手段隐匿身份,逃避打击。对此,本文认为对“套路贷”要坚持“打透、打干净”,应深挖幕后出资人。具体可以结合资金提供者与“套路贷”团伙发生关联的时间点及持续时间、资金提供者参与的程度等综合考察。如行为人为“套路贷”公司股东,为非法放贷提供资金,按比例提成,并且掌握“套路贷”业务情况,可以认定为共同犯罪的主犯;如行为人虽不是股东,但对“套路贷”行为明知,且提供资金支持,应当以其在犯罪中所起的作用认定共犯。应督促侦查机关在取证时加强收集与出资人直接联系人员的供述、再从其他人员的供述中体现出资人的明知程度,重点抓取出资人在场时的相关证据,调取转账、即时聊天记录,从而从各个角度证实出资人的主观故意和从中获利的具体情况。

2. 中介等外部人员的共犯认定问题。介绍借贷业务的“中介”,是放贷人和借款人的桥梁,往往直接收取一定比例费用。中介人、公证人等外部人员为“套路贷”提供帮助的,是否构成共犯,应当抓住是否“明知”的主观要件,办案时应当具体结合相关人员的认知能力、既往经历、行为次数和手段、与他人关系、获利情况、是否因“套路贷”犯罪受过处罚、是否故意规避调查等主客观因素进行综合分析认定。实践中,中介是“套路贷”案件中一股重要的力量与推手,系大量“套路贷”案件的启动源头,应予打击。但对于偶尔介绍、与“套路贷”团伙关联比较松散、实际作用不大的,可从轻处理。

3. “转单平账”公司人员共犯认定问题。有些“套路贷”案件中会涉及一家或几家“转单平账”的公司和个人,共同作用垒高被害人债务,这类人员是否作为共犯处理,往往因证据上较难证明共同犯意而难以把握。在具体办理案件时,应注重摸清“平账”公司之间的“平账”次数、资金走向、股东情况以及平账行为对被害人债务垒高的幅度等,用于证明是否存在明知。对于明知系“套路贷”犯罪仍帮助“转单平账”的,应当作为共犯认定。另外,也不能仅因提供了“转单平账”,就一概认定为主观明知,一些案件中被害人自己为了摆脱“套路贷”而找到相关人员“转单平账”的，显然不能作为共犯认定，若事后平账人员确也涉嫌“套路贷”犯罪，可单独予以认定。总之，要结合证据裁判原则和主客观相统一原则综合判定。

4. 普通员工共犯认定问题。办理“套路贷”案件时，还要注意“套路贷”公司普通员工主观认识的问题。有些“套路贷”团伙以正式注册的公司为幌子，甚至还有公司网站、公众号，表面是合法企业。公安机关办理“套路贷”案件，往往也是一锅端，被抓获的犯罪嫌疑人中，有公司老板、业务骨干，也有普通员工，其中不乏刚刚毕业的大学生，这些人对公司“套路贷”的参与程度及知情程度不一。对此，先是要在法律层面进行评价，诈骗是直接故意的犯罪，对于仅在“套路贷”某一环节岗位从事相应工作，获取工资未参与分红的，其主观上可能会意识到涉嫌犯罪但持放任态度的，可不认定为共同犯罪；然后要在政策层面进行评价，对于仅从事事务性工作的，参与时间不长、程度不深、次数不多的大学生、初犯偶犯，也不宜作为共犯处理。

5. 其他人员共犯认定问题。对于其他参与人员不明知“套路贷”情况，仅在催收过程中帮助实施故意伤害、非法拘禁或者滋扰被害人及其近亲属正常生活的，符合故意伤害罪、非法拘禁罪、寻衅滋事罪、敲诈勒索等构成要件的，对该部分人员以相关罪名追究刑事责任，不宜以共犯处罚。

（五）“套路贷”既遂、未遂的认定

1. 诈骗不成反被骗情形。有些“套路贷”案件中，出借人为了非法占有对方财物，肆意制造或认定违约，使出浑身解数，结果不仅没有拿到“虚高的借款”，连本金都未能收回。在这类案件里，不少债务人一开始就打算“赖账”、不主张还款，无条件满足出借人的各种苛刻要求，有的隐瞒自己没有偿还能力真相，不在乎对方会使用什么手段。借款后，有的甚至故意玩失踪，对获得的财物进行挥霍，说明其主观上非法占有目的非常明确。在签订借款协议过程中，由于借款人、放贷人双方主观上都有明确的非法占有对方财产的目的，借款人未陷入“认识错误”，而是假装被骗。“套路贷”行为人实施诈骗反被骗，也不可能获得高额回报。放贷人的行为宜以诈骗罪未遂处理。借款人则应以其实际借得的款项以诈骗罪处理。

2. 部分还款情形。案件被查处时，被害人或其亲友已向“套路贷”团伙给付的财物应认定为既遂，尚在催收的部分或未失去财物仅被骗借条的，应认定未遂。

3. 诉前保全情形。对于被害人的财物被申请诉前财产保全，查封、扣押、冻结的，只要没有被划转、变现的，那么所有权并没有转移，认定未遂为宜。

(六)"套路贷"犯罪数额的认定

在"套路贷"犯罪数额的认定上,要把握"套路贷"行为的犯罪本质,将其与民间借贷区别开来,从整体上对其予以否定性评价。被害人从犯罪嫌疑人、被告人处实际获得的本金数额,不计入犯罪数额。犯罪嫌疑人、被告人通过各种手段非法占有的被害人财物,虚高的本金、双方约定的利息以及被告人在借贷过程中以"违约金""保证金""中介费""服务费"等名义扣除或收取的各种费用均应作为犯罪数额予以认定。

诈骗、敲诈勒索等犯罪数额以行为人实施诈骗、敲诈勒索犯罪实际得逞的金额来认定既遂金额。行为人最后一次索要金额与借款合同、借条记载的借款数额不一致的,以行为人最后一次索要金额来追究刑事责任。

(七)"套路贷"涉案财物处理

1. 犯罪嫌疑人、被告人已将违法所得财物用于清偿债务或者转让给他人,具有下列情形之一的,应当依法追缴:(1)对方明知是违法所得财物而收取的;(2)对方无偿取得违法所得财物的;(3)对方以明显低于市场的价格取得违法所得财物的;(4)对方取得违法所得财物系源于非法债务或者违法犯罪活动的。

2. 对于名义上为被害人所得,但在案证据能够证明实际上却为犯罪嫌疑人、被告人实施后续犯罪所使用的"借款",应予以没收。需注意的是,根据刑法规定,为实施"套路贷"而交付给被害人的本金属于犯罪所用之物,应予没收。但从司法实践来看,在被害人自身损失没有得到补偿的情况下,直接让被害人退出犯罪嫌疑人、被告人先前为实施"套路贷"而交付的本金,显然有悖常理常情,相关裁判也难以得到有效执行。因此,有证据证明是犯罪嫌疑人、被告人为实施"套路贷"而交付给被害人的本金,赔偿被害人损失后如有剩余,予以没收。

3. 他人善意取得"套路贷"违法所得财物的,一般不予追缴。

4. 查封、扣押、冻结的被害人资金,一般应在诉讼终结后返还被害人。涉案资金不足以全部返还的,按照被害人的损失数额比例返还。

三、如何审查"套路贷"案件

实际办案中,"套路贷"团伙往往有各种掩饰和伪装,查处起来难度大,而且涉及人员范围广,全面取证存在困难,主要体现在:

1. 犯罪嫌疑人查找难。很多"套路贷"案件侦查机关抓获的只是末端催债、逼债环节的犯罪嫌疑人和放贷的行为人,而上层的老板和管理者则因为身份不清无法查找，或者一些幕后老板以投资名义出资，不参与实际经营，案发后难以认定共同犯罪。

2. 书证提取难。“套路贷”案件的借贷协议往往由犯罪嫌疑人一方保管，被害人方一般无法提供，这不仅导致报案时立案难，而且立案后嫌疑人一方容易销毁协议、账册等相关书证，导致难以很好地固定书证。

3. 金额厘清难。“套路贷”案件中，一些公司或团伙财务账册不全或没有，出借本金、收益等交易明细很难核实；相关电子证据如短信记录、微信聊天记录恢复、调取困难；涉及的被害人人数众多，有的被害人因负债而逃逸，无法进行核实，有的被害人存在多头借款，无法厘清借款情况。

4. 事先串供多。“套路贷”案件犯罪嫌疑人往往请法律专业人士提供法律服务，有的案件甚至律师也直接参与犯罪活动的策划和组织，所以经常存在行为人之间事先串供，提前做好反侦查准备，直接加大了侦查取证的难度，也给公诉环节对证据的审查梳理带来客观困难。

5. “套路”查实难。犯罪嫌疑人与被害人签订了虚高借款合同后，制造走账流水，往往以现金从被害人处取回，这就导致案件整体客观性证据链条不够完整时，举证责任有利于犯罪嫌疑人，造成查实难、定罪难。此外，“套路贷”往往是各种手段环环相扣，认定案件性质需要从整体上把握，这就需要查实每个环节，即“套路贷”的组织构架、犯意、分工、行为等都要查实，而其中一个环节的证据缺失就可能导致全案整体无法认定或只能从轻认定。

对上述问题，我们在审查中除了对借据、收据、欠条等债权凭证及银行流水等款项交付凭证进行审查外，应突出加强以下几个方面的审查把握：

1. 审查涉案人员情况。查明犯罪嫌疑人身份，包括幕后出资者、中介人、签订借款合同人员、走账人员、讨债人员等主要团伙人员的身份信息及其通讯方式、落脚点、活动轨迹等。梳理涉案账户开户信息、资金流水等情况，查明资金来源，查找是否还有潜在的犯罪嫌疑人和被害人，进一步深挖“套路贷”以及黑恶势力的“保护伞”。

2. 审查确定共犯地位作用。“套路贷”案件是有组织犯罪，涉案人数多，确定涉嫌人员在共同犯罪中地位和作用是准确量刑的关键，审查的重点要放在共同故意的确定上。应重点查明各嫌疑人、被告人的认知能力、既往经历、行为次数和手段、与他人关系、获利情况、是否因“套路贷”犯罪受过处罚、是否故意规避调查等主客观因素，进行综合审查分析，夯实双方或多方存在共同犯罪故意及其范围的证据。

3. 重视审查言词证据。通过审查相关言词证据及补充询(讯)问,包括被害人陈述、证人证言以及同案犯的供述和辩解等,判断嫌疑人的作案手段是否具备"套路贷"中虚构债务的一般特点。在有多名遭遇"套路贷"的被害人时,注重分析每个被害人陈述的情况是否具有一致性。引导被害人补充提供相应证据,详细了解借款、讨债、平账等环节具体情况,如出借人以何种理由认定违约,有无通过语言、形体、动作进行威胁或造成借款人心理恐慌等。针对嫌疑人的辩解要进一步讯问,如为何合同金额明显高于被害人的实际需求、还款期限明显过短、全部银行流水变动异常,为何存在借款数额巨大的空白合同等。

4. 注重获取实物证据。重点审查签名借款合同、账本、还款凭证、空白借款合同以及疑似"套路剧本"等书证。审查重点的实物证据是否已经到位,如涉案银行账户的全部银行流水明细,犯罪嫌疑人计算机、手机等电子设备内存储的照片、录像录音、电子表格等相关电子数据,暴力讨债的管制刀具、棍棒等物证和被害人受伤就诊情况等。对于实物证据没有取证到位的,要及时通知公安机关补充收集。

5. 细致核查犯罪金额。由于"套路贷"多为涉群体案件,应当进一步查找、核实"沉默"的被害人群体被骗金额。一些案件中,由于被害人人数众多,无法逐一收集言词证据进行查实的,如果行为人处查获有借款协议、账本等书证,能够与银行账户记录、网络聊天记录、赃款赃物、行为人供述等证据相印证,可凭书证指明的犯罪次数和金额进行认定。

四、如何治理"套路贷"问题

"套路贷"是违法犯罪问题,也是政治问题、社会问题。某种意义上讲,社会投融资渠道不畅,民间资金需求量大等都是产生"套路贷"的原因。一些"套路贷"团伙发展壮大成黑恶势力,对一地区形成非法控制,那就威胁到基层政治安全,所以一定要高度重视"套路贷"问题。本文认为,最终解决"套路贷"问题,需要加强政府金融管理部门、司法机关等部门的联动效应,探索建立跨部门综合治理机制。各地也相继出台了这方面的综合整治意见,如 2018 年 11 月,浙江省高级人民法院等六部门联合印发《关于依法严厉打击与民间借贷相关的刑事犯罪强化民间借贷协同治理的会议纪要》,根据依法治理、分类处理、综合施策的原则,建立"职业放贷人名录"制度,严格规范"职业放贷"行为,同时积极构建跨部门协同治理机制,共同遏制民间借贷案件高发势头。检察机关作为国家法律监督机关,应立足职能,注重探索创新检察监督机制,做好刑事检察、做强民事检察、做优公益检察,充分发挥民行检察、审查逮捕、审查起诉、刑事执行检察等工作的评价、教育、指引功能,妥善审查、办理民间借贷纠纷和涉及民间借贷的犯罪案件,防范化解各类风险。

(一)充分发挥法律监督职能

加强对民间借贷纠纷案件的审判和执行监督,秉持全面、协调、充分的监督理念,充分运用调查核实权,全面审查借贷双方的关系、借款用途、出借资金来源、资金流转方向、借据形成过程等事实,严格区分民间借贷的合法与非法、罪与非罪界限。对合法的借贷行为予以保护,促进规范,助力依法执行。对于错误判决,通过抗诉、再审检察建议等方式依法予以纠正。要增强敏感性,深入核查、串并深挖,对于发现案件中的虚假诉讼、“套路贷”等违法犯罪线索,及时移交公安机关,并予以立案监督。

(二)提前介入侦查取证工作

对于具有重大社会影响的案件,检察机关要主动派员提前介入侦查,及时掌握案件立案、强制措施适用、侦查进展情况,引导收集、固定、完善证据,对侦查方向、证据体系的建立提出针对性建议。针对涉嫌的罪名,要按照证据是否确实充分,是否形成完整证据链条,及时提出补充侦查意见。同时,根据不同罪名构成要件及证据标准,紧密围绕证据的客观性、关联性、合法性,进行严格审查,做到客观中立、不枉不纵。

(三)精准把握刑事打击力度

一是注重打击“套路贷”犯罪与扫黑除恶专项斗争有机结合。针对一些触角伸向民间借贷领域,打着投资公司、金融借贷平台、典当行等名义,实际从事“现金贷”“校园贷”“车贷”“房贷”等“套路贷”犯罪活动的黑恶势力,要严格按照最高人民法院、最高人民检察院、公安部、司法部《关于办理“套路贷”刑事案件若干问题的意见》的规定,依法从严惩处。二是不能人为拔高,一些“套路贷”犯罪分子暴力属性不明显,的确不具备黑恶势力的犯罪特征的,按照其行为性质依法认定。三是要宽严相济,对于“套路贷”团伙的首要分子、骨干成员、积极参加者要依法严惩,对于一些从事一般事务性工作,只领取固定薪资的初犯、偶犯,可依法从轻处理。

(四)积极参与民间借贷治理

检察机关要积极参与民间金融综合治理,结合办案向金融、市场监管等部门发出检察建议,督促相关部门完善机制,加强对民间借贷市场的监管,引导民间资金合理流动。要关注和研究不断创新变化的民间借贷模式,强化与法院、公安、金融、工商等部门沟通协调,及时掌握非法民间借贷活动信息,尽力做到对违法犯罪活动提前预防、预警,以最大限度减少群众损失。要加强对案件的风险预警和应对,对容易引发社会不稳定的群体性借贷纠纷要及时向党委汇报、与政府沟通。要提升研判民事审判、执行的能力和信息化水平,拓展虚假诉讼、"套路贷"的案件线索。要积极推进认罪认罚从宽制度,号召犯罪嫌疑人认罪认罚,帮助受害人挽回损失,从而降低行为人的社会危害性。要加强"套路贷"典型案例的法治宣传,提高民众风险防范意识,引导群众对借贷行为作出正确、理性、合法的选择,切实真正做到办理一案、教育一片、影响一片的效果。

(五)探索建议刑事立法工作

前文已析,2018 年 10 月 1 日起施行的最高人民法院、最高人民检察院《关于办理虚假诉讼刑事案件适用法律若干问题的解释》及解读,将虚假诉讼罪限定于"无中生有型"的虚假诉讼行为,而单纯以"虚高借款金额"向法院提起诉讼主张债权的,不构成虚假诉讼罪;这虽秉持刑法谦抑性的原则,但显然不利于遏制民间高利借贷的高发势头。另从判例和相关司法解释、最高人民法院批复看,对职业高利放贷人以非法经营罪入刑,尚缺乏相关依据,但能否在民间高利放贷现象突出的时代背景下,建议最高人民法院、最高人民检察院以司法解释形式,在放贷人、放贷规模、频次、利率等方面设置限制的条件下入刑,仍有探索的必要。

五、结语

民间金融不仅支撑了中国经济中最具活力的民营经济的发展,而且在政策性金融力度不够的情况下,对"三农"等方面起到重要支持作用。在金融业改革开放加快推进的大背景下,民间金融已经成为一个躲不开、拖不起、绕不过的话题。司法机关要进一步加强研究,及时转变思维方式,客观区分并理性分析民间金融不同业务的性质,努力采取以疏为主、以堵为辅、疏堵结合的综合治理方法,以规范和引导民间金融,为积极促进"民间金融的法治化"提供坚强的法律保障。

专题二十三

证券犯罪案件的若干实务问题

顾　佳*　上海市人民检察院第一分院

目　次

* 顾佳，上海市人民检察院第一分院第三检察部副主任。

操纵类证券犯罪主要指《刑法》第 182 条规定的操纵证券市场罪和操纵期货市场罪,由于证券与期货在金融属性、运作方式、市场管理等方面具有相似性,故刑法将两者规范于同一章节、同一条款中。本专题以上海市人民检察院第一分院办理的 2 件全国范围有重大影响的操纵类证券犯罪案件为视角,分析当前检察机关办理操纵类证券犯罪案件的若干实务问题,为解决相关疑难问题提供有益的参考。

一、朱某明操纵期货市场案

朱某明操纵期货市场案是最高人民检察院第十批指导性案例之一。该案的指导意义主要在于,一是对"抢帽子"等操纵证券市场犯罪案件的认定;二是对证券类犯罪案件兜底条款如何适用;三是办理证券案件的证据收集和运用方法。

(一)案情简介

被告人朱某明,男,1982 年生,上海市人,大学文化,原系国开证券有限责任公司上海龙华西路证券营业部证券经纪人、上海电视台第一财经频道"谈股论金"节目嘉宾。

2013 年 2 月至 2014 年 8 月,朱某明在担任国开证券公司上海龙华西路营业部证券经纪人同期,受邀担任上海电视台第一财经频道"谈股论金"节目嘉宾,每周五傍晚定期在节目中以专业人士身份,向电视观众解析股票大盘行情。

经查,朱某明在上述时期内,使用其父亲"朱某荣"、母亲"孙某某"、祖母"张某某"的证券账户,于每周四或周五的交易日内预先建仓,大量买入"利源精制""万马股份"等多只股票,于当日或次日担任"谈股论金"节目嘉宾时,通过明示股票名称、代码或详细介绍股票标识性信息、展示 K 线图等方式,对其预先买入的特定股票进行公开评价、预测及推介,推动相关股票出现上涨行情,再于电视节目首播后 1 个至 2 个交易日内将持有的股票抛售,获取非法利益。

经审计,朱某明以上述方式交易股票 15 只,累计买入金额 2094 万余元,卖出金额 2169 万余元,非法获利 75.48 万余元。

2016 年 8 月,朱某明的交易行为被中国证监会发现并移送公安部,交由上海市公安局立案侦查并对朱某明采取强制措施。同年 11 月,该案侦查终结,移送上海市人民检察院第一分院审查起诉。

（二）本案主要的争议焦点

1. 事实证据层面的争议

（1）关于涉案账户是否由朱某明控制。朱某明到案后否认实际控制其父母亲及祖母的股票账户，辩称 3 个涉案账户均由其父朱某荣控制使用，自己也从未向父亲私下推荐过任何个股，所有的涉案交易行为均出自朱某荣的自由选择，事先没有征求过自己的意见。同时，朱某荣也配合朱某明的辩解，称涉案 3 个账户均由其本人独立决策、独立下单，与儿子无关。关于涉案账户交易股票与朱某明在“谈股论金”节目中公开推荐股票存在高度趋同的事实，朱某荣和朱某明均辩解称是因为父子二人出于相同的选股观念造成的巧合。由于朱某明虽已成家，但仍和父母共同生活，涉案股票交易的大多数下单的网络地址为二人共同居住地，仅凭网络地址无法确切证明交易的下单人是朱某明还是朱某荣。

（2）关于是否构成公开荐股。朱某明辩称，由于“谈股论金”电视节目组不允许直接推荐具体的个股，故其在节目中明示的个股名称、代码等信息，节目播出时都已隐去，仅有其描述了个股所属板块、特征及展示 K 线图的内容，认为自己只是通过技术面分析个股走势，不构成公开评价、预测、推介个股。经审查与朱某明相关的节目视频，其涉嫌推荐的个股，除极少数以字幕方式明示名称和代码外，绝大多数的确仅描述了股票所属板块、市值、市盈率、阶段涨跌幅等特征，或展示 K 线图。

2. 法律适用层面的争议

（1）刑法条文没有明确的规定。《刑法》关于操纵证券市场犯罪的法条是第 182 条，该法条经 2006 年《刑法修正案（六）》修正，具体内容如下：

“有下列情形之一，操纵证券、期货市场，情节严重的，处五年以下有期徒刑或者拘役，并处或者单处罚金；情节特别严重的，处五年以上十年以下有期徒刑，并处罚金：

（一）单独或者合谋，集中资金优势、持股或者持仓优势或者利用信息优势联合或者连续买卖，操纵证券、期货交易价格或者证券、期货交易量的；

（二）与他人串通，以事先约定的时间、价格和方式相互进行证券、期货交易，影响证券、期货交易价格或者证券、期货交易量的；

（三）在自己实际控制的账户之间进行证券交易，或者以自己为交易对象，自买自卖期货合约，影响证券、期货交易价格或者证券、期货交易量的；

（四）以其他方法操纵证券、期货市场的。”

从上述规定来看，《刑法》法条明确为操纵证券市场的行为仅有 3 种，一是集中资金、持股持仓等优势的连续交易;二是与他人串通的约定交易;三是以自己为交易对象的洗售交易,并不包括本案所涉及的公开荐股操纵证券市场交易价量的行为。本案追究刑事责任的法条依据只能是《刑法》第182条第4项"以其他方法操纵证券、期货市场的"这一兜底条款。

(2)司法解释不够明确。关于《刑法》第182条兜底条款的适用情形,目前主要依据最高人民检察院、公安部2010年发布的《关于公安机关管辖的刑事案件立案追诉标准的规定(二)》[以下简称《追诉标准(二)》]第39条的规定。该条司法解释规定了操纵证券期货市场,情节严重的8种情形,其中第7项规定:"证券公司、证券投资咨询机构、专业中介机构或者从业人员,违背有关从业禁止的规定,买卖或者持有相关证券,通过对证券或者其发行人、上市公司公开作出评价、预测或者投资建议,在该证券的交易中谋取利益,情节严重的。"该规定与本案朱某明的行为较为相似,但仍存在两点问题:一是何为"情节严重",司法解释并无量化规定;二是《刑法》第182条第1~3项均规定了"影响证券交易价格或交易量"的构成要件,而本案系向不特定社会公众公开荐股,荐股行为与市场交易价格、交易量变化之间的因果关系相对抽象,难以量化,对该种行为的社会危害性程度如何把握,存在争议。

(3)行政违法依据不够充足。操纵证券市场犯罪在刑法法理上属于行政犯,系严重触犯证券管理的行政法律或行政法规,且危害程度达到入罪标准的行为,必须以行政违法为前提。我国证券管理方面的行政法律是《证券法》,该法第77条规定了操纵证券市场的行为,其内容与《刑法》第182条基本一致,仅有第4项"以其他手段操纵证券市场"的兜底条款能与本案对应。尽管中国证监会2007年规定有《证券市场操纵行为认定指引》(以下简称《认定指引》)文件,其中第35条至第37条将类似朱某明公开推荐股票并通过相关交易非法获利的行为称为"抢帽子"交易,并列入证券市场操纵行为。但《认定指引》只是中国证监会内部的工作指引,未向社会正式发布过,直接适用存在障碍,应由中国证监会对本案作出专门的行政违法性认定。

(三)事实和证据审查

1. 受案时可认定的事实和缺失的要件事实

检察机关受理本案时,能够认定的基本事实包括:一是朱某明系证券公司从业人员。二是朱某明受聘担任股票类电视节目嘉宾。三是朱某明家属户名的账户存在大量异常交易。四是朱某明担任电视节目嘉宾时公开推荐涉案账户所买个股。五是朱某明家属证券账户通过异常交易获利75.48万元。这些基本事实尚不足以认定朱某明实施了“抢帽子”操纵证券市场的行为，仍需要补充以下事实：

(1)涉案账户异常交易与朱某明本人的关系。这是本案追究其刑事责任的基础。由于朱某明否认实际控制涉案账户，又得到其父朱某荣的印证，否定二人说法必须依靠客观证据。

(2)公开荐股行为与异常交易获利的因果关系。公开荐股并不必然引起个股上涨，即便个股上涨也不能排除是正常的市场因素所致。只有异常的上涨才能认定为是公开荐股所致，相关交易才能被认定为异常交易，所获利益才能认定为非法获利。判断个股上涨是否异常性，应由国务院证券行政管理部门作出行政认定。

(3)朱某明行为的行政违法性。中国证监会前期的《行政处罚决定书》仅涉及10只股票，未能覆盖全案15只股票，需要补充认定。

基于以上几点，我们将案件退回公安机关补充侦查，并积极引导公安机关补充证据。

2. 补充侦查的主要方向

(1)要求公安机关补充查证涉案账户所有登录地址及朱某明淘宝、网银等具有个人属性的软件登录时间和登录的IP地址、MAC地址，分析朱某明个人网络轨迹与涉案账户异常交易行为在时间和空间上的联系。

(2)要求公安机关全面收集朱某明与妻子的个人银行账户的资金流水，与涉案证券账户对应的资金账户进行比对，寻找资金上的联系。

(3)要求公安机关协调中国证监会作出补充认定。

3. 补充侦查取得的证据及分析

(1)全面收集了涉案账户的全部登录和下单的网络IP地址、MAC地址。发现：

①2014年7月和12月，“朱某荣”账户曾在重庆市登录；“孙某”账户曾在韩国登录。经查询国内出行轨迹及出境记录，只有朱某明这段时间去过韩国、重庆等地。尽管未查到其在韩国、重庆下单交易，但足以驳斥朱某明所谓涉案账户与自己无关的辩解。

②涉案账户许多登录地址和部分交易地址在朱某明工作的国开证券公司上海龙华西路营业部内，如2013年7月26日买入涉案15只股票中的“博雅生物”的下单IP地址即在朱某明公司内。朱某荣虽自称曾到朱某明办公室下单买股

票,但无法解释其作为父亲为何多次前往儿子单位登录股票账户及进行股票买卖的行为。

③有多次交易使用的MAC地址(硬件设备地址)来自朱某明的手机。如2014年6月23日卖出涉案15只股票中的"奥富股份"5.6万股、2014年8月26日买入涉案15只股票中的"海螺型材"24万股等。朱某荣本人有手机,家中也有用于买卖股票的电脑,无法解释为何要使用儿子的手机买卖股票的行为。

(2)调取了朱某明淘宝、支付宝及其实际控制"朱某荣"期货账户的登录和交易的IP地址、MAC地址。发现:

①朱某明控制的期货账户登录和交易的IP地址、MAC地址,与涉案证券账户存在大量重合。如2014年3月6日14时52分,"朱某荣"账户买入了涉案15只股票中的"江南水务"1万股,2分钟后同一硬件MAC地址、同一网络IP地址即登录"朱某荣"的期货账户。两者在时间和空间上紧密相连,可以认定为同一人控制,结合查明的"朱某荣"期货账户由朱某明实控的事实,该控制"朱某荣"证券账户买入"江南水务"股票的行为人系朱某明。

②朱某明作为"80后",具备熟练使用支付宝等网络支付工具的能力,朱某荣则自称从不使用支付宝。经查验朱某明支付宝账户的登录IP地址,与涉案3个证券账户异常交易的下单IP地址,存在多次同一天内的重合。表明为同一人操作,且应认定为朱某明所为。

(3)调取了朱某明夫妇的个人银行账户流水,与3个涉案证券账户的第三方资金存管账户进行比对,发现:

①3个涉案证券账户的第三方存管账户与朱某明工行账户、朱某明实控期货账户往来密切。3个涉案证券账户的交易初始资金大部分来自朱某明控制的银行账户。

②3个涉案证券账户所获收益,主要用于购买理财产品,部分经第三方存管账户转入朱某明个人银行账户,用于消费。经查证属实的,有用于朱某明购买汽车的15万元等。

(4)申请中国证监会出具补充认定意见。其中:

①对朱某明担任嘉宾的电视节目播出后涉案股票上涨情况进行了分析,以A股大盘、个股所属板块的走势作为参照,认定涉案15只股票在朱某明荐股次日均出现偏离行业板块和大盘走势的明显上涨。

②认定朱某明在电视节目中展示个股K线图、描述个股股票特征等行为,与明示股票名称、代码一样,均构成对股票的公开评价、公开推荐。

③对侦查阶段发现的5只涉案股票交易行为,补充认定了行政违法性,从而使行政违法性的认定覆盖全案15只涉案个股交易。

基于上述补侦情况,我们认为朱某明实际控制并操作涉案3个证券账户,从事异常交易的事实清楚,证据确实、充分。在此基础上,检察官再次审讯朱某明,朱面对大量证据及检察官的政策教育,承认了使用家人的证券账户从事异常交易并获取非法利益的犯罪事实,请求司法机关对其从轻处罚。至此,本案事实、证据已经全部查清。

(四)本案的法律适用

1. 关于"抢帽子"操纵证券市场行为

本案属于典型的"抢帽子"交易操纵证券市场案件。"抢帽子"这个词是外来语,英语是"scalping",起源于早期的证券交易所。当时不存在如今我们广泛运用的电子交易系统,都要依靠交易员站在交易池内喊价。由于交易员众多,声音嘈杂,为了准确传递交易信息,交易员普遍采取高声喊叫加手势比画的方式报价。那些日内做短线交易的交易员由于交易频率高,需要不停地举手报价,如同一群人在争抢空中的帽子一样。所以当时人们就把日内的短线交易称为"抢帽子"。其后引申为证券从业机构及从业人员,利用社会公众对自己的信任,公开评价、推荐自己持有或买卖的股票,误导人们形成对特定股票的涨跌预期,引诱社会公众跟风买卖,人为制造市场行情并提前掌握该行情信息,最后通过反向交易谋取非法利益的行为。与传统的操纵行为相比,"抢帽子"交易的行为人既不需要具备资金、持股等优势,也不需要与他人串通,而是通过虚假荐股,将社会公众持有的大量资金、股票调动到交易中,制造其所需要的市场行情,并从中谋利,这是此类操纵行为的显著特征。

2. 关于"抢帽子"行为的法律规定

我国《刑法》《证券法》均未涉及"抢帽子"交易的规定。"抢帽子"操纵最初进入我国证券市场规制体系是2007年中国证监会的《认定指引》。该文件第35条至第37条将"抢帽子"交易定义为:"是指证券公司、证券咨询机构、专业中介机构及其工作人员,买卖或者持有相关证券,并对该证券或其发行人、上市公司公开做出评价、预测或者投资建议,以便通过期待的市场波动取得经济利益的行为。"它属于其他市场操纵手段的一种。

2010年,最高人民检察院、公安部《追诉标准(二)》第39条第7项,将"抢帽子"交易入罪。该解释规定,"证券公司、证券投资咨询机构、专业中介机构或者从业人员,违背有关从业禁止的规定,买卖或者持有相关证券,通过对证券或者其发行人、上市公司公开作出评价、预测或者投资建议,在该证券的交易中谋取利益,情节严重的"应予立案追诉。

《认定指引》第35条与《追诉标准(二)》第39条第7项的主要内容较为相似,但存在几处不同:一是行为主体方面,《认定指引》规定为证券机构的工作人员;《追诉标准(二)》规定为证券机构的从业人员,排除了不具备从业资格的一般工作人员入罪的可能。二是前置义务方面,《追诉标准(二)》增加了"违反从业禁止的规定"内容,明确以犯罪主体负有从业禁止义务为前提。三是获益途径方面,《认定指引》规定为"通过期待的市场波动取得经济利益",无论抛售还是继续持有相关证券,只要发生期待的市场波动,并取得经济利益,即构成操纵市场行为。《追诉标准(二)》则规定为"在该证券的交易中谋取利益",要求必须通过交易来谋取利益,才能入罪。四是危害程度方面,《追诉标准(二)》规定了"情节严重"的入罪标准,《认定指引》则无此标准。两相比较,《追诉标准(二)》的规定更为严格,体现了刑事手段相对于行政手段具有的谦抑属性。

由于《刑法》第182条并未列举"抢帽子"操纵的情形,故《追诉标准(二)》关于"抢帽子"操纵犯罪所对应的法条渊源系《刑法》第182条第4项,即"以其他方法操纵证券市场"的兜底条款。

3. 关于操纵类证券犯罪兜底条款的适用规则

兜底条款是《刑法》中常见的法律现象,是立法机关为了弥补法条与现实之间的脱节,将法条明示部分无法穷尽,实质又符合犯罪构成的情形以概括规定的方式纳入刑法条文,以最大限度地强化社会保护。比如,《刑法》第182条关于操纵证券期货市场犯罪的法条,最近一次修正来自2006年《刑法修正案(六)》,距今已经12年。其间,我国资本市场迅速发展,覆盖的领域不断扩充,操纵市场的行为模式也发生重大变化。原先制定的法条,显然无法适应资本市场与时俱进地规制的需求,也无法穷尽日新月异的操纵市场犯罪手法。这一问题当时的立法者早已有所预见,因此在《刑法》第182条内专门制定了第4项,规定"以其他方法操纵证券市场"的兜底条款,事实上是为日后处理法条未能涵盖的新型操纵市场行为提供法律依据。因此,适用"兜底条款"并非"法无明文规定",而是属于有法可依,并不违反罪刑法定的原则。《刑法》既然规定了兜底条款,司法实践就应当依法适用。但是,适用兜底条款应有严格的限定条件,否则容易形成新的"口袋罪"。

根据刑法理论,适用兜底条款应坚持同类解释原则。我们认为,司法办案中把握同质性解释原则主要应掌握以下几项内容：

(1)行为方式的相异性。拟适用兜底条款的行为必须是与法条明示行为不同的新行为。比如,《刑法》第 182 条有 3 项明示行为,分别是连续交易、约定交易、洗售交易,则拟适用兜底条款的行为必须是上述 3 种行为之外的其他行为,行为的外延不得被 3 种明示行为包容。如根据《追诉标准(二)》确定的入罪标准,《刑法》第 182 条第 1 项规定的"连续交易"操纵证券市场犯罪应指"连续 20 个交易日连续买卖股份数达到该证券同期总成交量 30% 以上"。如连续交易达到上述标准,即构成犯罪,达不到上述标准,则不构成犯罪,不能因为无法适用"连续交易"操纵市场条款定罪,转而将其认定为其他方法操纵证券市场,适用兜底条款予以立案追诉。"抢帽子"操纵显然不属于《刑法》第 182 条 3 种明示行为的外延范畴,具备适用兜底条款的前提条件。

(2)罪质要素的相同性。拟适用兜底条款的行为必须与法条列举条款具有相同的本质。比如,拟认定为"以其他方法操纵证券市场"的行为,虽然在行为方式上与"连续交易""约定交易""洗售交易"三种法条明示行为不同,但同样具备违反市场公平准则、以不正当的行为影响证券市场交易价量,扰乱市场秩序等操纵证券市场罪的本质特征。"抢帽子"操纵行为一是证券从业人员凭借在公众平台的话语权,故意误导其他市场投资者作出非理性选择并从中牟利,违反了市场公平的准则;二是借助公开的信息平台对广大投资者进行公开推荐,调动不特定公众的资金、持股力量进入其期待的个股买卖,势必影响市场交易价格和交易量;三是人为影响了市场供求关系和自由竞价原则,带来证券市场的混乱。故"抢帽子"操纵行为与《刑法》第 182 条明示的 3 种操纵行为在罪质上是相同的。

(3)社会危害的相当性。拟适用兜底条款行为的社会危害程度应与法条明示行为相当甚至更重。"抢帽子"操纵行为面向不特定的社会公众,任何接受行为人公开荐股信息的受众都是潜在被误导的投资者,往往会导致市场遭受难以预测且无法控制的影响,具有严重的社会危害,完全符合操纵证券市场犯罪的危害程度。

综上所述,行为方式的相异性、罪质要素的相同性、社会危害的相当性是适用刑法兜底条款的基本规则。

4."抢帽子"操纵证券市场犯罪的构成要素

(1)特殊主体。行为人必须是证券公司、证券咨询机构、专业中介机构及其从业人员(以下简称证券从业人员)。一是因为证券从业人员往往具有超过一般投资者的证券经营能力和实战经验,其对行情的预测具有更强的公众信服力,容易诱导社会公众跟风买卖;二是证券从业人员是证券市场的特殊准入人员,在维护市场秩序方面负有比一般投资者更高的义务,其实施操纵证券市场行为的危害性也是一般投资者无法比拟的,因而属于刑法惩治的重点。

(2)违规买卖证券。即违反从业禁止规定,买卖特定的股票证券。由于证券从业人员有严格的从业禁止规定,个人不得买卖股票,故其买卖行为本身就具有违规性。这里的买卖不仅限于以自己的名义买卖,包括以实际控制的他人账户买卖、指令他人为自己买卖等,本质上属于“自己的经营”都应当认定为违反从业禁止规定,买卖或持有证券。

(3)公开荐股。即对自己买卖或持有的证券公开作出评价、预测或者投资建议。一是发表的公开性,体现在推荐的平台具有公开性,既包括广播电视、报纸杂志等传统媒体,也包括互联网站、微博、微信群、公众号、手机客户端等新兴媒介,只要是开放性地面对不特定的社会公众,均属于公开发表意见。二是对象的特定性,即预测的个股是自己买卖或者持有的股票。方式上无论是明确说出具体的股票名称、股票代码,还是展示K线图、描述个股特征等,只要足以让社会公众知晓其推荐的具体股票,均构成公开荐股。三是荐股的方式具有诱导性,一般通过评价、预测、投资建议等,明示或暗示特定股票的市场走向,目的是引诱社会公众的资金力量、持股力量投入其所期望的股票买卖中去。需要说明的是,公开荐股的内容既可能是虚构、夸大或者误导的,也可能是真实的,无论真假,只要行为人出于诱导投资者进行特定的股票买卖目的,且未披露其本人与特定股票关系的,均构成对股票证券的公开评价、预测和投资建议。比方说,某股票确实业绩优良或确有题材,短期内也确有上涨动力,但行为人不是出于帮助投资者营利,而是为了自己能高价抛售而向社会公众推荐,同样属于不正当的公开推荐行为。

(4)影响市场交易价量。行为人的公开荐股行为导致特定股票的交易价量受到非市场因素的影响。由于证券市场的复杂性,不可能确切获悉特定的股票涨跌多少是正常的,涨跌超过多少则是受到了“抢帽子”操纵行为的影响,实践中可以将大盘同期走势和个股所属板块同期走势作为参照,涨跌幅度严重偏离的即可认定其交易价格和交易量为受到操纵行为的影响。

(5)反向交易。《追诉标准(二)》第39条第7项规定,行为人必须通过交易其公开推荐的股票证券来谋取利益,即“抢帽子”操纵犯罪必须落脚于交易行为。从逻辑上讲,这种交易行为必定是与行为人公开预测内容背道而驰的反向交易行为,否则其并无盈利空间。必如公开预测某股票将上涨,引诱公众买入或持仓,自己却趁股价上涨抛售该股票;或者公开预测股票下跌,自己趁公众纷纷抛售引起股价下跌时买入。

(6)情节严重。“抢帽子”操纵证券市场的犯罪后果体现在以下几个方面：一是个股交易价格和交易量发生异常波动；二是不特定的市场主体受到误导而遭受损失；三是行为人从中获取了非法利益，实践中一般以第3项，即行为人非法获利数额来衡量其犯罪情节与社会危害程度。我们认为，非法获利数额虽然未必能完整体现此类犯罪的危害性，但从司法效率出发，仍不失为一种较为便捷的定罪思路。首先，证券市场是一个非常多元的系统，影响市场交易价量的因素相当复杂。个股价格的涨跌既有可能来自行为人的“抢帽子”操纵行为，也有可能来自市场基本面、行业板块利好或利空消息等市场因素，“抢帽子”行为人公开荐股的对象是不特定社会公众，导致到底有多少公众、多少资金是受到公开荐股的引诱而投资交易，损失数字如何计算等，这些问题在司法实践中一般难以统计。其次，根据《追诉标准(二)》第39条第7项规定，“谋取利益”是“抢帽子”操纵证券市场的主观要件，即此类犯罪属于贪利型犯罪，行为人非法获利数额一定程度上能够体现其社会危害后果和主观恶性程度，可以作为衡量其犯罪情节的重要参照。因此，除“抢帽子”操纵证券市场造成个股非常严重且明显的偏离，或者导致人数特别众多的投资者受损等情况外，我们一般还是采用以行为人非法获利数额作为定罪量刑的主要量化标准。需要指出的是，《刑法》和《追诉标准(二)》都未明确操纵证券市场情节严重的量化标准，可以参照2001年《追诉标准(一)》第32条的规定，非法获利数额在50万元以上、致使交易价格和交易量异常波动等，作为本罪“情节严重”的量化标准。

5. 朱某明构成“抢帽子”操纵证券市场犯罪

(1)犯罪主体

朱某明身为证券公司经纪人，属于“抢帽子”交易规定的证券公司从业人员范畴。

(2)犯罪主观故意

操纵证券市场犯罪的主观方面要求直接故意，行为人积极追求操纵行为影响市场交易价量的后果。一般而言，操纵证券市场犯罪的行为人并不以谋利为目的，更不以谋利为结果。比如凭借操纵行为打击竞争对手、改变上市公司价值等。从结果来看，司法实践中成功操纵证券市场却最终亏损的案例也广泛存在。比如，行为人操纵某个个股上涨，但正好遇到市场重大利空风险释放，整个大盘下跌，其操纵的股票也不能幸免，该次操纵并未获取利益，甚至亏损，但不能因此否定行为人操纵市场的犯罪行为。尽管大多数操纵证券市场犯罪不是必须以营利为目的,但"抢帽子"操纵犯罪却有特殊性,根据《追诉标准(二)》第 39 条第 7 项规定,构成"抢帽子"操纵必须"在该证券的交易中谋取利益",因此"抢帽子"操纵市场犯罪必须以营利为目的,属于主观方面的必备要素。

本案中,朱某明操纵证券市场交易价量、谋取非法利益的主观故意非常明显。其每周五担任电视节目嘉宾,前一交易日即每周四均动用证券账户内 90% 以上的现金,大量购买涉案的 15 只股票,而在后一交易日,即下周一平仓抛售,表面在电视节目中向广大观众公开发表对特定股票看涨观点,实际却在后一个交易日大量抛售,显示其并不真正看好该股票,只是为了利用公众跟风购买引起股价上涨的行情抛售谋利,其"抢帽子"犯罪故意非常明显。

(3)犯罪客观行为

朱某明使用家属名下账户,违反了从业禁止规定买卖股票,利用担任电视台知名节目"谈股论金"特邀嘉宾,对自己持有的个股公开发表看涨的评价意见,进行公开推荐,造成个股异常上涨。而其在荐股后首个交易日,即将持有的个股抛售,符合反向交易特征。在涉案交易中获利 75 万余元,属于情节严重,构成操纵证券市场罪,应当追究刑事责任。

(4)犯罪客体

朱某明的行为严重扰乱了证券市场的正常秩序,侵害了刑法所保护的客体。需要说明的是,扰乱证券市场秩序并不限于扰乱整个市场秩序或长时间扰乱市场秩序,针对个股行情实施的短线操纵,同样也是对证券市场秩序的扰乱。

(五)提起公诉与审判情况

2017 年 5 月 18 日,上海市人民检察院第一分院以被告人朱某明犯操纵证券市场罪,向上海市第一中级人民法院提起公诉。同年 7 月 20 日,上海市第一中级人民法院公开开庭审理本案。被告人朱某明当庭表示认罪,法院完全采纳公诉机关意见,以操纵证券市场罪,判处被告人朱某明有期徒刑 11 个月,并处罚金 76 万元,扣押在案的违法所得予以没收。一审判决后,被告人朱某明未提出上诉,判决已生效。

二、伊世顿公司操纵期货市场案

伊世顿操纵期货市场案是我国金融市场第一起使用高频交易手法操纵期货市场的案件,对于规范金融市场、维护金融安全具有重要的意义。该案因办理效果良好,充分彰显了检察机关捍卫国家金融安全的司法能力,并在 2017 年、2018

年连续两年的全国“两会”上被最高人民检察院工作报告引用。

(一)基本案情

伊世顿公司系外籍人员扎某、安某以国内贸易公司名义于2012年9月在江苏省张家港市成立并实际控制。2013年6月起,该公司借用或收购了26个期货账户,与其自有账户组成账户组,进行中金所股指期货合约交易。

2015年年初,伊世顿公司将装有高频程序化交易软件的服务器托管于期货公司租用的中金所机柜内,并违反规定逃避期货公司对其资金和持仓的验证审核,将自行开发的报单交易系统(以下简称RM系统)非法接入中金所交易系统,直接下达交易指令。同年6月1日至7月6日,伊世顿公司利用非法逃避期货公司验证审核形成的不正当交易优势,滥用高频程序化交易软件,以偏离市场行情的价格,在交易日内多次、反复、大量、连续交易中证500股指期货(IC)主力合约、沪深300股指期货(IF)主力合约共377.44万余手,从中获取非法利益3.89亿余元人民币。经中国证监会依法认定,构成期货市场操纵行为。

上述犯罪活动中,公司高管高某、梁某系直接责任人员,期货公司技术总监金某帮助该公司非法连接RM系统。

(二)受案时存在的争议问题

本案案发于2015年6月我国A股市场遭遇剧烈波动背景下,伊世顿公司当时作为注册资金仅有400万元的公司,却长时间占据股指期货市场交易量第一,被有关部门重点调查。

截至2016年1月检察机关受理审查起诉该案时,主要存在以下几个争议焦点:

1. 事实证据方面的争议

(1)高频交易核心策略未能破译。伊世顿公司交易的模式无法还原。我们只知道该公司用高频交易的方式取得了巨额盈利,但尚未破解该公司的盈利关键。由于高频交易的主程序由境外人员远程控制,在境内工作的高某、梁某等人也无法详细说清,交易行为与市场交易价量之间的因果关系难以论证。

(2)查获的违法事实数量有限。经侦查,伊世顿公司的期货交易存在以下特征:

①该公司是外资以贸易公司名义在境内注册,规避了外资进入股市的QFII监管规定;

②使用高频交易,且速度极快,每秒交易最高达到33次;

③交易量极大,日均交易IC、IF合约达15万余手,占据市场第一;

④违规借用了26个他人账户,没有按规定申报;

⑤擅自使用自有交易系统伪装成期货公司提供交易系统入场交易;

⑥存在自成交和虚假撤单的违规行为;

⑦盈利能力很强,400万元入市,仅2015年6月至7月初的25个交易日内逆势获利达3.89亿元。

以上7个特征中,第①④⑤⑥条存在明显违规,其中只有第⑥条符合《刑法》第182条关于操纵期货市场的规定,但数量远没有达到司法解释规定的追诉标准。

(3)犯罪嫌疑人均不认罪。高某、梁某都辩称是公司外围人物,不了解核心交易策略,没有犯罪故意;金某自称华鑫期货公司技术人员,更不接触具体交易。

2. 法律适用方面的争议

(1)刑法没有明确规定。《刑法》第182条规定的第1~3项均不适用本案,定罪必须适用第4项“其他方法操纵期货市场”的兜底条款。

(2)司法解释也没有明确规定。最高人民检察院、公安部《追诉标准(二)》第39条第1~7项全部不适用本案,只能援引第8项“其他情节严重的情形”的兜底条款。

这种双兜底的法律适用,没有任何先例可循。在事实证据极不清晰的情况下,如果贸然适用、无法自圆其说的话,势必招致辩护方乃至社会公众的质疑,影响整个案件效果。

(三)办理案件的主要做法

1. 检索交易数据,归纳交易规律

由于交易策略无法破解,犯罪嫌疑人交代也没有价值。我们只能求助于案件中最客观的证据,也就是交易数据。因为无论伊世顿公司使用什么方式进行交易,必定会在数据上留下痕迹。前期,中金所工作人员花了整整一个月的时间跑了伊世顿公司192万笔交易数据和涉及的60万个交易行情数据,形成了一份相对完备的分析报告。报告罗列了伊世顿公司的交易量、自成交量、虚假撤单量、委托价格、成交价格与其他市场前十大交易客户的比对情况、成交行为和市场后5笔行情的走势数据。分析报告来自中金所权威部门,内容只是对数据的罗列,客观中立、真实可信。我们对这些数据进行了一一比对,发现两个反常之处:

(1)高买低卖

伊世顿公司每次申报买入和实际买入的价格大多比市场即时行情高,申报卖出和实际卖出的价格大多比市场即时行情低。这与高抛低吸、待价而沽的市场基本逻辑背道而驰。根据我们自己的经验,这种行为从主观上说表明有强烈的成交愿望,从客观上说如果成交量足够大时,可能会对市场行情产生影响。

(2)买卖行为与市场行情的正相关关系

从伊世顿公司买进或卖出后5笔行情来看。当伊世顿公司处于净买入状态时,后5笔市场行情均价上涨的次数超过64%;反之,净卖出时,后5笔行情均价下跌的次数也超过64%。而当伊世顿公司净买入或净卖出数量超过全市场30%时,后5笔市场行情均价上涨或下跌的次数高达近70%~80%,只有当伊世顿公司买卖均衡时,上述涨跌次数才回归到50%左右。这体现伊世顿公司的买卖行为对市场行情的影响是客观存在的。

然而,这仍然只是表象,没有揭示出实质问题。伊世顿公司作为期货市场参与者,没有任何一条规定禁止他们高买低卖,而且市场行情本来就取决于参与者的买卖互动,理论上说任何买卖行为都会对市场有影响,所以我们梳理出的这两条规律,仍不能解答伊世顿公司如何操纵市场的问题。

2. 听取专家意见,深挖案件事实

当时的逻辑链是伊世顿公司有违规入市行为——伊世顿公司有擅自更换交易系统的行为——伊世顿公司高买低卖,大量交易股指期货——伊世顿公司交易行为对股指期货交易价格和交易量存在影响并巨额获利。我们经过反复论证,认为其中仍缺少关键环节。因为违规入市、更换交易系统、大量交易、高买低卖等有的违规不违法,有的根本连违规都不是。而该公司交易行为对市场行情产生影响,并获取巨额利益,只是结果,不是原因。当中仍然缺乏最关键的环节,就是伊世顿公司用什么方法让自己的高买低卖能够影响市场行情,又如何从这种违背市场逻辑的交易行为中获利的?

要解答这个问题,仅靠我们临时学习的期货知识远远不够,必须借助专业人士的力量。检察机关召集了大学教授、大型资管公司或基金负责人等多名业内重量级人士进行内部研讨。专家的意见虽然也不统一,但他们都不约而同地关注到伊世顿公司擅自更换使用的交易系统,认为这套交易系统相当可疑。

需要说明的是,交易系统和高频交易软件是两个功能不同的软件系统,扎某等人研发的高频交易软件是策略系统,决定买还是卖、什么时候买卖、买卖多少,相当于人的大脑。交易系统是执行系统,负责将高频交易软件所作的决定传递到中金所的交易平台,落实成最终的交易结果,相当于人的身体。使用什么策略软件是交易者自己的事情,中金所并不干预。但使用什么交易系统,一是牵涉到与中金所系统的数据对接,二是关系到交易的程序是否符合期货交易条例的规定,中金所规定必须是经过该所测试认证的系统才能使用。

本案伊世顿公司是在华鑫期货公司开户,华鑫期货公司先前购买了中金所下属中金技术公司开发的飞马交易系统,提供给伊世顿公司使用,并委派技术总监金某负责技术保障。但伊世顿公司的扎某团队却自行开发了一套名为 Risk Management的软件(以下简称 RM 软件),并用 125 万元收买金某,让其帮助将这套软件用技术方法伪装成飞马软件,接入中金所系统进行交易。

根据专家的讨论意见,检察机关将疑点集中到涉案的 RM 交易系统上,是伊世顿公司为什么放着免费的飞马交易系统不用,要去自行开发并冒着风险使用这套 RM 软件。据嫌疑人的供述,是说高频交易对于交易速度非常敏感,往往为了提升毫秒、微秒级的速度,不惜耗费巨资。扎某团队嫌弃飞马软件太慢,所以开发使用 RM 系统。

于是我们围绕 RM 系统为什么比飞马系统快的问题进行分析,发现了本案的关键问题。因为我国的期货交易限定由交易所会员,也就是期货公司进行,客户必须通过期货公司交易。之所以这样规定,是赋予期货公司验证客户资金和持仓的权利,以便过滤掉一些超过保证金比例的交易申报。根据这一规定,伊世顿公司的交易指令要转化成交易结果必须经过三个步骤,一是将交易指令传递到华鑫期货公司,二是华鑫期货公司进行资金验证,三是由华鑫期货公司传递到交易所进行交易。飞马系统是完全按照期货交易规定开发的,通过飞马系统下达指令,能自动走完上述三个步骤。尽管都是用自动化方式快速完成,但毕竟三个步骤都要消耗时间。而伊世顿公司擅自更换的 RM 系统正是将这三个法定的步骤,简化成一个步骤,即交易指令直接下达到中金所交易,这样就争取到一些细微的时间,形成速度优势。对高频交易而言,这些细微的交易速度优势,就能让自己占得市场先机。

在这样一种大胆的假设下,检察机关协调证监会、中金所再次检索了伊世顿公司的全部 192 万笔交易数据。事实证明了我们的假设。在每个 500 毫秒的交易行情区间中,伊世顿公司的交易报单有 92% 能在前 100 毫秒到达,77% 的报单速度跑进市场前 10% 的范畴,速度优势相当明显。而这一速度优势建立在伊世顿公司擅自使用不合规的交易系统,违反期货交易条例明确规定的交易程序所取得,属于非法获取的速度优势。

3. 找准操纵模式，构建指控框架

在补齐非法获取速度优势这一环后，我们将这个速度优势和先前已经掌握的伊世顿公司违规控制他人账户隐瞒巨大成交量、高买低卖违背市场逻辑的交易申报价格等特征相结合，所有疑云豁然开朗。

股指期货市场按如下成交规则和定价机制运行：首先，市场采用"时间优先、价格优先"的交易撮合规则，就是速度快、价格高的买单，或者速度快、价格低的卖单，优先成交。其次，最新一笔的交易价格是确定市场即时行情价格的重要依据。根据这一原则，伊世顿公司的操纵模式体现为：

(1)擅自使用自有交易系统，非法获取速度优势，满足"时间优先"的条件。

(2)以高买低卖的报价，形成价格优势，满足"价格优先"的条件。

(3)以巨大的成交量，形成数量优势，消化市场上最优价格的反向报单。

(4)以密集的成交行为，推动市场行情的变化，为下一轮反向交易创造条件。

举例说明：假定市场行情是 3000 点，有 10 名空方投资者提交卖单分别是 3001 点、3002 点、3003 点、3004 点、3005 点、3006 点、3007 点、3008 点、3009 点、3010 点。伊世顿公司和其他 9 名多方投资者竞买，其中伊世顿公司抢先一步提出 5 份 3005 点的高于市场行情价的买单申请。则根据"时间优先、价格优先"的原则，上述 10 个卖单中 3001 ~ 3005 点 5 个买单都被伊世顿公司成交掉。其余 9 名多方投资者由于缺乏速度优势，等他们报单到达时，就只能去竞逐剩下的 3006 点到 3010 点这 5 个卖单，市场行情也随之上涨到 3010 点。距离伊世顿公司收购的最高价 3005 点之间就出现了 5 个点的盈利空间。伊世顿公司在下一个行情区间，继续利用速度优势，以低于市场价的 3008 点的卖单把先前买来的 5 个合约抢先卖掉，则可以获得 3 个点的盈利。

从以上这个过程来看，伊世顿公司一是利用违规行为形成的不正当速度优势，偏离的价格优势、巨大的数量优势，抢占了市场最优价格成交机会，形成短时间内大规模消化市场反向报单的能力。这意味着其他交易者能够获得的最优价格报单数量相应被减少甚至没有。特别是那些按规定将报单通过期货公司验证的合规投资者，由于交易速度不及采取直连交易的伊世顿公司，其交易机会必然被伊世顿公司所抢占。

二是干扰了市场定价机制。伊世顿公司通过抢占市场最优价格成交机会，压缩同方向交易者的成交空间，使价格比其接近行情的报单无法成交，只有价格更加偏离报单才能获得成交机会，必然造成市场行情向更加偏离的方向变动，形成买单助涨、卖单助跌的不正常行情态势。而伊世顿公司就是利用这种反常的行情变化来谋取非法利益的。

三是对市场交易价格产生了实际影响。体现为刚才讲到的该公司净买入或净卖出时,后 5 笔市场行情均价上涨或下跌的概率超过 64%;净买入或净卖出数量超过全市场 30% 时,后 5 笔市场行情均价上涨或下跌的概率高达 70% ~ 80%,远远偏离了 50% 的正常区间,表明确实存在影响市场交易价量的情况。只是由于这种干扰每次持续的时间较短,而且助涨助跌的方向频繁变换,具有很强的隐蔽性,往往难以被监管部门及时捕捉。

基于上述逻辑,中国证监会于 2016 年 7 月 27 日出具补充认定意见书,检察机关于 7 月 29 日提起公诉。

(四)准确适用兜底条款

正如在前述朱某明案件中对兜底条款的解析,我们认为,兜底条款其实就是立法者在立法当时意识到自己无法预见将来相关犯罪发展的态势,所以给司法机关处罚将来的新型操纵市场犯罪预留下司法空间。作为司法者要用好这个司法空间,既不能不敢使用,也不能滥用,还是要把握好同类解释的适用规则。根据这一规则,伊世顿公司的行为应当适用《刑法》第 182 条兜底条款追究刑事责任。

(1)行为方式相异性方面。伊世顿公司以非法速度优势来操纵期货市场的行为不属于任何一个列举条款所规定的范围。需要探讨的是本案的罪质是否具有相同性、危害是否具有相当性。

(2)罪质要素的相同性方面。《刑法》第 182 条规定的操纵期货市场,既包括对整个市场走势的全面操纵,也包括在特定时间段对特定期货交易价格和交易量的操纵。伊世顿公司利用不正当的交易优势,大量买卖股指期货合约,影响 IC、IF 主力合约的后 5 笔市场行情。虽然每次影响的幅度不大,根据我们对伊世顿公司交易的股指期货合约折算下来,每个合约盈利仅有 103 元,对应点数是 0.34 点,相比当时七八千点的点位而言,对市场影响甚小。但与该公司的成交量达 377 万手,且成交次数达 192 万笔,日均数万次地反复影响市场价格,完全符合操纵期货市场犯罪的刑法特征。

(3)危害程度的相当性方面。伊世顿公司的行为一是严重破坏了市场法治。一而再、再而三地违反相关法律规定,比如中国期货市场允许境外投资者进入,但必须通过专门的监管制度体系,但扎某等境外投资者却通过以境外资金注册国内贸易公司的方式,违规进行股指期货交易;中金所规定账户实控关系必须申报,但伊世顿公司却通过隐瞒账户实控关系，掩盖真实的交易规模和自成交、撤单数量；期货交易制度要求交易指令必须经过期货公司验证后下达，伊世顿公司却通过使用 RM 系统，进行非法直连交易。这一系列的违法违规行为侵害了市场监管的有效性。二是严重扰乱了市场的公平竞争秩序。伊世顿公司凭借不正当的速度优势、偏离的申报价格和巨大的报单数量，抢占最优价格成交机会，增加了同方向竞争对手的交易成本，使彼此不站在同一起跑线上竞争，严重破坏了市场主体的公平性。三是严重侵害了市场投资者的合法利益。期货交易是一种零和交易，赢和亏存在对应关系。伊世顿公司抢占的成交机会、非法获利多了；则别的交易者的成交机会就会减少，进而亏损也大。伊世顿公司获取的 3.893 亿元高额非法利润的背后必然是其他投资者相对应的亏损。这样的盈亏结果不是来自公平的交易博弈，而是建立在伊世顿公司非法行为基础之上。综合这几点，我们认为伊世顿公司的行为危害相当甚至超过《刑法》第 182 条、《追诉标准二》第 39 条明确列举的条款。

（4）本案的犯罪情节方面。伊世顿公司在涉案 25 个交易日内共成交 192 万余笔，涉及行情区间 60.5 万余次。也就是说，该公司平均在每个交易日 4.5 小时的交易时段内，反复实施非法交易行为 76,000 多次，影响波及 24,000 多个行情区间，对市场交易秩序造成了相当严重的破坏。同时，该公司在这 25 个交易日内，以非法交易的手段，获得 3.893 亿余元的巨额非法利润，造成了其他投资者的重大损失。根据其犯罪情节，我们认定伊世顿公司不仅符合“其他情节严重的情形”，而且属于情节特别严重。对犯罪嫌疑人应当在 5 年以上 10 年以下追究刑事责任。

需要说明的是，《刑法》第 182 条中的“情节特别严重”没有司法解释界定，但没有司法解释不等于不能认定。立法者既然在刑法中设置了“情节特别严重”的规定，司法实践中就肯定存在能与之相对应的犯罪行为。根据伊世顿公司操纵期货市场行为的严重社会危害性及其 3.89 亿余元的巨大犯罪数额，我们认定本案情节特别严重，法律依据是充分的。

（五）出庭和判决情况

1. 出庭准备工作

由于案情重大复杂、争议比较大，检察机关精心制作了出庭预案。出庭预案总共 64 页，30,000 多字，而且几易其稿，不仅包括讯问提纲、举证提纲、公诉意见书、答辩提纲等内容。而且还有质证提纲，应对辩方对证据的质证意见。有法庭应急处置预案,应对庭审中可能遇到的各种各样问题。

(1)讯问被告人方面,尽量以封闭性问题为主,从本案查明的客观事实,深入揭示伊世顿公司和3名被告人行为的违法性和危害性。

(2)举证示证方面,为确保举证环节紧凑,将全案证据分组出示,并制作PPT和图表进行辅助说明。

(3)质证方面,全面预测辩方可能对各组证据提出的异议,原则上对涉及证据真实性、合法性的异议予以及时回应,涉及证据相关性的质证意见,留待辩论阶段详细答辩。

(4)公诉意见方面,分为四个部分。最主要是第一部分,关于认定操纵期货市场罪方面。按照事实发展的逻辑,从伊世顿公司一系列违法违规行为,为操纵市场创造条件;滥用高频交易手段,取得不正当交易优势;利用不正当优势,影响市场交易价格;违反刑法规定,构成操纵期货市场犯罪;三名被告人的地位作用等进行阐述。第二部分是阐述本案的严重社会危害性。第三部分是简单论述金某另外构成的职务侵占罪。第四部分是本案的量刑情节。

(5)答辩方面,全面预测了辩方可能在事实证据、法律适用、量刑情节等各方面提出的辩护意见,比如关于伊世顿公司行为违法不犯罪的问题、RM系统是华鑫期货公司授权开发的问题、RM系统自带风控功能不构成直连交易的问题、认定操纵期货市场罪是否违反罪刑法定原则的问题等,一一做好答辩准备。

(6)法庭应急处置方面,预测了11种突发情况,包括被告人突然申请回避、突发疾病、情绪失控、辩方突然提出排非、申请证人出庭等,制定了应对预案,确保庭审有序进行。

2. 法院庭审情况

2016年4月21日,上海市第一中级人民法院开庭审理本案,3名被告人均认罪伏法,公诉人在扎实准备基础上,深入揭示伊世顿公司及各被告人的犯罪事实、危害后果及法律责任,阐释了检察机关惩治犯罪、维护金融市场秩序的立场和决心,庭审取得良好效果。

2016年6月23日,法院对伊世顿案件作出判决,以操纵期货市场罪判处伊世顿公司罚金3亿元;判处高某有期徒刑3年,缓刑4年;判处梁某有期徒刑2年6个月,缓刑3年。以操纵期货市场罪、职务侵占罪判处金某有期徒刑5年。判决已生效。

三、办理证券类案件的几点经验

(一)重视客观证据的收集运用

证券犯罪具有专业性、隐蔽性、非接触性等特征,往往合法行为与非法行为相互交织,罪与非罪的抗辩空间较大。一些行为人到案后对主观故意、犯罪手法、行为性质进行不实辩解,司法机关却较难找到旁证予以驳斥。对此,我们要更加重视对客观证据的收集运用,因为绝大多数的证券犯罪都是通过电子化、网络化的交易模式,以公开的市场交易行为来实施的,交易资金和非法获利都必须通过第三方存管账户流转,必然会留下各种痕迹,需要我们提高对此类电子证据的收集和分析能力。比如:

1. 交易数据。通过从交易所调取的涉案账户的交易数据,我们可以发现那些与市场逻辑相反、与一般投资者选择相异、与行为人以往交易习惯相悖的异常交易行为,可以找出不同账户间不正常的趋同交易行为,从中推断行为人非法交易的逻辑和主观想法,同时也可以掌握证券犯罪的规模、频率、后果、非法所得数额等犯罪构成要素。这点我们在伊世顿案件中发挥了很大作用,通过交易记录,初步理顺了伊世顿公司的交易模式,为明确下一步办案思路明确了方向。

2. 网络轨迹。通过调取 IP 地址、MAC 地址等网络轨迹证据,我们可以掌握涉案账户的登录地点、登录设备,锁定真实的账户控制人。比如,朱某明操纵证券市场案中,我们通过比对涉案账户登录的 IP 地址与朱某明本人的行动轨迹,MAC 地址与朱某明登录其个人网银、网购账号的硬件设备 MAC 地址等数据,得出相关账户系朱某明控制的唯一排他性结论,从而击破其不实辩解。

3. 资金流水。通过调取银证转账的第三方存管账户,我们可以跟踪每一笔涉案资金的出入的来源及流向,可以发现特定时间段内大笔资金的异常出入情况,结合相关的交易情况,完整还原证券犯罪的客观事实,进而推定行为人的主观故意。

需要说明的是,电子证据可复制性、可修改性强,应重点审查收集的程序是否合法,是否采取必要的保全措施,是否经过篡改,是否感染病毒等,确保证据的真实性、合法性。

(二)做好与证券监管部门的衔接

证券犯罪是行政犯,以行政违法为前提,必须是行政违法严重程度达到犯罪标准的行为。这里所说的行政违法性确认为前提,不等于行政处理程序前置。行政违法性确认既可以依据证券监督管理部门出具的有效行政认定文书,如《行政处罚决定书》《移送函》《认定函》,也可以由司法机关根据《证券法》《期货交易管理条例》等行政法律、行政法规的明确规定径行确认,区别在于对行政违法性的确认难度。由于证券领域专业性较强,对一些新型的、复杂的行为应如何定性,司法机关难以把握也不宜直接把握。最高人民法院、最高人民检察院、公安部、中国证监会《关于办理证券期货违法犯罪案件工作若干问题的意见》第 4 条规定:"公安机关、人民检察院和人民法院在办理涉嫌证券期货犯罪案件过程中,可商请证券监管机构指派专业人员配合开展工作,协助查阅、复制有关专业资料。证券监管机构可以根据司法机关办案需要,依法就案件涉及的证券期货专业问题向司法机关出具认定意见。"据此,可以商请证券监管机构作出行政认定。在伊世顿案件中,我们不仅商请中国证监会出具了 2 份认定意见,还促成中国证监会人员到庭作证。问题在于:证监会人员不属于四类人员中的任何一类,对其出庭程序难以把握。

需要指出的是,司法实践中许多证券犯罪案件,源于证券监管部门向公安机关移送。证券监管部门在移送前已经进行过行政执法调查,其收集的物证、书证、视听资料、电子数据等证据材料,在刑事诉讼中可以直接作为证据使用;制作的证人证言、调查笔录等则必须经过司法机关重新收集后才能使用。

(三)积极参与证券市场综合治理

惩治证券犯罪是检察机关的应有职责,但刑事规制只是最后防线,并非唯一手段,需要发挥行政监管、行业自律的重要作用,做到事前有防范、事中有监督、事后有处罚,尽可能将问题解决在刑事手段介入之前。如本案中,证券公司应加强对经纪人违反从业禁止的查处;电视台应完善对嘉宾股评行为的合理限制;交易所应提高发现异常交易的能力;证监会应在行政层面加大对"抢帽子"操纵行为的处罚力度;广大投资者应理性投资,不盲目听信股评。同时,检察机关也应充分发挥职能作用,对办理证券案件中发现的普遍性问题,可通过"检察建议"等途径向证券监管部门提出,共同加强资本市场监管和相关制度建设。比如,上海检察机关每年都会向社会公开发布《金融检察白皮书》,集中通报过去一年查处金融证券犯罪中发现的突出问题,建议银保监部门、证监部门、金融主管部门强化制度建设、开展专项治理,各方共同努力,守卫证券市场的公平秩序。

案例教学：民刑交叉视野下的新型侵财案件

李　哲* 国家检察官学院
徐　然** 中国政法大学
赵　玉*** 国家检察官学院

目　次

* 李哲，国家检察官学院副教授、法学博士。
** 徐然，中国政法大学副教授、法学博士。
*** 赵玉，国家检察官学院教授、法学博士。

【案例1】李某盗窃案①

2012年11月26日,被告人李某以购买汽车为由向中国农业银行股份有限公司(以下简称农业银行)某支行申请开办金穗乐分卡(特种信用卡),留存手机号码为134××××××××。李某因没有实际购车,农业银行直到2013年4月28日仍持有卡号为6228×××××××2051的金穗乐分卡(以下简称"2051卡")。李某通过留存手机号码联系农业银行信用卡中心客服,获取金穗乐分卡的卡号,并成功激活。2013年3月3日7时许,李某注册为某交易平台用户,随后利用某交易平台明确禁止的方式,即利用"2051卡"对信用卡进行还款成功。2013年3月15日,李某发现"2051卡"超出额度后还可以向其他信用卡成功还款,但某交易平台规定最多向10张信用卡进行还款,且每张卡最多还款人民币5万元。为规避该规定,李某使用自己以及别人的身份信息,在中国银行股份有限公司的手机银行注册了600余个虚拟信用卡账号,利用某交易平台存在的漏洞,以逐步蚕食的方式秘密转移农业银行资金6038万余元至上述账号以及李某持有的建设银行、工商银行、交通银行、农业银行、中国银行的银行卡上。另有人民币890万元在转移到中国银行的银行卡上之前被某交易平台拦截并冻结。李某将套取的资金用于银行存款,购买车子、房子,偿还债务,个人消费等。案发后,某交易平台赔付农业银行人民币60,386,465元,某交易平台从公安机关领取涉案款物人民币44,780,801.53元。

公诉机关以信用卡诈骗罪对李某提起公诉,指控其犯罪数额为60,386,465元,其中5148万元既遂,890万元未遂。法院经审理认为,被告人李某以非法占有为目的,窃取他人财物共计人民币60,386,465元,其中51,486,465元既遂,890万元未遂,数额特别巨大,其行为构成盗窃罪。李某在没有占有农业银行人民币60,386,465元的合法根据的情况下,利用某交易平台的漏洞,将上述资金非法转移到其持有的银行卡上并作为其所有物进行支配,该行为符合盗窃罪犯罪构成要件。李某及其辩护人关于本案中李某行为性质的辩解和辩护意见,不能成立。公诉机关指控李某犯信用卡诈骗罪的罪名不当,应予纠正。李某虽能如实供述自己的罪行,但其盗窃数额特别巨大,应当依法予以严惩。赣州中院以盗窃罪判处被告人李某无期徒刑,剥夺政治权利终身,并处没收个人全部财产。同时判处继续追缴被告人李某的其他盗窃犯罪所得6,705,663.47元,发还被害人。

一审宣判后,被告人李某不服,向江西省高级人民法院提出上诉。江西省高

---

① 《李某信用卡诈骗、非法拘禁案一审刑事判决书》,载中国裁判文书网,本专题仅节取李某成立盗窃罪的犯罪事实及判决情况,(2014)赣中刑二初字第2号。

级人民法院经审理认为,原判认定事实清楚,证据确实、充分,定罪准确,审判程序合法,但鉴于李某及其家属积极退赃,并得到被害方的谅解,可以对其从轻处罚。二审法院将李某的量刑改判为有期徒刑15年,并处罚金100万元,其他维持原判。

【案例2】江某盗窃案

江某盗窃罪一审刑事判决书

杭州市拱墅区人民法院

刑事判决书

(2016)浙0105刑初562号

公诉机关:杭州市拱墅区人民检察院。

被告人江某,男,1988年10月13日出生,汉族,浙江省常山县人,高中文化程度,原杭州某时装有限公司员工、杭州城西银泰城某店店长,户籍所在地浙江省常山县。因本案于2016年4月29日被杭州市公安局拱墅区分局刑事拘留,同年6月2日被逮捕。现押于杭州市拱墅区看守所。

辩护人洪某,浙江某律师事务所律师。

杭州市拱墅区人民检察院以杭拱检刑诉(2016)549号起诉书,指控被告人江某犯盗窃罪,于2016年10月8日向本院提起公诉。本案适用简易程序,后于2016年11月23日转为普通程序审理,本院依法组成合议庭,公开开庭审理了本案。杭州市拱墅区人民检察院指派代理检察员李某1出庭支持公诉,被告人江某及辩护人洪某到庭参加诉讼。本案现已审理终结。

杭州市拱墅区人民检察院指控:2015年12月,被告人江某在担任杭州城西银泰城某店店长时,偶然发现在店内POS机上埋单获取银泰会员卡积分后再退单时,积分不会扣减,其遂开始以上述方式盗取积分。被告人江某盗取积分除自用外,还通过将积分兑换成积分抵用券出售给他人及直接往他人提供的银泰会员卡中盗充积分的方式牟利。经核查,截至案发时,被告人江某共往8张银泰会员卡中盗充积分47,131,876分,剩余积分3,340,240分。经查明,每100分银泰会员卡积分可以折抵1元人民币。

为证实上述指控事实,公诉机关提供了证人沈某1、陈某、段某、姜某、刘某、周某、王某1、张某的证言、被害单位代表齐某的陈述、抓获经过、扣押清单、交易记录等书证、辨认笔录、被告人江某的供述与辩解等证据予以证实,认为被告人江某的行为已构成盗窃罪,要求依法予以惩处。

被告人江某对公诉机关的指控没有提出异议。其辩护人认为,公诉机关指控被告人盗充积分共计价值人民币470,000元,从中应扣除江某和王某2花真实购物后在会员卡上实现的积分的价值。积分兑换规则,100分可以抵1元,但积分兑换成礼券的价值低于理论价值。关于积分能够通过手机App实现的应定性为盗窃,通过VIP中心兑换成礼券的部分应认定为诈骗。被告人存在自首情节,能够如实供述。

经审理查明:2015年12月,被告人江某在担任杭州城西银泰城某店店长时,偶然发现在店内POS机上买单获取银泰会员卡积分后再退单时,积分不会扣减,其遂开始以上述方式盗取积分。被告人江某盗取积分除自用外,还通过将积分兑换成积分抵用券出售给沈某1等人及直接往他人提供的银泰会员卡中盗充积分的方式牟利。经核查,截至案发时,被告人江某共往8张银泰会员卡中盗充积分47,131,876分,经查明,每100分银泰会员卡积分可以折抵人民币1元,故上述积分折合人民币471,318余元。

2016年4月28日下午,民警接城西银泰城某店相关人员报警,称将被告人江某约至银泰城见面商谈赔偿事宜,民警遂赶至银泰城,并将赶来的江某带回公安机关调查。

公安机关将尚未抵扣使用的剩余积分3,340,240分,折合人民币33,402余元,予以冻结。案件有关人员沈某1、陈某共退出人民币128,108元,由城西银泰城某店领回。

认定上述事实并经庭审质证的证据有:

1. 被害单位代表齐某的陈述证明:2016年4月25日,齐某在客户维护积分排查时发现了城西银泰城某店铺店长江某使用8张银泰会员卡在某店内收银机上恶意操作刷单恶意累积银泰会员积分,并通过兑换成抵用券等方式消费,按照银泰的会员机制在使用积分抵现券购物消费时是可以直接抵现的,不需要实际支付现金。被消费的积分折合人民币共计439,727元。江某是城西银泰某店内的店长,该店铺和城西银泰是租赁关系,江某是由该店铺所在的公司管理的。

2. 证人沈某1的陈述证明:其于2016年1月至4月,共向叫"石头"的男子购买价值人民币300,000元左右的银泰积分或积分抵现券,后用于自用消费或出售获利,其对江某具体如何获得积分并不知道,但承认觉得积分不是正常获得的。

沈某1的辨认笔录证明:其辨认出所称叫"石头"的男子即为江某。

3. 证人陈某的陈述证明:2016年1月至3月,其以7折的折扣向江某购买银泰会员卡积分或积分抵现券,共支付江某人民币20,600元。其称购买的积分及积分抵用券都用于个人消费。其称其并不知晓江某的积分及积分抵用券是非法所得,江某没有说积分的来源,其也没有问过。

4.证人段某证言证明:2016年1月开始,其从江某处获赠70万分左右的银泰会员卡积分,其将积分兑换成抵现券后消费使用,其供称对上述积分系江某非法所得不知情。

5.证人姜某证言证明:其银泰会员卡是与妻子沈某1共同使用的,其从来没有使用银泰卡进行过100,000元以上的大额消费,其不知道自己会员卡内的积分情况,但其知道沈某1使用银泰会员积分兑换礼物、打折或者出售积分兑换的消费抵用券,沈某1是在自己的微信朋友圈上转卖并获利的。

6.证人刘某的证言证明:刘某系沈某1的母亲,于2016年三四月的时候自行办理了城西银泰的会员卡,会员卡是用其本人的信息登记,卡平时基本上都是其在使用的,但有时候沈某1会拿去停车用。其办卡至今消费3000～5000元,其并不知卡内积分的情况,其只知道银泰的积分在年底可以换一些礼品之类的东西。

7.证人周某的证言证明:周某系沈某1的婆婆,称其用自己的身份证办了一张银泰的会员卡,其办卡至今消费了10,000元左右,其不知道卡内有积分,不知道优惠券的事情。

8.接受证据清单、电子收款截图、收款收据证明:被害单位代表齐某向公安机关提交银泰电子收款截图一份,沈某1、陈某收款收据一份,证明陈某向银泰退8828元,沈某1向银泰退款119,280元。

9.抓获经过、全国公安综合信息查询结果证明:被告人江某系被动归案。在本案案发前无前科劣迹。

10.被告人江某的供述与上述证据相互吻合。

以上证据由公诉机关提交并经当庭质证,本院予以确认。

以上事实清楚,证据确凿充分,足以认定。

本院认为:被告人江某以非法占有为目的,采用盗充商城积分的方式秘密窃取单位财物,数额特别巨大,其行为已构成盗窃罪,公诉机关指控罪名成立。被告人江某归案后能够如实供述,在法庭上,当庭自愿认罪,予以从轻处罚。关于辩护人提出的积分数额认定部分、案件定性问题及是否认定自首等意见,经查,被告人江某及其妻子王某2花真实消费后的积分公诉机关已作剔除,并未计入犯罪数额。被告人江某盗充完积分的行为一完成,其盗窃行为即已既遂。对积分采取以何种方式兑现,并不影响其盗窃罪名。盗充完的积分按一定比例折现,在商场购物时按人民币使用,与理论价值无关。被告人系被动归案,自首情节无证据证实,故上述辩护意见均不予采纳。据此,依照《刑法》(2015 年修正)第 264 条、第 67 条第 3 款、第 52 条、第 64 条以及最高人民法院、最高人民检察院《关于办理盗窃刑事案件适用法律若干问题的解释》(法释〔2013〕8 号)第 14 条之规定,判决如下:

第一,被告人江某犯盗窃罪,判处有期徒刑十年,并处罚金计人民币 30,000 元(刑期从判决执行之日起计算,判决执行以前先行羁押的,羁押一日折抵刑期一日,即自 2016 年 4 月 29 日起至 2026 年 4 月 28 日止。罚金限判决生效后一月内缴纳)。

第二,责令被告人退出非法所得计人民币 309,808 元。

如不服本判决,可在接到判决书的第二日起十日内,通过本院或直接向杭州市中级人民法院提出上诉。书面上诉的,应当提交上诉状正本一份,副本二份。

审判长　石某

人民陪审员　王某

人民陪审员　周某

二〇一七年一月二十三日

代书记员　陈某

一、刑法与民法关于案例一的对话

(一)刑法视角下对新型支付案例分析

随着我国移动支付的迅猛发展,利用新型支付手段实施的犯罪也越来越多。移动支付包括手机银行支付和第三方移动支付,特别是第三方移动支付在移动支付中占据绝对优势地位。某咨询公司统计数据表明,2016 年和 2017 年我国移动支付,特别是第三方支付呈爆发式增长,而第三方支付一般都与信用卡相连接。犯罪手段的变化,是否影响罪名的实质认定,成为司法实务亟须解决的问题。信用卡犯罪是当前金融犯罪中的高发类型,从司法实践中信用卡犯罪的情况来看,不仅涉案金额持续增长,社会危害性日益严重,而且手段不断翻新,导致法律适用错综复杂,办案难度日趋加大。

对于案例一中李某的行为,有人认为应当构成信用卡诈骗罪。信用卡诈骗罪,是指以非法占有为目的,利用信用卡进行诈骗活动,骗取数额较大财物的行为。《刑法修正案(五)》将《刑法》第 196 条第 1 款修改为:"有下列情形之一,进行信用卡诈骗活动,数额较大的,处五年以下有期徒刑或者拘役,并处二万元以上二十万元以下罚金;数额巨大或者有其他严重情节的,处五年以上十年以下有期徒刑,并处五万元以上五十万元以下罚金;数额特别巨大或者有其他特别严重情节的,处十年以上有期徒刑或者无期徒刑,并处五万元以上五十万元以下罚金或者没收财产:(一)使用伪造的信用卡,或者使用以虚假的身份证明骗领的信用卡的;(二)使用作废的信用卡的;(三)冒用他人信用卡的;(四)恶意透支的。"

该条规定了构成信用卡诈骗罪的主要为四种行为,一是使用伪造的信用卡或者使用以虚假的身份证明骗领信用卡的,二是使用作废的信用卡的,三是冒用他人信用卡的,四是恶意透支的。本案中李某没有使用伪造的信用卡,没有以虚假的身份证明骗领信用卡,没有使用作废的信用卡,也没有冒用他人信用卡。因此,如果要认定李某构成信用卡诈骗罪,只有可能属于恶意透支型。2009 年最高人民法院、最高人民检察院《关于办理妨害信用卡管理刑事案件具体应用法律若干问题的解释》(以下简称《2009 年解释》)规定,持卡人以非法占有为目的,超过规定限额或者规定期限透支,并且经发卡银行两次催收后超过 3 个月仍不归还的,应当认定为《刑法》第 196 条规定的"恶意透支"。按照案发时司法解释,即《2009 年解释》的规定,本案有两个理由否定李某的行为属于恶意透支,一是需经发卡银行两次催收超过 3 个月仍不归还,本案中农业银行并没有对李某进行催收;二是恶意透支的对象是行为人信用额度范围内的数额,本案李某农业银行信用卡的透支限额是 26 万元,但李某的犯罪对象并非仅针对农业银行授予的 26 万元额度,而是发现漏洞可以超 26 万元透支额度后转账 6000 余万元巨额款项。因此,李某的行为不构成恶意透支,也就不成立信用卡诈骗罪。

本案李某主要利用某交易平台支付系统技术上存在的漏洞,绕开了农业银行对最高透支额度的控制。农业银行并非基于认识错误处分财物,而是不知道存在超出限额的交易本身的存在。从李某的一系列行为可反映出李某利用银行系统漏洞获利时,其主观上自认为农业银行和某交易平台公司均未发觉其行为,客观上农业银行和某交易平台公司也确实未发现存在漏洞和超额支付。因此,李某的行为符合盗窃的条件,而不符合信用卡诈骗的条件。

(二)民商法视角下对信用卡诈骗案件分析

司法观点的演进与发展:

1. 2011 年欧某案

持卡人欧某透支了信用卡 6 万元未还,在 3 年时间里,持卡人欧某还了 12 万余元后,还欠下银行 7 万余元的本金和滞纳金等。北京市第一中级人民法院以信用卡诈骗罪,终审判处欧某 2 年有期徒刑,罚金 2 万元。此前,欧某认为收取滞纳金是“霸王条款”,曾分别起诉银行和原银监会,不过均已败诉。

民商法视角关注点:持卡人透支 6 万元,已经清偿 12 万元的情况下,以 7 万元直接入刑是否妥当。本质上信用卡是持卡人与银行之间的借款合同,当持卡人已经清偿了本金 6 万元本金和 6 万元利息、滞纳金,剩余未清偿的 7 万元属于银行的高额利息,适用民法法律还是直接入刑,体现了我国司法体系对金融机构和金融消费者以谁为保护重心的理念。

2. 2011 年袁某案

袁某出现信用卡刷卡“成瘾”行为,并办理多张信用卡。后袁某失业,仍然不停办卡、透支。袁某父亲在帮儿子清偿几次后,向北京各家银行信用卡办理中心邮寄挂号信,说明袁某的“成瘾”情况,并披露袁某已经没有工作,没有收入,无力偿还信用卡,请求办卡中心不要向袁某发放信用卡。此后,信用卡中心仍不断给袁某发放信用卡,父亲老袁在为儿子还款 10 余万元后,再无力支付。一审判处袁某有期徒刑 2 年 6 个月,袁某提出上诉。2011 年北京市一中院二审改判其有期徒刑 2 年 4 个月。

民商法视角关注点:持卡人袁某是否具有持有并使用信用卡的行为能力。依据我国《民法典》,成年人的行为能力可以分为无行为能力、限制行为能力和完全行为能力。持卡人申请办理信用卡行为是与银行签订借款合同的行为,首先需要依据当事人的具体辨识能力判定持卡人的行为能力。如果行为人系无行为能力或者限制行为能力人,那么其签订的合同法律效力应属于可撤销合同。本案中,持卡人袁某已经表现出刷卡“成瘾”行为,并且袁某的父亲已经以挂号信的形式通知银行持卡人已经没有还款能力,在这种情况下,银行很难成为“善意”相对人,所以对于信用卡合同是不是有效合同是首先应该考虑的问题。如果本信用卡合同可以成为有效合同,那么在合同签订过程中,作为合同相对方银行的注意义务(本案主要表现为还款能力的核查)将会被虚化,而加重了持卡人一方的责任,显然对于合同双方是不公平的,有违合同法平等的法律原则。

3. 2015 年梁某权、梁某艺案

梁某权、梁某艺兄弟透支光大银行信用卡,用于生产经营,后经营不善无力偿还,检察院以信用卡诈骗罪提起公诉,法院认为其二人主观上不具有“非法占有目的”,行为不构成信用卡诈骗犯罪,只是一般的民事纠纷。2018 年最高人民法院相关司法解释规定:透支信用卡用于经营无力偿还,不构成犯罪。

民商法视角关注点:“非法占有目的”不能仅以“无力偿还”的结果进行认定,应该追溯到办卡和透支时持卡人具体收入和消费情况进行客观判断。银行向持卡人发放信用卡,说明银行认同持卡人的消费能力和还款能力,而在还款过程中持卡人的还款能力发生了由于非主观能控的变化,导致无力偿还,此种情况不能认定持卡人有主观恶意,也就不能适用“非法占有目的”,不符合信用卡诈骗罪的要件,不构成犯罪。但双方签订的合同依然是生效合同,持卡人依然应承担还款义务。

4. 2017 年李某东案

《今日说法》主持人李某东,刷中国建设银行信用卡消费 18,869.36 元,因绑定自动还款的储蓄卡余额不足,剩 69.36 元没还清,10 天后产生了 317.43 元利息。李某东认为,建行信用卡“全额计息”的规定不合理,将建行告上法庭,要求法院确认银行该规定无效,退还利息。李某东一审败诉。2017 年 12 月 29 日,二审李某东胜诉。

民商法视角关注点:我国一直非常重视对于金融机构利益的保护,原因在于传统的银行或者信贷合作社中的资金主要来自广大储户的存款,所以对于金融机构的保护,等于保护广大民众的利益。但是近十年,银行或者信贷合作社已经公司化运行,并且多数国有银行已经成为上市公司。从公司法角度而言,银行自有资产已经是独立于储户和股东的独立资产。保护银行的利益,已经不代表保护广大储户的利益。所以,为了适应经济发展现状,应该从强化保护银行利益的司法倾向,转向保护金融消费者。本案中,持卡人透支 18,869.36 元,剩 69.36 元没还清,而银行依然全额计息,缺乏合理性支撑,信用卡合同应该适用合同法平等、公正的基本原则。

(三)2018 年信用卡犯罪司法解释的解读

2018 年 12 月 1 日实施最高法人民法院、最高人民检察院《关于修改〈关于办理妨害信用卡管理刑事案件具体应用法律若干问题的解释〉的决定》(以下简称《2018 年解释》)对《2009 年解释》作出修改,修改内容主要集中于恶意透支型信用卡诈骗的规定。这次修改缘于司法部门意识到,信用卡诈骗罪中规定的四种行为,恶意透支与使用伪造的信用卡、使用虚假的身份骗领的信用卡、冒用他人信用卡等信用卡诈骗存在重大区别,恶意透支型信用卡诈骗本质上基于持卡人与发卡银行的民事债务纠纷,不宜过分依靠刑法手段。

1. 完善了恶意透支“以非法占有为目的”的主观要件

《刑法》第196条规定,“以非法占有为目的”是区分恶意透支和民事纠纷、民事欺诈的重要标准。但实践中“以非法占有为目的”已被虚化,《2009年解释》第6条第2款列举了6条推定型事由,即只要行为人有以下情形之一,就应当认定为“以非法占有为目的”:一是明知没有还款能力而大量透支,无法归还的;二是肆意挥霍透支的资金,无法归还的;三是透支后逃匿、改变联系方式,逃避银行催收的;四是抽逃、转移资金,隐匿财产,逃避还款的;五是使用透支的资金进行违法犯罪活动的;六是其他非法占有资金,拒不归还的行为。这种唯结果论的推定,不符合信用卡诈骗犯罪所要求的行为之初或行为之中就形成主观犯意——非法占有目的的立法本意。信用卡是建立在个人信用基础之上的个人日常信贷消费产品,先消费后还款的透支功能是基于个人和银行之间的合意成立。行为人的“透支”是按照个人和银行的协议实施的合法行为,不能因为后续无法还款推定“透支”行为时的恶意。

《2018年解释》在《2009年解释》规定的基础上作了两个重大修改:一是增加了一个条款,即对于是否以非法占有为目的,应当综合持卡人信用记录、还款能力和意愿、申领和透支信用卡的状况、透支资金的用途、透支后的表现、未按规定还款的原因等情节作出判断。不得单纯依据持卡人未按规定还款的事实认定非法占有目的。特别强调不得单纯依据未按规定还款的事实认定非法占有目的,扭转了司法实践中长期将只要透支后无法按规定还款即入罪的错误倾向。二是将推定“非法占有为目的”6种情形中的第2种“肆意挥霍透支的资金,无法归还的”情形,修改为“使用虚假资信证明申领信用卡后透支,无法归还的”情形。《2018年解释》在坚持主客观相一致原则上迈进了一步,在认定“恶意透支”的主观目的时结合客观情况,考量行为人在申办信用卡时是否使用虚假的资信证明材料等。对于信用记录良好、收入稳定合法的持卡人,在正常的透支消费后,基于出现意外事件或者其他客观原因,造成不能还款的,不应认定为以非法占有为目的。

2. 规范了催收的形式

《2018年解释》规定持卡人以非法占有为目的,超过规定限额或者规定期限透支,经发卡银行两次有效催收后超过3个月仍不归还的,应当认定为《刑法》第196条规定的“恶意透支”,此处与《2009年解释》相比,“催收”多了个限定词“有效”。为此,《2018年解释》专门增加1条,解释何为有效催收,使催收的形式更加规范。

有效催收的成立条件为:一是在透支超过规定限额或者规定期限后进行。如果银行对即将到期的透支金额、还款日期等信息提醒持卡人,因其没有超过规定期限,不属于有效的催收。二是催收应当采用能够确认持卡人收悉的方式,但持卡人故意逃避催收的除外。持卡人可以收悉的催收方式除最高人民法院研究室《关于信用卡犯罪法律适用若干问题的复函》规定的电话、信函、上门等催收形式外,还包括短信、微信、电子邮件等。三是两次催收至少间隔 30 日。四是符合催收的有关规定或者约定。如《商业银行信用卡业务监督管理办法》第 68 条规定,发卡银行应当对债务人本人及其担保人进行催收,不得对与债务无关的第三人进行催收,不得采用暴力、胁迫、恐吓或辱骂等不当催收行为。对催收过程应当进行录音,录音资料至少保存 2 年备查。

对于是否属于有效催收,应当根据发卡银行提供的电话录音、信息送达记录、信函送达回执、电子邮件送达记录、持卡人或者其家属签字以及其他催收原始证据材料作出判断。发卡银行提供的相关证据材料,应当有银行工作人员签名和银行公章。

3. 提高了恶意透支定罪量刑的数额标准

恶意透支型信用卡诈骗犯罪的社会危害性相对较小,但司法大数据表明,近五年信用卡诈骗罪案件一审年均结案 1 万件左右,其中恶意透支型信用卡诈骗超过 80%,有的地方甚至达到 95%。同时信用卡诈骗罪占全部金融诈骗罪的 80% 以上。也就是说,实践中恶意透支型信用卡诈骗罪是金融诈骗犯罪的主要样态。

另外,实践中恶意透支型信用卡诈骗罪的量刑较重,此前《2009 年解释》规定恶意透支数额较大的标准为 1 万元以上不满 10 万元,只要超过 1 万元即构成信用卡诈骗罪;数额巨大的标准为 10 万元以上不满 100 万元,处 5 年以上 10 年以下有期徒刑;数额特别巨大的标准为 100 万元以上,处 10 年以上有期徒刑或无期徒刑。

与其他金融诈骗犯罪相比,恶意透支的社会危害性相对较小,却成为实践中金融诈骗犯罪的绝大多数类型,并且量刑较重,这表明《2009 年解释》对于恶意透支的相关规定,已经不适应当前经济发展需要,应当予以调整。因此,《2018 年解释》规定,恶意透支数额在 5 万元以上不满 50 万元的,应当认定为《刑法》第 196 条规定的"数额较大";数额在 50 万元以上不满 500 万元的,应当认定为《刑法》第 196 条规定的"数额巨大";数额在 500 万元以上的,应当认定为《刑法》第 196 条规定的"数额特别巨大"。这一标准为《2009 年解释》标准的 5 倍。

4. 明确了恶意透支数额的认定和计算方法

《2018 年解释》将《2009 年解释》第 6 条第 4 款的"恶意透支的数额,是指在

第一款规定的条件下持卡人拒不归还的数额或者尚未归还的数额。不包括复利、滞纳金、手续费等发卡银行收取的费用"修改为"恶意透支的数额,是指公安机关刑事立案时尚未归还的实际透支的本金数额,不包括利息、复利、滞纳金、手续费等发卡银行收取的费用。归还或者支付的数额,应当认定为归还实际透支的本金"。这一修改坚持问题导向,切实解决司法实务中的疑难问题。长期以来,办理恶意透支型信用卡诈骗刑事案件存在一些争议问题,数额的认定和计算是难点问题,《2018 年解释》明确了恶意透支的犯罪对象、恶意透支数额的计算时间点以及明确了归还或支付的数额。

一是明确了恶意透支的犯罪对象是"实际透支的本金数额"。司法实践中,利息是否属于恶意透支的犯罪数额存在很大的争议。为了解决司法实践的难题,《2018 年解释》明确规定,恶意透支的犯罪对象仅指持卡人实际透支的本金,利息、复利、滞纳金、手续费等发卡银行收取的费用属于发卡银行的市场收入,通过民事等其他法律手段保护更为妥当。

二是明确了恶意透支数额的计算时间节点,将其确定为公安机关刑事立案时。这是实践中的普遍做法,既可以有效避免持卡人的透支额度随着逾期时间的增长而无限增大,也可以鼓励持卡人还款,尽量挽回发卡银行的经济损失。

三是明确了归还或支付的数额应当认定为实际透支的本金。司法实践中,持卡人逾期后归还的款项,是还本还是付息存在不同认识,《2018 年解释》解决了司法实践的争议,明确为"还本",避免将发卡银行收取的费用变相计入恶意透支的数额。此处需注意的是,尽管《商业银行信用卡业务监督管理办法》第 57 条第 2 款规定:"发卡银行收到持卡人还款时,按照以下顺序对其信用卡账户的各项欠款进行冲还:逾期 1 ~90 天(含)的,按照先应收利息或各项费用、后本金的顺序进行冲还;逾期 91 天以上的,按照先本金、后应收利息或各项费用的顺序进行冲还。"这是银行的信用卡业务规则,与刑法上信用卡诈骗罪的制度目的并不相同,因此不能混同适用,持卡人归还或支付的数额都应当视为归还本金。

另外,关于恶意透支数额的审查认定标准,《2018 年解释》根据司法实践经验,明确了以下几个方面:一是检察机关在审查起诉、提起公诉时,应当根据发卡银行提供的交易明细、分类账单(透支账单、还款账单)等证据材料,结合犯罪嫌疑人、被告人及其辩护人所提辩解、辩护意见及相关证据材料,审查认定恶意透支的数额。二是恶意透支的数额难以确定的,应当依据司法会计、审计报告,结合其他证据材料审查认定。人民法院在审判过程中,应当在对上述证据材料查证属实的基础上,对恶意透支的数额作出认定。提升恶意透支数额认定的准确性和案件处理效率。三是发卡银行提供的相关证据材料方面,应当有银行工作人员签名和银行公章。

5. 规定了从宽处理情形

《2018 年解释》规定:“恶意透支数额较大,在提起公诉前全部归还或者具有其他情节轻微情形的,可以不起诉;在一审判决前全部归还或者具有其他情节轻微情形的,可以免予刑事处罚。但是,曾因信用卡诈骗受过两次以上处罚的除外。”这是在贯彻宽严相济刑事政策和认罪认罚从宽处理的精神,对恶意透支型信用卡诈骗从宽处理规则的完善。与《2009 年解释》相比有三点变化:一是《2009 年解释》规定持卡人全部归还的对象是透支的款息,《2018 年解释》将全部归还的对象为持卡人实际透支的本金数额。二是适度放宽从宽处理的时间范围。将《2009 年解释》的规定“公安机关立案前已偿还全部透支款息,情节显著轻微的,可以依法不追究刑事责任”修改为“在提起公诉前全部归还或者具有其他情节轻微情形的,可以不起诉;在一审判决前全部归还或者具有其他情节轻微情形的,可以免予刑事处罚”,最大限度地发挥了刑法的威慑和教育的功能。三是适度限制了从宽处理的适用情形。仅恶意透支数额较大的情况适用从宽处理的原则,对于恶意透支数额巨大、恶意透支数额特别巨大的情形并不适用从宽处理的规定。另外,对于曾因信用卡诈骗受过两次以上处罚的也不适用从宽处理的规定。

6. 明确区分了信用卡与变相放贷

《2018 年解释》新增一条规定发卡银行违规以信用卡透支形式变相发放贷款,持卡人未按规定归还的,不适用《刑法》第 196 条“恶意透支”的规定。构成其他犯罪的,以其他犯罪论处。贷款是银行或具他金融机构按一定的利率及必须归还等条件出借货币资金的一种信用活动,信用卡是简单的信贷服务。实践中,存在银行不采用担保抵押等具有较高安全性的贷款发放方式,而是以信用卡透支的形式发放贷款。银行采用这种方式发放贷款,既不用履行严格的审查程序,还能通过法律规定的恶意透支,借助司法机关的刑事手段追索贷款,将风险和审慎义务转移给持卡人和司法机关。《2018 年解释》划清了信用卡与贷款的界限,发卡银行以借用信用卡的形式发放贷款,不符合信用卡的本质特征,不应适用恶意透支的规定,如果构成其他犯罪的,比如骗取贷款罪、贷款诈骗罪等,应以相关犯罪论处。

(四)信用卡诈骗罪司法适用中的疑难问题解析

1. “使用伪造的信用卡”的理解和认定

使用伪造的信用卡是指将伪造的信用卡冒充真实有效的信用卡,按照信用卡的通常功能使用的行为。

对于“使用”需要把握两点:一是使用是指依照信用卡的通常功能利用的行为,如用信用卡在特约商户购买商品,在银行或柜员机上支取现金,以及接受用信用卡进行支付结算的各种服务。对于伪造信用卡后出售给他人,或者送给他人的行为,是否属于“使用”则存有争议。一种观点认为,伪造信用卡后,无论是伪造者自己使用,还是出售给他人或送给他人使用,对伪造者而言,都属于“使用”;另一种观点则认为,伪造后又出售伪造的信用卡的,只属于“伪造”,而不属于“使用”行为。[①] 笔者认为,出售伪造的信用卡也是利用的行为,行为人也具有获利的目的,但这不是信用卡通常功能利用的行为,因此,不能视为“使用”,行为人不构成信用卡诈骗罪。但需要注意区别共同犯罪的情况,如行为人与他人有共谋的情况下,行为人伪造信用卡后出售或赠予他人进行信用卡诈骗,行为人和他人具有进行信用卡诈骗的共同故意,成立信用卡诈骗罪的共同犯罪。二是使用伪造的信用卡构成信用卡诈骗罪,要求行为人明知所使用的是伪造的信用卡。如果行为人使用自己伪造的信用卡骗取财物时,行为人对信用卡是伪造的主观明知可以肯定,但行为人使用他人提供的伪造的信用卡时,则需要通过具体事实进行合理判断,证明行为人是否明知是伪造的信用卡而使用。

对于行为人既有伪造信用卡行为又有使用信用卡行为的定性,应根据具体情况确定:一是如果出于自己使用的目的伪造了信用卡并使用,具有牵连关系,由于伪造金融票证罪和信用卡诈骗罪的法定刑相同,若处于同一量刑档次,则以牵连犯中的结果行为即以信用卡诈骗罪处罚;若处于不同量刑档次,以较重的量刑档次的罪名定罪处罚。二是如果行为人为了出售目的伪造了信用卡,但基于一些原因没有出售,行为人又产生新的犯意,使用该伪造的信用卡进行诈骗,由于前后两个行为不是出于同一个犯罪目的,不构成牵连犯罪,则应按信用卡诈骗罪和伪造金融票证罪数罪并罚。三是如果行为人既伪造了信用卡,又使用了他人伪造的信用卡,则应以伪造金融票证罪和信用卡诈骗罪数罪并罚。

2.“冒用他人信用卡”的理解和认定

冒用他人的信用卡是指非持卡人未经持卡人同意或者授权,擅自以持卡人的名义使用信用卡,进行信用卡业务内的购物、消费、提取现金等诈骗行为。对于“他人信用卡”是否包括“伪造的信用卡”或“作废的信用卡”,理论上有不同的观点。有观点认为,冒用他人的信用卡也可能是冒用作废的信用卡,如有论者指出,

---

① 游伟、肖晚祥:《信用卡诈骗罪的理论界定与司法适用》,载《人民检察》2001 年第 2 期。

冒用他人信用卡，通常是指冒用他人真实有效的信用卡，但从解释论的角度来说，没有必要进行这样的限定，即只要行为人使用的不是自己名义的信用卡，客观上就符合了冒用他人信用卡的条件。[①] 也有观点认为，冒用他人的信用卡不能包括冒用作废的信用卡，对于冒用作废的信用卡应视为“使用作废的信用卡”，理由是事实上从刑法条文中使用“冒用”一词中，就可以看出“冒用他人的信用卡”中的“他人的信用卡”只能是他人真实有效的信用卡，也即既然是“冒用”，就应该是他人真实有效的信用卡，如果是他人作废的信用卡也就不会发生有所谓“冒用”问题，而应该只有“使用”问题。同时，由于刑法条文中规定的“使用作废的信用卡”中并没有排除“他人作废的信用卡”，因而，将使用他人作废的信用卡归入刑法规定“使用作废的信用卡”中是符合立法原意的。[②] 笔者同意后一种观点，冒用他人的信用卡仅指冒用他人的合法信用卡，而不包括伪造的、作废的信用卡。如果行为人明知是伪造或者作废的信用卡而冒用，应属于使用伪造的或者作废的信用卡行为。

最高人民法院、最高人民检察院《关于办理妨害信用卡管理刑事案件具体应用法律若干问题的解释》规定，“冒用他人信用卡”包括以下情形：(1)拾得他人信用卡并使用的；(2)骗取他人信用卡并使用的；(3)窃取、收买、骗取或者以其他非法方式获取他人信用卡信息资料，并通过互联网、通讯终端等使用的；(4)其他冒用他人信用卡的情形。当下手机银行、网上银行、第三方支付等金融工具越来越发达，信用卡往往和个人移动终端特别是手机终端绑定，互联网支付手段越来越普及。在这种情况下，窃取、收买、骗取或者以其他非法方式获取他人信用卡信息资料，并通过互联网、通讯终端等使用的，是对信用卡较为广泛一种的冒用形式。信用卡信息资料是指发卡银行在发卡时使用专用设备写入信用卡磁条中的，作为POS机、ATM等终端机识别合法用户的数据，是一组有关发卡行代码、持卡人账户、账号、密码等内容的加密电子数据。[③] 在第三方支付飞速发展的今天，支付手段日新月异，将第三方支付账户与银行卡进行关联即绑定，开通快捷支付，只要输入第三方支付的密码而无须输入银行卡密码，就可通过第三方支付平台将银行卡内的资金进行网上消费和转账。对于通过互联网、通讯终端直接利用这些信息资料的使用行为构成信用卡诈骗罪没有争议，但利用他人原先使用的手机号码与第三方支付账户、银行卡的绑定关系，通过重置第三方支付账户密码的方式控制他

---

① 张明楷：《诈骗犯罪论》，法律出版社2021年版，第808页。

② 刘宪权：《信用卡诈骗罪的司法认定》，载《政法论坛》2003年第3期。

③ 黄太云：《立法解读：刑法修正案及刑法立法解释》，人民法院出版社2006年版，第91页。

人的第三方支付账户,进而通过第三方支付平台使用他人的银行卡进行网上消费、转账的行为,是否构成信用卡诈骗罪有不同看法。笔者认为,未经许可重置他人第三方支付密码,或者通过其他非法方式获取他人第三方支付密码,进行网上消费和转账,这种行为实质是行为人冒用持卡人身份向相关银行发出支付指令,银行在接到指令后,错误地认为系持卡人发出指令而予以同意支付,因而构成信用卡诈骗罪。

3."恶意透支"行为的理解和认定

信用卡透支包括善意透支和恶意透支。善意透支可分为完全合法的善意透支和不当透支。完全合法的善意透支,指持卡人完全遵循信用卡章程和发卡约定,在约定或规定的额度、期限内行使透支权,并如期归还的行为。不当透支,是指持卡人违反了信用卡章程和发卡约定,超过约定或规定的额度、期限进行透支,但经发卡银行催收后及时归还或者自动归还的行为。完全合法的善意透支与不当透支的相同之处是行为人均没有非法占有的目的;其界限在于,是否遵守了信用卡章程和发卡约定。不当透支实质上是一种违约行为,应承担相应的民事责任。恶意透支可分为一般违法性的恶意透支和犯罪性的恶意透支。一般违法性的恶意透支,是指行为人以非法占有为目的,故意违反信用卡章程与约定进行透支,逾期不还,但诈骗金额较小的行为。一般违法性的恶意透支是行政违法行为,应承担相应的行政责任和民事责任,由于其社会危害性较小,不构成犯罪。犯罪性的恶意透支是指持卡人以非法占有为目的,超过规定限额或者规定期限透支,并且经发卡银行催收后仍拒不归还的行为。一般违法性的恶意透支和犯罪性的恶意透支相同之处在于行为人均有非法占有的目的,不同之处在于是否达到了犯罪程度,实践中以是否达到了司法解释的数额为标准。①

《刑法》第196条规定,恶意透支,是指持卡人以非法占有为目的,超过规定限额或者规定期限透支,并且经发卡银行催收后仍不归还的行为。构成"恶意透支"型信用卡诈骗罪需要满足以下几个条件。第一,行为人为合法持卡人。理论上对恶意透支的主体是否限于合法持卡人存在不同观点,一种观点认为,恶意透支的主体只能是合法持卡人,这与银行信用卡章程有关恶意透支的规定一致,非法持卡人利用所持信用卡透支,不能以恶意透支的罪名认定。② 另一种观点认为,恶意透支型诈骗的犯罪主要有两种形式,一是持卡人以非法占有为目的,进行恶意透支;二是持卡人在申领信用卡时弄虚作假,私刻公章,伪造保函、证明,伪造

① 梁华仁、郭亚:《信用卡诈骗罪若干问题研究》,载《政法论坛》2004年第1期。
② 刘华:《信用卡犯罪中若干疑难问题探讨》,载《法学》1996年第9期。

身份证件或者使用他人的身份证件等，骗得银行工作人员信任后，办理了信用卡，然后进行大量透支。① 笔者认为“恶意透支”应限于合法持卡人利用有效真卡进行透支的行为，如果行为人利用作废的信用卡或者使用以虚假的身份证明骗领的信用卡进行恶意透支，实际上已经不是违反透支规定的问题，而是“使用作废的信用卡”“使用以虚假的身份证明骗领的信用卡”形式的信用卡诈骗。

第二，行为人在主观方面具有恶意。行为人的主观罪过形式是故意，包括对规定限额、规定期限的明知和非法占有目的。行为人的非法占有目的一般基于对其行为的推定，但在实践中要避免客观归罪倾向，不能简单地将持卡人超额透支或逾期还款，经银行两次有效催收后超过3个月未还的客观事实，等同于具有非法占有目的，要严格按照最高人民法院、最高人民检察院《关于办理妨害信用卡管理刑事案件具体应用法律若干问题的解释》(法释〔2018〕19号)规定，对于是否以非法占有为目的，应当综合持卡人信用记录、还款能力和意愿、申领和透支信用卡的状况、透支资金的用途、透支后的表现、未按规定还款的原因等情节作出判断。不得单纯依据持卡人未按规定还款的事实认定非法占有目的。若持卡人在透支时经济状况良好，具有合理的可期待收入和还款能力，只是因经济状况突然恶化，则应认定其在主观上无法预见未来会无力还款，一般不宜认定具有非法占有目的。

具有以下情形之一的，应当认定为《刑法》第196条第2款规定的“以非法占有为目的”，但有证据证明持卡人确实不具有非法占有目的的除外：(1)明知没有还款能力而大量透支，无法归还的；(2)使用虚假资信证明申领信用卡后透支，无法归还的；(3)透支后通过逃匿、改变联系方式等手段，逃避银行催收的；(4)抽逃、转移资金，隐匿财产，逃避还款的；(5)使用透支的资金进行犯罪活动的；(6)其他非法占有资金，拒不归还的情形。

第三，行为人超过规定限额或者规定期限透支。超过规定限额是指超过信用卡章程和申领信用卡协议明确规定的透支限额，超过规定期限是指超过信用卡章程和申领信用卡协议允许的透支期限。

第四，行为人经发卡银行催收后仍不归还。构成恶意透支，还需满足经发卡银行两次有效催收后超过3个月仍不归还这一条件，也即行为人虽然违反了有关透支的规定，但只要经发卡银行催收后归还的，就不构成恶意透支。另外，司法解释对有效催收作出了明确规定，必须同时符合下列条件：一是催收要在透支超过

---

① 孙军工：《金融诈骗罪》，中国人民公安大学出版社1999年版，第170页。

规定限额或者规定期限后进行;二是催收应当采用能够确认持卡人收悉的方式,但持卡人故意逃避催收的除外;三是两次催收至少间隔30日;四是符合催收的有关规定或者约定。对于是否属于有效催收,应当根据发卡银行提供的电话录音、信息送达记录、信函送达回执、电子邮件送达记录、持卡人或者其家属签字以及其他催收原始证据材料作出判断。发卡银行提供的相关证据材料,应当有银行工作人员签名和银行公章。

恶意透支型信用卡诈骗与前三种信用卡诈骗形式(使用伪造的信用卡,或者使用以虚假的身份证明骗领的信用卡的;使用作废的信用卡的;冒用他人信用卡的)有本质区别。对这类行为以信用卡诈骗罪论处本身已招致不少反对,一些学者认为恶意透支性信用卡诈骗的持卡人是合法持卡人,其和银行之间具有真实合法的合同关系,恶意透支型信用卡诈骗行为不符合诈骗罪的基本构造,是公权力对银行利益的过度保护。基于此,刑法和司法解释对恶意透支型信用卡诈骗罪进行了严格限定,其量刑数额是其他几种法定情形数额标准的10倍,体现了对恶意透支型信用卡诈骗的区别对待。

4. 以其他非法方法获取信用卡并使用行为的定性

行为人获取他人信用卡并使用的行为,根据获取方法不同,行为定性也不同。如对于行为人盗窃信用卡并使用的行为,刑法理论和实践中曾有不同看法,《刑法》第196条第3款明确规定,盗窃信用卡并使用的,依照盗窃罪的规定定罪处罚。对于拾得他人信用卡并在ATM上加以使用的行为,司法实践中对于此类行为的定性也存在争议,相关司法文件对此也予以明确,最高人民检察院《关于拾得他人信用卡并在自动柜员机(ATM)上使用的行为如何定性问题的批复》(高检发释字〔2008〕1号)规定,拾得他人信用卡并在自动柜员机(ATM)上使用的行为,属于《刑法》第196条第1款第3项规定的"冒用他人信用卡"的情形,构成犯罪的,以信用卡诈骗罪追究刑事责任。

实践中对于行为人以欺骗、抢夺、侵占、抢劫等方式获取他人信用卡并使用的行为的定性,也存在不少争议。有观点认为,按照《刑法》第196条第3款盗窃信用卡并使用的以盗窃罪定罪处罚的立法精神,对于上述行为应按照行为人的先前行为作为定罪的依据。笔者不同意这种观点,盗窃信用卡并使用以盗窃罪定罪处罚这一立法规定在理论上仍有探讨的空间,更不能简单地套用于其他行为之中,否则会出现罪刑不相适应的结果。

对于以欺骗、抢夺或者侵占的方式获取他人信用卡并使用的行为,应该以信用卡诈骗罪定性。首先,以欺骗、抢夺或者侵占方式获得他人信用卡并使用的行为,都是冒用他人信用卡的行为,刑法规定冒用他人信用卡的,以信用卡诈骗罪定性,因此上述行为可以成立信用卡诈骗罪。其次,刑法规定的诈骗罪、抢夺罪和侵占罪的法定刑低于信用卡诈骗罪,如果对诈骗或者侵占他人信用卡并使用的行为以诈骗罪或者侵占罪定性,不符合刑法基本原理。

对于以抢劫方式获取他人信用卡并使用的行为,与诈骗、抢夺侵占不同,抢劫罪的成立不以数额较大为要件,因而抢劫信用卡并使用的行为,由于抢劫罪的法定刑明显高于信用卡诈骗罪,故对于行为的行为应以抢劫罪定性。

二、刑法与民法关于案例二的对话

(一)盗窃罪的基本构造

1. 盗窃罪中的"占有转移"

我国《刑法》分则第5章财产犯罪存在两条基本分类标准:其一,根据主观要素,即非法所有、非法挪用还是非法毁弃意图,区分为非法所有型、非法挪用型和非法毁弃型三种类型犯罪。例如,从客观行为来看,无论是盗窃行为还是挪用资金行为,都可以表现为未经财物所有人、占有人同意,而转移了财物的占有、改变了财物的支配状态。但因为盗窃罪中存在"非法占有目的"这一主观超过要素,即只要在财物转移时,行为人已经有了事后作为物的主人加以使用的意图,那么不需要事后的受益处分行为,即可以构成盗窃罪。其二,根据客观行为,即是否转移物的占有和支配,对非法所有型财产犯罪进一步区分为"转移占有"和"非转移占有"两种类型。

前述分类标准,不仅具有类型化的功能,而且具有不法程度的比较功能。其一,非法所有型的不法程度显然高于非法挪用型犯罪,其不法来源于客观和主观两个层面,即"客观不法+超过的主观不法";其二,转移占有型的不法程度显然高于非转移占有型,其不法来源主要是"未经被害人同意+转移占有",后者因为法律或事实上已经"占有财物",因而不法的根据更多地在于"据为已有"的目的;其三,非法毁弃型犯罪的不法程度显然高于非法挪用型犯罪,其原因更多在于毁弃导致了物的灭失,进而产生了社会整体性利益的减损,因而其不法更多也在于客观行为和结果,而非毁弃的意图。

财产犯罪的具体类型如表24-1所示:

表 24－1 财产犯罪的各种类型

<table>
<tr><td rowspan="5">非法所有型财产犯罪</td><td rowspan="3">转移占有型</td><td>平和型</td><td>盗窃罪</td></tr>
<tr><td>暴力型</td><td>抢劫罪、抢夺罪</td></tr>
<tr><td>处分型</td><td>诈骗罪、敲诈勒索罪</td></tr>
<tr><td rowspan="2">非转移占有型</td><td>普通型</td><td>侵占罪</td></tr>
<tr><td>身份型</td><td>职务侵占罪</td></tr>
<tr><td rowspan="3">非法挪用型财产犯罪</td><td rowspan="3">占用而非占有</td><td>利益型</td><td>拒不支付劳动报酬罪</td></tr>
<tr><td>挪作己用型</td><td>挪用资金罪</td></tr>
<tr><td>挪作他途型</td><td>挪用特定款物罪</td></tr>
<tr><td rowspan="2">非法毁弃型财产犯罪</td><td rowspan="2">既非所有也不占用</td><td>单纯毁财型</td><td>故意毁坏财物罪</td></tr>
<tr><td>毁财手段型</td><td>破坏生产经营罪</td></tr>
</table>

2. 盗窃罪中的"被害人同意"

被害人同意是刑法总论中一个非常重要的理论问题。作为一种超法规出罪事由,被害人同意的出罪功能已经成为学界的共识。最近20年中,特别是借助公民个人的自我决定权的法理推力,被害人同意的一般性框架在总论教义学上得到了充分的发展,其在刑法总论体系中的教义学地位日益突出,已经成为与正当防卫和紧急避险并驾齐驱的三大出罪事由之一。

应当重视被害人同意在认定财产犯罪中的作用。其一,被害人同意的有无,是阻却构成财产犯罪的重要因素。如在所有人与占有人不同一的场合,当行为人得到了所有人转让财物的同意而直接从占有人处取走财物时,即使行为满足了财产犯罪的客观构成要件,也因为主观上不具备"非法占有目的"而不构成犯罪。其二,被害人同意的存在与否,是区分此罪与彼罪的关键要素。如在盗窃罪之中,被害人对占有支配物的状态的转移,自始并没有同意;在抢劫罪之中,不仅被害人未表示同意,而且其意志被暴力所压制,无从表达;在敲诈勒索罪之中,被害人作出了"形式上"的同意,但却是受到胁迫而作出的,这种瑕疵区别了其与盗窃罪;在诈骗罪之中,被害人同样也作出了"形式上"的同意,然而这种同意是因陷入认识错误而产生的,这种瑕疵的同意,则与敲诈勒索区别开来。

被害人同意往往是现实的同意,但也存在"预设的被害人同意"。所谓预设的同意,是针对未来将要发生的财物占有的转移,占有人提前给予一种预设条件的同意。引入这个概念,主要是对司法实践中较为常见的与自动售货机等机器相关的案件,在学理上给出一个更清楚的解决方案。预设的同意包括以下特点:第一,与现实的同意不同,在预设的同意中,占有人并不知道未来被取走的会是哪一个具体的财物,因此这种同意是一种普遍的、概括的同意。例如,顾客在自动售货机上购物,当其插入钱币后,自动售货机吐出商品。显然,在顾客插入钱币时,占有人(作为自动售货机设置者的商家支配和控制着机器内的商品)事实上并不知道物币交易的具体情况,要在每一个交易的具体场合寻找一个现实的同意,显然是不可能的。在此,预设的被害人同意发挥了排除盗窃罪构成要件该当性的功能。第二,预设的同意在未被公开撤销之前是持续有效的。一个公开声明的、具有一般性的预设的同意,在占有人未作出公开撤销声明之前,是持续有效的;对于这种预设的同意,同意人仅仅在内心或者在非公开有效的场合作出任意的撤销同意的决定,都是无效的。第三,预设的同意必须在设定的条件得到满足时才能发挥作用。一般说来,预设的同意往往附有严格的条件限制(如购买物品者必须将足额、真实的货币投入自动贩卖机),任何购物者要想得到同意,需要满足特定的条件。在这个意义上,与现实的同意相比,预设的同意是一种待定的、附条件的同意。只有满足了设定的条件,预设的同意才能排除构成要件该当性。

3. 盗窃罪中的"秘密窃取"

秘密窃取是《唐律疏议》所言之"潜行隐面"的现代表述。唐律规定"公取、窃取皆为盗",《唐律疏议》则进一步解释,"'公取'谓行盗之人,公然而取;'窃取'谓方便私窃其财"。公取即强盗,"诸强盗,谓以威若力而取其财。先强后盗,先盗后强等。若与人药酒及食,使狂乱取财,亦是",这与我国抢劫罪以暴力或其他方法取得财物的规定是一致的。窃取即窃盗,"窃盗人财,谓潜行隐面而取",这是我国传统理论和实务强调盗窃中的"秘密性"的源头。简言之,明抢暗盗,是传统司法经验对抢劫和盗窃的一种形象归纳。

然而,这种经验式的归纳,即便是在传统法律中,也不能得到很好的维系,如《大清律例·刑律·盗贼》规定了"白昼抢夺",清代律学大家沈之奇在《大清律辑注》中解释:"出人不意而攫之曰抢,用力互争而得之曰夺。抢夺之罪,介乎强、窃之间。"这意味着在"明""暗"之间,介入了与窃、盗形象接近但又存在区别的新类型。这种盗窃、抢夺、抢劫并立的立法模式为我国刑事立法所承袭,因而类似未"用力互争"但却"公然"的取财行为如何定性,既决定了盗窃和抢夺的成立范围,其实也是盗窃和抢夺教义学构造关注的问题。如果认为秘密性是盗窃罪的要素、对物暴力是抢夺罪的要素,那么前述公然取财行为则难以归入任何一罪的构成要件。

秘密性到底是客观要素还是主观要素?从传统"潜行隐面"的表述看,秘密性自然是指“以不为人知的方式实施”,然而如此定义,则类似在公共汽车上、集贸市场明知有他人(包括被害人)看着自己的一举一动而“公然”实施的扒窃行为;假装走路不稳,故意冲撞他人,趁机取得他人财物的行为;明知大型百货商店、银行等场所装有摄像监控设备且有多人来回巡查,而偷拿他人财物的行为等,都显然不符合客观秘密性的要求,但无例外地都以盗窃论。为了应对这种处罚上的扩张,理论上将客观秘密性变更为主观秘密性,即“自以为秘密的方式”或“自以为被害人不知的方式”。然而,实务中出现了类似入户盗窃后,对着家庭摄像头比“V”字的行为,其全程可以是在被害人所知但却无法阻止的状态下实施。又如,为了展示自己的能力,通过直播的方式实施自己的盗窃行为。如此,即便坚守主观秘密性也难以实现对这类行为的规制。

秘密窃取只是司法经验的初步总结,缺乏规范性提升,不当缩小了盗窃罪的范围。盗窃行为客观上不必具有秘密性,是由盗窃行为的本质决定的。盗窃行为的本质是侵害他人对财物的占有,即违反被害人的意志,将他人占有的财物转移为自己或第三者占有。一方面,盗窃行为破坏或者排除了他人对财物的占有;另一方面,盗窃行为建立了新的占有,使行为人或第三者具有类似所有人的地位。行为是否具有秘密性,并不直接决定是否存在排除占有与建立占有的事实。换言之,客观上的公开窃取行为,仍然可能实现排除他人对财物的占有和建立新的占有的效果。所以,秘密与否,并不影响盗窃罪的成立。

(二)除罪——刑法对于案例二的教义学分析

1. 是否构成盗窃罪

首先应当确定盗窃的对象,才能判定财物占有支配转移的行为。本案可能作为财物对象者有二:其一,作为财产性利益的积分;其二,积分兑换的价款。如果是积分,那么积分转移的行为,发生于行为人买卖货物的过程之中。进一步要讨论的则是,转移过程中无被害人同意。因为买卖货物而可以获得积分,属于典型的预设被害人同意,因此积分的获得是得到了被害人同意的。如果是价款,则价款的兑现所依据的也是被害人所设定的兑换标准,这种兑换折现的行为,同样获得了同意。

因此,不成立盗窃罪。

2. 是否构成诈骗罪

首先应当确定诈骗行为是买卖货物获得积分的行为,还是以积分实施兑换的行为?如前所述,这两个环节都符合商家的预设同意,而这种预设同意本身只存在条件是否被满足激活的问题,而“机器不能被骗”,因此其无法作出有瑕疵的同意,故不存在诈骗行为。

进一步而言,可能有观点认为,被害人如果知道行为人反复退货,便不可能同意转让积分,因而反复办理退货,实际上就是诈骗行为的开始。这里涉及两个问题,其一,能否对作出预设同意的被害人的内心意思进行推定?其二,即便在获得积分时存在诈骗行为,那么还应当解决诈骗物的同一性问题。对于第一个问题,要将其区别于“推定的被害人同意”,同时,对于机器、系统中预设的同意进行实质解释,在法效果上无疑为所有人都设置了可能的陷阱,在法政策上也存在过于保护强势一方而有违正当性的问题。对于第二个问题,因为本案被害人的直接损失不是积分处分行为,而是行为人兑换财物的行为,这并不符合直接损失源于错误处分的行为构造。如行为人以骗术获得被害人同意交付的住宅钥匙,并以此进入被害人家中取走贵重财物,我们并不能以前段行为的骗的因素,而掩盖后面行为的盗的性质。简言之,财产损失是被害人陷入认识错误下的处分行为所直接导致的。

3. 是否构成侵占罪

如果不能将规制的重点放在积分获取行为之上,那么,积分兑换的行为就值得进一步探讨,即是否可以将积分认为是“已然持有”,将其兑换理解为“继而所有”?在此,需要进一步探讨积分的属性,是物权、债权还是知识产权?笔者倾向认为这属于一种附条件的债权债务关系,例如到期不使用,商家即可清零,这并不符合物权和知识产权的属性。

如果将积分理解为债权关系,那么其能否成为侵占对象?从《刑法》第270条看,将第1款“代为保管的他人财物”和第2款“遗忘物”“埋藏物”作一体理解的话,则其对象应当是典型的实体物,这种债权关系很难想象能够“代为保管”。当然,如果一定要扩张理解(假定没有超出语义最大射程之外),较之盗窃罪、诈骗罪,适用本罪更为妥当。

4. 是否构成职务侵占罪

若能考虑成立侵占罪,则定罪还未结束,其是否符合侵占特别犯的职务侵占罪?笔者认为不能。原因有二:其一,本案中行为人的身份是商家所雇店长,而非商场系统设定或管理人员,并不具有相应的职务要求;其二,本案中行为人的行为是反复在柜台买卖并退还货物,从而获得积分,而非直接篡改系统获取积分,故不涉及利用职务之便。

5. 刑法定罪的思维

作为控方,入罪固然是我们第一职责,但应当实现“妥当地入罪”,一定要避免基于打击犯罪的冲动而遮蔽了检察官客观中立义务。1997年《刑法》确定了罪刑法定原则,该原则要求定罪应以行为符合行为时之法律规定为基本内涵,因此不能仅仅凭结果严重与否、主观恶性大小认定犯罪。笔者对本案倾向于无罪的分析,对于这些主张入罪的质疑,笔者并不能认同,一个主要原因就在于过分强调重大的损失和明显的主观恶性,而并不从具体罪状所规定的行为构造和犯罪类型上展开。分则具体规定的犯罪类型和行为构造,才应当是定罪的逻辑始项,否则单纯以损失的严重性为主导,则回到"轻重相比"的传统类推思路之上,而单纯以主观恶性为依据,则回到了"原心定罪"的主观主义的老路之中,并不符合近代以来所确定的客观主义刑法的基本要求。

在此,让我们重温一下切萨雷·贝卡利亚在1764年所著的《论犯罪与刑罚》中的告诫:"只有法律才能为犯罪规定刑罚,只有代表根据社会契约而联合起来的整个社会的立法者才能拥有这一权威。任何司法官员(它是社会的一部分)都不能自命公正地对社会的另一成员科处刑罚。超越法律限度的刑罚就不再是一种正义的刑罚。因此,任何一个司法官员都不得以热忱或公共福利为借口,以增加对犯罪公民的既定刑罚。"近代以来的刑法正是在限制司法擅断的基础上发展而来的,其具体通过罪刑法定原则,限制了刑事司法续造法律的权力(这种续造的方式,在民商法中更为常见),对立法与司法进行了分工,也划定了司法惩治犯罪的边界,更昭示了刑法只是应对犯罪的一种主要的,但并非更好的方式。

(三)民商法从平等主体世界转向实质公正世界的构造

随着大工业的发展,近十年全球的民商法从以传统的平等主体为调整对象,转向以调整不平等的主体之间的法律关系,突出表现在将消费者权益保护法的核心理念全面地吸收并适用于债法体系中,从而形成债法现代化的趋势。

1. 民法致力于构建市民之间的平等法律关系

现代私法体系主要包括民法与商法。民法强调对平等主体的调整,重视私人权利的维护,防止公权力对私人生活的随意干预。在民法世界中,当事人是被抽象的、无差别的人,具有平等性。合同双方权利义务的设定,根据当事人真实意思表示进行约定,除《民法典》第144条、第146条、第153条、第154条所列法定情形外,公权力不得轻易认定约定无效。除合同中有明确约定外,合同约定和履行过程中,双方主体负有平等的注意义务,不得无故加重一方的注意义务。民事责任基于依据约定和过错原则,在平等主体之间的合同中,无过错方通常不承担责任。

2. 商法视角下的经营者与消费者之间的实质公正法律关系

商法是在加重商人注意义务和责任的前提下,倾向于对消费者权益的保护。随着大工业的发展,完全平等主体之间的民事合同数量在锐减,而经营者(以商人为主)与消费者之间的合同数量在大幅增加,甚至占了当下市场交易关系的绝大多数。商事审判的理念已经在我国的司法实践中有了较大的发展,并在学者的总结和提炼下逐渐成熟、体系化。

情形一:一方为经营者(主要为商人,还包括手工作坊和不具有商事主体资格的专业机构),另一方为消费者时,交易双方的注意义务、举证责任分配,依据合同主体特质重新分配,以实现实质公正。当一方为经营者(商人),另一方为消费者时,由于经营者(商人)的认知能力、风险预测能力和交易经验都远高于普通消费者,所以应该加重经营者(商人)的注意义务。重视合同主体的差异性,合理安排注意义务是现代合同法(债法)的重要特征。

对于格式合同,《合同法》也作出了特殊规定。由于格式合同的起草方、提供方是具备商业能力的商业机构或者成熟商人,而消费者在签订合同时往往不具备谈判能力,所以当合同双方对合同内容理解产生分歧时,应该按照有利于消费者一方进行解释。

情形二:双方都为经营者(主要为商人)时,在商人之间的合同内容拥有更大的意思自治,法律较少干预。例如,民间借贷与金融借贷的差别。目前,我国民间借贷利息的上限是24%,而24% ~36%属于自然债务,超过36%以上属于非法债务。但是金融借贷,由于合同双方都是具有商业判断能力的商人,商业风险的判断能力和承担能力都要大于普通市民,所以法律尊重商人之间的自由约定,金融借贷,不受民间借贷利息上限的约束。

3. 对案例二民商法的思维分析

从民法思维分析,本案中主要有两个当事人,被告人江某和原告银泰商城。争议标的是会员卡积分。首先,形成第一个问题,会员卡积分归谁所有?这决定了谁享有诉权。刑法与民法都承认会员卡积分属于财产权,那么会员卡积分这种财产权产生的基础是什么?物权法中认为物权的取得可以分为原始取得和继受取得,具体可以又分为生产、先占、善意取得和合同等,本案中会员卡积分是基于合同产生的。银泰商城在合同中约定,银泰商城会员持会员卡消费后会获得对应的积分,那么积分的所有权人是持卡人,而非银泰商城。所以,如果诉讼理由为积分代表的财产权受到侵害,应该由持卡人,也就是积分的所有权人享有诉权。其次,从江某的真实意图分析,本案中被告人江某以消费然后退货的方式获得积分,其消费的真实意图受到质疑,所以合同的效力受到质疑。根据《民法典》第 148 条的规定,一方以欺诈手段,使对方在违背真实意思的情况下实施的民事法律行为,受诈方有权请求人民法院或者仲裁机构予以撤销,应由交易双方当事人自行协商处理。所以,如果江某以反复消费后退货的方式获得会员卡积分,那么其合同效力受到质疑,应该为可撤销合同,而没有合理的法律基础而获得利益,属于民法中的不当得利,银泰商城只要主张撤销合同,江某返还会员卡积分就足以维护银泰商城的利益,不必要一定上升至刑法,这也符合刑法谦抑性。

从商法思维分析,银泰商城与会员卡持卡人属于销售者与消费者之间的关系,银泰商城的会员卡积分合同属于典型的格式合同。银泰商城一方为成熟的商业机构,具有丰富经营经验,并且拥有专业人士,可以起草并提供维护银泰商城利益的合同范本,而消费者或者持卡人处于相对弱势一方,此时银泰商城负有更多的交易注意义务。当会员卡积分合同中并未明确约定会员卡持卡人消费后退货对应的积分消失时,可以对此条产生两种理解方式:方式一,消费后退货对应的积分便消失;方式二,消费后退货对应的积分仍然保留。在格式合同中,应该向着有利于消费者一方进行解释。所以,当会员卡积分合同没有明确规定时,即使发生消费后退货的情形,积分也仍然归属持卡人所有,这是现代债法对消费者权益保护的一种体现。从法经济学的合同交易成本分析,是让一个专业的商场承担一份完备的合同,还是让每个消费者更加谨慎地对待合同,否则将陷入消费陷阱,或者承担不当得利法律后果的风险,哪一种更有利于社会经济的发展? 显然是强化作为经营者的商城承担更严格的注意义务更为适当。基于此,本案被告江某不但不构成对银泰商城财产权的侵害,而且应该被认定为会员卡积分的合法所有者。

三、结论

本文的目的并不在于单纯地分析罪与非罪、此罪与彼罪之间的界限,而是希望通过跨学科的刑法与民商法之间充分讨论与交流,打破部门法思维的固化。诚然我国目前的法学教育与司法实践呈现较强的部门法思维倾向,其好处在于更加的专业化,但随之而来的负面影响是容易形成部门法思维的壁垒。无论是刑法还是民商法,虽各自有其部门法独特的法律思维逻辑,但是实现社会公平、正义的价值是共同的。司法审判过程中,在追求法律效果的同时,需要重视社会效果,而社会效果是需要随着经济的发展、时代的发展不断调整、矫正的,为此才能真正维护“人民群众的利益”,做到司法为民。

专题二十五

从巡回检察看“减假暂”顽瘴痼疾整治

侯亚辉* 最高人民检察院

目　次

* 侯亚辉，最高人民检察院第五检察厅厅长、法学博士。

(四)加大查处力度,严厉打击违规违法"减假暂"问题背后的职务犯罪

(五)加强实质化审查,依法全面审查证据

(六)加大听证适用力度,以公开促公正,推动"减假暂"案件办理更加公平公正

(七)加强队伍建设,提高规范办理"减假暂"案件的能力和水平

(八)强化履职追责,提升"减假暂"监督质效

(九)完善制度机制,努力根治"减假暂"顽瘴痼疾

监狱巡回检察是指检察机关以现有的刑事执行检察人员为基础,统筹调整充实力量,灵活组成巡回检察组,通过常规、专门、机动和交叉检察等方式,对监狱执法活动进行法律监督的检察工作方式。监狱巡回检察制度自运行以来,就以其力量集中、方式灵活等制度优势在发现深层次问题中发挥了巨大作用,尤其是在发现和整治"减假暂"顽瘴痼疾中,巡回检察组紧紧围绕刑罚变更执行重点,通过深入监狱实地检察、全面阅卷等办案活动,发现制约和影响"减假暂"工作顺利开展的根本原因,发现违规违法"减假暂"问题背后的职务犯罪线索,准确提出纠正意见,加大案件查处力度,有效促进了"减假暂"顽瘴痼疾整治工作,提升了"减假暂"案件办理质效。

一、守正创新,监狱巡回检察制度蓬勃发展

(一)巡回检察制度改革概况

监狱巡回检察制度是以张军检察长为首的最高人民检察院党组着眼新时代社会主要矛盾变化,深入贯彻落实习近平法治思想的重要举措,是刑事执行检察监督方式的重大创新。《人民检察院组织法》第 17 条规定,人民检察院根据检察工作需要,可以在监狱、看守所等场所设立检察室,行使派出它的人民检察院部分职权,也可以对上述场所进行巡回检察,明确了巡回检察与派驻检察并列的监督形式。在巡回检察工作中坚持治本安全观,坚持"双赢多赢共赢",坚持在办案中监督、在监督中办案,通过常规巡回检察、专门巡回检察、机动巡回检察和交叉巡回检察等四种方式的灵活运用,实现监狱执法和检察监督工作的共同提升,促进执法司法更加公平公正。巡回检察受到党中央和人民群众高度关注,中共中央《关于加强新时代检察机关法律监督工作的意见》专门对巡回检察工作作出规

定，电视剧《巡回检察组》热播受到各界好评，巡回检察还列入了《"十四五"时期检察工作发展规划》，2021 年 7 月 24 日召开的政法领域全面深化改革推进会也对巡回检察提出了有关要求，各项政策叠加使巡回检察工作进入新的发展阶段，迎来了新的发展机遇。

（二）监狱巡回检察的重大意义

1. 巡回检察制度是落实习近平法治思想的重要举措。习近平法治思想是检察工作的思想武器和行动指南。习近平总书记强调，党领导下各政法机关分工负责、互相配合、互相制约，既有利于增强政法工作系统性、协同性，减少效率损耗，又有利于防范执法司法错误，确保法律正确适用。巡回检察制度是习近平法治思想的检察实践，巡回检察制度创设的初衷正是为了保障不同执法司法机关之间监督制约机制有效发挥，防止同一批检察干警长期派驻监狱导致思维固化，防止派驻检察与监狱执法配合有余监督不足。从巡回检察的制度设计和运行情况来看，通过人员不固定、方式不固定、内容不固定等方式开展巡回检察，基本实现了制度创设的初衷，达到了系统发现问题纠正问题、促进不同政法机关监督制约机制更好发挥、保障刑事执行有关法律法规正确实施的目的。

2. 巡回检察制度是适应新时代人民群众需求的制度创新。新时代蕴含新要求，新要求呼唤新作为。新时代社会主要矛盾发生了重大变化，人民群众在民主、法治、公平、正义、安全、环境等方面的需求更高、内涵更丰富，不仅关注审判是否客观公正，罪犯是否受到应有的惩罚，而且更加关注罪犯刑罚执行的公平公正。巡回检察制度尤其强调发现影响刑罚执行公平公正的深层次问题，特别是通过发挥跨区域交叉巡回检察视角不同、力量集中的特有优势，发现执法司法部门在办理刑罚变更执行案件过程中的违规违法情形，如 2020 年年底最高人民检察院组织开展的跨省交叉巡回检察中，发现某监狱在理解和执行中政委 5 号文件上的偏差和错误，通过督促监狱和法院整改，纠正了一批适用法律和政策错误的减刑案件，共同提高了执法司法水平，维护了刑罚执行的公平公正。

3. 巡回检察制度是刑事执行检察制度的自我完善。习近平总书记强调要形成需求牵引供给、供给创造需求的更高水平动态平衡。2021 年在人民检察制度创立 90 周年之际，随着巡回检察制度的全面深入实施，刑事执行检察制度也迎来了巨大改变和提升。巡回检察制度是为了克服派驻检察存在的一些问题而创设，并与派驻检察制度一起写入《人民检察院组织法》，是检察机关适应刑事执行检察工作规律，主动做出的供给侧结构改革，本身就是刑事执行检察制度的自我完善和发展。巡回检察以更高的标准更严的要求，以案件化办理程序来开展工作，有效提升了监督的规范性、针对性和权威性，作为提升刑事执行检察工作整体水平的重要抓手，更加充分地发挥了刑事执行检察制度职能，厚植了社会公平正义，厚植了党执政的政治基础。

（三）监狱巡回检察工作开展情况

长期以来，检察机关主要采取在监狱设置检察室的方式，对监狱执法活动实行法律监督。由于派驻检察室人员相对固定，缺乏必要交流轮岗，导致产生“因熟生腐”、“因熟生懒”、不愿监督、不敢监督等问题。滚动的石头不长青苔。为了提升监督效果，从根本上解决派驻检察存在的问题，自2018年5月起，最高人民检察院创新监狱检察方式方法，先后在山西等12个省（区、市）部署开展监狱巡回检察试点工作，取得了明显成效。2018年10月修订后的《人民检察院组织法》正式确立对监狱、看守所实行“派驻＋巡回”的检察方式。监狱巡回检察于2019年7月在全国推开，截至2021年12月31日，全国检察机关共开展监狱巡回检察4113次，回头看1625次，发现监狱问题32,686个，提出书面检察建议4433个，提出纠正违法3217个，已监督纠正26,851个，发现职务犯罪案件线索728个，通过监狱巡回检察立案查办职务犯罪147人。监狱巡回检察从运行以来展现了强大活力和生命力，各级检察机关高度重视扎实组织，不断加深对巡回检察运行规律、工作方式、成果运用等方面的探索，由初期的点状、平面摸索发展到目前的系统、立体推进，尤其是跨区域交叉巡回检察方式的运用，把巡回检察工作提升到了一个新的高度。

1. 促进监狱检察方式“由办事到办案”逐步完善。张军检察长指出，巡回检察就是办案。传统的监狱检察重点聚焦在办事上，作用发挥在日常上，随着巡回检察的开展，坚持案件化办理，坚持以问题为导向，形成了监狱检察新模式。巡回检察案件化办理模式，通过规范证据收集、文书模板、取证行为等，不断规范监狱检察的组织部署、方式方法、问题处理与责任追究等方面，不仅是对监狱检察形式的调整，更是提高监狱检察质效的有效路径。巡回检察是办案方式的重大创新，本身就是办案活动，短时间内集中骨干力量针对监狱执法活动有针对性地开展检察，对发现的问题进行汇总梳理并及时反馈，对一些苗头性、倾向性问题或者违法问题，通过提出检察建议、纠正违法等方式监督纠正，督促监狱落实整改到位、促进规范执法，实现“在办案中监督，在监督中办案”。

2. 监狱巡回检察模式“由常规到交叉”逐步深化。《“十四五”时期检察工作发展规划》已经明确要求："常态化开展跨省、市交叉巡回检察。"在监狱巡回检察改革初期，各地开展方式以常规巡回检察为主，逐步摸索监狱巡回检察的工作重点、方式方法、协作机制等，取得了一定的成效，也对巡回检察制度有了初步的认识。随着常规、专门、机动、交叉等巡回检察方式的不断综合运用，交叉巡回检察的优势更加凸显出来，交叉巡回检察方式要求更高、监督效果更好，可以有效发挥视角不同、力量集中、形成震慑的制度优势，有利于更为深入、全面地发现和解决问题。

3. 监狱巡回检察重点"由对外监督到对外监督与自我监督并重"逐步转变。巡回检察不但要检察监狱执法存在的问题，还要"刀刃向内"审视检察履职存在的问题，实现从注重对外监督向注重对外监督与自我监督并重转变。在巡回检察中，把检察机关的监督履职情况作为工作重心和检察重点。一方面，对派驻监狱检察室的工作进行全面体检。全面检察驻监检察室的工作情况以及日常监督履职情况，通过对照在巡回检察中发现的监狱存在的问题，来检验和审视驻监检察室是否依法正确履职，日常监督是否到位。另一方面，对属地检察机关的派驻检察管理工作进行检察，了解属地检察机关在加强派驻检察以及对派驻检察室的日常监督管理等方面是否存在问题和不足，通过对检察机关自身监督履职的全面检察，强化派驻检察监督基础作用的有效发挥，促进监狱进一步提升刑罚执行和监管执法水平，共同维护司法公正。

4. 监狱巡回检察内容"从摸索到全面"逐步规范。一是促进派驻与巡回的有机结合。巡回检察和派驻检察是相辅相成、相互促进的，派驻检察要发挥"前哨""探头"作用，为巡回检察提供信息源和必要支撑，并且要持续监督督促巡回检察发现问题的整改落实情况，充分发挥监督基础作用。派驻检察的职责不能弱化、虚化，驻监检察室要履行好基础的日常监督工作。巡回检察要发挥全面检视作用，不断促进完善提升派驻检察工作。二是制定有关规范性文件。在《人民检察院监狱巡回检察规定》和《人民检察院监狱检察工作目录》的基础上，全面梳理《监狱检察办法》等文件，组织制定《人民检察院巡回检察工作规定》《监狱巡回检察工作手册》，为更加规范开展巡回检察打好基础。

（四）监狱巡回检察的主要做法及成效

1. 主要做法

一是坚持党的领导，主动汇报沟通。各地检察机关按照高检院部署，在党的统一领导下开展巡回检察工作，积极向当地党委报告，汇报开展巡回检察的背景、目的、工作安排等，得到了党委有力支持，争取了政策资金支持。

二是加强沟通协调,争取支持配合。各地坚持"双赢多赢共赢"工作理念,主动加强与司法行政部门、监狱管理部门的沟通协商,采取交流座谈、会签文件等形式,赢得充分理解和支持,完善细化情况通报、协调配合、联席会议、执法保障等机制,为顺利开展好巡回检察打下坚实基础。尤其是疫情防控常态化以来,从司法部到司法部监狱管理局一直到地方各级司法行政和监狱系统,都对巡回检察工作给予了大力支持,保障了巡回检察和疫情防控"两手抓两不误"。

三是做好集中培训,促进规范开展。为了规范化、标准化开展巡回检察工作,高检院多次组织巡回检察行前集中培训,各地也通过以战代训、交流培训等方式,整体提升巡回检察组执法能力和水平;最高人民检察院还制作了工作文书、报告等模板,为巡回检察工作提供范本和示例。

四是坚持内外联动,充分借力"外脑"。针对监狱安全问题广泛、专业性强的特点,积极借助"外脑",邀请安全监管、食药监管、卫生防疫、审计等行业专家参加巡回检察,并提出专业的整改意见,扩大了巡回检察的社会影响,提高了巡回检察的针对性。

五是主动接受监督,持续提升改进。全国检察机关执检部门在开展巡回检察过程中,主动接受人大代表、政协委员、人民监督员等社会各界人士的监督,通过邀请人大代表等参与巡回检察,不断吸收改进意见和建议,推动巡回检察更加深入全面开展。

六是创新工作方式,党建引领业务。在 2020 年和 2021 年最高人民检察院组织的跨省交叉巡回检察活动中,都报请高检院机关党委批准成立临时党总支和临时党支部。巡回检察期间,临时党支部起到战斗堡垒作用,通过开展支部学习和主题党日活动,召开民主生活会,开展批评与自我批评,总结工作经验及不足,有力推动了巡回检察工作开展。

七是严格纪律要求,确保不越红线。全国检察机关组织开展巡回检察,要严格遵守中央八项规定及其实施细则精神和高检院廉洁从检有关规定,恪守检察职业道德,同时严格遵守保密工作规定,不得泄露、扩散巡回检察尚未公开的工作情况和工作秘密,维护巡回检察组良好形象。

八是加强舆论宣传,营造良好氛围。各地检察机关主动加强与有关媒体的联系,认真落实宣传工作"三同步"有关要求,遵守宣传工作规定,梳理、总结和宣传了一批好的经验做法,收到了较好效果。

2. 主要成效

一是监督理念更加科学。"理念一新天地宽"。在深入实践巡回检察制度的过程中,刑事执行检察干警的监督理念得到了提升,更加适应新时代社会矛盾的变化,不断满足人民群众水平更高、内涵更丰富的需求,从停留于发现一般问题,满足于发现个案问题,止步于发现监狱问题,向注重发现重大和深层次问题转变,向注重发现背后的相关职务犯罪问题转变,向注重发现、提出和推动有效解决问题转变,向对外监督和对内监督并重转变。

二是监督重点更加明确。检察机关在监狱巡回检察工作中不仅注重对监狱监管执法方面的监督检察,促进维护好监狱的安全稳定,还更加注重监督监狱将罪犯改造成守法公民为工作重点,促进提升罪犯改造效果,进一步维护好社会安全稳定。在巡回检察工作中,通过分析"纸面服刑"等问题产生的原因,紧盯重点监区、重点环节和重点人群,以"解剖麻雀"的形式开展巡回检察工作,不搞"假把式""走过场",发现和解决了一些刑罚执行工作中存在的突出问题。

三是监督敏感性明显提升。各地在巡回检察中,坚持党建引领业务,利用红色资源开展党史学习教育,促进党建和业务深度融合,激发了队伍凝聚力、战斗力。巡回检察队伍组建灵活、人员不固定,检察的次数及时间等根据工作实际自行确定,解决了派驻检察中存在的"熟人熟事、一团和气"的现象,发现问题更加深、细、实,发现了一些平时难以发现的深层次问题。另外,巡回检察方式包括常规、专门、机动和交叉巡回检察等多种方式,检察人员监督的积极性和敏感性得到很大提升,职业荣誉感和责任感明显增强,发现和解决了一些监狱改造罪犯活动中存在且已"熟视无睹""习以为常"的问题。

四是监督质效较为明显。各地在巡回检察工作中,立足全面检察与重点检察相结合,细化巡回检察项目清单,发现问题数量同比明显上升,监督效果进一步凸显。例如,2020 年全国检察机关对"减假暂"执行不当书面提出纠正监督意见 52,415 人,同比上升 30.2%;2021 年对"减假暂"执行不当书面提出纠正监督意见 57,822 人,同比上升 10.3%。再如,黑龙江省院在为期一个月的交叉巡回检察中,共发现突出问题 73 类,涉嫌违法违规 110 人,涉嫌职务犯罪线索 40 人,引起了黑龙江省委及司法行政部门的高度重视,推动在全省开展监狱系统突出问题专项整治工作。

五是监狱工作与检察工作实现双提升。2020 年年底最高人民检察院组织开展的跨省交叉巡回检察中,全国人大代表、陕西省律师协会副会长方燕受邀对第一巡回检察组的工作开展了视察,提出要关注监狱系统的硬件问题;对"减假暂"工作的透明和公开也提出了意见;还提出检察系统要"刀刃向内",加强对派驻检察室的监督。各地在巡回检察工作中,不仅注重发现问题,更加注重争取监狱的理解和配合解决问题,巡回检察组紧盯问题整改,采取台账式管理、阶段性销号等做法,通过开展“回头看”等一系列措施确保检察建议、纠正违法整改落实到位,提升检察监督的刚性。同时,通过分析监狱存在的这些问题,反思检察机关履职情况,对照查看哪些问题是日常监督没有发现的,哪些问题是发现了没有一盯到底督促整改的,最终实现监狱执法和检察监督共同提升。司法部唐一军部长于2021年5月29日在无锡监狱视察期间,对检察监督工作提出希望:“驻监检察室的派驻工作要进一步加强,要更加规范化;巡回检察相当于多一只眼睛帮助我们发现问题、改进工作,这项工作也要加强。”

二、优势凸显,巡回检察促进全面整治违规违法“减假暂”顽瘴痼疾

2021年,全国政法队伍教育整顿期间,检察机关全面贯彻习近平法治思想,认真落实高检院党组决策部署,紧紧围绕“减存量、控增量、防变量”目标,坚持系统思维、问题导向,充分发挥巡回检察制度优势,以高度的政治自觉、法治自觉、检察自觉扎实推进违规违法“减假暂”顽瘴痼疾专项整治工作,抓实问题排查、抓细查纠整改,努力维护刑罚执行公平公正。

(一)基本情况

2021年,检察机关深刻汲取云南孙小果案、北京郭文思案、内蒙古“纸面服刑”案等违规违法案件教训,按照中央政法委部署,检察机关和司法行政机关、审判机关密切沟通,采取有力措施,坚持全面筛查与重点排查、实体排查与程序排查、自查自纠与开门排查、依法纠错与严格追责相结合,在巡回检察工作中把整治违规违法“减假暂”作为重中之重。

利用巡回检察查找“减假暂”顽瘴痼疾。各地充分发挥巡回检察人员交叉、视角不同、机动灵活、力量集中、形成震慑的优势,通过集中查阅监狱刑罚变更执行案件卷宗,与罪犯谈话,受理控告申诉等方式,查找刑罚变更执行监督中的顽瘴痼疾,推动刑罚变更执行监督工作从发现一般性问题向发现重大和深层次问题转变,从发现监狱执法问题向注重发现背后的相关职务犯罪问题转变,不断提升监督质效。

在巡回检察中综合审查监督“减假暂”活动。各地在巡回检察过程中,分批次选取一定数量的“减假暂”案件,采取书面检察和实地调查相结合的方式,认真审查监狱移送案件材料和法院裁定,注重对罪犯日常改造考核情况的监督,深入

监区检察罪犯计分考核情况，掌握罪犯改造表现等形式审查“减假暂”案件，特别是注重加强对罪犯岗位调整、计分考核、立功奖励、病情鉴定等关键部位和重点环节材料的审查和监督，全方位多角度审查监督“减假暂”活动，注重纠防并重，维护刑罚执行的公平公正。

在巡回检察中聚焦重点罪犯的“减假暂”。在巡回检察中把监督视角聚焦到公众普遍关注的“花钱买刑”“以权赎身”等敏感问题上，不断加强对“有权人”和“有钱人”的刑罚变更执行的监督。对职务犯罪罪犯，破坏金融管理秩序和金融诈骗犯罪罪犯，涉黑涉恶犯罪罪犯，危害国家安全犯罪罪犯，恐怖活动犯罪罪犯，调换监管场服刑罪犯，从事事务性活动罪犯，多次获得减刑罪犯等重点罪犯实行重点监督，努力发现和防止罪犯利用非法手段获取奖励分。同时，对职务犯罪、金融犯罪和黑社会性质犯罪等“三类罪犯”从严控制“减假暂”条件，严格审查提请、审理程序是否合法，严格审查其财产刑履行情况，将依法办案、追赃挽损和维护社会稳定结合起来，落实中央刑事司法政策精神。

通过巡回检察发现和查办违法“减假暂”相关职务犯罪案件。查办刑罚执行中的职务犯罪案件，既是检察机关的重要职责，也是增强监督刚性的有效手段。各级检察机关坚持巡回检察与查办职务犯罪相结合，在巡回检察中紧紧抓住刑罚变更执行中考核奖惩、会见通讯、安排劳动岗位、调换服刑场所等容易发生司法不公和腐败问题的重点环节，突出查办徇私舞弊减刑、假释、暂予监外执行等职务犯罪。2021 年全国检察机关查办徇私舞弊减刑、假释、暂予监外执行罪 242 人，同比上升 4.4 倍。一批大案要案、窝案串案被依法查处，有力地惩治了刑罚变更执行领域的腐败问题。深入研究北京郭某某违法减刑案、内蒙古罪犯“纸面服刑”案的原因，分析造成违规违法“减假暂”顽瘴痼疾问题，注重发现违规违法“减假暂”背后的司法工作人员相关职务犯罪案件线索，严肃查处司法工作人员相关职务犯罪案件，打击司法腐败和司法不公，促进刑罚变更执行公平公正。

通过对 1990 年以来办理的“减假暂”案件全面起底，全面排查问题、认真剖析原因、研究整治措施，做实做细监督“最后一公里”，推动政法队伍教育整顿走深走实。截至 2021 年 12 月底，全国检察机关共完成筛查案件数 1100 万余件，核实认定其他政法单位问题案件数 30,467 件，依法监督纠正 30,270 件，纠正率99.4%；核实认定检察机关自身监督不力问题案件数 11,047 件，处理处分检察干警 1996 人。

（二）主要措施

1. 提高政治站位，加强组织领导。全国检察机关深刻领会中央精神，强化使命担当,依法履职尽责,以最高标准最严要求抓好专项整治。高检院成立顽瘴痼疾整治工作专班,统筹协调专项整治工作,专门印发文件落实中央政法委有关要求,杨春雷副检察长每季度视频督导巡回检察和专项整治进展情况。各地检察机关在党委政法委的统一领导下,成立工作专班组织专项检察开展及时督导,确保专项整治顺利开展。北京市检察机关根据中央督导组有关工作要求,组织了开展“刑罚执行重点案件”专项检察,抽调100名骨干力量组成五个专项检察组开展交叉检察。

2. 结合重点工作,做到互融互促。全国检察机关将专项整治与重点工作有机结合,促进系统发展整体提升。一是把专项整治与巡回检察工作紧密结合。最高人民检察院要求把专项整治工作贯穿巡回检察始终,做到专项整治与巡回检察互相促进互相提升。高检院组织的2021年第一批跨省交叉巡回检察从时间安排、工作内容上统筹考虑,聚焦违规违法“减假暂”案件办理,实现巡回检察效果最大化。黑龙江省检察机关聚焦专项整治开展巡回检察,哈尔滨市院组织对东风监狱、黎明监狱的“三类犯罪”等重点罪犯“减假暂”案件进行专项巡回检察。二是把专项整治与查办职务犯罪工作紧密结合。各地检察机关抓住专项整治线索大排查大起底良机,推动侦查工作更好发展。浙江省湖州市检察机关以涉嫌徇私舞弊减刑罪,对某市监狱原党委书记、政委毛某某立案侦查;贵州省贵阳市检察机关立案查处南明区法院刑庭原庭长贾某、承办法官罗某;湖北省襄阳城郊院深挖彻查发现职务犯罪线索6件。

3. 措施扎实有力,整治深入推进。一是加强指导督导。最高人民检察院组织相关负责同志赴陕西等地开展实地调研,听取基层意见建议,系统分析“减假暂”顽瘴痼疾,查纠问题研究对策,组织督导组赴工作进展较慢地区开展督导,深入基层摸透摸准实情,准确掌握症结,帮助解决问题。内蒙古自治区院利用视频调度会部署督导,李琪林检察长要求深刻认识违规违法“减假暂”案件的社会危害性,激发检察干警强烈的责任感、使命感。二是加强沟通协调。最高人民检察院组织相关负责同志走访公安部、司法部,听取有关意见建议。各地检察机关主动加强与法院、公安机关、司法行政机关、监狱等部门沟通协调,开展联动式、地毯式排查,全链条发力、全系统整治。三是加强信息化手段运用。山东省青岛市检察机关联合相关科技公司,研发智能审查大数据系统,提升了“减假暂”案件排查工作的精准度;江苏省检察机关通过对大数据信息进行综合分析、研判,为司法办案、检察监督提供信息支撑。

4. 创新方式方法,提升整治效果。一是组织开展同堂培训。最高人民检察院紧密结合政法队伍教育整顿，会同最高人民法院、司法部于2021年9月联合举办以“减假暂顽瘴痼疾整治”为主题的同堂培训，张军检察长讲授开学第一课，进一步加深了参训法官、检察官、司法行政人员对法律职业共同体建设重要意义的认识，达到了直面问题、寻求共识，有效推动整治违规违法“减假暂”顽瘴痼疾工作更好开展。二是灵活运用公开听证。在“减假暂”案件办理中，探索开展听证活动，有助于充分保障群众对案件办理的知情权、参与权、监督权，有效防范“高墙内”的“暗箱操作”，在公开听证工作中形成对刑罚执行机关、检察机关、审判机关的制约监督，避免“减假暂”成为“有钱人”“有权人”的“特权通道”，以司法公开促进刑罚执行公平公正。2021年6月高检院在江西省赣江监狱对罪犯翟某某假释监督案件举行公开听证，探索规范和扩大假释适用新途径，首次引入律师参与，有效保障了群众的知情权、参与权和监督权，取得了较好效果。

5. 坚持“刀刃向内”，查摆自身问题。在整治违规违法“减假暂”顽瘴痼疾活动中，检察机关坚持自我审视、自我核查、自我纠正，坚持“刀刃向内”，查摆自身问题，通过组织自查自纠，全面排查复核检察机关办理的减假暂案件，审查违规违法“减假暂”问题；通过分析司法行政机关、审判机关存在的问题，反思和检讨检察履职不到位问题，责任落实到人、压力传导到位。内蒙古自治区检察机关在专项整治中认定监督不力案件2000余件，处分处理检察干警400余名。陕西省检察机关严肃查处问题案件背后的检察干警职务犯罪，对延安市院技术处原处长周某某等5名检察干警立案侦查。

（三）主要成效

巡回检察是检察机关的重点业务，“减假暂”顽瘴痼疾专项整治是检察机关提升政治素养、提高业务素质、强化纪律作风的“磨刀石”，各地检察机关紧密结合巡回检察与专项整治，攻坚克难扎实推进，有效提升了执法司法理念，梳理总结了顽瘴痼疾的基本样态，依法纠正了违规违法问题，严肃查处了害群之马，系统形成了制度成果。

1. 依法规范监督的理念更加深入人心。通过教育整顿，检察干警思想上受到洗礼，“从政治上看”的自觉性有了很大提升，对刑事执行检察工作的政治性、重要性认识更加深刻。一些违规违法案件的查处，尤其是对失职渎职检察干警的查处，如内蒙古王某虹案就处理处分检察干警19人，在检察干警中引起了较大震动。“应当发现问题而没有发现是失职，发现问题没有查处是渎职”的观念基本树立，监督履职的规范性有了一定程度的提高。

2. 顽瘴痼疾形态逐渐显现。从专项整治看,违规违法“减假暂”顽瘴痼疾主要表现为:一是伪造关键证据。有的罪犯伪造检举揭发他人犯罪材料,获得较大幅度的减刑,或者伪造病情诊疗材料获得暂予监外执行。例如,四川罪犯邓某某伪造检举揭发材料被认定为立功获得较大幅度减刑;贵州罪犯何某伪造病情资料骗取保外就医。二是违反法定程序。有的罪犯因持有违禁品被处罚后不满一定期限,就被违规违法提请裁定减刑。如最高人民检察院组织对陕西省宝鸡监狱跨省交叉巡回检察中,发现该监狱罪犯金某某等6人因持有违禁品被处罚后未达到减刑限制年限,即违法获得减刑。三是司法工作人员失职渎职。例如,四川罪犯邓某某伪造检举揭发材料获得较大幅度减刑案中,其服刑监狱的副监狱长、相关公安干警徇私情私利违法为邓某某提供帮助办理减刑。

3. 违规违法问题基本得到纠正。检察机关监督启动了一批违规违法“减假暂”案件撤销程序,监督收监了一批违规违法监外执行罪犯。湖北省襄阳城郊院针对胡某某等7名罪犯在监狱聚众赌博案件,依法向法院提出撤销减刑裁定的意见,得到法院采纳;武铁分院监督法院将判决后10年未能收监的罪犯曾某某收监执行。

4. 政法队伍不断净化。各地检察机关注重发现问题背后的司法腐败线索,紧盯重点环节、重点人员、重点问题,对可能涉嫌违法犯罪问题的案件依法开展调查核实,对不构成犯罪的依法移送纪检监察等机关。广东省检察院成立由林贻影检察长任组长的专案组,严肃查处茂名市电白区教育局原局长陈某某违法暂予监外执行案,立案8件11人,其中公安干警2人,法院干警5人,检察干警1人,监狱干警3人。

5. 制约监督制度机制逐步完善。检察机关注重加强政策制度供给,坚持边排查边整治边建制,有机结合“当下治”与“长久立”。最高人民检察院研究制定《人民检察院巡回检察工作规定》等规范性文件,细化案件办理流程,为基层提供遵循;积极参与中央政法各单位关于减刑假释案件实质化审理、扩大假释适用等文件的制定。广东省检察机关组织对“减假暂”有关制度文件进行全面清理,指导制定规范性文件21份。涵盖“减假暂”案件办理的提请、审查、裁定、监督等环节的监督制约制度机制初步形成并不断完善。

三、问题导向,巡回检察不断发现“减假暂”深层次问题

(一)“减假暂”工作面临的共同问题

1. 减刑执法不规范。一是审查材料不全面。审查减刑材料仅限于计分考核

材料，而忽略罪犯违规违法材料，没有全面审查罪犯改造情况。监狱、法院、检察院层层失守把关不严，最终导致罪犯顶格减刑、踩点减刑等违规违法情形。二是财产性判项履行与减刑的挂钩处理需要规范。如工作中发现，同一个监狱的两个罪犯，有的罪犯财产性判项为罚金 50 万元，有的罪犯财产性判项只有罚金 5 万元，在提请减刑时均未履行，监区对第一个罪犯提请减刑 6 个月，对第二个罪犯提请减刑 9 个月。此外，罪犯“是否有履行能力”的准确判定，按照罪犯财产性判项履行比例扣减减刑幅度等都存在认识不统一的情况。

2. 假释适用率很低。假释作为一种重要的刑罚执行方式，有利于罪犯更好更快融入社会，假释罪犯整体再犯罪率较低改造效果较好，但因为司法干警不愿也不敢适用等主观原因及法律规定还不够明确等客观原因，假释在全国范围内适用率较低。如某监狱 2017 年以来办理减刑案件 2000 余件，但未办理罪犯假释案件，某监狱近四年罪犯假释适用率仅为约 3‰，其他监狱也存在类似情况。假释适用较少限制了假释功能的发挥，造成减刑假释整体适用失衡。

3. 暂予监外执行从“乱作为”转为“不作为”。近年来因整治“纸面服刑”等违规违法“减假暂”问题，在司法工作人员中引起较大震动，较多地方司法工作人员在办理罪犯暂予监外执行案件中不担当、不作为，给监狱监管秩序和社会稳定造成另外一种危害。2018～2020 年全国监狱提请罪犯暂予监外执行人数同比逐年下降。有的省份罪犯暂予监外执行不仅人数较少，而且下降幅度较大。例如，2018～2020 年某省监狱罪犯暂予监外执行人数分别为 90 人、22 人、1 人。与此相对应的是近年来全国监狱罪犯死亡人数呈逐年上升趋势。据统计，2018～2020 年全国监狱罪犯死亡人数逐年上升。造成这个问题的原因有地方司法局不愿接收保外就医罪犯进行社区矫正，有的病犯亲属不愿接收保外就医罪犯；保外就医法律文件有关规定不明确，影响了暂予监外执行的适用等，但更主要的原因在于政法机关干警不敢担责、不愿担责，对患有严重疾病的罪犯“该保不保”。

4. 违规违法“减假暂”背后存在较多司法腐败问题。在 2020 年 11 月至 12 月，最高检组织的对宝鸡监狱等 3 所监狱的跨省交叉巡回检察中，都发现了职务犯罪线索，3 个巡回检察组都有立案。2021 年跨省交叉巡回检察中，7 个巡回检察组也都发现了大量职务犯罪线索，截至 2022 年 1 月已立案 30 件 36 人。在工作中发现，有的案件造成了恶劣影响，如黑龙江罪犯谢某违法保外就医案中，初保环节监狱系统集体失守，从报请到审批环节，无视保外就医严重疾病鉴定这一条件，滥用职权报请、审批，导致谢某被违法保外就医。此后续保环节又全链条失职渎职，个别检察干警请托地方医院医生出具虚假医疗诊断和病情鉴定；个别监狱干警、公安干警在考察中不依法履行职责,提供虚假考察材料,导致谢某违法获得续保。再如,河南省新郑监狱八监区原监区长崔某、副监区长范某等,收受多名罪犯及家属给予的财物,徇私舞弊隐瞒罪犯严重违法违规行为,导致不符合减刑条件的罪犯获得减刑。

5. 信息化手段运用不足。较多地方未建立刑罚执行机关、审判机关、检察机关减刑、假释网上协同办案平台,影响了办案效率和效果,有的地方减刑假释信息化办案平台虽已上线,但各单位办案网络仍无法直接互联、数据缺项较多,离全面高效运行仍有较大差距;有的与监狱建成了减刑假释信息化办案平台,但目前只能进行数据交换,与人民法院尚未建成减刑假释信息化办案平台;个别地方缺乏统一的推进主体和资金支持,各项条件未能达成一致,目前此项工作推进缓慢。有的地方信息化建设的重要性认识不足,投入不够,工作缺乏积极性和主动性,个别省份信息联网的主体还局限于监狱和看守所,与法院、公安等部门的信息共享机制尚未建立。各政法单位之间在"减假暂"相关数据获取、信息掌握等方面还不够全面及时,影响了刑罚交付执行和变更执行活动的及时规范开展,影响了对罪犯监管改造的针对性和实效性。

(二)政法各单位存在的个性问题

1. 监狱存在的问题

监狱存在的问题主要有:一是监狱对罪犯提请减刑期间发现罪犯违纪后,未撤回减刑提请,导致违规减刑。较多监狱存在对重大违规被处分罪犯的减刑把关不到位,导致部分不符合条件的罪犯获得减刑。如根据司法部规定,罪犯私藏使用违禁物品被监狱查实处理后,间隔未满三年的不得减刑,但多个监狱均存在罪犯被处分后间隔期未满而减刑的情况。再如,某监狱提请对罪犯柳某某减刑期间,柳某某因殴打他犯被集训矫治,监狱未按照规定对该犯给予行政处罚,也未申请撤回对该犯的减刑提请,导致该犯被违规减刑 4 个月。二是对罪犯财产刑履行情况未落实。如罪犯李某某因犯信用卡诈骗罪、非法经营罪被判刑,监狱报请减刑时未提供其信用卡诈骗违法所得 46.92 万元的退赔证明材料。三是监狱计分考核不规范。如某监狱多次以篮球比赛、拔河比赛等集体活动第一名的名义给参赛的服刑罪犯予以专项嘉奖。四是监狱的减刑、假释卷宗存在一些共性问题,如缺少提请建议书、计分考核材料、行政奖励审批表、地方社区矫正部门意见等材料;罪犯的认罪悔罪书、思想汇报、评审鉴定表笔迹不一,存在代写现象等。某省检察机关反映,全省各监狱不同程度存在向检察机关报送材料不全的问题,而且部分法律文书格式不够规范，存在随意涂改、代为签字、笔迹相同等现象。五是重劳动轻改造情形普遍存在。很多监狱主要根据罪犯每月劳动产值进行排名，根据排名确定罪犯每月得分，再根据既定分数转化成相应加分情况，造成考核分数与罪犯实际表现尤其是整体改造情况脱钩。六是计分考核制度执行不到位。较多监狱对罪犯的直接考核和集体评议制度落实不到位，民警对罪犯的加分、扣分事由没有及时记载，考核奖惩原始材料、会议记录由罪犯代做补做现象较多，日常考核填写加扣分单没有体现具体分值、加分事实不清、事由和引用条款不当、被考核人签名冒签等现象均有发现。巡回检察现场检察当场发现有民警带领罪犯在监舍楼管教室整理计分考核材料，填报考核分数。有的罪犯同一篇文章分别在同一年度监狱报上多次发表获得多次加分。

2. 法院存在的问题

法院存在的问题主要有：一是自由裁量权运用不规范。在教育整顿中发现，某市中级人民法院认定罪犯周某悔改表现突出并有立功表现，裁定减刑 2 年 7 个月，但综合该犯现实表现，根据相关司法解释等规定，该犯只能认定确有悔改表现并有立功表现，减刑幅度应不超过 2 年。二是法院减刑庭审形式化，表现为审理案件批量化、书证材料简单化、证人证言格式化等。对于开庭审理的减刑案件，有的庭审没有关键证人出庭作证，有的庭审中出庭监狱干警不了解罪犯改造情况，大部分庭审没有实质化呈现罪犯的改造情况。三是法院决定暂予监外执行前未征求检察机关意见情况普遍存在。四是裁判文书释法说理不足。巡回检察中发现减刑裁判文书内容表述较为雷同，如对于罪犯确有悔改表现等情况，大多数裁定仅描述结果，对确有悔改表现的实质性条件等论证不足。对于改变减刑幅度的情形，大多数裁定未阐明改变原因，说理性不足。五是暂予监外执行违法。某区法院在没有组织对罪犯进行病情鉴定的情况下，决定对 3 名职务犯罪罪犯暂予监外执行。六是裁判的权威性引导性应予加强。在执法司法监督制约机制体系中，法院审理的权威性和引导性方面应当发挥更大作用，建议加大法院指导性案例制发力度，从审判角度为“减假暂”案件办理提供指引，与检察机关的指导性案例形成优势互补互相借鉴的完整体系。

3. 检察机关存在的问题

以上这些问题的产生都有检察机关监督不到位的原因。检察机关存在的问题主要有：

一是监督意识与新时代的要求还有差距。主动监督意识不强。巡回检察及“减假暂”案件排查过程发现的问题折射出部分检察机关监督意识不强，监督质效不够等问题。如检察机关发现某监狱5起假嘉奖减刑案件后，发出纠正违法通知书要求监狱纠正，监狱虽然回复但未整改，检察人员未跟进监督落实情况，出现“纸面整改”情况。再如，某县检察院监所科原副科长马某某履职不积极不主动，在得知罪犯程某某暂予监外执行情形消失后，程某某家人述称其患有精神病，马某某既没有监督执行机关跟进核实，也没有提出要求依法进行医学鉴定的意见，导致程某某长期脱管未被发现。监督与办案融合意识不强。开展监督工作中，没有办案意识，不注意发现违规违法问题，不注意发现职务犯罪案件线索。如某检察院查办的黄某某徇私舞弊减刑案中，涉案监狱警察在长达8年的时间里对多名罪犯提请减刑时隐瞒违规违纪情况，导致多名罪犯违法获得减刑，但检察干警在审查时均未发现任何异常。

二是监督工作的规范性还不适应新阶段的要求。有的检察机关未严格按照法定程序办案，如某市检察机关共排查出85件检察机关未委托技术性证据审查的暂予监外执行案件。有的检察干警严重失职，如某检察室原主任赵某某在任期间，违规将大理州检察院驻大理监狱检察室的公章和其私人印章交由大理监狱狱政科、刑罚科保管使用，审查职责流于形式，致使罪犯谢某2014年、2016年两次违法减刑未被发现。有的检察干警制作审查报告过于简单，释法说理不足，格式化严重；在办案系统内重复创建案件；填录案卡信息不完整；卷宗装订、管理不规范。

三是监督能力还跟不上新形势的需要。发现违规违法问题的能力不足。有的检察机关审查时侧重于提请减刑起始时间、间隔时间、提请幅度等法定条件和程序，对罪犯加分扣分、岗位安排、是否特殊身份等方面不够重视，以致对存在问题应当发现而未发现。某县院驻监狱检察室主任党某在办理罪犯杨某某减刑案件中，对于罪犯杨某某的减刑材料未能具体核实到位，导致罪犯杨某某被违规减刑未被发现。某区院监所科原科长李某某在办理罪犯陈某某暂予监外执行案时，甚至没有发现法院在判决尚未生效情况下就决定对陈某某暂予监外执行。准确适用法律的能力欠缺。某市检察院检察官陈某某办理罪犯夏某某减刑案时，没有准确认定罪犯属于在刑罚执行完毕前又犯罪的情形，未对罪犯夏某某从严掌握减刑起始时间，未从严掌握表扬次数，导致罪犯被错误减刑未被发现。

四是监督手段刚性不足导致监督效果不佳。检察机关发现个别案件违法后，反复提出纠正意见，但被监督单位拒不整改。如某区检察院在监督纠正罪犯胡某违法暂予监外执行案件中，自2006年7月至2020年8月，检察院先后向区（县）公安局发出纠正违法通知书8份、检察建议书2份，指出公安机关决定暂予监外执行的条件和程序不合法，要求公安机关撤销错误的暂予监外执行决定，将罪犯胡某收监，但公安机关或不予回复，或仅回复而不整改，导致胡某长期“纸面服刑”。直至2021年4月17日，在中央督导组的推动下该罪犯才被收监执行。

巡回检察还发现，有的地区三家协调、协作机制不到位，各相关部门间联系沟通较少，联合制定的规范性文件较少，执法标准难以统一，相关制度机制缺失、不健全，没有形成监督制约和工作合力。有的监狱对拟提请减刑罪犯减刑公示不足5个工作日、减刑建议书落款时间早于监狱长办公会决定时间、撤销减刑裁定适用法律文书错误等问题；有的监狱各职能部门分工不合理，内部协作配合不畅，甚至出现推诿、扯皮的现象；有的监狱信息化建设不适应当前新形势的管控防范要求，对在押罪犯的入监、在监、出监等各项狱政管理方面未实现信息化管理，通过查阅各类资料，人工统计核算数字，核对的数字是否真实可靠无法确认；因未建立信息化的狱政管理系统，使罪犯收押、调动、调遣、顽危犯审批、分级处遇、奖惩审批等方面未形成信息化管理，导致日常统计业务繁杂占用大量时间。有的法院审理减刑案件超期；有的法院对于两名罪名、刑期相同的罪犯，财产性判项履行情况相似的情况下，作出结果迥异的裁定；有的法院减刑裁定引用条款错误。

（三）2021年最高人民检察院组织的跨省交叉巡回检察发现的“减假暂”问题

1. 执法理念落后，不能适应新时代监管执法要求。一是个别监狱对监狱工作在新时代面临的新形势、新任务、新要求认识不足，对习近平总书记关于加强监狱管理等重要指示批示精神学习领会不深，对贯彻落实总体国家安全观、推进监狱治理体系和治理能力现代化工作任务理解把握不透。二是重打击轻保护、重惩罚轻教育，服刑人员合法权益保障被忽视。对刑罚目的理解有偏差，提请减刑、假释仅凭罪犯计分考核，未能充分考虑罪犯服刑表现。某监狱甚至出现利用减刑、假释“哄着”经常违反监规秩序的罪犯服刑的现象。

2. 刑罚执行不严，影响执法司法公信力。一是缺乏统一适用标准，影响执法司法效果。某地未制定减刑假释实施细则，监狱和地方检法两家办理减刑假释分歧较大。因对“不致再危害社会”的认识与法院不统一，某监狱2020年以来无一名罪犯获得假释。二是相关规定违反上位法，造成实践乱象。某省监狱管理局《监狱提请减刑假释工作指导意见》关于罪犯从宽、从严幅度基数的设置违反最高人民法院法释〔2016〕23号文件精神。三是计分考核不规范，不能全面客观公正反映罪犯实际表现，包括违规重复加分、严重违规未扣分、扣分处罚标准和尺度不统一等情形。四是违法违规“减假暂”顽瘴痼疾突出。有的是实体条件把握不严，有重大违规违纪行为仍获得减刑，不具备保外就医情形的仍然被保外就医；有的减刑未按照规定提级审核;有的对“三类罪犯”减刑没有从严把握;也有应当优先适用假释而不予假释的情形,某监狱2019年、2020年无假释案件。另有出入监手续不规范、罪犯档案缺失且管理不规范、减刑提请呈报不及时等问题。

四、综合施策,推动解决违规违法“减假暂”顽瘴痼疾

“减假暂”顽瘴痼疾表现多样成因复杂危害极大,长期影响执法司法公信力,危害司法公正,要从理念提升、严肃整治、强化队伍等方面着手,维护社会公平正义,促进社会治理现代化,努力让人民群众感受到公平正义就在身边。

(一)更新司法理念,引领新时代刑罚变更执行监督工作

在“减假暂”案件监督工作中,要牢固树立治本安全观,更好地发挥好刑罚变更执行制度功能,提高罪犯改造质量,把罪犯改造成为守法公民,向社会输出“合格产品”。坚持“双赢多赢共赢”理念,依法规范充分履行检察监督职责,做到敢于监督、善于监督,既不越位、也不缺位,主动换位思考,有针对性地提出改进工作的建议,共同维护司法公正。要坚持“在办案中监督,在监督中办案”的理念,在监狱检察工作中,要强化办案思维,严格办案要求,规范办案程序,追求办案质效。要坚持“能动司法检察”的理念,不仅依法办理“减假暂”案件,还要通过主动深入“三大现场”,与罪犯谈话等,查找监狱在刑罚执行中的问题,对发现的具有普遍性和倾向性问题依法制发检察建议,推动问题解决,提升监督实效。

(二)加强统筹谋划,充分释放巡回检察制度优势

落实好《人民检察院巡回检察工作规定》,不断深化巡回检察改革,科学配置巡回和派驻检察力量,从不同维度、不同层次深入了解被监督对象,聚焦“减假暂”案件办理;充分发挥派驻检察优势,深度接触在押人员和干警,全面掌握监狱犯情狱情,及时受理罪犯控告举报等,为办理“减假暂”案件时准确提出检察意见打好基础,发挥派驻检察的便利优势和巡回检察的集中优势,准确发现“减假暂”活动中的深层次问题,提出纠正并督促整改。常态化开展跨区域交叉巡回检察,深挖违规违法“减假暂”案件根源,同时重点关注检察监督中存在的不敢、不愿、不善监督问题以及失职渎职等违法违纪行为,通过分析其他司法机关存在的问题反向检验检察机关“减假暂”监督履职是否到位。

(三)加强衔接配合,形成整治"减假暂"顽瘴痼疾合力

"减假暂"活动涉及部门多、工作量大、情况复杂,公检法司等兄弟部门必须加强衔接配合,用好联席会议制度、情况通报制度,研讨解决个案,总结归纳类案,研究扩大假释适用的途径和财产性判项履行与减刑的挂钩问题等,最终推动刑罚执行系统间业务工作的深度融合,形成良性、积极、互动的工作关系。加强信息化建设,推进建设政法跨部门大数据办案平台,打破网络壁垒、数据孤岛,实现政法系统各部门协同办案、数据共享、分析预判和科学决策,实现业务协同、网上办案,从根本上破解文书传递不畅、监督信息匮乏等问题,节约司法资源,提高司法效率,以大数据、信息化助力"减假暂"案件办理的动态化、智能化、规范化发展。

(四)加大查处力度,严厉打击违规违法"减假暂"问题背后的职务犯罪

加强同步监督,对刑罚执行机关的计分考核、减刑、假释案件提请活动,以及审判机关的审理和裁判活动全流程同步监督,通过列席监狱减刑假释评审委员会、出席法院开庭审理发表检察意见等,紧盯重点环节、重点领域、重点罪犯,及时发现纠正违规违法问题,发现违规违法"减假暂"等问题和司法工作人员相关职务犯罪线索,对涉嫌犯罪的依法立案查处,不构成犯罪的严重违规违法问题及时移送有关部门严肃处理,形成震慑,强化刑罚变更执行检察监督刚性。

(五)加强实质化审查,依法全面审查证据

落实"两高两部"《关于加强减刑、假释案件实质化审理的意见》要求,严格审查减刑、假释案件的实体条件,秉持客观公正立场,全面准确审查证据,既审查罪犯客观表现,也审查罪犯主观表现;既审查罪犯是否符合确有悔改表现,也审查罪犯是否履行财产性判项情况;既审查罪犯是否具备立功等减刑条件,也审查罪犯违规违纪被处分情况,综合判断罪犯是否符合减刑、假释条件。通过综合考察罪犯原判罪刑、主观恶性、服刑改造情况等因素,对不同的罪犯在减刑、假释时根据情况区别对待,以更好贯彻落实宽严相济刑事政策。

(六)加大听证适用力度,以公开促公正,推动"减假暂"案件办理更加公平公正

在"减假暂"案件办理中推行听证制度,打破"减假暂"案件固有的审理模式和结构组成,邀请社会各界代表参与,多方力量建言献策、参与监督,实现了群众参与程度最大化,全面落实以人民为中心的办案理念。在听证过程中,把"减假

暂”案件办理的全过程“晒”出来,释法、说理、“言情”,在广大群众的见证下审查审理案件,最大限度保障人民群众的知情权、参与权、监督权,防范暗箱操作,避免使“减假暂”成为“有钱人”“有权人”的“特权通道”,在公开听证中形成对刑罚执行机关、检察机关、审判机关的制约监督,有效防范和杜绝司法腐败和司法不公,以司法公开促进司法公正,让公平正义可见可感,有效维护刑罚执行公平公正。

(七)加强队伍建设,提高规范办理“减假暂”案件的能力和水平

加强业务培训和岗位练兵,采取“减假暂”业务同堂培训等培养方式,强化办理“减假暂”专业人才培养的针对性。通过业务竞赛、建立人才库等途径,辐射带动刑罚变更执行检察业务水平整体提升。加强人员交流,促进执检干警与刑事检察等部门干警定期有序流动,对派驻检察干警定期轮换、动态调整,促进执检队伍整体监督能力提升。

(八)强化履职追责,提升“减假暂”监督质效

结合刑罚变更执行检察业务特点和规律,科学设置“减假暂”监督案件办理相应考评指标,发挥业绩考评“指挥棒”作用。在办理“减假暂”监督案件过程中,强化司法办案责任制,区分不同情形和危害后果追究相应责任,不断提升执法司法公信力。

(九)完善制度机制,努力根治“减假暂”顽瘴痼疾

坚持以制度思维和制度方式根治违规违法“减假暂”顽瘴痼疾,健全执法司法制约监督机制,建立健全系统性、整体性、协同性的制度机制,促进整改措施制度化、整改成果长效化,从源头上防止违纪违法问题发生。完善案件实质化审查规范体系,为检察人员规范办理“减假暂”案件,全面提升案件质效提供实用具体、可操作性强的规范指南。

刑事执行与检察建议的若干问题

周　伟* 最高人民检察院

目　次

* 周伟，最高人民检察院第五检察厅一级高级检察官。

一、引言　检察建议的概念与价值

《人民检察院检察建议工作规定》第2条规定:“检察建议是人民检察院依法履行法律监督职责,参与社会治理,维护司法公正,促进依法行政,预防和减少违法犯罪,保护国家利益和社会公共利益,维护个人和组织合法权益,保障法律统一正确实施的重要方式。”检察建议作为一项深植于中国特色司法文化土壤的法律制度,是检察机关“坚持在法治轨道上推进国家治理体系和治理能力现代化”的重要手段,是检察机关“坚持建设中国特色社会主义法治体系”的重要构件,是检察机关“坚持以人民为中心”的重要体现,是检察机关“坚持依法治国、依法执政、依法行政共同推进,法治国家、法治政府、法治社会一体建设”的重要工具。2018年10月,《人民检察院组织法》正式将检察建议确立为检察机关行使法律监督职权的方式之一。相较于传统理念中,检察建议被视为检察机关办案职能的延伸或者补充,这无疑是检察建议性质的一次重要更新。[①]

刑事执行检察,脱胎于检察机关传统业务监所检察,是检察机关历史最为悠久的传统业务之一,承担着刑罚执行和监管活动法律监督职责。检察建议,一直以来都是监所检察乃至刑事执行检察部门履行法定职责的纠正违法、检察建议与查办相关职务犯罪案件等三大履职方式之一。回顾历史,在刑事执行领域检察建议被广泛应用,对保障国家刑罚权的实现、监督执行权的依法正确行使、保障在押人员的合法权利、确保将罪犯改造为守法公民、维护国家的政权稳定等方面发挥着不可替代的作用。

(一)案例1. 社区矫正检察建议

社区矫正对象李某因犯诈骗罪被人民法院判处有期徒刑3年,缓刑4年,并处罚金1万元,缓刑考验期为2019年4月15日至2023年4月14日,在A县A镇司法所接受社区矫正。其间,李某通过修改手机指纹的方式,将自己在“正行通”手机App的指纹修改为其母亲韩某,由韩某代其每天指纹签到。A县司法局发现“正行通”手机App的漏洞后,立即将相关情况汇报给当地检察院。该地省级检察院遂向司法厅提出立即改正“正行通”手机App签到方式的检察建议。2019年4月下旬,司法厅对“正行通”进行了全面更新换代,更换成现在最新的银行人脸识别活体检测技术,要求全区105个社区矫正大队和1052个司法所全部升级换

① 张羽:《提升,检察建议这两年》(下篇),载最高人民检察院官网,https://www.spp.gov.cn/zdyz/202011/20201125_487248.shtml。

代成人脸识别活体检测技术。

该案例中,检察机关通过及时下发检察建议,堵住这一漏洞,进一步完善了该地区的社区矫正工作机制,有效防范了社区矫正对象脱管的发生,预防和减少了再次违法犯罪的可能性。

(二)案例2. 财产刑执行检察建议

在B房地产开发有限公司财产性判项执行监督案中,作为被告方的B房地产开发有限公司因犯单位行贿罪,被判处罚金15,000,000元,追缴其违法所得542,412,970元,总计5.57亿元。该案终审裁定生效后,由于涉及财产刑判项金额巨大,社会关注度极高,C省检察院刑事执行检察处于2017年12月18日向D市检察院发出督办函,由D市检察院刑事执行检察部门直接到E县检察院指导办案。为督促E县法院积极追缴,尽快履职到位,保护国有资产不流失,E县检察院承办人从原始卷宗着手,并多次前往有关单位,审查了解被告单位财产状况及履行能力,与县法院案件承办人一道多次赴省有关单位协调沟通,召开联席会议,明确该案财产刑执行主体、办理期限、执行顺序等程序。2018年1月15日,E县检察院向E县法院发出检察建议,建议其积极履行财产刑执行职责,及时将该案相关财产刑判项执行到位,并通过此案在今后工作中建立财产刑执行法律文书移交备案制度的长效机制。同年1月23日,E县法院作出执行裁定及协助扣划存款通知书,将被告单位在相关银行的冻结款项予以扣划并当日回复E县检察院,告知执行情况。至此,对被告单位B房地产开发有限公司犯单位行贿罪,判处的罚金1500万元人民币,追缴违法所得542,412,970元人民币,全部金额执行完毕并上缴国库。

此案办理过程中,省、市、县检察院三级联动,排解难题、重点突破,坚持多措并举,以检察建议监督法院,督促其依法及时履行法定刑罚执行职责,有效挽回大量国有资产。同时,通过深入推进财产性判项执行监督工作,维护了生效法律判决的严肃性和权威性,实现了政治效果、法律效果、社会效果的有机统一。

二、检察建议的前世今生

(一)检察建议的发展历程

检察建议经历了不断丰富和拓展的发展历程。1954年《人民检察院组织法》颁布后,检察机关将检察建议作为一般监督的一种形式。检察机关恢复重建后,检察建议作为参与社会治安综合治理的一种措施发挥了重要作用。2001 年颁布实施的最高人民检察院《关于刑事抗诉工作的若干意见》和《人民检察院民事行政抗诉案件办案规则》(现已失效)将检察建议确立为诉讼监督的一种方式。2008 年的《人民检察院监狱检察办法》《人民检察院看守所检察办法》《人民检察院监外执行检察办法》将检察建议作为刑罚执行与监管活动监督的一种方式。2009 年最高人民检察院制定了《人民检察院检察建议工作规定(试行)》,将检察建议作为参与社会治安综合治理、预防和减少违法犯罪的延伸性工作方式。2012 年修订的《民事诉讼法》和 2014 年修订的《行政诉讼法》在审判监督程序中增加规定了检察建议,正式在国家立法上将检察建议确立为检察机关履行诉讼监督职责的一种方式。2018 年 10 月 26 日修订通过的《人民检察院组织法》将检察建议确立为人民检察院行使法律监督职权的方式之一。[①] 2021 年的《人民检察院巡回检察工作规定》再次将检察建议作为监督收正监狱、看守所可能导致执法不公和重大监管漏洞、重大安全隐患、重大事故风险等问题的法定方式。回顾 60 多年来检察建议的发展史,检察建议自诞生之初,就以法律监督之名,与社会治理密切相关,与刑罚执行与监管活动监督紧密联系,始终展现出一股蓬勃向上、生生不息的生命力,最终成为检察机关助力推进国家治理体系和治理能力现代化的重要手段。

(二)检察建议的法律属性:履行法律监督职责的重要方式

《人民检察院组织法》第 21 条规定:“人民检察院行使本法第二十条规定的法律监督职权,可以进行调查核实,并依法提出抗诉、纠正意见、检察建议。有关单位应当予以配合,并及时将采纳纠正意见、检察建议的情况书面回复人民检察院。抗诉、纠正意见、检察建议的适用范围及其程序,依照法律有关规定。”

修订后的《人民检察院组织法》,增加规定了将检察建议作为人民检察院行使法律监督职权的方式,并明确了对人民检察院依法提出的检察建议,有关单位应当予以配合,并及时将采纳检察建议的情况书面回复人民检察院。作为检察机关在法律监督实践中摸索、创造出来的一项重要法律监督方式,检察建议从最初的参与社会治安综合治理措施,逐步发展成为用以纠正违法、启动再审和作为行政公益诉讼的前置程序。随着检察职能的拓展和实践的发展,检察建议已经成为人民检察院依法履行法律监督职责,参与社会治理,维护司法公正,促进依法行

---

① 吴孟栓、米蓓:《检察建议:履行法律监督职责的重要方式》,载最高人民检察院官网,https://spp.gov.cn/zdgz/201901/20190124_406256.shtml。

政,预防和减少违法犯罪,保护公共利益,维护个人和组织合法权益,保障法律统一正确实施的重要方式。同时,也是新时代刑事执行检察“派驻 + 巡回”检察体制模式下,刑事执行检察人员践行“更加注重维护刑事执行公平公正、更加注重维护刑事执行场所监管秩序稳定、更加注重维护刑事被执行人合法权益、更加注重维护社会和谐稳定”的新职能定位、履行好刑事执行法律监督职责的重要方式。

(三)加强与规范“检察建议”监督手段的应用,提升监督刚性

1. 加强“检察建议”的应用。检察建议以前都是基层发得多,通过个案体现对社会治理个别问题的推动。现在,为加强“检察建议”的应用,最高人民检察院已制发七份检察建议,是从上至下地对法律制度、国家社会治理系统的促进。具体而言,变化之一是:从自下而上到自上而下。2018 年 10 月 19 日,最高人民检察院向教育部发送了检察建议,认真分析办理的性侵幼儿园儿童、中小学生犯罪案件,针对校园安全管理规定执行不严格、教职员工队伍管理不到位,以及儿童和学生法治教育、预防性侵害教育缺位等问题,提出三项具体建议,即我们通常所说的“一号检察建议”。以“一号检察建议”为起点,最高人民检察院三年来连发 7 份检察建议:2018 年 11 月,最高人民检察院向最高人民法院发出“二号检察建议”,建议法院进一步落实司法责任制,严格落实公告送达的相关规定。2019 年 6 月,最高人民检察院围绕及时发现查处金融违法犯罪活动向中央有关部门制发了“三号检察建议”,推动相关部门进一步加强行政监管,强化源头治理,把违法犯罪风险和危害消除在萌芽状态或者初始阶段。2020 年 4 月针对“窨井盖吃人”向住房和城乡建设部发出的“四号检察建议”,则是以特殊的方式守护了老百姓“脚下安全”。2020 年 7 月,最高人民检察院针对虚假诉讼向最高人民法院制发了“五号检察建议”,进一步加强了与法院、公安、司法行政部门的沟通,建立了虚假诉讼线索移交、联合查办、结果反馈等合作机制,加大了对虚假诉讼的惩治力度,维护了司法权威与司法公信,共同维护诚实守信的诉讼环境,实现“双赢多赢共赢”。2020 年 11 月,围绕网络黑灰产业链治理、App 违法违规收集个人信息、未成年人保护等问题,最高人民检察院向工业与信息化部发出“六号检察建议”,同时抄送中央网信办与公安部,建议加强网络监督执法、共同推进网格综合治理。2021 年 11 月,最高人民检察院向国家邮政局发出了“七号检察建议”,同时抄送交通运输部、商务部等 12 个有关部门,推动强化安全管理,堵塞管理漏洞,促进寄递行业健康持续发展。最高人民检察院率先垂范,有力推动了在促进国家治理中检察建议的广泛应用。变化之二是,从个案到类案。综观检察建议发展史,多属于一案一发、以个案为出发点。这种“单兵作战”显然限制了检察建议的深刻性和影响力。“办理一案,处理一片”,通过个案总结教训,然后通过检察建议解决一类问题,这种类案问题的解决甚至不局限于一个地区,还能延伸至社会治理层面,深刻促进着国家社会治理体系的形成与完善。

2. 规范“检察建议”的应用。加强检察建议的规范性,主要应从明确适用范围、坚持制发原则、规范制发程序三个方面来着手。① 首先,应当遵循对检察建议适用范围的规定,对法律、司法解释规定可以通过检察建议方式进行法律监督的情形,才依法提出检察建议。比如,对于刑事诉讼中有关执法司法机关的违法情形,是通过提出检察建议还是送达纠正违法通知书来予以纠正?按照《刑事诉讼法》和《人民检察院刑事诉讼规则》的规定,对刑事个案办理中具体的违法问题,应当以提出纠正违法意见的方式进行监督纠正;但是,根据实践经验,对于刑事诉讼中发生的一些带有普遍性、倾向性的违法问题,则可以通过提检察建议的方式进行纠正。而根据《民事诉讼法》和《行政诉讼法》的规定,对民事、行政诉讼中审判人员违法、执行活动违法问题,都应以检察建议的方式进行纠正。其次,提出检察建议要遵循严格依法、准确及时、必要审慎、注重实效和层级对应的原则。人民检察院在履行法律监督职责中发现的、与检察业务紧密关联、确有监督必要的事项,可以按程序制发检察建议。人民检察院除可以对所办案件的涉案单位提出检察建议外,必要时还可以对其上级主管部门提出检察建议。但是,向上级主管部门提出检察建议的人民检察院,要与被建议单位层级对等,即(1)办案检察院认为需要向上级主管部门提检察建议的,应当提出意见,层报被建议单位的同级检察院,由其决定是否提出检察建议;也可以由办案检察院制作检察建议书后,报被建议单位的同级检察院审核并转送被建议单位。(2)需要向下级有关单位提出检察建议的,则应当指令对应的下级检察院提出检察建议。(3)需要向异地有关单位提出检察建议的,应当征求被建议单位所在地同级人民检察院意见。如果被建议单位所在地同级人民检察院提出不同意见,而办理案件的人民检察院坚持认为应当提出检察建议的,应当层报共同的上级人民检察院决定是否提出检察建议。最后,要按照规范的程序制发检察建议。检察建议类型不同,制发程序也不尽相同。其中,再审检察建议、纠正诉讼违法检察建议和作为公益诉讼前置程序的检察建议,要依照相关诉讼法和最高人民检察院制定的相关诉讼监督规则规定的程序制发。无论哪一类检察建议,为保证建议事项的事实清楚准确,法律政策

---

① 《最高检举行〈人民检察院检察建议工作规定〉发布会》,载最高人民检察院官网 2019 年 2 月 26 日,https://www.spp.gov.cn/zgrmfcyxwfbh/zgjtbjcigkzjcjygzqk/index.shtml。

依据充分，均应当进行必要的调查核实。检察官可以通过查询、调取、复制相关证据材料，询问当事人、有关单位工作人员或者其他相关人员，听取被建议单位意见，咨询专业人员、相关部门或者行业协会等对专门问题的意见，委托鉴定、评估、审计，现场走访、查验等方式查明事实情况，但不得采取限制人身自由和查封、扣押、冻结财产等强制性措施。制发督促履职、社会治理类检察建议，要重视发挥法律政策研究部门的审核作用，通过负责法律政策研究的检察官对检察建议书进行法律政策依据和法理根据的审核把关，确保提出的检察建议符合法律政策、论证严谨、说理充分、切实可行。为保证检察建议优质、严肃和权威，各类检察建议书均应由检察长审批或者在检察委员会讨论决定后，以检察院名义统一编号发出。

3. 增强“检察建议”的监督刚性。受到办理程序、业绩考评、整体监督能力、督促落实措施不多等因素的影响，过去检察建议制度的刚性不足，导致检察机关的法律监督作用发挥不充分。个别人为了完成考核任务而敷衍制发检察建议，如果非常肤浅地就案论案去制作检察建议，内容不够严谨，容易让制发对象对检察建议形成“外行指导点评内行”的认知，相应地也不会有整改和落实。很容易形成“劣币驱逐良币”的恶性后果，损害检察建议工作整体形象。要将检察建议“做成刚性、做到刚性”，关键在于检察建议本身要足够专业、质量过硬。“专业”二字说起来容易，做起来难。这类建议的专业性、针对性、实效性是取得制发对象的认可和采纳的根本。要秉持“双赢多赢共赢”的工作理念，对内要提升检察建议的制发质量，做到精准监督；对外要加强跟踪问效、跟进监督。

《人民检察院检察建议工作规定》为提升检察建议刚性提供制度保障：一是规范送达程序。检察建议书可以书面送达，也可以宣告送达。宣告送达可以邀请人大代表、政协委员或者特约检察员、人民监督员等第三方人员参加。二是建立检察建议抄送制度。涉及事项社会影响大、群众关注度高、违法情形具有典型性、所涉问题应当引起有关部门重视的检察建议书，可以抄送同级党委、人大、政府、纪检监察机关或者被建议单位的上级机关、行政主管部门以及行业自律组织。三是强化跟踪督促。要求人民检察院应当积极督促和支持配合被建议单位落实检察建议，并规定：被建议单位在规定期限内经督促无正当理由不予整改或者整改不到位的，经检察长决定，可以将相关情况报告上级检察院，通报被建议单位的上级机关、行政主管部门或者行业自律组织等。必要时可以报告同级党委、人大，通报同级政府、纪检监察机关。符合提起公益诉讼条件的，依法提起公益诉讼。①

---

① 吴孟栓、米蓓：《检察建议：履行法律监督职责的重要方式》，载最高人民检察院官网，https://www.spp.gov.cn/zdgz/201901/20190124_406256.shtml。

(四)案例3. 缓刑罪犯交付执行检察建议

近期H省检察院针对该省Y中级人民法院对部分缓刑生效判决未依法交付执行问题,制发了一份检察建议书,监督纠正社区矫正罪犯漏管104人,修复生态补种树木4091株,并规范了缓刑交付执行工作,有力助推平安建设。

一是从个案深挖细查扩大战果。2020年4月,H省W市检察院在开展社区矫正服刑人员交付执行检察中发现,H省第一中级人民法院在陈某某滥伐林木案判决生效后,未依法交付执行导致漏管,遂将案件线索移送H省检察院监督。为查明上述问题,H省检察院调阅陈某某案卷,核实社区矫正罪犯陈某某报到、接收、入矫等情况,向承办法官及助理调查了解案件判决、交付执行等情况。调查表明,H省Y中级人民法院确实存在未依法交付执行导致漏管,且缓刑考验期计算错误等问题,同时发现不止陈某某一案存在类似情况。H省检察院一方面通知相关基层检察院认真梳理线索并及时上报,又发现H省Y中级人民法院有40名被宣告缓刑罪犯(大多系破坏环境资源类犯罪)未依法交付执行出现漏管的违法行为;另一方面建议H省Y中级人民法院自查2016年以来判处缓刑案件交付执行情况,最终发现还有64名宣告缓刑罪犯未及时交付执行导致漏管问题。

二是认真研究法律准确定性。因法院未及时交付导致漏管,缓刑考验期是否还要重新执行,法律没有明确规定。因此,对该案的监督产生两点争议:第一,因未依法交付执行致使缓刑考验期已过,能否补充宣告缓刑,能否自补充宣告之日起开始计算缓刑考验期?第二,缓刑考验期已过,判决未实际执行,其中的罚金等附加刑,以及责令补种活树木等附条件判项是否还要继续执行?为解决法律适用争议问题,H省检察院邀请省高级法院和省司法厅召开联席会议,并达成了共识:(1)缓刑考验期应从判决生效之日起计算,不能按照交付执行之日起计算,或者从补充宣告缓刑之日起计算。如果因未依法交付执行导致全部或部分缓刑考验期已过,在此期间,社区矫正对象仍承担着缓刑考验期的义务和责任,从尊重和保障人权的价值角度考虑,对已过的缓刑考验期不应再执行,只执行缓刑考验期剩余的部分。(2)生效判决中的罚金等附加刑,以及责令限期补种活树木等附条件判项,应继续执行。

三是提出检察建议督促整改。2020年10月23日,H省检察院向H省Y中级人民法院发出检察建议书,跟踪督促该院从纠正刑罚交付执行中的错误、建立健全内部监督机制、开展刑罚交付执行工作专项整治活动等方面进行整改。H省Y中级人民法院高度重视,成立以院长为组长的领导小组,开展缓刑案件未依法交付执行问题专项整治活动。2020年11月24日和2021年2月7日先后两次回复整改成效：(1)制定方案，对交付执行不当和缓刑考验期计算错误的104名社区矫正罪犯立行立改，重新制作文书并依法交付执行；(2)采取有效措施完善内部监督机制，加强业务培训，强化交付执行工作；(3)对附有罚金刑尚未履行的，已全部移送执行部门正在执行中；(4)部分涉及"补种树木、修复生态"执行类案件，及时与林业部门协调沟通，已依法移送执行部门限期强制执行15人，补种地涉及5个市县，补种林木达4091株；(5)以问题为导向追责，共有7名法官、助理和书记员被问责。整改工作取得了较好的政治效果、法律效果和社会效果。

四是推动缓刑交付执行建章立制。H省检察院在检察建议中指出H省Y中级人民法院对缓刑案件"重判轻执"，不及时交付执行、缺乏有效内部监督机制等因素是造成社区矫正罪犯漏管的主要原因，帮助深入剖析原因，积极联系司法行政机关配合协助整改，推动该院缓刑交付执行工作规范化。该院制定缓刑案件未及时交付执行问题专项整治工作实施方案，以检察建议指出问题为导向，逐项逐条落实整改并建章立制。首先，制定和完善关于缓刑案件交付执行工作职责分工的规章制度，建立缓刑案件交付执行工作纳入绩效考核工作机制；其次，制定并严格执行刑事案件执行情况备案机制；最后，强化公、检、法、司之间的沟通协调机制，推动建立数据信息共享平台，主动接受检察机关和司法行政机关的外部监督，发现问题及时解决，共同做好缓刑案件交付执行工作，从机制上预防社区矫正罪犯脱管漏管。

三、刑事执行检察的来龙去脉

刑事执行检察部门的前世，是在中华人民共和国成立后，随着中国法治和中国检察制度的兴衰昌盛，走过了70多年曲折风雨历程的监所检察部门。它只存在了4年的时间。随着检察体制改革的深化，它的今生，就是刑事执行检察和司法工作人员相关职务犯罪侦查部门，在最高人民检察院，它叫第五检察厅。

要谈刑事执行检察，首先得介绍监所检察。古语云："出乎史，得乎道。"说的就是要掌握某个事物的发展规律，首先就必须探究该事物的发展演变历史。因此，首先跟大家介绍一个事件，由此引出新中国监所检察（刑事执行检察）的发展简史。

（一）一个里程碑事件：实现了传统监所检察向刑事执行检察的跨越

2014年12月，最高人民检察院经研究并报中央机构编制委员会办公室批复同意，决定将沿用30多年的"最高人民检察院监所检察厅"更名为"最高人民检察院刑事执行检察厅”,主要负责对全国检察机关刑事执行法律监督工作的指导。截至2018年12月,四级检察机关的原监所检察部门绝大多数都更名为刑事执行检察部门。基于此次更名,监所检察就被刑事执行检察所革新替代。那么,为什么要更名呢?一言以蔽之,正所谓“名不正,言不顺,事不成”。这又如何解释?还是让我们简要回顾总结一下新中国监所检察制度的发展历程吧。

监所检察,其传统的监督对象是监狱、看守所、劳教所、拘役所。对上述四个监管场所中进行的刑罚执行和监管活动实行法律监督,是检察机关历史最为悠久的传统业务之一。回顾历史,监所检察在保障国家刑罚权的实现、监督执行权的依法正确行使、保障在押人员的合法权利、确保将罪犯改造为守法公民、维护国家的政权稳定等方面发挥着不可替代的作用。

1949年新中国检察制度建立伊始,监所检察就是检察机关的一项重要职责。随着检察机关的建立和发展,监所检察经历了一个曲折发展的历程,大致可分为七个时期。

1. 起步期(新中国成立初期至1954年“五四宪法”颁布)。1949年12月《中央人民政府最高人民检察署试行组织条例》第3条规定,最高人民检察署直接行使并领导下级检察署行使下列“检察全国司法与公安机关犯人改造所及监狱之违法措施”的职权。1951年9月中央人民政府委员会通过的《中央人民政府最高人民检察署暂行组织条例》规定,检察署行使“检察全国监所及犯人劳动改造机构之违法措施”的职权。根据上述规定,在最高人民检察署设置的三个处中,由第二处职掌检察监管场所及监督各犯人改造所之措施是否合法。这一时期全国各地检察机关还未完全建立,监所检察只是在建立检察机关的地方有重点地开展,没有在全国范围内普遍开展起来。

2. 曲折发展时期(1954年“五四宪法”颁布后至1966年)。这个时期可分为两个阶段:

第一阶段是“五四宪法”颁布到1957年上半年。1954年,国家颁布的第一部《人民检察院组织法》第4条第5项规定:“对于刑事案件判决的执行和劳动改造机关的活动是否合法,实行监督。”监所检察工作开始作为检察机关的主要业务之一步入新的发展时期。这一时期人民检察院建立了专门业务机构行使监所检察职权。最高人民检察院成立了第五厅(也称监所、劳动改造机关监督厅),负责全国监所检察工作。各省、自治区、直辖市也按规定开始建立监所检察机构,基层检察院则设专职或兼职监所检察干部,负责监所、劳动改造机关的检察工作。

第二阶段是1957年下半年至1966年上半年。检察机关的法律监督工作遭到批判，主要是批判劳改监督没有把专政锋芒对准犯人，而是对准劳改机关，搞片面监督。1958 年 4 月，最高人民检察院召开了第一次劳改检察会议，确定劳改检察的任务，主要是通过批捕、起诉，打击罪犯又犯罪活动。在此时期，监所检察工作还是因形势的需要取得一定进展：1957 年 8 月，全国人大常委会批准了国务院《关于劳动教养的决定》，由于当时被决定劳动教养人员在劳改场所执行，所以人民检察院在履行劳改检察任务时，也担负起对劳动教养决定执行的检察；1957 年下半年，贯彻中央提出的对劳改单位的检察工作要经常化的指示，人民检察院开始实行派驻监管场所检察，向劳改场所派出驻场（厂）检察员。1964 年 7 月，最高人民检察院召开了部分省、直辖市监所检察处长座谈会，会议特别强调要在 1964 年内各地把应建立的劳改检察院建立起来。

3. 中断期（1966 ~ 1976 年）。我国的法制建设遭受到严重的破坏，全国的检察机关被撤销，检察工作处于瘫痪状态，监所检察工作概莫能外。

4. 恢复重建期（1978 ~ 1987 年）

1978 年 3 月 5 日，第五届全国人民代表大会通过的《宪法》，规定重新设置人民检察院。1979 年《人民检察院组织法》第 5 条第 5 项规定检察机关的职权包括："对于刑事案件判决、裁定的执行和监狱、看守所、劳动改造机关的活动是否合法，实行监督"。1979 年 11 月 29 日，第五届全国人大常委会第十二次会议批准的国务院《关于劳动教养的补充规定》第 5 条规定："人民检察院对劳动教养机关的活动实行监督。"

1978 年检察机关恢复重建后，监所检察工作作为检察机关一项基本检察业务，很快得到恢复和发展。1979 年 1 月，最高人民检察院设立了监所检察厅（当时也称最高人民检察院三厅），随后各级检察机关陆续组建监所检察机构，逐步开展了监所检察业务工作。同年 11 月，最高人民检察院召开了第一次全国监所检察工作会议，根据当时形势，会议提出了健全监所检察机构，确定了监所检察工作职责。随后，最高人民检察院下发了《人民检察院监所检察工作试行办法》《人民检察院劳教检察试行办法》。这一时期的主要工作是配合有关部门，认真复查平反了大量冤假错案和贯彻落实关于开展"严打"斗争的部署，把办理又犯罪案件作为监所检察工作的首要任务。

5. 稳步发展期（1987 ~ 2009 年）

这个时期，最高人民检察院召开了四次全国检察机关监所检察工作会议，推动了监所检察工作的稳步发展。

1987 年 3 月，最高人民检察院召开第二次全国检察机关监所检察工作会议，监所检察工作进入相对全面发展时期。第二次全国监所检察工作会议针对当时监所检察偏重办理复查案件和打击重新犯罪案件,忽视执法监督、忽视劳教检察和监外五种人(管制犯、缓刑犯、假释犯、剥权犯、保外就医犯)检察情况,提出了全面履行监督职责,实现监所检察经常化、制度化、规范化的要求。这次会议,在我国监所检察发展里程中,开启了全面履行监督职能的先河。随后,于1987年7月最高人民检察院制定下发了《人民检察院劳改检察工作细则(试行)》、《人民检察院看守所检察工作细则(试行)》和《人民检察院劳教检察工作办法(试行)》。

1996年全国检察机关第三次监所检察工作会议提出了"以办案为龙头,带动执法监督全面开展"的业务指导思想。这一时期,监所检察办案工作取得了突破性进展,从整体上提高了监所检察法律监督的地位,增强了对监管改造场所的监督力度,推进了监所检察工作的深入发展。

2001年第四次全国监所检察工作会议,进一步强调了"全面履行监所检察职责"的要求,特别强调要加强刑罚执行监督。为进一步规范监所检察工作,最高人民检察院下发了《关于监所检察工作若干问题的规定》,对监所检察部门职责作了调整。2003年最高人民检察院制定下发《关于加强派驻监管场所检察室规范化建设的意见》,在全国范围内开展了派驻检察室规范化等级评定工作。2007年3月最高人民检察院下发了《关于加强和改进监所检察工作的决定》。在这一时期,派驻检察室的力量配备和基础建设得到加强。

2007年11月,最高人民检察院召开了全国检察机关第五次监所检察工作会议,对当前和今后一个时期的监所检察工作作出了全面部署,进一步推动了监所检察工作的全面健康开展。在总结多年的监所检察实践经验的基础上,2008年3月,最高人民检察院制定下发了《人民检察院监狱检察办法》、《人民检察院看守所检察办法》、《人民检察院劳教检察办法》和《人民检察院监外执行检察办法》,全面规范了监所检察各项业务。

6. 监所检察向刑事执行检察的转型期(从2009年"躲猫猫"事件发生后至2018年)

中国法治建设并非完全遵循理性逻辑式的发展,重大涉法事件往往成为推进法治进程的重要因素。监所检察发展也是这样,2009年"躲猫猫"事件,经过媒体的发酵,监所的神秘面纱被拨开,被羁押人的人权保障状况受到了社会前所未有广泛关注。据我们统计,仅2010年被媒体广泛炒作的发生在看守所的被羁押人死亡事件就有16件之多,监所检察工作和监所工作一道被推到的风口浪尖,面临着前所未有的压力,同时也引起了各级领导尤其是高层领导对监所及监所检察工作前所未有的重视，为监所检察的跨越发展提供了契机。

监所检察部门抓住机遇，变压力为动力。一方面，谋求治标之策，先后联合司法部开展了全国看守所监管执法专项检查活动（2009 年），全国监狱清查事故隐患、促进安全监管专项活动（2009—2010 年），严打牢头狱霸，促进安全监管，保障被羁押人的生命健康权。另一方面，研究治本之道，先后出台了最高人民检察院《关于监管场所被监管人死亡检察程序的规定》，最高人民检察院、公安部、民政部《看守所被监管人死亡处理办法》，积极应对被监管人死亡事件处理中的问题。2010 年，公安部与最高人民检察院还联合下发了《人民检察院对看守所实施法律监督若干问题的意见》《关于派驻看守所检察与看守所实施监控联网的意见》，推进了看守所检察监督的规范化信息化建设。更重要的是触发了对监所检察工作理念、派驻检察室建设、监所检察职责的思考。

2011 年最高人民检察院召开了“全国检察机关监所检察派出机构建设工作会议”，出台了《关于加强派驻监管场所检察室建设的意见》，时任曹建明检察长在会议上首次提出了“三个维护”的监所检察工作理念。2012 年《人民检察院刑事诉讼规则》颁布，将刑事执行监督职责统一划归监所检察部门负责，标志着监所检察已实质性地迈步进入刑事执行检察新时期，与侦查监督、审判监督一道，构成了科学、完备的检察监督权力体系，为进一步完善检察组织体系，改革和规范检察机关内设机构及派出机构设置，优化检察权内部配置奠定了基础。

然而，基层监所检察同行们普遍反映，监所检察仍陷入名称被“不符实”与地位被“边缘化”，监督范围“扩张”与职能转变“不适应性”、实效“欠佳”，立法“不完善”与保障措施“不全面”的困境之中。2015 年 11 月 3 日上午，全国人大常委会第十七次会议分组审议了最高人民检察院《关于刑罚执行监督工作情况的报告》，有些委员指出，刑罚执行监督工作在检察机关属于比较边缘化的业务，传统的监所检察部门属于“次要业务部门”，虽然近年来工作取得了很大进步，但仍要提高思想认识，既要有为，还要有位，切实要把刑罚执行监督工作摆在重要位置来抓。全国人大内司委对全国十个省的刑罚执行情况进行调研后，也指出，对刑罚执行监督工作存在思想认识偏颇，一些干警特别是领导同志存在重侦查公诉、轻执行监督意识，刑罚执行监督被视作“二线业务”不被重视甚至被边缘化。

学界人士客观地指出，在整个刑事诉讼流程中，监所检察是诉讼监督的重要环节，不容忽视。但长期以来，检察机关对于监所检察的重视有些不够。监所检察部门的人员配置通常也比较弱。监所检察业务活动较为单纯，发挥监督职能作用的空间较小，工作主动性也较为逊色。修改后的《刑事诉讼法》为监所检察工作拓展监督空间创造了条件,过去的事后监督和监督客体范围较窄的问题得到改善,监所检察从这个意义上说,迎来了大有可为的良好时机。

随着中央司法体制和工作机制改革的深入,刑事法律制度不断完善,传统的监所检察已迈入刑事执行检察的新时期。《刑法修正案(八)》和修订后的《刑事诉讼法》的颁布实施,社区矫正制度正式步入法治的轨道,标志着我国刑罚执行由监禁刑罚为主的单轨制进入到监禁刑与社区矫正并重的双轨制刑罚执行体制的确立;劳教制度的寿终正寝使得监所检察挣脱了行政执行监督的束缚、回归到纯正"刑事执行监督"的正统;具有中国特色的刑事诉讼法"执行法"性质的《人民检察院刑事诉讼规则》的修订,将刑罚、拘禁性刑事强制措施以及特殊刑事处遇措施(如强制医疗)等三大执行的监督职责统一划归监所检察部门承担,体现了"统一刑事执行监督"的理念,拓展了监所检察的战略空间,对重诉讼、轻执行的观念转变以及监所检察工作的健康发展意义重大、影响深远。在这种背景下,完成了对监所检察的更名,名副其实的刑事执行检察诞生了。

7. 刑事执行检察的创新发展时期(2018 年至今)

2018 年 6 月,全国刑事执行检察座谈会以贯彻落实张军检察长重要讲话精神为引领,对当前与今后一段时间刑事执行检察工作的思路提出了明确的方向,提出了今后一个时期刑事执行检察工作的指导思想、工作中心、工作主线、监督方式、工作重点、基础建设和工作理念等。刑事执行检察逐渐走向新时代刑事检察制度创建的新阶段。10 月 26 日,十三届全国人大常委会第六次会议审议通过了《刑事诉讼法》修改决定与新修订的《人民检察院组织法》,对检察机关职务犯罪侦查权、刑事检察体制等提出了新的要求,也为新时代刑事执行检察工作制度的创新发展提供了基本的法律支撑。

中国刑事执行检察制度发展史的启示:回顾总结新中国刑事执行检察制度 70 年的发展历史,可以看出:

其一,法治基础。新中国监所检察制度是建立在《宪法》《人民检察院组织法》等法律基础上的,国家法治兴,则检察事业兴,监所检察工作才有生机与活力。

其二,服务大局。监所检察部门是检察机关一个职能部门,监所检察工作必须且一直是服从于党和国家大局,紧紧围绕党的政法工作和检察工作中心依法开展,只有这样才能保持正确的政治方向和蓬勃发展的生命力。

其三,工作理念。从重视发挥专政工具的打击罪犯又犯罪、打击职务犯罪的重"打击"的理念,向打击犯罪与保障人权有机统一的理念转化,标志着法治的进步和监所检察指导思想的成熟。

其四,职责定位。作为刑事判决裁定执行和监管执法活动监督的职责定位得以确立。

其五,监督体制。历史形成的以派驻检察为主、巡回检察为辅的监督体制正变革为派驻与巡回相结合的监督体制,都是具有中国特色的刑事执行检察体制。

其六,在监督方式上,形成了以日常监督为基础,针对突出问题开展专项检察的基本工作格局,专项检察成为执检工作的新亮点。

其七,要坚持改革创新,坚持不懈地推进体制机制改革与创新。70 年来的实践探索证明,改革是出路,创新是活力。改革开放之初的监所检察是对新民主主义革命时期监所检察的承继与创新,刑事执行检察是对监所检察的承继与创新,新时代刑事检察体制中的刑事执行检察更是对现有刑事执行检察的承继与创新。只有树立刑事执行检察新思维,推进刑事执行检察体制机制不断创新,刑事执行检察工作才能不断激发新的生机。

(二)二类性质监督:刑事诉讼监督与刑事执行监督

要实现监所检察向刑事执行检察的跨越,离不开理论的支撑。然而,相对于刑法、刑事诉讼法领域的研究而言,刑事执行方面的研究一直不受重视,有关监所检察乃至刑事执行检察的理论研究就更少。

关于监所检察权、刑事执行检察权的性质,理论上存在一定的争议。通说认为监所检察权属于诉讼监督权。其理由主要是:通说认为,我国检察权是一个复合概念,由几个具体权能组成,即公诉权、职务犯罪侦查权、诉讼监督权(对诉讼活动进行监督,又可分为批准逮捕权、侦查监督权、审判监督权、执行监督权等)。在每年的最高人民检察院工作报告中,最高司法机关也一直把刑罚执行监督以及监管活动监督列为其履行诉讼监督职责进行总结的。监所检察权属于执行监督权的范畴,除此之外不存在第四种检察权权能。此种观点欠妥之处在于,从刑事诉讼的角度来确定刑事执行监督的性质。

但有学者认为,监所检察权从性质上不是诉讼监督,而是非诉讼活动监督,其本质是行政执法监督权,理由是:这些学者从刑罚执行活动、看守所监管执法活动、劳动教养活动与刑事诉讼的关系等方面进行了论述,认为监所检察监督对象所开展的活动都不具备诉讼性质,而具有行政权的属性,从而得出监所检察权是行政执法监督权的结论,从而否认了监所检察权所具有的诉讼监督权本质。此种观点欠妥之处是根据监督对象的性质来界定刑事执行监督的性质。

笔者认为,监所检察权或者说刑事执行检察权从属于检察权,是包含了公诉权、职务犯罪侦查权和诉讼监督权,但又不同于上述三种检察权的第四种检察权,我将之称为刑事执行检察权。“执行”是将刑罚和非刑罚强制措施付诸实现的活动,属于国家权力的组成部分,具有国家强制性。“刑事”意味着这种强制执行是以刑事法律的决定、判决和裁定为依据的。因此,刑事执行是国家按照刑事类法律要求,依法定程序将已发生法律效力的决定、刑事判决和裁定,以及侦查中羁押强制措施予以强制付诸实施的活动。刑事执行检察权本质上是有别于职务犯罪侦查权、公诉权、诉讼监督权的第四种检察权。主要理由是:

第一,从法律监督目的看,在于维护国家法制的统一和法律的正确实施。公诉权、检察侦查权和诉讼监督权(以下简称三类检察权),都是保障《刑法》《刑事诉讼法》等刑事法律的正确实施,而刑事执行检察权所要保证正确实施的是刑事执行相关法律、法规,其性质既具有刑事性(如监狱法),又具有行政性(如看守所条例),既具有实体性(如《刑法》),又具有程序性(如《刑事诉讼法》)。

第二,从法律监督的任务看,三类检察权主要是保障刑事诉讼的顺利进行,而刑事执行检察权还要全面保障刑事判决裁定的正确执行,保障监管改造罪犯任务的完成。

第三,从法律监督的职权范围看,三类检察权较为单一,一类为诉讼职能亦即司法办案职能(如职务犯罪侦查权、公诉权),一类为诉讼监督职能(如立案监督权、侦查监督权、审判监督权);而刑事执行检察权具有十五类职权(详见后文),按性质划分,除了具有诉讼职能(如发生在刑事执行中的职务犯罪侦查权、罪犯又犯罪之公诉权)与诉讼监督(如对罪犯又犯罪的侦查监督权)职能外,还具有对刑事执行权(如看守所对犯罪嫌疑人、被告人的羁押权,监狱、社区矫正机构对罪犯的行刑权,属于司法行政权)的监督职能。因为刑事执行是国家以实现其司法职能为基本任务的具有行政权特点的行为,是一种司法行政行为,所以刑事执行权在属性上既不属于单纯的司法权,也不属于单纯的行政权,而是兼有行政权和司法权的综合性权力。

第四,从监督对象与内容看,诉讼监督的对象主要是公安与法院,以及对检察机关自侦部门的内部监督,是对诉讼法律关系的监督;而刑事执行检察监督不仅包括对公安、法院以及检察机关自办案件的诉讼监督,还包括对监所、监所人民警察、社区矫正机构及其工作人员的执法活动的非诉讼监督,不仅监督诉讼法律关系,还监督行刑和监管法律关系。

根据刚修订的《人民检察院组织法》(2018 年 10 月 26 日第十三届全国人民代表大会常务委员会第六次会议修订,自 2019 年 1 月 1 日起施行)第 20 条规定,人民检察院行使七项具体职权中，前四款分别规定了侦查权、批捕权、公诉权、公益诉讼权，这些属于诉讼职能；后三款规定的是监督职能，分别是对诉讼活动实行法律监督，对判决、裁定等生效法律文书的执行工作实行法律监督，对监狱、看守所的执法活动实行法律监督。这也从组织法层面对诉讼活动监督与执行监督进行了区分，印证上述论述的合理合法性。

明确刑事执行检察权是一种独立复合性法律监督权具有重要意义：

其一，有利于健全和完善我国的刑事法律体系。因为完整的刑事法律体系应该包括刑事实体法（《刑法》）、刑事程序法（《刑事诉讼法》）与刑事执行法。《刑事诉讼法》规定的是如何依照法定程序追诉犯罪，来保证求刑权的依法实施、辩护权依法落实和审判权依法实现，而不应负责规定刑罚的执行，因此，需要加强刑事执行法的立法调研、适时出台统一的刑事执行法典。

其二，有利于完善刑罚执行体制和检察权的配置。目前除了司法行政部门外，公安、法院都具有刑事执行权，不符合司法权的科学配置，也给刑事执行检察工作带来困难。《人民检察院刑事诉讼规则》将刑事执行检察的统一归口于一个内设机构承担，有利于倒逼刑事执行权的科学配置和归口管理。党的十八届四中全会已作出“统一刑罚执行体制”的决定，但至今还未得到落实。与此同时，由于一直以来将刑事执行检察归类于诉讼监督，一些市、区级检察院由于本地无看守所等监管场所而将监所检察部门予以撤销，社区矫正检察、财产刑执行检察等刑事执行检察职责交由侦监、公诉等部门兼职承担；还有一些检察机关在机构改革中将监所检察并入诉讼监督部门，因此，明确刑事执行检察权的性质，亦有利于检察职权的科学划分和检察体制的改革完善。

其三，有利于刑事执行法律监督工作的发展。刑事执行检察性质的明确，推动了刑事执行检察职责的归口，传统的监所检察已更名为刑事执行检察，名不正言不顺的窘境已根本改观，也为刑事执行检察的跨越式发展提供了广阔的空间。

（三）三大类职责：“一体两翼”的工作格局

根据《人民检察院刑事诉讼规则》第621条“人民检察院依法对刑事判决、裁定和决定的执行工作以及监狱、看守所等的监管执法活动实行法律监督”的规定和相关业务规范，结合近些年的实践情况，刑事执行检察具体承担以下职责：

1. 对监狱、看守所执行刑罚和监管活动是否合法实行监督（监管执法监督包括：收押、收监，分押分管，入所体检，管理与教育改造，看守所执法活动监督包括：跑风漏气，律师会见，不被监听，械具、禁闭使用，干警直接管理，控告申诉举报的处理、出所、出监等)。

2. 对公安机关、司法行政机关管理监督监外执行罪犯活动是否合法实行监督(主要指社区矫正监督和剥夺政治权利罪犯的监督)。

3. 对死刑执行是否合法实行临场监督。

4. 刑事裁判涉财产部分执行监督(对人民法院执行罚金刑、没收财产刑以及执行生效判决、裁定中没收违法所得及其他涉案财产的活动是否合法实行监督)。

5. 减刑、假释、暂予监外执行监督:(1)对提请减刑、假释、暂予监外执行活动是否合法实行监督;(2)对人民法院裁定减刑、假释是否合法实行监督;(3)对人民法院、监狱管理机关、公安机关决定或者批准暂予监外执行活动是否合法实行监督。

6. 对刑罚交付执行活动是否合法实行监督。

7. 对公安机关、人民法院办理的犯罪嫌疑人、被告人被羁押的案件的羁押期限和办案期限是否合法实行监督。

8. 对监所检察工作中发现的不需要继续羁押的犯罪嫌疑人、被告人提出释放或者变更强制措施的建议。

9. 对指定居所监视居住的执行活动是否合法实行监督。

10. 对强制医疗执行活动是否合法实行监督。

11. 事故检察:人民检察院发现看守所、监狱、强制医疗机构等场所具有下列情形之一的,应当开展事故检察:(1)被监管人、被强制医疗人非正常死亡、伤残、脱逃的;(2)被监管人破坏监管秩序,情节严重的;(3)突发公共卫生事件的;(4)其他重大事故。

12. 对刑罚执行和监管活动中的职务犯罪案件立案侦查,开展职务犯罪预防工作(根据最新规定,目前有十四个罪名可以由检察机关立案侦查;其他案件要移交监察委)。

13. 对罪犯又犯罪案件审查逮捕、审查起诉,对立案、侦查和审判活动是否合法实行监督。

14. 受理刑事被执行人及其近亲属、法定代理人的控告、举报和申诉。

15. 承办检察长交办的其他事项。

2019 年 1 月 3 日,国新办就最高人民检察院改革内设机构,全面履行法律监督职能有关情况举行发布会。从发布会可以看到,调整刑事执行检察厅职能,将司法工作人员利用职权实施的非法拘禁、刑讯逼供、非法搜查等 14 个罪名案件的侦查职责划入,且其名称调整为第五检察厅;为了保证检察机关能很好地履行法律监督职能，提升专业化、规范化建设水平，这次机构改革特别强调要统一和规范。对于各级检察院，原则上都要一致起来，要求下级检察院跟上级检察院的主要业务机构设置原则上要对应的同时，我们这次机构改革也要求检察机关内设机构的名称要统一。过去在名称上，最高检叫厅，地方的机构有叫部、局、处、科的都有。现在要求地方的主要业务机构统一叫“部”，省市县三级院都统一叫“部”，名称争取统一。

概括起来，刑事执行检察承担着对包括死刑、监禁刑、社区矫正、资格刑、财产刑等全部刑罚执行活动的监督，对拘留、逮捕、指定居所监视居住等刑事强制措施执行活动的监督，对特殊刑事处遇措施即强制医疗执行的监督，由此，“一体两翼”的工作格局得以确立。“一体”：刑罚执行监督；“两翼”：刑事强制措施执行监督、强制医疗执行监督。

由此，可以界定刑事执行检察的范畴：

其一，关于刑事执行检察的内涵：刑事执行是法定的执行主体按照刑事法律要求，依法定程序将已发生法律效力的刑事判决、裁定、决定以国家强制力为保障而付诸实施的活动。检察权的本质是法律监督权，刑事执行检察，是指人民检察院对刑事执行主体执行对判决、裁定等生效法律文书的执行工作，以及对监狱、看守所等的执法活动实行法律监督，发现违法时依法提出纠正意见的活动。其目的在于以检察权制约刑事执行权来保障刑事诉讼的顺利进行和国家刑罚权的实现。

其二，关于刑事执行检察的外延：从监督的活动性质上看，包括对所有刑罚执行活动（死刑、监禁刑、社区矫正、资格刑、财产刑等）的监督、拘禁性刑事强制措施执行活动（拘留、逮捕后羁押与监管活动，指定居所监视居住）的监督和特殊刑事处遇措施执行活动（强制医疗）的监督；从监督对象看，包括公安看守所、安康医院（拟统一更名为强制医疗所），司法行政部门的省级监狱管理局（保外就医的决定）、监狱、司法所，法院（刑事审判庭的审限，审判监督庭的减刑、假释的开庭审理及裁定，暂予监外执行的决定前通报、决定后的审查）等司法机关及其工作人员的执法活动；从承担责任看，包括办理三类案件（14 个罪名的职务犯罪案件的侦查，被监管人的又犯罪案件批捕、起诉，受理被监管人及其近亲属、法定代理人的控告、举报和申诉）以及刑事执行检察特有的职责（监狱检察、看守所检察、监外执行和社区矫正检察以及其他刑罚执行和监管活动检察）。

由此可见，刑事执行检察工作点多、线长、面广。要做好刑事执行检察工作，必须明确刑事执行检察的职能定位，围绕中心，突出重点，以点带面，扎实有效地推进刑事执行检察工作的开展，实现刑事执行检察工作的功能与价值。

四、以巡回检察与刑罚变更执行监督为视角,实例分析检察建议在推进监狱治理方面的应用成效

以我国南方的一个地市级检察院的执检部门对所负责检察的三所监狱通过开展巡回检察,发现在减刑、假释工作中存在的各种问题,以纠正违法通知书、检察建议书、纠正不当减刑意见书等形式,促进监狱治理水平的提升及取得实际成效。

(一)纠正违法通知书在监狱减刑监督案件中的应用实例

1. 法律文书实录(因出版需要,对单位、姓名、文号进行了处理)

A 市人民检察院纠正违法通知书

A 检执检纠违〔2020〕01 号

B 监狱:

2020 年 8 月 3 日至 28 日,我院根据《刑事诉讼法》和《人民检察院监狱巡回检察工作规定》,对你单位罪犯减刑假释工作开展了巡回检察。其间,检察组检察了你单位 2017 年第三批次至 2020 年第二批次有期徒刑罪犯减刑假释工作,通过查阅监区、刑罚执行科减刑假释存档资料,对已减刑罪犯减刑幅度受影响原因进行了检察。

经本院检察发现,你单位十一监区在 2019 年第二批次减刑假释工作中,对罪犯丁(放火罪,4 年)暂缓呈报减刑理由没有事实依据。在监区终审会议上,办案民警认为"该犯自分流以来能够完成基本的劳动任务和学习任务,改造表现良好,本次系中期减刑,刑止 2021 年 9 月 9 日,但根据其现实表现,认为该犯可能出现改造表现的明显下滑,不利于其现实改造,给监管秩序带来一定影响,本次建议暂缓呈报"。其他民警均同意该意见。

本院认为,减刑假释工作事关罪犯的刑罚变更和人身自由,是一项严肃的执法办案活动。"以事实为根据,以法律为准绳"是一切刑事司法活动必须遵循的基本原则。对罪犯无论是决定呈报或提请,还是暂缓呈报或提请,均必须以已经发生的、有证据证明的客观事实为依据,而不能以尚未发生或将来可能发生的事为依据,这既是贯彻以事实为根据、以法律为准绳原则的基本要求,也是保障罪犯减刑假释公平、公正的重要方式。你单位十一监区在 2019 年第二批次减刑假释工作中,办案民警以将来可能会表现下滑为由,建议对罪犯丁暂缓呈报减刑,监区负责人和其他民警明知此理由没有事实依据,却仍然一致同意该暂缓意见,致使违法结果的产生。根据《刑事诉讼法》第 308 条的规定,监狱办理刑事案件,适用本法

的有关规定。你单位上述做法违反了《刑事诉讼法》第6条“人民法院、人民检察院和公安机关进行刑事诉讼,必须依靠群众,必须以事实为根据,以法律为准绳”,以及司法部《监狱提请减刑假释工作程序规定》第2条“监狱提请减刑、假释,应当根据法律规定的条件和程序进行,遵循公开、公平、公正的原则”等规定,依法应予纠正。

根据《刑事诉讼法》第276条、《监狱法》第6条的规定,特通知你单位依法进行纠正。望你单位在以后的罪犯减刑假释工作中,进一步强化规范意识,明确办案责任,优化议事流程,切实加强对监区呈报工作的把关和审核,促进减刑假释公平公正。

请将纠正情况在收到本纠正违法通知书后十五日内书面回复本院。

2020年9月14日

（院印）

2. 点评

这起减刑提请监督案例是在专门巡回检察中发现的个案问题,故采用了纠正违法通知书的形式。但在最后也提出了类似检察建议的意见:“望你单位在以后的罪犯减刑假释工作中,进一步强化规范意识,明确办案责任,优化议事流程,切实加强对监区呈报工作的把关和审核,促进减刑假释公平公正。”B监狱收到此份纠正违法通知书后,高度重视,立即组织核查,根据核实结果对有关问题进行了详细说明,对工作中的不规范之处进行了积极整改,不断提高监区集体评议工作质量,并在规定时间内进行了书面回复,取得监督实效。

(二)检察建议书在监狱减刑假释监督案件中的应用实例

1. 法律文书实录(因出版需要,对单位、姓名、文号进行了处理)

A市人民检察院检察建议书

A检建〔2020〕02号

B监狱:

2020年8月3～28日,我院根据《刑事诉讼法》和《人民检察院监狱巡回检察工作规定》,对你单位2017年第三批次至2020年第二批次罪犯减刑假释工作开展了巡回检察。经本院检察发现,你单位罪犯减刑假释工作中存在以下问题:

1. 监区集体评议减刑假释案件没有发挥应有作用。具体表现在:一是以评价性理由建议暂缓,如综合表现不好、近期表现下滑等,而未具体讲明相关事实依据;二是以结论性事实理由建议暂缓,如未满起始期间隔期、余刑过长等,而未具体说明相关事实依据;三是监区负责人、会议主持人没有对相关事实进行提问和审核把关。

2. 假释比例完成相对过低。2017年第三批次至2020年第二批次共计12批次,各监区实际呈报假释、减刑人数只占监狱分配到各监区假释名额、减刑名额36.8%、86.8%。

3. 监区增加减刑假释名额没有书面申请。一般情况下,监区根据本批次减刑假释实施方案分配的名额呈报减刑假释。某些情形下,监区根据实际情况,向监狱申请增加减刑假释名额,但没有提出书面申请,部分监区在监区集体评议时予以说明并记载在案,部分监区没有记载。

4. 减刑假释异议程序虚置。通过查阅2017年第三批次至2020年第二批次共计12批次减刑假释存档材料,没有一件民警或罪犯对减刑假释提出异议的减刑假释案件。

5. 对罪犯举报不予调查处理。在罪犯甲被提请减刑后,罪犯乙向一监区举报罪犯甲存在严重违规情形,不符合减刑条件。一监区认为属于罪犯之间的私人恩怨,仅作调解处理,而没有认真开展调查核实。

6. 政治考试组织过程存在漏洞。如出题分数设置错误、主观题没有评分细则、试卷不密封、罪犯答题雷同、评分没有复核等,导致考试结果出现偏差。

本院认为,减刑假释工作事关罪犯的刑罚变更和人身自由,是一项严肃的执法办案活动。本院在对你单位此次巡回检察过程中,发现减刑假释工作总体上规范、有序,值得肯定。但在检察过程中,也发现了上文所述部分需要继续予以规范的问题,需要引起重视。根据《人民检察院组织法》第21条第1款和《监狱法》第6条的规定,向你单位书面提出如下建议:

1. 压实办案责任。减刑假释工作涉及罪犯切身利益,罪犯关注度高,同时政策性、法律性比较强,依法规范办案,既是法律法规基本要求,也是确保办案质量经得起检验,保护办案人员自身的最佳方式。建议你单位进一步提升办案人员特别是监区一线办案人员办案意识,坚持"谁承办谁负责,谁主管谁负责、谁签字谁负责",牢固树立办案责任意识、风险意识。

2. 改进监区集体评议。建议切实发挥监区负责人、会议主持人把关、审核责任,教育引导办案民警以事实为依据进行评议,特别是对于暂缓呈报的理由要在会议上说清说透具体情形,防止蒙混过关。改进议事流程,建议以罪犯类别、罪犯择优排序为序评议,而不是以办案人员为序评议,排名在前先评议,排名在后后评议。

3. 进一步提升假释适用率。假释罪犯依法要接受社区矫正，对于帮助罪犯更好回归社会生活，预防再次犯罪，具有一定的作用，因此假释相对于减刑，社会效果更好。建议你单位提高假释适用率，对同时符合减刑和假释条件的罪犯，优先适用假释。

4. 加强执法细节管理。本次巡回检察中发现的你单位罪犯政治考试不规范的情形，大部分都是由于民警工作不细致造成的。因此建议你单位加强执法细节管理，进一步理顺政治改造、政治考试、减刑假释三者之间的关系，不断提升执法和管理工作精细化水平。

5. 强化督促检查。对减刑假释工作问题较多的监区加强执法巡查，及时发现和纠正存在的问题，防止小问题变成大问题。

如有异议，可在收到检察建议书七日内向本院提出。

以上检察建议，请认真研究落实，并将整改落实情况在收到本建议书之日起两个月内书面回复本院。

2020 年 9 月 15 日

（院印）

2. 点评

此份检察建议书是针对巡回检察中发现的减刑、假释类案问题提出的，主要是为纠正和预防监狱在呈报减刑、假释工作中存在的普遍性问题而制发的。由于是通过巡回检察发现个案问题，进而进一步归纳总结出的监狱在减刑、假释工作中存在的普遍性问题，故而采用了检察建议书的形式进行监督。收到检察建议书后，B 监狱高度重视，逐条逐项“对标对表”积极整改，并按时作出了书面回复，对提升 B 监狱减刑假释工作规范化水平起到了积极促进作用，收到了“双赢多赢共赢”的良好效果。

（三）纠正不当减刑裁定意见书的应用实例

1. 法律文书实录（因出版需要，对单位、姓名、文号进行了处理）

A 市人民检察院纠正不当减刑裁定意见书

A 检执检纠减〔2020〕3 号

A 市中级人民法院：

罪犯丙，公民身份证 23022619760805ABCD，男，汉族，1976 年 8 月 5 日出生，户籍所在地为 E 县，住 E 县 F 村 336 号。

罪犯丙曾因犯盗窃罪,先后被判刑8次,具体情况如下:

1. 因犯盗窃罪,于1994年3月16日,被黑龙江省哈尔滨市道里区人民法院判处有期徒刑八个月。

2. 因犯盗窃罪(作案时间1996年4月14日),于1996年9月20日,被黑龙江省杜尔伯特蒙古自治县人民法院判处有期徒刑七年。2003年2月14日释放,其间获得减刑2个月1次。

3. 因犯盗窃罪(首次作案时间2005年8月7日),于2005年12月19日被黑龙江省杜尔伯特蒙古自治县人民法院判处有期徒刑一年六个月并处罚金人民币四千元,2007年3月1日释放。

4. 因犯盗窃罪(首次作案时间2007年5月31日),于2007年8月6日被黑龙江省杜尔伯特蒙古自治县人民法院判处有期徒刑一年并处罚金人民币五千八百元,2008年6月5日释放。

5. 因犯盗窃罪(首次作案时间2008年9月12日),于2008年11月14日被黑龙江省林甸县人民法院判处有期徒刑七年,并处罚金人民币二万元,2013年7月9日释放,其间获得减刑8个月、11个月、7个月15天各1次。

6. 因犯盗窃罪(作案时间2014年3月18日夜里),于2014年7月23日被浙江省桐庐县人民法院判处有期徒刑九个月并处罚金人民币一千元,2014年12月18日释放。

7. 因犯盗窃罪(作案时间2014年3月16日),2015年7月28日被浙江省杭州市余杭区人民法院判处有期徒刑十一个月并处罚金人民币一千元,2016年2月10日释放。

8. 因犯盗窃罪(作案时间2016年4月9日),于2016年8月16日被苏州市工业园区人民法院判处拘役六个月并处罚金人民币一千元,2016年10月21日刑满释放。

另外,因盗窃猎枪,于1991年3月16日被黑龙江省杜尔伯特蒙古自治县公安局巴彦查干派出所训诫。

江苏省常熟市人民法院于2017年7月27日作出(2017)苏0581刑初1006号刑事判决,认定被告人丙犯盗窃罪(首次作案日期2016年11月29日,入户盗窃9次,盗窃财产价值共计42,147.32元),判处有期徒刑四年六个月,并处罚金人民币一万元。扣押在案的退赃款人民币五千元发还被害人;责令罪犯丙及同案犯退赔尚未退出的赃款赃物,发还被害人。刑期自2016年12月5日起至2021年6月4日止。判决发生法律效力后,于2017年8月11日交付C监狱执行。

2020年9月10日,本院收到你院(2020)苏02刑更X号刑事裁定书,以罪犯丙符合法定减刑条件为由,对罪犯丙减去有期徒刑七个月。

本院经审查认为:你院(2020)苏02刑更X号刑事裁定书适用法律有误。理由如下:

1. 罪犯丙没有悔罪表现

根据最高人民法院《关于办理减刑、假释案件具体应用法律的规定》第3条的规定,"认罪悔罪"是认定罪犯"确有悔改表现"的条件之一。悔罪表现应当结合以往的行为,包括犯罪性质、情节、主观恶性、犯罪原因、人身危险性、社会危害性以及判决来综合认定。

(1)盗窃犯罪有很强的习惯性,很难纠正。对盗窃犯来说,犯罪成本和将来能否找到工作、维持基本生活有一定的关系。对于已经成年的有非常严重的盗窃恶习的人来说,是否减刑、刑罚处罚轻重,都很难纠正其盗窃恶习。在回答以后是否还会盗窃的提问时,罪犯丙回答:其在监狱里服刑时多次下过决心,不再偷东西;出监以后,也多少下过决心不再偷东西。但在生活中一遇到困难时,总想靠偷来解决问题,偷东西前虽然担惊受怕,但东西偷到手时很开心,明知伸手必被捉,但总是抱有侥幸心理,自以为神不知鬼不觉。

在司法实践中,盗窃犯罪中累犯比例最高。以本市为例,2017年1月1日至2020年8月31日,我市两级法院共判决刑事被告人40,798人,其中属于一般累犯有1990人;同期判决盗窃犯罪的被告人7715人,其中属于一般累犯有1039人,占比为13.47%;同期判决除盗窃犯罪以外的被告人33,083人,其中属于一般累犯有951人,占比为2.87%。由此可知,盗窃犯罪的累犯率比非盗窃犯罪高4.69倍。

(2)罪犯丙入户盗窃、流窜作案,人身危险性大。依据罪犯丙历次刑事判决书,除前2次盗窃犯罪以外,其余7次犯罪均是入户盗窃,入户盗窃次数分别是7次、5次、8次、4次、2次、2次、9次。入户盗窃不同于普通盗窃,其人身危险性较为严重,多次入户盗窃,往往是造成重大恶性犯罪的前提条件,可能演变成抢劫,甚至杀人、伤害等一系列的严重犯罪。罪犯丙因犯盗窃罪,先后被3个省的7个县级法院判刑,其中黑龙江省杜尔伯特蒙古自治县人民法院判决3次,黑龙江省哈尔滨道里区人民法院、林甸县人民法院、浙江省桐庐县人民法院、杭州市余杭区人民法院、江苏省苏州市工业园区人民法院、常熟市人民法院判决各1次。在第9次盗窃犯罪过程中,案件虽然系常熟市法院审理,但实施盗窃的地点包括苏州的常熟市(入户盗窃6次)、无锡的江阴市(入户盗窃3次)。

与前8次盗窃犯罪相比,罪犯丙第9次盗窃犯罪还有以下特点:由单独盗窃变成结伙盗窃,犯罪的社会危险增大。前8次犯罪,丙都是单独一人实施的盗窃犯罪。而本次犯罪,丙与在第8次服刑期间认识的二名狱友,共同实施了第9起入户盗窃犯罪。追求物质享受是其犯罪原因之一,虽然罪犯丙辩解其犯罪起因是需要钱给女儿治病,但其在第8次刑满释放后,染上了"溜冰"(吸毒)恶习,与同案犯一道在高档浴室、KTV消费,追求物质享受。

(3)监狱改造表现,不能等同于"悔罪"的表现。监狱改造表现好与罪犯"悔罪"不能画等号。"认罪悔罪"主要应体现在认识到自己的盗窃是犯罪行为,踏入社会不再犯罪,特别是不再犯已犯之罪。罪犯丙在监狱里的表现尚可,曾因此多次获得减刑,但是从其出狱后的表现来看,出狱后不断犯盗窃罪被追究刑事责任,次数累计高达8次,说明其思想上并没有真诚"悔罪"。

(4)存在犯罪黑数,丙只坦白公安机关掌握的犯罪。公安机关无法查清所有的盗窃犯罪事实,盗窃犯罪的人有额外收益。比如,2014年春节后,丙随他人到杭州打工无着落时,于2014年3月16日、18日,先后在余杭区、桐庐县实施入户盗窃,桐庐县公安局于当月19日将丙抓获,丙只交代了在18日深夜、19日凌晨在桐庐县4次入户盗窃的犯罪事实,而没有交代同月16日在余杭区2次入户盗窃的犯罪事实。在丙被逮捕后,余杭区公安分局到看守所找过丙,提取其指纹。就是在这种情况下,丙既没有向余杭警方、也没有向桐庐警方交代自己在余杭的盗窃犯罪事实。在回答为什么不交代问题时,丙坦言:主要是抱有侥幸心理,能躲则躲,交代了会加重刑期,不交代可能混过去。

综上所述,罪犯丙9次故意犯罪,均是盗窃犯罪,其中7次为累犯;且实施再犯罪的间隔时间较短,除前2次刑释外,其余每次刑满释放后不到9个月就实施新的犯罪,其中最短仅39天,其屡犯不改的行为,充分证明其犯罪主观恶性较深,守法意识淡薄,缺乏真诚悔罪意识。因此,罪犯丙在本次刑罚执行期间,是否具有"悔罪"表现,不能仅依据其本次服刑期间狱内改造表现和执行机关提供的证明材料机械地加以认定,而应当坚持主客观相一致原则,结合其历次犯罪的犯罪情节,及其历次刑满释放后的现实表现,予以从严把握、认定。

2. 罪犯丙出监再犯罪危险评估为较高,不符合减刑条件

本院于2020年9月委托C监狱对罪犯丙再犯罪危险进行评估,C监狱于本月25日书面回复本院,经监区对罪犯丙出监再犯罪危险评估,评估结论为再犯罪危险较高。本院认为,依据该评估结论,罪犯丙不符合减刑条件。依据《刑法》第81条的规定,没有再犯罪的危险的,可以假释。假释罪犯出监后,需要依法接受

社区矫正；而罪犯减刑满释放后，通常不受社区监督。法举重以明轻，对于出监再犯罪危险评估为较高的罪犯，不得适用假释；同样出监再犯罪危险评估为较高的罪犯，不得适用最后一次减刑。

3. 减刑奖励对罪犯丙改造为守法公民不起作用，对其裁定减刑削弱了刑罚的特殊预防功能

罪犯丙 9 次因故意犯罪获刑共 23 年 10 个月，罪犯丙在第 2 次、第 5 次（分别被判处有期徒刑七年）服刑期间曾分别获得过减刑奖励，但他没有做到认罪悔罪的承诺，如在第 5 次服刑期间（因盗窃被判处有期徒刑七年），分别获得减刑 3 次（8 个月、11 个月、7 个月 15 天），因获得 3 次减刑而提前 2 年 2 个月 15 天被释放，却在释放后仅 8 个月 7 天，就流窜到浙江省杭州市桐庐县、余杭区等地实施盗窃犯罪。上述事实说明，丙犯罪服刑期间，在思想根源上，未真正认识到自己犯罪行为的危害，缺乏真诚的悔罪意识，在行为上，也没有切实的悔过自新行动。其悔罪的表现，仅仅是停留在口头上，落实在《认罪悔罪书》纸面中。减刑对罪犯丙没有起到鼓励其悔过自新、做守法公民，相反是为其早日再次实施犯罪降低了时间和机会成本。

剥夺犯罪条件是刑罚特殊预防功能的实现途径，即通过对犯罪分子适用无期徒刑、有期徒刑和拘役，将犯罪人关押在特定的场所，使其与社会隔离，在一定时期内剥夺其再犯罪的条件。罪犯丙先后 9 次因盗窃犯罪被法院判处有期徒刑，8 次刑满释放后均重新实施盗窃犯罪，其中，在 2 个月、3 个月、9 个月内再犯罪的各 2 次，其在刑满释放后 3 个月内、9 个月内实施再犯罪的概率分别达到 50%、75%。本次对罪犯丙裁定减刑 7 个月，降低了其再犯罪的时间和机会成本，削弱了刑罚的特殊预防功能。

4. 对罪犯丙裁定减刑不符合宽严相济刑事政策

2010 年最高法审判监督庭出台的《在减刑、假释工作中贯彻宽严相济刑事政策的规定》第 3 条规定，各地法院要坚决摒弃"唯分是举"的错误做法，树立全面审查的原则，既要将罪犯的改造表现作为宽严相济的重要依据，也要充分考虑罪犯的原判犯罪性质、情节、主观恶性、犯罪原因、原判刑罚情况、人身危险性、罪前社会表现等。减刑、假释是激励罪犯改造的刑罚制度，减刑、假释的适用应当贯彻宽严相济刑事政策，最大限度地发挥刑罚的功能，实现刑罚的目的。罪犯丙屡犯不改、前科劣迹多，每次释放后不久即重新实施犯罪行为，充分证明其改造难度大、社会危害性大，在审查其是否符合减刑条件时应当与一般罪犯区别对待，应当贯彻宽严相济刑事政策，予以从严把握。

经本院检察委员会决定,依据《刑事诉讼法》第 274 条的规定,特向你院提出纠正意见。请你院在收到本纠正意见后一个月以内依法重新组成合议庭进行审理,并重新作出裁定。

2020 年 9 月 27 日

(院印)

2. 点评

这是一起监狱提请、法院裁定减刑后,经检察机关事后审查仍认为裁定减刑不当而开展“事后监督”的案例。在此适用的法律文书,不是《纠正违法通知书》《检察建议书》,而是依照检察机关的有关规定,适用《纠正不当减刑裁定意见书》。可以看出,这份《纠正不当减刑裁定意见书》,意见明确、事实清楚、证据确凿、说理充分,特别是提出了“是否具有‘悔罪’表现,不能仅依据其本次服刑期间狱内改造表现和执行机关提供的证明材料机械地加以认定,而应当坚持主客观相一致原则,结合其历次犯罪的犯罪情节,及其历次刑满释放后的现实表现,予以从严把握、认定”。该份《纠正不当减刑裁定意见书》是在 2020 年 9 月 27 日制发的。在 2021 年 5 月,因工作需要我去某地开展检察工作。在与相关监狱党政主要领导分别“背靠背”谈话的过程中,他们不约而同地提起一位在市检察院刑事执行检察部门工作的陈姓高级检察官,多次在我面前表扬陈检察官工作认真细致负责,通过巡回检察发现并提出检察建议,帮助监狱改进多方面的不足,被监督的监狱方也从不理解而“争辩”,到认可欢迎并接受检察机关的检察意见建议,确实做到了刑罚执行与检察监督工作的“双赢多赢共赢”。为此,我专门邀请陈检察官面谈,他是该减刑案件的主办检察官,在面谈交流时他专门提起过这件减刑案件,结果似乎是 A 中级人民法院并未采纳检察机关的检察意见。上面三份法律文书都是陈检察官提供给我的,我结束工作后就利用这些实例进行了教学工作。对陈检察官及其工作团队,在此一并表示感谢,他们的工作理念与敬业精神是值得学习的。比方说,该案中就提到了“主客观相一致的原则”,这在当时是超前的。该案若发生在当下,法院是必须纠正原不当裁定的,这是因为 2021 年 12 月 1 日最高人民法院、最高人民检察院、公安部、司法部共同制定了《关于加强减刑、假释案件实质化审理的意见》,该意见明确要求:“一、准确把握减刑、假释案件实质化审理的基本要求:1. 坚持全面依法审查。审理减刑、假释案件应当全面审查刑罚执行机关报送的材料,既要注重审查罪犯交付执行后的一贯表现,同时也要注重审查罪犯犯罪的性质、具体情节、社会危害程度、原判刑罚及生效裁判中财产性判项的履行情况等,依法作出公平、公正的裁定,切实防止将考核分数作为减刑、假释的唯一依据。2. 坚持主客观改造表现并重。审理减刑、假释案件既要注重审查罪犯劳动改造、监管改造等客观方面的表现，也要注重审查罪犯思想改造等主观方面的表现，综合判断罪犯是否确有悔改表现。”2021 年开展的全国政法队伍教育整顿，将违规违法办理减刑、假释、暂予监外执行案件作为六大顽瘴痼疾之一予以集中整治，在这次整治过程中，减刑、假释案件审理暴露出来的问题主要为：减刑、假释案件过于依赖刑罚执行机关报请的材料，检察机关、审判机关的职能作用没有得到充分发挥，不少案件审理流于形式，监督缺乏有效手段，导致有的案件关键事实未能查清，矛盾和疑点被放过，甚至一些虚假证据得以蒙混过关，个别案件还引发了负面舆情，造成不良社会影响。为此，要坚持以问题为导向，强化顽瘴痼疾排查整治的成果运用，有针对性地采取措施，解决实践中的突出问题，出实招、施实策、求实效，进一步严格规范减刑、假释工作。最高法介绍，针对减刑、假释案件审理容易流于形式等问题，该意见在充分发挥庭审功能、健全证人出庭作证制度、有效行使庭外调查核实权、强化审判组织职能作用等方面，作出了明确、具体的规定。减刑、假释的根本目的是激励罪犯积极改造，要实现这一目的，就必须保证减刑、假释只适用于确有悔改表现的罪犯，而如何审查判断罪犯是否确有悔改表现，是实践中的重点，也是难点。为进一步转变司法理念，确保减刑、假释准确、公正适用，该意见提出要坚持全面依法审查、主客观改造表现并重、严格审查证据材料以及区别对待四项基本要求，在今后的司法实践中要认真贯彻执行，避免类似本起不当减刑现象的发生。

五、小结与展望

刑事执行检察部门应用检察建议促进国家治理的几个特点：

（1）执检部门承担法定职责，最能体现检察监督的主动性、全程同步性，应用检察建议开展监督，是刑事执行检察传统的监督手段之一，也是一直以来应用得较多的监督手段。

（2）对刑事个案办理中具体的违法问题，应当以提出纠正违法意见的方式进行监督纠正；根据实践经验，对于刑事诉讼中发生的一些带有普遍性、倾向性的违法问题，则可以通过提检察建议的方式进行纠正。然而在刑事执行检察实际工作中，虽然纠正违法通知书主要针对个案违法，但有时也能起到举一反三、推动类案的解决和机制完善的效果，起到类似检察建议的效果；而检察建议主要是针对类案中存在的共性问题、制度漏洞而制发的，但有时也针对具体的违法问题制发，用“检察建议”语气平缓些，避免因“纠正违法”用词过猛而招致被监督对象的心理抵触、行动迟缓。因此,从刑事执行检察实践看,纠正违法与检察建议之间存在交叉地带,并非泾渭分明,因为“司法的本质从来都不是逻辑,而是实践”。另外,针对减刑、假释、暂予监外执行案件中的违法和不当情况,有诸如《减刑、假释、暂予监外执行提请检察意见书》《纠正不当减刑、假释、暂予监外执行意见书》等专门的法律文书适用的要求,在检察实践中注意正确选择适用。

(3)刑事执行检察职责“点多、线长、面广”,通过“检察建议”促进刑事执行领域治理体系、治理能力现代化的范例很多,进一步挖掘的潜力空间巨大。除了上述案例表明在刑罚变更执行领域检察建议的应用外,在刑事执行、监管改造、被刑事执行人的人权保护、监管场所稳定与社会秩序维护等诸多方面,检察机关刑事执行检察部门都广泛应用“检察建议”推进和完善相关治理工作,实现刑事执行与检察监督工作的“双赢共赢”,实现“三个效果”的有机统一,这样的案例还有很多,限于篇幅不能一一列举了。同时,从上述案例可以看出,司法实践对刑事执行检察官的能力素质要求也越来越高,要把“检察建议”做到专业化,实现精准监督,做到监督的刚性,让被监督者口服心服,取得监督的三个效果的统一确实不易,检察官的专业化、职业化,是必由之路。同时也能看出,刑事执行检察部门绝非“收容养老”之所,绝非是可以“讲起来重要、做起来次要、忙起来不要”的“二流二类业务部门”,而是保障刑事诉讼顺利进行、保障国家刑罚权实现、保障司法人权、实现“刑事司法最后一公里”公平正义的、最能体现检察特色与监督属性、最为传统同时也最具生命活力的检察业务部门,树立崇高的职业尊严和荣誉感,激发工作的责任感与主动性,是做好这份工作的前提与基础。

(4)刑事执行检察部门目前承担着司法工作人员以职权侵犯人权的 14 个罪名的侦查职责,因此,下步要以“规范监督、狠抓办案”为总要求,实施“犯罪行为打击、违规违法追责、管理不当纠正”三位一体的监督方式,由单一的检察建议、纠正违法向全面综合施策转变。具体来说,涉嫌犯罪问题,一案一卷,以犯罪打击,形成警示震慑;违法违纪问题,一人一卷,移送纪检监察机关处理,以追责问责形成监督刚性;管理层面问题,一类一卷,制发检察建议,以依法监督促整改纠正。

刑事执行检察与人权保障

周洪波* 国家检察官学院

目　次

* 周洪波,国家检察官学院副院长,教授。

一、人权简述

人权是目前东西方少有的能从表面上或形式上达成共识的概念之一。世界上的国家不论资本主义还是社会主义,不论民主还是专制,都声明自己的国家是保障人权的。我国有学者说,人权之于民主、科学,还有本源的、母体的意蕴。也可以说,人权是民主、法治等的价值标准,具有元价值意蕴。所以,首先简单介绍一下人权概念。

(一)人权的内涵与由来

1. 关于人权

虽然在形式或表面上就人权达成共识,但在具体内容上则争议仍很大。比如,人权是道德层面的抑或法律层面的,是抽象的抑或具体的,是主权之下的抑或之上的,是个人的最低要求抑或人类最高理想。其实,人权既是道德层面的,也是法律层面的。道德层面讲人权,是指作为人之为人所享有的人权是不可争议,不能以任何借口否认。从法律层面来讲,人权必须靠法律来保障,人权不是天赋的,不是天上掉下来的馅饼,人权要靠人来争取奋斗没有法律的保障,人权不可能实现。人权是主权之上的也是主权之下的。如果一个主权国家不能保障本国公民人权或者甚至侵犯本国公民人权,那就丧失了合法性,这就是讲人权在主权之上。这也是西方国家动不动拿人权干涉别国的内政的借口。当然,如果一个国家连主权都不完整,何谈来保障本国公民人权,这就是讲人权在主权之下。人权是抽象的也是具体的,抽象的是指人权如天上的日月,引领人类前行,具体的是指人权与我们每个人息息相关。人权既是作为社会中个人之所以为人的最低要求,也是人类的共同的最高理想。前者是人权的底线,后者是人权的最高标准。我们常讲的人权是指前者。基于此,人权是人的本能在社会中的需求和表现,是以人的自然属性为内容,以人的社会属性为载体的人的本能需求。

2. 人权的由来

1776 年美国的《独立宣言》被称为人类历史上“第一个人权宣言”。该宣言规定,我们认为下面这些真理是不言而喻的:人人生而平等,造物者赋予他们若干不可剥夺的权利,其中包括生命权、自由权和追求幸福的权利。1789 年,法国大革命时期通过的《人权和公民权宣言》才第一次将“天赋人权”写进了国家的根本大法。二次世界大战后,1945 年联合国成立,“人权及基本自由之尊重”被明确规定为联合国的宗旨之一。1948 年,联合国大会通过《世界人权宣言》,1966 年联合国大会通过了《国际人权公约》，即《经济、社会、文化权利国际公约》和《公民权利和政治权利国际公约》及其《任择议定书》，以法律的形式确认了《世界人权宣言》的基本内容。

（二）人权的国际规定

一般认为，国际层面，人权主要由四个方面的内容组成：《联合国宪章》、“国际人权宪章”、专门性国际人权条约，以及各种宣言、原则以及最低限度规则。《联合国宪章》序言就规定：“欲免后世再遭今代人类两度身历惨不堪言之战祸，重申基本人权，人格尊严与价值，以及男女与大小各国平等权利之信念，创造适当环境，俾克维持正义，尊重由条约与国际法其他渊源而起之义务，久而弗懈，促成大自由中之社会进步及较善之民生。”国际人权宪章前面已经说过。专门性国际人权条约主要包括：1948 年《防止和惩治灭绝种族罪公约》、1965 年《消除一切形式种族歧视公约》、1973 年《禁止并惩治种族隔离罪行国际公约》、1979 年的《消除对妇女一切形式歧视公约》、1984 年《禁止酷刑和其他残忍、不人道或有辱人格的待遇或处罚公约》、1989 年《儿童权利公约》、1990 年《保护所有迁徙工人及其家庭成员权利公约》、2006 年《残疾人公约》等。

宣言、原则以及最低限度规则涉及刑事司法领域的主要有《囚犯待遇最低限度标准规则（1955 年）》《执法人员行为守则（1979 年）》《关于保护面对死刑的人的权利的保障措施（1984 年）》《关于司法机关独立的原则（1985 年）》《少年司法最低限度标准规则（北京规则）（1985 年）》《保护所有遭受任何形式拘留或监禁的人的规则（1988 年）》《执法人员使用武力和火器的基本原则（1990 年）》《关于检察官作用的准则（1990 年）》《关于律师作用的基本原则（1990 年）》《非拘禁措施最低限度标准规则（东京规则）（1990 年）》《保护被剥夺自由少年规则（1990 年）》等。

根据上述原则、规则等的规定，从国际层面看，作为一个人应该享有的基本人权与自由包括：生命权，自由权，人身安全、免受酷刑或者其他残忍、不人道或有辱人格的待遇或处罚权，免受任意逮捕或拘禁权，接受公正审判权，免受歧视权，受法律平等保护权，私有财产权，隐私、住宅或通信不受任意干涉权，国籍权，选举和参与公共事务权，工作权，受教育权，婚姻家庭权，享有适当生活水准权，社会保障权，健康权，文化权，休息权，人民自决权，发展权，环境权，和平与安全权，思想、良心和宗教自由、言论、出版、结社和集会自由等。

根据《囚犯待遇基本原则》第 5 条的规定：“除了监禁显然所需的那些限制

外,所有囚犯应保有《世界人权宣言》和——如果有关国家为缔约国——《经济、社会、文化权利国际公约》、《公民权利和政治权利国际公约》及其《任择议定书》所规定的人权和基本自由,以及联合国其他公约所规定的其他权利。”也就是说,对于罪犯,只要裁判文书没有剥夺某项权利,他(她)就依然享受,只不过因监禁缘由而不能行使而已。

(三)我国人权发展历程

新中国的成立实际上就等于宣布我国人权事业掀开了新篇章。社会主义革命、社会主义建设、改革开放都促进了人权事业蓬勃发展。1991 年,国务院新闻办发布了新中国成立后的第一份人权白皮书:《中国的人权状况》。1997 年,党的十五大报告第一次正式提出保护和尊重人权,这是在人权保护问题上的一次历史性的飞跃。2002 年,党的十六大再次重申要尊重和保障人权。2004 年,“国家尊重和保障人权”写入宪法修正案。2007 年,党的十七大提出科学发展观,确立“以人为本”是科学发展观的核心。2009 年,国务院新闻办发表了《国家人权行动计划(2009—2010 年)》,2012 年,又发布了《国家人权行动计划》(2012—2015 年)。2012 年,党的十八大把“人权得到切实尊重和保障”作为全面实现小康社会的表征之一,2013 年,党的十八届三中全会提出要完善人权司法保障,2014 年,党的十八届四中全会提出要加强人权司法保障。2016 年,《中国司法领域人权保障的新进展》白皮书发布,这一年《国家人权行动计划(2016—2020 年)》也发布。2017 年,党的十九大提出,完善人权的法治保障,促进人的全面发展。2019 年,《为人民谋幸福:新中国人权事业发展 70 年》白皮书发布,该白皮书提出,促进人的自由全面发展是人权的最高价值追求。2019 年,党的十九届四中全会提出要加强人权法治保障。2020 年,党的十九届五中全会提出促进人权事业全面发展。六中全会更具体指出,我们以保障人民生存权、发展权为首要推进人权事业全面发展。正如《新中国人权事业发展 70 年白皮书》中所言:70 年前,在中国共产党的领导下,中国人民实现了翻身解放和当家作主。新中国 70 年,是中华民族迎来从站起来、富起来到强起来的 70 年;新中国 70 年,是中国人民各项基本权利日益得到尊重和保障的 70 年;新中国 70 年,是中国不断为世界人权事业发展作出贡献的 70 年。

二、检察机关与人权保障

检察机关与人权保障密不可分,可以说,没有人权保障就没有检察机关。人权保障是检察机关的使命。

（一）人权保障的含义

刑事领域的人权保障有特定的含义，其与社会保护是一对范畴，对立统一。人权保障和社会保护的关系归根结底是个人与社会的关系，体现的是国家对社会和个人的态度。这一关系总揽刑事司法全局。社会保护是指维护稳定的社会秩序，体现在我们常讲的惩治和打击犯罪。人权保障是与社会保护相对的一面，在刑事司法领域，是指对犯罪嫌疑人、被告人和罪犯的合法权益的保障。一个人生活在社会上，受到的侵害有两种：一个是来自于私权利的，就是违法犯罪分子的侵害；另一个是来自公权力，即行政机关、司法机关等国家机关的侵害。社会保护，保护的是避免遭受私权利的侵害，就是要惩治和打击犯罪；人权保障，保障的是避免遭受公权力的侵害。这一点必须弄清楚。一些同志讲，惩治和打击犯罪不是保护更多人的人权吗？这种观点是错误的，偷换了概念。

（二）人权保障与社会保护

对于人权保障与社会保护的关系，较多的人赞同二者并重或者是有机统一，也有少数同志分别赞同人权保障第一位或社会保护第一位。老实讲，过于看重人权保障，会放纵犯罪分子，过于看重社会保护会导致冤错案，刑及无辜。价值的取舍，要权衡利弊。考虑到我国的法治现实，我认为，人权保障是第一位的。这是因为：

第一，从整体上看，社会保护是手段，人权保障是目的。我们要稳定的社会秩序，无非首要的、最低层次的为了保障在这个社会中生活的个人的各种合法权益。如果一个稳定的社会是人压迫人、人奴役人的社会，这样的稳定社会有什么用呢？所以，人权保障是目的，社会保护是手段。之所以要有一个稳定的社会，最高层次的就是为了生活在这个社会中的人能够得到全面自由的发展。而全面自由的发展的前提是合法权益得到保障。我们有时把手段异化为目的，使我们真正的目的也不可得。将社会保护置于人权保障之上，必然导致大量冤假错案，本来司法是保护个人的，却走向自身的方面，司法保护不了个人反而侵犯了个人。

第二，从“错放”与“错判”来比较。“错放”体现的是人权保障，“错判”体现的是社会保护。有学者认为，之所以应该错放，而不应该错判，是因为错判的错误大于错放的错误。错放犯了一个错，就是把真正的犯罪人放掉了。错判犯了两个错误，既把真正的犯罪人放掉了，又刑及了无辜。二大于一。当然也有学者不赞同这种观点，认为，这不是错大错小的问题，是正确与错误的问题。按照法律真实原则，证据不足就应该放，放是正确的，不放才是错误的。所以它不是错大错小的问题，而是正确与错误的问题。我认为，这种理解是正确的，更重要的是这种错误（如果说“错放”也是一种错误的话）能不能弥补。错放这种错误可以弥补，有新的证据还可以去抓，但是错判了能弥补吗？生命不能弥补，大家都认可，比如湖南的滕兴善、内蒙古的呼格吉勒图，没人能让他们起死回生。自由能不能弥补？有人说自由是可以弥补的，看佘祥林、赵作海、张氏叔侄等，错案被纠正以后，还赔了好几十万元，甚至上百万元。甚至有人说，他们如果不是由于错案被关进去，这几年挣不了这么多钱呢，正是由于错案使他们有这么多的财富。金钱弥补不了自由的丧失，更何况监禁给一个人带来的不仅是自由丧失。监狱可以改造一个罪犯，但监狱绝不可能改造无辜者。监禁对一个正常人来说，给他带来的是对生活希望的丧失，甚至是绝望。对于错放错判，我还是赞成要大胆地去放，而不应该去错判，当然放的前提是证据不足。我们老有一种观念，宁愿错杀三千，也不漏网一个。事实上，我们要宁愿漏网三千，也不应该错杀一个。美国著名大法官霍尔莫斯曾说，罪犯逃之夭夭与政府的非法行为相比，罪孽实在小得多。

第三，保障犯罪嫌疑人、被告人、罪犯的人权，就是保障全体公民的人权。为什么？因为每个人都可能成为潜在的被追诉人，实际上每一个人都可能成为真正的被追诉者。大量的错案告诉我们这是一个颠扑不破的真理。杜培武原来是云南昆明市公安局的一名警察，李久明是河北冀东监狱政治处副主任，于英生是安徽蚌埠市一个区的区长助理。他自己的职位，自己工作的性质都不足以保障他无罪不被追究刑事责任。之所以强调对犯罪嫌疑人、被告人和罪犯合法权益的保障，无非是想强调建立这样的一个司法机制：即使你没犯罪，你被错误地追诉了，你仍会面带笑容。因为你充满了对司法机关的信任，你相信司法机关很快会还你清白，给你一个说法。如果不是这样的一个司法机制，可能就叫天天不应，喊地地不灵。法国的一个著名律师勒内·弗洛里奥说过这样一段话，“请不要以为你是一位行为端正的好父亲，好丈夫，好公民，就一辈子不会与当地的法官打交道。实际上，即使是最诚实，最受尊敬的人，也有可能成为司法部门的受害者。不要以为你的声誉，你的工作成绩和社会关系可以保护你，你如果以为这种司法裁判的错误只会让那些地位低下和倒霉的人碰上，那就大错特错了。这种错误不分青红皂白地打击各种人，既有权贵也有平民。”按照我的理解，估计权贵少一些，平民多一些而已。我感觉这句话说的其实也是一个真理。我们所暴露出来的这些错案，其实已经告诉我们它是一个真理了。浙江省叔侄奸杀冤案中的张高平在再审的法庭上也说出了类似的一番话："今天你们是法官、检察官，但你们的子孙不一定是法官、检察官，如果没有法律和制度的保障，你们的子孙很有可能和我一样被冤枉，徘徊在死刑的边缘。"多么发人深省啊，这是一个无辜者的亲身感受。也许没有亲身感受，是不会体会到人权保障的重要。

（三）人权保障的检察使命

宪法赋予检察机关法律监督机关的地位。法律监督不是单纯惩治打击犯罪，是监督公权以保障私权。检察机关不能强调惩治和打击犯罪，要强调尊重和保障人权。如果检察机关也像公安机关一样是惩治和打击犯罪，就没有存在的必要。一般刑事案件是公安机关自己立的案，自己侦查的，自己破的案，自己抓的人，自己再把案子起诉到法院不是很好吗？我们现在要建立一个对抗式的庭审结构，要侦查人员出庭作证，案子是他破的，人是他抓的，证据是他取的，他在法庭上更容易与辩护律师对抗，更能够说清楚。为什么要我们没有参与办案的检察机关横插一杠子来看这个案卷，然后起诉到法院呢？是要让我们起一个过滤器的作用，即凡是达不到起诉标准的案件，都要在我们这个环节过滤掉，不流到下一个环节。也就是说，检察机关是一个防错的机构。2012 年《刑事诉讼法》修订增强了法律监督权，其深层次的原因就在于《刑事诉讼法》修订的目的是贯彻落实宪法规定的尊重和保障人权，要真正贯彻和落实这一原则，只有检察机关能肩负这一重任，因为保障人权是检察机关应有的职责。

退一步讲，作为检察官，还有一个客观性义务。这是联合国《关于检察官作用的准则》规定的。就是不提法律监督职责，你作为一个检察官，不能站在当事人的立场而是站在客观公正的立场，不偏不倚地全面收集证据、审查案件和进行诉讼的活动。按照联合国《关于检察官作用的准则》的规定，检察官的客观性义务，主要包括以下内容：(1)不歧视任何人。检察官在履行职责的时候，要保持不偏不倚的立场，不得对任何人进行任何政治、社会、文化、性别或任何其他形式的歧视。(2)按客观标准行事。检察官在履行职责的过程中要充分注意到案件的一切有关的情况，特别是对犯罪嫌疑人有利的和不利的各种因素，不得顾此失彼或厚此薄彼。(3)保证公众利益。在适当考虑犯罪嫌疑人人权的同时，要充分考虑到社会的利益特别是在有被害人的场合，要考虑到受害者的立场和权利。(4)必要时中止追诉。在诉讼过程中，如果调查表明起诉缺乏根据，检察官就不应提出或继续检控，或应竭力阻止诉讼的继续。(5)依法保护犯罪嫌疑人的合法权益。如果得知或认为其掌握的不利于犯罪嫌疑人的证据是通过严重侵犯其人权的非法手段取得的,检察官就应拒绝使用此类证据,并应采取一切必要的措施确保将使用非法手段的责任者绳之以法。(6)酌处中的客观公正性。在其他任何情况下,检察官依法行使自由裁量权时,应当充分考虑各方面的利益和情况,确保作出决定的必要性、客观性和连贯性。

显然,检察机关不是为了单纯惩治打击犯罪,而是为了保障公安机关的侦查活动合法,为了保障人民法院的审判合法,为了保障监狱等监管部门的刑罚执行合法。法律监督的核心就是避免公权力对私权利侵害,而不是其他。我们的监督对象是权力机关或者是公权力,而是不老百姓,相反,我们需要保护老百姓的合法权益的。

三、刑事执行检察工作在人权保障方面应突出重点

刑事执行检察是指依法对刑事判决、裁定和决定的执行工作以及监狱、看守所等的监管执法活动实行法律监督,包括交付执行监督,减刑、假释、暂予监外执行监督,社区矫正监督,刑事裁判涉财产部分执行监督,死刑执行监督,以及监管执法监督。刑事执行检察部门的职责则不限于此,还包括重大案件侦查终结前讯问合法性核查、强制医疗执行监督和查办司法领域职务犯罪。羁押必要性审查工作根据修订的《人民检察院刑事诉讼规则》的规定,则又交回给了捕诉部门。刑事执行检察的根本目的就是通过监督刑事执行机构的执行活动是否合法来保障被执行人的合法权益。被执行人的合法权益自然都应该受到保护,但就工作方法来讲,应该有个先后轻重和主次。就对象来讲,被羁押者的权利更容易受到侵害也很难自力救济;就权利本身来讲,生命健康权自然比其他权利更重要。就刑事执行法律监督职责来说,自然把对于刑事执行机构侵犯被执行人的合法权益情形放在监督首位。被羁押者权利保障的程度反映了一个国家的法治水平和一个社会的文明程度。基于此,下面着重从被羁押者权利保障的角度谈谈刑事执行检察与人权保障。

(一)防范被羁押者非正常死亡

2009年"躲猫猫"事件之后,先后又发生了被网友命名为"床上摔下死""噩梦死""睡姿不对死""发狂死""妊娠死""自缢死""抠粉刺死""激动死""喝水死""摔跤死""上厕所死""洗脸死"等监管场所在押人员各种非正常死亡情形。看守所等监管场所发生的被监管人死亡事件,成为社会关注的热点。为了解决这一监管执法中的突出问题,自2009年4月至2010年2月,最高人民检察院先后联

合公安部、司法部开展了全国看守所监管执法专项检查活动和全国监狱清查事故隐患、促进安全监管专项活动。这两个专项活动，对于加强监管场所被监管人死亡检察工作，整顿监管秩序，维护被监管人合法权益，促进监管安全等方面发挥了重要作用，取得了比较好的成效，被监管人非正常死亡情形也逐年减少。刑事执行检察部门在被监管人死亡检察工作中，应当坚持依法独立行使检察权，主动及时，客观公正，注重与有关部门协调配合，在查明死亡事实和原因后，应当分清责任，依法处理。在严格遵守规定的同时，要注重查办事件背后的职务犯罪，要从长远着眼，做好被监管人非正常死亡的防范工作。

首先，树立程序意识，严格按照规程办理。2010 年，最高人民检察院通过了《关于监管场所被监管人死亡检察程序的规定(试行)》。2011 年 11 月，最高人民检察院、公安部、民政部颁布了《看守所在押人员死亡处理规定》。当发生被监管人死亡事故时，刑事执行检察部门应严格按照这些规定处理。

一是被监管人死亡的受理和报告。人民检察院接到监管场所被监管人死亡报告后，应当立即受理，并开展调查和相关处理工作。县级检察院担负检察任务的监管场所发生被监管人死亡的，由地市级检察院负责调查和相关处理工作，或者组织、指导县级检察院开展调查和相关处理工作。地市级以上检察院担负检察任务的监管场所发生被监管人死亡的，由本院负责调查和相关处理工作。监所检察派出检察院对本辖区监管场所发生被监管人死亡的，负责调查和相关处理工作。对重大、敏感、社会关注的被监管人死亡事件，应当由省级检察院负责调查处理或者组织办理。

二是被监管人死亡的调查。对于被监管人正常死亡的，调查一般由监管机关进行。检察机关需要调查的情形主要是：(1)在押人员非正常死亡的；(2)死亡在押人员的近亲属对公安机关的调查结论有疑义，向人民检察院提出，人民检察院审查后认为需要调查的；(3)人民检察院对公安机关的调查结论有异议的；(4)其他需要由人民检察院调查的。担负审查和调查任务的人民检察院应当根据了解的情况，对监管机关提供的调查材料和调查结论进行审查。经过审查，对监管机关作出的调查结论和死亡原因有异议的，应当进行调查，并将调查结果通知监管机关；无异议的，不再进行调查。调查终结后，担负调查任务的检察人员应当写出被监管人死亡检察报告。报告内容应当包括：事件来源、调查经过、认定事实、死亡原因和处理意见等。

三是调查终结后的处理。被监管人死亡案件调查终结后，人民检察院应当根据调查结果，分情况作出处理：(1)认为监管机关处理意见不当的，提出意见或者建议,必要时提出检察建议;(2)对监管机关监管执法中存在的问题,提出纠正意见或者检察建议,督促整改;(3)对涉嫌犯罪的被监管人,依法移送有关主管机关处理;(4)对负有渎职侵权责任的人员,建议有关部门给予纪律处分或者组织处理,涉嫌犯罪的,依法立案侦查。

其次,要大力查办事故背后的职务犯罪。非正常死亡是指自杀死亡,或者由于自然灾害、意外事故、他杀、体罚虐待、击毙等外部原因作用于人体造成的死亡。被监管人非正常死亡往往与相关公职人员的渎职有关,一种情况是直接因果关系,如监管人员的体罚、虐待,侦查人员刑讯逼供;另一种情况是间接因果关系,往往是监管人员玩忽职守所致。查办事故背后的职务犯罪是遏制事故发生的重要途径。被监管人非正常死亡事件中最常涉及的罪名是虐待被监管人罪,玩忽职守、滥用职权罪和刑讯逼供罪等。

最后,要强化监督意识,防范非正常死亡事故发生。对于被监管人的非正常死亡,应以预防为主。刑事执行检察是预防被监管人非正常死亡的重要一环。

一是刑事执行检察人员应树立人权保障意识。刑事执行检察的核心就是通过监督监管机构是否合法行使权力来保障被监管人的人权。被监管人的生命权自然是被监管人权益中最重要的。保障监管场所在押人员的人身安全,是在押人员人权保护的核心内容,是社会主义法制文明进步的要求和体现,也是树立良好的执法形象,落实执法为民要求的需要。理念是行为的先导。刑事执行检察人员只有脑子里有保障被监管人人权这根弦,才会主动积极行动起来,切实履行监督的职责。

二是要加大派驻检察监督力度。派驻检察人员要经常深入在押人员生产、生活、学习现场,了解和掌握监管改造动态,对可能发生问题的重点人员、重点部位要做到心中有数,有针对性地加强安全防范检察。对监狱、看守所、拘役所在监管活动和生产管理中有章不循、执法不严等现象,应及时提出纠正意见或检察建议,确保监管和生产安全。坚决打击“牢头狱霸”,严防同监室人员殴打、体罚虐待同监室人员情况,防止在押人员非正常死亡事故的发生。

三是要畅通被监管人与派驻检察官之间的沟通机制。被监管人的合法权益受到侵害或存在侵害危险,被监管人最了解这方面的信息。监管机关存在制度的安全隐患或监管人员存在侵权行为或其他违法行为,也是被监管人最为知晓。所以,确保被监管人与派驻检察官之间的信息畅通,是了解监管机构及其人员违法信息、知晓被监管人合法权益状况的必要保证。因此,各级检察机关在监管场所办公区、监区、会见室等应设立检务公开宣传栏,向罪犯发放权利义务告知卡、联系卡等，健全与罪犯定期谈话、罪犯约见检察官、投诉信件办理、入监出监谈话等制度。

（二）防范虐待被监管人

虐待行为严重侵犯被监管人的人身权利，主要是其健康和人格尊严。虐待被监管人的情形主要有两种，一个是监管场所监管人员对被监管人的虐待，另一个是被监管人对被监管人的虐待，主要体现在牢头狱霸上。后者基本上是在监管人员的指使、默许或纵容下发生的。《人民检察院刑事诉讼规则》规定，人民检察院发现看守所、监狱等监管场所有殴打、体罚、虐待、违法使用戒具、违法使用禁闭等侵害在押人员人身权利情形的，应当依法提出纠正意见。其实，防范虐待被监管人应该是监管执法监督的重点。

首先，刑事执行检察部门要重视对虐待被监管人犯罪案件的查办。监管人员本是保障被监管人合法权益的主体，而有些监管人员却走向职责的反面，在管理和帮教过程中对被监管人进行殴打、体罚虐待，这不仅严重侵犯被监管人的合法权益，而且影响恶劣，严重背离职业伦理道德。举个例子，张某系山西省永济监狱干警。张某因服刑人员范某某在生产时不按规定操作，在一监区服装加工车间办公室用手殴打范某某，又与一监区代理副政治教导员在服装加工车间用电警棍殴打范某某，后又追到管教办公室用电警棍继续殴打。张某采取扇耳光、脚踢、用电警棍、上手铐等方式多次多对象殴打被监管人员，张某基本上把体罚打骂作为管理的手段，被监管人员反映强烈，后被查出，判了有期徒刑 6 个月。

查办虐待被监管人罪是遏制、预防该类犯罪行为发生的重要途径，也是保障被监管人合法权益的必然要求。刑罚的有效不在于其严厉，而在于其必定性。只要凡构成虐待被监管人罪的行为都得到查处，行为人得到惩处，就会对监管人员构成巨大威慑，使他们认识到自己行为对自身所造成的危害，就不至于肆意妄为随意殴打、体罚虐待被监管人。同时，查处虐待被监管人犯罪，对其他监管人员也是一个警醒和教育。比如刚才讲的张某虐待被监管人案，虽然张某仅被判处有期徒刑 6 个月，但这个惩处对他本人及家庭的伤害也是巨大的，不仅锒铛入狱，而且还丢掉工作，让家庭也受到巨大影响。同时，该案的查处也让张某的同事受到巨大震动，认识到因工作虐待被监管人而受刑太不值得，也认识到刑法并不是摆设，触犯必受惩罚。因此，刑事执行检察部门务必重视对虐待被监管人犯罪案件的查处，查处一个案件胜过长年累月的苦口婆心教育、规劝。

其次，要切实监督监管机关打击牢头狱霸。有的罪犯在监管场所拉帮结伙、寻衅滋事、恃强凌弱、称王称霸,不仅严重侵犯其他罪犯合法权益,也严重破坏监管秩序。2009 年 10 月至 2010 年 2 月,最高人民检察院会同司法部开展集中整治,逐个监室排查是否存在“牢头狱霸”现象,对排查发现的 178 个问题进行整改,对涉嫌又犯罪的 87 名“牢头狱霸”提起公诉。在各方面共同努力下,“牢头狱霸”问题得到有效遏制。惩治和打击“牢头狱霸”并不是检察机关的直接任务和责任,而是监管机构的任务,尽管“牢头狱霸”严重侵犯其他罪犯的合法权益,检察机关也不能直接插手惩治打击。刑事执行检察部门应采取多种措施,监督监管机构做好治理“牢头狱霸”工作。对日常巡查中发现和罪犯举报的破坏监管秩序、欺压或打骂其他罪犯等“牢头狱霸”苗头,督促执行机关采取果断措施予以制止,露头就打。对严重破坏监管秩序,殴打、体罚其他罪犯等构成犯罪的,依法追究刑事责任。对于监管机构存在制度漏洞的,应提出检察建议;对于监管人员存在违法行为的,应采取口头或书面形式进行违法纠正;对于“牢头狱霸”构成犯罪而监管机构没有立案侦查的,应发挥立案监督职能,督促立案;对于虐待被监管人案件的公诉,应体现“严”的原则,依法从重从快处理。另外,对于“牢头狱霸”现象背后存在监管人员渎职犯罪的,应坚决查处。一是存在监管人员指使“牢头狱霸”殴打或体罚虐待其他被监管人的,按照虐待被监管人罪处理;二是存在“牢头狱霸”贿赂监管人员的,依法查处监管人员受贿犯罪行为;三是存在监管人员玩忽职守或滥用职权行为的,若构成犯罪,依法追究玩忽职守罪、滥用职权罪刑事责任。

最后要发挥派驻检察和巡回检察的优势,及时发现虐待被监管人的情形。怎么才能及时发现?最有效的信息来自被监管人而不是监管机构或监管人员,因为有没有被虐待自然只有当事人最清楚。首先要让被监管人相信检察人员,相信我们是保障他们合法权益的,相信我们能够保障他们的合法权益。其次要畅通渠道,让被监管人随时能够接触到我们检察人员反映的情况。

(三)防范、纠正超期羁押

超期羁押严重侵犯被羁押者的自由,最高人民检察院很重视。2003 年最高人民检察院就出台《关于在检察工作中防止和纠正超期羁押的若干规定》,2015 年出台了《人民检察院刑事执行检察部门预防和纠正超期羁押和久押不决案件工作规定(试行)》。其间多次开展专项治理活动,也曾一度清零。在治理中也健全完善了相关制度。但超期羁押是顽症,边治理边超期,或者治理过后又死灰复燃,或者变为变相超期、隐性超期。

公检法各个阶段都或多或少存在超期羁押情形,根据《人民检察院刑事诉讼规则》的规定，对公安机关、人民法院办理案件相关期限的监督，犯罪嫌疑人、被告人被羁押的，由人民检察院负责刑事执行检察的部门承担；对人民检察院办理案件相关期限的监督，由负责案件管理的部门承担。因此，刑事执行检察部门仅负责公安、法院办理被羁押刑事案件的期限的监督。

要防范超期羁押，首先，要贯彻好各项制度。比如，超期羁押预警提示、提前告知制度，纠正超期羁押催办督办制度，超期羁押责任追究长效机制以及人民监督员对超期羁押案件监督制度等，尤其是前两项制度，防患于未然。

其次，要敢于善于提出违法纠正意见。发现违法情形，就要及时提出纠正意见，既包括羁押场所，也包括公安机关和法院。最高人民检察院《人民检察院刑事诉讼规则》明确规定，对于看守所，具有下列情形之一的，应当依法提出纠正意见：(1)未及时督促办案机关办理换押手续的；(2)未在犯罪嫌疑人、被告人羁押期限届满前七日以内向办案机关发出羁押期限即将届满通知书的；(3)犯罪嫌疑人、被告人被超期羁押后，没有立即书面报告人民检察院并通知办案机关的；(4)收到犯罪嫌疑人、被告人及其法定代理人、近亲属或者辩护人提出的变更强制措施、羁押必要性审查、羁押期限届满要求释放或者变更强制措施的申请、申诉、控告后，没有及时转送有关办案机关或者人民检察院的；(5)其他违法情形。对于公安机关，发现具有下列情形之一的，应当依法提出纠正意见：(1)未按规定办理换押手续的；(2)决定重新计算侦查羁押期限、经批准延长侦查羁押期限，未书面通知人民检察院和看守所的；(3)对犯罪嫌疑人进行精神病鉴定，没有书面通知人民检察院和看守所的；(4)其他违法情形。对于法院，发现具有下列情形之一的，应当依法提出纠正意见：(1)在一审、二审和死刑复核阶段未按规定办理换押手续的；(2)违反《刑事诉讼法》的规定重新计算审理期限、批准延长审理期限、改变管辖、延期审理、中止审理或者发回重审的；(3)决定重新计算审理期限、批准延长审理期限、改变管辖、延期审理、中止审理、对被告人进行精神病鉴定，没有书面通知人民检察院和看守所的；(4)其他违法情形。

再次，发现同级或者下级公安机关、人民法院超期羁押的，应当向该办案机关发出纠正违法通知书。发现上级公安机关、人民法院超期羁押的，应当及时层报该办案机关的同级人民检察院，由同级人民检察院向该办案机关发出纠正违法通知书。对异地羁押的案件，发现办案机关超期羁押的，应当通报该办案机关的同级人民检察院，由其依法向办案机关发出纠正违法通知书。

又次，敢于担当，启动追责。修订的最高人民检察院《人民检察院刑事诉讼规则》规定，对于造成超期羁押的直接责任人员，可以书面建议其所在单位或者有关主管机关依照法律或者有关规定予以处分;对于造成超期羁押情节严重,涉嫌犯罪的,应当依法追究其刑事责任。没有责任追究,超期羁押会永远存在,而且会愈演愈烈。对于公安机关、法院,包括检察机关自身工作人员造成超期羁押情节严重涉嫌职务犯罪的,刑事执行检察部门应敢于立案追究刑事责任。

最后,要敢于"刀刃向内",也要追究渎职失职的刑事执行检察人员的责任。2015 年《人民检察院刑事执行检察部门预防和纠正超期羁押和久押不决案件工作规定(试行)》中就规定:对超期羁押和久押不决负有监督职责的刑事执行检察人员,不认真履行监督职责,应当发现、报告、通知、提出纠正意见而未发现、报告、通知、提出纠正意见的,依纪依法追究责任。

(四)积极防范、发现、促使纠正错案

刑事错案严重践踏人权,涉及一个人的生命、人身自由以及人格尊严。像湖南省滕兴善案、内蒙古呼格吉列图案,侵犯了他们的生命,而其他众多刑事错案则侵犯了自由权。浙江张辉、张高平强奸杀人案,两人被羁押将近 10 年,海南陈满故意杀人案、吉林金哲宏故意杀人案,被羁押长达 23 年。当然,刑事错案还危害国家法治。习近平总书记说过:"人民群众每一次求告无门、每一次经历冤假错案,损害的都不仅仅是他们的合法权益,更是法律的尊严和权威,是他们对社会公平正义的信心。要懂得"100 - 1 = 0"的道理,一个错案的负面影响足以摧毁 99 个公正裁判积累起来的良好形象。不要说有了冤假错案,我们现在纠错会给我们带来什么伤害和冲击,而要看到我们已经给人家带来了什么样的伤害和影响,对我们整个的执法公信力带来什么样的伤害和影响。"

近年来,发现报道不少刑事错案,也纠正不少刑事错案。关注刑事错案本身就标志着刑事法治的进步。国家很重视防范冤假错案,2013 年中央政法委出台了《关于切实防止冤假错案的规定》,提出要"坚守防止冤假错案底线"。检察机关作为法律监督机关,在防范冤假错案上更是责无旁贷。2013 年最高人民检察院也颁布了《关于切实履行检察职能防止和纠正冤假错案的若干意见》,提出"把严防冤假错案发生作为检察工作必须坚决守住、不能突破的底线",并就检察各个环节在防范、发现纠正冤假错案方面提出了具体的要求。刑事执行检察是人民检察院对刑事强制措施执行和刑事判决、裁定、决定执行实行法律监督的重要职能,也是防止和纠正冤假错案的重要环节。2015 年 2 月,最高人民检察院刑事执行检察厅印发了《关于在刑事执行检察工作中防止和纠正冤假错案的指导意见》,12 月出台的最高人民检察院《关于全面加强和规范刑事执行检察工作的决定》也提出："充分发挥刑事执行检察职能优势和作用，有效防止、及时发现和积极推动纠正冤假错案。"

首先，要充分发挥看守所检察，防范冤假错案。刑事执行检察部门在检察机关各部门中是接触在押未决犯时间最长，最直接的部门，较为容易通过保障在押未决犯的合法权益来防范冤假错案。

一是严格收押检察。收押检察是指人民检察院对看守所拘禁和羁押活动是否合法进行的检察监督。这是发现和纠正错拘、错捕、错押和非法关押的首要环节，当然，也是防范冤假错案的关口。要检查被羁押人犯是否有法定的文书和手续是否合法和完备，对一切不合法的收押甚至错关押提出纠正意见。对入所在押人员身体健康检查要实施严格的监督，注意发现在押人员是否有出血、红肿、瘀斑等外伤体征或疼痛、功能障碍等外伤症状，并监督看守所细致检查、拍照、录像，固定证据。另外，还应当对入所在押人员的身份核实进行监督，注意发现是否有"冒名顶罪"的情形。

二是加强对刑讯逼供、非法取证的源头预防。刑讯逼供、非法取证是造成冤假错案的重要因素，所以，能够遏制刑讯逼供、非法取证就能较大程度防范冤假错案的发生。作为刑事执行检察部门，主要是加强对看守所内刑讯逼供、非法取证的预防。按照规定，对犯罪嫌疑人的讯问，非特殊情况，一般均在看守所内进行。驻所检察官要督促看守所规范办案人员讯问犯罪嫌疑人的流程，尤其是讯问后对犯罪嫌疑人的健康检查。必要时，驻所检察官在办案人员讯问后也要主动找犯罪嫌疑人谈话，检查犯罪嫌疑人体表情况。比如河北王玉雷错案，最先发现王玉雷遭受刑讯逼供的是驻所检察官，也是驻所检察官的积极推动，避免了这起错案的发生。根据修订的《人民检察院刑事诉讼规则》的规定，对重大案件，驻看守所检察人员在侦查终结前应当对讯问合法性进行核查并全程同步录音、录像，核查情况应当及时通知本院负责捕诉的部门。

三是重点监督办案机关对犯罪嫌疑人的所外提讯。对于侦查机关以起赃、辨认等为由提解犯罪嫌疑人出所的，应当及时了解提解的时间、地点、理由、审批手续等情况，做好还押时体检情况记录的检查，注意通过讯问犯罪嫌疑人等调查方式，发现提解期间是否存在刑讯逼供、暴力取证、体罚虐待等违法办案的情形。

其次，要切实通过在押人员的控告申诉，积极发现冤假错案。控告申诉是在押人员享有的合法权益，刑事执行检察人员要保障在押人员控告申诉权的行使，也要积极通过在押人员的控告申诉发现冤假错案。驻所检察官经常与在押人员打交道，也最容易发现冤假错案。发现不了冤假错案，也就无从谈起纠正冤假错案。

一是要畅通在押人员控告申诉渠道。在押人员与检察官的讯息交流畅通,是保障在押人员合法权益的重要保证,是规范羁押场所和办案机关规范执法的必然要求,也是发现、防范冤假错案的重要途径。刑事执行检察部门应当做好基础工作:在看守所、监狱、强制医疗执行场所建立健全检务公开栏,健全检务公开内容,使在押人员、被强制医疗人及其法定代理人、近亲属了解他们享有的控告、举报、申诉等权利。健全与在押人员定期谈话制度、在押人员约见检察官制度、检察官信箱制度。积极推广设立约见检察官信息系统,及时接受被监管人的控告申诉。总之,要保证在押人员想见检察官均能及时见到驻所检察官。

二是要依法受理在押人员控告申诉。刑事执行检察部门接到在押人员及其法定代理人、近亲属的控告、举报、申诉后,应当及时审查,并提出审查、处理意见。认为原判决、裁定、决定正确,申诉、控告理由不成立的,应当将审查结果答复申诉人,并做好息诉工作;认为存在刑讯逼供、暴力取证等可能导致冤假错案,需要人民检察院立案复查的,应当将申诉材料及审查意见一并移送作出原生效判决、裁定的人民法院的同级人民检察院的刑事申诉检察部门或其他有关部门办理,并跟踪监督办理情况和办理结果,及时将办理情况答复控告、举报、申诉人。对控告、举报、申诉案件,应当及时办理,跟踪监督,做到件件有结果,件件有答复。

三是要重点调查处理监狱内长年不认罪、拒绝减刑、坚持申诉及因对裁判不服而自杀、自残等的服刑人员的申诉案件。这一类案件存在冤假错案的可能性很大。从一般人的心理角度看,罪犯拒绝认罪很正常,但长期坚持,尤其是拒绝减刑,甚至为此自杀自残的,如果不是冤假错案,很难想象。作为驻所检察人员,应该对所在监狱这类情况做个摸底,并逐个进行谈话,及早发现冤假错案线索。

再次,要加强与有关部门的协调配合,促使冤假错案的纠正。刑事执行检察部门在检察机关防范冤假错案中只是一个环节,对错案的纠正是其他部门的职责。因此,刑事执行检察部门还要加强协调配合,与有关部门共同做好防止和纠正冤假错案工作。对于发现存在刑讯逼供、暴力取证、违法利用特情人员取证等可能造成冤假错案的情形和相关线索的,刑事执行检察部门应当及时通报或转交本院相关部门或其他人民检察院办理,并及时了解办理情况,及时答复控告、举报、申诉人。对于在押人员的控告申诉,有关人民检察院没有在规定时间内办理或久拖不办的,刑事执行检察部门应当将情况书面报告上级人民检察院刑事执行检察部门。在临场监督执行死刑中,应当注意检察被执行人是否为应当执行死刑的罪犯,以及罪犯犯罪时是否已满 18 周岁,罪犯审判的时候是否已满 75 周岁,是否依法不应当适用死刑，罪犯是否正在怀孕，执行前罪犯有无检举揭发重大犯罪事实或者有其他重大立功表现可能需要改判的。发现具有上述情形之一的，应当建议人民法院暂停执行，并立即向本院检察长报告。

最后，刑事执行检察人员要具有“忠诚、执着、担当、奉献”精神。发现、促使纠正冤假错案都很难，更不是一蹴而就的事情，往往需要攻坚克难，对办案的检察官更是一种考验，这就需要刑事执行检察人员要具有特殊的品格和意志。浙江叔侄冤案的纠正有赖于张飚同志的不懈努力，张飚同志也因此获得了应得的荣誉。最高人民检察院刑事执行检察厅将张飚同志先进事迹的核心精神概括为 8 个字：“忠诚、执着、担当、奉献”。这个概括很准确。忠诚，就是他从检 30 多年，始终保持忠于党、忠于人民、忠于宪法和法律、忠诚履职的政治品格。特别是在退休前 10 年的刑事执行检察工作岗位上，始终保持了高度的工作热情和责任感。执着，就是他对强化法律监督的不懈努力，对维护社会公平正义的执着追求，在推进张高平、张辉叔侄案纠错过程中遇有困难、阻力和压力时毫不退缩，对法律的坚定信仰和对司法公正的坚定信念毫不动摇。担当，就是他对所从事的刑事执行检察事业敢于负责，对所从事的具体工作极端负责，危急时刻能够挺身而出，是一个素质过硬、责任过硬、敢于担当、敢于监督、敢于碰硬的刑事执行检察干部。奉献，就是他淡泊名利，任劳任怨，勤勤恳恳，默默奉献，在艰苦的工作和生活条件下，在平凡的岗位上，作出了不平凡的业绩。就是在出了名以后，他仍然始终保持谦虚、低调，辛勤奔波，为刑事执行检察事业继续作无私贡献，极大地提升了刑事执行检察工作的执法公信力。张飚就是一位在理想信念、思想政治素质和职业道德修养上有更高标准、更严要求的同志。张飚说，“我们的执法为民观念再强一些，冤假错案就会少一些”；“有申诉咱就得当回事”。这些朴实的话语，充分体现了张飚同志“立检为公、执法为民”的坚定信念。在日常工作特别是在推动张高平、张辉叔侄冤案再审过程中，他始终牢记检察官对人民的那份责任，坚忍执着、锲而不舍。刑事执行检察人员只有像张飚学习，具有“忠诚、执着、担当、奉献”精神，才能在防范、发现、纠正冤假错案中发挥应有的作用。

（五）刑罚变更执行监督的重点也应有所转变

刑罚的执行变更监督是指人民检察院对执行机关在刑罚执行过程中，因为出现法定情形，停止原判决、裁定执行方法，或者改变判决、裁定内容时的依据和程序是否合法进行的监督，它存在于我国的实体法和程序法中。监督刑罚执行变更的内容主要有：刑期的变更，例如将较长的刑期改为较短的刑期；刑种的变更，例如将无期徒刑改为有期徒刑。这两种情况被称为广义的减刑;执行场所的变更,包括假释和暂予监外执行等这些变更形式。检察机关发现刑罚执行机关对不符合减刑、假释、暂予监外执行情形的罪犯违法提请、呈报减刑、假释、暂予监外执行的,应当及时提出纠正意见;发现罪犯符合减刑、假释、暂予监外执行情形,刑罚执行机关未提请、呈报减刑、假释、暂予监外执行的,应当及时提出检察建议。

以往,由于监管部门和法院在减刑、假释、暂予监外执行工作中存在不少徇私舞弊、徇私枉法情形,比如云南孙小果案件,引起民众不满,刑罚变更执行监督的重点在违规、违法减刑、假释和暂予监外执行上。2014 年中共中央政法委出台《关于严格规范减刑、假释、暂予监外执行切实防止司法腐败的意见》,其目的就是严格规范减刑、假释、暂予监外执行,切实防止徇私舞弊、权钱交易等腐败行为,坚决杜绝社会反映强烈的“有权人”“有钱人”被判刑后减刑快、假释及暂予监外执行比例高、实际服刑时间偏短等现象,确保司法公正,提高司法公信力。2021 年政法系统教育整顿也把违法违规“减假暂”作为一项重要内容,在 2021 年最高人民检察院开展的全国检察系统“司法工作人员职务犯罪侦查百日攻坚”行动中,查处涉嫌徇私舞弊减刑、假释、暂予监外执行犯罪案件 138 件 166 人,查处人数是去年同期的 4.26 倍。2021 年《人民检察院巡回检察工作规定》也规定:“人民检察院对监狱进行巡回检察,重点监督监狱刑罚执行、罪犯教育改造、监管安全等情况,注重对减刑、假释、暂予监外执行是否合法的监督。”

实践中,减刑假释率比较低,减刑率大概是 20%,假释率大概在 2%,由于这 2% 的假释和 20% 的减刑中存在不少违法违规的情形,导致国家对减刑假释的收紧,加之开展的相关活动,监管机构对减刑假释暂予监外执行更是收得更紧,有些地方甚至不搞假释,减刑也非常严格。减刑假释是对改造好的罪犯的奖励,对罪犯回归社会起到积极的作用。尤其假释,根据学者的相关研究,假释出狱,尤其经过社区矫正后的再犯率小于 2‰,而正常释放出狱的再犯率则达到 2%。假释是一种软着陆,不是彻底回归社会,其间还有管束和帮助,自然彻底回归社会时比较容易适应。所以,假释出狱应该是常态,最起码应占到 80%。可目前情况却相反,之前 2% 的假释率也达不到。从社会治理体系和治理能力现代化的角度看,这也是不符合要求的。因此,刑罚的执行变更监督在着重违法减刑、假释、暂予监外执行的同时,从保障被监管人的人权的角度看,重点还应放在应减刑、假释、暂予监外执行而不予减刑、假释、暂予监外执行等情形上,尤其从社会治理角度看,其中重点应放在应予假释而不给假释情形上。对于违规、违法减刑、假释、暂予监外执行的情形,如果被监管人确实悔罪或不致再危害社会,就不必纠正,但对于监管人员或法院工作人员的违法行为则应提出意见。2014 年《人民检察院办理减刑、假释案件规定》也规定:“人民检察院发现罪犯符合减刑、假释条件,但是执行机关未提请减刑、假释的,可以建议执行机关提请减刑、假释。”

(六)大力查办司法职务犯罪

查办刑罚执行和监管活动中的职务犯罪案件,是惩治司法腐败和保护被监管人人权的需要,也是强化刑罚执行监督和监管活动监督的重要手段。虽然近年来,监管场所在监管管理和队伍建设方面都有很大的改进,取得了明显成效。但是,监管干警利用监管职权,在被监管人的减刑、假释和暂予监外执行等问题上进行徇私舞弊的司法腐败现象时有发生;监管干警滥用职权,体罚、虐待被监管人员,指使、纵容被监管人员殴打、体罚被监管人员等失职渎职行为仍有存在。如不对这些职务犯罪进行查处追究,不仅会严重影响刑罚的正确执行和执法的公正公平,也将严重影响司法机关的形象和法律的统一正确实施,尤其不利于保障被监管人的合法权益。因此,要充分认识到查办刑罚执行和监管活动中职务犯罪案件的作用和意义,把查办职务犯罪作为强化刑事执行检察的一项重要工作来抓。

首先,刑事执行检察部门要把查办监管人员职务犯罪作为监督的重要方式。刑罚虽然是最后的手段,也是迫不得已的措施,但它是监督的利器。刑罚的缺位,也是监管机构及其人员滥用权力侵犯被监管人合法权益的一个重要因素。保障被监管人合法权益本是监管机构及其人员的应有职责,而由于监督的缺位导致他们走向目的的反面。检察机关强化对监管机构的监督,要充分把查办监管场所的职务犯罪摆在应有的地位。从实践中来看,虽然近年来检察机关加大了查办监管场所职务犯罪的力度,但从查办的数量和判处的刑罚来看,还是表现为刑罚的量不足。不少案件没有被发现,即使被查出的,也很多被轻处,这从大量案件被免于刑罚或判处缓刑可以看出。刑罚的缺位或不到位,是监管场所乱象丛生的重要因素。因此,刑事执行检察部门必须把查办监管人员职务犯罪作为监督的重点,以治标来换取治本的时间。要把查办职务犯罪作为强化监督效果的最有力手段,贯穿于刑事执行监督全过程。2021 年最高人民检察院在全国检察机关开展了“司法工作人员职务犯罪侦查百日攻坚”行动,就取得了很好的效果。

其次,要找准职务犯罪易发生的环节。2015 年最高人民检察院《关于全面加强和规范刑事执行检察工作的决定》规定,要突出办案重点,积极查处刑事执行活动中违法办理减刑假释暂予监外执行、重大监管事故、社区服刑人员脱管漏管、严重侵犯刑事被执行人合法权益等问题背后的职务犯罪。在开辟案源、发现线索方面，从刑罚执行和监管活动职务犯罪易发多发的“八个环节”，通过“六个渠道”，重点加强对“八种人”刑罚执行情况的监督，发现和挖掘案件线索。“八个环节”是指在刑罚执行和监管活动中易发多发问题的环节。例如：在押人员服刑分配监区的环节；日常奖惩考察环节；工种安排环节；违反监（所）规、监（所）纪的处理环节；提请、层报罪犯减刑、假释、保外就医；调犯环节；监外人员托管失控环节；生产经营环节。“六个渠道”是指发现问题的方法。例如：日常监督的渠道发现；从一些事故、事件背后发现；通过专项检查活动发现；通过举报、控告发现；通过纪检监察部门联系发现；通过深挖犯罪案件发现。“八类人员”主要是指关押在监管场所服刑改造的重点人员：如职务犯罪的罪犯；涉黑涉恶涉毒犯罪的罪犯；破坏社会主义市场经济秩序的侵财性犯罪的罪犯；服刑中的顽固型罪犯和危险型罪犯；从事事务活动的罪犯；多次获得减刑的罪犯；在看守所留所服刑的罪犯；调换监管场所服刑的罪犯。

再次，要加强机制建设。2017 年，随着检察机关反贪反渎人员的转隶，检察机关职务犯罪侦查机制也彻底不复存在。随着《监察法》的出台以及修订的《刑事诉讼法》和相关法规的规定，司法领域发生的 14 个职务犯罪授权给检察院负责立案侦查。2018 年，最高人民检察院也出台了《关于人民检察院立案侦查司法工作人员相关职务犯罪案件若干问题的规定》。其中规定，犯罪案件，由设区的市级人民检察院立案侦查。基层人民检察院发现犯罪线索的，应当报设区的市级人民检察院决定立案侦查。设区的市级人民检察院也可以将案件交由基层人民检察院立案侦查，或者由基层人民检察院协助侦查。最高人民检察院、省级人民检察院发现犯罪线索的，可以自行决定立案侦查，也可以将案件线索交由指定的省级人民检察院、设区的市级人民检察院立案侦查。实践中，相对体系的司法人员职务犯罪侦查机制并未建立，各个省检察院也在积极探索。机制建设中要充分发挥检察一体的优势，各地侦查力量分配悬殊，要在省级统一调配，实行案件线索统一管理，侦查活动统一指挥，侦查力量统一调配，形成侦查办案工作的整体合力。

最后，要加大侦查人员的培养。“两反”转隶，差不多抽空了检察院的职务犯罪侦查力量，有些检察院还有个别在转隶前调到其他部门没有转隶的侦查人员，这些人员差不多都是年纪大的。还有些检察院甚至连这些人员也没有，要查办司法人员职务犯罪，基本上无人可用，或者说没有人懂。因此，加强这方面人才培育或培养就迫在眉睫。当然，这需要最高人民检察院的统筹。

四、刑事执行检察在人权保障方面应注意的几个问题

(一)权利保障的间接性

检察机关在保障人权方面具有间接性,就是通过监督公权力的合法性运行来保障人权。也就是说,人权保障方面,监管机构负有直接责任,刑事执行检察部门是监督责任。监督是以第三者的身份站在旁边看,你做错了我提出。我提出来你不改怎么办?(1)你不能够替他干。我们有时候就替我们的监督对象去工作。为什么你不能够替他干?你替他干就不是监督,是越俎代庖。虽然这个事落实了,但效果很不好,会纵容监管部门不履行或不认真履行职责,也混淆了监督者与被监督者二者的职责,导致我们自己的监督工作也做不好。(2)他不改,你不能够处理他。你有权力处分他,你也不是监督者,你是他的上级管理部门。这样的话你的权力就太大了。他不改怎么办?我们只能启动程序来纠错。也就是说,我们的监督权是一个程序性的权力。这也就是权利保障的间接性。

(二)权利保障的不完整性

被羁押者凡没被剥夺的权利都可以享有,但是这些权利的行使会受到限制,尤其因羁押的缘故。检察机关在人权保障方面也不是保障被羁押者所有没有被剥夺权利的行使,主要保障限于与监督对象有关的权利,即仅限于监督对象可能侵犯的或应该保障的合法权益。也就是说,检察机关的监督责任有两方面:一个是监督监管机构不能侵犯被监管者的合法权益,比如体罚虐待被监管者,另一个是监督监管机构应保障被监管者享有或行使合法权利,比如休息饮食等方面的。

(三)获取侵权信息的有效性

如何获取有效的信息,即监管场所或监管人员违法信息以及被监管人员合法权益受到侵害的信息?这是履行监督职责的前提条件。不知道监管场所违法,谈何监督?不知道被监管人权利受到侵害,比如遭受体罚,谈何保障权利?许多地方都进行积极的探索,有些地方搞同步监督,比如列席监狱的相关会议,有些地方投入大量资金搞与监管场所信息共享,也有的搞备案制度,甚至有的搞实时监督,这都是有益的探索。当然有些没必要,有的做不到。比如实时监督,根本做不到也没必要。有效信息从哪里来?自然谁最清楚从谁那来?最清楚的是监管人员和被监管人员。如果从监管场所获取,无效信息会很多。我们监督的对象是监管场所,让他们提供,恐怕不会主动积极提供自己的违法信息。这不是觉悟高不高

的问题,任何被监督者都是如此。如果要获得有效信息,最可靠最直接最低成本的途径就是从被监管人那里获取。而且,被监管人掌握得最全面,还最积极主动,因为检察机关是保障他们合法利益的。因此,最关键的是畅通被监管者与刑事执行检察官的信息渠道,而不是浪费人力财力物力搞信息共享搞实时监督。

(四)充分发挥派驻检察和巡回检察的优势

派驻检察有优势,但其缺点也显著。缺点就是监督失灵。为什么?因为容易介入得太深。太深就会引起监督失灵,引起被监督者与监督者角色的混同。很多年前,有些派驻检察人员吃人家的住人家的,甚至临走还拿着人家的。记得有个地方的派驻检察人员就从监狱每月领取补贴。这样,你让他怎么去监督?这还是"吃人嘴软,拿人手短"问题。另一个就是工作上容易过多介入。你开会我也参加,什么都参加。你就不好意思开口,因为太熟了。必须得按照监督的规律去做,而不应该超越权限。另外,介入也要掌握一个度,就是不能够影响被监督者的工作。我们的监督目的是使对方合法地、正确地运行权力。如果由于你监督的介入而影响了人家正常工作,就不行了。我们的有些刑事执行检察部门,要求监狱上报材料,比如提请减刑假释还要报给他们批准,别人家的事还需要你批准,这就是于法无据,你影响了人家工作的正常进行。你要人家备案是可以的,因为我有权了解你的信息,为什么需要你批准,哪个法律赋予你作为一个监督者的批准权,批准还是监督者吗?显然不是。但是在实践中,我们没有正确地认识我们的法律监督。正是由于派驻检察的这些弊端,现在开展派驻加巡回的模式,巡回检察还对派驻检察履职情况进行同步检查,这样就能够发挥二者之长而避二者之短。2021年11月最高检出台了《人民检察院巡回检察工作规定》,就要好好贯彻执行。

(五)要注重监督效果

监督如果没有效果,还不如不监督。如果检察建议、纠正违法通知书满天飞,不起效果,不仅损害检察机关威信,还损害法治。张军检察长说过,要把检察建议做成刚性,也要做到刚性。有些检察建议质量很差,包括一些纠正违法通知书,讲不清楚人家啥时候违法,违了哪条法,属不属于你管。这怎么让对方服气?我们只有把自己的工作做到刚性,才能指望人家听你的。当然,如果我们做到了刚性,对方仍置之不理,必须采取措施,否则就视同儿戏了。对于执行机关拒不接受监督的,我们可以采取以下措施:(1)向上一级机关通报其下属机关在刑罚执行中的违法情况和不接受刑罚执行监督的情况。(2)执行主体存在一般违法行为的,向当地纪检监察部门提出检察建议，建议给予执行主体及其直接责任人员党纪政纪处分。(3)对于屡不接受刑罚执行监督的，以检察院的名义向同级人民代表大会或其常委会报告执行主体在刑罚执行中的违法情况和不接受刑罚执行监督的情况。(4)召开新闻发布会向媒体通报执行主体在刑罚执行中的违法情况和不接受刑罚执行监督的情况。(5)构成职务犯罪，要立案侦查。

当然，监督更应贯彻“共赢、双赢、多赢”的原则。张军检察长一直强调这个监督理念。以前，我们作为监督者好像有一种优越感。这样的观念、态度让对方很反感，也影响了监督的效果。好像我们制服了对方，找出了他们毛病，我们赢了，其实我们一败涂地。因为对方压根没心服口服，对你提出的意见也不会真心实意改。要让被监督者认识到我们有助于他们正确工作，有助于他们少犯错误，我们是帮助他们的。这样，我们就要认识到监督的目的是“共赢、双赢”甚至“多赢”，只有观念转变，态度才会转变，同样的行为就会取得不同的效果。

(六)刑事执行检察人员要坚守底线

一是依法办案。作为检察人员，这是一个铁的原则，一定要依法办案。为什么这样讲？刚才我讲了，法律对于司法人员来说就是全部，是生命。如果我们作为一个司法人员，不去尊重法律，不去依法办案，反而是践踏法律的话，可以想一想，这个影响是多么地坏，老百姓怎么看待法律，他们会尊重法律吗？不会。会去守法吗？不会。更何况我们作为司法人员，不依法办案其实就是对我们自身的否定，是对自身工作的一种藐视和践踏。没有法律，我们无法开展工作，没有法律，我们工作也无法结束。法律是我们工作的准绳，也是不可逾越的底线。

二是凭良知办案。在法律所赋予自由裁量权的地方，我们务必要凭良知办案。什么是良知，其实良知就是我们的良心，我们作为一名司法人员，这个不用多说。习近平同志讲过：“许多案件，不需要多少法律专业知识，仅凭良知就能明断是非，但一些案件的处理就偏偏弄的是非界限很不清楚。”作为一名检察人员，在你的工作生涯中能够依法办案，能够凭良知办案，在退休的时候，你会无愧地对自己说，你无愧于你的职业，你会过一个安稳的退休生活。如果不是这样，一件错案就会成为一个不定时的炸弹，在你安稳的退休生活中随时会炸起，让本该幸福的退休生活不得安宁，很多错案也告诉了我们事实如此。

当然，作为刑事执行检察人，还应具有高尚的品德，具有慈悲心。在医学界有一句谚语，叫德不近佛者不可为医。此语出自明代裴一中所著《言医·序》：“学不贯今古，识不通天人，才不近仙，心不近佛者，宁耕田织布取衣食耳，断不可作医以误世！行医关切他人重大利益，若技术不到位会贻误他人，与目的相左；行医长久容易产生职业冷漠，若品德不到位会贻误他人。”检察职业亦然，尤其刑事执行检察，如原检察长曹建明说过：“刑事执行检察人员长期与犯罪嫌疑人和罪犯打交道，接触社会阴暗面较多，在理想信念、思想政治素质和职业道德修养上必须有更高标准、更严要求。”对于刑事执行检察人来说，如果没有一颗慈悲心，没有高尚的品德，是很难肩负起这一重任的。

专题二十八

查办司法工作人员职务犯罪的方法与途径

孙亚民* 辽宁省大连市人民检察院

目 次

* 孙亚民,辽宁省大连市人民检察院检委会委员,现援藏挂职于西藏自治区人民检察院第五部负责人。

导论一:从党中央重大决策和法律上看法律监督重要性

中共中央《关于加强新时代检察机关法律监督工作的意见》第7条规定,加强检察机关立案侦查司法工作人员相关职务犯罪与监察机关管辖案件的衔接协调、线索移送和办案协作,不断增强依法反腐合力。该意见指出,人民检察院是国家的法律监督机关,是保障国家法律统一正确实施的司法机关,是保护国家利益和社会公共利益的重要力量,是国家监督体系的重要组成部分,在推进全面依法治国、建设社会主义法治国家中发挥着重要作用。要进一步加强党对检察工作的绝对领导,确保检察机关依法履行宪法法律赋予的法律监督职责。

《刑事诉讼法》第19条规定,人民检察院在对诉讼活动实行法律监督中发现的司法工作人员利用职权实施的非法拘禁、刑讯逼供、非法搜查等侵犯公民权利、损害司法公正的犯罪,可以由人民检察院立案侦查。

论者以为,从党中央的重大决策上看,法律监督是检察机关应当履行的重要职责;从《刑事诉讼法》的规定上看,查办司法工作人员职务犯罪是履行法律监督职责的刚性方式,与检察建议和纠正违法相比,是最有力的监督方式。

导论二:为便于阐述,简介三个概念

1. 办案应当具备的要素。人才、线索和证据就是办案的“三要素”。

2. 办案应当具备的条件。前述办案“三要素”再加上必要的保障。这就是办案的条件。在这些条件中,办案“三要素”是必备条件或者必要条件。所谓必要条件,它是形式逻辑学里的一个概念。通俗地理解必要条件,有它不一定能办成案件,但是,没有它绝对办不成案件!侦查实践证明:不具备这三要素,一定办不成案件。但是,仅仅有这三要素,也不一定就能办成案件。因为要查办案件,除了三要素以外,还需要其他附属保障条件,如经费、车辆、技术、装备等。

3. 查办司法工作人员职务犯罪案件进程。一个刑事案件,按《刑事诉讼法》规定,通常划分为立案、审查起诉、审判和执行四个诉讼阶段。这是法定的办案进程。在强调“案件比”的今天,一个并不复杂的“一审职务犯罪案件”,即使“不延不退”,从立案前调查核实,到立案侦查、移送审查起诉、审查起诉、审判,再到最后的交付执行刑罚,一般需要9个月17天(调查2个月,侦查2个月,审查起诉1个月,法院立案审查7天、审限3个月、法院向看守所交付期限10个工作日内、看守所向监狱交付执行刑罚期限30个工作日以内)。

在上述法定办案进程之前,还需要进行办案“必要条件”的储备或者积累。这是一个无固定期限的过程。比如,我们举办的侦查业务培训,就是储备侦查人才的一种方式。从储备或者积累办案的“必要条件”起,到办成一件职务犯罪案件的进程很漫长！

从法律规定的办案进程看，立案是办案的逻辑起点，要立案，离不开线索。即使有线索，也不能马上立案，还需要对线索进行核查。核查的意义和目的在于秘密地、初步地收集证据，以决定能否立案。这是立案前的必经程序。

立案之后，在两个月的侦查期限内要紧锣密鼓地、快速充分地收集证据，实现"从无到有"的取证过程，最终目的就是能把案件诉出去、判下来，办成铁案！

由此得出结论：发现、核查线索，收集固定证据，不仅是立案的必要条件，而且是能够顺利地起诉和作出有罪判决的根本保证。

导论三："方法与途径"概述

毛泽东同志曾说过，要过河，首先要解决船和桥的问题。不解决船和桥的问题，过河就是一句空话。

同样，要查办案件，不首先解决线索和证据问题，就不能办案。解决线索和证据问题需要掌握一定的方法。方法得当，事半功倍；否则，事倍功半，甚至半途而废或者功亏一篑。

常言道，窍门满地跑，看你找不找。

不管做什么，都有"方法和途径"。以我本人为例：

2009年9月，我46周岁，是我转业到大连市检察院的第二年，参加了全国司法考试，417分通过。作为高龄考生，能过司法考试关，原因很多。但我认为，有效的方法和途径是我司法考试"过关"的必要条件。

我的方法和途径是，学"三大本""背法条"用的是德国著名心理学家艾宾浩斯的"反遗忘曲线记忆法"：对一个记忆单元，半小时后、1天后、1周后、1月后分别进行四次反复记忆。所以，我的一个记忆单元，即每次连续阅读的记忆容量只有半小时，也就是，看半小时，马上回头再看一遍，第二天、1周后、1月后各复习一次。经过四次反复，记忆率可保持在90%左右。临考试最后一月，做"法律出版社"近五年真题，严格按考试时间模拟。每套真题至少做三遍：第一遍，完整做；第二遍，把错的做一遍；第三遍，把又错的再做一遍。对反复错的题，分析错的原因，直到全部做对为止。考试前一周，每次模拟得分都在420分左右，而且模拟考试时间足够用。2009年9月临场考试时，我前三张卷都提前40多分钟判断完，留有充分的时间对个别有怀疑的题再重新思考，最后留出15分钟涂卡。在做前三卷判断题时，我采用的判断方法是：在每一张卷中，通常按一科或一个部门法，从"单选"、"多选"到"不定项选择"等连续判断完，再判断其他部门法或者学科，以此类推。这样既能保证知识连贯性，又能有效防止大脑运转或跳跃过快、过频而过度消耗体能。在答第四卷时,时间略显紧张,我把每题用时控制在30分钟以内,答不完也转到下一题,全部答完再返回继续补充回答未完的题。

通过司法考试后,我到了公诉部门,一个月后开始独立办案,半年后,总结出“查微析疑、辩法释理,拾遗补阙、纠错防漏”的审查起诉方法,每次出庭必备“出庭预案”,提高了庭审示证和质证效率。我到公诉部门半年后,出庭公诉了大连有史以来人数最多,由45名被告人组成的黑社会性质组织大案,原计划开庭一周,因预案周密,示证和质证方法得当,不到一天半就开完庭。在庭上,我一个人对24名律师的二轮辩护,庭审效果好,我荣立了个人三等功。

我从事职务犯罪侦查11年有余,亲自或者指导、指挥、参与查办职务犯罪97人。逢办案,必写“侦查日志”,每一篇侦查日志,就是一部办案经。

我通过总结个人“参加司法考试”、“审查起诉”和“写侦查日志”等方法和途径,想说明的是,要成功,方法和途径很重要!查办司法工作人员职务犯罪案件,同样如此。

作为一名职业侦查员,只要做有心人,随时保持敏锐的侦查思维和独到的侦查意识,就不愁没有线索;只要做用心人,善于及时总结,就不愁没有侦查方法和途径。其实,侦查同样是有规律可循的,侦查方法和途径就是在不断地总结经验和吸取教训中得来的。

本文从以下三个方面阐述《查办司法工作人员职务犯罪方法与途径》:(1)如何发现司法工作人员职务犯罪线索;(2)如何核查司法工作人员职务犯罪线索;(3)如何收集司法工作人员职务犯罪证据。文中介绍的查办职务方法和途径,都是经过审判实践检验过的,具有可行性。

一、如何发现司法工作人员职务犯罪线索

办案离不开线索和证据。发现线索的道路是曲折、漫长的。有些单位一直苦于没有线索或者处于线索的“瓶颈”期而不能自拔。我所在的辽宁省大连市人民检察院刑事执行检察部门也曾如此。

(一)我们发现经营线索的曲折“历程”

由于机构改革原因,我们发现线索经历了两个阶段。为了阐述方便,我简单介绍我所在部门——辽宁省大连市人民检察院四部的历史沿革。“四部”前身,是辽宁省大连市人民检察院原刑事执行监督局职务犯罪侦查处,再往前追溯,是辽宁省大连市人民检察院原监所检察处。

2013 年 3 月 8 日，辽宁省大连市人民检察院党组决定整合监所处与辽宁省大连市城郊地区人民检察院，成立“辽宁省大连市人民检察院刑事执行监督局”，下设综合业务处、监管检察处和职务犯罪侦查处，论者时任副局长兼职务犯罪侦查处长。未整合之前，监所检察处负责辖区刑事执行检察；大连市城郊地区人民检察院负责辖区监狱检察。

2020 年 4 月 27 日，因内设机构改革，撤局建部，撤销原刑事执行监督局，大连市城郊地区人民检察院变为基层院，原职务犯罪侦查处和原监管检察处部分人员划入辽宁省大连市人民检察院四部，单独成立九部，负责司法工作人员职务犯罪侦查工作。

以 2013 年 3 月 8 日为节点，我们将“发现经营线索”的历程划分为两个阶段：

第一个阶段，从 2008 年 1 月 1 日到 2013 年 3 月 8 日“建局”之前的五年，是线索的“枯竭期”。

本文讲的线索，不包括辽宁省大连市人民检察院原反贪局和反渎局的线索。在“两反”转隶前，辽宁省大连市人民检察院自侦部门有三个：原反贪局、反渎局，管辖“大墙外”职务犯罪案件；原刑事执行监督局，管辖“大墙内”和社区矫正场所职务犯罪案件。

在整合、建局之前，辽宁省大连市人民检察院监所检察处和大连市城郊地区人民检察院，基本上处于被动地等线索或者要线索状态。所谓被动地等线索，即坐等辖区内监管场所发生脱逃、非正常死亡或者被监管对象再犯罪，背后可能存在渎职犯罪线索；所谓要线索，即通过各种“关系”要指定管辖或者交办案件。这五年间，据不完全统计，原监所检察处与大连市城郊地区人民检察院查办职务犯罪案件 2 件 4 人，诉讼结果均为定罪免于刑事处罚。

第二个阶段，从 2013 年 3 月 8 日“建局”到 2020 年 4 月 27 日“撤局”建部，是线索的“充盈期”。

在建局到撤局这一阶段，全国发生了对检察机关行使自侦权有重要影响的几件大事儿：2017 年，为了确保“十九大”在 10 月顺利召开，不少检察机关下半年就停止查办自侦案件了；11 月，全国开始监察体制改革，检察机关停止侦查；2018 年，“两反”开始转隶；2019 年，检察系统改革，一度影响了我院原刑事执行监督局查办职务犯罪案件。

尽管如此，这 7 年间，仍然是我们线索的机遇期，线索源源不断。我们有什么方法或者策略呢？

(二)我们发现经营线索的策略

2013年3月辽宁省大连市人民检察院刑事执行监督局成立后,我们主要采取以下发现经营和线索的策略:

第一,指定管辖。办案没有线索,向上级要指定管辖,是捷径。我局成立后查办的第一件职务犯罪案件,就是要的指定管辖。当时,苦于没有线索,局班子确定了"到大墙外办案,锻炼队伍,再回到大墙内办案"的侦查思维。

不久,当时的驻辽宁省大连市看守所检察人员在找犯罪嫌疑人李某谈话时发现大连市公安局禁毒支队一名大队长违反职责的线索。我们立即向大连市院原反渎局领导汇报,虽然被举报人主体身份在"大墙外",不属于我局管辖。但是,线索源于大墙内,我们调查更便利。同时,建局之初为了锻炼侦查队伍,请领导将该线索指定给我局管辖,领导非常支持。于是,我们查办了建局后的第一件自侦案件,不仅锻炼了队伍,还提振了士气。此后,凡是在押人员或者与"大墙内"有关联的举报线索,无论被举报人主体身份是否在"大墙内",我局都可以查办。

第二,畅通渠道。线索渠道不畅通,是办案的"痛"。下决心解决无线索问题,是开展自侦工作首先要解决的问题。我局同样如此,经班子研究决定,我们先后采取了,检务公开、在家属会见场所设立举报箱、现场办公答疑、不定期在监管场所组织"前程序人权保障①"问卷调查,街头宣传渎职侵权举报电话,发传单或者设立微信公众号在线举报端口以及利用"两微一端"公开查办职务犯罪案件信息等方式,逐渐解决了线索"瓶颈"问题。

2016年我局查办的辽宁省大连某监狱贿赂窝案和2017年转隶之前查办的4人共同贿赂案,都是通过上述方式获取的线索。

第三,扩线深挖。随着我局打击职务犯罪力度不断加大,初步遏制了职务犯罪,权钱交易更隐蔽,我局获取线索的数量一度下滑。

2015年上半年,我局竟然没有一件新线索。局班子决定转换思维,从在办或者已办案件中挖掘新线索。这是比较经济有效的办法。

2015年下半年,我局查办的辽宁省锦州市某看守所原副所长金某索贿案,就是在查办现在案件时找证人谈话,通过启发式教育,深挖出来的索贿40万元线索。

2015年,在查办辽宁省瓦房店监狱某监区长受贿2万元案件线索时,我们不放过任何蛛丝马迹,发现还有一节受贿3万元的事实,把该案办成大案。

第四,舆情互动。网络舆情曝料一般都是人民群众反映强烈、社会关注度高

① 对在押人员之前所在的羁押场所开展合法权益保障状况问卷调查,从中发现侵权或者渎职线索。

的敏感或者热点问题，及时关注舆情、积极参与舆情互动，很容易“嗅”出案件线索。例如，2011年11月14日我听到中央广电总台国为之声“新闻晚高峰”爆料了大连市中山区法院法官孙某某“一案两判”。我听完这个网络爆料后，又上热搜，发现数十家自媒体转载，跟帖上万，舆情瞬间发酵。我断定，该案背后涉嫌司法腐败，立即告诉侦查员小刘，联系爆料人，主动出击、挖掘线索。2020年4月17日立案查办了大连市中山区法院法官孙某某滥用职权、庭长闫某玩忽职守案。这是新冠肺炎疫情期间辽宁检察机关查办的第一件自侦案件，也是2018年10月恢复自侦权以来，大连检察机关查办的第一件自侦案件。

第五，专项收集。这是依职权自行发现线索的有效办法。

从全国看，目前查办司法工作人员职务犯罪的机构有两种：一是单独设立职务犯罪侦查部门，我们辽宁是其中之一；二是未单独设立侦查部门，由刑事执行检察部门统一负责。两种架构各有利弊。由刑事执行检察部门负责职务犯罪侦查工作，查办起来更理顺，因为都在一个部门，无论哪种执检业务，都能发现职务犯罪线索。

先概括介绍一下新时期刑事执行检察业务，便于大家了解如何开展执检的专项检察活动：

新时期刑事执行检察业务可概括为：1、2、3、13、34。“1”就是一中心：以办案为中心。“2”就是两条线：一是促进刑事法律功能的实现，维护刑罚权威性、严肃性；二是维护在押人员合法权益，打击牢头狱霸。“3”就是三板块：刑事强制措施执行检察、刑罚执行检察、强制医疗。“13”就是十三项重点业务。“34”就是三十四种案件类型（详见检察业务应用系统2.0使用指引手册，略）。在上述13项重点业务当中，都可以依职权开展专项检察活动，深入挖掘职务犯罪线索。例如，社区矫正对象再犯罪现象，一般与司法工作人员渎职有因果关系。2015年，我们开展了“社区矫正对象再犯罪专项检察活动”，某社区矫正对象李某某故意杀人被逮捕，发现司法所长孙某某涉嫌玩忽职守案线索。再如，犯罪嫌疑人被取保后再犯罪，一般与侦查人员渎职有因果关系。2017年，我局在全市开展了“集中清理取保候审专项活动”，筛查“取保”后案件长期无进展、“空挂”在看守所的犯罪嫌疑人，过滤前科劣迹多的犯罪嫌疑人，从中发现渎职线索，立案查办了社区闲散人员洪某某行贿、大连市某区巡特警大队大队长、副大队长受贿案。又如，刑罚交付执行不彻底或者因被监管机关拒收而不能正常交付执行刑罚的现象一度很突出，在全国成为“老大难”问题。被告人因不能交付执行刑罚，一旦再犯罪，一般与法官或者监管机关人员渎职有关联。2015年，我们组织开展了看守所“入所检察专项活动”,重点检察收押时“再犯罪的犯罪嫌疑人”。经查,发现曾犯盗窃罪的嫌疑人某某再次因“多次入室盗窃”被刑拘,其前罪——盗窃罪曾被判处有期徒刑十二年,一直没有交付执行。经查,前罪系大连市经济开发区法院法官王某某审理,该判决生效后因调动工作,忘了交付执行。十年之后,该被告人因生活所迫,又多次入室盗窃,被刑拘。法官王某某因犯玩忽职守罪,被判处有期徒刑六个月。还有,“以刑罪代罚”很普遍,对有关系的犯罪嫌疑人涉嫌犯罪一般以“行政处罚”替代“刑事处罚”。一旦再犯罪,一定有渎职线索。2020 年,结合“扫黑除恶”专项斗争,我们通过“警务信息综合应用平台”开展了“前科劣迹与再犯罪专项检察活动”,发现恶势力犯罪团伙成员多次被两个派出所“以罚代刑”后再犯罪的线索。立案查办了两个派出所含正、副所长在内的 4 名警察徇私枉法案。

当下,全国都在开展监狱、看守所、社区矫正巡回检察活动,应当说巡回检察是更专业、更集中、更精准、更深入的专项检察活动。因此,结合刑事执行检察业务,经常开展各项专项检察活动一定能发现更多的职务犯罪线索。

对于单独设立职务犯罪侦查部门的院,建议与刑事执行检察部门加强沟通协作,派员参加各类专项检察活动,一定能获取更多的职务犯罪线索。

第六,营造品牌。通过查办职务犯罪案件,在当地引起轰动效应、树立威信,自然打造出品牌效应。当时,有人这样形容我局:在大连有号、在全省有声、在全国有名,是大连检察机关的“第三把剑”。服刑人员及其近亲属纷纷来信、来访举报。这是线索的主要来源。2014 年我们查办的辽宁省大连市看守所警察姜某某帮助犯罪分子逃避处罚案,靠的就是这种品牌效应。当时,就是举报人上门交的实名举报材料,最终成案。

案件办得好,自然得到上级检察院的重视,上级会经常交办案件给我们。2014 年 6 月,我们查办的辽宁省大连某监狱 6 名狱警“徇私舞弊减刑、受贿”窝案,就是辽宁省检察院交办的线索。

(三)我们发现经营线索的效果

衡量线索发现经营策略成功与否,关键看办案数量多少和办案质量高低。

从 2013 年 3 月到 2020 年 4 月的 7 年,去掉 2017 年 11 月到 2018 年 11 月因转隶停办自侦案件,2019 年全年因检察机关机构改革,没有查办自侦案件的 2 年时间,实际是 5 年时间。我局在诉讼活动监督中查办职务犯罪 40 件 57 人。截至 2020 年 5 月,我们还有 18 件线索待核查。因办案成绩突出,我们多次受上级表彰,还先后荣立集体一等功、二等功各一次。

二、如何核查司法工作人员职务犯罪线索

所谓核查线索，就是根据线索反映的事实，收集证据，为立案作准备。如何核查线索？《人民检察院刑事诉讼规则》第 166 条第 2 款[①]有明确规定。根据此款要求：核查线索应当先进行“立案前”审查，通过审查，认为属于本院管辖且有成案可能的，再经批准，启动核查程序，法言法语称“调查核实”，当具备立案条件时，经批准，决定立案。

所以，发现线索后，需要经“立案前审查→调查核实→立案”这一动态过程。围绕前述动态过程，要掌握以下二项内容。

（一）立案前审查

就是对线索立案前进行书面审查，以前叫“评估研判”，审查的内容和目的基本相同。对线索书面审查的内容和目的是什么？审查的内容：判断线索是否属于本院管辖。审查的目的：如果属于本院管辖的，则根据线索反映的事实，进一步审查判断成案可能性大小。这就是审查的目的。2014 年，针对广东健力宝集团原总裁张海伪造立功假释事件，全国检察机关开展了“减刑、假释、暂予监外执行专项检察”活动。我局查办了大连某监狱 6 名狱警徇私舞弊减刑、受贿窝案。当初评估该案线索时，我们经分析研判认为，举报人多次、多头、逐级举报，一直举报到辽宁省纪委、政法委，辽宁省检察院指定给我局管辖，社会影响大，成案可能性极大。2015 年，发现辽宁省锦州市某看守所原副所长金某索贿案线索时，根据罪犯近亲属提供的索贿录音和银行转账记录，我们判定能成案，且调查核实对象清楚，危害后果与调查核实对象的索贿因果关系明确，经请示辽宁省检察院，将线索指定给我院管辖，最终办成索贿 40 万元的大案。2019 年，我局收到实名举报，称某法院执行员擅自解除被冻结的房产致其债权遭受巨大损失。举报称，在申请执行人申请法院冻结了被执行人价值 2000 多万元房产后，执行人员擅自、多次解封执行标的，最终该标的被丹东银行作为抵押物给被执行人放贷 2000 万元，举报人的到期债权无法实现。收到线索后，经评估，我们认为可信度没问题，律师带着举报人夫妻一致反映：未经申请执行人同意，多次解封且附有证据，这些证据是他们通过关系从银行内部得到的。该线索反映的擅自解封行为虽然违反了法律规定。但是，损害后果不确定。我问举报人：“你的债权不能实现与被冻结的房产是否存

---

① 《人民检察院刑事诉讼规则》第 166 条第 2 款规定：负责侦查的部门对案件线索进行审查后，认为属于本院管辖，需要进一步调查核实的，应当报检察长决定。

在唯一关系?被执行人还有无其他可供执行的财产?”举报人说不清楚。我说,从你单方面反映的情况看,你的损失数额不确定。也就是说,被举报人擅自解封标的物行为是否影响了你债权实现或者影响多少,目前还不确定。建议你到法院执行部门主张实现“到期债权”,最终不能实现你主张数额时,要有法律文书予以确认,才能到我们这里举报,否则,我们不能启动调查程序。目前,该线索未成案。因此,查办自侦案件必须经立案审查,这是立案的前置程序。

(二)调查核实

《人民检察院刑事诉讼规则》所称的“调查核实”,以前叫“初查”。作为侦查人员,应明确调查核实的“任务与方法”是什么。

1. 调查核实的任务。收集必要的证据材料,以确定是否有犯罪事实并需要追究刑事责任。这是《人民检察院刑事诉讼规则》第 171 条①“关于立案”的明确规定。

2. 调查核实的方法。先应确立核查思路、策略,保证取证的效率和质量。再依法进行核查,即按《人民检察院刑事诉讼规则》第 169 条规定的方法进行核查:进行调查核实,可以采取询问、查询、勘验、检查、鉴定、调取证据材料等不限制被调查对象人身、财产权利的措施。但要注意“三个不得”的规定:不得对被调查对象采取强制措施;不得查封、扣押、冻结被调查对象的财产;不得采取技术侦查措施。

2014 年,我们在对前述 6 名狱警徇私舞弊减刑、受贿窝案调查核实中,吸取了以往查办案件“先从受贿查起从而过早陷入僵局”的教训,确立了“以徇私舞弊减刑为切入点进行核查,先立案,再深挖受贿,从重打击犯罪”的核查思路,确定了“先书证后证言,先墙外后墙内;以书证定舞弊”“用证言定徇私”的调查方法,并及时调整核查策略,效果明显。说到查办该案的核查策略,主要体现在四个方面:(1)调取书证隐蔽意图。调查一个监狱,将所属其他监狱相同资料全部调取,共 1700 多份。(2)突出办案安全。待书证收集穷尽后,到最后可以接触人时,不直接联系被调查人,通知所在单位纪委将其送到检察院,从人到办案区开始,全程落实“两不一问三手一保证”安全防范措施。(3)注重办案效率。为保证随叫随到,提前通知案发单位纪委,被调查人和证人全部到单位待命,避开休息、休假和值班,对外出、休假及时召回,对值班的要调整。(4)采取佯动防止干扰。当时我有

---

① 《人民检察院刑事诉讼规则》第 171 条“关于立案”规定:人民检察院对于直接受理的案件,经审查认为有犯罪事实需要追究刑事责任的,应当制作立案报告书,经检察长批准后予以立案。

意将被查对象与证人名单分两批列出，通知案发单位纪委做好准备，听通知配合调查。一下子通知这么多人，该监狱领导没有想到我们要立案。当第一批被查对象当天16点多进办案区，到22点同时被立案刑拘，该监狱主要领导立刻把精力和注意力转移到保护第二批狱警不被立案，到处托关系、找人，实际上这些人是我们后面要陆续找的证人。第二天趁他们在为保护第二批干警到处忙活儿的时候，我们兵分三路组织清监、搜查，把有价值的证据收集齐全。这些策略，使我们抓住战机，一举侦破了这起窝案，为2014年全国检察机关开展的“减假暂专项检察活动”打响了第一枪。我局分别被高检院和辽宁省院评为“减假暂”先进集体，荣立集体二等功，查办职务犯罪立案数在当年全国85个同类单位中位列第一。

2017年6月，我们收到辽宁省院交办的罪犯吴某辉保外就医后横行乡里、欺压百姓、无恶不作的线索。当时局里决定由我负责此线索调查核实。

有人说，这是一个监外执行违法违规案件，收监执行即可。我认为并不那么简单。经审查，从吴某辉原审判决和历次保外就医材料中发现很多疑点。经初步判断，我认为有以下问题：(1)原审是错案，吴某辉当初应当被判处死刑立即执行而未判。该案原审与之前媒体曝光的聂树斌、呼格吉勒图等冤案不同，他们当初是不应当判死而判死了。而本案吴某辉案是应当判死而未判死的错案。(2)吴某辉的历次减刑和保外就医问题很多，涉嫌造假。该案背后有严重的司法腐败问题。为了确保调查核实效果，我首先确立了“两条线”同时推进的侦查思路：一条线，从最后一次保外就医调查，因为资料保存年代不长，便于调取。另一条线，从原审判决核查，如果吴某辉该死而未判死，很可能伪造重大立功表现，若如此，则启动再审，让某某重死，若想免死，给他真立功机会，检举揭发该案背后的司法腐败，有利于查办职务犯罪。故兵分两路，一路多次南下广东省，一路北上辽宁鞍山、营口等地，开始为期两年多的核查，成效明显，证实了我当初的判断。该案处理结果：吴某辉因“保外就医”造假被收监执行不计入刑期的刑罚。该案是刑满释放人员被收监执行不计入刑期刑罚的“辽宁第一案”，被评为精品案件。经调查，吴某辉“原审”认定的“两个重大立功”材料均系伪造，已呈报最高人民检察院启动再审；核查的职务犯罪线索，分别由辽宁、广东两省管辖，辽宁省大连市人民检察院已于2021年4月14日“以事立案”，立案查办了12人。

三、如何收集固定司法工作人员职务犯罪证据

前面谈到，办案必须具备一定条件。立案是办案的起点，当然需要具备条件。我把立案条件分为“事实条件”和“法定条件”。《刑事诉讼法》第112条规定，人

民检察院认为,有犯罪事实需要追究刑事责任的应当立案。认为有犯罪事实,是立案的事实条件;需要追究刑事责任,是立案的法定条件。

认为有犯罪事实,是一种主观认识,就是用调查核实时所收集的证据来认定有犯罪事实。

需要追究刑事责任,是一种主观判断,就是用调查核实时所收集证据来判断需要追究刑事责任。

因此,立案必须要收集证据,以证明有犯罪事实和需要追究刑事责任。如何收集证据,分两部分阐述:

第一部分,如何收集"渎职类"犯罪的证据,包括收集书证和言词证据。

第二部分,如何收集"贿赂类"犯罪的言词证据。

渎职犯罪的取证过程,一般由"事"儿查人,即先锁定"事"儿,再收集该"事"儿与某人有直接因果关系的证据;而贿赂犯罪的取证过程刚好相反,一般由人查"事"儿,即先锁定某人,再收集某人与"事"儿有直接因果关系的证据。

(一)如何收集渎职犯罪证据

在14个罪名中,《刑法》第401条【徇私舞弊减刑、假释、暂予监外执行罪】取证,具有渎职犯罪取证的代表性。我以该罪为例,说明如何收集渎职犯罪证据。该条犯罪证据收集比较难,我分收集书证和言词证据两方面汇报。

1.如何收集渎职犯罪"书证"

我总结了"五步法":一熟二找三对四看五定。具体解释如下:一熟(熟悉):熟悉有关"罪犯奖惩规定",重点熟悉给罪犯警告以上、扣分的处分条款和从轻、减轻或者免除处分的条款。二找(查找):在"有关资料"中查找罪犯有无违纪行为,是否受处罚并扣分。三对(对照):将"二找"发现的违反监规监纪的行为与"一熟"中的奖惩规定或细则对照,看是否应当受处罚并扣分。四看(查看):回头查看相关罪犯的《减刑卷宗》,看是否给予了处分并扣减了相应积分。五定(确定):在能够证明"主观明知""伪造悔改表现或者减刑幅度"和报请时无异议(如在合议、评议会上无异议)等三种以上书证上都有签字的干警,可以被确定为犯罪嫌疑人。通过这五步可以充分地收集到"渎职"的书证。

关于"五步法"的具体运用,我于2016年和2019年,先后在国家检察官学院讲过查办《刑法》第401条【徇私舞弊减刑、假释、暂予监外执行罪】实务课。要提醒的是一定要注意减刑"卷外资料"与"卷宗材料"的关系以及二者的关系问题。

收集"书证"材料应当注意把握的问题:在14个罪名中,《刑法》分则第四章侵犯公民人身权利、民主权利罪中占5个罪名。这5个罪名取证比较简单,不作介绍。而其他9个罪名规定在《刑法》分则第九章渎职罪中。

对《刑法》分则第九章9个罪名收集证据时,要注意以下三点:

一要注意第397条与第399条和第401条的关系。为了保证取证不偏离方向,明确法条之间的关系很重要。它们之间的关系通常表现为两个方面:一是"法条竞合"关系。第397条是兜底条款,是普通条款,第399条和第401条是特别条款,学理上处理"法条竞合关系"时,通说采用"从特别原则",即能用特别条款规制的犯罪行为不用普通条款惩罚,取证时应以特别条款的犯罪构成全面调取书证。二是"相互截堵"关系,即《刑法》分则第九章"渎职罪"采用了"堵截式构成要件"立法原理,即对无"徇私"情节的渎职犯罪行为,可用《刑法》第397条追究刑事责任。因此,如果在收集渎职罪证据过程中,没有收集到徇私证据,那么,对有严重损害国家声誉或者造成恶劣社会影响程度证据的,可以用第397条立案,是否"徇私"在所不问。如何界定"严重损害国家声誉或造成恶劣社会影响"呢?这是学界上认为的"非物质损失",需要综合考虑,检法两家可能存在认识上的分歧,有风险,需要注意。

二要注意遵循渎职犯罪取证规律。渎职犯罪一般是结果犯,取证时,一般应当有次序有重点地开展外围调查取证工作,全面调取能够证明危害结果的书证等材料;后收集"言词类"证据,即最后接触人,包括证人和被调查对象。2014年,我们在查办大连某监狱6名监狱警察徇私舞弊减刑罪窝案时,采用的就是"先书证后证言,先墙外后墙内;以书证定舞弊,用证言定徇私"的取证方法,效果明显。这种取证方法的优点是,调查时先不直接接触人员,既能达到保密的目的,又能实现"由证到供"甚至"零口供"办案的实际效果。有了书证,办案人就有信心和底气,避免贪黑熬夜、搞疲劳战术。在查办上述6名监狱警察徇私舞弊减刑案中,由于之前先收集到了确实充分的书证,当犯罪嫌疑人到办案区后,我们告知:供认与否不影响定性,到办案区只是履行手续而已。认了,可以得到从轻处理,否则,严格按法律惩办。所以,犯罪嫌疑人到办案区四五个小时就全部供认。

三要注意针对个案特点全面收集"书证"材料。罪名不同,调取证据材料的方法当然不同。即使罪名相同,因为行为方式不同,调取证据材料的范围、节点、类型等也有所不同。针对个案收集书证时还要注意以下两点:

一是在用"五步法"收集书证之前,调取材料的种类、范围、空间、场所等因罪名不同而有所不同,但是,必须全面调取。在调取"徇私枉法罪"材料时,对被枉法罪犯的前科劣迹、"以罚代刑"和再犯罪的所有证据材料均应调取。2020年1

月,我们在调查大连市两个派出所干警徇私枉法案,根据“警综平台”查询结果,将被“以罚代刑”的恶势力犯罪团伙成员前罪故意伤害和后罪因索债而非法拘禁的所有书证全部调取,包括被害人陈述、伤情鉴定以及徇私方面的言词证据等,实现了当年立案、当年审判4人的效果。在调取“执行判决裁定失职罪、滥用职权罪”材料时,如前面在讲“立案审查”时提到的某中级人民法院执行法官“多次擅自解封房地产案”的举报线索,一旦有了确定的损失后,对全案执行卷宗、所有查封扣押冻结银行记录、一切能够证明行为模式、损害后果及因果关系等材料都应调取。在调取滥用职权、玩忽职守罪材料时,凡是能够证明超越职权“滥作为”或者不认真履行职责的“慵懒作为”而产生的相关危害后果以及因果关系等材料都要收集。在调取徇私舞弊减刑、假释罪材料时,前面提到的“五步法”,要全面调取对罪犯“两类七环节”考核形成的所有材料,即所有卷外资料和减刑假释卷宗材料。在调取“民事、行政枉法裁判罪”材料时,根据“枉法”的行为特征,全面调取书证材料。2020年4月我们查办大连某区法院法官民事枉法裁判案时,从得知该网络舆情开始,把“恶劣社会影响+当事人损失”的材料,包括区纪委找当事法官谈话笔录,原民事审判和执行所有卷宗,各大媒体网站转载、跟帖数量,核实当事人所在公司和个人因“鸳鸯判决”所造成的损失以及网上相关的判决案例等全部调取。

二是用“五步法”收集书证时,针对不同罪名,“五步”的内容不尽相同。在用“五步法”审查收集书证时,应当具体问题具体分析。例如,对徇私舞弊减刑、假释罪与徇私舞弊暂予监外执行罪来说,审查收集书证“五步”的内容是有所区别的。前面在讲到收集徇私舞弊减刑、假释罪书证时,用的“五步法”是:“一熟、二查、三对、四看、五定”,而在收集徇私舞弊暂予监外执行书证时,就不能完全套用这五步。为了区别前述“五步法”,我称此处的“五步法”为“五步法1”。2021年4月14日,我们在调查前面讲的“吴某辉暂予监外执行”背后涉嫌职务犯罪线索时,用的五步法1是:一熟、二找、三核、四定、五立。一熟(熟悉):熟悉所有“保外就医或者暂予监外执行”的法规,重点熟悉办理“保外”或者“暂外”的禁止性或者程序条款。二找(查找):这是五步中至关重要的一步。阅卷查找可能违规、渎职的疑点和与该疑点相关的人员。三核(核查):开展外围核查。这是与减刑、假释五步之中不同的一步。减刑、假释只到监狱内部调取材料,而暂予监外执行或者保外就医除了到监狱调取相关资料,还要到医疗鉴定机构核查有关司法鉴定材料的真实性、程序是否合法。核查的重点,看有无提供“虚假病历材料”或者当事人是否“亲临体格检查”即作出鉴定等问题。还要核查社区矫正机构出具材料是否客观真实等。四定(确定):在实地考察材料和研究呈报等会议记录上均有签字的人员,可以被确定为被调查人。五立(立案):在穷尽书证材料后,经批准接触人(一般应当同时接触被调查人和证人),收集徇私证据(用"五问法")。若有徇私情节的,则以第401条立案;若无徇私情节且符合"造成恶劣社会影响情形"的,则以第397条立案。

2. 如何收集渎职犯罪"言词证据"

徇私情、私利通常是人与人之间情感交流或沟通,用言词证据能充分证明。最高人民检察院原执检厅袁厅长曾指出:收集"供述"和"证言"可以证明"徇私"。如何收集供述和证言,我又总结了"五问法",通过"五问"可以收集到徇私的供述或者证言。针对"问"的对象不同,"五问"内容有所不同。仍以徇私舞弊减刑为例来说明"五问法"的具体运用:

(1)针对犯罪嫌疑人"五问法"。一问职责。作为监管干警,你的一般职责和特殊职责是什么?二问履职。你在履职期间是否发现违反监规监纪的各种行为,对违反监规监纪的行为按规定应当怎么处罚?三问个案。亮出有书证记载的违纪事件,你是否提出处罚的建议或作出处罚决定?四问原因。发现有违纪,按规定应当处罚。为什么没处罚?五"反问"。即使为单位利益,对应当处罚而没处罚的,也是滥用职权或玩忽职守,除非另有原因。如果解释不清或理由不充分,就意味着渎职!通过这"五问",一般都会令其"跳进"徇私情或私利的圈内。2014年在查办6名监狱警察徇私舞弊减刑窝案时,其中某中队长辛某某有一节"给罪犯张某某徇私舞弊减刑",当辛某某被讯问到"第四问"时他沉默。我问:你没有沉默权,"沉默是否意味着承认故意违反规定?"他立刻辩解:"没有违反规定!因为张某某精神问题,我想让他早点释放,所以他有违纪我没扣分儿,我这样做是为监狱监管安全!"他这是"徇公"辩解,是"徇公情"而非徇私情。我反驳他:"你承认用故意违反规定来保证单位监管安全?"他又沉默。我又问,即便如此,也是变相的渎职!当辛某某听到"渎职"二字时,辩解自己没有渎职。我再次反问:"如果解释不清或理由不充分的,就意味着渎职!"辛某某无奈,最终不得不供述:"罪犯张某某精神有问题,不好管理,为了减轻个人工作负担和压力,想让其尽快减刑释放,对其报请减刑前的打架行为,没有对他提出处罚建议和扣分,在违纪当月还给12分,目的就是在减刑前给他凑足270分,正好减一口残刑释放"。通过这五问,犯罪嫌疑人辛某某为绕开"渎职",走进"徇私"圈内。最后形成这份笔录。

(2)针对证人(知情罪犯)"五问法"。一问监规。身为罪犯或刑满释放人员,你是否清楚监狱有哪些应当给予处罚的违纪行为?二问违规。你在(服刑)期间是否存在(或发现有)违反监规监纪的行为？三问处分。亮出有书证记载的违纪事件,你(或者他)是否受了处罚、扣分？四问原因。为什么没有受到处罚(被处罚)、扣分？(对“非关系犯”询问到此,一般都能直接讲出因为“关系好或不同寻常”等,所以没有处罚、扣分。这就是我们需要收集的“徇私”证言)五“反问”。明知违纪,应当处罚、扣分而没有处罚、扣分,有此职权的干警就是渎职！除非另有理由或原因。(这一步主要针对“关系犯”而设计的。因为对“关系犯”而言,当问到第四问时,一般不会轻易地回答我们想要的“徇私”,都会替照顾他的干警否认渎职。一般需要反问。反问时,要点中要害——没有理由或者原因的就是渎职。无奈,只好讲出他们所认为的那些“理由或原因”。其实,这些“理由或原因”,就是我们要收集的“徇私证据”。)这五问,通常会提取到“徇私情或私利”的言词证据。例如,我们在询问“被违法减刑罪犯”尹某某时,他承认贿赂过监区干警。当被问到第四问:曾照顾他的监区长吕某某为什么没有处罚扣分时,他沉默。当问到“第五问”时他果然替吕某某否认“渎职”。我追问:“他的职责就是对违纪进行处罚和扣分。你有违纪他没按规定办,这不是渎职是什么?”除非另有理由或者原因！罪犯尹某某无言以对,为了不让照顾过他的吕某某落个“渎职”下场,无奈之下,不得不证实:因为他平时能干、管理能力强,吕某某经常表扬他,很关照他,不可能对他处罚和扣分。罪犯哪里知道,这就是我们要固定的“徇私”证据！通过这五问,犯罪嫌疑人吕某某的“徇私”证据被固定。

(二)如何收集贿赂犯罪言词证据

渎职的背后,往往伴随着贿赂。贿赂是利用职务之便的动机之一。如果在调查中发现与职责相关的贿赂情节或者事实,怎么办？有人说,这不属于检察机关管辖,应移送给监委。大家是否想过？按最高人民检察院《关于人民检察院立案侦查司法工作人员相关职务犯罪案件若干问题的规定》“三、案件线索的移送和互涉案件的处理”,遇此情形应当及时与监委沟通。沟通的结果无非有两种:一是全案由监委管辖,我们协助。二是分别管辖。无论哪种结果,我们都不能绕过“贿赂”而不管。理由如下:

第一,向监委移送线索或者协助监委办案,应当提供相关的贿赂证据。否则,你凭什么移送或者协助?

第二,“贿赂”证据取证难、稍纵即逝,发现了就要及时提取,所以,不能等。

第三,贿赂,是证明徇私类渎职犯罪中最有力的“徇私”证据。

因此,无论从“为我所需”,还是从“移送之需”,在查办渎职犯罪取证中,都不能绕开与职责相关的贿赂证据的收集。

当前,在反腐高压态势下,“面对面”“一对一”式的暗中交易已成常态,口供与证言依然是查办贿赂犯罪的证据之王。这也凸显收集贿赂口供或者证言的及时性与重要性。

在实务中,用“趋利避害法”收集贿赂言词证据比较有效。趋利避害是人之本性,两害相较取其轻。举几个使用“趋利避害法”收集言词证据的案例:【案例一】:“赶紧回家报答老婆”。【案例二】:“两张纸条”的故事。【案例三】:“猎狐行动”。【案例四】“杀回马枪”。因篇幅有限,上述案件不再赘述。我认为收集贿赂言词证据应做到“五要”:一要准备齐全资料。包括证据、涉案法律法规和刑事政策,便于宣讲,宣讲时,对其有利的和不利的都要宣讲。二要准备讯问提纲。防止讯问时思路不畅,为了审讯罪犯田某,我用五天准备了7页的审讯提纲。三要摸准对方心理。“知彼”有时比“知己”更重要,了解其家庭、爱好、特长是打开聊天话题的关键。我第一次和罪犯田某聊天时,他一直讲自己在部队是班长,组织“班教练”是他的强项,他到监狱后,在监狱如何发挥他的特长,领导都夸他,说他这兵是为监狱当的等,聊得很起劲儿。言下之意,他得高分、多次获减刑是自己干出来的,没有走后门、搞关系。我不能让他说太多,避免转移话题。我一句话就把他顶回去了。我说,比你能干的多了,监狱里当过兵的不止你一人,就你能干?在这个监狱,光能干有用吗?他不再说了。四要避免产生抵触。在没有交流、沟通好以前,不能直接进入主题,容易产生抵触心理,难以达到讯问目的。罪犯比我们一些侦查员见多了,我们有的侦查员,三句话不到,就吵起来或者没问几句就开骂,失去了沟通基础,无法达到取证目的。五要随时掌控局面。多听,对方不说,你无法了解他的性格特点和心理状态。听他说的过程就是在了解他,找到他的忧虑和利益期待,便于对症下药,专打他的痛处,让他有所顾虑,再给他利益期待,不让他绝望,让他跟着你走。但不能让他说太多,防止转移话题。讯问就像演戏,你必须当导演,让他笑,他就笑;让他哭,他必须哭。我讯问过的人,基本都哭过。总之,要掌控局面,让期待与忧虑、利与害交织,反反复复,使其焦躁不安、崩溃,最后趋利避害而作证。

专题二十九

少年司法领域的国际标准及其中国实践

缪树权* 国家检察官学院

目　次

* 缪树权,国家检察官学院教授。

在每一个社会中，少年儿童都是一个重要的群体，这不仅因为这个群体数量庞大，更重要的是，儿童的发展事关国家、民族、世界的未来，也是所有父母与家庭的希望所在。儿童问题直接或间接地触及每个人的生活，确立儿童的权利，对儿童给予特别的保护，是国际社会的共识。世界各国毫无例外地在其国内法中对儿童合法权益进行了专门的立法。联合国和一些国际组织也颁布了一系列的国际文件来保护未成年人的合法权利。

儿童权利的保护涉及社会的方方面面，包括家庭保护、学校保护、社会保护、司法保护等。其中，少年儿童权益的司法保护是整个防护体系当中极为重要的一环，它对于预防和惩治针对少年儿童的违法犯罪行为，保护未成年犯罪人的合法权益，体现教育、感化、挽救的方针，监督、保障和促进其他环节的对儿童权利的保护都具有重要的意义。正因如此，少年司法被国际社会提上了议事日程，并且得到了快速的发展。联合国和一些国际组织也出台了一些国际文件来指导和规范各国的少年司法制度。

近年来，我国对少年司法制度的研究和探索方兴未艾，已经成为司法体制改革当中的热门话题和重要组成部分。那么，怎么样使我们的少年司法制度既具有中国的特色又与国际接轨，是一个很值得深入探讨的话题。本文主要向大家介绍的是有关少年司法的一些重要的国际文件及其确立的相关标准。通过介绍你会发现，目前我国少年司法的很多改革措施大都来自这些文件的要求或启发。学习这些文件对于我们更好地理解这些改革措施，做好未成年人检察工作有重要帮助。

一、《儿童权利公约》

《联合国儿童权利公约》(《以下简称《儿童权利公约》)于 1989 年 11 月 20 日在第 44 届联合国大会上获得一致通过，1990 年 1 月 26 日开始向所有国家开放供签署，1990 年 9 月 2 日生效，是历史上缔约国最多的国际公约。后来，为了扩展和强化《儿童权利公约》中的某些权利，联合国于 2000 年 5 月 25 日又通过了两项任择议定书，即《儿童权利公约关于买卖儿童、儿童卖淫和儿童色情制品问题的任择议定书》和《儿童权利公约关于儿童卷入武装冲突问题的任择议定书》。《联合国儿童权利公约》是联合国有关儿童问题的最重要的国际公约，也是迄今为止较全面规定儿童权利的国际公约。

(一)《儿童权利公约》的制定背景及意义

其实，在《儿童权利公约》颁布以前，联合国已经存在一些保护儿童权利的国际文件。比如，早在 1959 年 11 月 20 日联合国大会就曾通过了《儿童权利宣言》，该文件确认,人类有责任给儿童以必须给予的最好的待遇,以期儿童能有幸福的童年,为其自身的和社会的利益而得享宣言中所说明的各项权利和自由,并号召所有父母和一切男女个人以及各自愿组织、地方当局和各国政府确认这些权利。《儿童权利宣言》还为儿童权利的实现确立了十条原则。但是,《儿童权利宣言》只是一个指导,是儿童权利的巩固的道德基础,并不具有条约法效力。再如,1966年联合国大会通过的《经济、社会及文化权利国际公约》和《公民权利和政治权利国际公约》也都强调对儿童的特殊保护,但是由于这些文件又不是有关儿童的专门性条约,因此相关规定笼统、缺乏针对性。随着时代的发展和需要,制定专门针对有关儿童权利保护的、并且具有条约法效力的国际条约的必要性日趋凸显,《儿童权利公约》也因此应运而生。

《儿童权利公约》的意义主要体现在两个方面:一是它是世界上第一个具有法律约束力的、专门保护儿童权利的综合性条约。为儿童权利的保护及其福祉订立了一套全面的国际法律准则,也为少年司法制度的建立提供了基础;二是《儿童权利公约》超越了以往陈旧的理念,在历史上第一次提出了"儿童权利"的概念,强调儿童应成为其权利的主体,儿童和成年人具有同等的价值,儿童的尊严必须受到尊重,应以通常尊重人权的方式尊重儿童的权利,必须赋予儿童以任何人都可以要求享有的人权,承认儿童的人权,并将儿童的人权置于国际人权保护的核心。

(二)《儿童权利公约》的主要内容

《儿童权利公约》除序言外,共3部分54条,主要内容概括如下:

1. 规定了未成年人(儿童)的定义

《儿童权利公约》第1条规定:"儿童系指18岁以下的任何人,除非对其适用之法律规定成年年龄低于18岁。"根据《儿童权利公约》第1条的规定,我们可以解读出两层意思:一是从该公约的角度看,其"儿童"的概念等同于我国所谓"未成年人"的概念;二是儿童(未成年人)年龄的确定以国家法律规定为准,这是出于尊重各国的政治、经济、文化、传统的考虑,允许各国未成年人年龄的差异。当前世界绝大多数国家的法律都规定18岁以下的人为未成年人。我国《未成年人保护法》(2020年修订)第2条规定:本法所称未成年人是指未满18周岁的公民。我国《民法典》第17条规定:18周岁以上的自然人为成年人,不满18周岁的自然人为未成年人。

2. 规定了保护未成年人人权的一般性原则

根据《儿童权利公约》的规定,保护未成年人人权的一般性原则包括以下几方面：

一是不歧视原则。《儿童权利公约》第 2 条规定："缔约国应确保其管辖范围内的每一儿童均享受公约所载权利，不因儿童或其父母或法定监护人的种族、肤色、性别、语言、宗教、政治或其他见解、民族、种族或社会出身、财产、伤残、出生或其他身份而有任何差别。缔约国应采取一切适当措施确保儿童得到保护，不受基于儿童父母、法定监护人或家庭成员的身份、活动、所表达的观点或信仰而加诸的一切形式的歧视或惩罚。"我国历来高度重视在保护未成年人权中坚持不歧视原则，并在相关法律法规中予以充分体现。我国《未成年人保护法》第 3 条规定：未成年人依法平等地享有各项权利，不因本人及其父母或者其他监护人的民族、种族、性别、户籍、职业、宗教信仰、教育程度、家庭状况、身心健康状况等受到歧视。此外，该原则在《妇女权益保障法》《母婴保健法》等相关条款中都得到体现。在《中国儿童发展纲要》等文件中也作出相应规定，使其应用于司法、行政和其他措施中。

二是儿童的最大利益原则。《儿童权利公约》第 3 条第 1 款规定："关于儿童的一切行为，不论是由公私社会福利机构、法院、行政当局或立法机构执行，均应以儿童的最大利益为首要考虑。"该原则涉及该公约所涵盖的儿童权利的所有领域，也是对公约规定的其他原则的概括，是凡涉及儿童的行为应首要考虑的一个指导性原则。有观点认为，该原则规定过于笼统，无法适用，建议明确，也有学者认为不宜详细规定，灵活性是其重要特点，要从精神上把握。虽然该原则的具体内涵还没有非常明确的规定，但是大家普遍认为，该原则应当包括以下一些内容：该原则是建立在儿童个体权利基础之上的，是将儿童作为独立的权利主体来保护，而不是作为家庭成员来保护的；该原则在与儿童有关的任何一项权利、任何一项行动中都要被考虑，从而为儿童权利保护撑起一面全面的"保护伞"；该原则要求承认儿童的自治权，儿童的需要不能由成人代为决定，即真正把儿童作为独立的人来看待；《儿童权利公约》赋予政策制定者本着儿童最大利益的考虑作出决策的权利，并以此决定取代儿童自己或其父母的决定。如果家庭没有看护好儿童的利益，政府将担当起"养父母"的角色；该原则实质上是对成人权利的限制。成人在就儿童事务作决策时，须牢记他们代表的是儿童的利益，并根据他们的能力和心智的成熟程度让他们参与到决策中来。

我国对儿童最大利益原则也有类似规定。我国《未成年人保护法》第 4 条规定：保护未成年人，应当坚持最有利于未成年人的原则。处理涉及未成年人事项，应当符合下列要求：(1)给予未成年人特殊、优先保护；(2)尊重未成年人人格尊严;(3)保护未成年人隐私权和个人信息;(4)适应未成年人身心健康发展的规律和特点;(5)听取未成年人的意见;(6)保护与教育相结合。中央综治委预防青少年犯罪工作领导小组等六部委《关于进一步建立和完善办理未成年人刑事案件配套工作体系的若干意见》也规定:办理未成年人刑事案件,在不违反法律规定的前提下,应当按照最有利于未成年人和适合未成年人身心特点的方式进行,充分保障未成年人合法权益。《中国儿童发展纲要(2021—2030年)》明确规定了儿童保护的基本原则:"……(二)基本原则……2. 坚持对儿童发展的优先保障。在出台法律、制定政策、编制规划、部署工作时优先考虑儿童的利益和发展需求。"

需要说明的是,上述规定中的儿童优先原则与儿童最大利益原则的精神实质是一致的,只是儿童优先原则是我国的传统表述,更侧重解决与儿童权利有冲突的相关问题,而儿童的最大利益原则以儿童为权利主体,涉及儿童权利的各个方面,内涵更丰富、适用场景更广。

三是生命权、儿童的存活与发展权。《儿童权利公约》第6条规定:"缔约国确认每个儿童均有固有的生命权。缔约国应最大限度地确保儿童的存活与发展。"存活除了指活着(有活动、呼吸、说话、知觉)之外,还包括更深一层的含义,即包括个人的欢乐、健康、与他人及周围环境的和谐共处,以及生命在某些时刻受恶劣环境(战争、灾难)威胁时获得生存。发展不仅指身体的健康发育,而且还包括精神、情感、认知、社会、文化方面的发展。我国《未成年人保护法》第3条也规定:国家保障未成年人的生存权、发展权、受保护权、参与权等权利。

四是尊重儿童的意见。《儿童权利公约》第12条规定:"缔约国应确保有主见能力的儿童有权对影响到其本人的一切事项自由发表自己的意见,对儿童的意见应按照其年龄和成熟程度给予适当的对待。为此目的,儿童特别应有机会在影响到儿童的任何司法和行政诉讼中,以符合国家法律的诉讼规则的方式,直接或通过代表或适当机构陈述意见。"我国《未成年人保护法》第4条规定:保护未成年人,应当坚持最有利于未成年人的原则。处理涉及未成年人事项,应当符合下列要求:……(5)听取未成年人的意见……第19条也规定:未成年人的父母或者其他监护人应当根据未成年人的年龄和智力发展状况,在作出与未成年人权益有关的决定前,听取未成年人的意见,充分考虑其真实意愿。

我国在贯彻落实保护儿童权利的上述原则方面总体是不错的,所有原则在我国国内法和相关文件中都有充分的体现。但是,在具体执行中也存在一些问题,比如在贯彻儿童利益最大原则方面,"家本位""亲本位"的观念还根深蒂固,使很多父母将子女视为自己的"私人财产",而有些规定也不尽符合儿童优先的原则,有时候社会也没有及时担负起自己的职责，致使一些儿童的权益没有得到很好的保障等，这都需要我们不断总结改进。

3. 规定了关于未成年人人权的主要内容

根据《儿童权利公约》的规定，未成年人人权主要包括：

一是公民权利与自由。根据《儿童权利公约》的规定，儿童除享有言论自由（第 13 条），思想和宗教信仰自由（第 14 条），结社与集会自由（第 15 条），隐私权（第 16 条），免受酷刑或其他残忍、不人道或有辱人格的待遇或处罚的权利（第 37 条第 1 款）等公民权利和自由外，还享有拥有姓名和国籍的权利（第 7 条），维护身份的权利（第 8 条），获得适当信息的权利（第 17 条）等。

二是家庭环境和替代性照料。包括父母指导（第 5 条），父母责任（第 18 条），脱离父母的权利及与父母保持联系的权利（第 9 条），家庭团聚的权利（第 10 条），追索儿童抚养费（第 27 条第 4 款），暂时或永久脱离家庭环境的儿童有权获得国家特殊保护（第 20 条），被收养的权利（第 21 条），禁止非法转移和不使返回本国（第 11 条），免受凌辱、虐待、忽视或照顾不周的权利（第 19 条），要求定期审查安置情况的权利（第 25 条）等。

三是基本健康和福利权。包括最大限度地存活与发展的权利，残疾儿童获得特别照顾的权利（第 23 条），享受健康和保健服务的权利（第 24 条），获得适当生活水准的权利（第 27 条）。

四是教育、休闲和文化活动权。包括教育权（第 28 条），休闲、娱乐和文化活动的权利（第 31 条）。

五是“问题儿童”的特别权利。包括难民儿童的特别权利（第 22 条），武装冲突中的儿童的特别权利（第 38 条），受剥削儿童的特别权利（第 32 条），身心健康的恢复和重返社会的权利（第 39 条），触犯法律儿童的特别权利（第 40 条），艾滋病毒/艾滋病儿童的人权等。

应该说，改革开放 40 多年来，我国在保护儿童各项权利方面取得了举世瞩目的成就，相关法律法规日益完善，具体举措层层推进，认真履行公约的义务，很好地推动了中国未成年人保护事业的进步。但是，随着时代的发展，也出现了一些新情况新问题，对儿童权益构成了威胁，比如留守儿童问题、“黑户”问题、网络安全问题等，尽管我们已经采取了一些措施，但还需要持续关注和推进。

4. 其他规定

其中包括规定了缔约国的义务，（《儿童权利公约》第 4 条规定：“缔约国应当采取一切适当的立法、行政和其他措施以实现公约所确认的权利。关于经济、社会及文化权利,缔约国应根据其现有资源所允许的最大限度并视需要在国际合作范围内采取此类措施。")公约的实施机制(根据《儿童权利公约》第43条的规定设立儿童权利委员会;根据《儿童权利公约》第44条第1款的规定,缔约国承担向委员会提交关于它们为实现公约确认的权利所采取的措施以及关于这些权利的享有方面的进展情况的报告)。

(三)关于《儿童权利公约》的两个任择议定书

1.《儿童权利公约关于儿童卷入武装冲突问题的任择议定书》的背景和主要内容

《儿童权利公约》颁布后,随着地区性武装冲突日益增多,儿童在武装冲突中遭受的苦难越来越引起国际社会的关注。《儿童权利公约》规定的对儿童入伍和卷入武装冲突的最低年龄限制为15岁,对此绝大多数国家都认为这一年龄限制偏低,要求将儿童参加敌对行为的年龄下限提到18岁。为此,2000年5月25日联合国大会通过了《儿童权利公约关于儿童卷入武装冲突问题的任择议定书》,并于2002年2月12日生效。该议定书第2条责成缔约国保证不满18岁的人不得被强制招募加入武装部队,这一规定也是该议定书的最大的功绩。议定书第3条还进一步规定:每一缔约国在批准或加入议定书时应交存一份具有约束力的声明,规定其允许自愿应征加入本国武装部队的最低年龄,并说明其为确保不强迫或胁迫进行此类招募而采取的保障措施。允许不满18周岁的人自愿应征加入本国武装部队的缔约国应设置保障措施,至少确保:此种应征确实是自愿的;此种应征得到本人父母或法定监护人的知情同意;这些人被充分告知此类兵役所涉的责任;这些人在被接纳服本国兵役之前提供可靠的年龄证明。第4条规定,非国家武装部队的武装团体在任何情况下均不得招募或在敌对行动中使用不满18周岁的人。缔约国应采取一切可行措施防止此种招募和使用,包括采取必要的法律措施禁止并将这种做法按刑事罪论处。

2.《儿童权利公约关于买卖儿童、儿童卖淫和儿童色情制品问题的任择议定书》

大量资料显示,在若干国家存在招雇、秘密贩运和有组织地迫使男女儿童卖淫的现象。有些地方将卖淫和色情活动,特别是有儿童参与的这些活动与促进旅游业的增长联系在一起。曾任联合国儿童基金会执行主任卡罗尔·贝拉米说,目前全世界有几百万名儿童被强迫从事色情服务。联合国儿童基金会发表的一份关于儿童遭性虐待问题的报告中指出,仅在印度就有40万~50万名童妓。1990

年3 月,联合国人权委员会决定任命一名关于贩卖儿童、儿童卖淫和儿童色情的特别报告员。1994 年,联合国人权委员会设立工作组,起草禁止买卖儿童、儿童卖淫和儿童色情宣传的儿童公约议定书。该议定书是发展中国家推动起草的,主要考虑到对贩卖儿童和对儿童进行性剥削的市场需求主要来自西方国家,而在一些西方国家这类犯罪得不到应有的惩罚。2000 年 5 月 25 日,第 54 届联合国大会通过了《儿童权利公约关于买卖儿童、儿童卖淫和儿童色情制品问题的任择议定书》,该议定书已于 2002 年 1 月正式生效。议定书的主要目的是进一步扩大各缔约国为确保儿童免遭买卖、卖淫和色情制品之害而采取的各项措施,以实现《儿童权利公约》的宗旨并执行其各项规定。该议定书第 2 条明确了买卖儿童、儿童卖淫和儿童色情制品的含义。第 3 条要求各缔约国确保本国刑法将买卖儿童,出售、获取、介绍或提供儿童进行卖淫活动,为前述目的制作、分销、传送、进口出口、销售或拥有儿童色情制品的行为规定为犯罪,并处以刑罚;犯罪未遂、共谋或共犯也构成犯罪;对法人亦可追究刑事、民事或行政责任。第 4 条、第 5 条、第 6 条、第 7 条、第 10 条要求各缔约国应在国内法中确立对上述罪行的管辖权,并在引渡、刑事调查、取证等方面积极开展国际合作。同时第 8 条、第 9 条还规定了在上述案件的刑事诉讼和国际合作中,要严格依照《儿童权利公约》的规定,保护未成年人的人权等内容。

我国全国人大常委会于 2001 年 3 月 15 日和 2002 年 8 月 29 日分别批准了《儿童权利公约关于儿童卷入武装冲突问题的任择议定书》和《儿童权利公约关于买卖儿童、儿童卖淫和儿童色情制品问题的任择议定书》,并采取措施在国内法中予以落实。

二、《联合国少年司法最低限度标准规则》(《北京规则》)的背景和主要内容

(一)立法沿革

1985 年 8 月 26 日至 9 月 6 日在意大利米兰召开的第七届联合国预防犯罪和罪犯处遇大会通过了《联合国少年司法最低限度标准规则》(由于该规则是 1984 年 5 月联合国在北京召开的《青少年犯罪与司法》专题专家会议上讨论、研究、修改、完稿的,所以又称《北京规则》)。在 1985 年 12 月召开的联合国第 40 届大会上,《北京规则》成为联合国正式文件。

(二)背景

1. 青少年犯罪日益严重急需解决。"二战"以后,特别是 20 世纪 60 年代以来,世界上大多数国家的少年犯罪呈增长趋势,青少年犯罪已成为一个世界性的问题。

2. 各国青少年立法和少年司法制度的发展为制定《北京规则》提供了基础。

3. 青少年需要有专门的法律加以教育和保护,联合国对青少年的关注,应该在法律领域有所体现。

《北京规则》是国际上第一个有关青少年犯罪的指导性文件,它的制定是国际社会共同努力的结果,集中了各国青少年立法的成功经验,受到国际社会的广泛重视和支持,对促进会员国建立和健全少年司法制度作出了重要贡献,对于会员国青少年法律工作的开展,保护青少年权益产生了深远影响。

(三)宗旨和原则

1. 宗旨。《北京规则》的宗旨是,要求会员国采取的社会改革应努力促进少年的福利,尽量减少司法干预,对触犯法律的少年给予有效、公平、合乎人道的处理,既保护青少年的健康成长,又维护社会的安宁秩序。

2. 原则。《北京规则》主要体现了下列几项原则:

(1)保护青少年的原则,使其健康成长并得到应有教育,减少不良行为对其影响。

(2)以社会力量(包括家庭、学校、社区等多种力量的介入)为主,尽量减少司法介入。

(3)保护青少年和维护社会秩序相结合。

(4)从各国实际情况出发执行《北京规则》的原则。

(5)公平地将本规则适用于少年犯的原则,不应因种族、肤色、性别、语言、宗教或其他原因而有所区别。

(6)确保少年犯的权利,保证诉讼秩序公正。

(四)《北京规则》的主要内容

《北京规则》共 6 个部分,30 条,其主要内容如下:

1. 关于少年犯的定义及刑事责任年龄

《北京规则》对少年犯的定义作出了原则性规定,提出为达到本规则的目的,会员应在符合本国法律制度和法律概念的情况下使用下列定义:"少年系指按照各国法律制度,对其违法行为可以不同于成年人的方式进行处理的儿童或少年人。”“违法行为系指按照各国法律制度可由法律加以惩处的任何行为(作为或不作为)。”“少年犯系指被指控有违法行为或被判定犯有违法行为的儿童或少年人。”

鉴于目前各国对负刑事责任年龄的起点规定得极不一致,《北京规则》在尊重各会员国国内法规定的同时,又指出刑事责任年龄的起点不应规定得太低,并且认为“应当做出努力,以便就国际上都适用的合理的最低年龄限度的问题取得一致意见”。就全球来看,大陆法系国家,12 ~ 14 周岁为最低刑责年龄的国家最多。受苏联法律和德国法律影响的国家一般为 14 周岁,如日本等。受法国影响较大的国家一般定为 13 周岁,拉美及非洲的多数国家按照《儿童权利公约》的建议,大多数定为 12 周岁。而英美法系国家的最低刑责年龄普遍较低或者无年龄限制。长期以来我国刑法学界和实际部门对此也有争论,有的主张在修改刑法时将刑事责任年龄降低,但多数同志仍认为以 14 岁为宜,不要再降。然而近年来,低龄未成年人暴力犯罪时有发生,一些案件的犯罪情节触目惊心,社会反响强烈。经广泛征求意见和反复研究,2020 年 12 月 26 日,全国人大常委会表决通过《刑法修正案(第十一)》,其中对刑事责任年龄相关规定作出调整,由原来的 14 周岁下调至 12 周岁,并定于 2021 年 3 月 1 日实施。其中规定:已满 12 周岁不满 14 周岁的人,犯故意杀人、故意伤害罪,致人死亡或者以特别残忍的手段致人重伤造成严重残疾,情节恶劣,经最高人民检察院核准追诉的,应当负刑事责任。据介绍,相关修改主要考虑“两条腿走路”,一方面在特定情形下,经特别程序,对法定最低刑事责任年龄作个别下调;另一方面,统筹考虑刑法修改和预防未成年人犯罪法修改相关问题,在完善专门矫治教育方面做好衔接。

2. 关于处理权限和审前拘留的问题(调查和检控)

《北京规则》从少年的福利和权利出发,按照尽量减少司法干预的原则,指出:“应允许在诉讼的各个阶段和少年司法的各级——包括调查、检控、审判和后续安置安排——有适当的处理要限。”也就是说,少年司法有权对每一案件在各个阶段采取最适当的处置措施,以体现“有效、公正与合乎人道的少年司法的几个重要特点”。与此同时,《北京规则》也提出需要建立适当的检查、监督和制衡措施,以避免少年司法滥用权力。

《北京规则》对拘捕和审前的拘留措施提出如下要求:

(1)对于审前拘留。《北京规则》提出应加以限制,认为“审前拘留应仅作为万不得已的手段使用,而且时间尽可能短”。“如有可能,应采取其他替代办法,诸如密切监视,加强看管或安置在一个家庭或一个教育机关或环境内。"同时,《北京规则》要求,审前拘留的少年"应与成年人分开看管"。在看管期间,应保障他们享有《北京规则》所规定的各项权利。

我国《刑事诉讼法》(2018年修正)和《人民检察院刑事诉讼规则》都严格限制使用未成年人羁押措施。通过多年的努力,我国在未成年人羁押改革方面取得了积极成效,但是总体看距离《北京规则》的要求和新时代未成年人司法实践还有一定差距,仍存在未成年人审前羁押率偏高、期限较长、具有较强的惩罚性、本地人与外地人在羁押适用上的不平等、缺乏完善的替代措施、羁押场所状况较差以及社会调查、刑事和解制度不完善等问题①,应当全面理解和贯彻落实"少捕慎诉慎押"刑事政策,不断关注、持续改进。

(2)少年一旦被拘捕,当局应当立即或尽快将少年被捕之事通知其父母或监护人。我国《刑事诉讼法》第85条、第93条规定,要求拘留、逮捕后24小时内通知家属。

(3)法官或其他主管人员或主管机关应不加拖延地考虑释放问题。

(4)应设法安排执法机构与少年犯接触,以便在充分考虑案件发生的情况下,尊重少年的法律地位,促进少年福利,避免对其造成伤害。《北京规则》在说明中指出:"避免伤害"的措辞比较灵活,它包括可能互相影响的许多特点。(如恶语相伤、身体暴行或环境影响等)

(5)应酌情考虑,不提交主管当局正式审判。授权警察、检察机关或其他机构按照法律系统和《北京规则》所载原则自行处置案件,如安排到适当社区或其他部门而采用观护的办法,但此办法在执行前应征得少年或家长或监护人的同意,并需经主管当局审查。《北京规则》指出:"为便利自行处置少年案件,应致力提供各种社会方案诸如短期监督和指导、对受害者的赔偿和补偿等。"

《北京规则》在说明中,还对观护办法或其他社会性措施做了评论,指出"观护办法,包括免除刑事诉讼程序并且转为社区支助部门,是许多法律制度中正规和非正规的通常的做法,这种办法能够防止少年司法中进一步采用的诉讼程序的消极作用(如被定罪和判刑带来的烙印)"。《北京规则》在说明中特别强调:"许多时候不干预可能是最佳的对策。""当罪行性质不严重,家庭、学校或进行正规社会约束的其他机关已经或可能以适当的和建设性的方式作出反应时,情况尤其如此。"对于罪行虽然严重但系初犯或"由于同伙的压力而犯下罪行等"亦可视个

---

① 参见吴波:《未成年人审前羁押权益保障制度的完善与创新》,载《青少年犯罪问题》2017年第6期。

别案情考虑采用适当的观护办法。

(6)警察的专业化。《北京规则》指出,由于警察是与少年司法制度发生接触的第一步,为了圆满地履行其职责,经常或专门同少年打交道的警官应接受专门指导和训练。在大城市里,应为此目的设立特别警察小组。因为都市化与犯罪的关系十分复杂,少年犯罪行为是与大城市的发展,特别是无计划地迅速发展存在联系的。因此,设立特种警察是不可缺少的。而从广义上说,对改善少年犯罪的预防和对策及少年犯的处理也是不可缺少的。

之所以作出上述这些规定,《北京规则》在说明中指出:“不应低估在审前拘留期间‘犯罪污染’对少年的危害性。因此,强调需要采取替代性措施是极为重要的。”为此目的,《北京规则》鼓励制定创新的措施。这些创新的措施,最根本之点,都在于为维护少年利益而避免拘留少年。

3. 关于审判和处置

《北京规则》第3部分对少年案件的审理和处置作了一系列规定。这也是整个规则的重要部分。其要点如下:

(1)诉讼程序应按照最有利于少年的方式和在谅解的气氛下进行,应允许该少年参与诉讼程序,并且自由地表达自己的意见。同时,《北京规则》指出,处理少年罪犯的程序在任何时候均应遵守适用于一般刑事被告的“正当法律程序”,进行“公平合理”的审判,保障少年被告人在诉讼过程中应享有的权利。

(2)在整个诉讼过程中,少年应有权由一名法律顾问代表,或者由少年本人提出申请,要求国家提供这种法律援助。父母或监护人有权参加诉讼,但如果父母或监护人参加诉讼对少年被告不利的(如对少年表现出仇恨等),则应拒绝他们的参加。

现行《刑事诉讼法》第281条第1款规定:“对于未成年人刑事案件,在讯问和审判的时候,应当通知未成年犯罪嫌疑人、被告人的法定代理人到场。无法通知、法定代理人不能到场或者法定代理人是共犯的,也可以通知未成年犯罪嫌疑人、被告人的其他成年亲属,所在学校、单位、居住地基层组织或者未成年人保护组织的代表到场,并将有关情况记录在案……”这一规定将1996年《刑事诉讼法》规定“可以通知”改为“应当通知”,并扩大了到场人范围,进一步完善了合适成年人到场制度。此前我国也有关于合适成年人到场制度的条款。例如,公安部1998年5月发布的《公安机关办理刑事案件程序规定》第312条、2002年4月发布的《公安机关办理劳动教养案件规定》(已失效)第17条、最高人民检察院2002年4月发布的《人民检察院办理未成年人刑事案件的规定》第17条等规定中,都要求讯问未成年人时,除有碍侦查、调查或无法通知的情形外,应当通知未成年人父母、其他监护人或教师到场。中央综治委预防青少年犯罪工作领导小组等六部委2010年8月联合出台了《关于进一步建立和完善办理未成年人刑事案件配套工作体系的若干意见》(综治委预青领联字〔2010〕1号)把律师也列入了合适成年人的范围,并增加了选任时可以征询未成年犯罪嫌疑人的意见。在实践中,该制度的运行中仍存在合适成年人与未成年嫌疑人事前缺乏充分交流,无法建立信任;对合适成年人权力限制过严;合适成年人到场表现过于消极,甚至一言不发;未能参与首次或者每次讯问等问题,仍需不断探索和改进。

(3)在作出判决前,应对少年生活的背景和环境或犯罪的条件(其中包括社会或家庭背景、学历、教育经历等)进行适当调查,以便主管部门作出明智的判决。我国《刑事诉讼法》第279条规定:公安机关、人民检察院、人民法院办理未成年人刑事案件,根据情况可以对未成年犯罪嫌疑人、被告人的成长经历、犯罪原因、监护教育等情况进行调查。作为新的探索,该制度在实践中还存在启动主体不明、制作主体不明、出示主体不明以及社会调查报告的真实性如何保障等问题,需要进一步研究解决。

(4)审判和处置时应遵循下列原则:①采取的反应措施,不仅应当与犯罪的情况和严重性相称,而且应当与少年的情况及社会的需要相称;②只有在经过认真考虑之后,才能对少年的人身自由加以限制,并把这种限制保持在最低限度;③除非暴力犯罪或严重犯罪,否则对其采取其他合适政策时不得剥夺其人身自由;④少年犯任何罪行不得判以死刑;⑤不得对少年施行体罚;⑥主管部门有权随时撤销诉讼。

(5)各种非监禁办法,诸如照管、监护和监督、缓刑、社区服务、罚款、补偿和赔偿、参加集体辅导和类似活动,其他有关裁决等。这些措施的特点是具有灵活性,强调它是借助社区、家庭所实施的社会性的监外措施。

(6)监禁方法,《北京规则》指出:"把少年投入监禁机关始终应是万不得已的处理办法,其期限应是尽可能最短的必要时间。"从这一条规定可以看出《北京规则》是从两个方面来对监禁加以限制的:一是"万不得已的办法";二是"最短的必要时间"。《北京规则》在说明中对上述规定做了解释:"进步的犯罪学主张采用非监禁的办法替代监禁教育改造的办法。"因为"任何监禁机构似乎不可避免地会对个人带来许多消极影响",少年"最易受到消极影响的侵袭"。此外,由于少年正处于早期发育成长阶段,失去自由和与正常的社会环境隔绝,对他们所产生的影响无疑较成年人更为严重。

(7)迅速处理案件,不要拖延。如果不迅速处理,随着时间的推移,少年在理智和心理上就更难以收到良好效果。因为拖的时间越长,少年对自己违法行为越发难以同应受的法律惩处联系起来。

(8)对少年案卷应予保密,不得让第三方利用。同时,少年犯罪的档案也不得在其后的成人诉讼中加以引用。我国《刑事诉讼法》第286条确立了我国的未成年犯罪人犯罪记录的封存与查询制度,规定:犯罪的时候不满18周岁,被判处5年有期徒刑以下刑罚的,应当对相关犯罪记录予以封存。犯罪记录被封存的,不得向任何单位和个人提供,但司法机关为办案需要或者有关单位根据国家规定进行查询的除外。依法进行查询的单位,应当对被封存的犯罪记录的情况予以保密。该制度的确立对保障未成年犯罪人的权益,使其更好回归社会具有重要意义。然而在司法实践中,各地在执行和探索该规定的时候也遇到了一些问题,比如封存内容规定不具体,对不立案、拘传等措施是否封存?在入学、入伍、公务员考试时,现有的法律规范与本制度的要求仍存在矛盾,有关部门能否提供犯罪记录?对犯罪记录的查询主体和依据不明确,"有关单位根据国家规定进行查询的除外"应如何理解?本制度与社会调查制度在规定和具体操作过程中存在矛盾等等,都需要研究完善。

(9)配备适合做少年司法工作的人员,并对少年司法人员进行多种形式的培训,使所有处理少年案件的人员,具备并保持必要的专业能力,其中包括最低的法律、社会学、心理学、犯罪学和行为科学的知识,对少年司法人员的晋升应予以必要的关注。

4. 关于非监禁处理

《北京规则》倡导非监禁处理,要求尽可能依靠以社会力量处理少年违法行为,并要这些措施得以有效地执行。

5. 关于监禁处理

考虑到少年的生理、心理、性别、年龄特点,对少年要给予个别处理,具体表现为:(1)与成年人分开关押;(2)对女少年犯予以特别关注;(3)在照管、保护的同时,对少年犯给予教育和培训,保障其父母或监护人的探访权;(4)经常地、尽量地采用假释办法;(5)在重返社会前,实行半监禁处理,以便及时适应社会生活。总而言之,就是从积极方面实施监禁处理,而不是消极地关押,只要不逃跑就行。

总的来说,中国少年司法制度在探索中不断前进,并且取得了显著成绩。但在发展中还存在不少问题,需要加以研究解决。对设立未成年人案件专门审判机构的看法尚未达成共识,对我国少年司法制度的建立不利;虽然《刑事诉讼法》建立了社会调查制度,但是实践中社会调查的内容、规则、程序等规定不明确,各地做法不一致、不规范;公、检、法、司机关在办理未成年人刑事案件中相互衔接、配套的工作机制有待进一步建立和完善;在保护未成年刑事被告人合法权利的同时,被害人的合法权益如何保障,也是一个十分突出的问题等。这都需要我们不断探索创新,以适应新时代对未成年人保护工作提出的新要求、新挑战。

三、《联合国预防少年犯罪准则》(《利雅得准则》)的背景和主要内容

(一)立法沿革

1990年8月27日至9月7日在古巴的哈瓦那举行的第八届联合国预防犯罪和罪犯处遇大会通过了《联合国预防少年犯罪准则》。《联合国预防少年犯罪准则》是于1988年2月在沙特阿拉伯首都利雅得“阿拉伯安全研究与进修中心”召开的专家会议讨论、研究、修改、定稿的,所以又称《利雅得准则》,是为了帮助《北京规则》的实施和预防少年犯罪而制定的。

(二)指导思想和原则

《联合国预防少年犯罪准则》总的指导思想就是预防青少年犯罪,它有以下基本原则:预防少年犯罪是整个社会犯罪的一个关键部分,需整个社会共同努力;以青少年为中心的原则,青少年不应仅被看作控制的对象;从各个方面充分保护青少年权益。

(三)主要内容

《联合国预防少年犯罪准则》共7个部分,66条,其主要内容如下:

1. 全面性预防犯罪的计划

准则所规定的全面性预防犯罪的计划,应由各国政府制定,其包括的内容有在深入调查研究制定以往预防犯罪方案的基础上,明确参与预防犯罪工作的合格机关、机构以及参与人员的责任;制定具体办法,适当调整各政府机构和非政府机构之间的预防犯罪工作;制定出预防犯罪的政策、方案和战略,以便不断地对犯罪进行监测,并在执行过程中认真地作出评估;制定有效减少犯罪发生的方法,并促进社区通过各种服务方案进行参与;让青少年参与制定预防违法犯罪行为的政策,其中包括借助社区力量、青少年自助、对受害者赔偿和援助方案等。

2. 社会化过程

这一部分内容是《利雅得准则》的核心部分，此处分为4个部分，共34条。第一部分“家庭”，强调政府和社会应竭力维护家庭，制定有利于儿童在稳定和安全的家庭环境中成长的政策，必要时提供寄养和收养的其他安置办法，关注土著、移民和难民家庭的儿童，促进家庭的和睦及与社会大家庭的相互配合等。第二部分“教育”，强调各国政府有义务使所有青少年都能享受公共教育。应让青少年及其家庭认识法律，知道他们的法定权利和义务，包括联合国的各项文书。教育系统对于面临社会风险的青少年要给予特别的关怀和注意。学校系统应聘请和培训在教学方面合格的教师，要求在专业水平和教育水平方面都达到最高水平。学校应与社区团体合作，规划、制定和实施青少年感兴趣的课外活动等。第三部分“社区”，强调社区应制定符合青少年特殊需要的各种社区性服务方案，并对青少年及其家长提供辅导和指导。社区应建立社区活动中心、文娱活动中心，并解决面临社会风险儿童的特殊问题。对无家可归的青少年，应建立专门设施，对他们提供适当的收容住所。应建立或加强地方一级的青少年组织，并给予管理社区事务的充分参加资格。这些组织应鼓励青少年参加集体性和自愿性的项目，以活跃社区青少年的业余生活。第四部分“大众传媒”，强调通过大众传播媒介确保青少年获得本国和国际的各种信息和资料；鼓励大众传播媒介反映青少年对社会的积极贡献。应促使一般的大众传播媒介，特别是电视和电影，尽量减少对色情、毒品和暴力行为的描绘。

3. 社会政策

准则规定，政府机构应把帮助青少年的计划和方案放在高度优先的地位，并应拨付足够的资金以及其他资源。对青少年安置教养的做法，应作为最后的手段，而且时间应尽可能短，应严格规定允许采取安置教养的标准。政府应向青少年提供机会，使他们继续接受全日制教育，如果父母或监护人不能供养，则应由国家提供经费。各国政府应在刑事司法系统内和系统之外，开始或继续探讨、制定和执行各项政策、措施和战略，以预防家庭暴力，并确保遭受家庭暴力的青少年可以得到公正待遇。

4. 立法和少年司法工作

准则要求各国政府应颁布和实施一些特定的法律，促进和保护所有青少年的权利和福利。应考虑设立监察处或者类似的独立机构，以确保维护青少年权利和利益。为适应青少年的特殊需要，应培训一批男女执法人员及其他有关人员，使他们熟悉和利用各种办法，避免将青少年放在司法系统处置。

5. 研究、政策制定与协调

准则规定,应开展多学科和多种部门的研究工作,并及时交流有关预防青少年违法犯罪以及少年司法的信息、经验和专门知识。应该进一步加强专家、决策者在内的合作。联合国的各有关机关、研究所、机构和部门应就有关儿童、少年司法以及预防青少年违法犯罪的各种问题,继续进行密切的合作与协调。

四、联合国《保护被剥夺自由少年规则》的主要内容

(一)立法沿革

联合国《保护被剥夺自由少年规则》是联合国 1990 年 8 月 27 日至 9 月 7 日在古巴哈瓦那召开的第八届预防犯罪与罪犯待遇大会通过的法律文件,并经联合国第 45 届大会核准。《保护被剥夺自由少年规则》共 87 条,分 5 个部分。

(二)基本原则

《保护被剥夺自由少年规则》包括以下原则:

1. 剥夺自由只应作为最后手段原则。

2. 限时限事原则。即剥夺少年自由的时间应尽可能短,并只限于特殊情况(第 2 条)。

3. 不歧视原则。即本规则应公正无私地适用于所有少年,不得由于种族、肤色、性别、年龄、语言、宗教、国籍、政治观点或其他见解、文化信仰或习俗、财产、出生或家庭地位、族裔本源或社会出身或残疾而有任何歧视。少年的宗教文化信仰、习俗及道德观念应得到尊重(第 3 条)。

(三)主要内容

1. 少年、剥夺自由的定义和适用范围

《保护被剥夺自由少年规则》第 11 条规定:(1)少年系指未满 18 周岁者。应由法律规定一个年龄界限,对在这一年龄界限以下的儿童不得剥夺其自由。(2)剥夺自由系指对一个人采取任何形式的拘留或监禁,或将其安置于另一公私拘禁处所,由于任何司法、行政或其他公共当局的命令而不准自行离去。

《保护被剥夺自由少年规则》适用于被剥夺自由少年所在的任何类别和形式的拘留设施。

2. 被逮捕或待审讯的少年

《保护被剥夺自由少年规则》第17条规定：被逮捕扣押的少年或待审讯（“未审讯”）的少年应假定是无罪的，并当作无罪者对待。应尽可能避免审讯前拘留的情况，并只限于特殊情况。因此，应作出一切努力，采用其他的替代办法。在不得已采取预防性拘留的情况下，少年法院和调查机构应给予最优先处理，以最快捷方式处理此种案件，以保证尽可能缩短拘留时间。应将未审讯的拘留者与已判罪的少年分隔开来。

《保护被剥夺自由少年规则》第18条规定：未审讯少年拘留的待遇条件应与下述各项规定相一致，必要时还可酌情根据假定无罪的要求、拘留期限和有关少年的法律地位和状况，作出具体的补充规定。这些规定应包括但不一定只限于下列各项。

（1）这些少年应有权得到法律顾问，并应能申请免费法律援助（如有这种援助的话），并能经常与法律顾问进行联系。此种联系应保证能私下进行，严守机密。

（2）如果有可能，应向这些少年提供机会从事有酬工作或继续接受教育或培训，但不应要求他们一定这样做。而工作、教育或培训都不应引致继续拘留。

（3）这些少年应可得到和保留一些消遣和娱乐用具，只要符合司法管理的利益。

3. 少年设施的管理

对记录、入所、登记、迁移、转所、物质环境和住所条件、分类及收容、教育、职业培训、娱乐、宗教、医疗护理、纪律以及处置计划等作了详尽的规定。

（四）管理人员

对管理人员的数量、遴选、待遇、培训和监管基本要求等作了详尽的规定。例如，管理人员应具适当的条件并包括足够数量的专家。再如，教育人员、职业教导员、辅导人员、社会工作者、精神病专家和心理学家，这些专家及其他的专门人员一般应长期聘用。管理当局应认真挑选和聘用各级和各类的工作人员；管理人员应作为专业人员加以任用，给以优厚报酬以便吸引和留住合适的男女人才；管理当局应建立合宜的组织形式和管理形式，以便于拘留所内不同类别的工作人员之间的联系，从而保证照顾少年的各个部门之间的合作，还应有利于工作人员同管理当局之间的联系，以保证直接与少年接触的人员能够很好地发挥作用，便于其有效地履行职责；所有管理人员应受适当培训；拘留所所长应在管理能力、学历和经验方面充分符合其工作所要求的条件,并应按专职进行工作;拘留所管理人员在履行其职责时应尊重和保护所有少年的人格尊严和基本人权,特别是:

(1)拘留所任何人员不得以任何借口或在任何情况下施加、唆使或容忍发生任何严刑拷打行为或施加其他粗暴、残酷、不人道或有辱人格的待遇、处罚、感化或纪律手段。

(2)所有管理人员应坚决反对和制止任何贪污受贿行为,并在发现时立即报告主管当局。

(3)所有管理人员均应遵守本规则。凡有理由相信发生了或要将发生严重违反本规则情事的人员,应将情况报告其上级机关或掌有审查或纠正权力的机关。

(4)所有管理人员应确保少年的身心健康得到充分保护,包括保护其不受性侵犯、身体上和精神上的虐待以及剥削利用,必要时应立即采取行动,给予医疗处置。

(5)所有管理人员应尊重少年的隐私权,尤其应对其作为专业人员身份从中得知的有关少年或其家庭的机密情事保守秘密。

(6)所有管理人员应致力减少拘留所内外生活上的区别,因为这种区别往往会削弱对拘留所内少年人格尊严的尊重。

该规则制定的意义在于向管理少年司法系统的专业人员提供一种现成的参考标准,以给予鼓励和指导。在基本原则方面,该规则强调,对少年实行监禁,只能作为一种最后手段加以采用,时间应尽可能短,并只限于特殊情况,且必须依据该规则和《联合国少年司法最低限度标准规则》(《北京规则》)所规定的原则和程序进行。

五、其他国际条约和文件

除了上面重点介绍的有关保护儿童权利的国际公约、少年司法文件以外,联合国还在其他很多国际条约和文件规定了有关儿童的权利,其中主要有:

1. 第五次东亚及太平洋地区儿童发展问题部长级磋商会议《北京宣言》(以下简称《北京宣言》)

(1)背景

2001 年 5 月,中国政府在北京成功地主办了“第五次东亚及太平洋地区儿童发展问题部长级磋商会议”,为即将召开的联合国儿童问题特别联大做筹备工作,并顺利通过了指导本地区未来 10 年儿童发展的战略文件《北京宣言》。这是当今世界极具代表性的儿童权利保护的区域性文件。

(2)《北京宣言》的主要内容

《北京宣言》分为前言、借鉴教训和进展回顾、未完成的使命、2001～2010年的挑战和任务、原则和战略、承诺、北京会议及以后、结束语等几部分，全文约3400字，提出“儿童的福祉是国家议程的中心，是国民经济和社会进步最重要的指标”的观点。

除上述借鉴教训和进展回顾、未完成的使命两部分外，《北京宣言》还提出未来10年(2001～2010年)本地区儿童事业的主要任务和挑战：确保继续实施儿童权利公约和消除对妇女一切形式歧视的公约；作出具体努力，以确保儿童权利得到充分尊重；努力实现尚未实现的世界儿童问题首脑会议所确定的目标，特别是减少孕妇产妇死亡和营养不良，实现普遍享有安全饮水和环境卫生等；减少差异、歧视和不公平；充分认识和阻止艾滋病在亚洲的蔓延；保护所有儿童免遭各种形式的暴力、虐待和剥削，以及确保儿童和青年积极和充分地参与对其有影响的决策等。为应对上述挑战与任务，《北京宣言》列举了以下指导原则和策略：寻求广泛合作支持全球儿童运动；用业已实现的儿童权利的情况来监测和评估所取得的成果；把儿童福祉置于国家规划的中心；促进和保护所有儿童的最大利益；加强国家和地方各级的行动计划；完善备灾机制，加强社会保障；提高父母、家庭、社会服务人员和其他服务人员的能力；避免经济全球化带来的负面影响，充分利用全球信息和通信革命带来的机遇；建立用于监测贫困和弱势群体情况及进展的指标和系统，直至基层的行政管理等。

2. 1924年《日内瓦儿童权利宣言》

该宣言提出儿童需要特殊照料，规定了诸如健康发育的权利、受抚养的权利、免予苦难和被保护不受剥削等基本的人童权利。该宣言经证明成为后来有关儿童权利国际文件的精神启迪。

3. 1948年《世界人权宣言》

《世界人权宣言》第25条第2款承认：“儿童有权享受特别照顾和协助。一切儿童，无论婚生或非婚生，都应享受同样的社会保护。”第26条则规定，“教育应当免费”，“初级教育应属义务性质”，“父母对其子女所应受的教育的种类，有优先选择的权利”。宣言确认儿童有权得到特殊的保护和不受歧视，但并没有把儿童视为和成人一样的人而赋予其具体的、独立的权利。

4. 1959年联合国《儿童权利宣言》

该宣言宣称：“儿童，因其身心尚未成熟，在其出生前和出生以后均需要特殊的保护和照顾,包括法律上的适当的保护。”宣言列举了十项儿童最基本的权利。宣言对后来的有关儿童人权具体国际标准的发展,特别是《儿童权利公约》的起草发挥了作用。

5. 1990年《儿童生存、保护和发展世界宣言》和《执行九十年代儿童生存、保护和发展世界宣言行动计划》

就在《儿童权利公约》刚刚生效之际,世界儿童问题首脑会议在纽约联合国总部召开。这是历史上第一次专门讨论儿童问题的世界首脑会议,会议通过的前述宣言和行动计划是国际社会对保护儿童权利所作的政治承诺和具体方案,文件确定了到2000年,各国在儿童生存、保护和发展方面要达到的七项目标。

此外,《关于儿童保护和儿童福利、特别是国内和国际寄养和收养办法的社会和法律原则宣言》《在非常状态和武装冲突中保护妇女和儿童宣言》《联合国打击跨国有组织犯罪公约关于预防、禁止和惩治贩运人口,特别是妇女和儿童行为的补充议定书》中也都有保护儿童权利的规定。

专题三十

罪错未成年人的分级处遇

吴　燕* 上海市人民检察院第一分院

目　次

* 吴燕，上海市人民检察院第一分院检委会专职委员。

2020年修订的《预防未成年人犯罪法》对预防未成年人犯罪提出了“预防为主、提前干预”的原则。对罪错未成年人实行分级处遇,不仅有利于针对性地对罪错未成年人进行帮教矫治,解决实践中犯罪低龄化、处遇手段单一及效果不佳等问题,同时有利于整合社会资源,提高治理效率,有效预防未成年人违法犯罪。

一、概念及原则

(一)概念

未成年人罪错行为分级处遇是指对未成年人罪错行为进行分类,根据其心理行为偏常程度、人身危险性以及行为的危害性,分级制定和适用针对性、个别化的处遇措施,以促进未成年人完成社会化,顺利回归社会。[①] 根据未成年人违法犯罪行为发生的规律以及我国2020年修订的《预防未成年人犯罪法》的规定,本文把未成年人的偏常行为分为不良行为、严重不良行为(包括因不满刑事责任年龄不予刑事处罚行为)、犯罪行为这三个由轻及重的等级,每个级别的行为则根据罪错未成年人行为时的年龄、行为性质、心理状况等,适用不同的处遇措施,如家长管教、学校管理教育、公安机关矫治教育、专门矫治教育乃至刑罚措施等,这些强制力、管束力不断升级的方式涵盖对未成年人不良行为的干预、对严重不良行为的矫治和对重新犯罪的预防。

(二)制度意义

研究证明,一个人初次犯罪年龄越小,重新犯罪的概率越大,因此及早干预非常重要也非常必要。一些未成年人年龄很小的时候违法犯罪,就是因为没有得到及时、有效的干预矫治,才会在违法犯罪道路上越走越远,犯罪性质、危害后果也越来越严重。我国法律没有专门针对未成年人的刑罚措施,对触法未成年人,《刑法》虽然规定了训诫、责令家长严加管教以及专门矫治教育等制度措施,但仍然缺少明确、规范的操作程序和执行标准,解决这一问题关键在于,针对未成年人的罪错程度设置阶梯式的多种实体处遇措施,供学校、相关职能部门、司法机关根据未成年人的具体情况分类适用,以保证罪错未成年人干预矫治的个别化和有效性。最高人民检察院在《2018—2022年检察改革工作规划》中提出了罪错未成年人分级处遇制度的初步构想,突出处遇措施的“分级性”。笔者认为,可按照罪错未成

① 苑宁宁:《未成年人司法新模式:罪错行为分级处遇》,载《人民检察》2020年第19期。

年人行为时的年龄、行为矫正的难易程度、行为人心理测评结果等标准，适用不同级别的处遇措施。

对有不良行为的未成年人要由专业、专门力量采取措施及早进行干预，特别是对于未成年人早期出现的不良行为，要充分发挥家庭、学校、社区等的作用，适用包括责令家长加强管教、开展强制性亲职教育乃至进行监护干预等措施；对于有严重不良行为的未成年人，要充分发挥专门学校和公安机关等的作用，强化教育矫治力度，特别是通过专门学校，给予强制性矫治教育；对于已经进入司法程序的未成年人，要建立专门的未成年人司法制度，落实特别程序，做好帮教、转化工作，实现特殊预防。

（三）工作原则

1. 教育为主、惩罚为辅的原则

对罪错未成年人，应强调对“行为人”的关注而非对“行为”本身的关注，因此要突出个别化的处遇，通过细化干预措施，实现矫治目的。

2. 早干预、早预防原则

在司法实践中我们发现，犯罪的未成年人，很少第一次就犯重罪，一般都曾有长期缺乏管束的经历，从不良行为等轻微越轨行为开始，逐步成为累犯、惯犯、职业犯。所以要提早介入，及时干预，帮助其尽早纠正不良行为。

3. 专业社会力量参与原则

对罪错未成年人既不能不教而罚，也不能不教而宽，而应将“教”字贯穿于干预矫治的始终，采取更为精准化的帮教方式。仅依靠司法机关很难实现这一效果，因此需要通过引入专业的社会力量，实现专业化办案和社会化帮教的有机衔接。

4. 适度干预原则

分级干预立足于“教育刑”的感化挽救而非单一“惩戒”，其根本目的在于引导未成年人走上正途，修复正常的社会关系。未成年人生理及心理的特殊性决定了其问题行为具有自愈性，因此防止过度干预，才能保障罪错未成年人在教育矫治后能够顺利回归社会，不会再犯罪。

二、行为分类及干预措施

分级处遇体系中对于未成年人的行为认定和采取与其行为性质相对应的配套衔接措施尤为重要。未成年人的偏常行为主要有不良行为、严重不良行为、犯罪行为这三类。对有不良行为的未成年人对应地进行“干预”,对于严重不良行为,包括不予刑事处罚的行为进行“矫治”,对于有犯罪行为的未成年人则适用“刑罚”措施。

(一)不良行为

1. 行为表现

“不良行为”不利于未成年人身心健康成长,作为一种社会行为概念,指不道德或者不规范的行为,其本质特征在于与公众普遍认可且遵守的社会规范之间的对立性。我国《预防未成年人犯罪法》第 28 条列举的未成年人“不良行为”主要包括以下九种:

(1)吸烟、饮酒;

(2)多次旷课、逃学;

(3)无故夜不归宿、离家出走;

(4)沉迷网络;

(5)与社会上具有不良习性的人交往,组织或者参加实施不良行为的团伙;

(6)进入法律法规规定未成年人不宜进入的场所;

(7)参与赌博、变相赌博,或者参加封建迷信、邪教等活动;

(8)阅览、观看或者收听宣扬淫秽、色情、暴力、恐怖、极端等内容的读物、音像制品或者网络信息等;

(9)其他不利于未成年人身心健康成长的不良行为。

2. 管理教育措施

对不良行为的早期干预主要是以监护人、社区、学校等开展的管理、教育措施为重点。

(1)家庭教育

未成年人的父母或者其他监护人发现未成年人有不良行为的,应当及时制止并加强管教。公安机关、居民委员会、村民委员会也应当督促未成年人的父母或其他监护人依法履行监护职责。

(2)学校管理教育

对拒不改正或者情节严重的,学校可以根据情况对不良行为未成年人予以处分或者采取以下管理教育措施:

①予以训导;

②要求遵守特定的行为规范;

③要求参加特定的专题教育；

④要求参加校内服务活动；

⑤要求接受社会工作者或者其他专业人员的心理辅导和行为干预；

⑥其他适当的管理教育措施。

对于实施了一般不良行为的未成年人，检察机关可以在工作中予以重点关注，会同学校、社区、专业社会力量等，通过法治进校园、法治副校长、社区法治宣传、家庭教育辅导等多种形式，加强对未成年人及其家长的法治教育，督促未成年人的父母或其他监护人、所在学校或社区对未成年人进行帮助、教育和管理，并注意干预方式，尽可能避免司法干预。针对这部分未成年人，检察机关的工作主要是一般预防，本文不再展开论述。

（二）严重不良行为

1. 行为表现

严重不良行为具备一定的社会危害性，未成年人严重不良行为可归入违反治安管理的“违警行为”的范畴。根据《预防未成年人犯罪法》第38条规定，主要包括两类：一是有刑法规定、因不满法定刑事责任年龄不予刑事处罚的行为；二是严重危害社会的其他行为。具体包括九种行为：

（1）结伙斗殴，追逐、拦截他人，强拿硬要或者任意损毁、占用公私财物等寻衅滋事行为；

（2）非法携带枪支、弹药或者弩、匕首等国家规定的管制器具；

（3）殴打、辱骂、恐吓，或者故意伤害他人身体；

（4）盗窃、哄抢、抢夺或者故意损毁公私财物；

（5）传播淫秽的读物、音像制品或者信息等；

（6）卖淫、嫖娼，或者进行淫秽表演；

（7）吸食、注射毒品，或者向他人提供毒品；

（8）参与赌博赌资较大；

（9）其他严重危害社会的行为。

2. 矫治教育措施

未成年人严重不良行为具有一定的违法性，但因未成年人的年龄因素、行为性质等不具备刑事有责性，故对其不予处罚。对于这类未成年人，可以适用具有一定强制性的矫治教育措施，也可以视具体情形送专门学校进行“封闭式”专门矫治教育。

(1)矫治教育

根据《预防未成年人犯罪法》第 40 条和第 41 条的规定,公安机关对于有严重不良行为的未成年人,除责令其家长严加管教外,还可以视具体情况采取以下矫治教育措施:

①予以训诫;

②责令赔礼道歉、赔偿损失;

③责令具结悔过;

④责令定期报告活动情况;

⑤责令遵守特定的行为规范,不得实施特定行为、接触特定人员或者进入特定场所;

⑥责令接受心理辅导、行为矫治;

⑦责令参加社会服务活动;

⑧责令接受社会观护,由社会组织、有关机构在适当场所对未成年人进行教育、监督和管束;

⑨其他适当的矫治教育措施。

(2)专门教育

对于家长、学校无力管教或者管教无效的,对于行为情节恶劣或者造成严重后果、多次实施或者拒不接受、配合矫治教育的,对于实施刑法规定的行为、因不满法定刑事责任年龄不予刑事处罚的,可以将相关未成年人送专门学校接受专门矫治教育。

(三)犯罪行为

犯罪行为鉴于其行为性质轻重有别,依据其行为性质,可以将之划分为轻罪与重罪行为。针对未成年人的轻罪行为,对符合相关条件的一般应适用不起诉等非刑罚处遇措施,并做好相关记录封存工作;针对未成年人犯重罪的,则可以采取非监禁刑或者监禁刑进行惩戒。但是需要注意,无论采取何种措施,都需综合考虑未成年人身心特点,坚持教育、感化、挽救的基本方针。

公安机关、人民检察院、人民法院办理未成年人刑事案件,一方面应当根据未成年人的生理、心理特点和犯罪的情况,有针对性地进行法治教育,预防其重新犯罪;另一方面应当落实社会调查、心理测评、合适成年人到场、犯罪记录封存等特殊程序,并实行分别关押、管理、教育和矫正,做好安置帮教工作,切实保障未成年人的合法权益,帮助其顺利回归社会。

三、对严重不良行为的矫治教育

对严重不良行为未成年人的矫治教育是检察机关开展未成年人犯罪预防工作的重点之一，矫治教育对象主要是指《预防未成年人犯罪法》第 38 条规定的实施了严重不良行为的未成年人。此外，对于被检察机关不起诉或者人民法院判处免予刑事处罚的未成年人，符合适用条件需要进行矫治教育的，也可以纳入该对象范围。具体的矫治教育措施包括三类：

（一）责令严加管教

根据《预防未成年人犯罪法》第 40 条的规定，公安机关接到举报或者发现未成年人有严重不良行为的，应当及时制止，依法调查处理，并可以责令其父母或者其他监护人消除或者减轻违法后果，采取措施严加管教。

公安机关如发现有严重不良行为未成年人的父母或其他监护人存在监管不力、履职不当等情形的，对父母或其他监护人应采取相应的教育和惩戒措施，责令其配合司法机关、学校、专业社会工作者等，履行家庭教育责任，采取措施加强对未成年人的教育和管束。

（二）矫治教育

根据《预防未成年人犯罪法》第 41 条的规定，对有严重不良行为的未成年人，公安机关可以根据具体情况，采取相关矫治教育措施，这些矫治教育措施可以结合未成年人罪错行为的严重程度、产生原因、犯罪预防需要等，决定对其采取一项或者几项措施。

1. 训诫

对于初次实施不良行为、人身危险性较低的未成年人，一般应当优先适用训诫等非约束性的保护处分措施。通过训诫，指出罪错未成年人行为的违法和社会危害性，责令其改正。训诫的方式以书面训诫为宜。

2. 责令赔礼道歉、赔偿损失

被害人合法权益受到侵害的，公安机关可以要求该名未成年人向被害人赔礼道歉，赔偿经济损失。责令赔礼道歉的，应当征求被害人的意见，采用书面或者口头的方式进行；责令赔偿损失的，该名未成年人及其法定代理人可以与被害人自行协商确定赔偿金额，给付方式一般采取一次性给付。

3. 责令具结悔过

公安机关可以要求罪错未成年人对自己的行为进行深刻反省，保证改正不良行为,不再实施违法犯罪行为。具结悔过的方式以书面形式为宜,且应在专门的司法宣告场所当场进行宣读,以强化严肃性和矫治效果。

4. 责令定期报告活动情况

对实施严重不良行为的未成年人,公安机关可以要求该未成年人定期向承办人员报告其社交情况、活动轨迹等,并向其家庭、就读学校和居住社区了解、核实,以及时掌握未成年人的思想动态和行为表现等。报告时间应当根据未成年人的具体情况予以确定,并提前告知未成年人及其父母或其他监护人。

5. 责令遵守特定的行为规范

针对未成年人实施严重不良行为的具体种类,公安机关可以要求该未成年人必须遵守规定,未经批准不得从事特定活动、接触特定人员、进入特定区域或者场所。如对曾有赌博行为的未成年人,可以要求其不得再参与赌博等。

6. 责令接受心理辅导、行为矫治

如果发现未成年人产生精神紧张、焦虑、抑郁等较大心理问题,或行为习惯存在较大偏差、异常,如经常撒谎、严重叛逆等,公安机关可以委托心理咨询师、心理医生等专业人员介入、辅导,以帮助未成年人改变认知,消除和纠正不当行为、不良习惯。

7. 责令参加社会服务活动

通过要求未成年人到社区或敬老院等参加垃圾分类、助老爱老等公益劳动、或参加爱心义卖、环保宣传等社会服务活动,帮助未成年人改正不劳而获的不良思想,养成助人为乐等良好习惯。相关活动可以自行或委托专业社工做好计划,并事先与相关社区、机构做好衔接安排。

8. 责令接受观护帮教

对于有必要采取矫治教育措施的未成年人,公安机关可以责令其接受1~6个月的观护帮教,并可根据罪错未成年人在观护帮教期间的表现和教育挽救的需要,适当缩短或延长观护帮教期限。可以组建由该名罪错未成年人的父母或其他监护人、所在学校教师、专业社工等参加的帮教小组,制订针对性的帮教方案。在本地无有效监护条件的,可以安置在观护基地进行帮教,也可以委托异地相关单位、组织进行帮教。

9. 其他适当的矫治教育措施

结合案件情况、行为性质及未成年人的具体情况,对严重不良行为未成年人开展其他适当的矫治教育。

(三)专门教育

根据《预防未成年人犯罪法》第 45 条的规定,省级人民政府应当结合本地的实际情况,至少确定一所专门学校按照分校区、分班级等方式设置专门场所,对符合条件的严重不良行为未成年人进行专门矫治教育,并实行闭环管理。公安机关、司法行政部门负责未成年人的矫治工作,教育行政部门承担未成年人的教育工作。

1. 招生对象

经对其行为进行评估,可以依照法定程序送专门学校进行教育矫治的未成年人包括:

(1)有严重不良行为的未成年人,未成年人的父母或者其他监护人、所在学校无力管教或者管教无效的;

(2)未成年人有下列情形之一的:

①实施严重危害社会的行为,情节恶劣或者造成严重后果;

②多次实施严重危害社会的行为;

③拒不接受或者配合《预防未成年人犯罪法》第 41 条规定的矫治教育措施;

④法律、行政法规规定的其他情形。

(3)未成年人实施刑法规定的行为、因不满法定刑事责任年龄不予刑事处罚的;

(4)其他经评估也可以进入专门学校接受教育矫治的未成年人,如被检察机关决定相对不起诉、附条件不起诉或者被人民法院判处免于刑事处罚的未成年人。

对于不适宜进入专门学校的未成年人,专门学校或者未成年学生教育保护机构可根据其父母或其他监护人或者所在学校提出的申请或委托,选派师资力量到校开展有针对性的教育,也可将其接入专门学校进行独立分班的体验式学习。

2. 入学方式

(1)申请与建议

未成年人的父母或其他监护人或者未成年人原所在的学校均可以向本地区专门教育指导委员会提出入校申请。无监护人或监护资格有争议尚不能确定的,由《民法典》规定的可以担任临时监护人、监护人的组织及机构提出申请。

公安机关、人民法院、人民检察院在办案中发现有严重不良行为未成年人并认为该名未成年人符合进入专门学校的条件的,可以建议招生对象的父母、其他监护人或者原所在学校提出送专门学校的申请,或者直接向专门教育委员会提出评估建议。

(2)听证与评估

专门学校入学实施听证评估程序。可由招生对象所在地专门教育指导委员会组织听取公安机关、司法行政部门、人民法院、人民检察院、学校、父母或其他监护人、未成年人本人等各方意见,专门教育指导委员会也可以委托专门教育评估机构对学生行为进行评估,提出是否适合进入专门学校的建议,作为相关部门行使入学批准权的依据。

(3)审查与决定

经专门教育指导委员会评估同意,相关部门经审查认为招生对象符合入学规定的,应当批准其入学。

对于父母或者其他监护人、所在学校无力管教或者管教无效的严重不良行为未成年人,由教育行政部门决定送入专门学校;对于实施严重危害社会的行为、情节恶劣或者造成严重后果或者多次实施的,或拒不接受、配合矫治教育的,或实施刑法规定的行为、因不满法定刑事责任年龄不予刑事处罚等的未成年人,由教育行政部门会同公安机关决定将其送入专门学校接受专门教育。

3. 学习期限

未成年学生在专门学校的学习时间一般应在 3 个月以上,最长不得超过 3 年。各地也可根据实际情况适当提高学习期限。延长或者缩短学习期限,需要经由专门学校向专门教育指导委员会提出申请,并经教育行政部门批准。

实践中,对未成年人进入专门学校学习期限做出决定前,可以通过专门教育评估机构结合招生对象的行为性质、矫治需要等作出综合评估,进而确定适当的学习期限。学习期限可以根据未成年人的实际表现等后续情况,由专门学校向专门教育指导委员会提出申请并经教育行政部门批准后,及时进行调整或变更。

4. 转出程序

(1)申请

专门学校根据学生的在校表现,在每个学期适时向学生原学校所在地专门教育指导委员会提出申请。未成年人的父母、其他监护人也可以向学校提出申请建议。

(2)评估

专门教育指导委员会对接受专门教育的未成年学生的情况、教育转化效果等进行评估,也可以委托专门教育评估机构等专业力量对学生情况进行评估。

(3)决定

对遵纪守法、表现良好、严重不良行为得到有效转化、经评估适合转回普通学校就读的学生,专门教育指导委员会应当向原决定机关提出书面建议,由原决定机关决定是否将未成年学生转回普通学校就读。

(4)转回

原决定机关决定将未成年学生转回普通学校的,其原所在学校不得拒绝接收;因特殊情况,不适宜转回原所在学校的,由教育行政部门安排转学。

5. 教育管理

(1)学生管理

教育行政部门负责专门学校学生的学籍注册管理。专门学校的未成年学生的学籍保留在原学校,符合毕业条件的,原学校应当颁发毕业证书。根据学生和家长意愿,学生学籍也可转入专门学校或矫治教育后就读的其他学校。专门学校学生的学业表现情况和违法犯罪情况不再计入原所在学校。

专门学校实行寄宿制封闭管理,可采取教育与生活管理合一的运行模式。每一个学生班级夜间至少安排一位教师和一位教育管理人员值班,切实保护学生安全并加强教育管理。女生宿舍不得安排男教师值班。

专门学校实行男女学生分班管理,女生班级应至少配备1名女性班主任。有严重不良行为的学生和有一般不良行为的学生应当分班管理。对有严重不良行为的新生,入校后实行单独管理,开展法治教育、纪律教育、行为规范教育等,做好入学衔接工作。

专门学校要建立学生会、班委会等,促进学生自我管理;具备条件的应建立共青团、少先队组织,开展正常的团组织、少先队活动。

(2)课程设置

在课程设置上与普通学校应有所区别。一方面保证学生继续接受并完成义务教育,为他们接受高中教育、职业技能教育和培训提供帮助;另一方面应针对学生不良行为产生的原因以及心理特点,增加专题教育,开展矫治工作。在对学生的教育矫治过程可以引入心理治疗,运用科学技术手段找出心理问题和行为问题的根源,结合对学生的个体情况提出科学的矫正方案,达到矫正效率最大化。①在矫治不良行为的同时,帮助他们树立健康的心理信念,更好地回归社会。注意增加法治教育的课时,编写适合专门学校学生的法治教育教材,通过模拟法庭、情

① 郭开元:《犯罪预防视阈中的专门学校教育改革和发展》,载《青少年犯罪问题》2017年第3期。

景剧、微电影、微动漫等丰富生动的形式，体现法治教育内容的针对性、趣味性，突出体验教育和浸润教育在法治教育中的作用。

四、检察机关的工作职责

检察机关作为法律监督机关，应当依法对法律落实进行监督。《预防未成年人犯罪法》第60条规定，人民检察院通过依法行使检察权，对未成年人重新犯罪预防工作等进行监督。《未成年人保护法》(2020年修订)第105条也明确，人民检察院通过行使检察权，对涉及未成年人的诉讼活动等依法进行监督。同时，两部法律还规定了单位、组织或个人违反法律所要承担的法律责任。也就是说除了对预防重新犯罪工作及涉及未成年人诉讼活动开展监督外，检察机关还应对法律责任落实情况进行监督。此外，以上两条款内容均有“等”字表述，可以理解为检察机关对两部法律中涉及未成年人权益保护的内容均负有监督职责。

对办案中发现未成年人有不良行为的，应当及时制止并开展教育，必要时督促其父母或者其他监护人依法履行监护职责，或视情移交学校落实相关管理教育措施。

对于严重不良行为未成年人矫治教育活动的监督，可以开展以下工作：

1. 移送线索。检察机关在办案或工作中发现未成年人实施严重不良行为的，应当及时开展教育引导、督促其父母或者其他监护人加强管教。必要时将相关线索移送公安机关，并可以会同公安机关开展矫治教育工作。

2. 提出建议。检察机关如发现未成年人实施刑法规定的行为、因不满法定刑事责任年龄或情节显著轻微、危害不大而不予刑事处罚的未成年人，应及时建议专门教育指导委员会开展评估，对未成年人进行专门矫治教育。

3. 监督落实。检察机关还应对相关决定机关是否严格落实法律规定要求、是否规范程序运行以及开展保护处分其他相关活动开展监督，以切实保障未成年人的合法权益。

五、配套机制

(一)专门队伍

是否拥有专门队伍是衡量一个国家未成年人司法制度是否成熟的重要标志之一，也是实现对罪错未成年人有效矫治的重要途径。其中，专业化人员包括专门负责办理未成年人案件的警察、检察官、法官等，也包括一些专业辅助人员，如专业的未成年人矫治人员等。《预防未成年人犯罪法》第 7 条、第 8 条和第 9 条不仅对公安机关、人民检察院、人民法院、司法行政部门提出专门机构或者专门人员负责预防未成年人犯罪工作的要求;也对共产主义青年团、妇女联合会、关心下一代工作委员会等有关社会组织,提出了应当协助各级人民政府及其有关部门、人民检察院和人民法院做好预防未成年人犯罪工作的要求;同时还明确社会工作服务机构等社会组织可以参与相关工作。

(二)社会调查

社会调查,指司法机关在诉讼过程中自行或委托有关组织或机构,就罪错未成年人的成长经历、犯罪原因、监护教育等情况进行调查,分析其作案的主观、客观原因,为后续公正处理案件和教育、感化、挽救罪错未成年人提供的重要参考依据。这也是对罪错未成年人的开展准确分级处遇的前提和开展针对性教育矫治工作的参考。

1. 工作原则

(1)应当调查

虽然《刑事诉讼法》(2018 年修正)第 279 条规定,公安机关、人民检察院、人民法院办理未成年人刑事案件,根据情况可以开展社会调查,并没有要求"应当"调查,但是社会调查报告不仅有利于案件承办人对未成年人的个人情况、监护状况、人身危险性、是否具备帮教条件等情况进行总体把握,及时作出是否对未成年人适用羁押措施、附条件不起诉等处理决定,同时也有利于在后期对其开展针对性帮教等,最终将教育、感化、挽救的方针落到实处。因此一般情况下,都应当就未成年犯罪嫌疑人、被告人的成长经历、犯罪原因、监护教育等情况开展社会调查。当然也有例外情况,如果检察机关发现该名未成年犯罪嫌疑人犯罪情节轻微,且在调查案件事实的过程中已经掌握该名未成年犯罪嫌疑人的成长经历、犯罪原因、监护教育等情况,则可以不开展上述调查。

(2)及早调查

从域外探索及各地实践经验来看,越早开展社会调查对尽快落实未成年人的保护措施越为重要。因此,制作社会调查报告的最佳时间是在侦查阶段,这不仅可以解决起诉、审判环节社会调查时间不充裕的现实状况,也有利于办案人员尽早掌握未成年犯罪嫌疑人的总体情况。因此,检察机关对于公安机关移送审查案件的卷宗中没有相关社会调查材料或者调查材料不充分的,应当要求公安机关提供或者补充提供。对于未成年犯罪嫌疑人不讲真实姓名、住址,身份不明,无法进行社会调查的,检察机关应当要求公安机关出具书面情况说明。无法进行调查的原因消失后,应当督促公安机关开展社会调查。

(3)全面调查

为了准确掌握罪错未成年人的情况,社会调查必须全面开展。既要调查未成年人本人基本情况,也要调查包括其家庭、学校及社区情况,还需要注意一些其他与案件有关的情况:如该名罪错未成年人是否有前科劣迹、其认罪悔罪态度及有无帮教条件等。通过上述全面调查,可以帮助承办人全面掌握未成年人的相关情况,从而作出准确判断,切实对未成年人落实少捕慎诉少监禁的刑事司法政策和开展针对性矫治教育。

(4)保密原则

《刑事诉讼法》(2018 年修正)第 285、286 条分别规定了对未成年犯罪嫌疑人的不公开审理和未成年人轻罪记录封存制度,上述制度的立法初衷均在于最大程度保障未成年人隐私,从而顺利实现未成年人再社会化。同样,如果在开展社会调查的过程中不注重对罪错未成年人相关信息以及调查内容的保密,不仅可能使被调查的未成年人遭受歧视,影响其就学、就业,甚至在标签效应的影响下,其在违法犯罪的道路上越走越远。因此社会调查一定要遵循保密原则。

2. 调查内容

根据《刑事诉讼法》(2018 年修正)第 279 条的规定,公安机关、人民检察院和人民法院可以作为社会调查的启动、委托、指导、审查主体和补充调查主体。办案机关除可以自行开展社会调查外,也可以将社会调查工作委托给有关组织和机构进行,不仅可以保证司法资源的合理化配置,提高诉讼效率,更加有利于保障未成年人的合法权益。

(1)个人基本情况

包括罪错未成年人的年龄、性格特点、健康状况、成长经历(成长中的重要事件)、生活习惯、兴趣爱好、教育程度、学习成绩、一贯表现、不良行为史、经济来源等。

(2)社会生活状况

包括罪错未成年人的家庭基本情况(家庭成员、家庭教育情况和管理方式、未成年人在家庭中的地位和遭遇、家庭成员之间的感情和关系、监护人职业、家庭经济状况、家庭成员有无重大疾病或遗传病史等)、就学就业情况(就学就业时间、地点、职业类别、工资待遇、在校或者就业表现、与老师和同学或者同事的关系等)、社区环境(所在社区治安状况、邻里关系、在社区的表现等)、社会交往情况

（交往对象及范围、朋辈往来及活动情况等）。

（3）与案件有关情况

包括罪错未成年人受处罚的情况，罪错未成年人此次涉案的主观因素、客观行为、涉案情况与其再犯可能性的关联及程度评估等，社会各方意见，包括被害方的态度、所在社区居村委会及辖区派出所的意见等。

（4）对涉案行为的认识

包括罪错未成年人的行为目的、动机以及对涉案的消极或积极态度等。

（5）帮教条件

包括罪错未成年人生活、学习、工作情况，其家庭监护条件、所处外部环境情况，被害人及其家属的态度，罪错未成年人是否退赔，双方是否达成谅解协议或者民事赔偿和解协议，罪错未成年人的具体矫治教育条件及与其再犯可能性的关联程度评估等。

（6）其他认为应当调查的内容

（三）心理干预

对罪错未成年人开展心理测试、心理疏导、心理矫治等干预措施是基于未成年人的身心发展尚未成熟，可塑性极强，易冲动，且未成年人违法犯罪多是受不良的社会环境等影响，故需要对他们进行人格甄别，判断其人身危险性和社会危害性，预测其再犯可能性，从而为司法人员判断对未成年人适用何种处分措施提供重要参考。开展心理干预活动主要依靠具有心理咨询师资质的检察人员和具有执业资质的心理咨询师、心理医生等专业人员。

1. 工作原则

（1）自愿原则

检察机关在办案中如果认为有必要对罪错未成年人进行心理测评，必须事先征得未成年人及其法定代理人同意。

（2）必要原则

并非所有案件中的未成年人或其家属等都需要适用心理疏导或心理矫正等措施。如果未成年人经心理测评确无疏导必要的，也可考虑不做；如果未成年人的心理健康已经出现较为严重的问题或者出现精神障碍类问题，应由专业人员介入或送专门医院进行干预治疗。

（3）及时原则

人民检察院在提前介入侦查活动、审查逮捕时，发现罪错未成年人需要进行心理测评、心理疏导的,应当及时通知侦查机关,建议开展心理测评、心理疏导工作;发现未成年人有自杀、自残倾向或者相关行为表现的,应当及时指派或者委托具有专业知识的人员进行心理危机干预。

(4)平等原则

未成年人的心理相较于成年人更加脆弱、敏感,特别是那些已经犯罪或者涉嫌犯罪的未成年人,对于"罪犯"的身份更是充满抗拒心理,要纠正未成年人认知上存在的偏差,矫正其不良行为习惯,完善其人格结构,工作人员在对涉案未成年进行心理干预的过程中,要特别注意言语、态度,应与未成年人建立平等和谐、相互信赖关系,营造宽松的氛围,使未成年人放下心理包袱,以乐观向上的心态去对待心理干预活动,提高主动性和参与度,实现事半功倍的良好效果。

(5)保密原则

保密原则是心理咨询工作的基本原则,是咨询师与来访者构建相对安全、相互信任关系的基础。我们在办案中应当从最有利于未成年人这一原则出发,审慎使用在心理干预环节获得的证据。需要注意的是,如果在证据的运用中可能导致未成年人隐私泄露或者损害未成年人权益,应当慎重考量、审慎决定。

2. 干预方式

(1)心理测评

开展心理测评的方法,包含访谈法、观察法、问卷法和投射法四种。其中问卷测评方法由于便于操作且标准统一,是实践中运用最广的心理测评手段。通过让未成年人填写问卷量表的形式对其性格特征、主观认识和重犯可能性等进行综合判断,全面分析犯罪影响和真实心理状态并发现可能存在的心理问题。需要注意的是,案件承办人尤其需要关注评估量表中对被测评人个人的性格、认罪悔罪态度、自控能力强弱等作出的评价。心理测评应当由具有心理咨询师资质的检察人员或者委托具有执业资质的心理咨询师进行。

(2)心理疏导

检察人员或者专业人员根据未成年人的心理问题,通过倾听、询问、讨论等方式找出问题原因,分析问题症结,进而对其情绪困扰或者发展困惑等进行疏泄和引导,帮助罪错未成年人进行自我调适、改变自我认知,提高其自我管理能力和对环境的适应能力,增进其身心健康。

(3)心理矫治

心理矫治的对象主要是未成年犯罪嫌疑人及未成年罪犯,也包括采取保护处分措施的未成年人等罪错未成年人。心理矫治是一种以人为本的矫正手段,通过对这些特殊人员采用心理学的理论、方法和技术，改变他们的认知、情绪和行为，完善其人格，有效帮助他们提高自我控制能力和人际交往能力，更好地认识自己和他人，从而更好地适应社会，达到预防再犯的目的。罪错未成年人心理矫治的操作体系涵盖了心理评估、心理健康教育、个体心理咨询、团体心理咨询和心理危机干预五个方面。心理矫治可通过面对面交谈、心理热线、专家讲课、小组活动等途径进行，认知行为疗法和积极的同伴文化法是违法犯罪青少年心理矫治极为有效的方法。

（四）记录封存

依据《预防未成年人犯罪法》第59条的规定，未成年人的犯罪记录依法被封存的，公安机关、人民检察院、人民法院和司法行政部门不得向任何单位或者个人提供，但司法机关因办案需要或者有关单位根据国家有关规定进行查询的除外。

1. 适用范围

（1）对象范围

封存对象应当包括所有被刑事立案后进入到刑事诉讼程序的未成年人，以及接受过专门矫治教育、专门教育以及行政处罚的未成年人，但判处5年有期徒刑以上刑罚的除外。

（2）记录范围

被封存的犯罪记录应当包括一切与刑事诉讼相关的书面和电子记录，包括法院的判决裁定、检察机关的不捕不诉、附条件不起诉决定、公安机关的刑事立案及撤案决定、各种刑事强制措施、侦查措施以及刑罚执行等其他刑事诉讼活动形成的记录。同时，还应包括2013年1月1日《预防未成年人犯罪法》（2012年修正）生效前形成的符合法定封存条件的犯罪记录。

此外，根据《预防未成年人犯罪法》的规定，未成年人接受专门矫治教育、专门教育的记录，以及被行政处罚的记录等，均属于封存记录范围。

2. 封存方式

（1）形式封存

根据《未成年人刑事检察工作指引（试行）》（高检发未检字〔2017〕1号）的规定，人民检察院应当将拟封存的有关未成年人个人信息、涉嫌犯罪或者犯罪的全部案卷、材料，均装订成册，加盖“封存”字样印章后，交由档案部门统一加密保存，执行严格的保管制度，不予公开，并应在相关电子信息系统中加设封存模块，实行专门的管理及查询制度。未经法定查询程序，不得对封存的犯罪记录及相关电子信息进行查询。有条件的地方可以建立专门的未成年人犯罪档案库或者管理区,封存相关档案。

对于未分案处理的未成年人与成年人共同犯罪案件中有未成年人涉罪记录需要封存的,应当将全案卷宗等材料予以封存。分案处理的,在封存未成年人材料的同时,应当在未封存的成年人卷宗封皮标注“含犯罪记录封存信息”,并对相关信息采取必要保密措施。

其他民事、行政与刑事案件,因案件需要使用被封存的未成年人犯罪记录信息的,应当在相关卷宗中标明“含犯罪记录封存信息”,并对相关信息采取必要保密措施。

(2)实质封存

实质封存是指开具无犯罪记录证明,使客观存在的犯罪记录无法产生对未成年人不利的法律效力。

为使犯罪记录封存制度在实践中取得真正的效果,需要采用形式封存和实质封存结合的方式。因为仅仅加强内部管理、审核,也不能真正为未成年人顺利就学就业铺平道路,唯有采用出具无犯罪记录证明的方式,才能确保未成年人合法权益得以实现。因此,被封存犯罪记录的未成年人本人或者其法定代理人申请为其出具无犯罪记录证明的,人民检察院应当出具无犯罪记录的证明。需要协调公安机关、人民法院为其出具无犯罪记录证明的,人民检察院应当积极予以协助。

(五)家庭教育指导

未成年人的家庭对未成年人罪错行为的发生往往有着不可推卸的责任。中国青少年研究中心和中国预防青少年犯罪研究会课题组对全国10个省份进行调研后形成的《2017年我国未成年人犯罪研究报告——基于未成年犯与其他群体的比较研究》显示,未成年犯来自单亲家庭的比例高达35.8%,且仅有50%左右的未成年犯在入监前和亲生父母长期共同生活。[①] 因此我国法律对监护人责任进行了细化规定,一方面强化监护人责任意识及其不履行责任的惩戒措施;另一方面在监护人履行监护责任不力或不能时,施以社会干预和政府兜底。《未成年人保护法》在家庭保护一章中,规定了未成年人的父母或者其他监护人应当履行的监护职责,以及不依法履行监护职责或者侵犯未成年人合法权益的法律责任。对实施严重不良行为的未成年人的父母或者其他监护人不依法履行监护职责的,

① 路琦、郭开元等:《2017年我国未成年人犯罪研究报告——基于未成年犯与其他群体的比较研究》,载《青少年犯罪问题》2018年第6期。

《预防未成年人犯罪法》也规定了同样的法律责任。

1. 适用范围

对存在下列侵害未成年人合法权益、不依法履行监护职责或者履职不当、不力的情形的涉案未成年人的父母或其他监护人，检察机关可以决定开展家庭教育指导：

(1)对未成年人实施虐待、遗弃、性侵害、家庭暴力等侵害行为的；

(2)胁迫、诱骗、利用未成年人乞讨的；

(3)不依法履行监护职责导致未成年人违法犯罪或者受到刑事侵害的；

(4)对未成年人实施不良行为、严重不良行为以及违法犯罪行为没有及时预防、管教和制止的；

(5)不积极协助、配合做好对涉罪未成年人矫治教育的；

(6)迫使或者放任未成年人离家出走，且不及时查找以及让不满 16 周岁的未成年人单独居住的；

(7)侵害未成年人受教育权等其他合法权利的；

(8)不依法履行监护职责，拒绝承担抚养教育义务的；

(9)监护教育方式不当或者缺乏监护、教育能力的；

(10)其他未依法履行抚养、教育、保护职责，严重影响未成年人健康成长或者合法权益保障等的。

2. 具体措施

《未成年人保护法》及《预防未成年人犯罪法》均规定了未成年人的父母或者其他监护人不依法履行监护职责的，公安机关、人民检察院、人民法院应当予以训诫，并可以责令其接受家庭教育指导。也就是说，法律规定的监护人法律责任只有接受训诫和接受家庭教育指导两种。

根据前期的实践探索，检察机关开展家庭教育指导的措施还包括责令具结悔过、责令严加管教、以及建议公安机关治安处罚等。其中，在教育措施的适用上可以根据监护行为性质的轻重，单独适用一项措施，也可视情况同时采取多项措施。

(1)训诫

未成年人父母或其他监护人存在侵害被监护未成年人的合法权益、不依法履行监护职责或履职不当、不力的，检察机关可以单独或者会同公安机关对未成年人的父母或其他监护人进行训诫，要求其立即停止侵害行为，并依法履行监护责任。

进行训诫的，应当同时向未成年人的父母或其他监护人送达书面训诫书。检察机关的承办人在送达训诫书时或者在司法宣告环节的同时可以考虑对监护人进行口头训诫,一方面可以保障其确实收到训诫书,另一方面也可观察罪错未成年人的监护状况,为进一步作出司法决定提供依据。

(2)责令具结悔过

未成年人的父母或其他监护人侵害未成年人合法权益,检察机关可以要求其以书面的方式对自己的行为进行反省,保证不再侵害未成年人合法权益。

责令具结悔过的,应当要求未成年人的父母或其他监护人出具书面保证,可以要求其当场宣读。

(3)责令严加管教

未成年人父母或者其他监护人放任未成年人实施不良行为、严重不良行为、违法犯罪行为的,检察机关可以责令其对未成年人严加管教,并配合办案机关对未成年人进行教育矫治。

责令严加管教的,检察机关应当向未成年人的父母或其他监护人送达书面责令严加管教书,写明严加管教的具体内容和要求。

(4)责令接受家庭教育指导

未成年人父母或者其他监护人不依法履行监护职责或履职不当、不力的,检察机关可以责令其在一定时间内接受专业机构或者人员的家庭教育指导。

责令接受家庭教育指导的,检察机关应当会同专业机构或人员制定针对性的教育指导计划,引入精准、灵活的教育模式,如运用心理量表、专家咨询、团体培训、个人讲座等多种方式进一步丰富教育手段。此外,除了线下开设课程、组织活动外,还可以通过网络课程、远程团辅等方式开展教育。

3. 教育内容

家庭教育指导内容包括但不限于以下方面:

(1)教育未成年人的父母或者其他监护人培养未成年人法律素养,提高守法意识和自我保护能力;

(2)帮助未成年人的父母或者其他监护人强化监护意识,履行家庭教育主体责任;

(3)帮助未成年人的父母或者其他监护人培养未成年人良好道德行为习惯,树立正确价值观;

(4)教导未成年人的父母或者其他监护人对未成年人采取有效的沟通方式;

(5)引导未成年人的父母或者其他监护人改变不当教育方式;

(6)指导未成年人的父母或者其他监护人重塑良好家庭关系,营造和谐家庭氛围；

(7)协助未成年人的父母或者其他监护人加强对未成年人的心理辅导，促进未成年人健全人格的养成。

（六）社会支持体系

检察机关应当加强与公安机关、人民法院、教育行政部门、民政部门、共青团、妇联等部门和社会组织的沟通联系，建立健全罪错未成年人工作信息互通和配合协作机制，畅通线索移送、审查评估等配合衔接，共同开展罪错未成年人的针对性教育、矫治及预防。

对罪错未成年人开展矫治教育需要进行必要的社会调查、心理干预、行为矫正、社会观护等，这些工作都离不开社会力量，尤其是社工等专业社会力量的支持。拥有健全的社会支持体系，同样是成熟未成年人司法制度的特殊内容和主要标志。专业的社工可以对早期发现的有严重不良行为的未成年人进行及早干预，通过专业化的帮教，有效预防罪错未成年人再犯、重犯。《预防未成年人犯罪法》也明确国家鼓励、支持和指导社会工作服务机构等社会组织参与预防未成年人犯罪相关工作。《未成年人刑事检察工作指引（试行）》（高检发未检字〔2017〕1 号）第 12 条规定，人民检察院可以通过政府购买服务、聘请专业人士等方式，将社会调查、合适成年人到场、心理疏导、心理测评、观护帮教、附条件不起诉监督考察等工作，交由社工、心理专家等专业社会力量承担或者协助进行，提高未成年人权益保护和犯罪预防的专业化水平，推动建立健全司法借助社会专业力量的长效机制。

1. 服务主体

根据《关于做好政府购买青少年社会工作服务的意见》，承接政府购买青少年社会工作服务的主体主要为具备相应能力且依法在登记管理部门登记或经国务院批准免予登记的社会组织和符合条件的事业单位，以及依法在工商管理或行业主管部门登记成立的企业、机构等社会力量。购买主体要结合拟购买的青少年社会工作服务具体内容，明确承接主体的资质及具体条件，按照规定方式和程序，确定承接主体。各地要结合实际，积极做好承接主体的培育工作。共青团要充分发挥联系青年广泛、组织网络齐全等优势，协助有关部门做好相关工作。

2. 服务方式

(1)个案委托

未检部门在办案过程中对发现的司法服务需求，可以通过工作联系函向未成年人检察社会服务中心提出,该服务中心根据检察机关的要求委托有关单位或者社工组织开展相关工作。

(2)项目合作

针对重点青少年群体和引发未成年人犯罪的源头性、普遍性问题,以各级社会服务中心为主体,采用政府购买服务的形式,设立专业化运作的社会服务项目,引导和培育社会力量共同参与构建预防青少年违法犯罪长效机制。

3. 工作流程

(1)需求提交。检察机关未检部门对办案过程中发现的涉及未成年人的服务需求,通过工作联系函的形式向同级未成年人检察社会服务中心提出委托申请。

(2)分配转介。社会服务中心接受委托后,应根据不同的服务需求,及时转介至有关组织、机构或职能部门提供专业化服务。

对于涉罪未成年人社会调查、合适成年人到场、附条件不起诉监督考察及观护帮教等司法服务,可以委托社工组织,由专业社工开展具体工作;对于涉罪未成年人、未达刑事责任年龄未成年人、严重不良行为未成年人、未成年被害人及民事行政公益诉讼案件未成年当事人的身体康复、心理疏导、经济救助、就学就业帮扶、家庭关系、亲子关系修复、国家监护等服务需求,可以转介至共青团、教育委员会、民政局、妇联等成员单位,由相关成员单位开展具体工作。

(3)督导反馈。未成年人检察社会服务中心负责对相关部门和组织开展未成年人司法保护工作的全程进行跟踪督导,确保转介服务及时落实,体现成效。各级检察机关未检部门及受委托的组织、机构、职能部门应当及时向同级社会服务中心反馈工作开展情况。

专题三十一

检察机关国家赔偿及司法救助工作中的若干问题

马　滔* 　最高人民检察院

目　次

* 马滔,最高人民检察院第十检察厅副厅长。

一、关于国家赔偿司法理念和原则问题

应该说理念的问题,对于我们司法办案其实有至关重要的决定性作用,你有什么样的理念,你就会有什么样的行为。有些案件,比如说我们讲,你要有一种求极致的理念,要有人权保障的理念,要有司法公正的理念。司法理念是我们在司法办案的时候树立的一个目标、标准和要求,所以理念问题非常重要,如果理念问题不解决,很多时候我们在办理案件的时候可能就会行为走偏、失范,比如绕着问题走,规避赔偿责任,甚至做一些掩饰,都是有可能的。

最近这一两年,我时不时接到一些地方反映的一些情况,比如说存疑不起诉,有的人认为这个案子应该是被不起诉人也就是赔偿请求人做的,不想赔。《国家赔偿法》从修改到现在都十多年过去了,在一定程度上,存疑不起诉和绝对不诉,在法律上的效果是一样的。你认为他有罪,那你起诉就行了,但是最后法院判他无罪,或许他真的事实上有罪,你该赔就得赔,这是我们在国家治理中必须承受的成本,所以这个理念问题特别重要。

(一)在国家赔偿司法工作中要坚守的几个原则

一是权利救济,国家赔偿案件一般是以刑事案件画句号为前提的。在这种情况下,我们依法公正妥善办理国家赔偿案件,是纠正冤错案件、充分保障当事人合法权益的必然要求,也是重塑司法公信,维护司法公正形象,应该说是最后一个机会,最后一个环节。我们一定要在这个环节,最好是在义务机关这个环节,就能够把赔偿案件给化解了,不要让人家到了法院赔委会以后,通过法院赔委会来纠正我们的错误决定。如果这样,不仅你作为司法办案机关的司法公信就得不到体现了、得不到重塑了,我们前期所做的种种努力也就不存在了。

在坚持权利救济原则情况下,我们要做到及时审查案件,及时赔付,赔偿到位,也不能拖着不赔。昨天还有一个地方的处长给我打电话反映,发现他们的下级院在做赔偿决定的时候,只决定赔偿人身自由赔偿金,不想给精神损害抚慰金。我说这个理念也是有问题的,按照现在最高人民法院新的人身损害赔偿的司法解释,你只要羁押超过半年,就要给抚慰金,而且一给就是50%的比例。所以大家特别要注意最新的司法解释变化。

二是利益平衡的原则,利益平衡是国家利益、社会利益和公民个人利益之间的平衡,当然这种平衡,应该说在我们司法办案环节当中,可能很难体现,重点是在立法环节,怎么样按照经济社会发展的程度和形势的变化,还有我们整体司法体制的有效运转程度来体现。

我们现在全国检察机关，每年的国家赔偿案件大概有不到 2000 件，而且主要集中在捕后作无罪处理这个类型。高检院近年来一直在推少捕慎诉慎押，以后逮捕的比例会大大降低，很多地方要求达到 50% 左右的不捕率。这样无形当中对我们赔偿案件总量的减少会起到特别大的作用。

三是权力监督原则，我们办理赔偿案件不仅是维护公民合法权益，还有一个很重要的作用，就是对办案机关，包括我们自身内部办理案件的部门，也起到监督的作用。前几年我们就在推反向审视，但是后来随着机构改革中断了一段时间，现在我们又开始把这件事情抓起来，高检党组也很重视这项工作。

反向审视站在我们赔偿案件的角度来说，它可以回看全程，整个案件从立案侦查到逮捕、起诉、审判，甚至一审、二审、再审，我们都可以看到这里面各个环节，全流程可以进行审视，到底哪个环节存在问题，到底是什么原因导致国家赔偿案件发生，这也是我们办理赔偿案件一个很独特的优势和视角。

如果说我们发现其他办案部门办理案件中存在违法违纪，甚至构成严重违法，甚至犯罪，我们要移送线索给检务督察部门，这是我们的责任，所以叫权力监督。包括对人民法院赔委会的错误赔偿决定，我们可以提出重新审查的意见。

四是赔偿法定原则，这是赔偿制度的一个基本原则，大家在办理案件的时候也发现，赔偿请求人在提出赔偿请求的时候，应该说诉求很多，理由也很多，有的要求赔偿几百万元几千万元，最后可能依法只赔了几万元。中间的反差为什么这么大，这就是他自己维护自身权益的一个心态表现。因为你司法机关错抓了、错判了，导致我的损失特别大，比如说我的企业生产经营陷入困境了，我个人的声誉受影响了，我的家庭生活、社会关系都受到损害了，想通过这么一个赔偿金全部得到弥补，实现全部的打包赔偿，全面挽回他的损失。

但是大家知道《国家赔偿法》对赔偿范围和赔偿标准的规定是非常明确的，没有纳入赔偿范围的，依法是赔不了的，比如说律师费、申诉上访费用、复印费、邮寄费，虽然我们所面对的案件都是不一样的，但是从类型化的角度看，面对诉求和理由其实都一样，就是经济损失弥补、人身损害赔偿。包括企业经营受损等，都不在《国家赔偿法》规定的赔偿范围之列，所以只能以赔偿法定原则作为审判审理的视角，不予支持。

比如侵犯人身自由的，按照上年度职工平均工资标准来赔，有的赔偿请求人说要赔三倍，说我在里面关了 24 小时，你就赔 8 小时的。还有的是财物被侵犯了，在赔偿财产损失的同时，还要求支付精神损害抚慰金，这都属于超范围索赔。当然他可以漫天要价，我们只能依法赔偿。

(二)在国家赔偿司法工作中还需要克服的几个方面的突出错误做法

一是在错误的司法理念、司法责任观和政绩观的误导下,规避赔偿责任,甚至把矛盾上交。有的说,干脆交给法院判得了,他怎么判我们怎么执行就可以了。我说这是很不负责任的做法,赔偿义务机关依法妥善办理国家赔偿案件,是很重要的司法责任,哪能推脱和推卸? 更何况办理国家赔偿案件,还是我们挽回司法公信的一个很重要的机会,也是挽回我们自身颜面的一个很重要的机会。前面案子错了,肯定是无心之过,比如证据审查,事实认定、法律适用的错误。说实话司法办案固然有它的标准和规范可言,但是也是充满个性化的认识过程,每个人都有自己的认知。有些时候,同一个案子,不同的人看就有不同的结论,在律师看来可能浑身都是毛病。这其中既有视角问题,也有能力问题,甚至还有个人性格和司法勇气问题。司法办案绝对不是做算术题,套套公式就应当得出确定无疑、唯一正确的结论。

有一个法官辞职做律师的人写道:"我做法官的时候感觉自己办的案子特别刚,没有任何问题,作为律师以后再回头看,发现这些案子特别烂,到处都是毛病。"这就是一个视角和站位的问题,律师站在挑毛病的立场和视角,竭力去发现当事人有理的地方。这当然是律师的职业特点和职业伦理所要求的,十分正常,无可厚非。作为司法人员就不一样了,他办理案件的过程就是梳理、编织证据和事实的过程,以图展现一个完整、顺溜的案件形象,以便于其他人比如法官进行审查判断,在这个过程中肯定会把那些细枝末节甩得很干净,抽取那些最关键的环节和要素。

比如一个司法案件、一个判决或裁定、一个司法决定,它的支撑靠什么? 靠几条干货,就像一个雕塑一样,几个架子搭起来以后,轮廓就出来了,虽然因为缺少细节而不能显得生动、细腻,但是只要立得住就行,所以我们看成了也就成了,不管这几根棍子、木架子长短是否合适,泥巴抹的多一点还是少一点,他不看这个。律师和当事人可能就不看骨架成不成,他看倒刺多不多,细枝末节的东西多不多,这就是一个站位的问题。

当然这种站位的问题,不能说它不对,就是自身利益相关的问题。另外一个就是人为了支持自己的观点,总是不断找理由,这个理由可能无所不用其极,找很多,所有能够沾边的,他都往上搁,包括我们国家赔偿里面很多人讲的理由都是这样的。自己的孩子辍学了,包括家庭破裂了,他都可以往上靠,这个因果关系难以证明。

二是工作定位不准,履职尽责偏虚。怎么样摆布我们的国家赔偿工作,它在整个检察机关的工作体系里面,在控申检察工作格局里面占了什么样的位置。应该说它是一个非常独特的位置,不仅是权利维护、权利保障、恢复司法公信、权力监督的问题,还有特别重要的一点,它实际上就是通过一个非常小的抓手,把我们整个司法体制,整个法律体系都能够一把抓起来,抖一抖,看一看,到底是什么问题。我们要坚持问题导向办理国家赔偿案件。虽然《国家赔偿法》就几十个条文,但它背后所涉及的那些法律法规、司法解释是非常丰富、非常广泛的,是小切口、大文章。

比如说,我们办理一个赔偿监督案件,涉及法院错误执行的,你可能要了解《民事诉讼法》的规定,了解法院关于判决裁定执行的相关司法解释、规范性文件、会议纪要、典型案例,等等。办理一个刑事赔偿案件,你要了解《刑事诉讼法》《刑法》的规定,虽然说我们不一定对原案做一个全面充分的审查,但是这些要辅助你来判断这个案子到底有没有错,这个案子的具体影响性因素都有哪些。

如果说我们在办理赔偿案件过程当中,发现有一案办理本来就错了,比如说本来是有罪的,最后做了无罪处理,还要赔,有几个省份前几年发生过这样的事情。控申部门在审查赔偿申请过程中,发现这个案子有问题,结果在补充调查核实后,提出纠正错误判决的建议,最后赔偿请求人被审判认定罪名成立,被判处刑罚。

应当明确的是,我们办理赔偿案件,权利救济保障当然是第一的,但不是说我们对原案就是无所作为、无能为力的,对案件处理结论上的东西我们就不管了。我们在办理国家赔偿案件中,发现案件的处理结论有错误怎么办?我们自己直接处理肯定有点不太合适,人家找你赔偿,你反过来认为不仅不赔,还要继续追究刑事责任,由于存在权利救济与刑事追诉的程序混同、职能混同,法律效果和社会效果上也不是很好。所以就在程序上做一个衔接,比如说通过其他方式,通过上级院指定下级院,撤销决定的方法来处理,不宜在办理国家赔偿案件的时候自己直接来开展对原案件的纠错。

国家赔偿工作实践中还存在简单化、形式化的问题,还有配合、迎合办案部门、捕诉部门的问题,我们的控申部门,尤其国家赔偿工作部门在办理案件过程当中,要摆正位置,把自己作为一个依法独立承办国家赔偿案件的专责部门,应当做到当仁不让、充分履职尽责。从这个视角上体现我们的独立性,这种独立性是司法理念的独立,法律职能、司法责任的独立,同时也是我们自己精气神的独立。不能简单地为了跟同事搞好关系,或者有关领导发话,然后我们就违背法律的要求,做一些错误的结论。有的案子拖着长期不赔、不受理,矛盾上交,最后通过上级院来指令,就是因为不敢、未能担当作为,没有尽到应尽的司法责任。

前一段时间了解到,有一个省院针对这种情况,采取一种措施,就是省检察院对全省的赔偿案件线索进行把控,要求市县院收到国家赔偿申请,马上就上报,由省院进行统筹,发现该受理不受理,该赔不赔的及时指导、纠正。这样做我认为是有好处的,一个省份总体的国家赔偿案件数量不大,也就十几件、几十件,超过一百件的只有个别省份。应该说省院对这几十个案件进行总体把关和统筹,既不会过多加重自身工作负担,也不会对下级院依法独立办理案件形成干扰,同时也能发挥检察机关上下一体的体制优势,加强前端治理,防止程序空转、矛盾激化。

省院集中对这些线索进行审视和报备,他就能够比较集中地看出全省的情况,不仅是有助于指导下级单位,依法及时规范办理赔偿案件,还能够看到全省刑事司法体系的运作情况。我觉得这是一个比较好的经验,大家回去以后都可以尝试借鉴一下。

三是工作方法流于简单、机械。总体来说,就是要讲究综合平衡,既要综合公安机关、人民法院,同时还要综合检察机关和其他机关,和我们自己内部的一些关系问题。举个例子,比如说“两高”关于办理刑事赔偿案件适用法律若干问题的司法解释出来以后,涉及挂案不做结论的问题,这类案件怎么处理?如果我们就管自己这部分,赔不赔我们自己定,至于冤案处理结论到底什么时候改,这个结论什么时候下我不管。这样处理肯定很简单,比如说我先赔完再说,案件赔完以后发现这个案子该撤还没撤,该不起诉起诉了,该判无罪也没判。原案件的结论始终没有形成,是敞着口的,这样的状况等于是在刑事诉讼程序上的停滞、不了了之,但国家赔偿程序先行了,法律上的效果也是很差的。

所以我建议,大家在实践中遇见类似问题,最好跟本院的捕诉部门做很好的沟通,了解一下刑事案件的走向和拟作出的结论,以及程序推进中存在什么困难和问题,请他们也出面跟公安和法院协调,这个案子该怎么处理,最好能够同步推进,先把前置的程序问题给解决掉,群策群力共同争取实现好的司法办案效果。不能出现赔偿案件办完了,赔偿款都已经执行到位了,最后那个刑事案件还在那挂着,这是很不严肃的事情。

四是工作成效不够优化。要切实通过办理赔偿案件,达到息事宁人,化解矛盾,重塑司法公信,维护司法公正形象这么一个效果。千万不能简单地讲,反正我赔完以后,你服不服我不管,我也不做充分的沟通和释法说理。因为现在司法办案的要求越来越高,动作环节越来越多。举个例子,比如说认罪认罚从宽,我们基层调研的时候,有的检察人员就跟我们讲,过去办理一个简单的刑事案件,可能去看守所提讯一次就完了，然后把这个案子往法院一交，就等着法院判，甚至一天可能提讯好几个在押犯罪嫌疑人。但是现在认罪从宽制度实施以后，办理一个刑事案件可能要跑五六次，一个案子的工作量比过去大了好几倍，但付出当然是有好处的，它是值得的。我们讲认罪认罚从宽不仅节约了司法资源，更重要的是减少了社会的对抗。比如像控申部门，以后可能见到的刑事申诉案件就会很少，一审服判率这么高，过了很久之后再来申诉，这个可能性也不是很大了。

如果就案办案、机械司法，停留在简单作出结论，至于释法说理、化解矛盾，这方面下功夫少了，司法办案的效果肯定也不会太好。有一个特别有意思的现象，我们在做司法救助的时候，都是想方设法，追求极致，力争止于至善，既考虑多元救助、综合救助，还谋划与社会救助衔接。但是办理国家赔偿案件好像没有人这么想，这是一个很有意思的现象，大家也可以反思为什么会这样。

我们做好事往往容易流于简单，但是坏人做坏事往往特别精细，挖空心思，考虑周全。国家赔偿案件，当事人也是受害人，是合法权益受公权侵犯的受害人。那么我们对一个刑事案件的被害人，我们想方设法给他司法救助，还与社会救助衔接，脱贫攻坚帮扶，现在在开展司法救助巩固拓展脱贫攻坚成果助推乡村振兴扶。但是有没有人考虑过，我们对国家赔偿请求人，除了给他赔偿金之外，是不是可以考虑，在依法赔偿之外，有没有在社会救助方面做一些工作，让他多一些恢复正常社会生活的支持。

二、关于国家赔偿案件的审查

由于赔偿案件数量总体来说规模比较小，全国有3000多个检察院，一千多件案子一个院还分不了一件。由于办案机会少，所以导致咱们真正遇到赔偿案件的时候就是不会办，我们自己学习东西的时候都有这种体会，急用先学，学用结合，以用促学，才能对法律的规定、办案的要求、风险的预判、文书的撰写等，做到驾轻就熟、游刃有余。要是用不上就学不会，学完以后用不到的话很快就忘了。即使把《国家赔偿法》从头到尾背下来，背得滚瓜烂熟、倒背如流，过几个月突然来一个国家赔偿案件，给你办你还是不会办。真正把一个东西掌握得很熟练、很透彻，是在实践当中进行磨合和操练的，是实践和理论来回交换、反馈的过程。

（一）义务机关的受理审查

1. 受理审查的重点内容

一是看主体，根据《国家赔偿法》第6条的规定，包括了义务机关和请求人是否适格,义务机关找的准不准,有的时候本来是公安机关的事,结果找到检察院来了,还有的当事人特别认死理,我就是不找公安,我就找检察院。还有的是请求人主体不适格,比如说刑事案件的被告人做了无罪处理以后,其本人没有申请国家赔偿,倒是他的叔叔以本人名义来申请国家赔偿。

二是看条件,是否符合启动赔偿程序的前置条件,比如说原案处理结论,已经做出了不予起诉、撤销案件、判无罪等终止追究刑事责任的终结性结论。做出结论的还要看相关的文书有没有生效。

三是看阶段,我们办理案件的时候也存在一个比较大的困惑,有一些当事人递交申诉材料和请求材料的时候,他会做一些选择性的东西,他把省检察院的材料都给你匿起来,直接找最高人民检察院了,然后我们告诉他找省检察院,结果把这个案子交给省检察院以后,省检察院说办完了,实践中这样的无用功并不少见。但是现在好在有统一的业务应用系统,要稍微好一些,个别地方有些案子不上系统,查完以后是有案子挂在上面,但是文书什么的都没有,也没上网。

四是看证据,按照他的诉求来说,他有没有尽到相应的举证责任。当然举证责任这块相对来说要看情况,比如说人身羁押这块其实很简单。第一,采取强制措施,比如拘留、逮捕;第二,做了无罪处理,就两个证据,这两个文书就是证据,除非他自己还想要别的,比如说我要求支付精神损害抚慰金,他举一个造成严重后果的证据。比如说精神分裂了,比如其他损害等,就是除了人身自由之外其他的诉求。

按照《国家赔偿法》的规定,举证责任倒置仅仅限于看守所、监狱这种犯罪嫌疑人在押期间致残致死的,这个时候举证责任是由相关机关来证明,其他的都是由寻求人自己来证明。

当然我们在办理案件的时候,大家要掌握一个原则,怎么样真心实意、真诚的替当事人维护他的合法权益。一个例子,前几年有一个省检察院办过一个案子,一个很大的赔偿案件,索赔大概四五百万。当然当事人服刑期满出来以后申请国家赔偿,说当时扣了我这么多钱,法院判决里面就没有涉及这一块,得退给我。但是他自己很多扣押清单、票据等什么都没有,后来省检察院就问我怎么办,我说你自己就实事求是看,如果这个事情确实是咱们做的,之前咱们也扣了,你去库房里翻一翻,把这些东西翻出来,替他找到这些证据,毕竟强制措施是咱们采取的,不存在找不到的问题。检察机关办理国家赔偿案件,不同于民事主体之间的讼争,不能过度强调攻防体系那一套。我们多做一点,虽然可能在法律对举证责任的分配原则之外,自我加压了,但对于切实保障当事人合法权益、展现公权力运行中的人文关怀、切实化解矛盾纠纷,具有重要意义。后来省检察院的两个办案人在档案库翻麻袋,因为是六七年以前的案子,翻了一个月,翻出了几十张票据出来,后来就给他看,他也认可,他说你们已经尽力了,就这么多吧,虽然我自己觉得应该还有一些,但是就这样吧。这个案子后来省检察院作了刑事赔偿决定以后,到了最高人民检察院复议,我们在办理的时候就发现省检察院多给了利息,又给他扣了 20 余万元利息。我就跟赔偿请求人沟通,我说你看案子办的这么顺利,省检察院拿出十分的诚意出来,帮你找了这么多证据出来,如果你自己找,这证据你找得出来吗?他一听就说算了,我接受最高人民检察院的复议决定。

我说这个是什么意思?如果说你是站在一个民间当事人之间的纠纷上,比如你说让我还你的钱,可以,拿证据出来,这样你是摆不平的,我们作为国家机关的心态要跟普通老百姓有所区别,要以维护公民合法权益、有效化解矛盾的目的去妥善处理,而不是简单地说合法合规,不要过度拘泥于举证责任的问题。举证责任的意思是什么呢?你要说服我,因为当事人对要求义务机关予以国家赔偿有举证责任,你说我的行为给你造成了多大的损害,你就要让我看得见。还有一种就是,你向裁判机关来证明,这是第二种举证责任,它的效果是不一样的。检察官本身就应当履行客观公正义务,在办理案件中不应当有个人私情私利,不应当因为业绩考评怕扣分,在办理案件中行为失范,价值观失准。

五是看时效,时效这个问题总体来说也比较复杂,尤其现在在实践当中,有的地方还存在以时效为由规避赔偿责任的问题。准确理解和适用时效,需要把握这么几个方面的重点内容:

第一,时效没有中断一说,《国家赔偿法》中讲的,两年是固定的时效期限,除非你有有碍行使权利的情形,比如说在拘留、逮捕、服刑期间。还有我们可以稍微扩展一下,比如说因新冠肺炎疫情,你去美国探亲,突然回不来了,这个我想从人道主义角度、合情理的角度来说,可以不计入时效。这样处理,也符合《国家赔偿法》关于时效的立法精神,从文义表述上也具有可解释的空间,即从实际上是否能够行使权利的角度来说,它是客观存在的一些干扰因素。

第二,上访也好、申诉也好,本身是主张自身的时效权利,比如当事人不申请国家赔偿,四处上访,就是不走赔偿渠道。对其是否超过赔偿请求时效,我认为要具体情况具体分析。很多信访人,由于法律知识欠缺,又嫌麻烦,不接受对不同的诉求走不同法律程序进行处理的制度安排和程序引导,将所有合法不合法、合理不合理的诉求打包"一揽子"提出来,为了应付不同的司法机关提出的不属于自身职责的说法,索性不找具体办理案件的司法机关,而是找纪委、政法委等。如果司法机关已经对其做了明确的告知、释明、引导,说明不依法申请赔偿可能导致时效届满,诉求依法得不到支持的后果,其如果仍然固执己见,就可以严格按照法律规定对时效问题进行审查判断。

第三,关于时效这块要特别注意,时效的利益尽量要向当事人倾斜,我个人是不主张对时效做特别严的要求。比如说晚一两天,然后你就说过了。时效一天两天是不是要卡这么严,我倒觉得没有必要这么卡。

当然在实践当中比较大的问题是很多当事人不来,他就写一封赔偿申请书,走邮政快递就寄给你了。我们甚至都不知道这个信件到底写的什么内容,有的邮寄可能查无下落。有的地方就说,这个时候应该视为提出申请了,我认为,仅仅凭借一张邮寄收据,证明不了他写的就是赔偿申请,他其实是无从证明的。甚至有的当事人没准写的还是对原刑事案件的申诉书,实践中还有辱骂法官和检察官的信,控告司法人员违法办案的信。所以,仅凭寄过信这个信息,不足以合理地作出其提出国家赔偿申请的判断。

2. 不立案

立案就要进入实质的办理环节,不立案这块就分情况的进行处理,相对来说还是比较简单的,大家从《人民检察院国家赔偿工作规定》里面就能找到相应的处理方法。比如条件不具备、主体不适格的问题。

要特别注意的是《审查刑事赔偿申请通知书》,实际上就是一个不立案决定书,就是赔偿请求人向司法办案机关提出赔偿申请,该受理的机关经过审查决定不立案,是对赔偿请求人提出的国家赔偿申请不予立案审查的告知性文书。

3. 立案后的实体审查

立案以后的实体审查,主要是审查几个方面:第一个是损害行为的类型、性质、具体情况。第二个是损害后果,要看行为的类型是什么,是侵犯人身自由权的行为,比如说拘留、逮捕的行为,还是查扣冻财产的行为,或者是刑讯逼供、非法使用武器警戒,还有殴打、虐待,或者指使他人殴打虐待,还有损害结果,到底是身体的损害,自由的剥夺,还是财产的损害。第三个是看侵权的主体,即谁实施的侵权行为。比如说公安机关的侦查人员刑讯逼供,无论如何都不可能让检察机关作为赔偿义务机关。有的同一个案件,不同办案环节的司法机关分别实施了不同的侵权行为,比如,公安机关采取了违法查封扣押冻结财产的行为,检察机关批准逮捕后案件最终做了无罪处理,很显然这是两个机关、两个行为,根据目前《国家赔偿法》的规定,赔偿请求人对两个侵权行为均提出国家赔偿申请的,应当分别向公安机关和人民检察院提出。第四个是看侵权行为的类型和过程,持续时间,它的方式等,还有损害的程度,这些因素综合起来,决定了赔偿金的比例,包括后续的精神损害抚慰金的比例问题。第五个是因果关系,这是一个核心问题,所有证据的证明,都是围绕着因果关系来展开的,因果关系成立,就意味着法律责任的承担具有客观的事实基础。当然它有层次之分、有数量之分。因果关系的证明是确立义务机关对当事人的损害负有赔偿责任。当然因果关系不能解决所有的问题,比如说他损害的权利到底是哪些,就不是因果关系解决的问题了,可能是更外层、更广泛的一些东西。第六个是国家赔偿免责问题。我们审查赔偿案件的思路应该是什么,先看一看是否符合赔偿条件,最后再来看是不是存在免责情形。如果说想规避赔偿责任,肯定一上来就先看能不能免责。看时效过没过,主体是否适格等,这两种理念、两种思路完全是不一样的。如果你开始就不太想承担国家赔偿责任,你就会观念先行,围绕着免除、不承担赔偿责任去寻找事实、法律依据和理由,一厢情愿地自我说服之后就作出结论。

还有其他的因素,在我们案件事实的基本骨架、基本框架之外的一些具体因素,比如说我们很多时候办理赔偿案件,包括申诉案件,影响你作出结论的东西,其实恐怕不完全是那几个条条块块,那些干货,可能很多时候是那些辅助性的材料,比如说案件发生的背景,当事人之间的社会关系,事情的前因后果,它的动机等。为什么?只有这些辅助性的材料作支撑,你才能够坚信你对这些骨架的判断,很多时候,决定对证据的判断和事实的认定的,可能就是这些细微的、具体的甚至隐秘的东西。很可惜的是,我们的司法人员很多时候对案件事实的认定是大而化之的、粗线条的,这往往导致案件的其他审查主体心里没底,也会导致律师提出细节性疑问时,控方无法应对。

尽管很多学者也在讲,印证这种证明方法不一定对,但是没有一种证明方法能够包打天下,解决一切案件的认识。所以案件里面有很多细节的东西,魔鬼就藏在细节里面,说的就是这个。

比如说根据你的供述找到了隐秘的证据,这个东西不为外人所知,也不可能是别人实施的。这东西你说它是不是证据,按照现行《刑事诉讼法》的规定,它肯定不是证据,它是证据提取的一种过程,但这个过程又没有相应的载体进行规范记载和反映。简单几个干巴巴的证据往那一摆,缺乏说服力。

4. 赔偿协商

赔偿协商是《国家赔偿法》明确规定的,要求义务机关必须做的一个行为,就是你在办理赔偿案件的时候,你就要跟当事人有一个协商、听取意见的过程,当然这个协商重点是对赔偿的项目、赔偿的方式等做一个协商。当然不能协商说,“要不然你撤回赔偿请求算了”,而且协商的前提就是基本上有赔偿的意向,我想赔,只不过是赔多少、怎么赔,这个时候大家要做一个协商。特别是精神损害抚慰金,弹性比较大一些,有协商空间。

精神损害抚慰金,它的定性就是抚慰性质的,多少其实是看当事人内心的感受。有的人说给我一块钱,我拿着这个钱就觉得自己心里很安慰,心里这个坎就过去了。有的人说不行,你就得赔我十万八万,甚至五百万,就像两个人谈恋爱,分手的时候你把东西还我就行,有的人说不行,你得补偿我的青春损失,就看个人感受。

当然我们也不能说照顾他自己个人极端的感受,这是不合理的诉求,法律规则本身就是提供了一个公共产品,针对的、适应的是大多数人一般性要求,是当下法律所能够提供的总体保障水平,是大家能够支付得起的要求,做得到的要求。比方说你去把星星摘了给我,把我失去的青春岁月找回来,那谁也做不到。

协商的过程当中,你要听他的意见,同时要做协商笔录,最后还要载明到底协商达成什么成果,哪些地方一致,哪些地方不一致。我看过有的赔偿案件,案卷里面反映有协商过程,但是记载的过程很简单,怎么协商看不出来,最后到底有没有达成一致也没有说清楚。这个协商就是无效协商,对于下一步根据协商情况做决定、为下一个办案环节辅助审查,没有参考价值。

为什么我特别看重赔偿协商的问题?因为如果说你在赔偿协商过程当中,你自己明确表示放弃哪些诉求,或者提出什么样新的诉求来代替,你的理由是什么?这些都反映了你对这个事情的认知,你对自己个人权利的看法和处置思路。如果事后过了若干年,你自己再去申诉,再去折腾,我完全可以拿这个理由来压制你,说你看协商的时候你就这么说的,这个也没有人强迫你。尽管有当事人说,你当时逼着我签的,但你没有证据证明是谁逼得你,这是我们为自己留后手的一个非常重要的手段,千万不要小看了前期工作上的周密准备。如果把这个工作做得很扎实、很充分,有的当事人也不去折腾你,但是如果你做得很粗,他就可以找很多理由,这是一个基本的想法。

协商这一块要坚持几个原则:客观、依法和自愿。首先,客观的意思就是要在查明事实的前提下进行协商,不是一笔糊涂账,我们说美国的辩诉交易是在事实不明情况下的交易,为什么要交易呢,你情我愿叫交易。至于说这个东西到底值不值这么多钱,那就不论了。他不是一个市场价格,是当时形成资源的结果。我们从宽也好,赔偿协商也好,讲的是有客观事实为前提,在查明事实的基础上、前提下的协商。

其次，要依法协商，赔偿项目也好、标准也好、方式也好、数额也好，都要按照法律，不能超出《国家赔偿法》的规定。刚才我们讲赔偿法定，我们协商半天，最后人身自由赔偿金一天给你1000元行不行？按照目前的增长比例，每年10%左右，到1000元还早着呢。这个没有依据，财政部门首先就给你卡住了，是不会给你赔的。前一段时间有一个省院的处长给我打电话说过一个案子，说他们做了决定以后，财政部门不给钱，说你们的赔偿决定是错的，我觉得很奇怪，财政部门还有办理赔偿案件的职责和能力吗？尽管财政部门作为国家赔偿费用管理部门，他也有一定审查的职能，但这个审查的职能，是否包括审查司法决定是否正确？我认为是有问题的，这样做相当于在司法机关之上增加了一个最终裁决机关，而他还不阅卷，不经过法定程序进行审查，这显然是不合法不合理的。

最后一个是协商不能代替决定，经过协商以后，哪怕达成一致了，你不能做个笔录就完事了，该做决定就要做决定，同时在决定里面把协商的过程和成果记录下来。这是一个义务机关的审查。

5. 不立案决定的司法救济问题

这个问题是司法实践比较常见的问题。有不少地方咨询，说下级院不立案，找市院、省院复议，行不行？我说复议机关进行复议有两个前提，第一个有复议的对象，什么叫复议？就是再审视一下，你有一个既成的决定才谈得上复议，这是一般情况。复议的程序效果是以复议作出的决定"覆盖"义务机关的决定为准，复议时，义务机关的决定不是生效的决定。第二个是特殊情况，特殊情况是什么呢？就是逾期不作结论。什么叫逾期不作结论？就是赔偿义务机关对赔偿请求经审查立案以后，两个月的审查办理期限届满了还没拿出结论出来，这叫逾期，这个时候可以通过复议来制衡他，通过法院赔委会处理来制衡他。

如果实际上义务机关没有立案，根本没有进入立案后的实体审查程序怎么能复议呢？因为不立案的决定一经作出即发生法律效力，不是复议的对象。因此，这种情况只能作为一个申诉案件来办理，或者作为信访案件来办理。你通过上级指导下级的方式，指令下级院受理和办理，尽快拿出结论出来。上级机关直接作出复议决定，程序上不合法理，这是不合适的。

实际上，这样做还导致义务机关没有通过办理赔偿案件得到一些反思和审视，这是有问题的，这也是他应尽的司法责任，我们老讲压实司法责任，他的活你替他干了，他的司法责任就没有了。义务机关掌握的案件情况，特别是那些比较细致的、比较琐碎的具体东西，他比你多得多，甚至里面谁跟谁有什么关系，社会反映、人情往来、人情关系都很清楚。结果你贸然替人家办这个事，掉到人家坑里去了,所以这个活不能替他这么干,要指令他去干。

另外一个就是要特别注意内外有别的问题,我们检察机关上级领导下级,上级指导下级,这是我们自己内部运作的过程,跟当事人没有太多关系。我们也没有必要说让复议机关给当事人一个决定,说我通知当事人,这个案子指令下去人给你纠正了,你可以按照群众信访件件有回复的要求作回复就可以了。

下级院也是一样,你不一定很正式给他发个文书,指令你纠正或者怎么样。有的时候一个电话就完事了,我想上下级之间这种关系,其实也可以灵活处理。打电话不听再给他下书面指令也没有问题,总体来说没有人会硬扛的。给你打电话让你纠正,你还不纠正,非得等着我给你发文书。

6. 义务机关先行处理原则的理解适用

义务机关先行处理是《国家赔偿法》规定的一个基本原则,义务机关先行处理这个基本原则,应该是《国家赔偿法》中一个有特色的东西。国家赔偿案件诉讼机制如何设置,在《国家赔偿法》研究起草过程当中就有很大的争议,有观点建议,赔偿案件的处理程序就按照《行政诉讼法》的诉讼机制,就是由赔偿请求人作为原告直接起诉至法院,由法院直接作为诉讼案件进行审理,不需要经过义务机关、复议机关等。

但这种观点和方案遇到了比较大的反对声音,毕竟赔偿案件相对来说有一些特殊性。如果义务机关先行处理能够解决问题,没有必要到法院直接审判那种对抗性很强的程度。义务机关先行处理,有助于化解矛盾,争取当事人对他的信任和支持,既有利于减少对抗,也有利于重塑司法公信。在诉讼案件的审判中,调解就是以其有利于消除对抗、化解矛盾而具有独特位置和价值的。这个道理在国家赔偿案件的处理中同样成立、同样有效。如果说在法院审判的时候,大家站在对立的立场上,他的心态就完全不一样了,我就要想着怎么赢,我是控辩的其中一方,对立的一方,我就想支持我的观点,我就找很多理由支持我的观点。

但如果是在义务机关处理过程当中,我就可能心平气和听你讲,那么很多东西我就能做,因为不存在很多矛盾公开、外化的问题,或者外在压力的问题。包括老师教育学生,家长教育孩子也是一样的,大庭广众之下他可能不会自己服软、认输,他就跟你对抗到底,在家里面和声细语跟他一说,他可能就听进去了。

这就是人心、人性。所以我想也不是说非得针尖对麦芒,在很对立的地方辩来辩去。有一种观点说真理越辩越明,但还有一种观点说,经过辩论之后,双方都各自强化了各自的观点。所以我想很多时候妥善处理案件、有效解决矛盾,并不是辩论的问题。

从司法认知的过程来看，有个特别大的悖论，我们讲司法的亲历性，比如侦查人员侦查案件的时候，他跟犯罪嫌疑人经过几个回合的交锋、审讯、眼神对接，他就可能很快判定这个人是否是真凶。但是这个东西写不到纸上，不能作为证据，没有办法转化，侦查人员也没有办法在法庭上说，我从他的眼神中能看出来他就是真凶。

到了审查起诉环节，这些心中有、纸上无的东西统统消失不见了，只留下一堆诉讼法中列明的证据形式。到了审判环节更是如此，证据要求越来越高，每递进一个环节，审视的主体变了，视角变了，要求高了，这个案件的证据可能还是那么多，甚至还可能出现缺失和逐步递减的问题。过去包青天为什么能够成为“青天”，固然有神化的过程，当然跟他自己一个人行使多种权利有关，他既是侦查员，把案子给破了，还是审判员，把案子给判了，最后还负责执行。

现代司法的一大特点是职能分工更细、制约更实、透明度更高，司法是文明了、规范了，但是也不可避免的因为不同诉讼环节司法办案的主体不同，导致认识上的分歧。这就是分工、分权的代价。比如说大家知道的一些重大冤错案件，一个法官可能认为这个案子属于事实不清，证据不足，应改判无罪。换一个法官就可能会认为，这个案子本来就有罪，肯定他干的。这就是司法判断的个性化特点，这就是审查主体不一样带来的变化。

(二)复议机关的复议审查

复议机关包括市院、省院、高检院这三级院。复议机关审查案件，这块重点要注意几个方面，第一个就是符合条件的应当受理，超出法定期间的不予受理，受理后的立案审查时间为一个月。

实践当中存在一种比较有意思的情况，有的当事人做了赔偿决定之后，他一边跟你申请，要求执行赔偿金，说能不能把钱给我们，结果义务机关还挺高兴，开始打报告，他那边扭头去找复议机关去申请复议。前两天还有个基层院的同志咨询我这个问题怎么处理。他说这个事情是不是要等着这个决定生效以后，30 天期满了，我们再去申请执行。我说当然可以等，也可以不等，当事人申请执行，就可以以他的行为作为一种表示，表示他接受你这个决定，你为什么非要等呢？但是你从慎重的角度来说，等一等未尝不可，不过最好的办法就是，跟上级机关多沟通、多联系，看看他有没有找复议机关。

对申请复议的相关材料不齐备的，但是总体来说材料齐备的问题不是很大，因为你义务机关的环节就已经齐备了，到复议机关这个环节少一个东西，比如说义务机关的决定书等,这块不是很大的问题。有的时候存在一种情况,从复议机关的角度来看,它的举证责任问题。

此外,当事人会改变他的赔偿请求,因为目前《国家赔偿法》没有明确的限制,按照最高人民法院的司法解释,赔偿请求人是可以随时改变他的赔偿请求内容。在义务机关、复议机关、赔委会的时候都可以不同,按照法院赔委会的观点,向法院提出申请的时候为最后的申请内容。

这样处理当然有一点不合理,就像民事案件的审理,二审是在一审的基础上开展工作的,二审审查的对象是一审作出的裁判,而不是当事人的诉求。当事人在二审提出一个新的诉求,二审法院可以要求其另行起诉。诉求变动不居,不仅不利于后面各个审级集中有效进行审查,也会损害司法人员对赔偿请求人的信任。就像刚才说的复议问题,你跟义务机关提出一个诉求,最后你跟复议机关提出另外一个诉求,更多的诉求,那我复议什么?我复议的东西说到底是义务机关的决定到底对不对,你的诉求到底是否成立、是否合理,就你来回变。这个来回变的问题,一分为二来看待,也可以反映当事人自己的诉求不明,还有的是通过层层加码,试图对司法机关施加压力。

所以这里面要多问一问,看具体的情况,了解一下,包括有些时候咱们做笔录的时候也可以问问,这个诉求为什么发生这种变化,你是怎么考虑的。

(三)赔偿监督机关的审查

赔偿监督机关这块的审查,这一块重点是省院和高检院两级了,市院基本上很难涉及,市院这块涉及的可能是行政赔偿,但是行政赔偿这一块是同级受理,一次监督,跟行政诉讼案件是一样的。按照高检院已经通过的行政诉讼监督规则要求,以后行政赔偿监督案件归行政检察部门来办理,这个是明确的。

(四)案件审查相关疑难问题

第一个问题,申请国家赔偿是否申请确认违法。

当然在《国家赔偿法》修改以前,是有一个违法确认。修改后的《国家赔偿法》,其实它是隐含了一个确赔合一的,叫违法确认和赔偿程序是合一起的,我在办理赔偿案件的时候,首先要认可存在违法侵权行为。比如说我们在写赔偿决定书的时候就要写道:查封、扣押、冻结的哪些行为,违反法律的哪条规定,侵犯了当事人合法的财产权,造成损害,应予赔偿,当事人获得国家赔偿的权利。这其实就是确赔合一了。

还有一个行政诉讼、行政赔偿里面，你要经过行政诉讼来确认行政行为违法，下一步才涉及行政赔偿的问题，所以实际上是通过诉讼的方式来确认违法。只不过按照修改前的《国家赔偿法》，确认程序是由义务机关自己确认自己的，我不确认可以往上走，可以申诉。在行政案件里面，它就通过人民法院来确认，以行政诉讼裁判结论来确认是否违法。

当然行政诉讼里面存在一个比较大的、大家觉得很困惑的地方是，比如行政判决认定行政机关的行为违法，你不能要求他作出新的行政行为，或者怎么作行政行为。按照国家机关职能分工，司法机关不能对行政机关指手画脚，明确要求行政机关应该作出什么样的决定。结果有的地方行政机关也不是很自觉，也存在这种问题，不仅不作结论，也不作新的决定，或者作一个决定，可能跟过去差不多。

所以想通过单纯的行政审判或者国家赔偿的角度，对当事人有一个很好的保障，应该说还是比较有限的，高检一直在推的行政争议的实质性化解，就是围绕这些问题进行的。

第二个问题，《国家赔偿法》颁布实施之前的羁押赔偿问题。

在《国家赔偿法》颁布实施之前就批准逮捕且在此前就予以解除，但刑事案件一直挂案到现在没有作出终结性的结论，这类案件是否适用《国家赔偿法》？像这种情况肯定是不能作为赔偿案件来处理的，因为羁押状态没有持续到《国家赔偿法》实施以后。案件本身作没作结论，跟羁押、拘留、逮捕，侵犯人身自由是没有直接关系的，关键要看逮捕、拘留有没有持续到现在。至于案件作没作结论，这是另外一个问题。

第三个问题，挂案的国家赔偿问题。

《国家赔偿法》修改以后，典型的挂案不作结论，“两高”《关于办理刑事赔偿案件适用法律若干问题的解释》第 2 条规定的那种情况，这种情况肯定可以启动赔偿程序，但是至于说是不是作出予以国家赔偿的决定，要按照“两高”司法解释规定来看，如果公安机关有证据证明他还在继续侦查，这个时候赔偿程序就要终结了，就不能再继续走了。这个当然也是为了配套实施挂案不作结论的情况，怎么样保证公民合法的权利得到行使，彻底改变过去那种案件不作结论，要赔偿又求告无门的情况。

第四个问题，赔偿请求的撤回。

《国家赔偿法》是一个比较特殊的法律，不光是针对的法律事务特殊、参与主体特殊、处理方式特殊，还有基本的理念和原则比较特殊，相对而言也不够完备，比较粗疏，程序实体合一，相关制度设计也是粗线条的。很多时候，处理相关问题的法理、原理、原则,可能要从其他法律里面找。比如撤回起诉的问题,我们参考《民事诉讼法》的要求,《民事诉讼法》也是允许撤回起诉的,国家赔偿权是一种权利,权利可以行使,可以放弃、撤回。申请赔偿就是行使权利的一种方式,而不是说就是唯一行使权利的方式。

但是,这里面有一个利益平衡的问题,申请赔偿的时候,整个国家机关、司法机关调动起来,调查核实、审查案件,做了很多工作,最后赔偿请求人说要撤回申请。实际上这里存在一个对司法资源浪费的问题,包括后续法律秩序稳定的问题,也都是一个挑战。所以这个时候不能任由当事人决定怎样处理。

大家有的时候看新闻,很多交通违法的行为人,在街头打交警、抓交警,抓的满脸都是血,你说他这么任性,要依法惩治。我们办理赔偿案件里面,司法办案过程中,你要保护他的合法权益,依法进行公正办理,但是也不能任由他使小性子,要弄司法机关。

如果我们是刚开始审查,工作做得不是很多,这个时候还是好好把这个情况明确一下,他撤回的理由什么,有什么考虑,要把法律后果给他讲清楚。比如说你撤回以后,如果没有特别正当、合法的理由,再申请就不会受理,把这个东西说清楚,把它记载下来。

再有就是在时效的把握上,如果他撤回申请了,超过两年以后再来,我们完全可以以请求时效届满为由不予受理。因为,第一次申请的时候我们完全不会按时效来要求你,你撤回以后,完全可以按照时效来说,你已经过时效了,我再不受理了。大家有时间可以去裁判文书网里查一查这个案子,最高人民法院发布过国家赔偿典型案例,专门针对撤回赔偿申请怎么处理的问题。

还有,如果是复议期间撤回申请,怎么处理?那就程序终结,而且他是向义务机关申请的。这里存在一个问题,复议机关不做了,义务机关的决定是否存在生效的问题,不能说把已经作出的决定视之为无物,你撤回申请我可以不复议,但是这个效果要讲清楚,我可以不复议,但是义务机关的决定就生效了。义务机关作出的刑事赔偿决定生效,就具有申请执行的效力,当事人不仅丧失了申请复议的机会,也丧失了向人民法院赔偿委员会申请作出赔偿决定的救济机会了。

第五个问题,赔偿义务机关的确定。

赔偿义务机关的确定,是实践当中争议比较大的问题。我国《国家赔偿法》对义务机关的规定采取了分散的立法模式。只要是行使国家公权力的机关,都有可能成为赔偿义务机关,当然基本原则就是,谁侵权谁担责,谁侵权谁赔偿。

作为"谁侵权,谁担责"一般原则的补充和例外,《国家赔偿法》规定了后置吸收原则。对后置吸收原则的理解与适用相对而言比较复杂，有的人甚至发明出一个双重后置吸收。所谓的双重后置吸收，不光是程序吸收，还得实体吸收。比如说检察机关批准逮捕一个人，起诉至法院之前取保候审了，后一审法院未决定逮捕并一审判有罪，最终二审改判无罪。对这种情况下赔偿义务机关的确定，就存在两种不同的观点。有的认为，从程序上来说，到了法院这个环节，可以吸收，但实体上来说，逮捕这个侵犯人身自由的行为不是法院实施的，所以不能吸收，也就是说按照双重吸收的原则，法院不应当作为赔偿义务机关。目前"两高"的观点是基本一致的，即不应当以所谓双重后置吸收原则来确定赔偿义务机关。《国家赔偿法》第 21 条的文字表述中，根本找不到双重后置吸收的基础和依据。

从立法例来看，有些国家的赔偿义务机关设立是统一的，法律明确由某一个专门的国家机关作为赔偿义务机关。但是这种义务机关其实就是一个受理机关，最终还是由法院来裁判。比如，像德国等很多国家，没有统一的国家赔偿法，法院按照民事诉讼程序进行审理，包括美国也是如此。所以美国很多刑事案件改判无罪了，冤案被纠正，最后申请国家赔偿，不一定能获得法院裁判支持。所以从进入门槛的角度来说，我们国家相对来说还是比较低的。比如，我们存疑案件的赔偿问题，有的学者提出来，说存疑要看程度有多大，有的案子根本就没有太多靠谱的证据，有的案子差不多接近就可以认定犯罪事实了，这个程度不太一样，不同的存疑程度赔偿的金额是否应该有所区别。还有的学者主张将赔偿和补偿做一个明显的区分。比如像刑事拘留，按照目前的刑事拘留，实行的是违法归责原则，司法机关办理适用刑事拘留违反了刑事诉讼法规定的条件、程序，或者依法采取刑事拘留但超过拘留期限的，构成违法拘留，应当承担赔偿责任。逮捕的归责原则是结果归责，逮捕以后案件作无罪处理的，依法应当予以赔偿。拘留后又逮捕，最后再决定赔偿的时候，逮捕吸收了拘留，这个时候对拘留就不考虑是否合法、违法了，逮捕吸收拘留，一块儿赔。

义务机关的类型不同，在我们处理案件的时候要特别注意。《国家赔偿法》中规定了行政赔偿、刑事赔偿、非刑事司法赔偿三种不同的赔偿类型，其中，行政赔偿案件的义务机关只能是行政机关。行政机关的确认也存在一个比较大的问题，比如过去是把监狱作为行政机关来看待，监狱是属于行政机关的系列。但是后来又从职权的角度来看，监狱是刑事司法体系里面的一个环节，所以它应该属于刑事司法赔偿。比如说监狱、看守所虐待在押、服刑人员，要走刑事赔偿的程序，而不是行政赔偿。所以有的当事人打行政官司，说在监狱里面生病了，没有得到及时救治，叫行政不作为。过去是作为行政案件处理的，现在也都作为刑事司法案件和刑事赔偿案件来处理,这个要特别注意。

另外一个就是,像非刑事司法赔偿,因为它的义务机关仅限于人民法院,人民法院在行政诉讼和民事诉讼过程中,司法活动违法,比如说司法拘留、司法罚款,包括错误执行、违法保全等违法行为侵害当事人合法权益造成损害的,义务机关只能是审理相关行政或者民事案件的人民法院。

这三类赔偿案件,在法院内部的办案部门又是不同的,如行政赔偿案件,它的办理主体在法院是行政审判庭,刑事赔偿案件和非刑事司法赔偿案件,它的审理部门又是赔委会。对于检察机关的影响,我们在行政案件的监督上,叫同级监督、一次性监督。有的时候在有些地方,包括有的省级检察院长期错用、混用两种文书,对行政赔偿监督案件也都是多次审查,出的文书也都是赔偿监督申请审查结果通知书,而不是按照《人民检察院赔偿工作规定》的要求,按照行政诉讼监督案件办案程序和文书来执行。

接来下讲一讲《国家赔偿法》的溯及力问题。应该说法律不溯及既往是一个基本的原则,除非有特殊规定,比如说像《刑法》里讲的从旧兼从轻等。我们在办理赔偿案件的司法实践中,关于溯及力的问题有一个比较大的争议。例如,一个赔偿监督的案子就是这样,一直打到最高人民法院都不支持他的诉求,就是 1992 年的一个民事执行错误了,然后 2018 年申请赔偿。作为义务机关的县人民法院和市中级人民法院赔委会都以超过请求时效为由,驳回他的赔偿申请。后来申诉到高级人民法院的时候,高级人民法院说县人民法院和中级人民法院赔委会不予赔偿的结论实体正确,但是理由错误,因为《国家赔偿法》不溯及既往,法院的执行行为发生在 1995 年 1 月 1 日《国家赔偿法》实施之前,所以不能适用《国家赔偿法》规定的时效制度来处理。大家要特别注意,我们在写理由和审查案件的时候,有的时候一个案子可能有很多理由不支持赔偿请求人的诉求,但是我们不一定要全面都写出来。我们要选最关键最重要的,还有一个是要选择根本性的东西。有的办案人员在列明因《国家赔偿法》没有溯及力的理由后,又依照《国家赔偿法》的规定,律师费不予赔偿,复印费也不在赔偿范围之列,显然没有搞清楚法律的溯及力的法理逻辑。皮之不存毛将焉附,后面写这些东西的前提是它符合赔偿条件,应该赔偿,然后再讲到赔多少和赔哪些的问题。

适用《国家赔偿法》要特别注意溯及力的问题其实分两个阶段。一个阶段就是 1995 年 1 月 1 日之前,还有一个就是 2010 年《国家赔偿法》大修之前。1995 年 1 月 1 日之前的行为是当然不作为赔偿案件导入赔偿程序来办理。1995 年 1 月 1 日之后,2010 年《国家赔偿法》修改之前这个阶段,这里面有几个大的区分。

第一，修改前的《国家赔偿法》，对财产损失这块不赔偿利息损失，赔偿范围是小的，也没有违反确认程序。还有一个是没有检察机关赔偿监督的职责。所以如果是人民法院赔偿委员会依照修改前的《国家赔偿法》作出决定的赔偿案件，检察机关是无权监督的，当事人要求检察监督，我们就要看赔委会的决定是什么时候作出的。侵权行为发生是在《国家赔偿法》修改之前，但是赔委会的决定是在最近做出的，可以受理审查，这个要特别注意，是两个阶段。

第二，赔偿请求时效的问题，《国家赔偿法》第39条关于时效问题相对来说规定比较简单。时效适用，还存在一个证明的问题，这个证明问题有的时候比较简单，一眼可知，比如说已经作出了撤销案件的决定，不起诉的决定，无罪判决了，文书也送达了，这个时候当然应该知道他可以申请国家赔偿了。

还有一种情况，刑事案件作出结论后，但文书没有送达，当事人一直不知道案件已经作出结论，对于当事人来说，这个时效就不能从司法机关作出决定开始算，要从他知道的时候开始算。这些就是推定的过程。根据相关情况表明，你应该知道，你说你不知道，这说不过去。比如你曾经提出过申请，你申诉上访了。

第三，关于时效适用，还有一个限制性条件的把握问题，比如人身羁押，包括出境探亲、旅行以后因客观原因无法回国，权利行使受到严重限制。虽然有的人提出来，你在监狱里也可以写申请，但是这个要求有点不近人情，人身自由被剥夺的时候，你让他行使权利，人家觉得我没有这么大的自由度，没有什么保障条件。

还有一个视同为限制性的条件，比如长期挂案没有作结论的，这个时候就没有办法适用时效，为什么？因为你没有作出终结性的结论，所以时效的起算点都没有，就不能认为它过时效了。只要你没有作出结论，赔偿请求人就随时可以申请。

所以从诉讼法的原理上来说，司法机关违反程序法，诉讼上的不利应该归于司法机关，不能让当事人来承担，这也是一个基本的法理。

第四，关于时效救济。"两高"通过司法解释重点明确，赔偿义务机关没有依法告知请求人可以向上一机关申请复议、复议机关没有告知请求人可以向人民法院赔委会申请赔偿，赔偿请求人在义务机关作出决定或者复议机关作出决定后两年内，可以向人民法院赔偿委员会申请作出赔偿决定。这实际上是通过司法解释的形式设定了义务机关和复议机关的告知义务。《国家赔偿法》没有这样的规定。"两高"司法解释之所以有这样的规定，主要是因为实践当中，很多当事人也不是很了解《国家赔偿法》中时效的规定。可能每个人都存在这样那样的认知误区，比如说有的当事人不会说我去看看法条，我上网搜一搜，他可能会搜很多东西,但是他不会搜一个《国家赔偿法》来看一看,到底什么时候可以申请复议,我应该找谁,到什么地方、在什么时限之内。

就像我们很多人买一个家用电器,比如电视机、电脑,很多人是不看说明书的,自己凭感觉动手就开始用。这就是认知上的惯性和误区,为了避免因为这种认知惯性和误区造成不必要的司法资源浪费,所以在这个里面特意明确了一下时效救济的问题。需要明确的是,这两年时间是一个不变的期限,没有任何原因可以中断和延长。

第六个问题,精神损害赔偿。

精神损害赔偿的适用问题,是办理国家赔偿案件中相对来说比较疑难的情况。准确适用《国家赔偿法》关于精神损害赔偿的规定,首先需要明确的是,它的适用对象仅限于人身自由权、生命健康权被侵犯的情形,财产权被侵犯不适用;且其适用于自然人。

精神损害赔偿的四种方式,一是消除影响,二是恢复名誉,三是赔礼道歉,四是支付精神损害抚慰金。

精神损害赔偿制度的适用原则,第一个原则是依法赔偿原则,要严格依照《国家赔偿法》的规定,不扩大或者缩小其适用范围,不得增加或者减小其适用条件。根据《国家赔偿法》第35条的规定,侵权行为造成严重后果的,还应当支付精神损害抚慰金。

第二个原则是综合裁量的原则,要考虑个案中侵权行为致害的情况,包括违法过错程度等。

第三个原则是合理平衡的原则,当然基本的公正就是要求同等情况同等处理,这是老百姓最朴素的公正正义的观念,要把一碗水端平,一把尺子量下来。有的时候我们在办理案件的时候,有一个重要的司法理念是,要因案而异,不要机械司法。实际上大家也知道,刑事案件中,在基本案情和事实、犯罪情节等基本差不多的情况下,在量刑上多半年少半年是比较常见的现象,法官判案也不是机器操作,没有那么精准和统一。全国统一标准,偷5000元就一律判三年。有的地方就是两年五个月,有的地方可能因为认罪态度不太好,在法定量刑幅度内定格判了。有的地方看你态度还挺好,又是初犯,或者没有造成什么其他附带性伤害,可能就判的比较轻。法律规定量刑幅度的目的,就是要通过赋予法官自由裁量权的方式,体现个案的差异和裁判结果的个性化效果。在目前的司法实践中,就有一些当事人不接受因为法官自由裁量造成的量刑差异。

我们国家的法治建设道路非常漫长,普通群众的公平正义观念与法律之中蕴含的公平正义之间有一些不一致的地方。比如《刑法》关于杀人罪的量刑就有很大差距,老百姓朴素的公平正义观念就是杀人偿命,至于具体的犯罪情节对量刑是否应当产生影响,在所不问。我办理过一个刑事申诉案件,被害人的妻子就坚决不接受人民法院以间接故意杀人为由判处被告人死刑缓期执行的结果。老太太对法律的理解和认知跟法律的规定和司法人员的理解适用完全不一样,填平这样的认知鸿沟,我们还有很长的路要走。

造成严重后果的把握,大家要特别注意最高人民法院最新的司法解释,即最高人民法院《关于审理国家赔偿案件确定精神损害赔偿责任适用法律若干问题的解释》,2021 年 3 月 24 日发布的,同年 4 月 1 日开始实施。这个司法解释关于精神损害赔偿中造成严重后果的规定,区分了四种情形。

第一种情形是,无罪或者终止追究刑事责任的人被羁押 6 个月以上。这其实是司法权的扩张性解释,为什么呢? 按照《国家赔偿法》第 35 条规定,羁押行为造成严重后果,而不是羁押这个举动本身就是严重后果。司法解释的规定,就等于是把羁押本身与其后果同义了。从有利于保障赔偿请求人合法权益的角度来讲,如果我们要死扣法律条文,首先,严重后果的问题很难证明,有的时候肯定是一种主观的心理感受,比如长期脱离社会生活、家庭生活、朋友圈子,他的生活不正常,这个东西本身可能就是一个严重后果。其次,《国家赔偿法》规定赔偿标准、赔偿范围有限,通过赔偿程序来化解矛盾,它的有效性比较低。所以做一个扩张性的解释,某种意义上是通过这种“一刀切”的方式追求、保障大多数情况下的公平公正。类似情况还有人身自由赔偿金,不区分赔偿请求人的职业、收入水平,统一执行一个赔偿标准。如果在这个问题上要有所区分的时候,不仅会造成更大的人格不平等的不公平,还会造成具体适用中的困难,反而引发更大的矛盾。

第二种情形是,受害人经过鉴定为轻伤以上或者残疾的,但是一般轻伤或者残疾是侵权行为直接导致的。

第三种情形是,受害人经诊断、鉴定为精神障碍或者精神残疾,且与侵权行为存在关联。这个要特别注意。实际上“存在关联”的表述降低了证明标准和证明责任,没有坚持因果关系的证明要求和证明程度。

第四种情形是,受害人的名誉、荣誉、家庭、职业、教育等方面遭受严重损害,且与侵权行为存在关联。比如说,某个赔偿请求人是因为涉嫌犯罪被批准逮捕了,事后证明是一个冤案,那么其因为涉嫌犯罪被逮捕的经历在他这个职业圈里面、社会关系里面会造成社会对他的负面评价,这种关联性肯定是显而易见的,但是司法解释也没有要求达到因果关系成立的证明程度。

另外,受害人被无罪被羁押十年以上;受害人死亡;受害人经鉴定为重伤或者残疾一至四级,且生活不能自理;受害人经诊断、鉴定为严重精神障碍或者精神残疾一至二级,生活不能自理,且与侵权行为存在关联的,可以认定为后果特别严重。

精神损害抚慰金的确定,一个是《国家赔偿法》的相关条文,另一个是最高人民法院的司法解释。最早是最高人民法院 2014 年的指导意见,当时有些地方在办理国家赔偿案件的时候,也都直接引用了,这是不太妥当的,因为它不是法律,不是司法解释,不具有作为法律依据的效力。有的学者还认为,司法裁判、决定中可以引用指导性案例,这也是不妥当的。座谈会纪要,指导意见,包括指导性案例、典型案例,起的是示范作用、参照作用。而司法上的法律依据是明确的裁判规范,是作出裁判、决定的直接权威性依据,是法律结论的效力来源。法律其实很多时候不用解释,大家都看得见,只有极个别的时候需要解释,解释的需求来自社会治理过程当中发现现有的法律条文存在模糊、短缺、空白的地方,存在矛盾、交叉、冲突的地方,不利于立法目的和治理功能的实现,不利于统一司法尺度。

对法律的解释,主要是对法律概念的内涵进行说明,对其效力边界进行界定。一个概念的内涵是什么?不是概念自己决定的,是由其时代背景和生活场景决定的。大家可能也有这样的体会,比如说我们在一个地方,我们生活在一个小圈子里面,大家说一些很幽默、很风趣的话,每个人一听就心知肚明、心领神会,甚至一个眼神,可能就会哈哈大笑,这是因为背后有文化,有共同的生活经验和体验在里面,这些无须言说的背景材料,框定了理解范围。

哲学上有一个特别有意思的说法,一艘船的一块船板坏了,船主换了一块新的船板,如此这般,反复操作,过了几年以后,这艘船上的木板没有一块是原来的了,全都换成新的了,这艘船还是不是原来那艘船?既是又不是。其实法律的概念也是这样的,在文义解释不能满足需要的时候,需要通过合目的性解释来指导实践。

第七个问题,故意做虚伪供述的理解与适用。

这个也是实践当中的一个突出问题。有的案件,赔偿请求人在侦查、起诉过程中,供述不稳定,多次供述的内容不一致,有的承认自己实施了犯罪行为,有的又否认。在刑事案件作无罪处理后,其提出国家赔偿申请的时候,有的义务机关就认为,反复改变自己的口供,是故意作虚伪供述,按照《国家赔偿法》的规定,故意作虚伪供述,属于国家赔偿免责的法定情形。这种观点和处理方式,是对将供述的不一致与故意作虚伪供述等同了,这是不妥的。《国家赔偿法》作为免责情形加以规定的故意作虚伪供述，它有特定的要求。按照最高人民法院2013年对有关案件的批复，构成《国家赔偿法》上的故意作虚伪供述，其目的是欺骗、误导司法机关，或者有意替他人承担责任，要顶包顶罪的，他故意作虚伪供述，出于一种自愿，同时因为故意作虚伪供述，导致自己被羁押、被追究刑事责任。而犯罪嫌疑人的供述前后不一致，时供时翻，并不具有积极主动和自愿追求司法机关认定自己构成犯罪并追究刑事责任的意愿和动机。

第八个问题，侵犯财产权的赔偿问题。

侵犯财产权里面，要特别掌握的是赔偿方式问题。其中，返还财产是一个基本的选项，比如在财产没有损害，还存在的情况下，首先考虑的是要返还财产，如果财产本身造成损害了，比如说汽车轮胎丢了，某些零部件坏了，通过一般的修理、更换以后就能恢复原状的，那就进行修理更换。如果修理、更换以后仍不足以弥补其损失，那就要考虑支付相应的赔偿金，比如这个车被扣的时候经过评估，按照那个年代、那个品牌，在当地做一个评估，值多少钱。当然这个评估不是自己评估，需要找一个中立的第三方做评估，比如在物资交易市场、机动车交易市场等做评估。评估、鉴定之所以要委托有一定资质的第三方进行，既是出于专业性的考虑，也是出于公信力的考虑。西方法谚说，任何人不能作自己案件的法官。尽管司法机关有司法鉴定机构和专业人员，但不能以自己的鉴定意见作为依据。其中的道理正如人民法院在民事执行中需要通过拍卖来变现一样，自行变卖的价格形成机制毕竟存在公信力不足的质疑。

涉及吊销许可证、执照等，要赔偿停产停业期间的经常性的费用开支，比如说留守人员的工资、税金、水电费等。

存款利息是在2010年修改《国家赔偿法》的时候增加的，过去是没有利息的，过去比如说扣了10万元钱，到赔的时候把10万元钱给你就可以了。

特别注意直接损失。这个直接损失是什么损失？直接损失就是财产自己本身价值的减损。还有一些企业，比如说生产经营陷入困境，不能正常生产经营了，这更不是直接损失了。

财产损失的认定，涉及一个比较重要的概念，就是按照什么时间节点来计算损失，即时间基准问题。“两高”司法解释说得很清楚，按照财产损失发生的时候，《民法典》和以前的《侵权责任法》，也都是相应的表述，按照损失发生时的市场价格。这个损失发生时又怎么理解？最高人民法院有的司法解释提到过侵权行为时，同时提到侵权行为时是否还包括一个状态持续。比如说财产查封持续到现在，是不是可以说这个行为持续到现在？我个人认为不能这么理解，所谓的侵权行为就是一个举动,行为本身没有持续性,持续的是一种不法状态。不法状态是一种影响后果,比如说把财产扣押以后脱离所有者控制,一旦脱离控制,其实损失就已经发生了。因为财产权是一种对财产的控制权、支配权,而不是财产本身。

如果说把状态持续到现在,你就会陷入一个很大的矛盾里面,比如2003年国务院清理有关行政法规,个人倒卖黄金不再作为犯罪处理,像这样的情况,其实他当时扣押的时候属于合法扣押,因为当时的法律是不允许私人倒卖黄金的,但是由于扣押以后没有依法作出处理,导致扣押状态持续到现在,从而构成程序违法。我了解过一个案子就是这样,公安机关在1995年的时候查获一起私贩黄金案件,把黄金查扣了,但自始至终都没有出具相关法律文书作出处理结论,对违法犯罪人员也没有严格按照当时的法律追究刑事责任。最后闹得很凶,人民法院赔委会认为,按照现在的观念和制度来审视,公安机关的查扣行为属于违法行为,持续到现在。当然这里面还是有很大争议的。不仅是行为按照当前的法律认为违法存在争议,包括如何赔偿,赔偿范围有多大,争议更大。有的观点认为,应当按照当时扣押黄金的市场价格来赔,同时计算这些年的利息。我认为这是最合理的一种方式,既符合侵权行为时的时间节点的界定,也按照合理的财产增值方式计算了同期银行存款利息。如果非要认为按照作出赔偿决定时的黄金价格来计算赔偿金额,就不仅赔偿了财产的增值部分,还赔偿了通货膨胀部分,显然是不合理的,也不符合法律关于赔偿直接损失的规定。举个例子,赔偿义务机关违法扣押了当事人的一个鸡蛋,当事人要求赔偿几十万元,其理由是,如果这个鸡蛋我没有损失,就可以孵出小鸡,子子孙孙一大群,要求赔几十万元算少的。

(五)关于法律文书的写作

应该说文书写作是司法办案人员的司法认知、办案能力和文字表达能力和水平的集中体现,我们所有的司法办案成果都要通过文书来呈现和固定,文书的写作本身就体现对这个问题认识是否全面。文书中相应的要素是否考虑到了,表达是否准确。但是在实践中有一些文书,包括义务机关的赔偿决定书、复议机关的复议决定书,仍然存在不少不完全、不准确、不规范的问题。法律文书是司法过程的体现,是司法论证的展开,是环环相扣的递进过程,就是你每说一句话,都成为下一句话的起点,成为下一句话的前提。每一句话都有出处,都有证据支撑、事实和法律依据。

比如说我们讲造成损失的认定问题,造成1000万元的损失,是你自己说的,还是找了一个没有利益纠葛的中立第三方,做了一个相对合理的评估。比如说造成轻伤一级还是二级，还是造成残疾，经过评定了吗？经过鉴定了吗？这些都需要一步一步地进行证明和推进，按照法律的规定，把事实和证据串在一起，提出法律适用的意见，所有客观性的东西都是别人提供的，不是我们提供的，这个要特别注意。所以我们要有推理，实际上推理的起点是客观性的东西，有逻辑、有常识、有常情和常理在里面支撑。办案人员所做的工作，就是在确定的证据、事实基础上进行论证，进行法律适用的作业，提出司法认识活动的结论。

检察机关办理国家赔偿案件，涉及的文书里面重点是三种文书，一个是赔偿决定，还有一个复议决定，还有一个是审查终结报告。从六大要素来说，存在一个诉求的问题，比如说我们要提炼赔偿请求人提出的诉求是什么，有的赔偿请求人的诉求写的很乱，你根本看不清楚，有的写了好几页，还是没有说清楚诉求和理由是什么。作为办案人员，就要负责帮助他把诉求认真梳理清楚，不要有遗漏，当然也没有必要什么东西都往上堆，核心诉求就是重点诉求，要做一些概括。

事实是什么？经本院审查认定，或者调查核实，把基本过程、基本要素按照一个故事的完整性角度说清楚，既要将故事讲完整，又要突出重点，条分缕析说明基本要素、基本关系和基本理由。

还有一个是证据，你支持自身结论的证据是什么？这就要全面梳理原刑事案件中相关的法律文书、勘验笔录、鉴定意见、证人证言、被害人供述辩解，还有视听资料等。

还有一个就是论证，就是把前面说的这些东西串起来，形成我们对案件的结论性认识，按照事情的是非曲直、前因后果，作出责任判定、利害分配。

释法说理是法律文书的一个基本任务，法律文书中没有释法说理的内容，就必然只是简要的事实阐述、法律条文的简单套用和干巴巴的结论，既没有说服力，也没有亲和力，甚至也可能损害公信力。释法说理，基本要求是全面、充分、准确地阐明案件处理中的法理、事理、道理和情理，实际上也是形成结论前的论证过程。当然，全面并不是说面面俱到，也不是越详细越好，它有一个文字提炼的要求，是在不遗漏基本要素的前提下，准确表达相关的观点和态度，严谨、客观、准确，不发生歧义，特别是不能想当然。

说一下决定书的几个方面，一个要素就是请求人申请办理过程、决定内容、程序告知，注意事项这一块，要概括它的请求事项，不能遗漏也不能含糊。有的时候如果说的不清楚，要进一步询问，不能自己替他想。如果说从现有的东西里面能概括出，当然可以，没有问题，如果说实在不明白，要问清楚，让他重新补交提供，或者做笔录问清楚。

因为语言表达本身也是一个很难的事情,能够把一件事情条理清晰地说清楚,其实不容易,能够写清楚就更难了。在别人质疑、挑战的情况下还能应对自如,那就是难上加难。像这些问题,我们平时多做一些基础性的工作,多问一问,把相关的缺漏给补住,千万不能想当然。要简明阐述办理的过程,包括听取意见,协商等,都要说清楚,要记清楚办理活动的时间、地点、参与的人员,包括相关的内容、结果。

写好"本院查明"。本院查明是一个基础性的东西,这是你作出司法判断的事实基础。比如这件事到底是什么事,赔偿案由是违法拘留,还是捕后无罪,还是挂案未做结论,还是说其他的侵犯当事人合法权益的行为;这个过程是怎么样的,主体、各种各样的要素,时间、地点、人物、行为、方式、后果,都要一一列明。本院认为就是结论性的东西,这个结论性的东西根据前面的本院查明,它有一个呼应的关系,但不是重复,呼应就是结合本院查明,针对当事人的诉求说清楚哪些东西支持,哪些东西不支持,支持的依据是什么,不支持的理由是什么。

审查终结报告,我印象特别深的是,司法责任制改革的时候,有的人认为,以后没有审批机制了,案件的审查终结报告就不用写了。为什么?因为这个报告都是给领导看的,为了方便领导审批案子。结果后来发现责任制改革落地之后,这个审查报告变得更重要了。过去你是为了说服领导,方便领导决策,现在是为了说服自己,要是没有审查报告撰写的过程,承办人对这个案件的思维不可能持续,不可能连贯,也不可能清楚明白的进行。

我们把一件事情说清楚、想清楚,其实是不容易的。通过见诸文字,在书面上展开司法认识过程,是一个逻辑递进的过程,也是一个工作留痕的过程,对于说清工作过程、考虑因素、事实和法律依据等,以及证明承办人尽到注意义务,具有重要作用。

最后介绍一下司法救助的问题,从2014年中政委等六部门出台《司法救助意见》以来,应该说我们检察机关的司法救助工作取得了长足的发展,特别是2018年开展专项活动以来。救助案件数、发放救助金额年均分别同比增长50%左右。2018年以前,每年我们救助的金额,全国也就在六七千万元,最多的时候不到1亿元,2020年我们已经达到4.3亿元。要明确几点:

第一,司法救助要体现主动性要求,充分履职尽责。对于刑事被害人救助,检察机关就应该发挥更大作用,充分利用好在刑事诉讼过程的前端、涵盖整个过程的职能优势,主动救助,加大依职权救助的分量和比重,如果符合救助条件的当事人没有在检察机关办案环节得到救助,就是我们的失职。

第二，司法救助一定要切实体现及时性要求。司法救助是救急救难的工作，是雪中送炭，必须做到及时，不能等着被害人到了法院诉讼之后加害人赔不起，得不到赔偿以后再救助。《关于建立完善司法救助制度的意见》虽然表述为通过诉讼不能获得有效赔偿，但对此不能理解为要实际经过诉讼程序，人民法院判决支持的赔偿加害人没有赔偿能力，才考虑是否予以国家司法救助。这样理解，既与司法救助救急救难的定位不符，也会形成检察机关刑事被害人救助的职能损失。你要做的是实质性的审查判断，比如造成多大损失，加害人的赔偿能力怎么样，这个我们是可以调查清楚的，所以一定不能等。

第三，要继续保持深入推进、快速发展的趋势，进一步突出工作特色、亮点和成效。在高检院党组、张军检察长的领导下，在各级检察机关和广大检察干警的努力拼搏下，检察机关司法救助工作已经成为一张耀眼的名片，社会各界越来越关心、支持我们的工作，通过我们卓有成效的工作，每年有数万个家庭获益，能够走出困境，充分体现党领导下司法工作的党性、人民性，体现了人民司法的温度和温情。

第四，准确把握政策内涵和界限。司法救助对化解矛盾、维护社会和谐稳定，作用是非常巨大的。首先要准确把握司法救助的性质，司法救助不是民事赔偿，也不是国家赔偿，不是国家代行承担民事赔偿责任，不能说当事人赔不起，国家来替你赔。有的救助申请存在这样的认识误区，我们一定要把政策讲清楚。其次要准确把握司法救助的司法性、辅助性、一次性和及时性。司法性，因为司法救助是在司法办案当中，对因案件造成生活困难的受害人采取的一种保障生存的辅助手段、辅助措施。实践中生活困难的人很多，但是没有进入司法程序的困难户，咱们就不能上手，个别地方也存在拿司法救助金去扶贫，对不是案件当事人的贫困户予以直接帮扶，不符合司法性要求，是不妥当的。

辅助性的问题，就是要跟社会救助区别开来，司法救助是因为司法的特殊性，属于火烧眉毛的紧急，由于犯罪侵害、民事侵权造成损害、生活困难，要等着社会救助也来不及。司法救助本质上是国家建立的社会救助体系中的一环，因为司法案件、司法程序的特殊性，由司法机关进行救助，有利于查明案情、及时有针对性地进行救助，也有利于提高司法个案的办案效果。

及时性不用说了，雪中送炭，它的重要性是不言而喻的。还有一次性的问题，实践当中有的同志也提出来，说你看我给他司法救助以后，他还是困难怎么办？要牢牢把握司法救助的临时性、一次性、辅助性救助特点和制度定位，不能将司法救助扩大为发挥兜底性作用，取得社会救助。对于予以司法救助之后仍然生活困难的,应当协调进行社会救助,不能再搞第二次司法救助。此外,司法救助要跟社会治理结合起来。实现国家治理体系和治理能力现代化是我们的目标,快速反应、协调行动、精准施策等,都是现代化的基本要求。我们的司法办案工作不能止步于一亩三分地,止步于基本工作任务完成,还需要我们延伸职能,多看一眼、多想一分、多走一步、多谋一层,共同汇聚建功新时代的磅礴力量。

第五,要突出救助重点,防止"撒胡椒面式""蜻蜓点水式"救助。从 2018 年 4 月开展专项活动以来,检察机关司法救助的重点就非常突出了,贫困户、军人军属、残疾人、未成年人这四大重点。现在我们服务乡村振兴,又增加了一个防贫帮扶户,就是防止他再度发生贫困,这也算是一个重点,目的在于守住防止规模性返贫的底线。这几个重点应该说囊括了司法救助对象的困难群体,也属于司法救助救济救困的要求。

第六,要合理确定救助方式,优化救助效果。司法救助不是简单给钱了事,要切实针对救助对象的具体困难情况和实际救助需求,加强救助方式的针对性。针对性强,效果才会好。前几年我们调研的时候,有的省份不愿意进行深入的调查核实,只要有人来申请司法救助就给,但给的金额也不大,每个人给 2000 元。不管你到底困难不困难,或者困难到什么程度。我个人观点,司法救助的基本要求就三个字:"时、度、效"。"时",就是时机、及时;"度",就是分寸、程度、条件的把握;"效",就是效果、措施的针对性,三者统一起来,形成协调的工作状态,可以说效果差不了。近年来有的地方针对未成年人性侵案,通过购买社会服务,为被侵害的未成年人进行心理疏导、心理救治,取得了非常好的效果。这类案件,如果按照单纯的生活困难条件来判断,恐怕不符合司法救助的条件,但是由于被害人的父母没有心理救治的意识,不太可能花钱给孩子进行心理辅导和心理救助,也会因此导致被害人没有得到关爱,不利于其健康成长。我了解到有的案件,检察官为了说服被害人的父母同意为其孩子提供心理救助,多次登门做思想工作,最后是带着心理咨询师一起去,说明其中的道理和必要性,并打消其承担不起费用的顾虑,最终实质性启动了心理救治。

可以说,司法救助是体现检察工作人民性的一个重要载体,是实现检察工作服务人民的初心的一个重要渠道,提高认识,采取扎实有效的措施把司法救助工作做好,是我们应尽的司法责任,我们也一定能在"为大局服务、为人民司法"中取得更好业绩,为党的二十大胜利召开贡献检察智慧和力量。

专题三十二

让公平正义以人民群众“看得见”的方式实现

王庆民* 最高人民检察院

目 次

---

* 王庆民,最高人民检察院第十检察厅主办检察官。

张军检察长对公开听证工作非常重视,多次作出重要批示,并在《人民检察院审查案件听证工作规定》颁布后的第二天,2020 年 10 月 22 日上午在福建主持了一场不服不起诉案件的公开听证,为我们作出了表率和榜样。

陈怡升刑事申诉案公开听证会,是《人民检察院审查案件听证工作规定》刚刚发布后,张军检察长以首席大检察官身份主持的第一场公开听证会,意义重大,影响深远。四级检察机关集中力量,周密安排,充分准备,全力保障听证会顺利召开。从北京、福建各挑选全国人大代表、人民监督员、专家咨询委员、知名教授学者担任听证员,邀请了清华大学张建伟教授、全国人大代表、最高检特约监督员洪波等知名专家担任听证员。听证会历时三个半小时,围绕现有证据能否证实被不起诉人王清江、吕江峰具有非法占有陈怡升财物的主观故意这一核心问题,重点阐述"连发铝业股权转让过程中,王清江、吕江峰是否具有实际决策权""王清江、吕江峰是否明知华益塑胶资金链断裂,无力还贷""部分转让款的真实去向""连发铝业在担保责任中实际承担的数额是否确定"等问题进行。听证员评议期间,张军检察长还与被不起诉人吕江峰及其代理律师、企业实际控制人黄印电和申诉人陈怡升夫妇进行促膝谈心。经过三个半小时的听证,结合听证员的评议意见,办案组经合议,检察机关作出的原不起诉决定并无不当,应予维持,同时,检察机关将积极督促被不起诉人履行法院生效民事裁判,返还申诉人 1400 万元。双方当事人对检察机关所做的工作表示感谢。2020 年 11 月 2 日,在福建省检察院霍敏检察长,泉州市委、南安市委负责同志,法院、检察院有关负责同志和全国、省人大代表共同见证下,申诉人陈怡升和被不起诉人吕江峰签署了《执行和解协议》,双方握手言和,公开听证会取得圆满成果。目前该案的执行和解协议已履行完毕。

一、公开听证的意义和价值

进入新时代新发展阶段,人民群众在民主、法治、公平、正义、安全、环境等方面有内涵更丰富、水平更高的新需求。习近平总书记在"七一"重要讲话中特别强调:"维护社会公平正义,着力解决发展不平衡不充分问题和人民群众急难愁盼问题。"随着人民群众民主、法治意识的不断提高,越来越多的矛盾纠纷以案件的形式进入司法检察领域。检察机关如何通过依法履职彰显公平正义、化解社会矛盾,让社会更加和谐有序?习近平总书记给出"解题思路"——"坚持以法为据、以理服人、以情感人"。检察听证融法、理、情于一体,以人民群众可感、可触、可信的方式化解矛盾纠纷,正是落实习近平总书记这一"解题思路"的重要实践,是让人民群众真正、切实感受到公平正义，进而对司法检察工作、党和政府更加信任，厚植党执政政治基础的重要方式。对此，我们可以从三个方面来理解：

第一，检察听证是践行以人民为中心，以“程序正义”促“实体公正”的创新履职。办案，依法是前提，是最起码的要求。但形式上“依法办理”并不一定能确保效果良好。为什么有的案子程序上结案了，当事人却不服、反复申诉上访，社会也不认可？除了案件实体处理缺乏公正性，自由裁量权运用中未充分体现法理、社情、民意的要求也是重要原因，再就是释法说理不到位，当事人、人民群众无以真切感受公平正义。我们反复强调，办案不仅要不违反“文本法”，更要秉持“内心法”——考虑人民群众的感受！通过检察听证，把当事人请进来，赋予当事人参与听证、提交证据、充分发言、质证辩论的权利，实现了案件当事人之间、案件当事人与司法办案机关之间平等对话，这无疑就是一种程序公正！在听证中把办案过程“晒出来”，请就在群众中生活、工作的中立第三方评评理，以看得见、听得懂、感受得到的“程序”，有效解开当事人的“法结、心结、情结”，促进案结事了人和，实现更高层面的“实体公正”。

第二，检察听证是践行新时代“枫桥经验”，以诉源治理促国家治理的能动履职。检察工作服务经济社会高质量发展，与“大局”紧密关联。检察听证通过在检察机关、当事人及其代理人、相关办案单位、第三方听证员之间构建起良性互动机制，让当事人有理能讲、有怨能诉、有惑能问、有冤能申，检察机关也能更好地运用法治方式、多方智慧消弭积怨、化解矛盾，促进罢诉息访。一些行政公益诉讼检察听证，检察机关邀请行政部门、相关主体等对话协商，坦诚面对问题，共同分析问题，推动解决问题，更好实现“双赢多赢共赢”。同时，听证过程本身就是生动的法治课，既对当事人以案释法，又用鲜活案例促进人民群众法治观念养成。做好这些具体、形象、生动、有效的诉源治理工作，本质上就是推动落实法治轨道上的国家治理，就是在更好地为大局服务、为人民司法！

第三，检察听证是深化司法民主，以公开促公正赢公信的自觉履职。以往检察机关审查办理案件，主要以书面审查为主，缺乏亲历性。特别是对一些重大疑难复杂和久诉不息案件，仅依靠书面审查，很难全面充分查清把握案件事实。检察听证就是检察民主、公开办案，集咨询、论证、群众参与为一体，有助于检察机关全面、充分听取各方意见，尤其是听证员独立发表的客观、中立的第三方意见，以“兼听”避免“偏信”，更加客观、准确认定事实、适用法律，依法公正对案件作出处理决定。检察听证把相对封闭的办案活动放在人民监督的“聚光灯”下，“开门办案”，能够促使检察人员更谨慎、规范用权，让公平正义经得起围观和质疑。

检察听证的功能及作用显而易见,已为实践充分证明。但毫无疑问,围绕检察听证,检察办案团队要做一系列事前、事中、事后的工作,大大增加了检察办案的工作量和难度;同时,不少检察官不敢直接面对人民群众,对自己能否有效把控听证现场心里没底。因此,实践中一些检察官甚至检察长存在畏难、消极情绪,不同程度存在不敢用、不愿用、不善用的问题。各级检察机关、广大检察官特别是入额领导干部,要持续、深入学习贯彻习近平法治思想和习近平总书记“七一”重要讲话精神,从落实以人民为中心、厚植党执政政治基础的高度,进一步增强政治自觉、法治自觉、检察自觉,持续改进、做实检察听证工作,不断提升检察听证质效。

最高检新一届党组高度重视检察听证工作,张军检察长多次指出,“公开听证有社会上、政治上、法律上的好效果,既锻炼了办案人员的能力、提升了水平,又体现了公正,也有助于息诉,同时是对法制的宣传,让更多的人了解、理解和支持检察工作,应进一步做好”。2019 年 7 月大检察官研讨班专门作出部署,要求对一些多年申诉、各方关注的典型案件组织听证,最高检带头落实,当年就实现零的突破,举行了 8 场案件听证会。2020 年 1 月召开的全国检察长会议又进一步提出“应听证尽听证”,要求各地、各级检察院要全面推开,不仅申诉案件要听证、做实,还要溯源治理,在对疑难、复杂、影响审查逮捕、审查起诉案件中也充分运用公开听证。最高检随后制发《人民检察院检察听证室设置规范》《人民检察院审查案件听证工作规定》,开通中国检察听证网,发布 2 批 11 件检察听证典型案例。大检察官带头,各级检察院常态化落实,2020 年组织听证 2.9 万件,是 2019 年的 10.8 倍,听证后矛盾、争议化解率为 83.7%。2021 年,最高检党组又把检察听证作为“检察为民办实事”的重要措施之一,提出“各级院、各业务条线全覆盖”的更高要求,上半年共组织听证 3.2 万件,听证后矛盾纠纷化解率达到 93.7%;22 个省市已经实现了三级院全覆盖;听证员参加检察听证会 15.6 万人次。创新对群众来访常态化开展简易公开听证,推动信访矛盾及时就地化解。总的来看,经过全国检察机关的不懈努力,检察听证在制度和实践层面都迈出了新的更大步伐,呈现整体推进、“全面开花”的良好发展态势。实践充分证明,检察听证是一项自我加压为民、便民、惠民的好制度,不仅大有可为,更应大有作为!

中共中央《关于加强新时代检察机关法律监督工作的意见》明确提出:“引入听证等方式审查办理疑难案件。”由此可见,检察听证上升为党中央对检察工作的制度性要求,成为检察机关的一项重要政治任务。实践证明,公开听证是最好的“连心桥”,架起了人民群众与检察机关沟通的桥梁,进一步满足人民群众日益增长的司法需求;是最优的“普法课”,以鲜活的案例教育广大群众遵纪守法,提高大家的法治意识；是最好的“冶炼炉”，熔铸司法公信，提高检察机关司法公信力；是最好的“催化剂”，有助于“以人民为中心”的思想深入人心。我们深切地感受到，将心比心，就没有解决不了的问题；以心换心，就没有化解不了的矛盾。举办公开听证会，有效打开了申诉人多年的心结，消除了社会戾气，化解了久诉不息的申诉案件，这既促进案结事了、息诉罢访，也增强了检察机关司法办案的透明度和执法公信力，更是为社会公众上了一堂优质的法治课，彰显了法律的公平正义。

二、如何做好公开听证工作

公开听证工作做得扎不扎实、规不规范，不仅关乎案件审查质量，而且关乎人民群众对司法办案的感受、对党和政府的信任。各级检察机关要结合党史学习教育和队伍教育整顿，以“如我在诉”的境界和“求极致”的精神，始终坚持问题导向，瞄准短板弱项发力，把应听尽听、规范听证等要求落实。

第一，正确把握“应听尽听”。最高检党组要求“应听证尽听证”，如何理解？就是要全面推开，所有符合听证条件的案件都要听证。《人民检察院审查案件听证工作规定》第 4 条对检察听证案件范围作了界定：属于羁押必要性审查案件、拟不起诉案件、刑事申诉案件、民事诉讼监督案件等常见听证案件类型，同时必须是在事实认定、法律适用、案件处理等方面存在较大争议，或者有重大社会影响，需要当面听取当事人和其他相关人员意见的案件。另外，在程序上设置了“经检察长批准”的要求。对于审查逮捕案件，只有需要核实评估犯罪嫌疑人是否具有社会危险性、是否具有社会帮教条件的，才可以举行听证。作出这些严格的限制，目的就是防止一哄而上，无谓增加诉累，亦防办“凑数案”！实践中确有一些检察院选取案情简单、矛盾已基本化解或本身就没有争议的拟不起诉、支持起诉案件，甚至司法救助案件进行听证，为听证而听证，做样子、走过场。“凑数”听证，不仅浪费司法资源，还会损害司法检察公信，要坚决纠正！“应听证尽听证”绝不是鼓励单纯追求听证数量，而是要求真正选择群众诉求强烈、矛盾纠纷突出的案件，疑难、复杂、引领性案件，最大限度彰显检察听证的功能和价值。

第二，严格规范听证程序。听证是为了听取各方意见，自觉接受监督，提高决策或案件审查质量。程序合规，质量才有保证；程序有瑕疵，不仅影响听证质量，还可能造成负面影响。最高检对检察听证的范围、方式、程序、参加人员、席次安排等都有统一规定，均应当严格执行。根据《人民检察院办案活动接受人民监督员监督的规定》，一些公开审查、公开听证的案件，还应当邀请人民监督员参加。越是疑难复杂的案件，越要注意把听证各环节的程序做规范、做细致。对不让当事人充分发言、干预听证员独立评议、文书制作不规范等现象,要加强调查研究,有针对性整改。公开听证应当录音录像,便于总结提高。影响性案件,还可以直播、录播,促进法治社会建设。

第三,保证听证质效。检察听证既是检察机关案件审查的司法活动,又兼收集信息、确认事实、听取意见于一身,融一般意义上的咨询、论证、座谈为一体,整体工作相对复杂,要做到质量、效率、效果有机统一需付出更多努力。

听证前,重在了解案件当事人、吃透案情、选准听证员。组织听证的目的是追求好的办案效果,会前就要对案件当事人的情况、案情有全面、透彻的了解,准确把握分歧焦点。案件当事人是否配合,是听证能否顺利进行的先决条件。如何了解案件当事人?就要提前接触当事人,询问是否同意参与听证,了解对听证结果的心理预期等。对预期过高的,要做工作,让其降低预期。如何吃透案情?阅卷是最基本的要求。同时还要与当事人、各方沟通,做好了解诉求、梳理焦点、组织证据、送达材料等各项工作。有些案件还可以事先实地走访、调查相关情况。如何选准听证员?检察听证最鲜明的特点就是听证员的设置。听证员是听证活动的第三方,发表的意见是依法处理案件的重要参考。根据听证需要解决的问题邀请合适的听证员,对于提高案件审查质量大有裨益。实践中,一些检察机关发挥听证员作用不够充分,有的没有提前将案件材料送给听证员,没有就案情与听证员沟通,听证员不了解基本案情就"仓促上阵",无法充分发表意见;有的听证员简单重复检察官观点、"听而不证"。要有针对性地推动改进,对于矛盾纠纷需要化解心结的、反复申诉、无理信访的,宜以专业律师和矛盾调处能力强的社区干部或者具有较高威望的人大代表、政协委员、人民监督员担任听证员;必要时可邀请心理咨询师担任听证员,纾解申诉人负面情绪和消极心态。对需要解决专门性问题的,宜邀请相关专业领域的专家或其主管部门人员担任听证员,对专门性问题作出解释说明,提供专业意见。对原处理决定不服的,还要请原办案人员参加听证会,对原处理决定释法说理,接受监督。

听证中,重在"听""证""结"。在听证过程中,主持人要统筹把控好重点环节和听证方向。如何"听"?就是要做到兼听则明。重在根据听证目的,引导听证活动始终聚焦听证的争议问题展开。"听",首先应让听证员"兼听"双方诉求,确认事实证据,据以作出评议。同时,检察官要在"兼听"双方诉求基础上,再"听"取听证员的评议意见。主持人要有高度的主持技巧和场面把控能力,既要把控方向,把控听证的重点、焦点,又要让各方把观点讲清楚;既要让当事人充分地发表意见,合理地宣泄情绪,又不能放任重复甚至过激言行。案情较为复杂的,要给听证员与当事人更多的互动答问时间，确保参会各方全面了解案件情况和问题症结。如何“证”？就是要围绕听证目的展示事实证据，做好证明、论证。对事实有争议的，要围绕争议焦点详细展示案件证据，证“真伪”；对法律适用有争议的，要充分介绍与争议点有关的法律法规、司法解释、司法政策、指导性案例，证“是非”。通过“证”，定分止争。如何“结”？就是要针对听证员发表的最终评议意见和当事人最终表态发言，由主持人作最终总结，根据现场气氛和当事人对评议意见的态度，判断是否需要现场作出案件处理决定。主持人还可以就司法检察机关的工作进行评论，如对我们的工作瑕疵表示歉意，对当事人进行安抚等，目的既是检视我们的工作，也是取得当事人的信任，更好地做矛盾化解和息诉罢访工作。

听证后，重在跟踪问效，做到案结事了人和。这是听证的最终目的。听证能不能取得预期效果，不仅在于听证中的几个小时，还要在听证后跟踪针对性做工作上下功夫。听证不能当场作出决定的，听证后要认真研究听证意见，把案件依法处理好，把当事人的合理诉求帮助解决好，继续化解矛盾纠纷，促使当事人息诉罢访。同时，还要结合办案发现的社会治理薄弱环节和突出问题，积极向有关部门提出建议，推动溯源治理。

第四，创新听证方式。《人民检察院审查案件听证工作规定》规定了公开听证和不公开听证，并对相应案件范围作了明确界定。这是听证的两种基本方式，要抓好落实。2021 年 3 月，最高检十厅探索开展了简易公开听证，截至 9 月，全国控申检察部门共开展简易公开听证 2413 件，很多都是现场息诉罢访。这项工作还要继续总结、深化、抓实，探索扩大简易听证的适用范围，实现检察听证最低成本、最大收益、最佳效果。特别是要请尚未开展的省份切实转变思想、摒弃怕麻烦的心态，把简易公开听证工作抓紧开展起来，发挥更大作用。已经建成的中国检察听证网要用好，加快推进检察听证室与中国检察听证网联通，让人民群众能够更多、更便利地参与检察听证。目前，已有 26 个省份通过中国检察听证网对 276 件案件进行了听证直播，累计直播观看总量 4 万人次，点播观看总量 17 万人次。开局好，还要更积极、广泛适用，对社会影响较大、具有典型引领价值的案件，尽量采取线上同步直播方式进行，增强检察听证的社会影响力和普法教育效果。要主动向信息技术借力，探索开展异地听证或类案集中听证。对于地处偏远或当事人确有困难的，要主动进村下乡，把检察听证室“搬”到当事人所在地，把矛盾纠纷化解在当事人家门口。

第五，建好听证员库。听证员的选聘要体现广泛性、专业性、可选择性，统筹各类外脑资源，既要注重从人大代表、政协委员、人民监督员、专家学者、特约监督员中选任听证员,也要注意融入社会治理大格局中,将居委会、村委会、公益组织及志愿者、行业协会等社会组织纳入视野。要加强动态管理,建立完善听证员的遴选、培训、使用等配套机制,不断提升听证员的履职能力。要提升听证员库利用效率,发挥上级院的统筹作用,逐步健全、完善上下一体、横向贯通的听证员大数据库,通过省级、市级听证员库统一调用,为每一起听证案件选配最合适的听证员。

三、《人民检察院审查案件听证工作规定》的相关内容

(一)《人民检察院审查案件听证工作规定》制定的背景与过程

检察机关以听证方式公开审查案件是提升办案质量,扩大司法公开,保障司法公正,提升司法公信的重要方式。最高检于2000年发布了《人民检察院刑事申诉案件公开审查程序规定(试行)》(已失效),明确刑事申诉案件的公开审查主要以举行听证会形式进行。之后,最高检对不起诉案件、民事诉讼监督案件、羁押必要性审查案件等的公开审查、公开听证出台了专门规定,并对刑事申诉案件的公开审查作了进一步完善。

20年来,全国各级检察机关认真执行相关规定,积极开展检察听证工作,主动接受当事人及其代理人、辩护人以及人大代表、政协委员和人民监督员等社会各界人士的监督,有效提升了法律监督能力,促进了司法公开、公正、公信。进入新时代,人民群众对民主、法治、公平、正义有了新的更高要求,公平正义不仅要实现,而且要以看得见的方式实现。多年的司法实践也反映出,检察听证工作存在缺乏统一规范、适用案件范围偏窄、适用率较低、听证员作用发挥有限等问题。为深化履行法律监督职责,为人民群众提供更好更优的检察产品,最高检于2019年启动对检察听证的统一规范工作,研究起草《人民检察院审查案件听证工作规定》。经过对检察听证工作进行深入调研,征求相关内设机构、省级检察机关和专家学者的意见,两次征求了最高人民法院、公安部、司法部的意见,并在此基础上征求了全国人大常委会法工委的意见。

(二)《人民检察院审查案件听证工作规定》制定的目的

一是为了更好地坚持以人民为中心的发展思想。开展检察听证,是检察机关践行党的群众路线的有效途径,可以充分保障人民群众的知情权、参与权和监督权,体现以公开促公正、用听证赢公信的理念,是检察机关落实"让人民群众在每

一个司法案件中感受到公平正义"要求的积极探索。

二是为了更好地履行法律监督职责。以听证方式听取意见,是检察机关依法审查办理案件的一种具体方式。通过听证审查办理案件,更有利于检察机关全面听取各方意见,既包括各方当事人及其辩护人、代理人的意见,也包括相关办案人员的意见,尤其是听证员独立发表的客观、中立的第三方意见,能够帮助检察机关更加客观准确地认定事实、适用法律,依法公正地对案件作出处理决定。

三是为了更好地实现政治效果、法律效果、社会效果有机统一。一方面,听证有利于主动接受社会监督和舆论监督,以"看得见""听得到"的法治形式,真正赢得人民群众对检察工作的理解和支持。另一方面,听证能够充分保障当事人的知情权和参与权,消弭当事人、利害关系人及社会公众对司法办案的疑虑,解开当事人的心结,真正实现案结事了。

(三)《人民检察院审查案件听证工作规定》的主要内容

《人民检察院审查案件听证工作规定》共 4 章 23 条,规定了听证案件范围、听证会类型、听证会参加人、听证会程序、听证员意见效力和听证活动经费管理等。

1. 检察听证的称谓

《人民检察院审查案件听证工作规定》第 2 条从主体和功能角度,将"检察听证"界定为"人民检察院对于符合条件的案件,组织召开听证会,就事实认定、法律适用和案件处理等问题听取听证员和其他参加人意见的案件审查活动"。这里借用了行政法中的"听证"称谓,充分体现了听取各方意见,审慎作出处理决定的理念,但在功能定位、启动方式方面与行政听证存在显著差别。行政听证是当事人行使陈述权、申辩权的一种方式,一般是行政机关应当事人请求被动进行。而检察听证是检察机关依法在审查案件过程中听取听证员和其他听证参加人意见的活动。检察机关可以主动组织听证,也可以依当事人申请组织听证。

对于这项工作,过去的相关规范性文件有的采用"公开审查"的表述,有的采用"公开听证"的表述。《人民检察院审查案件听证工作规定》之所以采用"听证",而没有采用"公开审查"的表述,主要是从司法实践考虑。多年来,"听证"已经作为检察机关审查案件的一种具体方式被广泛接受和使用,而且使用"听证"一词更能凸显人民群众依法对检察工作享有的知情权、参与权和监督权,体现检察机关办案的"兼听则明"。同时,这里的"听证"既包括"公开听证",也包括"不公开听证"。

2. 基本原则

《人民检察院审查案件听证工作规定》第3条规定了检察听证的基本原则,即“人民检察院以听证方式审查案件,应当秉持客观公正立场,以事实为根据,以法律为准绳,做到依法独立行使检察权与保障人民群众的知情权、参与权和监督权相结合”。《人民检察院组织法》规定,检察机关行使法律监督职权,可以进行调查核实,办案要“以事实为根据,以法律为准绳”“尊重和保障人权”“实行司法公开”“接受人民群众监督,保障人民群众对检察机关工作依法享有知情权、参与权和监督权”。《检察官法》强调,检察官履行职责应当以事实为根据,以法律为准绳,秉持客观公正立场。《刑事诉讼法》《民事诉讼法》《行政诉讼法》等法律对检察机关审查案件也提出了要求。《人民检察院刑事诉讼规则》《人民检察院民事诉讼监督规则(试行)》等司法解释对案件公开审查、公开听证都作了规定。以此为基础,《人民检察院审查案件听证工作规定》确立了检察听证应遵循的基本原则,让听证员和其他听证会参加人参与检察机关审查案件的过程,并要求检察机关在听取多方意见后,秉持客观公正立场,依法独立作出审查案件决定。

3. 案件范围

《人民检察院审查案件听证工作规定》第4条采用概括加列举的方式对检察听证案件范围进行了界定。一方面,列举了羁押必要性审查案件、拟不起诉案件、刑事申诉案件、民事诉讼监督案件、行政诉讼监督案件、公益诉讼案件等常见的听证案件类型;另一方面,要求进行听证的应当是在事实认定、法律适用、案件处理等方面存在较大争议,或者有重大社会影响,需要当面听取当事人和其他相关人员意见的案件,并且在程序上设置了“经检察长批准”的要求。

特别是对于审查逮捕案件,考虑到侦查秘密原则,即侦查阶段的保密要求,听证范围限定在需要核实评估犯罪嫌疑人是否具有社会危险性、是否具有社会帮教条件的情形。对此,通过在一定范围内组织听证,检察机关充分听取犯罪嫌疑人居住地的居民委员会、村民委员会代表的意见,或者未成年犯罪嫌疑人所在学校代表的意见,客观公正地作出审查决定。实践中,审查逮捕听证对于准确把握犯罪嫌疑人社会危险性条件适用、充分保障当事人辩护权发挥了积极作用。

4. 公开听证与不公开听证

《人民检察院审查案件听证工作规定》第5条区分了公开听证和不公开听证,规定拟不起诉案件、刑事申诉案件、民事诉讼监督案件、行政诉讼监督案件、公益诉讼案件的听证会一般公开举行。审查逮捕案件、羁押必要性审查案件以及当事人是未成年人案件的听证会一般不公开举行。

以往司法实践中，没有严格区分公开听证和不公开听证。《人民检察院审查案件听证工作规定》在总结实践经验的基础上，对公开听证和不公开听证作了界定。公开听证的案件一般是诉讼程序终结的案件，包括拟不起诉案件、刑事申诉案件、民事诉讼监督案件、行政诉讼监督案件等。这类案件不存在泄露办案秘密的问题，比较适合向社会公众公开。例如，对于刑事申诉案件，检察机关在审查时应当全面了解案件情况和各方意见，慎重作出抗诉或者不抗诉的决定，避免偏听偏信。如果决定抗诉，在听证基础上作出的决定，公信力更高。如果决定不抗诉，通过听证这种方式，能够更好地对申诉人进行说服、引导，做到案结事了。另外，公益诉讼案件虽然不属于诉讼程序终结案件，但因为与公共利益密切相关，为了让公众更好地了解案件办理情况，一般也应公开听证。

征求意见过程中，有观点提出，将审查逮捕案件、羁押必要性审查案件列入听证范围，可能会泄露侦查工作秘密。经研究，将这两种案件的听证规定为“一般不公开举行”。也就是说，审查逮捕案件、羁押必要性审查案件不公开听证是原则，以避免妨碍侦查工作正常进行。但是，如果案件相关侦查工作已经基本完成，证据已经固定，不会对侦查工作造成妨碍，而且根据案件情况确有必要公开听证的，也可以公开听证。此外，如果案件当事人是未成年人的，从切实保护未成年人权益出发，一般也不公开听证。

5. 听证会参加人

根据《人民检察院审查案件听证工作规定》第 6 条规定，听证会参加人的范围比较灵活，由检察机关根据案件具体情况确定。除听证员外，可以包括案件当事人及其法定代理人、诉讼代理人、辩护人、第三人、相关办案人员、证人和鉴定人以及其他相关人员。

听证员是检察机关根据案件情况，邀请的与案件没有利害关系且具备一定资质的社会人士，其在听证会上有独立的地位，既不同于维护自身权益的案件当事人及其法定代理人、诉讼代理人、辩护人，又不同于了解案件情况的证人。《人民检察院审查案件听证工作规定》第 7 条第 1 款对听证员的年龄、品行、身体条件等方面的要求作了规定，包括：应当是年满 23 周岁的中国公民；拥护宪法和法律；遵纪守法、品行良好、公道正派；具有正常履行职责的身体条件。此外，第 7 条第 2 款还规定了不得担任听证员的情形，包括：受过刑事处罚的；被开除公职的；被吊销律师、公证员执业证书的；以及其他有严重违法违纪行为，可能影响司法公正的。公众符合《人民检察院审查案件听证工作规定》第 7 条第 1 款规定的，都有资格担任听证员。从目前实践来看，各地在办理案件时，有的邀请人大代表、政协委员、人民监督员、人民调解员等具备一定社会经验的人士担任听证员;有的根据案件需要,邀请特约检察员、专家咨询委员或者某个领域的专家、学者担任听证员,提供专业意见;也有的根据案件情况,邀请当事人所在单位或者居住地的居民委员会、村民委员会的代表担任听证员。

实践中,三位以上听证员参加听证会,进行评议,形成评议意见的情况比较多见,也符合案件讨论、形成多数意见的一般要求。对此,《人民检察院审查案件听证工作规定》第 7 条第 3 款对听证员的人数作了限定,一般为三至七人。

对于人民监督员参加听证会,《人民检察院审查案件听证工作规定》第 8 条明确,依照有关规定接受人民监督员监督。这里的“有关规定”主要指最高人民检察院《人民检察院办案活动接受人民监督员监督的规定》。其规定,检察机关对案件进行公开听证,可以安排人民监督员依法进行监督。检察机关对不服检察机关处理决定的刑事申诉案件、拟决定不起诉案件、羁押必要性审查案件等进行公开审查,或者对有重大影响的审查逮捕案件、行政诉讼监督案件等进行公开听证的,应当邀请人民监督员参加,听取人民监督员对案件事实、证据的认定和案件处理的意见。检察机关应当认真研究人民监督员的监督意见,依法作出处理。未采纳监督意见的,应当向人民监督员作出解释说明。人民监督员对于解释说明仍有异议的,相关部门或者检察官办案组、独任检察官应当报请检察长决定。

6. 听证会的准备

《人民检察院审查案件听证工作规定》第 9 条规定:“人民检察院可以根据案件办理需要,决定召开听证会。当事人及其辩护人、代理人向审查案件的人民检察院申请召开听证会的,人民检察院应当及时作出决定,告知申请人。不同意召开听证会的,应当向申请人说明理由。”由以上规定可知,检察听证的启动,分为检察机关主动组织和当事人申请两种。就当事人申请而言,与当事人做好沟通,是“让人民群众在每一起司法案件中感受到公平正义”的关键。检察机关审查当事人听证请求后,应及时告知其相关结果。如果不能组织听证,应将涉及国家秘密、商业秘密、个人隐私等不能组织听证的理由及时告知当事人。

提前做好听证方案、与当事人等听证参加人保持良好沟通联系等,是保证听证会顺利进行的前提。《人民检察院审查案件听证工作规定》第 10 条对听证会的准备工作作了概括性要求:一是制定听证方案,确定听证会参加人;二是在听证三日前告知听证会参加人案由、听证时间和地点;三是告知当事人主持听证会的检察官及听证员的姓名、身份;四是公开听证的,发布听证会公告。其中,听证方案重点要对听证案件的处理焦点问题进行预判,做好听证会现场突发情况的应对准备。

听证员受检察机关邀请参加听证会，与案件没有利害关系，可以保证其意见的中立客观性。《人民检察院审查案件听证工作规定》第 11 条明确要求，检察机关在确定听证员以后，应当向其介绍案件情况、需要听证的问题和相关法律规定。作为社会人士的听证员，有的是具有一定社会经验和法律知识的专家，有的是当事人所在单位或者居住地的居民委员会、村民委员会代表，知识储备、法律认知和社会经验各不相同。检察官向听证员介绍案情，可以帮助其了解案件事实，了解要听证的焦点问题和相关法律规定，保障听证员真正发挥参与监督作用，确保其在充分了解案件相关事实和法律的基础上发表意见。

关于听证会的地点，《人民检察院审查案件听证工作规定》第 12 条规定：“听证会一般在人民检察院检察听证室举行。有特殊情形的，经检察长批准也可以在其他场所举行。”检察听证室是保障听证会有序规范进行的物质前提，最高检《人民检察院检察听证室设置规范》《检察机关听证室建设技术指引》《中国检察听证网建设方案》等规定对检察听证室的场地、设施和系统作了明确要求。疫情防控期间，鉴于组织现场听证会存在困难，有的地方检察机关通过网络视频等方式进行案件听证，便利了当事人、听证员等听证会参加人，取得了较好的效果。

7. 听证会的进行

听证会主持人在组织听证会、邀请听证员、当面听取当事人和其他相关人员意见过程中，应当充分释法说理，让检察听证会成为生动的法治实践课。《人民检察院审查案件听证工作规定》第 13 条规定：“听证会一般由承办案件的检察官或者办案组的主办检察官主持。检察长或者业务机构负责人承办案件的，应当担任主持人。”这一方面要求听证会主持人要有扎实的法律政策功底，能够兼顾“国法、天理、人情”，依法办理事实认定、法律适用、案件处理等方面存在较大争议或者有重大社会影响的案件，做到政治效果、法律效果、社会效果相统一；另一方面要求听证会主持人要有较强的群众工作能力、风险防控能力和矛盾化解能力。承办案件的检察官、办案组的主办检察官作为案件承办人，对案情比较熟悉，与听证员、当事人能够有效沟通，是比较合适的听证会主持人人选。检察长、业务机构负责人有比较丰富的司法经验和社会阅历，有能力处理听证会现场的各种问题，对于其承办的案件，应当担任听证会主持人。

听证会开始前，需要确认听证会参加人，告知其听证会现场纪律，以保证听证会顺利进行。《人民检察院审查案件听证工作规定》第 14 条规定：“听证会开始前，人民检察院应当确认听证员、当事人和其他参加人是否到场，宣布听证会的程序和纪律。”一般由书记员当场宣读听证会纪律，包括听从主持人指挥，遵守会场纪律，不得作虚假发言，不得侮辱、诽谤、谩骂他人等。

《人民检察院审查案件听证工作规定》第 15 条规定了听证会进行的一般步骤：一是承办案件的检察官介绍案件情况和需要听证的问题；二是当事人及其他参加人就需要听证的问题分别说明情况；三是听证员向当事人或者其他参加人提问；四是主持人宣布休会，听证员就听证事项进行讨论；五是主持人宣布复会，根据案件情况，可以由听证员或者听证员代表发表意见；六是当事人发表最后陈述意见；七是主持人对听证会进行总结。其中，听证会休会期间，听证员就有关事项进行讨论，这一环节原则上不公开进行，一般在单独的听证评议室或者请当事人离场后进行，以保证听证员能够畅所欲言地发表意见，充分阐述自己的观点和见解。听证会复会后，可以由听证员个人或者推举听证员代表发表意见。客观中立的第三方意见更能让当事人信服，也能为检察办案提供重要参考。

8. 听证员意见的效力

听证员在充分了解案件情况和各方意见的基础上，发表听证意见。《人民检察院审查案件听证工作规定》第 16 条规定："听证员的意见是人民检察院依法处理案件的重要参考。拟不采纳听证员多数意见的，应当向检察长报告并获同意后作出决定。"以刑事案件听证会为例，这条规定充分体现了我国《刑事诉讼法》的相关基本原则。《刑事诉讼法》第 6 条规定，法院、检察机关和公安机关进行刑事诉讼，必须依靠群众，必须以事实为根据，以法律为准绳。也就是说，检察机关处理案件的依据只能是事实证据和法律规定，同时，办案还必须紧紧依靠人民群众。在举行听证的案件中，应当将听证员的意见作为处理案件的重要参考。如果办案检察官经过对案件认真审查，并充分考虑了听证员的意见后，拟不采纳听证员多数意见的，必须向检察长报告，在检察长同意后才能作出决定。这既尊重了听证员的意见，又可以保证依法独立公正行使检察权。

9. 检察机关的处理决定

检察机关通过组织听证会审查案件，作出处理决定。《人民检察院审查案件听证工作规定》第 17 条规定："人民检察院充分听取各方意见后，根据已经查明的事实、证据和有关法律规定，能够当场作出决定的，应当由听证会主持人当场宣布决定并说明理由；不能当场作出决定的，应当在听证会后依法作出决定，向当事人宣告、送达，并将作出的决定和理由告知听证员。"如果听证会准备充分，与听证员、当事人等听证会参加人沟通联系顺畅，听证员支持，当事人同意检察机关的处理意见，检察机关可以当场作出决定。但是如果案情复杂，事实认定、法律适用、案件处理等方面确实存在较大争议，听证员有不同意见，当事人的诉求难以实现，需要检察机关认真研究的，可以在听证会结束后作出决定，并将结果告知听证员和当事人。

10. 听证会记录

举行听证会是检察机关审查案件的方式，有必要进行完整客观全面的记录。《人民检察院审查案件听证工作规定》第 18 条规定：“听证过程应当由书记员制作笔录，并全程录音录像。听证笔录由听证会主持人、承办检察官、听证会参加人和记录人签名或者盖章。笔录应当归入案件卷宗。”以同步录音录像的方式客观、真实、全面地记录听证会，能够切实保障当事人权利，规范检察听证工作，提高听证效率，促进司法公正。

11. 听证会的直播录播

《人民检察院审查案件听证工作规定》第 19 条规定：“公开听证的案件，公民可以申请旁听，人民检察院可以邀请媒体旁听。经检察长批准，人民检察院可以通过中国检察听证网和其他公共媒体，对听证会进行图文、音频、视频直播或者录播。公开听证直播、录播涉及的相关技术和工作规范，依照有关规定执行。”公开听证直播，既方便人民群众直接参与、支持和监督检察听证工作，也让办案检察官从幕后走到台前，对检察官综合素质能力提出更高要求。为此，最高检专门建立了中国检察听证网，并在 2020 年 6 月完成了首播。

12. 听证费用

《人民检察院审查案件听证工作规定》第 21 条规定：“人民检察院听证活动经费按照人民检察院财务管理办法有关规定执行，不得向当事人收取费用。”受邀参加听证会的听证员、相关办案人员、证人、鉴定人等的差旅、食宿等经费，按照检察机关财务管理办法有关规定执行。

四、公开听证应注意的几个问题

公开听证工作是业务性极强的政治工作，也是政治性极强的业务工作，集中体现检察机关善做群众工作、积极统筹社会各方力量的功力。做好这项工作，过硬的素质能力、良好的硬件设施、深厚的理论基础都是必要保障，应当重视、加强、做好。

一要锤炼过硬政治、业务能力。公开听证是检察机关开门办案的一种形式，对案件承办人的综合素质要求很高。没有真挚的为民情怀，很难真正用心去做好听证工作；没有扎实的法律政策功底，很难办好存在较大争议或者有较大社会影响的案件；没有较强的群众工作能力和矛盾化解能力，很难促进案结事了。各级检察机关要用好检察听证这个素能提升的“练兵场”。政治建设摆在第一位、要落到实处,教育引导检察官真正把公开听证与厚植党的执政根基统一起来,自觉站稳人民立场。要进一步加大培训力度,补短板强弱项。一个案例胜过一打文件。各级检察院既要学好用好最高检制发的典型案例,也要结合实际及时总结发布本地、本院的典型案例,充分发挥示范、引领、指导作用。

二要强化硬件保障。检察听证室是保障听证有序规范进行的基础。最高检发布了《人民检察院检察听证室设置规范》《检察机关听证室建设技术指引》,一些原先建成使用的检察听证室还没来得及按要求进行整改,部分检察院听证场地不够、设备老化。各级检察机关要按照要求,遵循因地制宜、厉行节约、适用可行原则,充分利用现有办公用房和原有可用设施,统一规范设置检察听证室。省级检察院要加强协调,主动帮助下级检察院解决资金不足、设备落后、技术力量不强等问题。特别是要加强对相对薄弱基层院的帮扶,防止检察听证成为新短板。

三要加强检察听证理论研究。现代意义的听证,在我国是舶来品。听证制度源于英美,最初适用于司法领域,逐步发展应用于立法、行政领域。我国的听证制度是在借鉴西方经验,结合中国国情发展起来的。1993 年,深圳在全国率先实行价格审查制度,可以说是价格听证制度的雏形。1996 年,《行政处罚法》专门规定了“听证程序”,标志着我国行政听证制度的确立。1997 年,《价格法》对价格决策听证作出规定。2000 年,《立法法》确立了立法听证制度。此后,听证制度又拓展到行政许可、行政复议等领域。推行听证制度,有力促进了决策和治理的民主化、法治化、现代化。目前,检察听证理论基础还相对薄弱。要在习近平法治思想指引下,立足我国基本国情,融入法律文化内涵,紧密结合新时代检察机关法律监督职责使命,深入论证检察听证对于维护人民权益、促进国家治理的重大意义,深入研究检察听证相较于国外司法听证的特色和优势,深入探讨检察听证特有的制度价值和发展规律。要加强与专家学者的协作配合,紧紧围绕检察听证实践中的难点问题,集中开展理论研究攻关,对完善听证工作作出科学严谨的理论论证,促进理论与实践紧密结合。

接待群众来访

郭小锋*　最高人民检察院

目　次

* 郭小锋,最高人民检察院第十检察厅办公室主任。

习近平总书记深刻指出:"要依法公正对待人民群众的诉求,努力让人民群众在每一个司法案件中感受到公平正义。"接访工作是送上门的群众工作,主要职责是为党分忧、为民解难。张军检察长在重庆接访时指出,信访工作还要求努力做到把法律送上门,努力给申诉人送上门的公平。①

一、检察信访工作的目标与方向(认识论)

检察信访工作也可以概括为"一个中心,两个基本点"。"一个中心"是指以人民为中心,这是一以贯之的要求,也是信访工作的"灵魂",不是虚的、空的,而是实实在在的,如果丢了这个魂,肯定做不好控告申诉检察工作。"两个基本点"是指办理案件和化解矛盾,当然两者具有不可分割的内在联系,但又有所不同,办案不是目的,化解矛盾才是目的。过去,我们不少同志认为办案部门就管办案,化解矛盾纠纷应该是控告申诉部门的事,如果办案没有考虑到政治效果、法律效果和社会效果的统一,而是机械办案、就案办案,落下的"病根",依靠后续单纯的接访化解是难以实现的,应该将化解矛盾纠纷贯穿办案过程的始终,边办案边化解,最终案结事了。实践中,大量的信访申诉案件,在处理上并无不当,但需要一级级、一轮轮地去化解矛盾。

为什么要明确这个目标和方向?就是为了防止我们在年复一年、日复一日的信访工作中迷失方向,把信访工作简单地等同于办案工作,甚至有的等同于审查受理与不受理的工作,沦为涉法涉诉信访的"程序员",即符合条件的,依法导入法律程序;不符合条件的,引导向其他有关机关反映。其实,在信访工作中我们大有可为,审查受理工作只不过是其中一项工作而已,绝不是工作的全部,还有许多实质性化解工作需要我们去协调、去推动、去拓展。

二、如何看待检察接访工作(价值论)

检察接访工作好比"装修"一样,标准是无止境的,装饰得好一些可以住人,刷一层白墙同样也可以住人,但住的感觉是不一样的;检察接访工作又好比"看病",有的医生简单一问便开药了事,有的医生望闻问切一番并详述病灶病理,可能都医治好了病,也可能都没有医治好病,但给患者的体验是完全不同的。同理,接谈两三个小时也是接访,接谈两句话也是接访,但信访群众感受到的温度是不一样的。比如,对不符合受理条件的案件,直截了当地告知根据法律相关规定,不

---

① 《最高检检察长接访记》,载《法治(制)日报》2020年5月12日,第1版。

符合受理条件，不能说这种接访不可以，但总觉得缺少应有的责任与情怀。

有时候，我们需要思考一个问题，就是我们能给来访群众什么？作为一名普通的工作人员，你可能无权决定启动相关纠错程序，也可能无权决定交办转办相关案件，甚至连是否受理案件都无权决定，所以就觉得没有什么可以给来访群众的，也没有什么可以好谈的。实际上，并非如此，我们可以给的是对待来访群众的态度，或者说以什么方式对待来访群众，这是我们能够决定的。要把接访的过程变成一个有温度、有温情的过程，变成检察官对人民群众关切关心关爱的过程，变成一个落实以人民为中心的过程。所以说，接访是一个"良心活儿"，凭着良心做事。有的同志在年复一年、日复一日地接访中，可能已经麻木了，没有了同情心、同理心。实际上，所有上访人包括缠闹访人员都是我们的父兄姐妹，他们内心不服，尽管有的案件得到了公正处理，但基层司法人员没有把问题说清楚、没有把问题解决到位，这与之前工作没有做到位直接相关，是之前处理不文明不规范留下的"后遗症"，需要我们以"求极致"的精神去做好相关的工作。

由于接访工作需要直面信访群众，具有以下几个方面的特点：一是体现沟通的艺术性。接访工作涉及谈什么、怎么谈、用什么方式谈以及接谈的效果等问题，处处要跟人打交道，要把工作做到信访人的心坎上。二是具有一定的风险隐患。在面对面沟通中，可能会出现缠闹、自杀自残、暴力伤人等极端事件和网络舆情炒作，需要依法及时妥善处置。三是距离矛盾化解最近。在没有见到信访人、没有做信访人工作的情况下，化解矛盾是不可思议的，也是不可复制借鉴的，更多的是经多次接谈、反复做工作，才有可能促使矛盾化解，所以说接访工作是矛盾得以真止化解的不可缺少的环节。四是个体差异性较大。一方面是信访人个体差异，受年龄、职业、家庭、文化、地域等因素影响，表现出不同情况；另一方面是接访检察官个体差异，受司法理念、司法习惯、司法伦理等影响，也是形态各异。因此，在信、访、网、电四种信访渠道中，接访工作是最需要讲求情怀、讲求技巧、讲求能力的工作，否则，不可能做好信访接待工作。

2019 年 6 月的一天，一名信访人因不服法院行政裁定申请检察监督，我们与信访人进行沟通、审查材料，了解到信访人曾因房屋所有权纠纷多次聚众进京上访，公安机关依法对其作出训诫处罚决定，其不服向法院提起行政诉讼。法院以不属于行政诉讼管辖范围为由，依法驳回其诉讼请求。对此，我们进行了释法说理，告知训诫类似于一种批评教育，并不会对其权利义务产生实际影响，建议其回到最初的民事案件上来。但信访人反复强调，最初的房屋所有权纠纷一案已引发五个行政诉讼案件，此次来主要是对公安机关的训诫决定不服，要求检察机关给个说法,否则将继续上访。很显然,信访人已信访多年了,如果不从思想观念和法理情理上解开其心结法结情结,恐怕还会一直在信访路上奔波。①

从这则接访案例中,我们至少可以看到以下几个方面的问题:其一,首办环节释法说理不到位,信访人不服多次进京上访。我们接访工作的另一层意义在于维护社会稳定,用司法的温度温暖信访人,帮助他们回归正常的生产生活,防止发生社会暴戾事件。其二,接访次生了新的矛盾。原本一个民事案件引发了五个行政案件,也反映了有关部门接访处理的不到位,让信访人感到失望绝望,进而采取违法信访行为被行政处罚(多为行政拘留)。其三,导致信访老户的形成。相关信访事项长年累月得不到解决,到哪里都是吃闭门羹,久而久之,便形成了信访老户,表明这其中不少是在程序空转,没有得到实质性化解。其四,此类信访矛盾化解难度很大,不是光靠几句安抚和引导的话就可以化解的,需要通过多次接访、反复做工作,必要时进行"家访",走进信访人内心,才能一点一点融化其心灵深处的"坚冰"。

由此可见,我们接访工作,面对的是群众、办理的是案件、保障的是权益、抚平的是创伤、拯救的是人生、维护的是稳定,具有十分重要的现实意义。这就要求我们在接访中,要往深里走、往实里干,不能浮于"门好进、脸好看、话好听、茶好喝"等表面,要严格按照中央"三到位一处理"即诉求合理的解决问题到位,诉求无理的思想教育到位,生活困难的帮扶救助到位,行为违法的依法处理的要求,带着深厚情感、带着卓越智慧、带着重大责任、带着非凡能力,切实做好群众来访接待工作。

三、检察接访工作的问题与应对(实践论)

当前,检察接访工作最为突出的问题是,将接访工作等同于"是否受理"的形式审查工作,也即符合受理条件的,依法受理;不符合受理条件的,不予受理。这种人为简化接访过程、淡化接访效果的做法,不但实现不了案结事了人和的目标,反而会激化矛盾。因此,需要重点研究规范接访工作,着重规范"谈什么""怎么谈""用什么方式谈"以及缠闹处置、突发事件应对、舆情防范等内容,充分发挥接访在矛盾化解中的至关重要作用。

(一)接谈内容的三要素

一个标准的、有效的接访,应该包含三个方面的内容,即事实层面、法律层面

---

① 曹晋齐、蔡碧原:《"最高检"三月接访见闻……》,载《人民检察》2019年第22期。

和情理层面，体现的是天理、国法、人情的有机融合，使接谈过程更加立体、丰满，接谈效果更富有感染力和穿透力。

1.第一个要素：事实层面

对于信访人来讲，案件事实永远是他们关心的头等大事，通常也是其长期信访的心结所在。有的信访人就讲："不说事实就等于没说。"由于我们不少接谈检察官认为，接访工作就是受理与不受理的判断，所以谈案件实体没有任何意义，有的检察官开门见山地告诉信访人："你别给我讲案件事实，我这里不是办案部门。"但从法治供给侧角度看，信访人之所以千里迢迢信访，不是为了一句受理与不受理，而是要诉说他认为"案件是如何冤屈的"。如果我们的接谈检察官全然不顾信访人的这种需求与期盼，而是不断地重复着受理与否的论调，双方交谈实则不在同一个"频道"上，势必会产生两种后果：一是让信访人不信任接谈检察官乃至检察机关，容易出现负面情绪并进一步激化矛盾；二是容易误导信访人认为检察官避而不谈是在刻意回避或掩盖错误，进而加剧其对信访鸣冤的坚信。这都是不利于最终化解矛盾的。

因此，接访中涉及实体层面内容是确有必要的，也是确有必需的，是走进信访人内心的必然选择，通过实体层面的沟通交流，深度传递"以人民为中心"的温度与温情，最终才能赢得人民群众的理解与信任。比如，甘肃省人民检察院检察长朱玉在接待信访人高某某时，紧紧围绕案件实体展开，打开了信访人心结，实现当场息诉息访。

高某某：关于这个案子，陈某某欠了我两只羊的钱，400多元钱，我娃去要钱，在光天化日之下，他拿刀子戳了我娃。戳了以后我们的亲戚就报了案，派出所和县公安局马上就去了。第二天公安局找我谈话，说是凶手抓了一夜没抓着，已经通缉。30多个月后他突然去投案，之后我一直向公安局和检察院了解案情，后来县检察院决定不起诉。之后，我就去兰州市检察院申诉，最终还是维持了不起诉决定。期盼着能有个说法。

朱玉：这件事情大致的情况您老人家也给我们讲清楚了，事情反映到省检察院以后，我们找了兰州市检察院、永登县检察院的同志和公安局的同志进行了详细了解，在来您这儿之前也找了嫌疑人陈某某调查了解。这个案子发生在20年前，您儿子到陈某某的店里去要账，和陈某某发生了争吵，据陈某某讲，您儿子当时还带了一把刀子。两人相互抓扯，您儿子腿根部中了一刀，陈某某看到您儿子流血了，赶紧找人送到医院抢救，后来听说没抢救过来，他就吓跑了。当时公安机关赶到现场勘查后，就重点布置力量去抓捕犯罪嫌疑人了，当时有3个目击证人，由于没有及时取证,其中两人走了,一直没找到,后来只有一个证人张某回忆了案发过程,说好像是您儿子先拿刀子出来的,到底是怎么伤的,他也没有看清楚。多年后,陈某某主动到公安机关投案,对当时抢夺刀子的过程讲得清楚,但对是不是他划伤了您儿子,他也说得不肯定,前后矛盾,并且他自己的手也被划伤了。作案凶器始终没有下落,导致没有办法进一步确认刀子是您儿子带去的还是陈某某店里的。究竟陈某某是故意伤害、过失伤害、误伤,或是正当防卫等,现有的证据不能得出唯一的结论。所以,检察机关经过认真审查,根据法律规定作出了不起诉的决定。①

针对申诉人提出犯罪嫌疑人用刀子戳死其儿子,然后畏罪逃跑,后投案自首,检察机关作出不起诉决定等问题,朱玉检察长并没有回避有关案件事实,而是根据在案证据,客观、准确还原案发现场的情况,并就作案工具刀的来源及下落、怎么伤害的等情况提出疑问,有效引导申诉人理解并接受检察机关的处理决定。从本案接访情况看,朱玉检察长事先对案件、卷宗有了认真、深入、全面的了解、研究,做到心中有数,才能够精准回应申诉人案件实体诉求,促使申诉人息诉息访。

2. 第二个要素:法律层面

这部分内容是检察官接访中最为熟悉熟知的。正因为熟悉熟知,有的检察官张口闭口就是根据法律的相关规定,不符合检察机关受理条件,或者法院裁判并无不当,根本不听取案件相关情况及信访人诉求,分分钟搞定,一天下来接待 20 件不在话下。试想这种唯法律规范的接访,犹如空中楼阁,必然会导致大量“夹生饭”的重复信访。因此,法律层面的接谈离不开事实层面的支撑,至于如何开展法律层面的接谈?多数检察官还是能够熟悉掌握常见控告申诉案件的受理及答复,但对于有些常见但受理并不多的控告申诉案件的把握,还有待于进一步学习研究。

比如,侦查活动监督案件的受理审查。(1)不符合受理的情形:①控告所涉案件不是刑事侦查案件的,告知检察机关是依照《刑事诉讼法》对刑事诉讼活动实行法律监督,前提是刑事侦查案件,公安机关根据《治安管理处罚法》等有关法律、行政法规进行的调查、处罚行为不归属于检察机关管辖范围。②控告的侦查机关不是本院同级侦查机关的,告知根据《刑事诉讼法》第 117 条第 2 款的规定,检察机关侦查活动监督采用同级监督,您反映的侦查机关不是本院的同级侦查机

① 《“请您相信,我们没有任何偏见”——甘肃省检察院检察长朱玉接待信访人高某某实录》,载《检察日报》2021 年 1 月 7 日,第 1 版。

关,建议向××检察院提出控告。③申诉或者控告的违法行为属于《刑事诉讼法》第117条规定的五种情形之一的,告知根据《刑事诉讼法》第117条规定及《人民检察院刑事诉讼规则》第555条的规定,适用公安机关先行处理前置程序,您应先向公安机关提出申诉或者控告,您对公安机关作出的处理不服或者公安机关未在规定时间内作出答复的,可以向检察机关申诉。④控告的主体不符合受理条件的,答复根据《人民检察院刑事诉讼规则》第555条的规定,提出侦查活动监督申请的主体应系案件的当事人和辩护人、诉讼代理人、利害关系人。(2)符合受理的情形:①申诉或者控告的违法行为属于《刑事诉讼法》第117条规定的五种情形,申请人已经向公安机关控告或者申诉,对公安机关的处理不服或者公安机关未按照《公安机关办理刑事案件程序规定》第191条规定的时间内作出答复的,告知您提交侦查监督活动申请符合受理条件,受理后移送本院相关办案部门审查办理。②申诉或者控告的违法行为系《刑事诉讼法》第117条规定情形之外的违法行为[①]的,告知您提交的侦查活动监督申请符合受理条件,本院及时审查,依法处理。(3)控告人提交侦查活动监督申请材料需进一步审核是否符合受理条件的,告知本院将对您提交的申请材料进行审核,以判断是否符合受理条件,并及时向您答复。

侦查活动监督案件的办结答复。(1)本院经审查,认为××公安局对您的申诉、控告处理不正确,本院已经通知××公安局予以纠正。本院经审查,认为您提出的××公安局存在违法行为的控告属实,本院已经提出纠正意见。(2)本院对您提出的控告开展多项审查工作,包括××(结合案件事实进行释法说理),审查中未发现侦查活动存在违法、违规行为,××公安局对您的申诉、控告处理正确,向您出具书面答复,请您正确看待侦查活动。本院对您提出的控告开展多项审查工作,未发现××公安局存在您提出的违法行为,请您正确看待侦查活动。

3.第三个要素:情理层面

接访中,检察官不仅要谈案件事实、法律适用等方面内容,还要谈情理,包括信访人家庭情况、生活情况、健康情况、经济情况等。在信访群体中,老年人比例占到七成左右,由于常年信访,信访人身心俱疲,需要抚慰这种创伤,因此给予必要的人文关怀,是接访的"润滑剂"、"催化剂"和"粘合剂",既体现了司法的温度,又有助于推动建立良好的信任关系。比如,北京市人民检察院第二分院承办中央有关部门交办的车某信访案。车某因对其子被伤害致死一案的处理结果不满,伙

---

① 接访人员可参照《人民检察院刑事诉讼规则》第567条规定的16种情形对《刑事诉讼法》第117条规定情形之外的违法行为进行审查。

同4名常年上访人员攀爬铁路通信塔,并采取悬挂条幅、抛撒材料等方式制造社会影响,时间长达70多个小时。该院选派具有丰富接待经验且曾接待过车某的检察官与之面谈,见到车某说的第一句话就是"老车,你还认得我吗?"并自然而然地与其唠起了家常,询问有何困难,聊着聊着,车某就哭了,检察官便关切地劝道"你眼睛不好,怕眼泪刺激,别哭了!"这么一唠一劝,更拉近了双方的距离,为该案成功化解奠定了基础。又比如,某检察官承办的一起故意伤害申诉案,因作案工具上血迹来源不具有唯一性,无法排除其他合理怀疑,故维持了存疑不起诉决定。被害人不服,要求释法说理。承办检察官远赴山东接待了74岁高龄的被害人,当见到被害人的第一时间,便关心地询问老人下颌处的伤是否痊愈了,听力是否受到影响等,并用手轻轻抚摸老人的伤痕处,那时那刻,那情那景,老人被感动到,抹着眼泪表示接受检察官的意见建议,息诉息访。

(二)接谈语言的运用

语无定式。虽然接访不必拘泥于语言,但对于接访中几种常见的语言,需要接谈检察官予以重点关注,运用好了,会起到四两拨千斤的特效。

1. 开场性语言的运用

在平时接访中,很多检察官忽视了开场性语言的重要性,认为是可有可无的。而事实上,在面对陌生的信访人特别是初访的信访人时,活泼幽默的开场性语言能够迅速"破冰",起到营造宽松和谐的接谈氛围,拉近与信访人心理距离的效果。比如,张军检察长在重庆接访的开场白为我们接访工作提供了一种范式。

张军:你们好,马总,"马仁义",多仁义的老总啊,快请坐,快请坐。

李荣辰:马总说他怕普通话说得不标准。

张军:没关系啊,要是说本地话,我也说不标准。

马仁义:我还有一点紧张。

张军:我都不紧张,您还紧张?听您的,您说吧。

马仁义:我本人叫马仁义,五八年出生。

张军:五八年,那我还是兄长啊,我是五六年。

马仁义:实际年龄我是五六年的六月,但身份证调整时给我调成五八年了。

张军:您非要调成五六年,那您就是老哥了,应该叫您马兄啊。

张军检察长首先从信访人姓名入手,采用"一语双关",且紧握信访人双手,既体现了尊重信访人,又不失诙谐,缓解了初次见面的绷紧的氛围。然后,借助普通话问题,又幽默了一把"要是说本地话,我也说不标准",让信访人顿生亲切感;

接着又活泼地讲到“我都不紧张，您还紧张？”，让信访人感觉轻松不拘谨；最后在年龄上拉近关系，继续保持诙谐幽默的风格。看似漫不经心地聊姓名、口音、年龄等，实质上是消除了申诉人的距离感，让申诉人不会因为对方是“高大上”的检察长谈话时就有所顾忌，让申诉人感受到检察长是既讲法也讲情的，从而敞开心扉，避免出现“尬聊”的状况，有助于最终解开申诉人心里的疙瘩。这为我们平时接访开场提供了可以复制、可以借鉴的模式，从信访人姓名、年龄、口音、地域等方面做文章，拉近与信访人之间的关系。

2. 肯定性语言的运用

列夫托尔斯泰曾讲：“甚至在最好的、最友爱的、最单纯的关系中，称赞也是不可少的，正如同要使车轮子转得滑溜，膏油是不可少的。”我们在接访工作中往往不善于肯定信访人，倒是习惯于居高临下批评教育信访人。长年累月的信访让信访人产生强烈的敏感和抵触心理，而肯定性语言犹如阳光，能扫除信访人心中淤积的阴霾；犹如甘露，能滋润信访人干涸的心田。只有在肯定中才能共情共识，建立良好的信任关系。建立良好的信任关系，才有信访人理解并接受相关结论的可能性，才有息诉息访的可能性。比如，张军检察长在接访过程中曾多次旗帜鲜明、直截了当地肯定了信访人及其企业，既让信访人感到被尊重、被肯定、被认可，也符历史唯物主义辩证法的认识观。

张军：我刚才整体听下来，觉得您（信访人马仁义）作为企业的老总，是相当称职的，很有格局，和我们以往接待的有的当事人家属或受害人只看重自己或者不是很客观地把事情描述出来不同，我觉得您确实让我内心很生敬意。所以您的企业发展得也很顺畅，特别是对程某作为自已的员工考虑周到，员工出事后尽心处理好善后事宜，没有让这件事成为社会问题。你们尽到了企业对员工的责任，也尽到了企业的社会责任。你们做得确实还是很不错的。

张军：……你们这个罚款也都交了，死者的补偿也到位了，到位了您才来起诉这个案件，程序您也都走到了，说明您也很有法治意识……

张军检察长还曾多次肯定信访人的企业。

张军：……对你们企业，您刚才说了是一条生命，还特别说了程某家里和孩子的情况，这个挺让我感动。有些企业这个时候可能只想自己了，缺乏一种同情心。没有同情心干不好企业，您的助理也不会这么死心塌地地跟着您……

这为我们接访提供了一个很好的示范，要求从客观公正的立场去看待信访人及其信访诉求和事项。其实，每一个信访人身上都有值得肯定的地方，需要我们在平时接访中，用心去挖掘信访人身上的闪光点，并旗帜鲜明、直截了当地加以肯定、鼓励,比如“您是一个明道理、讲是非的人”“您讲的观点,我们分析觉得也有一定道理”等,而不是一味否定、批评,否则,容易产生心理阻抗,不但化解不了矛盾,反而可能激化矛盾。

3. 否定性语言的运用

接访中,当遇到信访人有不恰当的想法或做法时,如何去实事求是指出其错误所在?这是需要技巧的,视而不见,起不到以正视听的效果;太过尖锐激烈,容易引发矛盾冲突。需要根据不同情况以及信访人性格、文化等特征,采取必要、适当的批评,严肃指出并促请其加以改正。建议以委婉、含蓄、缓和的批评为主,一方面让信访人容易接受并改正;另一方面也防止激化更大的矛盾,这要求接访人员有更大耐心、更高格局、更强说理。但同时,也不排除有的时候使用直截了当的批评,因情势所定。比如,张军检察长在接访中大量使用批评性的艺术,为我们接访工作打了一个很好的样。

张军:……这个事两年了,老总还不断地申诉,打了两三次官司,就这个案件整体来说有没有必要,值不值得?你们这个案子各方都处理了,各方总体上都有责任,处理程序上也做到了总体公正。总体来看,这个案子还有没有必要非要较个真,值不值呢?其实已经非常较真了,指定另一个法院审理。法院审理案件时一定也会像我们检察长一样很重视,最终作出了维持的裁判,在这个情况下还要继续申诉值不值?这是一个因素,马总您要格局更大一些,站位更高一些,眼光更远一点。还有,处理这个案件如果姿态高一些,看到这不仅仅是个处罚、不仅仅是一笔钱,是让企业发展更稳一些、走得更远一些,又是一种境界,从这个意义上来讲您就是值了,获得了更好的经商环境……

在这段接谈中,采用了两种不同的否定性表达方法:一是巧设反问句,言外之意是为了这个处理上总体并不显失公平的事情,信访人打官司申诉两年不值当,旨在点醒信访人回归正常的生产生活。二是反话正说,如“要格局更大一些,站位更高一些,眼光更远一点”等,表明信访人在看待问题上还有提升的空间,这让信访人容易理解并接受。还有就是,平常接访中信访人动辄全盘否定已结案件所体现的司法公正或社会正义,我们应如何去指出其偏颇?山东省人民检察院检察长陈勇也给出了很好的答案,从司法机关所做工作角度有力回应信访人,引导信访人坚信司法公正,弘扬社会正义。

闫某某:我明白这个道理。我女儿聪明、学习好,又懂事、孝顺。就这样一个好孩子,却被坏人给杀害了,这样的社会还能让人放心吗?

陈勇：孩子意外遭受犯罪侵害，早早离开人世，确实让人痛惜。你的不幸遭遇我们很同情，但是也要看到，案件发生后，公安机关调集精兵强将，短时间内就将犯罪分子抓获归案，检察机关及时提起公诉，法院一审、二审程序也很顺畅快捷。最终，罪犯被执行死刑，告慰了你女儿的在天之灵，更彰显了公平和正义。你想不开、有怨气，生活碰到困难，到检察机关寻求帮助，我们的干警也热情接待你，力所能及地提供帮助。你要看到我们的社会有公道、有正义、有温暖，世上还是好人多，能让人感受到阳光和正气。

闫某某：你说的在理儿……①

4. 群众性语言的运用

大道至简、大义微言。群众性语言就是用通俗易懂、形象贴切的"家常话"表达晦涩、难懂的法律知识，能够增添亲和力和感染力。实践中，我们不太会讲群众语言，开口闭口证据采信、合理怀疑、非法占有目的等之类法言法语，让信访人云里雾里，不知所云。如果将法言法语转换为群众听得懂的语言，既能把道理讲清讲明讲透，便于信访人理解并接受，还能增进与信访人的交流和情感。苏力教授在《送法下乡》一书中曾提到在农村，由于当事人不熟悉法律，法官无法向他们解释"法庭辩论"的法律含义，只好说"你们可以吵架，但不能骂人"，这就是法律语言与群众语言结合的最好诠释。在讲群众语言方面，张军检察长也是行家里手，总能将复杂的法律关系、法律问题通过打比方的方式，阐释得明明白白。

张军：那这就是履行合同内容。如果你们安装的线路不能和消防联通就没有用，就像你们要安装一个窗户，就必须和楼体结合起来，能不能结合到时候再看。不能说窗户往那里一放就完了，有多大的缝隙跟我没关系。这次调试也是合同的一部分，是在履行合同的过程中。

马仁义：是，这句话应该这样理解。这句话说得有理。

……

张军：在调试过程中如果有一个警示装置，或者调试单位要是能再派一个人在那里照看，就不会发生事故了。整个卷帘门调试过程中，这个门升降是你们自己打开的，程某肯定是自己在调试，没有另外的人来照看。这个程某是知道的。如果他自己警惕性更高一些，危害后果就可能会避免。就比如说，我自己家的灯保险丝坏了，我去门外拉了电闸后在家换修，我就会害怕。因为一拉保险丝周围

---

① 《"您不仅把法律讲得透彻，还设身处地为我着想"——山东省检察院检察长陈勇接待信访人闫某某实录》，载《检察日报》2020年5月9日，第1版。

邻居也没电了,他们突然合闸上去就会发生触电,我就会给我爱人说到外边看着点,免得谁不小心合上,您老头儿就麻烦了,我就得注意这样。

张军检察长通过“安装窗户”这个再形象、再熟悉不过的事例,清清楚楚地说明了调试行为属于履行合同的法律行为,同样,再用“拉闸换保险丝”的生活实例,阐释了履行合同中的法律责任问题,让信访人心服口服。这是一种看得见的群众工作能力。在平时接访中,我们要特别注意这方面的总结提炼,把接访过程变成群众听得懂、想得到、能明白的形象生动的普法过程。比如,将“标的”说成“要钱数额或多少”,将“质证”说成“对双方提供的证据进行对质”,将“兄弟关系”说成“两人一起长大,一笔写不出两个许字”,等等,也可以像张军检察长那样恰如其分地引用俗语——“矫情的孩子多吃奶”“捡软柿子捏”等,还可以引用熟知的历史故事来说明复杂的法律问题。比如,新疆维吾尔自治区人民检察院检察长李永君引用《三国演义》中曹操误杀吕伯奢的故事,向信访人讲解正当防卫和假想防卫的区别,收到很好的释法说理效果。

李永君:……这是不是正当防卫?简单地说,不是。理由是没有正在发生的不法侵害这个前提。你儿子他自己有个判断错误,他认为是绑架,法律上有个词叫“假想防卫”,假想的,不是真实存在的。老爷子(信访人高某天)看过《三国演义》吧,有一段讲曹操逃难到吕伯奢家。曹操听到吕的家人对话,说是绑起来杀还是怎么杀,以为要杀自己,就把吕家八口全杀了,后来才知道是吕伯奢吩咐家人杀猪款待他。曹操就是犯了假想防卫的错误。你的儿子高某智误以为对方绑架而持刀捅人,但现实中并没有发生不法侵害,是你儿子认识错误,这种情况叫作假想防卫,而不是正当防卫。

康某玲(高某天妻子):你现在的意思是高某智判断错了,不是绑架。①

(三)接访方法的“四字诀”

1.“听”:倾听诉说

倾听是接访工作第一基本功,也是考验检察官耐心的过程。实践中,最为突出的问题是,接谈检察官根本不听取信访人的诉说,或者自己说个不停,不给信访人表达的机会,不少为了“听谁说”而发生激烈争吵。而倾听是对信访人最好的理解和尊重,能够消除信访人对立情绪,拉近双方的距离,为进一步交谈和后续释

---

① 《“我们今天就从见义勇为说起”——新疆维吾尔自治区检察院检察长李永君接待信访人高某天、康某玲、高某敏实录》,载《检察日报》2020年7月6日,第1版。

法说理工作打下良好基础。同时，在倾听的过程中，还能捕捉信访人的"心结点"、问题的"症结点"和工作的"突破点"，有针对性、明确、清晰地答复信访人。接谈检察官应当以认真诚挚的态度，让信访人感受到检察官在设身处地地为其着想，并表示出极大的耐心，认真听取其意见和看法。实际上，检察官在倾听信访人意见的同时，也是将处理的论证理由、处理结果的推理过程，是向信访人逐步渗透，乃至让他们接受检察官意见和建议的过程。通常，倾听在接访中能够起到春风化雨、润物无声的功效，不少信访人倾诉欲强烈，他们一坐下便滔滔不绝地诉说案件情况和自身经历。这时，接访检察官只要安静地倾听即可。下面是一则我们接访倾听的实例，很多时候信访人需要的是一个愿意听他倾诉的对象。

一天下午，安静有序的接待大厅里，突然一个披头散发的中年女子扯着嗓子跟保安人员嚷嚷着，我便上前去安抚。得知大姐姓何，有名的信访户，曾拿砖头砸过国家信访局工作人员，也曾多次被公安机关拘留过，高检院也接待过多次。刚才，检察官又接待了她，但她还是不满意，在接谈室跟检察官呛呛起来了，回到大厅又跟保安人员干起来了。

我示意保安人员退下，我来跟大姐唠唠。这也是我第一次接待她，让她把材料给我看看，厚厚的一沓泛黄破碎的信访材料，表明她已信访多年了。没等我看，何大姐便厉声说道："今天不给一个说法，我就不走了！"多年接访实践证明，越是表面上厉害的，其实内心越脆弱。我索性不看了，不给她情绪发酵的机会，专听她讲。她可算逮住了这个机会，就像开了闸的洪水，一泻千里。她反映的是离婚抚养案，孩子出生就有毛病，不久后丈夫就与她离婚了，也不支付抚养费，自个儿靠着打零工艰难地把女儿拉扯大，后续治疗还需要大量的费用……

或许是压抑太久，也或许是很久没有人听她诉说心中的委屈，何大姐从她搞对象那时候说起，到独自抚养女儿长大，又到如今打官司、到各级信访，中间反复重复了许多内容。两个多小时过去了，何大姐看我还是聚精会神地听她说，谈兴更浓了，说到母女相依的无助、负心汉的离弃时，泪流满面；说到恋爱时多么美好、女儿如何体贴懂事时，泪痕未干的脸上又洋溢出幸福的笑容。

何大姐说到最后，都有些不好意思："难得有人肯听我老太婆啰唆，我忍不住一说就说了这么多废话，耽误了你一下午的时间。"我顺水推舟地说："要不是到下班点了，我还想听您说，您是个心直口快的热心肠的人，像您这个年龄的人念过高中是很不简单的，下次来您还找我，我愿意跟您聊。"何大姐长长地舒了一口气："我今天把多少年没处说的话都跟你说了，这么多年的苦水也都倒干净了。谢谢你这么耐心听我唠叨！"说完，就自行离开了。

2.“问”:问明情况

“善问者如攻坚木,先其易者,后其节目,及其久也,相说以解”。[①] 接访是一个从了解问题到聚焦问题,再到解决问题的过程。信访人基于“趋利避害”的本能,往往着重描述“有理”的一面,这就要求接谈检察官要善提问,巧妙问出他们的“难言之隐”,全面把握信访人的“心结问题”“法结问题”“情结问题”,从而使答复既维护信访人的合法权益,也明确他们“无理”之处,从而保证答复的针对性、准确性。这也是著名的苏格拉底“诘问法”,又称“精神助产术”,不但有助于发现问题、呈现问题、解决问题,而且还能增进交流、赢得信任。比如,重庆市人民检察院检察长贺恒扬在接访中大量使用设问性语言,有针对性了解了相关问题,同时又增进了与信访人的情感。

贺恒扬:什么时候买的这个房屋?

夏某长:2010 年 12 月和开发商签订了买卖合同,2011 年 12 月接房的。

贺恒扬:入住前对房屋质量有没有检查?是哪个部门验收的?怎么发现房屋质量有问题的?

夏某长:接房时看了合格证觉得没问题,当时是双桥区城乡建设委员会出具的验收合格证明。接房后,楼板开裂了,墙体也开裂了,人站在房屋里跳动,房屋在抖动。

贺恒扬:发现问题后,是否找开发商协商过?开发商是否提出解决办法?

夏某长:我们找过,开发商态度不好,说房屋没问题。后来,开发商派人看了,但没有解释裂缝问题,也没有提出解决办法,没有把这个当回事,后来就不接电话,也不理人了。

贺恒扬:那么其他人的房屋是否也有质量问题?

夏某长:有问题,有的业主也向法院起诉了。

贺恒扬:对其他业主的起诉,法院怎么判决的?开发商有赔偿吗?

夏某长:听说有的开发商赔偿了。[②]

整个接访过程顺利流畅,并查明了相关问题。接访后,重庆市人民检察院经审查,认为重庆市第一中级人民法院终审民事判决认定的基本事实缺乏证据证明,适用法律确有错误,判决结果确有不公,夏某长申请监督的理由部分成立。

---

① 摘自《礼记·学记》,意思是善于提问的人,就像木工砍伐坚硬的木头,先从纹理较顺的部位着手,再砍坚硬的节疤一样,功夫到了,也就可以轻松地解决。

② 《“请相信检察机关会公平公正、实事求是地处理案件”——重庆市检察院检察长贺恒扬接待信访人夏某长、夏某川实录》,载《检察日报》2020 年 5 月 10 日,第 1 版。

2020 年 3 月 12 日，重庆市人民检察院正式就该案向重庆市高级人民法院提出抗诉。申请人夏某长收到重庆市人民检察院决定抗诉的答复意见后表示感谢，被申请方某公司也表示接受检察机关的抗诉意见。

3."答"：现场答复

现场答复是接访的一个重要环节，涉及受理与否、接收与否、案件办结与否以及案件最终处理意见等内容。这个环节存在的主要问题是，答复内容过于简单，欠缺立体感、层次性、针对性和个性化，基本上是千篇一律、硬生生地受理或者不受理；法院裁判没有明显不当，申诉理由不成立等诸如此类答复，难以让信访人接受和信服。现场答复是建立在听、问的基础上，通过听、问等环节了解信访人及其案件相关情况和问题症结所在，根据相关问题有针对性地进行答复。这里需要注意的是，在答复过程中不回避有关问题和不足，争取信访人的理解与支持，易于信访人接受答复结论（检察机关作出结论）。张军检察长为我们现场答复信访人提供了很好的遵循和模板。

张军：刚才整体听下来，（第一）您有很强的责任感，这是您给我的深刻印象；第二，就这个案子来讲，这是一个综合责任案件，是一个悲剧。从整体来看，发生这次事故，你们公司被处罚了，分包方负责人也被处罚了，监理方也被处罚了，整体上还是比较平衡的。（第三）行政处罚后你们起诉到法院，法院经过一审、二审以及高级法院再审的审理都维持了，而且法院审理是指定管辖，原本由某区法院审理的案子指定到另一个区法院审理，也是法院为了防止行政机关可能会产生影响，从程序上还是公正的。可在实体上你们还是认为不公正。但是你们的申诉法院又维持了，没有改动终审的裁判。按照法律规定您到检察机关申诉这都是合法的，是符合程序的，我们分院受理，分管检察长直接负责办理，也体现了对案件的高度重视……（第四）行政部门处理这个案件至少在形式上、表面上让你们感到不公正，这与执法能力不足有关。如果他们处理时给您讲一讲为什么，讲一下决定处罚的更充分理由，可能就不会有后来这些事。检察机关可以对这个案件再作进一步调查，发出检察建议。

从张军检察长现场答复情况看，主要从四个维度进行答复且有详细的说理过程：一是充分肯定信访人及其企业有很强的责任感；二是案件实体涉及各方处罚的问题，总体没有明显的失衡；三是司法程序公正，检察机关高度重视；四是行政部门执法存在问题，检察机关可以根据调查情况发检察建议。应该说，答复的立场鲜明，该肯定的肯定，该否定的否定；答复的层次分明，涉及信访人及其企业的评价、案件实体、司法程序及检察机关下一步工作方向；答复的针对性强，着重围绕信访人关心的行政处罚责任分担、处罚摇摆不定、处罚方式等内容展开。最后,信访人表示:“这个案子今天就到此为止。”接访中,我们也可以尝试从不同维度去总结答复,让信访人更加信服,特别是要敢于刀口向内,检视不足,真诚道歉,最终必然会赢得人民群众的理解和支持的。比如,宁夏回族自治区人民检察院检察长时侠联在接待信访人时,敢于承认错误,获得信访人的高度信任,最终息诉息访。

时侠联:老周啊,最近我仔细审阅了案卷,也对你的申诉理由进行了核查,应当说当时检察机关做到了依法办案,2005 年(宁夏)自治区检察院也对您的案件作出了结论性处理。但案结事未了,反映出我们当年的办案确实存在一些不足。一是案件办理期限太长,没能及时给您一个确切答复;二是释法说理工作不到位,给您的生活和工作带来影响。您觉得委屈,我非常理解。①

4.“解”:化解矛盾

接访不是关键,化解矛盾才是根本。接访的目的是化解矛盾、案结事了,但实践中,有的是能够现场化解的,比如涉及案件受理与不受理、纯粹性释法说理等,可以通过现场做工作,实现息诉息访;有的是不能够现场化解,还需要继续做工作的,比如沟通协调、调查核实、司法救助、公开听证等,这属于接访工作的必然延伸,是一个不可分割的组成部分。对于第一种情形,“解”不属于接访的独立组成部分,已融入“听”“问”“答”之中;对于第二种情形,“解”属于独立组成部分,“听”“问”“答”只是为“解”作铺垫。

我们许多检察官错误认为,接访就是在窗口与信访人交谈,谈完了就完了,不管信访人服不服、满意不满意。其实,接访不仅是在窗口与信访人交谈,交谈更多的是为了取得信访人的信任,建立信任后再继续做工作,推动矛盾实质性化解,这整个过程才构成一个完整意义上的接访。因此,我们大检察官接访中都有一个“回访”的规定动作,就是要解决现场接访未能解决的事项,推动矛盾最终化解。让我们回顾一下张军检察长接访的回访情况,这才是一个完整意义上的接访过程。

张军检察长于 2019 年 12 月 4 日在重庆接访时,提出检察机关可以对这个案件再作进一步调查,发出检察建议。回京后,便委托高检院第十检察厅厅长徐向春跟进该案后续办理情况。同年 12 月 11 日,徐向春厅长赴重庆回访信访人:“尽

---

① 单曦玺:《“您说的都是我的心里话”》,载《检察日报》2020 年 6 月 23 日,第 1 版。

管你已经撤回了监督申请，但案件的办理并未停止，相关工作仍在紧锣密鼓地进行。”重庆市人民检察院第一分院工作人员回复：“针对你们提到的问题，我们已到相关行政机关进行走访。经了解，当时不只是处罚了你的企业，其他的涉事企业也受到了处罚。”重庆市人民检察相关责任人表示：“针对相关行政机关执法能力建设问题，检察机关拟于近期发出检察建议书，要求其在行政执法中更注意严谨科学的办案程序，争取更好的办案效果。”①

四、检察接访工作的拓展与延伸（一体论）

时任绥德地委书记的习仲勋于1944年11月5日在陕甘宁边区绥德分区司法会议上讲话所指出：“我们司法工作人员，必须有走出‘衙门’，深入乡村的决心（但不是说到乡村去睡觉，而是从思想上工作上去深入）。必须如此，才能把我们的司法政策贯彻得好，才能使司法工作同人民取得密切联系。”

检察接访工作是为实质性化解矛盾纠纷服务的。单凭在窗口接访来推动矛盾化解是难以实现的，需要我们走出“衙门”，深入基层、深入一线、深入田间地头、深入群众家中去做工作，才能推动矛盾纠纷的实质性化解。前期的窗口接访更多的是为了赢得信访群众对接访工作人员甚至是检察机关的高度信任，为后续再工作、再化解提供坚实的基础，而后续的再化解是前期窗口接访的自然延伸，两者是一体的，构成了真正意义上的检察接访工作。这样一来，就避免了接访与化解矛盾“两张皮”的问题，即前台接访就负责接访工作，后台的化解就负责化解，而应当贯通融合起来，前期的接访是为后期的化解作准备、打基础的，为及时、快速、顺利推动化解矛盾创造更为有利的条件。

（一）公开听证

一些信访案件历经多年，深层次矛盾问题累积交织，单靠检察机关力量往往难以根本解决。最高人民检察院全面推行公开听证，邀请人大代表、政协委员、人民监督员、律师、村（居）委会代表以及专家学者等担任听证员，就案件事实、法律适用等疑难、争议问题针对性听证，共同释法说理，促依法办理、第三方评判、群众见证等形成合力，让公平正义看得见、听得懂、真实可感。2021年以来，最高人民检察院又部署开展常态化“简易公开听证”，组建专门听证员队伍，在接待来访群众的同时，就地组织公开听证，促进信访矛盾在接访时就能及时有效解决。

---

① 李立峰：《大检察官接访之后》，载《检察日报》2019年12月18日，第1版。

1999年12月,周某、林某等10余人因琐事前往郑某住处,在其房外喊骂、投掷砖块,并欲爬墙进入。郑某投掷砖块阻止,砸中周某头部。经法医鉴定,周某伤情为重伤。该案先后经历一审、二审等程序。后因重伤医学证据不充分,福建省周宁县检察院撤回起诉,依法对郑某作出不起诉决定。周某不服,提出申诉。福建省三级检察机关均维持原不起诉决定,周某向最高人民检察院提出申诉。2019年10月,经申诉人同意,最高人民检察院在福建召开公开听证会,邀请4名人民监督员和1名法学专家担任听证员,特别邀请2名法医专家对原案伤情鉴定问题逐一作出回应,一致认为该案事实不清,法医学鉴定证据存疑,检察机关作出不起诉决定是适当的。听证员发表意见后,被不起诉人郑某当场向周某道歉,周某也对检察机关表示感谢。最高人民检察院依法维持不起诉决定,同时考虑周某客观上确实生活困难,符合国家司法救助条件,依法给予司法救助,持续20年的矛盾纠纷得以化解。

(二)司法救助

一些信访群众受案件影响,生活陷入困境,有的直接致贫、返贫。对这类案件如只解决法律问题,矛盾、积怨往往难以化解。检察机关办理控告申诉案件,充分运用党和国家政策,既依法妥善办理案件,又帮助解决"难"的问题。最高人民检察院与国务院原扶贫办会签文件,将司法救助作为助力脱贫攻坚的重要举措,坚持"应救尽救",为受到犯罪侵害的困难群众及时提供帮助。特别是对未成年人、老年人、残疾人等重点人群,实行优先、快速办理,充分发挥司法救助"救急救困"作用,让信访群众实实在在感受到党和政府的关怀、司法的温情、社会的温暖。

皇甫某因不服法院对其子被伤害致死案刑事判决,长期申诉信访。2020年6月,山东省检察院受理其申诉后,审查认为原案办理并无不当。但经走访查明,皇甫某夫妻年事已高、无劳动能力,其子被害后,两罪犯虽被追究刑事责任但均无力赔偿民事损失,致皇甫某家庭生活极其困难,属于因案致贫。省检察院检察长在菏泽市主持召开公开听证会,邀请人大代表、政协委员和法学专家等进行释法说理,特别邀请了申诉人所在地教育、民政、扶贫、司法等部门及乡镇、社区、学校负责人参加听证,有效化解皇甫某多年"心结"。考虑到皇甫某家庭生活确有困难,决定对其进行司法救助,并协调民政部门为其孙子办理社会救助手续,帮助解决生活、上学等困难。皇甫某一家衷心感谢党的救助政策,表示不再申诉信访。

（三）实质性化解

实践中，一些控告申诉案件办理，形式上用尽了法定程序，当事人合理诉求却没有真正解决，导致反复申诉信访。对此，检察机关防止简单以“办理中无违法”即予程序结案，切实将法、理、情融为一体，“用心”“实质性”解决群众合理诉求，真正实现办理控告申诉案件政治效果、社会效果、法律效果有机统一，把以人民为中心落到实处。

姚某 2013 年遭“莫某”骗婚，婚姻登记后“人财两空”。姚某首先以被骗婚向公安机关报案，因确有合法婚姻登记不予立案；其次向民政局申请撤销婚姻登记，因不存在胁迫等法定情形不予受理；再次向法院提起离婚诉讼，被告知莫某系被冒名、不存在与姚某“离婚”问题，只能撤诉；又次向法院申请宣告婚姻无效，因不符合婚姻法相关规定被驳回起诉；最后向法院诉请撤销婚姻登记，又因超过 5 年起诉期限不予立案，姚某上诉、再申诉均被驳回。7 年间，姚某依法维权，一次次被“依法”推拒，其与另一女子“结婚”并育有两子，却上不了户口、入不了学，生活受到严重影响。检察机关受理姚某申诉，调查核实以上情况后，举行公开听证，向民政局发出检察建议得到采纳，原婚姻登记被依法注销，同时监督公安机关依法立案，骗婚案犯罪嫌疑人“莫某”已被抓获。姚某一家人过上了正常生活。

（四）加强监督纠错

对经过认真审查，认为原司法程序或处理结果确有错误的控告申诉案件，依法启动诉讼监督程序，促进纠正错误，维护司法公正。一是认真办理涉刑事立案和侦查活动的申诉案件。重点解决信访群众反映强烈的以刑事办案权插手民事经济纠纷，应当立案而不立案、不应当立案而立案、长期“挂案”等问题。二是加强对民事行政申诉案件的精准监督。针对民事行政申诉案件持续上升，通过实行繁简分流等措施，提升办案效率，全面清理积案。聚焦在司法理念、政策导向、法律适用方面有创新、引领价值的典型案件，通过抗诉发挥对类案的指导作用。三是以严肃追责促进司法责任制落实。不少刑事冤错案件检察机关审查起诉把关不严，承担重要责任。为深刻总结错案教训，最高人民检察院印发《人民检察院司法责任追究条例》，提出“纠错不能止于国家赔偿，追责必须落到责任主体”，严肃责任落实。

2010 年 4 ~ 5 月，甲公司分别与乙建设公司、丙建设公司签订钦州市钦北区引水供水工程《建设工程施工合同》。根据合同约定，乙公司和丙公司分别向甲公司支付 70 万元和 110 万元的施工合同履约保证金。工程报建审批手续完成后，甲公司和乙公司、丙公司因工程款支付问题发生纠纷。2011年8月31日,丙公司广西分公司经理王某某到南宁市公安局良庆分局报案,该局于同年10月14日对甲公司负责人温某某以涉嫌合同诈骗罪刑事立案。此后,公安机关未传唤温某某,也未采取刑事强制措施,直至2019年8月13日,温某某被公安机关采取刑事拘留措施。检察机关审查认为,甲公司与乙公司、丙公司签订《建设工程施工合同》时,引水供水工程项目已经政府有关部门审批同意。合同签订后,甲公司按约定向政府职能部门提交该项目报建手续,得到了相关职能部门的答复,在项目工程未能如期开工后,甲公司又采取签订补充协议、承担相应违约责任等补救措施,并且甲公司在该项目工程中投入大量资金,收取的履约保证金也用于公司生产经营。因此,不足以认定温某某在签订合同时具有虚构事实或者隐瞒真相的行为和非法占有对方财物的目的,公安机关以合同诈骗罪予以刑事立案的理由不能成立。对于甲公司不退还施工合同履约保证金的行为,乙公司、丙公司可以向人民法院提起民事诉讼。2019年9月27日,良庆区人民检察院向良庆公安分局发出《通知撤销案件书》。公安机关接受监督意见,作出《撤销案件决定书》,决定撤销温某某合同诈骗案,依法释放了温某某。

检察接访后续的再化解工作具有开放性的特征,不局限上述列举的这些工作举措,可以结合本地区、本院的实际情况,创造一些富有特色的工作举措,只要是有利于矛盾化解的,都可以纳入其中,作为检察接访工作的"最后一公里",也是化解矛盾纠纷的"最后一公里"。